NAVER
소준모 l
소방승진 전문 카페
기출문제풀이 등 다양한 자료 공유

KB188152

2025
이패스 동영상 강의
www.epasskorea.com

소방승진
소방전술 동영상

소방교·장·위 시험대비

Field
소방전술 문제집

Firefighting Tactics

소방학박사 김경진 편저

다년간 축적된 노하우
완벽한 출제유형 분석
최고의 적중률!

미리보는 핵심 키워드 수록
최근 개정사항을 반영한 해설 수록
변별력 있는 지문 기술
기출 유사 문제 별도 표시

MARUNA
마루나

머리말

여러분! 소방승진은 시험으로 하여야 합니다.
시험으로 승진을 해야만 소방조직에서 떳떳하게 인정을 받을 수 있습니다.
승진공부를 했던 그 지식은 소방관 근무하는 동안 자신에게 큰 도움을 줄 것입니다.
저자도 소방위까지 모두 시험으로 승진을 했기 때문에 여러분의 어려움을 잘 알고 있습니다.

저자는 초창기 중앙소방학교 소방전술 교재 집필에 참여하였고 주로 소방학교에 근무하면서 출제와 편집위원을
누구보다도 많이 하였기에 출제 경향을 쉽게 전달할 수 있습니다.
저자는 소방전술 참고서만을 17년째 출간하고 있습니다.
소방전술 범위가 넓고 내용이 다양하므로 접근하기 어렵습니다. 하지만 저자와 함께 공부한다면 핵심내용을
쉽게 파악할 수 있습니다. 핵심내용을 이해하지 못한 채 무모한 학습방법으로 아까운 시간을 허비하지 마십시오.

이제 수험생 여러분께 이러한 문제를 해결하고 최소한의 시간으로 큰 효과를 올릴 수 있도록 25년도 필드 객관식
문제집을 출간하고자 합니다.

본 교재는 다음과 같은 점에 중점을 두었습니다.

① 변별력 있는 지문들을 최대한 기술하였습니다.
② 문제마다 풍부한 해설을 수록하여 쉽게 내용을 이해할 수 있습니다.
③ 기출유사문제는 〈** 24년 소방장〉 으로 표시하였습니다.
④ 지금까지 모든 문제는 99% 필드 소방전술 문제집에서 출제되었습니다.

저자는 지금까지 주로 현장과 관련된 부서(119안전센터, 소방본부구조구급과, 소방학교 전술교관, 중앙119구조
본부 긴급기동팀장, 소방방재청 훈련·구급계장, 소방서장, 소방청119종합상황실장, 서울소방학교장)에 근무
해 오면서 다양한 현장업무를 바탕으로 수험생 여러분께 체계적이고 정확한 학습요령을 제시하고 합격가능성을
높이고자 하오니 아무쪼록 끝까지 인내하시어 합격의 영광을 누리시길 기원합니다.

여러분! 지금이라도 늦지 않았습니다.
젊을 때 미래를 위해 투자하십시오, 절대 후회하지 않을 것입니다.

저자 씀

GUIDE (가이드)

【 최근 시험의 출제경향 분석 】

▲ 소방교

	상권					하권			
	화재진압 및 현장활동	소방현장 안전관리	화재조사	소방자동차	응급의료 개론	구조개론	소화약제 등	임상응급	재난관리
2019	7	1	1	1	6	9			
2020	7	2	1	1	6	8			
2021	9	2	1	2	7	4			
2022	5	2	1	2	7	8			
2023	7	0	1	1	8	8			
2024	5	5			7	8			
계	40	12	5	7	41	45			
비중(%)	27%	8%	3%	5%	27%	30%			

▲ 소방장

	상권					하권			
	화재진압 및 현장활동	소방현장 안전관리	화재조사	소방자동차	응급의료 개론	구조개론	소화약제 등	임상응급	재난관리
2019	7	1	0	1	4	8	0	4	
2020	5	1	1	0	2	7	3	6	
2021	7	1	1	1	5	7	2	1	
2022	4	2	1	1	3	7	3	4	
2023	5	0	1	1	2	8	2	6	
2024	7	2	1		1	7	1	6	
계	35	7	5	4	17	44	11	27	
비중(%)	23%	5%	3%	3%	11%	29%	8%	18%	

▲ 소방위

	상권					하권				
	화재진압 및 현장활동	소방현장 안전관리	화재조사	소방자동차	응급의료 개론	구조개론	소화약제 등	임상응급	재난관리	재난현장 (SOP)
2019	5	0	0	1	1	8	2	7	1	0
2020	6	1	0	0	1	8	2	6	0	1
2021	5	2	1	2	3	6	0	3	1	2
2022	5	1	1	0	3	8	2	3	2	0
2023	5	1	0	0	2	9	2	6	0	0
2024	7	1	1		3	6	1	4	1	1
계	33	6	3	3	13	45	9	29	5	4
비중(%)	22%	4%	2%	2%	9%	30%	6%	19%	3%	3%

좀 더 자세한 내용 및 수험정보 등은 홈페이지(www.kfs119.co.kr) 참조

최신 「중앙소방학교 공통교재」에 충실하였습니다.

《소방승진시험은 중앙소방학교 공통교재 내용을 벗어날 수 없습니다.》

본 수험서는 공통교재+법·규정+SOP+기출문제 분석+최신 개정내용수록+핵심 내용정리 등 수험생 여러분들이 이해하기 쉽도록 정리하였습니다.

소방전술은 분량이 많고 복잡하고 현장경험이 없으면 이해하기가 어렵습니다.

몇 가지 학습방법을 제시하오니 참고하셔서 좋은 성과 있으시길 바랍니다.

1. 우선 관련 법, 규정을 철저히 암기합시다.

모든 승진시험에서 관련 법, 규정의 틀을 벗어날 수 없습니다. 따라서 소방전술공통교재, 119구조구급에 관한 법률, 재난 및 안전관리기본법, 화재조사법률, 재난현장SOP 등을 철저히 이해하고 암기하여야 합니다. 이것을 바탕으로 학습해야만 이해가 빠르고 핵심내용을 파악하여 최대한 효과를 올릴 수 있습니다.

2. 필드 소방전술기본서를 철저히 파악합시다.

지금 출제범위는 중앙소방학교 공통교재이고 매년 전국소방학교 소방전술 교수들이 참여하여 내용을 수정보완하고 있습니다. 따라서 공통교재의 범위를 벗어나지 않을 뿐만 아니라 내용을 너무 확대 해석하여 주관적인 의미를 부여할 수도 없는 것입니다. 본 기본서는 공통교재 내용을 중심으로 쉽게 이해할 수 있도록 정리하였습니다.

3. 출제 경향을 분석합시다.

매년 실시되는 승진시험은 출제경향이 반드시 있습니다. 최근 들어 지문이 길어지고 박스형 문제들이 출제되는 경향이 있습니다. 따라서 본 참고서의 핵심문제를 새롭게 정리하였으므로 큰 도움이 될 것으로 생각합니다.

4. 소방전술은 핵심내용을 이해할 수 있어야 합니다.

소방전술과목의 많은 분량을 모두 머리에 담을 수는 없습니다. 따라서 핵심내용을 이해할 수 있어야 합니다. 저자와 같이 공부한다면 다년간 현장경험과 출제경험을 바탕으로 쉽게 이해할 수 있습니다.

【 소방공무원 승진시험의 필기시험과목 】

(소방공무원 승진임용 규칙 제28조 관련) 〈개정 2020.3.13.〉

구 분	과목수	필기시험과목
소방령 및 소방경 승진시험	3	행정법, 소방법령Ⅰ·Ⅱ·Ⅲ, 선택1 (행정학, 조직학, 재정학)
소방위 승진시험	3	행정법, 소방법령Ⅳ, 소방전술
소방장 승진시험	3	소방법령Ⅱ, 소방법령Ⅲ, 소방전술
소방교 승진시험	3	소방법령Ⅰ, 소방법령Ⅱ, 소방전술

※ 비고

1. 소방법령Ⅰ : 소방공무원법(같은 법 시행령 및 시행규칙을 포함한다. 이하 같다)
2. 소방법령Ⅱ : 소방기본법, 화재의 예방 및 안전관리에 관한 법률(약칭; 화재예방법),
   소방시설 설치 및 관리에 관한 법률(약칭; 소방시설법)
3. 소방법령Ⅲ : 위험물안전관리법, 다중이용업소의 안전관리에 관한 특별법
4. 소방법령Ⅳ : 소방공무원법, 위험물안전관리법
5. 소방전술 : 화재진압·구조·구급 관련 업무수행을 위한 지식·기술 및 기법 등

【 소방전술 과목의 출제범위 】 (제9조제3항 관련)

분야	출제범위	비 고
화재 분야	• 화재의 의의 및 성상 • 화재진압의 의의 • 단계별 화재진압활동 및 지휘이론 • 화재진압 전술 • 소방용수 총론 및 시설 • 상수도 소화용수설비 등	
	• 재난현장 표준작전 절차(화재분야)	소방교, 소방장 제외
	• 안전관리의 기본 • 소방활동 안전관리 • 재해의 원인, 예방 및 조사 • 안전 교육	
	• 소화약제 및 연소・폭발이론	소방교 제외
	• 위험물성상 및 진압이론	
	• 화재조사실무(관계법령 포함)	
구조 분야	• 구조개론 • 구조활동의 전개요령 • 군중통제, 구조장비개론, 구조장비 조작 • 기본구조훈련(로프, 확보, 하강, 등반, 도하 등) • 응용구조훈련 • 일반(전문) 구조활동(기술)	
	• 재난현장 표준작전 절차(구조분야)	소방교, 소방장 제외
	• 안전관리의 기본 및 현장활동 안전관리 • 119구조・구급에 관한 법률(시행령, 규칙 포함)	
	• 재난 및 안전관리 기본법(시행령, 규칙 포함)	소방교, 소방장 제외
구급 분야	• 응급의료 개론 • 응급의학 총론 • 응급의료장비 운영	
	• 심폐정지, 순환부전, 의식장해, 출혈, 일반외상, 두부 및 경추손상, 기도・소화관 이물, 대상이상, 체온이상, 감염증, 면역부전, 급성복통, 화학손상, 산부인과질환, 신생아질환, 정신장해, 창상	소방교 제외
소방 차량	• 소방자동차 일반 • 소방자동차 점검・정비 • 소방자동차 구조 및 원리 • 고가・굴절 사다리차	

※ 소방전술 세부범위는 시험일 기준 당해 연도 발행되는 신임교육과정 공통교재(소방전술 I・II・III) 범위로 한다.

미리 보는 핵심 키워드

1. 화재의 진행

발화기	① 발화기는 화재의 4요소들이 서로 결합하여 연소가 시작될 때의 시기를 말하며, 모든 화재는 발화기를 거치게 되며, 구획된 공간의 영향을 받지 않는다. ② 발화의 물리적 현상은 스파크나 불꽃에 의해 유도되거나 자연발화처럼 어떤 물질이 자체의 열에 의해 발화점에 도달한다. ③ 개방된 지역이거나 구획실이거나 간에 모든 화재는 발화의 한 형태로서 발생한다.
성장기	① 발화가 일어난 직후, 연소하는 가연물 위로 화염이 형성되기 시작하며, 화염이 커짐에 따라 주위 공간으로부터 화염이 상승하는 공간으로 공기를 끌어들이기 시작한다. ② 성장기의 초기는 야외의 개방된 곳에서의 화재와 유사하지만 개방된 곳에서의 화재와는 달리, 구획실의 화염은 공간 내의 벽과 천장에 의해 급속히 영향을 받는다. ③ 이러한 요소는 화염 위에 생성되는 뜨거운 가스층의 온도에 심각한 영향을 미치고 뜨거운 가스가 상승하면서 천장에 부딪치게 되면, 가스는 외부로 퍼지기 시작한다. ④ 가스는 구획실의 벽에 도달할 때까지 계속해서 퍼지게 되고 벽에 도달한 후, 가스층의 두께는 증가하기 시작한다.

벽 근처 가연물	비교적 적은 공기를 흡수하고, 보다 높은 화염온도를 지닌다.	▷
구석에 있는 가연물	더욱 더 적은 공기를 흡수하고, 가장 높은 화염온도를 지닌다.	ㄴ
중앙에 있는 가연물	벽, 구석 가연물보다 더 많은 공기를 흡수하고 온도는 낮다.	♀

플래시오버	① 플래시오버는 성장기와 최성기간의 과도기적 시기이며 발화와 같은 특별한 현상이 아니다. ② 플래시오버 시기에 구획실 내부의 상태는 매우 급속하게 변화하는데 이때 화재는 처음 발화된 물질의 연소가 지배적인 상태로부터 구획실 내의 모든 노출된 가연성 물체의 표면이 동시에 발화하는 상태로 변한다. ③ 성장기 천장 부분에서 발생하는 뜨거운 가스층은 발화원으로부터 멀리 떨어진 가연성물질에 복사열을 발산한다.
최성기	① 최성기는 구획실 내의 모든 가연성 물질들이 화재에 관련될 때에 일어난다. ② 이 시기에, 구획실 내에서 연소하는 가연물은 이용 가능한 가연물의 최대의 열량을 발산하고, 많은 양의 연소생성가스를 생성한다. ③ 발산되는 연소생성가스의 양과 발산되는 열은 구획실의 배연구의 수와 크기에 의존한다. ④ 구획실 연소에서는 산소공급이 잘 되지 않으므로 많은 양의 연소하지 않은 가스가 생성된다.

※ 발화기 → 성장기 → 플래시오버 → 최성기 → 감퇴기

2. 화재 특수현상과 진행단계

플레임오버	① Flameover는 복도와 같은 통로공간에서 벽, 바닥 표면의 가연물에 화염이 급속하게 확산되는 현상을 묘사하는 용어이다. ② 벽, 바닥 또는 천장에 설치된 가연성 물질이 화재에 의해 가열되면, 전체 물질 표면을 갑자기 점화할 수 있는 연기와 가연성 가스가 만들어지고 이때 매우 빠른 속도로 화재가 확산된다. ③ Flameover 화재는 소방관들이 서있는 뒤쪽에 연소 확대가 일어나 고립되는 상황에 빠질 수 있다. 목재 벽과 강의실책상, 극장, 인테리어 장식용 벽, 그리고 가연성 코팅재질의 천장은 충분히 가열만 되면 Flameover를 만들 수 있다. ④ 통로나 출구를 따라 진행되는 화염 확산은 일반적인 구획 공간 내의 화염 확산보다 치명적이다.

백드래프트	① 폐쇄된 내화구조 건축물 내에서 화재가 진행될 때 연소과정은 산소공급이 부족한 상태에서 서서히 훈소된다. ② 이때 불완전 연소된 가연성가스와 열이 집적된 상태에서 일시에 다량의 공기(산소)가 공급될 때 순간적으로 폭발적 발화현상이 발생하는데 이를 역류성 폭발 또는 백드래프트 현상이라 한다. ③ 폭발에는 BLEVE와 같은 물리적 폭발과 연소폭발(Combustion explosion)과 같은 화학적 폭발로 구분할 수 있으며, 백드래프트(Backdraft)는 화학적 폭발에 해당한다. ④ 백드래프트(Backdraft)의 발생시점은 성장기와 감퇴기에서 주로 발생된다.
롤오버	연소과정에서 발생된 가연성가스가 공기(산소)와 혼합되어 천정부분에 집적된 상태에서 발화온도에 도달하여 발화함으로서 화재의 선단부분이 매우 빠르게 확대되어 가는 현상을 말한다. ① 화재가 발생한 장소(공간)의 출입구 바로 바깥쪽 복도 천정에서 연기와 산발적인 화염이 굽이쳐 흘러가는 현상을 지칭하는 소방현장 용어이다. ② 이러한 현상은 화재지역의 상층(천장)에서 집적된 고압의 뜨거운 가연성 가스가 화재가 발생되지 않은 저압의 다른 부분으로 이동하면서 화재가 매우 빠르게 확대되는 원인이 된다. ③ Rollover에 의한 연소 확대는 성큼성큼 건너뛰듯이 확대되므로 어느 순간 뒤쪽에서 연소 확대가 일어나 계단을 찾고 있는 소방관들을 고립시킬 수 있다. ④ Rollover를 막기 위해 갈고리나 장갑 낀 손으로 화재가 발생한 아파트 출입구 문을 닫는다. Rollover현상은 Flashover현상의 전조임을 명심해야 한다.
플래시오버	① 화점 주위에서 화재가 서서히 진행하다가 어느 정도 시간이 경과함에 따라 대류와 복사현상에 의해 일정 공간 안에 있는 가연물이 발화점까지 가열되어 일순간에 걸쳐 동시 발화되는 현상을 말한다. ② 직접적 발생원인은 자기발화가 일어나고 있는 연소공간에서 발생되는 열의 재방출에 의해 열이 집적되어 온도가 상승하면서 전체 공간을 순식간에 화염으로 가득 차게 만드는 것이다. ③ 플래시오버가 발생할 때, 뜨거운 가스층으로부터 발산하는 복사에너지는 일반적으로 20kW/㎡를 초과한다. ◉ 구획실 내의 온도가 483℃를 초과하고, 모든 가연성 물질이 동시적 발화를 일으킨다. ⑥ Flashover의 대표적인 전조현상으로 고온의 연기발생과 Rollover 현상이 관찰된다는 점에 유의해야 한다.

3. 소방활동 검토회의

검토회의 장소	① 검토회의는 화재발생일로부터 10일 이내에 개최한다. ② 검토회의는 화재지를 관할하는 소방본부 또는 소방서에서 개최한다.
검토회의 구성	① 대형화재 발생 시의 통제관은 소방본부장이 된다. ② 중요화재, 특수화재의 경우 통제관은 관할 소방서장으로 하되 필요한 경우 소방본부장이 할 수 있다.
검토회의 준비	① 건물의 구조별 표시방법은 목조는 녹색, 방화조는 황색, 내화조는 적색으로 표시한다. ② 축척은 정확히 하고 되도록 확대하여 작성한다. ③ 도로는 그 폭원을 미터로 표시한다. ④ 방위표시도는 반드시 기입한다. 　　ⓐ 제1출동대는 적색　　　ⓑ 제2출동대는 청색 　　ⓒ 제3출동대는 녹색　　　ⓓ 응원대는 황색 ⑤ 검토회의를 개최하였을 때에는 그 결과를 소방청장에게 즉시 보고하여야 한다.

4. 화재진압 전략의 활동과정(RECEO)

| 생명보호 (Rescue) | → | 외부확대 방지 (Exposure) | → | 내부확대 방지 (Confine) | → | 화재진압 (Extinguish) | → | 점검·조사 (Overhaul) |

5. 대상별 관창배치

구획별 관창 배치	• 인접 건물로 비화위험이 있는 화재는 연소위험이 있는 방향에 배치하고 기타 관창은 필요에 따라 배치한다. • 도로에 면하는 화재는 도로의 접하지 않는 쪽을 우선하여 배치하고 풍횡측, 풍상측의 순으로 포위한다. • 구획 중앙부 화재는 풍하측을 우선으로 하고 풍횡측, 풍상측의 순으로 포위한다.
기상조건별 관창배치	• 풍속이 5m/sec 이상 : 비화발생 위험이 있으므로 풍하측에 비화경계 관창 배치 • 풍속이 3m/sec 초과 : 풍하측의 연소위험이 크므로 풍하측을 중점으로 관창 배치 • 풍속이 3m/sec 이하 : 방사열이 큰 쪽 방향을 중점으로 관창을 배치 • 강풍(대략 풍속 13m/sec 이상) 때는 풍횡측에 대구경 관창을 배치

6. 붕괴위험성 평가

내화조	콘크리트 바닥 층의 강도 ◉ 내부 바닥 층의 갈라짐, 휘어짐, 갈라진 콘크리트 틈새로 상승하는 불꽃과 연기를 발견했다면 이것은 붕괴 신호라는 것을 인식
준내화조	철재구조의 지붕 붕괴의 취약성 ◉ 지붕 위에 올라가 소방 활동을 하는 것은 극히 위험 ◉ 안전한 배연방법으로 수평배연 기법이 필요
조적조	벽 붕괴 ◉ 수직하중에는 강하지만 수평으로 주어진 하중은 벽체를 쉽게 무너지게 한다.
중량 목구조	지붕과 바닥 층을 지탱하는 트러스트 구조의 연결부분 ◉ 건물 외부 코너 부분이 가장 안전한 곳
경량 목구조	벽 붕괴 ◉ 3~4개의 벽체가 동시에 붕괴되는 유일한 건물 유형이므로 진압활동 중 진압대원들이 매몰될 가능성이 가장 높다.

7. 구조대상자 운반법

1. 안아 올려 운반구출	주로 <u>구출 거리가 짧은 경우</u>에 이용한다.
2. 끈 운반 구출(깔개, 커튼, 띠 등)	구조대상자의 <u>부상부위가 허리부분인 경우는 피한다.</u>
3. 전진, 후퇴 포복구출	짙은 연기 중의 구출에 적합하다. 주로 <u>구출거리가 짧은 경우</u>에 활용한다.
4. 메어서 운반구출	구조대상자의 <u>부상부위가 허리 또는 복부부분의 경우는 피한다.</u>
5. 양쪽 겨드랑이 잡아당겨 구출	<u>구출거리가 짧은 경우</u>에 활용한다.
6. 1인 확보 운반 구출	구조대상자의 <u>부상부위가 가슴부분 또는 허리부분의 경우는 피한다.</u> 주로 <u>구출거리가 짧은 경우</u>에 활용한다.
7. 뒤로 옷깃을 끌어당겨 구출	구조대상자는 낮은 위치에 있으므로 짙은 <u>연기 중의 구출</u>에 적합하다.
8. 소방식 운반 구출	공기호흡기를 착용한 상태에서 어깨를 이용하여 <u>장거리를 이동</u>할 수 있는 방법이다.
9. 모포 등을 이용하여 끌어당겨 구출 (1인 또는 2인으로 구출)	구조대상자는 낮은 위치에 있으므로 <u>짙은 연기 중의 구출</u>에 적합하다. 발부분의 모포 등을 묶으면 구조대상자의 이탈을 막을 수 있다. 구조대상자의 부상에 대하여는 그다지 고려할 것 없이 구출할 수 있다.
10. 등에 업고 포복 구출	구조대상자는 낮은 위치에 있으므로 <u>짙은 연기 중의 구출에 적합</u>하다. 주로 <u>구출거리가 짧은 경우에 활용</u>한다.

8. 분무방수를 활용한 배연·배열

분무 방수 배연	○ 급기구측에서 분무방수하여 기류를 이용하는 방법 ① 노즐 <u>전개각도 60도</u> 정도로 급기구를 완전히 덮을 수 있는 거리를 방수 위치로 선정한다. 개구부가 넓은 경우에는 2구 이상의 분무방수로 실시한다. ② <u>노즐압력은 0.6Mpa 이상</u> 분무방수를 한다. ③ 배기구측에 진입대가 있을 때는 서로 연락을 취해 안전을 배려하면서 방수한다. ※ 특히 화염과 배기구 사이에 구조대상자, 구조대원이 있다면 위험하다.
간접 공격 (로이드 레만)	① 의의 : 연기와 열을 제거하기 위해 물의 흡열작용에 의한 냉각과 환기에 의한 옥내 고온기체 및 연기의 배출을 보다 유효하게 하기 위하여 안개모양의 방수법을 간접공격법(로이드레만전법)이라 한다. <u>즉, 물의 큰 기화잠열(538cal)과 기화시의 체적팽창력을 활용하여 배연·배열하는 방법인 것이다.</u> ② 간접공격법의 요령 ㉠ 연소물체 또는 옥내의 온도가 높은 상층부를 향하여 방수한다. ㉡ 고온에 가열된 증기의 증가에 의해서 대원이 피해를 받지 않는 위치를 선정한다. ㉢ 방수 시 <u>개구부는 가능한 한 작게</u> 하는 것이 위험성을 감소시킨다. ㉣ 가열증기가 몰아칠 염려가 있는 경우는 <u>분무방수에 의한 고속분무로 화점실 천정 면에 충돌시켜 반사 방수</u>를 병행한다. ※ 외부에서 실내로 간접공격 시 물줄기의 형태는 직사방수하여, 분무방수 시 물줄기를 타고 화점실로 공급되는 공기의 양을 최소화 한다. ㉤ 옥내의 연소가 완만하여 <u>열기가 적은 연기의 경우</u>는 이 전법을 이용하는 것은 <u>효과는 적으므로</u> 유의한다.

9. 고속분무방수

방수요령	① 노즐압력 0.6Mpa 노즐 전개각도 10~30° 정도를 원칙으로 한다. ② 방수방법 등은 직사방수와 같은 요령으로 한다.
주수특성	① 방수범위가 직사방수에 비해 넓다. ② 화점에 접근할 수 있는 경우는 소화에 유효하다. ③ 연소저지에 유효하다. ④ 닥트스페이스, 파이프샤프트 내 등의 소화에 유효하다. ⑤ 사정거리는 직사방수보다 짧다. ⑥ 파괴력은 직사방수보다 약하다. ⑦ 감전의 위험은 직사방수보다 적다. ⑧ 전도화염의 저지에 유효하다. ⑨ 반동력이 적다. ⑩ 파괴 시 충격력이 적다. ⑪ 고압으로 유류화재에 질식효과가 있다.

10. 중속분무방수

방수요령	① 노즐압력 0.3Mpa 이상, 노즐 전개각도는 30도 이상으로 한다. ② 관창의 개폐는 서서히 조작한다. ③ 소화, 배연, 차열, 엄호, 배열 등 방수 목적을 명확히 하여 실시한다. ④ 옥내 또는 풍상에서 활용하는 것이 효과적이다. ⑤ 고온이 되고 있는 부분 또는 연소실체에 직접 소화수가 도달하는 위치에 방수한다. 또한 냉각주수의 경우는 간접 방수해도 좋지만 수손 방지에 충분히 고려한다. ⑥ 화면이 적은 경우는 전체를 덮도록 한다. ⑦ 소규모 유류화재를 소화할 경우는 표면을 덮도록 고압 방수한다. ⑧ 소구획 실내의 배연을 목적으로 한 방수는 개구부 전체를 덮도록 한다.
주수특성	① 방수범위가 넓다. 따라서 연소실체에의 방수가 가능하다. ② 분무수막에 의한 냉각효과가 크다. ③ 검색 진입대원의 신체보호에 유효하다. ④ 소구획실 내에서의 소화 방수에 유효하다. ⑤ 파괴를 필요로 할 때는 충격력이 약해 부적당하다. ⑥ 전개각도에 의해 시야가 가려 전방의 상황파악이 어렵다. ⑦ 반동력이 적다. ⑧ 사정거리가 짧으므로 화열이 강한 경우는 연소실체에 직접 방수는 곤란하다. ⑨ 바람과 상승기류의 영향을 받는다. ⑩ 용기, 소탱크의 냉각에 유효하다. ⑪ 소규모 유류화재, 가스화재의 소화에 유효하다. ⑫ 방수에 의한 감전위험은 비교적 적다.

11. 저속분무방수

방수 요령	① 간접공격법에 가장 적합한 방수방법이다. ② 방수위치는 개구부의 정면을 피하고, 분출하는 증기에 견딜 수 있도록 방호한다. ③ 연소가 활발한 구역에서는 공간 내의 고열이 있는 상층부를 향해 방수한다. ④ 분출하는 연기가 흑색에서 백색으로 변하고 분출속도가 약해진 때에는 일시 정지하여 내부의 상황을 확인하면서 잔화를 소화한다.
간접공격법의 전제조건	① 연소물체 또는 옥내의 온도가 높은 상층부를 향하여 방수한다. ② 고온에 가열된 증기에 의해 대원이 피해를 받지 않는 위치를 선정한다. ③ 방수 시 개구부는 가능한 한 작게 하는 것이 위험성을 감소시킨다. ④ 가열증기가 몰아칠 염려가 있는 경우는 분무방수에 의한 고속분무로 화점실 천정면에 충돌시켜 반사방수를 병행한다. ⑤ 천정 속 등의 부분은 분무방수 하는 것이 효과적이다.
간접공격법 효과의 판단	① 간접공격법에 의하면 90% 이상 수증기화 하는 것이 가능하므로 바닥면에 다량의 물이 있으면 방수정지의 시기를 잃었다고 판단한다. ② 옥내의 연소가 완만하여 열기가 적은 연기의 경우는 이 전법을 이용하더라도 효과는 적으므로 개구부 개방 등에 의해 연기를 배출하면서 화점을 확인하여 직사방수 또는 고속분무방수를 짧게 계속하는 편이 수손을 적게 할 수 있다.
방수 특성	① 입자가 적어서 기류의 영향을 받기 쉬우며 증발이 활발하다. ② 수손이 적고 소화시간이 짧다. ③ 벽, 바닥 등의 일부를 파괴하여 소화하는 경우에 유효하다.

12. 엄호 방수요령

① 관창압력 0.6Mpa 정도로 분무방수를 한다.
② 관창각도는 60~70도로 하고 관창수 스스로가 차열을 필요로 할 때는 70~90도로 한다.
③ 엄호방수는 작업 중인 대원의 등 뒤에서 신체 전체를 덮을 수 있도록 분무방수로 한다.
④ 강렬한 복사열로부터 대원을 방호할 때는 열원과 대원 사이에 분무방수를 행한다.

13. 3D 방수기법

펄싱 기법	- 공간을 3차원적으로 냉각시키는 방식이며, - 방수를 통해 주변의 공기와 연기를 냉각시키고,
페인팅 기법	- 벽면의 온도를 낮추고 열분해를 중단시키는 것이며, - 벽면과 천정의 온도를 낮추고 열분해 중단시키는 것이며
펜슬링 기법	- 연소 가연물에 직접 방수하여 화재 진압을 하는 방법을 말한다. - 화점에 직접 방수를 하면서 화재를 진압하는 방식이다.

14. 지하화재

화재 특성	① 짙은 연기가 충만하기 때문에 진입구, 계단, 통로의 사용이 곤란하다. ② 공기의 유입이 적기 때문에 연소가 완만하지만 시간이 경과함에 따라 복잡한 연소상태를 나타낸다. ③ 출입구가 1개소인 경우에는 진입이 곤란하고 급기구, 배기구의 구별이 어렵다. ④ 지하실은 전기실, 기계실 등이 설치되어 있는 경우에는 소방대의 활동위험이 매우 크다.
진압 곤란성	① 짙은 연기, 열기에 의한 내부 상황의 파악이 어렵고, 활동장애 요소가 많다. ② 진입구가 한정되어 활동범위의 제한을 받는다. ③ 진입구가 1개소인 경우에는 한 방향으로만 현장 활동을 하게 되어 혼잡하고 활동에 지장을 초래한다. ④ 장비와 기자재의 집중 관리장소를 현장 가까이에 둘 수 없는 경우가 많다.
진압 요령	① 지하실에는 불연성가스 등의 소화설비가 있는 경우가 많으므로 내부의 구획, 통로, 용도, 수용물 등을 파악한 후 행동한다. ② 진입개소가 2개소인 경우에는 급기, 배기방향을 결정한 후 급기측에서 분무방수 또는 배연기기 등을 이용하여 진입구를 설정한다. ③ 개구부가 2개소 이상일 때는 연기가 많이 분출되는 개구부를 배연구로 하고 반대쪽의 개구부를 진입구로 한다. ④ 소화는 분무, 직사 또는 포그방수로 한다. 또, 관창을 들고 진입하는 대원을 열기로부터 보호하기 위하여 필요한 경우에는 분무방수로 엄호 방수한다. ⑤ 급기측 계단에서 화학차를 활용하여 고발포를 방사(放射), 질식소화를 한다. ⑥ 고발포를 방사하는 경우에는 화세를 확대시키는 경우도 있기 때문에 상층에 경계관창의 배치를 소홀히 해서는 안 된다. ⑦ 대원이 내부 진입할 때에는 확인자를 지정하고, 출입자를 확실하게 파악, 관찰하여야 한다. ⑧ 짙은 연기가 충만하여 진입이 곤란한 경우에는 상층부 바닥을 파괴하여 개구부를 만들고 직접 방수하여 소화하는 경우도 있다.

15. 고층화재진압의 전술적 환경

건물 높이	㉠ 사다리를 통한 구조활동이 불가하여 인명검색과 구조는 내부 계단에 의해서만 가능하다. ㉡ 직접(집중)방수에 의한 진압작전이 사실상 불가능하다는 점에서 전술적 선택범위는 극히 제한적인 상황에 직면한다.
넓은 구획	일반적으로 600~900㎡의 개방된 구획공간을 가진 고층건물 화재는 1~2개의 관창으로는 진입하기 매우 곤란하다. 따라서 화세보다 현재의 소방력이 부족한 경우 화점 구획을 진압하기보다 화재확대를 방지하는 것이 최상의 전략이다.
반응 시간	반응시간은 화재신고 접수를 받을 때부터 소방대원이 최초로 화재현장에 방수할 때까지 걸리는 시간을 말하는 것으로 다른 화재에 비해 고층건물 화재 시 반응시간은 매우 느리다.
건물 설비	고층건물화재 진압활동에서 가장 중요한 성공요인은 소방시설을 포함한 건물설비시스템이다. 건물 설비시스템의 어느 것이라도 제대로 작동되지 않거나 존재하지 않는다면, 정상적인 소방활동은 기대하기 어렵다.
통신	화재현장에서의 통신(의사소통)은 필수적이다. 화재진압대원들은 인명검색과 구조활동 임무를 맡은 대원들과 통신해야 한다. 건물 내에 진입한 팀은 현장지휘소와 통신해야 하지만 강철구조로 된 고층건물은 무선통신이 어려운 것이 일반적이다.

창문	소방전술적 관점에서 고층건물은 <u>창문이 없는 건물</u>로 간주되어야 한다. 건물의 문은 닫혀있고, 문을 열기 위해서는 열쇠가 필요하며, 유리가 매우 크고 두꺼워 파괴가 어렵고, 고층으로 인한 압력차 때문에 유리를 파괴할 경우 강한 바람의 유입으로 위험한 경우가 많기 때문이다.
내화 구조	대부분의 고층건물은 건축법상 내화구조의 건축물로 분류되지만, <u>소방전술적 관점에서는 더 이상 내화 구조의 건축물로 보기 어렵다.</u> ❍ 내화구조는 법이론 관점에서 폭발이나 붕괴 등의 원인이 없을 경우 화재를 한개 층으로 제한할 수 있도록 벽, 바닥, 천장은 내화성을 가지고 있어야 한다는 가정에서 출발한다. <u>석유화학물질이 가미된 생활가구, 가연성 인테리어 구조, 공조시스템에 의한 층별 관통구조 등 현대사회의 고층건 물은 더 이상 내화구조의 건축물로 보기 어렵다.</u>
AVAC	현대사회의 고층건물이 내화적이지 못한 이유 중 하나는 공조시스템(HVAC system)의 존재이다. 공조 시스템의 배관과 통로가 벽, 바닥, 천장을 관통한다. 고층화재에서 종종 층별 또는 구획 간 화재확대는 공조 시스템을 통하여 확대되는 경우가 많다.

16. 위험물화재의 특수현상

구분	오일오버 (Oilover)	보일오버 (Boilover)	후로스오버 (Frothover)	슬로프오버 (Slopover)
특성	화재로 저장탱크 내의 유류가 외부로 분출하면서 탱크가 파열하는 현상	탱크표면화재로 원유와 물이 함께 탱크 밖으로 흘러넘치는 현상	유류표면 아래 비등하는 물에 의해 탱크 내 유류가 넘치는 현상	유류 표면온도에 의해 물이 수증기가 되어 팽창, 비등함에 따라 유류를 외부로 비산시키는 현상
위험성	위험성이 가장 높음	대규모 화재로 확대되는 원인	직접적 화재발생 요인은 아님	직접적 화재발생 요인은 아님

17. 전략의 유형

공격적 작전	화재 초기 또는 성장기에 건물내부로 신속히 진입하여 초기검색과 화재진압이 이루어지는 형태로, 화재를 진화하는 데 초점이 맞추어진다. ※ <u>소방력이 화세보다 우세할 때 적용한다.</u>
방어적 작전	① 화재의 연소확대를 방지하는 데 초점을 맞추는 형태로, 내부공격을 할 수 없는 화재상황에서 장시간의 외부대량방수를 통해 연소확대를 차단하거나 저절로 소화될 때까지 외부에서 방수하는 것을 말한다. ② 방어적 작전상황하에서는 원칙적으로 소방대원이 발화지점에 진입하는 것이 금지되며, 주변 통제가 중요시된다. 이것은 <u>소방력이 화세보다 약한 경우와, 주로 화재의 성장기 또는 쇠퇴기에 적용된다.</u>
한계적 작전	<u>공격적 작전상황의 끝에 가깝고, 방어적 작전상황의 시작에 해당될 때 적용되는 작전형태로,</u> 내부공격이 궁극적으로 효과적이지는 않지만 구조대상자의 안전을 위해 내부공격이 이루어지는 경우이거나 내부공격을 중단하고 외부공격을 해야 할 시점, 즉 전략변경이 요구되는 시점에 적용되는 전략형태이다. ※ <u>한계적 작전상황하에서는 공격적 작전과 방어적 작전이 동시에 이루어지는 것을 의미하지는 않으며,</u> 주로 외부에서의 방어적 작전을 준비 또는 대기하고 있는 상황에서 인명구조와 연소확대 방지를 위해 내부공격이 필요한 경우가 그 예이다.

18. 소방전술의 유형

포위전술	관창을 화점에 포위 배치하여 진압하는 전술형태로 초기 진압 시에 적합하다.
공격전술	관창을 화점에 진입 배치하는 전술형태로 소규모 화재에 적합하다.
블록전술	주로 인접건물로의 화재확대방지를 위해 적용하는 전술형태로 블록(Block)의 4방면 중 확대가능한 면을 동시에 방어하는 전술이다.
중점전술	화세(또는 화재범위)에 비해 소방력이 부족하여 전체 화재현장을 모두 커버 할 수 없는 경우 사회적 경제적 혹은 소방상 중요한 시설 또는 대상물을 중점적으로 대응 또는 진압하는 전술형태를 말한다.
집중전술	소방대가 집중적으로 진화하는 작전으로 예를 들면 위험물 옥외저장탱크 화재 등에 사용된다.

19. 소방용수시설

소화전	상수도와 연결하여 지하식 또는 지상식의 구조로 하고, 소방용 호스와 연결하는 소화전의 연결금속구의 구경은 65밀리미터로 한다.
급수탑	급수배관의 구경은 100밀리미터 이상으로 하고, 개폐밸브는 지상에서 1.5미터 이상 1.7미터 이하의 위치에 설치한다.
저수조	① 지면으로부터 낙차가 4.5미터 이하 ② 흡수부분의 수심은 0.5미터 이상 ③ 소방펌프차가 용이하게 부서 할 수 있어야 한다.(흡수관 1본, 15m) ④ 흡수관의 투입구가 사각형의 경우에는 한 변의 길이가 60센티미터 이상, 원형의 경우에는 지름이 60센티미터 이상일 것 ⑤ 저수조에 물을 공급하는 방법은 상수도에 연결하여 자동으로 급수되는 구조일 것 ⑥ 흡수에 지장이 없도록 토사, 쓰레기 등을 제거할 수 있는 설비를 갖추어야 한다.

20. 소방 안전관리의 특성

일체성 적극성	• 효과적인 소방활동을 염두해둔 적극적인 행동대책이라고 할 수 있다. • 대원 자신의 안전으로 연결되어 소방활동이 적극적으로 실행될 수 있도록 한다. ※ 재해현장 소방활동에 있어서 안전관리에 대한 일체성의 예는 호스연장 시 호스를 화재 건물과 가까이 두고 연장하지 않도록 하는 것은 화재건물의 낙하물체나 고열의 복사열에 의한 호스손상을 방지하여 결과적으로 진압활동이나 인명구조시 엄호방수가 완전히 이루어질 수 있도록 하기 위한 것이다.
특이성 양면성	소방 조직의 재난현장 활동은 임무 수행과 동시에 대원의 안전을 확보하여야 하는 양면성이 요구된다.
계속성 반복성	안전관리는 끝없이 계속·반복적으로 실시되어야 한다. 재해현장의 안전관리는 출동에서부터 귀소하여 다음 출동을 위한 점검·정비까지 계속된다.

21. 하인리히 이론 : 사회적 환경 및 유전적 요소 → 개인적 결함 → 불안전한 행동, 상태 → 사고 → 상해

22. Bird 이론 : 제어의 부족 → 기본원인 → 직접원인 → 사고 → 재해손실

23. 시범실습식 교육

장 점	① 행동요소를 포함하는 기술교육에 적합하다. ② 교육생의 적극적인 참여를 가져온다. ③ 이해도 측정이 용이하다. ④ 의사전달의 효과를 보완할 수 있다.
단 점	① 시간이나 장소, 교육생의 수에 제한을 받는다. ② 사고력 학습에 부적합하다.

※ 진행방법 : 설명단계 → 시범단계 → 실습단계 → 감독단계 → 평가단계

24. 사례연구법(문제해결식 교육)

장 점	① <u>현실적인 문제의 학습이 가능하다.</u> ② <u>흥미가 있고 학습동기를 유발할 수 있다.</u> ③ <u>생각하는 학습교류가 가능하다.</u>
단 점	① 원칙과 룰(rule)의 체계적 습득이 어렵다. ② 적절한 사례의 확보가 곤란하다. ③ 학습의 진보를 측정하기 힘들다.

25. 위험예지훈련

감수성을 높임	안전을 확보하기 위해서는 위험에 대한 감수성을 높이는 것이 필요하다. 위험예지훈련은 소방활동이나 훈련·연습 중에서 위험요인을 발견할 수 있는 감수성을 소대원(개인) 수준에서 소대(팀)수준으로 높이는 훈련이다.
모임의 중요성 인식	① 편안한 분위기에서 행한다. ② 전원이 자유롭게 발언한다. ③ <u>발언에 대하여 비판은 하지 않으며 논의도 하지 않는다.</u> ④ 타인의 이야기를 잘 듣고 서로가 자기의 생각을 높여가도록 한다. ⑤ <u>질보다는 양을 중요시한다.</u>

26. 고속도로 상에서의 주차방법

① 주 교통흐름을 어느 정도 차단할 수 있는 위치에 주차한다.

② 주차각도는 차선의 방향으로부터 비스듬한 각도(角度)를 가지고 주차하여 진행하는 차량으로부터 대원의 안전을 확보하도록 한다.

③ 주차된 소방차량의 앞바퀴는 사고현장과 일직선이 아닌 방향으로 즉 사고현장의 외곽부분으로 향하도록 정렬하여 진행하는 차량이 소방차량과 충돌할 경우 소방차량에 의해 대원이 부상당하지 않도록 하여야 한다.

④ 사고현장의 완벽한 안전확보를 위하여 사고현장으로부터 최소한 40~60m 정도 떨어진 위치에 추가의(경찰차 등) 차량을 배치시켜 일반 운전자들이 서행하거나 우회할 수 있도록 조치하여야 한다.

⑤ 대원들이 통행차량으로부터 부상을 당하지 않도록 주의를 환기하여야 한다.

⑥ 대원들이 방호(防護)된 활동영역을 가급적 벗어나지 않도록 한다.

27. 화재소실에 의한 분류

구 분	소 실 정 도	내 용
전 소	70% 이상	건물의 70% 이상(입체면적에 대한 비율을 말한다) 소실되었거나 또는 미만이라도 잔존부분을 보수를 하여도 재사용이 불가능한 것
반 소	30% 이상 70% 미만	건물의 30% 이상 70% 미만이 소실된 것
부분소	전소 및 반소화재에 해당되지 아니하는 것	

28. 건물동수 산정

① 주요구조부가 하나로 연결되어 있는 것은 같은 동으로 한다. 다만 건널 복도 등으로 2 이상의 동에 연결되어 있는 것은 그 부분을 절반으로 분리하여 각 동으로 본다.

② 건물의 외벽을 이용하여 실을 만들어 헛간, 목욕탕, 작업실, 사무실 및 기타 건물 용도로 사용하고 있는 것은 주 건물과 같은 동으로 본다.

③ 구조에 관계없이 지붕 및 실이 하나로 연결되어 있는 것은 같은 동으로 본다.

④ 목조 또는 내화조 건물의 경우 격벽으로 방화구획이 되어 있는 경우도 같은 동으로 한다.

⑤ 독립된 건물과 건물 사이에 차광막, 비막이 등의 덮개를 설치하고 그 밑을 통로 등으로 사용하는 경우는 다른 동으로 한다. (작업장과 작업장 사이에 조명유리 등으로 비막이를 설치하여 지붕과 지붕이 연결되어 있는 경우)

⑥ 내화조 건물의 옥상에 목조 또는 방화구조 건물이 별도 설치되어 있는 경우는 별동으로 한다. 다만, 이들 건물의 기능상 하나인 경우(옥내 계단이 있는 경우)는 같은 동으로 한다.

⑦ 내화조 건물의 외벽을 이용하여 목조 또는 방화구조건물이 별도 설치되어 있고 건물 내부와 구획되어 있는 경우 다른 동으로 한다. 다만, 주된 건물에 부착된 건물이 옥내로 출입구가 연결되어 있는 경우와 기계설비 등이 쌍방에 연결되어 있는 경우 등 건물 기능상 하나인 경우는 같은 동으로 본다.

29. 소방펌프 조작 시 일어날 수 있는 현상

캐비테이션
(Cavitation,
공동현상)
	소방펌프 내부에서 흡입양정이 높거나, <u>유속의 급변 또는 와류의 발생, 유로에서의 장애</u> 등에 의해 압력이 국부적으로 포화증기압 이하로 내려가 기포가 발생되는 현상이 일어날 수 있는데, 이 현상을 캐비테이션(공동현상)이라 한다.
	※ 캐비테이션 발생 시 조치사항
	   – 흡수관측의 손실을 가능한 작게 한다.
	   – 소방펌프 흡수량을 높이고, 소방펌프의 회전수를 낮춘다.
	   – 동일한 회전수와 방수량에서는 방수밸브를 조절한다.
	   – 흡수관의 스트레이너 등에 이물질이 있는 경우 이를 제거한다.

수격(Water hammer) 현상	관내에 물이 가득 차서 흐르는 경우 그 관로의 끝에 있는 <u>밸브를 갑자기 닫을 경우 물이 갖고 있는 운동에너지는 압력에너지로 변하고 큰 압력 상승이 일어나서 관을</u> 넓히려고 한다. 이 압력 상승은 압력파가 되어 관내를 왕복한다. 이런 현상을 수격작용이라고 한다. 압력파가 클 경우에 가장 약한 부분이 파손될 수 있어 원심펌프에서는 임펠러 파손을 막기 위해 역류방지밸브(논리턴밸브)를 설치하고 있다.
서징현상 (Surging)	<u>소방펌프 사용 중에 한 숨을 쉬는 것과 같은 상태가 되어, 소방펌프 조작판의 연성계와 압력계의 바늘이 흔들리고 동시에 방수량이 변화하는 현상이다.</u> 서징현상이 강할 때에는 극심한 진동과 소음을 발생한다. ※ 서징현상 방지대책 배관 중간에 수조(물이 모여 있는 부분) 또는 기체상태의 부분(공기가 모여 있는 부분)이 존재하지 않도록 배관을 설계하여야 한다.

30. 소방 안전관리의 특성

일체성 적극성	호스연장 시 호스를 화재건물과 가까이 두고 연장하지 않도록 하는 것은 화재건물의 낙하물체나 고열의 복사열에 의한 호스손상을 방지하여 결과적으로 진압활동이나 인명구조 시 엄호방수가 완전히 이루어질 수 있도록 하기 위한 것이다. 이는 대원 자신의 안전으로 연결되어 소방활동이 적극적으로 실행될 수 있도록 한다. ※ 안전관리의 일체성, 적극성은 효과적인 소방활동을 염두에 둔 적극적인 행동대책이라고 할 수 있다.
특이성 양면성	① 소방활동은 임무수행과 안전 확보의 양립이 요구되고 있다. ② 위험성을 수반하는 임무수행이 전제된 때에 안전관리 개념이 성립된다. ③ 화재현장의 위험을 확인한 후에 임무수행과 안전 확보를 양립시키는 특이성·양면성이 있다.
계속성 반복성	① 안전관리에는 끝이 없으므로 반복하여 실행하여야 한다. ② 소방활동의 안전관리는 출동에서 귀소까지 한 순간도 끊임없이 계속된다. ③ 평소의 교육, 훈련이나 기기 점검 등도 안전관리상 중요한 요소이다.

31. 죽음에 대한 정서반응

부 정	죽어가고 있는 환자의 첫 번째 정서반응으로 의사의 실수라 믿으며 기적이 일어나길 바란다.
분 노	초기의 부정반응에 이어지는 것이 분노이다. 이 반응은 말이나 행동을 통해 격렬하게 표출될 수 있다. 소방대원은 이런 감정을 이해해 줄 필요는 있으나 신체적인 폭력에 대해서는 단호하게 대처해야 한다. 또한 경청과 대화를 통해 공감대를 형성하는 것도 좋은 방법이다.

협 상	'그래요. 내가, 하지만...' 이란 태도를 나타낸다. 매우 고통스럽고 죽을 수도 있다는 현실은 인정하지만 삶의 연장을 위해 다양한 방법으로 협상하고자 한다.
우 울	현실에 대한 가장 명백하고 일반적인 반응이다. 환자는 절망감을 느끼고 우울증에 빠지게 된다.
수 용	환자가 나타내는 가장 마지막 반응이다. 환자는 상황을 현실로 받아들이고 그들이 할 수 있는 최선을 다하려고 노력한다. 이 기간 동안 가족이나 친구의 적극적이고 많은 도움이 필요하다.

32. 소독과 멸균

세 척	대상물로부터 모든 이물질(토양, 유기물 등)을 제거하는 과정으로 소독과 멸균의 가장 기초단계이다. 일반적으로 물과 기계적인 마찰, 세제를 사용한다.
소 독	<u>생물체가 아닌 환경으로부터 세균의 아포를 제외한 미생물을 제거하는 과정이다.</u> 일반적으로 액체 화학제, 습식 저온 살균제에 의해 이루어진다.
멸 균	물리적, 화학적 과정을 통하여 모든 미생물을 완전하게 제거하고 파괴시키는 것을 말하며 고압증기멸 균법, 가스멸균법, 건열멸균법, H2O2 Plasma 멸균법과 액체 화학제 등을 이용한다.
살균제	미생물 중 병원성 미생물을 사멸시키기 위한 물질을 말한다. 이 중 피부나 조직에 사용하는 살균제를 피부소독제라 한다.
화학제	진균과 박테리아의 아포를 포함한 모든 형태의 미생물을 파괴하는 것으로 화학멸균제라고도 하며, 단기간 접촉되는 경우 높은 수준의 소독제로 작용할 수 있다.

33. 위험물사고현장 구급 활동

오염구역 (Hot zone)	㉠ 빠른 환자 이동(단, 척추손상 환자 시 빠른 척추고정 적용) ㉡ <u>오염된 의복과 악세사리를 현장에서 가위를 이용해 제거 후 사용한 의료기구 및 의복은 현장에 남겨두고 환자만 이동한다.</u>(의복 및 의료기구는 오염되었다는 가정 하에 실시한다.) ㉢ 들것에 시트를 2장 준비 또는 이불을 가져가 옷을 제거한 환자의 신체를 덮어 주어야 한다. ㉣ 환자의 추가 호흡기계 오염을 방지하기 위해서 독립적 호흡장치(SCBA) 사용 ㉤ 양압환기가 필요한 환자의 경우 산소저장낭이 달린 BVM 사용
오염통제구역 (Warm zone)	㉠ 오염 통제구역은 오염구역과 안전구역 사이에 위치해 있으며 과 같이 제독 텐트 및 필요 시 펌프차량 등이 위치해 오염을 통제하는 구역이다. 이 구역 역시 오염 가능성이 있는 곳으로 적정 장비 및 훈련을 받은 최소인원으로 구성되어 제독활동을 진행해야 한다. ㉡ 오염구역 활동이 끝난 후에는 대원들은 제독활동을 해야 하며 환자들은 오염구역에서 제독 텐트에 들어가기 전에 전신의 옷과 악세사리를 벗어 비닐백에 담아 밀봉 후 다시 드럼통에 담아 이중으로 밀봉해야 한다.(이때, 유성펜을 이용해 비닐백 위에 이름을 적는다.) ㉢ <u>오염통제구역 내 구급처치는 기본인명소생술로 기도, 호흡, 순환(지혈), 경추 고정, CPR, 전신중독 평가 및 처치가 포함된다.</u> ㉣ 정맥로 확보 등과 같은 침습성 과정은 가급적 제독 후 안전구역에서 실시해야 하며 오염 통제구역에서 사용한 구급장비는 안전구역에서 사용해서는 안 된다.
안전구역 (Cold zone)	안전구역은 현장지휘소 및 인력·자원 대기소 등 현장활동 지원을 하는 구역으로 구급대원이 활동하는 구역이기도 하다. 대량환자의 경우 Triage를 통해 환자를 분류한 후 우선순위에 따라 병원으로 이송해야 한다.

34. 환자자세의 유형

구 분	환자자세	기대효과
바로누운자세	얼굴을 위로 향하고 누운 자세	신체의 골격과 근육에 무리한 긴장을 주지 않는다.
옆누운자세	좌우측면으로 누운 자세	• 혀의 이완 방지 • 분비물의 배출이 용이 • 질식방지에 효과적
엎드린자세	얼굴을 아래로 향하고 누운 자세	의식이 없거나 구토환자의 경우 질식방지에 효과적이다.
트렌델렌버그자세	등을 바닥에 대고 누워, 침상다리 쪽을 45° 높여 머리가 낮고 다리가 높은 자세	중요한 장기로 혈액을 순환시켜 증상악화방지 및 하지출혈을 감소시킨다.
변형된 트렌델렌버그자세	머리와 가슴은 수평 되게 유지하고 다리를 45°로 올려주는 자세	정맥 귀환량을 증가시켜 심박출력을 강화하는 데 효과가 있기 때문에 쇼크자세로 사용된다.
앉은자세	윗몸을 45~60° 세워서 앉은 자세	흉곽을 넓히고 폐의 울혈완화 및 가스교환이 용이하여 호흡상태 악화를 방지한다.

35. 환자 중증도 분류 4가지

긴급 환자 (적색)	생명을 위협할만한 쇼크 또는 저산소증이 나타나거나 임박한 경우, 만약 즉각적인 처치를 행할 경우에 환자는 안정화될 가능성과 소생 가능성이 있는 경우
응급 환자 (황색)	손상이 전신적인 증상이나 효과를 유발하지만, 아직까지 쇼크 또는 저산소증 상태가 아닌 경우, 전신적 반응이 발생하더라도 적절한 조치를 행할 경우 즉각적인 위험 없이 45~60분 정도 견딜 수 있는 상태
비응급 환자 (녹색)	전신적인 위험 없이 손상이 국한된 경우 ; 최소한의 조치로도 수 시간 이상 아무 문제가 없는 상태
지연 환자 (흑색)	대량 재난시에 임상적 및 생물학적 사망이 명확히 구분되지 않는 상태와, 자발 순환이나 호흡이 없는 모든 무반응의 상태를 죽음으로 생각한다. 몇몇 분류에서는 어떤 처치에도 불구하고 생존 가능성이 희박한 경우를 포함

36. 환자 안전

긴급이동	① 환자나 대원에게 즉각적인 피해를 줄 수 있는 위험한 환경일 때 ② 화재, 화재 위험, 위험물질이나 폭발물질, 고속도로, 환자의 자세나 위치가 손상을 증가시킬 때 ③ 다른 위급한 환자에게 접근할 때 ④ 고정 장치를 이용할 시간이 없을 때 ⑤ 척추손상을 초래할 수 있어 위급한 경우에만 사용 ⑥ 만약 시간이 허용된다면 척추 고정을 실시한 후에 이동 ⑦ 이동 방법으로는 1인 환자 끌기, 담요 끌기 등이 있다. 　　※ 옷 끌기, 경사 끌기, 어깨 끌기, 팔 끌기, 팔과 팔 끌기, 담요 끌기

응급이동	환자의 상태가 즉각적인 이송이나 응급처치를 요하는 경우에 사용하는 것으로 쇼크, 가슴손상으로 인한 호흡곤란 등이 있다. ① 긴급 이동과 차이점은 척추손상에 대한 예방조치를 할 수 있다는 점이다. ② 긴급구출은 차량사고에서 짧은 척추고정판이나 조끼형 구조장비로 고정시킬 충분한 시간이 없을 때 사용된다. ③ 보통 척추손상 의심환자를 차량 밖으로 구조하는 데 약 10분 정도 걸리는 것을 1~2분으로 단축시킬 수 있다. ※ 이 방법은 척추 손상 위험이 높다 ④ 긴급구출은 3명 이상의 대원이 한 팀으로 하여야 하고, 긴 척추 보호대에 눕혀 차량 밖으로 이동 후 고정한다.

37. 흡인기

코삽입관	용도	비강용 산소투여 장치로 환자의 거부감을 최소화 시켰으며 낮은 산소를 요구하는 환자에게 사용된다. 환자의 코에 삽입하는 2개의 돌출관을 통해 환자에게 산소를 공급하며 유량을 분당 1~6L로 조절하면 산소농도를 24~44%로 유지할 수 있다.
	구분	성인용, 소아용
	주의 사항	• 유량속도가 많아지면 두통이 야기될 수 있다. • 장시간 이용 시 코 점막 건조를 예방하기 위해 가습산소를 공급한다. • 비강내 손상이 있는 환자에게는 사용을 억제하고 다른 기구를 사용한다.
단순 얼굴 마스크	용도	입과 코를 동시에 덮어주는 산소공급기구로 작은 구멍의 배출구와 산소가 유입되는 관 및 얼굴에 고정시키는 끈으로 구성되어 있다. 6~10L의 유량으로 흡입 산소농도를 35~60%까지 증가시킬 수 있다.
	특징	• 성인용, 소아용으로 구분 • 이산화탄소 배출구멍이 있으나 너무 작아 불편감을 호소하기도 한다. • 얼굴에 완전히 밀착되지 않아 충분한 산소가 공급되지 않을 수 있다. • 이산화탄소 잔류로 인해 산소공급량은 높을수록 효과적이다.
비재 호흡 마스크	용도	심한 저산소증 환자에게 고농도의 산소를 제공하기에 적합
	특징	• 체크(일방향) 밸브가 달려 있다. • 산소저장낭이 달려있어 호흡 시 100%에 가까운 산소를 제공할 수 있다. • 산소 저장낭을 부풀려 사용하고 최소 분당 10~15L 유량의 산소를 투여하면 85~100%의 산소를 공급할 수 있다. • 얼굴밀착의 정도에 따라 산소농도가 달라진다.
벤튜리 마스크	용도	특수한 용도로 산소를 제공할 경우에 사용되며 표준 얼굴 마스크에 연결 된 공급배관을 통해 특정 산소 농도를 공급해 주는 호흡기구
	규격	24%, 28%, 31%, 35%, 40%, 50%(53%)
	특징	• 일정한 산소가 공급될 때 공기의 양도 일정하게 섞여 들어가는 형태 • 만성폐쇄성폐질환(COPD)환자에게 유용 • 분당 산소 유입량은 2~8L

38. 입인두 기도기

용도	무의식 환자의 기도유지를 위해 사용
크기 선정	• 입 가장자리에서부터 귀볼까지 • 입 중심에서부터 하악각까지
사용법	• 크기 선정법에 따라 크기를 선택한다. • 환자의 입을 수지교차법으로 연다. • 기도기 끝이 입천장을 향하도록 하여 구강내로 삽입한다. • 입천장에 닿으면 180도 회전시켜서 후방으로 밀어 넣는다. • 입 가장자리에서 입안으로 넣은 후 90° 회전시키는 방법도 있다. • 기도기 플랜지가 환자의 입술이나 치아에 걸려 있도록 한다. • 입 정중앙에 위치하도록 한다.(필요하다면 테이프로 고정)
주의 사항	• 의식이 있고, 반혼수 상태 환자에게는 부적절(구토유발 및 제거행동) • 크기가 크거나 작으면 후두개 압박이나 성대경련과 같이 오히려 기도유지가 안되거나 기도 폐쇄를 유발할 수 있다. • 구토 반사가 있으면 제거해야 한다. • 구토에 의해 위 내용물에 의한 흡인을 방지할 수 없다.

39. 코인두 기도기

용도	의식이 있는 환자에게 일시적으로 기도를 확보해 주기 위한 기구로 입인두 기도기를 사용할 수 없을 때 사용
크기 선정	• 길이 : 코 끝에서 귓불 끝까지의 길이 • 크기 : 콧구멍보다 약간 작은 것
사용법	• 크기 측정을 통한 적정한 기도기를 선택한다. • 기도기에 반드시 윤활제를 묻힌다.(비출혈 방지) • 삽입 전에 무엇을 하는지를 환자에게 설명해 준다. • 기도기 끝의 단면이 비중격으로 가도록 하여 코로 집어넣는다. • 플랜지가 피부에 오도록 하여 부드럽게 밀어 넣는다. • 기도기를 집어넣는 동안 막히는 느낌이 들면 반대쪽 비공으로 집어넣는다.

40. 부목

구분 종류	공기부목	진공부목	긴 척추고정판
용도	<u>부목에 공기를 불어넣어 골절부위를 고정하는 장비</u>	공기부목과 반대로 공기를 제거하여 고정하는 장비	<u>들것으로 오인하는 경우가 많지만 척추손상이 의심되는 환자를 고정하는 전신용 부목</u>
특징	• 비닐 재질로 되어 있어 골절 부위의 관찰이 가능하다. • <u>출혈이 있는 경우 지혈효과가 있다.</u> • 온도와 압력의 변화에 예민하다. • 부목 압력을 수시로 확인하여야 한다.(압력은 부목 가장자리를 눌러 양쪽 벽이 닿을 정도) • 개방성 골절이 있는 환자에게 적용해서는 안 된다.	• 공기를 제거하면 특수 소재 알갱이들이 단단해지면서 고정된다. • 변형된 관절 및 골절에 유용하다. • 외형이 찢기거나 뚫리면 부목의 기능을 하지 못하므로 주의해야 한다. • <u>전신진공부목은 척추고정이 안 된다.</u> • 사용하기 전 알갱이를 고루 펴서 적용한다. • 진공을 시키면 형태가 고정되므로 "C"나 "U" 모양으로 적용한다. • 진공으로 부피가 감소하며 느슨해진 고정끈을 재결착해야 한다.	• 재질이 미끄러우므로 장축이동이 가능 • 가슴, 배, 다리 고정끈 결착 확인 • 구조현장 및 부력이 있어 수상구조 시 유용 • 들것대용으로도 사용이 가능하여 수직 및 수평구조 시 사용 • 임신 말기 환자의 경우 좌측위로 고정판이 왼쪽으로 기울어지게 해야 한다.(대정맥 압박 방지)

41. 구조대의 종류

일반구조대	시·도의 규칙으로 정하는 바에 따라 소방서마다 1개 대(隊) 이상 설치하되, 소방서가 없는 시·군·구의 경우에는 해당 시·군·구 지역의 중심지에 있는 119안전센터에 설치할 수 있다.
특수구조대	소방대상물, 지역 특성, 재난발생 유형 및 빈도 등을 고려하여 시·도의 규칙으로 정하는 바에 따라 지역을 관할하는 소방서에 설치한다. 다만, 고속국도구조대는 직할구조대에 설치할 수 있다. ① 화학구조대 : 화학공장이 밀집한 지역 ② 수난구조대 : 내수면 지역 ※ 하천·댐·호수·저수지 기타 인공으로 조성된 담수나 기수의 수류 또는 수면 ③ 산악구조대 : 자연공원 등 산악지역 ④ 고속국도구조대 ⑤ 지하철구조대 : 도시철도의 역사 및 역무시설
직할구조대	대형·특수 재난사고의 구조, 현장 지휘 및 지원 등을 위하여 소방청 또는 소방본부에 설치하되, 소방본부에 설치하는 경우에는 시·도의 규칙으로 정하는 바에 따른다.
테러대응 구조대 (비상설구조대)	테러 및 특수재난에 전문적으로 대응하기 위하여 필요한 경우 소방청 또는 소방본부에 설치하는 것을 원칙으로 하되, 구조대의 효율적 운영을 위해 필요한 경우, 화학구조대와 직할구조대를 테러대응구조대로 지정할 수 있다.
국제구조대 (비상설구조대)	소방청장은 국외에서 대형재난 등이 발생한 경우 재외국민의 보호 또는 재난발생국의 국민에 대한 인도주의적 구조활동을 위하여 국제구조대를 편성하여 운영할 수 있다. 현재 소방청에 설치하는 직할구조대인 중앙119구조본부에서 업무를 담당하고 있다.
항공구조 구급대	소방청장 또는 소방본부장은 초고층 건축물 등에서 구조대상자의 생명을 안전하게 구조하거나 도서·벽지에서 발생한 응급환자를 의료기관에 긴급히 이송하기 위하여 항공구조구급대를 편성하여 운영한다.

42. 초기대응 절차 / LAST

1단계 : 현장 확인 (Locate)	재난사고가 발생하면 사고 장소와 현장상황을 정확히 파악해야 한다. ① 사고 원인은 무엇이고 어떻게 진행되고 있는가. ② 그 상황에 대응하는 방법과 인력, 장비는 무엇인가. ③ 우리가 적절한 대응능력을 갖추고 있는가를 판단하는 것이다.
2단계 : 접근 (Access)	① 구조활동의 실행 단계로 안전하고 신속하게 구조대상자에게 접근하는 단계이다. ② 사고 장소가 바다나 강이라면 구조대원 자신이 물에 들어가지 않아도 되는 안전한 구조방법을 우선 선택하고 산악사고라면 실족이나 추락, 낙석 등의 위험성이 있는지 주의하며 접근한다.
3단계 : 상황의 안정화 (Stabilization)	① 현장을 장악하여 상황이 더 이상 악화되지 않고 안전이 유지될 수 있도록 조치하는 단계이다. ② 구조대상자를 위험상황에서 구출하고 부상이 있으면 적절한 응급처치를 한다. 이후 주변의 위험요인을 제거하여 더 이상 사고가 확대되지 않도록 조치한다.
4단계 : 후송 (Transport)	① 구조대상자가 아무런 부상 없이 안전하게 구출되는 것이 최선의 구조활동이지만 사고의 종류나 현장상황에 따라 심각한 손상을 입은 구조대상자를 구출할 수도 있다. ② 이 경우 현장에서 제공할 수 있는 응급처치는 상당히 제한적이다. 또한 외관상 아무런 부상이 없거나 경상으로 보이는 경우에도 심각한 손상이 있거나 후유증이 발생할 수 있기 때문에 구조대상자는 일단 의료기관으로 후송하는 것을 원칙으로 한다. ③ 'T'는 마지막 후송단계로서 사고의 긴급성에 따라 적절한 이동수단을 사용하여 의료기관에 후송하는 것으로 초기대응이 마무리된다.

43. 로프강도

성능 \ 종류	마닐라삼	면	나일론	폴리에틸렌	H. Spectra® Polyethylene	폴리에스터	Kevlar® Aramid
비중	1.38	1.54	1.14	0.95	0.97	1.38	1.45
신장율	10~15%	5~10%	20~34%	10~15%	4% 이하	15~20%	2~4%
인장강도*	7	8	3	6	1	4	2
내충격력*	5	6	1	4	7	3	7
내열성	177℃ 탄화	149℃ 탄화	249℃ 용융	166℃ 용융	135℃ 용융	260℃ 용융	427℃ 탄화
내마모성*	4	8	3	6	1	2	5
전기저항	약	약	약	강	강	강	약

44. 로프 수명

시간 경과에 따른 강도 저하	• 로프는 사용 횟수와 무관하게 강도가 저하된다. • 특히 4년 경과시부터 강도가 급속히 저하된다. • 5년 이상 경과된 로프는 폐기한다(UIAA 권고사항).

로프의 교체 시기	• 가끔 사용하는 로프 : 4년
	• 매주 사용하는 로프 : 2년
	• 매일 사용하는 로프 : 1년
	• 스포츠 클라이밍 : 6개월
	• 즉시 교체하여야 하는 로프
	  – 큰 충격을 받은 로프(추락, 낙석, 아이젠)
	  – 납작하게 눌린 로프
	  – 손상된 부분이 있는 로프

45. 하강기 종류

8자 하강기	① 로프를 이용해서 하강해야 하는 경우 사용한다. ② 작고 가벼우면서도 견고하고 사용이 간편하다. ③ 전형적인 하강기는 8자 형태이지만 이를 약간 변형시킨 "구조용하강기" 튜브형 하강기도 많이 사용된다. ④ 구조용 하강기는 일반적인 8자 하강기에 비하여 제동 및 고정이 용이한 것이 장점이다.
그리그리 (GriGri)	① 그리그리는 스토퍼와 같이 로프의 역회전을 방지할 수 있는 구조로 주로 확보용 장비이다. ② 주로 암벽 등에서 확보하는 장비로 사용되며 짧은 거리를 하강할 때 이용하기도 한다.
스톱하강기 (Stopper)	① 스톱은 로프 한 가닥을 이용하여 제동을 걸어준다. ② 하강 스피드의 조절이 용이하다. ③ 우발적인 급강하 사고를 방지할 수 있기 때문에 최근 구조대에서 사용이 증가하고 있는 추세이다.

46. 화학보호복 착용순서 / 레벨 A

① 공기조절밸브호스를 공기호흡기에 연결한다.
② 공기호흡기 실린더를 개방한다.
③ 화학보호복 안면창에 성에방지제를 도포한다(손수건과 함께 휴대하는 것이 좋음)
④ 화학보호복 하의를 착용한다.
⑤ 공기호흡기 면체를 목에 걸고 등지게를 착용한다.
⑥ 무전기를 착용한다.
⑦ 공기조절밸브에 호스를 연결한다.
⑧ 면체를 착용하고 양압호흡으로 전환한다.
⑨ 헬멧과 장갑을 착용한다.
⑩ 보조자를 통해 상의를 착용 후 지퍼를 닫고 공기조절밸브의 작동상태를 확인한다.

47. 기본매듭

마디짓기 (결절)	옭매듭, 두겹옭매듭, 8자매듭, 두겹8자매듭, 이중8자매듭, 줄사다리매듭, 고정매듭, 두겹고정매듭, 나비매듭
이어매기 (연결)	바른매듭, 한겹매듭, 두겹매듭, 8자연결매듭, 피셔맨매듭
움켜매기 (결착)	말뚝매기, 절반매듭, 잡아매기, 감아매기, 클램하이스트매듭, 두겹고정매듭, 세겹고정매듭, 앉아매기

48. 화재현장에서 발생하는 유독가스

종 류	발생조건	허용농도 (TWA)
일산화탄소(CO)	불완전 연소 시 발생	50ppm
아황산가스(SO_2)	중질유, 고무, 황화합물 등의 연소 시 발생	5ppm
염화수소(HCl)	플라스틱, PVC	5ppm
시안화수소(HCN)	우레탄, 나일론, 폴리에틸렌, 고무, 모직물 등의 연소	10ppm
암모니아(NH_3)	열경화성 수지, 나일론 등의 연소 시 발생	25ppm
포스겐($COCl_2$)	프레온 가스와 불꽃의 접촉	0.1ppm

49. 수중탐색(줄을 이용하지 않는 탐색)

등고선 탐색	① 해안선이나 일정간격을 두고 평행선을 따라 이동하며 물체를 찾는 방법으로 물체가 있는 수심과 위치를 비교적 정확하게 알고 있을 경우에 유용하다. ③ 예를 들어 해변의 경우 예상되는 지점보다 약 30m 정도 외해 쪽으로 벗어난 곳에서 해안선과 평행하게 이동하며 탐색한다. ⑤ 평행선과 평행선과의 거리는 시야범위 정도가 적당하며 경사가 급한 곳에서는 수심계로 수심을 확인하며 경로를 유지할 수도 있다.
U자 탐색	탐색 구역을 "ㄹ"자 형태로 탐색하는 방법으로 장애물이 없는 평평한 지형에서 비교적 작은 물체를 탐색하는데 적합하다. 각 평행선의 간격은 시야거리 정도가 적당하며, 수류가 있을 경우에는 수류와 평행한 방향으로 이동한다.
소용돌이 탐색	비교적 큰 물체를 탐색하는데 적합한 방법으로 탐색구역의 중앙에서 출발하여 이동거리를 조금씩 증가시키면서 매번 한 쪽 방향으로 90°씩 회전하며 탐색한다.

50. 줄을 이용하지 않는 탐색

원형 탐색	(시야가 좋지 않으며 탐색면적이 좁고 수심이 깊을 때 활용하는 방법) ⓐ 인원과 장비의 소요가 적은 반면 탐색할 수 있는 범위가 좁다. ⓑ 탐색 구역의 중앙에서 구심점이 되어 줄을 잡고, 다른 한 사람이 줄의 반대쪽을 잡고 원을 그리며 한바퀴 돌면서 탐색한다. ⓒ 출발점으로 한바퀴 돌아온 뒤에 중앙에 있는 사람이 줄을 조금 풀어서 더 큰 원을 그리며 탐색하는 방법을 반복한다. 물론 줄은 시야거리 만큼씩 늘려나간다.
반원 탐색	(조류가 세고 탐색면적이 넓을 때 사용) ⓐ 원형탐색을 응용한 형태로 해안선, 방파제, 부두 등에 의해 원형탐색이 어려울 경우 반원 형태로 탐색한다. ⓑ 원형 탐색과의 차이점은 원을 그리며 진행하다 계획된 지점이나 방파제 등의 장애물을 만날 경우 줄을 늘리고 방향을 바꾸어서 반대 방향으로 전진하며 탐색한다는 것이다. ⓒ 정박하고 있는 배에서 물건을 떨어뜨릴 경우 가라앉는 동안 수류가 흐르는 방향으로 약간 벗어나게 되기 때문에 수류의 역 방향은 탐색할 필요가 없다. ⓓ 이런 경우에 원형탐색을 한다면 비효율적이며 수류가 흘러가는 방향만을 반원탐색으로 탐색하는 것이 효과적이다.
왕복 탐색	(시야가 좋고 탐색면적이 넓을 때 사용하는 방법) ⓐ 탐색구역의 외곽에 평행한 기준선을 두 줄로 설정하고, 기준선과 기준선에 수직방향의 줄을 팽팽하게 설치한다. ⓑ 실제 구조활동 시는 두 명의 다이버가 동시에 같은 방향으로 이동하면서 수색에 임한다. 특히 시야가 확보되는 않는 경우 긴급사항이 발생 시 반대에서 서로 비껴 지나가는 방법은 맞지 않으며 인명구조사 1급 교육시에도 두 명의 다이버는 동시에 같은 방향으로 이동하면 수색하는 방법으로 교육을 실시하고 있다.
직선 탐색	(시야가 좋지 않고 탐색면적이 넓은 지역에 사용) ⓐ 탐색하는 구조대원의 인원수에 따라 광범위하게 탐색할 수 있고 폭넓게 탐색할 수 있으나 대원 상호간에 팀워크가 중요하다. ⓑ 먼저 탐색할 지역을 설정하고 수면의 구조대원이 수영을 하며 수중에 있는 여러 명의 구조대원을 이끌면서 탐색한다. ⓒ 구조대원간의 간격은 시정에 따라 적절하게 배치한다.

51. 붕괴의 유형과 빈 공간의 형성

경사형 붕괴	㉠ 마주보는 두 외벽 중 하나가 결함이 있을 때 발생한다. ㉡ 결함이 있는 외벽이 지탱하는 건물 지붕의 측면 부분이 무너져 내리면 삼각형의 공간이 발생하며 이렇게 형성된 빈 공간에 구조대상자들이 갇히는 경우가 많다. ㉢ 파편이 지지하고 있는 벽을 따라 빈 공간으로 진입하는 것이 붕괴위험도 적고 구조활동도 용이하다.
팬케이크형 붕괴	㉠ '시루떡처럼 겹쳐졌다'는 표현으로서 마주보는 두 외벽에 모두 결함이 발생하여 바닥이나 지붕이 아래로 무너져 내리는 경우에 발생한다. ㉡ 팬케이크 붕괴에 의해 형성되는 공간은 다른 경우에 비해 협소하며 어디에 형성되는지 파악하기가 곤란하다. ㉢ 생존자가 발견될 것으로 예측되는 공간이 거의 생기지 않는 유형이지만 잔해 속에 생존자가 있다고 가정하고 구조활동에 임하여야 한다.

V자형 붕괴	㉠ 가구나 장비, 기타 잔해 같은 <u>무거운 물건들이 바닥 중심부에 집중되었을 때</u> V형의 붕괴가 일어날 수 있다. ㉡ 양 측면에 생존공간이 만들어질 수 있는 가능성이 높다. V형 공간이 형성된 경우 벽을 따라 진입할 수 있으며 잔해제거 및 구조작업을 하기 전에 대형 잭이나 버팀목으로 붕괴물을 안정시킬 필요가 있다.
캔틸레버형 붕괴	㉠ 각 붕괴의 유형 중에서 <u>가장 안전하지 못하고 2차 붕괴에 가장 취약한</u> 유형이다. ㉡ 건물에 가해지는 충격에 의하여 한쪽 벽판이나 지붕 조립부분이 무너져 내리고 다른 한 쪽은 원형을 그대로 유지하고 있는 형태의 붕괴를 말한다. ㉢ 이때 구조대상자가 생존할 수 있는 장소는 각 층들이 지탱되고 있는 끝 부분 아래에 생존공간이 생길 가능성이 많다.

52. 경계구역 설정

위험지역 (Hot Zone)	• <u>사고가 발생한 장소와 그 부근으로서</u> 누출된 물질로 오염된 지역을 말하며 붉은색으로 표시한다. • 구조와 오염제거활동에 직접 관계되는 인원 이외에는 출입을 엄격히 금지하고 구조대원들도 위험지역에 머무는 시간을 최소화하여야 한다.
경고지역 (Worm Zone)	• 구조대상자를 구조하고 안전조치를 취하는 등 구조활동을 위한 공간으로 노란색으로 표시한다. • 이 지역 안에 구조활동에 필요한 각종 장비를 설치하고 필요한 지원을 수행한다. • <u>경고지역에는 제독·제염소를 설치하고 모든 인원은 이곳을 통하여 출입하도록 해야 한다.</u> • 제독·제염을 마치기 전에는 어떠한 인원이나 장비도 경고지역을 벗어나서는 안 된다.
안전지역 (Cold Zone)	• <u>지원인력과 장비가 머무를 수 있는 공간으로 녹색으로 표시한다.</u> • 이곳에 대기하는 인원들도 오염의 확산에 대비하여 개인보호장구를 소지하고 풍향이나 상황의 변화를 주시하여야 한다.

53. 제독(화학적 방법)

흡수	주로 액체 물질에 적용하는 방법이다. 누출된 물질을 스펀지나 흙, 신문지, 톱밥 등의 흡수성 물질에 흡수시켜 회수한다. 2 이상의 서로 다른 물질을 동시에 흡수시키고자 하는 경우에는 화학반응에 따르는 위험성이 없는지 확인하여야 한다.
유화처리	유화제를 사용하여 오염물질의 친수성을 높이는 방법으로 처리한다. 주로 기름(Oil)이 누출되었을 경우에 사용하며, 특히 원유 등의 대량 누출시에 적용한다. 환경오염문제로 논란이 될 수 있다.
중화	주로 부식성 물질에 사용하는 방법이다. 중화과정에서 발열이나 유독성 물질생성, 기타 위험성이 발생할 수 있으므로 화학자의 검토가 필요하고 위험을 감소시키기 위해서 오염물질의 양보다 적게 조금씩 투입하여야 한다.
응고	오염물질을 약품이나 흡착제로 흡착, 응고시켜 처리할 수 있다. 오염물질의 종류와 사용된 약품에 따라 효과가 달라진다. 응고된 물질은 밀폐, 격납한다.
소독	주로 장비나 물자, 또는 환경 정화를 위해 표백제나 기타 화학약품을 사용해서 소독한다. 사람의 경우에는 화학약품을 사용하는 것보다 물로 세척하는 것이 더 효과적이다.

54. 제독(물리적 방법)

흡착	활성탄과 모래는 일반적으로 널리 사용되는 흡착제이다. 대부분의 화학물질을 사용하는 장소에는 기본적으로 활성탄이나 모래를 비치하고 있다.
덮기	고체, 특히 분말형태의 물질은 비닐이나 천 등으로 덮어서 확산을 방지한다. 휘발성이 약한 액체에도 적용할 수 있다.
희석	오염물질의 농도를 낮추어 위험성을 줄이는 방법이다. <u>가스가 누출된 장소에 신선한 공기를 불어넣거나 수용성 물질에 대량의 물을 투입하는 방법</u>을 사용한다.
폐기	장비나 물품에 오염이 심각하여 제독이 곤란하거나 처리비용이 과도하게 소요되는 경우에는 해당 물품을 폐기한다.
밀폐, 격납	오염물질을 드럼통과 같은 밀폐 용기에 넣어 확산을 차단하는 방법이다.
세척, 제거	오염된 물질과 장비를 현장에서 세척, 제거한다. 제거된 물질은 밀폐 용기에 격납한다.
흡입	고형 오염물질은 진공청소기로 흡입, 청소하여 위험성을 줄일 수 있다. 일반 가정용 진공청소기는 미세분말을 통과시키기 때문에 분말 오염물질에는 적용할 수 없다. 정밀 제독을 위해서는 고효율미립자 필터를 사용한 전용 진공청소기를 사용한다.
증기 확산	실내의 오염농도를 낮추기 위해 창문을 열고 환기시킨다. 고압송풍기를 이용하면 보다 효과적으로 오염물질을 분산시켜 빠른 시간에 농도를 낮출 수 있다.

55. 분말 소화약제의 종류 및 특성

종 별	주 성 분	분 자 식	색 상	적응화재
제1종 분말	탄산수소나트륨(Sodium bicarbonate)	$NaHCO_3$	백색	B급, C급
제2종 분말	탄산수소칼륨(Potassium bicarbonate)	$KHCO_3$	담회색	B급, C급
제3종 분말	제1인산암모늄 (Monoammonium phosphate)	$NH_4H_2PO_4$	담홍색 (또는 황색)	A급, B급, C급
제4종 분말	탄산수소칼륨과 요소와의 반응물 (Urea-based potassium bicarbonate)	$KC_2N_2H_3O_3$	회색	B급, C급

56. 금속화재용 분말 소화약제 종류

G-1	• 흑연화된 주조용 코크스를 주성분으로 하고 여기에 유기 인산염을 첨가한 약제이다. • 흑연은 열의 전도체이기 때문에 열을 흡수하여 금속의 온도를 점화 온도 이하로 낮추어 소화한다. 또한 흑연 분말은 질식 효과도 있다. • Mg, K, Na, Ti, Li, Ca, Zr, Hf, U, Pt 등과 같은 금속화재에 효과적이다.
Met-L-X	• 염화나트륨(NaCl)을 주성분으로 하고 분말의 유동성을 높이기 위해 제3인산칼슘과 가열되었을 때 염화나트륨 입자들을 결합하기 위하여 열가소성 고분자 물질을 첨가한 약제이다. • Mg, Na, K와 Na-K 합금의 화재에 효과적이다. • 고온의 수직 표면에 오랫동안 붙어 있을 수 있기 때문에 고체 금속 조각의 화재에 특히 유효하다.
Na-X	• Na 화재를 위해서 특별히 개발된 것이다. • 탄산나트륨을 주성분으로 하고 여기에 비흡습성과 유동성을 향상시킬 수 있는 첨가제를 첨가한 약제이다.
Lith-X	• Li 화재를 위해서 특별히 만들어진 것이다. • 그러나 Mg이나 Zr 조각의 화재 또는 Na과 Na-K 화재에도 사용된다. • 흑연을 주성분으로 하고 유동성을 높이기 위해 첨가제를 첨가하였다.

57. 연소불꽃의 색상에 따른 온도

연소불꽃의 색	온도(℃)	연소불꽃의 색	온도(℃)
암 적 색	700	황 적 색	1,100
적 색	850	백 적 색	1,300
휘 적 색	950	휘 백 색	1,500 이상

58. 이상연소 현상

역화 (Back fire)	대부분 기체연료를 연소시킬 때 발생되는 이상연소 현상으로서 연료의 분출속도가 연소속도보다 느릴 때 불꽃이 연소기의 내부로 빨려 들어가 혼합관 속에서 연소하는 현상을 말한다. ※ 역화의 원인으로는 ① 혼합 가스량이 너무 적을 때 ② 노즐의 부식으로 분출구멍이 커진 경우 ③ 버너의 과열 ④ 연소속도보다 혼합가스의 분출속도가 느릴 때 등이 있다.
선화 (Lifting)	역화의 반대 현상으로 연료가스의 분출속도가 연소속도보다 빠를 때 불꽃이 버너의 노즐에서 떨어져서 연소하는 현상으로 완전한 연소가 이루어지지 않는다. ※ 선화의 원인 ① 혼합가스의 분출속도가 연소속도보다 빠를 경우 ② 가스압의 과다로 가스가 지나치게 많이 토출되는 경우 ③ 1차 공기량이 너무 많아 혼합 가스량이 많아진 경우 ④ 연소기의 노즐 부식으로 분출 구멍이 막혀 압력 증가로 분출속도가 빨라지는 경우
블로우 오프 (blow-off) 현상	선화 상태에서 연료가스의 분출속도가 증가하거나 주위 공기의 유동이 심하면 화염이 노즐에 정착하지 못하고 떨어져 화염이 꺼지는 현상을 말한다. 버너의 경우 가연성 기체의 유출속도가 연소속도보다 클 경우 일어난다.

59. 화재현장에서 발생하는 유독가스

종 류	발 생 조 건	허용농도(TWA)
일산화탄소(CO)	불완전 연소 시 발생	50 ppm
아황산가스(SO_2)	중질유, 고무, 황화합물 등의 연소 시 발생	5 ppm
염화수소(HCl)	플라스틱, PVC	5 ppm
시안화수소(HCN)	우레탄, 나일론, 폴리에틸렌, 고무, 모직물 등의 연소	10 ppm
암모니아(NH_3)	열경화성 수지, 나일론 등의 연소 시 발생	25 ppm
포스겐($COCl_2$)	프레온 가스와 불꽃의 접촉	0.1 ppm

60. 제3류 위험물(자연발화성 물질 및 금수성 물질)

일반 성질	① 무기 화합물과 유기 화합물로 구성되어 있다. ② 대부분이 고체이다.(단, 알킬알루미늄, 알킬리튬은 고체 또는 액체이다) ③ 칼륨(K), 나트륨(Na), 알킬알루미늄(RAl), 알킬리튬(RLi)을 제외하고 물보다 무겁다. ④ 물과 반응하여 가연성가스를 발생한다.(황린 제외) ⑤ 칼륨, 나트륨, 알칼리금속, 알칼리토금속은 보호액(석유)속에 보관한다. ⑥ 알킬알루미늄, 알킬리튬은 물 또는 공기와 접촉하면 폭발한다.(헥산 속에 저장) ⑦ 황린은 공기와 접촉하면 자연발화한다.(pH9의 물 속에 저장) ⑧ 가열 또는 강산화성 물질, 강산류와 접촉으로 위험성이 증가한다.
진압 대책	① 절대로 물을 사용하여서는 안 된다.(황린 제외) ② 화재 시에는 화원의 진압보다는 연소확대 방지에 주력해야 한다. ③ 마른모래, 팽창질석, 팽창진주암, 건조석회(생석회, CaO)로 상황에 따라 조심스럽게 질식 소화한다. ④ 금속화재용 분말 소화약제에 의한 질식소화를 한다.

61. 1차 평가

- 첫인상 – 의식수준 – 기도 – 호흡 – 순환 – 위급 정도 판단(이송 여부 판단)
- 1차 평가를 통해 치명적인 상태파악과 즉각적인 처치가 제공되어야 한다. 처치란 평가와 동시에 처치를 하는 것을 말한다.

62. 비재호흡마스크와 코삽입관의 비교

기 구	유 량	산소(%)	적응증
비재호흡마스크	10~15 L/분	85~100%	호흡곤란, 청색증, 차고 축축한 피부, 가쁜 호흡, 가슴통증, 의식장애, 심각한 손상
코삽입관	1~6 L/분	24~44%	마스크 거부환자, 약간의 호흡곤란을 호소하는 COPD 환자

63. OPQRST식 문진

심장박동조절 부위에 문제가 있는 환자로부터 정보를 얻기 위해 쓰이는 질문	
Onset	언제 통증이 시작됐고 그 때 무엇을 하고 있었는지?
Provocation	무엇이 통증을 악화시켰는지?
Quality	통증이 어떻게 아픈지?
Region/Radiation	호흡곤란과 관련된 통증 부위가 있는지? / 통증이 다른 부위까지 퍼졌는지?
Severity	1에서 10이라는 수치라는 가정 하에 통증이 어느 정도인지?
Time	얼마나 오랫동안 통증이 지속됐는지?

64. 제세동

심실세동 (V-Fib)	심장마비 후 8분 안에 심장마비 환자의 약 1/2에서 나타난다. 이는 심장의 많은 다른 부위에서 불규칙한 전기적 자극으로 일어나며 심장은 진동할 뿐 효과적으로 피를 뿜어내지 못한다. <u>초기에 제세동을 실시하면 매우 효과적일 수 있다.</u>
심실빈맥 (V-Tach)	리듬은 규칙적이나 매우 빠른 경우를 말한다. 너무 빨리 수축해서 피가 충분히 심장에 고이지 않아 심장과 뇌로 충분한 혈액을 공급할 수 없다. V-Tach은 심장마비환자의 10%에서 나타나며 제세동은 반드시, 무맥 또는 무호흡 그리고 무의식 환자에게만 실시해야 한다.

65. 복통

내장 통증	• 배내 장기는 많은 신경섬유를 갖고 있지 않아 종종 둔하고 아픈 듯 또는 간헐적으로 통증이 나타나 정확한 위치를 알아내기 힘들다. • <u>간헐적이고 마치 분만통증과 같은 복통은 흔히 배내 속이 빈 장기로 인해 나타난다.</u> 그리고 <u>둔하고 지속적인 통증은 종종 고형체의 장기로 인해 나타난다.</u>
벽쪽 통증	• 복강을 따라 벽쪽 복막에서 나타나는 통증이다. 넓게 분포하고 신경섬유로 인해 벽쪽 복막으로부터 유발된 통증은 내장 통증보다 더 쉽게 부위를 알 수 있으며 묘사할 수 있다. • 벽측 통증은 복막의 부분 자극으로 직접 나타난다. 이러한 통증은 내부출혈로 인한 자극 또는 감염·염증에 의해 나타날 수도 있다. 또한 날카롭거나 지속적이며 국소적인 경향을 나타낸다. • <u>SAMPLE력을 조사할 때 환자는 이러한 통증을 무릎을 굽힌 자세 또는 움직이지 않으면 나아지고 움직이면 다시 아프다고 표현하기도 한다.</u>
쥐어뜯는 듯한 통증	• 복통으로는 흔하지 않은 유형으로 대동맥을 제외한 대부분의 배내 장기는 이러한 통증을 느끼는 감각을 갖고 있지 않다. • 배대동맥류 (abdominal aortic aneurysm)의 경우 대동맥 내층이 손상 받아 혈액이 외층으로 유출될 때 <u>등쪽에서 이러한 통증이 나타난다.</u> • 유출된 혈액이 모여 마치 풍선과 같은 유형을 나타내기도 한다.
연관 통증	• 통증 유발부위가 아닌 다른 부위에서 느끼는 통증으로 예를 들어 <u>방광에 문제가 있을 때 오른 어깨뼈에 통증이 나타나는 것을 말한다.</u> • 방광으로부터 나온 신경이 어깨부위 통증을 감지하는 신경과 같이 경로를 나눠 쓰는 척수로 돌아오기 때문이다.

66. 복통유발 질병

충수돌기 (맹장염)	수술이 필요하며 증상 및 징후로는 오심/구토가 있으며 처음에는 배꼽부위 통증(처음)을 호소하다 RLQ부위의 지속적인 통증을 호소한다.	
담낭염 (쓸개염)	쓸개염은 종종 담석으로 인해 야기되며 심한 통증 및 때때로 갑작스런 <u>윗배 또는 RUQ 통증을 호소</u>한다. 또한 이러한 통증을 <u>어깨 또는 등쪽에서도 나타날 수 있다.</u> 통증은 지방이 많은 음식물을 섭취할 때 더 악화될 수 있다.	
췌장염 (이자염)	만성 알콜환자에게 흔히 나타나며 윗배 통증을 호소한다. 췌장(이자)이 위 아래, 후복막에 위치해 있어 등/어깨에 통증이 방사될 수 있다. 심한 경우 쇼크 징후가 나타나기도 한다.	
궤양/내부출혈	소화경로 내부출혈 (위궤양)	<u>식도에서 항문까지 어느 곳에서도 나타날 수 있으며 혈액은 구토(선홍색 또는 커피색) 또는 대변(선홍색, 적갈색, 검정색)으로 나온다.</u> 이로 인한 통증은 있을 수도 있지만 없을 수도 있다.
	복강내 출혈 (외상 지라출혈)	복막을 자극하고 복통/압통과도 관련이 있다.

배대동맥류 (AAA)	① 배를 지나가는 대동맥벽이 약해지거나 풍선처럼 부풀어 올랐을 때 나타난다. ② 약하다는 것은 혈관의 안층이 찢어져 외층으로 피가 나와 점점 커지거나 심한 경우 터질 수 있다(만약 터진다면 사망 가능성이 높아진다). ③ 작은 크기인 경우에는 즉각적인 수술이 필요하지 않다. 병력을 통해 배대동맥류를 진단 받은 적이 있고 현재 복통을 호소한다면 즉각적인 이송을 실시해야 한다. ④ 혈액유출이 서서히 진행된다면 환자는 날카롭거나 찢어질 듯한 복통을 호소하고 등쪽으로 방사통도 호소할 수 있다.

67. 화상 깊이

1도 화상	• 경증으로 <u>표피만 손상</u>된 경우이다. • 햇빛(자외선)으로 인한 경우와 뜨거운 액체나 화학손상에서 많이 볼 수 있다. • 화상부위는 발적, 동통, 압통이 나타나며, 범위가 넓은 경우 심한 통증을 호소할 수 있으므로 처치가 필요한 경우가 있다.
2도 화상	• <u>표피와 진피가 손상</u>된 경우로 열에 의한 손상이 많다. • 내부 조직으로 체액손실과 2차 감염과 같은 심각한 합병증을 유발할 수 있다. • <u>화상부위는 발적, 창백하거나 얼룩진 피부, 수포가 나타난다.</u> • <u>손상부위는 체액이 나와 축축한 형태를 띠며 진피에 많은 신경섬유가 지나가 심한 통증을 호소한다.</u>
3도 화상	• 대부분의 피부조직이 손상된 경우로 심한 경우 근육, 뼈, 내부 장기도 포함되는 경우가 있다. • 화상부위는 특징적으로 <u>건조하거나 가죽과 같은 형태를 보이며 창백, 갈색 또는 까맣게 탄 피부색이 나타난다.</u> • <u>신경섬유가 파괴되어 통증이 없거나 미약할 수 있으나</u> 보통 3도 화상 주변 부위가 부분화상임으로 심한 통증을 호소한다.

68. 성인의 중증도 분류

중증 (Critical burn)	① 흡인화상이나 골절을 동반한 화상 ② 손, 발, 회음부, 얼굴화상 ③ 체표면적 10% 이상의 3도 화상인 모든 환자 ④ 체표면적 25% 이상의 2도 화상인 10세 이상 50세 이하의 환자 ⑤ 체표면적 20% 이상의 2도 화상인 10세 미만 50세 이후의 환자 ⑥ 영아, 노인, 기왕력이 있는 화상환자 ⑦ 원통형 화상, 전기화상
중등도 (Moderate burn)	① <u>체표면적 2% 이상 – 10% 미만의 3도 화상인 모든 화상</u> ② 체표면적 15% 이상, 25% 미만의 2도 화상인 10세 이상 50세 이하의 환자 ③ 체표면적 10% 이상, 20% 미만의 2도 화상인 10세 미만 50세 이후의 환자
경증 (Minor burn)	① 체표면적 2% 미만의 3도 화상인 모든 환자 ② 체표면적 15% 미만의 2도 화상인 10세 이상 50세 이하의 환자 ③ 체표면적 10% 미만의 2도 화상인 10세 미만 50세 이후의 환자

69. APGAR 점수(출생 후 1분, 5분 후 재평가 실시)

평가내용	점 수		
	0	1	2
피부색 : 일반적 외형	청색증	몸은 핑크, 손과 팔다리는 청색	손과 발까지 핑크색
심장 박동수	없음	100회 이하	100회 이상
반사흥분도 : 찡그림	없음	자극 시 최소의 반응 /얼굴을 찡그림	코 안쪽 자극에 울고 기침, 재채기 반응
근육의 강도 : 움직임	흐늘거림/부진함	팔과 다리에 약간의 굴곡 제한된 움직임	적극적으로 움직임
호흡 : 쉼 쉬는 노력	없음	약하고/느림/불규칙	우렁참

70. 심폐소생술 지침의 연령에 따른 요약

심폐소생술 수기	성 인	소 아	영 아
심정지의 확인	무반응, 무호흡 혹은 심정지 호흡 5초 이상 10초 이내 확인된 무맥박(의료인만 해당)		
심폐소생술의 순서	가슴압박 – 기도유지 – 인공호흡		
가슴압박 속도	분당 100회 ~ 120회		
가슴압박 깊이	가슴뼈의 아래쪽 1/2(5cm)	가슴 깊이의 1/3(4~5cm)	가슴 깊이의 1/3(4cm)
가슴 이완	가슴압박 사이에는 완전한 가슴 이완		
가슴압박 중단	가슴압박의 중단은 최소화(10초 이내)		
기도유지	머리기울임–턱 들어올리기(외상환자 의심 시 턱 밀어올리기)		
가슴압박 : 인공호흡			
전문기도 확보 이전	30 : 2 (1인·2인 구조자)	30 : 2(1인 구조자) 15 : 2(2인 구조자)	
전문기도 확보 이후	6초마다 인공호흡(분당 10회) ※ 단, 1회 인공호흡을 1초에 걸쳐 실시하며 가슴압박과 동시에 환기되지 않도록 주의한다.		

71. 심폐소생술의 합병증

가슴압박이 적절하여도 발생하는 합병증	• 갈비뼈골절, 복장뼈 골절, 심장좌상, 허파좌상
부적절한 가슴압박으로 발생하는 합병증	• 상부 갈비뼈 또는 하부갈비뼈의 골절, 기흉, 간 또는 지라의 손상 • 심장파열, 심장눌림증, 대동맥손상, 식도 또는 위점막의 파열
인공호흡에 의하여 발생하는 합병증	• 위 내용물의 역류, 구토, 허파흡인

72. GCS 의식상태

- 환자의 의식수준을 GCS 측정법에 따라 기록한다.
- GCS 의식수준은 현장도착 시점과 병원도착 시점의 환자의 의식수준을 평가하여 기록한다.

항 목	검사방법	환자 반응	점수
눈 뜨기	자발적	눈을 뜨고 있음	4
	언어 지시	소리자극에 눈을 뜸	3
	통증 자극	통증 자극에 눈 뜸	2
		어떤 자극에도 눈 못뜸	1
운동 반응	언어 지시	지시에 정확한 행동 실시	6
	통증 자극	통증을 제거하려는 뚜렷한 행동	5
		뿌리치는 행동	4
		이상 굴절반응	3
		이상 신전반응	2
		운동반응 없음	1
언어 반응	언어 지시	질문에 적절한 답변 구사	5
		질문에 적절하지 않은 답변	4
		적절하지 않은 단어 사용	3
		이해할 수 없는 웅얼거림	2
		지시에 아무런 소리 없음	1

굴곡반응

신전반응

목 차 (Contents)

Contents

별 첨 자 료

▣ 소방전술 기출 및 복원문제

  ▶ 24년~19년 소방교 · 장 · 위 승진시험 기출문제

(네이버 "소준모" 카페)

PART 01

화재 분야

01 화재의 개념에 대한 설명으로 옳지 않은 것은?

① 화재란 사람의 의도에 반하거나 고의 또는 과실에 의하여 발생하는 연소현상으로 소화할 필요가 있는 현상을 말한다.

② 소화시설이나 소화 장비 또는 간이 소화용구 등을 활용하여 진화할 필요가 없는 것은 화재로 볼 수 없다.

③ 휴지나 쓰레기를 소각하는 것은 화재로 볼 수 없다.

④ 가스폭발 등의 화학적 폭발현상을 화재의 범주에 포함하고 보일러 파열 등의 물리적 폭발은 사람의 의도에 따라 발생한 것만을 화재로 본다.

■ 화재발생의 3요소* 24년 소방장	
① 화재발생이 사람의 의도에 반한다.	• 과실에 의한 화재를 의미하며, 화재취급 중 발생하는 실화뿐만 아니라 부작위에 위한 자연발화도 포함된다. • '고의에 의한다.'라고 하는 것은 일정한 대상에 대하여 피해발생을 목적으로 화재발생을 유도하였거나 직접 방화한 경우를 말한다.
② '연소현상으로서'라고 하는 것	• '연소현상으로서'라고 하는 것은 가연성 물질이 산소와 결합하여 열과 빛을 내며 급속히 산화되어 형질이 변경되는 화학반응을 말한다.
③ 소화시설 등을 사용하여 소화할 필요가 있어야 한다.	• 화재란 연소현상으로서 소화의 필요성이 있어야 하며 소화의 필요성 정도는 소화시설이나 그와 유사한 정도의 시설을 사용할 수준이어야 한다. • 휴지나 쓰레기를 소각하는 것과 같이 자산가치의 손실이 없고 자연히 소화될 것이 분명하여 소화의 필요성을 느끼지 않거나 설령 소화의 필요성이 있다고 하여도 소화시설이나 소화 장비 또는 간이 소화용구 등을 활용하여 진화할 필요가 없는 것은 화재로 볼 수 없다. • 가스폭발 등의 화학적 폭발현상을 화재의 범주에 포함하고 보일러 파열 등의 물리적 폭발은 화재로 취급하지 않으며 폭발의 경우는 연소현상과 소화의 필요에 상관없이 사람의 의도에 반하여 발생한 것만을 화재로 본다.

02 "소화 적응성 분류"에서 설명으로 옳지 않은 것은?

① 일반화재 : 목재, 섬유, 플라스틱 등이며, 백색으로 표시한다.

② 유류화재 : 인화성액체, 페인트 등이며, 황색으로 표시한다.

③ 가스화재 : 메탄, 프로판, 아세틸렌 등이며, 청색으로 표시한다.

④ 금속화재 : 나트륨, 칼륨, 마그네슘 등이며, 무색으로 표시한다.

🔒 정답 **01.** ④   **02.** ③

■ **소화적응성 분류*** 13년 소방장

구 분	내 용	표시색
일반화재	목재, 섬유, 고무, 플라스틱 등과 같은 일반 가연물의 화재를 말한다. 발생빈도나 피해액이 가장 큰 화재이다. 일반화재에 대한 소화기의 적응화재별 표시는 A로 표시한다.	백색
유류화재	인화성 액체(4류 위험물), 1종 가연물(락카퍼티, 고무풀), 2종 가연물(고체파라핀, 송지)이나 페인트 등의 화재를 말한다. 유류화재에 대한 소화기의 적응화재별 표시는 B로 표시한다.	황색
전기화재	전류가 흐르고 있는 전기설비에서 불이 난 경우의 화재를 말한다. 전기화재에 대한 소화기의 적응화재별 표시는 C로 표시한다.	청색
금속화재	나트륨, 칼륨, 마그네슘과 같은 가연성 금속의 화재를 말한다. 금속화재에 대한 소화기의 적응화재별 표시는 D로 표시하고 있으나 현재 국내의 규정에는 없다.	무색
가스화재	메탄, 에탄, 프로판, 암모니아, 아세틸렌, 수소 등의 가연성 가스의 화재를 말한다. 가스화재에 대한 소화기의 적응화재별 표시는 국제적으로 E로 표시하고 있으나 현재 국내에서는 유류화재(B급)에 준하여 사용하고 있다.	황색

03 화재조사활동 중 소방청장 긴급 상황보고 내용으로 "대형화재"로 볼 수 있는 것은?

① 사상자 5명 발생
② 사망자 3명 발생
③ 외국공관 화재
④ 재산피해 100억 추정

■ **긴급 상황보고 여부에 따른 분류**** 16년 소방교

구 분	내 용
대형화재	• 인명피해가 사망 5명 이상이거나 사상자 10명 이상 발생화재 • 재산피해 50억원 이상 추정되는 화재
중요화재	• 관공서, 학교, 정부미도정공장, 문화재, 지하철, 지하구 등 공공건물 및 시설 의 화재 • 관광호텔, 고층건물, 지하상가, 시장, 백화점, 대량위험물을 제조·저장·취급하는 장소, 중점관리대상 및 화재경계지구의 화재 • 이재민 100명 이상 발생화재
특수화재	• 철도, 항구에 매어둔 외항선, 항공기, 발전소 및 변전소의 화재 • 특수사고, 방화 등 화재원인이 특이하다고 인정되는 화재 • 외국공관 및 그 사택의 화재 • 기타 대상이 특수하여 사회적 이목이 집중될 것으로 예상되는 화재

정답 | **03. ④**

04 다음 중 "무염화재"에 대한 설명으로 옳지 않은 것은?

① 가죽을 씌운 가구, 톱밥, 폴리우레탄 재질의 매트리스와 같은 물질과 관계가 있다.

② 화염은 크게 발생하지 않으나 연기가 나고, 빛이 나는 심부화재에 해당한다.

③ 대기 중의 산소가 천천히 스며들어가면서 연소범위가 서서히 확산된다.

④ 목재화재와 같이 나무 조각이 외부 열에 의해 가열되면서 발생한다.

■ 무염화재와 유염화재 비교★★ 13년 소방위

무염 화재	• 일반적으로 다공성 물질에서 발견되며 화염은 크게 발생하지 않으나 연기가 나고, 빛이 나는 화재로 <u>심부화재(Deeply seated burning)에 해당한다.</u> • 겉 천(가죽)을 씌운 가구, 이불솜, 석탄, 톱밥, 폴리우레탄 재질의 매트리스와 같은 물질은 대표적인 무염화재의 연소물질에 해당한다. • 이와 같은 다공성 연소물질은 대기 중의 산소가 천천히 스며들어가면서 연소범위가 서서히 확산된다. • 연기가 나거나 무염화재와 같은 유형은 재발화의 원인이 된다.
유염 화재	• <u>열과 화염이 크게 발생하는 일반적인 화재유형에 해당한다.</u> • 목재는 나무 조각이 외부 열에 의해 가열되어 건조되면 먼저 수증기가 배출되고 나무 표면이 변색되면서 열분해(분자의 결합이 열로 인해 끊어져 물질의 상변화가 일어나는 현상)가 일어난다. • <u>열분해는 다시 연소가스를 배출하고 주위의 화염에 의해 점화되어 연쇄적으로 불꽃을 발생시킨다.</u> • 점화된 화염은 가열된 나무 주위를 뒤덮게 되면서 주위의 산소와 혼합되어 화염이 더욱 크게 확산되는 연속적인 과정을 거친다. • 발생된 화염 열은 대기 중으로 방출되거나 일부는 연소중인 나무로 다시 복사열이 되어 되돌아오면서(대략 전체 열의 1/3까지) 화재는 계속해서 진행된다.

05 화재 진행순서에서 "성장기 마지막 단계이며 최성기 직전"에 일어나는 현상은?

① 발화기　　　　　　　　　　② 성장기

③ 플래시오버　　　　　　　　④ 최성기

구획실 내의 화재 진행순서는 발화기 – 성장기 – 플래시오버 – 최성기 – 쇠퇴기이다.

■ 구획실 내의 화재진행단계★ 22년 소방장

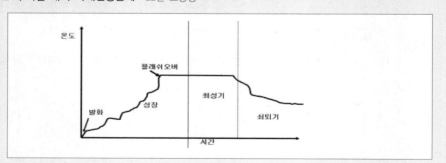

06 다음 내용과 관계 깊은 현상을 순서대로 나열한 것은?

> ① 모든 화재의 초기단계에 있어서 열의 전달은 전적으로 (   )에 기인한다.
> ② (   )는 중간 매개체의 도움 없이 발생하는 전자파(광파, 전파, 엑스레이 등)에 의한 에너지의 전달이다.

① 전도, 복사　　　　　　　　　② 전도, 대류
③ 복사, 전도　　　　　　　　　④ 복사, 대류

① 일반적으로, 모든 화재의 초기단계에 있어서 열의 전달은 전적으로 전도에 기인한다.
② 복사는 중간 매개체의 도움 없이 발생하는 전자파(광파, 전파, 엑스레이 등)에 의한 에너지의 전달이다.

07 "열의 전달"에 대한 내용으로 옳지 않은 것은?

① 모든 화재의 초기단계에 있어서 열의 전달은 전적으로 전도에 기인한다.
② 복사현상이란 화재 시 연기가 위로 향하는 것이나 화로에 의해 방안의 공기가 더워지는 것을 말한다.
③ 대류 현상이란 손을 화염 위에 올려놓게 되면, 손이 불에 직접 닿지 않더라도 열을 느낄 수 있는 것을 말한다.
④ 대부분의 노출화재의 원인은 복사현상이라 볼 수 있다.

■ **복사**★★ 17년 소방장/ 21년 소방교
① 복사는 중간 매개체의 도움 없이 발생하는 전자파(광파, 전파, 엑스레이 등)에 의한 에너지의 전달이다.
② 대부분의 노출화재(exposure fire ; 화재가 시발된 건물이나 가연물들로부터 떨어져 있는 건물이나 가연물들에 점화되는 화재)의 원인이다.
※ ②는 대류에 대한 설명임.

08 화재의 진행단계에서 "개방된 공간"에서 화재현상에 대한 설명으로 옳지 않은 것은?

① 화염은 자유로이 상승하고, 공기는 이 속으로 흡수된다.
② 개방된 공간에서 화재는 구획실의 화재보다 훨씬 복잡하다.
③ 공기는 비교적 차갑기 때문에 화염 위의 가스층을 냉각시키는 작용을 한다.
④ 화재의 확산은 근본적으로 열에너지가 뜨거운 가스로부터 근처의 가연물로 전달되는 데 기인한다.

정답 **06.** ①　　**07.** ②　　**08.** ②

> 구획실에서의 화재는 개방공간에서의 화재진행보다 훨씬 복잡하고 일반적으로 가연물과 산소의 이용 가능성에 의해 통제된다.

09 "물질"에 대한 설명으로 옳지 않은 것은?

① 온도만이 언제 상태의 변화가 일어날지를 결정하는 유일한 요인은 기압이다.

② 해수면에서의 기압은 기압계 상으로 수은주가 760㎜임을 보여준다.

③ 액체의 끓는점은 용기 안의 압력이 증가할 때 높아지므로 음식물은 끓는 물의 온도가 100℃보다 더 크고 압력장치 안에서 더 빨리 요리된다.

④ 액체에 대한 일반적인 표현은 비중이라고 하고, 1보다 작은 비중을 갖는 액체는 물보다 가볍고 반대로 1보다 큰 비중을 갖는 액체는 물보다 더 무겁다.

> ■ 압력
> ① 온도만이 언제 상태의 변화가 일어날지를 결정하는 유일한 요인은 압력이다.
> ② 물체의 표면에 작용하는 압력이 감소하게 되면, 온도의 끓는점 역시 감소한다.
> ③ 만일 표면 위의 압력이 증가하게 되면, 끓는점 또한 증가하게 된다. 이것이 압력 요리 기구에 이용되는 원리이다.
> ④ 액체의 끓는점은 용기 안의 압력이 증가할 때 높아지므로 음식물은 끓는 물의 온도가 100℃보다 더 크고 압력장치 안에서 더 빨리 요리된다.

10 연소의 4요소와 소화원리에서 "연쇄반응"과 관계있는 소화방법은?

① 제거소화

② 억제소화

③ 질식소화

④ 냉각소화

> ■ 화재의 4요소와 소화원리 비교** 18년, 19년 소방교
>
> | 제거 요소 | 가연물 | 산소 | 에너지 | 연쇄반응 |
> |---|---|---|---|---|
> | 소화 원리 | 제거소화 | 질식소화 | 냉각소화 | 억제소화 |

11 다음 중 "질식 소화방법"에 대한 설명으로 옳지 않은 것은?

① 후라이팬 화재 시 연소물을 수건이나 담요 등으로 덮어 소화하는 방법이다.

② 유전화재 주위를 폭파시켜 주변 공기를 일시에 소진되게 하는 방법이다.

③ 유화소화법은 질식소화와 관계가 있다.

④ 가연성 가스화재인 경우 공급원을 차단하는 것이다.

🔑 **정답**　09. ①　　10. ②　　11. ④

■ 질식소화법★★ 16년 소방교/ 17년, 18년 소방장/ 19년 소방교

산소공급원(오존, 공기, 산화제 등)을 차단하여 소화하는 방법을 말하며 유류화재에 폼(Foam)을 이용하는 것은 유류표면에 유증기의 증발 방지층을 만들어 산소를 제거하는 소화방법이다(질식소화). 대부분의 가연물질 화재는 산소농도가 15% 이하이면 소화된다.

유전화재와 같이 화점 가까이에서 폭발물을 폭파시켜 주변 공기(산소)를 일시에 소진(진공상태)되게 하여 소화하는 방법도 질식소화법에 해당된다.

※ ④는 제거소화임.

12 "화재 유형과 원인에 따른 분류"를 설명한 것으로 옳지 않은 것은?

① 화재는 건축, 자동차, 위험물, 선박, 임야화재 등으로 구분할 수 있다.
② 산림, 야산, 들판의 수목, 잡초 등은 임야화재라 한다.
③ 방화란 적극적이고 고의적인 생각과 행위로서 일부러 불을 질러 발생시킨 화재를 말한다.
④ 자연발화란 지진, 낙뢰, 분화, 마찰, 산화 등에 의해 발화한 것을 말한다.

 ■ 화재유형에 따른 분류★ 24년 소방장

구 분	대상물
건축·구조물 화재	건축물, 구조물 또는 그 수용물이 소손된 것
자동차·철도차량 화재	자동차 및 철도차량 및 피견인 차량 또는 그 적재물이 소손된 것
위험물·가스제조소등 화재	위험물제조소 등, 가스제조·저장·취급시설 등이 소손된 것
선박·항공기 화재	선박, 항공기 또는 그 적재물이 소손된 것을 말한다.
임야 화재	산림, 야산, 들판의 수목, 잡초, 경작물 등이 소손된 것을 말한다.
기타 화재	위의 각 호에 해당되지 않는 화재

■ 화재유형★ 24년 소방장

구 분	내 용
실 화	취급부주의나 사용·보관 등의 잘못으로 발생한 과실적(過失的) 화재를 말하는 것으로, 실화에는 중과실과 단순 실화인 경과실이 있다.
방 화	적극적이고 고의적인 생각과 행위로서 일부러 불을 질러 발생시킨 화재를 말한다.
자연발화	산화, 약품혼합, 마찰 등에 의해서 발화한 것과 스파크 또는 화염이 없는 상태에서 열기에 의해 발화된 연소를 말한다.
천재발화	지진, 낙뢰, 분화 등에 의해서 발화한 것을 말한다.
원인불명	위의 각 호 이외의 원인으로서 발화한 것을 말한다.

정답 | 12. ④

13 목조와 내화조 건축물의 "플래시오버현상"에서 다음 (   )에 들어갈 내용이 아닌 것은?

> ㉠ 목조건축물은 보통 화재발생으로부터 (   )분 경에 발생되며, 이때 실내온도는
> (   )℃ 정도가 된다.
> ㉡ 내화조건축물은 실내에 화재가 발생하더라도 연소하는데 많은 시간이 소요되므로 보통
> 화재발생으로부터 약 (   )분경에 발생한다.
> ※ 공간면적과 가연물에 따라 다름

① 30~40   ② 800~900
③ 20~30   ④ 5~6

목조건축물에서의 플래시오버현상	내화조 건축물에서의 플래시오버현상
보통 화재발생으로부터 5~6분 경에 발생(공간면적과 가연물에 따라 다름)되며, 이때 <u>실내온도는 800~900℃ 정도가 된다.</u>	실내에 화재가 발생하더라도 연소하는 데 많은 시간이 소요되므로 보통 화재발생으로부터 약 20~30분경에 발생(공간면적과 가연물에 따라 다름)한다.

14 "플래시오버 현상"에 대한 설명으로 (   ) 안에 들어갈 내용을 모두 고르시오.

> 플래시오버는 화점 주위에서 화재가 서서히 진행하다가 어느 정도 시간이 경과함에 따라
> (   )와 (   )현상에 의해 일정 공간 안에 있는 가연물이 발화점까지 가열되어 일순간에 걸쳐
> 동시 발화되는 현상을 말한다.

① 대류   ② 전도
③ 복사   ④ 비화

■ 플래시오버 현상이란** 22년 소방장
① 화점 주위에서 화재가 서서히 진행하다가 어느 정도 시간이 경과함에 따라 <u>대류와 복사현상</u>에 의해 일정 공간 안에 있는 가연물이 발화점까지 가열되어 일순간에 걸쳐 동시 발화되는 현상을 말한다.
② 직접적 발생원인은 자기발화(Autoignition)가 일어나고 있는 연소공간에서 발생되는 열의 재방출 (Reradiation)에 의해 열이 집적되어 온도가 상승하면서 전체 공간을 순식간에 화염으로 가득 차게 만드는 것이다.
③ 이러한 현상은 열의 집적이 계속되는 과정에서 발생하므로 계속적인 방수와 배연을 통해 화재공간을 냉각시켜야 이 현상을 예방할 수 있다.

🗝 정답   13. ①   14. ①,③

15 "플래시오버의 징후와 특징"에 관한 사항으로 옳지 않은 것은?

① 고온의 연기 발생

② Backdraft 현상이 관찰됨

③ 실내 모든 가연물이 동시 발화되는 현상

④ 일정 공간 내에서의 전면적인 자유연소

■ 플래시오버의 징후와 특징★★ 12년 소방장/ 14년 소방교/ 22년 소방장

징 후	특 징
① 고온의 연기 발생 ② Rollover 현상이 관찰됨 ③ 일정공간 내에서의 전면적인 자유연소 ④ 일정공간 내에서의 계속적인 열집적(다른 물질의 동시가열) ⑤ 두텁고, 뜨겁고, 진한연기가 아래로 쌓임	① 실내 모든 가연물의 동시발화 현상 ② 바닥에서 천장까지 고온상태

16 다음 중 "최성기"에 대한 설명으로 옳은 것은?

① 구획실 내의 모든 노출된 가연성 물체의 표면이 동시에 발화하는 상태로 변한다.

② 주위 공간으로부터 화염이 상승하는 공간으로 공기를 끌어들이기 시작한다.

③ 구획실 연소에서는 산소공급이 잘 되지 않으므로 많은 양의 연소하지 않은 가스가 생성된다.

④ 성장기와 최성기 간의 과도기적 시기를 말한다.

■ 최성기★★ 22년 소방장/ 24년 소방교

① 최성기는 구획실 내 모든 가연성 물질들이 화재에 관련될 때에 일어난다.

② 이 시기에, 구획실 내에서 연소하는 가연물은 이용 가능한 가연물의 최대 열량을 발산하고, 많은 양의 연소생성가스를 생성한다.

③ 발산되는 연소생성가스의 양과 발산되는 열은 구획실 배연구(환기구) 수와 크기에 의존한다.

④ 구획실 연소에서는 산소공급이 잘 되지 않으므로 많은 양의 연소하지 않은 가스가 생성된다.

⑤ 이 시기에, 연소하지 않은 뜨거운 연소 생성 가스는 발원지에서 인접한 공간이나 구획실로 흘러 들어가게 되며, 보다 풍부한 양의 산소와 만나면 발화하게 된다.

※ ①④는 플래시오버, ②은 성장기

17 "백 드래프트의 개념"에 대한 설명과 관계없는 것은?

① 복도와 같은 통로공간에서 벽, 바닥 표면의 가연물에 화염이 급속하게 확산되는 현상을 묘사하는 용어이다.

② 산소유입이 폭발적인 화재를 야기한다.

③ 연소폭발과 같이 가연물, 산소, 열이 기본적으로 필요하다.

④ 화학적 폭발에 해당한다.

정답 | **15.** ② **16.** ③ **17.** ①

■ **백 드래프트의 개념**★★ 13년 소방교, 소방장/ 18년 소방장/ 22년 소방위/ 24년 소방장
① 폐쇄된 내화구조 건축물 내에서 화재가 진행될 때 연소과정은 산소공급이 부족한 상태에서 서서히 훈소된다.
② 이때 불완전 연소된 가연성가스와 열이 집적된 상태에서 일시에 다량의 공기(산소)가 공급될 때 순간적으로 폭발적 발화현상이 발생하는데 이를 역류성 폭발 또는 백드래프트 현상이라 한다.
③ 폭발에는 BLEVE와 같은 물리적 폭발과 연소폭발(Combustion explosion)과 같은 화학적 폭발로 구분할 수 있으며, 백드래프트(Backdraft)는 화학적 폭발에 해당한다.
④ 연소폭발과 같이 백드래프트에서도 가연물, 산소(산화제), 열(점화원)이 기본적으로 필요하다.
⑤ 백드래프트가 일어나는 연소폭발과정에서, 공기와 혼합 된 일산화탄소(Carbon monoxide, 폭발범위 : 12%~74%)가 가연물로써의 역할을 담당한다.
⑥ 백드래프트(Backdraft)의 발생시점은 성장기와 감퇴기에서 주로 발생된다.

18 연기의 흐름에 있어서 "화염이 산소에 반응하는 속도"와 관계 없는 것은?
① 진압대원의 위치 및 방향
② 화재의 공기 공급량 또는 연료량
③ 입구와 출구의 모양
④ 화점에서 배연구까지의 거리

■ 화염이 산소에 반응하는 속도는 다음 요인들에 따라 결정된다.
ⓐ 화점의 위치
ⓑ 화재의 공기 공급량 또는 연료량
ⓒ 공기 유입구로부터 화점까지의 거리
ⓓ 화점에서 배연구까지의 거리
ⓔ 입구와 출구의 모양
ⓕ 연기의 흐름에서 개구부의 유형과 형태

19 "화염 속으로 흡수되는 공기의 양"에 관한 설명으로 옳지 않은 것은?
① 중앙에 있는 가연물은 벽, 구석 가연물보다 더 많은 공기를 흡수하고 온도는 낮다.
② 대부분 최성기와 쇠퇴기에 발생하는 현상이다.
③ 구획실의 벽과 관련하여 가연물들의 위치는 흡입되는 공기의 양을 결정하고, 냉각효과의 크기를 결정한다.
④ 공기는 화재에 의해 생성된 뜨거운 가스보다 차갑기 때문에 화염이 갖고 있는 온도에 대해 냉각효과를 가진다.

🔲 **정답**　18. ①　19. ②

■ 화염 속으로 흡수되는 공기의 양★★ 13년 소방교/ 20년 소방장/ 24년 소방교

공기는 화재에 의해 생성된 뜨거운 가스보다 차갑기 때문에 화염이 갖고 있는 온도에 대해 냉각효과를 가진다. 구획실의 벽과 관련하여 가연물들의 위치는 흡입되는 공기의 양을 결정하고, 냉각효과의 크기를 결정한다.

벽 근처에 있는 가연물	비교적 적은 공기를 흡수하고, 보다 높은 화염온도를 지닌다.	▷
구석에 있는 가연물	더욱 더 적은 공기를 흡수하고, 가장 높은 화염온도를 지닌다.	ㄴ
중앙에 있는 가연물	벽, 구석 가연물보다 더 많은 공기를 흡수하고 온도는 낮다.	◊

20 "백드래프트 징후와 소방전술"에 대한 설명으로 옳지 않은 것은?

① 일반적으로 적절한 내부공격시점은 지붕배연작업 전이다.
② 지붕 배연작업 전에 창문이나 출입문을 통한 배연 또는 진입을 시도해서는 안 된다.
③ 화염은 보이지 않으나 창문이나 문이 뜨겁다.
④ 유리창 안쪽에서 타르와 같은 물질가 흘러내린다.

■ 백드래프트의 징후와 소방전술★★ 16년 소방장/ 22년 소방위

징 후		소방전술
건물내부 관점	건물외부 관점	
① 압력차에 의해 공기가 빨려들어 오는 특이한 소리(휘파람소리 등)와 진동의 발생 ② 건물 내로 되돌아오거나 맴도는 연기 ③ 훈소가 진행되고 있고 높은 열이 집적된 상태 ④ 부족한 산소로 불꽃이 약화되어 있는 상태(노란색의 불꽃)	① 거의 완전히 폐쇄된 건물일 것 ② 화염은 보이지 않으나 창문이나 문이 뜨겁다. ③ 유리창 안쪽에서 타르와 같은 물질(검은색 액체)이 흘러내린다. ④ 건물 내 연기가 소용돌이친다.	① 지붕배연 작업을 통해 가연성 가스와 집적된 열을 배출시킨다. (냉각작업) ② 배연작업 전에 창문이나 문을 통한 배연 또는 진입을 시도해서는 안 된다. ③ 급속한 연소현상에 대비하여 소방대원은 낮은 자세를 유지한다. ④ 일반적으로 적절한 내부공격시점은 지붕배연작업 후이다.

21 다음 중 "롤오버현상"과 관계없는 것은?

① 화재의 선단부분이 매우 빠르게 확대되어 가는 현상이다.
② 연소 확대는 성큼성큼 건너뛰듯이 확대되므로 소방관들을 고립시킬 수 있다.
③ 소방관들이 화점에 진입하기 전 복도에 머무를 때 발생한다.
④ 소방관들이 서 있는 뒤쪽에 연소 확대가 일어나 고립되는 상황에 빠질 수 있다.

♟ 정답 | 20. ① 21. ④

■ **롤오버(Rollover) 현상**★★★ 22년 소방위, 소방교
① 연소과정에서 발생된 가연성가스가 공기(산소)와 혼합되어 천장부분에 집적된 상태에서 발화온도에 도달하여 발화함으로서 화재의 선단부분이 매우 빠르게 확대되어 가는 현상을 말하는 것으로 화재가 발생한 장소(공간)의 출입구 바로 바로 바깥쪽 복도 천장에서 연기와 산발적인 화염이 굽이쳐 흘러가는 현상이다.
② 이러한 현상은 화재지역의 상층(천장)에서 집적된 고압의 뜨거운 가연성 가스가 화재가 발생되지 않은 저압의 다른 부분으로 이동하면서 화재가 매우 빠르게 확대되는 원인이 된다.
③ 이것은 건물의 출입문을 통해 방출되는 가열된 연소가스와 복도 천장 근처의 신선한 공기가 섞이면서 발생한다. 일반적으로 좀 더 치명적인 이상연소현상인 Flashover보다 먼저 일어난다.
④ Rollover는 전형적으로 공간 내의 화재가 성장단계에 있고, 소방관들이 화점에 진입하기 전(前) 복도에 머무를 때 발생한다.
⑤ 복도에 대기 중인 소방관들은 연기와 열을 관찰하면서 Rollover의 징후가 있는지 천장부분을 잘 살펴야 한다.
⑥ Rollover에 의한 연소 확대는 성큼성큼 건너뛰듯이 확대되므로 어느 순간 뒤쪽에서 연소 확대가 일어나 계단을 찾고 있는 소방관들을 고립시킬 수 있다.
⑦ Rollover를 막기 위해 갈고리나 장갑 낀 손으로 화재가 발생한 아파트 출입구 문을 닫는다. Rollover현상은 Flashover현상의 전조임을 명심해야 한다.
※ ④는 플레임오버 현상이다.

22 화재의 진행단계에 있어서 "성장기"에 대한 설명으로 옳지 않은 것은?

① 구획실 내의 모든 가연성 물질들이 화재에 관련될 때에 일어난다.
② 구획실의 화염은 공간 내의 벽과 천장에 의해 급속히 영향을 받는다.
③ 뜨거운 가스가 상승하면서 천장에 부딪치게 되면, 가스는 외부로 퍼지기 시작한다.
④ 화염이 상승하는 공간으로 공기를 끌어들이기 시작한다.

■ **성장기(GROWTH)**★ 22년 소방장
① 발화가 일어난 직후, 연소하는 가연물 위로 화염이 형성되기 시작하며, 화염이 커짐에 따라 주위 공간으로부터 화염이 상승하는 공간으로 공기를 끌어들이기 시작한다.
② 성장기의 초기는 야외의 개방된 곳에서의 화재와 유사하지만 개방된 곳에서의 화재와는 달리, 구획실의 화염은 공간 내의 벽과 천장에 의해 급속히 영향을 받는다.
③ 이러한 요소는 화염 위에 생성되는 뜨거운 가스층의 온도에 심각한 영향을 미치고 뜨거운 가스가 상승하면서 천장에 부딪치게 되면, 가스는 외부로 퍼지기 시작한다.
④ 가스는 구획실의 벽에 도달할 때까지 계속해서 퍼지게 되고 벽에 도달한 후, 가스층의 두께는 증가하기 시작한다.
⑤ 이 시기의 구획실 온도는 가스가 구획실 천장과 벽을 통과하면서 생성된 열의 양과 최초 가연물의 위치 및 공기 유입량 등에 의해 결정되고, 연구결과에 의하면 화염의 중심으로부터 거리가 멀어지면, 가스의 온도가 내려간다는 것을 보여주고 있다.
⑥ 만일, 가연물과 산소가 충분하다면 성장기는 지속될 것이고, 성장기에 있는 구획실 화재는 일반적으로 '통제된 가연물'상황이다.
⑦ 화재가 성장할 때에, 천장 부분에 있는 가스층의 온도가 높아짐에 따라 구획실 내의 전반적인 온도는 상승한다.

정답 22. ①

23 다음 내용과 관계있는 것은?

> ⓐ 복도와 같은 통로공간에서 벽, 바닥 표면의 가연물에 화염이 급속하게 확산되는 현상
> ⓑ 출구를 따라 진행되는 화염 확산은 특정 공간 내의 화염확산보다 치명적이다.

① 백드래프트(Back draft) ② 플래시오버(Flashover)
③ 플레임오버(Flameover) ④ 롤오버(Rollover)

■ **플레임오버(Flameover) 현상★★** 22년 소방교, 소방위
① Flameover는 복도와 같은 통로공간에서 벽, 바닥 표면의 가연물에 화염이 급속하게 확산되는 현상을 묘사하는 용어이다.
② 벽, 바닥 또는 천장에 설치된 가연성 물질이 화재에 의해 가열되면, 전체 물질 표면을 갑자기 점화할 수 있는 연기와 가연성 가스가 만들어지고 이때 매우 빠른 속도로 화재가 확산된다.
③ Flameover 화재는 소방관들이 서 있는 뒤쪽에 연소 확대가 일어나 고립되는 상황에 빠질 수 있다. 목재 벽과 강의실책상, 극장, 인테리어 장식용 벽, 그리고 가연성 코팅재질의 천장은 충분히 가열만 되면 Flameover를 만들 수 있다.
④ 출구를 따라 진행되는 화염 확산은 특정 공간 내의 화염확산보다 치명적이다. 이와 같은 이유로 복도 내부 벽과 천장은 비 가연성 물질로 마감되어야 한다.
⑤ 종종 내화조 건물의 1층 계단실에서 발생한 작은 화재가 계단실에 칠해진 페인트(낙서를 지우기 위해 매년 덧칠해진 것)에 의해 Flameover 현상을 발생시켜 수십층 위에까지 확산되는 경우도 있다.
⑥ 통로나 출구를 따라 진행되는 화염 확산은 일반적인 구획 공간 내의 화염 확산보다 치명적이다. 이렇듯, 통로 내부 벽과 층계의 천장은 비 가연성의 불연재료로 이루어져야 한다.

24 다음 설명 중 ( ) 안에 들어갈 내용은?

> ( )의 대표적인 전조현상으로 고온의 연기발생과 Rollover 현상이 관찰

① Flameover ② Flashover
③ Backdraft ④ BLEVE

Flashover의 대표적인 전조현상으로 고온의 연기발생과 Rollover 현상이 관찰된다는 점에 유의해야 한다.

25 다음 중 "발화기"에 대한 내용이 아닌 것은?

① 개방된 지역보다는 구획된 지역에서 발화의 한 형태로 발생한다.
② 화재의 4요소들이 서로 결합하여 연소가 시작될 때의 시기를 말한다.
③ 발화시점에서 화재는 규모가 작고 일반적으로 처음 발화된 가연물에 한정된다.
④ 스파크나 불꽃에 의해 유도되거나 자연발화처럼 어떤 물질이 자체의 열에 의해 발화점에 도달한다.

🔒 **정답** | 23. ③ 24. ② 25. ①

■ **발화기**★★ 22년 소방장
① 발화기는 화재의 4요소들이 서로 결합하여 연소가 시작될 때의 시기를 말한다.
② 발화의 물리적 현상은 스파크나 불꽃에 의해 유도되거나 자연발화처럼 어떤 물질이 자체의 열에 의해 발화점에 도달한다.
③ 발화시점에서 화재는 규모가 작고 일반적으로 처음 발화된 가연물에 한정된다.
④ 개방된 지역이든 구획이든 모든 화재는 발화의 한 형태로서 발생한다.

26 플래시오버와 롤오버 차이점에서 "롤오버 현상"이 아닌 것은?

① 열의 복사가 플래시오버 현상에 비해 상대적으로 약하다.
② 화염선단 부분이 주변공간으로 확대된다.
③ 열의 복사가 강하다.
④ 상층부의 고온의(가연성가스)의 발화이다.

■ **플래시오버(Flash over)와 롤오버(Roll over)의 차이점**★ 22년 소방위

구 분	플래시오버(Flash over) 현상	롤오버(Roll over) 현상
복사열	열의 복사가 강하다.	열의 복사가 플래시오버(Flash over) 현상에 비해 상대적으로 약하다.
확대범위	일순간 전체공간으로 발화 확대된다.	화염선단 부분이 주변공간으로 확대된다.
확산 매개체	공간 내 모든 부분(상층과 하층) 가연물의 동시발화	상층부의 고온(가연성가스)의 발화

27 다음 중 "성장기와 최성기 간의 과도기적 시기"와 관계 깊은 것은?

① 플레임오버   ② 롤오버
③ 보일오버   ④ 플래시오버

■ **플래시오버**★★ 22년 소방장/ 24년 소방교
① 플래시오버는 성장기와 최성기간의 과도기적 시기이며 발화와 같은 특별한 현상이 아니다.
② 플래시오버 시기에 구획실 내부의 상태는 매우 급속하게 변화하는데 이때 화재는 처음 발화된 물질의 연소가 지배적인 상태로부터 구획실 내의 모든 노출된 가연성 물체의 표면이 동시에 발화하는 상태로 변한다.
③ 성장기 천장 부분에서 발생하는 뜨거운 가스층은 발화원으로부터 멀리 떨어진 가연성물질에 복사열을 발산한다.
④ 화염에서 발생한 복사열에 의해 가구 등 내장재가 인화점에 이르고 가연성 가스가 축적되면서 실내 전체가 한순간에 폭발적으로 화염에 휩싸이는 현상이다.

정답   **26.** ③   **27.** ④

28 화재의 진행단계에 대한 설명으로 옳지 않은 것은?

① 발화기는 화재의 4요소들이 서로 결합하여 연소가 시작될 때의 시기를 말한다.

② 성장기에는 화염이 커짐에 따라 주위 공간으로부터 화염이 상승하는 공간으로 공기를 끌어들이기 시작한다.

③ 플래시오버 현상에서는 구획실 연소에서 산소공급이 잘 되지 않으므로 많은 양의 연소하지 않은 가스가 생성된다.

④ 최성기에는 발산되는 연소생성가스의 양과 발산되는 열은 구획실 배연구 수와 크기에 의존한다.

■ **최성기**★★ 22년 소방장/ 24년 소방교

① 최성기는 구획실 내 모든 가연성 물질들이 화재에 관련될 때에 일어난다.

② 이 시기에, 구획실 내에서 연소하는 가연물은 이용 가능한 가연물의 최대 열량을 발산하고, 많은 양의 연소생성가스를 생성한다.

③ 발산되는 연소생성가스의 양과 발산되는 열은 구획실 배연구(환기구) 수와 크기에 의존한다.

④ 구획실 연소에서는 산소공급이 잘 되지 않으므로 많은 양의 연소하지 않은 가스가 생성된다.

⑤ 이 시기에, 연소하지 않은 뜨거운 연소 생성 가스는 발원지에서 인접한 공간이나 구획실로 흘러 들어가게 되며, 보다 풍부한 양의 산소와 만나면 발화하게 된다.

29 다음 중 "화재의 4요소"에 해당되지 않는 것은?

① 물   ② 연쇄반응

③ 가연물   ④ 산소

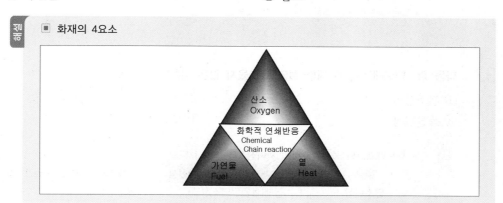

■ 화재의 4요소

30 다음 중 "성장기"에 이루어지는 현상이 아닌 것은?

① 플래시오버   ② 보일오버

③ 플래임오버   ④ 롤오버

정답   28. ③   29. ①   30. ②

※ 보일오버는 유류화재 시 발생하는 현상이다.
• 성장기에 일어나는 현상 : 플래임오버, 백드래프트, 롤오버, 플래시오버 순서이다.
* 16년 소방교/ 20년 소방위/ 22년 소방위

31 다음은 "플래시오버 대응전술"에 대한 설명으로 옳지 않은 것은?

① 화재가 성장기에서 최성기로 접어들었음을 나타낸다.
② 연기와 열이 화염으로 전환되는 것을 의미한다.
③ 적절한 내부공격 시점은 지붕배연작업이 완료된 후이다.
④ 대표적인 전조현상으로 고온의 연기발생과 Rollover 현상이 관찰된다.

■ **플래시오버 대응전술** * 22년 소방위
① Flashover는 화재가 성장기(단계)에서 최성기로 접어들었음을 나타내며 화재의 생애주기 중 가장 위험한 순간이다.
② 열의 재방출로 발생되는 Flashover 현상은 연기와 열이 화염으로 전환되는 것을 의미한다.
③ 화세가 성장함에 따라 발생한 에너지는 공간의 윗부분으로 흡수되며, 이는 연소가스를 가열하면서 자동점화가 가능할 정도의 온도까지 열이 가해진다.
④ Flashover 현상이 발생한 경우 그 공간에서의 효과적인 검색구조 작업은 할 수 없으며, 구조대상자 또는 소방관이 그 공간에 고립되어 있다는 것은 이미 사망했다는 것을 의미한다. Flashover가 발생하면, 이동식 소화기로 화재를 진압하는 것은 불가능하며 관창호스에 의해 진압해야 한다.
⑤ Flashover가 발생하고 나면 공간 내 내용물 화재에서 구조물 화재로 전환됨을 의미하는데, 이것은 건물 붕괴 위험의 전조현상임을 나타낸다.
⑥ Flashover의 대표적인 전조현상으로 고온의 연기발생과 Rollover 현상이 관찰된다는 점에 유의해야 한다.
※ ③은 백드래프트 대응전술에 대한 설명임

32 다음 중 "백드래프트"에 대한 설명으로 옳지 않은 것은?

① 훈소상태   ② 성장기의 마지막 단계
③ 폭발현상   ④ 성장기, 감퇴기

■ **백드래프트와 플래시오버의 차이점** * 19년 소방교·소방장/ 22년 소방위/ 23년 소방장

구분	백드래프트(Backdraft)현상	플래시오버(Flashover)현상
연소현상	훈소상태(불완전연소상태)	자유연소상태
산소량	산소 부족	상대적으로 산소공급원활
폭발성 유무	폭발현상이며 그에 따른 충격파, 붕괴, 화염폭풍 발생	폭발이 아님
악화요인 (연소확대의 주 매개체)	외부유입 공기(산소)	열(축적된 복사열)
발생시점	성장기, 감퇴기	성장기의 마지막이자 최성기의 시작점

🔖 **정답**   31. ③   32. ②

33 "화재진행에 영향을 미치는 요인"으로 다음 내용과 관계 없는 것은?

> ⓐ 많은 양의 뜨거운 가스층이 형성될 수 있는지를 결정한다.
> ⓑ 화재의 진행을 위해서는, 발화기를 넘어서 연소가 지속될 수 있도록 한다.
> ⓒ 그 공간 내에서 화재가 어떻게 진행하는가를 결정한다.

① 충분한 공기　　　　　　　　　　② 구획실의 크기
③ 최초가연물의 위치　　　　　　　④ 배연구의 크기

■ **화재진행에 영향을 미치는 요인**★ 15년 소방교/ 20년 소방장/ 22년 소방장/ 23년 소방교
화재가 발화해서 쇠퇴하기까지, 구획실 화재의 성상과 진행단계에 영향을 미치는 요인들은
① 배연구의 크기, 수 및 위치　　　　② 구획실의 크기
③ 구획실을 둘러싸고 있는 물질들의 열 특성　④ 구획실의 천장높이
⑤ 최초 발화되는 가연물의 크기, 합성물의 위치
⑥ 추가적 가연물의 이용가능성 및 위치이다.

충분한 공기	화재의 진행을 위해서는, 발화기를 넘어서 연소가 지속될 수 있도록 한다.
배연구(환기구)의 크기, 수 및 위치	그 공간 내에서 화재가 어떻게 진행하는가를 결정한다.
구획실의 크기, 형태 및 천장의 높이	많은 양의 뜨거운 가스층이 형성될 수 있는지를 결정한다.
최초가연물의 위치	뜨거운 가스층이 증가하는 데에 있어서 매우 중요하다. ① 구획실의 중앙에서 연소하는 가연물의 화염은 구획실의 벽이나 구석에 있는 가연물보다 더 많은 공기를 흡수하고 더욱 차갑다.
연소하는 구획실에서 진행되는 온도의 변화	가연물이 타면서 발산하는 에너지의 직접적 결과이다. ① 물질과 에너지는 보존되므로, 화재에 의해 야기되는 질량의 어떤 손실은 에너지의 형태로 변환된다. ② 화재에서 일정시간동안 발산되는 열에너지의 양을 열 발산율이라 한다.
추가적 가연물의 이용가능성 및 위치	화재에 의해 생성되는 열과 가연물들 간의 한 가지 중요한 상호관계는 최초 발화된 가연물들로부터 떨어져 있는 추가적인 가연물들의 발화이다. ① 구획실 화재에서 생성되는 열은 열의 3가지 전달과정에 의해 최초 가연물들로부터 그 공간 내에 있는 다른 가연물(추가적 가연물들)로 전달된다. ② 초기의 화염에서 상승하는 열은 대류에 의해 전달된다. ③ 뜨거운 가스가 구획실 내부의 다른 가연물의 표면 위를 지나갈 때에, 열은 전도에 의해 다른 가연물로 전달된다.
복사에너지	구획실 화재가 성장기로부터 최성기로 전환되는 데 있어서 중요한 역할을 한다. ① 뜨거운 가스층이 천장부분에서 형성될 때에, 연기 속에 들어 있는 뜨거운 미립자들은 구획실에 있는 다른 가연물들로 에너지를 방사하기 시작한다. ② 이렇게 발화원에서 떨어져 있는 가연물들은 때때로 '표적 가연물'이라고 불린다. ③ 복사에너지가 증가하게 되면, 표적 가연물은 열분해반응을 시작하고 가연성가스를 발산하기 시작한다. ④ 구획실 내의 온도가 이들 가스의 발화온도에 도달하면, 방 전체는 화재로 휩싸이게 된다.(플래시오버)

정답 33. ③

화재의 잠재적 성장 가능성을 측정하는 데 필요한 정보이용	① 높은 열발산율을 가진 물질들(폴리우레탄, 폼을 넣은 가구, 폴리우레탄 포말 메트리스, 또는 나무 팔렛트더미 등)은 일단 발화가 일어나면 급속한 연소가 예상된다. ② 일반적으로, 저밀도의 물질들(예를 들면, 폴리우레탄 포말)은 비슷한 구성의 고밀도 물질들(예를 들면, 면으로 구성된 물질) 보다 더 빠르게 연소한다(상대적으로 높은 열발산율을 가진다).

34 "백드래프트 폭발압력의 효과"에서 다음 내용과 관계 깊은 것은?

> 목구조 벽이 붕괴됨

① 0.5 psi
② 1-2 psi
③ 2-3 psi
④ 1 psi

■ 폭발압력의 효과** 18년 소방장

압력(Peak Pressure)	효과(Effect)
0.5 psi	창문에 심한 충격이 가해짐
1 psi	소방관이 넘어짐
1-2 psi	목구조 벽이 붕괴됨
2-3 psi	콘크리트 블록 벽이 붕괴됨
7-8 psi	벽돌조 벽이 붕괴 됨

35 화재의 특수현상에 대한 설명으로 다음 내용과 관계 없는 것은?

> ⓐ 통로나 출구를 따라 진행되는 화염 확산은 일반적인 구획 공간 내의 화염 확산보다 치명적이다.
> ⓑ 연소폭발과 같이 가연물, 산소(산화제), 열(점화원)이 기본적으로 필요하다.
> ⓒ 그 공간에서의 효과적인 검색구조 작업은 할 수 없으며, 구조대상자 또는 소방관이 그 공간에 고립되어 있다는 것은 이미 사망했다는 것을 의미한다.

① 플레임오버
② 백드래프트
③ 롤오버
④ 플래시오버

 ⓐ : 플레임오버, ⓑ : 백드래프트, ⓒ : 플래시오버

🔲 정답 | **34.** ② **35.** ③

36 다음 중 "성장기 진행단계" 순서가 옳은 것은?

> 백드래프트, 플래시오버, 플레임오버, 롤오버

① 롤오버 – 플래시오버 – 플레임오버 – 백드래프트
② 플레임오버 – 백드래프트 – 롤오버 – 플래시오버
③ 플래시오버 – 플레임오버 – 롤오버 – 백드래프트
④ 백드래프트 – 롤오버 – 플래시오버 – 플레임오버

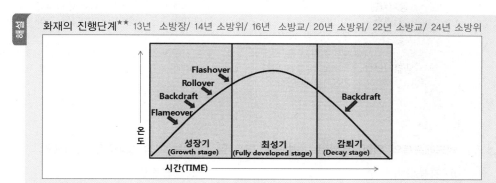

화재의 진행단계★★ 13년 소방장/ 14년 소방위/ 16년 소방교/ 20년 소방위/ 22년 소방교/ 24년 소방위

37 "백드래프트를 예방하거나 발생 가능성을 줄일 수 있는 3가지 전술"에 포함되지 않은 것은?

① 후방공격법　　　　　　　　　② 측면공격법
③ 담금질　　　　　　　　　　　④ 배연법

■ 백드래프트를 예방하거나 발생 가능성을 줄일 수 있는 3가지 전술★ 16년, 18년 소방장

배연법 (지붕환기)	① 연소 중인 건물 지붕 채광창을 개방하여 환기시키는 것은 백드래프트의 위험으로부터 소방관을 보호할 수 있는 가장 효과적인 방법 중 하나이다. ② 상황이 허락된다면, 지붕에 개구부를 만들어 환기한다. ③ 백드래프트에 의한 폭발이 일어나더라도, 대부분의 폭발력이 위로 분산될 것이다.
급냉법 (담금질)	① 화재가 발생된 밀폐 공간의 출입구에 완벽한 보호 장비를 갖춘 집중 방수팀을 배치하고 출입구를 개방하는 즉시 바로 방수함으로써 폭발 직전의 기류를 급냉시키는 방법이다. ② 집중방수의 부가적인 효과는 일산화탄소 증기운의 농도를 폭발하한계 이하로 떨어뜨리는 것이다. ③ 배연법 만큼 효과적이지 않지만, 이것이 유일한 방안인 경우가 많다.
측면 공격법	이것은 화재가 발생된 밀폐 공간의 개구부(출입구, 또는 창문) 인근에서 이용 가능한 벽 뒤에 숨어 있다가 출입구가 개방되자마자 개구부입구를 측면 공격하고, 화재 공간에 집중 방수함으로써 백드래프트 현상을 방지하는 방법이다.

정답 | 36. ② 　 37. ①

38 다음 중 "Flashover를 지연"시키는 방법으로 옳지 않은 것은?

① 배연 지연법

② 공기차단 지연법

③ 측면공격 지연법

④ 냉각 지연법

■ Flashover를 지연시키는 3가지 방법** 14, 16년 소방장/ 19년 소방위/ 24년 소방교

배연 지연법	창문 등을 개방하여 배연(환기)함으로써, 공간 내부에 쌓인 열을 방출시켜 Flashover를 지연시킬 수 있으며 가시성 또한 향상시킬 수 있다.
공기차단 지연법	배연(환기)과 반대로 개구부(창문)을 닫아 산소를 감소시킴으로써 연소 속도를 줄이고 공간 내 열의 축적 현상도 늦게 하여 지연시키는 방법을 쓸 수 있다. 이 방법은 관창호스 연결이 지연되거나 모든 사람이 대피했다는 것이 확인된 경우, 적합한 방법이다.
냉각지연법	분말소화기 등 이동식 소화기를 분사하여 화재를 완전하게 진압하는 것은 일시적으로 온도를 낮출 수 있으며, Flashover를 지연시키고 관창호스를 연결할 시간을 벌 수 있다.

39 백드래프트의 위험으로부터 "소방관을 보호"할 수 있는 가장 효과적인 방법은?

① 지붕환기

② 담금질법

③ 정면공격법

④ 측면공격법

■ 배연법(지붕환기)
연소 중인 건물 지붕 채광창을 개방하여 환기시키는 것은 백드래프트의 위험으로부터 소방관을 보호할 수 있는 가장 효과적인 방법 중 하나이다. 상황이 허락된다면, 지붕에 개구부를 만들어 환기한다. 비록 백드래프트에 의한 폭발이 일어나더라도, 대부분의 폭발력이 위로 분산될 것이다.

40 건축물 실내화재 시 "플래시오버의 대표적인 전조현상"은 무엇인가?

① 보일오버

② 파이어 볼

③ 백드래프트

④ 롤오버

플래임오버 – 백드래프트 – 롤오버 – 플래시오버* 22년 소방위

41 다음 중 "물리적 소화방법"이 아닌 것은?

① 냉각소화법

② 질식소화법

③ 부촉매 소화법

④ 제거소화법

정답 **38.** ③ **39.** ① **40.** ④ **41.** ③

① 물리적소화 : 냉각소화법, 질식소화법, 제거소화법(희석소화법 포함)
② 부촉매 소화법(화학적 소화법) : 할로겐화합물소화약제, 분말소화약제, 산·알카리소화약제, 강화액
　 소화약제 등이 있다.

물리적 소화방법	① 화재온도를 점화원 이하로 냉각시켜 소화하는 방법으로 냉각소화에 해당된다. ② 탄산가스나 거품 등으로 공기를 차단하는 것은 질식소화에 해당된다. ③ 화재를 강풍으로 불어 소화하는 방법으로 제거소화에 해당된다. ④ 혼합기의 조성을 연소하한계 이하로 희석시켜 농도를 엷게 하여 소화하는 방법으로 　 희석소화법에 해당된다.
화학적 소화방법	화재를 일으키는 가연물질의 성상 및 종류(A, B, C, D급 화재)에 적합하게 제조된 소화약제를 사용하여 소화하는 방법

42 "소방관의 유의사항"에 대한 설명으로 옳지 않은 것은?

화재로 발생된 혼합가스가 전체 공간의 약 (　)%만 차지하면 폭발한다.

① 5
② 10
③ 15
④ 25

■ **소방관의 유의사항**★★ 18년 소방장
• 화재로 발생된 혼합가스가 전체 공간의 약 25%만 차지하면 폭발한다. 고온의 일산화탄소 증기운이
  화점공간의 한 코너에 집중될 때 검색작업을 위해 문을 개방하는 순간 전체 공간이 폭발할 수 있다.
• 제한된 공간 내에서 발생되는 폭발압력은 치명적인 위험요인이 된다. 주변 압력보다 약간만 높아도
  창문이 파괴되거나 파티션이 무너지고, 심지어 벽돌로 쌓은 벽이 붕괴될 수 있다.

43 다음 중 "제거소화"에 대한 설명으로 옳지 않은 것은?
① 방화선(도로)을 설정
② 유전 폭발진압
③ 전원을 차단
④ 가연성가스의 공급을 차단

■ **제거소화의 일반적 사례**★★ 19년 소방교
① 화재현장에서 복도를 파괴하거나 대형화재의 경우 어느 범위의 건물을 제거하여 방어선을 만들어
　 연소를 방지하는 방법(가연성고체물질을 제거하여 소화)
② 산림화재를 미리 예상하여 평소에 방화선(도로)을 설정하고 있는 것
③ 전기화재의 경우 전원을 차단하여 소화
④ 가연성가스화재인 경우 가연성가스의 공급을 차단시켜 소화하는 방법 등을 들 수 있다.

정답　42. ④　43. ②

44 "가스의 열 균형"에 대한 설명으로 옳지 않은 것은?

① 가스의 열 균형은 가스가 온도에 따라 층을 형성하는 경향을 말한다.

② 가장 온도가 높은 가스는 최상층에 모이는 경향이 있고, 낮은 층에는 차가운 가스가 모이게 된다.

③ 적절한 조치는 뜨거운 가스층의 상층부에 물을 뿌리는 것이다.

④ 많은 소방대원들이 열 균형이 파괴되었을 때에 화상을 입게 된다.

 해설

■ 가스(기체)의 열 균형

① 가스의 열균형은 가스가 온도에 따라 층을 형성하는 경향을 말한다.

② 가장 온도가 높은 가스는 최상층에 모이는 경향이 있고, 반면 낮은 층에는 보다 차가운 가스가 모이게 된다.

③ 공기, 가스 및 미립자의 가열된 혼합체인 연기는 상승한다.

④ 지붕 위에 구멍을 뚫으면 연기는 건물이나 방으로부터 상승하여 밖으로 배출된다. 이러한 열 균형의 특성 때문에 소방대원들은 낮은 자세로 진입하여 활동하여야 한다.

⑤ 열 균형을 이루고 있는 가스층에 직접 방수를 한다면, 높은 곳에서 배연구(환기구) 밖으로 가는 가장 뜨거운 가스층은 방해를 받을 수 있다.

‖온도층의 상층부에 물을 뿌리면 열 불균형이 발생‖

⑥ 온도가 가장 높은 가스층에 물을 뿌리게 되면, 물은 수증기로 급속히 변화하여 구획실 내의 가스와 급속히 섞이게 된다.

⑦ 연기와 수증기의 소용돌이치는 혼합은 정상적인 열 균형을 파괴하여 뜨거운 가스는 구획실 전체에 섞인다. 이 때문에 많은 소방대원들이 열 균형이 파괴되었을 때에 화상을 입게 된다.

⑧ 일단 정상적인 열균형이 파괴되면, 송풍기를 사용하는 것과 같은 강제배연방법으로 구획실 내의 가스를 배출시켜야 한다.

⑨ 이러한 상태에 대한 적절한 조치로는 구획실을 배연시켜 뜨거운 가스를 빠져나가게 하고, 뜨거운 가스층으로부터 아래쪽에 있는 화점에 방수를 하는 것이다.

※ 폐쇄된 구조물 내의 정상적인 화재 조건 하에, 가장 높은 온도의 열은 천장부분에서 발견되고, 가장 낮은 온도의 열은 바닥부분에서 발견된다.

45 다음 중 "소방력의 3요소"가 아닌 것은?

① 가연물   ② 숙달된 소방대원

③ 최신장비   ④ 소방용수

 해설

소방력 3요소는 숙달된 소방대원, 최신장비, 소방용수이다.

🔲 정답   **44.** ③   **45.** ①

46 다음 중 "화재진압장비"에 해당되는 것은?

① 수중펌프   ② 양수기

③ 구조견   ④ 소방용 원격장비

※ 수중펌프는 기타 보조장비임* 22년 소방교

화재 진압장비 *19년 소방교	소화용수장비	소방호스류, 결합금속구, 소방관창류 등
	간이소화장비	소화기, 휴대용 소화장비 등
	소화보조장비	소방용사다리, 소화보조기구, 소방용펌프 등
	배연장비	이동식 송·배풍기 등
	소화약제	분말 소화약제, 액체형 소화약제, 기체형 소화약제 등
	원격장비	소방용 원격장비 등

※ 기타 보조장비 : 차량이동기, 안전매트, 전선릴, 수중펌프, 드럼펌프, 양수기, 수손방지막
※ 구조견은 탐색구조장비에 속한다.

47 다음 중 "부촉매소화법"에 대한 설명으로 옳지 않은 것은?

① 부촉매제를 사용하여 가연물질의 연속적인 연쇄반응이 일어나지 않도록 하여 화재를 소화시키는 방법이다.

② 소화원리는 분말소화기와 할론 소화기의 소화원리처럼 연소과정에 있는 분자의 연쇄반응을 방해함으로써 화재를 진압하는 원리이다.

③ 부촉매제와 반응하여 더 이상 연소생성물인 이산화탄소·일산화탄소·수증기 등의 생성을 억제시킴으로써 소화하는 원리로 물리적 소화방법에 해당한다.

④ 화재를 일으키는 가연물질의 성상 및 종류에 적합하게 제조된 소화약제를 사용하여 소화하는 방법이다.

■ 부촉매소화(억제소화)** 14년 소방장, 19년 소방교
① 부촉매제(화학반응이 잘 일어나지 않도록 하는 것)를 사용하여 가연물질의 연속적인 연쇄반응이 일어나지 않도록 하여 화재를 소화시키는 방법으로 억제소화 또는 화학적 소화법이라 부르기도 한다.
② 소화원리는 분말소화기와 할론 소화기의 소화원리처럼 연소과정에 있는 분자의 연쇄반응을 방해함으로써 화재를 진압하는 원리이다.
③ 부촉매 소화는 가연물질 내에 함유되어 있는 수소·산소로부터 활성화되어 생성되는 수소기(H*)·수산기(OH)를 화학적으로 제조된 부촉매제(분말소화약제, 할론가스 등)와 반응하게 하여 더 이상 연소생성물인 이산화탄소·일산화탄소·수증기 등의 생성을 억제시킴으로써 소화하는 원리로 화학적 소화방법에 해당한다.
※ 화학적 소화방법 : 화재를 일으키는 가연물질의 성상 및 종류(A, B, C, D급 화재)에 적합하게 제조된 소화약제를 사용하여 소화하는 방법

정답   **46.** ④   **47.** ③

48 화재대응매뉴얼의 종류 중 "화재대응분야별 현장조치"와 관계있는 것은?

① 대상별 대응매뉴얼   ② 실무매뉴얼

③ 특수화재대응매뉴얼   ④ 표준매뉴얼

■ 화재대응메뉴얼의 종류* 13년 소방장, 소방교/ 16년 소방교/ 24년 소방장

표준 매뉴얼	① 대부분의 화재대응에 공통적으로 적용하기 위해 작성되는 것 ② 필수적인 처리절차와 임무, 기관별 처리사항을 규정하여 기관별 또는 부서별 실무매뉴얼을 수립하는 데 활용 ※ 재난현장표준작전절차, 긴급구조대응계획, 소방방재 현장조치 행동매뉴얼, 다중밀집시설 대형사고 표준매뉴얼 등
실무 매뉴얼	① 표준매뉴얼에 규정된 필수적인 처리절차와 임무, 기관별 처리사항을 근거로 각 기관별 또는 부서별로 작성되는 것 ② 화재대응분야별 현장조치 및 처리세부절차를 규정 ※ 고층건물 화재진압 대응매뉴얼, 다중밀집시설 대형화재 실무매뉴얼, 원전(방사능) 화재 등
특수화재 대응매뉴얼	① 지하철화재 등과 같은 특수시설 및 특수유형화재에 대한 일반적 대응매뉴얼 ② 화재특성에 따른 대응 시 유의사항 등으로 이루어진 매뉴얼로 대상별 매뉴얼 작성과 화재진압대원의 전문성 향상을 목적으로 작성되었다.
대상별 대응매뉴얼	화재진압활동은 신속, 정확하고 효과적이어야 한다. 이를 위하여 소방대의 현장행동을 통제하고 피해의 경감과 대원의 안전 확보를 위해 주요대상별 화재대응 매뉴얼의 필요성이 제기되었는데, 사회발전과 첨단복합건물의 등장으로 그 중요성이 커지고 있어 점차 작성대상이 확대되고 있다. ※ 중요목조문화재나 고층건물, 지하연계복합건축물 등 (주요작성 대상) ① 인적, 물적 피해가 매우 큰 대상물 ② 연소확대가 빠르고 처음부터 화재의 최성기를 예측하여 필요한 소방력을 투입하여야 할 대상물 ③ 문화재 등 사회적 영향이 크고 특별한 보호를 필요로 하는 대상물 ④ 폭발, 유독가스 등의 발생위험이 있어 소방대원의 안전확보상 필요한 대상물 ⑤ 특수한 장비, 특수한 소화수단을 필요로 하는 대상물 ⑥ 특이한 소방대 운용과 현장행동을 필요로 하는 대상물

49 다음 내용과 관계 깊은 것은?

> 화재현장을 책임지고 있는 소방간부가 취해야 할 조치를 구상하는 것. 시간, 위치, 사고의 성질, 인명위험, 노출위험, 자산현황, 화재의 성질과 범위, 이용 가능한 급수원, 기타 진압장비 등을 고려하여 구상한다.

① size-up   ② backfire

③ lifting   ④ fireball

정답   **48.** ②   **49.** ①

■ size-up(initial evaluation of a situation)* 12년 소방장/ 20년 소방위
화재현장을 책임지고 있는 소방간부가 취해야 할 조치를 구상하는 것. 시간, 위치, 사고의 성질, 인명위험, 노출위험, 자산현황, 화재의 성질과 범위, 이용 가능한 급수원, 기타 진압장비 등을 고려하여 구상한다.

50 화재진압전략의 대응우선순위 전략개념의 "2단계"는?

① 생명보호   ② 외부확대 방지
③ 내부 확대방지   ④ 점검 조사

 ■ 화재진압전략개념 5단계(RECEO)
① 생명보호(Rescue) → ② 외부확대 방지(Exposure) → ③ 내부확대 방지(Confine) →
④ 화점진압(Extinguish) → ⑤ 재발방지를 위한 점검·조사(Overhaul) 등

※ 요약하여 정리하면 대부분의 화재진압전략은
① 화점과 생명의 위치확인 → ② 통제 → ③ 진압의 순차적 진압활동
　최근 이러한 5단계(RECEO)에 따른 화재진압전략의 대응우선순위 전략개념은 마지막 6 단계에 "화재발생 부지(장소) 내 현장 안전조치(Safeguard)"를 추가하여 대응우선 순위 전략개념으로 활용되고 있다.

51 "연소방지"에 대한 설명으로써 다음 (   ) 안에 들어갈 내용이 아닌 것은?

화재진압 활동 시에 행동의 중점을 연소방지 활동과 소화활동의 어디에 두어야 하는가는 (   ), (   ), (   )등에 의하여 결정된다.

① 화재상황   ② 소방력
③ 기상   ④ 대원의 판단

 ■ 연소방지
① 화재진압 활동 시에 행동의 중점을 연소방지 활동과 소화활동의 어디에 두어야 하는가는 화재의 상황, 소방력, 기상 등에 의하여 결정된다.
② 화재상황에서 소방력이 화세보다 우세한 경우에는 소방력을 화점으로 집중시키고, 반대로 화세가 최성기 등으로 소방력보다 강한 경우에는 일거에 진압하는 것은 곤란하기 때문에 일반적으로는 우선 연소방지에 주력하여야 한다.

52 "VTR활용 검토회의"가 가능한 경우 제외할 수 있는 것 중 옳지 않은 것은?

① 건물구조별 표시방법   ② 평면도, 투시도
③ 방위표시도   ④ 관계사물의 소정기호

정답 **50.** ②   **51.** ④   **52.** ③

■ VTR활용, 검토회의가 가능한 경우 제외할 수 있는 사항
① 건물구조별 표시방법
② 평면도, 투시도
③ 출동대 색상
④ 관계사물 소정의 기호

53 "화재대응 매뉴얼" 중 상황별 대응계획에 속하지 않는 것은?

① 화재취약지구 및 진압곤란 시 대응계획
② 화재경보 발령 시 대응계획
③ 특수화재 대응계획
④ 대규모재해 대처계획

 ■ 상황별 대응계획

화재취약지구 및 진압곤란 시 대응계획	목조가옥, 소량위험물, 특수가연물 등의 밀집지역, 고지대, 저지대지역으로 연소확대 위험이 매우 크고 진압이 곤란한 구역(지역)이 존재하거나, 소방대의 통행에 지장이 있는 도로공사 등으로서 범위나 기간의 정도에 따라 필요한 경우 화재출동, 수리부서, 호스연장 등에 관하여 계획한다.
화재경보 발령 시 대응계획	화재경보 발령 하에서의 기상조건은 연소확대 위험이 크고 비화의 발생, 방수효과의 감소 등이 예상되므로 이에 대한 계획이다.
대규모재해 대처계획	① 대규모 재해가 발생하면 이에 따라 반드시 화재가 발생할 것이 예측된다. 가옥의 도괴, 도로의 파괴, 수도의 단수 등에 따라서 소방행동이 크게 제약을 받으며 연소 방지나 피난에 중대한 지장을 주어 다수의 사상자도 예상되므로 이에 대비한다. ② 평상의 화재가 매우 확대되어 대규모 화재가 된 경우 도로, 하천, 공지 등의 지형 및 내화건물 등을 이용하여 화세를 저지하는 계획이다.

※ 화재대응매뉴얼의 일종으로서 취약지역이나 경보발령, 소방차 진입불가 등 특수한 경우에 대비하여 소방관서별 필요에 의하여 수립된 사전대처계획을 말한다.

54 "화재가 3월 6일 발생"하였다. 소방활동검토회의 개최일이 옳은 것은?

① 3월 20일　　　　　　　② 3월 25일
③ 3월 28일　　　　　　　④ 3월 15일

■ 검토회의 및 장소* 16년 소방교/ 17년 소방위/ 20년 소방위/ 22년 소방교/ 23년 소방장
① 검토회의는 화재발생일로부터 10일 이내에 개최한다.
② 검토회의는 화재장소를 관할하는 소방본부 또는 소방서에서 개최한다.

🔲 정답　| 53. ③　54. ④

55 소방활동 검토회의 대상에 대한 설명으로 옳은 것은?

① 사망자 3명 발생은 본부 검토대상이다.

② 이재민 150명 발생은 소방서 검토대상이다.

③ 즉소화재는 119안전센터 검토대상이다.

④ 재산피해 5억 발생은 소방서 검토대상이다.

	■ 소방활동 검토회의 대상* 13년 소방장, 소방교/ 15년 소방장/ 23년 소방위
소방본부	① 대형화재 　– 인명피해 : 사망 5명, 사상자 10명 이상 　– 재산피해 : 50억원 이상 ② 중요화재 　– 이재민 100명 이상이 발생된 화재 　– 관공서, 학교, 문화재, 지하철, 지하구, 공공건물 등 화재 및 관광호텔, 고층건물, 지하상가, 시장, 백화점, 대량위험물제조·저장·취급소, 대형화재취약대상, 화재경계지구 등으로서 사회의 물의를 야기시킨 화재 ③ 특수화재 : 철도, 변전소, 항공기, 외국공관(사택), 특수사고, 방화 등 화재원인이 특이한 화재로서 사회의 이목이 집중된 화재 ④ 기타 본부장이 필요하다고 인정되는 화재
소방서	① 소방검사 대상물 화재 중 　– 인명피해 : 사망 3명, 사상자 5명 이상 　– 재산피해 : 2억 5천만원 이상 ② 기타 소방서장이 필요하다고 인정되는 화재
119안전센터	본부 및 소방서 대상을 제외한 매 건마다(즉소화재 제외)

56 "소방활동검토회의 준비사항"으로 옳은 것은?

① 제1출동대 청색으로 표시한다.　　② 목조는 적색으로 표시한다.

③ 도로의 폭은 미터로 표시한다.　　④ 제3출동대 적색으로 표시한다.

① 도로폭원은 m이다. 목조는 녹색, 방화조는 황색, 내화조는 적색이다.(목녹, 방황, 내적)
② 제1출동대 적색　② 제2출동대 청색　③ 제3출동대 녹색　④ 응원대 황색
★ 16년 소방장/ 17년 소방장/ 19년 소방위/ 20년 소방교/ 22년 소방교/ 23년 소방장, 소방위

57 "소방활동검토회의 준비사항"으로 옳지 않은 것은?

① 방위, 풍향, 풍속 건물의 간격과 화점, 발화건물의 소실 및 소실면적을 기입한다.

② 축척은 정확히 하고 되도록 확대하여 작성한다.

③ 방위표시는 필요에 따라 생략할 수 있다.

④ 현장도착시 연소범위는 주선으로 구분표시 한다.

정답　55. ③　56. ③　57. ③

※ 방위표시는 반드시 기입한다.* 19년 소방위/ 20년 소방교/ 22년 소방교/ 23년 소방장, 소방위

58 "화재방어검토회의"에 대한 설명으로 옳은 것은?

① 중요화재, 특수화재의 경우 통제관은 관할 소방본부장이다.

② 축척은 정확하고 되도록 축소하여 작성한다.

③ 화재를 진압한 소방본부 또는 소방서에서 개최한다.

④ 화재발생 건물의 표시방법은 평면도 또는 투시도로 한다.

 ▣ **검토회의 및 장소*** 19년 소방위/ 20년 소방교/ 22년 소방교/ 23년 소방장, 소방위
① 중요화재, 특수화재의 경우 통제관은 관할 소방서장으로 하되 필요한 경우 소방본부장이 할 수 있다.
② 대형화재 통제관은 소방본부장이 된다.
③ 검토회의는 화재장소를 관할하는 소방본부 또는 소방서에서 개최한다.

※ 검토회의 준비
① 축척은 정확하고 되도록 확대하여 작성한다.
② 도로는 그 폭원을 반드시 미터로 표시한다.
③ 화재발생 건물의 표시방법은 평면도 또는 투시도로 한다.
④ 관창진입 부서는 소대명, 방수구경 및 사용호스 수를 기입한다.

59 "화재방어검토회의 결과보고"에 대한 설명으로 ( ) 안에 들어갈 내용은?

> 검토회의를 개최하였을 때에는 그 결과를 ( )에게 ( ) 보고하여야 한다.

① 행정안전부장관, 7일 이내   ② 소방청장, 10일 이내
③ 행정안전부장관, 즉시   ④ 소방청장, 즉시

 ※ 검토회의를 개최하였을 때에는 그 결과를 소방청장에게 즉시 보고하여야 한다.
* 23년 소방장

60 "화재방어검토회의 순서"에서 가장 먼저 해야 할 사항이 아닌 것은?

① 건물 및 관리상황

② 동건물의 소방시설 상황

③ 화재출동지령 상황 및 관계기관으로의 통보상황

④ 부근의 지리 및 소방용수상황

정답   **58.** ④   **59.** ④   **60.** ③

화재방어검토회의 순서	
① 화재전의 일반상태의 검토	㉠ 건물 및 관리상황 ㉡ 동건물의 소방시설 상황 ㉢ 부근의 지리 및 소방용수상황
② 화재발견과 화재통보상황의 검토	㉠ 화재신고 접수 시의 화재상황 및 신고수리 통보상황 ㉡ 화재출동지령 상황 및 관계기관으로의 통보상황
③ 방어활동의 설명	㉠ 최초 도착대의 도착 시 연소상황 및 채택한 방어조치(선착지휘자) ㉡ 방어활동에 참석한 각대의 방어행동(각 소대장) ㉢ 선착대의 방어행동설명 후 통제관이 지명하는 자에 의한 의견 발표 ㉣ 제1출동대의 방어행동설명 후 현장지휘자에 의한 의견 발표
④ 방어행동의 관계있는 사람의 의견	
⑤ 방어행동의 관계치 않은 사람의 소견	
⑥ 강평	

61 "화재에 대한 지식정보"에서 다음 내용과 관계 깊은 것은?

> 공간을 통해 열이 사방으로 전달되는 방식으로 화염을 사방으로 확대시키는 대형화재의 주범이다.

① 자동노출   ② 전도
③ 복사   ④ 대류

화재에 대한 지식정보* 17년 소방장/ 21년 소방교	
대류	열과 연기를 확산시켜 연소 범위를 확대시키는 가장 흔한 방식이다.
자동 노출	플래임 래핑과 같이 창문에서 창문으로 확산되는 방식도 화재가 인접 건물로 확대되는 일반적 사례이며 이것은 넓은 의미에서 대류 확산의 한 사례에 해당된다. 대류나 자동노출 확산을 막기 위해서는 위층에 호스를 연결하여 방어해야 한다.
복사	공간을 통해 열이 사방으로 전달되는 방식으로 화염을 사방으로 확대시키는 대형화재의 주범이다. 이 또한 인접 건물에 관창(호스)을 배치하고 방어하는 것이 필요하다.
전도	고체물질의 고온에서 저온으로 열이 전달되는 방식이며, 주로 기계적 시설이 작동되면서 마찰열에 의해 화재가 발생되는 기계적 화재원인의 주범이다.

※ 플래임 래핑 : 소가 혓바닥으로 핥듯이 창문이나 열린 공간을 향해 화염이 확대되어 가는 것

62 "전략과 전술"에 대한 설명으로 옳지 않은 것은?

① 전술은 현장지휘관의 전반적인 화재진압 전략을 달성하는 최소 전술단위에 해당한다.
② 전술은 최소 2개 이상 진압대가 현장에서 수행하는 구체적 작전을 말한다.
③ 전략은 대응활동에 필요한 모든 자원의 활용 및 배치계획을 포함한다.
④ 주택화재전략은 사다리 설치, 호스전개, 배연, 검색과 구조 등이 있다.

정답 | 61. ③   62. ② |

■ 전략전술(Strategy and Tactics)
① 전술은 1개 단위의 진압대가 현장에서 수행하는 구체적 작전을 말한다.
② 이러한 전술은 현장지휘관의 전반적인 화재진압 전략을 달성하는 최소 전술단위에 해당한다.
③ 소방서비스에서 전략은 전체적 대응활동계획과 대응활동에 필요한 모든 자원의 활용 및 배치계획을 포함하는 개념이다.
④ 효과적으로 생사가 걸린 결정을 내리기 위해, 지휘관은 다양한 전략을 구사할 수 있어야 한다.
※ 주택화재에서 생명을 보호하는 전략은 강제진입, 사다리 설치, 호스 전개, 배연 그리고 검색과 구조를 포함하는 각각의 전술을 통해 전반적으로 실현된다.

63 주요화재 및 대형화재현장에서 "지휘관이 현장을 떠나기 전, 3가지 생사결정"이 아닌 것은?

① 1차 검색활동
② 2차 검색활동
③ 진압장비점검
④ 화재의 완전진압 여부 선언

① 1차 검색활동, ② 2차 검색활동, ③ 화재의 완전진압 여부 선언

64 다음 중 "가연물"에 대한 설명으로 옳지 않은 것은?

① 가연물이 연소하기 위해서는 정상적으로 고체나 액체 상태로 존재해야 한다.
② 고체, 액체, 기체 상태 중에 어느 한 상태로 존재한다.
③ 연소과정을 통하여 산화되거나 연소하는 재료 또는 물질이다.
④ 가솔린, 연료유 및 플라스틱, 나무, 종이 등이 있다.

■ 가연물
① 가연물은 연소과정을 통하여 산화되거나 연소하는 재료 또는 물질이다.
② 대부분의 가연물은 수소와 산소의 결합에 의해 생성된 탄소를 함유하고 있다.
㉠ 탄화수소형 가연물(가솔린, 연료유 및 플라스틱)
㉡ 셀룰로스형 가연물(나무와 종이)
③ 가연물은 물질의 3가지(고체, 액체, 기체)상태 중에 어느 한 상태로 존재하고 가연물이 연소하기 위해서는 정상적으로 기체 상태로 존재해야 한다.
④ 고체와 액체를 기체 상태로 변형시키기 위해서는 에너지가 필요하다.
⑤ 가연성가스는 고체의 열분해에 의해 발생된다. 열분해는 열작용을 통한 물질의 화학적 분해이다.
※ 고체가연물이 가열되면 고체물질에서 가연성물질이 산출된다. 만약 충분한 양의 가연물과 열이 있다면, 열분해과정은 연소하기에 충분한 양의 연소성 가스를 발생시키고, 화재의 4요소의 다른 요소(산소와 화학적 연쇄반응)들이 존재할 경우 발화하게 된다.

정답 **63.** ③ **64.** ①

65 다음 중 "주방용 덕트화재 시 화점확인 요령"으로 옳지 않은 것은?

① 경방자료 및 건축물의 도면을 파악하여 화점을 확인한다.
② 배기설비를 즉시 가동시킨다.
③ 덕트가 천장 속에 있는 경우는 천장의 점검구를 이용, 국부파괴에 의한다.
④ 옥상 등의 배연구에서 연기가 다량으로 분출하고 있는 경우는 주방용 덕트화재인 경우가 많다.

■ **주방용 덕트화재**
① 배기설비를 즉시 정지시킨다.
② 경방자료 및 건축물의 도면을 파악하여 화점을 확인한다.
③ 덕트의 배관계통을 따라 다음요령으로 화점을 확인한다.
 ㉠ 덕트 노출부 또는 점검구 등에 손을 접촉하여 온도변화를 감지한다.
 ㉡ 덕트의 점검구는 통상 방화댐퍼의 부착개소 부근이 많다.
 ㉢ 덕트가 천장 속에 있는 경우는 천장의 점검구를 이용하거나 국부파괴에 의한다.
 ㉣ 방화댐퍼의 작동상황
④ 옥상 등의 배연구에서 연기가 다량으로 분출하고 있는 경우는 주방용 덕트화재인 경우가 많다.

66 생사가 걸린 의사결정법의 "멘토식 학습법"에서 다음 (   ) 안의 내용은?

> 소방관은 주로 (   )을 통해 이와 같은 기술을 터득하고 (   )은 의사결정에 있어서도 최고의 교사이다.

① 모의훈련
② 지식정보
③ 경험
④ 전략전술

■ **멘토식 학습법(Mentors)**
㉠ 소방관은 주로 경험을 통해 이와 같은 기술을 터득하고 경험은 의사결정에 있어서도 최고의 교사이다.
㉡ 일반적으로 신임직원이 현장에 배치되면 경험이 많은 베테랑 선배직원과 일하게 되고 신임 소방관은 경험이 많은 파트너가 임무 수행하는 것을 관찰하고 질문하면서 언젠가 자기 자신의 생명을 구하게 될 기법을 배우게 된다.
㉢ 의사결정 학습방식은 지휘관들 사이에서도 이용된다.

67 다음 중 "출동로 선정원칙"으로 옳지 않은 것은?

① 화재현장까지 가장 가까운 도로일 것
② 가급적 타대와 같은 방향으로 진입할 것
③ 부서위치는 후착대에 장해가 되지 않는 위치로 할 것
④ 출동순로 가까운 곳에 소방용수가 있을 것

정답 | **65.** ② **66.** ③ **67.** ②

■ **출동로 선정원칙*** 18년 소방교
① 화재현장까지 가장 가까운 도로일 것
② 출동순로의 가까운 곳에 소방용수가 있을 것
③ 주행하기 쉬운 도로일 것
④ 도로공사, 교통혼잡 등의 장해가 없을 것
⑤ 타 대의 진입방향과 중복되지 않을 것
⑥ 부서 위치는 후착대에 장해가 되지 않는 위치로 할 것

68 **"화재신고 접수방법"에 대한 설명으로 옳지 않은 것은?**

① 신고접수는 소방대가 행하는 소방활동의 기점이 된다.

② 최근에는 휴대폰으로 신고가 급증하고 있다.

③ 폐쇄회로카메라 감시에 의해 발견하는 신고접수방법도 필요하다.

④ 주민에 의해 진화된 후 소방기관이 발견한 것은 접수건수가 아니다.

■ **화재의 접수방법*** 18년 소방장

방 법	내 용
119 전용전화	119회선에 의해 소방기관이 화재통보를 수신하는 것
일반 가입전화	소방기관의 가입전화에 의해 화재통보를 수신하는 것
관계기관	경찰기관과의 사이에 설치한 전용회선 등 관계기관에 의해서 소방기관이 화재통보를 수신하는 것
인편신고접수	통신기기를 이용하지 않고 발견자 등이 직접 소방기관에 화재 등을 통보해온 경우
소방시설	자동화재속보설비에 의해 소방기관이 화재통보를 수신하는 것
기 타	상기 이외의 방법에 의해 발견 또는 수신한 것(순찰 등)
사후인지	관계자나 주민 등에 의해 진화된 후 소방기관이 발견하거나 화재통보를 수신한 것

※ 신고접수는 소방관이 화재 등의 통보를 받고 확인한 것으로서 소방대가 행하는 소방활동의 기점이 된다.

69 **"사다리차 등 소방차량 활용"에 대한 설명으로 옳지 않은 것은?**

① 소방용수와는 관계없이 독자적으로 자기 소대의 임무에 따라 부서를 한다.

② 조명이나 방수를 하는 경우에는 반드시 화재건물에 접근하여야 한다.

③ 어떤 목적으로 사용할건가에 따라 그 부서의 위치나 방법이 달라지게 된다.

④ 사다리차로 고층건물의 상층에서 인명구조를 하고자 하는 경우에는 건물에 접근시켜 부서하여야 한다.

정답 68. ④   69. ②

■ **사다리차 등 소방차량 활용*** 16년 소방장/ 19년 소방위
ㄱ 사다리차등의 소방차량은 소방용수와는 관계없이 독자적으로 자기 소대의 임무에 따라 부서를 한다.
  ※ 예를 들면 사다리차의 경우 어떠한 목적으로 사용할 것인가에 따라서 그 부서의 위치나 방법이 달라지게 된다.
ㄴ 사다리차로 고층건물의 상층에서 인명구조를 하고자 하는 경우에는 건물에 접근시켜 부서하여야 한다. 그러나 사다리차로 높은 곳에서 현장활동을 지원하기 위하여 조명이나 방수를 하는 경우에는 반드시 화재건물에 접근할 필요는 없다.

70 "선착대 활동원칙"으로 옳지 않은 것은?

① 인명검색·구조활동 우선
② 비화경계, 수손방지 등 특정한 임무 적극 수행
③ 화점 직근의 소방용수시설을 점유
④ 신속한 상황보고 및 정보제공

■ **선착대 활동의 원칙*** 18년 소방교
① 인명검색·구조활동 우선
② <u>연소위험이 가장 큰 방면을 포위 부서</u>
③ 화점 직근의 소방용수시설을 점유
④ 사전 대응매뉴얼을 충분히 고려하여 행동
⑤ 신속한 상황보고 및 정보제공
  ※ 신속한 화재상황 파악 및 전파 후 후착대에게 적극적으로 정보를 제공
  ㄱ 재해의 실태 : 건물구조, 화점, 연소범위, 출입구 등의 상황
  ㄴ 인명위험 : 구조대상자의 유무
  ㄷ 소방활동상 위험요인 : 위험물, 폭발물, 도괴위험 등
  ㄹ 확대위험 : 연소경로가 되는 장소 등 화세의 진전 상황

■ **후착대(선착대의 활동을 보완 또는 지원)**
① 선착대와 적극적으로 연계하여 인명구조 활동 등 중요임무의 수행을 지원한다.
② 화재의 방어는 선착대가 진입하지 않은 담당면, 연소건물 또는 연소건물의 인접건물을 우선한다.
③ 방어 필요가 없는 경우는 지휘자의 명령에 의해 급수, 비화경계, 수손방지 등의 특정임무를 적극적으로 수행한다.
④ 화재 및 화재진압상황을 정확하게 파악하고 과잉파괴 행동 등 불필요한 활동은 하지 않는다.

71 "공조용 덕트 배기구"에서 연기가 분출하고 있을 때 가장 먼저 확인 방법은?

① 당해 덕트의 노출부 또는 점검구 등에 손을 접촉하여 온도변화 확인
② 덕트에 가연성의 단열재 등이 감겨 있는지 여부 확인
③ 덕트종류(공조, 주방, 주차장, 창고배기)
④ 방화댐퍼의 작동상황

☞ 정답 | **70.** ② **71.** ③

■ **공조용 덕트**
① 옥외로 연기가 분출하거나 옥내에 연기가 있는 경우는 공조설비를 즉시 정지시킨다.
② 공조설비의 배기구, 흡기구에서 연기가 다량으로 분출하고 있을 때는 덕트 또는 덕트 부근의 화재라고 판단하여 화점을 확인한다.
③ 소방활동 정보카드 및 관계자의 도면에 의해 공조설비의 덕트 계통을 파악하여 화점을 확인한다.
④ 덕트 배기구에서 연기가 분출하고 있을 때에는 덕트 배관을 따라 다음요령으로 화점을 확인한다.
  ㉠ 덕트의 종류(공조, 주방 배기, 주차장 배기, 창고 배기)를 먼저 확인한다.
  ㉡ 화염 덕트의 노출부 또는 점검구 등에 손을 접촉하여 온도변화를 확인한다. 점검구는 통상 방화댐퍼부착개소에 많다.
  ㉢ 덕트가 천장 속에 은폐되어 있는 경우는 천장의 점검구 등에 손을 접촉하여 온도변화를 확인. 점검구는 통상 방화댐퍼 부착개소에 많다.
  ㉣ 덕트에 가연성의 단열재 등이 감겨 있는지 여부를 확인
  ㉤ 방화댐퍼의 작동상황을 확인한다.
  ㉥ 배기 덕트 방식은 최하층에서 콘크리트 샤프트 내에 진입하여 위 방향을 확인하여 연기가 유입되고 있는 층을 화점층으로 판단한다.

72 "소화전 흡수요령"으로 옳지 않은 것은?

① 펌프로 이물질이 들어가는 것을 막기 위하여 흡수관은 결합한 후에 소화전을 개방하여야 한다.
② 배관말단의 소화전은 방수구의 수를 제한한다.
③ 소화전으로부터 흡수중일 때 타대로부터 송수를 받으면 수도배관으로 역류할 수 있다.
④ 흡수관의 결합을 확실히 하고 반드시 확인하여야 한다.

■ **소화전 흡수*** 19년 소방교
① 펌프로 이물질이 들어가는 것을 막기 위하여 흡수관은 결합하기 전에 소화전을 개방하여 관내의 모래 등을 배출시킨다.
② 흡수관의 결합을 확실하게 하고 반드시 확인한다.
③ 배관 말단의 소화전에는 유입되는 물의 양이 적기 때문에 방수구의 수를 제한한다.
④ 소화전으로부터 흡수중일 때에 타대로부터 송수를 받으면 송수된 물이 펌프를 경유하여 수도 배관 속으로 역류할 수도 있으므로 유의한다.
⑤ 지하식 소화전의 뚜껑은 허리부분의 부상을 방지하기 위해서 안정된 자세로 개방함과 동시에 손발이 끼이지 않도록 충분히 주의한다.

73 "소화전 이외의 소방용수"로부터 흡수하는 방법으로 옳지 않은 것은?

① 수량이 적은 하천의 경우 후착대는 선착대보다 위쪽에서 흡수하지 않는다.
② 흡수관은 저수조의 경우 최저부까지 넣는다.
③ 수심이 얕은 흐르는 물의 경우 스트레이너를 물이 흐르는 방향으로 투입한다.
④ 오염된 물을 사용한 경우 연소가 방지된 시점에서 흡수를 정지한다.

정답 | **72.** ① **73.** ③

■ 소화전 이외의 소방용수 흡수★ 14년 소방교

① 흡수관은 저수조의 경우 최저부(最底部)까지 넣지만 연못 등에서는 흡수관의 스트레이너(strainer)가 오물에 묻힐 염려가 있으므로 적당한 길이로 투입한다.

② 수심이 얕은 경우는 물의 흐름을 막아 수심을 확보하고 스트레이너가 떠오르지 않도록 유의한다.

③ 오염된 물은 원칙적으로 사용하지 않는다. 또 부득이하게 사용한 경우에는 연소가 방지된 시점에서 흡수를 정지한다.

④ 수심이 얕은 흐르는 물의 경우에는 스트레이너를 물이 흐르는 역방향으로 투입하여 스트레이너가 떠오르는 것을 방지한다.

⑤ 수심이 깊은 연못 등은 바닥의 오물이 흡수되지 않도록 흡수관을 로프로 적절히 묶어서 스트레이너가 바닥에 닿지 않도록 한다.

⑥ 수량이 적은 하천의 경우 후착대는 선착대보다 위쪽에서 흡수하지 않는다.

⑦ 담 너머에 수리가 있는 경우는 사다리 등을 활용해 원칙적으로 2명 이상으로 실시한다.

⑧ 아래로 굴러 떨어질 위험이 곳에 위치한 소방용수는 로프 등으로 신체를 확보하고 흡수관 투입 등의 작업을 실시한다.

74 건물 유형별 안전도 평가에서 "내화구조" 건물에서 화재와 연기가 확대될 수 있는 두 가지 통로는?

① 천장
② HVAC
③ 벽
④ 자동노출

■ 내화구조(안전도 1등급 건물) 15년 소방위/ 16년 소방교

ⓐ 전술적 안전도 1등급 건물은 주로 건축법상 내화구조의 기준을 충족시키거나 이에 준하는 안전도를 가지는 건축물로 분류할 수 있다.

ⓑ 내화구조 건물에서 화재와 연기가 확대될 수 있는 두 가지 통로는 공기조화시스템 HVAC (Heating, Ventilation, Air-Conditioning) 배관과 자동노출이다.

ⓒ 공기조화시스템(HVAC)은 고층건물에서 주로 사용된다. 배관은 화재 시 연소확대 통로가 되며, 이 통로로 건물 전체 또는 수직으로 몇 개 층을 건너뛰어 확대된다. 건물화재 시 가장 최우선적으로 취해야 할 행동 중 하나는 HVAC 시스템 차단하는 것이다.

ⓓ 자동노출(창을통해 위층으로 연소확산)에 의한 연소 확대는 커튼, 가구, 천장의 인태리어 마감재 등이 매개물이 되어 아래층 창문으로부터 위층 창문으로 화염이 확대된다.

ⓔ 창문에서 분출한 불꽃은 바로 위의 판유리를 녹이거나 파괴시킨다. 상층부 창문이 깨지면서 불꽃은 실내로 빨려 들어가게 되며 각종 연소 매개물에 점화되면서 화재가 확산된다.

ⓕ 창문이 열에 의해 녹거나 깨지지 않아도, 외부벽과 바닥층 끝부분 사이의 작은 틈새 또는 창문과 벽 사이의 작은 틈새를 통하여 화염과 연기의 수직 확산을 만들 수 있다.

75 현장지휘권확립 "3단계 기존의 상황평가 정보 얻기"에서 현장지휘관이 반드시 확인해야 할 3가지 기본 상황정보가 아닌 것은?

① 재산피해상황이 어느 정도인지?

② 화재가 발생한 층이나 구역?

③ 어떤 호스가 화재진압에 사용되었는지?

④ 배치된 호스가 효과가 있는지?

정답 | **74.** ②,④　**75.** ①

■ 현장지휘관이 반드시 확인해야 할 3가지 기본 상황정보
① 화점의 위치(화재가 발생한 층이나 구역)
② 어떤 호스(관창)가 화재 진압에 이용되고 있는지와 호스(관창) 배치 수
③ 배치된 호스(관창)가 화재 진압에 효과를 나타내고 있는지(화세에 비해 현 배치자원의 부족여부 포함)

76 다음 중 "예정소방용수 선정원칙" 내용으로 옳지 않은 것은?

① 화점에 가까운 소방용수를 우선한다.
② 화점을 앞서가는 위치를 선정한다.
③ 원칙적으로 도착순위가 빠른 순서로 가까운 소방용수를 부서한다.
④ 조건에 맞는 소방용수를 복수로 선정한다.

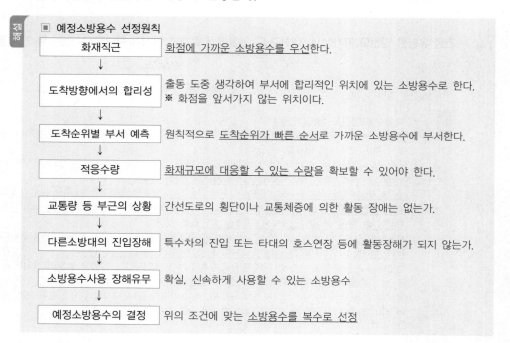

■ 예정소방용수 선정원칙

화재직근	화점에 가까운 소방용수를 우선한다.
도착방향에서의 합리성	출동 도중 생각하여 부서에 합리적인 위치에 있는 소방용수로 한다. ※ 화점을 앞서가지 않는 위치이다.
도착순위별 부서 예측	원칙적으로 도착순위가 빠른 순서로 가까운 소방용수에 부서한다.
적응수량	화재규모에 대응할 수 있는 수량을 확보할 수 있어야 한다.
교통량 등 부근의 상황	간선도로의 횡단이나 교통체증에 의한 활동 장애는 없는가.
다른소방대의 진입장해	특수차의 진입 또는 타대의 호스연장 등에 활동장해가 되지 않는가.
소방용수사용 장해유무	확실, 신속하게 사용할 수 있는 소방용수
예정소방용수의 결정	위의 조건에 맞는 소방용수를 복수로 선정

77 다음은 "화점확인을 위한 정보수집"으로 옳지 않은 것은?

① 화상을 입은 사람은 가장 중요한 정보를 가지고 있다.
② 정보 수집은 6하 원칙에 준하여 실시한다.
③ 유효한 정보원이 되는 관계자를 찾아 정보 수집하는 것을 최우선으로 한다.
④ 부상자 유무 및 성명, 연령, 상태 등을 최우선으로 수집한다.

🔲 정답 ┃ **76.** ② **77.** ④

■ 정보수집

수집 내용	(1) 관계자가 어떠한 사람인가 확인함과 동시에 다음 사항을 청취하여 메모한다. 　① 대피지연 또는 행방불명자 유무를 최우선으로 수집한다. 　② 부상자 유·무 및 성명, 연령, 상태 등 　③ 최초발견, 통보, 소화자 등으로부터 출화 장소 및 당시상황 　④ 건물 수용인에 대한 인명구조 활동 등 (2) 연소의 진행방향을 확인한다. (3) 옥내계단, 비상계단, 엘리베이터 등 건축시설 사용가능 여부를 확인한다. (4) 관계자 등으로부터 청취할 때는 정보를 철저히 수집한다. (5) 정보수집의 6하 원칙에 준하여 실시한다.
정보 수집 요령	① 정보수집은 항목이 중복되지 않도록 임무분담을 정한다. ② 수집활동은 일정시간(약 10~15분)마다 지휘본부에 집합하여 정보교환 등을 한다. ③ 유효한 정보원이 되는 관계자를 찾아 정보 수집하는 것을 최우선으로 한다. ④ 현장 부근의 관계자 이외의 사람들로부터 중요한 정보를 얻을 수 있는 경우가 있 　으므로 사람들의 말과 행동에 주의한다. ⑤ 대피 지연자가 있는지는 관계자를 조사하는 것만이 아니고 주위 사람들에게도 청취한다.

78 "화재현장 정보수집 순위"가 바르게 연결된 것은?

① 제1순위 – 가스누설과 폭발　　　　② 제2순위 – 부상자 정보

③ 제3순위 – 2차 화재발생 정보　　　④ 제4순위 – 출화 원인

■ 정보수집 순위** 17년 소방장

제1순위	① 대피지연자가 있는가 ② 전원 피난 완료했는가 ③ 부상자가 있는가 등 인명에 관한 정보
제2순위	① 가스누설과 폭발 ② 유독가스 등에 의한 2차 화재발생 및 위험에 관한 정보
제3순위	① 연소확대 위험여부 ② 계단, 건축시설 및 옥내소화전 등의 소방용 설비 사용가부 ③ 소방 활동상 필요한 정보
제4순위	① 피해상황 ② 출화 원인 등 예방 ③ 진압상 문제점

79 "선착대 활동 중 후착대에게 적극적인 정보 제공"사항이 아닌 것은?

① 건물구조, 화점, 연소범위, 출입구 등의 상황

② 구조대원의 유무

③ 위험물, 폭발물, 도괴위험 등

④ 연소경로가 되는 장소 등 화세의 진전 상황

정답　78. ④　　79. ②

▣ 신속한 화재상황 파악 및 전파 후 후착대에게 적극적으로 정보를 제공
① 재해의 실태 : 건물구조, 화점, 연소범위, 출입구 등의 상황
② 인명위험 : 구조대상자의 유무
③ 소방활동상 위험요인 : 위험물, 폭발물, 도괴위험 등
④ 확대위험 : 연소경로가 되는 장소 등 화세의 진전상황

80 **"출동 중 정보수집"에 대한 설명으로 현장에 도착한 선착대가 해야 할 일은?**

① 후착대에 화재장소 주위의 상황이나 연기, 열기의 상황 등의 정보제공
② 119 신고접수나 통보내용을 조사
③ 화재장소의 변경이나 구체적인 화재상황정보를 제공
④ 정보를 참고하여 정확하게 소방활동에 반영

 ▣ 출동 중 정보수집
① 출동지령에 의하여 각 소방대가 출동한 후에도 소방서(본부)에서는 119신고접수나 통보내용을 조사하여야 한다.
② 소방본부에서 각 출동대에 대하여 화재장소의 변경이나 구체적인 화재상황정보를 제공할 수 있도록 노력하여야 한다.
③ 화재현장에 도착한 선착대는 화재장소 주위의 상황이나 연기, 열기의 상황 등의 정보를 후착대에게 적극적으로 제공할 필요가 있으며 후착대는 그 정보를 참고하여 정확하게 소방활동에 반영하여야 한다.

81 **"외부에서 화점 확인 방법"으로 ( ) 안에 들어갈 내용은?**

창 등 개구부로부터 연기가 분출되는 경우에는 연기가 나오는 층 ( ) 층을 화점층으로 판단하고 행동한다.

① 직하   ② 아래
③ 이하   ④ 최상

 ▣ 외부에서 화점확인 방법** 12년, 18년 소방위/ 19년 소방교
① 창 등 개구부로부터 연기가 분출하는 경우는 연기가 나오는 층 이하의 층을 화점층으로 판단하고 행동한다.
② 최상층의 창 등으로부터 분출속도가 약한 백색연기가 나오는 경우는 아래층에 화점이 있는 경우가 많다.
③ 야간의 경우 조명이 점등하고 있는 층보다 조명이 소등되어 있는 층에 화점이 있는 경우가 많다.

정답   80. ①   81. ③

82 화재진압장비 중 "벽 뒤, 천장 위, 연기에 가려진 열의 출처"를 짧은 시간 내에 탐지할 수 있는 장비는?

① 음향전파탐지기   ② 매몰자음향탐지기
③ 열화상카메라   ④ 불꽃감지기

■ **열화상카메라**
화재진압 장비 중에서 가장 획기적인 도구 중의 하나가 바로 열화상 카메라이다. 이 장치는 벽 뒤, 천장 위, 연기에 가려진 열의 출처를 짧은 시간 내에 탐지할 수 있다. 이것을 효과적으로 이용할 경우 재산 피해를 획기적으로 줄일 수 있다.

83 소방용 설비의 화재표시방법 중 "최초발보구역 확인"과 관계있는 것은?

① 자탐설비 수신기의 지구표시등과 스프링클러 헤드 및 포헤드의 작동구역이 동일한 경우
② 스프링클러 헤드 등이 작동하지 않고 자탐설비 수신반의 화재표시만 발보한 때
③ 연기감지기 연동의 제연설비나 방화문의 작동을 표시하고 있는 경우
④ 하론 소화설비의 수동 기동방식이 작동하고 있는 경우는 인위적으로 작동시킨 것

■ **소방용 설비 등의 화재표시에 의한 방법** * 19년 소방교
① 방재센터가 설치되어 있는 경우
  ㉠ 화점확인 사항
    ⓐ 자탐설비 수신기의 지구표시등의 발보 순서
    ⓑ 스프링클러 헤드 작동구역
    ⓒ 연감지기 연동의 제연설비, 방화문의 작동상황
    ⓓ 포, 하론 등의 소화설비 작동구역
  ㉡ 자탐설비 수신기의 지구표시등과 스프링클러 헤드 및 포헤드의 작동구역이 동일한 경우는 <u>당해 구역을 확인한다.</u>
  ㉢ 스프링클러 헤드 등이 작동하지 않고 자탐설비 수신반의 화재표시만 발보한 때에는 <u>최초 발보 구역을 확인한다.</u> 또한 주방 화재의 경우 덕트에 열이 흡입되어 스프링클러헤드가 작동하지 않는 예가 많으므로 주의한다.
    ⓐ 계단실 직근에서 발화한 경우는 연기가 계단실로 유입되어 계단 내 연기감지기가 먼저 동작하는 경우도 있다.
    ⓑ 연기감지기 연동의 제연설비나 방화문의 작동을 표시하고 있는 경우에는 <u>당해 구역을 확인</u>한다.
    ⓒ 하론 소화설비의 수동 기동방식이 작동하고 있는 경우는 인위적으로 작동시킨 것이므로 <u>당해 구역을 확인</u>한다.
② 방재센터가 설치되어 있지 않는 경우
  ㉠ 자탐설비 수신기를 확인하여 화점을 확인하며, 설치장소는 다음과 같다.
    ⓐ 경비원실, 숙직실, 관리실 등
    ⓑ 빌딩 관리사무실, 전기실, 기계실 등
  ㉡ 자동소화설비 등의 작동 표시반은 제각기 설비 계통별로 설치장소의 부근에 분산되고 있으므로 주의한다.

🔖 **정답**   82. ③   83. ②

84 "내부에서의 화점확인방법"에 대한 설명으로 옳은 것은?

① 공조설비를 정지 또는 없는 경우 연기가 있는 최상층을 확인한다.

② 연기는 화점에서 멀수록 농도는 진하고 유동은 빠르다.

③ 중성대가 있으면 자세를 낮게 하여 연기의 유동방향으로 거슬러 확인한다.

④ 옥내·외에 연기가 있는 경우는 공조설비 등을 즉시 가동시킨다.

■ 내부에서 화점 확인 방법(연기와 열에 의한 방법)
★★ 14년, 16년 소방장/ 18년 소방교, 소방장/ 21년 소방장
ⓐ 옥내·외에 연기가 있는 경우는 공조설비 등을 즉시 정지시킨다.
ⓑ 공조설비를 정지 또는 없는 경우 연기가 있는 최하층을 확인한다.
ⓒ 연기가 가득한 경우는 각층 계단실의 출입구 및 방화문을 폐쇄하고, 옥탑실 출입구 및 피난층 출입구를 개방하여 배연을 행하면서 확인한다.
※ 배연의 가장 기본이 되는 내용이므로 반드시 기억하시기 바랍니다.
ⓓ 잠겨 있는 실내는 문의 변색, 문틈에서의 연기분출 또는 문, 벽, 상층의 바닥에 손을 접촉하여 온도변화를 확인한다.
ⓔ 중성대가 있으면 자세를 낮게 하여 연기의 유동방향으로 거슬러 확인한다.
ⓕ 화점에 가까울수록 연기의 농도는 진하고 유동은 크고 빠르며(계단, 닥트 등은 제외), 화점에서 멀수록 연기의 속도는 급속하게 저하한다. 만약, 연기의 유동속도가 완만하고, 열기가 적은 경우 화점에서 떨어져 있는 것으로 판단한다.★★

85 일반대원 출동요령 중 "지휘자가 지시할 수 있는 위치"는?

지령수신내용 – ⓐ – 화재상황추정 – ⓑ – 방화복 착용 – ⓒ – 승차 – ⓔ – 출동

① ⓐ, ⓔ

② ⓒ, ⓓ

③ ⓑ, ⓔ

④ ⓓ, ⓔ

■ 일반대원의 출동요령

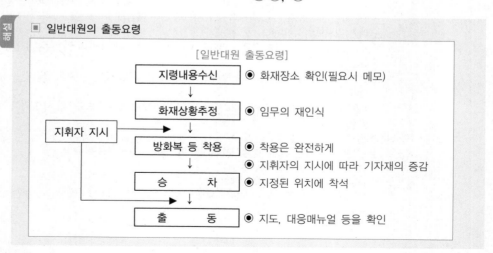

[일반대원 출동요령]

지령내용수신 ● 화재장소 확인(필요시 메모)

화재상황추정 ● 임무의 재인식

지휘자 지시

방화복 등 착용 ● 착용은 완전하게
● 지휘자의 지시에 따라 기자재의 증감

승차 ● 지정된 위치에 착석

출동 ● 지도, 대응매뉴얼 등을 확인

📖 정답 | **84.** ③ **85.** ③

86 알람밸브가 작동 될 때 "원인확인순서 5단계"로 바른 것은?

ⓐ 가압송수장치 펌프 확인	ⓑ 수신기 표시 층 확인
ⓒ 소방시설관리업체 점검, 보수	ⓓ 스프링클러 리세팅(resetting) 후 확인
ⓔ 건물 위층부터 검색 시작	

① ⓓ → ⓑ → ⓔ → ⓐ → ⓒ 　　② ⓑ → ⓓ → ⓔ → ⓐ → ⓒ
③ ⓐ → ⓒ → ⓑ → ⓓ → ⓔ 　　④ ⓔ → ⓐ → ⓑ → ⓓ → ⓒ

■ 알람 밸브가 작동될 때 그 원인을 찾는 5단계 활동*** 15년/ 22년 소방장

1단계	수신기 상에 표시된 층을 확인하고 이 구역을 검색한다.
2단계	스프링클러 시스템을 리세팅(resetting) 한 후 경보가 다시 발생하는지 확인한다.
3단계	건물 위층부터 검색을 시작한다. 검색분대는 꼭대기 층에서부터 계단을 내려오면서 각 층 입구에서 물소리나 연기 냄새가 나는지 확인해야 한다.
4단계	가압송수장치의 펌프를 확인하여 고장 등을 확인한다.
5단계	소방시설관리업체로 하여금 소방시설에 대한 전반적인 점검과 보수를 하도록 한다.

87 "붕괴위험성 평가"에 있어서 건물 안전도 평가대상이 아닌 것은?

① 벽 　　　　　　　　　　② 바닥
③ 골조 　　　　　　　　　④ 지붕

※ 건물 붕괴 위험성 평가는 벽, 골조(기둥과 대들보), 바닥층의 3가지 요소이다.
* 16년 소방교, 22년 소방교/ 23년 소방위

88 "화재 진압시스템 분석의 기본 틀" 가운데 "자원"과 관계없는 것은?

① 인력 　　　　　　　　　② 장비
③ 소방시설 　　　　　　　④ 기상

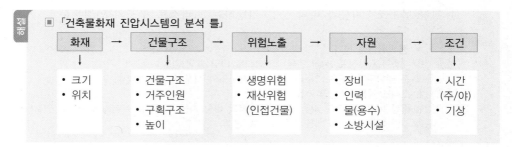

■ 「건축물화재 진압시스템의 분석 틀」

정답　86. ②　87. ④　88. ④

89 "안전도 3등급인 조적조 건물과 안전도 4등급과 차이점"이라고 할 수 있는 것은?

① 조적조 건물이면서 바닥 층, 지붕, 기둥, 보 등은 나무와 같은 가연성 물질로 되어 있는 건물은 전술적 안전도 3등급 건물로 분류한다.

② 조적조는 내부 구조물에 사용된 목재는 화염으로부터 1차적으로 커버할 수 있는 석고보드나 기타 이에 준하는 불연성 건축 재료를 주로 사용한다.

③ 안전도 3등급 건물의 주요 연소 확대 요소는 숨은 공간이나 작은 구멍이다.

④ 하단부분의 벽체 가까운 곳에서 화재가 발견되면 바로 위의 벽을 먼저 개방하고, 상단 부분의 벽 안에서 화재가 발견되면 천장을 개방하고, 천장에서 화재가 발견되면 천장 태두리 부분을 개방하여 방수한다.

> **■ 조적조(안전도 3등급 건물)*** 13년, 16년 소방교
> ① 조적조 건물이면서 바닥 층, 지붕, 기둥, 보 등은 나무와 같은 가연성 물질로 되어 있는 건물은 전술적 안전도 3등급 건물로 분류한다.
> ② 내부 구조물에 사용된 목재는 화염으로부터 1차적으로 커버할 수 있는 석고보드나 기타 이에 준하는 불연성 건축 재료를 주로 사용한다.(안전도 4등급과 차이점)
> ③ 화재 시 벽돌로 건축된 4개의 벽에 둘러싸인 목재 저장소와 같은 위험성을 가지고 있다.
> ④ 안전도 3등급 건물의 주요 연소 확대 요소는 숨은 공간이나 작은 구멍이다.
> ⑤ 가장 일반적인 숨은 공간은 다락방과 같은 공간이다. 또한, 오래된 건물의 천장 위의 공간은 종종 다른 구획의 공간과 연결되어 연소 확대 통로가 될 수 있다.
> ⑥ 숨은 공간을 통한 연소 확대의 원리는 주로 대류에 의해 이루어진다.
> ⑦ 숨은 화점을 검색할 때는 가열된 가스와 불꽃이 위로 올라가서 다락방과 같은 상층부 공간에 점화되어 연소가 확대된다는 점에 유의해야 한다.
> ⑧ 벽과 천장을 순서대로 개방해야 한다.
>   ㉠ 하단부분의 벽체 가까운 곳에서 화재가 발견되면 바로 위의 벽을 먼저 개방하고,
>   ㉡ 상단 부분의 벽 안에서 화재가 발견되면 천장을 개방하고,
>   ㉢ 천장에서 화재가 발견되면 천장 태두리 부분(Baseboard)을 개방하여 방수한다.

90 건물의 "붕괴위험성 평가" 연결이 옳은 것은?

① 내화구조 : 벽 붕괴

② 준 내화구조 : 철재구조의 지붕붕괴

③ 중량 목구조 : 콘크리트 바닥 층의 강도

④ 경량 목구조 : 지붕과 바닥 층을 지탱하는 트러스트 구조의 연결부분

> **■ 붕괴위험성 평가****** 15년 소방위, 16년 소방교/ 21년 소방위/ 22년 소방교/ 23년 소방위
> ① 내화구조(안전도 1등급 건물) : 콘크리트 바닥 층의 강도
> ② 준 내화구조(안전도 2등급 건물) : 철재구조의 지붕 붕괴의 취약성
> ③ 조적조(안전도 3등급 건물) : 벽 붕괴
> ④ 중량 목구조(안전도 4등급 건물) : 지붕과 바닥 층을 지탱하는 트러스트 구조의 연결부분
> ⑤ 경량 목구조(안전도 5등급 건물) : 벽 붕괴

정답 | 89. ②   90. ②

91 내화구조 건물의 "자동노출"에 대한 설명으로 (   ) 안에 들어갈 내용은?

> 자동노출에 의한 연소 확대방지 → (   )

① 화재 층 창문과 위 층 창문 사이의 벽 부분에 방수
② 고가사다리차를 이용한 근접 분무방수
③ 진입대원의 안전을 위해 화염이 분출되는 창문에 직접방수
④ 두 창문 사이의 벽 부분에 방수

▣ **내화구조 건물의 자동노출*** 14년 소방장
자동노출에 의한 연소확대는 버티컬, 커튼, 가구, 천장의 인테리어 마감재 등이 매개물이 되어 아래층 창문으로부터 위층 창문으로 화염이 확대된다.

자동노출에 의한 연소 확대방지	→	고가사다리차를 이용한 근접 분무방수
상층부로의 수직연소 확대지연	→	화재 층 창문과 위 층 창문 사이의 벽 부분에 방수
진압팀이 진입한 상태에서 화염 분출 상태	→	진입대원의 안전을 위해 화염이 분출되는 창문에 직접방수 해서는 안 되며, 두 창문 사이의 벽 부분에 방수

92 다음 내용과 관계 깊은 것은?

> 건물은 붕괴 시 4방면 벽체 중 1개 씩 붕괴되기보다 3~4개의 벽체가 동시에 붕괴되는 유일한 건물 유형이므로 진압활동 중 진압대원들이 매몰될 가능성이 가장 높다.

① 내화구조
② 조적조
③ 중량 목구조
④ 경량 목구조

▣ **경량 목구조(안전도 5등급 건물)**
① 경량 목구조 건물의 가장 큰 붕괴 위험성은 벽 붕괴이다.
  ㉠ 경량 목구조 건물의 벽은 목재 등 가연성으로 되어 있고 화염에 노출되면 비교적 짧은 시간 내에 연소하여 붕괴된다.
  ㉡ 창문에서 화염이 나오는 시점이 되면 건물 붕괴 신호로 간주해야 한다.
② 붕괴
  • 건물은 붕괴 시 4방면 벽체 중 1개 씩 붕괴되기보다 3~4개의 벽체가 동시에 붕괴되는 유일한 건물 유형이므로 진압활동 중 진압대원들이 매몰될 가능성이 가장 높다.
③ 위험구역 설정
  • 진입활동 중 위험구역은 건물 전체에 걸쳐 설정되어야 하며 벽체의 코너 부분도 안전지대가 될 수 없다는 점을 고려해야 한다.

정답 | 91. ② 92. ④

93 "현장지휘권확립 8단계 필수 행동요소" 중 최우선 사항은?

① 주기적으로 상황을 평가하고 예측하기

② 화재현장 조사하기

③ 지휘권 이양 받기

④ 지휘소 설치하기

■ 지위권 확립 8단계 필수적 행동요소** 20년 소방위
① 1단계 : 지휘권 이양 받기(지휘명령에 대한 책임 맡기)
② 2단계 : 지휘소 설치하기
③ 3단계 : 기존의 상황평가정보 얻기(현재까지의 상황평가하기)
④ 4단계 : 주기적으로 상황을 평가하고 예측하기
⑤ 5단계 : 화재 건물의 1, 2차 검색을 관리하기
⑥ 6단계 : 화재 완진 선언하기
⑦ 7단계 : 화재현장 조사하기
⑧ 8단계 : 화재현장 검토회의 주재하기(대응활동 평가)

94 지휘권 확립 5단계 사항으로 "2차 검색관리 사항"에 해당되는 것은?

① 화재가 진행되는 도중에 검색작업을 실시한다.

② 배연과 휴대용 조명등을 가지고 가시성을 향상시킨다.

③ 배연과 동시에 열기와 가시성이 열악한 상황에서 진행되는 검색에 해당된다.

④ 호스가 전개되고 화재가 진압된 직후, 선착대에 의해 수행된다.

■ 5단계 : 화재 건물의 1, 2차 검색을 관리하기
① 화재 진압에서 가장 중요한 부분은 피해자를 안전하게 구출하고 이송시키는 것이다.
② 인명검색을 위한 1, 2차 검색은 이것을 달성하기 위해 고안된 표준절차이다.
③ 지휘관은 물론 출동대원들 모두 "1차 검색"과 "2차 검색"의 용어를 이해하는 것이 중요하다.

1차 검색	① 화재가 진행되는 도중 검색작업 ② 호스가 전개되고 화재가 진압된 직후, 선착대(최초로 도착한 출동대)에 의해 수행된다. ③ 배연과 동시에 뜨거운 열기와 가시성이 열악한 상황에서 진행되는 신속한 검색에 해당된다. ※ 대부분의 피해자들은 1차 검색 때 발견된다.
2차 검색	① 보통 화재가 완전 진압되거나 잔화정리 단계에서 시작할 수 있다. ② 2차 검색을 하는 동안, 화재가 발생한 모든 구역이 다시 검색되며 위, 아래, 인접 구역 모두 2차 검색구역에 포함되어야 한다. ③ 2차 검색 시간 동안에는 배연과 휴대용 조명등을 가지고 가시성을 향상시킨다. ④ 2차 검색의 결과는 검색에 참여한 모든 대원들의 이상 유무를 확인한 후 지휘관이 현장을 떠나기 전 상황실에 송신한다.

정답 **93.** ③ **94.** ②

95 "화재현장 세분화와 분대지정"에 대한 설명으로 아래 내용과 관계 깊은 것은?

> 건축물의 평면도를 기준으로 지휘소가 위치한 면이 1분대, 시계방향으로 돌아가며 좌측을 2분대, 후방을 3분대 우측방면을 4분대로 명명한다.

① 단일 건축물인 경우
② 각 방면별로 구획화가 필요
③ 고층건물의 경우
④ 저층화재에 이용되는 기본적 분대 명명법

■ **화재현장 세분화와 분대지정**

① 저층화재에 이용되는 기본적 분대 명명법은 건축물의 평면도를 기준으로 지휘소가 위치한 면이 1분대(규모가 큰 경우에는 방면대) 시계방향으로 돌아가며 좌측을 2분대, 후방을 3분대 우측방면을 4분대로 명명한다.

② 각 방면별로 구획화가 필요하면 좌측에 연이어 인접한 구획을 2-1, 2-2, 2-3....과 같은 방식으로 명명한다.

| 2-3 | 2-2 | 2-1 | 2분대 | 화점 | 4분대 | 4-1 | 4-2 | 4-3 |

3분대
1분대
▲지휘소

③ 단일 건축물인 경우의 내부 진압대에 대한 분대명명은 좌우 이등분하여 좌측분대, 우측분대로 각각 명명하고, 4등분 할 경우에는 상기에서 언급된 기본적 분대 명명법을 응용하면 된다.

④ 고층건물의 경우 배치된 층수를 활용하여 지하2층 분대, 5층 분대, 6층 분대, 7층 분대와 같이 명명한다.

※ 각 구획별로 지정된 분대의 단위지휘관과 현장지휘관(지휘소)의 상황평가정보
  ㉠ 화재 발생 층
  ㉡ 넓은 공간을 가진 대형 건물인 경우 층의 주요 내부구조
  ㉢ 연소 중인 물질 또는 화재의 규모(개요)
  ㉣ 현장의 자원으로 충분히 진압이 가능한지의 여부
  ㉤ 화재가 확대되고 있는지, 추가 자원이 필요한지의 여부
  ㉥ 고층 건물인 경우, 거주자 대피용 계단과 관창(호스)을 이용한 진입 계단 지정

96 다음은 "퍼사드(Facade) 안전성 평가"에 대한 설명으로 옳지 않은 것은?

① 연소 중인 건물의 가장 위험한 부분 중의 하나는 바로 건물의 퍼사드이다.
② 붕괴시점은 주로 대원들이 인명검색이나 화재진압을 위해 출입하는 경우이나 잔화정리 직후에 발생된다.
③ 퍼사드 구조물이 취약한 구조적 원인은 양쪽 끝으로 지탱되는 구조를 가지고 있기 때문이다.
④ 주로 건물 정면에 설치된 난간, 차양, 덮개, 그리고 처마 등의 구조물이 붕괴된다.

정답 | 95. ④   96. ③ |

■ 퍼사드(Facade) 안전성 평가

연소 중인 건물의 가장 위험한 부분 중의 하나가 바로 건물의 퍼사드(Facade)이다. 주로 건물 정면에 설치된 난간, 차양, 덮개, 그리고 처마 등의 구조물이 붕괴되어 소방관들이 순직하거나 부상을 입게 되는 경우가 많다.

※ 퍼사드(Facade) : 건물의 정면으로 차양, 처마 등이 설치된 출입구가 있는 정면을 말한다.

① 건물의 퍼사드(Facade) 부분에 난간, 차광막, 덮개 또는 처마 등의 구조물이 설치되어 있다면 화재 진압을 하는 동안 그것의 붕괴 가능성을 염두해 두고 지속적인 감시와 더불어 활동해야 한다.

   ㉠ 구부려진 철재로 만든 난간 지지대는 갑자기 붕괴될 수 있으며,

   ㉡ 방수한 물로 가득 덮여있는 차광막은 일순간 무너져서 대원들을 덮칠 수 있다.

   ㉢ 건물 출입구 위의 콘크리트 비 가림 덮개 또한 쉽게 붕괴될 수 있다.

   ㉣ 장식용 철 구조물 또한 어느 정도 화세가 성장하면 쉽게 처지거나 붕괴된다.

   ※ 퍼사드 구조물이 취약한 구조적 원인은 한쪽 끝으로만 지탱되는 캔틸레버 보(cantilevered beams)의 구조를 가지고 있기 때문이다.

② 건물 출입구 위의 콘크리트 비 가림 덮개가 붕괴되는 시점은 대원들이 인명검색이나 화재진압을 위해 출입하는 경우와 잔화정리 직후에 발생된다.

   ※ 화재진압을 위해 방수한 물이 흠뻑 머금은 시점인 잔화정리 단계에서도 비 가림 덮개나 건물이 붕괴될 위험이 크다는 점을 기억해야 한다.

③ 대형 창문의 윗부분, 1층 옥상이나 2층 바닥 층에 지어진 난간은 붕괴되기 쉬운 취약 부분이다.

   ※ 플래시오버에 의해 화재가 폭발적으로 확산되거나 고열에 노출될 때 붕괴위험이 높다.

④ 붕괴

   ㉠ 난간을 지탱하는 철재는 일반적으로 약 600℃까지 가열되면, 휘어지거나 고정 핀으로부터 이탈 하게 되어 붕괴된다.

   ㉡ 화재에 노출된 건물은 대게 연결부위 중 하나가 무너지면서 전체가 무너진다. 캔틸레버식 구조 물이 연결 부위를 많이 가지고 있을수록 붕괴 가능성이 더 높다.

   ㉢ 캔틸레버식 구조물이 쉽게 붕괴되는 또 다른 이유는 나무와 같은 가연성 자재일 수 있다.

   ㉣ 처마는 건물 가장자리에 따라 외부로 뻗어있는 구조로 차광막이나 덮개와 같이 캔틸레버식 구 조이지만, 한 가지 중요한 차이점은 처마의 경우에는 붕괴위험 외에도 지붕 천장과 연결되어 있는 부분을 통해 연소가 내부로 확대되는 통로가 될 수 있다는 점이다.

※ 캔틸레버 보 : 한쪽 끝이 고정 지지되고, 다른 끝은 자유로운 보, 즉 보의 양 지점 중 한 곳이 고정단으로 되어 있고 한곳은 지지점이 없는 형태이다.

97 "화점실 등 진입요령"에 대한 설명으로 옳지 않은 것은?

① 불꽃이 보이는 실내에서는 중성대가 형성되고 있는 경우가 많기 때문에 방수 전에 신속 하게 연소범위를 확인한다.

② 연소실 내에 진입하는 경우는 천장 부분에 직사방수를 하면서 낙하물이나 도괴물을 제 거 후 진입한다.

③ 문을 개방하는 경우는 문의 정면 또는 측면에 위치해 엄호방수 태세를 취하면서 신속히 문을 개방한다.

④ 진입 시에는 소매와 목 부위의 노출부분이 없도록 보호한다.

📖 정답　97. ③

■ 화점실 등으로의 진입* 21년 소방장
① 화점실 등의 문을 개방하는 경우는 화염의 분출 등에 의한 위험을 피하기 위해 문의 측면에 위치해 엄호방수 태세를 취하면서 서서히 문을 개방한다.
② 불꽃이 보이는 실내에서는 중성대가 형성되고 있는 경우가 많기 때문에 방수 전에 신속하게 연소범위를 확인한다.
③ 방수 시에는 시계가 불량하고 열기에 갇히는 것에 유의한다.
④ 연소실 내에 진입하는 경우는 천장 부분에 직사방수를 하면서 낙하물이나 도괴물을 제거 후 진입한다.
⑤ 고온의 화재실 내로 진입하는 경우는 전방팀과 후방팀이 1개 조로 활동하는 2단 방수형태로 공격하고 후방팀은 분무방수로 전방팀을 보호 및 경계하면서 지원역할을 한다.
⑥ 진입 시에는 소매와 목 부위의 노출부분이 없도록 보호한다.

98 "창문 개방 시 유의사항"으로 옳지 않은 것은?

① 화염의 분출상황을 확인하여 사다리 설치위치를 결정한다.
② 창을 개방할 때는 백 드래프트 또는 플래임오버에 주의한다.
③ 개구부에 중성대가 생긴 때에는 바닥 면에 가까운 부분은 잘 보이는 경우가 많다.
④ 아래층에 개구부를 만들면 중성대가 내려가게 되어 그 창의 전체가 배기구로 될 수 있으므로 주의한다.

■ 창문 개방 시 유의사항
① 화염의 분출상황을 확인하여 사다리 설치위치를 결정한다.
② 풍향을 고려하여 창을 개방하고, 실내의 연기를 배출한다.
③ 사다리를 설치할 때는 창틀 등에 고정하여 안전을 도모한다.
④ 개구부에 중성대가 형성된 때 자세를 낮추어 방수하고 신속하게 내부 상황을 확인한다.
⑤ 고층건물 상층의 창에 중성대가 생겨 화염과 연기가 분출하고 있을 때 아래층에 개구부를 만들면 중성대가 내려가게 되어 그 창의 전체가 배기구로 될 수 있어 주의한다.
⑥ 동일 층에 있어서 급기측 창과 배기측 창으로 구별할 수 있을 때는 급기측의 창으로 진입한다.
⑦ 창의 개방에 있어서는 백 드래프트 또는 플래시오버에 주의하여 방수 태세를 갖춘 후 개방한다.

99 "짙은 연기 내 진입 및 행동요령"을 설명한 것으로 옳지 않은 것은?

① 공기용기의 잔량에 주의해서 경보 벨이 울리면 즉시 탈출한다.
② 진입은 반드시 2인 1조로 하고 단독행동은 피해야 한다.
③ 어두운 곳에 진입할 때는 벽 쪽을 조명하면서 자세를 낮추고 벽체 등을 따라 진입한다.
④ 넓은 장소에 여러 진입팀이 진입하는 경우는 검색봉을 활용해서 바닥을 두드리면서 진입하고 이 소리로 상호위치를 판단한다.

🔑 정답 | 98. ② 99. ③

■ **옥내진입 및 행동요령*** 12년 소방위/ 21년 소방장
① 진입은 반드시 2명 1조로, 생명로프를 신체에 결착하여 진입하고 단독행동은 피해야 한다.
② 2개 이상의 계단통로가 있고 급기계단, 배기계단으로 나뉘어 있을 때는 연기가 적은 급기계단으로 진입한다.
③ 어두운 곳에 진입 할 때는 조명기구로 발밑을 조명하면서 자세를 낮추고 벽체 등을 따라 진입한다.
④ 자동폐쇄식 방화문을 통과하여 진입하는 경우는 쐐기 또는 빗장 등을 사용하여 퇴로에 필요한 폭의 개구부를 확보한다.
⑤ 넓은 장소에 여러 진입팀이 진입하는 경우는 검색봉을 활용해서 바닥을 두드리면서 진입하고 이 소리로 상호위치를 판단한다.
⑥ 공기용기의 잔량에 주의해서 경보 벨이 울리면 즉시 탈출한다.

100 "화점 상층 진입요령"으로 옳지 않은 것은?

① 직상 층에 진입하는 경우는 창을 최대한 개방하고 실내의 연기를 배출시킨다.
② 화점 층에서 화염이 스팬드럴보다 높게 나올 때는 개방하지 않는다.
③ 진입계단을 확보하고자 할 때는 특정의 계단을 선정하여 1층과 옥상의 출입구를 폐쇄하고 화점층의 계단실 출입문을 개방하여 연기를 배출시키도록 한다.
④ 닥트스페이스, 파이프샤프트 등을 따라 화염과 연기가 최상층까지 분출하는 예가 많으므로 최상층에 신속히 관창을 배치한다.

■ **화점 상층의 진입**
① 진입계단을 확보하고자 할 때는 특정의 계단을 선정하여 1층과 옥상의 출입구를 개방하고 화점층의 계단실 출입문을 폐쇄하여 계단실내의 연기를 배출시킨다.
② 직상층에 진입하는 경우는 창을 최대한 개방하고 실내의 연기를 배출시킨다. 화점층에서 화염이 스팬드럴(spandrel)보다 높게 나올 때는 창의 개방에 의해서 화염이나 연기가 실내에 유입되는 경우가 있으므로 개방하지 않는다.
　※ 스팬드럴(spandrel) : 건축물에서 각층의 바닥 뼈대의 바깥쪽 가를 이루고 있는 들보
③ 닥트스페이스(duct space), 파이프샤프트(pipe shaft) 등을 따라 화염과 연기가 최상층까지 분출하는 예가 많으므로 <u>최상층에 신속히 관창을 배치</u>한다. 또한 최상층의 창 계단실 출입구를 개방한 후 닥트스페이스, 파이프샤프트 등의 점검구(점검구가 없는 경우는 국부파괴에 의해 개방)를 개방하고 내부 상황을 확인한다.
④ 직상층에서 깊숙이 진입할 때는 특별피난계단, 피난사다리, 피난기구 등의 위치를 확인하고 반드시 <u>퇴로를 확보</u>하여 놓는다.
⑤ 직하층의 진입대와 긴밀한 연락을 취해 최대의 방어효과가 발휘되도록 활동 내용을 분담 또는 조정한다.
⑥ 연결송수관설비, 옥내소화전 설비, 기타 소화활동상 필요한 설비 등 <u>당해 건물의 설비를 최대한 활용</u>한다.

🔖 **정답**　100. ③

101 "사다리를 이용한 옥내진입 요령"으로 옳지 않은 것은?

① 2층으로 연장하는 경우에는 일반적으로 복식사다리를 이용한다.

② 지반이 약하거나 경사가 심한 경우는 호스브리지 등을 발판으로 활용한다.

③ 펌프차와 거는 사다리의 병행에 의한 진입은 베란다 난간에 설치한다.

④ 펌프차가 설치목표지점에 접근할 수 있는 경우는 펌프차 위에서 복식사다리를 설치하여 3층으로 진입한다.

■ 사다리를 이용한 진입

① 2층에 연장하는 경우

복식 사다리에 의한 진입	ⓐ 지반이 약하거나 경사가 심한 경우는 피하지만 다른 곳에 적당한 장소가 없는 경우에는 호스브리지 등을 발판으로 활용한다. ⓑ 진입하고자 하는 개구부의 좌우 어느 한쪽에 의지하고 사다리가 옆으로 밀리는 것을 방지한다. ⓒ 사다리 위에서 창의 유리를 파괴하는 경우는 직접 개구부에 설치하지 말고 개구부 직근의 측면 벽체에 설치하여 파괴 시 낙하물(또는 도괴물), 화염의 분출에 따른 위해를 방지한다. ⊙ 호스브릿지 : 호스가 도로를 지나가야 할 경우 호스를 보호하고 교통의 흐름을 방해하지 않도록 하기 위해 사용하는 덮개
펌프차와 거는 사다리의 병행	ⓐ 거는 사다리는 수직하중을 목적으로 제작된 것이므로 될 수 있는 한 수직으로 설치한다. ⓑ 베란다의 난간에는 원칙적으로 설치하지 않는다. 다만, 다른 방법이 없는 경우에 보조 확보물이 있는 위치에 설치한다.

② 3층에 연장하는 경우

    ㉠ 3단 사다리를 사용하는 경우 : 3단 사다리는 보통 3층에 설치 가능하지만 복식사다리에 비하여 불안정한 상태가 되기 쉬우므로 지반 및 설치위치에 특히 유의한다.

    ㉡ 펌프차가 설치목표지점에 접근할 수 있는 경우는 펌프차 위에서 복식사다리를 설치하여 3층으로 진입한다. 이 경우 펌프차의 호스 적재대에서 설치할 경우는 두꺼운 판자 또는 호스브리지 등으로 지반을 보강한다.

    ㉢ 복식사다리를 연장하고 그 위에서 거는 사다리를 설치할 때 복식사다리의 안정, 신체보호 등 위해 방지에 충분한 조치를 강구한다.

    ㉣ 인접한 건물을 통하여 진입할 수 있는 경우는 여러 개의 복식사다리를 사용해 진입한다.

102 옥내진입 사다리를 "4층으로 연장"하는 경우로 옳지 않은 것은?

① 3층 연장과 같이 펌프차위에서 복식사다리를 연장하는 방법으로 활용한다.

② 복수의 거는 사다리가 있는 경우 각층으로 연장시켜놓은 뒤 진입한다.

③ 3단 사다리와 복식 사다리의 병행에 의한 진입방법으로 활용하는 것이 좋다.

④ 진입대원은 2명 이상으로 하고 로프 등으로 퇴로를 확보한다.

정답 | **101.** ③　　**102.** ③

■ 4층에서 연장하는 경우
① 3층 연장과 같이 펌프차위에서 복식사다리를 연장하는 방법으로 활용한다.

   ※ 사다리의 중량으로 불안정하므로 수관적재대의 보강, 사다리 고정 등을 확실하게 하고 사다리가 옆으로 밀림, 전도 등의 위해방지에 유의한다.

② 3단 사다리와 거는 사다리의 병행에 의한 진입방법으로 3단 사다리를 3층에 연장하고 3층에서는 거는 사다리를 4층에 연장하여 진입한다.

■ 베란다, 창 등을 이용한 거는 사다리에 의한 진입방법

복수의 거는 사다리가 있는 경우	연장시켜놓은 뒤 진입
단수의 거는 사다리가 있는 경우	2층에서 3층으로, 3층에서 4층으로 순차적으로 연장하여 진입한다.

㉠ 거는 사다리 올라갈 때는 사다리의 밑 부분이 벽체에 밀착되어 있으면 좋지만 개구부 등과 같은 공간인 경우에는 대원 1명이 반드시 사다리의 지주 밑 부분을 지지해 주어야 한다.
㉡ 진입대원은 2명 이상으로 하고 로프 등으로 퇴로를 확보한다.

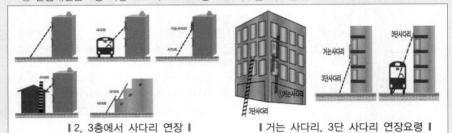

‖ 2, 3층에서 사다리 연장 ‖ ‖ 거는 사다리, 3단 사다리 연장요령 ‖

103 "공기호흡기 사용 가능시간 산출방법"으로 옳은 것은?

충전압력 $300kgf/cm^2$의 $6.8l$용기를 사용하여 경보 벨이 울릴 때까지 사용할 경우, 활동 대원이 매분 $50l$의 공기를 소비한다면 사용가능시간은? (탈출소요압력 $40kgf/cm^2$)

① 약 22분   ② 약 41분
③ 약 35분   ④ 약 12분

■ 공기호흡기의 사용 가능시간 산출공식* 15년 소방장/ 16년 소방교/ 19년 소방위

$$사용가능시간(분) = \frac{\{(충전압력(kgf/cm^2) - 탈출소요압력(kgf/cm^2)\} \times 용기용량(l)}{분당 호흡량(l/분)}$$

충전압력 $300kgf/cm^2$의 $6.8\,L$용기를 사용하여 경보 벨이 울릴 때까지 사용할 경우, 활동 대원이 매분 $40\,L$의 공기를 소비한다고 하면 다음 계산에 의하여 사용가능 시간을 판단할 수 있다.

$$사용가능시간(분) = \frac{(300-55) \times 6.8}{50} = 약\ 33(분)$$

① 탈출소요압력은 경보 벨이 울리는 압력(신형 SCA680의 경우 $55kgf/cm^2$, 구형은 $35kgf/cm^2$=경보 개시압력 $30kgf/cm^2$+오차범위 $5kgf/cm^2$)으로 산출하기 때문에, 탈출경로가 긴 경우 그에 따른 여유시간이 더 필요하다.
② 공기소비량은 훈련 시 등 비교적 가벼운 활동을 한 경우의 일반적인 소비량이고 각 개인의 활동 강도, 긴장도, 호흡방법 등에 따라 달라지므로 사전에 파악해 두어야 한다.

정답   103. ③

104 "발코니, 베란다의 진입방법"으로 옳지 않은 것은?

① 난간 등은 강도가 약한 것이 많으므로 안전사고방지를 위해 갈고리 등으로 철거토록 한다.

② 공동주택, 병원 등에 있어서는 화점층의 직하층 또는 직상층의 발코니까지 옥내계단을 통하여 단식사다리를 운반하고 이곳에서 옥외로 사다리를 설치하여 진입하는 방법 등이 있다.

③ 난간의 지지부가 부식되어 있는 경우는 로프 등으로 보강시킨다.

④ 난간이 없는 발코니, 베란다는 사전에 로프 등으로 추락방지 조치를 취한다.

■ 발코니, 베란다의 진입방법
① 공동주택, 병원 등에 있어서는 화점층의 직하층 또는 직상층의 발코니까지 옥내계단을 통하여 단식사다리를 운반하고 이곳에서 옥외로 사다리를 설치하여 진입하는 방법 등이 있다.
② 발코니, 베란다 등에 설치되는 난간 등은 강도가 약한 것이 많으므로 갈고리 등으로 난간의 강도를 확인한 후 활용한다.
③ 난간의 지지부가 부식되어 있는 경우는 로프 등으로 보강시킨다.
④ 난간이 없는 발코니, 베란다는 사전에 로프 등으로 추락방지 조치를 취한다.

| 난간 등 강도확인 | | 소방호스 십자걸이 | | 등반자세 |

105 "피난용 사다리를 이용한 진입요령"으로 옳지 않은 것은?

① 수직식 사다리는 안전화에 기름이 묻은 경우는 특히 위험하다.

② 사다리를 오를 경우 물건을 휴대하지 말고 양손으로 가로대를 확실히 잡고 행동한다.

③ 완강기는 진입대원의 탈출용으로는 사용하지 않도록 한다.

④ 호스를 연장하여 진입하는 때에는 사다리 밑에 충분한 여유호스를 둔다.

■ 피난용 사다리를 이용한 진입
① 수직식 사다리는 발디딤 부분이 얇고 폭도 좁으므로 떨어지지 않도록 안정된 자세를 한다. 안전화에 기름이 묻은 경우는 특히 위험하다.
② 사다리를 오를 경우는 물건을 휴대하지 말고 양손으로 가로대를 확실히 잡고 행동하며 필요한 기자재는 로프로 결착하여 인양한다.
③ 호스를 연장하여 진입하는 때에는 사다리 밑에 충분한 여유호스를 두고 진입구 부분에서는 로프로 호스를 난간에 결속하여 송수시 물의 중량에 의한 호스의 낙하를 방지한다.

정답 | 104. ① | 105. ③

④ 피난자가 사용한 것 또는 선착대에 의해서 연장된 피난사다리를 활용할 때
　㉠ 항상 착지지점의 강도를 충분한지 확인하고 활용한다.
　㉡ 자기 체중을 사다리에 싣고 2, 3회 강하게 당겨 안전을 확인한다.
⑤ 로프 또는 철제 접사다리의 경우는 사다리 하단을 확보 또는 고정하여 유동이 적도록 조치를 한 후에 활용한다.
⑥ 완강기는 진입대원의 탈출용으로 사용 가능한 상태로 고정시켜 놓는다.

106 "인접건물의 옥상 또는 창을 통한 진입요령"에 대한 설명 중 ( ) 안에 들어갈 내용은?

> 건물 상호간의 간격이 ( ) 이내의 경우는 복식사다리를 접은 상태로 수평으로 걸쳐 그 위를 건너 진입한다.

① 2.5m
② 3.5m
③ 5m
④ 7m

■ 인접건물의 옥상 또는 창을 통한 진입요령
① 건물 상호간의 간격이 좁고 마주보는 면에 창 등 개구부가 있는 경우에는 발화건물의 창을 파괴하여 개구부를 만들고 양쪽 건물사이에 갈고리, 천장파괴기, 사다리 등을 걸쳐 진입한다.

　※ 이 방법은 상당한 위험이 따르므로 신중을 기해야 하며 진입대원의 안전을 도모하기 위해 로프로 결착한다.

② 건물 상호간의 간격이 2.5m 이내의 경우는 복식사다리를 접은 상태로 수평으로 걸쳐 그 위를 건너 진입한다.

　※ 이 경우 2개 이상의 사다리를 병렬로 묶어 설치한 후, 양쪽 사다리에 체중을 싣고 엎드려 건너면 더욱 안전하다.

③ 수평으로 걸친 사다리를 이용하는 경우는 사다리에 상하진동 등의 충격, 지나친 하중을 주지 않도록 조심스럽게 행동한다.

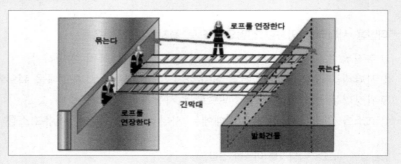

107 다음 중 "구조대상자가 다수 있는 경우 구조요령"에 대한 설명으로 옳지 않은 것은?

① 인명 위험이 절박한 부분 또는 층을 우선으로 구조한다.
② 중상자, 노인, 아이 등 위험도가 높은 사람을 우선으로 구조한다.
③ 큰소리로 구조 요청하는 자를 우선으로 구조한다.
④ 자력으로 대피가 불가능한 자를 우선으로 구조한다.

구조의 기본 **	㉠ 구조대상자를 발견한 경우는 지휘자에게 보고 후 즉시 구조한다. ㉡ 탈출방법 등은 지휘자의 명령에 근거한 방법으로 한다.(명령을 받을 겨를이 없는 경우는 신속하고 안전하게 구조한다.) ㉢ 탈출 장소는 피난장소(지상)에 구출하는 것을 원칙으로 한다. 다만 구명이 긴급한 때는 일시적으로 응급처치를 취할 장소로 우선 이동한다. ㉣ 구조대상자가 다수 있는 경우는 다음에 의한다.* 　ⓐ 인명위험이 절박한 부분 또는 층을 우선으로 구조한다. 　ⓑ 중상자, 노인, 아이 등 위험도가 높은 사람을 우선으로 구조한다. 　ⓒ 자력으로 대피가 불가능한 사람을 우선으로 구조한다.
구조 요령	㉠ 화염 등에 의해 긴박한 경우는 엄호방수, 배연 등을 실시하면서 신속하게 구출한다. ㉡ 연기 중에서의 구출자세는 되도록 몸을 낮게 한다. ㉢ 건물에 설치되어 있는 완강기 등의 구조기구를 활용하는 경우는 사용법을 지도하고 전락 등의 2차재해의 발생에 주의한다. ㉣ 구조대상자가 부상당한 경우는 부상위치와 그 정도를 관찰해 증상을 악화시키지 않도록 응급처치를 하는 등 유의해서 구출한다. ㉤ 인접건물을 활용할 경우에는 구조로프를 연장하여 인접 건물로 구조한다. ㉥ 사다리를 활용하여 인접 건물로 구조하는 때는 사다리를 접은 상태로 수평강도를 확보하고 구조로프를 병행 설치하여 구조한다. 이 경우도 구조대상자의 안전 확보에 세심한 주의를 기울인다.

108 다음 ( ) 안에 들어갈 내용은?

> 배연의 기본은 화재실의 중성대 ( )에는 연기가 외부로 분출되고 ( )은 외부로부터 신선한 공기가 유입되는 자연환기의 법칙을 충실히 따르는 것이다.

① 중심, 아래쪽
② 중심, 위쪽
③ 위쪽, 아래쪽
④ 아래쪽, 위쪽

※ 배연의 기본은 화재실의 중성대 위쪽에는 연기가 외부로 분출되고 아래쪽은 외부로부터 신선한 공기가 유입되는 자연환기의 법칙을 충실히 따르는 것이다.* 13년, 16년 소방장

정답　107. ③　108. ③

109 인명검색을 위한 "내부진입요령"으로 옳지 않은 것은?

① 진입경로의 선정은 신속, 정확, 안전의 관점에서 판단한다.

② 진입구 설정을 위한 파괴는 지휘자의 명령에 의해 실시한다.

③ 지휘자의 지시에 의해 우선순위에 따라서 진입경로를 선정한다.

④ 진입순서는 주위건물, 출화건물 순으로 한다.

■ 내부진입 요령* 16년 소방장, 22년 소방교
① 지휘자의 지시에 의해 우선순위에 따라서 진입경로를 선정한다. 진입순서는 원칙적으로 다음과 같다.
   ㉠ 출화건물, 주위건물 순으로 한다.
   ㉡ 화점실, 인근실, 연소층, 화점상층, 화점하층의 순위로 한다.
② 진입경로의 선정은 신속, 정확, 안전의 관점에서 판단한다.
③ 진입구 설정을 위한 파괴는 지휘자의 명령에 의해 실시한다.
④ 내부진입에 있어서 이용할 수 있는 수단 등은 다음과 같다.
   ㉠ 옥내(외)계단
   ㉡ 특별피난계단, 비상용승강기
   ㉢ 피난교
   ㉣ 창 등의 개구부
   ㉤ 적재 사다리, 사다리차, 굴절차 등
   ㉥ 벽, 창 등의 파괴

110 인명검색 활동 시 "경계대상"으로 판단하는 것은?

① 야간대의 주택 등의 화재

② 약간 조용한 현장

③ 공동주택 등에서 야간전등이 꺼져 있는 주거

④ 정보가 없는 경우

※ 구조대상자 존재여부가 불명확할 때는 구조대상자가 있다고 가정하고 확인될 때까지   검색을 실시한다.* 16년 소방교
① 정보가 없는 경우에도 구조대상자가 있다고 판단한다.
② 약간 조용한 현장은 구조대상자가 있다고 판단한다.
③ 야간대의 주택 등의 화재는 구조대상자가 있다고 판단한다.
④ 공동주택 등에서 야간전등이 꺼져 있는 주거는 경계대상으로 한다.
⑤ 문에 도어첵크가 걸려 있는 경우는 구조대상자가 있다고 판단한다.
⑥ 가스미터기, 간판 등에 유의한다.

111 공조시스템(HVAC)화재에서 "최우선적으로 조치"할 사항은?

① 시스템 작동확인

② 건물 외부의 공기 흡입구 확인

③ 상층 연기 통로 확인

④ HVAC 시스템 차단

정답 | **109.** ④   **110.** ③   **111.** ④

■ 공조시스템(HVAC(Heating, Ventilation, Air-Conditioning)
HVAC(Heating, Ventilation, Air-Conditioning)시스템을 설치하는 건축물이 늘어나고 있고 AVAC시스템은 냉난방과 공기정화기능을 모두 제공하는 공조시스템이다.
① HVAC 시스템이 설치된 건물에서 화재 발생 위치를 찾는 것은 매우 어렵다.
  → 따라서 최우선적으로 조치할 사항은 HVAC 시스템을 차단하는 것이다.
② HVAC 시스템이 차단된 후 검색을 하여도 화재 위치를 찾아내지 못했다면
  → 다시 시스템이 작동되도록 한다. HVAC 시스템 자체가 연기발생의 출처가 될 수 있다. 그런 경우에는 설비가 설치된 실을 확인한다.
③ 다용도실의 설비가 화재의 출처가 아니라는 것이 밝혀지면
  → 건물 외부의 공기 흡입구를 확인한다. 공기 흡입구 근처의 작은 쓰레기 화재, 주방 공기환기구, 주차된 트럭의 매연 등의 연기가 그 원인일 수도 있다.

112 지휘자의 지시에 의해 "우선순위 진입경로"를 선정하는데 다음 중 첫 번째 진입순서는?

> 인근실, 화점하층, 연소층, 화점실, 화점상층

① 화점하층　　　　　　　　　　② 연소층
③ 화점실　　　　　　　　　　　④ 인근실

※ 진입순서는 ⓐ 출화건물 → 주위건물
ⓑ 화점실, 인근실, 연소층, 화점상층, 화점하층 순으로 한다.* 16년 소방장/ 22년 소방교

113 "송풍기를 활용한 요령 및 장점"에 대한 설명으로 옳지 않은 것은?

① 송풍압력으로 건물 외부의 압력보다 건물 내의 압력을 낮게 하여 배연하는 방법이다.
② 일반적으로 개구부의 하단 등 낮은 장소에 설치하여 불어넣는 방식을 주로 쓰고 있다.
③ 배출구에서 배출가스를 뽑아내는 음성입력형 방식도 사용하고 있다.
④ 자연환기의 흐름을 보충하기 때문에 수평 및 수직 환기의 효과와 같다.

■ 송풍기 활용 요령** 15년 소방위/ 16년 소방교
① 송풍압력으로 건물 외부의 압력보다 건물 내의 압력을 높게 하여 배연하는 방법이다.
② 일반적으로 개구부의 하단 등 낮은 장소에 설치하여 불어넣는 방식을 주로 쓰고 있다.(양성압력형 환기법)
③ 배출구에서 배출가스를 뽑아내는 방식(음성입력형)도 사용하고 있다.
④ 송풍기를 활용한 배연은 동력원에 의존해야 하는 단점이 있다.

※ 송풍기 활용 장점*
㉠ 소방대원이 실내에 진입하지 않고도 강제 환기를 시작할 수 있다.
㉡ 자연환기의 흐름을 보충하기 때문에 수평 및 수직 환기의 효과와 같다.
㉢ 설치하기가 편리하고 배연의 강도를 조절할 수 있다.
㉣ 모든 건물에 응용할 수 있다.

📖 정답　112. ③　113. ①

114 자연환기 배연방법 중 "수직배연"에 관한 설명으로 옳지 않은 것은?

① 배연이 되고 있는 수직 환기구나 통로에서 방수를 하면 기류의 방향을 돌려놓는 결과가 되므로 주의한다.

② 바람이 불지 않을 때는 그 효과가 감소한다.

③ 부적절한 강제 환기와 병행하면 그 효과가 감소한다.

④ 화재로부터 생성된 뜨거운 가스를 배출하는데 가장 효과적인 방법이다.

■ **수직배연**★★ 13년, 16년 소방장
① 배연요령
ㄱ 가열된 연기 및 유독가스를 지붕 등 윗방향으로 배출할 수 있도록 지붕을 파괴하는 등의 환기구를 만드는 것을 말한다.
ㄴ 배연방식은 화재로부터 생성된 뜨거운 가스를 배출하는데 가장 효과적인 방법이다.
ㄷ 지붕파괴가 힘든 내화구조의 콘크리트 지붕 등의 수직배연은 제한적일 수밖에 없다.
ㄹ 그러한 건물의 경우는 최상층의 창문이나 옥탑 등의 개구부를 개방하여 배연하는 방법을 취해야 한다.
② 유의점
ㄱ 부적절한 강제 환기와 병행하면 자연환기는 그 효과가 감소한다.
ㄴ 유리창의 과잉파괴가 행해지면 수직 환기 효과가 감소한다.
ㄷ 배연이 되고 있는 수직 환기구나 통로에서 방수를 하면 기류의 방향을 돌려놓는 결과가 되므로 주의한다.

■ **수평 배연**
① 배연요령
ㄱ 창문이나 출입문처럼 벽에 있는 출구로 연기가 빠져나가게 하는 것을 수평배연이라 한다.
ㄴ 일반적으로 수직배연이 알맞은 건물이 수평배연에도 좋다.
ㄷ 수평배연은 바람의 방향에 따라서 풍상방향의 개구부를 급기구로 풍하방향의 개구부를 배출구로 설정하는 것이 가장 효과적이다.
② 유의점
ㄱ 바람이 불지 않을 때에는 수평배연의 효과가 감소한다.
ㄴ 바람의 영향을 받는 곳은 급기구와 배기구 설정에 유의한다.
ㄷ 아래층에서 배출된 연기가 상층의 개구부를 통해 유입되지 않도록 유의한다.

115 "화재진압 중점 배연작전"으로 옳지 않은 것은?

① 배연할 때는 가능한 배연구를 통해 진압팀이 들어가도록 해서는 안 된다.

② 단층 건물의 배연은 출입문과 창문을 개방함으로써 가능하다.

③ 배연작업은 반드시 진압 팀의 행동개시 후에 시행되어야 한다.

④ 공격방향과 반대쪽을 배연하면 대원들이 안전하고 신속하게 진압할 수 있다.

■ **화재진압 중점의 배연작전**
① 배연이 효과가 있다면 건물구조가 복잡하거나 장애물이 있어도 화점까지 접근하여 정확히 방수할 수 있다.
② 공기호흡기는 독성가스로부터 소방대원들을 보호하지만, 짙은 짙은 연기와 가열된 공기는 가시성이 떨어지게 하여 신속한 화재진압을 방해한다.
③ 공격방향과 반대쪽을 배연하는 것이 대원들이 안전하고 신속하게 진압할 수 있다.

🔖 **정답** | **114.** ② **115.** ③

④ 단층 건물의 배연은 출입문과 창문을 개방함으로써, 다층건물에서는 굴절 또는 고가 사다리와 복식사다리를 활용한 배연이 가능하다.
⑤ 배연작업은 반드시 진압팀(관창수)의 행동개시와 동시에 시행되어야 한다.
※ 배연작업이 진압팀(관창수)의 방수준비가 되기도 전에 개시한다면, 갑작스러운 플래시오버현상(Flashover)이나 역류현상(Backdraft)에 의해 오히려 화재확산을 조장하거나 인명검색팀을 화염에 휩싸이게 하는 최악의 상황을 유발시킬 수 있다.
※ 배연할 때는 가능한 배연구(배기구)를 통해 진압팀이 들어가도록 해서는 안 된다. 배연은 인명구조와 진압을 효과적으로 해주기 위한 조치인 만큼 가능한 진입대원들의 안전을 고려하여 배연구 위치를 선택해야 한다.

116 건물화재 시 "연소 확산방지를 위한 중점 배연작전"으로 다음 (   ) 안에 들어갈 내용은?

가장 심각하고 가장 빈번한 연소 확대 문제는 감추어져 있는 ( )공간에서 일어난다.

① 창문
② 출입문
③ 지붕
④ 바닥

■ 확산방지 중점 배연작전
① 가장 심각하고 가장 빈번한 연소 확대 문제는 감추어져 있는 지붕공간에서 일어난다. 화재가 천장을 통해 연소하면서 이 통로(공간)에 가연성가스가 흘러들어 가면서, 화염은 수직·수평으로 급격하게 확대될 것이다.
② 천장으로 확대되는 것을 막기 위해 화재발생장소(구역)의 천장을 먼저 파괴하여 화염과 짙은 연기를 방출시켜야 한다.

117 다음 보기에 들어갈 "피난 유도원 배치"로서 옳은 것은?

ⓐ 필요한 수의 피난 유도원을 지정하여 (   )층 및 (   )층에 배치한다.
ⓑ 집단유도는 어른(   )명에 1명, 어린이 (   )명에 1명 정도가 적합하다.

① 화점층, 최상층, 30, 20
② 직상층, 최상층, 20, 50
③ 직하층, 최상층, 30, 10
④ 화점층, 직상층, 50, 20

■ 피난유도원의 지정
① 필요한 수의 피난 유도원을 지정하여 화점층 및 직상층에 배치한다.
② 자력피난 가능자 유도를 위한 필요한 인원
㉠ 계단출입구 2명, 통로모퉁이 1명
㉡ 집단유도는 어른 50명에 1명, 어린이 20명에 1명 정도가 적합하다.

정답 116. ③ 117. ④

118 구조대상자 운반법에서 부상부위가 "허리 또는 복부부분의 경우"는 피해야 할 방법은?

① 끈 운반구출
② 양쪽 겨드랑이 잡아당겨 구출
③ 메어서 운반구출
④ 1인 확보 운반구출

■ 구조대상자 운반법 ** 17년 소방장

1. 안아 올려 운반구출	주로 구출 거리가 <u>짧은 경우</u>에 이용한다.
2. 끈 운반 구출	구조대상자의 부상부위가 <u>허리부분</u>인 경우는 피한다.
3. 전진, 후퇴 포복구출	<u>짙은 연기 중의 구출</u>에 적합하다. 주로 <u>구출거리가 짧은 경우</u>에 활용한다.
4. 메어서 운반구출	구조대상자의 부상부위가 <u>허리 또는 복부부분</u>의 경우는 피한다.
5. 양쪽 겨드랑이 잡아당겨 구출	<u>구출거리가 짧은 경우</u>에 활용한다.
6. 1인 확보 운반 구출	구조대상자의 부상부위가 <u>가슴부분 또는 허리부분</u>의 경우는 피한다. 주로 <u>구출거리가 짧은 경우</u>에 활용한다.
7. 뒤로 옷깃을 끌어당겨 구출	구조대상자는 낮은 위치에 있으므로 <u>짙은 연기 중의 구출</u>에 적합하다.
8. 소방식 운반 구출	공기호흡기를 착용한 상태에서 어깨를 이용하여 <u>장거리를 이동</u>할 수 있는 방법이다.
9. 모포 등을 이용하여 끌어당겨 구출	구조대상자는 낮은 위치에 있으므로 <u>짙은 연기 중의 구출</u>에 적합하다. 발부분의 모포 등을 묶으면 구조대상자의 이탈을 막을 수 있다. 구조대상자의 부상에 대하여는 그다지 고려할 것 없이 구출할 수 있다.
10. 등에 업고 포복 구출	구조대상자는 낮은 위치에 있으므로 <u>짙은 연기 중의 구출</u>에 적합하다. 주로 <u>구출거리가 짧은 경우</u>에 활용한다.

119 "상업용 고층건물 화재 시 배연을 하지 않는 4가지 이유"가 아닌 것은?

① 기류에 포함된 산소로 인하여 화재의 크기와 강도를 증가시킬 수 있다.

② 소방대원들을 위층에 가두면서 계단실을 연기로 가득 차게 만들 수 있다.

③ 배연으로 인하여 오히려 청정구역에 짙은 연기를 끌어들이는 결과를 초래할 수 있다.

④ 굴뚝효과로 건물 내부의 대류 흐름을 어느 정도 예측할 수 있기 때문이다.

■ 상업용 고층건물 화재 시 배연을 하지 않는 4가지 구체적인 이유 * 14년 소방장
① 굴뚝효과로 인해, 당신은 <u>건물 내부의 대류 흐름을 예측할 수 없다.</u>
② 배연은 불꽃 폭풍을 촉발할 지도 모르고, 거주자들과 소방대원들을 위층에 가두면서 <u>계단실을 짙은 연기로 가득 차게 만들 수 있다.</u>
③ 건물 내에서의 대류 흐름은 예측할 수 없기 때문에 배연으로 인하여 오히려 <u>청정구역에 짙은 연기를 끌어들이는 결과를 초래할 수 있다.</u>
④ 기류에 포함된 산소로 인하여 화재의 크기와 강도를 증가시킬 수 있다.

정답 | **118.** ③ **119.** ④

120 **"상업용 고층건물 화재 배연작전"에 대한 설명으로 옳지 않은 것은?**

① 넓은 개방공간과 거대한 높이가 창문 개방 시 대류를 일으키는 원인이 된다.

② 연소 확대 가능성이 매우 낮은 화재진압이 완료된 후에 실시해야 한다.

③ 심각한 생명의 위험이 없고 화재를 통제할 수 없을 경우에는 공조 시스템을 즉시 가동하고 창문을 개방하여 배연작업을 실시한다.

④ 화재가 완전히 진압된 후 잔류 짙은 연기 통제가 용이해 지면 창문과 계단에 있는 짙은 연기와 열을 방출시킨다.

■ **상업용 고층건물 화재 배연작전(Venting High-Rise Office Buildings)*** 13년 소방장

① 상업용 고층건물은 주거용 고층건물과 다르다. 건물의 특성상 일반 건축물과는 달리 심각한 생명의 위험이 없고 화재를 통제할 수 없을 경우, 배연은 금지된다.

② 배연은 연소확대 가능성이 매우 낮은 화재진압이 완료된 후에 실시해야 한다.

③ 넓은 개방공간과 거대한 높이가 창문 개방 시 대류를 일으키는 원인이 된다.

④ 공조 시스템의 배관과 통로가 10층 혹은 20층 이상의 층과 연결되어 불길과 짙은 연기를 확대시킨다.

⑤ 굴뚝효과 강력한 공기의 흐름(대류)을 형성한다.

⑥ 사무실용 고층화재시 일반적으로 쓰이는 기본적 진압방법은 공조 시스템을 차단하고 배연작용 없이 화재를 진압하는 것이다.

※ 예측할 수 없는 위험한 기류보다는 어떤 기류도 없는 것이 더 낫다는 믿음에 근거한다. 이것은 주거용 고층건물의 배연방침과 배치되는 것으로 상업용 고층건물 화재 시 배연을 하지 않는 것이 생명을 구하는 가장 효과적인 방법이다.

⑦ 화재가 완전히 진압된 후 잔류 짙은 연기 통제가 용이해지면 창문과 계단이 있는 짙은 연기와 열을 방출시킨다.

121 **"계단 등 수직피난계단의 유도요령"으로 옳은 것은?**

① 피난에 사용하는 계단 등의 우선순위는 원칙으로 옥외계단, 피난교, 특별피난계단, 옥외 피난용 사다리 및 피난계단의 순서로 한다.

② 화점층 계단 출입구는 계단의 피난자들이 통과할 때까지 개방한다.

③ 화점층 피난을 우선으로 하고 계단을 내려오는 사람은 직하층으로 유도한 후 지상으로 대피시킨다.

④ 옥상 직하 층의 피난 자 등은 우선적으로 지상을 일시 피난장소로 지정한다.

■ **계단 등 수직피난계단 유도요령*** 20년, 23년 소방교

① 피난에 사용하는 계단 등의 우선순위는 원칙으로 ⓐ 옥외계단 ⓑ 피난교 ⓒ 특별피난계단 ⓓ 옥외 피난용 사다리 및 피난계단의 순서로 한다.

② 계단에서의 이동은 상층으로부터의 피난상황을 고려하여 계단 모서리 등으로 많은 사람이 혼잡하지 않도록 유입인원을 통제한다.

③ 바로 위층 피난을 우선으로 하고 계단을 내려오는 사람은 직하층으로 일시 유도한 후 지상으로 대피시킨다.

④ 옥상 직하 층의 피난 자 등은 옥상을 일시 피난장소로 지정한다.

⑤ 화점층 계단 출입구는 계단의 피난 자들이 통과할 때까지 폐쇄한다.

정답 | 120. ③ 121. ①

122 "사무실용 고층화재"시 일반적으로 쓰이는 가장 기본적인 진압방법은?

> 사무실용 고층화재시 일반적으로 쓰이는 기본적 진압방법은 공조 시스템을 (   )하고 배연작용
> (   ) 화재를 진압하는 것이다.

① 가동, 없이   ② 가동, 작동

③ 차단, 작동   ④ 차단, 없이

사무실용 고층화재시 일반적으로 쓰이는 기본적 진압방법은 공조 시스템을 차단하고 배연작용 없이 화재를 진압하는 것이다.

123 상황별 배연작전에 대한 설명으로 옳지 않은 것은?

① 고층건물 화재 배연작전 : 주거용은 화재진압 완료 후, 상업용은 굴뚝효과 배연
② 확산방지 중점 배연작전 : 화재발생 장소의 천장을 먼저 파괴
③ 폭발방지 중점 배연작전 : 공기를 불어넣어 가연성 가스를 폭발하한계 이하로 희석
④ 화재진압 중점 배연작전 : 공격방향과 반대쪽 배연, 배연작업은 진압팀과 동시에 시행

■ **상황별 배연작전**
① 인명구조 중점의 배연작전 : 다층건물은 가장 높은 부분 개구부 배연, 내부계단 꼭대기 층 배연
② 화재진압 중점의 배연작전 : 공격방향과 반대쪽 배연, 단층건물은 출입구와 창문 개방, 다층건물은 굴절 또는 고가사다리와 복식사다리 활용, 배연작업은 진압팀과 동시에 시행
③ 폭발방지 중점의 배연작전 : 공기를 불어넣어 가연성 가스를 폭발하한계 이하로 희석, 초기 옥상 채광창이나 옥상 출입구 등 건물 상층부 개방
④ 확산방지 중점의 배연작전 : 지붕은 가장 심각한 화재 확산하는 곳, 화재발생 장소의 천장을 먼저 파괴
⑤ 고층건물화재 배연작전 : 주거용은 굴뚝효과 배연, 상업용은 화재진압 완료 후 배연, 공조시스템 차단, 배연작업 없이 화재진압

124 "거실, 복도, 로비 등의 수평피난 유도요령"으로 옳지 않은 것은?

① 연기가 적은 쪽을 선택하고 계단의 안전순위가 높은 곳 또는 급기 측 계단방향으로 유도한다.
② 복도에 연기가 있는 경우는 발코니, 피난사다리, 피난기구의 옥외사용 가능한 장소로 자력탈출자를 우선적으로 피난시킨다.
③ 지하철역 또는 다른 건물과 지하연결 등으로 접속되어 있는 지하층은 접속건물 방향으로 유도한다.
④ 복도 측의 출입구를 폐쇄한 후 틈새를 시트, 커튼으로 막고 테이프 등을 붙인 후 출동대 도착을 기다릴 수 있도록 지시한다.

■ 거실, 복도, 로비 등의 수평피난 유도요령* 20년, 23년 소방교
① 화점으로부터 멀리 유도한다.
② 통행이 막힌 통로등의 진입을 저지한다.
③ 연기가 적은 쪽을 선택하고 계단의 안전순위가 높은 곳 또는 급기 측 계단방향으로 유도한다.
④ 지하철역 또는 다른 건물과 지하연결 등으로 접속되어 있는 지하층은 접속건물 방향으로 유도한다.
⑤ 복도에 연기가 있는 경우는 발코니, 피난사다리, 피난기구의 옥외사용 가능한 장소로 재난약자(어린이, 노인, 장애인)를 우선적으로 피난시킨다.
⑥ 복도에 연기가 충만하여 실내에서의 탈출이 곤란한 경우는 다음과 같이 조치한다.
　㉠ 발코니 또는 사다리차 연장이 가능한 창으로 이동시킨다.
　㉡ 복도 측의 출입구를 폐쇄한 후 틈새를 시트, 커튼으로 막고 테이프 등을 붙인 후 출동대 도착을 기다릴 수 있도록 지시한다.

125 "배연의 필요성"에 대한 설명으로 옳지 않은 것은?

① 배연은 연소하고 있는 건물에서 발생한 짙은 연기, 열, 연소가스를 계획적, 체계적으로 제거하는 것이다.
② 폭발의 효과를 막거나 줄이기 위해서이다.
③ 호스연장과 관창배치를 원활하게 하기 위해서이다.
④ 화재현장에서 배연팀의 활동은 안전을 위해 진압팀보다 우선 활동해야 한다.

■ 배연의 필요성
① 배연은 연소하고 있는 건물에서 발생한 짙은 연기, 열, 연소가스를 계획적, 체계적으로 제거하는 것이다.
② 화재현장에서 배연팀의 활동은 반드시 진압팀과 연계성을 가지고 활동해야 한다.
③ 배연팀이 특정한 목표의식 없이 연소 중인 건물의 창문, 문, 옥상 채광창, 옥상출입구를 개방한다면, 화재진압전술에 역효과를 끼칠 수 있다.

※ 배연을 하는 4가지 기본적인 이유* 18년 소방교
　㉠ 생명을 구하기 위해
　㉡ 호스연장과 관창배치를 원활하게 하기 위해
　㉢ 폭발의 효과를 막거나 줄이기 위해
　㉣ 연소확대를 제한하기 위해

126 "강제배연방식"이 아닌 것은?

① 배연차에 장착된 기계장치에 의해 연기를 흡입하여 배출하는 방식
② 고발포 방사시의 압력에 의해 배연하는 방식
③ 벽에 있는 창문이나 출입문을 개방하여 배연하는 방식이다.
④ 분무방수에 의한 수압으로 배연하는 방식

① 자연배연 방식

수직배연	건물의 경우 천장, 지붕의 배출구를 파괴 또는 개방하여 배출구로 하는 방식
수평배연	벽에 있는 창문이나 출입문을 개방하여 배연하는 방식

정답 | 125. ④ 　 126. ③

② 강제배연 방식

송풍기 활용	회전식 강철 팬의 회전력에 의한 압력으로 배연하는 방식
분무방수 활용	분무방수에 의한 수압으로 배연하는 방식
배연차 활용	배연차에 장착된 기계장치에 의해 연기를 흡입하여 배출하는 방식
고발포 활용	고발포 방사시의 압력에 의해 배연하는 방식
제연설비 및 공기조화설비 활용	건물에 설비된 제연설비 및 공기조화설비는 소방대의 장비와 인력이 필요하지 않은 장점이 있으므로 최대한 활용할 수 있는 방안을 강구해야 한다.

127 "송풍기를 활용한 배연방법으로 옳지 않은 것은?

① 일반적으로 개구부의 하단 등 낮은 장소에 설치하여 불어넣는 양성입력형 환기방식을 주로 쓰고 있다.(양성압력형 환기법)

② 송풍기 근처의 창문이나 출입문은 가능한 한 폐쇄하여 공기흐름에 방해가 되지 않도록 해야 한다.

③ 송풍압력으로 건물 외부의 압력보다 건물 내의 압력을 낮게 하여 배연하는 방법이다.

④ 자연바람과 같은 방향으로 설치하여 효율성을 배가하여야 한다.

■ **송풍기 활용요령**★★ 14년 소방장/ 15년 소방위/ 16년 소방교
① 송풍압력으로 건물 외부의 압력보다 건물 내의 압력을 높게 하여 배연하는 방법이다.
② 일반적으로 개구부의 하단 등 낮은 장소에 설치하여 불어넣는 방식을 주로 쓰고 있다.(양성압력형 환기법)
③ 배출구에서 배출가스를 뽑아내는 방식(음성입력형)도 사용하고 있다.
④ 송풍기를 활용한 배연은 동력원에 의존해야 하는 단점이 있다.

■ **송풍기 사용시 유의사항**★★ 17년, 19년 소방장
① 송풍기는 자연바람과 같은 방향으로 설치하여 효율성을 배가하여야 한다.
② 송풍기 근처의 창문이나 출입문은 가능한 한 폐쇄하여 공기흐름에 방해가 되지 않도록 해야 한다.
③ 화점실이 분리되어 있다면 가장 먼저 화점실 문을 폐쇄하여 화염과 연기가 외부로 확산되는 것을 차단하고 배연을 실시하여야 한다.
④ 출입구에 송풍기를 설치할 경우 송풍기에서 나온 공기의 원추(圓錐)가 입구를 완전히 덮을 수 있도록 출입구로부터 적당한 거리를 둔다.
⑤ 배출구의 크기와 급기구의 크기가 같도록 하는 것이 효율적이다.
⑥ 공기가 너무 많이 공급되게 하여 오히려 급격하게 연소 확대될 우려가 있으므로 특히 유의하여야 한다.
⑦ 배출구가 되는 방향의 구조대상자나 활동대원의 안전을 확인한 후 실시한다.
⑧ 송풍기를 이용 계단실 등 구획된 공간의 연기가 제거되었으면 배기구를 차단, 구획된 공간에 송풍기의 양압이 유지되어 연기가 들어오는 것을 방지한다.

정답 | 127. ③

128 "공조시스템 가동절차"에 대한 설명으로 순서가 바른 것은?

① 공조 시스템을 작동
② 신선한 공기 유입을 위해 공기 흡입구 개방
③ 연기가 차있는 층의 재순환 통로를 차단
④ 외부 배출을 위해 배기구 개방
⑤ 배연을 위한 굴뚝효과 이용하기

① ②-③-④-①-⑤

② ③-②-①-④-⑤

③ ④-③-②-①-⑤

④ ①-②-③-④-⑤

■ **공조시스템 가동절차 4단계** 14년 소방장
① 신선한 공기 유입을 위해 공기 흡입구를 열도록 한다.
② 연기가 차있는 층의 재순환 통로를 차단하도록 한다.
③ 외부 배출을 위해 배기구를 열도록 한다.
④ 공조시스템을 작동시키도록 한다.
⑤ 배연을 위한 굴뚝효과 이용하기

129 "배연을 위해 굴뚝효과 활용"에 대한 설명으로 옳지 않은 것은?

① 건물이 강하게 밀폐되어 있으면 굴뚝효과는 더 강해진다.
② 굴뚝효과는 밀폐된 공간 내의 자연스러운 수직적 공기의 흐름이다.
③ 여름에도 굴뚝효과로 인한 공기의 흐름은 위가 된다.
④ 지표면과 혹은 지붕 수준으로 출입구를 개방함으로써 기류를 느낄 수 있다.

■ **배연을 위해 굴뚝효과 활용**
① 밀폐된 공간 내의 자연스러운 수직적 공기의 흐름이다.
② 고층건물 내에서 가장 강력한 짙은 연기와 공기의 이동을 만들어 내며, 외부 상황에 따라 다르게 나타난다.
③ 건물 내부가 외부보다 따뜻한 겨울에는 공기의 흐름은 일반적으로 위쪽이다. 여름에는 굴뚝효과로 인한 공기의 흐름이 아래가 될 수 있다.
④ 공기의 움직임은 건물의 높이에 영향을 받는데, 높은 건물일수록 그 효과가 크다. 또한 건물이 좀 더 강하게 밀폐되어 있으면 굴뚝효과가 더 강해진다.
⑤ 지표면과 혹은 지붕 수준으로 출입구를 개방함으로써 기류를 느낄 수 있다.
⑥ 소방대원들은 화재가 진압된 후 계단이 지붕으로 연결된다면, 계단에 남아있는 짙은 연기를 배출하기 위해 가끔 굴뚝효과를 이용한다.
⑦ 겨울에 계단을 수색한 후 거주자가 없다는 것이 밝혀지고, 짙은 연기가 몇몇 중간 층계에서 층을 이룬다면 지붕, 옥상 채광창, 옥상 출입구의 뚜껑과 동시에 일층 출입문을 열어야 한다.
⑧ 계단에 있는 다른 모든 문이 닫혔다면, 기류가 가끔 자동으로 계단실로 배출된다.
⑨ 만약 창문이 있는 중간층의 문을 개방한다면, 남아있는 짙은 연기를 배출할 수 있다.
⑩ 굴뚝효과의 흐름은 짙은 연기를 위와 계단실 밖으로 이동시킬 것이고 굴뚝효과를 보조하기 위해 송풍기가 이용될 수도 있다.

📱 **정답** | **128.** ① **129.** ③

130 "저층화재에서 발생하는 짙은 연기의 흐름을 좌우하는 요소"가 아닌 것은?

① 창문 등 개구부 개방을 통한 외부 공기

② 연소압력

③ 공조시스템(HVAC)

④ 화재로 인한 열

■ 저층 건물에서 짙은 연기 흐름을 좌우하는 요소* 17년 소방교
① 화재로 인한 열
② 대류의 흐름
③ 연소 압력
④ 창문 등 개구부 개방을 통한 외부 공기

■ 고층건물에서 짙은 연기는 이러한 요소에 더하여 굴뚝효과(Stack effec, 연돌효과라고도 함)와 공조시스템(HVAC System)의 영향을 받는다.

131 "배연활동 시 유의점"에 대한 설명으로 옳지 않은 것은?

① 건물 내부의 연기, 열기의 상태 및 건물상태, 인명위험의 유무를 판단하여 적시에 환기를 해야 한다.

② 화재 건물의 특징이나 개구부, 화재범위를 판단하여 개방 및 폐쇄해야 할 개구부를 결정해야 한다.

③ 배연은 항상 소방호스라인이 내부에 진입하기 전이 적절하다.

④ 자연환기방식, 강제환기방식 중에 효율적이라고 판단하는 것을 선택하여 수평환기 또는 수직환기를 실시한다.

■ 배연활동 시 유의점* 24년 소방위

배연 타이밍	① 건물 내부의 연기, 열기의 상태 및 건물상태, 인명위험의 유무를 판단하여 적시에 환기를 해야 한다. ② 잘못 판단된 환기는 화재를 더욱 확산시킬 수 있다. ③ 배출 경로에 구조대상자가 있는 경우에 위험하다. ④ 보통의 환기작업은 소방호스라인이 내부에 진입하여 진화작업 준비가 완료되었을 때가 적절하다.
배연장소	화재 건물의 특징이나 개구부, 풍향, 화점의 위치, 화재범위를 판단하여 개방 및 폐쇄해야 할 개구부를 결정해야 한다.
배연방법	자연환기방식, 강제환기방식 중에 효율적이라고 판단하는 것을 선택하여 수평환기 또는 수직환기를 실시한다.

🔲 정답　130. ③　131. ③

132 "고층건물화재 배연작전"에 대한 설명으로 옳지 않은 것은?

① 짙은 연기의 흐름은 공조시스템 차단으로 굴뚝효과를 막을 수 있다.

② 굴뚝효과는 고층건물에서 공기의 흐름에 가장 큰 영향을 끼치며, 계단실 또는 엘리베이터 샤프트에서 가장 두드러진다.

③ 저층에서의 수직, 수평 배연원칙보다 복잡하다.

④ 기온의 차이와 안·밖의 대기압 차이로 인한 공기의 자연스러운 흐름을 나타낸다.

■ **고층건물화재 배연작전**★★★ 13년 소방위, 소방장/ 17년 소방교

고층건물이란 지하층을 제외한 층수가 11층 이상, 준 초고층건물은 30~49층(120~200m) 건물, 초고층 건물은 50층 이상, 200m 이상의 건축물로 정의되나 여기서의 고층건물은 11층 이상의 건물을 총칭한다.

㉠ 저층 건물에서, 짙은 연기의 흐름을 좌우하는 요소는 화재로 인한 열, 대류의 흐름, 연소 압력, 창문 등 개구부 개방을 통한 외부 바람에 의해 결정된다. 고층건물에서 짙은 연기는 이러한 요소에 더하여 굴뚝효과(Stack effec, 연돌효과라고도 함)와 공조시스템(HVAC System)의 영향을 받는다.

  ✪ 굴뚝효과 : 고층건물 내외에서 발생하는 온도와 기압의 차이로 발생하는 자연적 대류현상

  ⓐ 굴뚝효과는 기온의 차이와 안·밖의 대기압 차이로 인한 공기의 자연스러운 흐름을 나타낸다.
  ⓑ 굴뚝효과는 고층건물에서 공기의 흐름에 가장 큰 영향을 끼치며, 계단실 또는 엘리베이터 샤프트에서 가장 두드러진다.
  ⓒ 창문과 같은 개구부가 열리거나 깨질 때, 굴뚝효과는 이상기류를 만들어낸다.
  ⓓ 창문이 열려있는 저층건물에서는 발생하지 않는다.
  ⓔ 화재 시 짙은 연기의 흐름은 공조시스템 차단을 통해 어느 정도 통제할 수 있으나 아무 것도 굴뚝효과를 막을 수는 없다.

㉡ 고층건물에서의 배연은 저층에서의 수직, 수평 배연원칙보다 복잡하다.
  ⓐ 굴뚝효과로 인해 전체적 상승기류 속에서 특정부분에서 짙은 연기가 아래로 움직일 수 있다.
  ⓑ 공조 시스템을 통해 화점 층에서 10층 또는 20층 위의 창고로 연소확대가 될 수 있다.

㉢ 제연계단 출입구 앞에 있는 짙은 연기통로나 다용도 샤프트에 열과 짙은 연기가 빨려 들어갈 수도 있다.

㉣ 짙은 연기가 콘크리트와 철 구조물에 열을 빼앗기고 배연구로 상승하지 못할 수도 있다.

㉤ 초고속 엘리베이터의 이동으로 짙은 연기가 강제로 상·하층으로 이동할 수 있다.

㉥ 고층건물화재는 지하실 화재와 유사하여 가끔 배연작업 없이 화재를 진압해야 하는 경우도 있다.

133 "분무방수를 활용한 배연, 배열에 대한 내용으로 옳지 않은 것은?

① 분무방수 배연은 노즐 전개각도 60도 정도로 급기구를 완전히 덮을 수 있는 거리를 방수위치로 선정하고 노즐압력은 0.3Mpa 이상 분무방수를 한다.

② 연기와 열을 제거하기 위해 물의 흡열작용에 의한 냉각과 환기에 의한 옥내 고온기체 및 연기의 배출을 보다 유효하게 하기 위하여 안개모양의 방수법을 간접공격법(로이드 레만전법)이라 한다.

③ 간접공격법 요령은 옥내의 연소가 완만하여 열기가 적은 연기의 경우는 이 전법을 이용하는 것이 효과는 크다.

④ 간접공격법 방수시 개구부는 가능한 한 작게 하는 것이 위험성을 감소시킨다.

정답   132. ①   133. ④

1. 분무방수에 의한 배연요령
화점실의 형상 또는 연소상황에 따라서 확산방수를 하거나 또는 분무방수로 전환하여 간다.

〈급기구측에서 분무방수하여 기류를 이용하는 방법〉* 23년 소방장
① 노즐 전개각도 60도 정도로 급기구를 완전히 덮을 수 있는 거리를 방수 위치로 선정한다. 개구부가 넓은 경우에는 2구 이상의 분무방수로 실시한다.
② 노즐압력은 0.6Mpa 이상 분무방수를 한다.
③ 배기구측에 진입대가 있을 때는 서로 연락을 취해 안전을 배려하면서 방수한다.
   ※ 특히 화염과 배기구 사이에 구조대상자, 구조대원이 있다면 위험하다.

2. 간접공격법(로이드레만 전법)에 의한 배연, 배열** 14년 소방교, 24년 소방장
① 의의 : 연기와 열을 제거하기 위해 물의 흡열작용에 의한 냉각과 환기에 의한 옥내 고온기체 및 연기의 배출을 보다 유효하게 하기 위하여 안개모양의 방수법을 간접공격법(로이드레만전법)이라 한다. 즉, 물의 큰 기화잠열(538cal)과 기화시의 체적팽창력을 활용하여 배연·배열하는 방법인 것이다.
② 간접공격법의 요령
   ㉠ 연소물체 또는 옥내의 온도가 높은 상층부를 향하여 방수한다.
   ㉡ 고온에 가열된 증기의 증가에 의해서 대원이 피해를 받지 않는 위치를 선정한다.
   ㉢ 방수 시 개구부는 가능한 한 작게 하는 것이 위험성을 감소시킨다.
   ㉣ 가열증기가 몰아칠 염려가 있는 경우는 분무방수에 의한 고속분무로 화점실 천장 면에 충돌시켜 반사 방수를 병행한다.
      ※ 외부에서 실내로 간접공격 시 물줄기의 형태는 직사방수하여, 분무방수 시 물줄기를 타고 화점실로 공급되는 공기의 양을 최소화한다.
   ㉤ 옥내의 연소가 완만하여 열기가 적은 연기의 경우는 이 전법을 이용하는 것은 효과는 적으므로 유의한다.

---

134 "간접공격법"에 대한 설명으로 옳지 않은 것은?

① 연소물체 또는 옥내의 온도가 높은 상층부를 향하여 방수한다.
② 90% 이상이 수증기화 하는 것이 가능하며, 옥내의 연소가 완만하여 열기가 적은 연기의 경우는 효과는 크다.
③ 물의 큰 기화잠열(538cal)과 체적 팽창력(1,600~1,700배)을 활용하여 배연·배열하는 방법인 것이다.
④ 방수 중의 실내에서 배출되는 연기와 증기량의 판단은 제2단계(방수중기)에는 흑연에 백연이 섞여 점점 백연에 가깝다.

간접 공격법 조건	① 연소물체 또는 옥내의 온도가 높은 상층부를 향하여 방수한다. ② 고온에 가열된 증기에 의해 대원이 피해를 받지 않는 위치를 선정한다. ③ 방수 시 개구부는 가능한 한 작게 하는 것이 위험성을 감소시킨다. ④ 가열증기가 몰아칠 염려가 있는 경우는 분무방수에 의한 고속분무로 화점실 천장 면에 충돌시켜 반사방수를 병행한다. ⑤ 천장 속 등의 부분은 분무방수 하는 것이 효과적이다.

정답 | 134. ②

간접 공격법 효과	① 방수 중의 실내에서 배출되는 연기와 증기량에서 다음과 같이 판단한다. 　㉠ 제1단계(방수초기) ➡ 연기와 화염의 분출이 급격히 약해진다. 　㉡ 제2단계(방수중기) ➡ 흑연에 백연이 섞여 점점 백연에 가깝다. 　㉢ 제3단계(방수종기) ➡ 백연의 분출속도가 약한 것으로 일시 중지하여 내부 　　　상황을 확인한다. 이 단계에서 작은 화점이 존재할 정도의 화세는 약하므로 　　　서서히 내부에 진입하여 국소 방수로 수손방지에 유의하면서 잔화를 정리한다. ② 간접공격법에 의하면 90% 이상 수증기화 하는 것이 가능하므로 바닥면에 다량의 　물이 있으면 방수정지의 시기를 잃었다고 판단한다. ③ 옥내의 연소가 완만하여 열기가 적은 연기의 경우는 효과는 적다. 따라서 개구부 　개방 등에 의해 연기를 배출하면서 화점을 확인하여 직사방수 또는 고속분무방 　수를 짧게 계속하는 편이 수손피해를 적게 할 수 있다.

135 "주거용 고층건물 화재 배연작전"으로 옳지 않은 것은?

① 문이 닫혀있을 때 건물 밖으로 연소가 잘 확대되지 않고, 창문은 열릴 수 있도록 고안되어 필요시 쉽게 배연이 가능하다.

② 비교적 좁게 세분화된 방화구획 구조로 되어 있어 굴뚝효과가 최소화되기 때문에 배연 작업은 효과적이다.

③ 창문은 쉽게 개방되지만 배연의 역기능으로 인한 짙은 연기와 연소의 확대여부를 쉽게 예측할 수 있다.

④ 화재진압이 원활하게 진행되고 있거나 화재가 완전히 진압된 후에 배연을 시작하는 것이 바람직하다.

주거용 고층건물	ⓐ 문이 닫혀있을 때 건물 밖으로 연소가 잘 확대되지 않고, 창문은 열릴 수 있도록 설계되어 필요 시 쉽게 배연이 가능하다. ⓑ 따라서 배연작업은 바람이 개방된 창문을 통해 들어와 진입팀에 위협이 되는 것 이외에는 큰 문제가 없다. ⓒ 비교적 좁게 세분화된 방화구획 구조로 되어 있어 굴뚝효과가 최소화되기 때문에 배연작업은 효과적이며, 많은 생명을 구하는 데 결정적인 기능을 할 수 있다. ⓓ 창문은 쉽게 개방되며, 배연의 역기능으로 인한 짙은연기와 연소의 확대여부를 쉽게 예측할 수 있다. ※ 배연작업은 우선 열과 짙은 연기가 유입되고 있는 창문과 계단을 배연하고, 열쇠나 손으로 창문을 개방하거나 파괴한다. 또한 계단실 배연을 위해 옥상 채광창이나 창문, 파괴 가능한 칸막이벽을 개방한다.
30~40층 이상의 주상 복합건물 형태의 고층 건물	ⓐ 플라스터 보드(Plasterboard)로 이루어진 외벽과 중앙공조시스템에 의해 공기가 공급되는 시설구조를 가지고 있다. ⓑ 주거용 고층건물은 화재진압이 원활하게 진행되고 있거나 화재가 완전히 진압된 후에 배연을 시작하는 것이 바람직하다. 이때의 배연은 신중한 상황분석과 판단이 필요하다.

정답 | 135. ③

136 다음 내용과 관계 깊은 호스는?

소방차량에 적재할 때, 화재현장에서 사용 후 철수할 때 등에 쓰인다.

① 두겹말은 소방호스 ② 접은 소방호스
③ 두겹접은 소방호스 ④ 한겹말은 소방호스

한겹말은 소방호스	① 소방호스를 일직선으로 편 다음 숫 카프링 쪽에서 암 카프링 쪽을 향하여 굴리면서 감아 가는 것이다. ② 일반적으로 소방호스 보관대에 보관할 때, 화재현장에서 사용 후 철수하기 위해 적재할 때 등에 사용한다.
두겹말은 소방호스 ★ 20년 소방교	① 소방호스를 두 겹으로 포개어 놓고 겹쳐진 채로 소방호스를 감아 가는 것이다. ② 좁은 장소 등에서 소방호스가 감겨진 상태에서 곧바로 사용하고자 할 때 주로 사용된다.
접은 소방호스	① 소방호스를 일정한 길이로 접어서 포개어 놓는 방법이다. ② 주로 소방차량에 적재할 때, 화재현장에서 사용 후 철수할 때 등에 쓰인다.

137 다음 내용과 관계 깊은 적재방법은?

소방호스를 적재함 가장자리에 맞추어 겹겹이 세워서 적재하는 방법이다.

① 아코디언형 적재 ② 평면형 적재
③ 혼합형 적재 ④ 말굽형 적재

아코디언형 적재	① 소방호스를 적재함 가장자리에 맞추어 겹겹이 세워서 적재하는 방법이다. ② 적재하기가 쉽고 적재함에서 손쉽게 꺼내 운반할 수 있는 장점이 있으나 소방호스가 강하게 접히는 부분이 많은 단점이 있다.
말굽형 적재	① 적재 모양이 말굽을 닮아서 붙인 명칭으로 소방호스를 적재함 가장자리에 맞춰 주변을 빙 돌려서 세워 U자 모양으로 적재하는 방법이다. ② 소방호스가 강하게 접히는 부분이 적은 장점이 있으나 어깨운반 시의 등에 불편한 단점이 있다.
평면형 적재	① 접은 형태의 소방호스를 눕혀서 평평하게 적재함 크기에 맞추어 적재하는 방법이다. ② 소방차의 진동 등에도 덜 닿는 장점이 있으나 소방호스가 강하게 접혀 눌리는 단점이 있다.
혼합형(특수형) 적재	소방호스의 적재형태를 혼합하거나 구경이 다른 소방호스를 연결구를 사용하여 혼합적재하는 형태이다.

정답 | 136. ② 137. ①

138 "소방호스지지 및 결속"에 대한 설명으로 옳지 않은 것은?

① 로프를 매달아 고정할 때는 소방호스보다 로프 신장율이 크므로 로프 쪽을 짧게 한다.
② 충수된 소방호스의 중량은 65㎜가 약 80kg, 40㎜가 50kg이다.
③ 5층 이상의 경우는 진입층 및 중간층에서 고정한다.
④ 소방호스에 로프로 옭매듭 하는 것이 효과적이며 원칙으로 2본에 1개소를 고정한다.

■ **소방호스 결속(고정)요령*** 21년 소방교
① 베란다의 난간 등은 강도를 확인한 후 이용한다.
② 난간이 없는 베란다의 경우는 물받이 등의 강도를 확인하여 이용한다.
③ 개구부에 갈고리 등을 걸쳐 이것을 이용하여 고정한다.
④ 창, 유리를 파괴하여 창틀을 이용한다.
⑤ 방 안에 있는 책상과 테이블 등을 이용하여 로프로 고정한다. 중간층으로 소방호스를 끌어올려 가능한 한 내부의 가구 등에 감는다.
⑥ 로프를 매달아 고정하는 방법
　㉠ 높은 층으로의 연장 시에 그 중간에 지지물이 없을 때는 진입층 등에서 로프로 매달아 내려 고정한다.
　㉡ 로프를 매달아 고정할 때는 소방호스보다 로프 신장율이 크므로 로프 쪽을 짧게 한다.

■ **소방호스지지 요령**
① 충수된 소방호스의 중량은 65㎜가 약 80kg, 40㎜가 50kg이다.
② 소방호스에 로프로 감아 매기를 하는 것이 효과적이며 원칙으로 1본에 1개소를 고정한다.
③ 소방호스의 지지점은 결합부의 바로 밑이 가장 효과적이다.
④ 4층 이하의 경우는 진입층에서 고정한다.
⑤ 5층 이상의 경우는 진입층 및 중간층에서 고정한다.
⑥ 지지, 고정은 송수되기 전에 임시고정을 하고 송수된 후 로프가 미끄러지지 않도록 고정한다.

139 "부적절한 호스배치의 실수를 방지하기 위한 5가지 유의사항"으로 옳지 않은 것은?

① 진입할 때, 문을 갑자기 개방해서는 안 되며, 가능한 천천히 개방한다.
② 다층구조 건물화재에서 강제진입의 중요성을 인식한다.
③ 선착대 호스팀은 불길을 지나쳐서 배치되도록 한다.
④ 두 번째 호스팀은 첫 번째 호스를 보충하는 것을 원칙으로 한다.

■ **부적절한 호스배치의 실수를 방지하기 위한 5가지 유의사항**
① 다층구조 건물화재에서 강제진입의 중요성을 인식한다.
② 첫 번째 호스팀은 화점 층의 내부계단을 방어하면서 출입문에서 외부창문 방향으로 진압해 나가야 한다.
③ 두 번째 호스팀은 첫 번째 호스를 보충하는 것을 원칙으로 하고 안전하고 필요한 경우(검색 및 상층부 확대방지 목적 등)에만 위층으로 연결해야 한다.
④ 어떤 호스팀도 불길을 지나쳐 배치되어서는 안 된다.
⑤ 진입할 때, 문을 갑자기 개방해서는 안 되며, 가능한 천천히 개방하되 위험한 경우에는 처음부터 손잡이를 로프로 감은 다음 문을 원격 조정하는 것이 안전하다.

정답　138. ④　139. ③

140 "옥외계단 소방호스연장 요령"으로 옳지 않은 것은?

① 계단부분의 연장된 소방호스는 다선 연장을 꾀한다.
② 4층 이상의 경우는 매달아 올려 연장한다.
③ 3층 이하의 경우는 손으로 연장하거나 매달아 연장한다.
④ 소방호스 매달아 올림 연장 시는 소방호스를 지지·고정한다.

■ 옥외계단의 연장★★ 21년 소방교
① 3층 이하의 경우는 손으로 연장하거나 소방호스를 매달아 올려 연장한다.
② 4층 이상의 경우는 매달아 올려 연장한다.
③ 계단부분의 연장된 소방호스는 다선 연장은 피하고 소방호스 매달아 올림으로 연장한다.
④ 송수에 따라 소방호스가 연장되므로 굴곡에 주의한다.
⑤ 소방호스 매달아 올림 연장시는 소방호스를 지지·고정한다.

141 "적극적 내부진압 전술"이 아닌 것은?

① 지붕배연을 하지 않고 기타 개구부를 통해 배연한다.
② 화재 현장으로 신속하게 진입하기 위해 40mm 호스를 이용한다.
③ 출입구로 진입하여 연소 중인 건물이나 복도로 호스를 전개해야 한다.
④ 화재가 완전 진압되기 전에 화재 발생 위층을 검색해야 한다.

■ 공격적 내부진압전술의 10가지 전술적 구성요소★ 16년 소방장, 소방위
① 출입구로 진입하여 연소 중인 건물이나 복도로 호스를 전개해야 한다.
② 배연을 위해 상층부 파괴나 지붕배연을 시도해야 한다.
③ 엄호관창(protective hose-line)이 배치되기 전에 건물에 진입해서 화재 지점을 검색 해야 한다.
④ 화재가 완전히 진압되기 전에 희생자 구조를 위한 예비검색을 실시해야 한다.
⑤ 화재가 완전 진압되기 전에 화재 발생 위층을 검색해야 한다.
⑥ 배연을 위해, 소방관들은 창문을 파괴해야 한다.
⑦ 문을 개방하기도 하고, 내부에 불길이 있을 때 문을 닫아야 하는 경우도 있다.
⑧ 숨은 공간에 연소 확대의 우려가 있는지 확인하기 위해 벽이나 천장을 파괴해야 한다.
⑨ 화재 현장으로 신속하게 진입하기 위해 40mm 호스를 이용한다.
⑩ 소화전과 같이 지속적인 소방용수 공급원보다는 제한된 소방용수 환경에서 화재를 진압해야 한다.

■ 소극적 내부진압 전술(non-aggressive interior attack)의 10가지 전술적 구성요소
① 출입구로 진입하여 호스를 전개하지 않는다. 추가적인 호스는 화재를 제한하기 위해 전개된다.
② 지붕배연을 하지 않고 기타 개구부를 통해 배연한다.
③ 엄호관창(protective hose-line)이 배치되지 않는 한 화재지역을 검색하지 않는다.
④ 지휘관의 지침에 따라 화재가 진압될 때까지 예비검색을 실시하지 않는다.
⑤ 화재가 진압되기 전에 화재 발생 위층으로 올라가 검색하지 않는다.
⑥ 지시가 없는 한, 창문을 파괴하여 배연시키지 않는다.
⑦ 지시가 없는 한, 문을 개방하지 않는다.
⑧ 지시가 없는 한, 숨은 공간에 연소 확대의 우려가 있는지 확인하기 위해 벽이나 천장을 파괴하지 않는다.
⑨ 천천히 하나의 65mm 관창을 전개한다.
⑩ 소화전과 같이 지속적인 소방용수 공급원이 확보되지 않는 한, 내부진압을 하지 않는다.

정답 140. ① 141. ①

142 "안전한 내부진압활동"을 위한 안전 수칙으로 옳지 않은 것은?

① 펌프차에서 방수개시 전, 즉 물 공급이 안 된 호스를 전개하여 진입해서는 안 된다.
② 안전을 위해 화재실로 들어가는 진입 팀 바로 뒤에 붙어서 부서해야 한다.
③ 출입구에서부터 방수하여 화재실의 열기를 식힌 다음 현장에 진입한다.
④ 화재현장에 진입할 때는 가능한 배연동시원칙을 지키도록 한다.

■ 안전한 내부진압활동을 위한 안전 수칙* 16년 소방장
① 방화복의 단추를 모두 잠그고 옷깃을 세운다. 헬멧의 귀 덮개를 내리고 턱 끈을 착용하고 안면보호대를 내린다.
② 현장에 진입할 때 상층부에 체류하는 고온의 가스연기층 보다 몸을 낮게 유지하고 진입한다.
③ 펌프차에서 방수개시 전, 즉 물 공급이 안 된 호스를 전개하여 진입해서는 안 되며, 호스에 물이 공급될 때 진입, 출입구에서부터 방수하여 화재실의 열기를 식힌 다음 현장에 진입한다.
④ 화재현장에 진입할 때는 가능한 배연동시원칙을 지키도록 한다. 현장에 진입할 때는 화염과 열기, 그리고 연기를 배출하기 위해 가능한 모든 문, 창문 채광창을 개방한다.
  ※ 동시배연원칙 : 화재진압과 배연이 동시에 이행될 때 화재진압의 효과가 크다.
⑤ 현장에 진입하기 전에, 바닥에 넘어진 (연소중인)가구와 불씨 등을 소화한 후에 진입한다.
⑥ 추락과 상부 허벅지 화상을 방지하기 위해, 가능한 '기어가기 기법'을 이용하라. 현장에 진입할 때 우선 한쪽 다리를 먼저 뻗고 바닥부분의 안전을 확인하면서 뒷다리로 무게 중심을 잡는다.
⑦ 유사시에 후퇴가 곤란한 화재 지점으로 지나쳐 나아가서는 안 된다. 무심코 지나친 화점이 순식간에 다시 되살아 날 수 있다는 것을 염두해 둔다.
⑧ 화점을 공격하는 호스 팀이 맞바람을 맞으며 진압을 해야 한다면, 현장지휘관에게 알려 흡기 쪽의 개구부에서 공격이 이루어지도록 두 번째 호스를 배치하고 첫 번째 호스팀은 철수하면서, 문을 닫고, 인접 구역이나 건물을 보호하는 임무에 재배치되어야 한다.
⑨ 현장지휘관이 외부에서만 방수하도록 하고 최초의 호스 팀이 철수하도록 지시하면, 즉시 안전한 외부 위치로 돌아와야 한다.
⑩ 화재실로 들어가는 진입 팀 바로 뒤에 붙어서 부서해서는 안 된다. 바로 앞에 있는 팀이 "Flashover" 등으로 갑작스러운 화염과 열기가 밀어 닥칠 때 후퇴의 여지를 남겨두어야 한다. 뒤에 있는 팀은 앞에 있는 팀이 바로 앞에서 느끼는 열기를 항상 느끼지 못할 수 있다.

143 "호스연장과 관창배치의 일반적 유의사항"으로 옳은 것은?

① 소방차 방수구 측 여유호스는 위해 방지를 위해서 펌프측의 5~6m에 둔다.
② 소요 호스의 판단은 소방용수에서 출화 지점까지의 거리에 30% 정도의 여유를 둔 호스 수로 한다.
③ 도로, 건물의 꺾인 부분은 호스를 벽에 붙여서 연장한다.
④ 진입목표 계단이 4층 이하의 경우는 옥내연장 또는 적재사다리에 의한 연장으로 한다.

■ 호스연장의 원칙과 관창배치** 13년 소방장·소방교/ 19년 소방위
① 펌프차의 방수구의 결합은 화점이 보이는 측의 방수구를 기본으로 하고 방수구 측에 여유호스를 둔다. 여유호스는 위해 방지를 위해서 펌프측의 2~3m에 둔다.
② 호스연장 경로는 관창배치 위치까지 최단시간에 도달할 수 있어야 한다.
③ 도로, 건물의 꺾인 부분은 호스를 넓게 벌려서 연장한다.
④ 극단적인 꼬임이나 뒤틀리지 않도록 하고 송수 시에 있어서 호스의 반동에 의한 부상방지를 꾀한다.

정답 142. ② 143. ②

⑤ 간선도로의 횡단은 가능한 피한다. 횡단하는 경우는 되도록 도로에 대해서 직각으로 연장하고 교통량이 많은 도로는 보도에 연장한다.

⑥ 날카로운 철선이나 울타리 등을 넘는 경우는 호스를 손상시키지 않도록 한다.

⑦ 화점 건물에서의 낙하물이나 열에 의한 수관손상을 예상해 되도록 처마 밑, 창 아래 등을 피해서 연장한다.

⑧ 화면에 평행하는 도로는 호스를 보호하기 위해 도로경계석 밑으로 호스를 연장한다.

⑨ 소방호스연장은 다른 소방대를 고려해 평면적, 입체적으로 포위해서 연장한다.

⑩ 진입목표 계단이 3층 이하의 경우는 옥내연장 또는 적재사다리에 의한 연장으로 한다.

⑪ 필요한 소방호스 판단은 소방용수에서 출화 지점까지의 거리에 30% 정도의 여유를 둔 호스 수로 한다.

⑫ 4층 이상의 경우는 옥외 끌어올림(끌어내림)연장이나 사다리차에 의한 연장으로 하고 낙하방지 대책을 강구한다.

⑬ 호스의 파열이나 절단 등으로 자기대의 차량위치가 멀어진 경우 교환할 호스는 근처의 대(隊)에서 빌리도록 한다.

144 "사다리를 이용한 호스연장"에 대한 설명으로 옳지 않은 것은?

① 사다리 등반에 의한 소방호스 연장은 3층 이하의 경우 실시한다.

② 관창은 사다리 위에서 결합한다.

③ 사다리 등반 시는 사다리 위로 소방호스를 연장한다.

④ 진입 후에는 소방호스를 사다리에서 반드시 분리한다.

■ **사다리를 이용한 연장**★ 06년 소방장

① 사다리등반에 의한 소방호스연장 방법은 3층 이하의 경우에 실시한다.

② 관창은 지상에서 결합한다.

③ 등반자는 사다리의 안전 확보를 확인하고 등반한다.

④ 사다리 등반 시는 사다리 위로 소방호스를 연장하고, 진입 후에는 소방호스를 사다리에서 반드시 분리한다.

⑤ 옥내진입용의 여유소방호스는 지상에서 확보하여 진입 후 당겨 올린다.

⑥ 진입 및 소방호스결합을 확인하고 나서 송수한다.

145 "소방호스연장요령"에 대한 설명으로 옳지 않은 것은?

① 호스연장 완료직후부터 방수를 개시할 수 있도록 호스연장이 완료되기 직전부터 서서히 송수를 개시하는 것을 예비송수라 한다.

② 건물의 계단이나 통로 등 좁은 공간에는 여유소방호스를 두면 소방활동을 효과적으로 할 수 있다.

③ 여유 소방호스는 화재건물로부터 조금 떨어진 활동장해가 되지 않는 위치에 소방호스라인(Line)을 뱀이 움직이는 형태로 확보한다.

④ 예비송수가 너무 빠르면 호스연장의 장해가 된다. 이 경우에는 송수를 정지시키든가 호스클램프로 물을 막아 둔다.

정답 | **144.** ② **145.** ②

여유소방호스	① 소방활동에서는 화재상황의 변화에 따라 관창을 이동해서 방수의 효과를 최대한도로 높여야 한다. 따라서 소방호스연장 시에는 관창의 이동에 유의한 여유 있는 호스를 준비해둘 필요가 있다. 이것을 여유 소방호스라고 한다. ② 여유 소방호스는 화재건물로부터 조금 떨어진 활동장해가 되지 않는 위치에 소방호스라인(Line)을 뱀이 움직이는 형태로 확보한다. ③ 건물의 계단이나 통로 등 좁은 공간에는 여유소방호스를 두면 소방활동에 장해가 되므로 여유소방호스는 최소한으로 두는 것이 좋다.
여유호스연장	여유 소방호스를 연장해도 길이가 부족할 것 같은 장소의 관창이동은 호스클램프를 사용하든가 송수를 정지해서 호스를 충분히 연결한다.
소방호스 누수조치	① 호스 내에는 높은 압력이 걸린 물이 흐르기 때문에 누수된 경우, 주민 등에 피해가 발생하게 된다. ② 이 경우 작은 누수이면 호스밴드 등을 사용하고 호스밴드가 없는 경우는 헝겊이나 로프를 사용한다. ③ 큰 누수면 신속하게 호스를 교체해서 누수를 방치하는 일이 없도록 해야 한다.
예비 송수	① 호스연장 완료직후부터 방수를 개시할 수 있도록 호스연장이 완료되기 직전부터 서서히 송수를 개시하는 것을 예비송수라 한다. ② 예비송수가 너무 빠르면 호스연장의 장해가 된다. 이 경우에는 송수를 정지시키든가 호스클램프로 물을 막아 둔다. ③ 운전원은 소방호스연장 및 관창배치가 완료됨과 동시 신속히 송수하여 방수가 개시될 수 있도록 평소에 훈련으로서 습득해야 한다.

146 **"소방호스전개요령"으로 옳지 않은 것은?**

① 최초의 호스는 일반적으로 불길이 배출되고 있는 창문을 향해 방수해야 한다.

② 2착대 호스전개의 우선순위 결정은 "RECEO"원칙을 기준으로 판단해야 한다.

③ 대부분 화재의 경우, 가시적인 외부노출문제는 없으며 이는 대부분 내부에서 발생한다.

④ 두 번째 호스배치를 첫 번째 호스배치와 같은 접근경로를 따르도록 할 때, 폭발이나 Flashover, 붕괴 상황이 전개될 경우에 첫 번째 진압팀을 보호하는 데 도움을 줄 수 있다.

■ **선착대 호스전개**
① 주택이나 아파트 내의 최초의 호스는 앞, 뒤 또는 측면의 복도(출입문)을 통해 호스를 전개해야 한다.

> 출입구를 향한 방수와 동시에 창문, 문 또는 다른 배연구를 통해 열, 불꽃, 연기가 배출되도록 하기 위한 관창배치 방식이다.

② 최초의 호스는 일반적으로 불길이 배출되고 있는 창문을 향해 방수해서는 안 된다.

> 창문이 아닌 출입문을 통해 진입 또는 공격하는 가장 큰 장점 중 하나는 희생자들 대부분이 출입문 안쪽이나 복도에서 발견된다는 점이다. 출입문을 통해 최초의 호스를 전개하는 대원은 종종 화점 진입 도중에 우연히 희생자들을 발견할 확률이 가장 높다는 것이다.

정답 | 146. ①

■ 2착대 호스전개
① 호스전개의 우선순위 결정은 "RECEO"원칙을 기준으로 판단해야 한다.

> ※ RECEO원칙 (자원배치의 우선순위 결정기준으로 활용)
> ㉠ 생명보호(Rescue), ㉡ 외부확대 방지(Exposure), ㉢ 내부확대 방지(Confine),
> ㉣ 화재진압(Extinguish), ㉤ 재발방지를 위한 점검·조사(Overhaul) 5가지를 말한다.

② 인접 건물로의 확산과 같이 외부노출 문제가 존재한다면, 그 곳으로 전개되어야 한다.
③ 계단실이나, 밀폐 공간 내에서 연소가 확대되면 내부 연소 확대를 막기 위해 배치되어야 한다.
④ 두 번째 호스배치 또한 첫 번째 호스배치 원칙(접근경로)을 따라야 한다.

> ※ 두 번째 호스배치를 창문이 아닌 출입문을 통해 접근하는 가장 큰 4가지 이유
> ㉠ 두 번째 호스배치를 첫 번째 호스배치와 같은 접근경로를 따르도록 할 때, 폭발이나
> Flashover, 붕괴 상황이 전개될 경우에 첫 번째 진압팀을 보호하는 데 도움을 줄 수
> 있다.
> ㉡ 첫 번째 호스팀이 진압에 실패하면, 두 번째 호스팀이 그 자리로 가서 화재를 진압할
> 수 있다.
> ㉢ 한 진압팀이 진압하기에 화재가 너무 큰 경우, 하나의 진압팀이 추가로 합류하여 진압
> 하는 효과는 훨씬 더 크다.
> ㉣ 두 번째 호스배치가 필요 없다면, 두 번째 호스는 직상층 또는 인접 공간으로의 확산을
> 막기 위해 즉각 배치될 수 있다.

147 "소방호스의 추가연장 및 교체"에 관한 사항으로 옳지 않은 것은?

① 큰 파열은 호스재킷으로 조치하고, 작은 파열은 제수기를 조작하여 물의 흐름을 막는다.
② 대원은 호스 2본, 관창 1본을 휴대, 계단을 이용하여 직하층에 이르고 방수구에 호스를
연장하여 화점으로 진입한다.
③ 필요시 중계방수를 해주고 2인 1조로 직하층에 진입하여 적정한 개구부를 선정하고 옥
외호스 끌어 올리는 방법으로 호스를 연장한다.
④ 선착대는 건물의 직근에 부서하여 연결송수관을 점유한다.

활동 요령	① 건물관계자로부터 각종 정보를 수집한다. ② 선착대는 건물의 직근에 부서하여 연결송수관을 점유한다. ③ 대원은 호스 2본, 관창 1본을 휴대, 계단을 이용하여 직하층에 이르고 방수구에 호스를 연장하여 화점으로 진입한다. ④ 필요시 중계방수를 해주고 2인 1조로 직하층에 진입하여 적정한 개구부를 선정하고 옥외호스 끌어 올리는 방법으로 호스를 연장한다.
교체 요령	① 적은 파열은 호스재킷으로 조치한다. ② 방수 중 추가연장 또는 크게 파열된 경우는 제수기를 조작하여 물의 흐름을 막는다. ③ 교체용 호스, 카프링스패너 등을 준비하여 호스를 교체한다. ④ 소속 대의 차량의 위치가 먼 경우는 교체호스를 가까운 출동대로부터 차용하여 이용한다.

📖 정답 | 147. ①

148 계단을 사용한 연장요령에서 "계단사이에 구멍이 있는 경우"와 관계 깊은 것은?

① 소방호스 2본 이내의 경우에는 원칙적으로 벽측을 따라 연장하고 3본 이상의 경우는 다른 방법이 없는 경우에 실시한다.

② 소방호스를 매달아 올려서 수직으로 연장한다.

③ 송수에 의해 소방호스가 펴지게 되므로 굴곡에 주의한다.

④ 계단 내에 있으므로 옥외 및 진입실 내에서 여유소방호스를 확보한다.

계단 사이에 구멍이 없는 경우	① 소방호스 2본 이내의 경우에는 원칙적으로 벽측을 따라 연장하고 3본 이상의 경우는 다른 방법이 없는 경우에 실시한다. ② 송수에 의해 소방호스가 펴지게 되므로 굴곡에 주의한다. 또한 계단 내에 있으므로 옥외 및 진입실 내에서 여유소방호스를 확보한다.
계단 사이에 구멍이 있는 경우	① 소방호스를 매달아 올려서 수직으로 연장한다. ② 송수에 의해 소방호스중량이 증가하여 낙하하므로 난간에 로프로 고정한다. ③ 계단부분이 어두운 경우는 조명기구를 선행시켜 발 밑을 조명하면서 연장한다. 제수기를 반드시 휴대하여 소방호스연장, 소방호스 파손시 등에 활용한다.
에스컬레이터 부분의 연장	① 전원을 차단하여 에스컬레이터를 정지시킨다. ② 매달아 올려 수직으로 연장한다. 계단사이에 구멍이 없는 경우 계단과 같은 방법으로 한다. ③ 제수기를 휴대하여 활용한다. ④ 송수 시 소방호스의 펴짐에 의한 굴곡에 주의하고, 수직 연장 시는 중량 증가에 의한 낙하를 방지하기 위해 소방호스를 지지, 고정한다.

149 연결송수관 설비활용에서 "화재 직하층에 연결하는 장점"이 아닌 것은?

① 혼잡함을 최소화 해준다.

② 지나치게 저층에서 호스를 전개한 것보다 대원들의 체력소모를 최소화 할 수 있다.

③ 최초의 연결호스는 화재발생 층의 소화전에 신속히 연결한다.

④ 용수 공급의 조절이 더 쉽다.

■ 연결송수관 설비 활용
연결송수관과 연결된 옥내 소화전으로부터 전개된 최초의 호스는 화재 발생 층이 아닌 그 아래층 소화전에 연결되어야 한다.

■ 화재 직하 층에 연결하는 장점
① 혼잡함을 최소화 해준다.
화재 직하 층은 진입팀이 장비를 이용하고, 출입문을 통제하며, 예비 검색을 시행할 대기공간으로서의 기능을 하면서 동시에 화재 발생 층 아래에 있는 호스팀이 비교적 다른 방해요인 없이 호스를 전개할 수 있다.
② 용수 공급의 조절이 더 쉽다.
호스를 화재 발생 층에 있는 소화전에 연결하면, 점점 증가하는 불꽃과 열기로 대원들이 소화전의 앵글(수압조절밸브) 밸브를 조작하기 어렵게 될 수 있다. 또한 호스를 직하 층에 연결할 경우에, 화재 층 진입대원이 일시적으로 후퇴할 수 있는 공간으로서의 기능도 하게 된다.
③ 지나치게 저층에서 호스를 전개한 것보다 대원들의 체력소모를 최소화 할 수 있고 계단을 통해 호스를 전개할 때 여러 번 접힘으로 인해 발생되는 방수가 중단되는 위험을 줄일 수 있다.

150 "고정소화설비 활용요령"으로 옳지 않은 것은?

① 연결살수설비와 연결송수관설비가 모두 설치된 건물인 경우 진입팀을 보호하기 위해 연결살수설비에 우선적으로 물이 공급되도록 해야 한다.

② 연결살수설비는 펌프차에 의해 진입하는 대원들보다 빠르고 효과적이다.

③ 연결살수설비는 이미 화재가 난 곳을 향해 있으며, 출입문 잠김, 화점 발견의 실패 등의 장애에 구애받지 않는다.

④ 만약 연결살수설비가 설치된 건물이면 연결살수설비 헤드에 물이 공급되도록 연결송수관에 펌프차를 부서시키고 송수시키는 것이 우선순위 임무가 된다.

■ **고정소화설비 활용**
① 화재현장에 도착하여 화재건축물을 평가할 때 반드시 고정 소화설비인 "연결살수설비와 연결송수관설비"의 활용에 대한 평가가 우선적으로 이루어져야 한다.
② 만약 연결살수설비가 설치된 건물이면 연결살수설비 헤드에 물이 공급되도록 연결송수관에 펌프차를 부서시키고 송수시키는 것이 우선순위 임무가 된다.
③ 연결 살수설비를 활용하지 못하고 펌프차를 이용한 호스 전개를 할 경우에는 시간 지연에 의한 화재손실이 증가하게 된다.
④ 연결살수설비는 펌프차에 의해 진입하는 대원들보다 빠르고 효과적으로 화재를 진압할 수 있을 뿐 아니라 이미 화재가 난 곳을 향해 있으며, 출입문 잠김, 화점 발견의 실패 등의 장애에 구애받지 않는다.
⑤ 그러나 연결살수설비와 연결송수관설비(옥내소화전)가 모두 설치된 건물인 경우에 화점 층에 진입하는 팀이 있을 때는, 연결송수관설비(옥내소화전)에 우선적으로 물이 공급되도록 해야 한다. 이것은 진입 팀을 보호하기 위한 조치이다. 연결살수설비에 대한 물 공급은 그 다음 우선순위에 해당된다.

151 "다층구조 샤프트화재에서 화재가 수직통로"로 확대되고 있는 상황에서 첫 번째 호스가 화점 층에 전개되었다면 그 다음 조치방법으로 옳은 것은?

① 꼭대기 층으로 호스를 전개한다.　　② 상층부로 호스를 전개한다.
③ 직상 층으로 호스를 전개한다.　　④ 직하 층으로 호스를 전개한다.

■ **샤프트 화재**
다층구조 건물의 샤프트(수직통로) 화재에서 화재가 수직 통로로 확대되고 있다면,
① 첫 번째 호스가 화점 층에 전개되었다면, 그 다음으로 꼭대기 층으로 호스를 전개한다.
② 수직 통로나 계단실을 통해 연소가 상층부로 확대되는 것이 발견되면 생명 위험과 그 가능성을 반드시 염두 해 두어야 한다.
③ 상층부에 체류하는 연소 생성물을 배연시키고 화재가 급속히 확대되는 것을 방지하기 위해 모든 창문, 지붕 채광창 등을 개방해야 한다.
④ 샤프트 화재는 낮은 층으로 확대되기 전에 꼭대기 층까지 확대되며, 화염과 가연성 가스가 위로 상승함에 따라, 상층부의 온도가 급격히 상승하게 된다. 샤프트 화재 건물에서 가장 뜨거운 온도가 감지되는 곳은 꼭대기 층의 개방 통로이다.
⑤ 화재가 수직으로 확대될 때, 대원들이 활동 불가능한 온도로 상승하기 전에(옥내소화전)호스를 꼭 대기 층으로 전개 하여 배연활동과 연소확대를 방지하고, 희생자 검색활동을 해야 한다.

🔖 **정답**　**150.** ①　**151.** ①

152 "대상별 관창배치요령"에 대한 설명으로 옳지 않은 것은?

① 일반목조건물 화재 시 방수구는 3구를 원칙으로 한다.

② 대규모 건물은 방수포를 건물 후면에 배치하여 활용한다.

③ 구획 중앙부 화재는 풍하측을 우선으로 하고 풍횡측, 풍상측의 순으로 포위한다.

④ 도로에 면하는 화재는 도로에 접하지 않는 쪽을 우선 배치한다.

■ **대상별 관창배치**★★ 14년 소방교, 소방장, 소방위/ 24년 소방위

일반목조건물 화재	① 연소위험이 큰 쪽으로부터 순차 배치한다. ② 노즐은 각 차량에 적재되어 있어 분무전환을 할 수 있는 것을 사용한다. ③ 방수구는 3구를 원칙으로 한다.
구획별 관창 배치 우선 순위★★ 14년 경기 소방장	① 인접 건물로 비화위험이 있는 화재는 연소위험이 있는 방향에 배치하고 기타 관창은 필요에 따라 배치한다. ② 도로에 면하는 화재는 도로의 접하지 않는 쪽을 우선으로 배치하고 풍횡측, 풍상측의 순으로 포위한다. ③ 구획 중앙부 화재는 풍하측을 우선하고 풍횡측, 풍상측의 순으로 포위한다.
화재성상별 관창 배치 우선순위	① 제1성장기 → 옥내에 진입하여 화점을 일거에 소화한다. ② 제2성장기 → 옥내에 진입하되, 2층 이상 건물의 경우는 고층부분을 중점으로 하고 단층일 때는 천장 속을 중점으로 한다. ③ 최성기 → 연소 건물의 풍하측에 우선으로 배치하고 풍횡측, 풍상측의 순으로 포위한다. 단, 풍상, 풍횡측에 있어서도 인접건물 간격이 좁을 경우는 위험도에 따라서 배치한다. 또한 경사지에 있으면 높은 측을 우선한다.
대규모 건물	① 대구경의 노즐을 사용한다. ② 관창 배치 우선순위는 인접건물 또는 연소위험이 큰 곳으로 한다. ③ 방수포를 건물 측면에 배치하여 활용한다. ④ 연소저지선을 설정할 때의 관창 배치 중점장소는 방화벽, 방화구획, 건물의 구부러진 부분, 옥내계단 부분 등으로 한다. ⑤ 학교, 기숙사 등의 건물은 연소방향에 있는 적은 천장구획(12m 간격이내)을 방어 중점으로 천장을 파괴하여 천장에 방수한다. ⑥ 사찰, 중요문화재 건물이 접근 곤란할 때는 방수포를 활용하여 고압으로 대량 방수한다.

153 "관창배치에 대한 일반적인 원칙"으로 옳지 않은 것은?

① 소방기관에 의해 정보가 확인될 때까지는 구조대상자의 검색, 구출 등의 구조활동에 필요한 관창을 배치한다.

② 엄호를 위한 관창 및 소화를 위한 관창을 배치하기 전에 경계관창을 우선 배치한다.

③ 연소가 확대하고 있는 경우는 연소위험이 큰 쪽에 관창을 배치한다.

④ 정보가 없고 구조활동을 필요로 하지 않을 때는 연소저지 등 소화활동 중점의 관창을 배치한다.

정답 | 152. ② 153. ②

■ 관창 배치의 일반원칙
① 소방기관에 의해 정보가 확인될 때까지는 구조대상자의 검색, 구출 등의 구조활동에 필요한 관창을 배치함과 동시에 필요에 따라 구조대상자 등의 상황악화방지를 위하여 관창을 배치한다.
② 정보가 없고 구조활동을 필요로 하지 않을 때는 연소저지 등 소화활동 중점의 관창을 배치한다.
③ 엄호를 위한 관창 및 소화를 위한 관창을 제각기 배치한 후 경계관창을 배치한다.

154 "기상조건별 관창배치 우선순위"에서 풍속 5m/sec 이상일 때 관계 깊은 것은?

① 풍하측을 중점으로 관창을 배치한다.
② 풍횡측에 대구경 관창을 배치하여 협공한다.
③ 방사열이 큰 쪽이 연소위험이 있으므로 그 방향을 중심으로 관창을 배치한다.
④ 풍하측에 비화경계관창을 배치한다.

기상조건별 관창배치우선순위* 14년 소방교, 소방위	① 풍속이 5m/sec 이상 : 비화발생 위험이 있으므로 풍하측에 비화경계 관창을 배치 ② 풍속이 3m/sec를 초과 : 풍하측의 연소위험이 크므로 풍하측을 중점으로 관창을 배치 ③ 풍속이 3m/sec이하 : 방사열이 큰 쪽이 연소위험이 있으므로 그 방향을 중점으로 관창을 배치 ④ 강풍(대략 풍속 13m/sec 이상) 때는 풍횡측에 대구경 관창을 배치하여 협공

155 연소방지를 위한 "수평부분 경계관창배치"로 옳은 것은?

① 천장속의 화염
② 에스컬레이터
③ 옥내계단
④ 파이프 샤프트

■ 수평부분 경계관창 배치

닥 트	① 당해 건축물의 닥트 배관계통 및 단열재 등의 재질을 확인한다. ② 닥트 방화구획 관통부의 매설이 불안전한 것이 많고 이곳에서 다른 구획으로의 연소위험이 크다. ③ 연소구획에 인접하는 구획 및 직상층의 방화댐퍼 부근과 최상층의 닥트 부근에 연소위험이 크다.
방화문, 방화셔터	① 배연측이 되는 계단의 방화문은 개방하므로 상층으로 연소위험이 크다. ② 방화셔터는 상부의 셔터 감는 장치에서 천장 속으로 연소 확대된다.
천장 속의 화염	① 가연재의 천장인 경우는 천장 속의 화염에 주의한다. ② 상층의 바닥 슬래브와 벽과 틈이 있으면 천장 속에서 타 구획으로 연소한다.

정답 154. ④ 155. ①

156 "수직부분 경계관창 배치"에 대한 설명으로 옳지 않은 것은?

① 엘리베이터 스페이스내의 연기는 옥상 기계실을 개방하여 배출한다.
② 덕트스페이스의 관창배치는 화점층, 직상층, 최상층에 배치한다.
③ 한 번 엘리베이터 전실에 화염이 유입되면 직상층 및 최상층까지 연소위험이 커진다.
④ 옥내계단은 직상층의 계단실로 통하는 방화문을 개방하도록 한다.

■ 수직부분 경계관창 배치 요령	
옥내계단* 18년 소방교	① 화점층의 계단실로 통하는 방화문을 폐쇄하고 화점실의 창을 파괴한다. ② 직상층의 계단실로 통하는 방화문을 폐쇄하여 연기의 유입을 막는다. ③ 옥탑 계단실의 문을 개방하여 계단실내의 연기를 배출한다. ④ 화점층 방화문의 외측 및 상층의 계단실 부근을 중점적으로 경계한다. ⑤ 상층에 구조대상자가 있는 경우가 있으므로 특히 위와 같은 행동으로 각층에의 연기유입을 방지하는 것이 중요하다.
엘리베이터	① 한 번 엘리베이터 전실에 화염이 유입되면 직상층 및 최상층(엘리베이터가 도중층에서 정지되고 있는 경우는 그 층 및 그 직하층)까지 연소위험이 커진다. ② 상층 엘리베이터의 출입구에서 연기가 분출하고 있는가를 확인하여 그 상황에 따라 경계한다. ③ 엘리베이터 스페이스(space)내의 연기는 옥상 기계실을 개방하여 배출한다.
에스컬레이터	① 에스컬레이터의 방화구획이 열려 있으면 통풍이 되어 연소 확대의 우려가 있으므로, 조기에 확인하여 개방된 경우는 폐쇄한다. ② 방화셔터가 폐쇄되어 있더라도 셔터 부근에 가연물이 있는 경우는 셔터의 가열에 의해서 착화 연소할 위험이 있으므로 제거하거나 예비방수를 한다. ③ 에스컬레이터의 방화구획은 수평구획과 수직구획이 있는데, 후자는 상층에 열기가 강해 연소위험이 크므로 경계관창을 우선 배치한다. ④ 셔터구획의 경우는 셔터 상부의 감아올리는 부분에서 천장 속으로 연소할 위험이 있다.
덕트 스페이스	① 닥트 보온재가 가연재인 경우는 벽체 관통부의 매설이 불안전한 장소로부터 연소할 수 있다. ② 상층의 점검구 등에서 연기발생 상황의 확인 및 방화 댐퍼의 개폐상황을 확인하여 개방된 경우는 폐쇄한다. ③ 관창은 화점층, 직상층, 최상층에 배치한다.
파이프샤프트	① 연소위험이 있는 장소는 각 파이프의 매설이 불안전한 곳이며 보온재가 가연성이면 연소 확대위험이 증가한다. ② 배수파이프 등이 염화비닐로 시공되어 있는 경우 상층에 연소 확대된다. 특히 염화비닐이 연소하면 맹독성 가스가 발생하므로 유의한다. ③ 각 층의 점검구를 살펴 배관 매설부분에서 연기가 분출되고 있는가를 확인한다. ④ 파이프샤프트 내에 연소하고 있을 때는 최상층, 점검구 혹은 옥상으로부터 방수한다. 그러나 파이프샤프트는 최하층 기계실까지 연결되어 있으므로 과잉방수에 의한 수손방지에 주의한다.
케이블닥트	① 강전선(전등, 동력용) 또는 약전선(통신용)의 피복은 가연성 또는 난연성인 것이 대부분이고 대규모 고층건축물에서는 그 사용량이 증대하여 케이블 내에서의 연소 확대 위험성이 크다. ② 경계관창 배치에 있어서는 닥트스페이스 및 파이프샤프트에 준하여 조치한다.

정답 | 156. ④

157 "직사방수에 대한 설명으로 옳지 않은 것은?

① 전개형 분무관창으로 관창의 압력이 0.3Mpa 미만은 관창수 1인/0.3Mpa 이상은 관창보조 필요/반동력은 약 2Mpa 이하가 적당하다.

② 옥외에서 옥내로 또는 지상에서 높은 곳으로 방수하는 경우 저속분무방수를 실시하면 유효하다.

③ 노즐구경 40mm, 노즐압력 0.5Mpa 경우 물체와의 거리가 5m 떨어져 잇으면 0.1Mpa압력이 상승한다.

④ 관창 뒤 2m 정도에 여유소방호스를 직경 1.5m 정도의 원이 되도록 하면 반동력은 약 0.1Mpa도 줄게 된다.

■ **직사방수*** 18년 소방장

방수 요령	① 확실한 발 디딤 장소를 확보한다. ② 관창수와 관창보조는 방수 방향과 소방호스가 직선이 되도록 위치한다. ③ 관창수는 반동력과 충격에 대비하여 체중을 앞으로 둔다. ④ 연소실체를 목표로 방수한다. ⑤ 전개형 분무관창 ➡ 관창의 압력이 0.3Mpa 미만은 관창수 1인 / 0.3Mpa 이상은 관창보조 필요 / 반동력은 약 2Mpa 이하가 적당하다. ⑥ 목표를 겨냥하여 방수하고, 광범위하게 소화하기 위해서는 상하, 좌우 또는 원형 등의 응용방법을 활용한다. ⑦ 관창의 개폐조작은 서서히 한다.
방수 특성	① 사정거리가 길고, 다른 방법에 비해 바람의 영향이 적으므로 화세가 강해 접근할 수 없는 경우에 유효하다. ② 파괴력이 강해 창유리, 지붕 기와 등의 파괴, 제거 및 낙하위험이 있는 물건의 제거에도 유효하다. ③ 목표물에 대한 명중성이 있다. ④ 반동력이 커서 방향전환, 이동방수가 용이하지 않다. ⑤ 장애물에 대해서는 방수 범위가 좁아 용이하다. ⑥ 옥외에서 옥내로 또는 지상에서 높은 곳으로 방수하는 경우 반사방수를 실시하면 유효하다. 단, 사정거리 및 사정각도에 주의한다.
안전 관리	① 반동력의 감소에 유의한다. 관창 뒤 2m 정도에 여유소방호스를 직경 1.5m 정도의 원이 되도록 하면 반동력은 약 0.1Mpa도 줄게 된다. ② 고압으로 위험이 있는 경우 자세를 낮추고 체중을 앞발에 실어 버틴다. ③ 고압으로 가까운 물건에 방수하면 반동력이 증가하므로 주의한다. ④ 방수 위치를 변경할 경우는 일시 중지하고 이동한다. ⑤ 송전 중인 전선에의 방수는 감전의 위험이 있으므로 안전거리를 확보해야 한다. 보통 1mA는 안전치가 되고 있지만 조건, 피로 등을 고려하면 그 이상의 거리를 확보하여 방수해야 한다.

노즐구경 40mm, 노즐압력 0.5Mpa 경우	노즐과 물체의 거리	압력 상승
	5m	0.1Mpa
	8m	0.05Mpa

정답 | **157.** ②

158 "고속분무방수"에 대한 설명으로 옳지 않은 것은?

① 노즐압력 0.6Mpa 노즐 전개각도 10~30° 정도를 원칙으로 한다.
② 닥트스페이스, 파이프샤프트 내 등의 소화에 유효하다.
③ 고압으로 유류화재에 질식효과가 있다.
④ 소규모 유류화재, 가스화재의 소화에 유효하다.

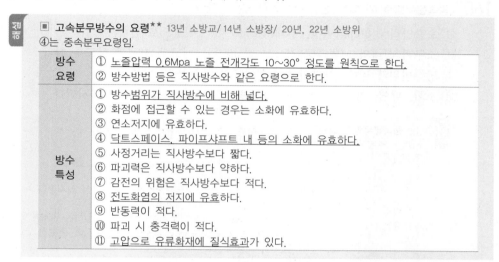

■ **고속분무방수의 요령**★★ 13년 소방교/ 14년 소방장/ 20년, 22년 소방위
④는 중속분무요령임.

방수 요령	① 노즐압력 0.6Mpa 노즐 전개각도 10~30° 정도를 원칙으로 한다. ② 방수방법 등은 직사방수와 같은 요령으로 한다.
방수 특성	① 방수범위가 직사방수에 비해 넓다. ② 화점에 접근할 수 있는 경우는 소화에 유효하다. ③ 연소저지에 유효하다. ④ 닥트스페이스, 파이프샤프트 내 등의 소화에 유효하다. ⑤ 사정거리는 직사방수보다 짧다. ⑥ 파괴력은 직사방수보다 약하다. ⑦ 감전의 위험은 직사방수보다 적다. ⑧ 전도화염의 저지에 유효하다. ⑨ 반동력이 적다. ⑩ 파괴 시 충격력이 적다. ⑪ 고압으로 유류화재에 질식효과가 있다.

159 "저속분무방수"에 대한 설명으로 옳지 않은 것은?

① 간접공격법에 가장 적합한 방수방법이다.
② 연소가 활발한 구역은 공간 내 고열이 있는 상층부를 향해 방수한다.
③ 방수 시 개구부는 가능한 크게 하는 것이 위험성을 감소시킨다.
④ 방수목표 측의 개구부 면적을 적게 하고 외벽면의 개구부를 크게 하면 배연, 배열효과가
  크고 대원의 피로를 적게 할 수 있다.

■ **저속분무방수 요령**★★★ 13년, 14년 소방장/ 20년, 22년, 24년 소방위

방수 요령	① 간접공격법에 가장 적합한 방수방법이다. ② 방수위치는 개구부의 정면을 피하고, 분출하는 증기에 견딜 수 있도록 방호한다. ③ 연소가 활발한 구역에서는 공간 내의 고열이 있는 상층부를 향해 방수한다. ④ 분출하는 연기가 흑색에서 백색으로 변하고 분출속도가 약해진 때에는 일시 정지 하여 내부의 상황을 확인하면서 잔화를 소화한다.
방수 특성	① 입자가 적어서 기류의 영향을 받기 쉬우며 증발이 활발하다. ② 수손피해가 적고 소화시간이 짧다. ③ 벽, 바닥 등의 일부를 파괴하여 소화하는 경우에 유효하다.

정답 | 158. ④   159. ③

안전 관리	① 소구획 화점실은 증기의 분출이 특히 강렬하므로 방수위치의 선정은 신중히 한다. ② 방수목표 측의 개구부 면적을 적게 하고 외벽면의 개구부를 크게 하면 배연, 배열 효과가 크고 대원의 피로를 적게 할 수 있다.

160 "중속분무방수"에 대한 설명으로 옳지 않은 것은?

① 노즐압력 0.6Mpa 이상, 전개각도 10~30° 이상으로 한다.

② 소구획 실내의 배연을 목적으로 한 방수는 개구부 전체를 덮도록 한다.

③ 방수범위가 넓다. 따라서 연소실체에의 방수가 가능하다.

④ 소화, 배연, 차열, 엄호, 배열 등 방수 목적을 명확히 하여 실시한다.

■ **중속분무방수 요령**★★ 18년 소방교, 소방장/ 20년 소방위/ 22년 소방위
①은 고속분무요령임.

방수 요령	① 노즐압력 0.3Mpa 이상, 노즐 전개각도는 30도 이상으로 한다. ② 관창의 개폐는 서서히 조작한다. ③ 소화, 배연, 차열, 엄호, 배열 등 방수 목적을 명확히 하여 실시한다. ④ 옥내 또는 풍상에서 활용하는 것이 효과적이다. ⑤ 고온이 되고 있는 부분 또는 연소실체에 직접 소화수가 도달하는 위치에 방수한다. 또한 냉각방수의 경우는 간접 방수해도 좋지만 수손 방지에 충분히 고려한다. ⑥ 화면이 적은 경우는 전체를 덮도록 한다. ⑦ 소규모 유류화재를 소화할 경우는 표면을 덮도록 고압 방수한다. ⑧ 소구획 실내의 배연을 목적으로 한 방수는 개구부 전체를 덮도록 한다.
방수 특성	① 방수범위가 넓다. 따라서 연소실체에의 방수가 가능하다. ② 분무수막에 의한 냉각효과가 크다. ③ 검색 진입대원의 신체보호에 유효하다. ④ 소구획실 내에서의 소화 방수에 유효하다. ⑤ 파괴를 필요로 할 때는 충격력이 약해 부적당하다. ⑥ 전개각도에 의해 시야가 가려 전방의 상황파악이 어렵다. ⑦ 반동력이 적다. ⑧ 사정거리가 짧으므로 화열이 강한 경우는 연소실체에 직접 방수는 곤란하다. ⑨ 바람과 상승기류의 영향을 받는다. ⑩ 용기, 작은탱크의 냉각에 유효하다. ⑪ 소규모 유류화재, 가스화재의 소화에 유효하다. ⑫ 방수에 의한 감전위험은 비교적 적다.
안전 관리	① 배연, 배열 등을 실시할 때는 방수 부분을 명시하여 백드래프트와 배연측의 안전에 유의하면서 행한다. ② 도시가스의 분출을 수반하는 화재의 경우는 주위의 연소방지에 주력을 해놓고 가스차단방법이 확정되고 나서 소화한다. ③ 화점실 내에 방수하는 경우는 열기의 분출에 주의하고 개구부의 정면에 위치하는 것을 피해 방수하되, 내부의 상황을 확인하면서 진입한다. ④ 진입 시에는 관창에 얼굴을 접근시켜 자세를 낮게 한다. ⑤ 전기 기기, 전선 등의 전압이 33,000V 이하의 경우 방수 거리는 2m 이상 떨어져 실시한다. 그러나 가급적이면 송전중인 전선에의 방수는 피한다.

🔖 정답 160. ①

161 "확산방수"에 대한 설명으로 옳지 않은 것은?

① 전개각도에 의해 시야가 가려 전방의 상황파악이 어렵다.

② 낙하물 제거에 유효하다.

③ 저압의 경우 잔화정리에 유효하다.

④ 직사 또는 분무방수로 하는 것이 효과적이다.

■ 확산방수
①은 중속분무방수 요령임.

방수 요령	① 보통 직사 또는 분무방수로 하는 것이 효과적이다. ② 확실한 발판을 확보한다. ③ 관창수는 반동력에 의한 충격에 대비하여 무게중심을 앞으로 둔다.
방수 특성	① 광범위하게 방수하는 것이 가능하다. ② 소방력이 적을 때의 방어에 유효하다. ③ 낙하물의 제거에 유효하다. ④ 냉각에 유효하다. ⑤ 저압의 경우 잔화정리에 유효하다.
안전 관리	① 높은 장소에 방수하는 경우는 낙하물에 주의한다. ② 저각도 또는 수평상태로 방수하는 경우 다른 대원의 직격에 주의한다. ③ 다른 소방대와 연계하여 방수방향에 사람이 없는 것을 확인한다. ④ 반동력에 주의하여 보조자를 둔다. ⑤ 관창수의 교대 시에 주의한다.

162 "반사방수"에 대한 설명으로 옳지 않은 것은?

① 옥외에서 옥내의 사각지점 소화에 유효하다.

② 직사 또는 분무방수로 한다.

③ 천장 등에 있어서는 반사 확산시켜 목표에 방수한다.

④ 방수효과 확인이 신속 가능하다.

① 방수 요령
  ㉠ 직사 또는 분무방수로 한다.
  ㉡ 천장 등에 있어서는 반사 확산시켜 목표에 방수한다.
  ㉢ 압력, 방수각도에 따라 도달거리, 확산의 범위가 변하므로 상황에 따라서 이동, 휘둘러서 압력의 변화를 이용한다.
  ㉣ 안전한 발판을 확보한다.
② 방수 특성
  ㉠ 직접 연소실체에 방수할 수 없는 곳(사각)의 소화에 유효하다.
  ㉡ 옥외에서 옥내의 사각지점 소화에 유효하다.
  ㉢ 내화건물 내 축적된 열의 냉각에 효과적이지만 수손방지에 대하여 유의할 필요가 있다.
  ㉣ 방수효과의 확인이 곤란하므로 효과 없는 방수가 되기 쉬운 결점이 있다.

정답 | 161. ①   162. ④

163 "사다리를 활용한 방수"에 대한 설명으로 옳지 않은 것은?

① 급기구 경우에는 직사로, 배기구의 경우는 직사 또는 분무방수로 한다.

② 허리에 대는 방법은 관창을 로프로 창틀 또는 사다리선단에 결속하면 0.3~0.4Mpa까지도 방수할 수 있다.

③ 활동높이는 사다리 길이로 결정하되 3층 정도까지로 한다.

④ 어깨에 거는 방법의 경우는 전개형 분무노즐의 직사방수로 0.25Mpa가 한도이지만 허리에 대는 방법은 관창을 로프로 창틀 또는 사다리선단에 결속하면 0.3~0.4Mpa까지도 방수할 수 있다.

핵심정리

■ 사다리를 활용한 방수★★ 15년 소방장

방수요령 ★★★	① 사다리 설치각도는 75도 이하를 원칙으로 한다. ② 사다리 지주 밑 부분을 안정시키고, 선단부는 창틀 기타 물건 등에 결속시킨다. ③ 방수자세는 사다리의 적정한 높이에서 가로대에 한쪽 발을 2단 밑의 가로대에 걸어 몸을 안정시킨 후 양손을 사용할 수 있도록 한다. ④ 관창수는 보통 허리에 관창을 밀어붙이도록 하지만 상황에 따라서 어깨에 붙이는 방법도 취한다. ⑤ 어깨에 거는 방법의 경우는 전개형 분무노즐의 직사방수로 0.25Mpa가 한도이지만 허리에 대는 방법은 관창을 로프로 창틀 또는 사다리선단에 결속하면 0.3~0.4Mpa까지도 방수할 수 있다. ⑥ 개구부 부분의 중성대 유무에 따라 직사방수 또는 분무방수를 한다. ⑦ 배기구의 경우는 직사방수로 하고, 급기구의 경우는 직사방수 또는 분무방수를 한다.
방수특성	① 옥외에서 진입이 곤란한 경우라도 개구부에서 직접 옥내에 방수할 수 있고 방수범위가 넓다. ② 연소실체에 직사가 가능하고 반사방수에 의해 효과가 크다. ③ 활동높이는 사다리 길이로 결정하되 3층 정도까지로 한다. ④ 사다리를 난간 등에 묶지 않은 경우에는 저압방수도 충분한 주의가 필요하다.
안전관리	① 반동력에 의한 추락방지를 위해 관창의 결속한다. ② 사다리 끝부분을 로프로 고정한다. ③ 방수방향을 급격히 변화시키거나 급격한 관창조작을 하지 않는다. ④ 사다리에서 횡방향으로의 방수는 위험하다. 호스는 사다리의 중간에 로프 등으로 결속하여 낙하를 방지한다. ⑤ 관창수 교대 시에 주의한다.

관창결속로프
신체확보로프
소방호스
지지로프

관창결속로프

▮ 중성대가 있는 경우 ▮　　　▮ 중성대가 없는 경우 ▮

정답 163. ①

164 "사다리차 방수"에 대한 설명으로 옳은 것은?

① 방수방향의 전환각도가 한정되므로 사각이 발생되기 쉽다.

② 사다리각도는 75도 이하로 하고, 건물과는 붙여서 방수한다.

③ 방수각도의 전환은 좌우각도 60도 이내, 상하 약 15도 이내로 한다.

④ 실내에의 방수는 직사방수를 원칙으로 하고, 밑에서 위 방향으로 방수하는 동시에 좌우로 확산되도록 한다.

	■ 사다리차 방수
방수 요령	① 사다리 끝부분의 관창을 사용한다. ② 소방호스는 도중에서 사다리 가로대에 고정한다. ③ 사다리는 방수 목표에 대한 정확한 위치에 접근시킨다. ④ 사다리각도는 75도 이하로 하고, 건물과 3~5m 이상 떨어져 방수한다. ⑤ 방수의 개시, 정지, 방향의 전환은 급격히 하지 않도록 한다. ⑥ 방수는 보통 노즐구경 23㎜로 노즐압력 0.9Mpa 이하로 하고 기립각도, 신장각도, 풍압, 선회각도를 고려하여 실시한다. ⑦ 방수각도의 전환은 좌우각도 15도 이내, 상하 약 60도 이내로 하고 그 이상의 각도가 요구되는 경우는 사다리의 선회, 연장, 접는 방법으로 한다. ⑧ 배연을 목적으로 분무방수 하는 경우는 개구부를 덮도록 열린 각도를 조정한다. ⑨ 실내에의 방수는 반사방수를 원칙으로 하고, 밑에서 위 방향으로 방수하는 동시에 좌우로 확산되도록 한다. ⑩ 소화, 배연 등의 방수목적을 명확히 한다.
방수 특성	① 사다리차를 활용할 수 있는 건물 등의 화재에 국한한다. ② 고층의 경우 옥외에서의 방수는 매우 유효하다. ③ 개구부에서 직접 옥내에 방수할 수 있고 연소실체를 직접 공격할 수 있다. ④ 방수방향의 전환각도가 한정되므로 사각이 발생되기 쉽다.
안전 관리	① 정상 방수시 반동력에 대한 안전한계는 연장정도, 기립각도에 따라 다르지만 보통 75도에 있어서 반동력은 7Mpa이다. ② 직사방수를 하는 경우는 반동력을 피하기 위해 관창을 사다리와 직각이 되지 않도록 상, 하로 향하여 방수자세를 취한다. ③ 전체 연장상태에서의 고압 방수시에는 가능한 안전로프로 확보한다. ④ 사다리차에 송수하는 펌프차는 방수구 개폐시 급하게 조작을 하지 않는다.

‖ 사다리차에 의한 방수요령 ‖

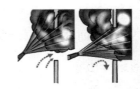

‖ 개구부로부터의 배연방수 ‖

165 "방수포 방수요령"에 대한 설명으로 옳지 않은 것은?

① 사정거리가 길고 대량의 방수가 가능하며 화세를 일거에 진압하기에 유효한 방법이다.

② 국부파괴에는 원칙적으로 사용하지 않는다.

③ 옥외로부터 소화가 가능하며, 화세가 강한 화재에 유효하다.

④ 방수개시 및 정지는 원칙으로 펌프차의 방수구 밸브로 조작한다.

■ 방수포 방수요령
① 사정거리가 길고 대량의 방수가 가능하며 화세를 일거에 진압하기에 유효한 방법이다. 그러나 수원이 쉽게 고갈되는 것이 단점이다.
② 진입 또는 접근 불가능한 화재와 극장 등의 높은 천장화재에 유효하다.
③ 국부파괴를 겸한 방수에 유효하다.
④ 대구획인 화재에 유효하다.
⑤ 옥외로부터 소화가 가능하며, 화세가 강한 화재에 유효하다.
⑥ 방수방향을 변경할 때는 반동력에 주의하여 서서히 조작한다.
⑦ 방수개시 및 정지는 원칙으로 펌프차의 방수구 밸브로 조작한다.
⑧ 방수방향의 안쪽에 위치한 출입구가 개방되어 있을 시 화염과 연기가 복도 및 다른 실로 유입되며 상황을 악화시킬 수 있으므로 개방여부 확인이 반드시 필요하다.

‖ 방수포를 활용한 방수 요령 ‖

166 "엄호방수요령"으로 옳지 않은 것은?

① 관창각도는 60~70도로 하고 관창수 스스로가 차열을 필요로 할 때는 70~90도로 한다.

② 강렬한 복사열로부터 대원을 방호할 때는 열원과 대원 사이에 분무방수를 행한다.

③ 작업 중인 대원의 전면 혹은 측면에서 신체 전체를 덮을 수 있도록 분무방수로 한다.

④ 관창압력 0.6Mpa정도로 분무방수 한다.

■ 엄호방수 요령* 22년 소방위
① 관창압력 0.6Mpa정도로 분무방수를 한다.
② 관창각도는 60~70도로 하고 관창수 스스로가 차열을 필요로 할 때는 70~90도로 한다.
③ 엄호방수는 작업 중인 대원의 등 뒤에서 신체 전체를 덮을 수 있도록 분무방수로 한다.
④ 강렬한 복사열로부터 대원을 방호할 때는 열원과 대원 사이에 분무방수를 행한다.

🔖 정답 165. ② 166. ③

167 **"화재실의 소화요령"으로 옳은 것은?**

① 진입구에서 실내에 충만한 짙은 연기를 통해 희미한 화점 또는 연소가 확인된 때는 직사방수 및 확산방수를 병행해서 실시한다.

② 방수목표는 ㉠ 바닥 ㉡ 수용물 ㉢ 바닥 ㉣ 천장 등의 순서로 한다.

③ 화재 초기로 수용물 또는 벽면, 바닥면 혹은 천장 등이 부분적으로 연소하고 있을 때는 화점에 직사방수 및 확산방수를 병행해서 실시한다.

④ 실내전체가 연소하고 있는 화재중기의 경우네는 실내로 진입해 직사방수 또는 분무방수에 의해 소화한다.

■ **화재실의 소화**
① 진입구에서 실내에 충만한 짙은 연기를 통해 희미한 화점 또는 연소가 확인된 때
　➡ 화점에 직사방수 및 확산방수를 병행해서 실시한다.
② 화재 초기로 수용물 또는 벽면, 바닥면 혹은 천장 등이 부분적으로 연소하고 있을 때
　➡ 실내로 진입해 직사방수 또는 분무방수에 의해 소화한다.
③ 실내전체가 연소하고 있는 화재중기의 경우
　➡ 직사방수에 의해 진입구로부터 실내전체에 확산 방수한다.
④ 방수목표는 ㉠ 천장 ㉡ 벽면 ㉢ 수용물 ㉣ 바닥면 등의 순서로 한다.
⑤ 칸막이 가구 및 가구집기류 등의 목조부분에 대해서는 직사방수 등에 의한 부분파괴하고 물의 침투를 조절해서 소화한다.
⑥ 조명기구를 활용해서 발밑을 주의하면서 서서히 진입한다.
⑦ 천장, 선반 위 등에서의 낙하물 및 가구류의 도괴에 주의하며 상황에 따라서 천장에서의 낙하물을 제거 후 진입한다.

168 **"대원에 대한 엄호방수요령"으로 옳지 않은 것은?**

① 가연성가스, 유독가스 중에서 소방활동을 할 때

② 복사열이 강한 장소에서 분무방수 작업을 할 때

③ 짙은 연기와 열기가 충만한 실내에서 인명검색 할 때

④ 소방활동 중에 짙은 연기, 열기 등이 휘몰아칠 염려가 있을 때

■ **대원에 대한 엄호방수**★★ 13년, 16년 소방장/ 22년 소방위
① 짙은 연기와 열기가 충만한 실내에서 인명검색 할 때
② 가연성가스, 유독가스 중에서 소방활동을 할 때
③ 소방활동 중에 짙은 연기, 열기 등이 휘몰아칠 염려가 있을 때
④ 복사열이 강한 장소에서 직사방수 작업을 할 때
⑤ 열이 강한 장소에서 셔터 파괴시
⑥ 바닥파괴시 갑자기 열이 솟구쳐 오를 때

‖ 대원의 엄호방수 ‖

🔑 **정답** | 167. ①　　168. ②

169 "구조대상자에 대한 엄호방수요령"으로 옳지 않은 것은?

① 연소 중의 실내에서 연기, 열기에 휩싸여 있는 구조대상자가 있거나 또는 대원이 복사열에 의해 접근이 곤란할 경우의 방수요령이다.

② 유효사정을 확보하기 위해 중속분무 방수한다.

③ 구조대상자가 있다고 생각되는 직근의 천장 또는 벽면으로 방수한다.

④ 방수 종별은 반사방수 또는 상하 확산방수로 수막을 형성하여 차열한다.

■ **구조대상자에 대한 엄호방수(구조방수)*** 14년 소방위/ 15년 소방장

연소 중의 실내에서 연기, 열기에 휩싸여 있는 구조대상자가 있거나 또는 대원이 복사열에 의해 접근이 곤란할 경우의 방수요령은 다음과 같다.

① 구조대상자가 있다고 생각되는 <u>직근의 천장 또는 벽면으로 방수한다.</u>

② 유효사정을 확보하기 위해 <u>고속분무(10~15°)방수 한다.</u>

③ 방수 종별은 <u>반사방수 또는 상하 확산방수로 수막을 형성하여 차열한다.</u>

| 구조대상자 엄호방수 요령 |

170 연소확대 방지를 위해 "지하공간"에서 가장 우선적으로 확인해야 할 곳은?

① 수직통로(구멍) ② 개구부
③ 창문 ④ 건물뒤쪽

■ **지하공간**

① 지하층과 같이 외부 접근과 방수가 어려운 화재는 화재진압과 연소 확대를 방지하기가 어렵다.
  ㉠ 첫째, 인접 지하공간까지 연소가 확대될 것이다.
  ㉡ 둘째, 상층부 바닥 층의 구조에 따라 약화 또는 붕괴될 것이다.
  ㉢ 셋째, 불꽃이 상층부로 통하는 파이프나 작은 공간을 통해 위층으로 확대되어, 전체로 확대된다.

② 출입구를 통한 호스전개가 불가능한 경우 인접 지하공간이나 건물 뒤쪽을 살펴보아야 한다.

③ <u>진입이 불가능한 상황에서 화재진압의 실익이 크다면 개구부를 통해 폼액을 주입한다.</u>

※ 폼액 유출원인이 되는 지하 공간 내의 출입구나 개구부를 밀폐시켜야 한다. 폼액 주입을 통한 지하 공간 화재 진압을 할 때 건물구조상 상층부 바닥 붕괴 위험이 높은 경우가 있으므로 1층에 있는 모든 사람을 대피시키고 모든 창문과 문을 열어 환기시켜야 한다.

④ 인접 공간이나 건물로 향하는 모든 문, 창문, 통로 등의 숨겨진 구멍을 확인한다.

⑤ <u>가장 우선적으로 확인해야 할 곳은 상층부로 향하는 수직 통로(구멍)이며 이곳을 완벽하게 차단해야 한다.</u>

⑥ 폼액 주입이 효과가 없을 경우 장시간의 방어적 진압을 준비하고, 불길이 전체 건물로 확대되는 것에 대한 대비책으로 지하 공간 직상 층에 미리 대량 방수를 하는 것도 고려해 보아야 한다.

 정답 │ 169. ② 170. ①

171 연소확대 방지에 대한 내용으로 다음 (   ) 안에 들어갈 내용을 찾으시오.

> 인접 건물이나 상층부로의 연소 확대 유무를 확인할 때 ( )을 가장 우선적으로 확인해야 한다.

① 창문주변
② 상층(꼭대기 층)
③ 지붕공간
④ 창틀

인접 건물이나 상층부로의 연소 확대 유무를 확인할 때 <u>창문 주변</u>을 가장 우선적으로 확인해야 한다.

172 파괴기구 활용에서 "동력절단기와 가스절단기"에 대한 설명으로 공통적인 것은?

① 엔진을 회전시켜 절단면에 직각이 되도록 절단한다.
② 왼손으로 앞의 핸들을, 오른손으로 뒤 핸들의 조정레버를 조작할 수 있도록 잡고 발을 반보정도 앞으로 내딛는다.
③ 절단물의 전면에서 화구를 절단부를 향해 가열한다.
④ 헬멧, 방진안경, 안전장갑을 착용한다.

동력 절단기 * 15년 소방장/ 23년 소방위	활용 요령	① 절단물에 따라 날을 선택하고 보호커버를 조정한다. ② <u>왼손으로 앞의 핸들을, 오른손으로 뒤 핸들의 조정레버를 조작할 수 있도록 잡고 발을 반보정도 앞으로 내딛는다.</u> ③ <u>엔진을 회전시켜 절단면에 직각이 되도록 절단한다.</u> ④ <u>절단은 곧장 실시하고 날이 휘지 않도록 한다.</u>
	안전 관리	① <u>헬멧, 방진안경, 안전장갑을 착용한다.</u> ② 원칙적으로 가연성가스가 체류하는 장소에서는 사용을 금한다. 부득이한 경우는 분무방수를 받으며 인화위험을 배제한 상황 하에서 실시한다. ③ 조작원은 <u>절단날 후방 직선상에 발을 놓지 않는다.</u> ④ 절단날 전후방에 조작원 외 접근을 막는다. ⑤ 불꽃에 의한 가연물 착화 위험이 있으므로 충분한 안전대책을 강구한다.
가스 절단기	활용 요령	① <u>절단물의 전면에서 화구를 절단부를 향해 가열한다.</u> * 23년 소방위 ② 절단부가 가열된 시점에서 산소레버를 당겨 절단방향으로 화구를 이동한다. ③ 불꽃은 절단면에 대해 수직 또는 절단방향으로 하고 절단용 산소량은 절단재의 두께에 따라 가감한다.
	안전 관리	① <u>헬멧, 방진안경, 안전장갑을 착용한다.</u> ② 기름 등이 묻은 공구류 등은 취급하지 않는다. ③ 조정기를 용기밸브에 부착할 때는 확실히 하여 누설되지 않도록 한다. ④ 수납은 소화한 후 용기밸브를 닫고 절단기의 밸브를 열어 잔류 가스를 방출한 후에 절단기 밸브를 잠그고 화구를 냉각시킨 후에 수납한다. ⑤ 절단하는 것에 의해서 2차 재해를 발생시킬 염려가 없는가를 확인한다. 특히 가연물이 있는 경우는 충분한 안전대책을 강구한다.

정답 | 171. ① 172. ④

173 다음 중 "노출방어"에 대한 설명으로 옳지 않은 것은?

① 목재 건축물 화재의 경우, 복사열 차단을 위해 건물 사이부분에 상당량의 물을 방수를 하여야 한다.

② 인접건물로의 호스배치는 화염의 크기나 화재발생 지점의 연소 건물보다 몇 층 아래에 배치한다.

③ 화재가 대규모인 경우로 화점진압의 효과가 없을 때에는 40mm 관창으로 인접 건물의 측면에 직접 방수한다.

④ 화재가 소규모이거나 65mm 관창 이용이 가능할 때, 화재발생 건물에 직접 방수하고 진압한다.

■ 노출방어

① 목재 건축물 화재의 경우, 인접 건물로의 복사열 차단을 위해 건물 사이부분에 상당량의 물을 방수한다.

② 화재가 발생한 목재 건축물에서 나오는 복사열은 수십m 이상 떨어진 곳의 창틀이나 처마에 연소 확대를 일으킨다.

   ⓐ 화재가 발생한 목재 건축물에 방수해야 하는가?

   ⓑ 두 건축물 사이의 워터커튼을 형성하기 위해 분무방수를 해야 하는가?

   ⓒ 인접 건물에 방수해야 하는가?

③ 인접건물 측면에 복사열의 영향을 받을 경우 ➡ 인접건물 측면에 직접 방수하여 온도를 낮춤과 동시에 불씨를 제거하고, 창문과 처마 아래를 통해 작은 화재가 옮겨 붙을 경우를 대비하여 추가 호스와 검색 팀을 인접 건물에 배치하도록 한다.

④ 인접건물로의 호스배치는 화염의 크기나 화재발생 지점의 높이를 고려하여 <u>연소 건물보다 몇 층 높은 곳에 배치</u>한다.

   ❍ 이것은 인접건물의 연소 확대우려가 높은 곳을 보호하거나 다른 인접건물의 지붕 등 높은 곳에 직접 방수할 수 있도록 하기 위한 것이다.

⑤ 인접 건물에 호스를 배치하는 목적이 연소 확대로부터 인접 건물을 보호하는 것이라면, 호스 전개 시부터 각 건물의 층과 지점에 도달할 수 있을 정도의 호스를 충분히 전개하여야 한다.

   ❍ 이때는 화재발생 건물(지점)과 같은 높이의 층이거나 이보다 높은 층(지점)에서 주로 연소 확대가 이루어진다는 점을 고려해야 한다.

⑥ 인접건물과의 사이 공간에서 심한 대류가 발생되고 있다면 인접건물의 높은 곳의 창문을 통해서 연소가 확대될 가능성이 높다.

⑦ 복사열은 목재 또는 플라스틱으로 된 창틀에 쉽게 연소 확대 시킬 수 있으며 높은 건물의 지붕 위치까지 불씨를 옮겨 놓기도 한다.

■ 인접건물 복사열에 의한 연소 확대를 막기 위한 전술적 가이드라인* 16년 소방교

① <u>가장 효과가 없는(적은) 전술은 워터커튼(water curtain)을 설정하는 것이다. 복사열은 작은 물방을 사이의 공간을 통해 통과되며, 물의 낭비가 가장 심하다.</u>

② 화재가 소규모거나 65mm 관창 이용이 가능할 때, 화재발생 건물(지점)에 직접 방수하고 진압한다.

③ 화재가 대규모인 경우로 화점진압의 효과가 없을 때에는 40mm 관창을 이용하여 인접 건물의 측면에 직접 방수한다.

④ 인접 건물에 복사열에 의한 연소 확대가 이미 진행되었거나 확대 우려가 있는 높은 경우에는, 인접 건물 내부로의 연소 확대를 막기 위해 인접 건물 내부(개구부가 있는 층)에 호스팀이 배치되어야 한다.

📖 **정답**   173. ②

174 **"중량물셔터파괴요령"으로 옳은 것은? (단, 셔터가 가열에 의해 붉게 변화한 경우)**

① 스레트를 잡아 빼기 곤란하므로 아치형으로 절단한다.

② 긴 스판셔터를 절단할 때는 진입 가능한 폭에 2개의 구멍을 만들어 제일 끝의 스레트를 빼내면 개구부가 된다.

③ 셔터하단 중앙부와 바닥면 사이에 지렛대를 넣어 밀어 올린다.

④ 동력절단기에 의한 절단은 가드레일에 가까운 곳을 선정한다.

■ 「중량물셔터 파괴요령★★ 13년 소방교/ 15년 소방장/ 23년 소방위

중량물 셔터 파괴 요령	직접 화염의 영향을 받고 있지 않는 경우	• 파괴를 최소한도로 줄이기 위해 셔터 아래방향을 진입할 수 있을 만큼 절단하고 내부에 진입하여 개방한다. • 절단기로 스레트를 수직으로 자른 후, 스레트를 당겨 뺀다. • 긴 스판셔터를 절단할 때는 진입 가능한 폭에 2개의 구멍을 만들어 제일 끝의 스레트를 빼내면 개구부가 된다. • 셔터의 레일에 걸친 부분에는 스레트 1매 간격으로 연결 금속물이 부착되어 있어 탈착되지 않으므로 주의를 요한다. ※ 동력절단기, 가스절단기, 공기톱
	셔터에서 연기가 분출한 경우	• 공기호흡기를 착용하고 측면에 방수태세를 갖춘다. • 연기의 분출을 적게 하기 위해 셔터의 아래방향을 절단한다. • 셔터의 한 변을 절단하여 스레트를 빼기 전에 내부를 확인한다. • 스레트는 서서히 잡아 빼고 내부의 상황을 확인하면서 필요에 따라 분무방수를 한다. 단, 수손방지에 충분한 유의를 기할 필요가 있다. • 진입구를 만들 경우는 측면에 위치하여 백드래프트에 주의한다. ※ 동력절단기, 가스절단기, 산소절단기, 공기톱
	셔터가 가열에 의해 붉게 변화한 경우	• 스레트를 잡아 빼기 곤란하므로 아치형으로 절단한다. • 최초는 노즐이 통과 가능한 정도의 구멍을 만들고 내부에 방수하여 화세를 제압한 후 진입구를 크게 한다. ※ 가스절단기, 산소절단기
경량셔터 파괴요령		① 해머로 스레트를 강타하면 휘어져서 개방불능이 되므로 주의한다. ② 셔터의 열쇠부분을 해머로 강타하여 열쇠를 파괴 후 개방한다. ③ 셔터하단 중앙부와 바닥면 사이에 지렛대를 넣어 밀어 올린다. ④ 가운데 기둥을 분리하는 방법 • 중간기둥의 바닥면에 있는 밑 부분을 지렛대로 들어 올린 후 강하게 당겨 스레트에서 분리시킨다. • 밑 부분에서 올라가지 않을 경우는 중간의 바닥에서 15㎝~20㎝의 위치를 대해머로 강타하여 스레트를 분리한다. • 동력절단기, 가스절단기 등으로 중간하부의 말단 금속부분을 절단하여 스레트를 분리한다. ※ 파괴기구 : 해머, 갈고리, 동력절단기, 가스절단기, 지렛대
파이프셔터 파괴요령		① 동력절단기에 의한 절단은 가드레일에 가까운 곳을 선정한다. ② 가드레일 직근의 파이프부분을 대해머로 강타하여 굽혀서 가드레일에서 파이프를 분리한다. ③ 중간기둥의 경량셔터에 준하여 행한다. ④ 파괴한 셔터는 행동장해가 되지 않도록 윗 방향으로 걷어 올려 로프로 결속하여 놓는다. ※ 파괴기구 : 동력절단기, 가스절단기, 산소절단기, 유압구조기구, 해머

174. ①

175 "철근콘크리트 벽 파괴"에 대한 설명으로 옳지 않은 것은?

① 굵기 9mm 이하의 철근은 가스절단기를 사용하고 그 이상인 경우는 철선절단기 등을 사용하여 절단한다.
② 포크레인 등의 중장비 동원 가능 시 중장비를 활용한다.
③ 파괴 장비는 착암기, 해머, 정, 동력절단기, 가스절단기, 철선절단기가 있다.
④ 파괴하고자 하는 벽체에 착암기로 구멍을 여러 개 뚫은 후 관통시킨 구멍과 중간을 해머로 강타하여 구멍을 크게 확보한다.

출제	철근 콘크리트조 **★★** 19년, 23년 소방위	① 포크레인 등의 중장비 동원 가능 시 중장비를 활용한다. ② 파괴하고자 하는 벽체에 착암기로 구멍을 여러 개 뚫는다. ③ 관통시킨 구멍과 중간을 해머로 강타하여 구멍을 크게 확보한다. 이때 해머를 사용할 경우는 모서리를 가격하는 것이 효과적이다. ④ 철근이 노출되어 있거나 해머를 유효하게 사용할 수 있는 경우는 착암기 또는 정을 병행하여 구멍을 크게 확보한다. ⑤ 굵기 9mm 이하의 철근은 철선절단기를 사용하고 그 이상인 경우는 동력절단기, 가스절단기 등을 사용하여 절단한다. ※ 착암기, 해머, 정, 동력절단기, 가스절단기, 철선절단기
	블록 또는 벽돌조	① 공동부분을 해머로 강타하여 파괴한다. 단, 중량블록은 경량블록에 비해 상당히 강도가 있으므로 착암기로 여러 개의 구멍을 관통시키면 효과적이다. ② 벽의 보강을 위해 9mm철근이 각 블록마다 1본 정도 들어가 있는 경우도 있으므로 철선절단기 또는 가스절단기로 절단한다. ※ 해머, 착암기, 철선절단기, 가스절단기

176 "목조천장파괴요령"에 대한 설명으로 옳은 것은?

① 천장 마감재료 일부를 박리시킨 후 파괴시킨다.
② 사용 장비로는 지렛대, 해머, 스패너, 드라이버, 갈고리, 사다리가 있다.
③ 천장은 패널로 구성되어 있어 당겨도 쉽게 분리되지 않는다.
④ 천장파괴는 최소한도로 하고 형광등의 매설기구를 분리한 후 확인하는 편이 효과적이다.

출제	■ 천장 파괴**★★** 13년 소방교, 소방장	
	목조 천장	① 파괴범위를 정해 창이나 갈고리로 마감부분을 박리시킨다. ② 천장 마감재료 일부를 박리시킨 후 파괴시킨다. ③ 넓은 범위에 걸쳐 파괴하고자 하는 경우는 해머, 지렛대 등으로 지탱부분을 강타하여 제거한다. ※ 창, 갈고리, 톱, 해머, 지렛대, 사다리
	경량철골 천장	① 경량철골 천장은 패널로 구성되어 있어 당겨도 쉽게 분리되지 않는다. 따라서 갈고리로 마감재료 일부를 박리시킨 후, 사다리를 사용하여 패널부분을 지렛대 또는 드라이버로 비틀면 용이하게 분리할 수 있다. ② 경량철골 또는 천장 마감재료가 불연재료인 경우는 닥트화재 등을 제외하고는 급격히 연소하지 않는다. 따라서 천장파괴는 최소한도로 하고 오히려 형광등의 매설기구를 분리한 후 확인하는 편이 효과적이다. ※ 지렛대, 해머, 스패너, 드라이버, 갈고리, 사다리

정답 | **175.** ① **176.** ①

177 "문 개방(직접 화염의 영향을 받고 있지 않는 경우)" 파괴 요령이 아닌 것은?

① 파괴 후 문을 개방하는 경우는 문 측면에 위치하여 서서히 개방한다.
② 문과 틀에 틈이 있으면 돌출 부분을 동력절단기 또는 가스절단기로 절단한다.
③ 문과 틀 사이에 동력절단기 날이 들어갈 수 없는 경우는 지렛대를 넣어 간격을 확보한다.
④ 안을 볼 수 있는 창은 유리를 파괴한 후 손을 넣어 펜치 등을 사용하여 자물쇠를 개방한다.

	파괴기구	동력절단기, 가스절단기, 철선절단기, 지렛대, 파이프렌치, 전기드릴
직접 화염의 영향을 받고 있지 않는 경우	파괴방법	① 문과 틀에 틈이 있으면 돌출부분을 동력절단기 또는 가스절단기로 절단한다. ② 문과 틀 사이에 동력절단기 날이 들어갈 수 없는 경우는 지렛대를 넣어 간격을 확보한다. ③ 위의 방법이 불가능한 경우는 손잡이와 문틀의 중간을 절단하여 돌출부분을 분리한다. 2중 철판인 문은 1개씩 2회로 나누어 절단한다. ④ 전기드릴로 주위에 3~4개소의 구멍을 뚫은 뒤 드라이버 등을 넣어 돌출부분을 제거한다. 단, 기술적으로는 매우 곤란하다. ⑤ 원통형 자물쇠의 경우는 파이프렌치로 손잡이를 돌려 파괴한다. ⑥ 안을 볼 수 있는 창은 유리를 파괴한 후 손을 넣어 펜치 등을 사용하여 자물쇠를 개방한다.
	파괴기구	동력절단기, 가스절단기, 철선절단기, 지렛대, 파이프렌치, 전기드릴
직접 화염의 영향을 받고 있는 경우	파괴방법	(위의 파괴방법 외의 추가사항) ① 돌출부분 절단에 의해 문이 개방되면 짙은 연기, 증기가 분출할 염려가 있으므로 셔터의 파괴요령에 준한 방호조치를 한다. ② 파괴 후 문을 개방하는 경우는 문 측면에 위치하여 내부 상황을 확인하면서 서서히 개방한다. ③ 문이 가열되고 있는 경우는 방수에 의한 증기가 돌아오는 것에 주의하여 헬멧 후드로 얼굴을 가린다. ④ 알루미늄 재질의 문은 경첩부분을 해머로 강타하여 파괴하거나 또는 가스 절단기 등을 활용하는 것이 효과적이다.

178 유리의 파괴요령에 대한 설명으로 옳지 않은 것은?

① 방탄유리는 충격에 의해 파괴되지만 탈락은 없다. 단, 충격을 가할 때 작은 파편이 비산하므로 방진안경 또는 헬멧의 후드를 활용하여 위해를 방지한다.
② 강화유리는 강화유리 표면에 두께의 1/6에 달하는 갈라진 틈이 생기면 전체가 입상으로 파괴된다.
③ 망입유리는 해머, 도끼 등으로 유리를 가늘게 깨고 칼 등을 사용하여 플라스틱 막을 잘라 내거나 가스절단기 등으로 태워 자른다.
④ 12㎜ 이상 두꺼운 유리는 대해머로도 파괴가 용이하지 못하므로 유리의 열전도율이 낮은 특성을 이용하여 가스절단기로 급속 가열하여 열에 의해 파괴되도록 한다.

정답 | 177. ① 178. ③

■ 유리파괴요령★★★ 16년 소방장

5mm 이하의 보통 판유리	• 옥내에 진입이 가능한 경우 창의 잠금 부분 가까이를 손 넣을 정도로 파괴하여 잠금을 풀고 창을 개방한다. • 옥내에 진입할 수 없는 경우는 유리파편을 실내에 떨어지도록 파괴한다. <u>창의 상부에서 조금씩 파괴하면 파편도 적고 외부로의 비산도 적다.</u> • 진입로가 되는 창의 파괴는 창틀의 유리파편을 완전히 제거하여 위해방지를 꾀한다. • 보통 유리의 비산 거리는 <u>창 높이의 1/2 거리</u>이다. 이에 따라서 경계구역을 설정한다. ※ 관창, 손도끼, 갈고리, 해머, 도끼, 지렛대.
6㎜ 이상 보통 판유리	• 파괴에는 강력한 충격력이 필요하며 예리한 기구가 효과적이다. • 유리의 두께가 불명인 경우는 가볍게 가격하여 유리에서 받는 반동 등을 고려하여 파괴에 요하는 충격력의 배분에 유의한다. • <u>12㎜ 이상 두꺼운 유리는 대해머로도 파괴가 용이하지 못하므로 유리의 열전도율이 낮은 특성을 이용하여 가스절단기로 급속 가열하여 열에 의해 파괴되도록 한다. 가열 직후 방수하여 급랭시키면 더욱 효과적이다.</u> • <u>유리 파편낙하에 의한 2차 재해를 방지하기 위해 유리에 접착테이프, 모포시트 등을 붙여 외부로의 비산을 방지하는 방법도 있다.</u> ※ 도끼, 대해머, 도어오프너, 가스절단기
망입유리	• 보호안경 및 헬멧의 안면보호렌즈를 활용하여 유리파편의 비산에 의한 위해를 방지한다. • 창의 중앙부분을 강타하여 금이 생기더라도 효과는 없으므로 <u>반드시 창틀에 가까운 부분을 파괴한다.</u> • 유리파편은 철선(약 1㎜)에 부착하여 탈착되지 않기 때문에 창 전면을 파괴하는 경우는 도끼로 망선을 아치형으로 파괴한 <u>다음 실내로 향하여 눌러 떨어뜨린다.</u> • 부분적인 파괴는 망선을 노출시킨 후 펜치 등으로 절단한다. ※ 도어오프너, 해머, 도끼, 지렛대
방탄유리	• <u>충격에 의해 파괴되지만 탈락은 없다.</u> 단, 충격을 가할 때 작은 파편이 비산하므로 방진안경 또는 헬멧의 후드를 활용하여 위해를 방지한다. • 해머, 도끼 등으로 유리를 가늘게 깨고 <u>칼 등을 사용하여 플라스틱 막을 잘라 내거나 가스절단기 등으로 태워 자른다.</u> ※ 도어오프너, 대해머, 도끼, 지렛대, 가스절단기
강화유리	• <u>강화유리 표면에 두께의 1/6에 달하는 갈라진 틈이 생기면 전체가 입상으로 파괴된다.</u> • 문 또는 창의 4각 모서리(보통 좌하단)에 회사마크가 있으면 강화유리이며 도끼 또는 해머 등으로 일부분을 겨냥하여 파괴한다. 또한 강화유리는 내열, 내충격력이 강하므로 가능한 한 예리한 기구를 이용한다. • <u>테 없는 문, 회전문 등은 대부분 강화유리이다.</u> ※ 도어오프너, 대해머, 도끼, 지렛대, 가스절단기
복층유리	복층유리는 일반적으로 보통 판유리를 이용하고 있지만 예외로서 망입유리, 강화 유리를 이용한 것도 있는데 파괴요령은 위의 내용과 같다.

179 "일반적인 유리 파괴 유의사항"으로 옳은 것은?

① 창의 파괴에 의해서 백드래프트 또는 플래시오버를 일으킬 염려가 있는 경우 몸의 위치를 창의 정면이 되도록 한다.
② 낙하 경계구역은 풍속 15m 이상인 때는 창의 높이의 1/2을 반경으로 한다.
③ 판유리의 파괴순서는 유리의 중량을 고려하여 아랫부분부터 횡으로 파괴한다.
④ 유리낙하에 따른 2차 재해의 방지에 주력하고 특히 고층에서 파괴할 때는 지상과의 연락을 긴밀히 하여 유리의 낙하구역에 경계구역을 설정한다.

■ 유리파괴의 일반적 유의사항
① 창유리 등의 파괴는 지휘자의 지시에 의한다.
② 유리낙하에 따른 2차 재해의 방지에 주력하고 특히 고층에서 파괴할 때는 지상과의 연락을 긴밀히 하여 유리의 낙하구역에 경계구역을 설정한다. 경계구역은 풍속 15m 이상의 경우는 파괴하는 창의 높이를 반경으로 하고 풍속 15m 미만인 때는 창의 높이의 1/2을 반경으로 한다.
③ 상공에서 낙하하는 유리파편은 나뭇잎과 같이 보여 서서히 낙하한다고 착각하기 쉽지만 실제의 낙하속도는 빨라 극히 위험하다. 또한 지상에 충돌한 반동으로 사방으로 비산하여 이 파편으로 부상당하는 예가 있다.
④ 두꺼운 유리 파괴시 해머 등을 사용할 때는 충격에 의해 균형을 잃을 염려가 있으므로 신체확보에 주의한다.
⑤ 소방호스나 사다리 옆의 창유리 등을 파괴할 때는 유리파편이 사다리 등에 부딪쳐 떨어질 위험이 있다.
⑥ 창의 파괴에 의해서 백드래프트 또는 플래시오버를 일으킬 염려가 있는 경우 몸의 위치를 창의 측면이 되도록 한다. 또한 창의 좌측에 위치하여 잘 쓰는 팔(오른팔)을 사용한다.
⑦ 판유리의 파괴순서는 유리의 중량을 고려하여 윗부분부터 횡으로 파괴한다.
⑧ 보호장구를 착용한다.

180 "바닥파괴 시 일반적인 유의사항"으로 옳지 않은 것은?

① 철근 및 배관류는 바닥 중앙이 가장 적으므로 파괴가 용이하다.
② 고열을 받은 부분은 콘크리트가 부서지기 쉽게 되므로 비교적 파괴가 용이하다.
③ 파괴장소 결정 및 시기는 현장지휘자의 지시에 의하여 한다.
④ 건축설계도 등의 자료를 수집하고 대들보, 기둥, 배관상황을 추정하여 파괴장소를 선정한다.

■ 바닥 파괴 시 일반적 유의사항
① 건축설계도 등의 자료를 수집하고 대들보, 기둥, 배관상황을 추정하여 파괴장소를 선정한다.
② 파괴장소 결정 및 시기는 현장지휘자의 지시에 의하여 한다.
③ 설계도 등을 입수 할 수 없을 때는 기둥위치에서 대들보의 장소를 추정하고 그 부분을 제외한 장소를 대해머로 강타하여 그 반동력 또는 충격음으로 파괴할 수 있는가를 판단한다.
④ 철근 및 배관류는 바닥 중앙보다 약간 떨어진 장소가 가장 적으므로 파괴가 용이하다.
⑤ 화점실의 창이 파괴되어 분연하고 있는 경우는 그 직상층 바닥 슬래브에 구멍을 뚫어도 화염의 분출은 적지 않고 오히려 급기측으로 되는 경우가 많다. 단, 화점실의 창이 없는 경우 또는 창이 파괴되지 않았을 때는 파괴된 개구부로부터 화염이 분출할 우려가 있다. 따라서 경계관창 배치가 필요하다.
⑥ 고열을 받은 부분은 콘크리트가 부서지기 쉽게 되므로 비교적 파괴가 용이하다.

정답 179. ④   180. ①

181 "엘리베이터 파괴 작업순서"로 옳은 것은?

> Ⓐ 정지 층의 문을 개방
> Ⓑ 엘리베이터의 정지위치를 층별 표시 또는 인디케이터로서 확인
> Ⓒ 구조대상자에 대한 사후처리에 주의
> Ⓓ 엘리베이터용 전동기의 전원을 차단

① Ⓓ – Ⓑ – Ⓐ – Ⓒ   ② Ⓒ – Ⓐ – Ⓑ – Ⓓ
③ Ⓑ – Ⓓ – Ⓐ – Ⓒ   ④ Ⓐ – Ⓒ – Ⓓ – Ⓑ

■ 엘리베이터 파괴 작업순서
① 엘리베이터의 정지위치를 층별 표시 또는 인디케이터(Indicator)로서 확인한다.
② 엘리베이터용 전동기의 전원을 차단한다.
③ 정지 층의 문을 개방한다.
④ 구조대상자에 대한 사후처치에 주의한다.

182 "화재현장 홍보"에 대한 설명으로 옳지 않은 것은?

① 주민 화재예방의식 고취시킨다.
② 화재피해액을 산정하여 보험회사에 통보한다.
③ 긴급피난지시나 현장의 위험성 고지한다.
④ 소방활동에 대한 이해를 요청한다.

■ 화재현장 홍보

목적	① 소방활동에 필요한 각종 정보의 입수 ② 긴급피난 지시나 현장의 위험성 고지 ③ 소방활동에 대한 이해를 요청 ④ 화재현장상황을 설명함으로서 주민 화재예방의식 고취 ⑤ 매스컴을 통하여 널리 화재실태를 알림
형태와 요령	① <u>소방활동을 효율적으로 하기 위한 홍보</u> 소방활동을 효율적으로 하기 위해서는 출동도중이라도 차량용 확성기를 이용하여 소방차량이 주행하기 쉽도록 협력을 구한다. 또 현장부근에서는 일반인의 위해방지나 소방대의 활동공간을 확보할 필요가 있다. ② <u>소방에 대한 이해를 구하기 위한 홍보</u> 화재건물이나 인접건물의 관계자는 화재상황을 알고 싶어하고 소방활동에 따라 불편함을 겪는 등 일상생활에 영향을 받는다. 따라서 소방활동 및 화재상황을 홍보하여 소방에 대한 이해와 신뢰를 높일 필요가 있다. 단, 화재의 상황을 홍보하는 경우 화재건물에 관계되는 것일지라도 개인의 프라이버시는 지켜야 하며 홍보 내용에도 한계가 있음을 주의한다. ③ <u>매스컴에 대한 홍보</u> 매스컴에 대한 홍보는 현장 지휘자의 지시에 따라 일원화로 하여야 하며 각 대원은 필요한 정보를 수시로 지휘자에게 보고하여야 한다.

🔑 정답 | 181. ③ 182. ②

183 "잔화정리 요령"에 대한 설명으로 옳지 않은 것은?

① 경계는 가능한 한 관할 소방대 1개 대를 지휘자가 지정한다.

② 현장을 보전하기 위하여 필요할 때에는 진화 후에 현장에 대한 감시경계를 해야 한다.

③ 관창압력을 감압해서 직사방수, 분무방수 등 관창은 기민하게 조작한다.

④ 잔화정리는 지휘자로부터 지정된 담당구역을 바깥에서 중심으로, 아래층에서 위층으로, 높은 장소에서 낮은 장소로의 순으로 실시한다.

■ 잔화정리 요령* 15년 소방장
① 지휘자로부터 지정된 담당구역을 바깥에서 → 중심으로, 위층에서 → 아래층으로, 높은 장소에서 → 낮은 장소로의 순으로 실시한다.
② 개구부를 개방하고 배연, 배열하고 활동환경을 정리해서 실시하는 것과 동시에 조명기구를 활용한다.
③ 방수는 관창압력을 감압해서 직사방수, 분무방수 등 관창은 기민하게 조작한다.
④ 방수는 한 장소에 고정하는 것이 아니라 대소의 이동이나 국부파괴, 뒤집어 파는 등 적극적으로 실시해 방수사각이 생기지 않도록 한다. 필요에 따라 호스를 증가한다.
⑤ 합판, 대들보의 뒤측, 벽 사이 등 방수사각이 되고 있는 장소에 방수한다. 모르타르 벽 등이 방수해서 곧 마르는 것은 잔화의 위험이 있기 때문에 손으로 벽체의 열을 확인하는 등 잔화정리에 철저를 기한다.
⑥ 피복물이나 도괴물을 쇠갈고리 등으로 제거해서 방수한다.
⑦ 가연물이 퇴적되어 있을 때는 관창을 끼워 넣든가 파서 헤집던가 해서 방수한다.
⑧ 과잉 방수를 피하고 수손을 방지한다.

■ 재출화 방지
㉠ 화재조사를 위해 방화경계구역을 설정함과 동시 재출화를 방지하고 현장을 보전하기 위하여 필요할 때에는 화재 진화 후에 현장에 대한 감시경계를 해야 한다.
㉡ 경계는 가능한 한 관할 소방대 1개 대를 지휘자가 지정한다.
㉢ 소방대가 직접 감시경계 하기가 곤란한 경우 또는 화재 대상물의 관계자 등이 부재인 경우에는 경찰관이나 동사무소직원 기타 거주자에 대해서 현장보전 및 긴급시의 필요한 조치 등을 설명하고 현장경계 협력을 구한다.
㉣ 이 경우 위험하다고 인정되는 장소의 구체적인 위험성과 재출화 방지에 철저를 기하고 필요에 따라서는 현장에 대한 설명서(인계인수서)를 교부한다.

184 "현장철수 시 수납요령"으로 다음 (　) 안에 들어갈 내용은?

> 소방호스의 수납은 (　) 또는 (　)으로 하여 (　)에서 순차적으로 실시하는 것을 한다.

① 두겹말음, 접은호스, 암카프링
② 두겹말음, 한겹말음호스, 관창
③ 두겹말음, 접은호스, 숫카프링
④ 한겹말음, 접은호스, 관창

■ 현장철수 수납
① 사용한 기구는 각자가 책임을 지고 소정의 장소에 수납한다. 타대의 것과 혼돈하지 않도록 하고, 타대에서 임시 빌린 기자재는 양자가 입회한 다음 확인하고 반납한다.
② 소방호스의 수납은 한겹말음 또는 접은호스로 하여 관창에서 순차적으로 실시하는 것을 한다.
③ 정리한 소방호스는 차량 등 일정한 장소에 적재하는 등 사용 본수를 확인하고 적재한다.
④ 소방호스를 차량 외부로 적재하는 경우는 로프 등으로 고정한다.

📖 **정답** | 183. ④　184. ④

185 출동대원들의 "잠재적 위험요소"로 옳지 않은 것은?

① 대원들의 탈진, 혼란, 공포
② 백드래프트 또는 플래시오버 상태
③ 엎질러질 가능성이 있는 위험하거나 인화성이 높은 가연물들
④ 진압팀의 앞을 막고 있는 불길

■ 출동대원들의 잠재적인 위험요소
① 임박한 건물 붕괴
② 진압팀의 뒤나 아래 또는 위에 있는 불길
③ 호스라인(hoseline)의 꼬임이나 호스라인에 방해가 되는 것
④ 구멍, 약한 계단 또는 다른 추락 위험들
⑤ 화재 때문에 약해진 지주 위에 있는 짐들
⑥ 엎질러질 가능성이 있는 위험하거나 인화성이 높은 가연물들
⑦ 백드래프트(backdraft) 또는 플래시오버 상태
⑧ 전기 충격 위험들
⑨ 대원들의 탈진, 혼란, 공포
⑩ 부상자들

186 "목조화재건물 화재진압"에 대한 설명으로 옳은 것은?

① 관창배치의 우선순위는 화재의 측면, 뒷면 및 2층, 1층의 순으로 한다.
② 경사지 등은 낮은 쪽, 횡, 높은 쪽의 순으로 한다.
③ 바람이 있는 경우 풍상, 풍횡, 풍하의 순으로 한다.
④ 선착대로서 인명검색 외에 여력이 있는 경우 화세의 제압에 맞추어 연소위험이 가장 큰 쪽에 진입하여 활동한다.

■ 목조건물 관창배치** 13년 소방장, 15년 소방위
① 관창배치의 우선순위는 화재의 뒷면, 측면 및 2층, 1층의 순으로 한다.(방화조건물 동일)
② 바람이 있는 경우 풍하, 풍횡, 풍상의 순으로 한다.
③ 경사지 등은 높은 쪽, 횡, 낮은 쪽의 순으로 한다.
④ 화재건물에 내화조 건물이 인접해 있는 경우는 내화조 건물에 개구부가 있다고 생각하고 경계 및 연소방지를 위하여 내화조 건물내부로 신속하게 경계관창의 배치 또는 확인을 한다.

■ 목조건물 화재진압 요령
① 현장 도착시, 화재건물의 관계자 및 부근에 있는 사람으로부터 구조대상자, 부상자, 건물내부의 상황 등 소방활동에 필요한 정보를 적극적으로 수집한다.
② 구조대상자 등 인명위험의 정보를 수집한 때 → 인명검색을 최우선적으로 전개한다.
③ 연소중인 건물내부의 검색, 구조활동은 → 엄호방수를 받으면서 내부로 진입한다.
④ 현장 최고지휘자가 인명위험이 없다고 판단한 경우 → 연소진압을 중점적으로 실시한다.
⑤ 선착대로서 인명검색 외에 여력이 있는 경우 → 화세의 제압에 맞추어 연소위험이 가장 큰 쪽에 진입하여 활동한다.
⑥ 후착대는 선착대와 연계하여 활동하며 특히, 선착대가 진입하고 있지 않은 연소 확대 위험이 있는 장소에 진입한다.
⑦ 인접건물에 연소위험이 있는 경우 → 분무방수(고속) 등으로 예비방수를 하여 연소를 저지한다.
⑧ 지붕이 타서 파괴된 경우 → 비화의 염려가 있으므로 비화경계 활동을 실시한다.
⑨ 방수관창의 수는 필요 최소한으로 하여 과잉방수를 하지 않도록 한다.
⑩ 적재사다리 또는 인접건물의 베란다 등을 활용하여 화점에 확실하게 방수한다.

🔖 **정답**　185. ④　186. ④

187 "수손방지작업"의 활동순서로서 옳은 것은?

① 화점 직하층의 방 – 양옆의 방 – 다른 방 – 다른 층
② 양옆의 방 – 화점 직하층의 방 – 다른 방 – 다른 층
③ 다른 방 – 화점 직하층의 방 – 양옆의 방 – 다른 층
④ 다른 층 – 화점 직하층의 방 – 양옆의 방 – 다른 방

> **해설** 수손방지 작업은 지휘자의 명령에 근거해 실시하고 활동의 순위는 ① 화점 직하층의 방 ② 양옆의 방 ③ 다른 방 그리고 ④ 다른 층 순서로 한다.

188 "목조건물 화재의 특성과 화재진압의 원칙"에 대한 설명으로 옳지 않은 것은?

① 화재중기에는 옥내진입 시 프래시오버에 주의, 공기호흡기를 장착한다.
② 초기단계에서는 화점에 진입하여 집중 방수하여 진압한다.
③ 건물의 내벽, 다락방과 같은 구획부분, 복도, 계단실 등을 연소방지 중점개소로 선정한다.
④ 외벽 또는 내벽 등이 방수에 방해가 될 때는 국부파괴를 하여 방수사각이 생기지 않도록 한다.

> **해설**
> ▣ 목조건물 화재의 특성
> ① 화염 분출면이 크고 복사열이 커서 접근하기 곤란하다.
> ② 인접 건물로의 연소 속도가 매우 빠르고 다량방수나 인접건물에의 예비방수가 중요하다.
>
> ▣ 화재진압의 원칙
> ① 초기단계에서는 화점에 진입하여 집중 방수하여 진압한다.
> ② 화재중기에서는 옥내진입 시 화재의 역류(Back draft)에 주의, 공기호흡기를 장착한다. 또, 옥내진입은 반드시 방수와 병행한다.
> ③ 가장 화세가 왕성한 때는 화세제압이상으로 주위로의 연소방지에 중점을 둔다.
> ④ 건물의 내벽, 다락방과 같은 구획부분, 복도, 계단실 등을 연소방지 중점개소로 선정한다.
> ⑤ 외벽 또는 내벽 등이 방수에 방해가 될 때는 국부파괴를 하여 방수사각이 생기지 않도록 한다.
> ※ 목조건물 화재의 경우 방수 효과는 두드러지게 나타나는 것이 보통이며, 같은 장소에 수분 동안 방수해도 화재상황의 변화가 없으면 연소실체에 물이 닿지 않는 것이므로 방수위치를 변경할 필요가 있다.

189 "방화조 건물 화재진압 요령"으로 옳지 않은 것은?

① 방화조 건물의 화재방어는 몰탈의 박리, 낙하, 외벽의 도괴에 주의한다.
② 짙은 연기가 충만해 있는 경우는 낮은 자세로 중성대로부터 들여다보고 화점위치를 확인한다.
③ 짙은 연기, 열기가 건물에 충만해 있는 경우는 Back draft에 주의한다.
④ 분무방수에 의한 배연, 배열을 하고 화점을 확인 후 연소실체에 방수한다.

정답 | 187. ① 188. ① 189. ③ |

■ 방화조 건물 화재진압 요령
① 분무방수에 의한 배연, 배열을 하고 화점을 확인 후 연소실체에 방수한다.
② 짙은 연기가 충만해 있는 경우는 낮은 자세로 중성대로부터 들여다보고 화점위치를 확인한다.
③ 벽이나 지붕속 등의 화원은 천장을 국부 파괴하여 화점에 방수한다.
④ 짙은 연기, 열기가 건물에 충만해 있는 경우는 Flash-over에 주의하고 문을 조금 열어 내부에 방수를 한 다음 개방한다.
⑤ 인접건물로의 연소는 개구부에서 불꽃이 분출하기 시작한 때부터 지붕이 파괴될 때까지가 가장 위험하다. 따라서 이 시기에 인접건물과의 사이에 경계관창을 배치한다.
⑥ 개구부가 적고 방수사각이 생기기 쉬운 건물은 외벽을 국부 파괴하여 방수구를 설정한다.
⑦ 방화조 건물의 화재방어는 몰탈의 박리, 낙하, 외벽의 도괴에 주의한다.
⑧ 잔화처리는 벽속, 처마속, 지붕속 등에 잔화가 남기 쉬우므로 육안, 촉수, 국부파괴에 의하여 잔화를 처리하고 재연소방지에 노력한다.
⑨ 방화조 건물의 2층은 방수한 물이 바닥에 고여 상당한 중량이 되므로 만약 바닥이 타고 있으면 잔화처리 등으로 사람이 올라갔을 때 도괴될 염려가 있다.

190 "방화조 건물 화재진압 원칙"에서 설명으로 옳지 않은 것은?

① 건물의 내벽, 다락방과 같은 구획부분, 복도, 계단실 등을 연소방지 중점개소로 선정한다.
② 내부에 짙은 연기가 충만하고 화점의 확인이 곤란하다.
③ 소화활동은 연소위험이 큰 곳에 진입하여 연소방지를 중점으로 실시한다.
④ 벽체 혹은 천장 속에 들어간 불의 확인은 손을 대어 확인한다.

■ 방화조 건물 화재진압 원칙
원칙적으로는 목조건물의 경우와 마찬가지지만, 목조건물 화재와 비교하면 연소확대 속도는 느리다. 또, 기밀성도 높으므로 화점 및 연소범위를 파악하는 것이 진압활동의 포인트이다.
① 선착대는 화점건물 및 주변건물의 인명검색을 우선적으로 실시한다.
② 소화활동은 연소위험이 큰 곳에 진입하여 연소방지를 중점으로 실시한다.
③ 인접건물로의 연소는 창 등의 개구부와 처마를 통하여 이루어지는 경우가 많으므로 이 부분은 조기에 방수할 수 있도록 한다.
④ 방화조 건물은 내부에 짙은 연기가 충만하고 화점의 확인이 곤란하기 때문에 필요한 경우 분무방수 등으로 제거하면서 화점발견에 노력한다.
⑤ 벽체 혹은 천장 속에 들어간 불의 확인은 손을 대어 확인한다.
※ ①은 목조화재진압 원칙임.

191 "방화조 건물 화재의 특성과 관창배치"에 대한 설명으로 옳은 것은?

① 뒷면을 최우선으로 하고 정면, 2층 및 1층의 순으로 옥내진입을 원칙으로 한다.
② 화재 최성기 이후가 되면 공기의 유입이 적고 연기나 열기가 충만하기 쉽다.
③ 화재의 최성기 이후에는 몰탈의 박리, 외벽의 도괴가 일어나기 쉽다.
④ 건물 내에는 훈소 상태가 되면 목조건물 화재에 비하여 연소가 빠르다.

정답 190. ①   191. ③

■ **방화조 건물 화재의 특성**
① 화재초기의 연소상황은 일반적으로 목조화재와 비슷하다.
② 화재초기 이후는 건물의 외벽과 처마의 사이가 적기 때문에 연기가 밖으로 나오기 어렵다. 따라서 공기의 유입이 적고 연기나 열기가 충만하기 쉽다.
③ 건물 내에는 훈소 상태가 되면 목조건물 화재에 비하여 연소가 완만하다.
④ 화연이 벽체내부를 따라 확산되어 예기치 않게 건물전체로 확대되는 경우가 있다.
⑤ 화재의 최성기 이후에는 몰탈의 박리, 외벽의 도괴가 일어나기 쉽다.
⑥ 몰타르벽이기 때문에 방수한 물이 침투하기 어렵고 외벽, 처마, 지붕 속에 잔화가 발생하기 쉽다.

■ **방화조 건물 관창 배치**
① 뒷면을 최우선으로 하고 측면, 2층 및 1층의 순으로 옥내진입을 원칙으로 한다.
② 풍향, 주위의 건물배치를 고려하여 관창배치의 우선순위를 결정한다.
③ 연소건물에 내화조 건물의 개구부가 면하여 있는 경우는 내화조 건물에 관창을 배치한다.

192 "내화조 건물 화재진압 요령과 특성"에 대한 설명으로 옳지 않은 것은?
① 수손방지를 위하여 분무방수 및 직사방수를 병용하여 실시한다.
② 내화조 건물에서 개구부가 적을 때에는 파괴기구로 개구부를 만든다.
③ 공기호흡기를 착용하고 내부진입을 적극적으로 시도하고 반드시 화점에 방수한다.
④ 화재초기에는 내부진입과 화점확인도 어렵게 된다.

■ **화재특성**
내화조건물은 철근콘크리트조, 조적조, 석조, 콘크리트조 및 블록조 등 주요구조부가 내화성능을 가진 건물이다. 여기서는 3층 이상 7층 미만의 중층 내화조건물 화재방어 요령만 기술한다.
※ 일반적으로 내화조건물의 화재는 건물 주요구조부는 타지 않기 때문에 건축물의 기밀성이 우수하고, 초기의 연소는 완만하다.

화재 초기	① 화세가 약하다. ② 외부의 공기가 유입되지 않는 상태에서 연기의 중성대가 확실하게 나타난다. ③ 화점확인도 자세를 낮추면 비교적 쉽게 발견할 수가 있다.
중기 이후	① 짙은 연기와 열기가 실내, 복도에 충만하다. ② 내부진입과 화점확인도 어렵게 된다. ③ 배관샤프트, 계단, 닥트 등을 연소 경로로 하여 상층으로 연소 확대된다.

■ **내화조 건물 화재진압 요령*** 16년 소방위
① 화점실에 연기의 중성대가 있는 경우에는 자세를 낮게 하여 실내를 직접 보고 구조대상자 및 화점을 확인한다.
② 수손방지를 위하여 분무방수 및 직사방수를 병용하여 실시한다.
③ 개구부를 급격하게 개방하면 역류(Back draft)에 의한 화상 등의 염려가 있으므로 방수를 하면서 천천히 개방한다.
④ 내화조 건물에서 개구부가 적을 때에는 파괴기구로 개구부를 만든다.
⑤ 야간에는 조명기구의 활용으로 방어효과를 높인다.
⑥ 초기에 구조대상자가 없는 것이 확인된 상황에서의 소방활동은 화세제압을 중점으로 하여 연소확대 방지에 노력한다.
⑦ 공기호흡기를 착용하고 내부진입을 적극적으로 시도하고 반드시 화점에 방수한다.

정답 | 192. ④

193 "내화조 건물 화재"에 대한 설명으로 옳지 않은 것은?

① 내화조 건물에서는 짙은 연기, 열기가 있어 즉시 방수하여 열기를 식혀야 한다.

② 경계관창으로서 화점 직상층 및 좌우측의 공간에 경계선을 배치하고 관창까지 송수하여 연소 확대에 대비한다.

③ 밀폐된 아파트 등 소 구획된 실내에서는 포그건 등을 사용한다.

④ 닥트 및 배관 스페이스 등의 공간을 경로로 한 연소 확대가 예상되므로 각 층 및 각 실의 경계와 확인을 조기에 실시한다.

> **■ 내화조 건물 인명구조**
> ① 소방활동은 인명구조를 최우선으로 한다.
> ② 구조대상자에 관한 정보는 애매한 내용이라고 해도 추적하여 조사를 한다.
> ③ 인명검색은 대별로 임무를 분담하여 모든 구획을 한다.
> ④ 구조대상자가 있는 경우 열기로부터 몸을 보호하기 위하여 직접 분무방수를 한다.
> ⑤ 유독가스나 연기를 마시고 쓰러져 있는 사람을 발견한 경우는 기도확보 등 현장에서 응급처치 가능한 경우 현장에서 실시하고 구급대와의 연계 하에 구명에 노력한다.
>
> **■ 관창배치**
> ① 관창은 급기측, 배기측의 2개소 이상의 개구부에 배치하고 방수는 급기측에서 실시하며, 배기측은 원칙적으로 경계관창으로 한다.
> ② 경계관창으로서 화점 직상층 및 좌우측의 공간에 경계선을 배치하고 관창까지 송수하여 연소 확대에 대비한다.
> ③ 내화조 건물은 닥트 및 배관 스페이스 등의 공간을 경로로 한 연소 확대가 예상되므로 각 층 및 각 실의 경계와 확인을 조기에 실시한다.
>
> **■ 수손방지**
> ① 내화조 건물에서는 짙은 연기, 열기가 있어도 함부로 방수해서는 안 된다. 이러한 방수는 화점 확인을 어렵게 하고 수손의 원인이 되므로 반드시 화점을 확인하고 방수한다.
> ② 밀폐된 아파트 등 소 구획된 실내에서는 방수량이 적은 포그건(Fog Gun) 등을 사용한다.
> ③ 화점 직하층의 방 등에 천장에서부터 누수가 있는 경우는 가구 등에 방수커버를 덮어 오손을 방지한다. 또, 실내의 수용물만 탄 소규모 화재의 경우 화재실내에서도 마찬가지의 오손방지를 적극적으로 한다.
> ④ 건물지하에 있는 기계실 및 전기설비에 물이 들어가지 않도록 모래주머니, 방수커버 등으로 조치한다.

194 "주택화재"와 관련된 설명으로 옳지 않은 것은?

① 주택화재는 방화조나 내화조건물이 많고 화재발생 시간은 일반적으로 불을 많이 사용하는 저녁식사 시간대 보다는 심야에 많이 발생한다.

② 조리 기구에서의 발화는 가스레인지가 압도적으로 많다.

③ 목조 주택 화재는 연소가 빠르고 인접건물로 연소확대 될 것이 예상되므로 조기에 뒷면에 관창을 배치하여야 한다.

④ 소사자의 특징은 고령자, 노약자, 소아가 대부분이다.

정답 | 193. ① 194. ①

■ 주택화재 특성

① 주택화재는 목조건물이나 내화조건물이 많다. 계단이 1개소인 건물이 많고 2층을 침실로 사용하고 있으므로 잠재적으로 인명위험이 높으며, 1층은 생활공간으로서 항상 화기를 사용하는 주방, 거실 등이 많기 때문에 화재발생 위험이 높다.

② 화재발생 시간은 일반적으로 불을 많이 사용하는 저녁식사시간대에 많이 발생하며 16시에서 18시까지가 가장 많고 심야에는 적은 편이고, 소사자는 다른 용도에 비하여 집단에서 벗어나 많이 발생하고 있으며 특징은 고령자, 노약자, 소아가 대부분이다.

③ 발화 장소는 부엌의 조리 기구나 거실의 난방 기구에서 발화빈도가 높다. 최근에는 방화에 의한 주택화재도 많이 발생하고 있다.

④ 조리기구에서의 발화는 가스렌지가 압도적으로 많고 최근에는 냉동식품의 보급이 많아져 식용유에서 발화되는 경우도 있으며 난방기구는 석유난로에서의 발화가 많다.

■ 화재진압 요령

① 목조, 내화조건물 화재방어와 거의 같다.

② 주택은 일상생활의 장소이기 때문에 화재 시에는 항상 인명위험이 있으므로 정확, 신속한 인명구조 활동이 요구된다.

③ 공동주택의 경우는 일반적으로 각 세대가 독립되어 있고 경계벽이 천장 속까지 내화구조로 되어 있으므로 연소확대 위험은 없다고 하겠다.

④ 기본적인 진압요령은 목조, 내화조건물 화재진압 요령에 의한다.

■ 주택 화재진압에서의 유의사항

① 인명검색은 평소 잘 사용하는 각 거실, 화장실 등을 중점 확인한다.

② 옥외에서 확인한 상황에서 구조대상자의 유무를 추정하고 특히, 창의 개방, 전기의 점등에서도 사람이 있을 가능성이 있다고 생각하고 적극적으로 구조활동에 노력한다.

③ 벽장, 천장, 지붕속 등으로 연소확대되기 때문에 인접방의 천장을 국부파괴하고 관창을 넣어 화재를 진압한다.

④ 목조 주택 화재는 연소가 빠르고 인접건물로 연소확대 될 것이 예상되므로 조기에 뒷면에 관창을 배치하여야 한다.

⑤ 잔화처리는 건물의 기둥, 보, 기와 및 벽체의 낙하 또는 도괴의 위험을 제거하면서 구역을 지정하여 파괴기구를 활용하면서 실시한다.

⑥ 섬유원단, 신문지 또는 잡지 등의 경우 내부까지 불씨가 있다고 생각하고 소화활동을 하며 옥외 또는 물을 채운 드럼 등에 담궈 안전하게 소화하여 재연화재를 방지한다.

⑦ 재연화재 방지로서 관계자 등에게 경계를 철저히 하도록 협조의뢰 한다.

195 "대규모 목조건물화재"에 대한 설명으로 옳은 것은?

① 연소 확대 된 경우의 소화는 방화벽 등 구획장소 이외에서도 가능하다.

② 천장속의 화염확대는 대체적으로 느리다.

③ 지붕이나 천장 속으로 물이 침투되기 쉽다.

④ 화면이 넓어 관창을 조기에 배치하기가 곤란하다.

■ 대규모 목조건물화재

① 대규모 목조건물화재의 특성

대규모의 목구조 화재는 화세가 강하고, 연소속도도 빠르기 때문에 확대될 위험이 크다. 또, 다량의 불티가 비산하기 때문에 비화(飛火)의 발생위험도 높다.

② 화재진압의 곤란성

㉠ 화면이 넓어 관창을 조기에 배치하기가 곤란하다.

㉡ 화세가 강하고 대량방수를 필요로 한다.

㉢ 기둥, 보 등이 타면 건물의 도괴 위험이 있다.

정답 | 195. ④

CHAPTER 01 화재진압 및 현장 활동 | **141**

② 연소 확대 된 경우의 소화는 방화벽 등 구획장소 이외에서는 곤란하다.
⑩ 천장이 높은 건물이 많고 지붕속이나 천장 속으로 물이 침투되기 어렵다.
⑪ 화세가 격렬하고 복사열이 강렬하며 화면이 넓기 때문에 건물에 접근하는 것이 곤란하다.
⑫ 공장 등에서 지붕이 불연재인 경우에는 화염이 위로 분출되지 못하므로 불꽃이나 연기가 옆으로 연소해 간다.

③ 화재진압 요령
㉠ 수량이 풍부한 소방용수를 선정한다. 연못, 풀, 저수조, 하천 등의 수리를 점령하여 대량 방수체제를 취한다.
㉡ 옥내에 진입할 때의 관창부서는 화염의 확대를 고려하여 여유호스를 확보하면서 진입한다. 천장 속의 화염확대는 빠르므로 여유거리를 취하여 천장 등의 파괴를 하면서 화점에 방수한다.
㉢ 옥내로 진입 곤란한 경우의 관창배치는 화점건물의 화세제압과 인접건물로의 연소방지로 구분하여 연소방지 후 화점 건물로 진입할 수단을 강구한다.
㉣ 큰 구경의 관창에 의한 고압방수, 방수총, 방수포의 활용도 고려한다.
㉤ 연소 확대 방지에는 방화벽, 계단구, 건물의 굴곡부 등에 관창을 집중시킨다.
㉥ 방수는 도괴, 낙하를 방지하기 위하여 높은 곳을 목표로 한다.
㉦ 복사열이 크고 비화위험이 있으므로 부근의 건물에 대하여 주의를 기울인다.
㉧ 도괴, 천장낙하에 주의하고 직사방수로 떨어지기 쉬운 것을 떨어뜨린 후 진입한다.

196 "지하실 화재진압"에 대한 설명으로 옳지 않은 것은?

① 출입구가 1개소인 경우에는 진입이 곤란하고 급기구, 배기구의 구별이 어렵다.
② 짙은 연기, 열기가 충만하여 진입이 곤란한 경우에는 상층부 바닥을 파괴한다.
③ 개구부가 2개소 이상일 때는 연기가 많이 분출되는 개구부를 배연구로 하고 반대쪽의 개구부를 진입구로 한다.
④ 배기측 계단에서 화학차를 활용하여 고발포를 방사, 질식소화를 한다.

■ **지하실 화재 특성***** 16년 소방장 / 21년 소방교, 소방장 / 23년 소방교/ 24년 소방위
① 짙은 연기가 충만하기 때문에 진입구, 계단, 통로의 사용이 곤란하다.
② 공기의 유입이 적기 때문에 연소가 완만하지만 시간이 경과함에 따라 복잡한 연소상태를 나타낸다.
③ 출입구가 1개소인 경우에는 진입이 곤란하고 급기구, 배기구의 구별이 어렵다.
④ 지하실은 전기실, 기계실 등이 설치되어 있는 경우에는 소방대의 활동위험이 매우 크다.

■ **화재진압의 곤란성**
① 짙은 연기, 열기에 의한 내부 상황의 파악이 어렵고, 활동장애 요소가 많다.
② 진입구가 한정되어 활동범위의 제한을 받는다.
③ 진입구가 1개소인 경우에는 한 방향으로만 현장 활동을 하게 되어 혼잡하고 활동에 지장을 초래한다.
④ 장비와 기자재의 집중 관리장소를 현장 가까이에 둘 수 없는 경우가 많다.

■ **지하실 화재진압 요령*** 16년 소방장/ 21년 소방교, 소방장/ 23년 소방교/ 24년 소방위
① 지하실에는 불연성가스 등의 소화설비가 있는 경우가 많으므로 내부의 구획, 통로, 용도, 수용물 등을 파악한 후 행동한다.
② 진입개소가 2개소인 경우에는 급기, 배기방향을 결정한 후 급기측에서 분무방수 또는, 배연기기 등을 이용하여 진입구를 설정한다.
③ 개구부가 2개소 이상일 때는 연기가 많이 분출되는 개구부를 배연구로 하고 반대쪽의 개구부를 진입구로 한다.
④ 소화는 분무, 직사 또는 포그 방수로 한다. 또, 관창을 들고 진입하는 대원을 열기로부터 보호하기 위하여 필요한 경우에는 분무방수로 엄호 방수한다.
⑤ 급기측 계단에서 화학차를 활용하여 고발포를 방사(放射), 질식소화를 한다.

📖 **정답** | **196.** ④

⑥ 고발포를 방사하는 경우에는 화세를 확대시키는 경우도 있기 때문에 상층에 경계관창의 배치를 소홀히 해서는 안 된다.
⑦ 대원이 내부 진입할 때에는 확인자를 지정하고, 출입자를 확실하게 파악, 관찰하여야 한다.
⑧ 짙은 연기열기가 충만하여 진입이 곤란한 경우에는 상층부 바닥을 파괴하여 개구부를 만들고 직접 방수하여 소화하는 경우도 있다.

197 "병원화재"와 관련된 내용으로 옳은 것은?

① 관창배치는 제1을 화점상층, 제2를 최상층을 목표로 배치한다.
② 화재초기, 중기의 방어는 적극적으로 외부 연소확대 방지에 관창을 전개한다.
③ 인명검색은 화점실 및 화점실과 가장 먼 곳을 최우선하여 실시한다.
④ 대부분 당직의사, 간호사 및 수명의 경비원 등 소수의 인원이 관리하는 체제이므로 야간에 발화하면 피난행동이 불편한 노인이나 입원환자를 한정된 인원으로 대응해야 하는 것이 현실이다.

■ 특성
㉠ 병원의 야간, 휴일의 방화체제는 규모에 따라서 다르지만 거의 당직의사, 간호사 및 수명의 경비원 등 소수의 인원이 관리하는 체제로 운영된다.
㉡ 야간에 발화하면 피난행동이 불편한 노인이나 입원환자를 한정된 인원으로 대응해야 하는 것이 현실이다.
㉢ 노인복지시설(양로원 등)이나 정신병원 등은 고령이나 장애 때문에 유사시 이상심리 상태가 되어 구조대원이 말하는 것을 이해하지 못하는 경우도 생각할 수 있다.
㉣ 설치되어 있는 소방용설비의 조작방법도 병원직원 중 일부사람만 알고 있다는 점을 고려해야 한다.

■ 병원화재 인명검색, 구조요령
① 인명검색은 화점실 및 화점실과 가까운 실을 최우선하여 실시한다.
② 선착대는 정보수집을 정확하게 하고 화점실, 린넨(Linen)실, 계단실, 화장실 등 평소의 생활공간을 최우선적으로 검색한다.
③ 병원 관계자에게 피난방법, 피난장소를 알려준다.
④ 보행불능자 등은 원칙적으로 들것 등으로 운반하고 부득이하게 업고 구출하는 경우에도 2명 1조로 하여 확실하게 이동시킨다.
⑤ 구조대상자를(동시에 많은 사람을) 구출할 경우는 미끄럼대, 구조대·피난사다리 등 건물의 소방용 시설을 활용한다.
⑥ 인명구조활동은 엄호방수를 병행하여 구출한다.
⑦ 환자는 화재로 인하여 정신적 불안이 가중되므로 안정시키는 조치를 취한다.
⑧ 구출된 사람의 임시구호소는 인접건물에 안전한 장소가 있으면 그곳을 1차 피난장소로 정하여 보온 등의 구호조치를 하고 가능한 한 빨리 안전한 장소로 수용한다.
⑨ 산부인과 등에서는 보행이 불가능한 신생아 등이 있는 장소를 중점적으로 구조활동을 전개한다.

■ 병원화재 진압요령
① 선착대는 경비원, 당직원으로부터 정확한 화점 및 구조대상자의 정보를 수집한다.
② 화재초기, 중기의 방어는 적극적으로 내부진입 수단을 강구하여 관창을 전개한다.
③ 병원에 설치되어 있는 소화설비 등을 효과적으로 활용한다.
④ 자위소방대가 있는 경우에는 소방대가 도착한 후에도 계속하여 지원협력하게 한다.
⑤ 연소확대가 예상되는 경우 관창배치는 제1을 화점층, 제2를 화점상층을 목표로 배치한다.
⑥ 방수는 직사, 분무를 효과적으로 하여 소화한다.
⑦ 환자에게 방수하면, 쇼크 또는 냉기로 악영향을 주는 경우가 있으므로 엄호방수는 주의를 요한다.
⑧ 화재진압계획이 있는 것은 그 계획을 참고하여 소방활동을 한다.

정답　197. ④

198 "백화점 및 대형점포 화재 소방활동"으로 옳지 않은 것은?

① 옥상의 피난자는 확성기를 사용하여 유도하고 상황에 따라서 대원을 옥상으로 진입하게 한다.

② 선착대는 관계자로부터 정보 수집 및 자동화재탐지기 수신반에서 연소범위를 확인한다.

③ 수신반의 표시가 여러 층인 경우에는 주방 화재인 경우도 있다.

④ 복사열이 강한 경우 진입방수는 기둥, 상품박스, 칸막이 또는 셔터 등을 방패로 하여 실시한다.

	■ 백화점 및 대형 점포화재* 19년 소방장/ 21년 소방교
화재의 특성	백화점 및 대형 점포에서는 영업 중에 불특정 다수인의 출입이 있고, 가연성 상품이 대량으로 진열되어 있기 때문에 일단 화재가 발생되면 연소력도 강하고 인명위험도 매우 높다.
인명검색 및 구조	① 자위소방대로부터 이용객의 상황을 파악함과 동시에 비상방송설비 등을 활용하여 안전한 장소로 피난유도 시킨다. ② 옥상 피난자에게는 뛰어내리지 않도록 차량용 확성기 등으로 방송한다. ③ 인명검색은 공기호흡기를 장착하고 원칙적으로 2명 1조로 행동한다. ④ 검색장소는 식당, 계단실, 에스컬레이터 로비, 창 근처, 화장실 등을 중점으로 실시하고 중복되지 않도록 분담한다. ⑤ 옥상의 피난자는 연기가 적은 장소로 이동시키는 등 지상에서 확성기를 사용하여 유도하고 상황에 따라서 대원을 옥상으로 진입하게 한다. ⑥ 사다리차를 사용하여 진입하는 경우에는 위험성이 높은 구조대상자부터 우선적으로 구출한다. ⑦ 구조대상자가 다수인 경우에는 현장부근에 구호소를 설치한다. ⑧ 구조된 구조대상자의 성명, 연령, 성별 및 부상정도 등에 대하여 현장지휘본부는 정확한 정보수집에 노력한다. ⑨ 인원에 여유가 있는 경우는 화재로 인한 부상자의 수용병원에 조사요원을 파견한다.
화재진압 요령	① 선착대는 관계자로부터 정보를 수집하고 자동화재탐지기 수신반에서 연소범위를 확인한다. 또, 수신반의 표시가 여러 층인 경우에는 공조용 덕트 화재인 경우도 있다. ② 소화활동은 옥내소화전 및 소방전용방수구 등 각종 설비를 최대한 활용한다. ③ 복사열이 강한 경우의 진입방수는 기둥, 상품박스, 칸막이 또는 셔터 등을 방패로 하여 실시한다. ④ 방수는 화점을 정확하게 확인하여 직접방수를 하고 수손방지에 노력한다. ⑤ 낙하물은 직사방수로 떨어뜨려 안전을 확보한다. ⑥ 방수는 급기측, 배기측으로 구분하고 급기측에서 진입하는 것을 원칙으로 한다. ⑦ 지하변전실, 기계실로 소화수가 유입되는 것을 방지한다. ⑧ 비상용 콘센트 또는 조명기구를 이용하여 화재진압 활동의 효과를 높인다.

정답 198. ③

199 "여관, 호텔화재 진압요령"으로 옳지 않은 것은?

① 구조대상자가 객실에 있다고 생각하고 모든 실의 검색활동을 실시한다. 또, 숙박자 명부의 활용을 고려한다.

② 화염이 화점실에서 분출되고 있는 경우는 베란다, 복도 등 횡방향으로 대피토록 유도한다.

③ 관창은 원칙적으로 화점층과 직상층에 배치한다.

④ 대부분 각 방이 밀실이고 심야에는 숙박자가 숙면상태이기 때문에 비상벨 등에도 인지할 수 없는 상태가 예상된다.

■ **화재특성**
① 여관, 호텔의 이용객 대부분은 건물의 구조를 잘 모르거나 음주나, 해방감 등으로 화재에 대하여 무방비 상태인 경우가 많다.
② 화재가 발생할 경우 종업원들의 적절한 안내방송, 소방기관에의 신고는 물론 피난유도 등의 소방활동을 신속하게 하지 않으면 많은 사상자가 발생할 가능성이 있으므로 과거에도 많은 사상자가 발생한 사례가 많다.
③ 대부분 각 방이 밀실이고 심야에는 숙박자가 숙면상태이기 때문에 비상벨 등에도 인지할 수 없는 상태가 예상된다.

■ **인명구조**
① 여관, 호텔의 각 객실은 밀실이 많고 대상물 측에서의 피난상황 확인이 어렵기 때문에 구조대상자가 객실에 있다고 생각하고 모든 실의 검색활동을 실시한다. 또, 숙박자 명부의 활용을 고려한다.
② 피난자는 피난하기 위하여 계단실, 복도에 집중하는 경우가 많지만 소화활동으로 진입한 소방대와 충돌하지 않도록 유도하고 피난의 장애가 되지 않는 진입로를 선정한다.
③ 선착대는 2인 1조가 되어 공기호흡기를 장착하고 화점층을 검색한다.
④ 화염이 화점실에서 분출되고 있는 경우는 베란다, 복도 등 횡방향으로 대피토록 유도한다.
⑤ 하나의 실이라도 최성기 상태인 경우에는 상층까지의 위험상태를 인식한다.
⑥ 구조활동과 동시에 옥외로 뛰어 내릴 위험은 없는지를 반드시 확인한다.
⑦ 호텔의 입지조건에 따라서는 인접건물을 통하여 진입 구조 할 수 있는 경우도 있으므로 유효하게 활용한다.
⑧ 피난에 계단을 활용할 수 없는 경우에는 건물에 설치된 피난기구를 활용한다.
⑨ 피난자, 구조자, 구조대상자의 상황파악을 위해 인접건물에 구조호스를 배치한다.

■ **화재진압 요령**
① 선착대는 경비원, 야간의 숙직자로부터 초기대응 상황을 구체적으로 듣고 상황을 파악한다.
② 자동화재 탐지설비의 작동상황으로부터 필요기자재, 진입수단을 결정하고 활동에 당한다.
③ 관창진입은 화점층, 화점층 상층부를 최우선하여 배치한다.
④ 관창은 원칙적으로 각층마다 배치한다. 복도 등에 광범위하게 연소 확대되고 있는 경우에는 방화구획을 이용하여 연소를 저지한다.
⑤ 상층이 발화 층인 경우에는 방수한 물이 계단 등으로 흘러내리므로 방수카바를 이용하여 옥외로 배수되도록 조치하는 등 수손방지에 노력한다.
⑥ 짙은 연기·열기가 충만한 내부에 진입할 경우 직사방수 하는 대원을 엄호하기 위하여 뒤에서 분무방수를 한다.
⑦ 침대, 커튼, 카페트 등의 잔화정리는 옥외로 이동시키거나 욕실에서 물을 적셔 완전하게 소화한다.

정답 199. ③

200 3D 방수기법에서 "연소가연물에 직접방수하여 화재를 진압하는 방법"과 관계있는 것은?

① 페인팅 기법　　　　　　　　　　② 펜슬링 기법
③ 펄싱 기법　　　　　　　　　　　④ 파운드 기법

■ **3D방수기법★★★★** 19년 소방장/ 21년 소방교, 소방장/ 22년 소방교 /23년 소방교
화재가 발생되어 연소중인 가연물질 표면과 실내 전체에 퍼져있는 연기에도 방수하는 방식이다.
즉 3차원적 화재진압 방식을 말한다.
3D방수기법은 펄싱(pulsing), 페인팅(painting), 펜슬링(penciling)으로 나눌 수 있다.

펄싱 기법	– 공간을 3차원적으로 냉각시키는 방식이며, – 방수를 통해 주변의 공기와 연기를 냉각시키고,
페인팅 기법	– 벽면의 온도를 낮추고 열분해를 중단시키는 것이며, – 벽면과 천장의 온도를 낮추고 열분해 중단시키는 것이며
펜슬링 기법	– 연소 가연물에 직접 방수하여 화재 진압을 하는 방법을 말한다. – 화점에 직접 방수를 하면서 화재를 진압하는 방식이다.

※ 펄싱, 페인팅 방수기법은 화재환경을 제한하고 통제하며 화점실까지 도달하게 도와주는 것이라면
펜슬링 방수기법은 실제 화재진압용 기술이다.
펄싱, 페인팅 기법은 화재 환경을 제한하고 통제하는 것이며 펜슬링 기법만이 실제 화재진압용 기술
이라는 점이다. 또한, 펄싱과 페인팅 방수기법은 직접 화재진압방식을 대체하는 것이 아니라 화재를
진압하는 곳까지 도달하게 도와주는 기법이다.

‖ 숏 펄싱 ‖

‖ 롱 펄싱 ‖

201 다음 내용과 관계 깊은 것은?

① 관창의 개폐조작은 1~2초 이내로 끊어서 방수한다.
② 좌(우)측, 중앙, 우(좌)측 순으로 전면 상층부에 끊어서 3~4회 방수한다.

① 미디움펄싱
② 롱펄싱
③ 숏펄싱
④ 숏펜슬링

🔑 **정답**　**200.** ②　**201.** ①

■ 펄싱(pulsing)* 13년 소방위/ 21년 소방교, 소방장/ 22년 소방교/ 23년 소방교

숏펄싱 (Short pulsing)	① 건물내부에 진입하기 전 출입문 상부에 방수를 하여 물이 방수와 동시에 증발을 하는지 확인한다. ② 만약 증발을 하게 되면 내부가 매우 뜨겁다는 것이다. 그래서 물을 뿌렸을 때 증발하는지 흘러내리는지를 세심하게 관찰하여야 한다. 또한 증발 할 때는 어느 위치에서 증발하는지를 판단해야 한다. ③ 그 다음에 출입문 내부 천장부분에 방수한다. 그 이유는 문을 열자마자 내부의 진한농도의 가연성가스가 바깥으로 나오면서 산소와 혼합되며 연소범위 내에 들어와서 자연발화 될 가능성이 있기 때문이다. ④ 그렇게 자연발화가 된다면 바깥에서부터 화염이 발생하여 내부로 들어가는 현상이 발생한다. ⑤ 문을 열었을 때 나오는 가스가 산소와 결합해서 점화되는 것을 방지하기 위해 상부의 가스와 공기를 냉각시켜 자연발화의 가능성을 없애주는 것이다. ⑥ 그리고 내부에 진입해서 상부로 방수를 하여 산소농도를 낮추고 가연성 가스를 식히고 희석시켜 자연발화 온도에 도달하는 것을 방지하며, 대원 머리 위 또는 근처에 고온의 화재가스가 있을 경우 바로 사용하도록 한다. ⑦ <u>1초 이내로 짧게 끊어서 방수하며, 물의 입자(0.3mm 이하)가 작을수록 효과가 높은 장점</u>을 가지고 있다. ※ 숏펄싱 요령 ⓐ 확실한 발 디딤 장소를 확보하고 낮은 자세를 유지한다. ⓑ 관창수는 화점실 진입전 머리 위쪽 및 주변 상층부 연기층을 목표로 방수한다. ⓒ 관창보조는 소방호스를 땅에 살짝 닿도록 들어서 잡아준다. 관창수가 담당하는 부분은 앞부분만 나머지 호스의 반동이나 무게는 보조자가 담당하게 된다. ⓓ 관창의 노즐은 오른쪽 방향 끝까지 돌려서 사용한다. ⓔ <u>관창의 개폐조작은 1초 이내로 짧게 끊어서 조작한다.</u> ⓕ <u>좌(우)측, 중앙, 우(좌)측 순으로 상층부에 짧게 끊어서 3~4회 방수한다.</u>
미디움펄싱 (medium pulsing)	<u>숏펄싱과 롱펄싱의 중간 방수기법으로 1~2초의 간격으로 주어진 상황에 따라서 방어와 공격의 형태로 적용할 수 있다.</u> 미디움펄싱 방수 요령은 다음과 같다. ① 확실한 발 디딤 장소를 확보하고 낮은 자세를 유지한다. ② 관창수는 화점실 진입전 전면 상층부 연기층 및 간헐적 화염을 목표로 방수한다. (방수한 물이 모두 기화하는 것이 아니라 일부는 가스층을 뚫고 천장 표면에 부딪혀 표면 냉각효과를 갖기도 한다) ③ 관창보조는 소방호스를 땅에 살짝 닿도록 들어서 잡아준다. ④ 관창의 노즐은 오른쪽 방향 끝까지 돌려서 사용한다. ⑤ <u>관창의 개폐조작은 1~2초 이내로 끊어서 조작한다.</u> ⑥ <u>좌(우)측, 중앙, 우(좌)측 순으로 전면 상층부에 끊어서 3~4회 방수한다.</u>
롱펄싱 (Long pulsing)	<u>상부 화염 소화, 가스층 희석 및 온도를 낮추어 대원들이 내부로 더 깊이 침투할 수 있도록 하며, 주어진 상황에 따라서 3~5초의 간격으로 다양하게 적용한다.</u> ① 확실한 발 디딤 장소를 확보하고 낮은 자세를 유지한다. ② 관창수는 구획실 앞쪽 상층부 연기층 및 화염을 목표로 방수한다. ③ 관창보조는 소방호스를 땅에 살짝 닿도록 들어서 잡아준다. ④ 권총형 관창의 노즐은 오른쪽 방향 끝까지 돌려서 사용한다. ⑤ <u>관창의 개폐조작은 2~5초 이내로 끊어서 조작한다.</u> ⑥ <u>좌(우)측, 중앙, 우(좌)측 순으로 상층부에 방수하며 구획실 공간 전체 용적을 채울 수 있도록 수차례 나눠서 방수한다.</u>

202 **"오일오버 현상"에 대한 설명으로 옳은 것은?**

① 모래 등으로 방제 둑을 쌓아 확산범위를 최소화하여야 한다.
② 보일오버, 스로프오버, 후로스오버 현상보다 위험성이 더 적은 것으로 알려져 있다.
③ 질식효과를 나타내는 데 필요한 포의 두께는 최저 50~60cm 정도이다.
④ 소화방법으로는 냉각소화를 원칙으로 한다.

■ **오일오버 현상*** 22년 소방위
① 위험물 저장탱크 내에 저장된 제4류 위험물의 양이 내용적의 1/2 이하로 충전되어 있을 때 화재로 인하여 증기 압력이 상승하면서 저장탱크내의 유류를 외부로 분출하면서 탱크가 파열되는 현상을 말하며, <u>보일오버, 스로프오버, 후로스오버현상보다 위험성이 더 큰 것으로 알려져 있다.</u>
② 위험물 저장탱크에 화재가 발생하여 오일오버(Oilover)의 위험이 있는 경우, 소화방법으로는 질식 소화를 원칙으로 하며, 소화약제로는 포, 분말, CO_2 등을 주로 사용한다. 질식효과를 나타내는 데 필요한 포의 두께는 최저 5~6cm 정도이나, <u>연소면적에 따라 충분한 양을 살포해야 질식소화효과를 나타낼 수 있다.</u>
③ 오일오버에 대한 간접적 대처방법으로 화재 상황에 따라서 <u>저장탱크용기 등을 외부에서 냉각시켜 가연성증기 발생을 억제하는 것이 유효한 대처방법이다.</u> 화재가 확산되는 것을 막기 위해서는 <u>모래 등으로 방제 둑을 쌓아 확산범위를 최소화하여야 한다.</u>

203 **유류화재 중 다음 내용과 관계 깊은 것은?**

> 탱크표면화재로 원유와 물이 함께 탱크 밖으로 흘러 넘치는 현상으로 대규모 화재로 확대되는 원인이 된다.

① 오일오버(Oilover)
② 슬롭오버(Slopover)
③ 후로스오버(Frothover)
④ 보일오버(Boilover)

■ **위험물화재 특수현상 개념 비교**** 16년 소방교/ 19년 소방장/ 21년 소방교, 소방장/ 22년 소방위

구 분	오일오버 (Oilover)	보일오버 (Boilover)	후로스오버 (Frothover)	슬롭오버 (Slopover)
특 성	화재로 저장탱크 내의 유류가 외부로 분출하면서 탱크가 파열하는 현상	탱크표면화재로 원유와 물이 함께 탱크 밖으로 흘러 넘치는 현상	유류표면 아래 비등하는 물에 의해 탱크 내 유류가 넘치는 현상	유류 표면온도에 의해 물이 수증기가 되어 팽창, 비등함에 따라 유류를 외부로 비산 시키는 현상
위험성	위험성이 가장 높음	대규모 화재로 확대 되는 원인	직접적 화재발생 요인은 아님	직접적 화재발생 요인은 아님

정답 **202. ① 203. ④**

204 "고층건물 화재"의 초기현상인 것은?

① 베란다 등이 없는 벽면에서는 창에서 분출되는 불꽃이 상층으로 연소 확대된다.

② 불완전 연소가스가 실내에 충만하여 시계가 불능한 상태가 된다.

③ 검은 연기가 분출되고 창유리가 파괴되어 화염이 분출된다.

④ 고온의 불꽃으로 건물외벽의 모르타르에 박리현상이 일어난다.

■ **고층건물 화재특성**

(화재초기)

① 내부의 가연물에 착화하여 가연성 가스를 발산하면서 연소하기 시작한다. 이 때문에 <u>흰 연기, 수증기가 왕성하게 분출하여 실내를 유동한다.</u>

② <u>불완전 연소가스가 실내에 충만하여 시계가 불능한 상태가 된다.</u>

③ 화점실에서 나온 연기는 계단 등을 경유하여 위층부터 차례로 연기가 충만해지고, 이때는 <u>보통 공기의 유입쪽인 급기측과 연기가 나가는 쪽인 배기측이 확실하게 나타난다.</u>

(중기이후)

① <u>검은 연기가 분출되고 창유리가 파괴되어 화염이 분출된다.</u>

② 화염의 분출과 동시에 공기의 공급에 의하여 화세는 더욱 강렬해진다.

③ <u>고온의 불꽃으로 건물외벽의 모르타르에 박리현상이 일어나고 때에 따라서는 파열하여 비산하다.</u>

④ 건물구조상 결함(슬래브의 구멍, 파이프 관통부의 마감 불완전 등)이 있으면 그 부분을 통하여 상층으로 연소한다. EPS(전기배선 샤프트)내에 묶여 있는 케이블은 만약 화재가 발생할 경우 다른 층으로의 연소나 연기확산의 경로가 된다.

⑤ 베란다 등이 없는 벽면에서는 창에서 분출되는 불꽃이 상층으로 연소 확대된다.

⑥ 계단실, 에스컬레이터 등의 구획이 개방되어 있으면 그 곳을 통하여 상층으로 연소한다.

⑦ 초고층 건물의 상층은 강화유리 등으로 설치되어 있어 화재가 확대될 경우 광범위하게 파괴, 낙하될 염려가 있으므로 주의한다.

205 "고층건물진압 시 사용되는 전략"으로서 다음 내용과 관계 깊은 것은?

> 심각한 화재상황이 진행 중이며 화재가 통제될 수 없다는 판단이 내려질 때 이용되는 전략이다.

① 측면공격

② 공격유보

③ 방어적 공격

④ 외부공격

■ **공격유보*** 24년 소방교, 소방장

공격 유보 (Non attack)	공격유보 전략은 심각한 화재상황이 진행 중이며 화재가 통제될 수 없다는 판단이 내려질 때 이용되는 전략이다. ※ 화점층 위에서 아래층으로 대피하고 있는 동안 화점층에 진입 경우 문틈으로 연기와 열이 계단실로 일시에 유입되는 상황이라면 무리한 진입공격이 이루어지면 안되고, 인명검색팀이 화점층을 검색할 필요가 있을 경우에는 검색팀이 진입한 즉시 출입문을 닫아야 한다. 진입공격이 가능하다면 다른 층계를 이용하여 화재를 진압하거나 모든 대피자들이 나올 때까지 기다려야 한다.

정답 204. ② 205. ②

206 고층건물 화재 시 다른 화재에 비해 "반응시간을 느리게 만드는 요인"이 아닌 것은?

① 정확한 화점 발견을 위해 연기가 가득 찬 곳을 인명 검색하는 시간

② 화점위치와 상황정보를 묻기 위해 건물관리인을 찾고 질문하는 시간

③ 화재신고 접수 후 현장에 도착하는 시간

④ 엘리베이터에서 내려 화점을 찾고 접근하는 시간

■ **고층건물 화재 시 다른 화재에 비해 반응시간을 느리게 만드는 요인**
① 건물 내 큰 로비를 수십~수백미터 걸어야 하는 시간
② 화점위치와 상황정보를 묻기 위해 건물관리인을 찾고 질문하는 시간
③ 자동화재탐지설비 수신반(alarm panel)을 발견한 후 화점층을 확인하고 공조설비(HVAC system)를 닫는 시간
④ 화점층에 가기위해 엘리베이터를 기다리고 마스터키를 조작하여 엘리베이터에 탑승하여 올라가는 시간
⑤ 엘리베이터에서 내려 화점을 찾고 접근하는 시간
⑥ 직하층 옥내소화전에 호스와 관창을 연결하여 화점층으로 연장하는 시간
⑦ 정확한 화점 발견을 위해 연기가 가득 찬 곳을 인명검색하는 시간
⑧ 만약 수십~수백개의 구획공간이 있을 경우 이곳을 인명검색하는데 걸리는 시간 등 일반화재에서 보기 어려운 반응시간 지체사유가 발생한다.

207 "고층화재의 전술적 환경"과 관계없는 것은?

① 건물높이   ② 넓은 구획의 건물구조

③ 신속한 반응시간   ④ 내화구조

■ **고층화재진압의 곤란성(전술적 환경)*** 16년 소방장/ 17년 소방위/ 20년 소방장/ 24년 소방위
① 건물높이로 인한 전술적 제한
② 넓은 구획의 건물구조로 인한 전술적 제한(Large Floor Areas)
③ 반응시간 : 반응시간(Reflect Time)은 화재신고 접수를 받을 때부터 소방대원이 최초로 화재현장에 방수할 때까지 걸리는 시간을 말하는 것으로 다른 화재에 비해 고층건물 화재 시 반응시간은 매우 느리다.
④ 건물설비시스템 : 고층건물화재 진압활동에서 가장 중요한 성공요인은 소방시설을 포함한 건물설비시스템이다.
⑤ 통신 : 건물 내에 진입한 팀은 현장지휘소와 통신해야 하지만 강철구조로 된 고층건물은 무선통신이 어려운 것이 일반적이다.
⑥ 창문 : 소방전술적 관점에서 고층건물은 창문이 없는 건물로 간주되어야 한다.
⑦ 내화구조 : 석유화학물질이 가미된 생활가구, 가연성 인테리어 구조, 공조시스템에 의한 층별 관통 구조 등 현대사회의 고층건물은 더 이상 내화구조의 건축물로 보기 어렵다.
⑧ 중앙 공조시스템 : 공조시스템의 배관과 통로가 벽, 바닥, 천장을 관통한다. 고층화재에서 종종 층별 또는 구획 간 화재확대는 공조 시스템을 통하여 확대되는 경우가 많다.

🔑 **정답** | **206.** ③   **207.** ③

208 **"고층빌딩화재 환경의 위험성"에 대한 설명으로 옳지 않은 것은?**

① 고열로 인한 바닥균열 등으로 심할 경우에는 붕괴되어 화재가 아래층으로 확산된다.

② 개방된 엘리베이터 통로에 방향을 잃은 소방대원들이 추락하는 경우가 있다.

③ 엘리베이터 사용 시 화재발생 층으로부터 직하 층 아래에서 내려 계단을 통해 진입해야 한다.

④ 폭열현상이란 콘크리트, 석재 등 내화재료가 고열에 의해 내부 습기가 팽창되면서 균열이 일어나 박리되는 현상으로 일반적으로 300℃ 이상에서 발생한다.

■ **고층빌딩화재 환경의 위험성** * 16년 소방장/ 17년 소방위

① 일반적인 화재진압상의 위험성외에도 건물구조상 특별한 위험이 산재하고 있다.

　　※ 복잡성, 다양한 건물시스템, 유리파편, 엘리베이터, 붕괴낙하물체, 공기흐름의 불안전성 등

② 화재 진압시 엘리베이터의 문제

　㉠ 대표적 순직사고는 화점 층을 잘못 파악하였거나 바로 아래층에서 내릴 때 승강기문이 열림과 동시에 화염이 대원들을 덮치는 경우이다.

　㉡ 엘리베이터를 사용하여 화점층으로 진입할 경우 반드시 고려해야 할 사항

　　- 화재가 발생한 층을 정확히 알아야 한다.

　　- 화재발생 층으로부터 두 개 층 아래에서 내려 계단을 통해 진입해야 한다.

　　- 승강문이 개방된 상태에서 엘리베이터 사용 중 통로 중간에 멈춰서 갇히는 경우

　㉢ 개방된 엘리베이터 통로에 방향을 잃은 소방대원들이 추락하는 경우

　㉣ 안전조치가 미비한 각종 쓰레기 배출통로, 케이블 통로, 공기정화 통로 등

　㉤ 고열로 인한 바닥균열 등으로 심할 경우에는 붕괴되어 화재가 아래층으로 확산

　㉥ 콘크리트 폭열현상(Spalling failure)으로 천장의 보드나 판넬을 지지하고 있던 철 구조물이 뽑히면서 천장 보드가 붕괴되거나 박리된 콘크리트 덩어리가 떨어지면서 화재가 확대되거나 순직사고가 발생되기도 한다.

　㉦ 건물구조의 복잡성으로 인명 검색할 때 출입구를 찾지 못하거나 통로를 잃어버릴 위험이 있다.

　㉧ 화점 부근의 650~750℃에 달하는 높은 짙은 연기온도는 굴뚝효과로 인해 고층에서부터 차츰 아래로 쌓여 내려오는 성층화를 형성하여 고층건물 중간 또는 전 층에 체류할 수도 있다.

　㉨ 고층건물의 밀폐된 환경은 소방대원들에게 큰 위험요인 중 하나이다.

폭열 현상	콘크리트, 석재 등 내화재료(耐火材料)가 고열에 의해 내부 습기가 팽창되면서 균열이 일어나 박리되는(薄利)현상으로 화재시 콘크리트 구조물에 물리적, 화학적 영향을 주어 파괴되는 현상을 말한다. 일반적으로 300℃ 이상에서 발생한다.
박리 현상	양파껍질처럼 떨어져 나오는 현상으로 콘크리트 중의 수분이 열팽창으로 콘크리트가 떨어져 나가는 것을 말하며, 원인은 열도 있지만 다양한 원인에 의해 발생되고 폭열과 같은 콘크리트가 터지듯이 떨어지는 것은 아니다.

209 **"BLEVE 현상과 예방법"에 대한 설명으로 옳지 않은 것은?**

① 가연성 액화가스 주위에 화재가 발생한 경우 기상부 탱크강판이 국부 가열되어 그 부분의 강도가 약해지면 탱크가 파열되고 이때 내부의 가열된 액화가스가 급속히 팽창 분출하면서 폭발하는 현상을 말한다.

② 발생과정은 탱크주위 화재발생 – 탱크벽 가열 – 압력상승 – 탱크파열 – 폭발적 분출이다.

③ 예방법으로는 감압시스템에 의하여 탱크내의 압력을 내려준다.

④ 가연성 액체인 경우 탱크파열시 점화되어 증기운폭발을 형성하게 되나 BLEVE현상이 화재에 기인한 것이 아닌 경우 탱크파열시 Fire Ball을 일으킨다.

📖 **정답** **208.** ③ **209.** ④

BLEVE 현상과 Fire Ball	① BLEVE란 가연성 액화가스 주위에 화재가 발생한 경우 기상부 탱크강판이 국부 가열되어 그 부분의 강도가 약해지면 탱크가 파열되고 이때 내부의 가열된 액화가스가 급속히 팽창 분출하면서 폭발하는 현상을 말한다. ② BLEVE 등에 의한 인화성 증기가 분출 확산하여 공기와의 혼합이 폭발범위에 이르렀을 때 발생하는 공 형태의 화염으로 버섯형의 화염덩어리를 파이어볼 (Fire Ball)이라 한다.
발생과정* 14년 소방위	① 액체가 들어있는 탱크 주위에 화재발생 ② 탱크벽 가열 ③ 액체의 온도 상승 및 압력상승 ④ 화염과 접촉부위 탱크 강도 약화(파이어볼(Fire Ball)을 형성) ⑤ 탱크파열 ⑥ 내용물(증기)의 폭발적 분출 증가 (Fire Ball 형성) ※ 가연성 액체인 경우 탱크파열시 점화되어 파이어볼(Fire Ball)을 형성하게 되나 BLEVE현상이 화재에 기인한 것이 아닌 경우 탱크파열시 증기운폭발을 일으킨다.
BLEVE의 예방법	안전밸브는 탱크내부의 압력을 일정수준 이하로 유지시켜 줄 뿐이며 BLEVE의 발생을 근본적으로 막기 위해서는 다음과 같은 추가조치가 필요하다. ① 감압시스템에 의하여 탱크내의 압력을 내려준다. ② 화염으로부터 탱크로의 입열을 억제한다. ③ 폭발방지 장치를 설치한다. 이 장치는 주거상업지역에 설치된 10톤 이상의 LPG 저장 탱크에 설치(상공자원부 고시)하도록 되어 있다. ※ 대부분의 시설에서 복사열을 완벽히 흡수하는데 필요한 물을 분무하기는 어려우나, 화염에 노출되어 있는 탱크 외벽에 물을 분무하는 것은 대단히 중요한 의미가 있다. 그것은 안전장치 작동압력에서의 탱크파괴점 이하로 탱크강판의 온도를 유지할 수 있기 때문이다. 냉각시켜야 할 중요부위는 탱크의 상부 즉, 기상부이다.

210 "고층건물 화재 시 치명적 위험성"을 가진 짙은 연기로부터 안전을 확보하기 위한 6가지 수칙으로 옳지 않은 것은?

① 강제진입, 유사시의 긴급대피에 필요한 인근 호실(내화조 구획공간)로의 접근권을 확보할 것
② 화재발생 층의 직하층 엘리베이터에서 내려, 계단을 통해 화점층에 진입한다.
③ 복도의 배치구조를 사전에 확인할 것
④ 열과 연기가 심하지 않은 소형 화재의 경우, 아파트(각 호실) 내부를 인명검색 할 경우 한 명 이상의 대원을 반드시 복도에 배치해 두어야 한다.

■ 고층건물 화재 시 치명적 위험성을 가진 짙은 연기로부터 안전을 확보하기 위한 6가지 수칙
　* 21년 소방위
① 화재발생 층으로부터 2~3층 아래 엘리베이터에서 내려, 계단을 통해 화점층에 진입하고, 유사시 신속한 후퇴상황에 대비하여 계단위치와 대피방향에 대해 사전에 확인할 것
② 복도의 배치구조를 확인할 것
③ 강제 진입 시. 유사시의 긴급대피에 필요한 인근 호실(내화조 구획공간)로의 접근권을 확보할 것
④ 진입팀(관창수)이 화점에 접근할 수 있을 정도로 호스연장팀이 호스를 충분히 끌어놓았는지 확인할 것
⑤ 강제진입과 동시에 진입한 출입문을 장악하고 통제할 것
⑥ 열과 연기가 심하지 않은 소형 화재의 경우, 아파트(각 호실) 내부를 인명검색 할 경우 한 명 이상의 대원을 반드시 복도에 배치해 두어야 한다. 이때, 복도 배치요원은 화재상황이 갑자기 악화될 경우 각 아파트(각 호실) 내부에 있는 인명검색 대원들의 긴급대피를 유도하고, 복도에 연기와 열이 가득 차는 것을 막는 복도 배연임무를 맡게 된다.

🔓 정답 | **210.** ②

211 "고층건물화재 진압전술 요령"으로 옳지 않은 것은?

① 비상용 엘리베이터를 활용한 진입은 화점층보다 2개 층 아래에서 진입하는 것이 좋다.
② 발화층이 3층 이상인 경우에는 원칙적으로 펌프차에서 40m/m호스를 연결한다.
③ 화점층 및 화점상층의 인명구조 및 피난유도를 최우선으로 한다.
④ 피난장소는 화재발생지역 위 아래로 2~3층 정도 떨어진 지역으로 거주인원을 이동시킨다.

■ **고층화재 진압전술**★★★ 16년 소방장/ 17년 소방위/ 21년 소방위/ 23년 소방위
① <u>화점층 및 화점상층의 인명구조 및 피난유도를 최우선으로 한다.</u>
  ※ 선착대는 방재센터로 직접 가서 화점층의 구조대상자 유무, 소방설비의 작동상황, 자위소방대의 활동상황, 건물내부 구조 등 상황을 확인한다.
② 현장지휘관은 선착대장 및 관계자로부터 청취한 정보 등을 종합적으로 분석 판단하여 연소저지선, 제연수단 및 소화수단을 결정한다.
③ 다수의 피난자가 있는 경우에는 피난로 확보를 위해 소화활동을 일시 중지하고 방화문을 폐쇄하여 연기확산 방지조치를 취하고, 특별피난계단과 부속실내의 연기를 배출(크리어존, clear zone)한다. <u>피난시설의 활용은 옥내특별피난계단을 사용하고, 피난장소는 화재발생지역 위 아래로 2~3층 정도 떨어진 지역으로 거주인원을 이동시킨다.</u>
④ <u>1차 경계범위는 당해 화재구역의 직상층으로 한다.</u> 직상층이 돌파될 우려가 있는 경우는 그 구역 및 그 구역 직상층을 경계범위로 하고 순차적으로 경계범위를 넓힌다.
⑤ 화점층이 고층인 경우 소방대 진입은 엘리베이터 사용이 안전하다고 판명되는 경우 화재층을 기점으로 2층 이하까지 이용하고 화점층으로의 진입은 옥내특별피난계단을 활용한다.
⑥ 발화층이 3층 이상인 경우에는 원칙적으로 연결송수관을 활용한다. 건물에 설치되어 있는 연결송수관의 송수구 수에 따라 연결송수관 송수대, 스프링클러 송수대를 지정하고 필요한 경우에는 보조 펌프(booster pump)도 활용한다. 내부 수관연장은 소방대 전용 방수구에서 2구 또는 분기하여 연장한다.
⑦ 배연수단을 신속하게 결정한다. 인명검색 화점검색에 있어서 제2차 안전구획으로의 연기오염방지 조치를 하고 피난 완료시까지 특별피난 계단의 연기오염 방지에 노력한다.
⑧ 방화구획, 개구부의 방화문 폐쇄상황을 확인한다.
⑨ 화점을 확인한 시점에서 전진 지휘소와 자원대기소를 화점층의 직하층(1~2개 층 아래)에 설치하고 교대인력, 공기호흡 예비용기, 조명기구 등의 기자재를 집중시켜 관리한다.
> 종전에는 비상용 엘리베이터를 활용한 진입은 화점층보다 1개 층 아래에서 진입하는 것이 일반적이었으나(SOP 223 비상용 엘리베이터 활용 화점 직하 층 진입 원칙) 순직사고 등의 발생으로 보다 안전을 강화하는 측면에서 <u>2개 층 아래에서 진입하는 것이 일반적 전술기준으로 제시되고 있음.</u>
⑩ 인명구조를 위해 사다리차 등의 특수차량도 효과적으로 활용하고, 외부공격은 지휘관의 통제에 따라 실시한다. 화점층 내부로 진입한 진입대는 소방전용 방수구를 점령하여 공격한다. <u>경계대는 화점의 직상층 계단 또는 직상층에 배치한다.</u>
⑪ 진입대의 활동거점은 화점층의 특별피난계단 부속실에 확보하는 것을 원칙으로 한다.
⑫ 방수는 직사, 분무방수를 병행하며 과잉방수에 의한 수손피해 방지에 노력한다.
⑬ 초고층건물의 경우 소방설비의 규제가 엄격하므로 급격한 연소확대는 적다고 생각해도 좋다. 따라서 방수에 의한 소화활동을 함부로 성급하게 해서는 안 된다.
⑭ 활동은 지휘자의 지시에 따라서 하는 것을 원칙으로 한다. 특히, 연소상황을 변화시키는 창의 파괴나 도어의 개방은 신중하게 한다.
⑮ 옥상으로 피난한 사람은 상황에 따라 헬리콥터로 구출한다.

정답 211. ②

212 "고층건물 화재 진압 시 사용되는 전략"에 대한 설명으로 옳지 않은 것은?

① 정면공격은 고층건물 화재에서 가장 흔하고 성공적으로 사용되는 전략으로 고층화재 사례 중 95% 정도는 이와 같은 정면공격전략에 의해 진압된다.

② 측면공격은 정면공격이 실패한 경우 적용할 수 있는 유용한 공격 전략으로 보고 있다.

③ 방어적공격은 굴뚝효과나 창문을 통한 배연작업이 개시될 때 발생하는 강한 바람에 화염이 휩쓸려 정면 공격팀을 덮치거나 덮칠 우려가 있을 때 유용하다.

④ 외부공격은 고층화재에 대한 통계적 조사에 따르면 화재발생시점이 일과시간 이후이거나 진압작전이 가능한 저층부분에서 더 많이 발생된다는 점을 이용한 공격법이다.

■ 고층건물 화재진압 시 사용되는 전략*** 24년 소방교, 소방장

① 정면 공격	㉠ 정면공격은 <u>고층건물 화재에서 가장 흔하고 성공적으로 사용되는 전략</u>으로 화점층 진입통로를 따라 호스를 전개하여 직접적으로 진입하는 공격적 전략에 해당한다. ㉡ 고층화재 사례 중 95% 정도는 이와 같은 정면공격전략에 의해 진압된다.
② 측면 공격	㉠ 고층건물 화재에서 <u>두 번째로 가장 흔한 전략</u>이다. ㉡ <u>정면공격이 실패한 경우 적용할 수 있는 유용한 공격 전략</u>으로 보고 있다. ※ 굴뚝효과(Stack effect)나 창문을 통한 배연작업이 개시될 때 발생하는 <u>강한 바람에 화염이 휩쓸려 정면 공격팀을 덮치거나 덮칠 우려가 있을 때 유용하다.</u> ㉢ 측면공격은 <u>정면공격이 시행되고 있는 동안 보조적 수단으로도 실행될 수 있다.</u> ※ 이때에는 상호 교차방수에 의한 부상이나 안전사고가 발생하지 않도록 두 팀 상호간의 긴밀한 의사소통이나 Teamwork 유지를 위한 지휘조정이 필수적이다. ㉣ 1차 정면공격 시 문이 열리거나 창문이 깨질 때 굴뚝효과와 창문을 통해 들어오는 급속한 공기의 유입으로 터널효과가 발생되고 유입된 공기에 휩쓸린 화염이 1차 정면 진입한 대원들을 덮칠 수 있다. ㉤ 이러한 터널효과가 일단 형성되고 나면 대게 처음 형성된 방향이 그대로 유지된다. 터널효과에 따른 화염의 위험은 측면공격을 시작하기 위해 다른 문이나 창문을 개방할 때마다 문제가 될 수 있으므로 항상 터널효과를 고려한 공격과 후퇴준비가 필수적이다. ㉥ 측면공격은 인명검색을 하고 있는 대원이 비교적 열과 연기로부터 자유로운 두 번째 접근통로를 발견했을 때 선택적으로 사용할 수 있다. ㉦ 개방형 층계 구조로 된 오피스텔용 고층건물과 각 층의 모든 지점을 두 방향에서 접근할 수 있는 주거용 고층건물화재에도 측면공격전략이 이용될 수 있다. ※ <u>단일 접근통로의 주거전용 고층건물의 경우 측면공격은 거의 사용할 수 없다.</u>
③ 방어적 공격	㉠ 고층건물 화재 시 스프링클러에 의한 진압이 실패하고 정면공격과 측면공격 모두 실패했다면 <u>제3의 선택전략은 방어적 공격 전략을 취하는 것이다.</u> ㉡ <u>화재진압보다 확산방지에 주력하는 전략을 의미하며</u> 출동대는 화재발생 층에 있는 모든 가연물이 소진될 동안 계단을 통제하는 것이 핵심사항이다. ※ 각 층 연소물이 소진되는 시간은 가연물의 양에 따라 대개 1~2시간 이상 걸린다. ㉢ 방어적 공격에 있어, 상층부로의 확산은 내화건축자재의 종류에 따라 달라진다. ㉣ 계단실에 일반관창을 호스에서 분리하여 휴대용 일제방사관창(deluge nozzle)으로 화재확산을 막는 데 주력할 수 있다. ※ 휴대용 일제방사관창은 화염에의 접근성을 높이고 소수의 인력으로 운용할 수 있는 장점이 있으나 일반관창을 사용할 때 보다 더 높은 압력을 유지해야 한다. ㉤ 공격적 방어 전략에서 성공여부는 건물 자체의 내화성에 달려있다. 공조시스템과 같은 통로가 폐쇄되어 있다면 화재는 상층부로 확대되지 않을 수도 있다.

🔖 **정답**   212. ③

④ 외부 공격	⑦ 고층화재에 대한 통계적 조사에 따르면 화재발생시점이 일과시간 이후이거나 진압 작전이 가능한 저층부분에서 더 많이 발생된다는 점을 이용한 공격법이다. ⓒ 인명구조가 가능한 곳에 부서한 후 신속하게 사다리를 전개하여야 한다. ⓒ 사다리차의 용도는 인명구조가 우선이고 그 후 외부공격에 대한 지휘관의 지시가 있을 경우에만 외부공격에 합류하여야 한다. ⓔ 화점 층이 사다리차 전개 높이 아래이거나, 내부 정면공격과 측면공격이 실패한 경우, 즉시 외부공격을 시도해야 한다. ※ 외부 방어적 공격에 사용되는 사다리차 전개각도는 75도이며, 공격지점에 대한 수평적 유효 방수거리를 최대화시키기 위해서는 관창의 조준 각도를 32도가 되 게 해야 하고, 수직으로 최대의 유효 방수거리를 유지할 수 있도록 하기 위해서 는 관창의 각도를 75도가 되도록 해야 한다. 이와 같은 조건하에 외부공격에 사 용되는 고가사다리차의 유효방수도달거리는 13~15층이다.

213 3D 방수기법에 대한 설명으로 다음 (　) 안에 들어갈 내용은?

> 3D방수기법 적용 시 가장 적합한 물방울 사이즈는 대략 (　)라는 것이 일반적이며, 실제
상황에서 물방울 크기를 측정하기 위한 가장 효과적인 방법은 숏펄싱 방수 시 공기중에
(　)간 물방울들이 남아있는 것을 확인하는 방법이다.

① 0.1㎜, 4~5초　　　　　　　　　　② 0.3㎜, 1~2초

③ 0.2㎜, 2~3초　　　　　　　　　　④ 0.3㎜, 4~5초

3D방수기법 적용 시 가장 적합한 물방울 사이즈는 대략 0.3mm라는 것이 일반적이며, 실제 상황에서 물방울 크기를 측정하기 위한 가장 효과적인 방법은 숏펄싱 방수 시 공기중에 4~5초간 물방울들이 남아있는 것을 확인하는 방법이다.
또한, 3D방수기법은 해당 구획실의 크기가 70㎡이상일 경우 부적합하다고 볼 수 있다. 물론 다양한 변수를 고려하여야 하는데 해당 구획실의 가연물 양, 화염의 크기 및 지속시간, 개구부의 수, 구획실의 크기는 어느 정도인지 다양한 변수를 고려하여야 한다.
가스의 열균형은 온도에 따라 층을 형성하는 경향을 말한다. 즉 가장 온도가 높은 가스는 최상층에 모이는 경향이 있는 반면 낮은 층에는 보다 차가운 가스가 모이게 된다. 공기, 가스 및 미립자의 가열된 혼합체인 연기는 상승하며 이러한 열균형의 특성 때문에 소방대원들은 낮은 자세로 진입하여 활동하여야 한다.
만약 화점을 보자마자 다량의 방수를 하게 되면 공기 중에 다량의 수증기가 발생하여 연기와 수증기의 소용돌이치는 혼합현상이 발생하게 되어 정상적인 열균형을 파괴하여 뜨거운 가스는 구획실 전체에 섞인다. 이로 인해 소방대원들은 화상을 입게 된다.

정답　213. ④

214 3D 방수기법에서 "페인팅"에 대한 설명으로 옳은 것은?

① 직사방수 형태로 물방울의 크기를 키워 중간에 기화되는 일이 없도록 물을 던지듯 끊어서 화점에 바로 방수하여 화재진압을 시작하는 방식이다.

② 연소중인 물체의 표면을 냉각시켜 주면서 다량의 수증기 발생 억제 및 열 균형을 유지시켜 가시성을 유지시키는 효과가 있다.

③ 관창의 노즐은 오른쪽 방향 끝에서 왼쪽으로 1/4바퀴 돌려 직사방수 형태로 사용한다.

④ 움직임이 큼으로 펄싱 방수 자세보다 좀 더 높은 자세를 유지한다.

정답

■ **페인팅 방수기법**
① 내부 벽면과 천장을 페인트 칠 하듯 물을 살짝 방수하는 방식이다.
② 벽면과 천장이 나무와 같은 가연성 물질로 구성되어 있으면 표면냉각과 열분해를 줄여줄 수 있으며, 불연성 물질로 되어 있으면 복사열 방출을 줄여 가연물 열분해를 방지하고 가연성 연기층을 냉각시키는 효과가 있다.
③ 또한, 지나치게 많은 양의 방수는 하지 않는다. 냉각 후에 결과를 보기 위해 잠시 기다린 후 쉿쉿 소리가 들리면 매우 높은 온도를 의미하고 바닥에 물이 떨어지는 소리는 낮은 온도를 의미한다.
④ 벽면이 매우 뜨겁다면 너무 많은 증기가 발생하지 않도록 페인팅 방수 중단 시간을 길게 할 필요도 있다.

※ 페인팅 방수요령
ⓐ 움직임이 큼으로 펄싱 방수 자세보다 좀 더 높은 자세를 유지한다.
ⓑ 관창수는 화점실 접근 시 문틀 주변에 방수(불이 다른 구역으로 번지지 않도록 냉각)하고, 화점실 진입 시 벽면 및 천장을 목표로 방수한다.
ⓒ 반동력이 크지 않으므로 이동에 용이하다.
ⓓ 관창의 노즐은 오른쪽 방향 끝에서 왼쪽으로 조금 열어서 사용한다.
ⓔ 관창의 개폐장치는 조금 열어 물줄기가 보이게 벽면과 천장에 닿을 정도로 조작한다.
ⓕ 방수 시 페인트칠을 하듯 위에서 아래로, 천장 한쪽 끝에서 반대쪽 끝으로 지그재그 방식으로 적정량을 방수하도록 한다.
ⓖ 매우 높은 열량을 가진 벽면에 방수 시 많은 수증기가 발생하지 않도록 주의한다.

■ **펜슬링 방수기법**
① 직사방수 형태로 물방울의 크기를 키워 중간에 기화되는 일이 없도록 물을 던지듯 끊어서 화점에 바로 방수하여 화재진압을 시작하는 방식이며,
② 연소중인 물체의 표면을 냉각시켜 주면서 다량의 수증기 발생 억제 및 열 균형을 유지시켜 가시성을 유지시키는 효과가 있다.

※ 펜슬링 방수요령
ⓐ 확실한 발 디딤 장소를 확보하고 낮은 자세를 유지한다.
ⓑ 관창수는 화점을 목표로 방수한다.
ⓒ 반동력이 크므로 관창보조는 소방호스를 땅에 살짝 닿도록 들어서 잡아준다.
ⓓ 관창의 노즐은 오른쪽 방향 끝에서 왼쪽으로 1/4바퀴 돌려 직사방수 형태로 사용한다.
ⓔ 관창의 개폐장치를 열어 물줄기를 던지듯 끊어서 조작한다.
ⓕ 구획실 내 화점이 여러 곳일 경우 펜슬링(화점), 펄싱방수(공간), 펜슬링 그리고 페인팅 기법을 반복하면서 주변공간을 냉각시키고 화재를 완전히 진압한다.

정답 214. ④

215 "고층건물 주요확산 경로"에 대한 설명으로써 다음 내용과 관계있는 것은?

> 고층건물화재에서 수직 확산의 가장 흔한 원인은 창문에서 창문으로의 확산경로이다.

① 자동노출   ② 커튼 월
③ 다용도실   ④ 공조덕트

■ 「고층화재 주요확산 경로」★★ 14년 소방장 / 16년 소방교

자동노출	• 고층건물화재에서 수직 확산의 가장 흔한 원인은 창문에서 창문으로의 확산경로이다. 이와 같은 화재환경을 "자동노출(Autoexposure)"이라 한다. 일반적으로 화염에 의해 화점 층 창문에서 옆 또는 상층부 창문으로 비화되거나 창문 유리가 파괴 또는 프레임이 녹게 된다. ※ 화염이 상층부로 확산될 위험성이 있거나 확산 중일 때 상층부의 구획공간에 대한 조치사항 ① 현장지휘관에게 보고한다. ② 창문 쪽 벽 외부에 철재셔터가 있으면 닫는다. ③ 창문이 열려있으면 닫는다. ④ 연소 가능한 차광막, 커튼, 기타 주변의 연소가능물질을 제거한다. ⑤ 내외부에서 창문 부근에 방수한다. ⑥ 창문 내부 근처에 스프링클러가 있다면 스프링클러를 작동시키거나 연결송수구를 통한 방수를 시작하도록 한다.
커튼 월	• 최근 주상복합건축물 같은 고급형 고층빌딩 외벽을 커튼 월(Curtain wall)로 시공하고 재질은 알루미늄, 스테인리스 강철, 유리, 석조, 플라스틱 등 주로 가연성 금속일 경우가 많고, 하층부에서 꼭대기 층까지 건물 전체 표면에 걸쳐 시공되어 있다. • 커튼 월을 부착하기 위해 설치되는 철재 사각파이프와 바닥판과의 사이에 작은 틈이 생기는 등 화재를 상층부까지 확대시키는 매개체가 될 수 있다. 만약 이 틈새 공간이 내화재질로 완벽히 차단되어 있지 않으면 화염이 통과할 수 있는 수직 통로 구실을 하므로 각 층에 배치된 검색대원들은 이 틈새 공간을 반드시 확인해야 한다.
다용도실	• 수직통로(Shafts)가 고층건물의 각 층을 관통하여 꼭대기 층까지 연결되어있다. • "다용도실" 또는 "비품실"이라 불리는 이 작은 연결통로를 통한 연소확대가 확대된다. • 수직통로(Shafts)에 전선 등의 절연물질에 불이 붙기 시작하면 빠르게 확산되므로 전선과 같은 연소물질에 대한 제거소화나 집중방수를 통한 화재차단에 주력해야한다.
공조덕트	• 각 층의 주변부에 공기를 공급하는 덕트(Ducts)는 각 층으로 관통하는 구조로 종종 덕트가 상층부로 화재가 확대되는 은밀한 통로가 될 수 있으며, 각 층에 화염과 연기를 유입시킬 수 있다. • 검색임무에 투입된 대원들은 각 층에 있는 공조덕트의 천장 배기구를 확인하여 연소확대가 일어나고 있는지 확인해야 한다. • 배기구는 보통 각 층(또는 각 실)의 중앙 부분에 위치하고 있다. • 배관통로 입구는 천장 위에 위치해 있으므로 배기구 주변 천장을 파괴한 후 연기나 불꽃이 나오는 것이 보이면 조절판(Damper)을 닫고, 현장지휘관에게 알려야 한다. • 현장지휘관은 중앙공조시스템이 꺼졌는지, 방화 댐퍼가 차단되어 다른 층으로 확대되고 있는지 확인해야 한다.

정답   215. ①

216 "고층화재의 주요확산 경로" 중 다음 (   )에 공통적으로 들어갈 내용은?

> • 최근 주상복합건축물 같은 고급형 고층빌딩 외벽을 (   )로 시공하고 재질은 알루미늄, 스테인리스 강철, 유리, 석조, 플라스틱 등 주로 가연성 금속일 경우가 많고, 하층부에서 꼭대기 층까지 건물 전체 표면에 걸쳐 시공되어 있다.
> • (   )을 부착하기 위해 설치되는 철재 사각파이프와 바닥판과의 사이에 작은 틈이 생기는 등 화재를 상층부까지 확대시키는 매개체가 될 수 있다.

① 자동노출　　　　　　　　　　② 커튼 월
③ 다용도실　　　　　　　　　　④ 공조덕트

■ 고층화재의 주요확산 경로

커튼 월	• 최근 주상복합건축물 같은 고급형 고층빌딩 외벽을 커튼 월(Curtain wall)로 시공하고 재질은 알루미늄, 스테인리스 강철, 유리, 석조, 플라스틱 등 주로 가연성 금속일 경우가 많고, 하층부에서 꼭대기 층까지 건물 전체 표면에 걸쳐 시공되어 있다. • 커튼 월을 부착하기 위해 설치되는 철재 사각파이프와 바닥판과의 사이에 작은 틈이 생기는 등 화재를 상층부까지 확대시키는 매개체가 될 수 있다.

217 "고수(공간방어)전략"에 대한 설명으로 옳지 않은 것은?

① 대피로 인한 위험성이 공간방어 전략에 의한 위험성 보다 작을 경우로 한정 한다.
② 거주자들이 현장지휘관의 명령을 듣고 따르거나 통제가 가능하다는 확신이 있어야 한다.
③ 화재가 특정 공간 범위 안에서 제한될 수 있는 건물구조를 가지고 있어야 한다.
④ 고층건물 화재 시 모든 거주자들이 안전하게 대피하는데 어려움이 있는 경우 사용하는 전략이다.

■ 고수(공간방어)전략(Defend-in-place strategy) ★★ 16년 소방장
고층건물 화재 시 모든 거주자들이 안전하게 대피하는 데 어려움이 있는 경우 사용하는 전략이다.
① 전제조건 : 초기에 건물구조에 대한 상황판단이 가능하여야 하고 비상방송시스템의 정상적 작동, 무선통신, 기타 특정 공간 내에서 화재를 억제할 수 있는 전술적 환경이 충족된 사항에서 아래의 조건을 만족할 수 있어야 된다.
　㉠ 화재가 특정 공간(장소) 범위 안에서 제한될 수 있는 건물구조를 가지고 있을 것
　㉡ 거주자들 모두 해당 공간(건물) 내에 머무르라는 현장지휘관의 명령을 듣고 따르거나 통제가 가능하다는 확신이 있을 것 등이다.
② 대피로 인한 대량 인명피해위험성이 공간방어 전략에 의한 위험성 보다 클 경우로 한정하여 사용하여야 한다.
③ 고층건물 화재 시 이와 같은 전략이 유효하기 위해 자동 스프링클러 시스템은 물론, 화재 진압한 후 연기를 배출시키는 제연 시스템도 정상적으로 작동되어야 한다.

정답　　216. ②　　217. ①

218 "BLEVE 발생과정"에 대한 설명으로 옳은 것은?

① 화재발생 – 탱크벽 가열 – 액체의 온도 상승 – 탱크파열 – 폭발적 분출 증가
② 화재발생 – 액체의 온도 상승 – 탱크벽 가열 – 탱크파열 – 폭발적 분출 증가
③ 화재발생 – 탱크벽 가열 – 액체의 온도 상승 – 폭발적 분출 증가 – 탱크파열
④ 화재발생 – 폭발적 분출 증가 – 탱크벽 가열 – 액체의 온도 상승 – 탱크파열

	■ 「BLEVE 발생과정」***
발생과정* 14년 소방위	① 액체가 들어있는 탱크주위에 화재발생 ② 탱크벽 가열 ③ 액체의 온도 상승 및 압력상승 ④ 화염과 접촉부위 탱크 강도 약화 ⑤ 탱크파열 ⑥ 내용물(증기)의 폭발적 분출 증가 (파이어볼(Fire Ball)을 형성) ※ 가연성 액체인 경우 탱크파열시 점화되어 파이어볼(Fire Ball)을 형성하게 되나 BLEVE현상이 화재에 기인한 것이 아닌 경우 탱크파열시 증기운폭발을 일으킨다.

219 "가스의 불완전 연소현상"으로 다음 내용과 관계 깊은 것은?

> 가스분출구멍으로 부터 가스유출속도가 연소속도보다 크게 되었을 때 가스는 염공에 접하여 연소치 않고 염공에서 떨어져서 연소한다.

① 리프팅   ② 블로우 오프
③ 플래시 오버   ④ 플래쉬 백

	■ 가스의 불완전 연소 현상**** 22년 소방위/ 23년 소방교
황염*	※ 공기량 부족으로 버너에서 황적색염이 나오는 현상 ① 황염이 길어져 저온의 피열체에 접촉되면 불완전연소를 촉진시켜 일산화탄소를 발생한다. ② 1차 공기의 조절장치를 충분히 열어도 황염이 소실되지 않으면 버너의 관창구 경이 커져서 가스공급이 과대하게 되었거나 가스의 공급압력이 낮기 때문이다. ③ 용기 잔액이 적은 경우에 황염이 발생하는 것은 가스의 성분변화와 가스의 공급저하에 의한 것이다.
리프팅 (선화)*	※ 가스분출구멍으로 부터 가스유출속도가 연소속도보다 크게 되었을 때 가스는 염공에 접하여 연소치 않고 염공에서 떨어져서 연소한다. ① 버너의 염공(가스분출구멍)에 먼지 등이 끼어 염공이 작게 된 경우 혼합가스의 유출속도가 크게 된다. ② 가스의 공급압력이 높거나 관창의 구경이 큰 경우 가스의 유출속도가 크게 된다. ③ 연소가스의 배출 불충분으로 2차 공기 중의 산소가 부족한 경우 연소속도가 작게 된다. ④ 공기조절장치를 너무 많이 열어 가스의 공급량이 많게 되면 리프팅이 일어나지만 가스의 공급량이 적게 될 때는 백드래프트 또는 불이 꺼지는 원인이 된다. ※ Blow off : 선화상태에서 가스분출이 심하여 노즐에서 떨어져 꺼져버리는 현상

정답   218. ①   219. ①

| 플래쉬백 (역화)* | ※ 가스의 연소가 염공의 가스 유출속도보다 더 클 때, 또는 연소속도는 일정해도 가스의 유출속도가 더 작을 때 불꽃이 버너 내부로 들어가는 현상
① 부식에 의해서 염공이 크게 되면 혼합가스의 유출속도가 상대적으로 느려져 백드래프트의 원인이 되며, 관창구경이 너무 작다든지 관창의 구멍에 먼지가 부착하는 경우는 코크가 충분하게 열리지 않아 가스압력의 저하로 백드래프트의 원인이 된다.
② 가스버너 위에 큰 냄비 등을 올려서 장시간 사용할 경우나 버너위에 직접 탄을 올려서 불을 일으킬 경우는 버너가 과열되어서 혼합가스의 온도가 올라가는 원인이 되며 또한 연소속도가 크게 되어 플래쉬백 현상이 나타나기 쉽다. |

220 "유류 및 가스화재 진압"에 관한 설명으로 옳지 않은 것은?

① 가연물이 괴어 있는 곳에 서 있지 말라.

② 릴리프밸브에서 나는 소리가 커지거나 화염이 거세지는 것은 탱크가 곧 폭발한다는 표시이다.

③ 인화성 액체화재를 진압하기 위한 최선의 방법은 냉각소화이다.

④ 탱크 속에 인화성 액체가 들어있을 때, 그 액체의 갑작스런 방출과 지속적인 기화작용은 블리브 현상을 일으킬 수 있다.

■ 발화건물 내 위험물이 있는 경우에는 그 특성에 맞는 방수방법을 취하지 않으면 안 된다.
① 화재발생 위험성이 매우 크다.(화재위험성)
② 연소 속도가 빠르고 화재가 발생하면 확대될 위험성이 크다.(확대위험성)
③ 화재 시 소화가 곤란하다.(소화곤란성)

■ 유류 및 가스화재는 인화성 액체나 기체와 관련된 화재이다.
① 가연물이 괴어 있는 곳에 서 있지 말라.
② 새어 나오고 있는 물질을 막지 못하는 한 소방대원은 안전밸브나 송유관 둘레에 붙은 불은 꺼지지 않는다.
③ 릴리프밸브(relief valve)에서 나는 소리가 커지거나 화염이 거세지는 것은 탱크가 곧 폭발한다는 표시이다.
　※ 릴리프밸브 : 펌프차 또는 배관에 설치된 압력조절장치. 과도한 압력이나 온도, 진공상태 등을 완화시킴으로써 안전치 못한 조건의 발생 가능성을 사전에 제거하기 위한 밸브이다.
　　㉠ 심각한 화재 상황에서 초과된 압력을 릴리프밸브가 안전하게 해제시킬 수 있다는 것은 생각도 말아야 한다.
　　㉡ 탱크 속에 인화성 액체가 들어있을 때, 그 액체의 갑작스런 방출과 지속적인 기화작용은 블리브 현상을 일으킬 수 있다.
　※ 블리브(BLEVE, Boiling Liquid Expanding Vapor Explosion ; 끓는 액체로부터 나오는 증기가 팽창하여 생기는 폭발), 블리브(BLEVE, 비등액체팽창증기폭발)로 인해 탱크 압력이 폭발적으로 방출되고, 탱크가 조각나고 그리고 복사열을 띤 독특한 불덩어리(fire ball)가 생성된다.
　※ 비등액체팽창증기폭발(BLEVE) : 액체 윗부분의 탱크 표면에 불꽃이 닿거나 혹은 탱크 표면을 냉각시키는 물이 부족할 때 가장 흔히 발생한다. 이런 화재를 진압할 때는 물을 탱크의 윗부분에 뿌려야 하는데 될 수 있으면 무인 대량 방수 장비를 사용한다.
　※ 인화성 액체 화재를 진압하기 위한 최선의 방법은 포의 사용이다. B급 화재를 진화할 때 물은 몇가지 형태(냉각제, 기계기구, 대체매개물, 보호막)로 구성된다. 차량으로 운반되는 인화성 가연물과 가스시설과 관련된 사고는 B급 화재 진압 기술이 필요하다.

정답 | 220. ③

221 "유류 및 가스화재 진압 시 물의 사용"에 대한 내용으로 옳지 않은 것은?

① 화재가 난 저장 탱크에 담겨있는 액체 높이보다 위쪽에 물을 뿌려야 한다.

② 노출된 표면 위에 보호막이 생기도록 물을 뿌릴 필요가 있다.

③ 새고 있는 탱크나 송유관에서 나오고 있는 기름을 대체하는데 물을 쓸 수 있다.

④ 화재에 노출된 저장탱크에 접근할 때는 탱크 끝에서부터 접근하여야 한다.

■ 유류 및 가스 화재진압을 위한 물의 사용

냉각제 사용	① 물은 유류 및 가스 (B급) 화재를 소화하는데 사용한다. 　㉠ 포(泡, foam) 첨가제를 넣지 않은 물은 비중이 낮은 석유제품(휘발유 또는 등유 따위)이나 알코올에는 특별한 효과는 없다. 　㉡ 발생된 열을 충분히 흡수할 수 있을 만큼 많은 물을 물방울로 만들어서 사용하면 비중이 높은 석유(가공하지 않은 원유)에서 발생한 화재를 소화할 수 있다. ② 노출물을 보호하기 위한 냉각제로써 유용하다. 　㉠ 노출된 표면 위에 보호막이 생기도록 물을 뿌릴 필요가 있다. 　㉡ 금속제 탱크나 대들보처럼 약해지거나 무너질 수도 있는 일반 가연성 물질과 또다른 물질에도 적용된다. 　㉢ 화재가 발생한 저장 탱크에는 담겨있는 액체 높이보다 위쪽에 물을 뿌려야 한다.
기계적 도구로 사용	① 소방대원들은 복사열을 막고 또 방수가 액체 가연물 속으로 깊이 들어가지 않도록 넓은 각도나 침투형 분무방수로 물을 뿌려야 한다. ② 불타고 있는 액체 가연물 속으로 물줄기가 들어가면 가연성 증기가 많이 생기게 돼서 화염이 더 거세지게 된다. ③ 분무형태의 가장자리와 가연물 표면이 계속 닿아 있도록 주의를 기울여야 한다. 그렇지 않으면 화염이 물줄기 밑으로 빠져 나와서 진압팀 주변으로 역류할 수도 있다. ④ 분무방수는 인화성 증기를 희석 및 분산시키는 데 도움이 되고, 인화성 증기를 원하는 곳으로 움직이게 하는데 조금은 도움이 된다.
대체 매개물 사용	① 새고 있는 탱크나 송유관에서 나오고 있는 기름을 대체하는 데 물을 쓸 수 있다. 가연물이 새어 나와서 계속 타고 있는 화재는 새고 있는 송유관 속으로 물을 역으로 보내거나 탱크의 새는 곳보다 더 높이 물을 채워서 소화할 수도 있다. ② 새는 만큼 물을 공급하면, 물의 비율이 크기 때문에 매개물은 휘발성 물질을 수면 위에 뜨게 할 것이다. ◎ 필요한 화재진압을 위해 인화성 액체를 희석시키는 데 물은 거의 이용하지 않지만 새는 것을 막을 수 있는 작은 화재에는 유용한 방법이다.
보호막 사용* 16년 소방장	① 액체가연물이나 기체가연물의 밸브를 잠그기 위해 전진하고 있는 대원들을 보호하기 위한 막을 만들 때 호스를 쓸 수 있다. ② 인화성 액체나 기체가연물 탱크가 화염 충격에 노출되었을 때는 릴리프밸브를 잠글 때까지 최대 유효 사거리에서 직사방수를 해야 한다. 물이 탱크 양쪽으로 흘러내리도록 탱크 꼭대기를 따라 포물선 형태로 방수를 한다. 이때 생긴 수막이 탱크안의 증기가 있는 공간을 식혀주고 탱크 밑에 있는 쇠기둥도 열기로부터 보호해준다. ③ 흘러나오는 가연물은 임시복구 하거나 차단하기 위해서 넓은 분무방수(wide fog : 45~80°)로 대원을 보호하면서 전진하여야 한다. ④ 주된 관창이 어떤 결함으로 인해 방수를 하지 못할 경우 소방대원을 보호하고 추가적인 탱크 냉각이 필요할 경우를 위해서 보조관창(backup line)을 준비하여야 하며, 이것은 주된 관창과는 다른 펌프차나 수원에 연결되어 있어야 한다. ⑤ 화재에 노출된 저장탱크에 접근할 때는 탱크 끝에서부터 접근하지 말고, 탱크와 직각으로 접근해야 한다. 왜냐하면, 탱크는 점차 균열이 발생하고 폭발하면서 탱크 끝부분으로 화염이 분출하기 때문이다.

정답 **221.** ④

222 "가스화재의 위험성"으로 옳지 않은 것은?

① 연소위험, 피폭위험이 있는 곳에는 탱크 주위에 철근콘크리트재의 장벽을 쌓는다.

② 가스 점화원으로 불꽃, 전기스파크, 정전기 방전, 충격불꽃 등의 화원이 원인이 되는 경우가 많다.

③ 가스의 비중은 LPG를 제외한 대부분이 공기보다 가벼워 확산속도가 빠르다.

④ 안전밸브는 빗물이 들어가는 것을 막기 위해 구부려 달도록 해야 한다.

■ 가스폭발, 화재의 특징

특징	① 가스화재는 가연성가스 누설에 의해 공기 중에 방출되고 불꽃을 내면서 연소하게 된다. ② 공기 중에 방출된 가연성가스가 착화되지 않았을 때는 폭발한계내의 혼합가스가 되어 체류하게 된다. ③ 폐쇄된 장소에서 폭발한계내의 혼합기체에 착화되면 가스가 폭발한다. ④ 가스 점화원으로 불꽃, 전기스파크, 정전기 방전, 충격불꽃 등의 화원이 원인이 되는 경우가 많다.
위험성	① 확산성 : 가스의 비중은 LPG를 제외한 대부분이 공기보다 가벼워 확산속도가 빠르다. ② 누설 : 고압 또는 압축가스로서 사용되므로 사소한 결함에도 누설되기 쉽다. ③ 소화곤란성 : 높은 압력으로 분출, 연소하는 가스화재는 소화하기 어려울 뿐 아니라 누설 중 소화하더라도 2차 폭발가능성이 크다.
설비상의 안전대책	**안전 밸브** 탱크에 있어서 안전밸브는 폭발예방에 중요한 기능을 하지만 구경이 작든지 부착방법이 나쁘면 오히려 사고를 크게 할 수도 있다. 안전밸브의 방출판은 저항이 적은 곧은 모양의 것으로 해야 하며 구부려 달면 안 된다. 또, 빗물이 들어가는 것을 막으려고 끝부분을 구부리면 분출가스에 의해서 주위로 연소할 위험이 있으므로 곧게 캡을 씌운다.
	과류방지 밸브 탱크 배관이 파괴된 경우 대량의 가스가 분출되면 위험하므로 탱크에 과류방지 밸브를 부착시켜 유량이 지나치게 증가하여 밸브 내·외의 압력차가 커지면 밸브를 닫는다.
	방화 방폭벽 연소위험, 피폭위험이 있는 곳에는 탱크 주위에 철근콘크리트재의 장벽을 쌓는다.

223 "LPG 가스화재"에 대한 설명으로 옳지 않은 것은?

① 경계구역에 펌프차 등이 절대로 진입하여서는 안 된다.

② 가스 확산여부에 대한 확인에는 지상은 물론 지하시설까지 실시한다.

③ 소화전은 풍하, 풍횡의 위치에 부서하고 경계구역 내의 것을 사용하지 않는다.

④ 건물화재의 진화 후에도 용기의 화염이 소화되지 않았을 때에는 가스방출이 끝날 때까지 연소시키는 것이 좋다.

정답　222. ④　　223. ③

■ LPG 가스 소화활동★★ 13년 소방위/ 15년, 16년, 17년 소방장

일반 가정에서	① 용기의 메인밸브를 차단하여 가스분출을 중지시킨다. ② 화재 때문에 가열되어 있을 경우에는 폭발을 대비하여 유효한 차단물을 이용하여 용기를 전도시키지 않도록 분무방수로 냉각시킨다. ③ 건물화재의 진화 후에도 용기의 화염이 소화되지 않았을 때에는 <u>가스방출이 끝날 때까지 연소시키는 것이 좋다.</u>
LPG 다량 취급 장소	① 충전용기를 다량 취급하는 장소의 화재는 차례로 용기가 가열된다. ② 안전밸브작동으로 화면이 확대되고 사방으로 비산할 수 있으나 가스의 유동은 거의 없다. ③ 유효한 차단물을 이용하고, 집적소에 대하여는 다량으로 방수하여 냉각한다. ④ 대원의 접근은 절대로 피하고 원격방수를 하여 위해 방지에 주의한다.
탱크로리, 저장탱크	① 탱크로리, 저장탱크의 경우 가스의 유동은 거의 없으므로 주위에 연소방지와 용기의 냉각에 중점을 둔다. ② 착화할 때까지 장시간이 소요되면 가스의 유동범위가 넓어지므로, 여러 가지 화원으로 인해 여러 곳에 독립화재가 발생한다.
경계구역의 설정	① 풍향, 풍속, 지형, 건물상황 등을 고려하여 위험범위를 넓게 잡고 취기, 가스측정기 등으로 안전을 확인한 후에 서서히 위험구역을 좁혀간다. ② <u>가스 확산여부에 대한 확인에는 지상은 물론 지하시설까지 실시한다.</u> ③ 경계구역은 유출가스 뿐만 아니라 용기의 폭발, 비산 등을 고려한 범위를 잡는다.
수리부서	① 원칙적으로 풍상, 풍횡의 위치에 있는 수리(소화전 등)에 부서하고 <u>경계구역 내의 것은 사용하지 않는다.</u> ② <u>하천, 맨홀 등은 가스의 분출점이 될 위험성이 있으므로 사용하지 않는다.</u> ③ 부서하는 수리(소화전 등)의 부근에 지하시설물의 맨홀 등이 있는 경우에는 폭발 위험에 주의한다. ④ <u>기타 가스가 체류하기 쉬운 장소가 부근에 있는 경우에는 분무방수로 확산시키도록 한다.</u>
진입	진입은 풍상, 풍횡으로부터 접근하는 것을 원칙으로 한다. ① 부득이 분출장소에 접근할 경우 대량의 물 분무를 하고 그 내부를 행동범위로 한다. 엄호대원은 가능한 신체노출부위를 적게 하고, <u>전신의 피복을 완전히 적신다.</u> ② 대원은 행동 중 <u>피복의 정전기를 제거하도록 한다.</u> ③ <u>경계구역에 펌프차 등이 절대로 진입하여서는 안 된다.</u> ④ 풍향의 변화에 주의한다. ⑤ 기타 <u>무선기의 발신, 확성기의 사용, 징 박은 구두를 신고 진입하는 것을 피한다.</u>
방수★ 13년 소방위	① 소화용수 부서위치 결정시에는 폭발에 의한 위험방지를 위하여 <u>건물 밑이나 담 가장자리 등 가스가 체류할 장소는 피하고 가능한 넓은 장소에 부서한다.</u> ② 연소방지를 위한 방수는 직접 연소위험이 있는 부분에 방수하는 것과 연소염을 차단하는 분무방수방법이 있다. ③ 용기의 폭발방지를 위한 방수는 화염에 의한 온도상승을 방지하기 위한 것이므로, 탱크 등과 연소화염이 떨어져 있는 경우는 그 중간에 분무방수를 하면 복사열을 차단하는 효과가 있다. ④ <u>미연소가스가 유동하는 지하시설, 하천, 건물내부 등에 대하여는 강력 분무방수를 하여 가스를 조기에 확산·희석시켜 연소방지를 꾀한다.</u>

224 유해화학물질 비상핸드북(ERG)활용에 있어서 다음 내용과 관계 있는 것은?

> 사람들이 무기력해져서 인체 건강상 회복할 수 없을 정도의 심각한 영향을 줄 수 있는 사고지점으로 부터 풍하방향 지역

① 초기이격 지역　　　　　　　　　② 초기이격 거리
③ 방호활동 지역　　　　　　　　　④ 방호활동 거리

초기이격거리	유출, 누출이 일어난 지점 사방으로 모든 사람을 격리 시켜야 하는 거리, 반경으로 표시
초기이격지역	사람의 생명을 위협할 정도의 농도에 노출될 수 있는 풍상·풍하 사고주변지역
방호활동거리	유출/누출이 일어난 지점으로부터 보호조치가 수행 되어야 하는 풍하거리
방호활동지역	사람들이 무기력해져서 인체 건강상 회복할 수 없을 정도의 심각한 영향을 줄 수 있는 사고지점으로 부터 풍하방향 지역

225 "플랜트 가스폭발 위험성 예지"에서 성질이 다른 하나는?

① 화학반응의 진행　　　　　　　　② 열응력
③ 유동소음　　　　　　　　　　　　④ 진동

정적 위험성의 예지	가연성, 독성, 부식성 등 물성에 기인하는 위험성과 외부의 힘, 열응력, 상변화, 진동, 유동소음, 고온, 저온 등 상태의 위험성의 경우가 있다.
동적 위험성의 예지	화학반응의 진행, 계의 온도, 압력상승에 의한 물질의 위험성 증대와 부하(負荷)의 변화에 의한 위험성증가 등 어떤 조건의 변화에 따라 시간과 함께 변화하는 위험성의 경우이다.

226 "전기화재진압"의 대한 내용으로 잘못 설명된 것은?

① 한 지역에서 화재가 발생했다면 전체 건물의 전력을 차단하여야 한다.
② 수색할 때는 전류가 흐르는 설비에는 주먹이나 손등이 닿게 한다.
③ 소방대원들은 단자함에 있는 메인 스위치를 열든지 퓨즈를 제거하여 전력을 통제해야 한다.
④ 전기차단은 전기회사 직원들이 해야 한다.

■ 상업용 고압설비
① 고압설비화재에서 발생하는 연기는 플라스틱 절연제와 냉각제에 쓰이는 유독한 화학 약품 때문에 매우 위험하다.
② 구조 작업이 필요할 때에는 공기호흡기를 착용하고, 밖에서 다른 대원이 감독하는 생명선을 꼭 연결한 뒤에 진입한다.

🎯 정답　224. ③　225. ①　226. ①

③ 수색할 때는 접촉할 수도 있는 전류가 흐르는 설비에는 반사 작용으로 움켜쥐는 것을 예방하기 위해 주먹이나 손등이 닿게 한다. 만약 독성물질이 화재와 관련된다면 대원들은 진압활동 후 오염 제거 절차를 따라야 한다.

■ 전력차단
① 안전이라는 관점에서 건물진화작업을 하는 동안 조명, 배연을 위한 장비 및 펌프 등을 가동하기 위해서 전력은 가능한 한 남겨둬야 한다.
② 소방대원들은 긴급 운용을 행할 시에 건물 안으로 전력이 흐르는 것을 통제할 수 있어야 한다.
③ 한 지역에서 화재가 발생했다면 굳이 전체 건물의 전력을 차단할 필요는 없다. 전기를 끊는 순간에 건물의 전기사용이 제한되고, 전기적인 위험이 생길 수도 있다.
④ 결과적으로 전기 회사 직원들이 전력을 차단해야 한다.
⑤ 소방대가 전력을 차단해야 할 때에는 차단한 결과를 아는 훈련된 대원이 그 일을 해야 한다.
⑥ 소방대원들은 단자함에 있는 메인 스위치를 열든지 퓨즈를 제거하여 전력을 통제해야 한다.
⑦ 만약 그 이상의 전력을 통제해야 할 때에는 승인된 장비를 사용하는 전기 기사가 그 일을 해야만 한다.
⑧ 어떤 주거용이나 상업용 계량기는 제거한다고 해서 단전되는 것은 아니다.
⑨ 소방대원들은 비상용 발전기 같은 응급 발전 성능이 있는 설비의 위치를 숙지해야 한다.
⑩ 그런 경우에 계량기나 메인 스위치를 뽑아도 완전히 단전되지 않는다.

227 "액화천연가스 소화방법"에 대한 설명으로 옳지 않은 것은?

① 공해물질이 전혀 없고 열량이 높아 경제적이며 주로 가정 난방용으로 사용된다.
② 소화에는 분말소화기를 사용한다.
③ 누설된 LNG가 착화된 경우에는 누설원을 차단해야 한다.
④ 화재시 상황에 따라 누설된 LNG를 전부 연소시키는 방법이 효과적인 경우도 있다.

■ 액화천연가스(LNG)
① 액화천연가스(LNG, Liquefied Natural Gas)는 지하 유정에서 뽑아 올린 가스로, 유정가스(Wet Gas) 중에서 메탄성분만을 추출(抽出)한 천연가스이다.
② 수송 및 저장을 위해 −162℃로 냉각하여 그 부피를 1/600로 줄인 무색 투명한 초 저온 액체를 말한다.
③ 공해물질이 전혀 없고 열량이 높아 경제적이며 주로 도시가스 및 발전용 연료로 사용된다.
④ 액화된 천연가스는 LNG 전용 선박이나 탱크에 담아 사용처에 운송된다.
⑤ 운송된 액화가스는 다시 LNG 기화기에 의하여 가스화 시켜서 도시가스 사업소나 발전소, 공장 등으로 공급된다.
⑥ 소화 : 누설된 LNG가 착화된 경우에는 누설원을 차단해야 하며, 화재의 소화에는 분말소화기를 사용한다. 그러나 일단 소화가 되더라도 누설된 LNG의 증발을 정지하는 일은 가능하지 않아, LNG가 기화하여 부근의 공기중에 확산, 체류하여 재차 발화할 우려가 있어 상황에 따라 누설된 LNG를 전부 연소시키는 방법이 효과적인 경우도 있다.

228 "전기화재의 일반적 특성"으로 옳지 않은 것은?

① 송전선이 끊어져서 화재가 났을 때는 끊어진 양쪽을 전신주 거리만큼 깨끗이 치워야 한다.

② 변압기에서 발생한 화재는 폴리 염화 비페닐을 포함하고 있는 냉각액 때문에 인체와 환경에 심각한 위험을 일으킬 수 있다.

③ 높은 곳에 있는 변압기 화재는 진압대원이 분말소화기로 조심스럽게 소화해야 한다.

④ 정밀한 전자 장비와 컴퓨터 장치에 발생한 화재를 소화할 때는 이산화탄소나 하론 등 청정소화약제를 써서 장비가 더 이상 손상되지 않도록 해야 한다.

■ 전기화재진압의 특성

① 어떤 상업용이나 고층 건물에서는 승강기, 공기 취급 장비를 작동하는데 전기가 필요하니까 전체 건물을 일방적으로 단전해선 안 된다.

② 전력이 끊어지면 이러한 화재들은 스스로 꺼지거나 비록 계속 탄다고 해도 A급 또는 B급 화재로 떨어질 것이다.

③ 정밀한 전자 장비와 컴퓨터 장치에 발생한 화재를 소화할 때는 이산화탄소(carbon dioxide)나 하론(halon) 등 청정소화약제를 써서 장비가 더 이상 손상되지 않도록 해야 한다.

④ 전기가 흐르고 있는 설비는 원래 감전 위험이 있으므로 필요치 않는 한 방수하지 말아야 한다. 만약 물을 사용한다면 거리를 두고 분무방수를 하여야 한다.

⑤ C급 화재 진압기술은 송전선과 장비, 지하선, 그리고 상업적인 고전압 시설과 관련한 화재를 위해 필요하다.

■ 송전선과 장비

① 송전선이 끊어져서 화재가 났을 때 : 끊어진 양쪽을 전신주 거리만큼 깨끗이 치워야 한다. 화재현장에서 최대한으로 안전하기 위해서는 경험 있는 전력회사 직원이 적절한 장비로써 전선을 끊어야만 한다.

② 변압기에서 발생한 화재는

ㄱ 폴리 염화 비페닐(polychlorinated biphenyls)을 포함하고 있는 냉각액 때문에 인체와 환경에 심각한 위험을 일으킬 수 있다.

ㄴ 이 냉각액은 발암 물질이고, 또 기름 성분이 있어서 인화성이 있다.

ㄷ 지상에 있는 변압기 화재는 분말소화기로 조심스럽게 소화해야 하며, 높은 곳에 있는 변압기 화재는 자격 있는 사람이 고가 장비를 타고 분말소화기로 소화할 때까지는 타도록 놔둬야 한다.

ㄹ 사다리를 전신주에 기대어 설치할 경우에 소방대원은 전원과 냉각액으로 인해 위험에 처하게 될 것이다. 이런 화재에 방수를 하는 것은 그 위험한 물질을 땅위에 뿌리는 꼴이 되고 마는 수가 있다.

229 LPG에 대한 설명으로 옳은 것은?

① 가스전 → LNG선박 → 하역설비 → 저장설비 → 가압설비 → 기화설비 → 감압설비 → 계량설비 → 수요처에 기체로 공급(발전소, 가정, 산업체)

② 대규모 집단공급시설이다.

③ 메탄, 에탄, 프로판이 주성분이다.

④ 가스 봄베, 집단공급시설, 수송이나 보관이 액체상태이다.

정답 228. ③   229. ④

■ 「액화석유가스와 액화천연가스의 비교」

구 분	LPG	LNG
명 칭	액화석유가스	액화천연가스
주성분	프로판(C3H8, 80%) 프로필렌(15%) 에탄(4%), 에틸렌(1%)	메탄(CH4,90%) 에탄(8.5%) 프로판(2%)
공급 방법	가스 봄베, 집단공급시설, 수송이나 보관이 액체상태	가스전 → LNG선박 → 하역설비 → 저장설비 → 가압설비 → 기화설비 → 감압설비 → 계량설비 → 수요처에 기체로 공급(발전소, 가정, 산업체)
액화방법	상온에서 기체상태, 냉각이나 가압으로 액화(1/250로 압축), 프로판의 끓는점 96.8℃	−162℃(끓는점) 이하로 액화하여 부피를 1/600 압축, 공급시 기화
가스특징	무색·무취(부취제 첨가)	무색·무취(인수기지에서 부취제 첨가)
가스비중 (공기비중=1)	S=1.32(프로판 62.5%) 가스누출경보기 바닥에 시공	S=0.65(메탄 85% 이상) 가스누출기 벽체 상부(천장부)에 시공
공급 방법	소규모, 이동식(봄베)	대규모 집단공급시설

230 다음 중 "제6류 위험물"에 대한 설명으로 옳지 않은 것은?

① 물보다 무겁고 물에 녹지만 그때 격렬하게 발열한다.

② 위험물 자체는 연소하지 않으므로 연소물에 맞는 소화방법을 취한다.

③ 유출사고 시 소량일 때에는 건조사, 흙 등으로 흡수시킨다.

④ 산화제와의 접촉, 혼합은 매우 위험하며 충격 등에 의하여 격렬하게 연소하거나 폭발할 위험성이 있다.

※ ④는 2류 위험물의 특성임.

■ 「제6류 위험물 특성 및 소화방법」* 14년 소방장

특성	① 강산류인 동시에 강산화제이다. ② 물보다 무겁고 물에 녹지만 그때 격렬하게 발열한다. ③ 어떠한 경우에도 그 자체는 불연성이다.
소화방법	① 위험물 자체는 연소하지 않으므로 연소물에 맞는 소화방법을 취한다. ② 제6류 위험물은 금수성(禁水性)이다. ③ 위험물의 유동을 막고 또, 고농도의 위험물은 물과 작용하여 비산하며 인체에 접촉하면 화상을 일으킨다. ④ 발생하는 증기는 유해한 것이 많으므로 활동 중에는 공기호흡기 등을 활용한다. ⑤ 유출사고 시는 유동범위가 최소화되도록 적극적으로 방어하고 소다회, 중탄산소다, 소석회 등의 중화제를 사용한다. 소량일 때에는 건조사, 흙 등으로 흡수시킨다. ⑥ 주위의 상황에 따라서는 대량의 물로 희석하는 방법도 있다.

정답 230. ④

231 다음 중 "1류 위험물"에 대한 설명으로 옳은 것은?

① 직사, 분무방수, 포말소화, 건조사로 소화하지만 고압방수로 위험물 비산은 피한다.

② 자체가 유독하고 연소할 때에 유독가스가 발생한다.

③ 황화린은 중에서 발화하는 성질을 가지고 있다.

④ 알칼리금속의 과산화물에의 방수는 절대엄금이다.

※ 나머지는 2류에 대한 설명임.

■ 「1류 위험물 특성 및 소화방법」* 14년 소방교/ 18년 소방장/ 22년 소방위

특성	① 불연성이지만 분자 내에 산소를 다량 함유하여 그 산소에 의하여 다른 물질을 연소시키는 이른바 산화제이다. ② 가열 등에 의하여 급격하게 분해, 산소를 방출하기 때문에 다른 가연물의 연소를 조장(助長)하고 때로는 폭발하는 경우도 있다. ③ 대부분이 무색의 결정 또는 백색의 분말이며 물보다 무겁고 수용성이다.
소화 방법	① 위험물의 분해를 억제하는 것을 중점으로 대량방수를 하고 연소물과 위험물의 온도를 내리는 방법을 취한다. ② 직사·분무방수, 포말소화, 건조사가 효과적이다. ③ 분말소화는 인산염류를 사용한 것을 사용한다. ④ 알칼리금속의 과산화물에의 방수는 절대엄금이다.

232 "제3류 위험물"에 대한 소화방법으로 옳지 않은 것은?

① 방수소화를 피하고 주위로의 연소방지에 중점을 둔다.

② 발생하는 증기는 유해한 것이 많으므로 활동 중에는 공기호흡기 등을 활용한다.

③ 보호액인 석유가 연소할 경우에는 CO_2나 분말을 사용해도 좋다.

④ 직접 소화방법으로서는 건조사로 질식소화 또는 금속화재용 분말소화제를 사용하는 정도이다.

※ ②는 6류에 대한 설명임.

■ 「제3류 위험물 특성 및 소화방법」* 22년 소방위

특성	① 모두 고체이고 물과 작용하여 발열반응을 일으키거나 가연성 가스를 발생하여 연소하는 자연발화성 물질이며, 금수성 물질이다. ② 특히 금속칼륨, 금속나트륨은 공기 중에서 타고 또, 물과 격렬하게 반응하여 폭발하는 경우가 있으므로 물, 습기에 접촉하지 않도록 석유 등의 보호액속에 저장한다.
소화 방법	① 방수소화를 피하고 주위로의 연소방지에 중점을 둔다. ② 직접 소화방법으로서는 건조사로 질식소화 또는 금속화재용 분말소화제를 사용하는 정도이다. ③ 보호액인 석유가 연소할 경우에는 CO_2나 분말을 사용해도 좋다.

🔖 **정답**　231. ④　232. ②

233 "제4류 위험물 특성 및 소화방법"으로 옳지 않은 것은?

① 액체가 미립자로 되어 있는 경우에는 인화점 이하의 온도에서도 착화하며 조건에 따라서는 분진폭발과 같은 모양으로 폭발한다.

② 액체이며 인화점이 낮은 것은 상온에서도 불꽃이나 불티 등에 의하여 인화한다.

③ 평면적 유류화재의 초기소화에 필요한 포의 두께는 최저 5~6cm이어야 한다.

④ 산소함유물질이므로 질식소화는 효과가 없다.

※ ④는 5류위험물에 대한 소화방법임.

■ 제4류 위험물 특성 및 소화방법

특성	① 액체이며 인화점이 낮은 것은 상온에서도 불꽃이나 불티 등에 의하여 인화한다. ② 연소는 폭발과 같은 비정상 연소도 있지만 보통은 개방적인 액면에서 계속적으로 발생하는 증기의 연소이다. ③ 제4류에는 원유를 비롯하여 휘발유, 등유, 경유 등의 석유류가 포함되어 있으며 제4류의 위험물은 저장 취급하는 시설도 많고 양도 매우 많다. ④ 제4류의 위험물은 가연성증기를 발생하여 액온이 인화점이상인 경우에는 불티나 화재 등의 작은 화원에서도 인화한다. 인화점이 상온보다 낮은 물품의 경우는 항상 인화될 위험성을 가지고 있다. ⑤ 액체가 미립자로 되어 있는 경우에는 인화점이하의 온도에서도 착화하며 조건에 따라서는 분진폭발과 같은 모양으로 폭발한다. ⑥ 증기는 일반적으로 공기보다 무겁고 낮은 곳에 체류하기 쉬우며 지면, 하수구(배수구) 등을 따라 위험한 농도의 증기가 멀리까지 확산될 위험성을 가지고 있다. ⑦ 가연성 액체의 증기는 공기, 산소 등과 혼합하여 혼합기체의 조성이 일정농도 범위에 있을 때 착화한다. ⑧ 농도가 넓은 것 또는 하한계가 낮은 것일수록 위험성이 크다. ⑨ 제4류 위험물의 대부분은 물보다도 가볍고 또, 물에 녹지 않는다. 따라서 유출된 위험물이 물위에 떠서 물과 함께 유동하며 광범위하게 확산되어 위험구역을 확대시키는 경우가 있다.
소화방법	① 소화방법은 질식소화가 효과적이다. 그 수단으로서 연소위험물에 대한 소화와 화면 확대방지 태세를 취하여야 한다. ② 소화는 포, 분말, CO_2가스, 건조사 등을 주로 사용하지만 상황에 따라서는 탱크용기 등을 외부에서 냉각시켜 가연성 증기의 발생을 억제하는 수단도 생각할 수 있다. ③ 평면적 유류화재의 초기소화에 필요한 포의 두께는 최저 5~6㎝이어야하기 때문에 연소면적에 따라 필요한 소화포의 양을 계산한다. ④ 화면 확대를 방지하기 위하여 토사 등을 유효하게 활용하여 위험물의 유동을 막는다. ⑤ 유류화재에 대한 방수소화의 효과는 인화점이 낮고 휘발성이 강한 것은 방수에 의한 냉각소화는 불가능하다. 그러나 소량이면 분무방수에 의한 화세 억제의 효과가 있다. 또, 인화점이 높고 휘발성이 약한 것은 강력한 분무방수로 소화할 수 있다.

정답   233. ④

234 "제5류 위험물"의 특성과 소화방법에 대한 설명으로 옳지 않은 것은?

① 셀룰로이드류의 화재는 물의 침투성이 좋기 때문에 계면활성제와 포는 사용하지 않는 것이 좋다.

② 니트로셀룰로이드, 니트로글리셀린은 가열, 충격, 마찰에 의하여 폭발 위험이 있다.

③ 일반적으로 대량방수에 의하여 냉각소화 한다.

④ 질산에틸, 질산메틸은 극히 인화하기 쉬운 액체이고 가열에 의한 폭발 위험이 있다.

■ 「제5류 위험물 특성 및 소화방법」

특성	① 물보다 무거운 고체 또는 액체의 가연성 물질이며 또, 산소함유 물질도 있기 때문에 자기연소를 일으키기 쉽고 연소속도가 매우 빠르다. ② 가열, 마찰, 충격에 의하여 착화하고 폭발하는 것이 많고 또, 장시간 방치하면 자연발화하는 것도 있다. ③ 유기과산화물을 제외하고 일반적으로 그것 자체는 불연성이며 단독의 경우보다 다른 가연물과 혼재한 경우가 위험성이 높다. ④ 니트로셀룰로이드, 니트로글리셀린은 가열, 충격, 마찰에 의하여 폭발 위험이 있다. ⑤ 질산에틸, 질산메틸은 극히 인화하기 쉬운 액체이고 가열에 의한 폭발 위험이 있다. ⑥ 니트로화합물은 화기, 가열, 충격, 마찰 등에 민감한 고체이고 폭발물의 원료 등으로 사용한다.
소화 방법	① 일반적으로 대량방수에 의하여 냉각소화 한다. ② 산소함유물질이므로 질식소화는 효과가 없다. ③ 소량일 때 또는 화재의 초기에는 소화가 가능하지만 그 이상일 때는 폭발에 주의하면서 원격소화 한다. ④ 셀룰로이드류의 화재는 순식간에 확대될 위험이 있으며 또, 물의 침투성이 나쁘기 때문에 계면활성제를 사용하든가, 응급한 경우 포를 사용해도 좋다.

235 다음 내용과 관계 깊은 것은?

> 전략적 계획을 실행하기 위한 구체적 방법으로 최하위 현장조직단위에서 적용하는 것

① 전략　　　　　　　　　　② 현장지휘
③ 전술　　　　　　　　　　④ 지시

■ 「전략과 전술개념 비교」

전 략	전 술
문제 상황에 효과적으로 대응하기 위한 기본방침(계획)으로 주로 최상위 현장조직(또는 지휘관) 단위에서 적용된다.	전략적 방침(계획)을 실행하기 위한 구체적 방법으로 최하위 현장조직단위에서 적용된다.

정답　| **234.** ①　　**235.** ③

236 "진압 우선순위"에 대한 설명으로 옳지 않은 것은?

① 공격에서 방어 모드로 전략을 변경할 때는 반드시 진압의 우선순위(생명보호 → 연소확대 방지 → 재산 보호)에 따라 행동해야 한다.

② RECEO원칙, 즉 생명보호 → 내부 연소확대 방지 → 외부 연소확대 방지 → 화점 진압 → 정밀검색 및 잔화정리의 5가지 원칙으로 확장하여 이용되기도 한다.

③ 생명보호 우선원칙에는 대원들의 생명도 포함되며, 화재 확대방지와 재산보호는 그 다음 우선순위에 해당된다.

④ 다층구조의 건축물화재에서 위층에서 연소가 진행되고 있을 때, 화세 진압이 어렵다고 판단되면 방수포에 의한 외부 공격준비를 시작해야 한다.

■ **진압우선 순위*** 19년 소방장
① 공격에서 방어 모드로 전략을 변경할 때는 반드시 진압의 우선순위(생명보호 → 연소확대 방지 → 재산 보호)에 따라 행동해야 한다.
② RECEO원칙, 즉 생명보호 → 외부 연소확대 방지 → 내부 연소확대 방지 → 화점 진압 → 정밀검색 및 잔화정리의 5가지 원칙으로 확장하여 이용되기도 한다.
③ 다층구조의 건축물화재에서 위층에서 연소가 진행되고 있을 때, 일반적으로 내부 진입 공격이 이루어지며, 이때 화세 진압이 어렵다고 판단되면 방수포 등에 의한 외부 공격준비를 시작해야 한다.
※ 생명보호 우선원칙에는 대원들의 생명도 포함되며, 화재 확대방지와 재산보호는 그 다음 우선순위에 해당된다.

237 "공동구"화재에 대한 설명으로 옳지 않은 것은?

① 진입조건이 정리될 때까지 연소저지선이 되는 맨홀, 급·배기구측에 40mm관창을 배치하고 화세의 억제를 꾀한다.

② 진입태세가 준비되면 장시간 사용 가능한 공기호흡기를 착용하고 급기측에서 진입함과 동시에 배기측에 경계관창을 배치한다.

③ 부서는 맨홀 등에서 분출하는 연기에 시계가 불량하기 때문에 원칙적으로 풍상·풍횡 측에서 진입한다.

④ 소구획으로 구분되어 있는 경우는 고발포에 의한 소화활동을 실시한다.

■ **공동구화재 소방활동*** 24년 소방장

일반 원칙 *	① 소방활동은 인명검색·구조를 최우선으로 한다. ② 소방활동은 공동구 내에 시설물 및 접속하고 있는 건물로의 연소방지를 중점으로 한다. ③ 조기에 관계자 등을 확보하여 출화장소, 연소범위 및 구조대상자 등의 정보를 수집함과 동시에 맨홀의 개방 및 현장 확인에 적극적으로 활용한다. ④ 부서는 맨홀 등에서 분출하는 연기에 시계가 불량하기 때문에 원칙적으로 풍상·풍횡 측에서 진입한다. 선착대는 분출연기 맨홀의 직근으로, 후착대는 지휘자의 지시에 의해 결정한다.

검색구조활동	① 인명검색·구조활동은 구조대상자 및 장소에 대해서 충분한 정보수집을 실시하고 장시간 사용 가능한 공기호흡기를 착용하고 진입구 및 검색범위를 설정해서 실시한다. ② 진입은 급기구 측으로 하고 복수의 검색반에 의해 실시한다. ③ 검색은 반드시 엄호방수 하에 실시한다.
소화활동 ★	① 진입조건이 정리될 때까지 연소저지선이 되는 맨홀, 급·배기구측에 대구경관창을 배치하고 화세의 억제를 꾀한다. ② 진입태세가 준비되면 장시간 사용 가능한 공기호흡기를 착용하고 급기측에서 진입함과 동시에 배기측에 경계관창을 배치한다. ③ 공동구 내의 소방활동은 복수의 방수형태에 의해 배열·배연을 하고, 동시에 배기측에 배기구를 확보해서 ①과 같은 조치를 실시한다. 또한 급격한 짙은 연기의 분출이 있는 경우 또는 화세가 강한 경우에는 2중, 3중의 엄호방수에 의해 안전을 확보한 다음에 실시한다. ④ 소구획으로 구분되어 있는 경우는 고발포에 의한 소화활동을 실시한다. ⑤ 연소방지설비가 설치되어 있는 경우 신속히 활용한다.

238 "전략변경 시 조정, 통제"에 대한 설명으로 옳지 않은 것은?

① 방수포 공격을 시작하기 위해 현장지휘관은 Ⓐ 내부 지휘관, Ⓑ 방수포 관창수, Ⓒ 운전요원을 모두 접촉 또는 통신할 수 있어야 한다. 이들 모두 각자 무기를 구비하고 있어야 한다.

② 내부공격에서 외부공격으로의 전략변경은 내부 진입대원들이 얼마나 신속히 철수하여 공격의 공백시간을 줄여주느냐에 그 성공여부가 달려 있다.

③ 급격히 확대되는 화재 시 내부진압에서 방수포를 이용한 외부 진압으로 전략이 변경되면, 내부 진압 팀은 신속히 진입해야 한다.

④ 현장지휘관이 방수개시를 명하기 전에 반드시 내부 진입대원들의 철수가 완료되었는지 확인해야 한다.

■ 전략변성 시 조정통제
① 급격히 확대되는 화재 시 내부진압에서 방수포(master stream)를 이용한 외부 진압으로 전략이 변경되면, 내부 진압 팀은 신속히 철수해야 한다.
② 특히 내부공격에서 외부공격으로의 전략변경은 내부 진입대원들이 얼마나 신속히 철수하여 공격의 공백시간을 줄여주느냐에 그 성공여부가 달려 있다.
③ 이것은 현장지휘관이나 내부 지휘관이 진입대원들에 대한 확고한 통제권을 가진 경우에 가장 잘 실행된다.
④ 방수포 공격을 시작하기 위해 현장지휘관은 Ⓐ 내부 지휘관, Ⓑ 방수포 관창수, Ⓒ 운전요원을 모두 접촉 또는 통신할 수 있어야 한다. 이들 모두 각자 무기를 구비하고 있어야 한다.
⑤ 현장지휘관이 방수개시를 명하기 전에 반드시 내부 진입대원들의 철수가 완료 되었는지 확인해야 한다.

정답　**238.** ③

239 다음 중 "방어적 개념"으로 볼 수 있는 것은?

① 포위전술   ② 중점전술

③ 집중전술   ④ 블록전술

■ 「소방전술의 유형」★★★ 14년 소방교/ 16년 소방장/ 19년 소방교·소방장

포위전술	① 관창을 화점에 포위 배치하여 진압하는 전술형태로 초기 진압시에 적합하다. ② 화점을 기준으로 포위 진입하는 공격적 개념이다.
공격전술	관창을 화점에 진입 배치하는 전술형태로 소규모 화재에 적합하다.
블록전술	① 주로 인접건물로의 화재확대방지를 위해 적용하는 전술형태로 블록(Block)의 4방면 중 확대가능한 면을 동시에 방어하는 전술이다. ② 화점이 블록(Block)을 기준으로 포위 진압하는 방어적 개념이다.
중점전술	화세(또는 화재범위)에 비해 소방력이 부족하여 전체 화재현장을 모두 커버 할 수 없는 경우 사회적 경제적 혹은 소방상 중요한 시설 또는 대상물을 중점적으로 대응 또는 진압하는 전술형태를 말한다.
집중전술	부대가 집중하여 일시에 진화하는 작전으로 예를 들면 위험물 옥외저장탱크 화재 등에 사용된다.

240 "전략의 유형"에 대한 설명으로 옳지 않은 것은?

① 한계적 작전상황에서는 공격적 작전과 방어적 작전이 동시에 이루어지는 것을 의미한다.

② 공격적 작전은 주로 소방력이 화세보다 우세할 때 적용한다.

③ 방어적 작전은 소방력이 화세보다 약한 경우와, 주로 화재의 성장기 또는 쇠퇴기에 적용된다.

④ 공격적 작전은 주로 화재 초기 또는 성장기에 이루어진다.

■ 전략의 유형

공격적 작전	화재 초기 또는 성장기에 건물내부로 신속히 진입하여 초기검색과 화재진압이 이루어지는 형태로, 화재를 진화하는 데 초점이 맞추어진다. ※ 소방력이 화세보다 우세할 때 적용한다.
방어적 작전	① 화재의 연소확대를 방지하는 데 초점을 맞추는 형태로, 내부공격을 할 수 없는 화재상황에서 장시간의 외부대량방수를 통해 연소확대를 차단하거나 저절로 소화될 때까지 외부에서 방수하는 것을 말한다. ② 방어적 작전상황하에서는 원칙적으로 소방대원이 발화지점에 진입하는 것이 금지되며, 주변통제가 중요시된다. 이것은 소방력이 화세보다 약한 경우와, 주로 화재의 성장기 또는 쇠퇴기에 적용된다.
한계적 작전	공격적 작전상황의 끝에 가깝고, 방어적 작전상황의 시작에 해당될 때 적용되는 작전형태로, 내부공격이 궁극적으로 효과적이지는 않지만 구조대상자의 안전을 위해 내부공격이 이루어지는 경우이거나 내부공격을 중단하고 외부공격을 해야 할 시점, 즉 전략변경이 요구되는 시점에 적용되는 전략형태이다. ※ 한계적 작전상황에서는 공격적 작전과 방어적 작전이 동시에 이루어지는 것을 의미하지는 않으며, 주로 외부에서의 방어적 작전을 준비 또는 대기하고 있는 상황에서 인명구조와 연소 확대 방지를 위해 내부공격이 필요한 경우가 그 예이다.

정답   **239.** ④   **240.** ①

241 **다음 중 "전략변경 시 고려요소"으로 옳지 않은 것은?**

① 내부진입을 통한 공격 전략이 실패하면 방수포를 이용한 방어적 외부진압에 의존한다.

② 내부진입의 공격적 전략은 건축물 화재의 95% 가량에 성공적으로 이용될 수 있다.

③ 건축물화재에서 한 층으로 제한된 화재는 내부평가보다는 외부 상황평가가 가장 효과적이다. 화재가 한 공간에 제한될 때 현장지휘관은 대게 외부 상황의 평가를 요구한다.

④ 장시간 방수포 공격이 이용되면 모든 대원들은 붕괴 위험 구역을 벗어나 건물 밖으로 철수해야 한다.

■ **전략변경 시 고려요소**
① 대부분의 건축물 화재에서, 초기 화재진압은 대원들의 내부진입을 통한 공격적 진압활동에 의해 이루어진다(공격전략). 이 공격적 전략은 건축물 화재의 95%가량에 성공적으로 이용될 수 있다. 이 전략이 실패하면, 현장지휘관은 내부진입 대원들을 철수시키고 방수포(master stream)를 이용한 방어적 외부 진압에 의존하게 된다(방어적 공격전략).
② 방어적 외부 진압은 일시적 전략으로 이용되기도 한다. 방수포를 통해 화세가 어느 정도 꺾이고 나면 대원들이 다시 내부 진입을 통한 공격적 진압을 하게 된다(방어적 공격전략 후 공격전략).
③ 방어적 외부 진압전략이 처음부터 끝까지 적용되는 경우도 있다. 방어적 외부 진압(방어적 공격전략)에 의해 화재가 완전히 진압된 후 건물 잔화정리와 내부 검색이 이루어진다.
❷ 건축물화재에서 한 층으로 제한된 화재는 외부평가보다는 내부 상황평가가 가장 효과적이다. 화재가 한 공간에 제한될 때 현장지휘관은 대게 내부 상황의 평가를 요구한다. 그러나 지붕이나 다른 상층부로 연소 확대가 이루어지면, 외부 상황평가가 가장 효과적이다. 이때, 현장지휘관은 화재의 전체 상황을 외부에서 관찰하게 된다. 외부 평가를 통해 화재가 내부 진압으로 통제할 수 없다고 판단되면, 방수포(master stream)를 이용한 외부 진압을 해야 한다.
❷ 외부 진입 결정(방어적 공격전략)이 이루어지고 나면, 내부 (방면)지휘관은 내부 진입대원들이 철수하도록 한다. 방수포 공격이 일시적으로 이용되는 것이라면, 내부 진입대원들은 아래층으로 임시 철수하여 대기해야 한다. 그러나 장시간 방수포 공격이 이용되면 모든 대원들은 붕괴 위험 구역을 벗어나 건물 밖으로 철수해야 한다.

242 **"내부진입을 통한 공격 전략에서 방수포를 이용한 외부 방어적 공격 전략"으로 안전하게 전환하기 위한 4가지 필수요소가 아닌 것은?**

① 연소방지를 위한 주변 예비관창 배치

② 현장에서 불변의 우선순위를 이해하는 현장지휘관(생명보호−연소확대방지−재산보호)

③ 내부지휘관의 효과적인 대원 지휘·통솔 능력

④ 내부지휘관과 외부지휘관 간의 의사소통과 조정

■ **방수포를 이용한 외부 방어적 공격전략 전환 4가지 필수요소**
① 내부 (방면)지휘관과 외부 (방면)지휘관 간의 의사소통과 조정
② 내부 (방면)지휘관의 효과적인 대원 지휘·통솔 능력
③ 현장지휘관의 방수 지시가 있을 때 즉각 방수할 수 있는 펌프차 방수포(master stream) 담당 대원의 배치
④ 현장에서 불변의 우선순위를 이해하는 현장지휘관(생명보호 → 연소확대 방지 → 재산 보호원칙)

정답 | **241.** ③ **242.** ①

243 "방수포 공격의 8대 원칙"과 관계없는 것은?

① 벽 구조물의 붕괴위험성　　　　② 측면공격
③ 물의 무게　　　　　　　　　　④ 방수포의 성능

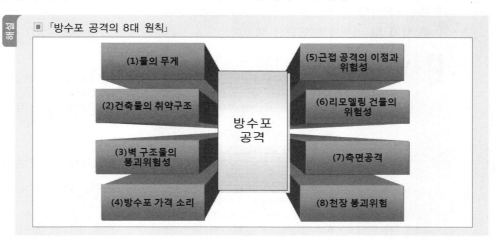

244 "항공기 화재의 특성"에 대한 설명으로 옳지 않은 것은?

① 연소방향 및 연소속도가 풍향, 풍속 등 기상상황 및 지형의 영향을 받기 쉽다.
② 화재 후 단시간에 알루미늄 합금 등이 연소하여 외판 등의 금속부분이 용해된다.
③ 연료탱크가 꼬리날개에 있어 꼬리날개 부근이 화재의 중심이 된다.
④ 연료탱크에 손상이 없고 액체의 일부가 연소하는 경우는 연소가 비교적 완만하고 연소 속도도 느리다.

■ 항공기 화재의 특성* 13년 소방위
항공기에는 대형여객기, 화물기, 군용기, 자가용 비행기 및 헬리콥터 등이 있다. 기체는 알루미늄 합금 등으로 구성되어 있다.
① 대형기는 다량의 항공연료를 적재하고 있기 때문에 연소는 대단히 급격하고 인명위험이 현저하게 높다.
② 시가지에 추락해 출화한 경우는 지상건물로의 연소 확대도 생기고 대재해로 발전한다.
③ 연소방향 및 연소속도가 풍향, 풍속 등 기상상황 및 지형의 영향을 받기 쉽다.
④ 화재후 단시간에 알루미늄 합금 등이 연소하여 외판 등의 금속부분이 용해된다.
⑤ 연료탱크가 주날개 안에 있기 때문에 주날개 부근이 화재의 중심이 되고 유출연료 등에 의하여 주위에 연소확대된다.
⑥ 연료가 많이 유출되는 경우는 낮은 곳으로 화면이 급격하게 확대될 위험성이 있다.
⑦ 연료탱크에 손상이 없고 액체의 일부가 연소하는 경우는 연소가 비교적 완만하고 연소속도도 느리다.
⑧ 군용기 화재에 있어서는 탑재된 폭탄, 총탄 및 장착된 화약이 폭발을 일으킬 우려가 있다.

정답　243. ④　244. ③

245 "항공기 화재 진입 및 접근 방법"으로 옳은 것은?

① 전투기 이외의 항공기 경우는 일반적으로 꼬리 부분으로 접근한다.
② 접근은 꼬리 부분, 풍상, 측면으로 접근한다.
③ 프로펠러기의 경우는 프로펠러 쪽으로 접근한다.
④ 주 날개 및 바퀴에의 접근을 피한다.

■ **진입 및 위치선정**
① 진입위치 선정은 초기 진압활동에 매우 큰 영향을 미치는 것이며 소방대가 비행장에 진입할 경우는 통보내용, 수리상황, 기상상황 및 부지경사를 고려하여 진입구를 선정한다.
② 활주로의 진입은 비행장 관계자에게 활주로 폐쇄조치가 되어 있는가를 확인하여 2차재해 방지에 세심한 주의를 기한다.
③ 접근은 머리 부분, 풍상, 측면으로 접근한다.
④ 전투기 이외의 항공기 경우는 일반적으로 머리 부분으로 접근한다.
⑤ 기관총 또는 로켓포를 장착한 전투기의 경우는 머리 부분부터의 접근은 위험하기 때문에 꼬리부분이나 측면으로 접근한다.
⑥ 제트기의 경우는 엔진에서 고온의 배기가스가 강력히 분출되기 때문에 화상을 방지하기 위하여 머리 부분부터 대략 7.5m 이상의 거리를 유지한다.
⑦ 프로펠러기의 경우는 프로펠러에 접근하지 않는다.
⑧ 대량의 연료유출에 의하여 화세확대가 예상되기 때문에 항상 퇴로를 고려하여 접근한다.
⑨ 주 날개 및 바퀴에의 접근을 피한다.
⑩ 기체에 접근이나 기내진입 시에는 구조대원과 함께 포 소화, 분무방수 등으로서 엄호방수하고 백드래프트에 의한 재연방지에 노력한다.
⑪ 기내 승객들의 구조는 출입구 등의 구출구에 접근하여 구조 용이한 자부터 신속히 구조한다.

246 "항공기 포 방사활동"에 대한 설명으로 옳지 않은 것은?

① 고발포는 기체 등 입체부분을, 저발포는 지표 등 평탄한 부분을 소화한다.
② 포소화와 분무방수를 중점으로 하고, 직사방수는 하지 않는다.
③ 피복 길이는 활주로의 1/3을 목표로 하며 피복 폭은 쌍발기 이상은 엔진간격의 약 1.5배, 단발기는 8~10m로 한다.
④ 포의 침투가 어려운 날개 내부 등의 소화는 이산화탄소를 활용한다.

■ **포 방사활동**
① 동체착륙을 할 경우에는 활주로에 공기포를 피복한다.
　㉠ 피복 길이는 활주로의 1/3을 목표로 하며 피복 폭은 쌍발기 이상은 엔진간격의 약 1.5배, 단발기는 8~10m로 한다.
　㉡ 포의 두께는 4~5cm 정도로 하고 시간적 여유 또는 포 원액에 여유가 없는 경우는 100~150m 범위를 긴급히 전면 피복한다.
② 관창은 진입구 부근에 포방사를 실시하고 스스로 인명구조 외에 다른 구조대원 및 구조대상자를 보호한다.
③ 포소화와 분무방수를 중점으로 하고, 직사방수는 하지 않는다.
④ 동체하부 및 그 주변 약 5m 이내를 우선적으로 소화한다.
⑤ 고발포는 지표 등 평탄한 부분을, 저발포 방사는 기체 등 입체부분을 소화한다.
⑥ 포 방사에 있어서 직접 직사방수는 동체보호 등 필요 최소한에 그치고 광범위하게 방사를 한다.
⑦ 포의 침투가 어려운 날개 내부 등의 소화는 이산화탄소를 활용한다.

정답 | 245. ④　246. ①

247 산림화재에 있어서 "지표를 덮고 있는 낙엽가지 등이 타는 것"과 관련 있는 것은?

① 지표화   ② 수간화

③ 수관화   ④ 수선화

■ 산림화재의 형태에는 <u>수관화(樹冠火), 수간화(樹幹火), 지표화(地表火)</u>가 있다.

수관화	나무의 수관(樹冠 : 나무의 가지와 잎이 달려있는 부분)이 연소하는 화재이고 일단 연소하기 시작하면 화세가 강해 소화가 곤란하다.
수간화	수목이 연소하는 화재로 고목 등은 수간화가 되기 쉽다.
지표화	지표를 덮고 있는 낙엽가지 등이 타는 것이다.
기복이 심한 산지	골짜기에서 봉우리를 향해서 연소하는 것이 통례이지만 강풍기상 하에서의 화재는 봉우리에서 골짜기로 역류하기도 한다.
평탄한 지역	지표에서 연소한 화염이 수관에 옮기고 수관과 지표의 2단 연소가 된다.
경사면	연소속도는 대단히 빠르고 또한 비화에 의한 연소확대 위험도 높고 긴 화선(火線)이 된다.

248 "산불화재의 방어선"을 설정한 경우에 대한 설명으로 옳지 않은 것은?

① 지형, 지물을 이용하는 등 직접소화가 가능한 경우

② 연소 확대되어 화세가 강한 경우

③ 연소속도가 빠르고 직접 소화 작업이 불가능한 경우

④ 이상연소가 발생한다고 생각되는 지형의 경우 방어선의 설정은 연소속도와 방어선 구축 작업능력을 충분히 고려하여 한다.

■ 방어선 설정의 경우
① 연소 확대되어 화세가 강한 경우
② 연소속도가 빠르고 직접 소화 작업이 불가능한 경우
③ 지형, 지물로 인하여 직접소화가 불가능한 경우
④ 이상연소가 발생한다고 생각되는 지형의 경우 방어선의 설정은 연소속도와 방어선 구축 작업능력을 충분히 고려하여 한다.

249 다음 중 "산림화재의 소방활동요령"으로 적절하지 못한 것은?

① 소방활동은 건물로의 연소저지에 우선한다.

② 소화활동시는 자기의 퇴로를 반드시 확보하도록 한다.

③ 연소 중의 급경사면의 아래로 접근하는 것이 효과적이다.

④ 풍하측 및 경사면 위측 등의 연소확대 방향의 화재에는 들어가지 않는다.

정답   247. ①   248. ①   249. ③

■ 산림화재 소방활동 요령
① 소방활동은 지휘자의 명령에 의해 행동한다.
② 소방활동은 건물로의 연소저지에 우선한다.
③ 장비는 이동식 펌프, 도끼 등 산림화재에 적합한 장비를 사용한다.
④ 소화활동시는 자기의 퇴로를 반드시 확보함과 동시에 소화 가능한 방향에서 착수한다.
⑤ 풍하측 및 경사면 위측 등의 연소확대 방향의 화재에는 위험이 있기 때문에 들어가지 않는다. 또한 연소 중의 급경사면의 아래에는 낙석의 위험이 있다.
⑥ 소화방법에는 직접 방수나 흙을 뿌리거나 두드려 끄는 방법과 수림 등을 베어내서 방화선을 만들어 화세를 약하게 하는 방법이 있다.
⑦ 산의 지세, 기상, 입목상황, 화세 등을 종합적으로 고려해 효과적인 방법을 선정하여 소화한다.
⑧ 헬기는 출동시간이 많이 소요되기 때문에 사전에 관계기관과 충분히 협의하는 것이 필요하다.
⑨ 헬기는 진압부대를 지원하여 공중소화와 동시에 비화상황 등을 관찰하여 지상부대에게 정보를 제공한다.

250 "방사선 위험구역"으로 설정에 있어서 다음 내용과 관계 깊은 것은?

> 소방·구조대원 등 필수 비상대응요원만 진입하여 활동하는 공간으로 일반인 및 차량의 출입을 제한하기 위하여 설정하는 지역이다.

① Basics Zone
② Hot Zone
③ Warm Zone
④ Cold Zone

■ 방사선 위험구역의 설정
현장통제 및 대응활동을 수행하기 위하여 "대응구역설정 개념도"에 따라 구역을 설정한다. 구역 설정 시에는 눈에 잘 띄는 띠, 로프를 사용하거나 구분이 잘 되는 도로 및 건물 등으로 제한할 수 있다.

Hot Zone	① 출입자에 대하여 방사선의 장해를 방지하기 위한 조치가 필요한 구역이다. ② 공간 방사선량률 20μSv/h 이상 지역은 소방활동 구역이며 공간방사량률 100μSv/h 이상 지역에 대해서는 U-REST 등 방사선전문가들이 활동하는 구역이다.
Warm Zone	① 소방·구조대원 등 필수 비상대응요원만 진입하여 활동하는 공간으로 일반인 및 차량의 출입을 제한하기 위하여 설정하는 지역이다. ② 공간방사선량률이 자연방사선준위(0.1~0.2μSv/h)이상 20μSv/h미만인 지역으로 Hot Zone과 경찰통제선 사이에 비상대응조치를 수행하기에 필요한 공간이다.
Cold Zone	경찰통제선(Police Line) 바깥 지역으로 공간방사선량률이 자연방사선준위(0.1~0.2μSv/h)수준인 구역이다.

251 "RI시설 화재 시 소방활동"의 일반원칙에 대한 설명으로 옳지 않은 것은?

① 활동은 필요최소한도로 하고 위험구역 내로의 진입시간을 짧게 한다.
② 방사선 피폭방지를 꾀하기 위해 위험구역을 설정하고 로프 등으로 표시한다.
③ 시설 관계자를 확보하고, RI장비를 구비한 중앙119구조본부를 활용한다.
④ 부서 위치는 풍하, 낮은 장소로 한다.

🔒 정답 250. ③   251. ④

■ RI시설 화재 시 소방활동의 일반원칙사항** 14년 소방장
① 대원은 지휘자의 통제 하에 단독행동은 엄금한다.
② 부서 위치는 풍상, 높은 장소로 한다.
③ 방사선 피폭방지를 꾀하기 위해 관계자 및 장비를 활용해서 위험구역을 설정하고 로프 등으로 표시한다.
④ 소방활동은 인명구조 및 대원 개개의 피폭방지를 최우선으로 실시한다.
⑤ 위험구역 내에서 소방활동을 실시한 경우는 기자재 및 인체의 오염검사를 실시한다.
⑥ 활동 중 외상을 입은 경우는 즉시 지휘자에게 보고한다.
⑦ 활동은 필요최소한도로 하고 위험구역 내로의 진입시간을 짧게 한다.
⑧ 시설 관계자(방사선취급주임)를 확보하고, RI장비를 구비한 중앙119구조본부를 활용한다.

252 "방사능과 방사선"에 대한 설명으로 옳지 않은 것은?

① 방사능이란 방사선을 내는 능력 혹은 방사선을 내는 물질로서 우라늄 등의 방사성물질은 이 성질을 가진 물질이다.

② γ 선은 물질의 투과력은 약하지만 물질을 전리하는 힘은 대단히 강하다.

③ 방사선이란 방사선물질에서 방출되는 α 선, β 선 및 γ 선으로 특수한 장치 등으로 만들어지는 X 선, 양자선 및 전자선 또는 원자로에서 만들어지는 중성자선을 말한다.

④ α 선은 물질의 투과력은 대단히 약하고 종이 1장으로 거의 완전히 멈춘다.

■ 방사능과 방사선
① 방사능이란 방사선을 내는 능력 혹은 방사선을 내는 물질로서 우라늄 등의 방사성물질은 이 성질을 가진 물질이다.
② 방사선이란 방사선물질에서 방출되는 α 선, β 선 및 γ 선으로 특수한 장치 등으로 만들어지는 X 선, 양자선 및 전자선 또는 원자로에서 만들어지는 중성자선을 말하며 투과성, 전리작용(電離作用), 형광작용(螢光作用)의 성질이 있다.

α 선	물질의 투과력은 대단히 약하고 종이 1장으로 거의 완전히 멈춘다. 물질을 전리하는 힘은 크다.
β 선	α 선보다 투과력은 강하지만 공기 중에서 수m, 알루미늄·플라스틱 수mm의 두께로 완전히 멈춘다. 물질을 전리하는 힘은 α 선보다 약하다.
γ 선	물질의 투과력은 대단히 강하다. 물질을 전리하는 힘은 β 선보다 약하다.

253 "방사선 피복"에 대한 설명으로 옳지 않은 것은?

① 외부 피폭 방호의 3대원칙으로는 거리, 시간 차폐이다.

② 인체의 외측에서 피부에 조사(照射)되는 것으로 투과력이 큰 β 선 등이 위험하다.

③ 내부피폭은 호흡기, 소화기 및 피부 등을 통해서 인체에 들어온 상태를 말하며 외부피폭과 달리 α 선이 가장 위험하다.

④ 내부피폭 방호의 3대 원칙으로는 격납, 희석, 차단이 있다.

정답 | 252. ② 253. ②

2025 필드 소방전술 문제집

| 구분 | 내용 |

■ 방사선 피복

외부 피폭	인체의 외측에서 피부에 조사(照射)되는 것으로 투과력이 큰 γ 선 등이 위험하다. 외부 피폭 방호의 3대원칙으로는 거리, 시간, 차폐이며 내용으로는 ① 거리는 멀리, ② 시간은 짧게, ③ 방사선의 종류에 적합한 방어물로 차폐하는 것이다.
내부 피폭	호흡기, 소화기 및 피부 등을 통해서 인체에 들어온 상태를 말하며 외부피폭과 달리 α 선이 가장 위험하다. 내부피폭 방호의 3대 원칙으로는 격납, 희석, 차단이 있으며 내용으로는 ① 격리는 작업장소를 제한하여 방사성물질을 주변 환경에서 차단하는 것이고 ② 희석은 공기정화 등을 통해 방사성 물질의 농도를 희석시키는 것이며, ③ 차단은 보호복 및 공기호흡기 등을 활용하여 인체 침입 경로를 차단하는 것이다.

254 "방사선의 검출요령"에 대한 설명으로 옳지 않은 것은?

① 검출결과는 레벨이 높은 쪽을 채용하고 반드시 검출위치 및 선량률을 기재한다.

② 검출은 원칙적으로 화학기동 중대원을 적극적으로 활용해서 실시하고 원칙적으로 시설 관계자는 보조적인 검출활동을 실시한다.

③ 검출은 핵종(核種) 및 수량과 사용상황을 확인하고 실시한다.

④ 검출활동으로 옥내에 진입하는 경우는 진입구를 한정하고 대원카드에 의해 출입자를 체크한다.

■ 방사선의 검출요령* 16년 소방교
① 검출은 시설관계자를 적극적으로 활용해서 실시하고 원칙적으로 화학기동 중대원은 보조적인 검출 활동을 실시한다.
② 검출은 측정기의 예비조작을 실시해서 기능을 확인한 후 방사능 방호복 및 호흡보호기를 착용하고 신체를 노출하지 않고 실시한다.
③ 검출은 핵종(核種) 및 수량과 사용상황을 확인하고 실시한다.
④ 검출은 복수의 측정기를 활용하고 외주부(外周部)부터 순차적으로 내부를 향해서 실시함과 동시에 검출구역을 분담해서 실시하고 검출누락이 없도록 한다.
⑤ 검출활동으로 옥내에 진입하는 경우는 진입구를 한정하고 대원카드에 의해 출입자를 체크한다.
⑥ 검출결과는 레벨이 높은 쪽을 채용하고 반드시 검출위치 및 선량률을 기재한다.

255 "방사선 안전관리"에 대한 설명으로 옳지 않은 것은?

① 소방설비는 원칙적으로 재사용하지 않는다. 다만 오염된 것이 제염의 결과 재사용 할 수 있는 것은 제외한다.

② 체내 피폭했을 때 또는 피폭 염려가 있는 방사선 오염구역에서 소방활동을 한 경우는 오염검출 후 양치질과 피폭상황에 따라 구토를 한다.

③ 관계시설에 설치해 있는 제염체가 효과적이지만 오염은 다량의 물과 비눗물(알카리성보다 산성 쪽이 효과가 있다)에 의한 세척을 유효하게 활용한다.

④ 베인 상처에 오염이 있는 경우는 즉시 다량의 물에 의한 제염을 실시한다.

정답 | 254. ② 255. ③

180 | PART 01 화재 분야

방사선 안전관리 12년 소방장	
오염 검사	⊙ 오염검사는 원칙적으로 시설 내의 오염검사기를 활용, 시설관계자에게 실시하게 한다. ⓒ 오염은 다량의 물과 비눗물(알카리성보다 산성 쪽이 효과가 있다)에 의한 세척이 효과적이지만 관계시설에 설치해 있는 제염제를 유효하게 활용한다. ⓒ 오염된 소방설비는 일정한 장소에 집중 관리해 필요에 따라 감시원 배치와 동시에 경계로프, 표식을 내걸고 분실 및 이동 등에 의한 2차 오염방지에 노력한다. ⓔ 오염물은 시설관계자에 일괄해서 인도하고 처리를 의뢰한다. 소방설비는 원칙적으로 재사용하지 않는다. 다만 오염된 것이 제염의 결과 재사용 할 수 있는 것은 제외한다. ⓜ 소방대원은 오염검사가 종료하고 지시가 있을 때까지 절대로 흡연 및 음식물을 섭취하지 않는다.
피복시 응급 조치	⊙ 피폭선량은 원칙적으로 위험구역 내에 진입할 때에 착용한 피폭선량 측정용구에 의해 파악한다. 그리고 위험구역 내에서의 피폭선량은 각종 선원(線源)의 강도에 의해 다르지만 검출에 근거한 선량과 활동시간에 따라서 파악할 수 있다. ⓒ 피폭한 대원은 「방사선 오염피폭 상황기록표」를 작성해 행동시간, 부서위치, 행동경로 및 행동개요를 기록한다. ⓒ 체내 피폭했을 때 또는 피폭 염려가 있는 방사선 오염구역에서 소방활동을 한 경우는 오염검출 후 양치질과 피폭상황에 따라 구토를 한다. ⓔ 베인 상처에 오염이 있는 경우는 즉시 다량의 물에 의한 제염과 동시에 출혈은 체내로의 방사성물질의 침투를 막고 배설촉진의 효과가 있기 때문에 생명에 위험이 없는 경우에는 지혈을 하지 않는다.*

256 "압기공사장 소방활동"으로 옳지 않은 것은?

① 압기 갱내 화재로 구조대상자가 없는 경우는 수몰에 의한 소화, 자연진화, 불연가스 봉입 등에 의한 소화방법으로 실시한다.

② 연결송수관이 설치되어 있고 갱내로 송수가 가능한 경우는 소방호스를 연장해서 방수를 실시한다.

③ 압기를 대기압하는 것이 불가능한 경우의 소화는 일반화재와 같은 활동을 실시한다.

④ 검색 가능한 곳의 구조대상자를 검색하고 자연진화를 기다린다.

■ 압기공사장 소방활동

① 진입 가능한 경우
   ⊙ 연결송수관이 설치되어 있고 갱내로 송수가 가능한 경우는 소방호스를 연장해서 방수를 실시한다.
   ⓒ 소방호스연장이 불가능한 경우는 물양동이를 활용해서 소화한다.
   ⓒ 압기를 개방(갱내를 대기압화 한다)하는 것이 가능한 경우의 소화는 압기 개방후 통상의 일반화재와 같은 활동을 실시한다.
   ⓔ 갱내에 고발포 소화장치, 스프링클러설비, 연결살수설비 등이 설치되어 있을 때는 적극적으로 활용한다.

② 진입 불가능한 경우
   ⊙ 검색 가능한 곳의 구조대상자를 검색하고 자연진화를 기다린다.
   ⓒ 압기 갱내 화재로 구조대상자가 없는 경우는 수몰에 의한 소화, 자연진화, 불연가스 봉입 등에 의한 소화방법으로 실시한다.

정답 | **256.** ③

257 화재현장에서 "지휘활동의 기본적 구조"에서 최우선 조치사항은?

① 실태파악   ② 정보수집

③ 결심   ④ 명령

※ 지휘활동의 기본적 구조 : 실태파악 → 상황판단 → 결심 → 명령 → 실시 → 측정

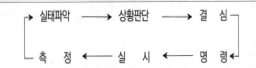

258 다음 내용과 관계 깊은 것은?

> 지휘자는 꼭 책임을 자각하고 방침을 빨리 정하여 그 방침에 의하여 강력히 견인하는 것이고 이것을 도중에 변경하지 않는 것이다.

① 실태파악   ② 정보

③ 결심   ④ 명령

■ 「지휘활동의 기본」* 17년 소방위

실태파악	화재현장에서 지휘관이 최우선해야할 것은 실태파악이며, 이를 위한 정보수집은 현장 활동의 시초다.
정보	정보를 수집하고 있는 사이에도 각대는 행동을 개시하는 것이므로 가능한 한 빨리 정보를 수집하여 실태 파악에 노력하여야 한다.
결심	정보를 기본으로 하여 실태를 파악하고 무엇을 해야 할 것인가, 부대배치와 임무는 어떻게 해야 할 것인가를 결심한다.
명령	지휘자는 꼭 책임을 자각하고 방침을 빨리 정하여 그 방침에 의하여 강력히 견인하는 것이고 이것을 도중에 변경하지 않는 것이다. 이 자각으로부터 견고한 신념이 발생하는 것이다.

259 "부대통솔의 의미"에 해당되지 않은 것은?

① 조직의 활동능력을 향상시키는 것이다.

② 지휘자의 개인 역량을 강화시키는 것이다.

③ 조직의 일체성을 강화하는 것이다.

④ 부대를 통일적으로 활동시키는 것이다.

정답   257. ①   258. ④   259. ②

■ 부대 통솔
① 조직의 활동능력을 향상시키는 것이다.
② 조직의 일체성을 강화하는 것이다.
③ 부대를 통일적으로 활동시키는 것이다.
※ 부대통솔이라고 하는 것은 이상의 3가지가 하나로 통합되고 병행되는 것이다.

260 "지휘자의 현장상황판단의 원칙"에 대한 설명으로 옳지 않은 것은?

① 지휘자는 변화의 징후를 간과해서는 안 되며 이를 위해서 끊임없이 상황판단을 계속하는 것이다.
② 상황판단을 한 후에 중요한 것은 재해 상태를 정확히 아는 것이다.
③ 지휘자는 일방면의 작은 일에 사로잡히지 않고 넓은 면을 봐야 한다.
④ 직감과 선입감 및 희망적 관찰을 꾀하고 가능한 한 정보에 따라서 객관적으로 숙고할 필요가 있다.

■ **상황판단의 원칙**★★ 16년 소방장
① 직감과 선입감 및 희망적 관찰을 피하고 가능한 한 정보에 따라서 객관적으로 숙고할 필요가 있다.
② 상황판단을 한 후에 중요한 것은 상태(재해상태)를 정확히 아는 것이다.
  소방활동의 대상인 화재현장은 항상 불확정의 상황이다. 지휘관은 화재현장 활동 시 정보수집을 적극적으로 하고 전반적인 상황을 빨리 파악하는 것에 전력을 기울여야 한다.
③ 화재현장은 항상 변화한다. 어떤 순식간의 상황변화에도 반드시 예고는 있다. 지휘자는 변화의 징후를 간과해서는 안 된다. 이를 위해서는 현재의 상황을 냉정하게 알고 끊임없이 상황판단을 계속하는 것이다.
④ 지휘자는 일방면의 작은 일에 사로잡히지 않고 넓은 면을 봐야 한다.
  지휘자는 대원보다 한층 높은 곳에서 전반적인 상황을 내려다보고 넓은 면을 파악한 후 상황에 대응한 조치를 취할 필요가 있다. 지휘관은 어디까지나 전 부대의 지휘가 그 임무이다. 정보를 종합하여 전체를 확인하면서 상황판단을 하여야 한다.

261 "현장지휘관의 4가지 중요한 책임" 중 가장 우선이 되는 사항은?

① 구조대상자를 보호, 구출, 치료해야 한다.
② 사고를 안정시키고 인명안전을 보장해야 한다.
③ 재산을 보호해야 한다.
④ 소방대원의 안전과 생존을 보장해야 한다.

■ **현장지휘관의 책임**★ 14년 소방장

현장지휘관의 주요책임	책임완수를 위해 요구되는 능력
• 대원의 안전과 생존보장 • 구조대상자의 보호, 구출, 응급처치 • 화재(사고)를 진압하고 인명안전보장 • 재산보호	• 의사결정능력 • 지시와 통제능력 • 지시통제내용에 대한 지속적인 재검토와 평가

📖 **정답**   **260.** ④   **261.** ④

262 다음 중 "현장지휘소 설치"에 대한 설명으로 옳지 않은 것은?

① 어떤 화재이든 지휘소는 반드시 설치 운영되어야 한다.

② 현장을 이탈하는 모든 인력과 출동대는 반드시 지휘소에 보고 한 후 이탈해야 한다.

③ 지휘소는 가능한 풍향을 고려하여 인접한 노출건물이 보이는 측면부분에 위치하여야 한다.

④ 현장지휘는 지휘소에서 하는 것을 원칙으로 한다.

■ 현장지휘소 설치
① 어떤 화재이든 지휘소는 반드시 설치 운영되어야 한다.
② 현장지휘는 지휘소에서 하는 것을 원칙으로 한다.
③ 조직표와 지휘기록을 유지관리하기 위해 현황판(command board)을 설치한다.
④ 현장에 도착하는 모든 인력과 출동대(차량)은 반드시 지휘소에 도착사실을 보고하고 임무를 부여받아야 한다.
⑤ 현장을 이탈하는 모든 인력과 출동대(차량)은 반드시 지휘소에 보고 한 후 이탈해야 한다.
⑥ 현장지휘관은 가능한 지휘소에 위치해 있어야 한다. 만약 현장지휘관(IC, Incident Commander)이 지휘소를 이탈할 때는 차 하위 단위지휘관 또는 지휘보좌 기능을 담당 하는 대원이 지시사항을 전달하고 정보를 수집해야 한다(이 기능은 중단 없이 지속되어야 한다).
⑦ 지휘소는 가능한 풍향을 고려하여 인접한 노출건물이 보이는 정면부분에 위치하여야 한다.

263 "사고현장 분대편성"에 대한 방법으로써 관계있는 것은?

진압소대, 배연소대, 구조소대, 대피소대, 지붕소대

① 방면별 명명법
② 건축물의 층별 명명법
③ 임무별 명명법
④ 지역별 명명법

■ 분대편성* 23년 소방위

방면별 명명법	좌측소대, 우측소대, 후방소대, 전방소대 등 ※ 화재현장이 동서남북 방향과 일치할 경우 : 동·서·남·북쪽 분대로 명명할 수 있다.
지역별 명명법	A 지역소대, B 지역소대, C 지역소대 등
임무별 명명법	진압소대, 배연소대, 구조소대, 대피소대, 지붕소대 등 ※ 임무별 명명법은 방면별 명명법이 적합하지 않거나 화재현장이 동서남북 방향과 일치하지 않을 경우에 배치된 임무(목표)에 따라 명명한다.
건축물의 층별 명명법	각 층수 사용(지하분대, 1(층)분대, 2(층)분대, 3(층)분대, …, 7층 분대, 8층 분대 등)

🔖 정답 **262.** ③ **263.** ③

264 다음 중 "현장지휘관의 바람직한 자질과 성향"에 관한 사항으로 옳지 않은 것은?

① 냉정하고 침착한 지시와 통제능력
② 안전이 확보된 타당한 위험의 감수능력
③ 지시 지향적이 아니라 행동 지향적 태도
④ 지휘에 대한 존중태도 및 훈련되고 일관성이 있는 태도

■ **현장지휘관의 바람직한 자질과 성향**★★ 14년 소방장
- 대원의 임무에 대한 존중 자세
- 냉정하고 침착한 지시와 통제능력
- 훈련과 경험에 의한 전문적 지휘지식
- 행동지향적이 아니라 지시지향적 태도(의사결정 중심의 태도)
- 상황을 안정시킬 수 있는 대안제시능력(문제해결능력)
- 심리적 체력적 대응능력
- 의사전달능력(무전기사용능력 등)
- 안전이 확보된 타당한 위험의 감수능력
- 모든 직원에 대한 관심과 공정성 유지
- 자신과 다른 사람, 장비, 그리고 전략과 전술적 접근법에 대한 한계인식 능력
- 지휘에 대한 존중태도 및 훈련되고 일관성이 있는 태도

265 현장지휘관의 "현장도착선언"에 대한 내용으로 잘못된 것은?

① 지휘자를 포함한 모든 출동대는 현장 도착 즉시 대면보고를 해야 한다.
② 원칙적으로 최초로 도착한 선착대장이 상급 지휘관이 올 때까지 지휘관이 된다.
③ 도착 시간을 공표, 기록하는 것은 출동 대응시간을 나타내는 공식 통계자료가 된다.
④ 현장 도착 선언을 하는 가장 중요한 취지는, 현 시점에서 현장에 있는 지휘관이 누구인지 알 수 있다는 것이다.

■ **현장도착 선언**
현장 도착 선언(Announcing arrival)을 하는 가장 중요한 취지는, 현 시점에서 현장에 있는 지휘관이 누구인지 알 수 있다는 것이다. 원칙적으로 최초로 도착한 선착대장이 상급 지휘관이 올 때까지 지휘관이 된다.
① 모든 출동대(지휘차 포함)는 현장 도착 즉시 무선보고를 해야 한다.
② 지휘차는 물론 모든 출동대가 알 수 있도록 (차량)무전기를 통해 보고하는 것을 원칙으로 한다.
③ 도착 시간을 공표하고 기록하는 것은 출동 대응시간을 나타내는 공식 통계자료가 된다.
④ 만약 늦은 대응으로 인해 소송이 제기된다면 그에 대한 중요한 정보가 될 수 있다.

🔖 **정답** | **264.** ③ **265.** ①

266 "현장지휘권의 장악형태" 중 다음 내용과 관계 깊은 것은?

> 배연, 검색구조, 내부호스관리 등과 같은 실제임무를 이행하는 단위지휘관이 사용가능

① 방면지휘 형태 　　　　　　　　② 이동지휘 형태
③ 고정지휘 형태 　　　　　　　　④ 전진지휘 형태

■ 현장지휘권 장악 형태

형 태	내 용(개념)
전진지휘 형태	① 최일선에서 임무중심지휘방식, 즉각적·공격적 활동이 필요하고 지휘권을 이양하는 것이 부적절한 경우 선착대장이 사용 ② 배연, 검색구조, 내부호스관리 등과 같은 실제임무를 이행하는 <u>단위지휘관이 사용가능</u>
이동지휘 형태	① 지휘관이 재난현장주위를 돌아다니며 지휘, 원칙적으로 방면지휘관만 사용가능 ② 선착대장이 주로 취하는 직접지휘형태로 공격적 화재진압, 인명구조, 대원의 안전 등의 문제와 직결되는 불확실한 상황에서 위험현장을 직접 지휘하는 형태
고정지휘 형태	① 복잡한 전체 현장을 거시적 관점에서 지휘하기 위해 외부에서 고정지휘를 하는 형태 ② 공식화된 지휘위치에서 단위지휘관을 총괄지휘, 다수의 단위대를 총괄조정 할 경우 고정지휘를 원칙 ③ 고정지휘소는 지휘차 또는 현장지휘소

267 현장지휘관의 단계별 상황보고에서 "초기무선보고내용"에 포함사항이 아닌 것은?

① 건물규모, 용도, 위험물 누출 등
② 지휘권의 장악, 지휘관의 신원, 지휘소의 위치
③ 현장 도착 출동대 인원현황
④ 필요한 자원요구

■ 초기 무선보고 내용에 포함사항**
① 현장 도착 출동대 명칭
② 사고 상황 개요 : 건물규모, 용도, 위험물 누출 등
③ 현재 상황 : 연소 중, 대량 환자 발생 등
④ 시도된 활동 개요
⑤ 전략 선언(건축물 화재 시에만 해당) : 공격적, 방어적, 한계적 진압
⑥ 명백한 안전문제
⑦ 지휘권의 장악, 지휘관의 신원, 지휘소의 위치
⑧ 필요한 자원 요구

정답 | **266.** ④ 　　**267.** ③

268 현장지휘자가 "총괄현장지휘관"에게 보고할 사항은?

① 소방용수 상황

② 건물구조, 층수, 연소 동수, 위험물, 소화약제 등의 상황

③ 인적위험유무, 사상자의 상황

④ 각 방면에 있어서 화재진압 및 인명구조상황, 이동부서 등의 여부

■ 총괄현장지휘자 보고사항
① 화재의 추이와 자기 담당면의 방어개요
② 자기담당면의 소요 소방력
③ 소방용수 상황
④ 인명검색, 구조·피난유도와 그 결과
⑤ 위험물품의 유무, 소화약제의 상황
⑥ 후착대의 경우는 방어의 유무

■ 화재초기 상급지휘자 보고사항
① 발신대명, 화재지명·번지, 업종, 화재의 종류
② 건물구조, 층수, 연소 동수, 위험물, 소화약제 등의 상황
③ 화재상황, 연소의 추이, 저지의 여부
④ 부근건물 상황, 소방용수 상황
⑤ 인적위험유무, 사상자의 상황
⑥ 응원요청, 기타 요구사항

■ 각 대간 연락사항
① 각 방면에 있어서 화재진압 및 인명구조상황, 이동부서 등의 여부
② 선·후착대의 부서 및 진입과 그 상황
③ 위험물·위험장소의 상황
④ 기타 잔화정리·귀서 등의 연락

269 "분대편성의 이점"이 아닌 것은?

① 현장지휘관의 통솔 범위를 줄여준다.

② 대규모 현장을 일정한 단위조직으로 나누는 표준시스템을 제공한다.

③ 중요한 지원 기능을 나열해 준다.

④ 의사전달체계를 더욱 효과적으로 해준다.

■ 분대편성의 이점** 14년, 23년 소방위
① 현장지휘관의 통솔범위를 확대할 수 있다.
② 의사전달체계를 더욱 효과적으로 해 준다.
③ 대규모 현장을 일정한 단위조직으로 나누는 표준시스템을 제공한다.
④ 중요한 지원기능을 나열해 준다.
⑤ 대원의 안전을 제고시킨다.

정답 | **268.** ① **269.** ①

270 현장지휘관의 책임완수를 위해 요구되는 능력에서 "지시와 통제능력"이 아닌 것은?

① 스트레스 관리
② 가정과 사실의 구별
③ 고독한 방랑자관리
④ 중간점관리

▣ 현장지휘관의 책임완수를 위해 요구되는 능력★★ 20년 소방교/ 21년 소방장

의사결정 능력	• 가정과 사실의 구별(즉, 추측된 불완전한 정보와 실제정보의 구별) • 현장작전상황의 환류(재검토)를 통해 작전계획을 변경할 수 있는 유연한 자세 • 표준대응방법의 개발 • 행동개시 후에는 즉시 관리자의 역할로 복귀(전술적 책임은 위임)
지시와 통제 능력	• 스트레스관리(보다 세부적인 문제에 대해 권한위임의 원칙을 적용함으로서 자신과 하위 지휘관의 스트레스를 줄여준다.) • 고독한 방랑자관리(권한은 위임하되 모든 책임은 자신이 진다는 고독한 단독지휘관으로서의 행동 준비가 되어야 한다) • 중간점관리(초기지시와 활동상황을 수시로 평가하여 상황변화에 맞게 재지시 및 통제), 부족자원관리
재검토와 평가	• 일반적으로 보고는 보고자의 범위 내에서 관찰된 상황만을 설명한다. • 그러므로 다른 사람의 보고서에 의문을 제기하고 보고자가 완전히 그리고 정확하게 알고 있는지 확인하고 의사결정을 내려야 한다.

271 "현장지휘소 위치선정 시 고려사항"으로 옳지 않은 것은?

① 건물인 경우 2개 이상 방향 관찰 가능한 장소 선택
② 출동대 활동을 관찰할 수 있는 곳
③ 풍상으로 하고 풍횡이나 풍하측은 피한다.
④ 차량이동과 작전에 방해되지 않은 곳

▣ 지휘위치잡기 즉, 지휘소 위치 선정 시 고려사항★ 17년 소방장

① 최대 시계(視界) 확보 : 건물인 경우 2개 이상 방향 관찰 가능한 장소 선택, 화재전반을 용이하게 파악할 수 있는 장소로 풍상이나 풍횡으로 하고 풍하측은 피한다.
② 주변지역(환경)에 대한 최대 시계확보 : 출동 각 대의 지휘자, 기타 관계자가 용이하게 확인할 수 있는 장소
③ 눈에 잘 띄는 곳
④ 안전한 곳
⑤ 차량이동과 작전에 방해되지 않는 곳
⑥ 출동대 활동(작전상황)을 관찰할 수 있는 곳
⑦ 각종 통신관계의 활용, 보고, 연락 등이 순조롭고 부대의 지휘운용이 용이한 장소

272 "무선교신 지침"으로 옳지 않은 것은?

① 산만한 형식주의를 피할 것　　　　　② 복명복창

③ 짧고, 명확, 간결할 것　　　　　　　④ 중요한 것은 마지막으로 교신

■ 무선교신 지침(원칙)
① 짧고, 명확, 간결할 것
② 산만한 형식주의를 피할 것
③ 메시지의 우선 순위화 : 중요한 것부터 먼저교신
④ 임무에 기인한 메시지 : 어떻게 할 것인가 보다 무엇을 할 것인가의 특정임무중심 지시
⑤ 복명복창

273 사고현장 대기단계에서 "대기 1단계 상황"이 아닌 것은?

① 선착대를 제외한 출동대 차량은 인접 코너에서 대기해야 한다.

② 지휘관의 배치지시가 없는 한, 연소 건물이 있는 도로 인접장소에서 대기해야 한다.

③ 화재현장을 중심으로 시내 진입방향과 외곽방향의 인접 교차로가 적정 대기위치로 운영
될 수 있다.

④ 화재초기단계 상황이다.

■ 대기단계(Staging of apparatus) 운영
다수 출동대가 현장에 출동한 복잡한 상황 하에서는 많은 출동대 차량이 서로 혼잡스럽게 배치되어
차량진출입을 방해하거나 원하는 위치에 차량을 배치하는 것이 곤란하게 될 수 있다. 이러한 상황에
서는 출동대 차량을 체계적으로 관리하기 위한 표준작전절차가 운영되어야 한다.

대기 1단계	• 화재의 초기 단계로 선착대를 제외한 출동대 차량은 인접 코너에서 대기해야 한다. • 지휘관의 배치지시가 없는 한, 연소 건물이 있는 도로 인접장소에서 대기해야 한다.
대기 2단계	• 큰 화재의 경우 보통 운영이 필요하다. • 이것은 화재 현장 근처에 차량을 주차시키고 자원지원분대장(자원대기소장)이 대기 차량을 전반적으로 관리한다. • 화재현장을 중심으로 시내 진입방향과 외곽방향의 인접 교차로가 적정 대기위치로 운영될 수 있다.

274 "현장지휘관 상황보고에서" 다음 내용과 관계 깊은 것은?

보고에서는 추가 지원자원 요구, 1·2차 검색 결과 등에 대한 내용이 포함되며 세부
보고절차에 해당된다.

① 1단계　　　　　　　　　　　　　　② 2단계

③ 3단계　　　　　　　　　　　　　　④ 4단계

정답　|　272. ④　　273. ③　　274. ②

■ 현장지휘관이 하는 <u>상황보고는 3회 이상하는 것을 원칙으로</u> 한다.

1단계	• 현장도착과 동시에 화재상황 개요, 연소건물의 유형, 연소 확대 상황 등을 포함한 개략적 상황정보를 상황실에 보고하여야 한다. • 이것은 상황실과 상급지휘관의 상황판단을 돕기 위한 <u>예비보고 절차</u>에 해당된다.
2단계	상황의 전개과정에 따라 화재진압작전의 성공 또는 실패여부를 알리면서 현장지휘관이 적용하고 있는 전략을 설명하는 내용을 보고해야 한다. ※ 보고에서는 추가 지원자원 요구, 1·2차 검색 결과 등에 대한 내용이 포함되며 세부 보고절차에 해당된다.
3단계	최종 보고는 화재가 진압되었다는 보고이다. ※ 상황보고는 현장지휘시스템의 필수적인 부분(과정)으로 그 취지는 현장에 도착하였거나 도착할 예정인 출동대가 현장상황을 예측·분석할 수 있도록 해주며, 상급지휘관이 상황실을 통해 화재 상황을 관찰하도록 해준다. 그러나 이와 같은 주기적인 상황보고의 가장 중요한 기능은, 일정한 시간대별(10분 또는 15분 주기)로 현 전략을 재검토·평가하도록 해준다는 데 있다.

275 "SOP의 일반적 구성내용"이 아닌 것은?

① 지휘책임 통합방법　　　　② 기본적 지휘기능
③ 전술적 우선순위　　　　④ 통신과 출동체계

■ SOP 개요
① 모든 사고 상황에 적용하는 기본 작전원칙을 기록한 절차를 말한다.
② 표준작전절차는 누가 어디서 무엇을 해야 하는지를 개략적으로 나타내 주는 일반적 작전계획이다.
③ 이것은 가장 빈번한 화재와 사고 유형을 기초로 수립되어야 한다.
④ 표준작전절차는 <u>현장지휘관이 현장에서 조정하거나 변경시키지 않는 한 표준적인 일반절차로 이행된다.</u>

SOP의 일반적 구성내용	• 기본적 지휘기능(지휘권을 장악하고 지속시키는 표준방법) • 지휘책임 분산방법(분대장에게 사고지역의 일부분을 위임하거나 일정한 책임기능을 위임하는 표준방법) • 통신과 출동체계 • 현장안전관리 • 전술적 우선순위(인명구조-화재진압-재산보호)와 관련된 지원기능을 수립하는 지침 • 초기자원배치의 표준적 방법(출동소방차량배치 방법) • 각 출동대의 책임과 기능에 대한 개요
SOP의 특징	• 기록된 절차(논의 합의된 계획서의 기록) • 공식화(현장경험에서 나온 효과적인 기술들을 공식적으로 채택한 것) • 모든 상황에 적용가능 • 시행(실행가능성 없는 복잡한 규정과 같은 것이 아니라, 실용성 및 시행가능성 있는 절차) • 전체 사고관리모델로 통합(전체 사고관리체계의 기초 및 골격으로 적용된다)

정답　275. ①

276 조직편성을 위한 임무부여 원칙에서 "임무수행 시 안전관리 등"의 내용이 포함된 것은?

① 임무수준　　　　　　　　　　　② 작전수준

③ 전술수준　　　　　　　　　　　④ 전략수준

■ 임무부여의 원칙

전략 수준	현장지휘관의 임무와 책임수준에 해당하는 것으로 전체 전략을 결정하고, 전반적인 목표수립, 목표의 우선순위결정, 활동계획(작전계획) 개발, 자원확보 및 배치, 전술수준의 각대(隊)에 대한 목표부여 등의 사항이 여기에 포함된다.
전술 수준	전략수준에서 결정된 각 목표(문제)를 해결하기 위한 수준으로, 이러한 목표해결을 위한 대원배치, 임무수행 시 안전관리 등의 내용이 여기에 포함된다.
임무 수준	전술수준에서 부여된 목표를 해결하기 위해 부여된 임무수행의 수준으로 각 개별 출동대나 특정대원에 의해 달성되는 활동을 의미한다.

277 다음 중 "2차 검색방법"에 해당되는 것은?

① 즉각적이며 체계적인 방식　　　　② 희생자가 가장 잘 발견되는 곳

③ 건물전체와 주변정밀검색　　　　④ 신속하게 현장을 검색

■ 1·2차 검색

현장지휘관의 역할 중 가장 중요한 것 중의 하나로서 화재 진압에 너무 몰두한 나머지 희생자 검색을 간과해서는 안 된다. 화재를 진압하는 각 분대에 건물 내의 1·2차 검색임무를 명확히 할당해야 한다. 사고 현장을 떠난 후 며칠 뒤에 가서야 잔해에서 희생자가 발견되는 일보다 더 치욕스러운 일은 없다.

1차 검색	즉각적이며 체계적인 방식으로 희생자가 가장 잘 발견되는 곳을 중점으로 신속하게 현장을 검색하는 것이다.
2차 검색	좀 더 느리면서 건물 전체와 주변을 철저하게 정밀 검색하는 것이다.

01 "소방용수시설 설치기준"으로 옳은 것은?

① 저수조는 지면으로부터 낙차가 4.5미터 이상이다.

② 저수조 흡수부분의 수심은 0.5미터 이하

③ 흡수관의 투입구가 사각형의 경우에는 한 변의 길이가 60센티미터 이상, 원형의 경우에는 지름이 60센티미터 이상일 것

④ 소화전 연결금속구의 구경은 100밀리미터이다.

소화전	상수도와 연결하여 지하식 또는 지상식의 구조로 하고, 소방용 호스와 연결하는 소화전의 연결금속구의 구경은 65밀리미터로 한다.
급수탑	급수배관의 구경은 100밀리미터 이상으로 하고, 개폐밸브는 지상에서 1.5미터 이상 1.7미터 이하의 위치에 설치한다.
저수조	① 지면으로부터 낙차가 4.5미터 이하(진공펌프 흡수가능 10.33m) ② 흡수부분의 수심은 0.5미터 이상 ③ 소방펌프차가 용이하게 부서 할 수 있어야 한다.(흡수관 1본, 15m) ④ 흡수관의 투입구가 사각형의 경우에는 한 변의 길이가 60센티미터 이상, 원형의 경우에는 지름이 60센티미터 이상일 것 ⑤ 저수조는 상수도와 연결되거나 언제나 만수((滿水)되어 있는 구조의 것이어야 한다. ⑥ 흡수에 지장이 없도록 토사 및 쓰레기 등을 제거할 수 있는 설비를 갖추어야 한다.

■ **소방용수시설 설치기준*** 16년 소방위, 소방교/ 17년 소방위, 소방장/ 22년 소방장

02 "소방용수설치기준"에 대한 설명으로 옳지 않은 것은?

① 소방호스연장은 반경 약 100m의 범위 내가 된다.

② 주거, 상업, 공업지역은 100m 이내, 그 밖의 지역은 140m 이내에 설치한다.

③ 소방대 유효활동 범위와 지역의 건축물 밀집도 인구 및 기상상황을 고려한다.

④ 평상시 소방대의 유효활동 범위는 호스 15본 이내로 하고 있다.

■ **소방용수 배치기준**** 16년 소방교/ 18년 소방장/ 20년 소방장
① 소방호스(호스, hose)연장은 다음과 같이 도로를 따라서 연장한 경우 소방호스의 굴곡을 고려하여 기하학적으로 산출하면 반경 약 100m의 범위 내가 된다.
② 소방용수는 도시계획법상의 공업 및 상업지역, 주거지역은 100m 이내, 그 밖의 지역은 140m 이내에 설치하도록 되어 있다.

🔖 **정답**　01. ③　02. ④

호스연장과 도달거리의 관계
① 소방대의 유효활동 범위와 지역의 건축물 밀집도, 인구 및 기상상황을 고려하여 평상시의 설치기준으로서 소방기본법시행규칙 제6조에 정해져 있다.
② 평상시의 소방대의 유효활동 범위는 소방 활동의 신속, 정확성을 고려하여 연장 호스 10본 (150m)이내일 것으로 하고 있다.

03 소방기본법에서 정하는 "소방용수시설을 설치하고 유지·관리"하는 사람은?

① 소방본부장 ② 행정안전부장관

③ 소방서장 ④ 시도지사

 소방기본법 제10조 소방용수시설은 시도지사가 설치, 유지, 관리한다.

04 "소방용수시설유지관리"에 관한 설명으로 옳지 않은 것은?

① 공설소화전, 저수조, 급수탑 등은 그 설치 재원을 각 시·도의 소방공동시설세로 하고 있으므로 유지·관리는 사용주체인 소방관서에서 해야 한다.

② 소방용수시설에 대한 조사결과를 2년간 보관하여야 한다.

③ 소방 활동에 필요한 소화전·급수탑·저수조 기타의 소방용수시설은 관할 시·도가 설치하여 유지 관리하여야 한다.

④ 소방본부장 또는 소방서장은 소방용수시설조사를 연 1회 이상 실시하여야 한다.

 ■ **소방용수시설 유지관리*** 13년 소방교

① 공설소화전, 저수조, 급수탑 등은 그 설치 재원을 각 시·도의 소방공동시설세로 하고 있으므로 유지·관리는 <u>사용주체인 소방관서에서 해야 한다.</u>

② 수도에 있어서는 그 설치자가 설치·유지와 관리를 한다. 이를 명확히 하기 위하여 소방기본법과 수도법에서 정하고 있다.

③ 소방 활동에 필요한 소화전·급수탑·저수조 기타의 소방용수시설은 관할 시·도가 설치하여 유지 관리하여야 한다.

④ 소방용수시설은 소방관서의 재산으로서 그 책임을 다하여야 하며, <u>고장개소가 발생 시 상수도 관리 부서인 각 수도사업소에 개·보수사항을 의뢰하여 보수하거나 소방기관 자체 예산으로 보수하고 있다.</u>

※ 소방본부장 또는 소방서장은 원활한 소방 활동을 위하여 다음 각 호의 조사를 월 1회 이상실시하여야 한다.
 • 소방용수시설에 대한 조사
 • 소방대상물에 인접한 도로의 폭, 교통상황, 도로주변의 토지의 고저, 건축물의 개황, 그 밖에 소방 활동에 필요한 지리에 대한 조사를 실시하며, 조사결과를 2년간 보관하여야 한다.

정답 03. ④ 04. ④

05 상수도소방용수설비에 대한 설명으로 다음 (   ) 안에 들어갈 내용은?

> 소화전 설치거리는 소방대상물의 (   )의 각 부분으로부터 (   )m 이하가 되도록 설치한다.

① 수평투영면, 140 ② 경계선, 100
③ 수도배관, 180 ④ 호칭지름, 120

■ 상수도 소방용수 설비* 13년, 14년 소방장	
용어 정의	① "호칭지름"이라 함은 일반적으로 표기하는 배관의 직경을 말한다. ② "수평투영면"이라 함은 건축물을 수평으로 투영하였을 경우의 면을 말한다.
설치 기준	① 호칭지름 75mm 이상의 수도배관에 호칭지름 100mm 이상의 소화전을 접속할 것 ② 소화전은 소방자동차 등의 진입이 쉬운 도로변 또는 공지에 설치할 것 ③ 소화전 설치거리는 소방대상물의 수평투영면의 각 부분으로부터 140m 이하가 되도록 설치할 것

06 "지하소화전 맨홀뚜껑의 소방용수 표지에 대한 규격으로 옳지 않은 것은?

① 지름 648밀리미터 이상의 것으로 한다.
②"소화전·주차금지" 또는 "저수조·주차금지"의 표시를 할 것
③ 15센티미터의 선을 그 둘레를 따라 칠할 것
④ 부근에는 회색반사도료로 한다.

지하에 설치하는 소화전·저수조의 소방용수표지

① 맨홀뚜껑은 지름 648밀리미터 이상의 것으로 할 것. 다만, 승하강식 소화전의 경우에는 이를 적용하지 아니한다.
② 맨홀뚜껑에는 "소화전·주차금지" 또는 "저수조·주차금지"의 표시를 할 것
③ 맨홀뚜껑 부근에는 황색반사도료로 폭 15센티미터의 선을 그 둘레를 따라 칠할 것

🔖 정답   05. ①   06. ④

07 다음 ( ) 안에 들어갈 내용은?

> ① 소화수조, 저수조의 채수구 또는 흡수관투입구는 소방차가 ( )m 이내의 지점까지 접근할 수 있는 위치에 설치하여야 한다.
> ② 소화수조 또는 저수조의 저수량은 소방대상물의 연면적을 다음 표에 따른 기준면적으로 나누어 얻은 수에 ( )㎥를 곱한 양 이상이 되도록 하여야 한다.

① 5, 50

② 2, 40

③ 5, 30

④ 2, 20

설치 기준	① 소화수조, 저수조의 채수구 또는 흡수관투입구는 <u>소방차가 2m 이내의 지점까지 접근할 수 있는 위치에 설치</u>하여야 한다.* 13년 소방장 ② 소화수조 또는 저수조의 저수량은 소방대상물의 연면적을 다음 표에 따른 기준면적으로 나누어 얻은 수에 20㎥를 곱한 양 이상이 되도록 하여야 한다.

08 급수탑의 "소방용수" 문자 색깔은?

① 적색

② 흰색

③ 청색

④ 황색

급수탑 및 지상에 설치하는 소화전·저수조의 소방용수표지

① 안쪽문자는 흰색, 바깥쪽 문자는 노란색, 안쪽 바탕은 붉은색, 바깥쪽 바탕은 파란색으로하고 반사재료를 사용한다.
② 위의 표지를 세우는 것이 매우 어렵거나 부적당한 경우에는 그 규격 등을 다르게 할 수 있다.

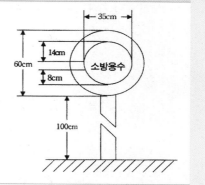

09 "정당한 사유 없이 소방용수시설을 사용하거나 소방용수시설의 효용을 해하거나 그 정당한 사용을 방해한 자에 대한 벌칙"으로 옳은 것은?

① 1년 이하의 징역

② 3년 이하의 징역

③ 5년 이하의 징역

④ 10년 이하의 징역

정답 07. ④   08. ②   09. ③

※ 소방기본법 제50조 (벌칙) 다음에 해당하는 자는 <u>5년 이하의 징역 또는 5천만원 이하의 벌금</u>에 처한다.
- 제28조의 규정을 위반하여 정당한 사유 없이 소방용수시설을 사용하거나 소방용수시설의 효용을 해하거나 그 정당한 사용을 방해한 자* 20년 소방위

10 소방용수시설에 대한 설명으로 다음 내용과 관계 깊은 것은?

① 도로면에 설치되어 있기 때문에 차량 등에 의해 파손되는 경우가 많다.
② 유지관리 미숙으로 동절기에 보온조치 등 불필요한 예산이 낭비된다.
③ 도시미관을 해친다.

① 급수탑
② 저수조
③ 지상식소화전
④ 지하식소화전

 ■ 「소방용수시설 장단점 비교」* 20년 소방교 /22년 소방장, 소방교

종 별	장 점	단 점
지상식 소화전	사용이 간편하고 관리가 용이하다.	① 지상으로 돌출되어 있기 때문에 차량 등에 의하여 파손될 우려가 있다. ② 도로에는 설치가 곤란하다
지하식 소화전	지하에 매설되어 있어 보행 및 교통에 지장이 없다.	① 사용이 불편하고 관리가 어렵다. ② 강설시 동결되어 사용할 수 없는 경우가 발생한다. ③ 도로포장 공사 시 매몰 우려 및 뚜껑 인상을 해야 한다.
급수탑	물탱크 차량에 급수하는 데 가장 용이하다.	① 도로면에 설치되어 있기 때문에 차량 등에 의해 파손되는 경우가 많다. ② 설치기준 부족으로 불필요한 물이 낭비되며 배수장치의 설치방법에 따라 동절기에 동결되는 경우가 생긴다. ③ 유지관리 미숙으로 동절기에 보온조치 등 불필요한 예산이 낭비된다. ④ 도시미관을 해친다.
저수조	① 대량의 물이 저장되어 있기 때문에 단수 시 급수작전에 효과를 기할 수 있다. ② 고지대 등 급수작전이 미흡한 지역에 설치할 경우 지대한 효과를 기할 수 있다.	① 설치비용이 많이 든다. ② 뚜껑이 너무 무거워 사용하기가 불편하다. ③ 설치위치 선정이 용이하지 않다 ④ 공사 시 교통에 많은 지장이 초래된다.

정답 **10.** ①

11 "소방용수에 대한 설명"으로 옳지 않은 것은?

① 냉각효과가 큰 것은 물의 비열과 기화열(증발잠열)이 크기 때문인데 그 중에서도 증발잠열이 냉각효과의 주된 요인으로 작용한다.

② 화재진압 필수 3요소는 숙달된 소방관, 최신장비, 풍부한 소방용수이다.

③ 증발될 때 체적은 약 1,700배 이상 커진다.

④ 화열과 접촉하여 발생되는 수증기는 불연성 기체의 일종이므로 연소를 억제하는 데 기여할 수도 있다. 즉 약간의 제거소화 효과도 보여줄 수 있다.

※ 물은 냉각효과가 가장 크고 쉽게 구할 수 있는 경제적인 물질이다. 냉각효과가 큰 것은 물의 비열과 기화열(증발잠열)이 크기 때문인데 그 중에서도 증발잠열이 냉각효과의 주된 요인으로 작용한다.

※ 화재진압 필수 3요소 : 숙련된 소방관, 최신 장비, 풍부한 소방용수

① 물의 증발잠열은 539cal/g이다. 이것은 100℃의 물 1g을 같은 온도의 수증기로 변하게 하는 데에는 539cal의 열량이 필요하다는 것을 뜻한다.

② 100℃의 물 1g이 같은 온도의 수증기로 변할 때에는 주위로부터 539cal의 열을 빼앗는다는 것을 의미하며 물이 증발할 때에는 주위로부터 이와 같이 많은 열을 빼앗기 때문에 물은 훌륭한 소화약제가 될 수 있는 것이다.

③ 화열과 접촉하여 발생되는 수증기는 불연성 기체의 일종이므로 연소를 억제하는 데 기여할 수도 있다. 즉 다소간의 질식효과도 보여줄 수 있다.

④ 증발될 때 체적은 약 1,700배 이상 커진다. 이것은 1리터의 액체상태의 물은 기화된 후 약 $1.7m^3$의 공간을 차지할 수 있는 양이 됨을 의미한다.

> ※ 물의 특성
> ㉠ 가격이 싸고 ㉡ 어디에서도 쉽게 구할 수 있으며 ㉢ 기화열이 크며 연소물체에 도달하기 쉽고, 사용하기 편리하고, 침투성이 높기 때문에 다른 소화제보다 소화효과가 크다는 물의 특성을 이용한 것

12 "소화수조 및 저수조 설비 기준"으로 옳지 않은 것은?

① 소화용수설비에 설치하는 채수구는 소방용 호스 또는 소방용 흡수관에 사용하는 구경 100㎜ 이상의 나사식 결합 금속구를 설치할 것

② 소요수량이 80㎥ 미만인 것에 있어서는 1개 이상, 80㎥ 이상인 것에 있어서는 2개 이상을 설치하여야 하며, "흡수관투입구"라고 표시한 표지를 할 것

③ 지하에 설치하는 소화용수설비의 흡수관투입구는 그 한 변이 0.6m 이상이거나 직경이 0.6m 이상인 것으로 할 것

④ 채수구는 지면으로부터의 높이가 0.5m 이상 1m 이하의 위치에 설치하고 "채수구"라고 표시한 표지를 할 것

■ 소화수조 및 저수조 기준
① 지하에 설치하는 소화용수설비의 <u>흡수관투입구는 그 한 변이 0.6m 이상이거나 직경이 0.6m 이상</u>인 것으로 하고, 소요수량이 80㎥ 미만인 것에 있어서는 1개 이상, 80㎥ 이상인 것에 있어서는 2개 이상을 설치하여야 하며, "흡수관투입구"라고 표시한 표지를 할 것

🔲 **정답** | 11. ④ 12. ①

② 소화용수설비에 설치하는 채수구는 소방용 호스 또는 소방용 흡수관에 사용하는 구경 65㎜ 이상의 나사식 결합 금속구를 설치할 것
③ 채수구는 지면으로부터의 높이가 0.5m 이상 1m 이하의 위치에 설치하고 "채수구"라고 표시한 표지를 할 것

13 **"소방용수시설 일제 정밀조사요령"에 대한 설명으로 옳지 않은 것은?**

① 스핀들을 완전히 잠근 후 반 바퀴 정도 열어준다.

② 개폐가 힘든 것은 무리한 힘을 가하지 말고 오일 주입, 녹 제거 작업 후 천천히 개폐한다.

③ 급격한 밸브 조작은 상수도관 내 침전물의 유동을 일으켜 수질로 인한 민원 발생의 원인이 된다.

④ 밸브 개방 시 상수도 본관에서 분기된 제수밸브를 먼저 개방하고 지상, 지하식 소화전용 밸브를 나중에 개방한다.

■ 소방용수시설 일제 정밀조사(점검) 요령* 24년 소방교

1. 현장도착	점검도구(기자재)활용
2. 외관점검 (층별공통)	① 용수시설의 위치 및 사용의 장애여부(5m 이내 주차구획선 설치 등)시설 주변조사 ② 파손, 매몰, 손괴, 변형 여부 ③ 안전사고 발생 우려 여부 ④ 도시환경 저해요인(도색 상태 등)
3. 외관점검 (소화전)	① 토출구 변형 및 전실 내 이물질 퇴적 여부 ② 지상식 소화전은 제수변 위치 및 매몰 여부 　※ 매몰 시 원인자 및 경과기간을 조사하여 원상복구 조치 ③ 몸통의 동파여부 및 군열 등 확인 ④ 뚜껑의 소화전의 문자각인 및 황색야광표시 여부 ⑤ 뚜껑의 지반침하, 지상 돌출로 인한 차량운행, 보행장애 여부 등
4. 정밀점검 (기능 및 작동시험 포함)	① 스핀들, 제수변 등 작동의 적정여부 ② 스핀들, 제수변, 배관이음부 누수여부 확인 ③ 지하배관 누수여부 확인 방법-소화전 토출구 캡을 막고 스핀들을 개방하여 몸통에 귀를 대면 물새는 소리가 난다. ④ 스핀들을 완전히 잠근 후 반 바퀴 정도 열어준다.(고무바킹 협착) ⑤ 개폐가 힘든 것은 무리한 힘을 가하지 말고 오일 주입, 녹 제거 작업 후 천천히 개폐
5. 토출시험	① 스핀들 개방 출수 확인 → 수압측정 ② 스핀들을 잠그고 토출구내 배수상태 확인 　※ 소화전 관로 제수변 급격한 조작금지 　　- 급격한 밸브 조작은 상수도관 내 침전물의 유동을 일으켜 수질로 인한 민원 발생의 원인 　　- 밸브 개방 시 지상, 지하식 소화전용 밸브를 먼저 개방하고, 상수도 본관에서 분기된 제수밸브를 나중에 개방(소화전내 적수(녹물)의 상수도 본관 내 유입 방지)
6. 현장이동	주변 정리정돈 및 점검도구(기자재)철수 후 현장이동

📖 **정답** | 13. ④

01 "소방활동의 특수성"에 대한 설명으로 다음 내용과 관계 깊은 것은?

> 일반사업장에서의 안전사고가 일과성 위주인 것과 비교할 때, 소방현장 활동은 위험사태 발생 후 현장임무 수행이라는 양면성이라는 특징을 갖고 있다.

① 활동장해
② 활동환경의 이상성
③ 행동의 위험성
④ 확대위험성과 불안정성

■ 「소방활동의 특수성」* 22년 소방장

확대 위험성과 불안정성	• 재해는 예고 없이 돌발적으로 발생하고 항상 상태변화의 연속으로 예측이 극히 곤란하다. 또한 인적·물적 피해의 확대 위험성을 수반하며 급속하게 진행되므로 대상물이 불안정한 특성이 있다. • 일반사업장에서의 안전사고가 일과성 위주인 것과 비교할 때, 소방현장 활동은 위험사태 발생 후 현장임무 수행이라는 양면성이라는 특징을 갖고 있다.
활동 장해	재해현장에는 소방대원의 행동을 저해하는 각종 요인이 있다. 출동시에는 도로상 교통혼잡과 주차위반 차량 등으로 인하여 현장 도착이 지연되고, 화재현장에서의 화염, 열기, 연기 등으로 활동장해를 받게 된다.
행동의 위험성	재해현장에서 소방대원의 행동은 평상시에 있어서 일반인의 생활행동과 역행하는 등 전혀 다른 위험성이 존재하고 있다. ※ 근무자나 거주자가 당황해서 피난 나오는 장소로 소방대원은 현장 임무수행을 위하여 진입하는 경우이다. 화재현장에서 소방대원은 담을 넘는다든지 사다리를 활용하여 2층이나 3층 혹은 인접 건물로 진입하거나, 통행이 어려운 곳을 통과하거나, 오르기 힘든 곳을 오르거나, 화염 등으로 위험하여 들어갈 수 없는 곳을 진입하여야 하는 경우가 있다.
활동환경의 이상성	화재현장 상황은 항상 정상적인 상태를 상실한 상황이 연출된다. 또한 가스, 유류, 화공약품 등에 의한 폭발현상 등 예측 불가능한 상황이 항상 잠재되어 있으며, 사람들은 이상심리에 지배되어 긴장, 흥분상태에 있고, 소방대원의 심리상태도 역시 마찬가지이다.
정신적·육체적 피로	현장활동은 많은 체력이 소모되는 격무이며, 예고 없이 갑작스럽게 이루어지므로 시간이 경과할수록 정신적·육체적 피로가 가중된다. 소방활동은 체력소모, 피로증대를 초래하고 정신적인 부담도 크므로 이로 인한 주의력, 사고력 감퇴와 동시에 위험성이 증대함에 유의해야 한다.

정답 01. ④

02 "불안전한 상태" 중 다음 내용과 관계가 깊은 것은?

> 설계불량, 공작의 결함, 노후, 피로, 사용한계, 고장 미수리, 정비 불량 등

① 물건자체의 결함   ② 방호조치의 결함
③ 태도의 불량   ④ 작업환경의 결함

■ **불안전한 상태*** 16년, 18년 소방장

물건 자체의 결함	설계불량, 공작의 결함, 노후, 피로, 사용한계, 고장 미수리, 정비 불량 등
방호조치의 결함	무방호, 방호 불충분, 무접지 및 무절연이나 불충분, 차폐 불충분, 구간 표시의 결함 등
물건을 두는 방법, 작업장소의 결함	작업장 공간부족, 기계장차용구집기의 배치결함, 물건의 보관방법 부적절 등
보호구 복장 등 결함	장구·개인 안전장비의 결함 등
작업환경의 결함	소음, 조명 및 환기의 결함, 위험표지 및 경보의 결함, 기타 작업환경 결함
자연환경 등	눈, 비, 안개, 바람 등 기상상태 불량

03 안전관리 목표에서 "소방조직에서 자체사고 발생"과 관계있는 것은?
① 인명존중   ② 안전한 소방활동
③ 사회적 신뢰확립   ④ 현장안전관리

■ **안전관리의 목표**

인명 존중	안전관리의 기본 목표는 말할 것도 없이 인명존중의 휴머니즘, 즉 인도적 신념의 실현이다. 안전관리는 휴머니즘을 토대로 하여 행해진다. 큰 이익 때문에 재해를 용납한다고 하는 논리, 위험한 재해현장에서 소방활동을 하기 위해서 소방대원의 상해는 어느 정도 감수해야 되지 않느냐는 논리는 인정되지 않는다. 인명존중과 인도적 신념이야말로 안전관리활동의 핵심이기 때문이다.
안전한 소방활동	현장활동시 대원의 안전사고는 화재방어 활동의 신속효율성을 저해하여 결과적으로 국민의 생명과 재산에 손실을 미치게 하는 것과 다름이 아니다. 그러므로 소방장비, 방어행동 등의 안전화는 소방활동의 능률을 향상시키고 대국민 서비스를 향상시키는 것이 된다. 이것은 또 소방안전관리의 테마이기도 하다.
사회적 신뢰 확립	국민의 생명과 재산보호를 사명으로 하고 있는 소방조직에서 오히려 자체사고(재해)가 자주 발생한다고 하면, 그것을 보는 국민의 시각은 소방조직에 대한 믿음과 신뢰의 저하라 할 것이다.

🔑 **정답**   **02.** ①   **03.** ③

04 "안전에 영향을 주는 요소"들로 다음 내용과 관계가 깊은 것은?

> 순간의 상황대응요구가 인간의 자기능력보다 더 클 때 각종 안전사고가 발생한다.

① 활동에 대한 이해   ② 행동자의 직·간접적 상태
③ 현장의 환경 및 분위기   ④ 행동자의 능력수준

■ 안전에 영향을 주는 요소

활동에 대한 이해 (활동 자체에 대한 어려움)	현장활동 임무수행에 앞서, 그 활동에 어떤 위험성이 잠재되어 있고 수반되는지를 이해하고 활동하여야 한다.
행동자의 능력 수준	개인의 현장적응에 대한 기술이나 능력 미달은 종종 사고 발생의 큰 원인이 되고 있으며 육체적 한계 역시 행동에 영향을 미칠 수 있다.
행동자의 직·간접적 상태	행동자의 정신적·신체적 상태는 끊임없이 변화한다. 따라서 <u>순간의 상황대응요구가 인간의 자기능력보다 더 클 때 각종 안전사고가 발생한다.</u> 그러므로 인간의 정신적, 신체적 리듬을 결정하는 태도와 감정, 즉 활동자의 정신적·신체적인 직·간접적 실태는 인간의 행동을 결정하는데 중요한 역할을 한다.
현장의 환경 및 분위기	환경 및 분위기는 자연적인 요소와 행동하는 인간에 의한 인적 요소들을 포함한다. 환경 및 분위기는 결과에 긍정적인 요소로 작용할 수도 있고, 부정적인 영향을 줄 수도 있다.

05 불안전한 행위와 요인으로 "안전하게 되지 않았기 때문"내용과 관계 깊은 것은?

① 기능의 미숙   ② 지식의 부족
③ 태도의 불량   ④ 의욕의 결여

■ **불안전한 행위와 요인**★ 18년 소방장
① 의식에 착오가 있었던 경우
② 의식 했던 대로 행동이 되지 않은 경우
③ 의식이 없이 행동을 했을 경우
   ⊙ 안전한 행동을 알지 못했기 때문(지식의 부족)
   ⓛ 안전하게 되지 않았기 때문에(기능의 미숙)
   ⓒ 안전한 방법을 알고 있거나 안전하게 할 수 있는 능력을 가지고 있으면서 하지 않았기 때문에
     (태도의 불량, 의욕의 결여) 일어나는 것이다.

정답   **04.** ②   **05.** ①

06 "소방안전관리의 특성" 중 다음 내용과 관계있는 것은?

> 소방 조직의 재난현장 활동은 임무 수행과 동시에 대원의 안전을 확보하여야 한다.

① 일체성, 적극성   ② 특이성, 양면성

③ 계속성, 반복성   ④ 신속성, 긴급성

■ 「소방안전관리의 특성」★★ 17년 소방장/ 18년 소방위/ 21년 소방교, 소방장, 소방위/ 24년 소방장

일체성 적극성	재해현장 소방활동에 있어서 안전관리에 대한 일체성의 예는 호스연장 시 호스를 화재 건물과 가까이 두고 연장하지 않도록 하는 것은 화재건물의 낙하물체나 고열의 복사열에 의한 호스손상을 방지하여 결과적으로 진압활동이나 인명구조시 엄호방수가 완전히 이루어질 수 있도록 하기 위한 것이다. • 대원 자신의 안전으로 연결되어 소방활동이 적극적으로 실행될 수 있도록 한다. • 효과적인 소방활동을 염두에둔 적극적인 행동대책이라고 할 수 있다.
특이성 양면성	소방 조직의 재난현장 활동은 임무 수행과 동시에 대원의 안전을 확보하여야 하는 양면성이 요구된다.
계속성 반복성	안전관리는 끝없이 계속·반복적으로 실시되어야 한다. 재해현장의 안전관리는 출동에서부터 귀소하여 다음 출동을 위한 점검·정비까지 계속된다.

07 재해조사의 순서 중 "제3단계"에 해당되는 내용은?

① 대책수립   ② 직접원인과 문제점의 확인

③ 기본원인과 근본적 문제의 결정   ④ 사실의 확인

■ 재해조사의 순서
재해조사를 효율적으로 정확하게 실시하여 가장 좋은 재발 방지대책을 수립하고 앞으로의 안전관리 활동을 한층 더 충실하게 하기 위하여 다음의 순서대로 행하는 것이 좋다.
① 제1단계 – 사실의 확인
② 제2단계 – 직접원인과 문제점의 확인
③ 제3단계 – 기본원인과 근본적 문제의 결정
④ 제4단계 – 대책수립

08 안전교육의 방법에서 "토의식 교육"에 해당되는 것은?

① 강사가 음성, 언어에 의거, 일방적으로 교육내용을 전달하는 학습방식이다.

② 각자가 특정한 역할을 연기함으로서 현실의 문제해결을 생각하는 방법과 능력을 몸에 익히는 방법이다.

③ 사회적 욕구, 자아욕구, 자아실현욕구 등에 따른 기법으로 볼 수 있다.

④ 미국 하버드대에서 개발된 토의방식의 일종인 교육기법이다.

🔖 정답   **06.** ②   **07.** ③   **08.** ③

▣ 토의식 교육

이것은 인간이 동료들 사이에 듣고 싶은 '사회적 욕구', 자기의 의견을 인정받고 싶은 '자아욕구', 자기의 생각을 반영시키고 싶은 '자아실현욕구' 등에 따른 기법으로서, 학습활동에의 능동적인 참여와 자주적인 학습을 조직해서 피교육자 상호간의 계발작용도 기대할 수 있는 효과가 큰 기법이다. 이 교육은 어느 정도의 안전지식과 실제의 경험을 가진 자에 대한 교육으로서 효과적이라 할 수 있다.

목 적	① 적극적이고 자발적으로 참여할 수 있도록 한다. ② 교육내용의 이해도를 정확히 측정한다. ③ 여러 사람의 지식과 경험을 공유한다. ④ 집단생리를 터득하고 회의 운영기술을 습득한다.
토의 조건	① 공평한 발언기회를 부여한다. ② 자유로운 토의의 분위기가 조성되어야 한다. ③ 참가자는 주제에 어느 정도 지식과 경험이 갖추어져야 한다. ④ 강사는 토의의 목적과 방법을 명확히 하여 교육생을 유도한다.

09 "안전교육의 방법"에서 사례연구법의 장점이 아닌 것은?

① 현실적인 문제의 학습이 가능하다.

② 생각하는 학습교류가 가능하다.

③ 의사전달의 효과를 보완할 수 있다.

④ 흥미가 있고 학습동기를 유발할 수 있다.

▣ 사례연구법(문제해결식 교육)★★ 14년 소방장/ 16년 소방장/ 18년, 23년 소방위/ 24년 소방교

미국 하버드대에서 개발된 토의방식의 일종인 교육기법으로 재해(사고)사례해결에 직접 참가하여 그 의사결정이나 해결과정에서 어떤 문제의 핵심원인을 집단토의에 의해 규명하고 판단력과 대책을 개발하려는 것이다. 단기간의 실무에서 발생하는 제 문제에 접하여 그 해결을 위하여 고도의 판단력을 양성할 수 있는 유효한 귀납적인 방법이다.

장 점	① 현실적인 문제의 학습이 가능하다. ② 흥미가 있고 학습동기를 유발할 수 있다. ③ 생각하는 학습교류가 가능하다.
단 점	① 원칙과 룰(rule)의 체계적 습득이 어렵다. ② 적절한 사례의 확보가 곤란하다. ③ 학습의 진보를 측정하기 힘들다.

(진행단계)
① 제1단계(도입 및 사례의 제시)
② 제2단계(사례의 사실파악)
③ 제3단계(다수의 문제점 발견)
④ 제4단계(핵심 문제점 발견)
⑤ 제5단계(해결책 수립)
⑥ 제6단계(피드백(Feed Back))

※ 사례연구는 시대적인 요구에 합치되는 교육훈련기법이라고 할 수 있으나 사례연구에 의한 지도는 결코 용이하지 않다. 그러나 문제의 핵심을 잡아 기본적 행동으로 만들어 내는 프로세스에 성공한다면 가장 효과가 큰 훈련기법이라 할 수 있다.

⌈☺⌋ 정답 | 09. ③

■ 시범실습식 교육** 23년 소방위

시범 실습식은 교육생의 경험영역에서 교재를 선정하고 배열하는 교육법으로 직접 사물에 접촉하여 관찰·실험하고 수집·검증·정리하는 직접경험에 의해 지도하려는 것이다.

장 점	① 행동요소를 포함하는 기술교육에 적합하다. ② 교육생의 적극적인 참여를 가져온다. ③ 이해도 측정이 용이하다. ④ 의사전달의 효과를 보완할 수 있다.
단 점	① 시간이나 장소, 교육생의 수에 제한을 받는다. ② 사고력 학습에 부적합하다.

※ 진행방법 : 설명단계 → 시범단계 → 실습단계 → 감독단계 → 평가단계

---

10 "하인리히의 도미노이론"에서 사고발생과정의 순서가 바르게 된 것은?

① 개인적 결함 – 사고 – 사회 환경적 및 유전적 요소 – 불안전한 행동 – 상해
② 사회 환경적 및 유전적 요소 – 개인적 결함 – 불안전한 행동 – 사고 – 상해
③ 불안전한 행동 – 개인적 결함 – 사회 환경적 및 유전적 요소 – 사고 – 상해
④ 개인적 결함 – 사회 환경적 및 유전적 요소 – 사고 – 불안전한 행동 – 상해

■ 하인리히 도미노 이론* 15년, 19년 소방장/ 22년, 23년 소방위

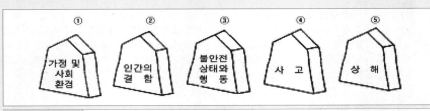

사회적 환경 및 유전적 요소	무모, 완고, 탐욕, 기타 바람직하지 못한 성격은 유전에 의해서 계승되며, 환경은 바람직하지 못한 성격을 조장하고 교육을 방해할 것이다. 유전 및 환경은 모두 인적 결함의 원인이 된다.
개인적 결함	신경질, 무분별, 무지 등과 같은 선천적 또는 후천적인 인적 결함은 불안전한 행동을 일으키거나 또는 기계적, 물리적인 위험성이 존재하게 하는데 밀접한 원인이 된다.
불안전한 행동이나 불안전한 상태	매달려 있는 짐 아래에 서 있다든지, 안전장치를 제거하는 등과 같은 사람의 불안전한 행동, 방호장치 없는 톱니바퀴, 난간이 없는 계단, 불충분한 조명 등과 같은 기계적 또는 물리적인 위험성은 직접적인 사고의 원인이 된다.
사 고	물체의 낙하, 비래(飛來)물에 의한 타격 등과 같은 현상은 상해의 원인이 된다.
상 해	좌상, 열상 등의 상해는 사고의 결과로서 생긴다.

📖 정답 | **10. ②**

11 "하인리히 도미노 이론"에서 안전관리활동에 의해 제거할 수 있는 것은?

① 사회적 환경
② 사고
③ 불안전한 행동이나 불안전한 상태
④ 개인적 결함

> ▣ 하인리히 도미노 이론
> ① "하인리히 도미노 이론"을 요약하면 제일 앞의 골패가 쓰러지면 그 줄의 골패가 전부 나란히 놓인 도미노의 줄에서 이 연쇄를 구성하는 요인 중 하나라도 제거하면 사상의 연쇄적 진행은 저지할 수 있어서 재해는 일어나지 않는다는 것이다.
> ② 안전관리활동에 의해 제거할 수 있는 것은 불안전 행동과 불안전 상태이다. 그러므로 사고·재해를 방지하기 위해서는 불안전한 행동 및 불안전한 상태의 두 개를 모두 없애지 않으면 안 된다는 것이다.
> ★ 22년, 23년 소방위

12 하인리히의 이론 「1 : 29 : 300의 법칙」에서 "1"의 의미는?

① 경상
② 중상재해
③ 무재해 사고
④ 사망재해

> 하인리히는 사고와 재해의 관련을 명백히 하기 위해 '1 : 29 : 300의 법칙'으로 재해구성비율을 설명하면서 1회의 중상재해가 발생했다면 그 사람은 같은 원인으로 29회의 경상재해를 일으키고, 또 같은 성질의 무상해 사고를 300회 동반한다고 하는 것이다. 전 사고 330건 중 중상이 나올 확률은 1건, 경상이 29건, 무재해사고는 300건이 발생할 수 있다고 주장하였다. ★ 22년, 23년 소방위

13 하인리히 이론에서 다음 내용과 관계있는 것은?

> 소방교 홍길동이 사다리 위에서 동력절단기를 이용한 파괴 작업을 할 때 체력과 기술이 부족하여 떨어질 위험이 있다.

① 하지 않는다.
② 모른다.
③ 할 수 없다.
④ 하기 싫다.

모른다.	가연성 가스에 대한 기초지식이 없으면 LPG화재 발생시 부서 방향이나 2차폭발 등의 발생에 대응한 방어활동이 안전하게 이루어질 수 없다.
할 수 없다.	사다리 위에서 동력절단기를 이용한 파괴 작업을 할 때 체력과 기술이 부족하면 떨어질 위험이 있는 경우는 안전한 행동을 「할 수 없다」는 것이 된다.
하지 않는다.	자기중심적인 사고나 방심 등(이 정도는 괜찮겠지 등)으로 사다리 방수시 신체결속을 하지 않은 불안전한 작업 자세나 자기 확보를 취하지 않는 경우는 「하지 않는다」에 해당한다.

🔲 정답   11. ③   12. ②   13. ③

14 "Frank Bird의 최신 도미노이론 중" 4단계는 무엇인가?

① 사고   ② 재해손실

③ 직접원인   ④ 기본원인

■ 「Bird의 재해연쇄이론」* 19년 소방장 / 20년 소방교 / 22년, 23년 소방위

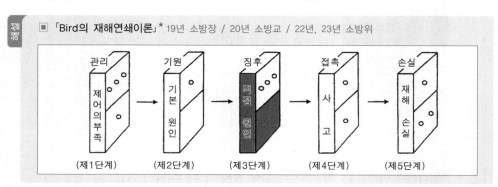

15 하인리히 이론에서는 직접원인만 제거하라지만 최신 도미노이론에서 반드시 제거하라고 주장한 것은?

① 제어의 부족(1단계)   ② 기본원인(2단계)

③ 직접원인(3단계)   ④ 사고(4단계)

 고전적 도미노이론(하인리히 이론)에서는 직접원인만 제거하면 재해는 일어나지 않는다고 하였지만 최신의 도미노이론에서는 반드시 기본원인을 제거하라고 주장한 것이다.* 22년, 23년 소방위

16 프랭크버드의 「1 : 10 : 30 : 600의 법칙」에서 "30"에 해당하는 것은?

① 무상해, 무사고 고장(위험순간)   ② 무상해사고(물적 손실)

③ 경상(물적, 인적상해)   ④ 중상, 폐질

 버드는 또한 17만5천 건의 사고를 분석한 결과 중상 또는 폐질 1, 경상(물적 또는 인적상해) 10, 무상해 사고(물적 손실) 30, 무상해·무사고 고장(위험순간) 600의 비율로 사고가 발생한다는 이른바 '1 : 10 : 30 : 600의 법칙'을 주장하였다.* 22년, 23년 소방위

17 재해의 기본원인 4M에서 "위험방호 불량"과 관계 깊은 것은?

① Media(작업)   ② Man(인간)

③ Managemen(관리)   ④ Machine(작업시설)

정답   **14.** ①   **15.** ②   **16.** ②   **17.** ④

■ 재해의 기본원인으로서의 4M*** 16년 소방장/ 22년 소방위/ 24년 소방장

Man (인간)	① 심리적 원인 : 망각, 걱정거리, 무의식 행동, 위험감각, 지름길 반응, 생략행위, 억측판단, 착오 등 ② 생리적 원인 : 피로, 수면부족, 신체기능, 알코올, 질병, 나이 먹는 것 등 ③ 직장적 원인 : 직장의 인간관계, 리더십, 팀워크, 커뮤니케이션 등
Machine (작업시설)	① 기계·설비의 설계상의 결함 ② 위험방호의 불량 ③ 본질 안전화의 부족(인간공학적 배려의 부족) ④ 표준화의 부족 ⑤ 점검 정비의 부족
Media (작업)	① 작업 정보의 부적절 ② 작업자세, 작업동작의 결함 ③ 작업방법의 부적절 ④ 작업공간의 불량 ⑤ 작업환경 조건의 불량
Management (관리)	① 관리조직의 결함 ② 규정·매뉴얼의 불비, 불철저 ③ 안전관리 계획의 불량 ④ 교육·훈련 부족 ⑤ 부하에 대한 지도·감독 부족 ⑥ 적성배치의 불충분 ⑦ 건강관리의 불량 등

18 **"사고예방대책의 기본원리 5단계" 중 2단계와 관련이 있는 것은?**

① 기술적 개선, 배치조정 ② 사고원인 및 경향성 분석
③ 경영자의 안전목표 설정 ④ 각종 사고 및 활동기록의 검토

■ 사고 예방대책의 기본원리 5단계* 15년 소방교/ 22년 소방교/ 24년 소방위, 소방장

1단계 안전조직(조직체계 확립)	경영자의 안전목표 설정, 안전관리자 선임, 안전라인 및 참모조직, 안전활동 방침 및 계획수립, 조직을 통한 안전활동 전개 등 안전관리에서 가장 기본적인 활동은 안전관리조직의 구성이다.
2단계 사실의 발견(현황파악)	각종 사고 및 활동기록의 검토, 작업 분석, 안전점검 및 검사, 사고조사, 안전회의 및 토의, 근로자의 제안 및 여론 조사 등에 의하여 불안전 요소를 발견한다.
3단계 분석 평가(원인 규명)	사고원인 및 경향성 분석, 사고기록 및 관계자료 분석, 인적·물적 환경조건 분석, 작업공정 분석, 교육훈련 및 직장배치 분석, 안전수칙 및 방호장비의 적부 분석 등을 통하여 사고의 직접 및 간접원인을 찾아낸다.
4단계 시정방법의 선정(대책 선정)	기술적 개선, 배치조정, 교육훈련의 개선, 안전행정의 개선, 규정 및 수칙 등 제도의 개선, 안전운동의 전개 등 효과적인 개선방법을 선정한다.
5단계 시정책의 적용(목표달성)	시정책은 3E, 즉 기술(Engineering), 교육(Education), 관리(Enforcement)를 완성함으로써 이루어진다.

정답 | 18. ④

19 "재해예방대책 4원칙"이 아닌 것은?

① 예방가능의 원칙 ② 대책선정의 원칙
③ 결과책임의 원칙 ④ 손실우연의 원칙

■ 재해예방의 4원칙* 19년 소방교

예방가능의 원칙	천재지변을 제외한 모든 인위적 재난은 원칙적으로 예방이 가능하다.
손실우연의 원칙	사고의 결과로서 생긴 재해 손실은 사고 당시의 조건에 따라 우연적으로 발생한다. 따라서 재해 방지의 대상은 우연성에 좌우되는 손실의 방지보다는 사고 발생 자체의 방지가 되어야 한다.
원인연계의 원칙	사고발생에는 반드시 원인이 있고 대부분 복합적으로 연계되므로 모든 원인은 종합적으로 검토되어야 한다.
대책선정의 원칙	사고의 원인이나 불안전 요소가 발견되면 반드시 대책을 선정 실시하여야 하며 사고예방을 위한 가능한 안전대책은 반드시 존재한다.

20 재해예방대책에서 대책선정의 원칙 중 "관리적 대책"에 해당되지 않은 것은?

① 작업환경·설비의 개선 ② 적합한 기준 설정
③ 전 작업자의 기준이해 ④ 관리자 및 지휘자의 솔선수범

■ 대책은 재해방지의 세 기둥(3개의 E)이라 할 수 있는 다음의 것이 있다.
① Engineering(기술적 대책) : 안전 설계, 작업환경·설비의 개선, 행정의 개선, 안전기준의 설정, 점검 보존의 확립 등
② Education(교육적 대책) : 안전지식 또는 기능의 결여나 부적절한 태도 시정
③ Enforcement(관리적 대책) : 관리적 대책은 엄격한 규칙에 의해 제도적으로 시행되어야 하므로 다음의 조건이 충족되어야 한다.* 14년, 21년 소방위
 ㉠ 적합한 기준 설정 ㉡ 각종 규정 및 수칙의 준수
 ㉢ 전 작업자의 기준 이해 ㉣ 관리자 및 지휘자의 솔선수범
 ㉤ 부단한 동기 부여와 사기 향상

21 소방대원에 대한 "안전교육의 목표"가 아닌 것은?

① 의식의 안전 ② 교육의 안전화
③ 행동의 안전화 ④ 기계·기구의 안전화

■ 안전교육의 목표
소방대원에 대한 ① 의식(정신)의 안전화 ② 행동의 안전화 ③ 기계·기구의 안전화

🔲 정답 **19.** ③ **20.** ① **21.** ②

22 재해(사고)조사 '5W 1H'중 다음 내용과 관계가 먼 것은?

> 재해발생 원인에 확정적으로 관계되기 때문에 잘못이 있어서는 안 된다.

① 언제(When)   ② 무엇을 하였는가(하지 않았는가)
③ 왜(Why)   ④ 어떻게(How)

5W1H*	재해조사는 그 사실을 5W 1H의 원칙에 입각하여 보고되어야 한다. ① 누가(Who) ② 언제(When) ③ 어디에서(Where) ④ 왜(Why) ⑤ 어떻게(How) ⑥ 무엇을 하였는가(하지 않았는가)(What) ※ 이 중에서 중요한 내용은 ④⑤⑥이다. 이 세 가지는 재해발생 원인에 확정적으로 관계되기 때문에 잘못이 있어서는 안 된다.

23 붕괴피해 예상범위에서 높이가 15m인 건물(비교적 안전한 지역)의 예상범위는?

① 15m   ② 30m
③ 45m   ④ 7.5m

붕괴피해 예상범위는 건물높이와 같다.

24 다음 중 "위험예지훈련 모임(Meeting)의 중요성"에 대한 내용으로 옳지 않은 것은?

① 발언에 대하여 비판은 하지 않으며 논의도 하지 않는다.
② 타인의 이야기를 잘 듣고 서로가 자기의 생각을 높여가도록 한다.
③ 양보다는 질을 중요시한다.
④ 전원이 자유롭게 발언한다.

■ **위험예지훈련의 개요**★★ 14년 소방장

감수성을 높임	안전을 확보하기 위해서는 위험에 대한 감수성을 높이는 것이 필요하다. 위험예지훈련은 소방활동이나 훈련·연습 중에서 위험요인을 발견 할 수 있는 감수성을 소대원(개인) 수준에서 소대(팀)수준으로 높이는 훈련이다.
모임의 중요성 인식	안전 확보를 위해서는 적극적인 토론과 화합이 필요하다. 위험예지훈련 위험요인에 대하여 토론, 이해연구를 돕기 위한 모임이며, 훈련이다. 토론이 중요한 의미를 가지므로 브레인스토밍 요령으로 다음 사항을 유의한다. ① 편안한 분위기에서 행한다. ② 전원이 자유롭게 발언한다. ③ 발언에 대하여 비판은 하지 않으며 논의도 하지 않는다. ④ 타인의 이야기를 잘 듣고 서로가 자기의 생각을 높여가도록 한다. ⑤ 질보다는 양을 중요시한다.

정답 22. ①   23. ①   24. ③

25 안전교육의 방법에서 "역할기법"에 대한 설명으로 옳지 않은 것은?

① 단점으로는 교육생 개개인의 이해정도를 파악하기 어렵다.

② 실시단계로는 설명 → 워밍업 → 역할결정 → 연기실시 → 분석, 검토 → 재연이다.

③ 장점으로는 연기자는 학습내용을 체험하여 몸으로 배울 수 있고 자기의 행동에 관해서 여러 가지 의견을 들을 수 있다.

④ 현실에 가까운 모의적인 장면을 설정하여 그 안에서 각자가 특정한 역할을 연기함으로서 현실의 문제해결을 생각하는 방법과 능력을 몸에 익히는 방법이다.

■ **역할기법(Role Playing)**

현실에 가까운 모의적인 장면을 설정하여 그 안에서 각자가 특정한 역할을 연기함으로서 현실의 문제해결을 생각하는 방법과 능력을 몸에 익히는 방법이다. 부여받은 상황에서 연기자에게 자유롭게 연기를 하도록 하고, 종료 후에 각각의 입장에서 문제점, 대책 등 전원이 토의하고 검토한다.

장 점	① 연기자는 학습내용을 체험하여 몸으로 배울 수 있고 자기의 행동에 관해서 여러 가지 의견을 들을 수 있다. ② 다른 사람의 연기를 보고 많은 것을 배울 수 있다.
단 점	① 관리력 등 높은 정도의 능력 훈련에는 적당하지 않다. ② 취해야 할 자세를 강의로 가르치고 그것을 연기하는 등 다른 방법과 결합하는 것이 필요하다. ③ 연기자가 진지해지지 않는 경향이 있다.

(실시단계) 설명 → 워밍업 → 역할결정 → 연기실시 → 분석, 검토 → 재연

■ **강의식 교육 : 강사가 음성, 언어에 의거, 일방적으로 교육내용을 전달하는 학습방법**

장 점 ★16년 소방교	① 경제적이다.(다수에게 많은 지식을 일시에 제공 가능) ② 기초적인 내용, 논리적인 설명에 효과적이다. ③ 시간이 절약된다. ④ 강의내용이나 진행방법을 자유롭게 변경시킬 수 있다. ⑤ 교육생 상호 자극에 의한 학습효과가 높아진다. ⑥ 정보전달에 효과적이다.
단 점	① 일방적, 획일적, 기계적이므로 교육생이 단조로움을 느낀다. ② 교육생 개개인의 이해정도를 파악하기 어렵다. ③ 교육생을 수동적인 태도에 몰아넣고, 스스로 생각하려는 적극성을 잃게 된다. ④ 교육 중 질문을 받게 되는 경우가 드물기 때문에 강의에 흥미를 잃기 쉽다.

26 위험예지훈련"훈련시트 작성의 유의점"으로 옳은 것은?

① 아주 자세한 부분까지 그려 넣을 것

② 어두운 분위기가 아닌 밝은 분위기로 그려진 것이 좋다.

③ 한 장의 시트에 여러 가지 상황을 기입할 것

④ 간단한 조사를 위해 고의로 제작한 도해일 것

🔑 **정답** | **25.** ① **26.** ②

■ **훈련시트 작성의 유의점★★** 21년, 24년 소방교
① 시트는 대원의 친숙도가 큰 상황(예를 들면 사고 사례나 신체 훈련의 상황 등)으로부터 선정하는
   방법이 부드럽게 진행이 된다.
② 한 장의 시트에 여러 가지 상황을 기입하지 말 것
③ 아주 자세한 부분까지 그려 넣지 말 것
④ 간단한 조사, 잘못된 조사가 되어서는 안 되기 때문에 고의로 제작한 도해가 아닐 것
⑤ 어두운 분위기가 아닌 밝은 분위기로 그려진 것이 좋다.
⑥ 도해의 상황이 광범위한 활동 등에 미치는 경우에는 그 가운데의 특정 부분에 한정하여 실시하는
   것도 하나의 방법이다.

27 다음 중 위험예지훈련 진행방법으로써 "문제해결 2라운드"에 해당되는 내용은?

① 대책수립   ② 어떠한 위험이 잠재하고 있는가
③ 행동계획을 결정   ④ 이것이 위험의 요점이다.

■ 「**위험예지훈련 진행사항**」★ 16년, 22년 소방교

라운드	문제해결 라운드	위험예지훈련 라운드	위험예지훈련 진행방법
1R	위험사실을 파악 (현상파악)	「어떠한 위험이 잠재하고 있는가」	모두의 토론으로 그림 상황 속에 잠재한 위험요인을 발견한다.
2R	위험원인을 조사 (본질추구)	「이것이 위험의 요점이다」	발견된 위험요인 가운데 이것이 중요하다고 생각되는 위험을 파악하고 ○표, ◎표를 붙인다.
3R	대책을 세운다 (대책수립)	「당신이라면 어떻게 할 것인가」	◎표를 한 중요위험을 해결하기 위해서는 「어떻게 하면 좋은가」를 생각하여 구체적인 대책을 세운다.
4R	행동계획을 결정 (목표달성)	「우리들은 이렇게 한다.」	대책 중 중점실시 항목에 ※표를 붙여 그것을 실천하기 위한 팀 행동 목표를 세운다.

28 안전교육의 종류에 대한 설명으로 다음 내용과 관계 깊은 것은?

> 교육의 주목적은 대원에게 안전의 수단을 이해시키고 습득케하여 현장활동의 안전을
> 실천하는 능력을 기르는 것이다.

① 기능교육   ② 문제해결교육
③ 지식교육   ④ 태도교육

■ **기능교육★** 24년 소방교
안전은 안전지식을 얻는 것만으로는 달성되는 것은 아니다. 그것은 교육으로 얻는 지식을 실행에 옮
겨질 때 비로소 그 효과가 나타나는 것이다.
지식을 가지고 있다는 것은"할 수 있다"라는 것과는 별개의 문제이다. 기능교육은 현장에서 실행함으
로써 그 실효를 맺을 수 있다. 안전에 관한 기능교육의 주목적은 대원에게 안전의 수단을 이해시키고
습득케하여 현장활동의 안전을 실천하는 능력을 기르는 것이다.

🔲 **정답**   27. ④   28. ①

29 안전교육의 종류와 내용에 대한 설명으로 옳은 것은?

① 지식교육은 목표지향의 문제처리를 할 수 있게 한다.

② 태도교육은 의욕을 갖게 한다.

③ 문제해결교육은 기계·기구류의 취급 등 조작방법을 숙달시킨다.

④ 기능교육은 안전규율, 직장규율을 몸에 붙이도록 한다.

 ▣ 안전교육의 종류와 내용 ** 22년 소방장/ 24년 소방교

구분	종류	교육내용	교육방법의 요점
안전 교육	지식 교육	• 취급하는 기계·설비의 구조, 기능, 성능의 개념형성 • 재해발생 원리를 이해시킨다. • 안전관리, 작업에 필요한 법규, 규정, 기준을 알게 한다.	알아야 할 것의 개념 형성을 꾀한다.
	문제 해결 교육	• 원인지향의 문제해결로 과거·현재의 문제를 대상으로 하여 사실 확인에서 문제점의 발견, 원인탐구에서 대책을 세우는 순서를 알게 한다. • 목표지향의 문제처리를 할 수 있게 한다.	사고력과 종합능력을 육성한다.
인간 형성	기능 교육	• 화재진압·구조·구급 등의 작업방법, 기계·기구류의 취급 등 조작방법을 숙달시킨다.	응용능력의 육성이며 실기를 주체로 한다.
	태도 교육	• 안전작업에 대한 몸가짐 마음가짐을 몸에 붙게 한다. • 안전규율, 직장규율을 몸에 붙이도록 한다. • 의욕을 갖게 한다.	안전의식에 관한 가치관 형성교육을 한다.

30 화재진압훈련 시 "열기로 인한 스트레스의 영향"으로 옳지 않은 것은?

① 활동하는 데 가장 좋은 온도는 18~21℃ 정도이다.

② 심한 열기로 인한 스트레스의 강도에 따라 사고가 증감한다.

③ 열기로 인한 스트레스는 연령이 낮을수록 현저하다.

④ 심한 열기는 스트레스를 증감하고 훈련효과는 감소한다.

▣ 열기로 인한 스트레스의 영향
① 활동하는 데 가장 좋은 온도는 18~21℃ 정도이다.
② 심한 열기로 인한 스트레스의 강도에 따라 사고가 증감한다.
③ 열기로 인한 스트레스는 연령이 높을수록 현저하다.

🔖 정답 **29.** ② **30.** ③

31 재해조사 시 유의사항에 대한 설명으로 옳지 않은 것은?

① 조사는 재해 발생 후 가능한 한 빨리 착수하는 것이 좋다.
② 가능한 피해자의 진술을 듣는 것도 중요하다.
③ 판단하기 어려운 특수사고는 상급자의 판단에 따른다.
④ 현장상황을 기록으로 남기기 위하여 사진촬영, 재료시험, 화학분석을 필요로 하는 것은 신속히 실시한다.

■ **재해조사 시 유의사항*** 24년 소방교

조기착수	<u>재해현장은 변경되기 쉽고, 관계자도 세세한 것은 잊어버리기 쉽기 때문에 조사는 재해 발생 후 가능한 한 빨리 착수하는 것이 좋다.</u> 또 조사가 종료될 때까지 현장보존에 유의한다.
사실의 수집	<u>현장상황을 기록으로 남기기 위하여 사진촬영, 재료시험, 화학분석을 필요로 하는 것은 신속히 실시한다.</u> 또한 목격자 및 책임자 등의 협력을 얻어 조사를 실시하되, 사실 이외의 추측성 말은 참고로만 한다. <u>가능한 피해자의 진술을 듣는 것도 중요하다.</u> 사실의 수집 시 책임추궁보다는 재발방지를 우선하는 기본태도를 갖는다.
정확성의 확보	조사자는 냉정한 판단, 행동에 유의해서 조사의 순서·방법을 효율적으로 진행시킨다. 재해의 대부분은 반복형의 것으로 직접원인도 비교적 판단하기 쉬운 것이 많기 때문에 목격자, 기타 관계자의 설명에 주관적인 감정이 들어갈 가능성이 있다. 따라서 조사자는 이런 점에 충분히 유의해서 공정하게 조사를 배려하도록 하는 것이 필요하다. 또 <u>판단하기 어려운 특수사고는 전문가의 협조를 의뢰</u>한다.

32 "고속도로에서의 주차방법"으로 옳지 않은 것은?

① 사고현장의 완벽한 안전을 확보하기 위하여 (작업공간 15m를 포함) 제한속도에 비례하여 떨어진 위치에 추가차량을 배치한다.
② 주 교통흐름을 어느 정도 차단할 수 있는 위치에 주차한다.
③ 주차된 소방차량의 앞바퀴는 사고현장과 일직선으로 정렬한다.
④ 주차각도는 차선의 방향으로부터 비스듬한 각도를 가지고 주차한다.

■ **고속도로에서의 주차방법에 유의사항*** 16년, 20년 소방교/ 24년 소방위교

① 주 교통흐름을 어느 정도 차단할 수 있는 위치에 주차한다.
② <u>주차각도는 차선의 방향으로부터 비스듬한 각도(角度)를 가지고 주차하여 진행하는 차량으로부터 대원의 안전을 확보하도록 한다.</u>
③ <u>주차된 소방차량의 앞바퀴는 사고현장과 일직선이 아닌 방향으로 즉 사고현장의 외곽부분으로 향하도록 정렬</u>하여 진행하는 차량이 소방차량과 충돌할 경우 소방차량에 의해 대원이 부상당하지 않도록 하여야 한다.
④ <u>사고현장의 완벽한 안전확보를 위하여 사고현장(작업공간 15m정도 포함)으로부터 제한속도에 비례하여 (100㎞ 이면 100m 가량) 정도 떨어진 위치에 추가의(경찰차 등) 차량을 배치</u>시켜 일반 운전자들이 서행하거나 우회할 수 있도록 조치하여야 한다.
⑤ 대원들이 통행차량으로부터 부상을 당하지 않도록 주의를 환기하여야 한다.
⑥ 대원들이 방호(防護)된 활동영역을 가급적 벗어나지 않도록 한다.

정답 31. ③ 32. ③

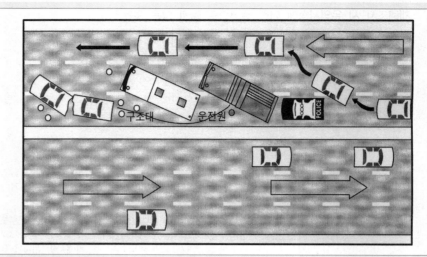

※ 고속도로 사고 시 소방차량은 차선과 비스듬한 각도를 형성하는 방향으로 배치시켜 주행 중인 일반 차량으로부터 대원을 보호하여야 한다.

33 교통법규준수에 대한 설명으로 옳지 않은 것은?

① 긴급자동차의 정의는 도로교통법에서 정하고 있다.

② 긴급자동차 특례로는 속도제한, 앞지르기 금지, 끼어들기 금지, 신호위반, 보도침범, 중앙선 침범, 횡단금지등이 있다.

③ 긴급자동차로서의 특례혜택을 받기 위해서는 반드시 경광등이나 크락션을 울리거나 또는 전조등을 점등한 상태이어야 한다.

④ 현장으로의 신속한 출동은 시민의 생명과 재산에 위해(危害)를 가(加)하지 않는 범위 내에서 이루어져야 한다.

정답

■ 교통법규의 준수

정의	"긴급자동차라 함은 소방자동차, 구급자동차 그 밖의 대통령령이 정하는 자동차로서 그 본래의 긴급한 용도로 사용되고 있는 중인 자동차를 말한다."라고 도로교통법에서 정하고 있다.
특례	긴급자동차는 일반적으로 일반차량에 적용되고 있는 속도의 제한을 받지 않은 상태에서 통행의 우선순위를 가지고 있으나, 이것은 어디까지나 시민의 생명과 재산에 피해를 주지 않는 범위 내에서의 우선통행을 말한다. • 도로교통법 제30조(긴급자동차에 대한 특례) 긴급자동차에 대하여는 다음 각 호의 사항을 적용하지 아니한다. 1. 속도제한, 앞지르기 금지, 끼어들기 금지, 신호위반, 보도침범, 중앙선 침범, 횡단금지 2. 안전거리 확보, 앞지르기 방법, 정차 및 주차금지, 고장 등의 조치

📖 정답 | 33. ③

유의 사항	① 긴급자동차로서의 특례혜택을 받기 위해서는 <u>반드시 경광등이나 사이렌을 울리거나 또는 전조등을 점등한 상태</u>이어야 한다는 것이다. ② 또 하나 주의하여야 할 사항은 도로교통법의 특례조항에 근거하여 운행하고 있다고 하더라도 우천지역, 짙은 안개지역, 결빙지역, 시야가 불충분한 지역을 통과할 경우 극히 안전에 유의하여야 한다는 것이다. ③ 왜냐하면 시야가 불충분하거나 정상적인 도로조건 하에서는 일반차량이 충분히 양보해 줄 수 있지만, 위의 도로조건 하에서는 양보할 수 없는 경우가 많기 때문이다.
특례	현장으로의 신속한 출동은 <u>시민의 생명과 재산에 위해(危害)를 가(加)하지 않는 범위</u> 내에서 이루어져야 하며, 긴급 현장으로의 출동이 결코 사고를 정당화시킬 수 없다는 것이다. 소방차량의 우선통행권에 있어서도 비록 권리를 가지고 있기는 하지만 그것이 절대적 권리가 아니라는 것을 알아야 한다.

34 다음 중 "비정상적인 기후조건"에서 현장활동 시 고려해야 할 사항으로 옳지 않은 것은?

① 수분을 공급하는 주기는 공기호흡기 용기를 교환하는 25~30분 정도가 좋다.
② 1회에 마시는 물의 양은 약 100~150g 정도가 적당하다.
③ 가능하다면 약 10분 정도의 휴식시간을 가지는 것이 좋다.
④ 소금정제는 가능하면 섭취하는 것이 좋다.

■ 비정상적 기후조건의 고려
① 충분한 수분의 공급이 무엇보다도 중요하다. <u>수분을 공급하는 주기(週期)는 공기호흡기 용기를 교환하는 25~30분 정도가 좋으며, 1회에 마시는 물의 양은 약 100~150g 정도가 적당하다. 또한 가능하다면 약 10분 정도의 휴식시간을 가지는 것이 좋다.</u>
② 소금정제는 격렬한 신체활동이 이루어지는 동안에는 위장으로의 흡수가 느리며 체내대사를 방해하여 구토나 메스꺼움 현상을 유발할 수 있기 때문에 섭취하지 않는 것이 좋다.
③ 대원들이 충분한 휴식을 취할 수 있도록 하여야 한다. 피로의 징후(Sign)를 보이는 대원들을 즉시 휴식하도록 조치하여야 한다. 현장에서 대원들의 관리를 책임지고 있는 간부들 자신의 피로를 적절히 조절하는 것도 중요하다.
  ● 증상(Symptom) : 환자가 호소하는 내용을 말한다.(주관적 판단)
  ● 징후(Sign) : 의료인이 환자를 관찰하거나 검사함으로써 얻을 수 있는 정보를 말한다. (혈압, 맥박, 호흡)

35 다음 중 안전보호구 선택기준으로써 다음 내용과 관계 깊은 것은?

작업 중 필요한 때에 사용하는 것

① 방화복　　　　　　　　　　② 보호안경
③ 안전화　　　　　　　　　　④ 안전장갑

※ 보호안경은 작업 중 필요한 때 사용하는 것이다.
■ 안전보호구 선택기준
① 작업 중 언제나 사용하는 것 : 방화복, 헬멧, 안전화, 장갑
② 작업 중 필요한 때에 사용하는 것 : 보호안경 등
③ 위급한 때에 사용하는 것 : 공기호흡기 등

정답 **34.** ④　**35.** ②

36 "소방호스 활용 시 고려사항"으로 옳지 않은 것은?

① 관창은 대원이 화재를 진압할 위치에 자리를 잡을 때까지 개방해서는 안 된다.

② 관창이 다루기가 힘들 정도로 크거나 수압이 과도할 경우 최대한 관창의 앞 부분을 잡아야 한다.

③ 소방호스가 충수되기 전에 신속히 화재지역에 진입해야 한다.

④ 여러 개의 호스가 동시에 내부로 전개될 경우 각 호스별로 구분이 가능한 표식을 해두면 효과적이다.

■ **소방호스 활용시의 고려사항**

① 여러 개의 호스가 동시에 내부로 전개될 경우 각 호스별로 구분이 가능한 표식(標識)을 해 두면 매우 효과적이다. 즉 불필요한 부분에 있는 호스에 물을 보내지 않아 소방용수의 낭비를 방지할 수 있다는 것이다.

② 호스를 연장하거나 운반할 때 자신이 다룰 수 있는 양 만큼의 호스를 차량에서 내리거나 운반하여 척추 등의 손상을 방지하여야 한다.

③ 호스를 윗층으로 연장할 때 충분한 호스의 이용이 가능한지를 확인해야 한다.

④ <u>충수(充水) 되지 않은 소방호스를 가지고 화재지역에 진입해서는 안 된다.</u>

⑤ 관창은 대원이 화재를 진압할 위치에 자리를 잡을 때까지 개방해서는 안 된다. 만약 연기가 있는 부분을 향하여 무조건적으로 관창을 개방 할 경우 가열된 연소가스 때문에 뜨거워진 방출수(放出水)가 앞부분에 있는 소방대원의 작업을 방해할 수 있다.

⑥ 관창이 다루기가 힘들 정도로 크거나 수압(水壓)이 과도(過度)할 경우 관창수는 관창을 놓치지 않도록 하기 위해 최대한 관창의 앞부분을 잡아야 한다. 관창을 놓친다면 자신뿐만 아니라 주변에 있는 동료들에게까지 치명적인 부상을 초래할 수 있다.

37 "지휘관의 현장지휘 책임"에 대한 내용으로 옳지 않은 것은?

① 즉소화재 : 센터장

② 소 화재 : 방호과장

③ 중 화재 : 소방서장

④ 대 화재 : 소방본부장

■ **지휘관의 책임**

① 모든 화재진압·구조·구급현장의 책임은 총지휘관에게 있다.

② <u>즉소·소화재시는 센터장(구조대장·진입대장), 중·소화재는 방호과장 또는 당직관, 대화재는 소방서장 또는 소방본부장이 직접 지휘한다.</u>

③ 현장투입에 있어 개인안전장비 미착용으로 안전사고가 발생 할 때는 지휘계통에 따라 엄중 문책한다.

④ <u>화재구조현장에 관계기관의 출동책임자는 소방관서장의 요청에 의하여 다음과 같은 업무를 수행한다.</u>

   ⓐ 경찰서 : 교통통제, 도난방지, 화재현장의 질서유지, 화재발생자(실화자, 방화자) 등에 대한 소방관서와의 연계합동조사

   ⓑ 한국전력 : 연소확대 및 감전의 요인이 되는 전력통제

   ⓒ 시청(구청) : 사상자의 처리 및 이재민 구호

   ⓓ 보건소 : 부상자의 긴급구호 및 수송

   ⓔ 수도사업소 : 소방관서장의 요청에 의거 상수도의 통제

   ⓕ 가스안전공사 : 가스화재시 장비, 약품지원 및 가스시설 조치

🔑 **정답**　　36. ③　　37. ③

CHAPTER 04

소화약제 ※ 소방교 승진시험 제외

01 소화약제의 특성을 비교한 것으로 다음 내용과 관계 깊은 것은?

> 가스계 소화약제로서 질식효과가 있고 사용 후 오염이 전혀 없는 것

① 이산화탄소 ② 포
③ 할로겐화합물 ④ 분말

■ 「각종소화약제의 특성 비교」 13년 소방교/ 16년 소방장

특성 \ 종류	수계 소화약제		가스계 소화약제		
	물	포	이산화탄소	할로겐화합물	분말
주된 소화 효과	냉각	질식, 냉각	질식	부촉매	부촉매, 질식
소화속도	느리다	느리다	빠르다	빠르다	빠르다
냉각 효과	크다	크다	적다	적다	극히 적다
재발화 위험성	적다	적다	있다	있다	있다
대응하는 화재규모	중형~대형	중형~대형	소형~중형	소형~중형	소형~중형
사용 후의 오염	크다	매우 크다	전혀 없다	극히 적다	적다①
적응 화재	A급	A, B급	B, C급②	B, C급②	A, B, C급③

02 "분말소화약제"에 대한 설명으로 잘못된 것은?

① 일반적으로 오염의 정도는 적지만 정밀 기기류나 통신 기기 등에는 적합하지 않다.
② 밀폐 상태에서 방출되는 경우에는 일반화재에는 사용이 불가능하다.
③ 전기실 및 전산실의 분말소화설비 설치여부는 설치자의 선택에 따른다.
④ ABC 분말소화약제는 분말이 도달되지 않는 대상물에는 부적당하다.

■ 분말소화약제
① 분말은 털면 떨어지기 때문에 일반적으로 오염의 정도는 적지만 정밀 기기류나 통신 기기 등에는 적합하지 않다. 그러나 소화기구의 장소별 적응성(화재안전기준 별표1)을 보면 <u>전기실 및 전산실에 적응성이 있는 것으로 되어있어 전기실 및 전산실의 분말소화설비 설치여부는 설치자의 선택에 따른다.</u>
② 밀폐 상태에서 방출되는 경우에는 일반화재에도 사용이 가능하다.
③ ABC 분말소화약제는 일반화재에도 적용되지만 <u>분말이 도달되지 않는 대상물에는 부적당</u>하다.

정답 **01.** ① **02.** ②

03 소화원리에서 다음 내용과 관계 깊은 것은?

> 제3종분말소화약제를 고체 화재면에 방사 시 메타인산이 생성되어 유리질의 피막을 형성하므로 열분해 생성으로 인한 효과가 나타나게 된다.

① 유화효과　　　　　　　　　　　② 방신효과
③ 탈수효과　　　　　　　　　　　④ 피복효과

■ 소화원리

냉각 소화	물은 100℃로 증발될 때 증발잠열이 약 539Kcal/Kg으로 매우 크고 이산화탄소 고압식의 경우 66.6Kcal/Kg, 할론은 28.2Kcal/Kg로서 물은 연소면을 냉각하는데 타 소화약제보다 우수한 성능을 가지고 있다.
부촉매 소화	화학적인 소화방법으로 소화약제의 화학적인 성질을 이용하는 것으로 연쇄반응을 차단하는 방법으로 약제의 화학반응 시 연쇄반응을 지배하는 Radical을 기(基) 또는 단(團)이라 하며 수소 연소를 제어하는 방법과 같이 화염은 소멸되는 것이다.
유화 소화	유류면의 화재에서 물은 작은 입자상태의 높은 압력으로 방사 시 유류면의 표면에 유화층이 형성되어 에멀전상태를 유지하는데 유류가스의 증발을 막는 차단효과를 발휘한다. 따라서 지속적인 가연성 가스의 생성이 억제되어 화염은 발생되지 않게 되는 것이다.
피복 소화	목재나 유류의 표면화재에서 공기보다 무거운 기체를 방사하면 연소면은 불연성 물질로 피복되어 연소에 필요한 산소는 차단되어 질식하게 하는 것으로 주로 이산화탄소를 사용하는 것으로 표면화재와 심부화재에 적합하다.
방신 소화	제3종분말소화약제를 고체 화재면에 방사 시 메타인산(HPO_3)이 생성되어 유리질의 피막을 형성하므로 열분해 생성으로 인한 방신효과가 나타나게 된다. $NH_4N_2PO_4 \rightarrow NH_3 + H_2O + HPO_3$
탈수 효과	제3종 분말소화약제의 열분해 시 올르토인산(H_3PO_4)이 셀룰로우즈에 작용하면 물이 생성되는데 가연물 내부에서 생성되는 가스와의 화학작용으로 탈수작용을 하게 되어 탈수 소화효과를 가져오게 된다.

04 "물의 소화효과" 중 가장 대표적인 것은?

① 질식효과　　　　　　　　　　　② 냉각효과
③ 희석효과　　　　　　　　　　　④ 유화효과

물의 비열은 헬륨의 1.25cal/g·℃, 수소의 3.41cal/g·℃를 제외하고는 천연 물질 중에서 가장 크고 기화열(539cal/g)도 모든 액체 중에서 가장 크다. 따라서 물의 소화 효과 중 가장 대표적인 것은 냉각 효과이다.

정답　**03.** ② 　**04.** ②

05 "물의 물리적 성질"에 대한 설명으로 옳지 않은 것은?

① 물은 자연 상태에서는 기체, 액체, 고체의 세 가지 형태로 존재한다.
② 1atm에서 물의 빙점은 0℃, 끓는점은 100℃이다.
③ 대기압 하에서 100℃의 물이 액체에서 수증기로 바뀌면 체적은 약 1,700배 정도 증가한다.
④ 물의 표면장력은 20℃에서 72.75dyne/cm이며 온도가 상승하면 표면 장력은 커진다.

■ 물의 물리적 성질★★ 12년 소방교/ 13년 소방장/ 17년 소방장/ 23년 소방장
① 물은 상온에서 비교적 안정된 액체로 자연 상태에서는 기체(수증기), 액체, 고체(얼음)의 세 가지 형태로 존재한다.
② 0℃의 얼음 1g이 0℃의 액체 물로 변하는 데 필요한 용융열(용융 잠열)은 79.7cal/g이다.
③ 100℃의 액체 물 1g을 100℃의 수증기로 만드는 데 필요한 열량인 증발 잠열(기화열)은 539.6cal/g으로 다른 물질에 비해 매우 큰 편이다.
④ 물 1g을 1℃ 올리는 데 필요한 열량인 비열은 1cal/g·℃로 다른 물질에 비해 상당히 큰 편이다. 따라서 20℃의 물 1g을 100℃까지 가열하기 위해서는 80cal의 열이 필요하다.
⑤ 대기압 하에서 100℃의 물이 액체에서 수증기로 바뀌면 체적은 약 1,700배 정도 증가한다(100℃의 포화수와 건조포화수증기의 비체적은 각각 0.001044 L/g, 1.673 L/g).
⑥ 1atm에서 물의 빙점(녹는점)은 0℃, 끓는점은 100℃이다. 이들 값은 압력에 따라 변한다.
⑦ 물의 비중은 1atm을 기준으로 4℃일 때 0.999972로 가장 무거우며 4℃보다 높거나 낮아도 이 값보다 작아진다.
⑧ 물은 압력을 받으면 약간은 압축되나 기체에 비하면 무시해도 좋을 정도이므로 비압축성 유체로 간주할 수 있다. 온도에 따라 다르기는 하지만 1kg/cm²의 압력 증가에 평균 $3.0 \times 10{-}10 \sim 5.0 \times 10{-}10$씩 부피가 감소한다.
⑨ 물의 점도는 1atm, 20℃에서 1.0cP(1centipoise=0.01g/cm·sec)이며 온도가 올라가면 점도는 작아진다(50℃에서는 0.55cP).
⑩ 물의 표면 장력은 20℃에서 72.75dyne/cm이며 온도가 상승하면 표면 장력은 작아진다(40℃에서는 69.48dyne/cm).

06 "소화효과"에 대한 설명으로 옳지 않은 것은?

① 물의 소화효과 중 가장 대표적인 것은 냉각효과이다.
② 희석소화작용이란 소화에 소요되는 시간에 다소의 차이는 있으나 봉상 또는 적상 보다는 분무상으로 소화약제를 방사하는 경우에 효율적인 타격 및 파괴효과를 얻을 수 있다.
③ 100℃의 물이 100℃의 수증기로 변하면 체적이 약 1,700배 정도 늘어나 화재 현장의 공기를 대체하거나 희석시켜 질식 효과를 나타낸다.
④ 물의 미립자가 기름의 연소 면을 두드려서 표면을 유화상으로 하여 가연성 증기의 발생을 억제함으로써 기름의 연소성을 상실시키는 것을 유화효과라고 한다.

■ 질식효과

냉각효과	물의 비열은 헬륨의 1.25cal/g·℃, 수소의 3.41cal/g·℃를 제외하고는 천연 물질 중에서 가장 크고 기화열(539cal/g)도 모든 액체 중에서 가장 크다. 따라서 물의 소화 효과 중 가장 대표적인 것은 냉각 효과이다.

🔒 정답 05. ④   06. ②

질식효과	100℃의 물이 100℃의 수증기로 변하면 체적이 약 1,700배 정도 늘어나 화재 현장의 공기를 대체하거나 희석시켜 질식 효과를 나타낸다. ① 발생된 수증기가 연소 영역을 제한한다면 질식 효과는 한층 더 빨라질 것이다. ② 가장 효과적인 질식을 위해서는 물에 약간의 포 소화 약제를 첨가하는 것이 바람직하다. ③ 유류화재의 진압을 위해서는 유류 표면에 부드럽게 분무 형태(무상)로 방수해야 한다.
유화효과	유류화재에 물을 무상으로 방수하면 앞에서 설명한 질식 효과 이외에도 유탁액(emulsion)이 생성되어 유화 효과가 나타난다. 유화 효과란 물의 미립자가 기름의 연소 면을 두드려서 표면을 유화상으로 하여 가연성 증기의 발생을 억제함으로써 기름의 연소성을 상실시키는 효과를 말한다. ✪ 유화 효과를 높이기 위해서는 유면에 타격력을 증가(속도 에너지 부가)시켜 주어야 하므로 질식 효과를 기대할 때보다 물방울의 입경을 약간 크게 하고 좀 더 강하게 분무하여야 한다.
희석효과	물에 용해하는 수용성 가연물질인 알코올·에테르·에스테르·케톤류 등의 화재 시 많은 양의 물을 일시에 방사하여 가연물질의 연소농도를 소화농도 이하로 묽게 희석시켜 소화하는 방법이다. ✪ 희석소화작용이라 함은 대부분 수용성가연물질의 화재 시에 적용하는 소화작용으로서 물에 어떠한 비율로도 용해가 가능한 물질에 대하여 적용되며, 물을 방사하는 방법에 따라 소화에 소요되는 시간에 다소의 차이는 있으나 분무상 보다는 봉상 또는 적상으로 소화약제를 방사하는 경우에 효율적인 소화효과를 얻을 수 있다.
타격 및 파괴효과	물을 봉상이나 적상으로 방수하면 가연물은 파괴되어 연소가 중단된다. 그러나 유류화재의 경우에는 봉상으로 방수하면 거품이 격렬하게 발생되기 때문에 봉상 방수는 피해야 한다.

07 다음은 "물소화약제 첨가제"에 대한 설명으로 옳지 않은 것은?

① 침투제가 첨가된 물을 "Wet Water"라고 부르며, 이것은 가연물 내부로 침투하기 어려운 목재, 고무, 플라스틱, 원면, 짚 등의 화재에 사용되고 있다.

② 증점제란 화재에 방사되는 물소화약제의 가연물에 대한 접착 성질을 강화시키기 위하여 첨가하는 물질로써 산림화재 진압용으로 CMC가 있다.

③ Rapid water 란 중유나 엔진오일 등은 인화점이 높은 고 비점 유류이므로 화재 시 Emulsion형성을 증가시키기 위해 계면활성제를 첨가하여 사용하는 약제이다.

④ 물소화약제의 동결을 보완하기 위하여 일반적으로 자동차 냉각수 동결방지제로 많이 사용되는 에틸렌글리콜을 가장 많이 사용하고 있다.

🔔 **정답** | 07. ③

■ 물소화약제 첨가제★★ 14년 소방장

동결방지제 (부동제)	• 소화약제로서 물의 큰 단점은 저온에서의 동결이다. • 이와 같은 단점을 보완하기 위해서 첨가하는 약제가 동결방지제이며 물의 물리·화학적 성질을 고려하여 일반적으로 자동차 냉각수 동결방지제로 많이 사용되는 에틸렌글리콜(ethylene glycol, $C_2H_4(OH)_2$)을 가장 많이 사용하고 있다.
증점제	• 물은 유동성이 크기 때문에 소화 대상물에 장시간 부착되어 있지 못한다. • 화재에 방사되는 물소화약제의 가연물에 대한 접착 성질을 강화시키기 위하여 첨가하는 물질을 증점제라 하며, • 물의 사용량을 줄일 수 있고 높은 장소(공중 소화)에서 사용 시 물이 분산되지 않으므로 목표물에 정확히 도달할 수 있어 소화 효과를 높일 수 있는 장점이 있어 산림화재 진압용으로 많이 사용된다. 반면 증점제를 사용하면 가연물에 대한 침투성이 떨어지고 방수 시에 마찰손실이 증가하고, 분무 시 물방울의 직경이 커지는 등의 단점이 있다. • 증점제로 유기계는 알킨산나트륨염, 펙틴(pectin), 각종 껌 등의 고분자 다당류, 셀룰로오스 유도체, 비이온성 계면 활성제가 있고 무기계로는 벤토나이트, 붕산염 등이 사용되고 있으며 산림화재용으로 사용되는 대표적인 증점제로는 CMC(Sodium Carboxy Methyl Cellulose) 등이 있다. • 무기계로는 벤토나이트, 붕산염 등이 사용되고 있으며 이들을 기계적으로 혼합하여 슬러지상으로 만들어 주로 산림화재에 사용하고 있다.
침투제	• 물은 표면장력이 커서 방수 시 가연물에 침투되기가 어렵기 때문에 표면장력을 작게하여 침투성을 높여주기 위해 첨가하는 계면활성제의 총칭을 침투제(Wetting Agent)라 한다. • 일반적으로 첨가하는 계면 활성제의 양은 1% 이하이다. • 침투제가 첨가된 물을 "Wet Water"라고 부르며, 이것은 가연물 내부로 침투하기 어려운 목재, 고무, 플라스틱, 원면, 짚 등의 화재에 사용되고 있다.
강화액 소화약제	• 동절기 물소화약제가 동결되는 단점을 보완하고 물의 소화력을 높이기 위하여 화재에 억제 효과가 있는 염류를 첨가한 것이다. • 염류로는 알칼리 금속염의 탄산칼륨(K_2CO_3), 인산암모늄[$(NH_4)_2PO_4$] 등이 사용되고 여기에 침투제 등을 가하여 제조한다. • 수소 이온농도(pH)는 약알칼리성으로 11~120이며, 응고점은 $-30℃ \sim -26℃$ 이다. • 색상은 일반적으로 황색 또는 무색의 점성이 있는 수용액이다. • 강화액의 소화 효과는 물이 갖는 소화효과와 첨가제가 갖는 부촉매 효과를 합한 것이다. • 용도는 주로 소화기에 충약해서 목재 등의 고체 형태인 일반가연물 화재에 사용한다.
Rapid water	• 소방활동에서 호스 내의 물의 마찰손실을 줄이면 보다 많은 양의 방수가 가능해지고 가는 호스로도 방수가 가능해지므로 소방관의 부담이 줄게 된다. • 이와 같은 목적을 위해 첨가하는 약제로 미국 Union carbide사에서의 「rapid water」라는 명칭의 첨가제를 발매하고 있다. • 이것의 성분은 폴리에틸렌옥사이드(polyethylene oxide, HO−$(CH_2CH_2)N$−CH_2CH_2 $OHH_2O)$)이것을 첨가하면 물의 점성이 약 70% 정도 감소하여 방수량이 증가하게 된다.
유화제	중유나 엔진오일 등은 인화점이 높은 고 비점 유류이므로 화재 시 Emulsion형성을 증가시키기 위해 계면활성제(Poly Oxyethylene Alkylether)를 첨가하여 사용하는 약제이다.

산 알카리제	• 산(H$_2$SO$_4$)과 알카리(NaHCO$_3$)의 두 가지 약제가 혼합되면 화학작용에 의하여 이산화탄소와 포(거품)이 형성되어 용기 내에서 발생된 이산화탄소의 증기압에 의하여 포가 방출된다. • 주로 소화기에 이용되며 내통과 외통으로 구분하여 따로 약제를 저장하며 내부 저장용기에 물 30%와 진한 황산 70%의 수용액, 외부저장용기에는 물 90%와 탄산수소나트륨10% 수용액을 충전하여 사용하는데 저장 및 보관, 용기에 대한 부식성, 불완전한 약제의 혼합이 소화의 신뢰성이 떨어져 거의 사용을 하지 않고 있다. • 산과 알카리 소화약제는 수용액 상태로 분리 저장되어 있다가 방출시 중간 혼합실에서 알카리와 산의 화학작용에 의하여 CO$_2$의 발생에 의하여 방출원의 압력을 동력원으로 하여 사용되며 소화기에 사용하는 것으로서 A급 화재에만 사용되고 있다. 알카리와 산의 반응식은 아래와 같다. $2N_aHCO_3 + H_2SO_4 \rightarrow N_{a2}SO_4 + 2H_2O + 2CO_2$

08 포 소화약제 종류에 대한 설명으로 옳지 않은 것은?

① 우리나라는 팽창비가 20 미만인 저팽창포와 80 이상인 고팽창포의 2가지로 구분하고 있다.

② 화학포는 물과 약제의 혼합액의 흐름에 공기를 불어 넣어서 발생시킨 포이다.

③ 저팽창포에는 단백포, 합성계면활성제포, 수성막포, 알코올포 등이 저발포 포소화약제로 사용된다.

④ 고발포용 포는 고발포용 방출구를 사용하며, 넓은 장소의 급속한 소화, 지하층 등 소방대의 진입이 곤란한 장소에 매우 효과적이다.

※ 발포기구에 의해 크게 화학포 소화약제와 공기표 소화약제로 나누어진다. * 21년 소방장

화학포	• 산성액과 알칼리성액의 화학 반응에 의해 발생되는 탄산가스를 핵으로 한다.
공기포 (기계포)	• 물과 약제의 혼합액의 흐름에 공기를 불어 넣어서 발생시킨 포이다. • 기계적으로 발생시켰기 때문에 기계포(mechanical foam)라고도 부른다. • 기계포는 팽창비에 따라 저팽창포, 중팽창포, 고팽창포로 나눌 수 있다.

※ 우리나라는 팽창비가 20 미만인 저팽창포와 80 이상인 고팽창포의 2가지로 구분하고 있다. 저팽창포에는 단백포, 불화단백포, 합성계면활성제포, 수성막포, 내알코올포가 있고, 고팽창포에는 합성계면활성제포가 있다.

저발포용 포 (팽창비 20 이하)	ⓐ 가장 일반적인 형태의 포로서 보통 고정포방출구, 포헤드 및 포소화전 등을 사용한다. ⓑ 주차장에 사용하는 포소화전 및 호스릴포는 저발포 약제이어야 한다. ⓒ 단백포, 합성계면활성제포, 수성막포, 알코올포 등이 저발포 포소화약제로 사용된다.
고발포용 포 (팽창비 80 이상 1,000 미만)	ⓐ 고발포용 방출구를 사용하며, 넓은 장소의 급속한 소화, 지하층 등 소방대의 진입이 곤란한 장소에 매우 효과적이다. ⓑ A급화재에 적합하며 B급화재의 경우는 저발포보다 적응성이 떨어진다. ⓒ 구획된 공간에 포가 방출되면 시야제한, 난청, 호흡장애, 방향감각 상실 등으로 인명피해의 우려가 있다.

정답 | 08. ②

09 "물의 방수형태"에 대한 설명으로 옳지 않은 것은?

① 에멀젼 효과를 높이기 위해서는 유면에의 타격력을 증가시켜주어야 하므로 질식효과를 기대할 때보다 입경을 약간 작게 해야 한다.

② 적상이란 일반적으로 실내 고체 가연물의 화재에 사용되며 저압으로 방출되기 때문에 물방울의 평균 직경은 0.5~6mm 정도이다.

③ 무상이란 물분무 소화 설비의 헤드나 소방대의 분무 노즐에서 고압으로 방수할 때 나타나는 안개 형태의 방수로 물방울의 평균 직경은 0.1~1.0mm 정도이다.

④ 봉상 소화방법은 열용량이 큰 일반 고체 가연물의 대규모 화재에 유효한 방수 형태로서 소방용 방수노즐을 이용한 방수가 대부분 여기에 속한다.

■ 물의 방수형태* 13년 소방장, 소방교

봉 상	① 막대 모양의 굵은 물줄기를 가연물에 직접 방수하는 방법 ② 소방용 방수노즐을 이용한 방수가 대부분 여기에 속한다. ③ 열용량이 큰 일반 고체 가연물의 대규모 화재에 유효한 방수 형태이다. ④ 감전의 위험이 있기 때문에 어느 정도의 안전거리를 유지하여야 한다.
적 상	① 스프링클러 소화설비 헤드의 방수 형태로 살수(撒水)라고도 한다. ② 저압으로 방출되기 때문에 물방울의 평균 직경은 0.5~6mm 정도이다. ③ 일반적으로 실내 고체 가연물의 화재에 사용된다.
무 상	① 물분무 소화 설비의 헤드나 소방대의 분무 노즐에서 고압으로 방수할 때 나타나는 안개 형태의 방수로 물방울의 평균 직경은 0.1~1.0mm 정도이다. ② 소화 효과의 측면에서 본 최저 입경은 열전달과 물방울의 최대 속도와의 관계로부터 이론적으로 유도해보면 0.35mm 정도이다. ③ 중질유 화재(중질의 연료유, 윤활유, 아스팔트 등과 같은 고끓는점유의 화재)의 경우에는 물을 무상으로 방수하면 급속한 증발에 의한 질식 효과와 에멀젼 효과에 의해 소화가 가능하다. ④ 물을 사용하여 소화할 수 있는 유류화재는 유류의 인화점이 37.8℃(100°F) 이상인 경우이다. ⑤ 무상 방수는 다른 방수법에 비하면 전기 전도성이 좋지 않기 때문에 전기화재에도 유효하나 이때에는 일정한 거리를 유지하여 감전을 방지해야 한다. ※ 에멀젼 효과란 물의 미립자가 기름의 연소면을 두드려서 표면을 물과 기름이 섞인 유화상으로 만들어 기름의 증발 능력을 떨어뜨려 연소성을 상실시키는 효과로 에멀젼 효과를 높이기 위해서는 유면에의 타격력을 증가시켜주어야 하므로 질식 효과를 기대할 때보다 입경을 약간 크게 해야 한다.

10 "포소화약제의 구비조건" 해당되지 않은 것은?

① 파포성   ② 유동성
③ 점착성   ④ 내유성

■ 포소화약제의 구비조건

내열성	방출된 포가 파포되지 않기 위해서는 내열성이 강해야 하며 특히 B급 화재에서 포의 내열성능이 매우 중요하다. 포가 소멸되지 않기 위해서는 단백포를 사용하며 금속염을 소량 첨가한 것이며 발포배율과 환원시간이 길어야 한다.

 정답 09. ①   10. ①

발포성	포 거품의 체적비율을 팽창비라 하며 수성막포는 5배 이상, 기타는 6배 이상 이어야 한다. 25% 환원시간은 합성계면 활성제포의 경우는 3분 이상이며 기타는 1분 이상 유지하여야 한다.
내유성	포 소화약제는 주로 유류화재에 이용되므로 포가 유류에 오염되거나 파포되지 않아야 한다. 내유성이 강한 소화약제로는 불화단백포가 있으며 유류 탱크 내부 또는 표면아래에서 분출되는 표면하주입방식에 이용된다.
유동성	유류 화재에 방사 시 유면상을 자유로이 확산할 수 있도록 유동되어야 한다. 표면하주입방식으로 사용하기 위해서는 환원시간도 길어야 하고 포의 유동이 좋아야 하며 유류면의 직경이 60m 이상의 유류탱크 화재에는 유동속도가 느리게 되어 조기 소화에 지장이 있다.
점착성	포 소화약제의 소화효과는 질식성이므로 표면에 잘 점착되어야 한다. 고팽창의 경우 포 내부의 수분이 부족하여 저팽창포 보다는 점착성이 부족하고 화염의 영향으로 흐트러지기 쉽다.

11 "물소화약제의 한계"에 대한 설명으로 옳지 않은 것은?

① K, Al, Mg, Na, Zn, Fe등 가연성 금속은 물과 반응 시 수소를 발생시키고 금속화재에서 연소반응 온도가 높기 때문에 더욱 위험하게 된다.

② 제3류 위험물에 해당하는 리튬(Li), 나트륨(Na), 칼륨(K) 등 알카리금속과 칼슘(Ca)등의 알카리토금속, 제2류 위험물에 해당하는 철가루, 마그네슘 등 금속 또는 금속가루는 물과 반응하여 가연성·폭발성인 수소가스를 발생한다.

③ 전기화재에서 물을 사용한 소화는 가능하지만 감전사고의 위험이 있다. 이러한 감전사고의 위험성을 줄이기 위해서는 일정한 거리를 유지하면서 무상으로 분사하여야 한다.

④ 물보다 비중이 큰 유류인 중유의 탱크 화재에서는 무상이 아닌 봉상이나 적상으로 분사하면 물의 분사 압력으로 불이 붙은 중유입자가 물입자와 함께 희석되어 소화효과가 있다.

■ 물 소화약제의 한계

B급(유류) 화재 적용 시	① 물보다 비중이 작은 누출 유류의 화재에서 방수를 하면 유류입자가 물의 표면에 부유함으로써 오히려 화염면을 확대시킬 수 있다. ② 물보다 비중이 큰 유류인 중유의 탱크 화재에서는 무상(霧狀)이 아닌 봉상(棒狀)이나 적상(適狀)으로 분사하면 물의 분사 압력으로 불이 붙은 중유입자가 물입자와 함께 탱크 밖으로 비산하여 화재를 더욱 확대시킬 우려가 있다. ③ 석유류 화재에 있어서는 물의 적용은 신중하여야 하며 중유화재에는 분무상의 물을 분사하여 유화소화를 하는 것이 유리하다.
C급(전기) 화재 적용 시	전기화재에서 물을 사용한 소화는 가능하지만 감전사고의 위험이 있다. 이러한 감전사고의 위험성을 줄이기 위해서는 일정한 거리를 유지하면서 무상으로 분사하여야 한다.

정답 11. ④

D급(금속) 화재 적용 시	① 제3류 위험물에 해당하는 리튬(Li), 나트륨(Na), 칼륨(K) 등 알카리금속과 칼슘(Ca)등의 알카리토금속, 제2류 위험물에 해당하는 철가루, 마그네슘 등 금속 또는 금속가루는 물과 반응하여 가연성·폭발성인 수소가스를 발생한다. ② 이들의 화재 시 물을 사용하면 오히려 화재가 확대되며 특히 화염의 온도가 높은 경우에는 이와 같은 현상이 두드러지게 나타난다. 따라서 물이 함유된 소화약제는 금속화재에 절대로 사용해서는 안 된다.
특수화재와 물	① 화학제품(카바이드, 아산화물) 화학제품과 물이 반응하면 가연성가스와 열 발생되어 오히려 화재를 확대 시키는 것으로 생석회가 물에 젖은 상태에서 열 방출이 되지 않으면 일정시간 후 자연발화 한다. ② 가연성 금속 K, Al, Mg, Na, Zn, Fe등 가연성 금속은 물과 반응 시 수소를 발생시키고 금속화재에서 연소반응 온도가 높기 때문에 더욱 위험하게 된다. ③ 방사성 금속 물이 방사능에 오염 시 처리가 어려우므로 물은 소화약제로서 적합하지 않다. ④ 가스화재 가스화재에서는 수용성 가스에 적용 시 분무상으로 방사하면 가스농도가 희석되어 연소범위이내가 되어 소화가 가능하며 주로 화재 시 과열된 탱크의 냉각 시 탱크 외부에 분무하면 탱크 내부 온도가 낮아지게 되어 가연성 증기의 발생이 억제되고 소화가 되는 것이다.
물과 반응하는 화학물질	① 금속류 외에 물과 반응하여 조연성·가연성 가스 또는 독성가스를 발생하는 화학물질이 있다. ② 제1류 위험물에 해당하는 무기과산화물(과산화나트륨, 과산화칼륨, 과산화칼슘 등), 삼산화크롬(CrO_3) 등은 물과 반응하여 산소를 발생한다. ③ 제3류 위험물에 해당하는 알킬알루미늄, 알킬리튬, 탄화칼슘, 탄화알루미늄 등은 물과 반응하여 메탄·에탄·아세틸렌 등 가연성가스를 생성한다. ④ 제3류 위험물인 금속의 인화물(인화칼륨, 인화칼슘 등)은 물과 만나면 맹독성 포스핀가스(PH_3)를 발생하며, 제6류 위험물인 질산은 물과 만나면 급격히 발열하여 폭발에 이르기도 한다.
그 밖의 한계	① 방사성 물질 화재에서 물을 사용하면 방사능오염이 확대될 수 있으며 고온의 표면에 물이 닿는 경우 수증기폭발이 발생할 수 있으므로 가연물의 성질과 상태를 정확히 파악하는 것이 중요하다. ② 중요한 문화재나 가치가 높은 예술품의 화재 시 방수에 희한 수손피해로 그 가치가 훼손될 수 있으므로 물로 소화가 가능할지라도 가스계 소화약제 등 다른 소화약제의 적용을 고려하여야 한다.

12 다음 중 "단백포" 소화약제에 대한 설명으로 옳지 않은 것은?

① 동물성 단백질인 동물의 피, 뿔, 발톱을 알칼리로 가수 분해 과정의 중간 정도 상태에서 분해를 중지시킨 것을 주성분으로 흑갈색의 특이한 냄새가 나는 끈끈한 액체이다.

② 수성막포와 함께 표면하 포주입방식에 적합한 포 소화약제로 알려져 있다.

③ 내화성을 높이기 위해 금속염인 염화철 등을 가한 것이 이 약제의 원액이다.

④ 유동성이 나쁘고 유류를 오염시키며, 소화시간이 길고 변질되기 쉬워, 저장성이 떨어지고 분말소화약제와 병용할 수 없다.

정답 | 12. ②

■ **포 소화약제의 특성**★★ 14년 소방장/ 20년, 22년 소방위

(1) 단백포

① 원액은 6%형(원액 6%에 물 94%를 섞어서 사용하는 형)과 이를 다시 농축시킨 3%형이 있으며 <u>현재는 3%형이 주류를 이루고 있다.</u>

② 주로 팽창비 10이하의 저팽창포로 사용되며 원액의 비중은 약 1.1, pH는 6.0~7.5 정도이다.

③ 단백질의 농도는 3%형이 40wt% 전후, 6%형이 30wt% 전후로 3%형이 6%형을 약 1.5배 정도 농축한 것이다.

④ 이 원액은 수용액으로 보존하면 가수 분해가 진행되어 변질되기 때문에 사용 시에 규정 농도의 수용액으로 제조하여 사용해야 한다.

⑤ <u>약제의 저장수명은 대략 3년</u> 정도이지만 이것은 저장 환경에 따라 크게 달라질 수 있다. 즉, 산화를 방지하기 위하여 원액 탱크를 단열하거나, 질소 등을 봉입하거나, 햇빛을 차단하거나 하면 약제의 수명은 연장된다.

※ 동물성 단백질인 동물의 피, 뿔, 발톱을 알칼리로 가수 분해 과정의 중간 정도 상태에서 분해를 중지시킨 것이 이 소화약제의 주성분으로 흑갈색의 특이한 냄새가 나는 끈끈한 액체이다.

※ 내화성을 높이기 위해 금속염인 염화철 등을 가한 것이 이 약제의 원액이다.

※ 유효기간이 지난 약제는 변질되어 악취가 발생하므로 저장 및 취급에 주의해야 한다.

장점	• 점성이 있어 안정되고 두꺼운 포막을 형성하기 때문에 인화성, 가연성액체의 위험물 저장탱크, 창고, 취급소 등의 포소화설비에 사용된다. • 내열성이 우수하고 유면봉쇄성이 좋다.
단점	유동성이 나쁘고 유류를 오염시키며, 소화시간이 길고 변질되기 쉬워, 저장성이 떨어지고 분말소화약제와 병용할 수 없다.

(2) 불화단백포★ 17년 소방위

① 단백포 소화약제에 불소계 계면활성제를 첨가하여 <u>단백포와 수성막포의 단점을 보완한 약제로,</u> 유동성과 내유염성(耐油染性 : 포가 기름으로 오염되기 어려운 성질)이 나쁜 단백포의 단점과 표면에 형성된 수성막이 적렬된 탱크 벽에 약한 수성막포의 단점을 개선한 것이다.

② 불소계 계면활성제를 첨가함으로써 안정제인 철염의 첨가량을 줄였기 때문에 <u>침전물이 거의 생성되지 않아 장기 보관(8~10년)이</u> 가능하다.

③ 계면활성제를 첨가했기 때문에 유류와 친화력을 갖지 않고 겉돌게 되므로 유류를 오염시키지 않는다.

• 불화단백포는 수성막포와 함께 표면하 포주입방식(subsurface injection system)에 적합한 포 소화약제로 알려져 있다. 표면하 포주입방식은 포가 유류 하부로부터 부상하는 방식이기 때문에 기름을 오염시키지 않는 불화단백포 소화약제나 수성막포 소화약제를 사용해야 한다. 이 방식은 포가 바닥에서 액면으로 부상하면서 탱크 아래 부분의 차가운 기름을 상부로 이동시켜 상부층을 냉각시켜주기 때문에 소화를 촉진시킬 수 있는 장점도 있다.

• 표면포 방출방식은 포 방출구가 탱크의 윗부분에 설치되어 있기 때문에 화재 시 폭발이나 화열에 의하여 파손되기 쉽지만 표면하 포주입방식은 포 방출구가 탱크 하부에 설치되어 있어서 이의 파손 가능성이 적으므로 설비에 대한 안정성이 크다.

• 기름에 의한 오염이 적고, 포의 유동성이 좋고, 저장성이 우수하나, 단백포보다 값이 비싼 것이 단점이다.

13 다음 중 "수성막포 소화효과"에 대한 설명으로 옳은 것은?

① 대부분의 소화약제가 팽창비 10 이하의 저팽창포로 사용되나 이 약제는 저팽창포로부터 고팽창포까지 넓게 사용되고 있다.

② 물과 적절한 비율로 혼합하여 기존의 포방출구로 방사하면 물보다 가벼운 인화성 액체 위에 물이 떠 있도록 하는 획기적인 약제이다.

③ 유동성은 좋은 반면 내열성, 유면 봉쇄성이 좋지 않기 때문에 다량의 유류화재 특히, 가연성 액체 위험물의 저장탱크 등의 고정소화설비에는 효과적이지 못하다.

④ 단백질의 가수분해물에 불용의 지방산 금속염을 분산시켰기 때문에 장시간 저장하면 이들이 침전되는 단점이 있다.

■ **합성계면활성제포***
① 합성 세제의 주성분인 계면활성제에 안정제, 부동제, 방청제 등을 첨가한 약제이다.
② 단백포 소화약제와 마찬가지로 물과 혼합하여 사용한다. 3%, 4%, 6%의 여러 가지 형이 있으나 3%형과 6%형이 가장 많이 사용된다.
③ 대부분의 소화약제가 팽창비 10 이하의 저팽창포로 사용되나 이 약제는 저팽창포로부터 고팽창포까지 넓게 사용되고 있다.
④ 고팽창포로 사용하는 경우는 사정거리(포의 방출구에서 화재 지점까지 포를 도달시킨 거리)가 짧은 것이 문제점이다.
⑤ 유동성은 좋은 반면 내열성, 유면 봉쇄성이 좋지 않기 때문에 다량의 유류화재 특히, 가연성 액체 위험물의 저장탱크 등의 고정소화설비에는 효과적이지 못하다.
⑥ 단백포 소화약제에 비하여 저장 안정성은 매우 우수하나 합성계면활성제가 용이하게 분해되지 않기 때문에 세제공해와 같은 환경 문제를 일으킨다.
※ 계면활성제 : 기체–액체, 액체–기체, 액체–고체간의 계면(표면을 의미함)에 흡착 또는 배열되어 그 계면 또는 표면의 성질을 현저하게 변화시키는 물질이다. 역사적으로 계면 활성제는 비누로부터 시작되어 합성세제, 염색조제, 유화제, 응집제, 기포제, 침투제, 가용화제 등 실로산업 전반에 걸쳐 넓게 이용되고 있다.

■ **수성막포*** 14년, 20년 소방장
① 불소계 계면활성제를 주성분으로 한 것으로 역시 물과 혼합하여 사용한다.
② 수성막포는 합성 거품을 형성하는 액체로서 일반 물은 물론 해수와도 같이 사용할 수 있다.
③ 물과 적절한 비율로 혼합하여 기존의 포방출구로 방사하면 물보다 가벼운 인화성 액체 위에 물이 떠 있도록 하는 획기적인 약제이다.
④ 기름의 표면에 거품과 수성의 막(aqueous film)을 형성하기 때문에 질식과 냉각 작용이 우수하다.
⑤ 대표적으로 미국 3M사의 라이트 워터(Light Water)라는 상품명의 제품이 많이 팔리고 있는데 유면 상에 형성된 수성막이 기름보다 가벼운 것처럼 보이기 때문에 만들어진 상품명이다.
⑥ 유류화재에 우수한 소화효과를 나타낸다. 3%, 6%, 10%형이 있으나 주로 3%, 6%형이 많이 사용된다.
⑦ 장기 보존성은 원액이든 수용액이든 타 포 원액보다 우수하다. 약제의 색깔은 갈색이며 독성은 없다.
⑧ 포 자체의 내열성이 약하고 가격이 비싸며, 수성의 막은 한정된 조건이 아니면 형성되지 않는다.

■ **내알코올포(수용성액체용)*** 12년 소방장/ 22년 소방위
① 물과 친화력이 있는 알코올과 같은 수용성 액체(극성 액체)의 화재에 보통의 포 소화약제를 사용하면 수용성 액체가 포 속의 물을 탈취하여 포가 파괴되기 때문에 소화 효과를 잃게 된다. 이와 같은 현상은 액체의 온도가 높아지면 더욱 뚜렷이 나타난다.
② 내알코올포 소화약제는 이와 같은 단점을 보완한 약제로 여러 가지의 형이 있으나 초기에는 단백질의 가수분해물에 금속비누를 계면활성제로 사용하여 유화·분산시킨 것을 사용하였다.

🔲 **정답** | 13. ③

2025 필드 소방전술 문제집

③ 물에 녹지 않기 때문에 여기에 물을 혼합하여 사용한다. 일명 수용성 액체용 포 소화약제라고도 하며 <u>알코올, 에테르, 케톤, 에스테르, 알데히드, 카르복실산, 아민 등과 같은 가연성인 수용성 액체의 화재에 유효하다.</u>
④ 단백질의 가수분해물에 불용의 지방산 금속염을 분산시켰기 때문에 <u>장시간 저장하면 이들이 침전되는 단점이 있다.</u>
⑤ 물과 혼합한 후에는 2~3분 이내에 사용하지 않으면 포가 생성되기 전에 수류 중에 금속염의 침전이 생겨 소화 효과가 떨어지고 설비 상에도 장애가 생기게 된다.
⑥ 소화 후 재연소 방지에는 효과가 우수하나 이러한 단점을 보완한 것으로 불화단백형의 알콜형포 소화약제가 개발되어 사용되고 있다.
⑦ 수용성 액체는 극성도(極性度), 관능기(官能基), 탄소수에 따라 연소성, 반응성 등이 달라지기 때문에 액체의 종류에 따라 소화 효과가 각각 다르게 나타난다.

14 "포소화약제의 효과"로서 관계없는 것은?

① 가연성 증기생성 억제 ② 전기절연성
③ 열의 이동차단 ④ 주변공기 배출

■ 포 소화약제의 소화효과
① 질식효과, ② 냉각효과, ③ <u>열의 이동 차단</u>, ④ <u>주변공기 배출</u>, ⑤ <u>가연성 증기생성 억제</u>

15 "포 소화약제 병용성"에 대한 설명으로 옳지 않은 것은?

① 유출 화재에서는 단백포보다 계면활성제포 또는 수성막포가 소화효과가 좋기 때문에 병용하는 것이 유리하다.
② 내알코올포는 일반포와 병용하면 그 특성이 증가 되기 때문에 함께 사용하는 것이 좋다.
③ 같은 원액이라도 오래된 원액에 새로운 원액을 추가보충하는 것도 바람직하지 않다.
④ 수성막포 소화약제의 포는 소포되지 않기 때문에 분말 소화약제와의 병용이 가능하며 포 소화약제와 병용할 수 있는 분말 소화약제로는 CDC가 개발되어 있다.

■ 포 소화약제의 병용성
① 소화 활동 시 각종 포 소화 약제를 같이 사용하는 것은 일반적으로 큰 문제가 없다.
② 병용한 경우의 특성은 개개의 소화약제가 갖는 특성치의 중간이 되지만 화재의 규모나 형태에 따라 달라지기 때문에 한마디로 말할 수는 없다. 예를 들면 <u>유출 화재에서는 단백포보다 계면활성제포 또는 수성막포가 소화 효과가 좋기 때문에 이들을 병용하는 것이 유리할 것이다.</u>
③ 보통의 포는 이처럼 병용이 가능하지만 <u>내알코올포는 일반포와 병용하면 그 특성이 저하되기 때문에 함께 사용하지 말아야 한다.</u>
④ 같은 포 소화약제인 경우에도 약제의 종류가 다르면 원액 및 수용액을 혼합하여 사용해서는 안 된다. <u>또한 같은 원액이라도 오래된 원액에 새로운 원액을 추가보충하는 것도 바람직하지 않다.</u>
⑤ 포 소화약제는 분말소화약제와 함께 사용하면 분말소화약제의 소포(消泡) 작용 때문에 좋지 않다. 포 층에 분말소화약제를 살포해 놓으면 포 층의 형성이 매우 어려워진다.
✪ 수성막포 소화약제의 포는 소포되지 않기 때문에 분말 소화약제와의 병용이 가능하다. 포 소화약제와 병용할 수 있는 분말 소화약제로는 CDC(Compatible Dry Chemical)이다.

🔑 정답 **14.** ② **15.** ②

228 | PART 01 화재 분야

16 "포소화약제"에 대한 설명으로 옳지 않은 것은?

① 통신기기실, 컴퓨터실 등에는 적합하다.
② Na, K 등과 같이 물과 반응하는 금속에는 부적합하다.
③ 소화 후의 오손 정도가 심하다.
④ 청소하기 힘들다.

■ **포소화약제의 결점**
① 소화 후의 오손 정도가 심하다.
② 청소가 힘들다.
③ 감전의 우려가 있어 전기화재나 통신 기기실, 컴퓨터실 등에는 부적합하다.
④ 제5류 위험물과 같이 자체적으로 산소를 함유하고 있는 물질과 Na, K 등과 같이 물과 반응하는 금속에는 부적합하다.

17 "이산화탄소 소화약제"에 대한 설명으로 옳지 않은 것은?

① 전기 절연성이다.
② 한냉지에서도 동결될 염려가 없다.
③ 소화 후 소화약제에 의한 오손이 없다.
④ 인명피해가 우려되는 밀폐된 지역에서도 사용이 가능하다.

■ 「**이산화탄소 소화약제**」* 22년 소방위

장점	① 소화 후 소화약제에 의한 오손이 없다. ② 한냉지에서도 동결될 염려가 없다. ③ 전기 절연성이다. ④ 장시간 저장해도 변화가 없다. ⑤ 자체 압력으로 방출되기 때문에 방출용 동력이 필요하지 않는다.
사용 제한	① 제5류 위험물(자기 반응성 물질)과 같이 자체적으로 산소를 가지고 있는 물질 ② CO_2를 분해시키는 반응성이 큰 금속(Na, K, Mg, Ti, Zr 등)과 금속수소화물(LiH, NaH, CaH_2) ③ 방출시 인명 피해가 우려되는 밀폐된 지역

18 "이산화탄소 소화약제"에 대한 설명으로 옳지 않은 것은?

① 이산화탄소는 공기보다 약 1.5배 정도 무거운 기체이다.
② 가장 큰 소화 효과는 냉각 효과이며 약간의 질식 효과도 있다.
③ 밀폐 상태에서 방출되는 경우는 일반화재(A급 화재)에도 사용이 가능하다.
④ 다른 가압원의 도움 없이 자체 압력으로도 방사가 가능하다.

정답 16. ① 17. ④ 18. ②

■ 이산화탄소 소화약제

① 이산화탄소는 탄소의 최종 산화물로 더 이상 연소 반응을 일으키지 않기 때문에 질소, 수증기, 아르곤, 할론 등의 불활성 기체와 함께 가스계 소화약제로 널리 이용되고 있다.

② 이산화탄소는 유기물의 연소에 의해 생기는 가스로 공기보다 약 1.5배 정도 무거운 기체이다. 상온에서는 기체이지만 압력을 가하면 액화되기 때문에 고압가스 용기 속에 액화시켜 보관한다.

③ 방출 시에는 배관 내를 액상으로 흐르지만 분사 헤드에서는 기화되어 분사된다. 가장 큰 소화 효과는 질식 효과이며 약간의 냉각 효과도 있다.

④ 이산화탄소는 사용 후에 오염의 영향이 전혀 없다는 큰 장점이 있다. 보통 유류화재, 전기화재에 주로 사용되며 밀폐 상태에서 방출되는 경우는 일반화재(A급 화재)에도 사용이 가능하다.

⑤ 액체 이산화탄소는 자체 증기압이 21℃에서 57.8kg/cm²·G(−18℃에서 20.4kg/cm²·G) 정도로 매우 높기 때문에 다른 가압원의 도움 없이 자체 압력으로도 방사가 가능하다.

⑥ 이산화탄소의 일반적 성질은 다음과 같다.
  ㉠ 무색, 무취이며 전기적으로 비전도성이고 공기보다 1.5배 정도 무거운 기체이다.
  ㉡ 공기 중에 약 0.03vol% 존재하며 동·식물의 호흡 및 유기물의 연소에 의해서도 발생되고 천연가스, 광천수 등에도 함유되어 있다.

19 이산화탄소 농도(vol%)가 20.0(16.80)인 경우 증상은?

① 공중 위생상의 허용 농도
② 호흡수가 늘어나고 호흡이 깊어진다.
③ 두통, 귀울림, 어지러움, 혈압 상승 등이 일어난다.
④ 중추 신경이 마비되어 사망한다.

■ 「이산화탄소가 인체에 미치는 영향」

CO_2의 농도 (vol%)	증 상	처 치
1.0(20.79)*	공중 위생상의 허용 농도	무해
2.0(20.58)	수 시간의 흡입으로도 큰 증상은 없다. 불쾌감이 있다.	무해
3.0(20.37)	호흡수가 늘어나고 호흡이 깊어진다.	장시간 흡입하는 것은 바람직하지 않다. 환기를 필요로 한다.
4.0(20.16)	눈, 목의 점막에 자극이 있다. 두통, 귀울림, 어지러움, 혈압 상승 등이 일어난다.	빨리 신선한 공기를 호흡할 것
6.0(19.74)	호흡수가 현저히 증가한다.	빨리 신선한 공기를 호흡할 것
8.0(19.32)	호흡이 곤란해진다.	빨리 신선한 공기를 호흡할 것
10.0(18.90)	시력 장애, 몸이 떨리며 2~3분 이내에 의식을 잃으며 그대로 방치하면 사망한다.	30분 이내에 인공호흡, 의사의 조치 필요
20.0(16.80)	중추 신경이 마비되어 사망한다.	즉시 인공호흡, 의사의 조치 필요

🔑 정답 | 19. ④

20 '이산화탄소 소화약제"의 적응화재로 옳지 않은 것은?

① 제4류 위험물, 특수 가연물 등에도 사용된다.

② 물의 오손이 걱정되는 도서관이나 미술관, 소화 활동이 곤란한 선박 등에 유용하다.

③ 표면 화재와 심부 화재에 사용하는 경우 우수한 효과를 나타낸다.

④ 주차장 등에도 사용되나 인명에 대한 위험 때문에 무인의 기계식 주차탑 이외에는 사용하지 않는 것이 바람직하다.

■ **이산화탄소 적응화재**

① 연소물 주변의 산소 농도를 저하시켜서 소화하기 때문에 <u>자체적으로 산소를 가지고 있거나, 연소 시에 공기 중의 산소를 필요로 하지 않는 가연물 이외에는 전부 사용할 수 있다.</u>

② 일반화재(A급 화재), 유류화재(B급 화재), 전기화재(C급 화재)(이산화탄소는 전기 절연성)에 모두 적응성이 있으나 <u>주로 B·C급 화재에 사용되고 A급은 밀폐된 경우에 유효하다.</u>

③ 이산화탄소는 표면 화재에는 우수한 효과를 나타내나 <u>심부 화재에 사용하는 경우에는 재발화의 위험성이 있다.</u> 그러므로 심부 화재의 경우에는 고농도의 이산화탄소를 방출시켜 소요 농도의 분위기를 비교적 장시간 유지시켜 줌으로써 일차적인 소화는 물론 재발화의 가능성도 제거해 줄 필요가 있다.

④ <u>이산화탄소는 사용 후 소화제에 의한 오손이 없기 때문에 통신기기실, 전산기기실, 변전실 등의 전기 설비, 물에 의한 오손이 걱정되는 도서관이나 미술관, 소화 활동이 곤란한 선박 등에 유용하다.</u> 그리고 주차장 등에도 사용되나 인명에 대한 위험 때문에 무인의 기계식 주차탑 이외에는 사용하지 않는 것이 바람직하다. 이외에도 <u>제4류 위험물, 특수 가연물 등에도 사용된다.</u>

21 "할론 명명법에 대한 수소원자의 수를 계산하는 방식"으로 옳은 것은?

① 수소 원자의 수 = (첫번째 숫자×2) + 2 – 나머지 숫자의 합

② 수소 원자의 수 = (두번째 숫자×2) + 1 – 나머지 숫자의 합

③ 수소 원자의 수 = (첫번째 숫자×1) + 2 – 나머지 숫자의 합

④ 수소 원자의 수 = (두번째 숫자×2) + 2 – 나머지 숫자의 합

■ **명명법*** 13년 소방장

① 할론 명명법 : 물질의 순수한 화학명칭 대신 숫자를 붙여 명명하는 것은 1950년 미육군 기술연구소에서 소방기술연구에 종사하던 James Malcolm 박사가 제안한 명명법에서 시작 된다.

　㉠ 제일 앞에 Halon이란 명칭을 쓴다.

　㉡ 그 뒤에 구성 원소들의 개수를 C, F, Cl, Br, I의 순서대로 쓰되 해당 원소가 없는 경우는 0으로 표시한다.

　㉢ 맨 끝의 숫자가 0으로 끝나면 0을 생략한다(즉, I의 경우는 없어도 0을 표시하지 않는다).

② 이와 같은 명명법으로는 할로겐 원소로 치환되지 않은 수소 원자의 개수가 나타나지 않는다는 단점이 있다. Halon 번호를 보고 남아 있는 수소 원자의 개수를 계산하는 것은 포화탄화수소가 가지고 있는 수소의 수[(탄소수×2)+2]에서 치환된 할로겐족 원소의 합인 나머지 숫자를 빼면 된다.

> 수소 원자의 수＝(첫 번째 숫자×2)+2-나머지 숫자의 합

※ Halon 1001(CH_3Br)의 경우에 치환되지 않은 수소 원자의 수는(1×2)+2-1=3이다.

22 "할로겐화합물 소화약제"에 대한 설명으로 옳지 않은 것은?

① 연쇄반응을 차단시켜 화재를 소화한다.

② 각종 Halon은 상온, 상압에서 기체 또는 액체 상태로 존재하나 저장하는 경우는 액화시켜 저장한다.

③ 전역 방출과 같은 밀폐 상태에서는 일반화재(A급 화재)에도 사용할 수 있다.

④ 가장 큰 소화 효과는 질식 효과이며 약간의 냉각 효과도 있다.

■ **할로겐화합물 소화약제*** 16년 소방교
① 할로겐화합물 소화약제는 지방족 탄화수소인 메탄, 에탄 등에서 분자 내의 수소 일부 또는 전부가 할로겐족 원소(F, Cl, Br, I)로 치환된 화합물을 말하며 일명으로 Halon(Halogenated Hydrocarbon의 준말)이라고 부르고 있다.
② 이 소화약제는 다른 소화약제와는 달리 연소의 4요소 중의 하나인 연쇄반응을 차단시켜 화재를 소화한다. 이러한 소화를 부촉매소화 또는 억제소화라 하며 이는 화학적 소화에 해당된다.
③ 각종 Halon은 상온, 상압에서 기체 또는 액체 상태로 존재하나 저장하는 경우는 액화시켜 저장한다. 일반적으로 유류화재(B급 화재), 전기화재(C급 화재)에 적합하나 전역 방출과 같은 밀폐 상태에서는 일반화재(A급 화재)에도 사용할 수 있다.

23 "할로겐 소화약제"가 제한되는 곳은?

① 변압기, oil switch 등과 같은 전기 위험물

② 컴퓨터실, 통신기기실, control room 등

③ 도서관, 자료실, 박물관 등

④ 셀룰로오스 질산염 등과 같은 자기 반응성 물질 또는 이들의 혼합물

■ **사용 가능한 소화 대상물은 다음과 같다.**
① 기상, 액상의 인화성 물질
② 변압기, oil switch 등과 같은 전기 위험물
③ 가솔린 또는 다른 인화성 연료를 사용하는 기계
④ 종이, 목재, 섬유 같은 일반적인 가연물질
⑤ 위험성 고체
⑥ 컴퓨터실, 통신기기실, control room 등
⑦ 도서관, 자료실, 박물관 등

■ **사용이 제한되는 소화 대상물**
① 셀룰로오스 질산염 등과 같은 자기 반응성 물질 또는 이들의 혼합물
② Na, K, Mg, Ti(티타늄), Zr(지르코늄), U(우라늄), Pu(플루토늄) 같은 반응성이 큰 금속
③ 금속의 수소 화합물(LiH, NaH, CaH$_2$, LiAH$_4$ 등)
④ 유기과산화물, 히드라진(N$_2$H$_4$)과 같이 스스로 발열 분해하는 화학제품

정답 22. ④ 23. ④

24 할론 2세대 대체물질 중 다음 보기 내용을 읽고 옳은 것을 고르시오?

> 이 약제는 사람이 없는 지역에서 SNAP program에 등재되었고 휴대용으로는 심사가 진행 중이며 앞으로 폭발방지용 약제로도 유력한 대체물질이다. 이 소화약제의 단점은 가격이 비싼 요오드를 함유하고 있는 점이다.

① 펜타플루오르에탄
② 하이드로클로로 플루오르카본 혼합제
③ 트리플루오로이오다이드
④ 불연성·불활성기체혼합가스

■ FIC-13I1(트리플루오로이오다이드)* 14년 소방장

② CF3I의 장점은 이 소화약제가 <u>물리적 소화성능 뿐만 아니라 화학적 소화성능을 지니고 있는 점이다.</u> 따라서 이 소화약제의 소화농도는 3.1%로 매우 우수하다. 다만 이 물질의 NOAEL이 0.2%, LOAEL이 0.4%로 나타나 사람이 존재하는 곳에서는 사용이 곤란하다.

③ 이 약제는 <u>사람이 없는 지역에서 SNAP program에 등재되었고 휴대용으로는 심사가 진행 중이며 앞으로 폭발방지용 약제로도 유력한 대체물질이다.</u> 이 소화약제의 <u>단점은 가격이 비싼 요오드를 함유하고 있는 점이다.</u>

25 "이산화탄소 대체물질"로 매우 유망한 것은?

① HFC-23
② HFC-236fa
③ IG-541
④ HFC-227ea

| HFC-23 (트리플루오르메탄) | ① FC에 수소가 첨가된 HFC계의 대체물질로 대기 중 수명이 FC에 비해 줄어들어 GWP도 작도록 개발된 물질이다. HFC계 물질은 브롬과 염소도 함유하지 않아 ODP가 0이며 독성도 낮다. 다만 이 물질의 <u>단점은 브롬이 함유되지 않아 화학적 소화성능은 없고 물리적 소화성능만 발휘하기 때문에 소화성능이 기존의 할론에 미치지 못하는 점이다.</u> |

② HFC-23은 미국의 Du Pont사가 FE-130이라는 상품명으로 개발한 전역방출방식용의 할론대체 소화약제이다. 이 물질은 처음에 화학중간원료, 냉매 등으로 사용되어 왔다. LC50은 65vol% 이상이고 NOAEL도 50vol%이어서 독성이 낮다. 반면에 불꽃소화농도는 12.0~12.7vol%로 할론1301소화성능의 1/4 정도이다.

③ HFC-23은 증기압이 높고 밀도가 낮기 때문에 기존 할론1301 시스템을 사용할 수 없고, 다만 HFC-23의 증기압이 이산화탄소와 비슷하고 밀도는 더 커서 <u>이산화탄소의 대체물질로는 매우 유망하다.</u>

④ 따라서 이산화탄소에 비해 낮은 소화농도, 낮은 독성 및 기존의 장치를 이용할 수 있다는 점이 매우 매력적인 장점이다. HFC-23은 임계온도가 25.9℃로 낮기 때문에 사용할 때 주의가 필요하다.

26 "할로겐화합물 구조"에 대한 설명으로 옳지 않은 것은?

① 불소가 함유되어 있는 Halon은 불연성이며 대기 중에서도 잘 분해되지 않는 안정된 물질이다.

② 불소는 가장 전기 음성도가 적은 물질이다.

③ 메탄은 가볍고, 인화성이 강한 기체이지만 사불화탄소(CF_4)는 기체이면서 화학적으로 불활성이고 인화성이 없으며 독성도 아주 낮은 물질이다.

④ Halon의 중요한 특징 중의 하나는 독성이 적다는 것이다.

■ 할로겐화합물 소화약제 구조
① Halon은 지방족 탄화수소인 메탄(CH_4)이나 에탄(C_2H_6) 등의 수소 원자 일부 또는 전부가 할로겐 원소(F, Cl, Br, I)로 치환된 화합물로 이들의 물리·화학적 성질은 메탄이나 에탄과는 판이하게 다르다.

✪ 메탄은 가볍고, 인화성이 강한 기체이지만 사불화탄소(CF_4)는 기체이면서 화학적으로 불활성이고 인화성이 없으며 독성도 아주 낮은 물질이다. 또한 사염화탄소(CCl_4)는 증발성 액체로 인화성이 없어 그의 독성에도 불구하고 오랫동안 소화약제로 사용되어 왔다.

② 불소는 주기율표상 오른쪽 상단에 위치하며 가장 전기 음성도가 큰 물질이다. 따라서 이 물질이 다른 물질과 결합할 경우 결합에 관여한 전자를 강하게 잡아당기기 때문에 결합 길이도 짧고 결합력도 강해진다.
③ 전기 음성도가 크다는 것은 다른 원소를 산화시키는 힘이 크다는 것을 의미한다. 따라서 불소는 모든 원소 중에서 산화력이 가장 크다.

✪ 불소가 함유되어 있는 Halon은 연료로 사용되는 메탄과는 정반대로 중심 탄소가 산화되어 있는 상태이기 때문에 불연성이며 대기 중에서도 잘 분해되지 않는 안정된 물질이다.

④ Halon의 중요한 특징 중의 하나는 독성이 적다는 것인데 이는 탄소-불소 사이의 결합력이 강해 다른 물질과의 상호 작용이 적어지기 때문이다.
⑤ 그러나 염소나 브롬이 이 분자 내에 들어오면 탄소-염소, 탄소-브롬 사이의 결합력은 그다지 크지 않지만 불소의 강한 힘이 염소와 브롬을 끌어당겨 이분자의 독성을 작게 한다.

✪ 이산화탄소, 할론 1211이나 할론 2402(할론 1301 제외)는 독성 때문에 실내 지하층, 무창층 또는 밀폐된 거실로서 바닥면적이 20㎡ 미만의 장소에는 사용 할 수 없게끔 화재안전기준에 규정되어 있다. 그리고 할론 1301이 독성이 적다하더라도 화재의 불꽃과 반응하게 되면 여러 가지 독성가스를 방출한다.
일반적으로 할로겐화합물 중에 불소는 불활성과 안전성을 높여 주고 브롬은 소화 효과를 높여 준다. 또한, Halon은 분자 내의 결합력은 강한 반면, 분자간의 결합력은 약하기 때문에 쉽게 기화되어 소화 후 잔사가 남지 않는 장점도 지니고 있다.

27 다음 중 청정소화약제로서 "제 2세대 대체물질"은?

① HBFC-22bl
② FC-3-1-10
③ HCFC-124
④ HCFC-123

■ 하론 대체물질
① 제1세대 대체물질은 기존 할론보다 오존파괴능력이 작지만 약간은 파괴능력이 있는 물질이거나 소화성능이 떨어지는 물질들로 HBFC-22bl, FC-3-1-10, HCFC-123, HCFC-124, HFC-23, HFC-227ea, HFC-236fa 등이 이에 해당된다.
② 제2세대 대체물질은 현재 FIC-13I1 등이 개발된 상태다.

🔖 정답 | **26.** ② **27.** ③

28 할론 대체물질 특성에서 다음 내용과 관계 없는 것은?

> • 이 소화약제의 HCFC물질은 오존층보호를 위한 몬트리올의정서에서 경과물질로 규정되어 있어 2030년에는 생산이 금지된다.
> • 소화성능을 발휘할 수 있는 약제의 농도에서도 사람의 호흡에 문제가 없으므로 사람이 있는 곳에서도 사용할 수 있다는 점이다.
> • 기존의 전역방출방식 시설을 약간 보완만 하면 그대로 사용할 수 있는 장점이 있다. 다만 설계농도를 약 12vol%로 유지해야 하므로 더 큰 저장용기가 필요하다.

① HCFC-124   ② HCFC BLEND A

③ IG-541   ④ HFC-125

구분	내용
FC-3-1-10 (플루오르부탄)	① 거실에서도 사용할 수 있는 장점이 있다. ② UL에서는 소화약제 및 소방설비의 Pre-engineered System에 대한 인정을 받은 상태이다.
HCFC BLEND A (하이드로클로로 플루오르 카본 혼합제)	① 사람이 있는 거실에서 사용이 가능하다. ② 이 소화약제의 HCFC물질은 오존층보호를 위한 몬트리올의정서에서 경과물질로 규정되어 있어 2030년에는 생산이 금지된다.
HCFC-124 (클로로테트라 플루오르에탄)	① 전역방출방식 및 휴대용 소화약제의 후보물질이다. ② 할론1301과 비교할 때 무게비로 1.6배 부피비로 2.3배를 투입하여야 효과적으로 소화할 수 있다.
HFC-125 (펜타플루오르에탄)	① 전역방출방식용의 할론 대체 소화약제이다. HFC-125는 할론1301과 아주 유사한 물성을 지니고 있다. ② 거실에서는 사용할 수 없다. ③ 기존의 전역방출방식 시설을 약간 보완만 하면 그대로 사용할 수 있는 장점이 있다. 다만 설계농도를 약 12vol%로 유지해야 하므로 더 큰 저장용기가 필요하다.
IG-541 (불연성·불활성기체 혼합가스)	① 할론이나 분말소화제와 같이 화학적 소화특성을 지니고 있는 것은 아니고 주로 밀폐된 공간에서 산소농도를 낮추는 것에 의해 소화한다. ② 이 소화제의 장점은 소화성능을 발휘할 수 있는 약제의 농도에서도 사람의 호흡에 문제가 없으므로 사람이 있는 곳에서도 사용할 수 있다는 점이다.
IG-01·IG-55·IG-100 (불연성·불활성기체 혼합가스)	불연성·불활성기체 혼합가스 소화약제로서 대기 잔존지수와 GWP가 0이며 ODP도 0이다. 소화약제는 할론이나 분말소화제와 같이 화학적 소화특성을 지니고 있는 것은 아니고 주로 밀폐된 공간에서 산소농도를 낮추는 것에 의해 소화한다.

정답   28. ①

29 "제2세대 할론 대체물질"을 이용한 소화약제 중 다음 내용과 관계 깊은 것은?

> 소화능력, ODP, GWP, 독성 등을 종합적으로 판단할 때 현재 개발된 HFC계 소화약제 중에서는 가장 우수한 것으로 판단되지만 가격이 약간 높은 것이 단점이다.

① HCFC-124(클로로테트라 플루오르에탄)

② HFC-125(펜타플루오르에탄)

③ HFC-227ea(헵타플루오르프로판)

④ HFC-23(트리플루오르메탄)

■ **HFC-227ea(헵타플루오르프로판)**

① 미국의 Great Lakes Chemical사가 FM-200이라는 상품명으로 개발한 소화약제로 ODP가 0이며 끓는점이 -16.4℃로 전역방출방식에 적합하다. 이 소화약제의 불꽃 소화농도는 5.8 ~ 6.6vol%로 비교적 소화성능이 우수한 편이다. 독성은 NOAEL이 9.0vol%, LC50이 80vol%이상으로 낮아 사람이 있는 곳의 전역방출방식으로 사용이 가능하다.

② 현재 SNAP program, NFPA 2001, UL 및 FMRC의 Engineered System 및 Pre-ngi neered System에서 전역방출방식으로 인증을 취득하였고 휴대용 소화기로는 SNAP program에서 심사 중이다.

③ 소화능력, ODP, GWP, 독성 등을 종합적으로 판단할 때 현재 개발된 HFC계 소화약제 중에서는 가장 우수한 것으로 판단되지만 가격이 약간 높은 것이 단점이다.

30 제3종 분말소화약제와 관계없는 것은?

① 담홍색   ② 탄산수소칼륨

③ ABC급   ④ 황색

■ 「분말소화약제의 종류 및 특징」

종별	주성분	분자식	색상	적응화재
제1종 분말	탄산수소나트륨 (Sodium bicarbonate)	$NaHCO_3$	–	B급, C급
제2종 분말	탄산수소칼륨 (Potassium bicarbonate)	$KHCO_3$	담회색	B급, C급
제3종 분말	제1인산암모늄 (Monoammonium phosphate)	$NH_4H_2PO_4$	담홍색 (또는 황색)	A급, B급, C급
제4종 분말	탄산수소칼륨과 요소와의 반응물 (Urea-based potassium bicarbonate)	$KC_2N_2H_3O_3$	–	B급, C급

🔑 **정답**   **29.** ③   **30.** ②

31 "분말소화약제"에 대한 설명으로 옳지 않은 것은?

① 분말이 미세하면 미세할수록 이 능력은 커진다.

② 습기와 반응하여 고화되기 때문에 이를 방지하기 위하여 금속의 스테아린산염이나 실리콘 수지 등으로 방습 가공을 해야 한다.

③ 탄산수소나트륨, 탄산수소칼륨, 제1인산암모늄 등의 물질을 미세한 분말로 만들어 유동성을 높인 후 이를 가스압으로 분출 시켜 소화하는 약제이다

④ 가연성 액체의 심부화재, 불꽃화재에 매우 효과적이다.

■ **분말소화약제**★★ 13년, 22년 소방장
① 고체의 미세한 분말은 정도의 차이는 있으나 소화능력을 가지고 있으며, <u>분말이 미세하면 미세할수록 이 능력은 커진다.</u> 이러한 특성을 이용한 것이 분말소화약제이다.
② 분말소화약제는 탄산수소나트륨, 탄산수소칼륨, 제1인산암모늄 등의 물질을 미세한 분말로 만들어 유동성을 높인 후 이를 가스압(주로 N_2 또는 CO_2의 압력)으로 분출 시켜 소화하는 약제이다.
③ 사용되는 분말의 입도는 10~70㎛ 범위이며 <u>최적의 소화효과를 나타내는 입도는 20~25㎛</u>이다.
④ 분말소화약제는 습기와 반응하여 고화되기 때문에 이를 방지하기 위하여 금속의 스테아린산염이나 실리콘 수지 등(현재는 대부분 실리콘 수지를 사용한다.)으로 방습 가공을 해야 한다.
⑤ 분말소화 설비는 가압 가스의 충전 상태에 따라 축압식과 가압식으로 구분된다. 축압식은 약제 저장 탱크에 분말소화약제를 충전한 후 가압용 가스를 함께 충전한 방식이고 가압식은 약제 저장 탱크와는 별도로 가압용 가스용기를 설치하여 이를 약제 저장 탱크에 주입시켜 약제를 외부로 방출시키는 방식이다.

■ **분말소화약제 주된 소화효과**★ 22년 소방장
① 분말 운무에 의한 방사열의 차단 효과
② 부촉매 효과, 발생한 불연성 가스에 의한 질식 효과
③ 가연성 액체의 표면 화재에 매우 효과적
④ 분말이 비전도체이기 때문에 전기화재에도 효과
⑤ 일반적으로 유류화재와 전기화재에 효과적이나 제3종 분말소화약제의 경우는 유류화재, 전기화재는 물론 일반화재에도 효과

32 다음 내용과 관계 깊은 것은?

> 포와 함께 사용할 수 있는 분말소화약제로서 소포성이 거의 없고, 주로비행장에서 사용되고 있다.

① 제1종 분말소화약제   ② 제2종 분말소화약제

③ 제3종 분말소화약제   ④ CDC

■ **CDC(Compatible Dry Chemical)**
① 포와 함께 사용할 수 있는 분말소화약제를 의미한다.
② 분말소화약제는 빠른 소화 능력을 갖고 있으나 유류화재 등에 사용되는 경우는 소화 후 재 착화의 위험성이 있다.
③ 분말소화약제 중에서는 ABC 분말소화약제가 가장 소포성이 적기 때문에 이것을 개량해서 <u>소포성이 거의 없는 CDC를 개발, 주로 비행장에서 사용되고 있다.</u>

정답 | **31.** ④   **32.** ④

33 "금속화재용 분말소화약제"에 대한 설명으로 옳지 않은 것은?

① 금속화재는 가연성 금속인 알루미늄(Al), 마그네슘(Mg)등이 연소하는 것을 말한다.

② 가열에 의해 유기물이 용융되어 주성분을 유리상으로 만들어 금속 표면을 피복하여 산소의 공급을 차단한다.

③ 비중이 무거운 금속은 녹는점이 1000℃를 넘고 연소하기 어렵지만 연소하면 불꽃을 내면서 비산한다.

④ 요철이 있는 금속 표면을 피복할 수는 없으나 냉각효과는 있어야 한다.

> **■ 금속화재용 분말소화약제**
> ① 일반적으로 금속화재는 가연성 금속인 알루미늄(Al), 마그네슘(Mg), 나트륨(Na), 칼륨(K), 나트륨/칼륨 합금, 리튬(Li), 지르코늄(Zr), 티타늄(Ti), 우라늄(U) 등이 연소하는 것을 말한다.
> ② 이러한 금속은 비중에 따라서 두 가지로 분류되며 연소 성상은 다음과 같다.
>
> | 비중이 가벼운 경금속 | 녹는점이 낮고 연소하면서 녹아 액상이 되고 증발하여 불꽃을 내면서 연소한다. |
> |---|---|
> | 비중이 무거운 금속 | 녹는점이 1000℃를 넘고 연소하기 어렵지만 연소하면 불꽃을 내면서 비산한다. |
>
> ③ 금속화재는 연소 온도가 매우 높기 때문에 소화하기 어렵고 물은 급격한 반응을 일으키거나 수증기 폭발을 일으킬 위험이 있기 때문에 사용을 금해야 한다.
>   **❂ 금속소화약제 성질**
>   • 고온에 견딜 수 있을 것
>   • 냉각 효과가 있을 것
>   • 요철 있는 금속 표면을 피복할 수 있을 것
>   • 금속이 용융된 경우(Na, K 등)에는 용융 액면상에 뜰 것 등
> ④ 위와 같은 성질을 갖춘 물질로는 흑연, 탄산나트륨, 염화나트륨, 활석(talc) 등이 있다.
> ⑤ 가열에 의해 유기물이 용융되어 주성분을 유리상으로 만들어 금속 표면을 피복하여 산소의 공급을 차단한다.

34 "금속화재용 분말소화약제"에 대한 설명으로써 아래 내용과 관계있는 것은?

> ⓐ Mg, Na, K와 Na-K 합금의 화재에 효과적이다.
> ⓑ 고온의 수직 표면에 오랫동안 붙어 있을 수 있기 때문에 고체 금속 조각화재에 특히 유효하다.

① Na-X   ② G-1

③ Met-L-X   ④ Lith-X

> **■ 금속화재용 분말소화약제 종류*** 24년 소방위
>
> | G-1 | ① 흑연화된 주조용 코크스를 주성분으로 하고 여기에 유기 인산염을 첨가한 약제이다.
② 흑연은 열의 전도체이기 때문에 열을 흡수하여 금속의 온도를 점화 온도 이하로 낮추어 소화한다. 또한 흑연 분말은 질식 효과도 있다.
③ Mg, K, Na, Ti, Li, Ca, Zr, Hf, U, Pt 등과 같은 금속화재에 효과적이다. |
> |---|---|

 정답 | **33.** ④   **34.** ③

Met-L-X	① 염화나트륨(NaCl)을 주성분으로 하고 분말의 유동성을 높이기 위해 제3인산 칼슘(trical cium phosphate, $Ca_3(PO_4)_2$)과 가열되었을 때 염화나트륨 입자들을 결합하기 위하여 열가소성 고분자 물질을 첨가한 약제이다. ② Mg, Na, K와 Na-K 합금의 화재에 효과적이다. ③ 고온의 수직 표면에 오랫동안 붙어 있을 수 있기 때문에 고체 금속 조각의 화재에 특히 유효하다.
Na-X	① Na 화재를 위해서 특별히 개발된 것이다. ② 탄산나트륨을 주성분으로 하고 여기에 비흡습성과 유동성을 향상시킬 수 있는 첨가제를 첨가한 약제이다.
Lith-X	① Li 화재를 위해서 특별히 만들어진 것이다. ② 그러나 Mg이나 Zr 조각의 화재 또는 Na과 Na-K 화재에도 사용된다. ③ 흑연을 주성분으로 하고 유동성을 높이기 위해 첨가제를 첨가하였다.

35 "제3종 분말소화약제"에서만 나타나는 소화 효과는?

① 탈수, 탄화효과 ② 화학적 소화효과
③ 질식 효과 ④ 방신 효과

질식 효과	분말소화약제가 열에 의해 분해될 때 발생되는 CO_2, 수증기 등의 불연성 기체에 의해 공기 중의 산소 농도가 저하되어 나타나는 현상이다.
냉각 효과	열분해 시 나타나는 흡열 반응에 의한 냉각 효과와 고체 분말에 의한 화염 온도 저하(고농도인 경우)
방사열의 차 단효과	방출되면 화염과 가연물 사이에 분말의 운무를 형성하여 화염으로부터의 방사열을 차단하며, 유류화재의 소화 시에 큰 효과를 나타내는 것으로 알려져 있다.
화학적 소화 효과	① 가연물의 연소 시 발생되는 H*나 OH*등의 활성기(free radical)에 의한 연쇄 반응(chain reaction)을 차단하는 것이다. ② 강력한 흡열 반응을 일으키기 때문에 불꽃의 온도를 낮추거나 연소계로부터 에너지를 제거하여 연쇄 반응에 영향을 미친다.
방신 효과	① 제3종 분말소화약제에서만 나타나는 소화 효과로 제1인산암모늄이 열분해 될 때 생성되는 용융 유리상의 메타인산(HPO_3)이 가연물의 표면에 불침투의 층을 만들어서 산소와의 접촉을 차단하는 것이다. ② 이러한 소화 효과를 나타내는 경우는 A급 화재에도 사용이 가능하다.
탈수·탄화 효과	① 일반 가연물의 연소는 열분해 시 생성되는 가연성 기체에 의해 일어나는데 제 1인산암모늄은 이와 같은 기체의 발생을 억제하기 때문에 연소가 중지된다. ② 제1인산암모늄은 190℃ 부근에서 암모니아(NH_3)와 오쏘-인산(H_3PO_4)으로 열분해 된다. ③ 이때 생성된 오쏘-인산은 목재, 섬유, 종이 등을 구성하고 있는 섬유소를 탈수· 탄화시켜 난연성의 탄소와 물로 분해시키기 때문에 연소 반응이 중단된다.

* 22년 소방장

정답 35. ④

36 분말소화약제 특성으로 다음 내용과 관계 없는 것은?

> ⓐ 분말의 유동성을 높여주기 위하여 탄산마그네슘($MgCO_3$), 인산삼칼슘($Ca_3(PO_4)_2$) 등의 분산제를 첨가한 약제이다.
>
> ⓑ 분말 소화약제는 불꽃 연소에는 대단한 소화력을 발휘하지만 작열 연소의 소화에는 그다지 큰 소화력을 발휘하지 못하는 단점이 있다.
>
> ⓒ 소화력은 분말 소화약제 중 가장 우수하다. 특히 B급, C급 화재에는 소화 효과가 우수하나 A급 화재에는 별 효과가 없다.

① 제1종 분말소화약제   ② 제2종 분말소화약제

③ 제3종 분말소화약제   ④ 제4종 분말소화약제

제1종 분말*
17년, 22년
소방장
	① 탄산수소나트륨($NaHCO_3$)을 주성분으로 하고 이들이 습기에 의해 고화되는 현상을 막기 위해 금속의 스테아린산염이나 실리콘 수지로 표면 처리(방습처리)하고
	② 분말의 유동성을 높여주기 위하여 탄산마그네슘($MgCO_3$), 인산삼칼슘($Ca_3(PO_4)_2$) 등의 분산제를 첨가한 약제로 백색으로 착색되어 있다.
	③ 초기소화 효과
	  ㉠ 탄산수소나트륨이 열분해 될 때 발생하는 이산화탄소와 수증기에 의한 질식 효과
	  ㉡ 열 분해시의 흡열 반응에 의한 냉각 효과
	  ㉢ 분말 운무에 의한 열방사의 차단 효과
	  ㉣ 연소 시 생성된 활성기가 분말의 표면에 흡착되거나, 탄산수소나트륨의 Na^+이온에 의해 안정화되어 연쇄 반응이 차단되는 효과가 큰 영향을 미치는 것으로 이해되고 있다.
	  ㉤ 탄산수소나트륨은 약 60℃ 부근에서 분해시작 270℃와 850℃ 이상에서 열분해
	※ 요리용 기름이나 지방질 기름의 화재 시에 비누화 반응. 이때 생성된 비누상 물질은 가연성 액체의 표면을 덮어서 질식소화 효과와 재발화 억제 효과를 나타낸다.
	※ 유류화재 및 전기화재에는 유효하나 일반화재에는 일반적으로 잘 사용되지 않는다(일반 가연물의 표면 화재에는 일시적인 소화 효과가 있음).

제2종 분말* 14년, 22년 소방장	① 탄산수소칼륨($KHCO_3$)으로 바뀐 것 이외에는 제1종 분말소화약제와 거의 동일하다. 제1종에 비하여 소화 효과는 우수한 편이며 약제는 담회색으로 착색되어 있다. ② 소화 효과는 제1종 분말소화약제와 거의 비슷하나 소화 능력은 제1종 분말소화약제보다 우수하다(소화에 필요한 약제량으로 계산할 때 약 2배 정도 우수). ③ 요리용 기름이나 지방질 기름과 비누화 반응을 일으키지 않기 때문에 이 경우에는 제1종 분말소화약제보다 소화력이 떨어진다. ④ 소화 능력이 우수한 이유는 칼륨(K)이 나트륨(Na)보다 반응성이 더 크기 때문이다. ⑤ 칼륨 이온(K^+)이 나트륨 이온(Na^+)보다 화학적 소화 효과(부촉매 효과)가 크다. ⑥ 알칼리 금속에서 화학적 소화 효과는 원자 번호에 의해 $Cs > Rb > K > Na > Li$의 순서대로 커진다. ⑦ 탄산수소나트륨 계열의 것은 불꽃과 만나면 황색의 빛을 내는 반면, 탄산수소칼륨 계열의 것은 자주색의 빛을 내기 때문에 일명 purple K(미국 Ansul사의 상품명)라고도 부른다. ⑧ 유류화재 및 전기화재에는 유효하나 일반화재에는 일반적으로 잘 사용되지 않는다. 소화 효과는 제1종 분말소화약제와 거의 비슷하다.

정답 36. ②

제3종 분말* 22년 소방장	① 분말소화약제는 불꽃 연소에는 대단한 소화력을 발휘하지만 작열 연소의 소화에는 그다지 큰 소화력을 발휘하지 못하는 단점이 있다. ② 주성분은 알칼리성의 제1인산암모늄($NH_4H_2PO_4$)이며, 담홍색으로 착색되어 있다. ③ 소화효과는 냉각, 질식, 방진, 부촉매, 열차단, 탈수 탄화작용 ④ 제1인산암모늄은 열에 불안정하며 150℃ 정도에서 열분해가 시작된다. ⑤ A급, B급, C급 화재 사용, 현재 생산되는 분말 소화약제의 대부분이 제3종임. ⑥ 요리용 기름, 지방질 기름과는 비누화 반응을 일으키지 않기 때문에 사용안함. ⑦ 우리나라에서는 차고나 주차장에 설치토록 규정하고 있음.
제4종 분말* 14년, 22년 소방장	① 제2종 분말을 개량한 것으로 탄산수소칼륨($KHCO_3$)과 요소($CO(NH_2)_2$)와의 반응물($KC_2N_2H_3O_3$)을 주성분으로 하며, 약제는 회색으로 착색되어 있다. ② 소화력은 분말소화약제 중 가장 우수하다. 특히 B급, C급 화재에는 소화 효과가 우수하나 A급 화재에는 별 효과가 없다. ③ 유기산, 무기산에 의해 방습 가공 된 것으로 현재는 거의 사용하지 않고 있다.

37 "분말소화설비의 적응대상물"에 해당되지 않은 것은?

① 인화성 액체를 취급하는 장소
② 인화성 액체 또는 가스 등의 분출로 인한 화재 발생의 위험이 있는 장소
③ 소화약제가 도달될 수 없는 일반 가연물의 심부 화재
④ 종이, 직물류 등의 일반 가연물로 표면 연소가 일어나는 경우

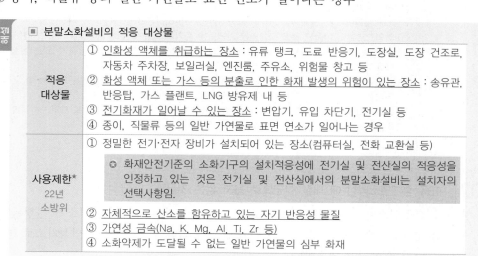

■ 분말소화설비의 적응 대상물

적응 대상물	① 인화성 액체를 취급하는 장소 : 유류 탱크, 도료 반응기, 도장실, 도장 건조로, 자동차 주차장, 보일러실, 엔진룸, 주유소, 위험물 창고 등 ② 화성 액체 또는 가스 등의 분출로 인한 화재 발생의 위험이 있는 장소 : 송유관, 반응탑, 가스 플랜트, LNG 방유제 내 등 ③ 전기화재가 일어날 수 있는 장소 : 변압기, 유입 차단기, 전기실 등 ④ 종이, 직물류 등의 일반 가연물로 표면 연소가 일어나는 경우
사용제한* 22년 소방위	① 정밀한 전기·전자 장비가 설치되어 있는 장소(컴퓨터실, 전화 교환실 등) ❖ 화재안전기준의 소화기구의 설치적응성에 전기실 및 전산실의 적응성을 인정하고 있는 것은 전기실 및 전산실에서의 분말소화설비는 설치자의 선택사항임. ② 자체적으로 산소를 함유하고 있는 자기 반응성 물질 ③ 가연성 금속(Na, K, Mg, Al, Ti, Zr 등) ④ 소화약제가 도달될 수 없는 일반 가연물의 심부 화재

정답 37. ③

연소폭발 ※ 소방교 승진시험 제외

01 "연소의 정의"에 대한 설명으로 옳지 않은 것은?

① 최소점화에너지로는 충격·마찰·자연발화·전기불꽃·정전기·고온표면·단열압축·자외선·충격
파·낙뢰·나화·화학열 등에 의해 공급되고 있다.

② 화염으로부터 방출된 열을 공급받은 가연물은 증기화 또는 열분해 됨에 따라 연소반응은
계속된다.

③ 연소란 「가연성 물질과 산소와의 혼합계에 있어서의 산화반응에 따른 발열량이 그 계로
부터 방출되는 열량을 능가함으로써 그 계의 온도가 상승하여 그 결과로써 발생되는 열
방사선의 파장의 강도가 빛으로서 육안에 감지하게 된 것이며 화염수반이 보통이다.」라
말한다.

④ 산화제란 산소를 발생시켜 자신의 물질의 연소를 발생시키거나 또는 증가시킬 수 있는
물질을 말하며 염소와 과산화수소가 해당된다.

> **참고**
>
> ▣ **연소의 정의**★★ 12년 소방위/ 14년 소방교
>
> 연소란 「가연성 물질과 산소와의 혼합계에 있어서의 산화반응에 따른 발열량이 그 계로부터 방출되는
> 열량을 능가함으로써 그 계의 온도가 상승하여 그 결과로써 발생되는 열 방사선의 파장의 강도가 빛
> 으로서 육안에 감지하게 된 것이며 화염수반이 보통이다.」라 말한다.
>
> ① 화염으로부터 방출된 열을 공급받은 가연물은 증기화 또는 열분해 됨에 따라 연소반응은 계속된다.
> ② 산화제란 산소를 발생시켜 다른 물질의 연소를 발생시키거나 또는 증가시킬 수 있는 물질을 말하며
> 대표적으로 염소와 과산화수소가 해당된다.
> ③ 화학반응을 일으키기 위한 최소의 에너지를 활성화 에너지라 하며, 연소반응에서는 최소 점화(착화)
> 에너지 또는 점화에너지·점화원·발화원이라고 한다.
> ※ 최소점화에너지로는 충격·마찰·자연발화·전기불꽃·정전기·고온표면·단열압축·자외선·충격파·낙뢰·나화·
> 화학열 등에 의해 공급되고 있다.

02 다음 중 "연소양상"에 대한 설명으로 옳지 않은 것은?

① 불꽃연소란 고체상태 가연물 표면에 산소가 직접 공급되어 연소가 진행된다.

② 분해연소란 목재와 종이 등은 고체가 열에 의하여 분해되어 가연성가스로 변화하여 산
소가 혼합되어 연소한다.

③ 자기연소란 셀룰로이드와 같이 이미 산소를 포함하고 있는 물질은 공기중의 산소가 필요
하지 않은 물질이다.

④ 증발연소란 나프탈렌, 유황 등 열에 의해 고체에서 기체로 증발하여 연소한다.

정답 01. ④　02. ①

■ **연소의 양상*** 16년 소방교

불꽃연소	• 불꽃연소는 가연성 가스에 산소가 공급됨으로써 불꽃을 동반하는 연쇄반응을 말한다.
표면연소	• 고체상태의 가연물을 표면에 산소가 직접 공급되어 연소가 진행되고 불꽃을 동반하지 않는다.

① 불꽃연소의 대표적 사례는 고체가연물의 분해연소, 자기연소, 증발연소, 표면연소 및 액체가연물의 증발연소가 이에 해당된다.
   ⓐ 분해연소 : 목재와 종이 등은 고체가 열에 의하여 분해되어 가연성가스로 변화하여 산소가 혼합되어 연소한다.
   ⓑ 자기연소 : 셀룰로이드와 같이 이미 산소를 포함하고 있는 물질은 공기중의 산소가 필요하지 않은 물질이다.
   ⓒ 증발연소 : 나프탈렌, 유황 등은 열에 의해 고체에서 기체로 증발하여 연소한다.
② 액체가연물은 가연성 액체의 표면으로부터 증발하여 가연성가스가 발생하며 공기 중의 산소와 혼합되어 연소한다. 대표적으로 가솔린과 같은 석유류의 액면에서의 연소가 해당된다.
③ 표면연소만 일어나는 경우는 금속분, 목탄(숯), 코크스와 쉽게 산화될 수 있는 금속물질 즉 알루미늄, 마그네슘, 나트륨 등에서 일어난다.

03 다음 중 가연성가스농도(vol%)가 8.5로 가장 높은 것은?

① 에탄   ② 메탄
③ 벤젠   ④ 아세톤

■ 「가연성가스와 공기의 혼합가스 최소점화 에너지」

물 질	분자식	가연성가스농도(vol%)	최소점화에너지(mj)
메탄	CH_4	8.5	0.28
에탄	C_2H_6	6.5	0.25
프로판	C_3H_8	5.0 ~ 5.5	0.26
부탄	C_4H_{10}	4.7	0.25
헥산	C_6H_{14}	3.8	0.24
벤젠	C_6H_6	4.7	0.20
에틸에테르	$C_4H_{10}O$	5.1	0.19
아세톤	C_3H_6O	—	0.019
수소	H_2	28 ~ 30	0.019
이황화탄소	CS_2	—	0.019

04 다음 중 "표면연소만 일어나는 경우"로써 옳지 않은 것은?

① 목재   ② 금속분
③ 목탄   ④ 코크스

정답   **03.** ②   **04.** ①

표면연소만 일어나는 경우는 금속분, 목탄(炭), 코크스와 쉽게 산화될 수 있는 금속물질 즉 알루미늄, 마그네슘, 나트륨 등에서 일어난다.

05 "점화원의 종류"에 대한 설명으로 옳지 않은 것은?

① 나화란 화염이나 불꽃 또는 발열부를 외부에 노출한 상태로 사용하는 것을 말한다.
② 단열압축이란 외부로의 열의 이동이 없는 상태에서 압력을 가한 것을 말한다.
③ 정전기는 습도가 낮거나 압력이 높을 때 많이 발생하므로 상대습도를 70% 이하로 한다.
④ 자연발화란 인위적으로 가열하지 않아도 원면, 고무분말, 셀룰로이드, 석탄, 플라스틱 의 가소제, 금속가루등의 경우 일정한 장소에 장시간 저장하면 열이 발생하여 축적됨으로서 발화점에 도달하여 부분적으로 발화되는 현상을 말한다.

■ 점화원의 종류

전기불꽃	• 전기회로의 접점 및 자동제어기 릴레이 접점, 모터의 정류자와 브러시 사이에서 발생할 수 있으며, 고전압에 의한 방전 시에도 발생할 수 있다.
충격 및 마찰	• 두 물체의 충격·마찰로 생긴 불꽃은 가연성 가스에 착화를 일으킬 수 있다.
단열압축	• 단열압축이란 외부로의 열의 이동이 없는 상태에서 압력을 가한 것을 말한다. • 기체를 높은 압력으로 압축하면 온도가 상승하는데, 단열압축 상태로 인하여 각종 연료유나 윤활유가 고온에 노출되면 그 성분이 열분해하여 저온 발화물질을 생성하고 그 발화물질이 연소하면 폭발하게 된다.
나화 및 고온표면	• 나화란 화염이나 불꽃 또는 발열부를 외부에 노출한 상태로 사용하는 것을 말한다. 연소성 화학물질 및 가연물이 존재하고 있는 장소에서 나화의 사용은 대단히 위험하다. • 작업장의 화기, 가열로, 건조장치, 굴뚝, 전기·기계설비 등으로서 항상 화재의 위험성이 내재되어 있다.
정전기 불꽃 *08년 소방교	• 물체가 접촉하거나 결합한 후 떨어질 때 양(+)전하와 음(−)전하로 전하의 분리가 일어나 발생한 과잉 전하가 물체(물질)에 축적되는 현상을 말하는데, 이렇게 되는 경우 정전기의 전압은 가연물질에 착화가 가능하다. • 예를 들면 화학섬유로 만든 의복 및 절연성이 높은 옷 등을 입으면 대단히 높은 전위가 인체에 대전되어 접지 물체에 접촉하면 방전 불꽃이 발생한다. ※ 정전기를 방지하기 위한 예방대책** ① 정전기의 발생이 우려되는 장소에 접지시설을 한다. ② 실내의 공기를 이온화하여 정전기의 발생을 예방한다. ③ 습도가 낮거나 압력이 높을 때 많이 발생하므로 상대습도를 70% 이상으로 한다. ④ 전기의 저항이 큰 물질은 대전이 용이하므로 전도체 물질을 사용한다.

※ 자연발화에서 수분은 반응속도를 증가하는 촉매 작용을 한다.

정답 | 05. ③

06 "가연물질의 구비조건"으로 옳지 않은 것은?

① 활성화 에너지의 값이 적어야 한다.
② 산소와 결합할 때 발열량이 커야 한다.
③ 표면적이 적은 물질이어야 한다.
④ 열전도의 값이 적어야 한다.

	■ 가연물질의 구비조건★★ 14년, 16년, 21년 소방위
가연물질의 구비조건	① 화학반응을 일으킬 때 필요한 활성화 에너지의 값이 적어야 한다. ② 일반적으로 산화되기 쉬운 물질로서 산소와 결합할 때 발열량이 커야 한다. ③ 열의 축적이 용이하도록 열전도의 값이 적어야 한다. 　　(열전도율 : 기체〈액체〈고체 순서로 커지므로 연소순서는 반대이다) ④ 지연성(조연성) 가스인 산소·염소와의 친화력이 강해야 한다. ⑤ 산소와 접촉할 수 있는 표면적이 큰 물질이어야 한다.(기체〉액체〉고체) ⑥ 연쇄반응을 일으킬 수 있는 물질이어야 한다.

07 "가연물이 될 수 없는 조건"으로 옳지 않은 것은?

① 일산화탄소(CO)　　　　　　　② 물(H_2O)
③ 아르곤(Ar)　　　　　　　　　④ 산화규소(SiO_2)

가연물이 될 수 없는 조건* 15년 소방위	① 주기율표 0족의 불활성기체로서 산소와 결합하지 못한다. 　　: 헬륨(He), 네온(Ne), 아르곤(Ar), 크립톤(Kr), 크세논(Xe) 등 ② 이미 산소와 결합하여 더 이상 산소와 화학반응을 일으킬 수 없는 물질 　　: 물(H_2O), 이산화탄소(CO_2), 산화알루미늄(Al_2O_3), 산화규소(SiO_2) 등 　※ 일산화탄소(CO)는 산소와 반응하기 때문에 가연물이 될 수 있다. ③ 산소와 화합하여 산화물을 생성하나 발열반응을 하지 않고 흡열 반응하는 물질 　　: 질소 또는 질소 산화물 N_2, NO 등 ④ 자체가 연소하지 아니하는 물질 : 돌, 흙 등

08 "가연성가스의 불완전 연소 원인"으로 옳은 것은?

① 가스의 조성이 균일할 때　　　　② 공기 공급량이 충분할 때
③ 주위 온도가 너무 낮을 때　　　　④ 환기 또는 배기가 잘 될 때

■ 가연성 가스의 불완전 연소 원인
① 가스의 조성이 균일하지 못할 때
② 공기 공급량이 부족할 때
③ 주위의 온도가 너무 낮을 때
④ 환기 또는 배기가 잘 되지 않을 때 등이다.

정답　06. ③　07. ①　08. ③

09 다음 중 "인화점에 대한 정의"로 옳은 것은?

① 외부의 직접적인 점화원이 없이 스스로 가열된 열의 축적에 의하여 발화가 되고 연소가 되는 최저온도이다.

② 디에틸에테르의 경우는 −40℃ 이하에서 인화성 증기를 발생하여 연소 범위를 만들어 점화원에 의하여 인화한다.

③ 연소상태가 중단되지 않고 계속 유지될 수 있는 최저온도이다.

④ 가연성 증기 발생속도가 연소속도보다 빠를 때에만 이루어지는 것이다.

■ **인화점**★★ 12년 소방장, 22년 소방위

① 연소범위에서 외부의 직접적인 점화원에 의하여 인화될 수 있는 최저 온도 즉, 공기 중에서 가연물 가까이 점화원을 투여하였을 때 불이 붙는 최저의 온도이다.

② 인화성 혼합물이란 연소범위 내의 혼합물이며 점화시켰을 때 점화원으로부터 화면을 멀리 전파할 수 있는 것을 말하는 것이다.

※ 디에틸에테르의 경우는 −40℃ 이하에서 인화성 증기를 발생하여 연소 범위를 만들어 점화원에 의하여 인화한다.

③ 인화현상은 액체와 고체에서 볼 수 있다. 이 두 현상 간에는 차이점을 가지는데, 액체의 경우는 증발과정으로 고체의 경우는 열분해과정으로 이해할 수 있다.

10 다음 중 "정상연소"에 대한 설명으로 옳지 않은 것은?

① 폭발의 경우와 같이 연소가 격렬하게 일어난다.

② 가연물질의 연소 시 충분한 공기의 공급이 이루어진다.

③ 연소시의 기상조건이 양호하고 연소장치·기기 및 기구에서의 열효율도 높다.

④ 연소가 일어나는 곳의 열의 발생속도와 방산속도가 서로 균형을 이루고 있다.

■ 정상연소와 비정상연소의 차이

정상 연소	가연물질의 연소 시 충분한 공기의 공급이 이루어지고 연소시의 기상조건이 양호할 때에는 정상적인 연소가 이루어지므로 화재의 위험성이 적으며, 연소상의 문제점이 발생되지 않고 연소장치·기기 및 기구에서의 열효율도 높으며, 연소가 일어나는 곳의 열의 발생속도와 방산속도가 서로 균형을 이루고 있다. ❖ 정상연소의 예로는 도시가스나 프로판가스를 이용한 버너 또는 라이터에 의한 연소
비정상 연소	가연물질이 연소할 때 공기의 공급이 불충분하거나 기상조건이 좋지 않은 경우 정상적으로 연소가 이루어지지 않고 이상 연소현상이 발생되므로 화재의 위험성이 증가하며, 연소상의 문제점이 많이 발생함으로써 연료를 취급·사용하는 연소장치·기기 및 기구의 안전관리에 주의가 요구된다. 폭발의 경우와 같이 연소가 격렬하게 일어나며, 이는 열의 발생속도가 방산속도를 능가할 때이다.

🔲 **정답** 09. ② 10. ①

11 다음 ( ) 안에 들어갈 내용이 아닌 것은?

① 가연물질의 완전 연소 시에는 공기의 공급량이 충분하기 때문에 연소불꽃은 ( )으로 나타내고 이때 불꽃온도는 ( )℃ 이상이다.
② 산소의 공급이 부족하면 연소불꽃은 ( )색에 가까운 색상을 나타낸다.

① 1,500
② 950
③ 담암적색
④ 휘백색

① 가연물질의 완전 연소 시에는 공기의 공급량이 충분하기 때문에 <u>연소불꽃은 휘백색으로 나타내고 이때 불꽃온도는 1,500℃ 이상이다.</u>
② <u>산소의 공급이 부족하면 연소불꽃은 담암적색에 가까운 색상을</u> 나타낸다.

연소불꽃의 색	온도(℃)	연소불꽃의 색	온도(℃)
암 적 색	700	황 적 색	1,100
적 색	850	백 적 색	1,300
휘 적 색	950	휘 백 색	1,500 이상

12 "액체가연물질의 인화점"으로 옳은 것은?

① 아세톤 : −18도
② 디에틸에테르 : −20도
③ 시안화수소 : 11도
④ 메틸알콜 : 87.7도

■ 「액체가연물질의 인화점」

액체가연물질	인화점(℃)	액체가연물질	인화점(℃)
디에틸에테르	−40	클레오소트유	74
이황화탄소	−30	니트로벤젠	87.8
아세트알데히드	−40	글리세린	160
아세톤	−18	방청유	200
휘발유	−20~−43	메틸알콜	11
톨루엔	4.5	에틸알콜	13
등 유	30~60	시안화수소	−18
중 유	60~150	초산에틸	−4

정답 11. ② 12. ①

13 "발화점"에 대한 설명으로 옳지 않은 것은?

① 인화점은 발화점보다 보통 수백도 높은 온도이다.

② 산소와의 친화력이 큰 물질일수록 발화점이 낮다.

③ 고체가연물의 발화점은 가열공기의 유량, 가열속도, 가연물의 시료나 크기 모양에 따라 달라질 수 있다.

④ 외부의 직접적인 점화원 없이 스스로 발화되고 연소되는 최저 온도이다.

발화점* 12년, 15년 소방장 / 22년 소방위	① 외부의 직접적인 점화원이 없이도 스스로 가열된 열의 축적에 의하여 발화가 되고 연소가 되는 최저온도이다. ② 산소와의 친화력이 큰 물질일수록 발화점이 낮고 발화하기 쉬운 경향이 있으며 고체 가연물의 발화점은 가열공기의 유량, 가열속도, 가연물의 시료나 크기, 모양에 따라 달라질 수 있다. ③ 발화점은 보통 인화점보다 수백도 높은 온도이며 잔화정리를 할 때 계속 물을 뿌려 가열된 건축물을 냉각시키는 것은 발화점(착화점) 이상으로 가열된 건축물이 열로 인하여 다시 연소되는 것을 방지하기 위한 것이다.

14 "발화점이 낮아지는 이유"로 옳은 것은?

① 압력, 화학적 활성도가 작을수록   ② 발열량이 낮을수록

③ 금속의 열전도율과 습도가 높을수록   ④ 산소와 친화력이 클수록

발화점이 낮아지는 이유* 22년 소방위	발화점이 달라지는 요인
① 분자의 구조가 복잡할수록 ② 발열량이 높을수록 ③ 압력, 화학적 활성도가 클수록 ④ 산소와 친화력이 클수록 ⑤ 금속의 열전도율과 습도가 낮을수록	① 가연성가스와 공기의 조성비 ② 발화를 일으키는 공간의 형태와 크기 ③ 가열속도와 가열시간 ④ 발화원의 재질과 가열방식 등에 따라 달라진다.

15 "연소점"에 대한 설명으로 옳은 것은?

① 발화된 후 연소를 지속시킬 만큼 충분한 증기를 발생시킬 수 있는 최고온도이다.

② 가연성 증기 발생속도가 연소반응에 사용되는 소비속도보다 느릴 경우에 그 상태를 유지할 수 있다.

③ 연소상태가 계속 유지될 수 있는 최저온도를 말한다.

④ 인화점보다 대략 10℃ 정도 높은 온도로서 연소상태가 50초 이상 유지 될 수 있는 온도이다.

정답   13. ①   14. ④   15. ③

연소점* 14년 소방장, 22년 소방위	① 연소상태가 계속 유지될 수 있는 최저온도를 말한다. ② 인화점 보다 대략 10℃ 정도 높은 온도로서 연소상태가 5초 이상 유지 될 수 있는 온도이다. ③ 가연성 증기 발생속도가 연소반응에 사용되는 소비 속도보다 클 경우에 그 상태를 유지할 수 있다. ※ 인화점 < 연소점 < 발화점

16 다음 중 "자기반응성 물질"은?

① 니트로글리세린(NG)   ② 오존(O_3)
③ 산소(O_2)   ④ 불소(F_2)

자기반응성 물질	분자 내에 가연물과 산소를 충분히 함유하고 있는 제5류 위험물로서 연소 속도가 빠르고 폭발을 일으킬 수 있는 물질이다. ※ 니트로글리세린(NG), 셀룰로이드, 트리니트로톨루엔(TNT) 등
조연성 물질	자신은 연소하지 않고 가연물의 연소를 돕는 기체로 산소(O_2), 불소(F_2), 오존(O_3), 염소(Cl_2)와 할로겐원소 등이 있다.

17 다음은 "연소범위"에 대한 설명으로써 옳지 않은 것은?

① 가연물의 연소반응을 위해 필요로 하는 조성조건의 하나로 발화 가능한 가연성 가스와 부피비율을 말한다.
② 가연성 기체의 부피에 의해 상한과 하한이 표시되고 수소와 공기 혼합물은 대기압 21℃에서 수소비율 4.1~75%의 경우 연소가 계속될 수 있다.
③ 혼합물중 가연성 가스의 농도가 너무 희박해도 너무 농후해도 연소는 일어나지 않는다.
④ 연소범위는 온도와 압력이 증가하면 연소범위는 대개 축소되어 위험성이 줄어든다.

연소범위(vol%)* 08년 소방교/ 22년 소방위	① 가연물의 연소반응을 위해 필요로 하는 조성조건의 하나로 발화 가능한 가연성 가스와 부피 비율을 말한다. ② 가연성 기체의 부피에 의해 상한과 하한이 표시되고 수소와 공기 혼합물은 대기압 21℃에서 수소비율 4.1~75%의 경우 연소가 계속될 수 있다. 여기서 수소 4.1%는 하한 값, 수소75%는 상한 값을 의미한다. ③ 혼합물 중 가연성 가스의 농도가 너무 희박해도 너무 농후해도 연소는 일어나지 않는데 가연성 가스의 분자와 산소와의 분자 수가 상대적으로 한쪽이 많으면 분자간의 유효충돌 횟수가 감소하고, 충돌했다 해도 충돌 에너지가 주위에 흡수·확산되어 연소반응의 진행이 어렵게 된다. ④ 연소 범위는 온도와 압력이 상승함에 따라 대개 확대되어 위험성이 증가한다.

정답   16. ①   17. ④

18 "증기 비중의 용어"에 대한 설명으로 옳지 않은 것은?

① 액체의 증기압은 대기압에서 동일하고 액체가 끓으면서 증발이 일어날 때의 온도를 비점이라 한다.

② 고체에서 액체로 또는 액체에서 고체로 변할 때 출입하는 열을 증발잠열이라 하고, 액체가 기체로 또는 기체에서 액체로 변할 때 출입하는 열을 융해잠열이라 한다.

③ 어떤 물질 1g을 1℃ 올리는 데 필요한 열량을 비열이라 한다.

④ 융점은 대기압(1atm)하에서 고체가 녹아 액체가 되는 온도이다.

	■ 증기 비중의 용어* 22년 소방장
비점	① 액체의 증기압은 대기압에서 동일하고 액체가 끓으면서 증발이 일어날 때의 온도 ② 비점이 낮은 경우 액체가 쉽게 기화되므로 비점이 높은 경우보다 연소가 잘 일어난다. ③ 일반적으로 비점이 낮으면 인화점이 낮은 경향이 있는데 예를 들면 휘발유는 비점이 30~210℃, 인화점은 -43~-20℃인데, 등유의 비점은 150~300℃, 인화점이 40~70℃이다.
비열	① 어떤 물질 1g을 1℃ 올리는 데 필요한 열량을 비열이라 한다. 예를 들어 1g의 물을 1℃ 올리는 데 드는 열량은 1cal이고 구리를 1℃ 올리는데 필요한 열량은 0.0924cal이다. 이는 물질이 갖는 고유한 특성 중의 하나이다. ② 물질에 따라 비열은 많은 차이가 있으며 물 이외의 모든 물질은 대체로 비열이 1보다 작다. ③ 비열은 어떤 물체를 위험 온도까지 올리는 데 필요한 열량이나 고온의 물체를 안전한 온도로 냉각시키는 데 제거하여야 할 열량을 나타내는 비교 척도가 된다. ④ 물이 소화제로서 효과가 있는 이유 중의 하나가 물의 비열이 다른 물질보다 크기 때문이다.
융점	① 대기압(1atm)하에서 고체가 녹아 액체가 되는 온도이다. ② 융점이 낮은 경우 액체로 변화하기가 용이하고 화재 발생 시에는 연소 구역의 확산이 용이하기 때문에 위험성이 매우 높다.
잠열	① 어떤 물질에 열의 출입이 있더라도 물질의 온도는 변하지 않고 상태변화에만 사용되는 열을 잠열이라 한다. ② 고체에서 액체로 또는 액체에서 고체로 변할 때 출입하는 열을 융해 잠열이라 하고, 액체가 기체로 또는 기체에서 액체로 변할 때 출입하는 열을 증발잠열 이라한다. ③ 대기압에서의 물의 융해 잠열은 80cal/g, 100℃에서의 증발 잠열은 539cal/g이다. ④ 물이 좋은 소화제가 될 수 있는 이유 중 하나는 물은 증발잠열이 매우 크기 때문이다. ⑤ 0℃의 얼음 1g이 100℃의 수증기가 되기까지는 약 719cal의 열량이 필요하다. ⑥ 대개의 물질은 잠열이 물보다 작다.
점도	① 액체의 점도는 점착과 응집력의 효과로 인한 흐름에 대한 저항의 측정 수단이다. ② 모든 액체는 점성을 가지고 있고 점성이 낮아지면 유동하기에 쉬워진다.

정답 **18.** ②

19 다음 중 "산소공급원"에 대한 설명으로 옳지 않은 것은?

① 자기반응성 물질이란 자신은 연소하지 않고 가연물의 연소를 돕는 기체로 산소(O_2), 불소 (F_2), 오존(O_3), 염소(Cl_2)와 할로겐원소 등이 있다.

② 공기중에는 산소 21%의 산소가 포함되어 산소공급원 역할을 할 수 있으나 일반가연물인 경우 산소농도 15% 이하에서는 연소가 어렵다.

③ 자기반응성물질에는 니트로글리세린(NG), 셀룰로이드, 트리니트로톨루엔(TNT) 등이 있다.

④ 산화제는 위험물 중 제1류·제6류 위험물로서 가열·충격·마찰에 의해 산소를 발생한다.

▣ **산소공급원**

보통 공기 중에는 약 21%의 산소가 포함되어 있어서 공기는 산소공급원 역할을 할 수 있다. 일반적으로 산소의 농도가 높을수록 연소는 잘 일어나고 일반 가연물인 경우 산소농도 15% 이하에서는 연소가 어렵다.

공기	일반적으로 공기 중에 함유되어 있는 산소(O_2)의 양은 용량으로 계산하면 전체 공기의 양에 대하여 21용량%(vol%)이며, 질량으로 계산하면 23중량%(wt%)로 존재하고 있어 연소에 필요한 산소는 공기 중의 산소가 이용되고 있다.				
	성분 / 조성비	산소	질소	아르곤	탄산가스
	용량(vol%)	20.99	78.03	0.95	0.03
	중량(wt%)	23.15	75.51	1.3	0.04
산화제	위험물 중 제1류·제6류 위험물로서 가열·충격·마찰에 의해 산소를 발생한다. ① 제1류 위험물은 산소를 함유하고 있는 강산화제로서 염소산염류, 과염소산염류, 과산화물, 질산염류, 과망간산염류, 무기과산화물류 등 ② 제6류 위험물인 과염소산, 질산 등이 있다.				
자기반응성	분자 내에 가연물과 산소를 충분히 함유하고 있는 제5류 위험물로서 연소 속도가 빠르고 폭발을 일으킬 수 있는 물질이다. ✪ 니트로글리세린(NG), 셀룰로이드, 트리니트로톨루엔(TNT) 등				
조연성	자신은 연소하지 않고 가연물의 연소를 돕는 기체로 산소(O_2), 불소(F_2), 오존(O_3), 염소(Cl_2)와 할로겐원소 등이 있다.				

20 "자연발화를 일으키는 원인"으로 옳지 않은 것은?

① 분해열에 의한 발열 : 셀룰로이드, 니트로셀룰로오스

② 산화열에 의한 발열 : 석탄, 건성유

③ 발효열에 의한 발열 : 퇴비 먼지

④ 흡착열에 의한 발열 : HCN, 산화에틸렌

▣ **자연발화를 일으키는 원인**

① 분해열에 의한 발열 : 셀룰로이드, 니트로셀룰로오스 　② 산화열에 의한 발열 : 석탄, 건성유
③ 발효열에 의한 발열 : 퇴비, 먼지 　　　　　　　　　④ 흡착열에 의한 발열 : 목탄, 활성탄 등
⑤ 종합열에 의한 발열 : HCN, 산화에틸렌 등

정답　19. ①　20. ④

21 "자연발화"를 방지할 수 있는 방법에 관한 설명으로 옳은 것은?

① 통풍구조를 양호하게 하여 공기유통을 차단할 것
② 습도상승을 돕는다.
③ 저장실 주위의 온도를 높인다.
④ 열이 쌓이지 않도록 퇴적한다.

※ 인위적으로 가열하지 않아도 원면, 고무분말, 셀룰로이드, 석탄, 플라스틱의 가소제, 금속가루 등의 경우 일정한 장소에 장시간 저장하면 열이 발생하고, 그 열이 지속적으로 축적되어 가연물의 온도가 발화점에 도달하면 스스로 발화하게 된다.

자연발화 방지	① 통풍구조를 양호하게 하여 공기유통을 잘 시킬 것 ② 저장실 주위의 온도를 낮춘다. ③ 습도상승을 피한다. ④ 열이 쌓이지 않도록 퇴적한다.

22 다음 중 "가연성 물질"이 아닌 것은?

① Mg
② LNG
③ Na
④ H_2O

가연물은 우리 주위에 무수히 많이 잔존해 있는 유기화합물의 대부분과 Na, Mg 등의 금속, 비금속, LPG, LNG, CO 등의 가연성 가스가 해당되는데 즉, 산화하기 쉬운 물질이며 이는 산소와 발열반응을 일으키는 물질을 말한다. 이에 비하여 불연성 물질은 반대로 산화하기 어려운 것(활성화에너지의 양이 큰 물질)으로서 물, 흙과 같이 이미 산화되어 더 이상 산화되지 아니하는 물질이다.

23 "복사열"에 대한 설명으로 옳지 않은 것은?

① 햇빛이 유리나 거울에 반사되어 가연성 물질에 장시간 쪼일 때 열이 축적되어 발화될 수 있다.
② 전자기파에 의해 열이 매질을 통하지 않고 고온에서 저온의 물체로 직접 전달되는 현상이다.
③ 물질에 따라서 비교적 약한 복사열은 장시간 방사로 발화될 수 없다.
④ 물체에서 방출하는 전자기파를 직접 물체가 흡수하여 열로 변했을 때의 에너지를 말한다.

복사열	① 물체에서 방출하는 전자기파를 직접 물체가 흡수하여 열로 변했을 때의 에너지를 말한다. ② 전자기파에 의해 열이 매질을 통하지 않고 고온의 물체에서 저온의 물체로 직접 전달되는 현상이다. ③ 물질에 따라서 비교적 약한 복사열도 장시간 방사로 발화 될 수 있다. ④ 예를 들어 햇빛이 유리나 거울에 반사되어 가연성 물질에 장시간 쪼일 때 열이 축적되어 발화될 수 있다.

정답 | **21.** ④ **22.** ④ **23.** ③

24 기체의 연소로써 "가솔린 엔진의 연소형태"와 같은 경우인 것은?

① 폭발연소
② 발염연소
③ 확산연소
④ 예혼합연소

확산연소 (발염연소)	연소버너 주변에 가연성 가스를 확산시켜 산소와 접촉, 연소범위의 혼합가스를 생성하여 연소하는 현상으로 기체의 일반적 연소 형태이다. ※ 예를 들면 LPG – 공기, 수소 – 산소의 경우이다.
예혼합연소	연소시키기 전에 이미 연소 가능한 혼합가스를 만들어 연소시키는 것으로 혼합기로의 역화를 일으킬 위험성이 크다. ※ 예를 들면 가솔린엔진의 연소와 같은 경우이다.
폭발연소	① 가연성 기체와 공기의 혼합가스가 밀폐용기 안에 있을 때 점화되면 연소가 폭발적으로 일어나는데 예혼합연소의 경우에 밀폐된 용기로의 역화가 일어나면 폭발할 위험성이 크다. ② 이것은 많은 양의 가연성 기체와 산소가 혼합되어 일시에 폭발적인 연소현상을 일으키는 비정상연소이기도 하다.

25 다음 중 "심부화재"에 대한 설명으로 옳은 것은?

① 순조로운 연쇄반응이 아닌 가연물·열·공기 등의 화재의 요소만 가지고 가연물이 연소하는 것으로 연소속도가 느리고 불꽃 없이 연소한다.
② 가연물 자체로부터 발생된 증기나 가스가 공기 중의 산소와 혼합기를 형성하여 연소한다.
③ 연소속도가 매우 빠르고 불꽃과 열을 내며 연소하므로 일명 불꽃연소라고도 한다.
④ 연소 시 가연물·열·공기·순조로운 연쇄반응이 필요하다.

■ 표면화재와 심부화재
① 일반적으로 표면화재의 연소특성은 가연물 자체로부터 발생된 증기나 가스가 공기 중의 산소와 혼합기를 형성하여 연소하며, 연소속도가 매우 빠르고 불꽃과 열을 내며 연소하므로 일명 불꽃연소라고 하며 이에 연소 시 가연물·열·공기·순조로운 연쇄반응이 필요하다.
② 반면, 심부화재는 표면화재와 달리 순조로운 연쇄반응이 아닌 가연물·열·공기 등의 화재의 요소만 가지고 가연물이 연소하는 것으로서 연소속도가 느리고 불꽃 없이 연소하며 가연물과 공기의 중간지대에서 연소가 국부적으로 되는 표면연소의 형태를 보이기 때문에 일명 표면연소 또는 작열연소라고 한다.

26 "고체의 연소"에 대한 설명으로 옳지 않은 것은?

① 표면연소는 목탄, 코크스, 금속(분·박·리본 포함) 등의 연소가 해당된다.
② 액체가연물질의 증발연소 형태와 같으며, 황(S), 나프탈렌($C_{10}H_8$) 등이 있다.
③ 분해연소 물질에는 목재, 석탄, 종이 등이 있다.
④ 자기연소는 공기 중의 산소 없이도 연소할 수 있는 것을 말하며 플라스틱, 합성수지, 고무류 등이 해당된다.

정답 **24.** ④ **25.** ① **26.** ④

■ **고체의 연소*** 19년 소방위, 23년 소방위

표면연소 (직접연소)	고체 가연물이 열분해나 증발하지 않고 표면에서 산소와 급격히 산화 반응하여 연소하는 현상 즉, 목탄 등이 열분해에 의해서 가연성 가스를 발생하지 않고 그 물질 자체가 연소하는 현상으로 불꽃이 없는 것(무염연소)이 특징이다. ※ 목탄, 코크스, 금속(분·박·리본 포함) 등의 연소가 해당되며 나무와 같은 가연물의 연소 말기에도 표면연소가 이루어진다.
증발연소	고체 가연물이 열분해를 일으키지 않고 증발하여 증기가 연소되거나 먼저 융해된 액체가 기화하여 증기가 된 다음 연소하는 현상을 말한다. ※ 액체 가연물질의 증발연소 형태와 같으며, 황(S), 나프탈렌($C_{10}H_8$), 파라핀(양초) 등이 있다.
분해연소	고체 가연물질을 가열하면 열분해를 일으켜 나온 분해가스 등이 연소하는 형태를 말하며 열분해에 의해 생기는 물질에는 일산화탄소(CO), 이산화탄소(CO_2), 수소(H_2), 메탄(CH_4) 등이 있다. ※ <u>분해연소 물질에는 목재·석탄·종이·섬유·프라스틱·합성수지·고무류</u> 등이 있으며 이들은 연소가 일어나면 연소열에 의해 고체의 열분해는 계속 일어나 가연물이 없어질 때까지 계속된다.
자기연소 (내부연소)	가연물이 물질의 분자 내에 산소를 함유하고 있어 열분해에 의해서 가연성 가스와 산소를 동시에 발생시키므로 공기 중의 산소 없이 연소할 수 있는 것을 말한다. ※ 위험물안전관리법시행령 별표 1의 제5류 위험물인 니트로셀룰로오스(NC), 트리니트로톨루엔(TNT), 니트로글리세린(NG), 트리니트로페놀(TNP) 등이 있으며 대부분 폭발성을 지니고 있으므로 폭발성 물질로 취급되고 있다.

27 "연소의 확대"에서 "전도"에 대한 설명으로 옳은 것은?

① 전도 : 고체 또는 정지 상태의 기체·액체의 내부에서 고온측으로부터 저온 측으로 열이 전달되는 현상이다.

② 복사 : 화재현장에서 주위 건물을 연소시키는 주원인이다.

③ 대류 : 초기 구획실 화재에서 가장 중요한 열전달 기전은 대류이다. 연소가연물로부터 방출되는 에너지의 약 70%는 대류를 통한다.

④ 비화 : 화재현장의 연기가 위로 향하는 것이나 화로에 의해 방안의 공기가 더워지는 현상이다.

■ **연소의 확대*** 14년 소방장/ 21년 소방교, 소방장

전도**	• 고체 또는 정지 상태의 기체·액체의 내부에서 고온 측으로부터 저온 측으로 열이 전달되는 현상이다. 전도에 의한 열의 전달은 두 지점의 온도 차, 길이, 열이 전달되는 물질의 단면적 그리고 물질의 열전도율에 따라 달라진다. • 일반적으로 열전도율은 고체가 기체보다 크고, 금속류가 비금속류보다 크다.
대류**	• 공기의 운동이나 유체의 흐름에 의해 열이 이동되는 현상으로 액체나 기체에 온도를 가하면 비중이 작아져 분자의 운동이 활발하여지고 팽창하면서 고온의 열기류는 상승하게 된다. • 화재현장의 연기가 위로 향하는 것이나 화로에 의해 방안의 공기가 더워지는 것이 대류에 의한 현상이다.

📖 **정답** | 27. ④

복사**	• 물체가 가열되면 열에너지를 전자파로 방출되는데 이 전자파에 의해 열이 이동하는 것으로 난로가에 열을 쬐거나, 양지바른 곳에서 햇볕을 쬐면 따뜻한 것은 복사열을 받기 때문이며 화재현장에서 열의 이동에 가장 크게 작용하여 주위 건물을 연소시키는 것은 복사열이 주원인이다.*
비화(불티)	• 불티나 불꽃이 기류를 타고 다른 가연물로 전달되어 화재가 일어나는 것을 말한다.

28 "분해연소"에 대한 설명으로 옳은 것은?

① 액체 가연물질의 연소는 액체자체가 연소하는 것이 아니라 "증발"이라는 변화과정을 거쳐 발생된 가연성 증기가 연소하는 것이다.

② 휘발성 액체의 경우 상온에서 기화하기 쉬운 물질이기 때문에 외부로부터의 열을 받지 않아도 쉽게 가연성 증기가 발생하기 때문에 쉽게 연소 가능하다.

③ 점도가 높고 비 휘발성인 액체의 점도를 낮추어 버너를 이용, 액체의 입자를 안개상태로 분출하여 표면적을 넓게 함으로서 공기와의 접촉면을 많게 하여 연소시키는 형태이다.

④ 에테르, 이황화탄소, 알코올류, 아세톤, 석유류 등이 있다.

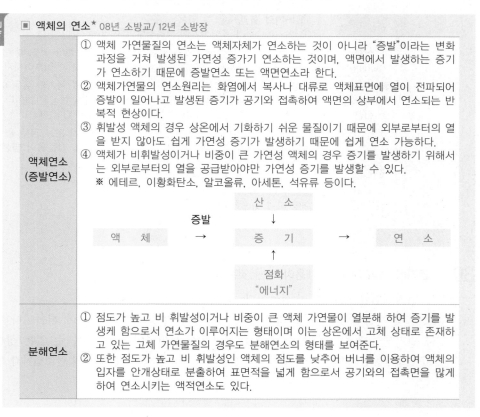

■ 액체의 연소* 08년 소방교/ 12년 소방장

액체연소 (증발연소)	① 액체 가연물질의 연소는 액체자체가 연소하는 것이 아니라 "증발"이라는 변화과정을 거쳐 발생된 가연성 증기가 연소하는 것이며, 액면에서 발생하는 증기가 연소하기 때문에 증발연소 또는 액면연소라 한다. ② 액체가연물의 연소원리는 화염에서 복사나 대류로 액체표면에 열이 전파되어 증발이 일어나고 발생된 증기가 공기와 접촉하여 액면의 상부에서 연소되는 반복적 현상이다. ③ 휘발성 액체의 경우 상온에서 기화하기 쉬운 물질이기 때문에 외부로부터의 열을 받지 않아도 쉽게 가연성 증기가 발생하기 때문에 쉽게 연소 가능하다. ④ 액체가 비휘발성이거나 비중이 큰 가연성 액체의 경우 증기를 발생하기 위해서는 외부로부터의 열을 공급받아야만 가연성 증기를 발생할 수 있다. ※ 에테르, 이황화탄소, 알코올류, 아세톤, 석유류 등이다. 증발 → 산 소 ↓ 증 기 → 연 소 ↑ 점화 "에너지"
분해연소	① 점도가 높고 비 휘발성이거나 비중이 큰 액체 가연물이 열분해 하여 증기를 발생케 함으로서 연소가 이루어지는 형태이며 이는 상온에서 고체 상태로 존재하고 있는 고체 가연물질의 경우도 분해연소의 형태를 보여준다. ② 또한 점도가 높고 비 휘발성인 액체의 점도를 낮추어 버너를 이용하여 액체의 입자를 안개상태로 분출하여 표면적을 넓게 함으로서 공기와의 접촉면을 많게 하여 연소시키는 액적연소도 있다.

🔖 정답 ┃ 28. ③

29 이상연소 현상에서 "선화(Lifting)"에 대한 설명으로 옳은 것은?

① 대부분 기체연료를 연소시킬 때 발생되는 이상연소 현상으로서 연료의 분출속도가 연소속도보다 느릴 때 불꽃이 연소기의 내부로 빨려 들어가 혼합관 속에서 연소하는 현상을 말한다.

② 연료가스의 분출속도가 연소속도보다 빠를 때 불꽃이 버너의 노즐에서 떨어져서 연소하는 현상으로 완전한 연소가 이루어지지 않는다.

③ 버너의 경우 가연성 기체의 유출속도가 연소속도보다 클 경우 일어난다.

④ 연소 시 가스와 공기의 혼합이 불충분하거나 연소온도가 낮을 경우 등 여러 가지 요인으로 노즐의 선단에 적황색 부분이 늘어나거나, 그을음이 발생하는 연소현상

해설 ■ 이상연소 현상

역화 (Back fire)	대부분 기체연료를 연소시킬 때 발생되는 이상연소 현상으로서 연료의 분출속도가 연소속도보다 느릴 때 불꽃이 연소기의 내부로 빨려 들어가 혼합관 속에서 연소하는 현상을 말한다. ※ 역화의 원인으로는★★ ① 혼합 가스량이 너무 적을 때 ② 노즐의 부식으로 분출구멍이 커진 경우 ③ 버너의 과열 ④ 연소속도보다 혼합가스의 분출속도가 느릴 때 등이 있다.
선화 (Lifting)	역화의 반대 현상으로 연료가스의 분출속도가 연소속도보다 빠를 때 불꽃이 버너의 노즐에서 떨어져서 연소하는 현상으로 완전한 연소가 이루어지지 않는다.
블로우 오프 (blow-off) 현상	선화 상태에서 연료가스의 분출속도가 증가하거나 주위 공기의 유동이 심하면 화염이 노즐에 정착하지 못하고 떨어져 화염이 꺼지는 현상을 말한다. 버너의 경우 가연성 기체의 유출속도가 연소속도보다 클 경우 일어난다.
불완전연소	연소 시 가스와 공기의 혼합이 불충분하거나 연소온도가 낮을 경우 등 여러 가지 요인으로 노즐의 선단에 적황색 부분이 늘어나거나, 그을음이 발생하는 연소현상으로 그 원인은 ① 공기의 공급이 부족 할 때 ② 연소온도가 낮을 때 ③ 연료 공급 상태가 불안정할 때 등이 있다.

30 "연기의 정의"에 대한 내용이 아닌 것은?

① 입자지름은 0.01㎛~수십㎛이다.

② 고체 가운데 완전 연소되지 않은 가연물이 기체 미립자가 되어 떠돌아다니는 상태

③ 연기생성물 중에 고체나 액체의 미립자가 들어있어 눈으로 볼 수 없는 상태

④ 탄소함유량이 많은 가연성 물질이 산소 부족 시 연소할 경우 다량의 탄소입자가 생성되는 것

정답 29. ② 30. ③

연기의 정의
① 입자지름은 0.01㎛~수십㎛이다.
② 연기생성물 중에 고체나 액체의 미립자가 들어 있어 눈으로 볼 수 있는 상태
③ 기체 가운데 완전 연소되지 않은 가연물이 고체 미립자가 되어 떠돌아다니는 상태
④ 탄소함유량이 많은 가연성 물질이 산소 부족 시 연소할 경우 다량의 탄소입자가 생성되는 것

31 **"Flash over"에 대한 설명으로 옳지 않은 것은?**

① 구획 내 가연성 재료의 전 표면이 불로 덮히는 전이현상
② 산소농도 10%
③ 평균온도 : 500℃ 전후
④ 최성기에 발생

■ 「Flash over 와 Back draft」

구 분	Flash Over	Back Draft
개 념	① 구획 내 가연성 재료의 전 표면이 불로 덮히는 전이현상. 즉, 화재가 발생하는 과정에 있어서 화원 근처에 한정되어 있던 연소영역이 조금씩 확대된다. ② 이 단계에서 발생한 가연성가스는 천장 근처에 체류한다. 이 가스농도가 증가하여 연소범위내의 농도에 도달하면 착화하여 화염에 쌓이게 된다. ③ 그 이후에는 천장 면으로 부터의 복사열에 의하여 바닥면 위의 가연물이 급속히 가열 착화하여 바닥면 전체가 화염으로 덮이게 된다.	소화활동을 위하여 화재실의 문을 개방할 때 신선한 공기가 유입되어 실내에 축적되었던 가연성가스가 단시간에 폭발적으로 연소함으로써 화재가 폭풍을 동반하여 실외로 분출하는 현상이다.
조 건	① 평균온도 : 500℃ 전후 ② 산소농도 : 10%	① 실내가 충분히 가열 ② 다량 가연성가스 축적
발생시기	성장기	감쇠기
공급요인	열 공급	산소 공급

32 **다음 중 "모래나 유리를 부식시키는 성질"이 있는 것은?**

① 염화수소
② 이산화질소
③ 불화수소
④ 시안화수소

 ■ 불화수소(HF)
합성수지인 불소수지가 연소할 때 발생되는 연소생성물로서 무색의 자극성 기체이며 유독성이 강하다.
허용농도는 3ppm(mg/m³)이며 <u>모래나 유리를 부식시키는 성질이 있다.</u>

 정답 31. ④   32. ③

33 다음은 화재 시 유해생성물에 대한 설명으로 옳지 않은 것은?

① 일산화탄소 : 무색·무취·무미의 환원성이 강한 가스로서 혈액중의 헤모글로빈과 결합력이 산소보다 210배에 이르고 흡입하면 산소결핍 상태가 된다. 인체에 대한 허용농도는 50ppm이다.

② 암모니아 : 냉동시설의 냉매로 많이 쓰이고 있으므로 냉동창고 화재 시 누출가능성이 크므로 주의해야 하며, 독성의 허용 농도는 25ppm이다.

③ 황화수소 : 물질의 완전 연소 시 생성되는 가스로 무색·무미의 기체로서 공기보다 무거우며 가스 자체는 독성이 거의 없으나 다량이 존재할 때 사람의 호흡 속도를 증가시키고 혼합된 유해 가스의 흡입을 증가시켜 위험을 가중시킨다. 인체에 대한 허용농도는 5,000ppm이다.

④ 이산화황 : 일명 아황산가스라고도 하며, 유황이 함유된 물질인 동물의 털, 고무와 밀부 목재류 등이 연소하는 화재 시에 발생하는 것으로 무색의 자극성 냄새를 가진 유독성 기체로 눈 및 호흡기 등에 점막을 상하게 하고 질식사할 우려가 있다.

■ 유해생성물질* 14년, 18년 소방장, 22년 소방위

일산화탄소 (CO)*	일산화탄소는 무색·무취·무미의 환원성이 강한 가스로써 300℃ 이상의 열분해 시 발생한다. 13~75%가 폭발한계로서 푸른 불꽃을 내며 타지만 다른 가스의 연소는 돕지 않으며, 혈액중의 헤모글로빈과 결합력이 산소보다 210배에 이르고 흡입하면 산소결핍 상태가 된다. 인체에 대한 허용농도는 50ppm이다.
이산화탄소 (CO_2)	이산화탄소는 물질의 완전 연소 시 생성되는 가스로 무색·무미의 기체로써 공기보다 무거우며 가스 자체는 독성이 거의 없으나 다량이 존재할 때 사람의 호흡 속도를 증가시키고 혼합된 유해 가스의 흡입을 증가시켜 위험을 가중시킨다. 인체에 대한 허용농도는 5,000ppm이다.
황화수소 (H_2S)	황을 포함하고 있는 유기 화합물이 불완전 연소하면 발생하는데 계란 썩은 냄새가 나며 0.2% 이상 농도에서 냄새 감각이 마비되고 0.4~0.7%에서 1시간 이상 노출되면 현기증, 장기혼란의 증상과 호흡기의 통증이 일어난다. 0.7%를 넘어서면 독성이 강해져서 신경 계통에 영향을 미치고 호흡기가 무력해진다.
이산화황 (SO_2)	일명 아황산가스라고도 하며, 유황이 함유된 물질인 동물의 털, 고무와 밀부 목재류 등이 연소하는 화재 시에 발생하는 것으로 무색의 자극성 냄새를 가진 유독성 기체로 눈 및 호흡기 등에 점막을 상하게 하고 질식사할 우려가 있다. ⊙ 특히 유황을 저장 또는 취급하는 공장에서의 화재 시 주의를 요하는 것으로, 화재로 발생하는 아황산가스는 대기상에도 큰 피해를 준다. ⊙ 1952년 영국 런던에서는 7일간 계속된 높은 습도와 정체된 기단으로 인한 스모그가 발생하여 호흡장애와 질식으로 약 4천명 이상의 사망자가 발생하였다. 이 '런던 스모그 사건'은 바로 아황산가스에 의한 대기오염 피해 사건으로 알려져 있다.
암모니아 (NH_3)*	질소 함유물이 연소할 때 발생하는 연소생성물로서 유독성이 있으며 강한 자극성을 가진 무색의 기체로 흡입 시 점액질과 기도조직에 심한 손상을 초래하고, 타는 듯한 느낌, 기침, 숨 가쁨 등을 초래하며, 냉동시설의 냉매로 많이 쓰이고 있으므로 냉동창고 화재 시 누출가능성이 크므로 주의해야 하며, 독성의 허용 농도는 25ppm이다.*

정답 33. ③

34 연소생성물 중 "시안화수소"에 대한 설명으로 옳은 것은?

① 합성수지인 불소수지가 연소할 때 발생되는 연소생성물로서 무색의 자극성 기체이며 유독성이 강하다. 허용농도는 3ppm(mg/m^3)이며 모래나 유리를 부식시키는 성질이 있다.

② 질소성분을 가지고 있는 합성수지, 동물의 털, 인조견 등의 섬유가 불완전 연소할 때 발생하는 맹독성 가스로 0.3%의 농도에서 즉시 사망할 수 있으며 청산가스라고도 한다.

③ 열가소성 수지인 폴리염화비닐(PVC), 수지류 등이 연소할 때 발생되며 허용농도는 0.1ppm(mg/m^3)이다.

④ PVC와 같이 염소가 함유된 수지류가 탈 때 주로 생성되는데 독성의 허용농도는 5ppm(mg/m^3)이며 향료, 염료, 의약, 농약 등의 제조에 이용되고 있고, 자극성이 아주 강해 눈과 호흡기에 영향을 준다.

■ 유해생성물질* 14년, 18년 소방장/ 22년 소방위

시안화수소 (HCN)	질소성분을 가지고 있는 합성수지, 동물의 털, 인조견 등의 섬유가 불완전 연소할 때 발생하는 맹독성 가스로 0.3%의 농도에서 즉시 사망할 수 있다. 청산가스라고도 한다. 인화성이 매우 강한 무색의 화학물질로 연소 시 유독가스를 발생시키고, 특히 수분이 2% 이상 포함되어 있거나 알칼리 등이 포함되어 있으면 폭발할 우려가 크다.
포스겐 ($COCl_2$)*	① 열가소성 수지인 폴리염화비닐(PVC), 수지류 등이 연소할 때 발생되며 2차 세계대전 당시 독일군이 유태인 대량학살에 사용했을 만큼 맹독성가스로 허용농도는 0.1ppm(mg/m^3)이다. ② 일반적인 물질이 연소할 경우는 거의 생성되지 않지만 일산화탄소와 염소가 반응하여 생성하기도 한다.
염화수소(HCl) ★	PVC와 같이 염소가 함유된 수지류가 탈 때 주로 생성되는데 독성의 허용농도는 5ppm(mg/m^3)이며 향료, 염료, 의약, 농약 등의 제조에 이용되고 있고, 자극성이 아주 강해 눈과 호흡기에 영향을 준다.
이산화질소 (NO_2)	질산셀룰오스가 연소 또는 분해될 때 생성되며 독성이 매우 커서 200~700ppm 정도의 농도에 잠시 노출되어도 인체에 치명적이다.
불화수소(HF)*	합성수지인 불소수지가 연소할 때 발생되는 연소생성물로서 무색의 자극성 기체이며 유독성이 강하다. 허용농도는 3ppm(mg/m^3)이며 모래나 유리를 부식시키는 성질이 있다.

35 "체내 산소농도에 따른 인체영향"에 대한 설명 중 옳은 것은?

① 10~6% : 맥박호흡증가, 정신집중력 저하, 정밀 작업성 저하

② 16~12% : 판단력 저하, 불안정한 정신상태, 당시의 기억이 없음

③ 14~9% : 구역질, 구토, 행동의 자유를 잃음

④ 6% 이하 : 몇 번의 헐떡이는 호흡으로 실신, 혼면, 호흡정지, 심장정지, 6분 만에 사망

정답 | **34.** ② **35.** ④ |

■ **체내산소농도에 따른 인체영향**
① 공기 중 산소농도 21%가 18%가 안전범위의 최저로 보고 있다.
② 16%~12% : 맥박호흡증가, 정신집중력 저하, 정밀 작업성 저하, 근력저하, 두통, 이명, 구역질, 구토, 동맥혈증산소포화도 85~80%에서 청색증 발생
③ 14~9% : 판단력 저하, 불안정한 정신상태, 당시의 기억이 없음, 상처에 통증을 느끼지 않음, 전신탈진, 체온상승, 청색증상, 의식몽롱, 두통, 이명, 구역질, 구토
④ 10~6% : 구역질, 구토, 행동의 자유를 잃음, 위험을 느껴도 움직이지 못하고 외칠 수 없음, 의식상실, 혼면, 핵심신경장애, 전신경련, 죽음의 위기
⑤ 6% 이하 : 몇 번의 헐떡이는 호흡으로 실신, 혼면, 호흡정지, 신체마비, 심장정지, 6분 만에 사망

36 "중성대의 활용"에 대한 설명으로 옳지 않은 것은?

① 배연을 할 경우에는 중성대 위쪽에서 배연을 하여야 효과적이며 이것은 또한 새로운 공기의 유입증가 현상을 촉발하여 화세가 확대될 수도 있음에 유의해야 한다.

② 밀폐된 건물내부에서 화재가 발생했을 때 신선한 공기의 유입이 없으므로 연소는 서서히 진행될 것이다. 동시에 연기 발생량도 증가할 것이다.

③ 현장도착 시 하층 출입문으로 짙은 연기 배출된다면 상층개구부 개방을 고려하여야 한다.

④ 중성대를 상층으로 올리기 위해서는 배연 개구부 위치는 ⓐ 지붕중앙부분 파괴가 가장 효과적이며, ⓑ 상층부 개구부의 파괴 ⓒ 지붕의 가장자리 파괴순서이다.

■ **중성대의 활용*** 19년 소방위/ 20년 소방장, 소방위/ 21년 소방위
① 화재현장에서는 중성대의 형성 위치를 파악하여 배연 등의 소방활동에 활용하는 요령이 필요하다.
② 즉, 배연을 할 경우에는 중성대 위쪽에서 배연을 하여야 효과적*이며 이것은 또한 새로운 공기의 유입증가 현상을 촉발하여 화세가 확대될 수도 있음에 유의해야 한다.
③ 밀폐된 건물내부에서 화재가 발생했을 때 신선한 공기의 유입이 없으므로 연소는 서서히 진행될 것이다. 동시에 연기 발생량도 증가할 것이다. 연기 발생량의 증가는 연기층의 하강 속도 증가로 이루어지기에 재실자의 생존 가능성은 더욱 낮아진다.

화재현장 도착 시 하층 출입문으로 짙은 연기가 배출된다면	상층 개구부 개방을 고려하고 하층개구부에서 연기가 배출되고 있지 않다면 상층개구부가 개방되어 있다고 판단하고 신선한 공기가 유입되는 출입문 쪽을 급기측으로 판단한다.
상층개구부를 개방한다면	연소는 확대되지만 발생한 연기는 빠른 속도로 상승하여 외부로 배출되므로 중성대의 경계선은 위로 올라가고 중성대 하층의 면적이 커지므로 대원과 대피자들의 활동공간과 시야가 확보되어 신속히 대피할 수 있다.
하층 출입문으로 짙은 연기 배출	상층개구부 개방을 고려하고 하층 개구부에서 연기가 배출되고 있지 않다면 상층개구부가 개방되어 있다고 판단하고 신선한 공기가 유입되는 출입문 쪽을 급기측으로 판단한다.

④ 중성대를 상층으로 올리기 위해서는 배연 개구부 위치는 ⓐ 지붕중앙부분 파괴가 가장 효과적이며, ⓑ 지붕의 가장자리 파괴 ⓒ상층부 개구부의 파괴 순서이다.
✿ 중성대가 형성된 경우 확인사항 : 구조대상자, 화점, 연소범위

🔖 **정답** | **36.** ④

37 "중성대가 형성된 경우 확인사항"으로 옳지 않은 것은?

① 구조대상자　　　　　　　　　② 화점
③ 연소범위　　　　　　　　　　④ 열기

중성대가 형성된 경우 확인사항 : 구조대상자, 화점, 연소범위

38 화재현장에서 발생하는 유독가스로 "포스겐 ($COCl_2$)가스"와 관계있는 것은?

① 중질유, 고무, 황화합물 등의 연소 시 발생, 5ppm
② 프레온 가스와 불꽃의 접촉, 0.1ppm
③ 우레탄, 나일론, 폴리에틸렌, 고무, 모직물 등의 연소, 25ppm
④ 열경화성 수지, 나일론 등의 연소 시 발생, 25ppm

■ 「화재현장에서 발생하는 유독가스」* 15년 소방위/ 16년 소방교/ 22년 소방위, 소방장

종 류	발 생 조 건	허용농도(TWA)
일산화탄소 (CO)	불완전 연소 시 발생	50 ppm
아황산가스 (SO_2)	중질유, 고무, 황화합물 등의 연소 시 발생	5 ppm
염화수소 (HCl)	플라스틱, PVC	5 ppm
시안화수소 (HCN)	우레탄, 나일론, 폴리에틸렌, 고무, 모직물 등의 연소	10 ppm
암모니아 (NH_3)	열경화성 수지, 나일론 등의 연소시 발생	25 ppm
포스겐 ($COCl_2$)	프레온 가스와 불꽃의 접촉	0.1 ppm

39 다음 중 "연기가 인체에 미치는 영향과 연기속도"에 대한 설명으로 옳지 않은 것은?

① 유독가스(일산화탄소, 포스겐 등)의 발생으로 생명이 위험하다.
② 연기의 유동 및 확산은 벽 및 천장을 따라 진행하며 일반적으로 수평방향으로는 1~
1.2m/sec 정도로 인간의 보행속도 0.5~1m/sec보다 늦다.
③ 정신적으로 긴장 또는 패닉 현상에 빠지게 되는 2차적 재해의 우려가 있다.
④ 최근 건물화재의 특징은 난연 처리(방염처리)된 물질을 사용하여 연소 그 자체는 억제되고
있지만 다량의 연기입자 및 유독가스를 발생하는 특징이 있다.

■ 연기가 인체에 미치는 영향
• 실내 가연물에 열분해를 일으켜서 방출시키는 열분해 생성물 및 미반응 분해물을 말한다.
• 일종의 불완전한 연소생성물로 산소공급이 불충분하게 되면 탄소분이 생성하여 검은색
① 시야를 감퇴하며 피난행동 및 소화활동을 저해한다.
② 유독가스(일산화탄소, 포스겐 등)의 발생으로 생명이 위험하다.
③ 정신적으로 긴장 또는 패닉 현상에 빠지게 되는 2차적 재해의 우려가 있다.
④ 최근 건물화재의 특징은 난연 처리(방염처리)된 물질을 사용하여 연소 그 자체는 억제되고 있지만
다량의 연기입자 및 유독가스를 발생하는 특징이 있다.

정답　37. ④　38. ②　39. ②

> ▣ 연기속도
> 연기의 유동 및 확산은 벽 및 천장을 따라 진행하며 일반적으로 수평방향으로는 0.5~1m/sec 정도로 인간의 보행속도 1~1.2m/sec보다 늦다. 그러나 계단실 등에서의 수직방향은 화재 초기상태의 연기일지라도 1.5m/sec, 화재성장기에는 3~4m/sec로 인간의 보행속도보다 빨라지며, 굴뚝효과가 발생하는 건물구조에선 5m/sec 이상이 된다.
> ① 수평방향 : 0.5~1m/sec   ② 수직방향 : 2~3m/sec   ③ 계단 : 3~5m/sec

40 "연기의 이동력"과 관계가 가장 적은 것은?

① 건물 내부와 외부 공기밀도 차이로 인해 발생한 압력 차이에 의해 발생

② 화재발생 시 공조기기(HVAC 시스템)은 화재확산을 가속하고 화재 진화 시 멀리 연기를 보내거나, 화재발생 구역으로 신선한 공기를 제공하여 연소를 돕게 된다.

③ 바람은 고층빌딩에 풍압을 가하며 이런 풍압의 효과로 인해 초고층 건축물에서 구조적 하중에 대한 특별한 고려를 하게 된다.

④ 물체가 가열되면 열에너지를 전자파로 방출되는데 이 전자파에 의해 열이 이동하는 것이다.

▣ 연기의 이동력

굴뚝효과 (연돌 효과)	건물 내부와 외부 공기밀도 차이로 인해 발생한 압력 차이에 의해 발생하며, 겨울철 화재와 같이 건물 내부가 따뜻하고 건물 외부가 찬 경우 기압은 건물내부가 낮아, 지표면상에서 건물로 들어온 공기는 건물 내부의 상부로 이동하게 되고, 이러한 압력차이에 의해 야기된 공기의 흐름은 굴뚝에서의 연기 흐름과 유사하게 된다. ※ 여름철과 같이 외기가 건물 내부보다 따뜻할 경우 하향으로 공기가 이동하는 현상
부력	화재에서 고온의 연기는 자체의 감소된 밀도에 의해 부력을 가진다. 이는 굴뚝효과의 압력해석과 같이 동일한 방법으로 해석할 수 있다. 따라서 화재구획실과 그 주변 사이의 압력차에 의한 부력으로 인해 연기가 상층으로 이동하게 되고 화염으로부터 연기가 이동할 때 온도강하는 열전달과 희석작용에 기인하여 부력효과는 화염으로부터 거리가 멀어질수록 감소하게 된다.
팽창	화재로부터 방출되는 에너지는 연소가스를 팽창시킴으로 연기이동의 원인이 될 수 있다. 건물에 하나의 개구부만 있는 화재구획실에서 공기는 화재구획실로 흐를 것이고 뜨거운 연기는 구획실 밖으로 흘러갈 것이다. 그러나 발화지점 주변에 개방된 개구부가 여러 곳 존재 한다면 화재구역에서 개구부 사이의 압력차는 무시된다.
바람 영향	바람은 고층빌딩에 풍압을 가하며 이런 풍압의 효과로 인해 초고층 건축물에서 구조적 하중에 대한 특별한 고려를 하게 된다. 또한, 바람에 의한 풍압은 빌딩내부의 공기누출과 공기이동을 일으키기도 한다. 이는 빌딩 내의 냉난방 및 화재 시 연기의 이동에 대한 주요 고려대상이며, 틈새가 많거나 창이나 문이 많은 건물인 경우 바람의 영향은 더욱 많이 받는다.
AVAC 시스템	화재발생 시 공조기기(HVAC 시스템)은 화재확산을 가속하고 화재 진화 시 멀리 연기를 보내거나, 화재발생 구역으로 신선한 공기를 제공하여 연소를 돕게 된다. 그러므로 HVAC시스템은 화재 또는 연기의 감지로부터 송풍기를 일시 정지시키거나 특별한 제연작동 모드로 전환되도록 설계해야 한다.
엘리 베이터	엘리베이터가 샤프트 내에서 이동할 때, 흡입압력(피스톤 효과)이 발생한다. 이 흡입 압력은 엘리베이터 연기제어에 영향을 미치고, 이러한 피스톤 효과는 정상적으로 가압된 엘리베이터 로비나 샤프트로 연기를 유입시킬 수 있다.

🔖 정답   40. ④

41 "폭발의 성립조건"으로 옳지 않은 것은?

① 가연성 가스, 증기가 폭발 범위를 벗어나야 한다.
② 최소점화원이 있어야 한다.
③ 밀폐된 공간이 존재하여야 한다.
④ 연소의 3요소에 밀폐된 공간이 있으면 성립한다.

■ 폭발개념
① 연소의 3요소에 개방된 공간이 있으면 성립한다.
② 최소점화원이 있어야 한다.
③ 밀폐된 공간이 존재하여야 한다.
④ 가연성 가스, 증기가 폭발 범위 내에 있어야 한다

42 "분진폭발의 특성"에 대한 설명으로 옳지 않은 것은?

① 발생에너지는 가스폭발의 수백 배이고 온도는 2,000~3,000℃까지 올라간다.
② 최초의 부분적인 폭발에 의해 폭풍이 주위의 분진을 날리게 하여 2차, 3차의 폭발로 파급됨에 따라 피해가 크게 된다.
③ 불완전한 연소를 일으키기 쉬우므로 가스에 의한 중독의 위험성이 있다.
④ 연소속도나 폭발압력은 가스폭발에 비교하여 크고 연소시간이 짧다.

■ 분진폭발의 특성** 12년, 14년 소방장/ 23년 소방위
① 연소속도나 폭발압력은 가스폭발에 비교하여 작으나 연소시간이 길고, 에너지가 크기 때문에 파괴력과 타는 정도가 크다.
② 폭발의 입자가 연소되면서 비산하므로 이것에 접촉되는 가연물은 국부적으로 심한 탄화를 일으키며 특히 인체에 닿으면 심한 화상을 입는다.
③ 최초의 부분적인 폭발에 의해 폭풍이 주위의 분진을 날리게 하여 2차, 3차의 폭발로 파급됨에 따라 피해가 크게 된다.
④ 가스에 비하여 불완전한 연소를 일으키기 쉬우므로 탄소가 타서 없어지지 않고 연소후의 가스상에 일산화탄소가 다량으로 존재하는 경우가 있어 가스에 의한 중독의 위험성이 있다.
※ 발생에너지는 가스폭발의 수백배이고 온도는 2,000~3,000℃까지 올라간다. 그 이유는 단위 체적당의 탄화수소의 양이 많기 때문이다.

43 "분진발화 폭발조건"으로 옳지 않은 것은?

① 석회가루, 시멘트가루, 대리석가루, 탄산칼륨
② 점화원의 존재
③ 200mesh 이하
④ 가연성 가스(공기)중에서의 교반과 운동

정답   41. ①   42. ④   43. ①

■ 분진의 발화폭발 조건* 20년 소방장/ 23년 소방위
① 가연성 : 금속, 플라스틱, 밀가루, 설탕, 전분, 석탄 등
② 미분상태 : 200mesh(76㎛) 이하
③ 지연성 가스(공기)중에서의 교반과 운동
④ 점화원의 존재

■ 가연성 분진의 착화폭발 기구
① 입자표면에 열에너지가 주어져서 표면온도가 상승한다.
② 입자표면의 분자가 열분해 또는 건류작용을 일으켜서 기체 상태로 입자 주위에 방출한다.
③ 기체가 공기와 혼합하여 폭발성 혼합기가 생성된 후 발화되어 화염이 발생된다.
④ 화염에 의해 생성된 열은 다시 다른 분말의 분해를 촉진시켜 공기와 혼합하여 발화 전파한다.

44 "분진의 폭발성에 영향을 미치는 인자"에 대한 설명으로 옳지 않은 것은?

① 입자표면이 공기에 대하여 활성이 있는 경우 폭로시간이 길어질수록 폭발성이 낮아진다.

② 탄진에서는 휘발분이 11% 이상이면 폭발하기 쉽고, 폭발의 전파가 용이하여 폭발성 탄진이라고 한다.

③ 평균 입자경이 크고 밀도가 클수록 비표면적은 크게 되고 표면 에너지도 크게 되어 폭발이 용이해진다.

④ 분진의 발열량이 클수록 폭발성이 크며 휘발성분의 함유량이 많을수록 폭발하기 쉽다.

■ 「분진의 폭발성에 영향을 미치는 인자」* 15년 소방장/ 23년 소방위

분진의 화학적 성질과 조성	① 분진의 발열량이 클수록 폭발성이 크며 휘발성분의 함유량이 많을수록 폭발하기 쉽다. ② 탄진에서는 휘발분이 11% 이상이면 폭발하기 쉽고, 폭발의 전파가 용이하여 폭발성 탄진이라고 한다.
입도와 입도분포	① 분진의 표면적이 입자체적에 비하여 커지면 열의 발생속도가 방열 속도보다 커져서 폭발이 용이해진다. ② 평균 입자경이 작고 밀도가 작을수록 비표면적은 크게 되고 표면 에너지도 크게 되어 폭발이 용이해진다. ③ 입도분포 차이에 의한 폭발특성 변화에 대해서는 상세히 알 수 없으나 작은 입경의 입자를 함유하는 분진의 폭발성이 높다고 간주한다.
입자의 형성과 표면의 상태	① 평균입경이 동일한 분진인 경우, 분진의 형상에 따라 폭발성이 달라진다. 즉 구상, 침상, 평편상 입자순으로 폭발성이 증가한다. ② 입자표면이 공기(산소)에 대하여 활성이 있는 경우 폭로시간이 길어질수록 폭발성이 낮아진다. 따라서 분해공정에서 발생되는 분진은 활성이 높고 위험성도 크다.
수 분	① 분진 속에 존재하는 수분은 분진의 부유성을 억제하게 하고 대전성을 감소시켜 폭발성을 둔감하게 한다. ② 반면에 마그네슘, 알루미늄 등은 물과 반응하여 수소를 발생하고 그로 인해 위험성이 더 높아진다.
폭발압력	① 분진의 최대폭발압력은 양론적인 농도보다 훨씬 더 큰 농도에서 일어난다. (가스폭발의 경우와 다름) ② 최대폭발압력 상승속도는 입자의 크기가 작을수록 증가하는데 이는 입자의 크기가 작을수록 확산되기 쉽고 발화되기 쉽기 때문이다.

정답 | 44. ③

45 "폭굉"에 대한 설명으로 옳은 것은?

① 음속보다 느리게 이동한다.

② 압력상승이 폭연의 경우보다 10배, 또는 그 이상이다.

③ 폭굉으로 전이될 수 있다.

④ 반응 또는 화염면의 전파가 분자량이나 난류확산에 영향을 받는다.

 ▣ 「폭연과 폭굉의 차이」** 08년 소방교/ 13년 소방장

구 분	충격파 전파속도	특 징
폭 연 (Deflagration) *	음속보다 느리게 이동한다.(기체의 조성이나 농도에 따라 다르지만 일반적으로 0.1~10㎧ 범위)	• 폭굉으로 전이될 수 있다. • 충격파의 압력은 수 기압(atm) 정도이다. • 반응 또는 화염면의 전파가 분자량이나 난류확산에 영향을 받는다. • 에너지 방출속도가 물질전달속도에 영향을 받는다.
폭 굉 (Detonation) **	음속보다 빠르게 이동한다. (1,000~3,500㎧ 정도로 빠르며, 이때의 압력은 약 100 Mpa)	• 압력상승이 폭연의 경우보다 10배, 또는 그 이상이다. • 온도의 상승은 열에 의한 전파보다 충격파의 압력에 기인한다. • 심각한 초기압력이나 충격파를 형성하기 위해서는 아주 짧은 시간 내에 에너지가 방출되어야 한다. • 표면에서 온도, 압력, 밀도가 불연속적으로 나타난다.

46 폭발성 분진 중 "탄소제품"이 아닌 것은?

① 활성탄　　② 목탄

③ 코크스　　④ 콜크분

 ▣ 폭발성 분진* 20년, 23년 소방위

① 탄소제품 : 석탄, 목탄, 코크스, 활성탄

② 비료 : 생선가루, 혈분 등

③ 식료품 : 전분, 설탕, 밀가루, 분유, 곡분, 건조효모 등

④ 금속류 : Al, Mg, Zn, Fe, Ni, Si, Ti, V, Zr(지르코늄)

⑤ 목질류 : 목분, 콜크분, 리그닌분, 종이가루 등

⑥ 합성 약품류 : 염료중간체, 각종 플라스틱, 합성세제, 고무류 등

⑦ 농산가공품류 : 후추가루, 제충분, 담배가루 등

📖 정답　**45.** ②　**46.** ④

47 "BLEVE와 Fire Ball"에 대한 설명으로 옳지 않은 것은?

① BLEVE란 액체가스가 기화해서 팽창하여 폭발하는 현상을 말한다.

② Fire Ball이란 대량의 증발한 가연성 액체가 갑자기 연소할 때 생기는 구상의 불꽃을 말한다.

③ BLEVE 방지대책으로는 Blow down 방법이 있다.

④ Fire Ball의 경우 방출되는 폭발압력으로 인근 건물의 유리창이 파손된다.

■ BLEVE와 Fire Ball

BLEVE란? 액체가스가 기화해서 팽창하여 폭발하는 현상을 말한다. 즉 비등점이 낮은 인화성 액체탱크가 화염에 노출되면 과열된 액체가 폭발적으로 증발하는 현상을 말한다. 외부와의 평형을 이루려는 압력의 폭발적인 방출로 증발하지 않고 있던 액체가 확산되며 용기 또는 탱크가 폭발하게 된다.

BLEVE 발생과정	① BLEVE는 저장탱크가 화재에 노출되면 용기 내부의 액체온도가 증가하고 ② 이때 액체의 온도는 기체보다 열전도율이 커서 300℃ 정도까지 상승하며, 용기내부 기상부의 경우는 온도가 매우 증가하여(1,000℃ 정도) 위험한 상태에 이른다. ③ 특히 기상. 액상부분의 경우 철의 접합부가 급격한 인장력의 감쇠와 항복점이 저하되어 저장탱크가 파열되면서 탱크내부의 고온고압의 가스가 외부와 평형을 이루려는 성질에 의하여 급격하게 확산 되어가는 현상
Fire Ball의 발생 Mechanism	① Fire Ball이란 대량의 증발한 가연성 액체가 갑자기 연소할 때 생기는 구상의 불꽃을 말한다. ② BLEVE 발생 시 탱크외부로 방출된 증발기체가 주위의 공기와 혼합하여 방출시의 고압으로 인하여 탱크상부로 버섯모양의 증기운을 형성하여 상승 ③ 이때 증발된 기체가 주위의 공기와 혼합하여 가연범위 내에 들어오면서 점화원이 있을 경우 대형의 버섯모양의 화염을 형성 ④ 이를 Fire Ball이라하며 Fire Ball의 경우 발생 열보다 그 복사열의 피해가 심각하여 매우 위험하다.
BLEVE와 Fire Ball의 차이점	① BLEVE의 위험성은 폭발압력으로 탱크가 파열되는 순간 방출되는 폭발압력으로 인근 건물의 유리창이 파손된다. ② Fire Ball의 경우는 그 복사열로 인한 피해가 매우 커서 500m 이내의 가연물이 모두 타버릴 정도로 위험하다.
BLEVE 방지대책	① 용기의 압력상승 방지를 위한 Blow down 방법을 사용하여 용기내의 압력이 대기압 근처에서 유지되도록 한다. ※ Blow down : 용기 내부의 압력을 외부로 분출시키는 방법 ② 용기의 온도상승 방지를 위한 조치로는 탱크주위에 살수설비 또는 소방차로 물을 살수하여 용기를 냉각한다.
소방활동 대책	① 현장대원은 반드시 방열복을 착용하고 현장활동에 임한다. ② 현장활동 대원이외의 모든 인원은 안전지대로 대피한다. ③ 고막의 가장 약하므로 고막보호용 마개를 착용하고 현장활동에 임한다.

🔲 정답 ┃ 47. ④

48 "BLEVE의 단계적 설명"으로 옳지 않은 것은?

① 프로판 탱크가 화염에 노출되면 탱크 내의 압력이 상승한다.

② 안전밸브가 작동하고 내압을 방출한다.

③ 증기압이 탱크의 내압을 초과하게 되면 결국 탱크는 파열하고 UVCE가 발생한다.

④ 액화가스의 탱크가 파열하면 순간증발을 일으켜 가연성 가스의 혼합물이 대량 분출한다.

■ BLEVE의 단계적 설명
프로판 등 액화가스탱크의 외부에서 화재가 나면 탱크가 가열되어 내부의 액체에 높은 증기압이 발생하고 그 증기압이 탱크의 내압을 초과하게 되면 결국 탱크는 파열에 이르게 된다.
① 프로판 탱크가 화염에 노출되면 탱크 내의 압력이 상승한다.
② 안전밸브가 작동하고 내압을 방출한다.
③ 탱크가 너무 가열되면 안전밸브로는 파열을 방지할 수 없다.

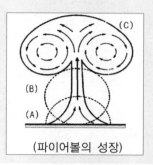

(파이어볼의 성장)

49 다음 내용과 관계 깊은 것은?

ⓐ (   ) : 가스 저장탱크지역의 화재발생시 탱크가 계속 가열되면 용기강도는 저하되고 내부압력은 상승하여 어느 시점이 되면 저장탱크의 설계압력을 초과하게 되고 탱크가 파괴되어 급격한 폭발현상을 일으킨다.

ⓑ (   ) : 저장탱크에서 유출된 가스가 대기 중의 공기와 혼합하여 구름을 형성하고 떠다니다가 점화원(점화스파크, 고온표면 등)을 만나면 발생할 수 있는 격렬한 폭발사고이며, 심한 위험성은 폭발압이다.

① UVCE, Baek Fire

② BLEVE, UVCE

③ BLEVE, Boil over

④ UVCE, BLEVE

■ 액화가스탱크 폭발(BLEVE : Boiling Liquid Expanding Vapor Explosion)
• 가스 저장탱크지역의 화재발생시 저장탱크가 가열되어 탱크 내 액체부분은 급격히 증발하고 가스부분은 온도상승과 비례하여 탱크 내 압력의 급격한 상승을 초래하게 된다.
• 탱크가 계속 가열되면 용기강도는 저하되고 내부압력은 상승하여 어느 시점이 되면 저장탱크의 설계압력을 초과하게 되고 탱크가 파괴되어 급격한 폭발현상을 일으킨다.
• 인화성 액체저장탱크는 화재시 BLEVE 억제를 위한 탱크의 냉각조치(물분무장치 등)를 취하지 않으면 화재발생 10여분 경과후 BLEVE가 발생할 수도 있다.

■ 증기운 폭발 – UVCE(Unconfined Vapor Cloud Explosion)
저장탱크에서 유출된 가스가 대기 중의 공기와 혼합하여 구름을 형성하고 떠다니다가 점화원(점화스파크, 고온표면 등)을 만나면 발생할 수 있는 격렬한 폭발사고이며, 심한 위험성은 폭발압이다.

정답 48. ③   49. ②

50 다음 중 "화학적 폭발"에 대한 설명으로 옳지 않은 것은?

① 산화, 분해, 중합, 증기폭발 등이 있다.

② 분해폭발은 공기나 산소 없이 단독으로 가스가 분해하여 폭발하는 것이다.

③ 연소폭발은 비정상연소에 해당되며 가연성 가스, 증기, 분진, 미스트 등이 공기와의 혼합물, 산화성, 환원성 고체 및 액체혼합물 혹은 화합물의 반응에 의하여 발생된다.

④ 중합폭발은 중합해서 발생하는 반응열을 이용해서 폭발하는 것으로 초산비닐, 염화비닐 등의 원료인 모노머가 폭발적으로 중합되면 격렬하게 발열하여 압력이 급상승되고 용기가 파괴되는 폭발을 일으키는 경우가 자주 있다.

■ 화학적 폭발

산화 폭발 (연소 폭발)	① 연소폭발은 비정상연소에 해당되며 가연성 가스, 증기, 분진, 미스트 등이 공기와의 혼합물, 산화성, 환원성 고체 및 액체혼합물 혹은 화합물의 반응에 의하여 발생된다. ② 연소폭발사고의 대부분 가연성 가스가 공기 중에 누설되거나 인화성 액체 저장탱크에 공기가 혼합되어 폭발성 혼합가스를 형성함으로서 점화원에 의해 착화되어 폭발하는 경우가 많다. ③ 이러한 가연성 가스의 폭발은 폭풍과 충격파를 동반하기 때문에 구조물에 심각한 피해를 입는다. 연소폭발은 폭발의 주체가 되는 물질의 종류에 따라 가스, 분진, 분무폭발로 분류할 수 있다. ※ LPG-공기, LNG-공기 등이며 가연성 가스의 혼합가스 점화에 의한 폭발을 말한다.
분해 폭발	① 공기나 산소 없이 단독으로 가스가 분해하여 폭발하는 것이다. ② 산화에틸렌(C_2H_4O), 아세틸렌(C_2H_2), 히드라진(N_2H_4) 같은 분해성 가스와 디아조화합물 같은 자기분해성 고체류는 분해하면서 폭발한다. ※ 아세틸렌은 분해성 가스의 대표적인 것으로 반응시 발열량이 크고, 산소와 반응하여 연소시 3,000℃의 고온이 얻어지는 물질로서 금속의 용단, 용접에 사용된다.
중합 폭발	① 중합해서 발생하는 반응열을 이용해서 폭발하는 것으로 초산비닐, 염화비닐 등의 원료인 모노머가 폭발적으로 중합되면 격렬하게 발열하여 압력이 급상승되고 용기가 파괴되는 폭발을 일으키는 경우가 자주 있다. ② 중합반응은 고분자 물질의 원료인 단량체(모노머,Monomer)에 촉매를 넣어 일정온도, 압력 하에서 반응시키면 분자량이 큰 고분자를 생성하는 반응을 말하며, 이 반응은 대부분 발열반응을 하므로 적절한 냉각설비를 반응장치에 설치하여 이상반응이 되는 것을 방지하여야 한다. 그러나 반응 시 냉각에 실패하는 경우 반응온도가 급격히 상승하여 미반응 모노머의 팽창, 비등이 발생하여 이상고압으로 되는 경우 반응장치를 파괴시키는 경우가 있다. ③ 중합이 용이한 물질은 촉매를 주입하지 않아도 공기 중의 산화와 산화성 물질, 알칼리성 물질이 촉매역할을 하여 반응을 일으킬 수도 있으므로 반응 중지제를 준비하여야 한다. 중합폭발을 하는 가스로는 시안화수소(HCN), 산화에틸렌(C_2H_4O) 등이 있다.
촉매 폭발	촉매에 의해서 폭발하는 것으로 수소(H_2)+산소(O_2), 수소(H_2)+염소(Cl_2)에 빛을 쪼일 때 일어난다.

■ 물리적 폭발

① 진공용기의 압괴, 과열액체의 급격한 비등에 의한 증기폭발, 용기의 과압과 과충전 등에 의한 용기파열 등이 물리적인 폭발에 해당된다.
   ♦ BLEVE : Boiling Liquid Expanding Vapor Explosion

② 비점이 낮은 인화성 액체가 가득 차 있지 않는 저장탱크 주위에 화재가 발생하여 저장탱크 벽면이 장시간 화염에 노출되면 윗부분의 온도가 상승하여 재질의 인장력이 저하되고 내부의 비등현상으로 인한 압력상승으로 저장탱크 벽면이 파열되는 현상을 말한다.

정답 | 50. ①

51 다음은 "응상폭발"의 대표적인 것은?

① 수증기 폭발

② 가스폭발

③ 분해폭발

④ 분진폭발

응상폭발	용융 금속이나 금속조각 같은 고온물질이 물속에 투입되었을 때 고온의 열이 저온의 물에 짧은 시간에 전달되면 일시적으로 물은 과열상태로 되고 급격하게 비등하여 폭발현상이 나타나게 되는 것. ※ 수증기 폭발이 대표적이다.
기상폭발	수소, 일산화탄소, 메탄, 프로판, 아세틸렌 등의 가연성 가스와 조연성 가스가 혼합기체를 형성하고 점화원에 의하여 폭발하는 것을 말한다. ※ 가스폭발, 가스의 분해폭발, 분무폭발, 분진폭발

52 "폭발한계에 영향을 주는 요소"에 대한 설명으로 옳지 않은 것은?

① 폭발한계의 압력 의존성은 다소 복잡하고 상한계는 일반적으로 압력이 상승하면 폭발범위는 줄어든다.

② 염소(Cl_2) 등의 산화제로 채워진 환경에서의 폭발범위는 공기 중에서의 보다 넓고 산소(O_2)로 채워진 환경과 비슷하다.

③ 폭발상한계는 온도가 100℃ 증가함에 따라 약 8% 증가한다.

④ 폭발상한계는 산소농도가 증가할수록 크게 증가한다.

■ 폭발한계에 대한 영향을 주는 요소

온도의 영향	① 일반적으로 폭발범위는 온도상승에 의하여 넓어지게 되며 폭발한계의 온도 의존은 비교적 규칙적이다. ② 폭발하한계는 온도가 100℃ 증가함에 따라 약 8% 증가한다. ③ 폭발상한계는 온도가 100℃ 증가함에 따라 약 8% 증가한다.
압력의 영향	폭발한계의 압력 의존성은 다소 복잡하다. 상한계는 일반적으로 압력 상승에 따라 폭발범위가 증가한다.
산소의 영향	폭발상한계는 산소농도가 증가할수록 크게 증가한다.
산화제 영향	염소(Cl_2) 등의 산화제로 채워진 환경에서의 폭발범위는 공기 중에서의 보다 넓고 산소(O_2)로 채워진 환경과 비슷하다. 가연성물질이 염소(Cl_2)에 의해 산화되기 때문이다.

정답 **51.** ① **52.** ①

01 위험물의 분류에 대한 설명으로 옳지 않은 것은?

① 제2석유류라 함은 등유, 경유 그 밖에 1기압에서 인화점이 섭씨 21도 이상 70도 미만인 것을 말한다.

② 제4석유류라 함은 기어유, 실린더유 그 밖에 1기압에서 인화점이 섭씨 200도 이상 섭씨 250도 미만의 것을 말한다.

③ 인화성고체라 함은 고형알코올 그 밖에 1기압에서 인화점이 섭씨 140도 미만인 고체를 말한다.

④ 질산은 그 비중이 1.49 이상인 것에 한한다.

■ **위험물의 분류**★★★ 22년 소방장

1) <u>"산화성고체"라 함은 고체[액체(1기압 및 섭씨 20도에서 액상인 것 또는 섭씨 20도 초과 섭씨 40도 이하에서 액상인 것을 말한다. 이하 같다)</u> 또는 기체(1기압 및 섭씨 20도에서 기상인 것을 말한다) 외의 것을 말한다.

2) "가연성고체"라 함은 고체로서 화염에 의한 발화의 위험성 또는 인화의 위험성을 판단하기 위하여 고시로 정하는 시험에서 고시로 정하는 성질과 상태를 나타내는 것을 말한다.

3) <u>유황은 순도가 60중량퍼센트 이상인 것을 말한다. 이 경우 순도측정에 있어서 불순물은 활석 등 불연성물질과 수분에 한한다.</u>★

4) <u>"철분"이라 함은 철의 분말로서 53마이크로미터의 표준체를 통과하는 것이 50중량퍼센트 미만인 것은 제외한다.</u>★

5) <u>"금속분"이라 함은 알칼리금속·알칼리토류금속·철 및 마그네슘외의 금속의 분말을 말하고, 구리분· 니켈분 및 150마이크로미터의 체를 통과하는 것이 50중량퍼센트 미만인 것은 제외한다.</u>★

6) 마그네슘 및 제2류제8호의 물품중 마그네슘을 함유한 것에 있어서는 다음 각목의 1에 해당하는 것은 제외한다.
   • 2밀리미터의 체를 통과하지 아니하는 덩어리 상태의 것
   • 직경 2밀리미터 이상의 막대 모양의 것

7) 황화린·적린·유황 및 철분은 제2호의 규정에 의한 성상이 있는 것으로 본다.

8) <u>"인화성고체"라 함은 고형알코올 그 밖에 1기압에서 인화점이 섭씨 40도 미만인 고체를 말한다.</u>

9) "자연발화성물질 및 금수성물질"이라 함은 고체 또는 액체로서 공기 중에서 발화의 위험성이 있거나 물과 접촉하여 발화하거나 가연성가스를 발생하는 위험성이 있는 것을 말한다.

10) 칼륨·나트륨·알킬알루미늄·알킬리튬 및 황린은 제9호의 규정에 의한 성상이 있는 것으로 본다.

11) <u>"인화성액체"라 함은 액체(제3석유류, 제4석유류 및 동식물유류에 있어서는 1기압과 섭씨 20도에 서 액상인 것에 한한다)로서 인화의 위험성이 있는 것을 말한다.</u>

12) <u>"특수인화물"이라 함은 이황화탄소, 디에틸에테르 그 밖에 1기압에서 발화점이 섭씨 100도 이하인 것 또는 인화점이 섭씨 영하 20도 이하이고 비점이 섭씨 40도 이하인 것을 말한다.</u>

13) <u>"제1석유류"라 함은 아세톤, 휘발유 그 밖에 1기압에서 인화점이 섭씨 21도 미만인 것을 말한다.</u>

14) 알코올류"라 함은 1분자를 구성하는 탄소원자의 수가 1개부터 3개까지인 포화1가 알코올(변성알코 올을 포함한다)을 말한다.

🖥 **정답** | **01.** ③

15) "제2석유류"라 함은 등유, 경유 그 밖에 1기압에서 인화점이 섭씨 21도 이상 70도 미만인 것을 말한다. 다만, 도료류 그 밖의 물품에 있어서 가연성 액체량이 40중량퍼센트 이하이면서 인화점이 섭씨 40도 이상인 동시에 연소점이 섭씨 60도 이상인 것은 제외한다.

16) "제3석유류"라 함은 중유, 클레오소트유 그 밖에 1기압에서 인화점이 섭씨 70도 이상 섭씨 200도 미만인 것을 말한다. 다만, 도료류 그 밖의 물품은 가연성 액체량이 40중량퍼센트 이하인 것은 제외한다.

17) "제4석유류"라 함은 기어유, 실린더유 그 밖에 1기압에서 인화점이 섭씨 200도 이상 섭씨 250도 미만의 것을 말한다. 다만 도료류 그 밖의 물품은 가연성 액체량이 40중량퍼센트 이하인 것은 제외한다.

18) "동식물유류"라 함은 동물의 지육 등 또는 식물의 종자나 과육으로부터 추출한 것으로서 1기압에서 인화점이 섭씨 250도 미만인 것을 말한다.

19) "자기반응성물질"이라 함은 고체 또는 액체로서 폭발의 위험성 또는 가열분해의 격렬함을 판단하기 위하여 고시로 정하는 시험에서 고시로 정하는 성질과 상태를 나타내는 것을 말한다.

20) 제5류제11호의 물품에 있어서는 유기과산화물을 함유하는 것 중에서 불활성고체를 함유하는 것

21) "산화성액체"라 함은 액체로서 산화력의 잠재적인 위험성을 판단하기 위하여 고시로 정하는 시험에서 고시로 정하는 성질과 상태를 나타내는 것을 말한다.

22) 과산화수소는 그 농도가 36중량퍼센트 이상인 것에 한하며, 제21호의 성상이 있는 것으로 본다.

23) 질산은 그 비중이 1.49 이상인 것에 한하며, 제21호의 성상이 있는 것으로 본다.

02 "제1류 위험물에 대한 설명으로 옳지 않은 것은?

① 대부분 산소를 포함하는 무기화합물이다.(염소화이소시아눌산은 제외)

② 비교적 낮은 온도에서 착화하기 쉽고, 연소속도가 빠르며 연소열이 큰 고체이다.

③ 알칼리금속의 과산화물 및 이를 함유한 것은 물을 절대로 사용하여서는 안 된다.

④ 폭발위험이 크므로 충분한 안전거리를 확보하고 보호 장비를 착용하여야 한다.

■ 제1류 위험물 일반성질*** 12년 소방장/ 20년, 22년 소방위
① 대부분 산소를 포함하는 무기화합물이다.(염소화이소시아눌산은 제외)
② 반응성이 커서 가열, 충격, 마찰 등으로 분해하여 O_2를 발생한다.(강산화제)
③ 자신은 불연성 물질이지만 가연성 물질의 연소를 돕는다.(지연성, 조연성)
④ 대부분 무색결정이거나 백색분말이다.
⑤ 물보다 무거우며 물에 녹는 것이 많다. 수용액에서도 산화성이 있다.
⑥ 조해성이 있는 것도 있다.
⑦ 단독으로 분해 폭발하는 경우는 적지만 가연물이 혼합하고 있을 때는 연소 폭발한다.
⑧ 물과 작용하여 열과 산소를 발생시키는 것도 있다.(무기과산화물, 퍼옥소붕산염류 등은 물과 반응하여 산소를 방출하고 발열한다. 특히 알칼리금속의 과산화물은 물과 급격히 반응한다.)

■ 화재진압방법** 18년, 20년, 22년 소방위
① 알칼리금속의 과산화물 및 이를 함유한 것은 물을 절대로 사용하여서는 안 된다. 초기단계에서 탄산수소염류 등을 사용한 분말소화기, 마른모래 또는 소화질석을 사용한 질식소화가 유효하다.
② 폭발위험이 크므로 충분한 안전거리를 확보하고 보호 장비를 착용하여야 한다.
③ 가연물과 격리하는 것이 우선이며, 격리가 곤란한 경우, 물과 급격히 반응하지 않는 것은 다량의 물로 냉각소화가 가능하다.
④ 소화잔수도 산화성이 있으므로 오염 건조된 가연물은 발화할 수 있다.

🔲 정답 | 02. ②

03 제1류 위험물의 지정수량이 다른 하나는?

① 아염소산염류　　　　　　　　　② 과염소산염류
③ 염소산염류　　　　　　　　　　④ 요오드산 염류

■ 산화성 고체의 종류 및 지정수량* 22년 소방장

품 명	지정수량
1. 아염소산염류	50kg
2. 염소산염류	50kg
3. 과염소산염류	50kg
4. 무기과산화물	50kg
5. 브롬산염류	300kg
6. 질산염류	300kg
7. 요오드산염류	300kg
8. 과망간산염류	1,000kg
9. 중크롬산염류	1,000kg

04 "1류 위험물 저장 및 취급방법"으로 옳지 않은 것은?

① 용기는 완전히 밀폐하고 공기 또는 물과의 접촉을 방지
② 분해촉매, 이물질과의 접촉방지, 조해성물질은 방습, 용기는 밀봉
③ 강산과의 접촉 및 타류 위험물과 혼재금지
④ 가열금지, 화기엄금, 직사광선차단, 충격, 타격, 마찰금지

■ 제1류 위험물 저장 및 취급방법
① 가열금지, 화기엄금, 직사광선차단, 충격, 타격, 마찰금지
② 용기가 굴러떨어지거나 넘어지지 않도록 조치할 것
③ 공기, 습기, 물, 가연성 물질과 혼합, 혼재방지, 환기가 잘되는 냉암소에 저장
④ 강산과의 접촉 및 타류 위험물과 혼재금지 알칼리금속의 과산화물 및 이를 함유한 것에 물과의
　접촉금지
⑤ 분해촉매, 이물질과의 접촉방지, 조해성물질은 방습, 용기는 밀봉한다.

05 "2류 위험물 성질 및 화재진압방법"으로 옳지 않은 것은?

① 철분, 금속분, 마그네슘은 마른 모래, 건조분말, 금속화재용 분말소화약제를 사용한다.
② 비교적 낮은 온도에서 착화하기 쉽고, 연소속도가 빠르며 연소열이 큰 고체이다.
③ 적린, 유황, 인화성 고체는 금속화재용 분말소화약제를 사용하여 질식소화가 적당하다.
④ 황화인은 CO_2, 마른 모래, 건조분말에 의한 질식소화를 한다.

정답　**03.** ④　　**04.** ①　　**05.** ③

■ **제2류 위험물 일반성질**
① 비교적 낮은 온도에서 착화하기 쉽고, 연소속도가 빠르며 연소열이 큰 고체이다.
② 모두 산소를 함유하고 있지 않은 강한 환원성 물질이다.
③ 산소와의 결합이 용이하고 저농도의 산소 하에서도 잘 연소한다.
④ 철분, 금속분, 마그네슘은 물과 산의 접촉으로 수소가스를 발생하고 발열한다. 특히, 금속분은 습기와 접촉할 때 조건이 맞으면 자연발화의 위험이 있다.
⑤ 대부분 비중이 1보다 크며 물에 녹지 않는다.
⑥ 산화제와 혼합한 것은 가열, 충격, 마찰에 의해 발화 또는 폭발위험이 있다.
⑦ 유황가루, 철분, 금속분은 밀폐된 공간 내에서 부유할 때 분진폭발의 위험이 있다.
⑧ 연소 시 다량의 유독가스를 발생하고 금속분 화재인 경우 물을 뿌리면 오히려 수소가스가 발생하여 2차 재해를 가져온다.

■ **화재진압방법**** 15년, 18년, 20년, 22년 소방위
① 황화인은 CO_2, 마른 모래, 건조분말에 의한 질식소화를 한다.
② 철분, 금속분, 마그네슘은 마른 모래, 건조분말, 금속화재용 분말소화약제를 사용하여 질식 소화한다.
③ 적린, 유황, 인화성 고체는 물을 이용한 냉각소화가 적당하다.
④ 다량의 열과 유독성의 연기가 발생하므로 반드시 방호복과 공기호흡기를 착용한다.
⑤ 분진폭발이 우려되는 경우는 충분히 안전거리를 확보한다.

06 다음 중 "제2류 위험물"에 속하지 않는 것은?

① 적린
② 유황
③ 마그네슘
④ 알킬리튬

제2류 위험물 : 황화린, 적린, 유황, 철분, 금속분, 마그네슘, 인화성고체

07 "제2류 위험물의 저장 및 취급방법"에 대한 설명으로 옳지 않은 것은?

① 강산화성 물질(제1류 위험물 또는 제6류 위험물)과 혼합 저장한다.
② 철분, 금속분, 마그네슘분의 경우는 물 또는 묽은 산과의 접촉을 피한다.
③ 저장용기를 밀폐하고 위험물의 누출을 방지하여 통풍이 잘 되는 냉암소 저장
④ 화기엄금, 가열엄금, 고온체와 접촉방지

■ **제2류 위험물(가연성 고체) 저장 및 위급방법**
① 화기엄금, 가열엄금, 고온체와 접촉방지
② 강산화성 물질(제1류 위험물 또는 제6류 위험물)과 혼합을 피한다.
③ 철분, 금속분, 마그네슘분의 경우는 물 또는 묽은 산과의 접촉을 피한다.
④ 저장용기를 밀폐하고 위험물의 누출을 방지하여 통풍이 잘 되는 냉암소(冷暗所)에 저장한다.

정답　**06.** ④　**07.** ①

08 "제3류 위험물의 지정수량"이 바르게 연결된 것은?

① 칼륨 – 50kg 　　　　　　　　② 황린 – 20kg

③ 칼슘 – 10kg 　　　　　　　　④ 유기금속화합물 – 300kg

■ 산화성 고체의 종류 및 지정수량** 16년, 18년 소방장

품 명	지정수량	설 명
1. 칼륨	10kg	K
2. 나트륨	10kg	Na
3. 알킬알루미늄	10kg	알킬기 ($CnH_{2n}+_1$, R)와 알루미늄(Al)의 화합물
4. 알킬리튬	10kg	알킬기 ($CnH_{2n}+_1$, R)와 리튬(Li)의 화합물
5. 황린	20kg	P_4
6. 알칼리금속 및 알칼리토금속(나트륨, 칼륨, 마그네슘은 제외)	50kg	Li, Rb, Cs, Fr, Be, Ca, Sr, Ba, Ra
7. 유기금속화합물(알킬알루미늄 및 알킬리튬은 제외)	50kg	알킬기($CnH_{2n}+_1$)와 아닐기(C_6H_5-)등 탄화수소와 금속원자가 결합된 화합물, 즉, 탄소–금속 사이에 치환결합을 갖는 화합물
8. 금속의 수소화물	300kg	수소(H)와 금속원소의 화합물
9. 금속의 인화물	300kg	인(P)과 금속원소의 화합물
10. 칼슘 또는 알루미늄의 탄화물	300kg	칼슘(Ca)의 탄화물 또는 알루미늄(Al)의 탄화물
11. 그 밖에 총리령이 정하는 것	300kg	염소화규소화합물(염화규소)
12. 위의 어느 하나 이상을 함유한 것	10kg, 20kg, 50kg, 또는 300kg	

09 다음 중 "제3류 위험물"과 관계있는 것은?

① 대부분 무색의 결정 또는 백색의 분말이다.

② 연소 시 유독가스를 발생하는 것이 있다.

③ 증기비중은 1보다 커서 낮은 곳에 체류하고 낮게 멀리 이동한다.

④ 공기 중에 노출되거나 물(수분)과 접촉하는 경우 직접적인 발화위험이 있다.

① 1류, ② 2류, ③ 4류 위험물에 대한 설명이다.

정답　08. ②　09. ④

10 "제3류 위험물의 일반성질 및 화재진압대책"에 대한 설명이 아닌 것은?

① 화재 시에는 진압보다는 연소확대 방지에 주력해야 한다.
② 칼륨, 나트륨, 알킬알루미늄, 알킬리튬을 제외하고 물보다 무겁다.
③ 알킬알루미늄, 알킬리튬은 물 또는 공기와 접촉하면 폭발한다.
④ 황린을 포함한 대부분 물질에선 물과 반응할 때 가연성가스를 발생한다.

■ 제3류 위험물의 일반성질★★ 20년, 22년 소방위
① 무기 화합물과 유기 화합물로 구성되어 있다.
② 대부분이 고체이다. (단, 알킬알루미늄, 알킬리튬은 고체 또는 액체이다)
③ 칼륨(K), 나트륨(Na), 알킬알루미늄(RAI), 알킬리튬(RLi)을 제외하고 물보다 무겁다.
④ 물과 반응하여 가연성가스를 발생한다.(황린 제외)
⑤ 칼륨, 나트륨, 알칼리금속, 알칼리토금속은 보호액(석유)속에 보관한다.
⑥ 알킬알루미늄, 알킬리튬은 물 또는 공기와 접촉하면 폭발한다.(헥산 속에 저장)
⑦ 황린은 공기와 접촉하면 자연 발화한다.(pH9의 물 속에 저장)
⑧ 가열 또는 강산화성 물질, 강산류와 접촉으로 위험성이 증가한다.

■ 화재진압대책
① 절대로 물을 사용하여서는 안 된다.(황린 제외)
② 화재 시에는 화원의 진압보다는 연소확대 방지에 주력해야 한다.
③ 마른모래, 팽창질석, 팽창진주암, 건조석회(생석회, CaO)로 상황에 따라 조심스럽게 질식 소화한다.
④ 금속화재용 분말 소화약제에 의한 질식소화를 한다.

11 "5류 위험물의 화재진압방법"으로 옳지 않은 것은?

① 자기연소성 물질이기 때문에 CO_2, 분말, 할론, 포 등에 의한 질식소화는 효과가 없다.
② 화재 시 폭발위험이 상존하므로 화재진압 시 충분히 안전거리를 유지하고 접근 시 엄폐물을 이용하며 방수 시 무인방수포 등을 이용한다.
③ 초기소화 또는 소량화재 시 부터 물로 대량 방수하여야 한다.
④ 밀폐 공간 내에서 화재발생 시에는 반드시 공기호흡기를 착용한다.

■ 제5류 위험물의 화재진압방법★★ 18년 소방장
① 자기연소성 물질이기 때문에 CO_2, 분말, 할론, 포 등에 의한 질식소화는 효과가 없으며, 다량의 물로 냉각 소화하는 것이 적당하다.
② 초기화재 또는 소량화재 시 분말로 일시에 화염을 제거하여 소화할 수 있으나 재발화가 염려되므로 최종적으로 물로 냉각 소화하여야 한다.
③ 화재 시 폭발위험이 상존하므로 화재진압 시 충분히 안전거리를 유지하고 접근 시 엄폐물을 이용하며 방수 시 무인방수포 등을 이용한다.
④ 밀폐 공간 내에서 화재발생 시에는 반드시 공기호흡기를 착용하여 유독가스에 질식되는 일이 없도록 한다.

정답   10. ④   11. ③

12 "제4류 위험물의 일반성질"로써 옳지 않은 것은?

① 인화점, 발화점이 낮은 것은 위험성이 높다.
② 발생증기는 가연성이며 대부분의 증기비중은 공기보다 무겁다.
③ 모두 불연성 물질이지만 다른 물질의 연소를 돕는 산화성·지연성 액체이다.
④ 대량 연소 시 다량의 복사열, 대류열로 인하여 열전달이 이루어져 화재가 확대된다.

■ **제4류 위험물 일반성질*** 20년 소방위
① 물보다 가볍고 물에 녹지 않는 것이 많다.
② 대부분 유기 화합물이다.
③ 발생증기는 가연성이며 대부분의 증기비중은 공기보다 무겁다.
④ 발생증기는 연소하한계의 증기농도가 낮아(1~2vol%) 매우 인화하기 쉽다.
⑤ 인화점, 발화점이 낮은 것은 위험성이 높다.
⑥ 전기의 불량도체로서 정전기의 축적이 용이하고 이것이 점화원이 되는 때가 많다.
⑦ 유동하는 액체화재는 연소 확대의 위험이 있고 소화가 곤란하다.
⑧ 대량 연소 시 다량의 복사열, 대류열로 인하여 열전달이 이루어져 화재가 확대된다.
⑨ 비교적 발화점이 낮고 폭발위험성이 공존한다.

13 "제6류 위험물의 일반성질"이 아닌 것은?

① 모두 불연성 물질이지만 다른 물질의 연소를 돕는 산화성·지연성 액체이다.
② 할로겐간화합물을 포함하여 많은 산소를 함유하고 있으며 물보다 무겁고 잘 녹는다.
③ 염기와 반응하거나 물과 접촉할 때 발열한다.
④ 증기는 유독하며 피부와 접촉 시 점막을 부식시키는 유독성·부식성 물질이다.

■ **제6류 위험물 일반성질**
① 모두 불연성 물질이지만 다른 물질의 연소를 돕는 산화성·지연성 액체이다.
② 산소를 많이 함유하고 있으며(할로겐간화합물은 제외) 물보다 무겁고 물에 잘 녹는다.
③ 증기는 유독하며(과산화수소 제외) 피부와 접촉 시 점막을 부식시키는 유독성·부식성 물질이다.
④ 염기와 반응하거나 물과 접촉할 때 발열한다.
⑤ 강산화성 물질(제1류 위험물)과 접촉 시 발열하고 폭발하며 이때 가연성 물질이 혼재되어 있으면 혼촉발화의 위험이 있다.

14 "제3류 위험물의 화재진압대책"으로 옳지 않은 것은?

① 화재 시에는 연소확대 방지보다는 화원의 진압에 주력해야 한다.
② 절대로 물을 사용하여서는 안 된다.
③ 마른모래, 팽창질석, 팽창진주암, 건조석회로 상황에 따라 조심스럽게 질식 소화한다.
④ 금속화재용 분말소화약제에 의한 질식소화를 한다.

🔲 **정답** | 12. ③   13. ②   14. ①

■ **제3류 위험물 화재진압대책**★★ 18년 소방장/ 20년, 22년 소방위
① 절대로 물을 사용하여서는 안 된다.(황린 제외)
② 화재 시에는 화원의 진압보다는 연소확대 방지에 주력해야 한다.
③ 마른모래, 팽창질석, 팽창진주암, 건조석회(생석회, CaO)로 상황에 따라 조심스럽게 질식 소화한다.
④ 금속화재용 분말소화약제에 의한 질식소화를 한다.

15 "제4류 위험물에 대한 일반성질 및 화재진압방법"으로 연결이 잘못된 것은?

① 초기화재 : CO_2, 포, 물분무, 분말, 할론
② 소규모화재 : CO_2, 포, 물분무, 분말, 할론
③ 대규모화재 : 직접적인 물에 의한 냉각소화
④ 수용성 석유류의 화재 : 알코올형포, 다량의 물로 희석소화

■ **제4류 위험물 화재진압방법**★★ 20년, 22년 소방위
① 수용성과 비수용성, 물보다 무거운 것과 물보다 가벼운 것으로 구분하여 진압에 용이한 방법과 연계하는 것이 좋다.
② 초기화재 – CO_2, 포, 물분무, 분말, 할론
③ 소규모화재 – CO_2, 포, 물분무, 분말, 할론
④ 대규모화재 – 포에 의한 질식소화
⑤ 수용성 석유류의 화재–알코올형포, 다량의 물로 희석소화
⑥ 물보다 무거운 석유류의 화재–석유류의 유동을 일으키지 않고 물로 피복하여 질식소화 가능, 직접적인 물에 의한 냉각소화는 적당하지 않다.
⑦ 대량화재의 경우는 복사열로 인해 접근이 곤란하므로 충분한 안전거리를 확보한다.
⑧ 대형 tank의 화재 시는 boil over, slope over등 유류화재의 이상현상에 대비하여 신중한 작전이 요구된다.

16 "제3류 위험물 중 알킬알루미늄, 알킬리튬" 저장 방법은?

① 헥산
② 석유
③ pH_9의 물 속에 저장
④ 밀봉

■ **제3류 위험물 저장방법**★ 15년, 18년 소방장, 소방위/ 20년, 22년 소방위
① 무기 화합물과 유기 화합물로 구성되어 있다.
② 대부분이 고체이다. (단, 알킬알루미늄, 알킬리튬은 고체 또는 액체이다)
③ 칼륨(K), 나트륨(Na), 알킬알루미늄(RAI), 알킬리튬(RLi)을 제외하고 물보다 무겁다.
④ 물과 반응하여 가연성가스를 발생한다.(황린 제외)
⑤ 칼륨, 나트륨, 알칼리금속, 알칼리토금속은 보호액(석유)속에 보관한다.
⑥ 알킬알루미늄, 알킬리튬은 물 또는 공기와 접촉하면 폭발한다.(헥산 속에 저장)
⑦ 황린은 공기와 접촉하면 자연 발화한다.(pH9의 물 속에 저장)
⑧ 가열 또는 강산화성 물질, 강산류와 접촉으로 위험성이 증가한다.

17 "제6류 위험물의 화재진압 방법"으로 옳지 않은 것은?

① 화재 시 가연물과 격리한다.

② 소규모화재 시 다량의 물로 희석하는 등 원칙적으로 물을 사용하여야 한다.

③ 유출 시 마른 모래나 중화제로 처리한다.

④ 화재진압 시 공기호흡기, 방호의, 고무장갑, 고무장화 등 반드시 착용

■ 제6류 위험물 화재진압 방법★★ 18년 소방위
① 화재 시 가연물과 격리한다.
② 소규모화재는 다량의 물로 희석할 수 있지만 <u>원칙적으로 물을 사용하지 말아야 한다.</u>
③ 유출 시 마른 모래나 중화제로 처리한다.
④ 화재진압 시는 공기호흡기, 방호의, 고무장갑, 고무장화 등 보호장구는 반드시 착용한다.

18 "제5류 위험물"에 대한 설명으로 옳지 않은 것은?

① 연소속도가 대단히 빨라서 폭발성이 있다. 화약, 폭약의 원료로 많이 쓰인다.

② 가열, 충격, 타격, 마찰에 민감하며 강산화제, 강산류와 접촉 시 위험성이 현저히 증가한다.

③ 대부분이 물에 잘 녹으며 물과 반응한다.

④ 안정제(용제 등)가 함유되어 있는 것은 안정제의 증발을 막고 증발되었을 때는 즉시 보충한다.

■ 5류 위험물 일반성질 및 저장, 취급방법★ 15년 소방장
※ 일반성질
① 대부분 유기 화합물이며 유기과산화물을 제외하고는 질소를 함유한 유기 질소화합물이다.(하이드라진 유도체는 무기 화합물)
② 모두 가연성의 액체 또는 고체물질이고 연소할 때는 다량의 유독가스를 발생한다.
③ <u>대부분이 물에 잘 녹지 않으며 물과 반응하지 않는다.</u>
④ 분자 내에 산소를 함유(조연성)하므로 스스로 연소할 수 있다.
⑤ 연소속도가 대단히 빨라서 폭발성이 있다. 화약, 폭약의 원료로 많이 쓰인다.
⑥ 불안정한 물질로서 공기 중 장기간 저장 시 분해하여 분해열이 축적되는 분위기에서는 자연발화의 위험이 있다.
⑦ 가열, 충격, 타격, 마찰에 민감하며 강산화제 또는 강산류와 접촉 시 위험성이 현저히 증가한다.
⑧ 유기과산화물은 구조가 독특하며 매우 불안정한 물질로서 농도가 높은 것은 가열, 직사광선, 충격, 마찰에 의해 폭발한다.

※ 저장 및 취급방법
① 잠재적 위험성이 크고 그 결과는 폭발로 이어지는 것이 많으므로 사전안전조치가 중요하다.
② 화염, 불꽃 등 점화원의 엄격한 통제 및 기계적인 충격, 마찰, 타격 등을 사전에 피한다.
③ 직사광선의 차단, 강산화제, 강산류와의 접촉을 방지한다.
④ 가급적 작게 나누어서 저장하고 용기파손 및 위험물의 누출을 방지한다.
⑤ 안정제(용제 등)가 함유되어 있는 것은 안정제의 증발을 막고 증발되었을 때는 즉시 보충한다.

정답 17. ②   18. ③

19 "제5류 위험물"의 적응성 소화설비는?

① 옥내소화전

② 분말소화

③ CO₂소화

④ 할로겐소화

 자기반응성 물질이기 때문에 CO_2, 분말, 하론, 포 등에 의한 질식소화는 효과가 없으며, 다량의 물로 냉각소화하는 것이 적당하다.

20 GHS 표시방법 중 다음과 관계있는 것은?

① 폭발성 물질

② 금속부식성 물질

③ 물 반응성 물질

④ 고압가스

 ■ GHS 표시방법

구 분	표시방법		구 분	표시방법	
1. 폭발성물질 또는 화약류	폭탄의 폭발 (Exploding bomb)		5. 고압가스	가스실린더	
	신호어	위험/경고		신호어	경고
2. 인화성가스 6. 인화성액체 7. 인화성고체 13. 인화성에어로졸	불꽃(Flame)		8. 자기 반응성 물질 및 혼합물 15. 유기과산화물	폭탄의 폭발과 불꽃	
	신호어	위험/경고		신호어	위험/경고

정답   **19.** ①   **20.** ②

11. 자기발열성 물질 및 혼합물 12. 물반응성 물질 및 혼합물	불꽃(Flame)		9. 자연발화성액체 10. 자연발화성 고체	불꽃(Flame)	
	신호어	위험/경고		신호어	위험
4. 산화성가스 13. 산화성액체 14. 산화성고체	원 위의 불꽃 (Flame over circle)		16. 금속부식성물질	부식성 (Corrosion)	
	신호어	위험/경고		신호어	경고

CHAPTER 07 화재조사실무

01 "화재의 정의"에서 화재로 볼 수 없는 것은?

① 소화시설 등을 사용하여 소화할 필요가 있는 것
② 연소현상이 없는 보일러 내압조 파열
③ 고의에 의해 발생하는 연소현상
④ 사람의 의도에 반하여 발생하는 연소현상

화재란 사람의 의도에 반하거나 고의에 의해 발생하는 연소현상으로서 소화시설 등을 사용하여 소화할 필요가 있거나 또는 사람의 의도에 반해 발생하거나 확대된 화학적인 폭발현상이다.

사람의 의도에 반하거나 고의 또는 과실	① 화기취급 중 발생하는 실화뿐만 아니라 부작위에 의한 자연발화 또는 천재지변에 의한 화재도 포함한다. ② "고의에 의한다"고 하는 것은 일정한 대상에 대하여 피해 발생을 목적으로 착화 및 화재를 유도하였거나 직접 불을 지른 경우를 말한다.	
연소현상	"연소"라고 함은 가연성물질이 산소와 결합하여 열과 빛을 내며 급속히 산화되어 형질이 변경되는 화학반응을 말하며, 다음 현상들과는 구분된다.	
	금속의 용융	열과 빛은 발하되 산화현상이 아니므로 연소가 아니다.
	금속의 녹	산소와 결합하는 산화반응이나 반응속도가 완만하고, 열과 빛을 내지 않기 때문에 연소가 아니다.
	핵융합 및 핵분열	열과 빛은 발하되 산화현상이 아니므로 연소가 아니다.
소화할 필요가 있다는 것	① 연소현상으로서 소화의 필요성이 있어야 한다. ② 소화의 필요성의 정도는 소화시설이나 그와 유사한 정도의 시설을 사용할 수준 이상이어야 한다는 말이다.	
화학적인 폭발현상	① 과실 등으로 인하여 발생하거나 확대된 화학적 폭발현상을 의미한다. ② 순간적인 연소현상이 있는 혼합가스폭발, 가스의 분해폭발, 분진폭발 등의 화학적 변화에 의한 폭발은 급격한 연소현상으로써 화재 범주에 포함된다. ③ <u>연소현상이 없는 보일러 내압조 파열 등 단순한 물리적인 파열은 화재로 정의하지 않는다.</u>	

02 "화재의 소실정도"에 대한 설명으로 옳지 않은 것은?

① 건물의 40%가 소실, 잔존부분을 보수하여도 사용이 불가능한 것은 전소이다.
② 건물의 40%가 소실된 것은 반소이다.
③ 건물의 30%가 소실된 것은 부분소이다.
④ 건물의 70%가 소실된 것은 전소이다.

※ 건물의 30% 미만이 소실되어야 부분소이다.
■ 「건물의 소실 정도」

구 분	소실 정도	내 용
전소		건물의 70% 이상(입체면적에 대한 비율을 말한다. 이하 같다) 소실되었거나 또는 그 미만이라도 잔존부분을 보수를 하여도 재사용이 불가능한 것
반소		건물의 30% 이상 70% 미만이 소실된 것
부분소		30% 미만 전소 및 반소화재에 해당되지 아니하는 것

03 화재와 관련된 내용을 설명한 것으로 옳지 않은 것은?

① 들판의 수목, 잡초, 구조물 등이 소손된 것은 임야화재라고 한다.
② 선박·항공기화재란 선박, 항공기 또는 그 적재물이 소손된 것을 말한다.
③ 화재피해액이 같은 경우나 화재피해액이 큰 것으로 구분하는 것이 사회관념상 적당치 않을 경우에는 발화장소로 화재의 종류를 구분한다.
④ 화재가 복합되어 발생한 경우, 화재의 구분을 화재피해액이 큰것으로 한다.

■ 화재의 유형* 24년 소방장

구 분	대상물	비 고
건축·구조물 화재	건축물, 구조물 또는 그 수용물이 소손된 것	화재가 복합되어 발생한 경우에는 화재의 구분을 화재피해액이 큰 것으로 하며, 화재피해액이 같은 경우나 화재피해액이 큰 것으로 구분하는 것이 사회관념상 적당치 않을 경우에는 발화장소로 화재의 종류를 구분한다.
자동차·철도 차량화재	자동차 및 철도차량 및 피견인 차량 또는 그 적재물이 소손된 것	
위험물·가스 제조소등 화재	위험물제조소 등, 가스제조·저장·취급시설 등이 소손된 것	
선박·항공기화재	선박, 항공기 또는 그 적재물이 소손된 것을 말한다.	
임야화재	산림, 야산, 들판의 수목, 잡초, 경작물 등이 소손된 것을 말한다.	
기타 화재	위의 각 호에 해당되지 않는 화재	

정답 | **02.** ③   **03.** ①

04 "화재조사 관련내용"에 대한 설명으로 옳지 않은 것은?

① 화재조사관은 화재발생 사실을 인지하는 즉시 화재조사를 시작해야 한다.

② 화재현장과 기타 관계있는 장소에 출입할 때에는 관계인등의 입회 하에 실시하는 것을 원칙으로 한다.

③ 소방관서장은 조사 시 전문지식과 기술이 필요하다고 인정되는 경우 국립소방연구원 또는 화재감정기관 등에 감정을 의뢰할 수 있다.

④ 관계인등에게 질문을 할 때에는 시기, 장소 등을 고려하여 진술하는 사람으로부터 임의 진술을 얻도록 해서는 안된다.

■ 화재조사 관련 내용

구분	내용
화재조사의 개시 및 원칙	① 화재조사관은 화재발생 사실을 인지하는 즉시 화재조사를 시작해야 한다. ② 소방관서장은 조사관을 근무 교대조별로 2인 이상 배치하고, 장비·시설을 기준 이상으로 확보하여 조사업무를 수행하도록 하여야 한다. ③ 조사는 물적 증거를 바탕으로 과학적인 방법을 통해 합리적인 사실의 규명을 원칙으로 한다.
화재조사관의 책무	① 조사관은 조사에 필요한 전문적 지식과 기술의 습득에 노력하여 조사업무를 능률적이고 효율적으로 수행해야 한다. ② 조사관은 그 직무를 이용하여 관계인등의 민사 분쟁에 개입해서는 아니 된다.
화재출동 대원의 협조	① 화재현장에 출동하는 소방대원은 조사에 도움이 되는 사항을 확인하고, 화재현장에서도 소방활동 중에 파악한 정보를 조사관에게 알려주어야 한다. ② 화재현장의 선착대 선임자는 철수 후 지체 없이 국가화재정보시스템에 화재현장출동보고서를 작성·입력해야 한다.
관계인 등 협조	① 화재현장과 기타 관계있는 장소에 출입할 때에는 관계인 등의 입회 하에 실시하는 것을 원칙으로 한다. ② 조사관은 조사에 필요한 자료 등을 관계인등에게 요구할 수 있으며, 관계인 등이 반환을 요구할 때는 조사의 목적을 달성한 후 관계인등에게 반환해야 한다.
관계인 등 진술	① 관계인등에게 질문을 할 때에는 시기, 장소 등을 고려하여 진술하는 사람으로부터 임의진술을 얻도록 해야 하며 진술의 자유 또는 신체의 자유를 침해하여 임의성을 의심할 만한 방법을 취해서는 아니 된다. ② 관계인등에게 질문을 할 때에는 희망하는 진술내용을 얻기 위하여 상대방에게 암시하는 등의 방법으로 유도해서는 아니 된다. ③ 획득한 진술이 소문 등에 의한 사항인 경우 그 사실을 직접 경험한 관계인등의 진술을 얻도록 해야 한다.
감식 및 감정	① 소방관서장은 조사 시 전문지식과 기술이 필요하다고 인정되는 경우 국립소방연구원 또는 화재감정기관 등에 감정을 의뢰할 수 있다. ② 소방관서장은 과학적이고 합리적인 화재원인 규명을 위하여 화재현장에서 수거한 물품에 대하여 감정을 실시하고 화재원인 입증을 위한 재현실험 등을 할 수 있다.

정답 04. ④

05 "화재조사에 관한 설명"으로 옳지 않은 것은?

① 운행 중인 차량, 선박, 항공기에서 발생한 화재는 소화활동을 행한 본부장 또는 소방서장이 조사하여야 한다.

② 소방본부장 또는 소방서장은 관할구역내의 화재에 대하여 조사를 하여야 한다.

③ 광역조사 화재에 대하여는 광역 화재조사단에서 조사책임을 지고 조사하여야 한다.

④ 화재현장의 선착대 선임자는 철수 후 지체 없이 국가화재정보시스템에 화재현장출동보고서를 작성·입력해야 한다.

■ **조사책임**

① 소방본부장 또는 소방서장은 관할구역내의 화재에 대하여 조사를 하여야 한다. 다만 광역조사 화재에 대하여는 광역 화재조사단에서 조사책임을 지고 조사하여야 한다.

② 운행 중인 차량, 선박, 항공기에서 발생한 화재는 소화활동을 행한 장소를 관할하는 본부장 또는 소방서장이 조사하여야 한다.

06 "건물동수 산정"에 대한 설명으로 옳지 않은 것은?

① 주요구조부가 하나로 연결되어 있는 것은 같은 동으로 한다.

② 구조에 관계없이 지붕 및 실이 하나로 연결되어 있는 것은 같은 동으로 본다.

③ 목조 또는 내화조 건물의 경우 격벽으로 방화구획이 되어 있는 경우도 다른 동으로 본다.

④ 내화조 건물의 옥상에 목조 또는 방화구조 건물이 별도 설치되어 있는 경우는 별동으로 한다.

■ **건물동수 산정****** 20년 소방장/ 21년 소방교, 소방위/ 23년 소방교

① 주요구조부가 하나로 연결되어 있는 것은 같은 동으로 한다. 다만, 건널 복도 등으로 2 이상의 동에 연결되어 있는 것은 그 부분을 절반으로 분리하여 각 동으로 본다.

② 건물의 외벽을 이용하여 실을 만들어 헛간, 목욕탕, 작업실, 사무실 및 기타 건물 용도로 사용하고 있는 것은 주 건물과 같은 동으로 본다.

③ 구조에 관계없이 지붕 및 실이 하나로 연결되어 있는 것은 같은 동으로 본다.

④ 목조 또는 내화조 건물의 경우 격벽으로 방화구획이 되어 있는 경우도 같은 동으로 한다.

⑤ 독립된 건물과 건물 사이에 차광막, 비막이 등의 덮개를 설치하고 그 밑을 통로등으로 사용하는 경우는 다른 동으로 한다.(작업장과 작업장 사이에 조명유리 등으로 비막이를 설치하여 지붕과 지붕이 연결되어 있는 경우)

⑥ 내화조 건물의 옥상에 목조 또는 방화구조 건물이 별도 설치되어 있는 경우는 별동으로 한다. 다만, 이들 건물의 기능상 하나인 경우(옥내 계단이 있는 경우)는 같은 동으로 한다.

⑦ 내화조 건물의 외벽을 이용하여 목조 또는 방화구조건물이 별도 설치되어 있고 건물 내부와 구획되어 있는 경우 다른 동으로 한다. 다만, 주된 건물에 부착된 건물이 옥내로 출입구가 연결되어 있는 경우와 기계설비 등이 쌍방에 연결되어 있는 경우 등 건물 기능상 하나인 경우는 동일 동으로 본다.

정답 **05.** ①   **06.** ③

07 "화재조사의 특징"으로 볼 수 없는 것은?

① 현장성   ② 신속성
③ 보안성   ④ 정밀과학성

 화재조사의 특징 : 현장성, 신속성, 정밀과학성, 보존성, 안전성, 강제성, 프리즘식

08 "발화일시 결정"에 대한 설명으로 옳지 않은 것은?

① 관계자와 주민의 의견을 들어서 결정한다.
② 관계자의 화재발견상황 통보시각으로 한다.
③ 화재발생 건물의 구조, 재질 상태와 화기취급 등의 상황을 종합적으로 검토하여 결정한다.
④ 자체진화 등 사후인지 화재로 그 결정이 곤란한 경우에는 발생시간을 추정할 수 있다.

 ▣ **발화일시 결정**
발화일시의 결정은 관계자의 화재발견상황 통보시간 및 화재발생 건물의 구조, 재질 상태와 화기취급 등의 상황을 종합적으로 검토하여 결정한다. 다만, 자체진화 등 사후인지 화재로 그 결정이 곤란한 경우에는 발생시간을 추정할 수 있다.

09 피해액 산정방법에서 다음 (　) 안에 들어갈 내용 중 옳은 것은?

> 공구 및 기구·집기비품·가재도구를 일괄하여 재구입비를 산정하는 경우 개별 품목의 경과연수에 의한 잔가율이 (　)%를 초과하더라도 (　)%로 수정할 수 있으며, 중고구입 기계장치 및 집기비품으로서 그 제작년도를 알 수 없는 경우 그 상태에 따라 신품가액의 (　)% 내지 (　)%를 잔가율로 정할 수 있다.

① 50, 30   ② 50, 20
③ 30, 20   ④ 50, 50

 ① 피해물의 경과연수가 불분명한 경우 ➡ 그 자산의 구조, 재질 또는 관계자 및 참고인의 진술 기타 관계자료 등을 토대로 객관적인 판단을 하여 경과연수를 정한다.
② 공구 및 기구·집기비품·가재도구를 일괄하여 재구입비를 산정하는 경우 ➡ 개별 품목의 경과연수에 의한 잔가율이 50%를 초과하더라도 50%로 수정할 수 있으며, 중고구입 기계장치 및 집기비품으로서 그 제작년도를 알 수 없는 경우 ➡ 그 상태에 따라 신품가액의 30% 내지 50%를 잔가율로 정할 수 있다.

10 "화재조사에 관한 설명"으로 옳지 않은 것은?

① 조사의 최종결과 보고는 화재발생일로부터 30일 이내이다.
② 건물의 소실면적 산정은 건물의 입체면적으로 한다.
③ 건물 등 자산에 대한 최종 잔가율은 건물, 부대설비, 구축물, 가재도구는 20%로 하며, 그 이외의 자산은 10%로 정한다.
④ 세대주 산정은 재산권을 행사할 수 있는 사람을 1세대로 한다.

 건물의 소실면적 산정은 건물의 소실 <u>바닥면적</u>으로 한다.* 19년 소방교/ 20년, 22년 소방장

11 "합동조사단" 운영에 관한 사항으로 옳지 않은 것은?

① 소방청장 : 사상자가 30명 이상이거나 2개 시·도 이상에 걸쳐 발생한 화재
② 소방본부장 : 사상자가 20명 이상이거나 2개 시·군·구 이상에 발생한 화재
③ 소방서장 : 사망자가 5명 이상이거나 사상자가 10명 이상 또는 재산피해액이 100억원 이상 발생한 화재
④ 소방관서장은 단장 1명과 단원 7명 이상을 화재합동조사단으로 암명하거나 위촉할 수 있다.

■ 합동조사단 운영**

소방청장	사상자가 30명 이상이거나 2개 시·도 이상에 걸쳐 발생한 화재(임야화재는 제외한다. 이하 같다)
소방본부장	사상자가 20명 이상이거나 2개 시·군·구 이상에 발생한 화재
소방서장	사망자가 5명 이상이거나 사상자가 10명 이상 또는 재산피해액이 100억원 이상 발생한 화재

※ 소방관서장은 합동조사단 자격에 해당하는 자 중에서 단장 1명과 단원 4명 이상을 화재합동조사단원으로 임명하거나 위촉할 수 있다.

12 "화재조사의 대상 및 절차" 등 필요한 사항의 근거는?

① 행정안전부령
② 대통령령
③ 시도조례
④ 시도규칙

 ※ 화재조사의 대상 및 절차 등에 필요한 사항은 대통령령으로 정한다.

🔖 정답 | **10.** ② **11.** ④ **12.** ②

13 "화재조사 법률에 관한 사항으로 옳지 않은 것은?

① 소방관서장은 화재조사를 위하여 필요한 범위에서 화재현장 보존조치를 하거나 화재현장과 그 인근 지역을 통제구역으로 설정할 수 있다.

② 소방관서장은 화재조사가 필요한 경우 관계인등을 질문하기 위하여 소방관서에 출석하게 해서는 안 된다.

③ 소방관서장은 화재조사를 위하여 필요한 경우에 관계인에게 보고 또는 자료 제출을 명하거나 화재조사관으로 하여금 해당 장소에 출입하여 화재조사를 하게 할 수 있다.

④ 화재조사관은 관계인의 정당한 업무를 방해하거나 화재조사를 수행하면서 알게 된 비밀을 다른 용도로 사용하거나 다른 사람에게 누설하여서는 아니 된다.

■ 출입조사등
① 소방관서장은 화재조사를 위하여 필요한 경우에 관계인에게 보고 또는 자료 제출을 명하거나 화재조사관으로 하여금 해당 장소에 출입하여 화재조사를 하게 하거나 관계인등에게 질문하게 할 수 있다.
② 제1항에 따라 화재조사를 하는 화재조사관은 그 권한을 표시하는 증표를 지니고 이를 관계인등에게 보여주어야 한다.
③ 제1항에 따라 화재조사를 하는 화재조사관은 관계인의 정당한 업무를 방해하거나 화재조사를 수행하면서 알게 된 비밀을 다른 용도로 사용하거나 다른 사람에게 누설하여서는 아니 된다.
(관계인등의 출석)
① 소방관서장은 화재조사가 필요한 경우 관계인등을 소방관서에 출석하게 하여 질문할 수 있다.
 ※ 현장조사는 해가 뜨기 전이나 해가 진 뒤에는 할 수 없다.

14 화재조사에서 "인명피해"와 관련된 내용으로 옳지 않은 것은?

① 병원치료를 하지 않고 단순하게 연기를 흡입한 사람은 경상으로 본다.

② 중상이란 3주 이상의 입원치료를 필요로 하는 부상을 말한다.

③ 부상을 당한 후 72시간 이내에 사망한 경우, 당해 화재로 인한 사망자로 본다.

④ 사상자는 화재현장에서 사망 또는 부상당한 사람을 말한다.

■ 사상자*** 19년 소방교/ 20년, 22년 소방장
① 사상자란 화재현장에서 사망 또는 부상당한 사람을 말한다. 단, 화재현장에서 부상을 당한 후 72시간 이내에 사망한 경우에는 당해 화재로 인한 사망자로 본다.
② 부상의 정도는 의사의 진단을 기초로 하여 다음과 같이 분류한다.
  ㉠ 중상 : 3주 이상의 입원치료를 필요로 하는 부상
  ㉡ 경상 : 중상 이외의 부상(입원치료를 필요로 하지 않는 것도 포함). 다만, 병원치료를 필요하지 않고 단순하게 연기를 흡입한 사람은 제외한다.

정답 **13.** ② **14.** ①

15 다음은 과태료 개별 부과기준에 대한 설명으로 다음 내용과 관계 깊은 것은?

> 출석을 거부하거나 질문에 대하여 거짓으로 진술한 경우 (3회 위반)

① 100   ② 200

③ 300   ④ 500

■ 과태료 개별기준** 18년 소방위

위반행위	근거 법조문	과태료 금액(단위: 만원)		
		1회	2회	3회
가. 법 제8조제2항을 위반하여 허가 없이 통제구역에 출입한 경우	법 제23조 제1항제1호	100	150	200
나. 법 제9조제1항에 따른 명령을 위반하여 보고 또는 자료 제출을 하지 않거나 거짓으로 보고 또는 자료 제출을 한 경우	법 제23조 제1항제2호	100	150	200
다. 정당한 사유 없이 법 제10조제1항에 따른 출석을 거부하거나 질문에 대하여 거짓으로 진술한 경우	법 제23조 제1항제3호	100	150	200

16 다음 중 "합동조사단 단원"의 자격으로 옳지 않은 것은?

① 화재조사관

② 학교 또는 이에 준하는 교육기관에서 화재조사, 소방 또는 안전관리 등 관련 분야 조교수 이상의 직에 3년 이상 재직한 사람

③ 화재조사 업무에 관한 경력이 5년 이상인 소방공무원

④ 국가기술자격의 직무분야 중 안전관리 분야에서 산업기사 이상의 자격을 취득한 사람

■ 합동조사단의 구성 · 운영

① 법 제7조제1항에서 "사상자가 많거나 사회적 이목을 끄는 화재 등 대통령령으로 정하는 대형화재"란 다음 각 호의 화재를 말한다.

  1. 사망자가 5명 이상 발생한 화재

  2. 화재로 인한 사회적·경제적 영향이 광범위하다고 소방관서장이 인정하는 화재

② 법 제7조제1항에 따른 화재합동조사단(이하 "화재합동조사단"이라 한다)의 단원은 다음 각 호의 어느 하나에 해당하는 사람 중에서 소방관서장이 임명하거나 위촉한다.

  1. 화재조사관

  2. 화재조사 업무에 관한 경력이 3년 이상인 소방공무원

  3. 「고등교육법」 제2조에 따른 학교 또는 이에 준하는 교육기관에서 화재조사, 소방 또는 안전관리 등 관련 분야 조교수 이상의 직에 3년 이상 재직한 사람

  4. 「국가기술자격법」에 따른 국가기술자격의 직무분야 중 안전관리 분야에서 산업기사 이상의 자격을 취득한 사람

  5. 그 밖에 건축·안전 분야 또는 화재조사에 관한 학식과 경험이 풍부한 사람

📖 정답   **15.** ②   **16.** ③

17 다음은 화재조사 용어의 정의로써 옳지 않은 것은?

① 감식 : 화재와 관계되는 물건의 형상, 구조, 재질, 성분, 성질 등 이와 관련된 모든 현상에 대하여 과학적 방법에 의한 필요한 실험을 행하고 그 결과를 근거로 화재원인을 밝히는 자료를 얻는 것을 말한다.

② 잔불정리 : 화재 초진 후 잔불을 점검하고 처리하는 것을 말한다.

③ 잔가율 : 화재 당시에 피해물의 재구입비에 대한 현재가의 비율을 말한다.

④ 내용연수 : 고정자산을 경제적으로 사용할 수 있는 연수를 말한다.

■ 용어의 정의★★★ 11년 소방장, 16년 소방위/ 20년, 22년 소방교/ 23년 소방장

감식	화재원인의 판정을 위하여 전문적인 지식, 기술 및 경험을 활용하여 주로 시각에 의한 종합적인 판단으로 구체적인 사실관계를 명확하게 규명하는 것을 말한다.
감정	화재와 관계되는 물건의 형상, 구조, 재질, 성분, 성질 등 이와 관련된 모든 현상에 대하여 과학적 방법에 의한 필요한 실험을 행하고 그 결과를 근거로 화재원인을 밝히는 자료를 얻는 것을 말한다.
발화지점	열원과 가연물이 상호작용하여 화재가 시작된 지점을 말한다.
재구입비	화재 당시의 피해물과 같거나 비슷한 것을 재건축(설계 감리비를 포함한다) 또는 재취득하는데 필요한 금액을 말한다.
내용연수	고정자산을 경제적으로 사용할 수 있는 연수를 말한다.
초진	소방대의 소화활동으로 화재확대의 위험이 현저하게 줄어들거나 없어진 상태를 말한다
잔불정리	화재 초진 후 잔불을 점검하고 처리하는 것을 말한다. 이 단계에서는 열에 의한 수증기나 화염 없이 연기만 발생하는 연소현상이 포함될 수 있다
완진	소방대에 의한 소화활동의 필요성이 사라진 것을 말한다.
재발화 감시	화재를 진화한 후 화재가 재발되지 않도록 감시조를 편성하여 일정 시간 동안 감시하는 것을 말한다.
최종잔가율	피해물의 내용연수가 다한 경우 잔존하는 가치의 재구입비에 대한 비율을 말한다.
잔가율	화재 당시에 피해물의 재구입비에 대한 현재가의 비율을 말한다.
손해율	피해물의 종류, 손상 상태 및 정도에 따라 피해금액을 적정화시키는 일정한 비율을 말한다.
발화요인	발화열원에 의하여 발화로 이어진 연소현상에 영향을 준 인적·물적·자연적인 요인을 말한다.

18 "화재 건수"에 대한 내용으로 옳지 않은 것은?

① 1건의 화재는 1개의 발화점으로부터 확대된 것을 말한다.

② 각기 다른 사람에 의한 방화는 동일 대상물에서 발화했더라도 각각 별건의 화재로 한다.

③ 동일 소방대상물의 발화점이 2개소 이상인 낙뢰에 의한 화재는 1건의 화재로 한다.

④ 관할구역이 2개소 이상 걸친 화재는 화재진화를 종료하는 소방서에서 1건의 화재로 처리한다.

정답 17. ① 18. ④

■ **화재건수***** 19년 소방교/ 20년 소방장/ 24년 소방위

<u>1건의 화재란 : 1개의 발화점으로부터 확대된 것으로 발화부터 진화까지를 말하지만 다음과 같은 예외</u>
<u>사항이 있다.</u>

① 동일범이 아닌 각기 다른 사람에 의한 방화, 불장난은 동일 대상물에서 발화했더라도 <u>각각 별건의</u>
<u>화재</u>로 한다.

② 동일 소방대상물의 발화점이 2개소 이상 있는 다음화재는 1건의 화재로 한다.

    ㉠ 누전점이 동일한 누전에 의한 화재

    ㉡ 지진, 낙뢰 등 자연현상에 의한 다발화재

③ 발화지점이 한 곳인 화재현장이 둘 이상의 <u>관할구역에 걸친 화재는 발화지점이 속한 소방서에서</u>
<u>1건의 화재로 산정한다.</u> 다만, 발화지점 확인이 어려운 경우에는 화재피해금액이 큰 관할구역 소방
서의 화재 건수로 산정한다.

---

19 화재조사절차에 대한 설명으로 "화재현장조사"와 관계 깊은 것은?

① 화재발생 접수

② 연소상황 및 피해상황조사

③ 감식

④ 화재원인 판정

■ **화재조사절차**

출동 중 조사	화재발생 접수, 출동 중 화재상황 파악 등
현장조사	화재의 발화(發火)원인, 연소상황 및 피해상황 조사 등
정밀조사	감식·감정, 화재원인 판정 등
화재조사결과보고	

※ 소방서장은 화재조사의 진행상황을 소방본부장에게 수시 보고하고 기록유지 한다.

---

20 다음은 벌칙에 대한 내용으로 "300만원 이하의 벌금"에 처하는 내용으로 옳지 않은 것은?

① 허가 없이 화재현장에 있는 물건 등을 이동시키거나 변경·훼손한 사람

② 명령을 위반하여 보고 또는 자료 제출을 하지 아니하거나 거짓으로 보고 또는 자료를
제출한 사람

③ 화재조사관의 출입 또는 조사를 거부·방해 또는 기피한 사람

④ 관계인의 정당한 업무를 방해하거나 화재조사를 수행하면서 알게 된 비밀을 다른 용도로
사용하거나 다른 사람에게 누설한 사람

■ **벌칙(300만원 이하의 벌금)**

1. 제8조제3항을 위반하여 허가 없이 화재현장에 있는 물건 등을 이동시키거나 변경·훼손한 사람
2. 정당한 사유 없이 제9조제1항에 따른 화재조사관의 출입 또는 조사를 거부·방해 또는 기피한 사람
3. 제9조제3항을 위반하여 관계인의 정당한 업무를 방해하거나 화재조사를 수행하면서 알게 된 비밀을
   다른 용도로 사용하거나 다른 사람에게 누설한 사람
4. 정당한 사유 없이 제11조제1항에 따른 증거물 수집을 거부·방해 또는 기피한 사람

※ ②는 200만원 이하의 과태료임.

🔖 **정답** | 19. ②   20. ②

21 다음은 화재합동조사단 조사결과 보고이다. ( ) 안에 들어갈 내용은?

> ① 조사단의 최종결과 보고는 화재발생일로부터 ( )일 이내이다.
> ② 일반화재의 경우 화재인지로부터 ( )일 이내이다.
> ③ 조사보고 일을 연장한 경우 그 사유가 해소된 날부터 ( )일 이내 소방관서장에게 조사 결과를 보고하여야 한다.

① 5, 7, 15

② 7, 30, 10

③ 30, 15, 10

④ 5, 30, 20

■ 조사 보고

최종결과보고	화재 발생일로 부터 30일 이내에 보고해야 한다.
일반화재	화재 인지로부터 15일 이내

※ 조사보고일 연장 사유
  1. 수사기관의 범죄수사가 진행 중인 경우
  2. 화재감정기관 등에 감정을 의뢰한 경우
  3. 추가 화재현장조사 등이 필요한 경우
※ 조사 보고일을 연장한 경우 그 사유가 해소된 날부터 10일 이내에 소방관서장에게 조사결과를 보고해야 한다.

22 일반건물의 "화재 피해액 산정공식"으로 옳은 것은?

① 건물신축단가 × 소실면적 × 5% × [1-(0.8 × 경과연수 / 내용연수)] × 손해율
② 신축단가 × 소실면적 × [1-(0.8 × 경과연수 / 내용연수)] × 손해율
③ 단위(면적, 개소 등)당 표준단가 × 피해단위 × [1-(0.8 × 경과연수 / 내용연수)] × 손해율
④ m²당 표준단가 × 소실면적 × [1-(0.9 × 경과연수 / 내용연수)] × 손해율

■ 건물의 피해액 산정 14년 소방위

건 물	「신축단가(m²당) × 소실면적 × [1-(0.8 × 경과연수 / 내용연수)] × 손해율」의 공식에 의하되, 신축단가는 한국감정원이 최근 발표한 '건물신축단가표'에 의한다.

23 최종잔가율 20% 대상이 아닌 것은?

① 건물

② 부대설비

③ 가재도구

④ 비품

※ 최종잔가율 : 피해물의 경제적 내용연수가 다한 경우 잔존하는 가치의 재구입비에 대한 비율
① 건물, 부대설비, 가재도구 : 20%
② 그 외 재산 : 10%

24 피해액 산정기준에 대한 설명으로써 (　) 안에 들어갈 내용은?

> 중고구입 기계장치 및 집기비품으로서 그 제작년도를 알 수 없는 경우에는 그 상태에 따라 신품가액의 (　) 내지 (　)를 잔가율로 정할 수 있다.

① 10%, 30% ② 20%, 40%
③ 30%, 50% ④ 40%, 60%

 ■ 피해액 산정기준
① 피해물의 경과연수가 불분명한 경우 → 그 자산의 구조, 재질 또는 관계자 및 참고인의 진술 기타 관계자료 등을 토대로 객관적인 판단을 하여 경과연수를 정한다.
② 공구 및 기구·집기비품·가재도구를 일괄하여 재구입비를 산정하는 경우 → 개별 품목의 경과연수에 의한 잔가율이 50%를 초과하더라도 50%로 수정할 수 있으며,
③ 중고구입 기계장치 및 집기비품으로서 그 제작년도를 알 수 없는 경우 → 그 상태에 따라 신품가액의 30% 내지 50%를 잔가율로 정할 수 있다.

25 다음 최종잔가율에 대한 가격은? (내용연수 : 10년)

> 17년이 경과한 TV가 소실되었으며, 신품가격은 750만원이다. 현재 가격은?

① 200만원 ② 150만원
③ 90만원 ④ 300만원

 ※ 내용연수가 10년이면 기간이 경과하였으므로 최종잔가율은 20%이다.
재구입비 750 × 0.2 = 150만원

26 차량 피해산정에서 "전부손해가 아닌 경우" 기준은?

① 현재구입가격 ② 수리비 및 치료비
③ 공임감정가격 ④ 시중매매가격

 | 차량, 동물, 식물 | 전부손해의 경우 시중매매가격으로 하며, 전부손해가 아닌 경우 수리비 및 치료비로 한다. |

🔑 정답　**24.** ③　**25.** ②　**26.** ②

27 화재조사서류는 화재 1건마다 보존기간은?

> 화재조사서류는 화재현장을 (　) 보존하는 자료로서 화재 1건마다 작성된다.

① 5년　　　　　　　　　　　② 10년
③ 퇴직 시 까지　　　　　　　④ 영구적

 ※ 화재조사서류는 화재현장을 <u>영구적으로</u> 보존하는 자료로서 화재 1건마다 작성된다.

28 다음은 과학적방법론에서 "연역적 추론"과 관계있는 것은?
① 자료수집　　　　　　　　　② 자료분석
③ 가설검증　　　　　　　　　④ 가설개발

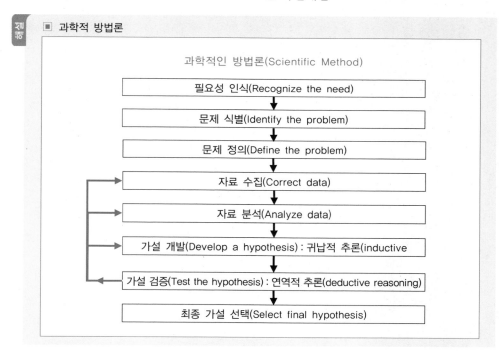

■ 과학적 방법론

29 화재피해액의 산정으로 (   ) 안에 들어갈 내용이 아닌 것은?

> 화재피해액은 화재 당시의 피해물과 동일한 구조, 용도, 질, 규모를 (   ) 또는 (   )
> 하는 데 소요되는 가액에서 경과연수 등에 따른 감가공제를 하고 현재가액을 산정하는
> 실질적·구체적 방식에 의한다.

① 손해율   ② 재건축
③ 재구입   ④ 경과연수

■ 화재피해액 산정
① 화재피해액은 화재 당시의 피해물과 동일한 구조, 용도, 질, 규모를 재건축 또는 재구입하는 데 소요되는 가액에서 사용손모(損耗) 및 경과연수에 따른 감가공제를 하고 현재가액을 산정하는 실질적·구체적 방식에 의한다.
② 회계장부상 현재가액이 입증된 경우에는 그 가액에 의한다. 그러나 정확한 피해물품을 확인하기 곤란하거나 기타 부득이한 사유에 의하여 실질적·구체적 방식에 의할 수 없는 경우에는 소방청장이 정하는 화재피해액 산정매뉴얼의 간이평가방식으로 산정할 수 있다.

정답   29. ①

PART 02

구조 분야

CHAPTER 01 구조 실무

01 "119구조대의 편성과 운영"의 법적 근거는?

① 총리령   ② 대통령령

③ 행정안전부령   ④ 시도조례

 소방청장·소방본부장 또는 소방서장은 위급상황에서 구조대상자의 생명 등을 신속하고 안전하게 구조하는 업무를 수행하기 위하여 <u>대통령령으로 정하는 바에 따라 119구조대를 편성하여 운영하여야 한다</u>는 규정에 근거를 두고 있으며 이러한 소방구조행정은 소방기관에 의해 수행되는 비권력적이면서 직접적인 서비스 행정이라 할 수 있다.

02 "인명구조업무의 연혁"에 대한 설명으로 옳지 않은 것은?

① 1958년 3월 11일 소방법이 개정되면서 화재와 함께 풍수해, 설해에 의한 인명구조업무가 소방업무에 포함되었으나 1967년 소방법 개정으로 화재만을 담당하게 되었다.

② 1988년 서울올림픽을 완벽히 개최하기 위하여 구조대 설치가 절실히 요구되었다.

③ 구조대원은 소방관으로서 군 특수훈련 이수자와 특수부대 출신자를 중심으로 선발하여 내무부 및 서울소방학교에서 6주간의 인명구조교육을 이수시킴으로써 인명구조 전문요원으로 양성하였다.

④ 1992년도에 소방법을 개정하여 소방업무에 구조활동을 명문화 하였다.

 ■ 인명구조 활동의 성장 * 14년 소방장

① <u>1958년 3월 11일 법률 제485호로 소방법이 제정되면서부터 화재와 함께 풍·수해, 설해에 의한 인명구조업무가 소방업무에 포함되었으나</u> 1967년 4월 14일 법률 제1955호로 소방법을 개정함에 따라 화재만을 담당하게 되었다.

② <u>1988년 제24회 서울올림픽 대회를 완벽히 개최하기 위하여 우발사태, 교통사고, 테러 등에 의한 화재 등 각종 사고가 발생했을 때 인명구조를 전담할 수 있는 고도로 전문화된 구조기술과 장비를 갖춘 구조대의 설치가 절실히 요구되었다.</u>

③ 시대적 추세에 따라 1987년 9월 4일 『119특별구조대설치운영계획』을 수립하고 1988년 8월 1일 올림픽이 개최되는 7개 도시에 119특별구조대 9개대(서울3, 부산·대구·인천·광주·대전·수원)를 설치하여 구조대원 114명과 구조공작차 9대로 화재 및 각종 사고 시의 인명구조 활동을 수행하게 되었다.

④ 이때의 구조대원은 소방관으로서 군 특수훈련 이수자와 특수부대 출신자를 중심으로 선발하여 내무부 및 서울소방학교에서 6주간의 인명구조교육을 이수시킴으로써 인명구조 전문요원으로 양성하였고, 1989년도에 소방법을 개정('89.12.30. 법률 제4155호)하여 소방업무에 구조활동을 명문화 하였다.

정답   **01.** ②   **02.** ④

03 다음 대형사고 중 "가장 오래된 사고"는?

> 충주호 유람선 화재, 대구상인동 가스폭발, 성수대교 붕괴사고, 아시아나 항공기 추락
> 사고, 삼풍백화점 붕괴사고, 청주우암아파트상가 붕괴사고

① 청주우암아파트 상가붕괴   ② 충주호 유람선 화재
③ 아시아나항공기 추락   ④ 대구상인동 가스폭발 사고

청주 우암아파트상가 붕괴사고('93.1.7.), 아시아나 항공기 추락사고('93.7.26.), 성수대교 붕괴사고
('94.10.21.), 충주호 유람선 화재사고('94.10.24.), 대구상인동 가스폭발사고('95.4.28.), 삼풍백화점 붕괴
사고('95.6.29.)** 14년 소방교

04 구조현장에서의 "프라이버시 보호"에 대한 내용으로 옳지 않은 것은?
① 주변에 있는 관계자 또는 군중의 접근을 차단
② 주위의 시선으로부터 보호할 수 있는 조치를 강구
③ 구조대상자 신상은 무선통신을 사용하여 신속히 송신토록 한다.
④ 구조대상자가 유명인사일 경우 상급 지휘관의 지시를 따르도록 한다.

■ **프라이버시 보호*** 19년 소방교/ 23년 소방교
① 주변에 있는 관계자 또는 군중의 접근을 차단하거나 주위의 시선으로부터 보호할 수 있는 조치를
강구하여 <u>구조대상자의 프라이버시 보호에 주의한다.</u>
② <u>무선통신은 보안에 취약하므로 구조대상자의 신상을 송신하지 않도록 한다.</u>
③ <u>구조대상자가 유명인사이거나 기타 사회적인 영향이 예측되는 경우에는 상급 지휘관에게 보고하고
지시를 따르도록 한다.</u>

05 다음 중 "비상설구조대"에 속하는 것은? (※ 특수구조대 : 화수산고지)
① 화학구조대   ② 고속국도구조대
③ 테러대응구조대   ④ 산악구조대

■ **구조대 종류**** 17년 소방교/ 19년, 23년 소방교
① 구조대의 종류 : 일반구조대, 특수구조대, 직할구조대, 테러대응구조대, 국제구조대, 119항공대
② 특수구조대 : 화학구조대, 수난구조대, 산악구조대, 고속국도구조대, 지하철구조대
③ 비상설구조대 : 테러대응구조대, 국제구조대

🔖 **정답**   03. ①   04. ③   05. ③

06 **"구조대원의 자격"** 중 옳지 않은 것은?

① 소방청장이 실시하는 인명구조사 교육을 받았거나 인명구조사 시험에 합격한 사람
② 임명권자는 소방청장, 소방본부장, 소방서장이다.
③ 응급구조사 자격을 가진 사람으로서 구조업무에 관한 교육을 받은 사람
④ 공공기관의 구조관련 분야에서 근무한 경력이 3년 이상인 사람

■ **구조대원의 자격기준**
① 소방청장이 실시하는 인명구조사 교육을 받았거나 인명구조사 시험에 합격한 사람
② '국가지방자치단체 및 공공기관의 운영에 관한 법률' 제4조에 따른 <u>공공기관의 구조관련 분야에서 근무한 경력이 2년 이상인 사람</u>
③ '응급의료에 관한 법률' 제36조에 따른 응급구조사 자격을 가진 사람으로서 소방청장이 실시하는 구조업무에 관한 교육을 받은 사람

07 **"구조활동의 원칙"**에 대한 내용으로 옳지 않은 것은?

① 사고의 양상과 주변의 위험요인을 파악하고 자신의 능력이 감당할 수 있는 한계 내에서 구조활동에 임하도록 한다.
② 한 사람이 오직 한사람의 지휘관에게만 보고하고 한 사람의 지휘만을 받는다.
③ 대원의 자의적인 단독행동은 절대 금지하고 안전에 위험상황이 발생하더라도 오직 한사람의 지휘만을 받는다.
④ 구조활동의 우선순위는 인명의 안전 → 사고의 안정화 → 재산가치의 보존이다.

■ **명령통일**★★ 17년, 21년 소방교, 소방장/ 23년 소방위
① 명령의 통일성을 유지하기 위해 <u>자의적인 단독행동은 절대 금지</u>한다.
② <u>한 사람이 오직 한사람의 지휘관에게만 보고하고 한 사람의 지휘만을 받는다.</u>
③ 대원의 안전에 위협이 되는 심각한 위험상황이 발생하여 현장에서 긴급히 대원을 철수시킨다든가 하는 급박한 경우 제외

■ **현장의 안전 확보**★ 23년 소방교
① <u>구조대원은 행동에 들어가기 전에 자기 자신의 안전을 먼저 확인해야 한다.</u> 그러므로 현장의 안전을 확보하고 자신의 안전을 지키는 일은 어떠한 구조현장에 있어서도 절대적으로 지켜야 할 가장 중요한 원칙이다.
② <u>사고의 양상과 주변의 위험요인을 파악하고 자신의 능력이 감당할 수 있는 한계 내에서 구조활동에 임하도록 한다.</u>

■ **구조활동의 우선순위**

인명의 안전(Life safety)	우선적으로 고려
사고의 안정화(Incident stabilization)	사고 확대 방지
재산가치의 보존(Property conservation)	재산손실의 최소화

📋 **정답**   **06.** ④   **07.** ③

08 "구조 활동의 최우선 순위"에서 마지막 사항은?

① 신체구출 ② 피해의 최소화
③ 정신적, 육체적 고통경감 ④ 구명

 ■ **구조활동 우선순위**★★ 16년, 17년 소방교/ 18년 소방위
① 구명(救命) → ② 신체구출 → ③ 정신적, 육체적 고통경감 → ④ 피해의 최소화

09 다음 중 "출동 시 조치할 사항"으로 옳지 않은 것은?

① 유관기관의 교통·인파 통제 및 특수 장비의 지원요청을 요청한다.
② 출동경로는 지도상의 최단거리를 말한다.
③ 사고의 확대 등 위험요인과 구조활동 장애요인 여부를 확인한다.
④ 필요시 진입로 확보를 위한 조치를 요청한다.

 ■ **출동 지령을 통해 조치할 사항**★★ 20년 소방위/ 21년 소방교, 소방장
① 사고발생 장소 ② 사고의 종류 및 개요
③ 도로상황과 건물상황 ④ 구조대상자의 숫자와 상태
⑤ 사고의 확대 등 위험요인과 구조활동 장애요인 여부

■ **현장의 환경판단과 출동 전에 조치할 사항**
① 사고정보를 통하여 구출방법을 검토한다.
② 사용할 장비를 선정하고 필요한 장비가 있으면 추가로 적재한다.
③ 출동경로와 현장 진입로를 결정한다.
　※ 출동경로는 지도상의 최단거리가 아니라 현장에 도착하는 시간이 가장 적게 소요되는 경로이다.
④ 필요시 진입로 확보를 위한 조치를 요청한다.
　※ 유관기관의 교통·인파 통제 및 특수 장비의 지원요청 등

10 현장지휘소를 설치하기 위한 기준으로 "3UP"에 대한 내용이 아닌 것은?

① up wind ② up mountain
③ up hill ④ up stream

■ **구조활동의 전개**★★ 20년 소방위
현장지휘소는 사고의 규모가 크거나 상황이 복잡한 경우에는 별도의 구조현장지휘소를 설치해야 한다.
현장지휘소 위치를 정하는 기준은 상황판단이 용이하고 안전한 장소를 택하는 것으로 '3UP'의 기준을
적용한다.
　❂ '3UP'이란 'up hill, up wind, up stream'을 말하는 것으로 상황판단이 용이하도록 높은 곳에
　위치하고 풍상측, 상류측에 위치하여 위험물질의 누출이나 오염 등에 의한 영향을 최소화
　하려는 것이다.

🔲 정답　08. ④　09. ②　10. ②

11 "구조대장의 임무"에 대한 설명으로 옳지 <u>않은</u> 것은?

① 구조대장은 먼저 구조현장에 뛰어들어 대원들을 이끌어야 한다.
② 현장 지휘관의 최우선 임무는 구조 활동에 임하는 대원들의 안전을 확보하는 것이다.
③ 구조활동 현장에 복수의 부대가 출동하고 관할 소방서에서 아직 도착하지 않은 경우에는 선착 구조대의 대장이 구조활동 전반을 지휘한다.
④ 현장을 관할하는 소방서 또는 소방본부의 구조대가 도착하면 관할 소방본부 또는 소방서장의 지휘·통제를 받는다.

■ **대원의 안전확보**
㉠ 현장 지휘관의 최우선 임무는 구조 활동에 임하는 대원들의 안전을 확보하는 것이다.
㉡ 절대로 대원들이 불필요한 위험을 감수하게 되는 구조방법을 선택하여서는 안 된다.
㉢ 어디가 안전하고 구조작전을 펼치기에 적합한지를 판단한다.
㉣ 구조대장은 대원 및 기자재를 적절히 활용하여 구출할 수 있도록 최선을 다해야 한다.

■ **구조작업의 지휘**
① 구조대장은 특별한 경우가 아니면 직접 구조작업에 뛰어 들지 말고 구조대 전체를 감독해야 한다.
② 구조작업을 적절히 지휘 통솔하는 것이 한 사람의 일손을 구조작업에 더 투입하는 것보다 훨씬 중요한 일이다.
③ 구조활동 현장에 복수의 부대가 출동하고 관할 소방서에서 아직 도착하지 않은 경우에는 선착 구조대의 대장이 구조활동 전반을 지휘한다.
④ 이것은 먼저 도착한 구조대가 현장의 상황을 가장 정확히 파악하고 있기 때문이다. 이후 현장을 관할하는 소방서 또는 소방본부의 구조대가 도착하면 관할 소방본부 또는 소방서장의 지휘통제를 받는다.

12 "수색구조활동(Search and Rescue)의 최우선순위"로 옳은 것은?

① 수색
② 구조
③ 위험평가
④ 응급의료

수색구조(Search and Rescue)에 있어서 구조활동은 ① 위험평가 ② 수색 ③ 구조 ④ 응급의료의 순서로 진행된다.* 18년 소방장

13 구조대의 "현장도착 시 무선보고사항"으로 옳지 <u>않은</u> 것은?

① 응원대 필요성
② 관계기관 등의 연락상태
③ 구조대상자의 숫자와 상태
④ 확인된 부상자의 수와 그 정도

■ **현장도착 시 보고사항**
① 사고발생 장소
② 사고개요
③ 구조대상자의 상태와 숫자
④ 확인된 부상자 수와 그 정도
⑤ 주위의 위험상태
⑥ 응원대의 필요성
⑦ 기타 구조활동상 필요한 사항

정답 | **11.** ① **12.** ③ **13.** ②

14 구조활동 중 "구조방법의 결정"에 대한 설명으로 옳지 않은 것은?

① 구조활동에 방해가 되는 장애물 제거는 중심부에서 주위로 향하여 순차적으로 제거한다.

② 구조활동의 순서는 현장활동에 방해가 되는 각종 장해요인을 먼저 제거한다.

③ 장애요인이 발생하면 위험이 큰 장애부터 제거한다.

④ 구출방법 결정 시 개인적인 추측에 의한 현장판단은 피해야 한다.

■ 「구조방법의 결정」* 12년 소방장/ 20년 소방위, 소방교/ 23년 소방교

구출방법의 결정 원칙	① 가장 안전하고 신속한 방법 ② 상태의 긴급성에 맞는 방법 ③ 현장의 상황 및 특성을 고려한 방법 ④ 실패의 가능성이 가장 적은 방법 ⑤ 재산 피해가 적은 방법
구출방법의 결정시 피해야 할 요인	① 일반인에게 피해가 예측되는 방법 ② 2차 재해의 발생이 예측되는 방법 ③ 개인적인 추측에 의한 현장판단 ④ 전체를 파악하지 않고 일면의 확인에 의해 결정한 방법
구조 활동의 순서* 20년 소방위, 소방교	① 현장활동에 방해되는 각종 장해요인을 제거한다. ② 2차 재해의 발생위험을 제거한다. ③ 구조대상자의 구명에 필요한 조치를 취한다. ④ 구조대상자의 상태 악화 방지에 필요한 조치를 취한다. ⑤ 구출활동을 개시한다.
장애물 제거시의 유의사항* 11년, 23년 소방교	① 필요한 기자재를 준비한다. ② 대원의 안전을 확보한다. ③ 구조대상자의 생명·신체에 영향이 있는 장애를 우선 제거한다. ④ 위험이 큰 장애부터 제거한다. ⑤ 장애는 주위에서 중심부로 향하여 순차적으로 제거한다.

15 다음 중 "장비를 선택하고 활용할 때 유의사항"으로 옳지 않은 것은?

① 동등의 효과가 얻어지는 경우는 가장 가벼운 장비를 선택한다.

② 장비는 숙달된 대원이 조작하도록 한다.

③ 긴급 상황에 맞는 것을 선택, 급할 때는 가장 능력이 높은 것을 선택한다.

④ 장비의 작동에 의한 반작용에 주의한다.

■ 장비활용상 유의사항** 15년 소방장/ 19년 소방교
① 장비는 숙달된 대원이 조작하도록 한다.
② 장비가 발휘할 수 있는 최대성능을 고려하여 안전작동 한계 내에서 활용한다.
③ 무거운 장비를 설치할 때에는 현장의 안전을 각별히 고려하여 튼튼하게 고정하고 안전사고가 발생하지 않도록 한다.
④ 장비를 작동시키는 경우 현장 전체의 상황을 확인하면서 한다.
⑤ 장비의 작동에 의한 반작용에 주의한다.
⑥ 장비 작동에 의한 2차 사고에 유의한다.

 정답 | **14.** ① **15.** ①

■ 장비선택 시 유의사항
① 사용 목적에 맞는 것을 선택(절단 또는 파괴, 잡아당기거나 끌어올리는 등)
② 현장상황을 고려하여 특성에 맞는 것(활동공간이 협소하거나 인화물질의 존재, 감전위험성, 환기 등)
③ 긴급 상황에 맞는 것을 선택. 급할 때는 가장 능력이 높은 것
④ 동등의 효과가 얻어지는 경우는 조작이 간단한 것을 선택
⑤ 확실하게 효과를 기대할 수 있는 것을 선택
⑥ 위험이 적은 안전한 장비를 선택
⑦ 다른 기관이나 현장 관계자 등이 보유하는 것과 현장에서 조달이 가능한 것으로 효과가 기대되는
   것이 있으면 활용을 적극적으로 검토한다.

16 "수색구조"에 있어서 다음 내용과 관계 깊은 것은?

> 구조대원이나 구조견을 활용해 수색하는 것인데 주로 현장에 있던 주민으로부터 필요한
> 정보를 얻어 구조대상자가 생존할 가능성이 가장 큰 곳부터 실시한다.

① 장비를 이용한 수색　　　　　　② 물리적 수색
③ 정밀수색　　　　　　　　　　　④ 초기수색

① 초기수색과 정밀수색

초기수색	구조대원이나 구조견을 활용해 수색하는 것인데 주로 현장에 있던 주민으로부터 필요한 정보를 얻어 구조대상자가 생존할 가능성이 가장 큰 곳부터 실시한다.
정밀수색	① 초기수색을 통하여 구조대상자가 있을 가능성이 가장 높은 장소가 파악되면 수색장비를 활용해 정밀하게 수색한다. ② 수색팀은 구조대상자가 발견되면 즉시 구조팀을 요청할 수 있도록 항상 구조팀과 통신상태를 유지해야 한다.

② 육안수색과 장비를 이용한 수색

물리적 수색	구조대원이 도보나 차량 또는 헬기를 이용해 전반적으로 현장을 조사하는 것
장비를 이용한 수색	구조견과 음향탐지장비, 투시경 등 각종 장비를 이용하여 구조대상자를 수색하는 것

17 현장에서 "임무부여 시 유의사항"으로 옳지 않은 것은?

① 중요한 장비의 조작은 해당 장비의 조작법을 숙달한 대원에게 부여한다.
② 명령을 하달할 때에는 모든 대원을 집합시킨다.
③ 위험작업은 신속하게 현장에 투입될 수 있는 직원에게 명령한다.
④ 대원 각자의 구체적 임무 및 활동상 유의사항을 포함한 내용을 전달한다.

🔖 정답　**16.** ④　　**17.** ③

■ 임무부여★★★ 20년 소방교

대원 선정 시 유의사항	① 중요한 장비의 조작은 해당 장비의 조작법을 숙달한 대원에게 부여한다. ② 위험작업은 책임감이 있고 확실하게 임무를 수행할 수 있는 대원지정 ③ 대원에게는 다양한 요소로부터 자신감을 주면서 임무를 부여한다.
현장에서 명령 시 유의사항	① 대원별 업무분담은 현장 확인 후 구출방법 순서를 결정한 시점에서 대원 개개 인별로 명확히 지정한다. ② 명령을 하달할 때에는 모든 대원을 집합시켜 재해현장 전반의 상황, 활동방침 (전술), 대원 각자의 구체적 임무 및 활동상 유의사항을 포함한 내용을 전달한다. ③ 구출작업 도중에 현장 상황의 변화에 따라 명령을 수정할 필요가 있는 경우 에도 가능하면 모든 대원에게 변화된 상황과 수정된 명령내용을 전달하여 불 필요한 오해 소지를 제거한다.

18 다음은 "구출활동 시 주의사항"으로 옳지 않은 것은?

① 구조대상자를 일반인이나 매스컴 등에 지나치게 노출되지 않도록 주의한다.

② 유독가스 중에 노출되어 있는 구조대상자는 보조호흡기를 착용시킨다.

③ 작업이 장시간 소요되어 구조대상자가 물이나 음식물을 요구하는 경우 반드시 전문가의 자문을 구한다.

④ 의식이 없는 환자에게는 음식투여가 가능하지만 복부손상이나 대량 출혈이 있는 환자에게는 음식물 제공은 금기사항이다.

■ 구출활동 시 주의사항
① 구출작업과 병행하여 환자의 상태를 지속적으로 관찰한다.
② 구조대상자의 움직임은 최소한으로 하고 증상의 악화 방지와 고통 경감을 도모한다.
③ 상처부위에 구조장비, 오염된 피복 등이 닿지 않도록 하여 환부보호에 주의하고 상황에 따라 구조대
원의 위생도 배려하여 처치한다.
④ 유독가스 중에 노출되어 있는 구조대상자는 보조호흡기를 착용시킨다.
⑤ 구출 작업에 의한 부상이 예상되는 경우 모포 등으로 부상 방지를 위한 조치를 취한다.
⑥ 작업이 장시간 소요되어 구조대상자가 물이나 음식물을 요구하는 경우 반드시 전문가의 자문을 구한다.
⑦ 의식이 없는 환자에게는 절대로 음식물 투여를 금지하고 복부손상이나 대량 출혈이 있는 환자에게도
음식물 제공은 금기사항이다.
⑧ 구조대상자를 일반인이나 매스컴 등에 지나치게 노출되지 않도록 주의한다.

19 "초기대응 절차(LAST)"로써 순서가 바르게 된 것은?

① 접근-상황파악-상황의 안정화-후송

② 상황파악-상황의 안정화-접근-후송

③ 상황파악-접근-상황의 안정화-후송

④ 상황의 안정화-접근-상황파악-후송

정답 18. ④   19. ③

■ 초기대응 절차(LAST)** 15년 소방교/ 17년 소방장/ 18년 소방위/ 19년 소방장, 소방위
1단계(상황파악) – 2단계(접근) – 3단계(성황의 안정화) – 4단계(후송)

1단계 : 상황파악 (Locate)	재난사고가 발생하면 사고 장소와 현장상황을 정확히 파악해야 한다. ① 사고 원인은 무엇이고 어떻게 진행되고 있는가. ② 그 상황에 대응하는 방법과 인력, 장비는 무엇인가. ③ 우리가 적절한 대응능력을 갖추고 있는가를 판단하는 것이다. ※ 현장의 지형적 조건(접근로, 지형, 일출이나 일몰시간, 기후, 수온 등)을 고려해서 구조대의 활동에 예상되는 어려움과 유의해야 할 사항을 판단한다. 이 'L'의 단계에서 필요한 인력과 장비, 지원을 받아야 할 부서 등을 정확히 파악하는 것이 이후 전개되는 구조활동의 성패를 좌우한다.
2단계 : 접근 (Access)	① 구조활동의 실행 단계로 안전하고 신속하게 구조대상자에게 접근하는 단계이다. ② 사고 장소가 바다나 강이라면 구조대원 자신이 물에 들어가지 않아도 되는 안전한 구조방법을 우선 선택하고 산악사고라면 실족이나 추락, 낙석 등의 위험성이 있는지 주의하며 접근한다.
3단계 : 상황의 안정화 (Stabilization)	① 현장을 장악하여 상황이 더 이상 악화되지 않고 안전이 유지될 수 있도록 조치하는 단계이다. ② 구조대상자를 위험상황에서 구출하고 부상이 있으면 적절한 응급처치를 한다. 이후 주변의 위험요인을 제거하여 더 이상 사고가 확대되지 않도록 조치한다.
4단계 : 후송 (Transport)	① 구조대상자가 아무런 부상 없이 안전하게 구출되는 것이 최선의 구조활동이지만 사고의 종류나 현장상황에 따라 심각한 손상을 입은 구조대상자를 구출할 수도 있다. ② 이 경우 현장에서 제공할 수 있는 응급처치는 상당히 제한적이다. 또한 외관상 아무런 부상이 없거나 경상으로 보이는 경우에도 심각한 손상이 있거나 후유증이 발생할 수 있기 때문에 구조대상자는 일단 의료기관으로 후송하는 것을 원칙으로 한다. ③ 'T'는 마지막 후송단계로서 사고의 긴급성에 따라 적절한 이동수단을 사용하여 의료기관에 후송하는 것으로 초기대응이 마무리된다.

20 출동 중 "관계자 등으로부터 정보 청취" 내용으로 옳지 않은 것은?

① 사고가 발생한 시설물의 소유자나 관리자, 거주자 등 관계자
② 구조대 도착 후 초기 진화까지 관계자와 관계기관이 취한 조치
③ 사고발생과 직접 관련되는 정보, 추가적인 위험요인 등
④ 구조대상자 숫자 및 위치, 구조대상자의 부상 정도, 구출장애물 등

■ 관계자 등으로부터 정보 청취
사고가 발생한 시설물의 소유자나 관리자, 거주자 등 관계자는 그 시설물의 관리현황이나 잠재된 위험성, 평소 거주자 등에 대한 정보를 가지고 있다. 따라서 대상물의 관계자를 찾아 그들이 보고 들은 모든 사항과 필요한 정보를 수집한다.
① 사고발생 원인(사고발생과 직접 관련되는 정보, 추가적인 위험요인 등)
② 구조대 도착 전까지 관계자와 관계기관이 취한 조치
③ 구조대상자의 상황(구조대상자 숫자 및 위치, 구조대상자의 부상 정도, 구출장애물)

📖 정답 **20.** ②

21 "구조대장의 임무"로 옳지 않은 것은?

① 구조작업의 지휘   ② 직접 현장 활동수행
③ 유관기관과의 협조 유지   ④ 대원의 안전 확보

■ 구조대장(현장지휘관)의 임무
① 신속한 상황판단
② 대원의 안전확보
③ 구조작업의 지휘
④ 유관기관과의 협조 유지

22 "경계구역설정과 활동 공간 확보"에 대한 내용으로 옳지 않은 것은?

① 사고현장에 위험물, 전기, 가스 등 복합적인 위험요인이 혼재하는 경우에는 위험이 적은 장애로부터 순차적으로 제거하면서 구조활동을 전개한다.
② 사고현장의 적절한 통제는 혼잡과 혼란과 인원을 감소시킨다.
③ 안전선(Fire line)이나 로프 등 즉시 이용할 수 있는 물품을 이용하여 일반인의 출입을 차단하는 지역임을 표시한다.
④ 지휘자는 현장의 상황에서 구출방법, 구출순서의 결정, 대원의 임무부여 후 구출행동을 이행하여야 한다.

■ 경계구역 설정과 활동 공간 확보
① 사고현장의 적절한 통제는
㉠ 혼잡과 혼란을 감소시키며 불필요한 인원을 감소시킨다.
㉡ 구조활동에 불필요한 제약을 받지 않으며 2차 사고를 방지하기 위하여 경계구역을 설정하고 일반인의 출입 차단을 표시한다.
※ 안전선(Fire line)이나 로프 등 즉시 이용할 수 있는 물품을 이용하여 일반인의 출입을 차단하는 지역임을 표시한다.

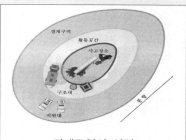

경계구역의 설정

② 유독가스가 누출되었거나 대량피해의 위험성이 있다고 판단되는 경우(폭발 또는 건축물 붕괴 등) 인근 주민을 대피시키는 등 안전조치에 만전을 기해야 하며 필요에 따라 경찰 등 유관기관과 협조하여 경계요원을 배치하고 주변의 교통을 통제하거나 통행을 차단한다.
③ 지휘자는 현장의 상황에서 구출방법, 구출순서의 결정, 대원의 임무부여 후 구출행동을 이행하고 사고현장에 위험물, 전기, 가스 등 복합적인 위험요인이 혼재하는 경우에는 위험이 큰 장애로부터 순차적으로 제거하면서 구조활동을 전개한다.

정답   21. ②   22. ①

23 구조현장에서 "대원의 임무"에 대한 설명으로 옳지 않은 것은?

① 구조대원의 평소에 체력과 기술을 단련하고 모든 장비가 제 성능을 발휘할 수 있도록 점검·정비를 하여야 한다.

② 현장활동에 임할 때에는 지휘명령을 준수하여 각자에게 부여된 임무를 수행한다.

③ 현장활동에 임할 때는 각자의 부여된 임무를 수행하기 위하여 자의적으로 판단해서 행동할 수 있어야 한다.

④ 구조활동 중에 인지된 정보를 구조작업의 진전 상황과 함께 시기적절하게 구조대장에게 보고한다.

■ **대원의 임무*** 21년 소방장
① 구조대원의 평소에 체력과 기술을 단련하고 모든 장비가 제 성능을 발휘할 수 있도록 점검·정비를 하여야 한다.
② 현장활동에 임할 때에는 지휘명령을 준수하여 각자에게 부여된 임무를 수행하며 <u>자의적인 행동을 하지 않도록 한다.</u>
③ 사고 현장에서 자의적인 판단과 돌출행동은 해당 대원 자신은 물론이고 현장에서 활동하는 모든 대원과 구조대상자까지도 위험에 빠지게 할 수 있다.
④ 구조활동 중에는 현장의 위험요인 및 상황변화에 주목하고 인지된 정보를 구조작업의 진전 상황과 함께 시기적절하게 구조대장에게 보고하고 대원 자신의 안전은 물론 다른 대원의 안전에도 주의한다.

24 "구조대상자와의 효과적인 의사전달 요령"으로 옳은 것은?

① 구조대원 개인의 의학적 예단을 설명하는 것이 좋다.

② 호칭은 가능한 한 구조대상자의 이름을 부르는 것은 좋지않다.

③ 대화 시에는 전문용어를 피하고 상대방이 이해할 수 있는 표현을 쓴다.

④ 구조대상자와 대화할 때 구조대원의 시선은 구조대상자를 피하는 것이 좋다.

■ **효과적인 의사전달*** 16년 소방교
① 구조대상자와 대화할 때 구조대원의 시선은 구조대상자를 향하여야 한다.
② 가능한 한 구조대상자와 눈높이를 맞추는 것이 좋지만 눈을 빤히 바라보는 것이 민망하다고 생각되면 눈썹 부위에서 턱 사이를 보는 것이 무난하다.
  ※ 특히 중요한 부분을 이야기 할 때에는 꼭 눈을 맞춰야 한다.
③ 대화 시에는 전문용어를 피하고 상대방이 이해할 수 있는 표현을 쓴다.
④ 비속어나 사투리를 사용하지 말고 정중하고 친절하게 대화한다.
⑤ 호칭을 가능한 한 구조대상자의 이름을 부르는 것이 좋다.
⑥ 구조대상자가 자신의 부상정도나 사고 상황에 대하여 궁금해 하는 내용이 있으면 사실대로 말해주는 것이 원칙이나 구조대상자가 충격을 받을 수 있는 표현을 피하여야 한다.
  ※ 구조대원 개인의 의학적 예단을 말하는 것은 절대 금지한다.

🔓 **정답** | 23. ③ 24. ③

25 현장활동이 어려울 경우 "추가 구조 · 구급대 요청사항"으로 옳지 않은 것은?

① 필요한 구급차의 대수는 구급대 1대당 중증 또는 심각한 경우는 1인, 중증은 2인, 경증은 정원 내를 대략의 기준으로 한다.

② 구급대를 2대 이상 필요로 하는 경우

③ 구조대상자가 많거나 현장이 광범위하여 추가 인원이 필요한 경우

④ 특수한 지식, 기술을 필요로 하는 경우

■ **구조대 요청*** 12년, 13년 소방장/ 23년 소방교

① 사고개요, 구조대상자의 숫자, 필요한 구조대의 수 및 장비 등을 조기에 판단하고 요청자를 명시하여 요청한다.

② 요청 판단기준

   ㉠ 구조대상자가 많거나 현장이 광범위하여 추가 인원이 필요한 경우

   ㉡ 특수차량 또는 특수장비를 필요로 하는 경우

   ㉢ 특수한 지식, 기술을 필요로 하는 경우

   ㉣ 기타 행정적, 사회적 영향으로부터 필요하다고 생각되는 경우

■ **구급대 요청**

① 사고개요, 부상자수, 상태 및 정도를 부가하여 필요한 구급차 수를 요청한다.

② 필요한 구급차의 대수는 구급대 1대당 중증 또는 심각한 경우는 1인, 중증은 2인, 경증은 정원 내를 대략의 기준으로 한다.

■ **지휘대 출동기준***

① 사고양상이 2개대 이상의 구조대의 대처를 필요로 하는 경우

② 다수의 사상자가 발생한 경우

③ 구급대를 2대 이상 필요로 하는 경우

④ 기타 관계기관과 연계하여 활동할 경우

⑤ 사고양상의 광범위 등으로 정보수집에 곤란을 수반하는 경우

⑥ 사고양상이 특이하고 고도의 판단을 필요로 하는 경우

⑦ 경계구역 설정이 필요하다고 판단되는 경우

⑧ 소방홍보상 필요하다고 판단되는 경우(사고의 특이성, 구조 활동의 형태, 기타 특별한 홍보상황이 있는 경우)

⑨ 소방대원, 의용소방대원, 일반인 및 관계자 등의 부상사고가 발생한 경우

⑩ 제3자의 행위에 의한 중대한 활동장애 및 활동에 따르는 고통 등이 있는 경우

⑪ 행정적, 사회적 영향이 예상되는 경우

⑫ 기타 구조활동상 필요하다고 판단되는 경우

26 "구조현장에서 관계자에 대한 배려사항"으로 옳은 것은?

① 구조작업에 대한 회의나 브리핑은 가족이 있는 곳에서 진행하는 것이 좋다.

② 언제부터 구조작업이 재개된다는 것을 명확히 알려줄 수 없다.

③ 예정된 시간보다 조금 늦게 시작하는 것이 좋다.

④ 유족들의 감정에 신경 쓰지 않는 대원은 구조팀에서 제외시키도록 한다.

정답   **25.** ②   **26.** ④

■ **관계자 배려**★★ 11년, 12년 소방장
① 구조작업에 대한 회의나 브리핑은 가족이 없는 곳에서 진행하고 전담요원이 그 결과만을 설명해주는 것이 좋다.
② 일몰이나 기상악화 등으로 일시 구조작업을 중단하게 되는 경우에도 가족들은 사고현장을 떠나지 않으려고 하기 때문에 언제부터 구조작업이 재개된다는 것을 명확히 알려줄 필요가 있다.
③ 또한 구조작업을 재개할 때에는 가급적 예정된 시간보다 조금 빨리 시작하는 것이 가족을 위로할 수 있는 방법이다.
④ 가족들의 심리상태는 매우 불안정하기 때문에 매우 공손하고 협조적이던 태도가 특별한 이유도 없이 극단적으로 비판적이 되거나 심지어 적대적으로까지 돌변할 수 있다. 이런 태도는 대부분 수색 2일째에 나타난다.
⑤ 특히 구조현장에서 소리 내어 웃거나 자극적인 농담을 하는 것은 절대로 삼가야 한다. 희생자의 유족이나 친지들의 감정에 신경 쓰지 않는 대원은 구조팀에서 제외시키도록 한다.

27 "구조요청을 거절한 경우 조치사항"으로 옳지 않은 것은?

① 구조를 요청한 사람이나 목격자에게 알린다.
② 소속 소방관서에 5년간 보관한다.
③ '구조거절 확인서'를 작성하여 소속 소방관서장에게 보고한다.
④ 구조거절 확인서는 분쟁발생 시 근거자료로 활용될 수 있으므로 자세하게 기재한다.

■ **구조요청을 거절한 경우**★★ 18년 소방교
① 구조를 요청한 사람이나 목격자에게 알림
② '구조거절 확인서'를 작성하여 소속 소방관서장에게 보고
③ 소속 소방관서에 3년간 보관
  ※ 구조거절 확인서는 소송 등 분쟁발생 시 근거자료로 활용될 수 있으므로 현장상황과 조치내용을 자세하게 기재하여야 한다.

28 "구조요청 거절 범위"가 아닌 것은?

① 단순 잠긴 문 개방　　　　　　② 벌집제거
③ 하수구 막힘　　　　　　　　　④ 고양이 생포

■ **구조요청을 거절할 수 있는 범위**★ 16년 소방장/ 18년 소방교/ 21년 소방장
① 단순 잠긴 문 개방의 요청을 받은 경우
② 시설물에 대한 단순 안전조치 및 장애물 단순 제거의 요청을 받은 경우
③ 동물의 단순 처리·포획·구조 요청을 받은 경우
④ 주민생활 불편해소 차원의 단순 민원 등 구조활동의 필요성이 없다고 인정되는 경우
  ※ 구조요청 거절은 최소한도로 이루어져야 하고 인명피해 우려 시에는 제외

[📖 정답] **27.** ② 　 **28.** ②

29 "구조대상자가 특수상황인 경우" 구조 활동으로 옳지 않은 것은?

① 어린이인 경우 보호자가 곁에 있도록 하고 안심시킨 후 구조작업을 진행한다.

② 대화에 앞서 구조대상자를 주목시키기 위해서 그의 앞에 서서 이름을 부르거나 팔, 어깨 등을 가볍게 건드리는 방법은 안 된다.

③ 장애인보조견은 일반적인 애완견출입이 금지된 공공장소에도 동행할 수 있다.

④ 시각장애인의 경우 신체적 접촉을 통해 구조대상자를 안심시킬 수 있다.

■ **특수상황 배려(장애인을 구조하는 경우)**

① 청각장애인

　ㄱ 대화에 앞서 구조대상자를 주목시키기 위해서 <u>그의 앞에 서서 이름을 부르거나 팔, 어깨 등을 가볍게 건드리거나 책상, 벽을 두드리는 방법으로 주목을 끈다.</u> 그렇다고 해서 너무 큰 소리를 낼 필요는 없다.

　ㄴ 일부 청각장애인들은 <u>입 모양을 보고도 대화하고자 하는 내용을 알 수 있으므로 구순독법을 활용한다.</u>

　　※ 구순독법(tip reading) : 입 모양을 크고 정확히 하여 말하는 것.

② 시각장애인

　ㄱ 일반인에 비하여 청각과 촉각이 매우 발달되어 있다. 큰 소리를 내지 않도록 하고 상황을 차분하고 자세하게 설명하여 안심시키도록 한다.

　ㄴ 구조대원이 팔을 붙잡거나 어깨에 손을 올리는 등 신체적 접촉을 통해 구조대상자를 안심시킬 수 있다.

　　※ 구조대상자가 여성인 경우 과도한 관심과 신체접촉은 불필요한 오해를 불러올 수 있으므로 주의하여야 한다.

③ 장애인 보조견 : 장애인보조견은 환자의 눈이나 귀를 대신할 정도로 매우 중요하다. <u>장애인보조견은 일반적인 애완견의 출입이 금지된 공공장소에도 동행할 수 있으므로</u> 상황에 따라 구조대상자와 동행할 수 있도록 조치한다.

30 "구조활동 상황기록 관리요령"으로 옳지 않은 것은?

① 구조차에 이동단말기가 설치되어 있는 경우, 이동단말기로 작성할 수 있다.

② 구조활동 상황기록은 소속 소방관서에 3년간 보관하여야 한다.

③ 구조대원의 근무 중에 감염성 질병에 걸린 구조대상자와 접촉한 경우에는 그 사실을 안 때부터 72시간 이내에 소방청장 등에게 보고하여야 한다.

④ 감염성 질병·유해물질 등은 구조대원이 퇴직할 때까지 소방공무원 인사기록철에 함께 보관하여야 한다.

■ **구조활동 상황기록*** 15년 소방장/ 18년 소방교

① 구조대원은 '구조활동일지'에 구조활동상황을 상세히 기록하고, <u>소속 소방관서에 3년간 보관하여야</u> 한다. 다만, 구조차에 이동단말기가 설치되어 있는 경우에는 이동단말기로 구조활동일지를 작성할 수 있다.

② 구조대원은 근무중에 위험물·유독물 및 방사성물질에 노출되거나 감염성 질병에 걸린 구조대상자와 접촉한 경우에는 <u>그 사실을 안 때부터 48시간 이내에 소방청장 등에게 보고하여야</u> 한다.

③ 감염성 질병 및 유해물질 등 접촉 보고서를 작성하여 보고하고, '감염성 질병·유해물질 등 접촉보고서' 및 유해물질 등 접촉관련 '진료 기록부' 등은 <u>구조대원이 퇴직할 때까지 소방공무원인사기록철에 함께 보관하여야 한다.</u>

정답　**29.** ②　**30.** ③

31 "구조대 종류"에 대한 설명으로 옳지 않은 것은?

① 일반구조대는 시·도의 규칙으로 정하는 바에 따라 소방서마다 1개 대 이상 설치한다.

② 직할구조대는 대형·특수 재난사고의 구조, 현장 지휘 및 지원 등을 위하여 소방청 또는 지역소방본부에 설치하되, 소방본부에 설치하는 경우에는 행정안전부령으로 정하는 바에 따른다.

③ 119항공대는 초고층 건축물 등에서 구조대상자의 생명을 안전하게 구조하거나 도서·벽지에서 발생한 응급환자를 의료기관에 긴급히 이송하기 위하여 편성하여 운영한다.

④ 비상설구조대는 테러대응구조대와 국제구조대가 있다.

■ **구조대 종류**★★ 15년, 17년 소방교/ 19년 소방장/ 23년 소방교

일반구조대	시·도의 규칙으로 정하는 바에 따라 소방서마다 1개 대(隊) 이상 설치하되, 소방서가 없는 시·군·구의 경우에는 해당 시·군·구 지역의 중심지에 있는 119안전센터에 설치할 수 있다.
특수구조대★ 17년, 19년 소방교	소방대상물, 지역 특성, 재난발생 유형 및 빈도 등을 고려하여 시·도의 규칙으로 정하는 바에 따라 지역을 관할하는 소방서에 설치한다. 다만, 고속국도구조대는 직할구조대에 설치할 수 있다. ① 화학구조대 : 화학공장이 밀집한 지역 ② 수난구조대 : 내수면 지역 ※ 하천·댐·호소·저수지 기타 인공으로 조성된 담수나 기수의 수류 또는 수면 ③ 산악구조대 : 자연공원 등 산악지역 ④ 고속국도구조대 ⑤ 지하철구조대 : 도시철도의 역사 및 역무시설
직할구조대	대형·특수 재난사고의 구조, 현장 지휘 및 지원 등을 위하여 소방청 또는 지역소방본부에 설치하되, 소방본부에 설치하는 경우에는 시·도의 규칙으로 정하는 바에 따른다.
테러대응구조대 (비상설구조대)	테러 및 특수재난에 전문적으로 대응하기 위하여 필요한 경우 소방청 또는 소방본부에 설치하는 것을 원칙으로 하되, 구조대의 효율적 운영을 위해 필요한 경우, 화학구조대와 직할구조대를 테러대응구조대로 지정할 수 있다.
국제구조대 (비상설구조대)	소방청장은 국외에서 대형재난 등이 발생한 경우 재외국민의 보호 또는 재난발생국의 국민에 대한 인도주의적 구조활동을 위하여 국제구조대를 편성하여 운영할 수 있다. 현재 소방청에 설치하는 직할구조대인 중앙119구조본부에서 업무를 담당하고 있다.
119항공대	소방청장 또는 소방본부장은 초고층 건축물 등에서 구조대상자의 생명을 안전하게 구조하거나 도서·벽지에서 발생한 응급환자를 의료기관에 긴급히 이송하기 위하여 항공구조구급대를 편성하여 운영한다.

32 가족이나 관계기관에 연락하는 방법으로 다음 내용과 관계 깊은 것은?

구조대상자가 의식이 없고 신원확인이 불가능한 경우

① 소방서장　　　　　　② 보건소장
③ 시장　　　　　　　　④ 경찰서장

정답 31. ②　32. ④

보호자가 없는 구조대상자를 구조한 경우	→	가족이나 관계자를 파악하여 구조경위, 구조대상자의 상태 등을 알려주어야 한다.
구조대상자의 가족이나 관계자의 연락처를 알 수 없을 때	→	구조대상자가 발생한 지역의 기초자치단체장 (시장·군수·구청장 등)에게 그 사실을 통보
구조대상자가 의식이 없고 신원확인이 불가능한 경우	→	관할 경찰관서에 신원확인을 의뢰

33 "방사선 계측기"에 대한 설명으로 다음 내용과 관계 깊은 것은?

> 방사능 오염이 예상되는 보행자 또는 차량을 탐지하여 피폭여부를 검사하는 장비로 주로 알파, 베타 방출 핵종의 유출시 사용한다.

① 개인선량계   ② 방사선 측정기
③ 방사능오염 감시기   ④ 핵종분석기

■ **방사선 계측기*** 20년, 22년 소방교

개인 선량계	㉠ 검출기: 개인이 휴대하여 실시간으로 개인의 방사선 피폭량을 측정 ㉡ 필름뱃지: 방사선의 사진작용을 이용, 필름의 흑화도로 피폭선량을 측정 ㉢ 열형광선량: 방사선을 받은 물질에 일정한 열을 가하여 물질 밖으로 나오는 빛의 양으로 피폭선량을 측정 ㉣ 포켓선량계: 방사선이 공기를 이온화 시키는 원리를 이용, 이온화된 전하량과 비례하여 눈금선이 이동 되도록 하여 현장에서 바로 피폭된 방사선량을 알 수 있음 ㉤ 포켓이온함, 포켓알람미터, 전자개인선량계: 전하량을 별도의 기구로 측정하여 피폭된 방사선량을 알 수 있는 장비
방사선 측정기	개인이 휴대하여 실시간으로 방사선율 및 선량 등 측정하며 기준선량(율) 초과시 경보하여 구조대원의 안전을 확보하기 위한 장비이다.(가장 보편적으로 사용되는 장비)
핵종 분석기	• 개인이 휴대하여 실시간으로 방사선량 측정 및 핵종을 분석하는 장비로서 감마선 스펙트럼을 분석하여 감마 방사성 핵종의 종류 파악한다. • 주로 무기 섬광물질 또는 반도체를 사용하여 제작되며 핵종분석기능 이외에도 방사선량률, 오염측정과 같은 다양한 기능을 탑재하는 경우가 일반적이다. • 다른 휴대용 장비들에 비해 상대적으로 무게와 부피가 크므로 항시 휴대 운용은 제한적이다.
방사능 오염 감시기	• 방사능 오염이 예상되는 보행자 또는 차량을 탐지하여 피폭여부를 검사하는 장비로서 주로 알파, 베타 방출 핵종의 유출시 사용한다. • 일반적으로 선량률값을 제공하지 않고, 시간당 계수율 정보를 제공한다. 따라서, 측정하고 하는 물체 및 인원에 대한 방사성 오염여부 판단용으로 사용되며, 미치는 영향에 대해서는 추후 정밀검사가 필요하다.

📌 **정답**   33. ③

34 **"구조장비 사용 시 주의사항"에 대한 설명으로 옳은 것은?**

① 엔진동력 장비의 경우 오일의 혼합량이 너무 많으면 시동이 잘 걸리지 않고 시동 후에도 매연이 심하다.

② 체인톱이나, 헤머드릴 등 고속 회전하는 장비는 면장갑 착용이 원칙이다.

③ 분진이나 작은 파편이 발생하는 작업을 수행할 때에는 반드시 보호안경을 착용한다. 헬멧(또는 방수모)의 실드만으로도 충분히 보호될 수 있다.

④ 전동 장비는 반드시 접지가 되는 3극 플러그를 이용하고 감전의 위험을 방지하기 위해 접지단자를 제거하여 사용토록 한다.

■ 작업 전의 준비★★
① 헬멧, 안전화, 보안경 등 적절한 보호 장비를 착용한다.
　㉠ 옷깃이나 벨트 등이 기계의 동작 부분에 말려 들어갈 수도 있으므로 각별히 주의한다.

　　※ 체인톱이나, 헤머드릴 등 고속 회전부분이 있는 장비의 경우 실밥이 말려들어갈 수 있
　　으므로 면장갑은 착용하지 않는 것이 원칙이다.

　㉡ 고압전류를 사용하는 전동 장비나 고온이 발생하는 용접기 등의 경우에는 반드시 규정된 보호
　　장갑을 착용해야 한다.
　㉢ 반지나 시계, 목걸이 등 장신구는 안전사고를 유발할 수 있고 부상을 악화시킬 수 있으므로 신체
　　에서 제거한다.
　㉣ 분진이나 작은 파편이 발생하는 작업을 수행할 때에는 반드시 보호안경을 착용한다. 헬멧(또는
　　방수모)의 실드만으로는 충분히 보호되지 않는다.

■ 엔진동력 장비의 경우 엔진오일의 점검★ 16년 소방교／ 19년 소방장／ 21년 소방교
① 4행정기관(유압펌프, 이동식 펌프 등)의 경우 엔진오일을 별도로 주입하므로 오일의 양이 적거나
　변질되지 않은지 수시로 점검한다.
② 2행정기관(동력절단기, 체인톱, 발전기 등)은 엔진오일과 연료를 혼합하여 주입하므로 반드시 2행
　정기관 전용의 엔진오일을 사용하며, 정확한 혼합비율을 지키는 것이 중요하다.
③ 오일의 혼합량이 너무 많으면 시동이 잘 걸리지 않고 시동 후에도 매연이 심하다. 또한 오일의
　양이 적으면 엔진에 손상을 입어 기기의 수명이 단축될 수 있다.

■ 동력장비 사용 시 주의사항
① 공기 중에 인화성 가스가 있거나 인화성 액체가 근처에 있을 때에는 동력장비의 사용을 피할 것.
　마찰 또는 타격 시 발생하는 불꽃과 뜨거운 배기구는 발화원이 된다.
② 지하실이나 맨홀 등 환기가 불충분한 장소에서는 장시간 작업하지 않도록 하고 배기가스에 의한
　질식의 위험이 있으므로 엔진장비를 활용하지 않는 것을 원칙으로 한다.
③ 엔진장비에 연료를 보충할 때에는 반드시 시동을 끄고 엔진이 충분히 냉각된 후에 주유한다.
④ 장비를 이동시킬 때에는 작동을 중지한다. 엔진장비의 경우에는 시동을 끄고 전동 장비는 플러그를
　뽑는다.
⑤ 전동 장비는 반드시 접지가 되는 3극 플러그를 이용한다. 접지단자를 제거하면 감전사고의 위험이
　있다.
⑥ 장비를 무리하게 작동시키지 말고, 이상이 발견되면 즉시 작동을 중지하고 전문가 점검을 받는다.

정답 | 34. ①

35 아래 로프 재료 중에서 "내마모성"이 높은 곳에서부터 3번째인 것은?

> 폴리에스터, 폴리에틸렌, 나일론, 면, 마니라삼

① 폴리에틸렌 ② 폴리에스터
③ 마닐라삼 ④ 나일론

■ Scale : Best＝1, Poorest＝8* 14년, 20년 소방장/ 22년, 24년 소방교

성능 ＼ 종류	마닐라삼	면	나일론	폴리에틸렌	H. Spectra® Polyethylene	폴리에스터	Kevlar® Aramid
비 중	1.38	1.54	1.14	0.95	0.97	1.38	1.45
신장율	10~15%	5~10%	20~34%	10~15%	4% 이하	15~20%	2~4%
인장강도*	7	8	3	6	1	4	2
내충격력*	5	6	1	4	7	3	7
내열성	177℃ 탄화	149℃ 탄화	249℃ 용융	166℃ 용융	135℃ 용융	260℃ 용융	427℃ 탄화
내마모성*	4	8	3	6	1	2	5
전기저항	약	약	약	강	강	강	약
저항력 －햇볕	중	중	중	최약	중	강	중
－부패	약	약	강	강	강	강	강
－산	약	약	약	중	강	중	약
－알칼리	약	약	중	중	강	약	중
－오일,가스	약	약	중	중	강	중	중

36 매듭과 꺾임에 의한 로프장력변화에서 "매듭의 강도가 60~65%"인 것은? (매듭 하지 않은 상태 강도 100%)

① 옭매듭 ② 8자매듭
③ 한겹고정 매듭 ④ 테이프매듭

로프 매듭 부분 강도 저하* 17년 소방장

로프에 매듭을 하는 경우 매듭부분의 마찰에 의하여 강도가 저하되는 점도 감안 사용하여야 한다.

┃ 매듭과 꺾임에 의한 로프의 장력변화 ┃

매듭의 종류	매듭의 강도(%)	매듭의 종류	매듭의 강도(%)
매듭하지 않은 상태	100	피셔맨매듭	60~65
8자 매듭	75~80	테이프매듭	60~70
한겹고정 매듭	70~75	말뚝매듭	60~65
이중 피셔맨매듭	65~70	옭매듭(엄지매듭)	60~65

📖 정답 35. ③ 36. ①

37 로프에 대한 설명으로 옳지 않은 것은?

① 현재 이러한 천연섬유는 거의 사용되지 않고 합성섬유, 폴리에스터, 나일론, 케블러 등 여러 재료를 혼합하여 만든 것이 대부분이다.

② 로프의 충격력은 추락물체가 정지하는 데 필요한 힘으로 이 힘을 받을 때 충격이 발생하고 충격이 작을수록 안전하다.

③ 로프는 용도에 따라 의 10.5~12지름을 가진 것이 많이 사용되며 구조대에서는 지름 8~13㎜ 내외의 로프를 주로 사용한다.

④ 인장력은 현재 판매되는 산악용 11mm 로프의 경우 대부분 3,000kg 내외의 인장강도를 가지며 충격력은 80kg에 대하여 700daN~900daN 정도이다.

> **해설**
> ① 로프의 재질
> ㉠ 과거에는 로프를 마닐라 삼이나 면 등의 천연재료를 사용하여 만들었으나 <u>현재 이러한 천연섬유는 거의 사용되지 않는다.</u>
> ㉡ <u>합성섬유, 폴리에스터, 나일론, 케블러 등 여러 재료를 혼합하여 만든 것이 대부분이다.</u>
> ② 로프의 형태
> 구조대에서 사용하는 로프는 외피 안에 섬유를 꼬아서 만든 여러 가닥의 심지가 들어있는 로프이다.
> <u>로프는 용도에 따라 8~13㎜의 지름을 가진 것이 많이 사용되며 구조대에서는 지름 10.5~12㎜ 내외의 로프를 주로 사용한다.</u>
> ③ 로프의 성능
>
> | | |
> |---|---|
> | **인장력***
13년 소방위 | ① 구조활동에 있어서 로프에 대원 1인이 매달릴 때 대원의 몸무게와 흔들림에 따른 충격력을 감안하면 130kg 정도의 하중이 걸리며, 두 명의 대원이 활동하면 260kg 정도가 된다.
② <u>현재 판매되는 산악용 11mm 로프의 경우 대부분 3,000kg 내외의 인장강도를 가지며 충격력은 80kg에 대하여 700daN~900daN 정도이다.</u> |
> | **충격력** | ① 추락 사고를 당했을 때 추락하는 동안 생긴 운동량과 같은 양의 충격량을 받는다.
② 로프의 충격력은 추락물체가 정지하는 데 필요한 힘으로 이 힘을 받을 때 충격이 발생하고 충격이 작을수록 안전하다. |

38 "로프 사용에 대한 설명"으로 옳지 않은 것은?

① 로프를 사리고 끝처리로 너무 단단히 묶어두지 않도록 한다.

② 부피를 줄이기 위해 좁은 상자나 자루에 오래 방치하는 것은 좋지 않다.

③ 직경 9mm 이하의 로프를 사용할 때에는 반드시 2줄로 설치하도록 한다.

④ 조금이라도 의심이 간다면 그 로프는 반드시 정밀점검 후 재사용하여야 한다.

> **해설**
> ■ 로프의 사용
> ① 끊어지지 않는 로프는 존재하지 않는다. 따라서 모든 로프는 사용 전중후에 시각과 촉각을 이용하여 세심한 주의를 기울여 관리하도록 한다.
> ② 일반적으로 로프를 사용한 후에 사리는 과정에서 로프의 외형을 확인하고 일일이 손으로 만져보며 응어리, 얼룩, 눌림 등이 있는지 확인하고 보풀이나 변색, 마모 정도 등도 유의해서 점검한다.

 정답 37. ③ 38. ④

③ 조금이라도 의심이 간다면 그 로프는 폐기하여야 한다. 폐기 대상인 로프는 절대로 인명구조용으로 재사용되지 않도록 확실히 조치한다.
  ㉠ 직경 9mm 이하의 로프를 사용할 때에는 반드시 2줄로 설치, 안전을 확보한다.
  ㉡ 로프를 설치하기 전에 세심하게 살펴보고 조금이라도 의심이 가는 부분이 있으면 사용하지 않는다.

■ 로프 관리*** 11년 소방장/ 13년, 15년 소방교/ 24년 소방교
① 그늘지고 통풍이 잘되는 곳에 보관하도록 한다.
② 로프를 사리고 끝처리로 너무 단단히 묶어두지 않도록 한다.
③ 로프에 계속 하중을 가하여 로프가 늘어나 있는 상태이므로 노화가 빨리 오게 된다.
④ 부피를 줄이기 위해 좁은 상자나 자루에 오래 방치하는 것도 좋지 않다.

39 "로프를 오래 사용하기 위한 관리방법"으로 옳지 않은 것은?

① 미지근한 물에 중성 세제를 알맞게 풀어 로프를 충분히 적시고 흔들어 모래나 먼지가 빠져나가도록 한다.
② 대부분의 로프는 장시간 자외선을 받으면 변색, 강도가 떨어진다.
③ 일반세탁기도 세탁과정에서 로프가 꼬이고 마찰을 발생시키지 않기 때문에 사용할 수 있다.
④ 로프를 설치할 때 건물이나 장비의 모서리에 직접 닿지 않도록 한다.

■ 로프를 오래 사용하기 위하여 관리상 주의할 점
① 열이나 화학약품, 유류 등 로프를 손상시킬 수 있는 어떤 요인과도 접촉하지 않도록 한다. 대부분의 로프는 석유화학제품이므로 산이나 알칼리 등의 화학약품과 각종 연료유, 엔진오일 등에 부식·용해된다.
② 로프를 밟거나 깔고 앉지 말 것. 로프의 외형이 급속히 마모되고 무게를 지탱하는 능력이 떨어진다.
③ 로프를 설치할 때 건물이나 장비의 모서리에 직접 닿지 않도록 한다. 로프보호대나 천, 종이박스 등을 깔아서 마찰로부터 로프를 보호한다.
④ 대부분의 로프는 장시간 햇볕(특히 자외선)을 받으면 변색, 강도가 떨어진다. 잘 포장해서 어둡고 서늘한 곳에 보관한 로프는 8년이 경과되어도 손상되지 않지만 새 로프일지라도 장시간 옥외에 진열, 방치하면 강도가 많이 약해진다.
⑤ 정기적으로 로프를 세척하여 이물질을 제거하도록 한다. 로프의 섬유사이에 끼는 먼지나 모래가루는 로프 자체를 상하게 하고 카라비너나 하강기 등 관련 장비의 마모를 촉진시킨다.

■ 로프 세척 방법** 11년, 13년, 15년, 24년 소방교
① 미지근한 물에 중성 세제를 알맞게 풀어 로프를 충분히 적시고 흔들어 모래나 먼지가 빠져나가도록 한다.
② 부드러운 솔이 있으면 가볍게 문질러 주면 좋다. 물이 어느 정도 빠지면 그늘지고 통풍이 잘되는 곳에 말린다.
③ 일반적인 세탁기는 세탁과정에서 로프가 꼬이고 마찰을 발생시키기 때문에 사용하지 않도록 한다.

정답 | 39. ③

40 "구조용로프"에 대한 설명으로 옳지 않은 것은?

① 일반 구조활동용으로는 스태틱이나 세미스태틱 로프가 적합하다.

② 정적로프는 마모 내구성이 강하고 파괴력에 견디는 힘이 높다.

③ 동적로프는 부드러우면서 여러 가지 색상이 섞인 화려한 문양이다.

④ 개인용 로프의 성능기준은 11mm 이하 × (20m 이상)이다.

■ 정적 로프와 동적 로프★★ 15년, 16년 소방교/ 21년 소방장, 소방위

정적(스태틱) 로프	① 신장율이 5% 미만 정도로 하중을 받아도 잘 늘어나지 않는다. ② 마모 내구성이 강하고 파괴력에 견디는 힘이 높다. ③ 유연성이 낮아 조작이 불편하고 추락 시 하중이 그대로 전달되는 결점이 있다. ④ 뻣뻣하며 검정이나 흰색, 노란색 등 단일 색상으로 만들어져 외형만으로도 비교적 쉽게 구분이 가능하다. ※ 일반 구조활동용으로는 스태틱이나 세미스태틱(Semi-static Rope) 로프가 적합하다. ※ 내용 : 11mm 이상(보관가방포함)
동적(다이내믹) 로프	① 신장율이 7% 이상 정도로서 신축성이 높아 충격을 흡수하는 데 유리하므로 자유낙하가 발생할 수 있는 암벽등반에 유리하다. ② 산악 구조활동과 장비의 고정 등에 적합하다. ③ 부드러우면서 여러 가지 색상이 섞인 화려한 문양이다. ※ 내용 : 10.2mm 이상(보관가방포함)

※ 개인용로프 : 제원 : 9mm 이하 × (20m 이상), 수난구조로프 : 내용 : 11mm 이하

41 다음 중 "로프수명"에 대한 설명이 옳은 것는?

① 납작하게 눌린 것 : 즉시교체 　② 매일 사용 : 2년

③ 매주 사용 : 4년 　④ 스포츠클라이밍 : 10개월

■ 로프수명★★ 15년 소방교, 19년 소방교/ 20년 소방장

시간경과에 따른 강도저하	• 로프는 사용 횟수와 무관하게 강도가 저하된다. • 특히 4년 경과시부터 강도가 급속히 저하된다.
로프교체시기 (대한산악 연맹권고)	• 가끔 사용하는 로프 : 4년 • 매주 사용하는 로프 : 2년 • 매일 사용하는 로프 : 1년 • 스포츠 클라이밍 : 6개월
즉시교체 로프	• 큰 충격을 받은 로프(추락, 낙석, 아이젠) • 납작하게 눌린 로프 • 손상된 부분이 있는 로프

정답 40. ④ 41. ①

42 로프총 사용방법에 대한 설명으로 옳지 않은 것은?

① 현장상황에 따라 다르지만 수평각도 65도가 이상적이다.

② 화약식은 150kg/cm² 압력에서 최대사거리 120m, 유효사거리 60m 내외이다.

③ 목표물을 정조준하는 것이 불가능할 경우에는 목측으로 조준하여 견인탄이 목표물 위로 넘어가도록 발사하면 구조대상자가 견인로프를 회수하기 용이하다.

④ 굴절사다리차나 고가사다리차, 헬기 등 높은 곳에서 하향으로 발사할 때에는 정확히 목표물에 도달할 수 있으므로 목표물 지점을 정조준토록 한다.

■ 유효사거리

화약식	로프총에 20GA 추진탄을 사용하면 최대사거리는 200m, 유효사거리는 150m이다.
공압식	150kg/cm² 압력에서 최대사거리 120m, 유효사거리 60m 내외이다.

■ 사격각도
① 현장상황에 따라 다르지만 수평각도 65도가 이상적이다.
② 목표물을 정조준하는 것이 불가능할 경우에는 목측으로 조준하여 견인탄이 목표물 위로 넘어가도록 발사하면 구조대상자가 견인로프를 회수하기 용이하다.
③ 굴절사다리차나 고가사다리차, 헬기 등 높은 곳에서 하향으로 발사할 때에는 정확히 목표물에 도달할 수 있으므로 목표물 지점을 정조준토록 한다.

43 다음 중 "슬링(Sling)"에 관한 설명으로 옳지 않은 것은?

① 로프에 비해 상대적으로 값이 싸기 때문에 짧게 잘라서 등반시의 확보, 고정용 또는 안전벨트의 대용 등으로 다양하게 활용한다.

② 보통 20~25mm 내외의 폭으로 제조되며 형태에 따라 판형슬링과 관형슬링으로 구분한다.

③ 짧게 잘라서 등반시의 확보, 고정용 또는 안전벨트의 대용 등으로 다양하게 활용한다.

④ 등반 또는 하강 시 로프 대용으로 사용할 수 있다.

■ 슬링(Sling)★★ 17년, 21년 소방장/ 24년 소방교
① 런너(Runner)라고도 부르는 슬링은 평평한 띠처럼 생긴 일종의 로프이다.
② 일반적인 로프에 비해 유연성이 높으면서도 다루기 쉬워 신체에 고정하는 경우 접촉 면적이 높아 안정감 있게 사용할 수 있다.
③ 슬링은 보통 20~25mm 내외의 폭으로 제조되며 형태에 따라 판형슬링(Tape Sling)과 관형슬링(Tube Sling)으로 구분한다.
④ 로프에 비해 상대적으로 값이 싸기 때문에 짧게 잘라서 등반시의 확보, 고정용 또는 안전벨트의 대용 등으로 다양하게 활용한다.
⑤ 슬링은 같은 굵기의 로프보다 강도는 우수하지만 충격을 받았을 때 잘 늘어나지 않기 때문에 슬링을 등반 또는 하강시에 로프 대용으로 사용하는 것은 매우 위험하다.

∥ 여러 가지 슬링 ∥

정답 42. ② 43. ④

44 "로프총 사용 시 유의사항" 중 옳지 않은 것은?

① 공압식과 화약식에 사용하는 견인탄은 내경도 같고 재질과 중량도 차이가 없으므로 교환 사용할 수 있다.

② 즉시 발사할 것이 아니면 장전하여 두지 말아야 하며, 만약 장전 후 잠시 기다리게 될 경우에는 반드시 안전핀을 눌러둔다.

③ 사용한 견인탄은 탄두에 이상이 없는 경우에 날개를 교환하면 재사용할 수 있다.

④ 장전 후에는 총구를 수평면 기준으로 45° 이상의 각도를 유지해야 격발이 된다.

■ **로프총 사용 시 유의점*** 18년 소방위, 19년 소방위, 23년 소방장

① 즉시 발사할 것이 아니면 장전하여 두지 말아야 하며, 만약 장전 후 잠시 기다리게 될 경우에는 반드시 안전핀을 눌러둔다.

② 장전 후에는 총구를 수평면 기준으로 45° 이상의 각도를 유지해야 격발이 된다. 총구를 내려서 격발이 되지 않으면 노리쇠만 뒤로 당겨준다. 45° 이하의 각도를 유지하고 있는 경우에도 갑작스러운 충격을 받으면 발사될 수도 있음을 유의한다. 부득이 45° 이하의 각도로 발사할 필요가 있는 경우에는 총을 뒤집으면 격발이 가능하다.

③ 발사하기 전에 구조대상자에게 안내 방송을 하고 착탄 예상지점 주변의 인원을 대피시켜 안전사고가 발생하지 않도록 한다.

④ 견인탄을 장전하지 않았더라도 사람을 향해 공포를 발사하면 안 된다. 추진탄의 압력이나 고압공기에 의해 부상을 입을 우려가 있다. 장기간 사용한 총은 안전핀을 눌러 놓아도 격발장치가 풀려 자동 격발될 수 있다.

⑤ 견인탄은 탄두와 날개를 완전하게 결합하고 견인로프가 풀리지 않도록 결착한다. 사용한 견인탄은 탄두에 이상이 없는 경우에 날개를 교환하면 재사용할 수 있다.

⑥ 공압식과 화약식에 사용하는 견인탄은 내경은 같으나 재질과 중량에 차이가 있으므로 교환 사용하지 않도록 한다.

⑦ 견인로프의 길이는 120m로서 원거리 발사 시에는 로프끝 부분이 로프 홀더에서 이탈하여 견인탄과 함께 끌려갈 우려가 있으므로 로프를 홀더에 집어넣고, 바깥쪽 로프 끝을 홀더 뚜껑에 끼워서 견인로프가 빠지지 않도록 한다.

⑧ 발사 후에는 탄피를 제거하고 총기 손질에 준하여 약실을 청소한다.

45 "유압전개기의 조치방법"에 대한 설명에서 아래 내용과 관계 없는 것은?

> ⓐ Lock ling을 풀고 다시 시도한다.
> ⓑ 펌프를 테스트 한다. (펌핑이 되고, 매뉴얼 밸브가 오픈포지션에 있어야 함)
> ⓒ 커플링의 풀림 여부 확인

① 전개기가 압력을 유지하지 못할 때

② 컨트롤 밸브를 조작하여도 전개가 작동하지 않을 때

③ 커플링이 잘 연결되지 않을 때

④ 컨트롤 밸브사이에 오일이 샐 때

🔖 정답 **44.** ① **45.** ①

■ 유압전개기 문제점 및 해결방안** 13년, 14년 소방장

문제점	조치방법
커플링이 잘 연결되지 않을 때	① Lock ling을 풀고 다시 시도한다. ② 유압호스에 압력이 존재하는지 점검한다. ③ 엔진작동을 중지하고 밸브를 여러번 변환 조작한다. (만일 이것이 안 될 때에는 강제로 압력을 빼 주어야 한다. 압력제거기를 사용하거나 A/S 요청)
컨트롤 밸브를 조작하여도 전개기가 작동하지 않을 때	① 펌프를 테스트 한다. (펌핑이 되고, 매뉴얼 밸브가 오픈포지션에 있어야 함) ② 유압 오일을 확인하고 양이 부족하면 보충한다.
전개기가 압력을 유지하지 못할 때	① 시스템에 에어가 유입되었을 때 ② 핸들의 밸브가 잠겨 있는지 확인한다. ③ 실린더 바닥의 밸브를 재조립 한다.
컨트롤 밸브 사이에서 오일이 샐 때	① 커플링의 풀림 여부 확인 ② 안전스크류를 조인다. ③ 계속 오일이 새면 씰을 교환 한다.

46 "공기톱"에 대한 설명으로 옳지 않은 것은?

① 압축공기를 동력원으로 하여 절단톱 날을 작동시켜 안전하게 철재나 스텐레스, 비철금속 등을 절단할 수 있다.

② 쇠톱날은 후진 시 절단되도록 장착하지만 공기톱의 경우 톱날 보호를 위해 전진 시 절단되도록 장착한다.

③ 별도의 동력이 필요하지 않으므로 수중이나 위험물질이 누출된 장소에서도 안전하게 사용할 수 있다.

④ 절단할 때 대상물에 본체 선단부분을 밀착시켜 작업하고 절단면에는 2개 이상의 톱니가 닿도록 하여 절단한다.

■ 공기톱

압축공기를 동력원으로 하여 절단톱날을 작동시켜 안전하게 철재나 스텐레스, 비철금속 등을 절단할 수 있다. 공기호흡기의 실린더를 이용하여 압축공기를 공급하고 별도의 동력이 필요하지 않으므로 수중이나 위험물질이 누출된 장소에서도 안전하게 사용할 수 있으며 구조도 간단하여 안전사고 위험이 적고 손쉽게 작업이 가능하다.

※ 일상 점검 정비
① 톱날의 이상 유무를 확인하여 녹이 심하거나 변형 또는 마모된 경우 교체한다. 톱날은 일반 쇠톱에 사용하는 날을 사용한다.
② 각 연결부에서 공기가 새지 않는지, 본체의 나사부에 이완은 없는지 점검한다.
③ 오일이 ⅓ 이하가 되면 보충한다.
④ 공기압력의 저하 없이 절단 톱날의 작동이 늦어진다거나 정지하는 경우의 원인은 오일에 물이 들어간 경우 또는 본체 내에 먼지가 들어간 경우에 일어난다. 수분이 들어간 오일은 완전히 제거하고 새로 주입하여야 한다.

정답 | 46. ②

■ **공기톱 조작방법**★★ 19년 소방장
① 작업 전에 장비의 이상 유무와 안전점검을 철저히 하고 방진안경과 장갑을 착용한다.
　㉠ 지정된 오일을 헨들 밑의 플라스틱 캡을 열고 가득 넣는다.
　㉡ 호스접합부에 먼지나 물 등이 묻어있지 않는가를 확인하고 용기에 결합한다.
　㉢ 사이렌서를 돌려 6각 스페너로 3개의 나사를 풀고 노즈가이드를 통해 절단톱날을 넣은 후 나사를 조여 고정한다. 일반적으로 쇠톱날은 전진 시 절단되도록 장착하지만 공기톱의 경우 톱날 보호를 위해 후진 시 절단되도록 장착한다.
② 본체에 호스를 접속하고 용기 등 밸브를 전부 연다. 작업 시의 공기압력은 1Mpa이하를 준수한다. 적정압력은 0.7Mpa 정도이다.
③ 절단할 때 대상물에 본체 선단부분을 밀착시켜 작업한다. 절단면에는 2개 이상의 톱니가 닿도록 하여 절단한다.

---

47 구조용 장비 중 일종의 "확장막대"로 불리는 것은?

① 킥백(kick back)　　　　　　　② 센터펀치
③ 유압식 구조기구　　　　　　　④ 유압램(Extension Ram)

 유압 램은 물체의 간격을 벌려 넓히거나 중량물을 지지하는 사용하는 일종의 확장막대이다.

---

48 "체인톱"에 대한 설명으로 옳지 않은 것은?

① 절단날을 절단물에 가까이 댄 후 가능한 한 직각으로 절단할 수 있도록 한다.
② 동력에 의해 구동되는 톱날로 철재, 콘크리트를 절단하는 장비이다.
③ 운반할 때에는 시동을 끄는 것을 원칙으로 한다.
④ 체인톱 사용 중에는 킥백현상이 발생할 수 있고 킥백은 장비가 갑자기 작업자 방향으로 튀어오르는 현상을 말하며 주로 톱날의 상단부분이 딱딱한 물체에 닿을 때 발생한다.

 ■ **체인톱**★★ 12년 소방장/ 16년 소방교/ 19년 소방장
체인톱은 동력에 의해 구동되는 톱날로 목재를 절단하는 장비이다. 엔진식과 전동식이 있으나 구조장비로는 엔진식이 많이 보급되어 있다.
① 작동방법
　㉠ 작업을 시작하기 전에 엔진오일 혼합비율과 윤활유의 양, 체인 브레이크, 가이드바의 올바른 장착, 체인의 유격상태 등을 빠짐없이 점검한다.
　㉡ 체인은 손으로 돌려보아 무리 없이 돌아갈 수 있는 정도면 적당하다. 이때 맨손으로 톱날을 잡지 않도록 한다. 체인톱날의 연마 상태를 점검하고 무뎌진 톱날은 즉시 교환한다.
　㉢ 체인톱에 시동을 걸기 전에 안전한 기반을 확보하고 작업영역 내에 불필요한 인원이 없도록 한다.
　㉣ 체인톱을 시동할 때에는 확고하게 지지 및 고정하여야 한다. 가이드바와 체인은 어떠한 물체에도 닿지 않도록 한다.
　㉤ 체인톱은 항상 두 손으로 잡는다. 왼손으로 앞 핸들을, 오른손은 뒷 핸들을 잡고 절단작업에 임한다. 긴급한 경우에는 즉시 앞 핸들을 잡고 있는 상태에서 왼 손목을 앞으로 꺾어 체인브레이크를 작동시킬 수 있도록 한다.

정답 | 47. ④　　48. ②

ⓗ 수직으로 서 있는 물체를 절단하는 경우 절단 물체가 쓰러질 것에 대비하여 후방의 안전거리를 확보하고 주위에서 다른 팀이 작업하고 있을 경우는 작업물체의 2배 이상의 간격을 유지한다.

ⓘ 주의사항 : 반드시 보안경과 안전모, 작업복, 두꺼운 가죽장갑, 안전화 등 절단작업에 필요한 복장을 갖추고 작업을 시작하여야 한다. 작업 시에는 절단날을 절단물에 가까이 댄 후 가능한 한 직각으로 절단할 수 있도록 하며 한 번에 많은 양을 절단하려 하지 말고 특히 다음과 같은 사항을 주의하여야 한다.

　ㄱ 체인톱으로 작업할 때는 혼자 작업을 해서는 안 된다. 비상시를 대비하여 반드시 1명 이상의 보조인원이 부근에 있어야 한다.

　ㄴ 엔진의 작동 중에는 절대로 들고 이동하지 않도록 한다. 운반할 때에는 시동을 끄는 것을 원칙으로 한다. 스로틀 레버를 놓아도 잠깐 동안은 체인이 회전을 유지하므로 주의해야 한다.

　ㄷ 찢어진 나무를 자를 때에는 나무 조각이 날리지 않도록 주의한다.

　ㄹ 이상한 소리 또는 진동이 있을 때는 즉시 엔진을 정지시킨다.

　ㅁ 킥백(kick back)에 유의한다.

■ **킥백(kick back) 현상**＊ 13년 소방교

① 킥백은 장비가 갑자기 작업자 방향으로 튀어오르는 현상을 말하며 주로 톱날의 상단부분이 딱딱한 물체에 닿을 때 발생한다.

② 절단은 정확한 자세를 취한다. 정확한 자세로 핸들을 잡고 있으면 킥백현상이 발생할 때 자동적으로 왼손이 체인브레이크를 작동시키게 된다.

③ 조작법이 완전히 숙달되지 않은 대원은 절대로 톱날의 끝 부분을 이용한 절단작업을 하지 않도록 한다.

④ 반드시 체인이 작동하는 상태에서 절단을 시작한다.

⑤ 여러 개의 나뭇가지를 동시에 절단하지 않는다.

---

49 다음 내용에서 "공기호흡기 사용가능시간"은?

실린더 내용적 6L, 충전압 230kg/cm², 여유압력 50kg/cm², 분당호흡량 35L

① 20분　　　　　　　　　　　　② 30분
③ 40분　　　　　　　　　　　　④ 45분

■ **사용가능시간(분)** = [(용기내용압력 － 여유압력) × 용기용량] ÷ 매분당 호흡량
　＊＊ 14년 소방장/ 16년 소방교/ 19년 소방장, 소방교
■ **탈출개시압력** = [(탈출소요시간 × 매분당 호흡량) ÷ 용기용량] + 여유압력

---

50 소방 활동 중 "최고의 격한 작업 시" 공기 소모량은?

① 50~60 L / 분　　　　　　　② 80 L / 분
③ 30~40 L / 분　　　　　　　④ 90~100 L / 분

■ **현장활동 시 호흡량**
① 사람의 호흡운동은 보통 분당 14~20회로, 1회에 들이마시는 공기량은 성인 남성의 경우 약 500cc 정도이며 심호흡을 할 때에는 약 2,000cc, 표준 폐활량은 3,500cc이다. 운동이나 노동을 하는 경우 호흡 횟수가 늘고 깊은 호흡을 하게 된다. 이것은 몸에 다량의 산소가 필요하게 되고 몸에 있는 이산화탄소를 급히 배출해야 하기 때문이다.

정답　49. ②　　50. ②

② 특히 소방활동 시에는 무거운 장비를 장착하고 긴장도가 극히 높은 작업을 하기 때문에 평상시의 작업에 비해 공기소모량이 많다. 호흡량은 개개인의 체력, 경험, 작업량, 긴장도 등에 따라 다르지만 일반적으로 다음과 같다.
ㄱ 평균 작업 : 30~40 L/분
ㄴ 격한 작업 : 50~60 L/분
ㄷ 최고의 격한 작업 : 80 L/분

51 "공기호흡기 압력조정기 고장 등 유지관리 주의사항"에 대한 설명으로 옳지 않은 것은?

① 충전된 용기를 1년 이상 보관하였을 때는 새로운 공기를 충전하여 보관한다.

② 고압조정기와 경보기 부분은 분해조정 하도록 한다.

③ 충격이나 이물질로 고장이 발생하면 면체 좌측의 바이패스 밸브를 열어 공기를 직접 공급해줄 수 있는데 바이패스 밸브는 평소 쉽게 열리지 않지만 압력이 걸리면 개폐가 용이하다.

④ 공기의 누설을 점검할 때는 개폐밸브를 서서히 열어 압력계 지침이 가장 높이 상승하는 것을 기다려 개폐밸브를 잠근다.

■ **유지관리상 주의**★★ 16년 소방장/ 19년 소방교/ 21년 소방위
① 용기와 고압도관, 등받이 등을 결합할 때에는 공구를 사용하는 부분인지 정확히 판단한다. 대부분의 부품은 손으로 완전히 결합할 수 있다.
② 용기는 고온 직사광선을 피하여 보관하고 충격을 받지 않도록 조심스럽게 다룬다. 특히 개폐밸브의 보호에 유의하고 개폐는 가볍게 한다.
③ 공기의 누설을 점검할 때는 <u>개폐밸브를 서서히 열어 압력계 지침이 가장 높이 상승하는 것을 기다려 개폐밸브를 잠근다.</u> 이 경우 압력계 지침이 1분당 1MPa 이내로 변화할 때에는 사용상에 큰 지장은 없다.
④ 사용 후 고압도관에 남아있는 공기를 제거하고, 면체 유리부분에 이물질이 닿지 않도록 한다.
⑤ <u>고압조정기와 경보기 부분은 분해조정 하지 않는다.</u>
⑥ 실린더는 고온 직사광선을 피하여 보관하고 충격을 받지 않도록 조심스럽게 다룬다. 특히 개폐밸브의 보호에 유의하고 개폐는 가볍게 한다.
⑦ 사용한 후에는 깨끗이 청소하고 잘 닦은 후 고온 및 습기가 많은 장소를 피해서 보관한다.
⑧ 최근에 보급되는 면체에는 김서림 방지(Anti-Fog) 코팅이 되어 있어 물로 세척하면 코팅이 벗겨질 수 있다.
⑨ 젖은 수건으로 세척한 후에는 즉시 마른 수건으로 잘 닦고 그늘에서 건조시킨다.
⑩ 실린더 내의 공기는 공기호흡기를 사용하는 안전에 직접적인 영향을 미치므로 항상 청결하게 유지되어야 한다. 또한 <u>공기가 충전된 용기를 1년 이상 보관하였을 때에는 공기를 배출한 후 다시 새로운 공기를 충전하여 보관한다.</u>

■ **압력조정기의 고장**★★ 13년 소방위/ 19년 소방교/ 21년 소방위
① 충격이나 이물질로 인해서 고장이 발생할 수 있다.
② 이때에는 면체 좌측의 바이패스 밸브를 열어 공기를 직접 공급해 줄 수 있다.
③ 바이패스 밸브는 평소 쉽게 열리지 않지만 압력이 걸리면 개폐가 용이하다.
④ 바이패스 밸브를 사용할 때에는 <u>숨 쉰 후에 닫아주고 다음번 숨 쉴 때마다 다시 열어준다.</u>

🔑 **정답** | 51. ②

52 다음 중 "공기호흡기 사용방법"에 대한 설명으로 옳은 것은?

① 면체 내부에 김이 서리면 활동 중에 신속히 벗어서 닦도록 한다.
② 면체 착용 시 코틀을 완전히 밀착시키면 면체 내부의 공기흐름을 차단, 김 서림을 방지할 수 있다.
③ 가급적 현장에 진입한 후 면체를 장착하고 현장에서 완전히 벗어나기 전에 면체를 벗는다.
④ 호흡을 깊고 느리게 하면 사용 가능시간은 단축되므로 주의한다.

■ **공기호흡기 사용방법** ※ 현재 면체 김 서림 방지를 위해 코팅작업이 되어 있음
① 100% 유독가스 중에서도 사용할 수 있지만 암모니아나 시안화수소 등과 같이 피부에 염증을 일으키는 가스와 방사성 물질이 누출된 장소에 진입하는 경우에는 별도의 보호장비를 착용하여야 한다.
② 장착 전 개폐밸브를 완전히 연 후, 반대 방향으로 반 바퀴 정도 돌려 나중에 용기의 개폐여부를 쉽게 확인할 수 있도록 한다.
③ 용기의 압력을 확인하고 큰 소리로 복창한 후, 면체의 기밀을 충분히 점검하고 신체에 밀착시키도록 한다. 면체의 기밀이 나쁜 것은 사용하지 않는다.
④ 가급적 현장에 진입하기 직전에 면체를 장착하고 현장에서 완전히 벗어난 후에 면체를 벗는다. 시야가 좋아졌다고 오염되지 않은 곳이라는 보장은 없다. 장착 후에는 불필요하게 뛰는 것을 피하며 호흡을 깊고 느리게 하면 사용 가능시간을 연장할 수 있다.
⑤ 고압호스는 꼬인 상태로 취급하지 말고, 개폐밸브가 다른 물체에 부딪히거나 충격을 받지 않도록 한다.
⑥ 면체 내부에 김이 서려도 활동 중에는 벗어서 닦지 않는 것이 좋다. 유독가스를 흡입할 가능성이 높기 때문이다. 면체 착용시 코틀(nose cap)을 완전히 밀착시키면 면체 내부의 공기흐름을 차단, 김 서림을 방지할 수 있다.
⑦ 활동 중 수시로 압력계를 점검하여 활동가능시간을 확인하고 경보가 울리면 즉시 안전한 곳으로 탈출한다. 이때 같은 팀으로 활동하는 다른 대원들과 같이 탈출하여야 한다.
⑧ 대부분의 경우 충전된 공기량이 거의 동일하기 때문에 활동 가능시간도 비슷하다. 따라서 한 대원의 경보가 울리면 팀으로 활동하는 다른 대원들도 함께 탈출하여야 한다.

53 "유압식엔진펌프" 사용 방법으로 옳지 않은 것은?

① 사용 후에는 유압밸브를 반쯤 열어놓고 시동을 끈다.
② 기울기가 30° 이상이거나 바닥이 견고하지 않은 장소에서는 사용하지 않는다.
③ 펌프의 압력이나 장비의 이상 유무를 점검할 때에는 반드시 유압호스에 장비를 연결하고 확인한다.
④ 4행정 엔진으로써 연료와 엔진오일을 별도로 주입한다.

■ **유압식엔진펌프 사용방법**
4행정 엔진은 연료와 엔진오일을 별도로 주입하므로 엔진펌프의 종류를 확인해 두어야 한다. 중형 이상의 엔진은 대부분 4행정 엔진이다.
① 유압오일의 양을 확인하고 부족하면 즉시 보충한다. 또한 1년마다 오일을 완전히 교환하여 주는 것이 좋다.
② 작동 중에는 진동이 심하여 미끄러질 우려가 있으므로 기울기가 30° 이상이거나 바닥이 견고하지 않은 장소에서는 사용하지 않는다.
③ 연료밸브를 열고 시동 레버를 왼쪽으로 놓은 후 줄을 당겨 시동을 건다.
④ 사용 후에는 유압밸브를 잠그고 시동을 끈다.
⑤ 유압호스를 연결, 해제하면 반드시 커플링에 캡을 씌워 이물질이 들어가지 않도록 한다. 유압호스는 압력호스와 회송호스로 구분된 2줄 호스릴을 사용하였지만 최근에는 호스를 이중으로 만들어 외형상 하나의 호스처럼 보이는 것도 사용하고 있다.

🔲 **정답** | 52. ② 53. ①

■ **사용상의 주의사항*** 12년 소방장 / 16년 소방교 / 20년 소방위
① 펌프의 압력이나 장비의 이상 유무를 점검할 때에는 반드시 유압호스에 장비를 연결하고 확인한다. 커플링의 체크밸브에 이상이 있을 수 있기 때문에 파손 시에는 큰 사고로 이어질 수 있기 때문이다.
② 가압할 때에는 커플링 정면에 서 있지 않도록 할 것
③ 호스를 강제로 구부리지 말 것. 고압이 걸리게 되므로 작은 손상에도 파열되어 큰 사고가 발생할 위험이 있다.
④ 전개기나 절단기를 작동시킬 때 대상물에 구조나 형태를 따라서 장비가 비틀어지기도 한다. 유압 장비에는 사람이 감당할 수 없는 큰 힘이 작용하므로 무리하게 장비를 바로 잡으려 하지 말고 잠시 전개·절단 작업을 중지하고 대상물의 상태를 확인한 후에 다시 작업하도록 한다.

54 다음 중 "동력절단기" 작동에 관한 설명으로 옳은 것은?

① 절단 날에 충격이 가해지지 않도록 날의 측면을 이용하여 작업하도록 한다.
② 석재나 콘크리트를 절단할 때에는 절단부위에 물을 뿌려가며 작업한다.
③ 철재 절단 날은 휘발유, 석유 등에 적셔서 보관한다.
④ 작업 시 대상물에 날을 먼저 댄 후에 절단 날을 회전시키도록 한다.

■ **동력절단기**
동력절단기는 소형엔진을 동력으로 원형 절단날(디스크)을 회전시켜 철, 콘크리트, 목재 등을 절단하여 장애물을 제거하고 구조행동을 용이하게 하기 위해 사용하는 기동성이 높은 절단장비이다. 대부분 2행정기관으로 엔진오일과 연료를 혼합하여 주입한다는 점을 염두에 두어야 한다.

■ **동력절단기 작업 중 주의사항**** 19년 소방장 · 소방위/ 20년 소방장
① 비산되는 불꽃에 의한 피해가 없도록 보호 커버를 잘 조정하고 주변 여건에 따라 관창이나 소화기를 준비하여 화재를 방지한다.
② 주위의 안전을 확인한다.
③ 절단날에 충격이 가해지지 않도록 하고 날의 측면을 이용하여 작업하지 않도록 한다. 특히 철재 절단날은 측면 충격에 약하므로 주의하여야 한다.
④ 석재나 콘크리트를 절단할 때에는 많은 분진이 발생하므로 절단부위에 물을 뿌려가며 작업한다.
⑤ 엔진이 작동 중인 장비를 로프로 묶어 올리거나 들고 옮기지 않도록 한다.
⑥ 절단 시 발생하는 불꽃으로 구조대상자에게 상해를 입힐 우려가 있을 경우에는 모포 등으로 가려 안전조치 시킨 후 작업에 임한다.
⑦ 절단 시 조작원은 자기 발의 위치나 자세에 신경을 써야 하며, 절단날의 후방 직선상에 발을 위치하지 않도록 주의한다.
  ※ 대상물에 날을 먼저 댄 후에 절단 날을 회전시키지 않도록 한다.
  ※ 절단 날의 측면을 이용하여 작업하지 않도록 한다.

■ **일상점검**
① 목재용 절단 날을 보관할 때에는 기름을 엷게 발라둔다.
② 철재용, 콘크리트용 절단 날에 심하게 물이 묻어 있는 경우에는 폐기하고 너무 장기간 보관하지 않도록 한다. 절단 날에 이상 마모현상이 있을 때는 즉시 교환한다.
③ 철재 절단 날은 휘발유, 석유 등에 접촉되지 않도록 하고 유증기가 발생하는 곳에 보관해서도 안 된다. 접착제가 용해되어 강도가 크게 저하될 수 있다.

정답 54. ②

2025 필드 소방전술 문제집

55 "잔류전기검지기"에 대한 설명으로 옳지 않은 것은?

① 작동순서는 고감도 → 초점감지 → 저감도→ off의 순서이다.

② 재난현장에서 누전되는 부분을 찾아 전원 차단의 안전조치를 취할 수 있도록 하는 장비이다.

③ 상단의 링 스위치를 오른쪽으로 1단 돌리면 경보음과 함께 약 3초간 기기 자체 테스트를 실시한다.

④ 감지능력은 120V에서 고감도 5m, 저감도 1m이다.

■ **잔류전류검지기*** 14년, 18년 소방장

재난현장에서 누전되는 부분을 찾아 전원 차단 등의 안전조치를 취할 수 있도록 하는 장비이다.
(사용방법)

① 상단의 링 스위치를 오른쪽으로 1단 돌리면 경보음과 함께 약 3초간 기기 자체 테스트를 실시한다. 자체 테스트가 끝나면 고감도 감지가 가능하다. <u>스위치를 계속 돌리면 고감도 → 저감도 → 초점감지 → off의 순서로 작동한다.</u>

② 감지능력

전 압	고감도	저감도	초점감지
120V	5m	1m	7.5cm
120V (지중선)	1m	0.3m	2.5cm
7,200V	65m	21m	6m

56 다음 사항과 관련 없는 것은?

> 신경·수포·혈액·질식 등의 화학작용제 및 유해물질로부터 인체를 보호하기 위하여 공기호흡기가 내장된 완전밀폐형으로 제작되는 보호복이다.

① 쿨링시스템 ② 산소소생기
③ 착용보조용 의자 ④ 비상탈출 보조호흡장비

"화학보호복"이라 함은 신경·수포·혈액·질식 등의 화학작용제 및 유해물질로부터 인체를 보호하기 위하여 공기호흡기가 내장된 완전밀폐형으로 제작되는 보호복을 말한다.

※ 화학보호복세트

① 화학보호복 ② 공기호흡기
③ 쿨링시스템 ④ 통신장비
⑤ 비상탈출 보조호흡장비 ⑥ 검사장비(테스트킷)
⑦ 착용보조용 의자 ⑧ 휴대용 화학작용제 탐지기
⑨ 소방용 헬멧

정답 55. ① 56. ②

57 "에어백 사용법"에 대한 설명으로 옳지 않은 것은?

① 커플링으로 공기용기와 압력조절기, 에어백을 연결할 때 가능하면 손으로 연결한다.

② 2개의 백을 사용하는 경우 작은 백을 위에 놓는다.

③ 부양되는 물체가 쓰러질 위험이 높기 때문에 3개 이상을 겹쳐서 사용하지 않는다.

④ 소형 에어백과 대형 에어백을 겹쳐서 사용하여도 최대 부양능력이 대형 에어백의 능력을 초과하지 못하는 것이다.

■ **사용법 및 주의사항**★★ 13년 소방장/ 14년 소방위/ 21년, 23년 소방장

① 커플링으로 공기용기와 압력조절기, 에어백을 연결한다. 이때 스패너나 렌치 등으로 나사를 조이면 나사산이 손상되므로 가능하면 손으로 연결하도록 한다.

② 에어백을 들어 올릴 대상물 밑에 끼워 넣는다. 이때 바닥이 단단한지 확인한다.

③ 공기용기 메인밸브를 열어 압축공기를 압력조절기로 보낸다. 이때 1차 압력계에 공기압이 표시된다.

④ 에어백을 부풀리기 전에 버팀목을 준비해 둔다. 대상물이 들어 올리는 것과 동시에 버팀목을 넣고 높이가 높아짐에 따라 버팀목을 추가한다.

⑤ 압력조절기 밸브를 열어 압축공기를 호스를 통하여 에어백으로 보내준다. 에어백이 부풀어 오르면서 물체를 올려주게 된다. 이때 2차 압력계를 보면서 밸브를 천천히 조작하고 에어백의 균형이 유지되는지를 살핀다. 필요한 높이까지 올라가면 밸브를 닫아 멈추게 한다.

⑥ 2개의 백을 사용하는 경우 작은 백을 위에 놓는다. 아래의 백을 먼저 부풀려 위치를 잡고 균형유지에 주의하면서 두개의 백을 교대로 부풀게 한다. 공기를 제거할 때에는 반대로 한다.

■ **주의사항**★

① 에어백은 단단하고 평탄한 곳에 설치하고 날카롭거나 고온인 물체(100℃ 이상)가 직접 닿지 않도록 한다.

② 에어백은 둥글게 부풀어 오르므로 들어 올리고자 하는 물체가 넘어질 수 있다. 따라서 버팀목 사용은 필수이다. 버팀목은 나무 블록이 적합하며 여러 개의 블록을 쌓아가며 높이를 조절할 수 있도록 만든다.

③ 절대로 에어백만으로 지탱되는 물체 밑에서 작업하지 않도록 한다. 에어백이 필요한 높이까지 부풀어 오르면 공기를 조금 빼내서 에어백과 버팀목으로 하중이 분산되도록 해야 안전하다.

④ 버팀목을 설치할 때 대상물 밑으로 손을 깊이 넣지 않도록 주의한다. 에어백의 양 옆으로 버팀목을 대주는 것이 안전하며 한쪽에만 버팀목을 대는 경우 균형유지에 충분한 넓이가 되어야 한다.

⑤ 2개의 에어백을 겹쳐 사용하면 부양되는 높이는 높아지지만 능력이 증가하지는 않는다. 즉 소형 에어백과 대형 에어백을 겹쳐서 사용하여도 최대 부양능력이 소형 에어백의 능력을 초과하지 못하는 것이다.

⑥ 부양되는 물체가 쓰러질 위험이 높기 때문에 3개 이상을 겹쳐서 사용하지 않는다.

⑦ 에어백의 팽창 능력 이상의 높이로 들어 올려야 하는 경우에는 받침목을 활용한다.

🔑 **정답** 57. ④

58 다음 중 "화학보호복(레벨A) 착용순서로써 5번째 순서인 것은?

> ㉠ 화학보호복 안면창에 성애방지제를 도포
> ㉡ 공기조절밸브호스를 공기호흡기에 연결
> ㉢ 공기호흡기 실린더를 개방한다.
> ㉣ 무전기를 착용한다.
> ㉤ 공기조절밸브에 호스를 연결한다.
> ㉥ 보조자를 통해 상의를 착용 후 지퍼를 닫고 공기조절밸브의 작동상태를 확인
> ㉦ 헬멧과 장갑을 착용한다.
> ㉧ 공기호흡기 면체를 목에 걸고 등지게를 착용한다.
> ㉨ 화학보호복 하의를 착용
> ㉩ 면체를 착용하고 양압호흡으로 전환

① ㉤   ② ㉨

③ ㉧   ④ ㉢

■ **화학보호복 착용방법*** 20년 소방장/ 24년 소방교
① 공기조절밸브호스를 공기호흡기에 연결
② 공기호흡기 실린더를 개방한다.
③ 화학보호복 안면창에 성애방지제를 도포
④ 화학보호복 하의를 착용
⑤ 공기호흡기 면체를 목에 걸고 등지게를 착용
⑥ 무전기를 착용한다.
⑦ 공기조절밸브에 호스를 연결한다.
⑧ 면체를 착용하고 양압호흡으로 전환
⑨ 헬멧과 장갑을 착용한다.
⑩ 보조자를 통해 상의를 착용 후 지퍼를 닫고 공기조절밸브의 작동상태 확인

59 탐색구조용장비 중 다음 내용과 관계 깊은 것은?

> 매몰, 고립된 사람의 고함이나 신음, 두드림 등의 신호를 보낼 수 있는 생존자를 찾아내기 위한 장비이다. 이러한 지중음을 들을 수 있도록 고도로 음파(진동)에 민감한 동적 변환기인 지오폰이 사용된다.

① 매몰자 음향탐지기   ② 매몰자 영상탐지기
③ 매몰자 전파탐지기   ④ 열화상 카메라

■ **탐색구조용장비**** 23년 소방위

매몰자 영상탐지기	써치탭(Search TAP)으로 불리는 매몰자영상탐지기는 지진과 건물붕괴 등 인명 피해가 큰 재난 상황에서 구조자가 생존자를 찾을 수 있도록 돕는 장비로 작은 틈새 또는 구멍으로 카메라와 마이크, 스피커가 부착된 신축봉을 투입하여 공간 내부를 자세히 보기 위한 장비이다.

🔲 **정답**   **58.** ③   **59.** ①

매몰자 음향탐지기	매몰, 고립된 사람의 고함이나 신음, 두드림 등의 신호를 보낼 수 있는 생존자를 찾아내기 위한 장비이다. 이러한 지중음을 들을 수 있도록 고도로 음파(진동)에 민감한 동적 변환기인 지오폰이 사용된다. ※ 흙속에서 나오는 극히 작은 음파(진동)는 지진과 유사한 파동으로 전파
매몰자 전파탐지기	붕괴된 건물의 잔해나 붕괴물 속에 마이크로파대의 전파를 방사하여 매몰한 생존자의 호흡에 의한 움직임을 반사파로부터 검출하는 것으로 그 생존을 탐사하는 장비이다.
열화상 카메라	야간 또는 짙은연기 등으로 시계가 불량한 지역에서 물체의 온도 차이를 감지하여 화면상에 표시함으로서 화점 탐지, 인명구조 등에 활용하는 장비이다.

60 "열화상 카메라"에 대한 설명으로 옳지 않은 것은?

① 시계가 불량한 지역에서 물체의 온도 차이를 감지하여 활용하는 장비이다.

② 카메라에서 적외선파장을 발산하여 측정하거나 달빛을 증폭하여 물체를 화면에 표시하는 것이다.

③ 적외선을 방사하지 않고 동물 등이 방사하는 적외선을 이용한다.

④ 피사체가 물체나 동물인 경우 물체의 온도에 따라 일정한 파장의 빛을 방출되는 원리를 이용한 것이다.

■ **열화상 카메라 사용방법**

① 야간 또는 짙은연기 등으로 시계가 불량한 지역에서 <u>물체의 온도 차이를 감지</u>하여 화면상에 표시함으로서 화점 탐지, 인명구조 등에 활용하는 장비이다.

야간투시경 (Night Vision)	<u>카메라에서 적외선파장을 발산하여 측정하거나 달빛을 증폭하여 물체를 화면에 표시하는 것</u>으로 다큐멘터리에서 동물의 움직임을 촬영할 때의 야시경과 같이 초록색 화면으로 보는 것이 그 예이다.
열화상 카메라 (Infrared Thermal Camera)	• <u>적외선을 방사하지 않고 동물 등이 방사하는 적외선을 이용한다.</u> • 피사체가 물체나 동물인 경우 물체의 온도에 따라 일정한 파장의 빛을 방출되는 원리를 이용한 것이다.

※ 야간투시경은 적외선의 반사를 이용한 것이고, 열화상카메라는 적외선 방사를 이용한 것이라 할 수 있다.

② 열화상카메라 사용 시 카메라의 뷰파인더 화면에 표시되지 않는 사각이 많아 시야가 협소하고 또한 원근감이 달라서 안전사고의 위험이 높다.

③ 따라서 반드시 헬멧을 착용하고 이동할 때에는 뷰파인더에서 눈을 떼고 주변을 확인한 후 발을 높이 들지 말고 바닥에 끌듯이 옮겨서 장애물을 피하도록 한다.

📄 **정답** 60. ②

61 다음 중 "유압식전개기의 사용 방법"으로 옳지 않은 것은?

① 유압을 활용하여 물체의 틈을 벌리거나 압착할 수 있는 장비이다.

② 전개기 후면의 밸브를 조작하면 전개기가 작동된다.

③ 사용 후에는 전개기의 팁을 틈새 없이 완전히 닫아두도록 한다.

④ 유압장비는 수중에서도 사용 가능하다.

■ **유압식전개기 사용방법**★★ 16년 소방교/ 21년 소방장
유압을 활용하여 물체의 틈을 벌리거나 압착할 수 있는 장비로 특히 차량사고 현장에서 유압절단기와 함께 매우 활용도가 높은 장비이다. 유압스프레더로 알려져 있으며 수중에서도 사용이 가능하다. 유압펌프와 전개기는 평소에 휴대하기 편리하도록 분리하여 보관하며 사용할 때에는 양쪽 커플링을 연결하여야 한다.
① 전개기의 손잡이를 잡고 사용할 장소까지 옮겨 팁을 벌리고자 하는 부분에 찔러 넣는다.
② 전개기 후면의 밸브를 조작하면 전개기가 작동된다.
③ 사용 후에는 전개기의 팁을 완전히 닫지 말고 약간의 틈새를 벌려 두어야 한다. 이는 모든 유압 장비에 공통되는 사항으로서 날이 완전히 닫힌 상태에서 닫히는 방향으로 밸브를 작동하면 날이 파손될 수 있기 때문이다. 또한 날을 완전히 닫아두면 유압이 해제되지 않아 나중에 작동하지 못하게 되는 경우가 발생할 수도 있다.

▮ 유압 전개기와 부속기구들 ▮

62 다음 유압장비 설명으로 옳지 않은 것은?

① 유압엔진펌프는 연료와 엔진오일을 별도로 주입하는 4행정엔진이다.

② 유압 램은 물체의 간격을 벌려 넓히거나 중량물을 지지하는데 사용하는 일종의 확장막대이다.

③ 유압식전개기는 수중에서도 사용이 가능하다.

④ 유압절단기는 날이 수직으로 접촉되면 절단 중에 장비가 비틀어진다.

유압절단기는 절단대상물에 날이 수직으로 접촉되지 않으면 절단 중에 장비가 비틀어진다.

63 "유압절단기 사용법"에 대한 설명으로 옳지 않은 것은?

① 엔진펌프에서 발생시킨 유압을 활용하여 물체를 절단하는 장비이다.

② 절단대상물에 날이 수평으로 접촉되지 않으면 절단 중에 장비가 비틀어진다.

③ 절단 날이 항상 10°~15° 각도를 유지하도록 절단하여야 날이 미끄러지지 않고 절단이 용이하다.

④ 절단기의 손잡이를 잡고 절단하고자 하는 부분에 옮겨 칼날을 벌려대고 핀을 열어준다.

 정답 | **61.** ③ **62.** ④ **63.** ②

■ **유압식 절단기*** 16년 소방교

유압 절단기 역시 엔진펌프에서 발생시킨 유압을 활용하여 물체를 절단하는 장비이다. 구조대에서 많이 사용하는 중간크기의 모델인 경우 중량은 13kg 전후이고 절단력은 35t 내외이다.

① 사용법
  ㉠ 절단기의 손잡이를 잡고 절단하고자 하는 부분에 옮겨 칼날을 벌려대고 핀을 열어준다.
  ㉡ <u>절단대상물에 날이 수직으로 접촉되지 않으면 절단 중에 장비가 비틀어진다.</u> 이때에는 무리하게 힘을 주어 바로잡으려 하지 말고 일단 작동을 중지하고 자세를 바로잡은 후 작업을 계속한다.
  ㉢ <u>절단 날이 항상 10°~15° 각도를 유지하도록 절단하여야 날이 미끄러지지 않고 절단이 용이하다.</u>

② 주의사항
  ㉠ 스프링이나 샤프트 등 열처리된 강철은 절단 날이 손상될 우려가 높으므로 각별한 주의가 필요하다.
  ㉡ 절단된 물체가 주변으로 튀어 안전사고가 발생할 우려가 있으므로 구조대원은 반드시 장갑과 헬멧, 보안경을 착용하고 구조대상자의 신체 가까이에서 작업할 때에는 별도의 보호조치를 강구하여야 한다.
  ㉢ 기타 사용 및 관리상의 주의사항은 유압 전개기에 준한다.

▮유압 절단기▮

64 다음 내용과 관계 깊은 장비는?

> 맨홀과 같이 깊고 좁은 곳에 추락한 구조대상자를 구조할 때 수직으로 로프를 내리고 올려 인명구조, 장비인양 등의 작업을 할 수 있다.

① 사다리 인양로프
② 응급사다리
③ 퀵 드로(Quick draw) 세트
④ 맨홀구조기구

 ■ **맨홀구조기구**

맨홀과 같이 깊고 좁은 곳에 추락한 구조대상자를 구조할 때 수직으로 로프를 내리고 올려 인명구조, 장비인양 등의 작업을 할 수 있으며 고층이나 절벽 등에서도 응용하여 활용할 수 있다.

65 "인명구조매트의 KFI인정기준"에 대한 설명으로 옳지 않은 것은?

① 구조매트 내부의 압력이 일정하게 유지할 수 있도록 설정압력을 초과하는 때에는 자동 배출되는 구조이어야 한다.
② 구조매트를 보관하고 있는 상태에서 낙하자가 낙하할 수 있는 사용 상태로 설치하는데 걸리는 시간은 50초를 초과하지 아니하여야 한다.
③ 구조매트는 부속품(공기압력용기 등)을 포함하여 50kg을 초과하지 아니하여야 한다.
④ 구조매트의 보관상태 크기는 0.3㎥ 이하이어야 한다.

🔊 **정답** | 64. ④   65. ②

■ 인명구조매트의 KFI 인정기준* 24년 소방교

규격 및 제원	(구조 및 외관 등) ① 신속하게 설치·철거할 수 있고 연속하여 사용할 수 있어야 한다. ② 낙하면은 눈에 잘 띄는 색상으로서 낙하목표 위치를 쉽게 알 수 있도록 반사띠 등으로 표시하여야 한다. ③ 구조매트에 뛰어 내리는 사람에게 낙하충격을 현저히 줄일 수 있는 구조로서 낙하면과의 접촉 시 반동에 의하여 튕기거나 구조매트 외부로 미끄러지지 아니하여야 한다. ④ <u>구조매트 내부의 압력이 일정하게 유지할 수 있도록 설정압력을 초과하는 때에는 자동 배출되는 구조이어야 한다.</u>
설치 및 복원 시간	① 제조사가 제시하는 설치방법에 따라 구조매트를 보관하고 있는 상태에서 낙하자가 낙하할 수 있는 사용 상태로 <u>설치하는데 걸리는 시간은 30초를 초과하지 아니하여야 한다.</u> ② 120kg의 모래주머니(800×500)㎜를 사용높이에서 연속하여 2회 떨어뜨린 후 모래주머니를 낙하면에서 제거한 시점부터 최초 사용대기상태로 복원되는 시간은 10초를 초과하지 아니하여야 한다. 이 경우, 모래주머니를 떨어뜨리는 간격은 제조사가 제시하는 시간으로서 최소한 10초를 초과하지 아니하여야 한다.
총 질량	① <u>구조매트는 부속품(공기압력용기 등)을 포함하여 50kg을 초과하지 아니하여야 한다.</u> ② <u>구조매트의 보관상태 크기는 0.3㎥ 이하이어야 한다.</u>

■ 공기안전매트 낙하요령
① 매트 중앙 부분을 착지점으로 겨냥하고 뛰어내린다.
② 다리를 약간 들어주면서 고개를 앞으로 숙여서 <u>엉덩이 부분이 먼저 닿도록 한다.</u>
③ 매트 내의 압력이 지나치게 높으면 강한 반발력을 받아 부상의 위험이 있으므로 매트가 <u>팽창 한 후에는 압력을 약간 낮춰주는 것이 좋다.</u>
④ 에어매트는 다른 방법으로 구조하는 것이 불가능 할 때나 응급상황에만 사용해야 한다.
⑤ 훈련이나 시범 시에는 더미나 샌드백을 사용하되 부득이 직접 사람이 훈련이나 시범을 보일 때에라도 <u>4m 이상 높이에서는 뛰어내려서는 안 된다.</u>

---

66 "안전벨트"에 관한 설명으로 틀린 것은?

① 형태와 용도에 따라 상단용, 하단용, 허리용, 상·하단용(X 벨트) 등이 있지만 UIAA에서는 상·하단 벨트만을 인정한다.

② 형태와 용도에 따라 상단용, 하단용, 허리용, 상·하단용(X 벨트) 등이 있다.

③ 안전벨트는 우수한 탄력과 복원성을 가지며 강도와 내구성이 뛰어나지만 안전을 위하여 5년 정도 사용하면 외관상 이상이 없어도 교체하는 것이 좋다.

④ 안전벨트의 박음질 부분이 뜯어졌다면 즉시 수리해서 사용하도록 한다.

■ 안전벨트 착용
안전벨트는 거의 <u>모든 구조활동에서 대원의 안전을 지켜주는 필수장비 중의 하나이다.</u> 형태와 용도에 따라 상단용, 하단용, 허리용, 상·하단용(X 벨트) 등이 있지만 UIAA에서는 상·하단 벨트만을 인정한다. 상하단 벨트가 착용이 다소 번거롭기는 하지만 추락 시 충격을 몸 전체로 분산하여 부상 위험을 줄여주기 때문에 <u>구조활동 시에는 반드시 상·하단형 벨트를 사용해야 한다.</u>

🔲 정답 66. ④

■ 안전벨트 수명과 관리* 21년 소방장/ 24년 소방교
ⓒ 안전벨트는 우수한 탄력과 복원성을 가지며 강도와 내구성이 뛰어나지만 안전을 위하여 5년 정도 사용하면 외관상 이상이 없어도 교체하는 것이 좋다.
ⓒ 특히 추락 충격을 받은 다음에는 안전벨트의 여러 부분을 꼼꼼하게 점검해 보고 박음질 부분이 뜯어졌다면 수리하지 말고 폐기하는 것이 좋다.

67 "하강기의 종류"에 대한 설명으로 옳은 것은?

① 스톱은 로프 두 가닥을 이용하여 제동을 걸며 우발적인 급강하 사고를 방지할 수 있다.
② 그리그리는 스토퍼와 같이 로프의 역회전을 방지할 수 있으며 주로 암벽 등에서 확보하는 장비로 사용되며 긴 거리를 하강할 때 이용하기도 한다.
③ 아이디 하강기는 다기능 핸들을 사용하여 하강 조절 및 작업 현장에서 위치잡기가 용이하며, 고소작업 및 로프엑세스 작업용으로 제작된 개인 하강용 장비이다.
④ 8자하강기는 구조용 하강기에 비하여 제동 및 고정이 용이한 것이 장점이다.

■ 8자하강기
① 로프를 이용해서 하강해야 하는 경우 사용한다.
② 작고 가벼우면서도 견고하고 사용이 간편하다.
③ 전형적인 하강기는 8자 형태이지만 이를 약간 변형시킨 "구조용하강기" 튜브형 하강기도 많이 사용된다.
④ 구조용 하강기는 일반적인 8자 하강기에 비하여 제동 및 고정이 용이한 것이 장점이다.

■ 스톱하강기
① 스톱은 로프 한 가닥을 이용하여 제동을 걸어준다.
② 하강 스피드의 조절이 용이하다.
③ 우발적인 급강하 사고를 방지할 수 있기 때문에 최근 구조대에서 사용이 증가하고 있는 추세이다.

※ 스톱하강기 사용요령
㉠ 스톱의 한 면을 열어 로프를 삽입하고 아랫쪽은 안전벨트의 카라비나에 연결한다.
㉡ 오른손으로 아랫줄을 잡고 왼손으로 레버를 조작하면 쉽게 하강속도를 조절할 수 있다.
㉢ 손잡이를 꽉 잡으면 급속히 하강하므로 주의한다.

■ 그리그리
① 그리그리는 스토퍼와 같이 로프의 역회전을 방지할 수 있는 구조로 주로 확보용 장비다.
② 주로 암벽 등에서 확보하는 장비로 사용되며 짧은 거리를 하강할 때 이용하기도 한다.

■ 아이디하강기
다기능 핸들을 사용하여 하강 조절 및 작업 현장에서 위치잡기가 용이하며, 고소작업 및 로프엑세스 작업용으로 제작된 개인 하강용 장비

정답 | 67. ③

68 "특수 도르래"에 대한 설명으로 다음 내용과 관계있는 것은?

> 도르래와 쥬마를 결합한 형태의 장비로 도르래의 역회전을 방지할 수 있어 안전하게 작업이 가능하고 힘의 소모를 막을 수 있다.

① 퀵 드로(Quick draw) 세트
② 로프꼬임 방지기
③ 정지형 도르래
④ 그리그리

■ 특수 도르레* 18년 소방교

로프꼬임 방지기 (SWIVEL)	로프로 물체를 인양하거나 하강시킬 때 로프가 꼬여 장비나 요구조자가 회전하는 것을 방지하는 장비이다. 카라비너에 도르래가 걸린 상태에서 360。 회전이 가능하다.
수평2단 도르래 (TANDEM)	도르래 하나에 걸리는 하중을 2개의 도르래로 분산시켜주므로 외줄 선상의 로프나 케이블 상에서 수평 이동할 때 용이하고 다른 도르래를 적절히 추가하여 쉽게 중량물을 이동시킬 수 있다. 로프의 굵기와 홈의 크기가 맞아야 안전하게 사용할 수 있으며 크기와 재질, 구조가 다양하므로 용도에 적합한 장비를 이용하도록 한다.
정지형 도르래 (WALL HAULER)	도르래와 쥬마를 결합한 형태의 장비로 도르래의 역회전을 방지할 수 있어 안전하게 작업이 가능하고 힘의 소모를 막을 수 있다. 도르래 부분만 사용할 수도 있고 쥬마, 베이직의 대체 장비로도 사용이 가능하다.

69 다음 중 "등강기"에 대한 설명으로 잘못된 것은?

① 로프로 물건을 당기는 경우 손잡이 역할도 할 수 있어 사용범위가 매우 넓다.
② 로프를 활용하여 등반할 때 보조장치로 사용된다.
③ 톱니가 나 있는 캠이 로프를 물고 양 방향으로 움직이게 된다.
④ 로프에 결착하여 수직 또는 수평으로 이동할 수 있도록 고안된 기구이다.

■ 등반기** 11년 소방교/ 13년 소방장
① 로프를 활용하여 등반할 때 보조장치로 사용되며 로프에 결착하여 수직 또는 수평으로 이동할 수 있도록 고안된 기구이다.
② 톱니가 나 있는 캠이 로프를 물고 역회전을 하지 못함으로서 한 방향으로만 움직이게 된다.
③ 등강기나 쥬마 등으로 부르며 등반뿐만 아니라 로프를 이용하여 물건을 당기는 경우 손잡이 역할도 할 수 있어 사용범위가 매우 넓다.
④ 손잡이 부분을 제거하여 소형화하고 간편히 사용할 수 있도록 변형된 크롤(Croll), 베이직(Basic) 등 유사한 장비도 있다.

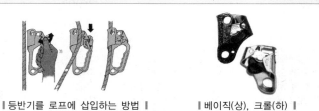

▎등반기를 로프에 삽입하는 방법 ▎　　▎베이직(상), 크롤(하) ▎

🔲 정답 | 68. ③　69. ③

70 **산악구조장비에 대한 설명으로 옳지 않은 것은?**

① 각종 기구와 로프, 또는 기구와 기구를 연결할 때는 카르비너를 사용한다.

② 퀵 드로의 카라비너는 열리는 곳이 서로 반대 방향 또는 같은 방향으로 향하도록 끼우고 개폐부분이 끝을 향하도록 하는 것이 편리하고 안전하다.

③ 카르비너는 구조활동 시에는 잠금장치가 있는 카라비너를 사용하는 것을 원칙으로 하고 횡방향으로 충격이 걸리도록 설치해야 한다.

④ 퀵드로는 로프를 확보물에 빨리 연결하기 위해서 사용하는 장비로서 웨빙의 길이에 따라 5cm부터 20cm까지 다양하게 세트로 구성된다.

■ **퀵 드로(Quick draw) 세트**
① 퀵 드로는 웨빙슬링으로 만든 고리 양쪽에 카라비너를 끼운 것으로 이름에서도 알 수 있듯이 로프를 확보물에 빨리 연결하기 위해서 사용하는 장비이다.
② 퀵 드로는 웨빙의 길이에 따라 5cm부터 20cm까지 다양하게 세트로 구성된다.
③ 퀵 드로의 카라비너는 열리는 곳이 서로 반대 방향 또는 같은 방향으로 향하도록 끼우고 개폐부분이 끝을 향하도록 하는 것이 편리하고 안전하다.

| 퀵 드로 세트 |

■ **카라비너*** 24년 소방교
① 각종 기구와 로프, 또는 기구와 기구를 연결할 때 사용하는 장비이다.
② D형과 O형의 두 가지 형태가 있으며 재질은 알루미늄 합금이나 스테인리스 스틸이다.
③ 강도는 제품별로 몸체에 표시되며 일반적으로 종방향으로 25kN~30kN, 횡방향으로는 8kN~10kN 정도이다.
※ 구조활동 시에는 잠금장치가 있는 카라비너를 사용하는 것을 원칙으로 하고 횡방향으로 충격이 걸리지 않도록 설치해야 한다. 부득이 잠금장치가 없는 카라비너를 사용할 때에는 로프나 다른 물체에 의해 개폐구가 열리는 일이 없도록 주의해야 한다.

71 **다음은 '도르래'에 대한 설명으로, 90kg 물건을 다음과 같은 방법으로 올렸을 때 소요되는 무게는?**

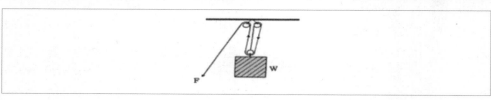

① 22.5kg   ② 90kg

③ 30kg   ④ 45kg

■ **도르래 사용**** 14년 소방장, 소방교/ 15년, 21년, 22년 소방장
계곡의 하천이 범람하여 고립된 피서객이나 맨홀에 추락한 구조대상자를 구출하는 경우 등 힘의 작용 방향을 바꾸거나 적은 힘으로 물체를 이동시키기 위해서 도르래를 사용하게 된다.
① 도르래를 사용하는 경우 지지점으로 설정되는 부분의 강도를 면밀히 검토하여 하중을 이길 수 있는지 살펴보고 힘의 균형이 맞도록 설치하여야 한다. 또한 로프가 꼬이지 않도록 작업한다.

정답 | **70.** ③   **71.** ③

② 고정도르래는 힘의 방향만을 바꾸어 주지만 움직도르래를 함께 설치하면 힘의 이득을 얻을 수 있다. <u>고정도르래 1개와 움직도르래 1개를 설치하면 소요되는 힘은 1/2로 줄어들고 움직도르래의 숫자가 증가함에 따라 더욱 작은 힘으로 물체를 이동시킬 수 있다.</u>

③ <u>도르래를 설치하여 80kg의 무게를 들어 올린다고 가정하면 필요한 힘의 1/3인 약 26.7kg으로 물체를 이동시킬 수 있다.</u> 물론 장비 자체의 무게 및 마찰력을 제외한 것이다.

④ 이 방법은 특히 'Z자형 도르래 배치법'이라 하여 현장에서 많이 활용하는 방법이다. 도르래는 종류가 많고 활용방법도 비교적 간단하므로 평소 힘의 소모를 막을 수 있는 다양한 설치방법을 익혀 구조 현장에서 즉시 응용할 수 있도록 하여야 한다.

---

72 다음 내용과 관계 깊은 것은?

> 한줄 로프를 잡고 여러 사람이 등반할 때 중간에 있는 사람이 다음과 같은 방법을 사용하면 고리가 벗겨지지 않고 안전하게 활동할 수 있다.

① 세겹고정매듭   ② 앉아매기

③ 두겹고정매듭   ④ 감아매기

■ **두겹고정매듭 활용**★★ 14년 소방교/ 16년 소방장/ 17년 소방위
① <u>맨홀이나 우물 등 협소한 수직공간에 구조대원이 진입하거나 구조대상자를 구출할 때 사용한다.</u>
② 두겹고정매듭을 만들어 고리부분에 양다리를 넣고 손으로는 로프를 잡고 지지하도록 한다.
③ 로프의 끝을 길게 하여 가슴부분에 고정매듭을 만들면 두 손을 자유롭게 쓸 수도 있다.
※ 한줄 로프를 잡고 여러 사람이 등반할 때 중간에 있는 사람이 다음과 같은 방법을 사용하면 고리가 벗겨지지 않고 안전하게 활동할 수 있다.

---

73 다음 중 "좋은 매듭의 조건"에 대한 설명이 아닌 것은?

① 될 수 있으면 매듭의 크기가 크고 단단해야 한다.

② 매듭의 끝 부분이 빠지지 않도록 주매듭을 묶은 후 옭매듭 등으로 다시 마감해 준다.

③ 매듭에서 로프 끝까지 11~20㎝ 정도 남겨 두도록 한다.

④ 사용 후 간편하게 해체할 수 있어야 한다.

■ **좋은 매듭의 조건**★★ 18년, 19년 소방장

매듭의 가장 중요한 조건	㉠ 묶기 쉬워야 한다. ㉡ 연결이 튼튼하여 자연적으로 풀리지 않아야 한다. ㉢ 사용 후 간편하게 해체할 수 있어야 한다.

🔖 **정답**   **72.** ③   **73.** ①

구조활동 현장에서의 매듭결정	㉠ 매듭을 많이 아는 것보다는 잘 쓰이는 매듭을 정확히 숙지하는 것이 더욱 중요하다. ㉡ 매듭은 정확한 형태를 만들고 단단하게 조여야 풀어지지 않고 하중을 지탱할 수 있다. ㉢ 될 수 있으면 매듭의 크기가 작은 방법을 선택한다. 매듭부분으로 기구, 장비 등을 통과시켜야 하는 경우가 있기 때문이다. ㉣ 매듭의 끝 부분이 빠지지 않도록 주매듭을 묶은 후 옭매듭 등으로 다시 마감해 준다. 이때 끝 부분이 빠지지 않도록 충분한 길이를 남겨두어야 하는데 매듭에서 로프 끝까지 11~20㎝ 정도 남겨 두도록 한다. ㉤ 로프는 매듭 부분의 강도가 저하된다는 사실을 기억한다.

74 로프의 끝이나 중간에 마디나 매듭·고리를 만드는 방법이 아닌 것은?

① 옭매듭　　　　　　　　　　　② 고정매듭
③ 절반매듭　　　　　　　　　　④ 나비매듭

■ **3가지 형태의 매듭분류**★ 16년 소방장/ 21년 소방교/ 22년 소방위

마디짓기(결절)	로프의 끝이나 중간에 마디나 매듭·고리를 만드는 방법 ❖ 옭매듭(엄지매듭), 두겹옭매듭(고리 옭매듭), 8자매듭, 두겹8자매듭, 　이중8자매듭, 줄사다리매듭, 고정매듭, 두겹고정매듭, 나비매듭
이어매기(연결)	한 로프를 다른 로프와 서로 연결하는 방법 ❖ 바른매듭, 한겹매듭, 두겹매듭, 8자연결매듭, 피셔맨매듭
움켜매기(결착)	로프를 지지물 또는 특정 물건에 묶는 방법 ❖ 말뚝매기매듭, 절반매듭, 잡아매기매듭, 감아매기매듭, 클램하이스트매듭

75 다음 내용과 관계가 깊은 것은?

> 로프에 고리를 만들어 카라비너에 걸거나 나무, 기둥 등에 확보하고자 하는 등에 폭넓게
> 활용한다.

① 8자매듭　　　　　　　　　　　② 두겹8자매듭
③ 이중8자매듭　　　　　　　　　④ 8자연결매듭

■ **두겹8자매듭**★★ 14년 소방장/ 16년 소방교/ 18년 소방위
① 간편하고 튼튼하기 때문에 로프에 고리를 만드는 경우 가장 많이 활용된다.
② 로프에 고리를 만들어 카라비너에 걸거나 나무, 기둥 등에 확보하고자 하는 등에 폭넓게 활용한다.
③ 로프를 두 겹으로 겹쳐서 8자 매듭으로 묶는 방법과 한 겹으로 되감기 하는 방식이 있다.

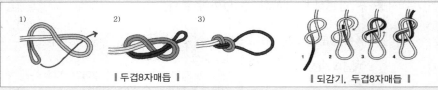

1)　　　　　　2)　　　　　　3)

┃두겹8자매듭┃　　　　　　　　　　　┃되감기, 두겹8자매듭┃

🔖 **정답**　**74.** ③　　**75.** ②

76 "줄사다리매듭"과 직접 관계있는 매듭은?

① 고정매듭   ② 바른매듭
③ 이중8자매듭   ④ 옭매듭

■ 줄사다리매듭
이 매듭은 로프에 일정한 간격을 두고 수 개의 옭매듭을 만들어 로프를 타고 오르거나 내릴 때에 지지점으로 이용할 수 있도록 하는 매듭이다.

▮ 줄사다리매듭 ▮

77 다음 그림과 관련이 없는 것은?

① 로프의 한쪽 끝을 지지점에 묶는 매듭이다.
② 말뚝매기가 풀리지 않도록 끝 부분을 바른매듭하여 마감하는 방법을 많이 활용한다.
③ 구조활동을 위해 로프로 지지점을 설정하는 경우 많이 사용한다.
④ 주 로프에 2회 이상의 절반매듭을 하는 방법도 사용한다.

■ 말뚝매기(Clove Hitch)★ 18년 소방위, 19년 소방장
① 로프의 한쪽 끝을 지지점에 묶는 매듭이다.
② 구조활동을 위해 로프로 지지점을 설정하는 경우 많이 사용한다.
③ 묶고 풀기는 쉬우나 반복적인 충격을 받는 경우에는 매듭이 자연적으로 풀릴 수 있으므로 매듭의 끝을 안전하게 처리하여야 한다.
④ 말뚝매기가 풀리지 않도록 끝 부분을 옭매듭하여 마감하는 방법을 많이 활용하고
⑤ 주 로프에 2회 이상의 절반매듭을 하는 방법도 사용한다.

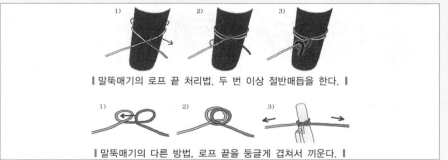

▮ 말뚝매기의 로프 끝 처리법. 두 번 이상 절반매듭을 한다. ▮

▮ 말뚝매기의 다른 방법, 로프 끝을 둥글게 겹쳐서 끼운다. ▮

🗝 정답   76. ④   77. ②

78 다음 중 "바른매듭"에 대한 설명으로 옳지 않은 것은?

① 묶고 풀기가 쉬우며 같은 굵기의 로프를 연결하기에 적합한 매듭이다.

② 굵기 또는 재질이 서로 다른 로프를 연결할 때에는 미끄러져 빠질 염려가 없어 안전을 확보하는 매듭에는 적합하다.

③ 반드시 매듭부분을 완전히 조이고 끝부분은 옭매듭으로 마감하여야 한다.

④ 짧은 로프가 서로 다른 방향으로 묶이면 로프가 미끄러져 빠지게 되므로 주의해야 한다.

 ■ **바른매듭(맞매듭, Square Knot)**★★ 13년 소방교/ 18년 소방위

① 묶고 풀기가 쉬우며 같은 굵기의 로프를 연결하기에 적합한 매듭이다.

② 로프 연결의 기본이 되는 매듭이며 힘을 많이 받지 않는 곳에 사용하지만 굵기 또는 재질이 서로 다른 로프를 연결할 때에는 미끄러져 빠질 염려가 있어 안전을 확보하는 매듭에는 부적합하다.

③ 반드시 매듭부분을 완전히 조이고 끝부분은 옭매듭으로 마감하여야 한다.

④ 짧은 로프가 서로 다른 방향으로 묶이면 로프가 미끄러져 빠지게 되므로 주의해야 한다.

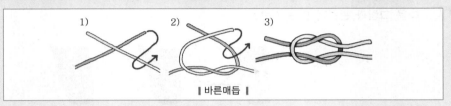

| 바른매듭 |

79 "로프중간에 고리"를 만들 필요가 있는 경우 사용하는 것은?

① 고정매듭　　　　　　　　　　② 두겹고정매듭

③ 나비매듭　　　　　　　　　　④ 8자매듭

 ■ **나비매듭**★ 13년 소방장/ 20년 소방교/ 22년 소방위/ 23년 소방교

① 로프 중간에 고리를 만들 필요가 있을 경우에 사용한다.

② 다른 매듭에 비하여 충격을 받은 경우에도 풀기가 쉬운 것이 장점이다.

③ 중간 부분이 손상된 로프를 임시로 사용하고자 하는 경우에 손상된 부분이 가운데로 오도록 하여 매듭을 만들면 손상된 부분에 힘이 가해지지 않아 응급대처가 가능하다.

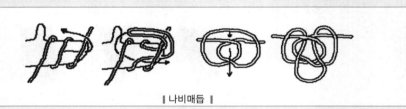

| 나비매듭 |

🔖 **정답** | **78.** ② **79.** ③

80 "피셔맨매듭(Fisherman's knot)"에 대한 설명으로 바른 것은?

① 로프의 끝에 두 개의 고리를 만들어 활용하는 방법이다.
② 로프에 마디를 만들어 도르래나 구멍으로부터 로프가 빠지는 것을 방지한다.
③ 유도로프를 결착하는 경우에 활용한다.
④ 두 로프가 다른 로프를 묶고 당겨서 매듭부분이 맞물리도록 하는 방법이다.

■ **피셔맨매듭(Fisherman's knot)**★★ 18년 소방위/ 19년 소방장 · 소방위
① 두 로프가 다른 로프를 묶고 당겨서 매듭부분이 맞물리도록 하는 방법이다.
② 신속하고 간편하게 묶을 수 있으며 매듭의 크기도 작다.
③ 두 줄을 이을 때 연결매듭으로 많이 활용되는 매듭이지만 힘을 받은 후에는 풀기가 매우 어려워 <u>장시간 고정시켜 두는 경우에 주로 사용한다.</u>
④ 매듭 부분을 이중으로 하면(이중피셔맨매듭) 매듭이 더욱 단단하고 쉽사리 느슨해지지 않는다.

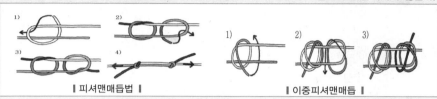

‖ 피셔맨매듭법 ‖   ‖ 이중피셔맨매듭 ‖

81 "앉아매기"로프에 대한 설명으로 옳지 않은 것은?

① 로프보다는 슬링을 이용하는 것이 신체에 가해지는 충격을 줄일 수 있다.
② 구조대상자의 구출이나 낙하훈련 등과 같이 충격이 심한 훈련이나, 신체에 주는 고통을 완화하기 위하여 사용된다.
③ 안전벨트 대용으로 하강 또는 수평도하 등에 사용할 수 있는 매듭이다.
④ 3m 정도 길이의 로프나 슬링의 끝을 서로 묶어 큰 원을 만들고 허리에 감은 다음, 등 뒤의 로프를 다리사이로 빼내어 카라비너로 연결한다.

■ **앉아매기(간이 안전벨트)**★ 14년 소방장
① 안전벨트 대용으로 하강 또는 수평도하 등에 사용할 수 있는 매듭이다.
② 3m 정도 길이의 로프나 슬링의 끝을 서로 묶어 큰 원을 만들고 허리에 감은 다음, 등 뒤의 로프를 다리사이로 빼내어 카라비너로 연결한다.
③ 로프보다는 슬링을 이용하는 것이 신체에 가해지는 충격을 줄일 수 있다.

■ **잡아매기**
① 안전밸트가 없을 때 구조대상자의 신체에 로프를 직접 결착하는 고정매듭의 일종이다.
② 구조대상자의 구출이나 낙하훈련 등과 같이 충격이 심한 훈련이나, 신체에 주는 고통을 완화하기 위하여 사용된다.
③ 긴급한 경우 이외에는 사용하지 않도록 한다.

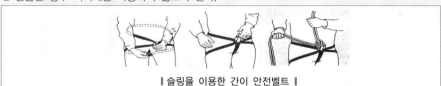

‖ 슬링을 이용한 간이 안전벨트 ‖

정답   80. ④   81. ②

82 다음은 "간접 고정 방법"으로 (   ) 안에 들어갈 내용이 아닌 것은?

> ⓐ 지지물이 크거나 틈새가 좁아 직접 로프를 묶기 곤란한 경우 또는 신속히 설치하여야 할 필요가 있는 경우에 사용하는 방법이다.
> ⓑ 지지점에 (   )이나 보조로프를 감아 확보지점을 만들고 카라비너를 설치한 다음 (   )이나 (   )을 하여 카라비너에 로프를 건다.

① 옭매듭   ② 8자매듭
③ 고정매듭   ④ 슬링

■ **지지물에 직접 묶기**
① 이중 말뚝 매듭이나 고정매듭 등을 이용, 로프를 지지물에 직접 묶는다.
② 일반적으로 지지물에 로프를 말뚝매기로 묶고 그 끝을 연장된 로프에 다시 옭매듭하거나 두겹말뚝 매기를 하여 풀리지 않도록 한다.
③ 매듭 후에는 다시 주 로프에 보조로프를 감아매기 한 후 다른 곳에 고정하여 주 로프가 움직이지 않도록 한다.

■ **간접 고정하기**＊ 16년 소방교
① 지지물이 크거나 틈새가 좁아 직접 로프를 묶기 곤란한 경우 또는 신속히 설치하여야 할 필요가 있는 경우에 사용하는 방법이다.
② 지지점에 슬링이나 보조로프를 감아 확보지점을 만들고 카라비너를 설치한 다음 8자매듭이나 고정 매듭을 하여 카라비너에 로프를 건다.
③ 건물의 모서리나 장애물에 로프가 직접 닿지 않도록 로프를 보호한다.

83 다음 내용과 관계 깊은 것을 찾으시오.

> ㉠ 감아매기와 같이 자기 제동(self locking)이 되는 매듭이다.
> ㉡ 주 로프에 보조 로프를 3~5회 감고 로프 끝을 고리 안으로 통과시켜 완성한다.
> ㉢ 하중이 걸리면 매듭이 고정되고 하중이 걸리지 않으면 매듭을 위아래로 움직일 수 있다.

① 클램하이스트 매듭   ② 세겹고정매듭
③ 앉아매기   ④ 잡아매기

■ **클램하이스트 매듭(Klemheist Knot)**＊＊ 14년 소방위
① 감아매기와 같이 자기 제동(self locking)이 되는 매듭이다.
② 주 로프에 보조로프를 3~5회 감고 로프 끝을 고리 안으로 통과시켜 완성한다.
③ 하중이 걸리면 매듭이 고정되고 하중이 걸리지 않으면 매듭을 위 아래로 움직일 수 있다.

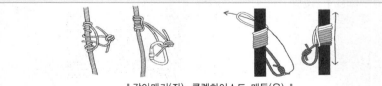

‖ 감아매기(좌), 클램하이스트 매듭(우) ‖

정답 | 82. ①   83. ①

84 다음 내용과 관계있는 매듭방법은?

① 들것을 사용할 수 없는 장소에서 안전벨트 없이 구조대상자의 끌어올리거나 매달아 내려 구출할 때 사용하는 방법이다.
② 경추나 척추 손상이 의심되거나 또는 다발성골절환자에게는 사용하면 안 된다.

① 세겹고정매듭 　　　　　　　　　② 두겹 8자매듭
③ 절반매듭 　　　　　　　　　　　④ 고정매듭

■ **세겹고정매듭 활용**
로프에 3개의 고리를 만드는 방법으로 작업공간이 협소하여 구조기구를 활용하기 곤란한 장소에서 의식을 잃은 구조대상자를 끌어올리거나 매달아 내리는 구출에 적합한 것이다.
① 들것을 사용할 수 없는 장소에서 안전벨트 없이 구조대상자의 끌어올리거나 매달아 내려 구출할 때 사용하는 방법이다.
② <u>경추나 척추 손상이 의심되는 구조대상자 또는 다발성골절환자에게는 사용하면 안 된다.</u>

▐ 세겹고정매듭을 이용한 구출 ▐

85 다음 내용과 관계가 깊은 것은?

① 로프의 중간에 고리를 만들 필요가 있을 때 사용한다.
② 힘을 받으면 고리가 계속 조이므로 풀기가 힘들다.

① 두겹옭매듭 　　　　　　　　　　② 바른매듭
③ 한겹매듭 　　　　　　　　　　　④ 옭매듭

■ **두겹옭매듭(고리 옭매듭)**★★ 18년 소방위
① <u>로프의 중간에 고리를 만들 필요가 있을 때 사용한다.</u>
② 힘을 받으면 고리가 계속 조이므로 풀기가 힘들다.

▐ 두 겹 옭매듭 ▐

정답　84. ①　85. ①

86 "관창기구 묶기"에 사용되는 로프매듭의 종류는?

① 나비매듭, 고정매듭

② 말뚝매듭, 한겹매듭

③ 피셔맨매듭, 절반매듭

④ 말뚝매듭, 옭매듭

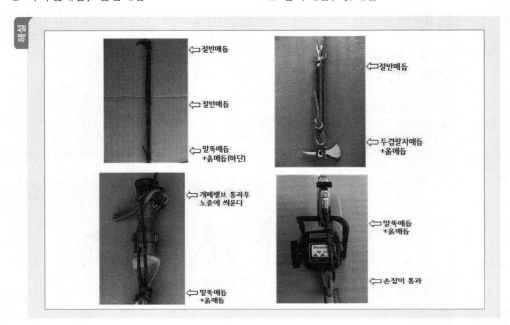

절반매듭
절반매듭
말뚝매듭
+옭매듭(하단)

절반매듭
두겹팔자매듭
+옭매듭

개폐밸브 통과후
노즐에 씌운다

말뚝매듭
+옭매듭

말뚝매듭
+옭매듭

손잡이 통과

87 다음 중 "연장로프 설치"에 관한 설명으로 틀린 것은?

① 로프에 걸리는 하중이 큰 경우에는 Z자형 도르래 배치법을 사용한다.

② 수평 또는 수직으로 연장하는 로프를 말한다.

③ 연장로프에 구조대원이나 구조대상자가 직접 매달리는 도하로프를 설치할 때는 2단 도르래를 이용한다.

④ 도하훈련, 계곡 등에서의 수평구조, 경사하강 등의 경우에 활용한다.

■ **연장로프(횡단로프) 설치**★★ 13년 소방교
연장로프는 수평 또는 비스듬히 연장하는 로프, 즉 횡방향으로 설치하는 로프를 말하며 도하훈련, 계곡 등에서의 수평구조, 경사하강(비상탈출)등의 경우에 활용하는 설치방법이다.
① 인력에 의한 로프 연장 : 아무런 장비나 도구 없이 로프와 사람의 힘만으로 로프를 연장하는 방법으로 연장 로프에 걸리는 하중이 많지 않은 경우에 사용한다. 당김줄매듭(Trucker's hitch)을 이용하면 작업이 끝난 후에도 매듭을 풀기가 용이하다.
② Z자형 도르래 배치법 : 로프에 걸리는 하중이 큰 경우에 사용하는 방법으로 감아매기로 고정한 로프를 2개의 도르래로 당겨서 팽팽하게 유지한다.
③ 2단 도르래를 이용하는 방법 : 2단 도르래를 이용하여 강력한 힘으로 로프를 연장하는 방법이다. 연장로프에 구조대원이나 구조대상자가 직접 매달리는 도하로프를 설치할 때 이용한다.

 정답 **86.** ④ **87.** ②

88 "로프를 정리하는 방법"으로 옳지 않은 것은?

① 둥글게 사리기 : 비교적 긴 로프를 사릴 때 사용한다.

② 8자모양 사리기 : 굵고 뻣뻣한 로프나 와이어로프 등을 정리할 때 편리하다.

③ 어깨감기 : 로프를 휴대하고 장거리를 이동하는 방법이다.

④ 사슬사리기 : 과거에는 주로 화물차 기사들이 사용한 방법이지만 원형이나 8자형 사리기보다 꼬이거나 엉키는 확률이 현저히 낮다.

둥글게 사리기	무릎이나 팔뚝을 이용하여 로프를 신속히 감아 나가는 방법으로 <u>비교적 짧은 로프를 사릴 때 사용한다.</u>	
8자모양 사리기	나비형 사리기와 함께 로프가 꼬이지 않게 사리는 방법으로 풀 때 꼬이지 않는 장점이 있다. <u>굵고 뻣뻣한 로프나 와이어로프 등을 정리할 때 편리하다.</u>	
사슬 사리기	과거에는 주로 화물차 기사들이 사용한 방법이지만 원형이나 8자형 사리기보다 꼬이거나 엉키는 확률이 현저히 낮다. 이 방법은 마지막 끝처리가 잘 되어야 하는데, 잘못될 경우 푸는 방법도 잘 익혀 두어야 한다.	
어깨 감기	로프를 휴대하고 장거리를 이동하는 방법으로 먼저 로프를 나비모양으로 사리고 마무리 하여 어깨에 맨다.	
나비모양 사리기	한발감기 (원형감기)	50~60m의 비교적 긴 로프를 사릴때 사용하는 방법이다. 로프가 지그재그 형태로 쌓이므로 풀 때도 엉키지 않는다.
	어깨 감기	로프의 길이가 60m 이상이면 사리면서 한손으로 잡고 있을 수 없게 된다. 이때에는 로프를 어깨로 올려서 사리게 된다.

89 "현수로프" 설치원칙으로 옳지 않은 것은?

① 지지점은 완전한 고정물체를 택해야 하며 하중이 걸렸을 때 충분히 지탱할 수 있는 강도를 유지해야 한다.

② 하강 로프의 길이는 하강지점까지 로프가 완전히 닿고 1~2m 정도의 여유가 있어야 한다.

③ 로프 가방을 사용하면 로프가 엉키지 않고 손상을 방지할 수 있다.

④ 로프는 한 겹 사용이 원칙이며, 9mm 이하의 로프는 반드시 두 겹으로 한다.

■ **현수로프 설치원칙**★★★ 13년, 16년 소방장/ 24년 소방교

① <u>지지점은 완전한 고정물체를 택하여야 하며 하중이 걸렸을 때 충분히 지탱할 수 있는 강도 유지</u>

② 파손이나 균열부분이 있는지 면밀히 살펴보고 두드리거나 흔들어보는 등의 다양한 방법으로 안전성을 철저히 확인한다.

③ 로프는 안전을 위하여 <u>두 겹으로 사용하는 것을 원칙</u>으로 하고 특히 직경 9mm 이하의 로프는 충격력과 인장강도가 떨어지고 손에 잡기도 곤란하므로 반드시 두 겹으로 한다.

④ 하강 로프의 길이는 현수점에서 하강지점(지표면)까지 로프가 완전히 닿고 <u>1~2m 정도의 여유</u>가 있어야 한다.

로프가 지나치게 길면	→	하강지점에 도달한 후에 신속히 이탈하기가 곤란
로프가 지면에 닿지 않을 정도로 짧으면	→	로프 끝에서 이탈하여 추락할 위험

⑤ 하강지점의 안전을 확인하고 로프를 투하한다. 로프 가방(rope bag)을 사용하면 로프가 엉키지 않고 손상을 방지할 수 있다.

⑥ 필요하면 현수로프를 보조로프로 고정하여 움직이지 않도록 한다.

정답 | **88.** ① **89.** ④

90 하강기에 로프걸기에 대한 설명으로 "8자하강기"와 관계없는 것은?

① 한줄걸기   ② 두줄걸기

③ 세줄걸기   ④ 안전하게 로프걸기

■ 하강기에 로프걸기(8자하강기)

두줄 걸기	두 줄의 로프를 모두 8자 하강기에 넣고 카라비너에 건다. 하강속도가 느리고 제동이 용이하므로 구조대상자 구출활동에 많이 활용한다.

한줄
걸기
	① 하강 시에 많이 활용하는 방법이다.
	② 한 줄은 하강 및 제동, 다른 줄은 안전확보용이다.
	  ※ 먼저 카라비너에 한 줄의 로프를 통과시키고 다른 로프를 8자
	     하강기에 넣어 다시 카라비너에 건다. 이때 8자 하강기를 통과한
	     하강 측 로프가 오른쪽 (왼손잡이일 경우 왼쪽)으로 가도록 주의
	     하여야 한다.

안전하게 로프걸기	장갑을 끼고 있거나 날씨가 추운 경우 하강기에 로프를 걸다가 놓치는 경우가 자주 발생한다. 이런 경우 먼저 카라비너에 하강기를 반대로 넣고 로프를 건 다음 하강기를 바꾸어 걸면 하강기를 놓치는 안전사고를 방지할 수 있다. 

91 "로프설치 시 지지물 선정요령"으로 틀린 것은?

① 지지물은 고정된 공작물이나 수목 등 하중을 충분히 견딜 수 있는 물체를 선택하여야 한다.

② 지지물의 형태에 따라 알맞은 매듭법을 활용해서 확보점·지점을 만들게 된다.

③ 로프 설치를 위해서는 적당한 지지물, 로프, 카라비너, 도르래 등이 필요하다.

④ 설치하는 로프는 반드시 2겹 이상, 2개소 이상을 서로 같은 지지물에 묶는다.

■ 지지물 선정* 15년 소방장

① 로프를 설치하기 위해서는 적당한 지지물(충분한 강도를 가진 구조물, 공작물, 수목 등), 로프(지지물에 결착), 활용기구(카라비너, 도르래 등)가 필요하다.

② 주변의 지형지물이나 물체를 잘 활용하여 확보점 등을 설정하고 지지물의 형태에 따라 알맞은 매듭법을 활용해서 확보점·지점을 만들게 된다.

③ 지지물은 고정된 공작물이나 수목 등 하중을 충분히 견딜 수 있는 물체를 선택하여야 한다.

> ■ 특히 주의해야 할 것
> 설치하는 로프는 반드시 2겹 이상으로 하고 2개소 이상을 서로 다른 지지물에 묶어 지지물의 파손, 로프의 절단 등으로 발생할 수 있는 안전사고에 대비하여야 한다.

④ 로프가 묶이는 부분이 날카롭거나 거친 물체인 경우와 설치된 구조기구가 지지물에 닿아 마찰이 발생하면 기구의 파손이나 로프 보호기구나 담요, 종이상자 등을 이용하여 마찰을 최소화하도록 한다.

⑤ 현장에 맞는 다양한 방법 선정

🔑 정답   **90.** ③   **91.** ④

92 "도하하는 로프"는 반드시 두겹으로 설치하는데 안전을 위해 별도의 지지점에 고정하는 방법은?

① 8자매기 ② 잡아매기
③ 감아매기 ④ 앉아매기

 도하하는 로프는 반드시 2겹으로 설치하고 <u>감아매기로 고정</u>하여 별도의 지지점에 묶어둔다.

93 "들것이 하강하는 직하부분의 지상에 바위나 수목 등 장애물"이 있어 수직으로 하강시키기 곤란한 경우에 사용하는 방법으로 적당한 것은?

① 경사하강 ② 사다리하강
③ 업고하강 ④ 매달고 하강

 ▣ **경사하강 요령**
들것이 하강하는 직하부분의 지상에 바위나 수목 등 장애물이 있어 수직으로 하강시키기 곤란한 경우에 사용하는 방법이다.
① 상층의 보조요원은 로프의 절단이나 지지점의 파손 등 안전사고에 대비하여 별도의 보조로프를 들것에 결착하고 하강속도에 맞춰 풀어준다.
② 지상에 위치한 대원이 하강기를 이용하여 로프를 풀어서 하강시킨다. 이 방법을 사용하면 들것이 하강하는 지점은 로프 1/3~1/4 부분, 아래의 그림에서는 수목을 약간 벗어난 부분이 된다.
③ 지지점에서 거리가 너무 멀면 로프가 처지면서 오히려 들것이 직하방향으로 내려온다. 이러한 경우에는 들것에 유도로프를 묶고 당겨서 장애물을 벗어나게 해 준다.

94 "굵기가 다른 로프를 서로 연결"할 때 사용하는 매듭은?

① 옭매듭 ② 잡아매기
③ 두겹고정매듭 ④ 한겹매듭

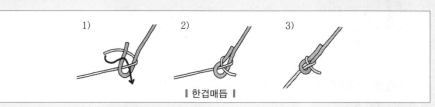 ▣ **한겹매듭, 두겹매듭** *18년 소방위*

| 한겹매듭 |

| 두겹매듭 |

① <u>굵기가 다른 로프를 결합할 때에 사용한다.</u>
② 주 로프는 접어둔 채 <u>가는 로프를 묶는 것이 좋다.</u>
③ 로프 끝을 너무 짧게 묶으면 쉽게 빠지므로 주의한다.
④ 한겹매듭에서 가는 로프를 한 번 더 돌려감은 것으로 한겹매듭 보다 더 튼튼하게 연결할 때에 사용한다.

🔓 **정답** | 92. ③ 93. ① 94. ④

95 1인 운반법으로써 "긴급한 상황에서 단거리를 이동하는 경우"에 사용하는 방법으로 다음 내용과 관계 깊은 것은?

> 화재현장이나 위험물질이 누출된 곳 등 긴급한 상황에서 의식이 없는 환자를 단거리 이동 시킬 때 사용하는 방법

① 의자끌기
② 담요를 이용한 끌기
③ 구조대상자 끌기
④ 경사끌기

■ 끌기법* 16년 소방교
급박한 상황에서 단거리를 이동하는 경우에 사용하는 방법이다. 구조대상자의 두부손상에 주의하여야 한다.

구조 대상자 끌기	① 화재현장이나 위험물질이 누출된 곳 등 긴급한 상황에서 의식이 없는 환자를 단 거리 이동시킬 때 사용하는 방법으로 '소방관 끌기'라고도 한다. ② 구조대상자의 머리가 바닥이나 계단에 부딪히지 않도록 신경 써야 한다.
담요를 이용한 끌기	① 담요에 구조대상자를 누이고 한쪽 끝을 끄는 방법으로 부상정도가 심한 구조대 상자를 이동시킬 때 사용한다. ② 구조대원의 허리에 무리가 갈 수 있으며 머리가 장애물에 부딪힐 수도 있으므로 주의해서 이동해야 한다.
경사 끌기	① 의식이 없거나 움직일 수 없는 구조대상자를 계단이나 경사로 아래로 이동시킬 때 사용하는 방법이다. ② 구조대상자의 머리가 땅에 부딪히지 않도록 구조대원이 팔로 지탱하면서 끌고 나간다. ③ 구조대상자의 팔을 가볍게 묶으면 장애물에 부딪혀 손상되는 것을 방지할 수 있다.

96 1인 운반법 중 "공기호흡기를 착용한 상태에서 비교적 큰 힘을 들이지 않고 장거리를 이동"할 수 있는 방법은?

① 들어올리기
② 의자활용하기
③ 소방관운반
④ 경사 끌기

공기호흡기를 착용한 상태에서 구조대상자를 업을 수 있기 때문에 '소방관 운반'이라고 부른다. 비교적 큰 힘을 들이지 않고 장거리를 이동할 수 있는 방법이지만 숙달되기까지는 많은 연습이 필요하다.

97 다음은 구조대상자 운반법으로써 관계 깊은 것은?

> 계단이나 골목과 같이 협소한 장소에서 구조대상자에게 무리를 주지 않고 이동시킬 수 있는 방법이다.

① 소방관운반
② 의자활용하기
③ 담요를 이용한 끌기
④ 경사 끌기

🔑 **정답** | **95.** ③ **96.** ③ **97.** ②

■ 의자활용하기
계단이나 골목과 같이 협소한 장소에서 구조대상자에게 무리를 주지 않고 이동시킬 수 있는 방법이다. 의자를 약간 뒤로 젖히고 가장 편안한 자세로 의자를 들어올린다. 접히는 의자는 안전을 위하여 사용하지 않는다. 의식이 없는 구조대상자는 균형을 잃고 의자에서 떨어질 수 있으므로 의자에 가볍게 묶어주는 것이 좋다.

98 "구조대상자 구출 및 운반요령"으로 잘못된 것은?

① 새우처럼 구부리게 하는 것이 좋다.
② 기본 응급처치를 취하고 구출하는 것을 원칙이다.
③ 긴급 이동 시 신체의 일부가 아닌 전체(제2경추)를 잡아당겨야 한다.
④ 바닥에 누워있을 경우 목이나 어깨부위의 옷깃을 잡아끄는 것이 좋다.

■ 구출 및 운반* 13년, 16년 소방교
① 사고 현장에서 구조대상자를 구조하는 경우 구조대상자의 구명에 필요한 기본 응급처치를 취하고 구출하는 것을 원칙으로 한다.
② 특히 구조대상자가 의식이 없거나 추락, 충돌 등으로 큰 충격을 받은 경우에는 신체에 이상이 있는 것으로 가정하고 척추를 고정하는 응급처치를 취하여야 한다.
③ 구조대상자를 긴급히 이동시킬 때 가장 큰 위험성은 척추손상을 악화시킬 수 있다는 것이다. 그러나 긴급한 상황에서는 일단 생명을 구하는 것이 순서이다.
④ 구조대상자를 긴급히 이동시켜야 하는 경우에는 신체의 일부가 아닌 전체(제2경추)를 잡아당겨야 한다.
⑤ 구조대상자를 새우처럼 구부리게 하는 것은 좋지 않다. 구조대상자가 바닥에 누워있을 경우 목이나 어깨부위의 옷깃을 잡아끄는 것이 좋다.

99 "구조대상자 하강시키기"에서 다음 내용과 관계 깊은 것은?

> 들것이나 안전벨트 등 구조장비가 갖추어지지 않은 상황에서 로프만으로 구조대상자를 구출하는 방법으로 구조대상자에게 신체적 고통을 가하고 추가 손상을 입힐 우려가 높으므로 긴급한 경우 이외에는 활용하지 않도록 한다.

① 경사하강
② 수평으로 구출
③ 묶어 내리기
④ 앉아매기 구출

■ 묶어 내리기
들것이나 안전벨트 등 구조장비가 갖추어지지 않은 상황에서 로프만으로 구조대상자를 구출하는 방법이다. 구조대상자에게 신체적 고통을 가하고 추가 손상을 입힐 우려가 높으므로 긴급한 경우 이외에는 활용하지 않도록 한다.
① 세겹고정매듭으로 구조대상자를 결착한다.
② 구조대상자 위치에 지지점을 만들어 카라비너를 끼우고 하강기를 결합한다.
③ 구조대상자가 결착된 로프를 하강기에 통과시키고 지상으로 내려준다. 지상의 유도원은 로프를 당겨 구조대상자가 매달릴 수 있도록 한다.
④ 구조대상자를 현수로프에 매달리게 한 다음 지상에서 유도원이 로프를 당겼다가 서서히 놓아주면서 속도를 조절하여 하강시킨다.
⑤ 지상 유도원은 로프로 확보하여 넘어지지 않도록 하고 로프를 놓치지 않도록 주의해야 한다.

🔑 정답 | 98. ① 99. ③

100 다음 중 "하강지점에서 풀 수 있는 매듭법"은?

① 회수매듭   ② 잡아매기

③ 말뚝매기   ④ 연장로프

■ 회수 매듭법(Blocking Loop)을 이용하는 방법
① 하강지점에서 풀 수 있는 회수 매듭법이다.
② 3번 이상 교차 매듭하고 풀리는 로프를 잘 기억해야 한다.
③ 푸는 로프를 착각하여 잘못 당기거나 하강도중 공포감으로 인하여 매듭을 당기면 추락의 위험성이 있으므로 숙달되지 않은 사람은 사용하지 않도록 한다.

101 다음 중 "연장로프에 구조대원이나 구조대상자가 직접 매달리는 도하로프를 설치"할 때 사용하는 방법은?

① 인력에 의한 로프연장   ② Z자형 도르래 배치법

③ 2단 도르래를 이용하는 방법   ④ 차량을 이용한 로프연장

2단 도르래를 이용하여 강력한 힘으로 로프를 연장하는 방법이다. 연장로프에 구조대원이나 구조대상자가 직접 매달리는 도하로프를 설치할 때 이용한다.

102 "도하방법"으로 다음 내용과 관계 깊은 것은?

안전벨트에 카라비너를 이용해서 도르래를 연결하고 주 로프에 매달려서 자신의 손으로 로프를 당기며 도하하는 방법과 다른 사람의 도움을 받아서 도하하는 방법이 있다.

① 티롤리언 브리지   ② 쥬마를 이용해서 건너기

③ 수평도하   ④ 수직자세로 건너기

■ 도하기법
① 매달려 건너는 방법(티롤리언 브리지, 티롤리언 트래버스)
  협곡 양쪽을 연결한 로프에 매달려 건너가는 방법을 말한다. 안전벨트에 카라비너를 이용해서 도르래를 연결하고 주 로프에 매달려서 자신의 손으로 로프를 당기며 도하하는 방법과 다른 사람의 도움을 받아서 도하하는 방법이 있다.
② 쥬마를 이용해서 건너기
  쥬마 등반법을 응용해서 수평으로 이동하는 방법이다. 장비 없이 맨손으로 이동하는 방법에 비해 시간을 절약할 수 있다.
③ 엎드려서 건너는 방법(수평도하)
  로프에 엎드려서 배를 줄에 붙이고 긴행 방향에 머리를 두고 한발은 뒤로 한쪽 줄에 끼고 꼬아서 건넌다.

정답 | **100.** ①   **101.** ③   **102.** ①

103 다음 중 "확보기법"에 대한 설명으로 잘못된 것은?

① 구조활동을 하고자 할 때에는 가장 먼저 타인의 확보를 해야 한다.

② 타인의 확보는 8자 하강기, 그리그리, 스톱 등 로프의 마찰을 일으키도록 하는 방법이다.

③ 신체를 이용한 확보방법에는 허리, 어깨, 허벅지를 이용한 확보 등이 있다.

④ UIAA에서 권장하는 가장 좋은 확보방법은 허리확보이다.

■ **확보기법** * 18년 소방교, 소방장

자기 확보	※ 작업자 자신의 안전을 확보하기 위하여 신체를 어떠한 물체에 묶어 고정하는 것 ① 구조활동을 하고자 할 때에는 가장 먼저 자기확보부터 해야 한다. ② 작업장소의 상황과 이동범위를 고려하여 1m~2m 내외의 로프를 물체에 묶고 끝에 매듭한 후 카라비너를 이용하여 작업자의 안전벨트에 거는 방법을 사용한다. ③ 움직임이 많은 경우에는 미리 안전벨트에 확보줄(데이지 체인 등)을 묶어두었다가 카라비너를 이용해서 필요한 지점에 고정한다. ④ 안전벨트와 확보로프 없이 작업하는 것은 매우 위험한 상황을 초래할 수 있으므로 절대로 피하여야 한다.
타인의 확보	※ 확보자가 등반, 하강 또는 높은 곳에서 작업 중인 대원의 안전을 확보해 주는 방법 ① 장비를 이용한 확보 　㉠ 8자 하강기, 그리그리, 스톱 등 각종의 확보 기구에 로프를 통과시켜 마찰을 일으키도록 하는 방법으로 신체를 이용한 확보에 비해 보다 확실하고 안전한 확보를 할 수 있다. 　㉡ 확보자는 우선 자기확보를 한 후 확보기구에 로프를 통과시켜 풀어주거나 당기면서 확보한다. 　㉢ 당겨진 로프는 엉키지 않도록 잘 사려 놓아야 하며 특히 로프를 풀어주면서 확보하는 경우에는 반드시 로프의 끝 부분을 매듭으로 표시하여 로프길이를 착각하고 모두 풀어주는 사고를 방지한다. ② 신체를 이용하는 확보(Body Belay) 　몸을 이용한 확보방법은 로프와 몸의 마찰로 로프를 제동하는 방법인데, 허리, 어깨, 허벅지를 이용한 확보 등이 있다. 　※ UIAA에서 권장하는 가장 좋은 확보방법은 허리 확보이다(Hip Belay).
	허리 확보	① 하중을 확보자의 허리로 지탱하는 방법이다. ② 서거나 앉아서 확보할 수 있지만 선 자세는 균형유지가 어려우므로 특별한 경우가 아니면 실시하지 않도록 한다. ③ 허리확보도 어깨 확보와 같이 확보로프의 힘의 중심이 아래쪽에 있으면 실시하기 쉽다. ④ 앉은 확보 자세에 있어서는 발로 밟고 지탱할 수 있는 지지물이 있으면 한층 강하게 확보할 수 있다.
타인의 확보	어깨 확보	① 힘이 걸리는 측면로프가 왼쪽 겨드랑이 밑으로 나오도록 확보로프를 설정한다.(왼손잡이의 경우 오른쪽 겨드랑이. 이하 같다) ② 왼발을 앞으로 내어 하중을 지탱하고 오른발을 약간 구부린다. ③ 로프를 등 뒤로 돌리고 오른쪽 어깨에 로프를 건다. ④ 등을 똑바로 펴서 약간 뒤쪽으로 체중을 건다. 등을 굽히면 하중이 앞쪽에 걸려 자세가 흐트러지고 균형을 잃는다. ⑤ 왼손으로 로프를 당기고 오른손으로 보조한다. 무릎을 굽히거나 펴면서 신체 전체를 사용하는 것이 좋다. 잠시 멈추거나 제동할 때에는 오른손 로프를 왼쪽으로 꺾어 두 줄을 겹쳐 잡아 제동한다.
지지물 이용 확보	① 지지물을 이용하여 확보한 경우에는 낙하 충격은 지지점을 통해 그 위쪽 방향에서 나타나므로 지지점을 향하여 확보자세를 취한다. ② 지지물이 추락 충격에 견딜 수 없을 것으로 판단되면 개인로프, 카라비너 등을 이용하여 지지점을 늘려 충격이 분산되도록 한다.

정답 103. ①

104 도하요령 중에서 "쥬마를 이용해 건너기"에 대한 설명으로 옳은 것은?

① 슬링의 길이가 길수록 활동이 편하다.
② 고리에 발을 넣었을 때 쥬마 위치가 얼굴에 오는 정도가 적당하다.
③ 도르래는 수평1단 도르래를 사용하는 것보다 수평2단(텐덤) 도르래를 사용하는 것이 좋다.
④ 장비 없이 맨손으로 이동하는 방법이 오히려 시간을 절약할 수도 있다.

■ **쥬마를 이용해서 건너기*** 13년 소방장/ 14년 소방교
쥬마 등반법을 응용해서 수평으로 이동하는 방법이다. 장비 없이 맨손으로
이동하는 방법에 비해 시간을 절약할 수 있다.
① 쥬마에 슬링을 결착하고 슬링의 반대쪽 끝에는 발을 넣을 수 있도록
고리를 만든다.
② 슬링의 길이가 너무 길거나 짧으면 활동이 불편하다. 고리에 발을 넣었을
때 쥬마 위치가 가슴에 오는 정도가 적당하다.
③ 카라비너를 이용해서 도하 로프에 도르래와 크롤 또는 베이직, 미니트랙션
등 역회전 방지 기구를 연결하고 크롤의 끝에 카라비너를 연결한다.
④ 도르래는 1단 도르래보다는 수평2단 도르래(텐덤)를 사용하는 것이 로프의
꺾임을 완화시킬 수 있어서 이동하기 용이하다.
⑤ 쥬마를 로프에 물리고 슬링의 끝을 크롤에 결착한 카라비너를 통과시킨다.
⑥ 카라비너 또는 퀵 드로를 이용해서 도르래와 안전벨트를 연결하고 로프에
매달린 다음 슬링 끝의 고리에 발을 넣는다.
⑦ 다리를 올리면서 쥬마를 앞으로 밀고 다시 다리를 펴는 동작을 반복하면 수평으로 전진하게 된다.

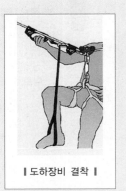

▮ 도하장비 결착 ▮

105 하강요령으로써 다음 내용과 관계있는 것은?

> 숙달되지 않은 경우 매우 위험하므로 긴급한 경우 이외에는 활용하지 않는다. 특히
> 수직하강보다는 경사면에서 하강할 경우에 활용도가 높은 방법이다.

① 오버행하강   ② 스톱하강
③ 신체감기하강   ④ 헬기하강

■ **신체감기하강 요령*** 20년 소방위
① 기구를 사용하지 않고 신체에 직접 현수로프를
감고 그 마찰로 하강하는 방법으로 숙달되지 않
은 경우 매우 위험하므로 긴급한 경우 이외에는
활용하지 않는다. 특히 수직하강보다는 경사면에
서 하강할 경우에 활용도가 높은 방법이다.
② 먼저 상의 옷깃을 세우고 다리사이로 로프를 넣
은 후 뒤쪽의 로프를 오른쪽 엉덩이 부분에서 앞
으로 돌려 가슴부분으로 대각선이 되도록 한다.
③ 다시 왼쪽어깨에서 목을 걸쳐 오른쪽으로 내리고
왼손은 현수점측 로프를 잡고 오른손으로 제동을
조정한다.
④ 현수로프에 서서히 체중을 건 다음 허리를 얕게 구부려 상체를 로프와 평행하게 유지하고 착지점을
확인하면서 하강한다.
⑤ 노출된 피부에 로프가 직접 닿으면 심한 부상을 입을 수 있으므로 주의하여야 한다.

▮ 신체를 이용한 하강자세 ▮

정답 104. ③ 105. ③

106 2~3층 정도의 높이에서 다수의 구조대상자를 연속 하강시켜 구출하는 방법으로 다음 (   ) 안에 들어갈 내용은?

> ① 구조대상자가 있는 창문의 상단위로 가로대가 (   )개 정도 올라오도록 사다리를 설치하고 확실히 고정한다.
> ② 로프를 사다리 최하부의 가로대를 통하게 하고 사다리를 거쳐 선단보다 2~3개 밑의 가로대 위에서 뒷면을 통해 로프를 내려 양끝을 바로 매기로 연결한다.
> ③ 로프에 약 (   )m 간격으로 (   )을 만든다.

① 5, 2.5. 8자매듭

② 3, 5, 옭매듭

③ 2, 2.5, 나비매듭

④ 5, 2.5 고정매듭

■ **사다리를 이용한 응급하강*** 16년, 24년 소방교
2~3층 정도의 높이에서 다수의 구조대상자를 연속 하강시켜 구출하는 방법이다. 구조대상자의 안전과 원활한 작업을 하기 위해서는 사다리를 지지하는 대원과 로프를 확보하는 대원, 유도하는 대원이 필요하다.
① 구조대상자가 있는 창문의 상단위로 가로대가 5개 정도 올라오도록 사다리를 설치하고 확실히 고정한다.
② 로프를 사다리 최하부의 가로대를 통하게 하고 사다리를 거쳐 선단보다 2~3개 밑의 가로대 위에서 뒷면을 통해 로프를 내려 양끝을 바로 매기로 연결한다.
③ 로프에 약 2.5m 간격으로 8자매듭을 만든다.
④ 확보로프의 신축성을 고려하여 안전을 확보하고 1명씩 차례대로 하강시켜 구출 한다. 무리한 속도로 하강시키지 말고 차분하고 안전하게 실시한다.

┃ 사다리를 이용한 응급하강 ┃

107 "암벽의 일부가 처마처럼 튀어나온 부분을 하강"하는 방법은?

① 일반하강

② 신체감기하강

③ 오버행하강

④ 응급하강

오버행(Over-hang)의 뜻은 암벽의 일부가 처마처럼 튀어나온 부분을 말하는 것으로 오버행 부분에서 하강하는 것처럼 발 닿을 곳이 없는 상태로 하강하는 것은 일반 하강과 다른 하강기법이 필요하다.

정답 | **106.** ① **107.** ③

108 다음 중 "일반하강요령"으로 잘못 설명된 것은?

① 현수점 측 로프를 풀고 왼손 팔꿈치를 펴서 가볍게 잡는다.

② 상체를 로프와 평형으로 유지하고 다리는 상체와 대략 직각이 되도록 한다.

③ 하강 도중 벽면을 발로 차서 반동을 주며 하강하는 동작이 효과적이다.

④ 로프를 뺄 때에 로프에서 완전히 이탈한 후 "하강완료"라고 외친다.

■ 일반하강요령
ⓐ 하강기에 로프를 넣고 카라비너를 이용하여 안전벨트에 결합한다.
ⓑ 현수점 측 로프를 풀고 왼손 팔꿈치를 펴서 가볍게 잡는다. 오른손은 현수로프를 허리부분에 돌려서 잡는다. 오른손목을 돌려서 제동하고 현수로프로 체중을 걸면서 벽면으로 이동한다.
ⓒ <u>상체를 로프와 평형으로 유지하고 다리는 상체와 대략 직각이 되도록 하여 어깨폭 정도로 벌리고, 발을 벽면에 대고 하강지점을 확인한다.</u>
ⓓ 하강준비가 완료되면 안전요원에게 "하강준비 완료"라고 외친다.
ⓔ 안전요원의 "하강"신호에 의해 제동을 풀고 하강지점을 계속 확인하면서 벽면을 발로 붙이고 서서히 하강한다. 하강 중에는 시선을 아래로 향하여 장애물에 주의한다.(이때 과도하게 몸을 틀지 않고 시선만 아래로 향한다.)
ⓕ <u>하강 도중 벽면을 발로 차서 반동을 주며 하강하는 동작은 금물이다.</u> 실제 구조활동 중에는 구조대 상자나 들것이 벽면에 부딪혀 부상을 입을 수 있고 유리창 등 건물의 취약부분이 파손될 우려도 있기 때문이다.
ⓖ 착지할 때에는 무릎을 가볍게 굽혀 충격을 완화한다.
ⓗ 상층에서 파손된 유리창이나 카라비너, 하강기 등의 장비가 낙하하는 경우가 있으므로 하강을 마친 대원은 즉시 하강지점에서 뒤로 물러서야 한다.
ⓘ 하강기에서 로프를 뺄 때에 하강기가 로프와의 마찰열로 뜨거울 수 있으므로 주의하고 로프에서 완전히 이탈한 후에 "하강완료"라고 외친다.

109 "헬기하강"에 대한 설명으로 옳은 것은?

① 헬리콥터에 다가갈 때에는 기체의 전면으로 접근해서는 안 된다.

② 공중에서 로프를 투하할 때 필요할 경우 로프백에 수납하여 투하한다.

③ 착지점 약 10m 상공에서 서서히 제동을 걸기 시작, 지상 약 3m 위치에서는 반드시 정지할 수 있는 스피드까지 낮추어 지상에 천천히 착지한다.

④ 하강은 오버행하강으로 헬기를 강하게 차서 뛰어 내리도록 한다.

■ 헬기하강★ 22년 소방위
① 헬기탑승 시 주의사항
　㉠ 헬리콥터에 다가갈 때에는 <u>기체의 전면으로 접근</u>하며 기장 또는 기내 안전원의 신호에 따라 탑승한다.
　㉡ 꼬리날개(Tail rotor)는 고속으로 회전하여 매우 위험하므로 절대 <u>기체의 뒤쪽으로 접근하지 않도록 한다.</u>
② 하강 준비
　㉠ 헬기 하강을 위하여 공중에서 로프를 투하하는 경우에는 로터의 하향풍에 로프가 휘말릴 수 있기 때문에 <u>반드시 로프백에 수납하여 투하한다.</u> 이때 투하된 로프가 지면에 완전히 닿았는지를 반드시 확인해야 한다.
　㉡ 하강위치에 접근하면 기내 안전요원의 지시로 현수로프의 카라비너를 기체에 설치된 지지점에 건다.

📘 **정답**　108. ③　109. ③

ⓒ 하강준비 신호에 의해 왼손은 현수점측 로프를 잡고, 오른손은 하강측 로프를 허리 위치까지 잡아 제동하며 현수로프에 서서히 체중을 실어 헬리콥터의 바깥으로 이동하여 하강자세를 한다. 헬기의 구조에 따라 스키드 또는 문턱에서 하강자세를 취한다.

ⓔ 발을 헬기에 붙인 채 최대한 몸을 뒤로 기울여 하늘을 쳐다보는 자세를 취한 다음 안전원의 '하강개시' 신호에 따라 발바닥으로 헬기를 살짝 밀며 제동을 풀고 한번에 하강한다.

ⓜ 착지점 약 10m 상공에서 서서히 제동을 걸기 시작 지상 약 3m 위치에서는 반드시 정지할 수 있는 스피드까지 낮추어 지상에 천천히 착지한다. 이때 로프가 접지된 것을 반드시 재확인하여야 한다.

ⓗ 착지 후 신속히 현수로프를 제거하고 안전원에게 이탈 완료 신호를 보낸다.

③ 하강 시 주의사항

헬기는 하강도중 지지물이 없다는 점에서 오버행 하강요령과 유사하다. 그러나 헬기는 공중에서 정지하고 있으므로 급격한 중량변화에 민감하게 반응한다. 즉 하강자세에서 강하게 헬기를 차거나 하강 도중 급제동을 걸면 헬기가 흔들리게 되어 위험한 상황이 발생할 수도 있음을 유의하여야 한다.

---

110 "로프를 이용한 결착" 방법으로 다음 내용과 관계 깊은 것은?

> 사고 장소가 협소하여 들것을 사용할 수 없는 상황에서 가스중독, 산소결핍 등 육체적인 손상이 없는 구조대상자를 구출하기 위해 결착하는 방법이다. 구조대상자에게 손상을 입힐 우려가 높으므로 가능하면 안전밸트를 이용하고 긴급한 경우에만 활용하도록 한다.

① 한겹고정매듭   ② 두겹고정매듭
③ 세겹고정매듭   ④ 앉아매기를 이용한 결착

■ **로프를 이용한 결착*** 16년 소방교

사고 장소가 협소하여 들것을 사용할 수 없는 상황에서 가스중독, 산소결핍 등 육체적인 손상이 없는 구조대상자를 구출하기 위해 결착하는 방법이다. 구조대상자에게 손상을 입힐 우려가 높으므로 가능하면 안전밸트를 이용하고 긴급한 경우에만 활용하도록 한다.

두겹고정매듭 결착	• 두겹고정매듭으로 2개의 고리를 만들어 각각 구조대상자의 다리를 넣는다. • 긴 방향의 로프로 구조대상자의 가슴을 절반매듭으로 감고, 짧은 쪽의 로프로 결착한다.
세겹고정매듭 결착	• 로프의 세겹고정매듭으로 고리를 3개 만들고 1개의 고리를 가슴에, 나머지 2개의 고리는 양 다리에 끼워 무릎에 오게 한다. • 가슴에 끼운 로프가 늘어나거나 구조대상자가 뒤집어지지 않도록 주의한다.
앉아매기를 이용한 결착	• 슬링 또는 로프를 이용하여 구조대상자를 앉아매기로 결착하고 카라비너를 끼운다. • 로프가 짧으면 의식이 없는 구조대상자는 뒤집어질 수 있으므로 구조대상자의 겨드랑이까지 로프를 올릴 수 있도록 충분한 길이가 되어야 한다.

🔲 정답   **110.** ①

111 "구조대상자를 업고 하강할 때" 안전벨트 하단 고리에 결착해서 활용하는 것은?

① 퀵 드로
② 그리그리
③ 8자하강기
④ 쥬마

 ■ 퀵 드로
일반적으로 하강기는 안전벨트의 하단 고리에 카라비나를 이용해서 결착하지만 구조대상자를 업고
하강할 때는 퀵 드로를 이용하는 것이 좋다.

112 "차량을 이용한 로프 연장 방법"에 사용되는 로프는?

① 이중8자매듭
② 말뚝매기
③ 옭매듭
④ 잡아매기

 ■ 차량을 이용한 로프 연장
① 연장된 로프의 끝에 두겹8자매듭이나 이중8자매듭을 하고 카라비너를 건다.
② 차량용 훅(hook)에 로프를 연결한다.
③ 차량을 후진시켜 로프를 당긴다. 이때 보조요원은 로프에 가해지는 장력을 주의 깊게 살펴 지나치게
당겨지지 않도록 주의한다.
④ 구조활동에 적합한 정도로 로프가 당겨지면 사이드브레이크를 채우고 바퀴에 고임목을 대어 차량이
전진하지 않도록 조치한다.

113 "쥬마를 이용한 등반 시 슬링의 길이"는 어느 위치가 적당한가?

① 가슴과 배 사이
② 배와 허벅지 사이
③ 목 부분
④ 눈앞에

 ■ 쥬마를 이용한 상승
① 크롤(또는 베이직)에 슬링이나 로프를 넣어 고리 모양으로 묶고 목에 건 다음 안전벨트에 결착한다.
② 쥬마에도 슬링을 연결하고 끝에는 발이 들어갈 수 있는 크기로 고리를 만든다.
③ 이때 슬링의 길이는 가슴과 배 사이에 닿을 정도로 하는 것이 적당하다.
④ 현수 로프에 쥬마를 끼우고 그 아랫부분에 크롤을 끼운다.
⑤ 쥬마의 고리에 오른발을 넣고 쥬마를 최대한 위쪽으로 밀어 올린다.
⑥ 오른발을 펴서 몸을 일으켜 세운 후 힘을 빼면 크롤이 로프를 물고 있기 때문에 몸이 아래로 내려
오지 않고 로프에 고정된다.
⑦ 다시 손으로 쥬마를 밀어올리고 다리를 펴서 몸을 세우는 동작을 반복하면 로프를 따라 상승하게 된다.
⑧ 쥬마 상승 중에 로프가 따라 올라오는 경우가 많다. 이것을 방지하기 위해 보조자가 밑에서 로프를
팽팽하게 잡아주거나 배낭 등 무거운 물체를 로프 끝에 매달아 놓는다.
⑨ 상승을 끝내고 쥬마에서 로프를 빼려고 하면 캠이 로프를 꽉 물고 있어 쉽게 빠지지 않는다. 이때,
쥬마를 위로 올려주면서 레버를 젖히면 된다.
⑩ 쥬마를 이용하여 작업할 때 로프 설치 방향을 따라 똑바로 이동시키지 않으면 로프에서 이탈하게
될 위험이 있다. 아래와 같이 쥬마에 카라비너를 끼워두면 로프에서 이탈하지 않는다.

정답 | **111.** ① **112.** ① **113.** ①

114 "바스켓 들것이용 구조대상자 결착방법"(수평상태로 유지하는 방법)에 대한 설명으로 틀린 것은?

① 가슴부분에서 안전띠를 X자 형태로 엇갈려 고정한다.

② 3~4m 내외의 짧은 로프 두개를 준비, 각각을 절반으로 접고 가운데에 두겹8자매듭을 만든다.

③ 맨홀과 같은 좁은 공간에서 구조대상자를 구출하는 경우에 효과적이다.

④ 들것의 하단 부분에 유도 로프를 결착, 들것의 상승과 하강에 맞추어 당긴다.

③은 수직상태를 유지하는 경우이다.

■ **바스켓들것을 이용한 구조대상자 결착방법(수평상태를 유지하는 경우)**

들것에 구조대상자를 누인 상태에서 수직 또는 수평으로 이동시켜 구출할 때에 들것의 흔들림이나 구조대상자의 동요로 인한 추락을 방지하기 위하여 구조대상자를 들것에 고정시키는 방법이다.

① 들것 위를 정리하고 구조대상자를 조심스럽게 들것 위에 누인다. 들것에는 구조대상자의 머리방향이 표시되어 있다.

② 구조대상자의 발에 받침판을 대고 고정시킨다. 들것이 수직으로 기울어지는 경우 구조대상자의 추락을 방지하기 위한 조치이다.

③ 들것에 부착된 안전띠를 이용하여 구조대상자를 결착한다. 안전띠의 끈이 길어 남는 부분이 있으면 절반매듭으로 처리하여 바람에 날리지 않도록 한다.

④ 안전띠가 구조대상자의 목 부분으로 지나지 않도록 각별히 주의한다. 가슴부분에서 안전띠를 X자 형태로 엇갈려 고정하면 안전띠가 목 부분으로 지나는 것을 방지할 수 있다.

⑤ 3~4m 내외의 짧은 로프 두개를 준비하여 각각을 절반으로 접고 가운데에 두겹8자매듭을 만든다.

⑥ 로프의 한쪽 끝을 들것 상단의 구멍에 단단히 결착한 다음, 두겹8자매듭을 한 중간부분으로부터 동일한 길이를 유지하면서 반대쪽 구멍에도 결착한다. 이때 고정매듭이나 말뚝매듭을 하는 것이 편리하다.

⑦ 들것의 하단에도 동일한 방법으로 로프를 결착한다. 이때 로프의 길이는 상단과 동일하게 한다.

⑧ 두겹8자매듭 부분에 카라비너를 끼워 현수로프에 결착한다.

⑨ 들것의 하단 부분에 유도로프를 결착하고 들것의 상승 또는 하강에 맞추어 당기거나 움직여 줌으로서 들것이 회전하지 않도록 한다.

115 산소부족 시 발생하는 증상으로서 "의식불명"에 해당하는 산소농도는?

① 17% ② 12%

③ 9% ④ 6%

■ 「산소 부족 시 발생하는 신체적 증상」* 19년 소방장

산소농도	증 상
21 %	–
17 %	산소부족을 보충하기 위해 호흡이 증가하며 근육운동에 장애를 받는 경우도 있다.
12 %	어지러움, 두통, 급격한 피로를 느낀다.
9 %	의식불명
6 %	호흡부전과 이에 동반하는 심정지로 몇 분 이내에 사망한다.

정답 **114.** ③ **115.** ③

116 "산소결핍과 일산화탄소 중독"에 대한 설명으로 옳지 않은 것은?

① 연기는 크기 0.1~1.0μ의 고체미립자(주로 탄소입자, 분진)이며 수평으로 0.5~1m/s, 수직으로는 화재초기에 1.5m, 중기 이후에는 3~4m의 속도로 확산된다.

② 일산화탄소는 산소와의 친화력이 헤모글로빈의 210배에 이르고 1% 농도에서도 의식을 잃고 사망에 이르는 극히 유독한 기체이다. 일산화탄소의 IDLH는 1,200PPM이다.

③ 응급처치는 순수한 고압산소를 투여하는 것이다.

④ 위급한 상황을 넘기더라도 두뇌나 신경에 이상이 3일 이내 나타나기 시작한다.

■ **산소결핍과 일산화탄소 중독**
① 짙은 연기가 가득 차게 되면 우선 시야 차단에 따른 공포감을 느끼고 행동이 둔화되며 신체적 자극을 받아 고통을 겪게 된다.
② 무엇보다도 연기가 가지는 위험요인은 연기 속에 포함된 연소 생성가스들의 독성이다.
③ 불은 산소를 소모하며 이산화탄소를 발생시킨다.
④ 이산화탄소 자체는 허용농도 5,000ppm의 독성이 거의 없는 기체이지만 한정된 공간에서 다량의 이산화탄소가 발생하면 20% 농도에서 의식을 상실하고 결국 산소부족으로 질식하게 된다.
✪ 연기는 크기 0.1~1.0μ의 고체미립자(주로 탄소입자, 분진)이며 수평으로 0.5~1m/s, 수직으로는 화재초기에 1.5m, 중기 이후에는 3~4m의 속도로 확산된다.
✪ 허용농도 : 우리나라에서는 유해물질의 허용농도를 노동부 고시로 규정하고 있다. 허용농도는 TWA(Time Weighted Average)로 나타내며 1일 작업시간 동안의 시간 가중 평균 농도, 즉 8시간 최대 노출허용치를 말한다.

■ **일산화탄소 중독**
① 화재현장에서 발생하는 거의 대부분의 사망사고는 일산화탄소 중독에 의하여 발생한다.
② 무색무취의 가스는 화재시 거의 반드시 발생하며 환기가 불충분하여 불완전 연소가 일어나는 경우 더욱 대량으로 발생한다.
③ 일산화탄소는 산소와의 친화력이 헤모글로빈의 210배에 이르고 1% 농도에서도 의식을 잃고 사망에 이르는 극히 유독한 기체이다. 일산화탄소의 IDLH는 1,200PPM이다.
④ 일산화탄소의 농도가 500ppm 이상인 경우 위험하며 농도가 1% 이상인 경우에는 아무런 육체적 증상이 없이 의식을 잃고 사망할 수 있으며 그 이하의 농도에서도 장시간 노출되면 안전하지 않다.
⑤ 흡입된 일산화탄소가 혈액속의 헤모글로빈이 결합되면 이것은 아주 느린 속도로 없어진다.
⑥ 응급처치는 순수한 고압산소를 투여하는 것이며 일단 위급한 상황을 넘기더라도 두뇌나 신경의 이상이 3주 이내에 나타나기 시작한다. 따라서 빠른 시간 내에 일산화탄소 중독에서 회복되더라도 다시 연기가 있는 곳에 들어가서는 안 된다.

117 다음 중 "수직 맨홀 진입"에 대한 설명으로 틀린 것은?

① 탈출 시에는 진입의 역순으로 맨홀의 내부에서 호흡기 본체를 벗고 밖으로 나온 후에 면체를 벗는다.

② 환기가 곤란한 경우 예비용기를 투입, 신선한 공기를 공급한다.

③ 대원은 안전로프를 매고 호흡기의 본체만을 장착한 후 맨홀을 통과하여 묶어 내려진 면체를 장착하고 진입한다.

④ 질식한 구조대상자는 보조호흡기를 착용시키고 구출한다.

정답 | 116. ④　117. ③

■ **수직맨홀 진입 및 탈출*** 14년 소방장
① 대원은 안전로프를 매고 호흡기의 면체만을 장착한 후 맨홀을 통과하여 묶어 내려진 본체를 장착하고 진입한다.
② 탈출 시에는 진입의 역순으로 맨홀의 내부에서 호흡기 본체를 벗고 밖으로 나온 후에 면체를 벗는다.

■ **구출요령***
① 환기가 곤란한 경우 예비용기를 투입, 신선한 공기를 공급한다.
② 질식한 구조대상자는 보조호흡기를 착용시키고 구출한다.
③ 구조대상자는 원칙적으로 바스켓 들것에 결착하고 맨홀구조기구를 이용하여 구출하며 특히 추락 등 신체적 충격을 받았거나 받았을 것으로 의심되는 환자는 보호조치를 완벽히 한 후에 구출한다.
④ 장비가 부족하거나 긴급한 경우에는 로프에 결착하여 인양하거나 구조대원이 껴안아 구출하는 방법을 택하고 외부의 대원과 협력하여 인양토록 한다.

118 "화재현장의 1차 검색 요령"으로 옳은 것은?

① 정전이나 짙은 연기로 시야가 확보되지 않을때는 자세를 낮추고 벽을 따라 진행한다.
② 포복자세로 계단을 오를 때에는 머리, 내려갈 때에는 다리부터 내려간다.
③ 먼저 방의 중심부를 검색하고 후미진 곳으로 이동한다.
④ 화점 먼 곳에서 검색을 시작해서 진입한 문 쪽으로 되돌아가면서 확인한다.

■ **1차 검색과 2차 검색**** 12년 소방위/ 14년, 24년 소방장

1차 검색	① 화재 진행도중 검색작업이 진행되는 것을 말한다. ② 포복자세로 계단을 오를 때에는 머리, 내려갈 때에는 다리부터 내려가는 것이 안전하다. ③ 먼저 후미진 곳을 검색하고 방의 중심부로 이동한다. ④ 검색이 진행되는 동안 연기와 화재의 확산을 막기 위해서 불이 붙지 않은 장소의 문은 닫는다. ⑤ 화점 가까운 곳에서 시작해서 진입한 문 쪽으로 되돌아가면서 확인한다. ⑥ 반드시 2명 이상의 대원이 조를 이루어 검색하는 것을 원칙으로 한다. ⑦ 정전이나 짙은 연기로 시야가 확보되지 않을 때에는 자세를 낮추고 벽을 따라 진행하며 계단에서는 자세를 낮추고 손으로 확인하며 간다.
2차 검색	① 화재가 진압되어 위험 요인이 다소 진정된 후에 진행한다. ② 다른 생존자를 발견하고 혹시 존재할지도 모르는 사망자를 확인하는 작업이다. ③ 화재진압과 환기작업이 완료되면 2차 검색을 위한 대원들을 진입시킨다. ④ 2차 검색은 신속성보다는 꼼꼼함이다.

119 "화재현장 검색방법"으로 옳지 않은 것은?

① 첫 번째 방에 들어간 구조대원들은 한쪽으로 방향을 잡고 입구로 다시 돌아 나올 때까지 계속 벽을 따라 진행한다.
② 중앙 복도를 사이에 두고 방이나 사무실이 늘어서 있다면 검색조는 복도의 양쪽 모두를 검색할 수 있도록 편성한다.
③ 구조대원이 처음 들어갔던 입구를 통해 나오는 것을 검색실패라고 볼 수 있다.
④ 구조대상자를 발견하여 안전한 곳으로 이동시키거나 중도에서 방에서 나와야 할 때에는 들어간 방향을 되짚어 나온다.

정답 | **118.** ② **119.** ③

정답

■ 복도와 통로
① 중앙 복도를 사이에 두고 방이나 사무실이 늘어서 있다면 <u>검색조는 복도의 양쪽 모두를 검색할 수 있도록 편성한다.</u>
② 2개의 조를 편성하면 각 조는 복도의 한쪽 면을 담당할 수 있다.
③ 만약 인원이 부족하여 한 조 밖에 편성할 수 없다면 복도의 한쪽 면을 따라가며 검색한 후 다른 쪽을 따라 되돌아오며 검색하는 방법을 택한다.

■ 검색의 진행방향
① 첫 번째 방에 들어간 구조대원들은 한쪽으로 방향을 잡고 입구로 다시 돌아 나올 때까지 계속 벽을 따라 진행한다.
② 구조대원들이 처음 들어갔던 입구를 통해 나오는 것은 성공적인 검색의 아주 중요한 요건이다.
③ 구조대상자를 발견하여 안전한 곳으로 이동시키거나 다른 요인으로 중도에서 방에서 나와야 할 때에는 들어간 방향을 되짚어 나온다.
※ 단 1가구가 거주하는 단층집에서부터 거대한 고층 건물에 이르기까지 대부분의 건물들은 이와 같은 방법을 사용해서 검색

120 구조대원이 갇혔거나 길을 잃었을 경우 "위험한 현장에서 탈출하는 방법"으로 옳지 않은 것은?

① 혼자서 탈출해야 하는 경우 가장 손쉬운 방법은 호스를 따라서 나가는 것이다.
② 커플링의 결합부위를 찾아서 암 커플링이 향하는 쪽으로 기어 나간다.
③ 의식이 흐려지면 랜턴이 천장을 비추도록 놓고 출입문 가운데나 벽에 누워서 발견되기 쉽게 한다.
④ 비교적 안전하다고 생각되는 장소로 대피해서 인명구조경보기를 작동시킨다.

정답

■ 위험한 현장에서 탈출하기★★ 14년 소방교/ 21년, 23년 소방위/ 24년 소방교
① 다른 대원의 도움을 받지 못하고 혼자서 탈출해야 하는 경우 가장 손쉬운 방법은 호스를 따라서 나가는 것이다.
② 다른 대원이 위치를 알 수 있도록 큰 소리를 외치고 커플링의 결합부위를 찾아서 숫 커플링이 향하는 쪽으로 기어 나간다.
③ 암커플링이 향하는 방향은 관창 쪽이 되어 화점으로 향하게 된다.
④ 호스를 찾지 못한 경우에는
　㉠ 한쪽 벽에 도달할 때까지 똑바로 기어나간다.
　㉡ 그 다음 벽을 따라서 한 방향으로 진행하며 도중에 방향을 바꾸지 않도록 한다. 가능하면 벽이나 창문을 파괴한다.
⑤ 지쳐서 더 이상 움직일 수 없게 되거나 의식이 흐려지면
　㉠ 랜턴이 천장을 비추도록 놓고 출입문 가운데나 벽에 누워서 발견되기 쉽게 한다.
　㉡ 구조대원은 벽을 따라서 진입하기 때문에 벽 주변에 있으면 발견이 용이하다.
　㉢ 벽이 음향을 반사하여 인명구조경보기의 가청효과를 극대화 시킨다.
　㉣ 천장을 비추는 전등 빛은 다른 구조대원들이 용이하게 발견할 수 있다.

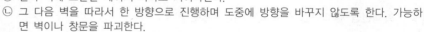

숫커플링　　앙커플링

← 소방차 방향　　관창 방향 →

▮ 화점방향은 암카프링 ▮

정답 120. ②

121 다층빌딩의 검색순서는?

① 다른 층 – 불이 난 층 – 바로 위층 – 최상층
② 최상층 – 다른 층 – 불이 난 층 – 바로 위층
③ 바로 위층 – 최상층 – 다른 층 – 불이 난 층
④ 불이 난 층 – 바로 위층 – 최상층 – 다른 층

> 다층빌딩의 검색순서 : 불이 난 층 – 바로 위층 – 최상층 – 다른 층

122 구조대원이 착용한 "공기호흡기에 이상 발견 시 조치사항"으로 옳지 않은 것은?

① 당황하게 되면 호흡이 빨라지고 공기소모량이 많아진다. 동작을 멈추고 자세를 낮추어 앉거나 포복자세로 엎드린다.
② 최근 보급되는 공기호흡기는 면체에 적색으로 표시된 바이배스 밸브가 있다.
③ 공기가 얼마 남지 않았다면 건너뛰기 호흡법을 활용한다.
④ 양압조정기 손상일 경우 바이패스 밸브를 절대 열지 않도록 한다.

■ **공기호흡기의 이상*** 21년 소방위

침착하라	① 당황하게 되면 호흡이 빨라지고 공기소모량이 많아진다. 동작을 멈추고 자세를 낮추어 앉거나 포복자세로 엎드린다. ② 어떤 경로를 통하여 이 장소에 도달했는지를 가억해 낸다. 다른 대원들의 대화나 신호, 호스나 장비에서 발생하는 소리, 사고 장소에서 발생하는 소음 등에 주의를 기울인다.
공기소모량을 줄인다.	① 공기가 얼마 남지 않았다면 <u>건너뛰기 호흡법(Skip Breathing)을 활용</u>한다. ② 먼저 평소처럼 숨을 들이쉬고 내쉬어야 할 때까지 숨을 참고 있다가 내쉬기 전에 한 번 더 들이마신다. 들이쉬는 속도는 평소와 같이 하고 내쉴 때에는 천천히 하여 폐 속의 이산화탄소 농도를 조절한다.
양압조정기의 고장	① 양압조정기가 손상을 입어 공기공급이 중단되었을 경우에는 <u>바이패스 밸브를 열어 면체에 직접 공급되도록 한다.</u> ② 최근 보급되는 공기호흡기는 면체에 적색으로 표시된 바이배스 밸브가 있다. 바이패스 밸브를 열어 숨을 들이 쉰 후 닫고 다음번 호흡 시에 다시 열어준다.

123 "구조대원이 갇혔거나 길을 잃을 경우 행동요령"으로 옳지 않은 것은?

① 창문 밖으로 헬멧 등을 던져서 구조를 요청하는 신호를 보낸다.
② 창문이 있다면 창턱에 걸터앉아서 인명구조경보기 등으로 구조신호를 보낸다.
③ 근처에 있을지 모를 대원이 들을 수 있도록 큰소리로 도움을 요청한다.
④ 가능한 처음 검색을 시작했던 방향을 기억해서 돌아가야 한다.

🔑 **정답** | 121. ④ 122. ④ 123. ①

■ 「대원이 갇혔거나 길을 잃은 경우」** 14년 소방교/ 21년, 23년 소방위/ 24년 소방교

침착하라	① 자제력을 잃는 것은 곧 그 대원이 정상적인 판단을 하지 못하는 상황을 유발하고 흥분과 공포감으로 공기 소모를 정상치 이상으로 급격히 상승시킬 수 있다. ② 가능한 한 처음 검색을 시작했던 방향을 기억해 내어 돌아가야 한다. 그것이 불가능하면 건물의 출구를 찾거나 적어도 화재현장을 벗어날 출구만큼은 찾아내야 한다.
도움을 요청하라	① 근처에 있을지 모를 다른 대원이 들을 수 있도록 큰 소리로 도움을 청해야 한다. ② 출구를 찾을 수 없다면 비교적 안전하다고 생각되는 장소로 대피해서 인명구조경보기(PASS)를 작동시킨다. ③ 창문이 있다면 창턱에 걸터앉아서 인명구조경보기를 틀거나 손전등을 사용하거나 팔을 흔들어서 지원을 요청하는 신호를 보낼 수 있다. ④ 창문 밖으로 물건을 던져서 구조를 요청하는 신호를 보낼 수 있지만 방화복이나 헬멧 등 보호장비를 던져서는 안 된다.
이동이 불가능한 경우	① 붕괴된 건물에 갇히거나 주변으로 이동할 수 없을 만큼 부상을 입었다면 생명에 지장이 없는 장비들을 포기하여야 한다. ② 즉각적으로 인명구조경보기를 작동시키고 냉정을 유지하면서 산소공급량을 극대화시켜야 한다.

124 "사무실 또는 아파트 등에서 단순감금"일 경우 내부진입 방법은?

① 관리실 만능열쇠 사용
② 경첩부분 파괴
③ 사다리 이용 진입 우선
④ 현관문파괴기, 에어건 이용

■ 단순한 내부진입

관리실의 만능열쇠를 사용	사무실 또는 아파트 등에서 단순 감금일 경우
전문 열쇠수리공에게 의뢰	내부에 긴급히 구조해야할 사람이 없거나 별도의 안전조치가 필요하지 않은 경우
경첩부분을 파괴	상황이 긴급하여 자물쇠나 출입문을 파괴하여야 하는 경우
현관문 파괴기, 에어건을 이용하는 경우	실내에 있는 사람의 안전에 유의
사다리를 사용하여 진입하는 것을 우선	3층 이하의 저층
베란다를 따라 진입하거나 상층에서 로프하강으로 진입	사고발생 장소가 고층인 경우

125 "작은방이 많은 곳을 검색하는 요령"으로 옳지 않은 것은?

① 한 대원이 검색하는 동안 다른 대원은 문에서 기다리는 것이다.
② 검색하는 대원은 문에서 기다리는 대원에게 검색과정을 계속 보고해야 한다.
③ 옆의 방을 검색할 때는 역할이 바뀌지 않도록 진행한다.
④ 해당 방의 검색이 완료되면 방문을 닫은 후 문에다 검색 완료 표시를 한다.

🔑 정답 | 124. ① 125. ③

■ **작은 방이 많은 곳을 검색할 때**

① 대부분의 경우 작은 방을 검색하는 적절한 방법은 한 대원이 검색하는 동안 다른 대원은 문에서 기다리는 것이다.

② 서로 간에 어느 정도 지속적인 대화가 이루어져야 검색 방향을 잡기가 수월해진다.

③ 검색하는 대원은 문에서 기다리는 대원에게 검색과정을 계속 보고해야 한다.

④ 해당 방의 검색이 완료되면 두 대원은 복도에서 합류하고 방문을 닫은 후 문에다 검색이 완료된 곳이라는 표시를 한다.

⑤ 옆의 방을 검색하는데 이때에는 각 대원의 역할을 바꾸어 진행한다.

　㉠ 비교적 작은 방을 검색할 때 이 방법은 두 명이 함께 검색할 때보다 속도도 빨라진다.

　㉡ 구조대원의 불안감을 줄이고 방 안에서 길을 잃을 가능성도 낮출 수 있기 때문이다.

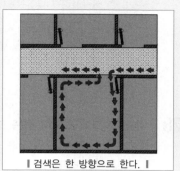

▌검색은 한 방향으로 한다. ▌

---

126 "자동차사고의 일반적인 특성"으로 옳지 않은 것은?

① 현장접근이 어렵고, 활동공간이 좁다.

② 출동장애요인이 많다.

③ 재난수준의 대형사고가 발생할 수 있다.

④ 2차사고 발생위험이 크다.

 ■ **자동차사고의 일반적인 특성**

현장 접근이 용이하고 활동공간이 넓다.	수난사고나 산악사고와 달리 사고발생 현장에 접근하기가 용이하고 구조활동에 장애가 되는 환경적인 요인이 적은 편이다.
출동 장애요인이 많다.	자동차 사고가 발생하면 주변의 차량이 정체되어 현장접근이 지연되는 경우가 많다. 특히 출, 퇴근 러시아워 시간에 사고가 발생하면 현장 접근이 심각하게 지연되고 주변의 차량과 군중으로 구조활동에 심각한 장애를 받을 수도 있다.
사상자가 발생한다.	교통사고는 거의 대부분의 경우에 사상자가 발생하고 경우에 따라서는 예상보다 훨씬 심각한 상황이 전개되는 경우도 있다.
2차 사고의 발생 위험이 높다.	사고로 차량이 손상되면 연료가 누출되어 화재나 폭발이 발생하기도 하며, 적재된 위험물질이 누출되는 등 2차 사고가 발생할 위험성이 높다. 특히 안개, 강우, 강설 등으로 시야가 확보되지 않고 운전여건이 좋지 않을 때에는 다수의 차량이 연쇄 충돌하는 사고가 발생하기도 한다.
재난수준의 대형사고가 발생할 수도 있다.	버스 등 대중교통수단의 사고나 위험물질 적재 차량에서 사고가 발생하면 많은 사상자가 발생하는 "재난" 수준의 사고가 발생 할 수도 있다.

---

127 교통사고가 발생하면 "사고현장 파악이 완료된 후 반드시 조치해야 할 사항"은?

① 구조대상자 상태 파악　　　　　② 주면 지역의 구조대상자 확인

③ 교통통제　　　　　　　　　　　④ 사고차량이 움직이지 않도록 고정

🔲 **정답**　126. ①　127. ④

■ **사고차량의 안정화*** 19년 소방교/ 20년 소방장
사고현장파악이 완료되면 사고차량이 움직이지 않도록 고정한다. 이것은 차량손상의 확대, 구조대상자의 부상악화 또는 구조대원의 부상 방지를 위해 반드시 조치해야 할 사항이다. 가장 적절한 고정방법은 바퀴에 고임목을 설치하고 차량과 지면 사이에는 단단한 버팀목을 대는 것이다. 사고 차량과 지면의 접촉면적을 최대한 넓게 하면 차량의 흔들림은 최소화 된다.

128 "자동차사고에 있어서 출동 도중에 조치해야할 사항"이 아닌 것은?

① 역 구내 여부, 고가궤도 또는 지하철인가의 판단하고 고압선의 차단여부와 환기시설의 상태를 주목한다.
② 높은 곳, 낮은 곳, 지반의 강약, 주변의 가옥밀집도 등
③ 교통량, 도로 폭, 도로 포장여부 등
④ 사고차량의 상태

 ■ **자동차 사고대응*** 20년 소방위
① 사전대응 : 도로상황 파악, 교통흐름파악
② 현장도착 전 상황의 파악 : 사고장소 및 대상, 사고차량의 상태, 구조대상자의 상황
③ 출동 도중에 취할 조치 : 도로의 상황, 지형, 철도와 관계된 사고

도로의 상황	① 교통량, 도로 폭, 도로 포장여부 등 ② 도로 또는 교통상황에 따라 출동 경로를 변경하여 가장 신속히 현장에 도착할 수 있는 길을 선택
지 형	① 높은 곳, 낮은 곳, 지반의 강약, 주변의 가옥밀집도 등 ② 주변의 지황을 고려하여 구조대원이 접근할 경로를 선택하고 ③ 상황에 따라 주변지역을 차단하거나 주민을 대피시킬 수 있도록 지원을 요청한다.
철도와 관계된 사고	역 구내 여부, 고가궤도 또는 지하철인가의 판단하고 고압선의 차단여부와 환기시설의 상태를 주목한다.

129 "차량위험요인 제거"에 대한 설명으로 옳지 않은 것은?

① 액체 연료가 누출되면 모래나 흡착포를 이용해서 처리하는 것이 좋다.
② 현장에 접근하는 구조대원은 반드시 바람을 등지고 접근하며 구조차량은 사고 장소보다 낮은 지점으로 풍하 측에 위치하여야 한다.
③ 가스가 완전히 배출될 때 까지 구조작업을 연기하는 것이 좋지만 긴급한 경우라면 고압분무 방수를 활용해서 가스를 바람 부는 방향으로 희석시키면서 작업하도록 한다.
④ 배터리의 전원을 차단할 때에는 (−)선부터 차단한다.

정답 128. ④ 129. ②

■ 차량 위험요인 제거* 18년, 20년 소방장

① 누출된 연료의 처리

액체 연료	㉠ 휘발유나 경유와 같이 액체 연료인 경우에는 모래나 흡착포를 이용해서 누출된 연료를 흡수시켜 처리하는 것이 좋다. ㉡ 사용된 모래나 흡착포는 완전히 수거해서 소각 또는 전문 업체에 처리를 위탁한다.
기체 연료	㉠ 기체 연료는 특성상 공기 중에서 신속히 기화하며 극히 적은 농도(LPG의 폭발 범위는 대략 2%~10% 정도이다)에서도 폭발할 수 있다. ㉡ 가스가 누출되는 것이 확인되면 주변에서 화기 사용을 금지하고 사람들을 대피시킨다. ㉢ 가스가 완전히 배출될 때 까지 구조작업을 연기하는 것이 좋지만 긴급한 경우라면 고압 분무 방수를 활용해서 가스를 바람 부는 방향으로 희석시키면서 작업하도록 한다. ㉣ 현장에 접근하는 구조대원은 반드시 바람을 등지고 접근하며 구조차량도 사고 장소보다 높은 지점으로 풍상 측에 위치하여야 한다.

② 에어백 작동*

㉠ 322km/h의 엄청난 속력으로 팽창하면서 구조대상자나 구조대원에게 충격을 가할 수 있다.

㉡ 차량은 전원이 제거된 후에도 10초 내지 10분간 에어백을 동작시킬 수 있다.

※ 에어백이 부착된 차량에서 구조작업을 할 때에는 배터리 케이블을 차단하고 잠시 대기하는 것이 좋다. <u>배터리의 전원을 차단할 때에는 (−)선부터 차단한다.</u> 차량의 프레임에 (−) 접지가 되어 있으므로 (+) 선부터 차단하다 전선이 차체에 닿으면 스파크가 발생하기 때문이다. 그러나 일부 에어백은 차량의 배터리와 별도로 동작하기 때문에 각별한 주의가 필요하다.

130 "차량사고 시 구출을 위한 장비"와 관계없는 것은?

① 유압절단기

② 에어백 세트

③ 체인 톱

④ 동력절단기

■ 차량사고 시 구조에 필요한 장비준비

① 현장의 안전을 확보하기 위한 장비

유도표지, 경광봉, 호각 등이 안전을 확보하기 위해 사용된다.

② <u>구출을 위한 장비</u>

㉠ 유압구조장비(유압전개기, 유압절단기, 유압램)

㉡ 에어백 세트

㉢ 이동식 윈치

㉣ 동력절단기 또는 가스절단기

③ 차량인양

전복된 차량 내에 구조대상자가 있는 경우 굳이 차량을 복구하려하지 말고 인명구조에 필요한 조치를 먼저 취하여야 한다.

전복된 차량	크레인, 윈치 또는 견인차량 등을 이용하여 복구한다.
수중에서 전복된 차량의 인양	잠수장비를 이용하여 수중구조 및 수색 작업을 펼치고 차량의 인양이 필요한 경우에는 및 인양크레인이나 견인차량을 이용한다.

✍ 정답 | 130. ③

131 **"차량사고 시 현장파악"에 대한 설명으로 옳은 것은?**

① 구조대원이 현장에 처음 도착하는 순간부터 시작하여야 한다.

② 구조차량 주차는 사고 장소의 전면에 주차하는 것이 좋다.

③ 신속한 구조를 위하여 양방향의 차로 통행로는 통제하는 것이 좋다.

④ 구조차량은 사고 장소에서 가급적 먼 곳에 주차한다.

■ **자동차 사고 시 현장파악**★★ 11년, 12년 소방장
① 현장파악은 <u>구조대원이 현장에 처음 도착하는 순간부터 시작하여야</u> 한다.
② 구조차량의 주차* 16년 소방교 / 18년, 24년 소방장
　ⓐ 구조대원이나 장비가 쉽게 도달할 수 있을 만큼 <u>가까운 곳에 주차</u>한다.
　ⓑ 너무 가까운 곳에 주차하여 구조활동에 장애를 주어서는 안 된다.
　ⓒ 구조차량은 지나가는 차량들로부터 현장을 보호하기 위하여 일시적으로나마 방벽 역할을 하고 후속 차량들이 구조차량의 경광등을 보고 사고 장소임을 인식할 수 있도록 <u>사고 장소의 후면에 주차</u>하는 것이 좋다.
　ⓓ 교통흐름을 막지 않도록 최소한 <u>한 개 차로의 통행로는</u> 확보하는 것이 좋다.

132 **자동차 사고 시 구조차량 주차와 관련하여 다음 (　　) 안에 들어갈 내용은?**

제한속도 80km/h인 도로에서 사고가 발생한 경우 사고지점의 후방 (　) 정도에 구조차량이 주차하고 후방으로 (　) 이상 유도표지를 설치한다.

① 15m, 80m

② 30m, 60m

③ 20m, 50m

④ 45m, 80m

시속 80km/h인 도로에서 사고가 발생한 경우 사고지점의 후방 15m 정도에 구조차량이 주차하고 후방으로 80m 이상 유도표지를 설치한다.* 18년, 24년 소방장

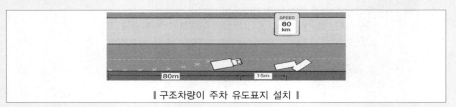

┃구조차량이 주차 유도표지 설치┃

133 **"자동차 사고현장에서 구조차량 주차"와 관련하여 바르게 설명한 것은?**

① 구조대원이 활동할 수 있도록 30m 정도의 공간을 확보하고 주차한다.

② 안전을 위하여 깔대기 등으로 유도표지를 설치하고 경광봉을 든 경계요원을 배치한다.

③ 유도표지의 설치범위는 도로의 제한속도와 반비례한다.

④ 곡선도로인 경우 최소한 곡선구간이 끝나는 지점에 주차하여야 한다.

🔑 **정답** | **131.** ① **132.** ① **133.** ②

■ 「자동차 사고 시 구조차량 주차요령」** 13년 18년, 24년 소방장

직선 도로	구조대원이 활동할 수 있도록 15m 정도의 공간을 확보하고 주차한다. ① 안전을 위하여 깔대기(칼라콘) 등으로 유도표지를 설치하고 경광봉을 든 경계요원을 배치한다. ② 유도표지의 설치범위는 도로의 제한속도와 비례한다. 시속 80km/h인 도로에서 사고가 발생한 경우 사고지점의 후방 15m 정도에 구조차량이 주차하고 후방으로 80m 이상 유도표지를 설치한다.
곡선 도로	곡선 부분을 지나서 주차하게 되면 통행하는 차량들이 직선 구간에서는 구조차량을 발견하지 못하고 회전한 직후 구조차량과 마주치게 되므로 추돌사고가 발생할 확률이 높다. 따라서 구조차량은 최소한 곡선구간이 시작되는 지점에는 주차하여야 한다. 17년 소방장 곡선도로에서 사고가 발생한 경우 곡선 시작부분에 주차하고 후방으로 80m 이상 유도표지를 설치한다.

134 "차량사고의 흔들림을 제어하기 위한 방법" 으로 옳지 않은 것은?

① 에어백을 사용할 때에는 반드시 충분한 버팀목을 준비해서 에어백이 팽창되는 것과 동시에 측면에서 버팀목을 넣어준다.

② 에어백을 겹쳐서 사용할 때에는 3층을 초과하지 않도록 한다.

③ 경사면에 놓인 차량은 바퀴가 하중을 받는 부분에 고임목을 댄다.

④ 작은 백을 위에 놓고 큰 백을 아래에 놓는다.

■ 에어백** 14년 소방장, 경기 소방교/ 18년 소방장/ 19년 소방교·소방위/ 20년 소방장, 소방위

에어백은 전복된 차량을 지탱하는 데 사용한다. 설치가 간편하고 고하중을 들어올릴 수 있지만 안정감이 부족하기 때문에 버팀목으로 받쳐주어야 한다. 에어백을 사용할 때에는 다음 안전수칙을 준수해야 한다.

① 에어백은 단단한 표면에 놓는다.

② 에어백을 겹쳐서 사용할 때에는 2층을 초과하지 않도록 한다. 작은 백을 위에 놓고 큰 백을 아래에 놓는다.

③ 에어백을 사용할 때에는 반드시 충분한 버팀목을 준비해서 에어백이 팽창되는 것과 동시에 측면에서 버팀목을 넣어준다.

④ 공기는 천천히 주입하고 지속적으로 균형유지에 주의한다.

⑤ 날카롭거나 뜨거운 표면에 에어백이 직접 닿지 않게 한다.

⑥ 자동차는 물론이고 어떤 물체든 에어백만으로 지탱해서는 안 된다. 에어백이 필요한 높이까지 부풀어 오르면 버팀목을 완전히 끼우고 공기를 조금 빼내서 에어백과 버팀목으로 하중이 분산되도록 한다.

■ 나무버팀목*

사각형 나무토막을 상자처럼 쌓아 올려서 차량을 고정시킬 수 있다. 최근에는 계단형 또는 조립식 블록 형태로 만들어진 규격제품도 생산되고 있다.

① 차량과 버팀목이 단단히 밀착될 때까지 버팀목을 쌓아 올린다.

② 구조대상자의 신체가 차량에 깔리거나 차량바깥으로 나와 있는 경우 차량의 균형유지에 더욱 주의하여 조금의 흔들림도 없도록 완전히 고정한다.

③ 차량과 버팀목의 밀착도를 높이기 위해서 작은 나무조각이나 쐐기를 이용할 수 있다.

④ 측면으로 기울어진 차량은 넘어지지 않도록 버팀목이나 로프로 고정한다.

정답 134. ②

> ▣ 바퀴고정하기
> 대부분의 경우 사고차량은 똑바로 서 있다. 그러나 차량의 바퀴가 모두 지면에 닿아있다고 하더라고 <u>고정 작업은 반드시 필요하다.</u> 사고 차량을 고정함으로서 상하좌우 흔들림을 최소화할 수 있다.
> <u>① 차량이 평편한 지면위에 있다면 바퀴의 양쪽 부분에 고임목을 댄다.</u>
> <u>② 경사면에 놓인 차량은 바퀴가 하중을 받는 부분에 고임목을 댄다.</u>

135 "안전유리의 특성"에 대한 설명으로 옳은 것은?

① 길고 날카로운 조각들이 생기지 않아 유리파편에 의한 부상 위험이 줄어든다.

② 분쇄된 유리조각에 작은 손상이나 눈에 유리조각이 박힐 수도 있다.

③ 파괴 장비로서는 센터펀치가 사용된다.

④ 유리판 두 장을 겹치고 사이에 얇은 플라스틱 필름을 삽입, 접착한 것이다.

▣ 차량 유리의 종류와 파괴 장비* 13년 소방장

안전유리		① 유리판 두 장을 겹치고 사이에 얇은 플라스틱 필름을 삽입, 접착한 것이다. ② 전면의 방풍유리에 사용되며 일부 차량은 뒷 유리창에도 사용한다. ③ 충격을 가하면 중간 필름층 때문에 유리가 흩어지지 않고 붙어있게 된다. ④ 파편으로 운전자와 승객이 부상당하는 것을 막기 위해서 사용한다.
	파괴 장비	※ 차유리절단기 톱날 부분으로 안전유리를 잘라서 제거할 수 있다. 도구 뒷부분으로 유리창 모서리에 충격을 가하여 구멍을 뚫고 톱날부분을 넣어 잘라낸다. ▐ 차 유리 절단기 ▐
강화유리		① 열처리된 강화유리는 측면 도어의 유리창과 후면 유리창에 사용된다. ② 충격을 받으면 유리면 전체에 골고루 금이 가도록 열처리되었다. ③ 충격을 받으면 전체가 작은 조각들로 분쇄된다. ④ 일반 유리와 같이 길고 날카로운 조각들이 생기지 않아 유리파편에 의한 부상 위험이 줄어든다. ⑤ 분쇄된 유리조각에 노출된 피부에 작은 손상이나 눈에 유리조각이 박힐 수도 있다.
	파괴 장비	※ 센터 펀치 스프링이 장착된 펀치로 열처리 유리를 파괴할 때 사용한다. 유리창에 펀치 끝을 대고 누르면 안으로 눌려 들어갔다 튕겨 나오면서 순간적인 충격을 주어 유리창을 깨뜨린다. ▐ 센터펀치 ▐

136 차량의 문 틈새를 벌려 문을 열고자 할 때 적합한 장비가 아닌 것은?

① 구조도끼 ② 센터펀치

③ 지렛대 ④ 헬리건바(Halligan-type bar)

> 차량의 손상을 줄이기 위해서 부득이 문 틈새를 벌려 문을 열고자 한다면 먼저 지렛대나 구조도끼 또는 헬리건바(Halligan-type bar) 등을 문틈에 넣고 비틀어 전개기 끝이 들어갈 수 있을 만큼 틈새를 넓혀야 한다.

 정답 | 135. ④   136. ② |

137 다음 내용과 관계 깊은 것은?

> 제한속도 100km인 차량사고 현장(직선도로)에 구조대 출동 시 사고차량과 유도표지와의
> 거리는 (　)이다. ※ 차량길이 10m

① 100m   ② 115m

③ 125m   ④ 135m

> 제한속도 100km 인 경우 100m + 차량길이 10m + 구조대 활동공간 15m = 125m

138 "사고차량 전면 유리창 파괴방법"으로 옳은 것은?

① 절단과정에서 차 위에 올라가서 손으로 유리창을 누른다.
② 유리가 깨어지면 위쪽에 손을 넣어 차 밖으로 조심스럽게 들어낸다.
③ 유리창 절단이 완료되면 유리창의 밑 부분을 부드럽게 잡아당겨 위로 젖힌다.
④ 센터 펀치를 유리창의 모서리 부분에 대고 누른다.

■ **전면 유리 제거하기*** 20년 소방장
차 유리 절단기를 이용해서 유리창을 톱으로 썰어내듯 절단하는 것이다. 만약 이 장비가 없다면 손도
끼를 이용해서 유리창을 차근차근 절단해낸다.
① 유리 절단기의 끝 부분으로 전면 유리창의 양쪽 모서리를 내려쳐서 구멍을 뚫는다.
② 유리 절단기를 이용해서 유리창의 세로면 양쪽을 아래로 길게 절단한다. 그런 다음 절단된 세로면에
　연결된 맨 아래쪽을 절단한다. 절대로 절단 과정에서 차 위에 올라서거나 손으로 유리창을 누르지
　않도록 주의한다.
③ 유리창 절단이 완료되면 유리창의 밑 부분을 부드럽게 잡아당겨 위로 젖힌다. 그러면 유리창은 자
　연스럽게 벌어지기 시작하고 결국 차 지붕 위로 젖혀 올릴 수 있게 된다.
④ 유리창을 떼어 안전한 곳에 치우고 창틀에 붙은 파편도 완전히 제거한다.

■ **측면 유리 제거요령*** 20년 소방장
열처리된 유리를 사용하는 측면이나 후면 유리창들은 모서리 부분을 날카롭고 뾰족한 도구로 강하게
치면 쉽게 파괴할 수 있다. 센터 펀치를 사용할 때에는 한 손은 버팀대 역할을 해서 구조대원의 손이
유리창 안으로 끼어 들어가지 않도록 조심한다.
① 깨어진 유리창에 손상을 입지 않도록 유리창에 테이프, 끈끈이 스프레이를 뿌리는 것이다.
② 센터 펀치를 유리창의 모서리 부분에 대고 누른다.
③ 유리가 깨어지면 위쪽에 손을 넣어 차 밖으로 조심스럽게 들어낸다.

■ **차량** 내에 있는 **구조대상자에게 접근하는 3가지 방법**
① 차량의 문을 연다.
② 차량의 유리를 파괴한다.
③ 차체를 절단한다.

139 "자동차 사고 시 도어개방 요령"으로 옳지 않은 것은?

① 문 틈새를 벌려 문을 열고자 한다면 먼저 지렛대나 구조도끼 또는 헬리건바 등을 문틈에 넣고 비틀어 전개기 끝이 들어갈 수 있을 만큼 틈새를 넓혀야 한다.

② 유압펌프에는 동시에 2개의 장비를 연결하여 사용할 수는 없다.

③ 경첩노출은 먼저 전개기로 펜더를 압축하면 펜더가 찌그러지면서 경첩 부분이 노출된다.

④ 차량이 많이 손상되었거나 구조대상자가 심한 부상을 입었다면 차문을 완전히 절단, 제거하여야 구조 작업이 신속하고 응급처치도 용이하다.

 ■ 차 문틈 벌리는 방법
① 차량의 손상을 줄이기 위해서 부득이 문 틈새를 벌려 문을 열고자 한다면 먼저 지렛대나 구조도끼 또는 헬리건바(Halligan-type bar) 등을 문틈에 넣고 비틀어 전개기 끝이 들어갈 수 있을 만큼 틈새를 넓혀야 한다.
② 전개기 끝이 문틈에 걸리면 전개기를 벌려서 틈을 확대하고 전개기를 닫아서 다시 밀어 넣기를 반복한다. 한 번에 완전히 열려고 무리하게 벌리면 팁이 빠져나올 수 있으므로 주의한다.

■ 도어를 절단하는 방법
차량이 많이 손상되었거나 구조대상자가 심한 부상을 입었다면 차문을 완전히 절단, 제거하여야 구조 작업이 신속하고 응급처치도 용이하다. 일반적으로 유압펌프에는 동시에 2개의 장비를 연결하여 사용할 수 있다. 전개기와 절단기를 함께 사용하거나 절단과 전개가 하나의 장비로 가능한 콤비툴을 이용해서 작업한다.

경첩노출	① 먼저 전개기로 펜더를 압축하면 펜더가 찌그러지면서 경첩 부분이 노출된다. ② 이 틈새에 다시 전개기를 넣어 절단기가 들어갈 수 있을 만큼 충분히 벌린다.
경첩절단	차문의 경첩이 노출되면 절단기를 넣어 절단한다.
문 떼어 내기	① 경첩과 전선, 기타 연결된 부분을 다 절단하면 문을 떼어낼 수 있다. ② 문이 쉽게 제거되지 않으면 틈새에 다시 한 번 전개기를 넣어 벌려서 차체에서 문이 분리되도록 한다.

140 "사고차량에서 부상자 구출 3단계"에 대한 설명으로 옳지 않은 것은?

① 부상자는 구급대원이 현장에 도착하기 전까지는 이동시키지 않는 것이 원칙이지만 구조대상자나 구조대원의 생명이 위험할 때에는 이러한 원칙은 무시할 수 있다.

② 외상이 없다면 경추 및 척추보호대를 착용을 생략할 수 있다.

③ 부상자 구출은 응급처치-구출-이동 이지만 위험요인에 직접 노출된 경우에는 응급처치에 앞서 이동, 구출할 수 있다.

④ 구출 활동은 구조대상자에게 접근해서 응급처치를 완료하고 환자의 상태가 안정된 후에 실시한다.

 부상자는 구급대원이 현장에 도착하기 전까지는 이동시키지 않는 것이 원칙이지만 구조대상자나 구조대원의 생명이 위험할 때에는 이러한 원칙은 무시할 수 있다. 화재, 가연성 기체나 액체, 절벽에서의 차량의 요동 혹은 다른 직접적 위험으로부터 상황이 위급하다면 구조대상자를 신속하게 다른 장소로 옮겨야 한다.

정답 | **139.** ② **140.** ②

▣ 사고차량에서 부상자 구출 3단계 순서

인명구조를 위한 응급처치	① 응급처치는 구출작업 이전 또는 작업 중이나 구출 후를 막론하고 계속 진행되어야 한다. ② 가장 좋은 것은 구출작업이 약간 지연된다 하더라도 응급구조사가 구조과정에 참여하여 부상정도를 확인하고 필요한 응급처치를 취한 다음 구조하는 것이다.
구 출	① 구출 활동은 구조대상자에게 접근해서 응급처치를 완료하고 환자의 상태가 안정된 후에 실시한다. ② <u>구조대상자를 구출할 때에는 외상이 없더라도 반드시 경추 및 척추보호대를 착용시키는 것이 원칙이다.</u> ※ 다만 위험물질 적재 차량의 화재 사고와 같이 화재나 폭발, 기타 긴급한 위험요인에 직접 노출되어 있는 경우에는 응급처치에 앞서 현장에서 이동·구출하는 예외적인 조치를 취할 수도 있다. ③ 차량의 구조물과 잔해 등 다른 방해물이 제거되면 환자를 차량으로부터 구급차로 이동시킬 준비를 하고 추가 부상을 입지 않도록 보호한다.
이 동	① 환자의 이동은 단순히 들것으로 구급차로 운반하는 경우일 수도 있지만, 급경사면을 오르거나 하천을 건너야 하는 등 이송에 어려움이 있는 경우도 있다. ② 이러한 경우에는 환자를 들것에 확실히 고정하고 보온에도 주의를 하여야 한다. ③ 구급차로 이송 중에도 계속 구조대상자의 상태를 주시하여 필요한 응급처치를 취하고 필요하면 통신망을 이용하여 전문의의 도움을 받도록 하고 병원으로 이송하기 전에 가까운 응급의료센터에 연락을 취하여 즉시 필요한 처치를 받을 수 있도록 조치하여야 한다.

141 "물에 빠진 사람을 구조하기 위한 4가지 원칙" 중 최후의 선택방법은?

① 던지고 　　　　　　　　　② 끌어당기고
③ 저어가고 　　　　　　　　④ 수영한다.

 가능한 한 구조자가 직접 물에 들어가지 말고 장대나 노 등 잡을 수 있는 물체를 익수자(溺水者)에게 건네주거나 로프, 구명대 등을 던져서 잡을 수 있도록 하는 방법을 시도하고 이러한 방법이 불가능할 때에는 보트 등을 이용 수상으로 직접 접근하는 것이며 <u>구조대원이 수영해서 구조하는 것은 최후로 선택하는 구조방법이다.</u> 상당한 수영실력이 있는 구조대원일지라도 별도의 전문적인 수중구조 훈련을 받지 않았으면 맨몸으로 구조대상자를 구출한다는 것이 매우 어려운 일임을 명심해야 한다.
※ 물에 빠진 사람을 구출할 때 4가지 원칙 : ① 던지고 ② 끌어당기고 ③ 저어가고 ④ 수영

142 "구조대상자부터 이탈요령"이 아닌 것은?

① 허리 뒤집기 　　　　　　② 가슴밀어내기
③ 빗겨나기 　　　　　　　　④ 풀기

 구조대상자로 이탈 : 가슴밀어내기, 빗겨나기, 풀기

정답　|　141. ④　　142. ①

143 "구조대상자가 가라앉아 육안식별이 불가능할 때 수색요령"으로 옳지 않은 것은?

① 수색범위 내를 X자 형태로 세밀히 수색한다.

② 바닥이 흰 모래일 경우 익수자의 검은 머리털, 옷 색깔을 보고 찾을 수 있다.

③ 구조대상자의 회복가능성은 구조 및 응급처치의 신속성과 비례한다.

④ 물에 빠진 사람이 가라앉으면 일단 사망으로 볼 수 있다.

■ 구조대상자가 가라앉은 경우
① 익수자의 소생 가능성
　㉠ 물에 빠진 사람이 가라앉았다고 해서 즉시 사망하는 것은 아니다.
　㉡ 비록 호흡과 맥박이 멎은 임상적 사망상태인 사람도 신속히 구조하여 심폐소생술을 시행하면 소생가능성이 있다.
　㉢ 구조대상자의 회복가능성은 구조 및 응급처치의 신속성과 비례한다.

　※ 일반적으로 심장 박동이 정지된 후 심폐소생술의 시행 없이 4분정도 경과하면 뇌손상이 시작되고, 5~6분 경과 시 영구적인 뇌손상을 받으며 10분 이상 경과되면 뇌손상으로 사망하는 것으로 알려져 있다. 그러나 이것은 절대적인 기준이 아니며 구조대상자의 나이가 적을수록, 수온이 낮을수록 소생가능성이 높아진다. 따라서 구조대원은 구조대상자의 생존가능성을 포기하지 말아야 한다.

② 구조대상자 수색요령
　다른 위치에 있는 목격자로부터 발생 위치를 청취하고 목격자의 위치와 육지의 목표물은 선으로 그어 그 선의 교차되는 지점을 수색의 중심으로 한다. 이러한 사항을 기초로 경과시간, 유속, 풍향, 하천바닥의 상태 등을 종합적으로 고려하여 수색 범위를 결정한다.
　㉠ 수색범위 내를 X자 형태로 세밀히 수색한다.
　㉡ 구조대상자가 가라앉아 있다고 예상되는 구역을 접근하면서 수면에 올라오는 거품이나 부유물 등을 찾는다.
　㉢ 바닥이 검은 경우 구조대상자의 사지가 희미하게 빛나 상당히 깊은 수중에서도 물에 빠진 사람을 찾아낼 수 있는 경우가 많다.
　㉣ 바닥이 흰모래 등으로 되어 있는 경우 구조대상자의 검은 머리털이나 옷 색깔을 보고 찾을 수 있다.

144 "인간사슬 구조요령"에 대한 설명으로 옳지 않은 것은?

① 서로를 잡을 때는 손바닥이 아니라 각자의 손목 위를 잡아야 한다.

② 체중이 가벼운 사람은 사슬의 끝 부분에 위치하도록 한다.

③ 첫 번째 사람은 물이 넓적다리 부근에 오는 곳까지 입수한다.

④ 구조대상자 가장 가까이 접근하는 사람은 가슴깊이까지 들어가 구조한다.

■ 인간사슬구조
① 물살이 세거나 수심이 얕아 보트 접근이 불가능한 장소에서 적합한 방법이다.
② 4~5명 또는 5~6명이 서로의 팔목을 잡아 쇠사슬 모양으로 길게 연결한다.
③ 서로를 잡을 때는 손바닥이 아니라 각자의 손목 위를 잡아야 연결이 끊어지지 않는다.
　㉠ 첫 번째 사람이 물이 넓적다리 부근에 오는 곳까지 입수한다.
　㉡ 구조대상자 가장 가까이 접근하는 사람은 허리정도의 깊이까지 들어가 구조한다.
　㉢ 이때 체중이 가벼운 사람이 사슬의 끝부분에 위치하도록 한다.
④ 물의 깊이가 얕더라도 유속이 빠르거나 깊이가 가슴 이상인 때에는 인간사슬로 구조할 수 있는지를 신중히 판단하여야 한다.

정답 | **143.** ④ **144.** ④

⑤ 인간 사슬을 만든 상태에서 이동하여야 하는 경우에는 물속에서는 발을 들지 말고 발바닥을 끌면서 이동하여야 균형을 잃고 넘어지는 사태를 방지할 수 있다.
※ 이 구조방법은 하천이나 호수에서도 응용할 수 있다.

‖ 인간사슬 만들기 ‖

145 **"구명환과 로프를 이용한 구조요령"**으로 옳지 않은 것은?

① 구명부환에 연결하는 로프는 일반구조용 로프보다 가는 것도 가능하다.
② 구명부환을 던질 때에는 바람을 등지고 던지는 것이 용이하다.
③ 구조대상자와의 거리를 목측하고 로프의 길이를 여유 있게 조정한다.
④ 구명환이 빗나가서 구조대상자에게 미치지 못한 경우 구조대상자를 이동 조치한다.

■ **구명환과 로프를 이용한 구조**

※ 구명환(Ring buoy)은 카아데(Carte)라는 영국 사람이 1840년에 고안하여 만들었으며 물에 빠진 사람을 구조하기 위하여 만들어낸 최초의 기구이다.

구조대상자는 수중에서 부력을 받는 상태이기 때문에 구명부환에 연결하는 로프는 일반구조용 로프보다 가는 것을 사용해도 구조활동이 가능하다. 구명부환은 정확히 던지려면 연습을 많이 하여야 한다.
① 구조대상자와의 거리를 목측하고 로프의 길이를 여유 있게 조정한다.
② 구조자가 구조대상자를 향하여 반쯤 구부린 자세로 선다.
③ 오른손잡이 경우 오른손에 구명부환을 쥐고 왼손에 로프를 잡으며 왼발을 어깨 넓이만큼 앞으로 내민다. 이때 왼발로 로프의 끝부분을 밟아 고정시킨다.

‖ 구명환 던지는 방법 ‖

④ 구명부환을 던질 때에는 풍향, 풍속을 고려하여야 하며 일반적으로 바람을 등지고 던지는 것이 용이하다.
⑤ 구명부환이 너무 짧거나 빗나가서 구조대상자에게 미치지 못한 경우에는 재빨리 회수하여 다시 시도하며 물위에서 구조대상자에게 이동시키려고 해서 시간을 낭비하지 않는다. 이러한 이유로 구조대상자보다 조금 멀리 던져서 구조대상자 쪽으로 이동시키는 것이 보다 용이할 수 있다.
⑥ 구조대상자가 구명부환을 손으로 잡고 있을 때에 빨리 끌어낼 욕심으로 너무 강하게 잡아당기면 놓칠 수 있으므로 속도를 잘 조절해야 한다.

146 **"의식이 있는 사람"**의 구조요령으로 가장 많이 사용하는 방법은?

① 가슴 잡이   ② 손목 끌기
③ 두 겨드랑이 끌기   ④ 한 겨드랑이 끌기

정답 145. ④   146. ①

■ 의식이 있는 구조대상자 구조요령* 14년 소방장/ 23년 소방교, 소방장
구조대상자가 의식이 있을 때에 가장 많이 사용되는 방법은 '가슴잡이'다. 구조대원은 구조대상자의
후방으로 접근하여 오른손을 뻗어 구조대상자의 오른쪽 겨드랑이를 잡아 끌 듯이하며 위로 올린다.
가능하면 구조대상자의 자세가 수평을 유지하도록 하는 것이 좋다.
① 동시에 구조대원의 왼팔은 구조대상자의 왼쪽 어깨를 나와 오른쪽 겨드랑이를 감아 잡는다.
② 이어 힘찬 다리차기와 함께 오른팔의 동작으로 구조대상자를 수면으로 올리며 이동을 시작한다.
③ 그러나 구조대상자가 물위로 많이 올라올수록 구조대원이 물속으로 많이 가라앉아 호흡이 곤란할
  수도 있음을 유의하여야 한다.

∎가슴잡이∎

147 "구명보트에 의한 구조요령"으로 옳지 않은 것은?

① 구조대상자가 격렬하게 허우적거릴 때에는 너무 가까이 접근하지 말고 먼저 구명부환
  또는 노 등 붙잡을 수 있는 물체를 건네준다.
② 모터보트인 경우 보트의 측면이나 후면으로 끌어올리는 것이 적합하다.
③ 구조대상자가 의식이 있고 기력이 충분할 경우 매달고 육지로 운행하는 방안도 강구한다.
④ 보트는 바람을 등지고 구조대상자에게 접근하는 것이 좋다.

■ 구명보트에 의한 구조요령
구명보트가 구조대상자에게 접근할 때 무엇보다도 중요한 것은 익수자에게 붙잡을 것을 빨리 건네주
어 가능한 물위에 오래 떠 있을 수 있게 하는 것이다.
① 보트는 바람을 등지고 구조대상자에게 접근하는 것이 좋다. 구조대상자가 흘러가는 방향으로 따라
  가면서 구조하는 것이 보다 용이하다. 그러나 풍향과 풍속, 유속, 익수자의 위치 등 고려해야 할
  여건이 많으므로 일률적으로 적용하는 것은 곤란하다.
② 구조대상자가 격렬하게 허우적거릴 때에는 너무 가까이 접근하지 말고 먼저 구명부환 또는 노 등
  붙잡을 수 있는 물체를 건네준다.
③ 작은 보트로 구조할 때에 좌우 측면으로 구조대상자를 끌어올리면 보트가 전복될 우려가 있으므로
  전면이나 후면으로 끌어올리는 것이 안전하다.
④ 모터보트인 경우 구조대상자가 스크류에 다칠 수 있으므로 보트의 전면이나 측면으로 끌어올리는
  것이 적합하며 이 경우 보트가 한쪽 방향으로 기울어지지 않도록 주의한다.
⑤ 구조대상자가 의식이 있고 기력이 충분하다고 판단되는 경우에는 무리하게 보트로 끌어올리려고
  시도하지 말고 매달고(끌고)육지로 운행하는 방안도 강구한다.

🔲 정답 | 147. ②

148 구조튜브 활용 구조에서 "의식이 없는 지친 구조대상자" 구조요령에 대한 설명이 아닌 것은?

① 손목끌기 방법을 응용해서 구조대상자를 뒤집고 튜브가 구조대상자의 등 뒤, 어깨 바로 밑 부분으로 가도록 한다.

② 구조대상자 뒤로 접근, 이때 튜브는 구조대원의 앞에 두고 양 겨드랑이에 끼운다.

③ 구조대상자를 뒤로 젖혀 수평자세를 취하도록 한다.

④ 머리를 조심하며 배영의 다리 차기를 이용하여 이동한다.

■ **구조튜브 활용 구조**

① 구조대원이 휴대하면 맨몸으로 수영하여 접근할 때보다 속도는 느리지만 심리적인 안정감을 주고 구조활동에 도움을 준다.

② 구조대상자가 멀리 있을 때에는 끈을 이용해서 구조대원의 어깨 뒤로 메고 다가간다. 이때 자유형과 평영을 모두 사용할 수 있다.

③ 구조대상자가 가까이 있을 때에는 튜브를 가슴에 안고 다가간다. 구조대원의 판단에 따라 앞이나 뒤에서 접근한다.

의식이 있는 구조대상자	① 앞에서 튜브를 밀어주는 방법을 사용한다. ② 튜브에 연결 끈 반대쪽을 내밀어주어 안전지대로 이동하다.
의식이 없는 지친 구조대상자	① <u>구조대상자 뒤로 접근, 이때 튜브는 구조대원의 앞에 두고 양 겨드랑이에 끼운다.</u> ② 구조대상자의 양 겨드랑이를 아래서 위로 잡아 감고 튜브가 두 사람 사이에 꽉 끼이도록 한다. ③ 구조대상자를 뒤로 젖혀 수평자세를 취하도록 한다. ④ 머리를 조심하며 배영의 다리 차기를 이용하여 이동한다.
엎드린 자세의 구조대상자	① 구조대상자의 얼굴이 물 밑을 향하고 있을 때에 사용하는 방법이다. ② 구조대상자의 전방으로 접근한 다음 두 사람 사이에 튜브를 한일자로 펼쳐놓는다. ③ 손목끌기 방법을 응용해서 구조대상자를 뒤집고 튜브가 구조대상자의 등 뒤, 어깨 바로 밑 부분으로 가도록 한다. ④ 구조대상자의 손목을 잡고 있던 팔로 구조대상자의 어깨와 튜브를 동시에 위에서 아래로 잡아 감는다. ⑤ 상황에 따라 구조대상자를 튜브로 감아 묶을 수도 있으며 구조대상자를 끌면서 횡영자세로 안전지대까지 이동한다.

149 의식이 없는 자에 대한 설명으로 "팔 동작을 하지 않는 배영"으로 이동하는 방법은?

① 한 겨드랑이 　　　　　　　　　 ② 두 겨드랑이

③ 손목끌기 　　　　　　　　　　 ④ 가슴잡이

■ **의식이 없는 구조대상자**★★ 14년 소방위/ 23년 소방교, 소방장

한 겨드랑이 끌기★★	• 구조대원이 구조대상자의 후방으로 접근하여 한쪽 손으로 구조대상자의 같은 쪽 겨드랑이를 잡는다. • 이때 구조대원의 손은 겨드랑이 밑에서 위로 끼듯이 잡고 구조대상자가 수면과 수평을 유지하도록 하고 횡영 동작으로 이동을 시작한다. • <u>일반적으로 먼 거리를 이동할 때에 사용한다.</u>

정답 | 148. ① 　 149. ②

두 겨드랑이 끌기	• 두 겨드랑이 끌기도 같은 방법으로 하되 구조대원이 두 팔을 모두 사용하는 것이 다르다. • 구조대상자의 자세가 수직일 경우에는 두 팔로 겨드랑이를 잡고 팔꿈치를 구조대상자의 등에 댄다. • 손으로는 끌고 팔꿈치로는 미는 동작을 하여 구조대상자의 자세가 수면과 수평이 되도록 이끈다. • 두 겨드랑이 끌기에서는 팔 동작을 하지 않는 배영으로 이동한다.
손목 끌기	• 주로 구조대상자의 전방으로 접근할 때 사용한다. • 구조대원은 오른손으로 구조대상자의 오른손을 잡는다. • 만약 구조대상자의 얼굴이 수면을 향하고 있을 때에는 하늘을 향하도록 돌려놓는다. • 이때에는 구조대상자를 1m 이상 끌고 가다가 잡고 있는 손을 물 밑으로 큰 반원을 그리듯 하며 돌려서 얼굴이 위로 나오도록 한다.

┃ 겨드랑이 끌기 ┃

150 "익수자에 대한 인공호흡요령"으로 옳지 않은 것은?

① 익수자의 호흡이 멎었을 때에는 즉시 수면 위로 올려서 물 표면에서 인공호흡을 시작한다.
② 물을 토하게 하기 위해서 인공호흡이 지체되어서는 안 된다.
③ 익수자를 물 밖으로 옮기는 동안 인공호흡은 잠시 멈추도록 한다.
④ 의식이 회복되더라도 의사의 진찰을 받도록 즉시 병원으로 이송하여야 한다.

■ 익수자에 대한 인공호흡
① 익수자의 호흡이 멎었을 때에는 즉시 수면 위로 올려서 물 표면에서 인공호흡을 시작하고 물 밖으로 옮기는 동안 계속 실시하여야 한다.
② 이 경우 물을 토하게 하기 위해서 인공호흡이 지체되어서는 안 된다.
③ 의식이 회복되더라도 반드시 의사의 진찰을 받을 수 있도록 즉시 병원으로 이송하여야 한다.
④ 특히 체온이 급격하게 떨어질 수 있으므로 체온유지에 힘써야 한다.

151 "빙상사고 구조요령"으로 옳지 않은 것은?

① 빙상사고는 해빙기의 얼음이 깨어지면서 익수하는 경우가 대부분이다.
② 얇은 얼음의 범위가 넓어 접근이 힘든 경우 복식사다리를 이용하는 방법을 강구한다.
③ 두꺼운 얼음일 경우 반드시 구명로프를 연결한 구명부환 등의 구조장비를 휴대하고 접근하여야 한다.
④ 얇은 얼음의 경우 헬리콥터를 이용하여 구조하는 것은 불가능하다.

🔒 정답 150. ③   151. ④

■ 빙상사고구조요령* 17년 소방장

① 일반적으로 빙상사고는 해빙기의 얼음이 깨어지면서 익수하는 경우가 대부분이다. 빙상사고 발생 시 구조방법은 얼음의 상태에 따라서 달라진다.

② 얇은 얼음의 경우 가장 바람직한 구조는 헬리콥터를 이용하여 구조하는 것이나 출동 시간이 많이 소요되는 것이 단점이다.

③ 얇은 얼음의 범위가 넓어 접근이 힘든 경우 복식사다리를 이용하는 방법을 강구한다.

    ㉠ 사고 현장에 접근하는 모든 구조대원은 건식잠수복(드라이슈트) 또는 구명조끼를 착용하고 가급적 접근이 가능한 장소까지 최대한 접근한다.

    ㉡ 자세는 사다리 하단부를 복부로 누른 상태를 취하고 다른 구조대원은 사다리를 지지하며 최대한 얼음과 접촉하는 면적을 넓게 하여 얼음이 깨지는 것을 막는다.

    ㉢ 사다리를 2단까지 전개해도 구조대상자에게 미치지 않을 경우 구명부환을 구조대상자에게 던져 당긴 후 구조대상자가 최말단의 가로대를 붙잡고 사다리 위로 나올 수 있도록 한다.

    ㉣ 구조대상자의 상태가 악화되어 자력으로 사다리위로 오를 수 없는 경우 구조대원이 직접 사다리 위를 낮은 자세로 접근하여 구조한다.

④ 두꺼운 얼음일 경우 신속한 접근이 가장 중요하며 반드시 구명로프를 연결한 구명부환 등의 구조장비를 휴대하고 접근하여야 한다.

    ㉠ 이때 얼음에 미끄러지지 않고 견고한 지지점을 확보하기 위해 아이젠을 필히 착용하여야 한다.

    ㉡ 얼음 속으로 잠수해야 하는 경우 반드시 건식잠수복을 착용해야 하며 유도로프를 설치하여 수중에서 길을 잃지 않도록 한다.

152 "잠수물리에 관한 내용 중 빛의 굴절"로 인하여 나타나는 결과로 옳지 않은 것은?

① 적도의 해수는 짙은 파랑색인 반면에 고위도 해역의 해수는 남색이다.

② 파장이 가장 짧은 청색광선이 깊이 파고 들어가 바다가 파랗게 보이는 것이다.

③ 물속에서는 빛의 굴절로 인해 물체가 실제보다 25% 정도 멀고 작게 보인다.

④ 빨간색은 15~20m의 수심에서 사라지며, 노란색은 20m 수심에서 사라진다.

■ 빛의 전달 및 투과

① 물속에서는 빛의 굴절로 인해 물체가 실제보다 25% 정도 가깝고 크게 보인다.

② 물의 색깔은 여러 요인의 영향을 받는다. 예를 들면, 적도의 해수는 짙은 파랑색인 반면에 고위도 해역의 해수는 남색이다.

③ 이러한 차이는 주로 고위도 해역에 플랑크톤의 생물이 더 많이 존재하기 때문이며, 플랑크톤이 국부적으로 일정해역에서 번성하면 '적조'나 '녹조' 현상이 발생한다.

④ 해수를 컵에 담고 보아도 파란색을 띄지는 않는다. 파장이 가장 짧은 청색광선이 깊이 파고 들어가 산란되어 바다가 파랗게 보이는 것이다.

⑤ 색깔은 수심이 깊어질수록 흡수된다. 환경에 따라 다르지만 대체로 빨간색은 15~20m의 수심에서 사라지며, 노란색은 20m 수심에서 사라진다.

정답 152. ③

153 "잠수물리"에 대한 설명으로 옳지 않은 것은?

① 수중에서는 대기보다 소리가 4배 정도 빠르게 전달되기 때문에 소리의 방향을 판단하기 어렵다.

② 물은 공기보다 약 25배 빨리 열을 전달한다. 따라서 우리가 물속에서 활동을 하게 되면 쉽게 추워진다는 것을 알 수 있다.

③ 수중으로 들어가면 기압과 수압을 동시에 받게 된다. 이렇게 수중에서 실제로 받는 압력을 절대압이라 한다. 즉, 물속 10m에서는 3기압 상태에 놓이게 된다.

④ 밀도란 단위부피에 대한 질량의 비율을 말하며, 따라서 수중에서는 빛의 전달, 소리의 전달, 열의 전달 등 여러 가지 측면에서 대기 중과 많은 차이를 보이며 특히 높은 밀도 때문에 많은 저항을 받아 행동에 제약을 받고 체력소모가 크다.

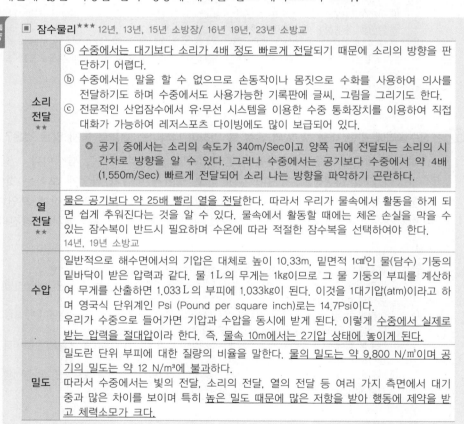

■ 잠수물리★★★ 12년, 13년, 15년 소방장/ 16년 19년, 23년 소방교

소리 전달 ★★	ⓐ 수중에서는 대기보다 소리가 4배 정도 빠르게 전달되기 때문에 소리의 방향을 판단하기 어렵다. ⓑ 수중에서는 말을 할 수 없으므로 손동작이나 몸짓으로 수화를 사용하여 의사를 전달하기도 하며 수중에서도 사용가능한 기록판에 글씨, 그림을 그리기도 한다. ⓒ 전문적인 산업잠수에서 유·무선 시스템을 이용한 수중 통화장치를 이용하여 직접 대화가 가능하여 레저스포츠 다이빙에도 많이 보급되어 있다. ❂ 공기 중에서는 소리의 속도가 340m/Sec이고 양쪽 귀에 전달되는 소리의 시간차로 방향을 알 수 있다. 그러나 수중에서는 공기보다 수중에서 약 4배 (1,550m/Sec) 빠르게 전달되어 소리 나는 방향을 파악하기 곤란하다.
열 전달 ★★	물은 공기보다 약 25배 빨리 열을 전달한다. 따라서 우리가 물속에서 활동을 하게 되면 쉽게 추워진다는 것을 알 수 있다. 물속에서 활동할 때에는 체온 손실을 막을 수 있는 잠수복이 반드시 필요하며 수온에 따라 적절한 잠수복을 선택하여야 한다. 14년, 19년 소방교
수압	일반적으로 해수면에서의 기압은 대체로 높이 10.33m, 밑면적 1cm²인 물(담수) 기둥의 밑바닥이 받은 압력과 같다. 물 1L의 무게는 1kg이므로 그 물 기둥의 부피를 계산하여 무게를 산출하면 1.033 L의 부피에 1.033kg이 된다. 이것을 1대기압(atm)이라고 하며 영국식 단위계인 Psi (Pound per square inch)로는 14.7Psi이다. 우리가 수중으로 들어가면 기압과 수압을 동시에 받게 된다. 이렇게 수중에서 실제로 받는 압력을 절대압이라 한다. 즉, 물속 10m에서는 2기압 상태에 놓이게 된다.
밀도	밀도란 단위 부피에 대한 질량의 비율을 말한다. 물의 밀도는 약 9,800 N/m³이며 공기의 밀도는 약 12 N/m³에 불과하다. 따라서 수중에서는 빛의 전달, 소리의 전달, 열의 전달 등 여러 가지 측면에서 대기 중과 많은 차이를 보이며 특히 높은 밀도 때문에 많은 저항을 받아 행동에 제약을 받고 체력소모가 크다.

정답 | 153. ③

154 "부력과 공기소모"에 대한 설명으로 옳지 않은 것은?

① 양성부력이란 물의 무게보다 무거우면 가라앉게 되는 것이다.

② 바닷물에서는 수심 매 10m(33피트)마다 수압이 1기압씩 증가되며 다이버는 물속의 압력과 같은 압력의 공기로 호흡을 하게 된다.

③ 다이버가 수면에서 1분에 15L의 공기가 필요하다면 20m에서는 45L의 공기가 필요하다.

④ 많이 사용하는 80CuFt 공기통은 2,265L의 공기를 압축하여 사용하며, 이것은 대기 중에서 정상적인 성인 남자가 약 150분 정도 호흡할 수 있는 공기량이다.

■ **부력**

부력이란 부피에 해당하는 물의 무게만큼 뜨는 성질로서 그것을 조절할 수 있다면 물속으로 잠수하는데 있어서 아주 편리하다.

양성부력	어떤 물체의 무게가 물속에서 차지하는 부피에 해당하는 물의 무게보다 가벼우면 그 물체는 물에 뜨게 된다.
음성부력	물의 무게보다 무거우면 가라앉게 된다.
중성부력 (부력조절)	이 두 현상을 적절히 조절하여 뜨지도 가라앉지도 않을 때

■ **공기소모**[★★] 13년 소방장/ 14년, 19년 소방교

ⓐ 바닷물에서는 수심 매 10m(33피트)마다 수압이 1기압씩 증가되며 다이버는 물속의 압력과 같은 압력의 공기로 호흡을 하게 된다.

ⓑ 이것은 수심 20m에서 다이버는 수면에서 보다 3배나 많은 공기를 호흡에 사용한다는 뜻이다. 즉 다이버가 수면에서 1분에 15L의 공기가 필요하다면 20m에서는 45L의 공기가 필요하다.

ⓒ 많이 사용하는 80CuFt 공기통은 2,265L의 공기를 압축하여 사용한다.

ⓓ 이것은 대기 중에서 정상적인 성인 남자가 약 150분 정도 호흡할 수 있는 공기량이다.

ⓔ 이 공기량은 얕은 수영장에서라면 거의 2시간에 걸쳐 다이버가 호흡할 수 있는 양이지만 수심 20m에서는 50분 정도밖에 호흡할 수 없다.

ⓕ 안전을 위한 공기의 여분을 764L라고 가정한다면 다이버는 1,500L를 사용할 수가 있다.

155 수심 30m일 경우 공기소모율은?

① 30 (L/분) ② 60 (L/분)

③ 75 (L/분) ④ 85 (L/분)

■ **수심과 공기소모량의 관계**[★★] 16년 소방교/ 20년 소방교

수심(m)	절대압력 (atm)	소모시간 (분)	공기소모율 (L/분)
0	1	100	15
10	2	50	30
20	3	33	45
30	4	25	60
40	5	20	75

156 잠수표의 원리에 대한 설명으로 "할덴의 이론"과 관계있는 것은?

① 압력 하의 기체가 액체 속으로 용해되는 법칙을 설명하는 것이다.
② 압력이 2배가 되면 2배의 기체가 용해된다는 개념이다.
③ 스쿠버 다이빙 때에 그 압력 하에서 호흡하는 공기 중의 질소가 체내조직에 유입되는 과정과 관계가 있다.
④ 용해되는 압력이 다시 환원되는 압력의 2배를 넘지 않는 한 신체는 감압병으로부터 안전하다.

	■ 잠수표의 원리** 12년, 13년 소방장/ 20년 소방위
헨리의 법칙	압력 하의 기체가 액체 속으로 용해되는 법칙을 설명하며 <u>용해되는 양과 그 기체가 갖는 압력이 비례한다는 것이다.</u> 예를 들어 <u>압력이 2배가 되면 2배의 기체가 용해된다.</u> 이 개념은 스쿠버 다이빙 때에 그 압력 하에서 호흡하는 공기 중의 질소가 체내조직에 유입되는 과정과 관계가 있다. 사이다 뚜껑을 열면 녹아있던 기체가 거품이 되어 나오는 것을 보았을 것이다. 사이다는 고압의 탄산가스를 병 속에 유입시킨 것이기 때문이다. 이것은 잠수 후 갑작스런 상승으로 외부 압력이 급격히 저하되어 혈액 속의 질소가 거품의 형태로 변해 감압병의 원인이 되는 원리와 같다.
할덴의 이론	용해되는 압력이 다시 환원되는 <u>압력의 2배를 넘지 않는 한 신체는 감압병으로부터 안전하다는 이론이다.</u> 오늘날 사용되는 미해군 잠수표(테이블)은 이러한 이론에 기초를 둔 것이다. 제한된 시간과 수심으로 정리된 테이블에 따르면 감압병을 일으키는 거품이 형성되지 않는다. 상승속도는 유입되는 질소의 부분압력이 지나치지 않을 정도의 수준에서 지켜져야 한다.

157 "잠수의 기본장비"에 대한 설명으로 옳지 않은 것은?

① 모자, 신발, 장갑은 사용 후에는 민물로 깨끗이 씻어 말리고 항상 접어서 보관토록 한다.
② 수경은 민물로 깨끗이 세척한 후 습기를 완전히 제거하고 케이스에 넣어 직사광선에 의한 노출을 피하고 그늘지고 건조한 곳에 보관한다.
③ 오리발은 사용 후에 햇빛을 피하여 민물로 씻어서 보관하여야 하며 장기간 보관 시에는 고무부분에 분가루나 실리콘 스프레이를 뿌려 두는 것이 좋다.
④ 잠수복은 보편적으로 수온이 24℃ 이하에서는 발포고무로 만든 습식잠수복을 착용하고 수온이 13℃ 이하로 낮아지면 건식잠수복을 착용하도록 권장한다.

	■ 잠수기본 장비** 14년 소방장/ 17년 소방교/ 22년 소방위/ 23년 소방교/ 24년 소방장
수경 (Mask)	• 물속에서 사물을 관찰하고 눈을 보호하고 코로 물이 들어가는 것을 막아준다. • 수경을 선택할 때 가장 중요한 부분은 수경 내에 반드시 코가 들어가 수경압착에 대한 방지를 할 수 있는 것으로 자기 얼굴에 잘 맞고 사용하는데 불편하지 않아야 한다. • <u>수경을 사용한 후에는 민물로 깨끗이 세척한 후 습기를 완전히 제거하고 케이스에 넣어 직사광선에 의한 노출을 피하고 그늘지고 건조한 곳에 보관한다.</u>
숨대롱 (Snorkel)	• 수면에서 숨대롱을 사용하여 공기통의 공기를 아낄 수 있으며 물밑을 관찰함과 동시에 수면에서 쉽게 수영할 수 있게 해준다. • 숨대롱은 간단하면서도 호흡저항이 적고 물을 빼기가 쉬워야 한다. • 내부의 물을 쉽게 배출시킬 수 있도록 배수밸브가 부착된 것을 많이 사용한다. • 보관할 때는 수경과 분리하여 <u>민물에 씻어서 그늘지고, 건조한 곳에 보관한다.</u>

🔖 정답 **156.** ④ **157.** ①

오리발 (Fins)	• 오리발은 물에서 기동성과 효율성을 높여주고 최소의 노력으로 많은 추진력을 제 공해 준다. • 오리발을 사용함으로서 다이버들은 수영을 할 때보다 손을 자유롭게 움직일 수 있다. • 오리발은 자기 발에 맞고 잘 벗겨지지 않는 것을 선택한다. • <u>사용 후에는 햇빛을 피하여 민물로 씻어서 보관하여야 하며 장기간 보관 시에는 고무부분에 분가루나 실리콘 스프레이를 뿌려 두는 것이 좋다.</u>
잠수복 (Suit)	• 물속에서는 열손실이 아주 빠르기 때문에 찬 물 속이 아니더라도 체온을 보호해 주어야 한다. • 바닷가나 해저에서 입을 수 있는 상처로부터 몸을 보호해 주고 비상시에는 잠수 복이 양성부력이므로 체력소모를 줄여 준다. • 잠수복은 신체와 잠수복 사이에 물이 들어오는 습식(wet suit)과 물을 완전히 차단 하여 열의 손실을 막아주는 건식(dry suit)이 있다. • 보편적으로 수온이 24℃ 이하에서는 발포고무로 만든 습식잠수복을 착용하고 수 온이 13℃ 이하로 낮아지면 건식잠수복을 착용하도록 권장한다. • 사용한 후에는 깨끗한 물로 씻어서 직사광선을 피해서 말리며, 옷걸이에 걸어서 보관하는 것이 바람직하다.
모자 신발 장갑	• 수중에서 머리는 잘 보호되어야 하며, 특히 열 손실이 많은 부위이기 때문에 차가 운 물속에서는 반드시 보온을 해야 한다. • 잠수신발과 잠수장갑은 잠수복과 같은 네오프렌으로 된 것을 주로 사용하며 손발 의 보호 및 보온 기능을 한다. • 사용 후에는 민물로 깨끗이 씻어 말리고 <u>접어서 보관하지 않는다.</u>

158 "수중활동 중 주의사항"에 대한 내용으로 옳지 않은 것은?

① 수경 내의 압력을 유지하기 위해서 수경의 테두리를 가볍게 누르고 코를 통해 수경 내부로 공기를 불어넣어 준다.

② 귀의 압력 균형은 하강이 시작되면 곧 코와 입을 막고 가볍게 불어 준다. 압력을 느낄 때마다 수시로 불어주며 숙달되고 나면 마른침을 삼키거나 턱을 움직여 압력평형을 해준다.

③ 상승 중에는 반드시 코를 막고 불어주도록 한다.

④ 잠수 중 변화하는 수압에 적응하기 위해 신체 또는 장비와의 공간에 들어있는 기체부분의 압력을 수압과 맞춰주는 것으로 흔히 "이퀄라이징(Equalizing)" 또는 "펌핑"이라고 부른다.

■ 수중활동 중의 주의사항

① 압력평형

㉠ 잠수 중 변화하는 수압에 적응하기 위해 <u>신체 또는 장비와의 공간에 들어있는 기체부분의 압력을 수압과 맞춰주는 것으로 흔히 "이퀄라이징(Equalizing)" 또는 "펌핑"이라고 부른다.</u>

㉡ <u>귀의 압력 균형은 하강이 시작되면 곧 코와 입을 막고 가볍게 불어 준다. 압력을 느낄 때마다 수시로 불어주며 숙달되고 나면 마른침을 삼키거나 턱을 움직여 압력평형을 해준다.</u>

㉢ 압력평형이 잘되지 않으면 약간 상승하여 실시하고 다시 하강한다.

　　※ 무리하게 귀의 압력균형을 하거나 통증을 무시하고 잠수하면 고막이 손상을 입을 수 있으며 <u>상승 중에는 절대로 코를 막고 불어주면 안 된다.</u>

② 수경압착 : 수압을 받아 수경이 얼굴에 밀착되어 통증을 느낄 수 있다 이때 수경 내의 압력을 유지하기 위해서 수경의 테두리를 가볍게 누르고 코를 통해 수경 내부로 공기를 불어넣어 준다.

정답 | 158. ③

159 "잠수 및 상승"에 대한 설명으로 옳지 않은 것은?

① 수면에 도착했을 때 50bar가 남아 있도록 잠수계획을 세우는 것이 좋다.

② 자기가 내 쉰 공기방울 중 작은 기포가 올라가는 것보다 빠르게 상승해야 하며 수면에 가까워질수록 속도를 줄여야 하며 수심 5m 정도에서는 항상 5분 정도 안전 감압정지를 마치고 상승해야 한다.

③ 상승 중에는 부력조절기내의 공기와 잠수복이 팽창하여 부력이 증가하므로 왼손으로 부력조절기의 배기 단추를 잡고 위로 올려 공기를 조금씩 빼면서 분당 9m, 즉 6초에 1m를 초과하지 않는 속도로 상승한다.

④ 상승 시는 정상적인 호흡을 계속하고 비상시에는 상승할 때에 숨을 내쉬는 것이 필요하다.

■ 잠수 및 상승
① 잠수 활동을 끝내고 상승할 때는 잠수 시간과 공기량을 확인하고 짝에게 상승하자는 신호를 보내고 머리를 들어 위를 보며 오른손을 들어 360° 회전하면서 주위의 위험물을 살피며 천천히 상승한다.
② 상승 중에는 부력조절기내의 공기와 잠수복이 팽창하여 부력이 증가하므로 왼손으로 부력조절기의 배기 단추를 잡고 위로 올려 공기를 조금씩 빼면서 분당 9m, 즉 6초에 1m를 초과하지 않는 속도로 상승한다.
③ 상승 시는 정상적인 호흡을 계속하고 비상시에는 상승할 때에 숨을 내쉬는 것이 필요하다.
④ 이때 자기가 내 쉰 공기방울 중 작은 기포가 올라가는 것보다 느리게 상승해야 하며 수면에 가까워질수록 속도를 줄인다. 수심 5m 정도에서는 항상 5분 정도 안전 감압정지를 마치고 상승해야 한다.

■ 하강 및 수중활동
① 하강 속도의 조절, 부력의 조절 및 압력평형에 대한 능력을 배양하여 급하강 및 급상승을 방지하고 사고를 예방한다.
② 반드시 2인 1조로 짝을 이루어 잠수하도록 하고 수시로 공기량을 체크하여 상승에 소요되는 공기량과 안전감압 정지에 소요되는 공기량, 상승 중 발생 할 수 있는 예측하지 못했던 상황 등에 소요될 공기량 등을 남긴 채 잠수를 종료하여야 한다.
③ 수면에 도착했을 때 50bar가 남아 있도록 잠수계획을 세우는 것이 좋다. 불가피하게 수중에서 공기 공급이 중단되었을 경우는 몇 가지 방법의 비상상승을 시도해야 하며 매우 위험한 방법이기 때문에 평소 철저히 연습하여 숙달되도록 한다.

160 다음은 호흡을 위한 장비에 대한 설명으로 옳지 않은 것은?

① 장기간 보관할 때 공기통에 공기를 50bar으로 압축하여 세워두고, 다음번 사용할 때에는 공기통을 깨끗이 비우고 새로운 공기를 압축하여 사용한다.

② 호흡기는 처음 단계에서는 탱크의 압력을 9~11bar(125~150Psi)까지 감소시키고, 이 중간 압력은 두 번째 단계를 거쳐 주위의 압력과 같아지게 된다.

③ 바닷가에 접한 소방서(구조대)는 사용 빈도에 따라서 1년에 한 번 정도는 전체 분해 후 청소, 소모품교환을 하는 일명 "오버홀(overhaul)"을 하는 것을 권장한다.

④ 공기통 수압검사는 처음 구입 후 5년 만에, 이후에는 1년마다, 육안검사는 6개월마다 검사하는 것을 권장한다.

정답 | **159.** ② **160.** ④

■ 호흡을 위한 장비* 22년 소방위, 24년 소방장

공기통 (Tank)	• 실린더(cylinder), 렁(lung), 봄베(bombe), 탱크(Tank) 등 다양한 명칭으로 불리는 공기통은 고압에서 견딜 수 있고 가벼운 소재로 제작되며 알루미늄 합금을 많이 사용한다. • 공기통 맨 위 부분에 용량, 재질, 압력, 제품 일련번호, 수압 검사날짜 및 수압 검사표시, 제조사 명칭 등이 표시되어 있다. • 수압 검사는 처음 구입 후 5년만에, 이후에는 3년마다, 육안검사는 1년마다 검사하는 것을 권장한다. • 「고압가스 안전관리법」에서는 신규검사 후 10년까지는 5년마다, 10년 경과 후에는 3년마다 검사를 받도록 규정하고 있다. • 공기통은 매년 내부의 습기 및 기름 찌꺼기 유무 등을 점검하고 운반할 때나 보관할 때에는 공기통이 손상되지 않도록 주의한다. • 장기간 보관할 때 공기통에 공기를 50bar으로 압축하여 세워두고, 다음번 사용할 때에는 공기통을 깨끗이 비우고 새로운 공기를 압축하여 사용한다.
호흡기 (Regulator)	• 호흡기는 고압의 공기통에서 나오는 공기를 다이버에게 주변의 압력과 같게 조절하여 주는 장치이다. • 다이버는 호흡기로 물속에서 편안히 공기로 숨을 쉴 수 있다. • 호흡기는 2단계에 걸쳐 압력을 감소시킨다. • 처음 단계에서는 탱크의 압력을 9~11bar(125~150Psi)까지 감소시키고, 이 중간 압력은 두 번째 단계를 거쳐 주위의 압력과 같아지게 된다. • 비상용 보조호흡기는 옥토퍼스(Octopus) 라고 부른다. • 호흡기뿐만 아니라 모든 잠수장비는 사용 후에 깨끗한 물로 씻어야 한다. • 특히 호흡기는 민물(강) 잠수는 깨끗한 물로 세척만으로 좋을 수 있으나, 바닷가에 접한 소방서(구조대)는 사용 빈도에 따라서 1년에 한 번 정도는 전체 분해 후 청소, 소모품교환을 하는 일명 "오버홀(overhaul)"을 하는 것을 권장한다.

161 "비상수영 상승방법"으로 옳지 않은 것은?

① 상승 중에 '아~'하고 소리를 계속 작게 내고 있으면 적당한 량의 공기가 폐에서 나가게 된다.

② 오른손은 위로 올리고 왼손은 부력조절기의 배기 단추를 눌러 속도를 줄인다.

③ 비상상승 중에는 1m마다 한번씩 호흡기를 빨아보고 올라오는 속도를 빨리하고 싶으면 웨이트 벨트를 풀어버린다.

④ 보통 15~20m 이내의 수심에서는 용이하게 성공할 수 있다.

■ 비상수영상승 요령

수중에서 호흡기가 모두 고장을 일으키거나 공기가 떨어졌을 때 안전하게 수영해서 수면으로 상승하는 방법이다.

① 수심이 얕을수록 쉽게 할 수 있으며 보통 15~20m 이내의 수심에서는 용이하게 성공할 수 있다.

② 먼저 비상상태임을 인지하고 최대한 노력하여, 에너지를 소비하지 않고 상승하는 마음가짐을 가진다.
가능한 한 천천히 올라오는 것이 좋으나 그럴 여유가 없는 긴급한 상황이므로 정상보다 빨리 올라온다.

정답 161. ③

③ 상승하는 도중에는 폐 속에서 팽창되는 공기가 저절로 빠져나갈 수 있도록 <u>고개를 뒤로 젖혀 기도를 열어주어야 한다.</u>

④ 오른손은 위로 올리고 왼손은 부력조절기의 배기 단추를 눌러 속도를 줄인다. 상승 중에 '아~'하고 소리를 계속 작게 내고 있으면 적당한 량의 공기가 폐에서 나가게 된다.

⑤ 공기가 다했다고 호흡기를 입에서 떼어버리면 안 된다. 깊은 곳에서 나오지 않던 공기가 외부 수압이 낮아지면 조금 나올 수 있기 때문에 <u>상승 중에 5m마다 한번씩 호흡기를 빨아본다.</u>

⑥ 만약 수면까지 올라 갈 수 없을 것 같은 경우나 <u>올라오는 속도를 빨리하고 싶으면 웨이트 벨트를 풀어버린다.</u>

⑦ <u>얕은 곳에 올라올수록 상승 속도를 줄인다.</u> 팔과 다리를 활짝 벌리고 누우면 속도가 줄어든다.

⑧ 수면에 도달하면 오리발을 차면서 부력조절기에 입으로 공기를 넣고 몸을 뒤로 눕혀 안정을 취한다.

162 "잠수장비에서 각종 계기"의 종류에 대한 설명으로 옳지 않은 것은?

① 압력계 : 자동차의 연료계기와 마찬가지로 공기통에 공기가 얼마나 있는가를 나타내주는 호흡기 1단계와 고압호스로 연결하여 사용한다.

② 수심계 : 주변 압력을 측정하여 수심을 표시하는 것이며, 수심은 Feet로만 표시한다.

③ 나침반 : 다이버의 공기 소모율을 계산하여 최대 잠수가능 시간과 비교하여 현재의 공기압으로 활동가능시간을 나타낸다.

④ 보조장비로서 칼, 신호기구, 잠수용 깃발, 수중랜턴, 잠수표 등이 있다.

■ **계기 및 보조장비** ★ 22년 소방위/ 24년 소방장

계 기	압력계	① 공기통에 남은 공기의 압력을 측정한다고 하여 잔압계라고도 한다. ② 자동차의 연료계기와 마찬가지로 공기통에 공기가 얼마나 있는가를 나타내주는 호흡기 1단계와 고압호스로 연결하여 사용한다.
	수심계	① 주변 압력을 측정하여 수심을 표시하는 것이다. ② 현재의 수심과 가장 깊이 들어간 수심을 나타내는 바늘이 2개 있다. ③ 수심은 m 또는 Feet로 표시한다.
	나침반	수중 활동 시에는 방향감각을 잃어버릴 위험성이 있다. 이때 나침반은 중요한 장비가 된다.
	다이브 컴퓨터	① 최대 수심과 잠수시간을 계산하여 감압정보를 알려주는 것이다. ② 다이버의 공기 소모율을 계산하여 최대 잠수가능 시간과 비교하여 현재의 공기압으로 활동 가능시간을 나타내며 기타 잠수에 필요한 여러 가지 정보를 제공한다.
보조장비		기타 칼, 신호기구, 잠수용 깃발, 수중랜턴, 잠수표 등이 있다.

🔎 **정답** | 162. ②

163 "수중활동 중 긴급상황에 대한 조치사항"으로써 내용이 옳지 않은 것은?

① 짝 호흡 상승은 비상 수영 상승을 하기에는 수심이 너무 깊고 짝 호흡을 할 줄 아는 짝이 가까이 있을 경우에만 이 방법을 택한다.

② 짝 호흡 상승도 중 호흡은 한 번에 한 번씩만 쉬고 호흡을 참고 있는 동안에는 계속 공기를 조금씩 내보내면서 상승한다.

③ 호흡의 속도는 평소보다 약간 빠르게 깊이 쉬어야 하며 너무 천천히 하면 기다리는 짝이 급해지므로 가능한 한 상승속도는 정상속도(분당 9m)를 초과하지 않도록 한다.

④ 공급자는 즉시 자신이 물고 있던 호흡기를 요청자에게 주고 자신은 자기의 비상용 호흡기를 찾아 입에 물고 호흡한다.

▣ **비상용 호흡기**
수중에서 공기가 떨어진 다이버가 짝의 도움을 받아 상승하는 방법이다.
① 공기가 떨어진 다이버는 그 즉시 신호를 보내어 자신이 위급한 상황임을 알리고 비상용호흡기로 공기를 공급해 줄 것을 요청한다.
② <u>공급자는 즉시 자신이 물고 있던 호흡기를 요청자에게 주고 자신은 자기의 비상용 호흡기를 찾아 입에 물고 호흡한다.</u>
③ 이때 공급자는 요청자의 오른손 부력조절기 어깨끈을 오른손으로 붙잡아 멀어지는 것을 방지하며 부력조절에 신경을 써서 급상승을 방지해야 한다.

▣ **짝 호흡 상승**
수심이 깊고 짝이 비상용 호흡기를 가지고 있지 않은 경우에 한 사람의 호흡기로 두 사람이 교대로 호흡하면서 상승하는 방법으로 가장 힘들고 위험한 방법이다. 비상 수영 상승을 하기에는 수심이 너무 깊고 짝 호흡을 할 줄 아는 짝이 가까이 있을 경우에만 이 방법을 택한다.
① 먼저 자기 짝에게 공기가 떨어졌으니 짝 호흡 하자는 신호를 보낸다.
② 신호를 받은 즉시 왼손을 뻗어 공기 없는 짝의 어깨나 탱크 끈을 잡고 가까이 끌어당겨서 오른손으로 자신의 호흡기를 건네준다.
③ 호흡기를 건네줄 때는 똑바로 물 수 있도록 해주고 짝이 누름단추를 누를 수 있도록 호흡기를 잡는다. 이때 공기를 주는 사람이 계속 호흡기를 잡고 있어야 한다.
④ <u>호흡은 한 번에 두 번씩만 쉰다.</u> 호흡을 참고 있는 동안에는 계속 공기를 조금씩 내보내면서 상승한다.
⑤ 호흡의 속도는 평소보다 약간 빠르게 깊이 쉬어야 하며 너무 천천히 하면 기다리는 짝이 급해진다. 가능한 한 상승속도는 정상속도(분당 9m)를 초과하지 않도록 한다.

164 잠수계획과 진행에 있어서 "최대잠수가능시간"과 관계 없는 것은?

① 상승 중 감압정지를 하지 않고 일정의 수심에서 최대로 머물 수 있는 시간이 수심에 따라 제한되어 있다.

② 잠수 후 상승속도를 분당 9m로 유지하면서 수면으로 상승하면 체내의 질소를 한계 수준 미만으로 만들 수 있다.

③ 일정한 양을 초과해 질소가 몸속으로 유입된다면 몸속에 포화된 양의 질소를 배출하기 위하여 상승을 잠시 멈추어야 한다.

④ 30m 깊이에서는 최대잠수가능시간은 25분이며, 하강하여 최대수심에서 활동하다가 상승을 시작할 때까지의 시간을 말한다.

🔑 **정답** | 163. ② 164. ④

감압의 필요성	• 매 잠수 때마다 몸속으로 다량의 질소가 유입된다. • 용해되는 양은 잠수 수심과 시간에 비례한다. 일정한 양을 초과해 질소가 몸속으로 유입된다면 몸속에 포화된 양의 질소를 배출하기 위하여 상승을 잠시 멈추어야 한다. • 감압병은 상승할 때에 감압 지점에서 감압 시간을 지키지 않았을 경우 걸리게 된다. • 무감압 한계시간 이내의 잠수를 했더라도 상승 중 규정속도(분당 9m)를 지키지 않으면 발생할 수도 있다.
최대잠수 가능시간 ★22년 소방장	• 잠수 후 상승속도를 분당 9m로 유지하면서 수면으로 상승하면 체내의 질소를 한계 수준 미만으로 만들 수 있다. • 상승 중 감압정지를 하지 않고 일정의 수심에서 최대로 머물 수 있는 시간이 수심에 따라 제한되어 있다. • 이것을 "최대 잠수 가능시간" 또는 "무감압 한계시간"이라 한다. • 안전을 위해 이러한 최대 잠수 가능시간 내에 잠수를 마쳐야 한다. • 잠수표는 이러한 최대 잠수가능 시간을 수심별로 나열하여 감압병을 예방하고자 만든 것이다.
잔류 질소	• 우리가 안전한 상승을 할지라도 체내에는 잠수하기 전보다 많은 양의 질소가 남아 있다. • 이것을 잔류 질소라 하고 호흡에 의해 12시간이 지나야 배출된다. • 재 잠수를 위해 물에 다시 들어가는 경우 계속적으로 축적되는 질소의 영향으로 변화되는 시간과 수심을 제공하여 재 잠수는 줄어든 시간 내에 마치도록 해준다.

깊이(m)	시간(분)	깊이(m)	시간(분)	깊이(m)	시간(분)
10.5	310	21.0	50	33.5	20
12.2	200	24.4	40	36.5	15
15.2	100	27.4	30	39.5	10
18.2	60	30.0	25	45.5	5

165 다음 빈 칸에 들어갈 내용으로 적당한 것은?

> 실제 잠수 시간이 최대 잠수 가능시간을 초과했을 때에 상승도중 감압표상에 지시된 수심에서 지시된 시간만큼 머무르는 것을 (   )라 하고, 머무르는 시간을 (   )이라 한다. 그리고 감압은 가슴 (   )이 지시된 수심에 위치하여야 한다.

① 감압정지, 감압시간, 정중앙 ② 감압시간, 감압정지, 정중앙

③ 감압정지, 정중앙, 감압시간 ④ 정중앙, 감압시간, 감압정지

■ 감압정지와 감압시간★/15년 소방장

실제 잠수 시간이 최대 잠수 가능시간을 초과했을 때에 상승도중 감압표상에 지시된 시간만큼 머무르는 것을 "감압정지"라 하고, 머무르는 시간을 "감압시간"이라 한다. 그리고 감압은 가슴 정중앙이 지시된 수심에 위치하여야 한다.

정답 | 165. ①

166 "잠수병 종류와 대응"에 대한 설명으로 옳지 않은 것은?

① 질소마취는 후유증이 있기 때문에 수심이 얕은 곳으로 올라오더라도 정신이 혼미할 수밖에 없다.

② 산소는 사람이 생존하는 데 가장 중요한 요소이지만 지나치게 많은 산소를 함유한 공기를 호흡하게 되면 오히려 산소중독을 일으킨다.

③ 탄산가스 중독의 원인은 다이빙 중에 공기를 아끼려고 숨을 참으면서 호흡한다든지 힘든 작업을 할 경우에 생긴다.

④ 공기색전증 예방법은 부상할 때 절대로 호흡을 정지하지 말고 급속한 상승을 하지 않으며, 해저에서는 공기가 없어질 때까지 있어서는 안 된다.

■ 잠수병의 종류와 대응★★★★★

질소 마취 ★★	수중으로 깊이 내려갈수록 호흡하는 공기의 압력이 증가함에 따라 공기중의 질소 부분압도 증가하는데 이에 따라 고압의 질소가 인체에 마취작용을 일으킨다. 개인에 따라 차이는 있지만 일반적으로 <u>수심 30m지점 이상으로 내려가면 질소마취의 가능성이 커진다.</u>	
	증 세	<u>몸이 나른해지고 정신이 흐려져 올바른 판단을 내릴 수 없으며 술에 취한 것과 같은 기분이 들어 엉뚱한 행동을 하게 된다.</u>
	치료법	질소마취는 후유증이 없기 때문에 질소마취에 걸렸다 하더라도 수심이 얕은 곳으로 올라오면 정신이 다시 맑아진다.
	예방법	스포츠 다이빙에서는 30m 이하까지 잠수하지 않는 것이 좋다.

★★ 14년 소방장/ 18년 소방교, 소방장/ 21년 소방교

산소 중독	산소는 사람이 생존하는 데 가장 중요한 요소이지만 <u>지나치게 많은 산소를 함유한 공기를 호흡하게 되면 오히려 산소중독을 일으킨다.</u> ⓐ 산소의 부분압이 0.6 대기압 이상인 공기를 장시간 호흡할 경우 중독되는데 부분압이 이보다 더 높으면 중독이 더 빨리된다. ⓑ <u>호흡 기체 속에 포함된 산소의 최소 한계량과 최대 허용량은 산소의 함유량(%)과는 관계가 없고 산소의 부분압과 관계가 있다.</u> ⓒ <u>인체의 산소 사용 가능 범위는 약 0.16기압에서 1.6기압 범위이다.</u> ⓓ <u>산소 부분압이 0.16기압 이하가 되면 저산소증이 발생하고 산소 분압이 1.4~1.6기압이 될 때 나타난다.</u> ⓔ 1.4는 작업 시 분압이고 1.6은 정지 시 분압이라고 표현하는데 사실 1.6은 contingency pressure라고 해서 우발적으로라도 노출되어서는 안 되는 부분압이라는 의미이다.	
	증 세	근육의 경련, 멀미, 현기증, 발작, 호흡곤란
	예방법	순수 산소를 사용하지 말고 반드시 공기를 사용하는 것

탄산 가스 중독 ★★	인체는 탄산가스를 배출하고 산소를 흡입해야 하는데 잠수 중에 탄산가스가 충분히 배출되지 않고 몸속에 축적되면 탄산가스 중독을 일으킨다. 탄산가스 중독의 원인은 다이빙 중에 공기를 아끼려고 숨을 참으면서 호흡한다든지 힘든 작업을 할 경우에 생긴다.	
	증 세	호흡이 가빠지고 숨이 차며 안면 충혈과 심할 경우 실신하기도 한다.
	예방법	크고 깊은 호흡을 규칙적으로 하는 것

★★ 17년 소방위, 18년 소방교·소방장, 23년 소방장

공기 색전증 **	압력이 높은 해저에서 압력이 낮은 수면으로 상승할 때 호흡을 멈추고 있으면 폐의증세 조직이 파괴되는데 이를 공기 색전증이라 한다.	
	증 세	기침, 혈포(血泡), 의식불명 등
	치료법	재가압 요법을 사용
	예방법	부상할 때 절대로 호흡을 정지하지 말고 급속한 상승을 하지 않으며, 해저에서는 공기가 없어질 때까지 있어서는 안 된다.

** 17년 소방교/ 18년 소방교, 소방장/ 21년 소방교/ 23년 소방위

167 잠수 장비에 사용되는 용어로써 옳지 않은 것은?

① 재 잠수란 스쿠버 잠수 후 10분 이후부터 12시간 내에 실행되는 스쿠버 잠수를 말한다.

② 모든 스쿠버잠수 후 상승할 때에 수심 5m 지점에서 약 5분간 정지하여 상승속도를 완화한다. 이러한 상승 중 정지를 "안전정지"라 한다.

③ 감압은 얼굴의 정 중앙이 지시된 수심에 위치하여야 한다.

④ 잠수 가능조정 시간은 최대 잠수 가능시간에서 잔류질소 시간을 뺀 나머지 시간이다.

■ **잠수에 사용되는 용어*** 15년, 20년 소방장/ 23년 소방위

잔류 질소군	잠수 후 체내에 녹아 있는 질소의 양(잔류질소)의 표시를 영문 알파벳으로 표기한 것을 말한다. 가장 작은 양의 질소가 녹아 있음을 나타내는 기호는 A이다.
수면 휴식 시간	① 잠수 후 재 잠수 전까지의 수면 및 물 밖에서 진행되는 휴식시간을 말한다. ② 12시간 내의 재 잠수를 계획하는데, 가장 중요한 것은 수면 및 물 밖의 휴식 동안 몸 안에 얼마만큼 잔류 질소가 남아 있는가 하는 것이다. ③ 수면 휴식시간을 많이 가질수록 이미 용해된 신체 내 질소는 호흡을 통해 밖으로 나간다. ④ 다시 잠수하기 전 체내에 잔류된 질소의 양을 알아보기 위하여 새로운 잠수기호를 설정한다. 이 기호는 수면휴식 시간표를 사용하면 쉽게 찾을 수 있다.
잔류 질소시간*	체내의 잔류 질소량을 잠수하고자 하는 수심에 따라 결정되는 시간으로 바꾸어 표현한 것이다.
감압정지 와 감압시간	실제 잠수 시간이 최대 잠수 가능시간을 초과했을 때에 상승도중 감압표상에 지시된 수심에서 지시된 시간만큼 머무르는 것을 "감압정지"라 하고, 머무르는 시간을 "감압시간"이라 한다. 그리고 감압은 "가슴 정 중앙"이 지시된 수심에 위치하여야 한다.*
재 잠수*	스쿠버 잠수 후 10분 이후부터 12시간 내에 실행되는 스쿠버 잠수를 말한다.
총 잠수 시간*	재 잠수 때에 적용할 잠수시간의 결정은 총 잠수시간으로 전 잠수로 인해 줄어든 시간(잔류 질소시간)과 실제 재 잠수 시간을 합하여 나타낸다.
최대잠수 가능 조정시간	역시 재 잠수 때에 적용할 최대 잠수 가능시간의 결정은 잔류 질소시간에 따라 변한다. 따라서 최대 잠수 가능조정 시간은 최대 잠수 가능시간에서 잔류질소 시간을 뺀 나머지 시간이다.
안전정지*	모든 스쿠버잠수 후 상승할 때에 수심 5m 지점에서 약 5분간 정지하여 상승속도를 완화한다. 이러한 상승 중 정지를 "안전정지"라 한다. 이 안전정지 시간은 잠수시간 및 수면휴식 시간에 포함시키지 않는다. 또한 감압지시에 따른 감압과는 무관하다.

🔖 정답 | **167.** ③

168 다음 중 "감압병"에 대한 설명으로 옳지 않은 것은?

① 몸속의 질소가 과포화 된 상태에서 인체의 조직과 혈액 속에 기포가 형성되는 것이다.

② 재 가압을 위해 물속에 다시 들어가게 하는 방법도 고려할 필요가 있다.

③ 감압병 증세는 80% 정도가 잠수를 마친 후 1시간 이내에 나타난다.

④ 예방법으로 수심 30m 이상 잠수하지 않으며, 상승 시 1분당 9m의 상승 속도를 준수하는 것이다.

■ 감압병(Decompression Sickness)** 12년 소방장/ 18년 소방교, 소방장

① 우리가 숨쉬는 공기는 인체의 혈액을 통해 각 조직으로 보내진다. 공기는 질소와 산소가 대부분인데 이 가운데 산소는 신진대사에서 일부 소모되지만 질소는 그대로 인체에 남아있다.

② 다이빙을 해서 수압이 증가하면 질소의 부분압이 증가되어 몸속에 녹아 들어가는 질소의 양도 증가하는데, 만약 다이버가 오랜 잠수 후 갑자기 상승하면 외부 압력이 급격히 낮아지므로 몸속 의 질소가 과포화된 상태가 되고 인체의 조직이나 혈액 속에 기포를 형성하는 감압병에 걸리게 된다.

③ 감압병 증세는 80% 정도가 잠수를 마친 후 1시간 이내에 나타나며 드물게는 12~24시간 이후에 나타나기도 한다.

증 세	㉠ 경미한 경우 피로감, 피부가려움증 정도 ㉡ 심한 경우 호흡곤란, 질식, 손발이나 신체 마비 등
치료법	재가압(re-compression) 요법으로 다이버를 고압 챔버에 넣고 다시 압력을 가해서 몸속에 생긴 기포를 인체에 녹아들어가게 하고 천천히 감압하는 것이다. ※ 재가압을 위해서 다이버를 물속에 다시 들어가게 하는 것은 매우 위험하다.
예방법	수심 30m 이상 잠수하지 않으며, 상승 시 1분당 9m의 상승 속도를 준수하는 것이다

169 "줄을 이용한 수중탐색"에서 줄을 이용한 신호를 보낼 수 있는데 세 번 당겼을 때 의미는?

① 탐색을 시작함   ② 도와 달라

③ 반대쪽에 도착   ④ 이쪽으로 와라

① 줄을 이용한 탐색 : 원형탐색, 반원탐색, 왕복탐색, 직선탐색

② 줄을 이용하지 않은 탐색 : 등고선탐색, U자 탐색, 소용돌이 탐색

③ 줄을 이용한 탐색

줄을 이용하지 않는 탐색보다 정확하다. 특히 물의 흐름이 있는 곳이나 작은 물체를 찾을 때 효과적이며, 시야가 불량한 곳에서는 줄을 이용한 신호를 보낼 수 있다. 예를 들면 줄을 잡아당기는 숫자에 따라 의미를 정하는 것이다.

- 한 번 = 탐색을 시작함
- 두 번 = OK? 또는 OK!
- 세 번 = 반대쪽에 도착했음
- 네 번 = 이쪽으로 오라
- 다섯번 = 도와달라

170 "줄을 이용한 수중탐색 요령"으로써 다음 내용과 관계없는 것은?

> ⓐ 시야가 좋지 않으며 탐색면적이 좁고 수심이 깊을 때 활용하는 방법이다.
> ⓑ 조류가 세고 탐색면적이 넓을 때 사용한다.
> ⓒ 탐색하는 구조대원의 인원수에 따라 광범위하게 탐색할 수 있고 폭넓게 탐색할 수 있으나 대원 상호 간에 팀워크가 중요하다.

① 원형탐색   ② 왕복탐색
③ 반원탐색   ④ 직선탐색

■ **줄을 이용한 탐색**★★ 18년 소방위/ 22년 소방교/ 23년 소방장/ 24년 소방위

원형 탐색 ★★	시야가 좋지 않으며 탐색면적이 좁고 수심이 깊을 때 활용하는 방법이다. ⓐ 인원과 장비의 소요가 적은 반면 탐색할 수 있는 범위가 좁다. ⓑ 탐색 구역의 중앙에서 구심점이 되어 줄을 잡고, 다른 한 사람이 줄의 반대쪽을 잡고 원을 그리며 한바퀴 돌면서 탐색한다. ⓒ 출발점으로 한바퀴 돌아온 뒤에 중앙에 있는 사람이 줄을 조금 풀어서 더 큰 원을 그리며 탐색하는 방법을 반복한다. 물론 줄은 시야거리 만큼씩 늘려나간다.
반원 탐색	조류가 세고 탐색면적이 넓을 때 사용한다. ⓐ 원형탐색을 응용한 형태로 해안선, 방파제, 부두 등에 의해 <u>원형탐색이 어려울 경우 반원 형태로 탐색한다.</u> ⓑ 원형 탐색과의 차이점은 원을 그리며 진행하다 계획된 지점이나 방파제 등의 장애물을 만날 경우 줄을 늘리고 방향을 바꾸어서 반대 방향으로 전진하며 탐색한다는 것이다. ⓒ 정박하고 있는 배에서 물건을 떨어뜨릴 경우 가라앉는 동안 수류가 흐르는 방향으로 약간 벗어나기 때문에 수류의 역방향은 탐색할 필요가 없다. ⓓ 이런 경우에 원형탐색을 한다면 비효율적이며 수류가 흘러가는 방향만을 반원탐색으로 탐색하는 것이 효과적이다.
왕복 탐색 ★★	시야가 좋고 탐색면적이 넓을 때 사용하는 방법이다. ⓐ 탐색구역의 외곽에 평행한 기준선을 두 줄로 설정하고, 기준선과 기준선에 수직방향의 줄을 팽팽하게 설치한다. ⓑ <u>실제 구조활동 시는 두 명의 다이버가 동시에 같은 방향으로 이동하면서 수색에 임한다.</u> 특히 시야가 확보되지 않는 경우 긴급사항이 발생 시 반대에서 서로 비껴 지나가는 방법은 맞지 않으며 인명구조사 1급 교육시에도 두 명의 다이버는 동시에 같은 방향으로 이동하며 수색하는 방법으로 교육을 실시하고 있다.
직선 탐색	시야가 좋지 않고 탐색면적이 넓은 지역에 사용한다. ⓐ 탐색하는 구조대원의 인원수에 따라 광범위하게 탐색할 수 있고 폭넓게 탐색할 수 있으나 대원 상호간에 팀워크가 중요하다. ⓑ 먼저 탐색할 지역을 설정하고 수면의 구조대원이 수영을 하며 수중에 있는 여러 명의 구조대원을 이끌면서 탐색한다. ⓒ 구조대원간의 간격은 시정에 따라 적절하게 배치한다. ǀ 반수면의 구조대원이 수중에서 탐색하는 대원을 이끈다. ǀ

정답   170. ②

171 다음은 "줄을 이용하지 않는 탐색" 방법에 대한 설명으로 옳지 않은 것은?

① U자 탐색 : 장애물이 없는 평평한 지형에서 비교적 작은 물체를 탐색하는데 적합하다.
② 소용돌이 탐색 : 비교적 큰 물체를 탐색하는데 적합한 방법으로 탐색구역의 중앙에서 출발하여 이동거리를 조금씩 증가시키면서 매번 한 쪽 방향으로 90°씩 회전하며 탐색한다.
③ 반원탐색 : 조류가 세고 탐색면적이 넓을 때 사용한다.
④ 등고선 탐색 : 물체가 있는 수심과 위치를 비교적 정확하게 알고 있을 경우에 유용하다.

	■ 줄을 사용하지 않는 탐색형태★★ 18년 소방위/ 19년, 23년 소방장/ 24년 소방위
등고선 탐색 ★	① 해안선이나 일정간격을 두고 평행선을 따라 이동하며 물체를 찾는 방법으로 물체가 있는 수심과 위치를 비교적 정확하게 알고 있을 경우에 유용하다. ② 탐색 형태라기보다는 탐색기술의 한 방법으로 물체가 있다고 예상되는 지점보다 바다 쪽으로 약간 벗어난 곳에서부터 시작한다. ③ 예를 들어 해변의 경우 예상되는 지점보다 약 30m 정도 외해 쪽으로 벗어난 곳에서 해안선과 평행하게 이동하며 탐색한다. ④ 계획된 범위에 도달하면 해안선 쪽으로 약간 이동한 뒤 지나온 경로와 평행하게 되돌아가며 탐색한다. ⑤ 평행선과 평행선과의 거리는 시야범위 정도가 적당하며 경사가 급한 곳에서는 수심계로 수심을 확인하며 경로를 유지할 수도 있다.
U자 탐색 ★	탐색 구역을 "ㄹ"자 형태로 탐색하는 방법으로 장애물이 없는 평평한 지형에서 비교적 작은 물체를 탐색하는데 적합하다. 각 평행선의 간격은 시야거리 정도가 적당하며, 수류가 있을 경우에는 수류와 평행한 방향으로 이동한다.
소용돌이 탐색 ★	비교적 큰 물체를 탐색하는데 적합한 방법으로 탐색구역의 중앙에서 출발하여 이동거리를 조금씩 증가시키면서 매번 한 쪽 방향으로 90°씩 회전하며 탐색한다.

172 "철근콘크리트의 성립 이유와 내구성 저하요인"에 대한 설명으로 옳지 않은 것은?

① 콘크리트와 철근이 강력히 철근의 좌굴을 방지하며 압축응력에도 유효하게 대응한다.
② 내구성 저하요인으로는 부동침하, 마모, 온도변화, 중성화 등이 있다.
③ 콘크리트는 철근이 부식되는 것을 방지한다.
④ 철근과 콘크리트의 열팽창계수는 차이가 크다.

■ 철근콘크리트의 성립 이유
① 콘크리트는 철근이 부식되는 것을 방지한다.
② 콘크리트와 철근이 강력히 철근의 좌굴(挫屈)을 방지하며 압축응력에도 유효하게 대응한다.
③ 철근과 콘크리트는 열팽창계수가 거의 같다.
④ 내구, 내화성을 가진 콘크리트가 철근을 피복하여 구조체는 내구성(耐久性)과 내화성(耐火性)을 가지게 된다

🔲 정답　171. ③　172. ④

■ 내구성 저하요인
ⓐ 하중작용 : 피로, 부동침하, 지진, 과적
ⓑ 온도 : 동결융해, 화재, 온도변화
ⓒ 기계적 작용 : 마모
ⓓ 화학적 작용 : 중성화, 염해(염분을 사용한 골재), 산성비
ⓔ 전류작용 : 전식(電蝕)

173 다음 중 "스쿠버 잠수"에 대한 설명이 아닌 것은?

① 장비의 운반, 착용, 해체가 간편해 신속한 기동성을 발휘한다.
② 수평, 수직 이동이 원활하다.
③ 수심과 해저체류시간에 제한을 받는다.
④ 양호한 수평이동과 최대 조류 2.5노트까지 작업가능하다.

■ 스쿠버 잠수와 표면공급식 잠수

구 분	스쿠버 잠수	표면공급식 잠수
한계 수심	① 비감압 한계시간을 엄격히 적용 ② 안전활동수심 60ft(18m)에 60분 허용 ③ 130ft(40m)에서 10분 허용, 단, 100ft(30m) 이상 잠수시 반드시 비상기체통 또는 트윈(Twin) 기체통을 착용	① 공기잠수 시 최대 작업수심190ft(58m) ② 60ft(18m)이상, 침몰선 내부, 폐쇄된 공간 등에는 반드시 비상기체통을 착용
장 점	① 장비의 운반, 착용, 해체가 간편해 신속한 기동성을 발휘한다. ② 잠수 활동 시 적은 인원이 소요된다. ③ 수평, 수직 이동이 원활하다. ④ 수중활동이 자유롭다.	① 공기공급의 무제한으로 장시간 해저체류가 가능 ② 양호한 수평이동과 최대 조류 2.5노트까지 작업가능 ③ 줄 신호 및 통화가 가능하므로 잠수사의 안전 및 잠수 활동 확인 ④ 현장 지휘 및 통제가 가능
단 점	① 수심과 해저체류시간에 제한을 받는다. ② 호흡 저항에 영향을 받는다. ③ 지상과 통화를 할 수 없다. ④ 조류에 영향을 받는다.(최대1노트) ⑤ 잠수사 이상 유무 확인 불능 ⑥ 오염된 물, 기계적인 손상 등 신체보호에 제한을 받는다.	① 기동성 저하 ② 수직이동 제한 ③ 기체호스의 꺽임 ④ 혼자서 착용하기가 불편함

※ 표면공급식 잠수는 제한적으로 사용되고 있으며, 반드시 비감압 잠수를 해야 한다는 원칙과 짝 잠수를 해야 한다는 것을 명심해야 한다.

정답 | 173. ④

174 화재에서 경계하여야 할 "건물붕괴 징후"로써 옳지 않은 것은?

① 철골구조의 화재에 대량 방수 하였을 때
② 석조 벽 사이의 모르타르가 약화되어 기울어질 때
③ 건축 구조물이 기울거나 비틀어져 보일 때
④ 건축 구조물이 화재에 오랫동안 노출되었을 때

■ 화재에서 경계하여야 할 건물붕괴 징후* 18년 소방위/ 20년 소방교
① 벽이나 바닥, 천장 그리고 지붕 구조물에 금이 가거나 틈이 있을 때
② 벽에 버팀목을 대 놓는 등 불안정한 구조를 보강한 흔적이 있을 때
③ 엉성한 벽돌이나 블록, 건물에서 석재가 떨어져 내릴 때
④ 석조 벽 사이의 모르타르가 약화되어 기울어질 때
⑤ 건축 구조물일 기울거나 비틀어져 보일 때
⑥ 대형 기계장비나 집기 등 무거운 물체가 있는 아래층의 화재
⑦ 건축 구조물이 화재에 오랫동안 노출되었을 때
⑧ 비정상적인 소음(삐걱거리거나 갈라지는 소리 등)이 날 때
⑨ 건축구조물이 벽으로부터 물러났을 때

175 다음 중 "클리프의 증가원인"으로 옳은 것은?

① 대기습도가 높은 곳에 콘크리트를 건조 상태로 노출시킨 경우
② 재하응력이 적을수록 증가한다.
③ 물, 시멘트비(W/C)가 적을수록
④ 재령이 적은 콘크리트에 재하시기가 빠를수록

콘크리트에 일정한 하중을 주면 더 이상 하중을 증가시키지 않아도 시간의 흐름에 따라 변형이 더욱
진행되는 현상을 말하며 클리프의 증가원인은 다음과 같다.

■ 콘크리트의 클리프(Creep) 증가원인
① 재령이 적은 콘크리트에 재하시기가 빠를수록,
② 물 : 시멘트비(W/C)가 클수록,
③ 대기습도가 낮은 곳에 콘크리트를 건조 상태로 노출시킨 경우
④ 양생이 나쁜 경우
⑤ 재하응력이 클수록 증가한다.

176 "화재가 콘크리트에 미치는 영향"에 대한 설명으로 연결이 바르게 된 것은?

① 290℃에서는 표면균열, 540℃에서는 균열 심화
② 290℃∼590℃ : 붉은색이 회색으로 변색
③ 590℃∼900℃ : 연홍색이 붉은색으로 변색
④ 900℃ 이상 : 회색이 적색으로 변색(석회암은 흰색으로 변색)

정답   174. ①   175. ④   176. ①

■ **화재가 콘크리트에 미치는 영향*** 17년 소방위
① 표면경도 : 균열, 가열에 따른 약화
② 균열 : 290℃에서는 표면균열, 540℃에서는 균열 심화
③ 변색
　㉠ 230℃까지는 정상
　㉡ 290℃~590℃ : 연홍색이 붉은 색으로 변색
　㉢ 590℃~900℃ : 붉은색이 회색으로 변색
　㉣ 900℃ 이상 : 회색이 황갈색으로 변색(석회암은 흰색으로 변색)
④ 굵은 골재 : 573℃로 가열 시 부재 표면에 위치한 규산질 골재에서는 Spalling 발생
　※ Spalling : 破碎, 부재의 모서리나 구석에 발생하는 박리와 유사한 콘크리트 표면 손상

---

177 **"콘크리트 화재성상"에 대한 설명으로 옳지 않은 것은?**

① 콘크리트는 약 300도에서 강도가 저하되기 시작하는데 화재 시 콘크리트의 압축강도 저하는 주요구조부의 강도에 치명적인 영향을 미쳐 붕괴위험성을 가져올 수 있다.
② 박리는 콘크리트의 압축강도가 열팽창에 의한 압축응력을 초과할 경우 일어난다.
③ 표면온도와 콘크리트 외부의 온도 차이로 외부 응력이 발생하고 이 열응력이 콘크리트의 압축강도 보다 커지면 균열이 발생한다.
④ 화재에 콘크리트의 온도가 500도를 넘으면 냉각 후에도 잔류신장을 나타낸다.

■ **콘크리트 화재성상*** 18년, 24년 소방위
① 콘크리트 압축강도의 저하*
　콘크리트는 약 300℃에서 강도가 저하되기 시작하는데 힘을 받고 있지 않은 경우에 강도 저하가 더 심하게 일어나며 응력이 미리 가해진 상태에서는 온도의 영향을 늦게 받는다.
　※ 화재 시 콘크리트의 압축강도 저하는 주요구조부의 강도에 치명적인 영향을 미쳐 붕괴위험성을 가져올 수 있다. 고온에서는 콘크리트의 압축강도가 저하되며 콘크리트중의 철근의 부착강도는 극심하게 저하된다.
② 콘크리트의 박리(剝離)*
　• 열팽창에 의한 압축응력이 콘크리트의 압축강도를 초과할 경우 일어난다.
　• 박리 속도는 온도 상승 속도와 비례하며 콘크리트 중의 수분함량이 많을수록 박리발생이 용이하다.
　• 구조물 내 수증기압 상승으로 인장응력이 유발, 박리가 발생하는 것이다.
　• 골재의 종류, 구조물의 형상에 따라 영향을 달리 받는다.
③ 중성화속도의 급격한 상승*
　• 콘크리트가 고온을 받으면 알칼리성을 지배하고 있는 $Ca(OH)_2$가 소실되며 따라서 철근부동태막(부식을 방지하는 막)이 상실, 콘크리트가 중성화된다.
　• 콘크리트는 기본적으로 알칼리성을 띠고 있어 내부 철근의 산화속도를 늦춘다. 철근은 알칼리성인 콘크리트 속에서는 거의 부식되지 않는다.
　• 따라서 콘크리트의 중성화(알칼리성의 상실)는 철근콘크리트의 수명을 단축시키는 근본적이고 치명적인 원인이 된다.
④ 열응력에 따른 균열 발생*
　표면온도와 콘크리트 내부의 온도 차이에 의한 열팽창율 차이에 따라 내부 응력이 발생하고 이 열응력이 콘크리트의 압축강도 보다 커지면 균열이 발생한다.
⑤ 콘크리트 신장의 잔류
　화재에 콘크리트의 온도가 500℃를 넘으면 냉각 후에도 잔류신장을 나타낸다.

🔖 **정답** | **177.** ②

178 "건물의 붕괴 징후"로 옳지 않은 것은?

① 붕괴의 가능성이 명백히 드러나는 경우는 거의 없다.

② 벽체가 철근콘크리트조인지 벽돌조에 단순히 시멘트를 바른 것인지 정확히 파악할 필요가
있다.

③ 2층 이상의 건물이 철근콘크리트일 경우 화열로 약해진 벽체가 소화용수를 머금으면
강도가 약해질 수 있다.

④ 기둥이 없고 넓은 개방영역을 가지고 있는 상업적 건물에서는 건물의 결함이 종종 발견된다.

■ 건물의 붕괴 징후
① 붕괴의 가능성이 명백히 드러나는 경우는 거의 없다.
② 일반적인 주거(단독주택이나 고층 아파트)에서는 구조대원들을 위험하게 할 만큼 심각한 붕괴는
매우 드물게 일어난다.
③ 아마도 이런 상황에서 구조대원에게 가장 위험한 것은 약해진 지붕이나 마루를 통해서 불이 치고
들어오는 것일 것이다.
④ 2층 이상의 건물이 철근콘크리트가 아니고 단순히 조적(벽돌)조 건물인 경우 화열로 약해진 벽체가
소화용수를 머금어 심각하게 강도가 저하될 수 있다.
⑤ 벽체가 철근콘크리트조인지 벽돌조에 단순히 시멘트를 바른 것인지 정확히 파악할 필요가 있다.
⑥ 기둥이 없고 넓은 개방영역을 가지고 있는 상업적 건물에서는 건물의 결함이 종종 발견된다.
⑦ 진행되고 있는 화재에서 나온 누적열의 영향은 빔, 기둥, 지지대, 그리고 벽을 약하게 할 수 있다.
이러한 상황이 현장 도착 시에는 뚜렷하지 않기 때문에 모든 구조대원은 지붕이나 바닥, 기대고
있는 벽, 벽 밖으로 나온 빔, 그리고 없어진 내부 구조나 기둥에 주의해야 한다.

179 "철의 화재성상과 내화피복"에 대한 설명으로 옳지 않은 것은?

① 좋은 콘크리트일수록 중성화 과정이 늦으며 보통 콘크리트 표면에서 4㎝까지 중성화되는
데 약 110년, 5㎝까지는 약 180년 정도 걸리는 것으로 알려져 있다.

② 벽과 슬래브는 구조내력상 주요한 부분이므로 2시간 내화를 생각해서 3㎝이고 기둥과
보는 1시간 내화 기준인 2㎝이다.

③ 노출된 철은 500℃에서 강도의 50%를 상실하고 900℃에서 0에 가깝다.

④ 3㎝ 이상의 콘크리트로 피복된 철근은 800℃까지는 강도에 치명적인 영향을 받지 않는다.

■ 철의 화재성상과 내화피복
내화피복이란 철이 변형온도까지 도달하지 않도록 열을 차단하기 위하여 단열 성능이 우수한 피막을
입히는 것이다.
① 온도 변화에 따른 철의 강도 변화와 내화 피복
 • 열에 의해 철근은 콘크리트의 구속을 받지 않고 독자적으로 신장한다.
 • 노출된 철은 500℃에서 강도의 50%를 상실하고 900℃에서 0에 가깝다.
 • 3㎝ 이상의 콘크리트로 피복된 철근은 800℃까지는 강도에 치명적인 영향을 받지 않는다.
② 내화상 필요한 피복 두께는 철근의 항복점이 약 1/2로 되는 500℃~600℃ 이하로 되도록 다음과
같이 정하였다.
 • 기둥과 보 : 기둥과 보는 구조내력상 주요한 부분이므로 2시간 내화를 생각해서 3㎝이다.
 • 벽과 슬래브 : 1시간 내화 기준인 2㎝이다.

정답 178. ③ 179. ②

③ 내구상 필요한 피복 두께

경화한 콘크리트는 표면에서 공기중 이산화탄소의 영향을 받아 서서히 알칼리성을 잃고 중성화한다. 좋은 콘크리트일수록 중성화 과정이 늦으며 보통 콘크리트 표면에서 4㎝까지 중성화되는 데 약 110년, 5㎝까지는 약 180년 정도 걸리는 것으로 알려져 있다.

180 "건물 붕괴 예상 시 안전지역 범위 설정"에서 높이가 30m인 건물 붕괴 시 안전지역 밖으로 이동해야 할 거리는?

① 45m 이상

② 30m 이상

③ 15m 이상

④ 60m 이상

붕괴안전지역은 건물 높이의 1.5배 이상으로 한다. 대원은 물론이고 소방차도 이 붕괴 안전지역 밖으로 이동해야 한다.* 18년 소방교

181 화재로 인한 건축물의 붕괴 원인으로 옳지 않은 것은?

① 철근콘크리트에 있어서 콘크리트의 열팽창률이 철근에 비해 20% 크기 때문에 철근과 결합력이 상실되어 강도가 저하되고 붕괴의 원인이 된다.

② 콘크리트나 벽돌에 비해 철재의 열팽창 계수가 매우 크기 때문에 이들 간의 접촉부분이 파괴되는 현상이 발생한다.

③ 콘크리트의 큰 열팽창과 함수율 때문에 급격한 화재온도 즉, 1,000℃~1,200℃가 되면 슬래브 바닥이나 대들보 표면이 폭열하여 큰 콘크리트도 파편이 되어 비산할 수 있다.

④ 철근, 콘크리트, 벽돌, 목재와 같은 건축자재가 화염에 노출되어 가열되면 이들은 서로 다른 비율로 종적, 횡적으로 팽창하여 구조물과 상호 견고하게 결합되어 있는 자재들의 표면이 파괴되고 구조물간의 상호협력이 상실되어 붕괴가 일어날 수 있다.

■ 화재에 의한 건축물의 붕괴* 16년 소방교
철근, 콘크리트, 벽돌, 목재와 같은 건축자재가 화염에 노출되어 가열되면 이들은 서로 다른 비율로 종적, 횡적으로 팽창하여 구조물과 상호 견고하게 결합되어 있는 자재들의 표면이 파괴되고 구조물간의 상호협력이 상실되어 붕괴가 일어날 수 있다.

부재 간 결합상실*	콘크리트나 벽돌에 비해 철재의 열팽창 계수가 매우 크기 때문에 이들 간의 접촉부분이 파괴되는 현상이 발생한다. 따라서 이들 상호간의 연결부분이 파괴되어 건물의 골조와 벽 사이의 결합력이 상실된다.
철근과 콘크리트 결합상실*	철근콘크리트에 있어서 콘크리트의 열팽창률이 철근에 비해 20% 작기 때문에 철근과 결합력이 상실되어 강도가 저하되고 붕괴의 원인이 된다.
고온의 폭열	콘크리트의 큰 열팽창과 함수율 때문에 급격한 화재온도 즉, 1,000℃~1,200℃가 되면 슬래브 바닥이나 대들보 표면이 폭열하여 큰 콘크리트도 파편이 되어 비산할 수 있다.

정답 **180.** ① **181.** ①

182 "콘크리트 폭열"에 대한 설명으로 옳지 않은 것은?

① 폭열에 영향을 주는 인자로는 화재강도, 화재형태, 함수량 등이 있다.
② 화재지속의 파손깊이는 1000도에서 90분이 지나면 0~5㎜이다.
③ 콘크리트 내부에 포함된 수분이 급격한 온도 상승에 따라 수증기화하고 이 수증기가 콘크리트를 빠져나오는 속도보다 더 많이 발생할 때 콘크리트에서 발생한다.
④ 콘크리트 배합이 잘못된 경우이거나 온도가 급격히 상승하는 경우에 볼 수 있는 현상이다.

■ **콘크리트의 폭열(爆裂)**
① 콘크리트 내부에 포함된 수분이 급격한 온도 상승에 따라 수증기화하고 이 수증기가 콘크리트를 빠져나오는 속도보다 더 많이 발생할 때 콘크리트에서 폭열이 발생한다.
② 시멘트 결합수가 가열로 상실되고 조직이 해이되며, 열응력과 함께 콘크리트의 0계수 및 압축강도가 저하되고 급격한 온도상승에 따른 내부 증기압 때문에 콘크리트 일부가 폭열하는 것이다.
※ 콘크리트 폭열 : 콘크리트 배합이 잘못된 경우이거나 온도가 급격히 상승하는 경우에 볼 수 있는 현상으로 철근과 콘크리트의 열팽창 차이에 따라 철근의 부착력이 감소하여 콘크리트의 표층이 벗겨지고 파괴되는 현상이다. 콘크리트가 폭열되면 잘게 부서지며 콘크리트 조각이 비산되어 주변에 피해를 초래하기도 한다.

폭열에 영향을 주는 인자	• 화재강도(최대온도) • 화재의 형태(부분 또는 전면적) / 구조물의 변형 및 구속력의 강도결정 • 골재의 종류 • 구조형태 / 보의 단면, 슬래브의 두께 • 콘크리트의 함수량 / 굳지 않은 습윤 콘크리트는 높은 열에 의한 증기압으로 쉽게 폭열한다.
화재지속의 파손깊이	• 80분 후(800℃에서) 0~5㎜ • 90분 후(1,000℃에서) 15~25㎜ • 80분 후(1,100℃에서) 30~50㎜

183 철골구조 내화피복 방법으로 다음과 관계있는 것은?

> 벽체의 경우 경량 철골에 석고보드 등 방화 재료를 붙여서 내화구조체를 이루는 방법

① spray 공법
② 현장타설공법
③ 건식공법
④ 내화도료 등을 칠하는 방법

현장 타설 공법	철강재를 철근콘크리트로 피복하는 일반적인 방법
spray 공법	암면, 질석, 석고, 퍼레이트 및 시멘트 등의 혼합물을 강 구조에 뿜어 칠하는 방법
건식공법	벽체의 경우 경량 철골에 석고보드 등 방화 재료를 붙여서 내화구조체를 이루는 방법
내화도료 등을 칠하는 방법	석유화학공장 등의 외부에 노출된 철골이나 체육관 등 대 공간 철재구조물에 사용방법

정답   182. ②   183. ③

184 "자력탈출이 불가능한 구조대상자의 위치를 파악"하는 단계는?

① 일반적인 잔해제거   ② 부분 잔해제거

③ 정찰   ④ 신속한 구조

■ **구조의 4단계**★★★ 14년 소방위/ 16년 소방장/ 20년 소방교/ 20년, 21년 소방교

단계	내용
단계 1 (신속한 구조)	신속한 구조는 현장에 도착당시 바로 눈에 뜨이는 사상자를 구조하는 즉각적인 대응이다. 이 구조작업은 위치가 분명하게 파악되고 구조방법을 신속히 결정할 수 있는 구조대상자에게만 적용된다.
단계 2 (정찰)	정찰은 건물이 튼튼하게 보호받을 수 있는 부분, 특히 비상대피시설, 계단 아래의 공간, 지하실, 지붕근처, 부분적으로 무너진 바닥아래의 공간, 파편에 의해 닫힌 비상구가 있는 방 등 어느 정도 안전이 보장받을 수 있는 곳에 갇혀있는 사람들이나 심각한 부상으로 자력탈출이 불가능한 구조대상자의 위치를 파악하는 수색단계이다. 수색작업은 절대로 생략할 수 없는 중요한 사항이며 3단계의 진행과 동시에 이루어져야 한다.
단계 3 (부분 잔해 제거)	1단계와 2단계 과정에서 인명구조와 수색활동을 위해 일부의 잔해물은 제거되었지만 본격적인 구조작업을 위해서 제거하여야 할 잔해물을 신중히 선정하고 조심스럽게 작업을 시작한다. ① 실종자가 마지막으로 파악된 위치 ② 잔해물의 위치와 상태 ③ 건물의 붕괴과정에서 이동되었을 것으로 예상되는 지점 ④ 붕괴에 의해서 형성된 공간 ⑤ 구조대상자가 보내는 신호가 파악된 곳 ⑥ 구조대상자가 갇혀있을 곳으로 예상되는 위치
단계 4 (일반적인 잔해 제거)	① 4단계의 잔해제거는 구조작업에 필요한 다른 모든 방법을 동원하고 나서 실시되는 최후 작업이다. ② 아직도 실종중인 사람이 있거나 도저히 구조대상자에게 도달할 수 없는 경우 조직적으로 해당영역을 들어내는 방식으로 진행한다. ③ 이 작업은 극도로 주의하며 신속하게 진행해야 한다. ④ 구조대원은 특히 모든 형태의 파괴장비를 사용할 때 진동이나 붕괴 등에 의한 추가손상에 각별히 주의하여야 하며 적절한 사전경고를 통하여 불의의 사고를 예방하여야 한다.

185 붕괴건물 시 탐색진행에 있어서 "2차 탐색"에 해당되는 것은?

① 육체적 탐색   ② 선형 탐색

③ 주변 탐색   ④ 탐색장비활용 탐색

① 1차 탐색(육체적 탐색) : 방이 많은 건물, 주변 탐색, 선형탐색(넓은 공지)
② 2차 탐색 : 탐색장비를 활용한 탐색

🔖 **정답**   **184.** ③   **185.** ④

186 "건물붕괴의 유형과 빈 공간의 형성"에 대한 설명으로 관계 없는 것은?

> ㉠ "시루떡처럼 겹쳐졌다'는 표현으로서 마주보는 두 외벽에 모두 결함이 발생하여 바닥이나 지붕이 아래로 무너져 내리는 경우에 발생한다.
> ㉡ 각 붕괴의 유형 중에서 가장 안전하지 못하고 2차 붕괴에 가장 취약한 유형이다.
> ㉢ 파편이 지지하고 있는 벽을 따라 빈 공간으로 진입하는 것이 붕괴위험도 적고 구조활동도 용이하다.

① 경사형 붕괴

② V자형 붕괴

③ 팬케이크형 붕괴

④ 캔틸레버형 붕괴

■ **붕괴의 유형과 빈 공간의 형성**★★★ 14년, 16년 소방장/ 22년 소방교, 소방장, 소방위

경사형 붕괴	㉠ 마주보는 두 외벽 중 하나가 결함이 있을 때 발생한다. ㉡ 결함이 있는 외벽이 지탱하는 건물 지붕의 측면 부분이 무너져 내리면 삼각형의 공간이 발생하며 이렇게 형성된 빈 공간에 구조대상자들이 갇히는 경우가 많다. ㉢ 파편이 지지하고 있는 벽을 따라 빈 공간으로 진입하는 것이 붕괴위험도 적고 구조활동도 용이하다.
팬케이크형 붕괴*	㉠ 시루떡처럼 겹쳐졌다'는 표현으로서 마주보는 두 외벽에 모두 결함이 발생하여 바닥이나 지붕이 아래로 무너져 내리는 경우에 발생한다. ㉡ 팬케이크 붕괴에 의해 형성되는 공간은 다른 경우에 비해 협소하며 어디에 형성되는지 파악하기가 곤란하다. ㉢ 생존자가 발견될 것으로 예측되는 공간이 거의 생기지 않는 유형이지만 잔해 속에 생존자가 있다고 가정하고 구조활동에 임하여야 한다.
V자형 붕괴	㉠ 가구나 장비, 기타 잔해 같은 무거운 물건들이 바닥 중심부에 집중되었을 때 V형의 붕괴가 일어날 수 있다. ㉡ 양 측면에 생존공간이 만들어질 수 있는 가능성이 높다. V형 공간이 형성된 경우 벽을 따라 진입할 수 있으며 잔해제거 및 구조작업을 하기 전에 대형 잭이나 버팀목으로 붕괴물을 안정시킬 필요가 있다.
캔틸레버형 붕괴*	㉠ 붕괴의 유형 중에서 가장 안전하지 못하고 2차 붕괴에 가장 취약한 유형이다. ㉡ 건물에 가해지는 충격에 의하여 한쪽 벽판이나 지붕 조립부분이 무너져 내리고 다른 한 쪽은 원형을 그대로 유지하고 있는 형태의 붕괴를 말한다. ㉢ 이때 구조대상자가 생존할 수 있는 장소는 각 층들이 지탱되고 있는 끝 부분 아래에 생존공간이 생길 가능성이 많다. (V자형, 켄틸레버형)　　　(경사형, 팬케이크)

187 붕괴건축물에서의 구조작업에서 "1995년 발생한 삼풍백화점 붕괴" 시 건물구조는?

① 라멘 구조
② 표준바닥 구조
③ 무량판 구조
④ 벽식 구조

■ **무량판 구조(Flat slab)**
① 바닥보가 전혀 없이 바닥판만으로 구성하고 그 하중을 직접
   기둥에 전달하는 구조이다. 이 형식의 slab두께는 15cm이상
   으로 하고 기둥상부(capital)는 깔대기 모양으로 확대하여 그
   위에 드롭 패널을 설치하거나, 계단식으로 2중 보강하여 바닥
   판을 지지한다. Flat slab의 장점은 구조가 간단하여 공사비가
   저렴하고 실내 공간 이용률이 높으며, 고층건물의 층높이를
   낮게 할 수 있다는 것이다.
② 주두의 철근층이 여러 겹이고 바닥판이 두꺼워서 고정하중이
   커지며, 뼈대의 강성을 기대하기 힘들다. Slab와 기둥 사이의
   보를 생략한 구조라서 큰 집중하중이나 편심하중 수용 능력이
   적고, 특히 횡력에 저항하는 내력에 약하여 코어와 같이 강성
   이 큰 내횡력 구조가 있어야 튼튼한 구조로 설계할 수 있다.
※ 지난 1995. 6. 29 발생한 삼풍백화점 붕괴 사고에 있어서도
   "무량판구조"로 시공된 것이 붕괴를 가져온 구조적인 결함
   으로 지적된 바 있다.

┃삼풍백화점 붕괴사고┃

188 구조기술 중 "벽 파괴 및 지주설치요령"으로 옳지 않은 것은?

① 콘크리트의 경우는 제거될 부분의 모서리부터 잘라 들어가는 것이 좋다.
② 같은 단면을 가지는 정방형 기둥보다는 직사각형 기둥이 더 큰 하중을 견딘다.
③ 같은 크기의 나무기둥은 지주가 짧을수록 더 큰 하중을 견딜 수 있다.
④ 콘크리트를 제외한 모든 벽과 바닥을 절단하는 가장 좋은 방법은 우선 작은 구멍을 내고
   점차 확대시키는 것이다.

■ **벽의 파괴**
① 벽과 바닥을 절단할 때 구조물을 가장 빠르고 안전하게 자를 수 있는 위치를 확인한다.
② 벽을 절단하면, 구조대원은 지지대나 기둥이 손상되지 않았는지를 확인 한다.
③ 건물이 심하게 흔들리고 큰 균열이 발생한 경우에도 다른 부분은 멀쩡하게 보일 수 있다.
④ 따라서 벽을 절단하기 전에 약간의 충격을 주고 건물의 흔들림이 추가적인 균열의 발생여부 등
   안전도를 확인해보아야 한다.
⑤ 콘크리트를 제외한 모든 벽과 바닥을 절단하는 가장 좋은 방법은 작은 구멍을 내고 그것을 점차
   확대시키는 것이다.
⑥ 콘크리트의 경우는 제거될 부분의 모서리부터 잘라 들어가는 것이 좋다.
⑦ 강화콘크리트가 사용되었다면, 콘크리트 절단톱이나 절단 토치로 잘라낸 후 한 조각씩 제거해야
   한다.
⑧ 가스절단기를 사용한다면 폭발성 가스가 있는지 확인하고, 가연성 물질에 인화되지 않도록 주의하고
   소화기를 가까이에 두어야 한다.

🔖 **정답** | **187.** ③ **188.** ②

■ **지주 설치**[**] 20년 소방위

지주는 예상되는 최대하중을 견딜 수 있을 만큼의 강도가 있어야 한다.

① 같은 크기의 나무기둥은 지주가 짧을수록 더 큰 하중을 견딜 수 있다.
② 같은 단면을 가지는 직사각형 기둥보다는 정방형 기둥이 더 큰 하중을 견딘다.
③ 만일 기둥의 끝이 깨끗하게 절단되어 고정판과 상부조각에 꼭 맞게 끼워진다면 더 많은 힘을 받을 수 있다.
④ 지주는 항상 필요하다고 생각되는 것보다 강하게 만들어야 하며 크기는 지지해야 할 벽과 바닥의 무게, 그 높이에 따라 결정한다.
⑤ 지주 아래에는 쐐기를 박아 넣되 기둥이 건물의 무게를 지탱할 수 있을 때까지 박아 넣어야 한다.
⑥ 쐐기를 꽉 조일 필요는 없는데 이는 꽉 조인 쐐기가 벽이나 바닥을 밀어내어 건물의 손상을 더할 수 있기 때문이다.

189 건물붕괴 시 1차 탐색(육체적 탐색)에 대한 설명으로 "선형탐색"과 관계 깊은 것은?

① 붕괴구조물 상부에서의 잔해더미 탐색이 불가능하거나 안전하지 못할 때 사용하면 효과적이다.
② 구조대원 4명이 탐색지역 둘레로 균일한 거리로 위치를 잡고 적절한 탐색을 실시한 후 각자 시계방향으로 90° 회전한다.
③ 탈출할 필요가 있거나 진입한 방향을 기억할 수 없다면 돌아서서 왼쪽 손으로 같은 벽을 짚거나 눈으로 확인하면서 탈출한다.
④ 3~4m 간격으로 개활구역을 가로질러 일직선으로 대원들을 펼친다.

■ **1차 탐색(육체적 탐색)**

방이 많은 건물	① 방이 많은 곳을 탐색하는 기본요령은 오른쪽으로 가고, 오른쪽으로 진행하는 것이다. ② 건물 진입 후 접근 가능한 모든 구역이 탐색될 때까지 오른쪽 벽을 눈으로 확인하거나 손으로 짚으며 진행하다가 시작점으로 돌아온다. ③ 탈출할 필요가 있거나 진입한 방향을 기억할 수 없다면 돌아서서 왼쪽 손으로 같은 벽을 짚거나 눈으로 확인하면서 탈출한다.	
넓은 공지 (선형탐색)	※ 강당이나 넓은 거실, 구획이 없는 사무실에서는 선형 탐색법을 이용한다. ① 3~4m 간격으로 개활구역을 가로질러 일직선으로 대원들을 펼친다. ② 반대편에 이르기까지 전체 공간을 천천히 진행한다.	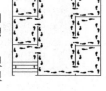
주변 탐색	※ 붕괴구조물 상부에서의 잔해더미 탐색이 불가능하거나 안전하지 못할 때 사용하면 효과적이다. ① 구조대원 4명이 탐색지역 둘레로 균일한 거리로 위치를 잡고 적절한 탐색을 실시한 후 각자 시계방향으로 90°회전한다. ② 모든 대원들이 4회 이동이 끝날 때까지(자기의 처음 위치로 돌아올 때까지) 반복한다.	

정답 | **189.** ④

190 붕괴건물의 "잔해에 터널 뚫기"에 관한 설명으로 옳지 않은 것은?

① 터널을 만드는 과정은 느리고 위험하기 때문에 구조대상자에게 접근할 다른 수단이 없는 경우에만 선택하도록 한다.

② 잔해무더기가 클 경우 땅에 샤프트를 박아 넣는 것이 유리할 수도 있다.

③ 버팀목은 이동하기 좋은 가벼운 버팀목을 사용하는 것이 더 안전하다.

④ 터널은 폭이 75cm 정도이고 높이가 90cm 정도인 터널이 굴착과 구조활동에 적당한 크기인 것으로 알려져있다.

(잔해에 터널 뚫기)

터널을 만드는 과정은 느리고 위험하기 때문에 <u>구조대상자에게 접근할 다른 수단이 없는 경우에만</u>
<u>선택</u>하도록 한다.

■ 잔해 터널의 형태* 11년 소방교

① 터널은 구조대원이 구조대상자를 구출하기에 충분한 크기로 뚫어야 한다.

② <u>폭이 75cm정도이고 높이가 90cm정도인 터널이 굴착과 구조활동에 적당한 크기인 것으로 알려져</u>
있다.

③ 터널에서 갑자기 방향전환을 하게 만드는 것은 좋지 않다.

④ 가능하다면 터널은 벽을 따라서 혹은 벽과 콘크리트 바닥 사이에 만들어져 필요한 프레임을 단순
화시키는 것이 좋다.

⑤ 수직 샤프트를 만드는 것도 수직방향 또는 사선방향으로 접근하기 위한 터널 뚫기의 한 형태이다.

⑥ 이러한 방식의 터널은 표면에서 잔해를 제거한 후 땅을 뚫고 만들게 되며 지하실 벽의 갈라진 틈에
도달하기 위해서 사용된다.

■ 버팀목

① 작업이 진행됨에 따라 <u>사고를 예방하기 위하여 터널 안의 모든 것에 버팀목을 대는 것이 좋다.</u>

② 조심스러운 버팀목 대기에 소요되는 시간은 붕괴된 터널을 다시 만드는데 걸리는 시간과 비교하여
볼 때 낭비되는 것이 아니다.

③ 버팀목 대기의 정확한 패턴이라는 것은 있을 수 없다.

④ 버팀 작업에 쓰일 버팀목의 크기는 작업의 성격과 사용 가능한 장비에 의해 결정된다.

⑤ 버팀목이 어느 정도의 하중을 받게 되는지 파악하기 어렵기 때문에 <u>가벼운 것보다는 무거운 버팀</u>
<u>목을 사용하는 것이 더 안전하다.</u>

⑥ 잔해터널을 뚫을 때에 구조대원은 지속적으로 주 버팀목, 빔, 대들보, 그리고 무더기의 움직임과
터널의 붕괴를 야기할 수 있는 요동을 주시하여야 한다.

⑦ 잔해무더기가 클 경우 땅에 샤프트를 박아 넣는 것이 유리할 수도 있다.

⑧ 만일 필요한 만큼의 깊이를 박았다면 수평샤프트를 끼우고 잔해 안의 빈 공간에 다다르도록 틈이
있는 곳을 찾아 들어간다.

⑨ 묻혀있는 수도관이나, 하수도관, 전선을 다치지 않도록 계속 주의해야 한다. 그리고 나서 터널을
수평으로 뚫고 구조대상자를 구조한다.

정답 190. ③

191 인명탐색장비를 활용한 탐색활동에서 다음 내용과 관계 깊은 것은?

> 붕괴구조물 내 공간에 있는 생존자 존재의 징후 및 그 반응 파악을 위해 일련의 특정한 기술을 이용하여 탐색을 수행한다.

① 2단계(초기평가)
② 3단계(탐색 및 위치 확인)
③ 4단계(생존자에 접근)
④ 6단계(생존자 구출)

■ 탐색활동

1단계 (현장확보)	최대한 구조대원, 구경꾼, 희생자의 안전과 보호를 확보할 수 있도록 조치한다.

2단계 (초기평가)	① 건물 관계자와 유관기관을 통해 붕괴 건축물에 대한 정보를 분석한다.
	 ② 현장지휘본부를 설치한다.
	 ③ 작업목표를 설정한다.
	    ㉠ 사고장소 접근 경로
	    ㉡ 구조계획 수립 및 우선사항 결정
	    ㉢ 물자 및 인원 배분
	    ㉣ 주민, 자원봉사자 등이 시도한 구조작업의 관리
	 ④ 각 구조대별 임무 할당
	 ⑤ 상황의 재평가 및 필요한 조정 시행

3단계 (탐색 및 위치 확인)	붕괴구조물 내 공간에 있는 생존자 존재의 징후 및 그 반응 파악을 위해 일련의 특정한 기술을 이용하여 탐색을 수행한다.
4단계 (생존자에 접근)	생존자가 위치할 것으로 추정되는 공간으로 접근할 통로를 마련하고 들어가는 단계이다.
5단계 (응급처치)	구조대상자의 생존가능성을 높이기 위해 구출작업 전에 기초구명조치를 시행한다.
6단계 (생존자 구출)	구조대상자가 2차 부상을 입지 않도록 주변의 장애물을 걷어 내거나, 필요하다면, 지주를 받치고, 깔린 신체 부위에 추가 압력이 가해지지 않도록 한다. 탐색활동 시 붕괴된 구조물 내에서 단 하나의 위험요인이 발견된 경우라도 완전히 제거하여야 한다.

192 "헬기 안전수칙"으로 옳지 않은 것은?

① 항상 조종사의 가시권 내에서 헬기에 타거나 내려야 한다.
② 들것이나 우산, 스키 등 긴 물체는 날개에 닿지 않도록 수평으로 휴대한다.
③ 헬기 앞쪽은 엔진부분이 있어 위험하므로 항상 뒤쪽으로 접근해야 한다.
④ 이륙하거나 착륙할 때 모든 사람들은 기체로부터 떨어져 있어야 한다.

■ 헬기안전수칙* 22년 소방위
① 항상 조종사의 가시권 내에서 헬기에 타거나 내려야 한다.
② 조종사의 신호가 있기 전까지는 헬기에 다가가서는 안 된다.
③ 조종사의 허가 없이는 기체 내로 들어가서는 안 되며, 탑승 시에는 머리를 숙인 자세로 올라타고 내려야 한다.
④ 꼬리부분의 날개에 위험성이 있기 때문에 뒤쪽으로 접근하는 것은 엄금한다.

📷 정답 | **191.** ②   **192.** ③

⑤ 이륙하거나 착륙할 때 모든 사람들은 기체로부터 떨어져 있어야 한다.
⑥ 모자는 손에 들거나 끈을 단단히 조이고 착용하여야 하며 가벼운 자켓이나 조끼를 입어야 한다.
  로터의 하향풍에 모자가 날려서 무의식적으로 이를 잡으려다가 사고가 발생할 수도 있다.
⑦ 들것이나 우산, 스키 등 긴 물체는 날개에 닿지 않도록 수평으로 휴대한다.

193 "헬기활용 인명구조 활동"에 대한 설명으로 옳은 것은?

① 추락한 환자의 경우 특별한 외상이 없다면 경추 및 척추 보호대를 착용할 필요는 없다.
② 구조대상자가 다수인 경우 노인 및 어린이를 우선하고 중증환자의 순으로 한다.
③ 육상에서 구조대상자를 인양할 때 단거리일 경우 안전벨트를 착용시켜 인양한다.
④ 구조대상자를 들것으로 인양할 때에는 들것과 호이스트(Hoist)의 고리를 연결하는 로프의
  길이를 가급적 길게 하는 것이 좋다.

■ 헬기활용 인명구조 활동★★ 13년 소방교
① 추락한 환자의 경우 특별한 외상이 없더라도 경추 및 척추 보호대를 착용시키는 것을 원칙으로 한다.
② 구조대상자가 다수인 경우 중증환자를 우선하고 노인 및 어린이의 순으로 하며 기내에 수용 가능
  한 인원의 결정은 운항지휘자가 한다.
③ 육상에서 구조대상자를 인양할 때 단거리일 경우 안전벨트를 착용시켜 인양하거나 구조낭으로 이
  송할 수도 있지만 구조대상자가 부상을 입었거나 장거리를 이송해야하는 경우 바스켓 들것을 이용
  하여 헬기 내부로 인양하는 것을 원칙으로 한다.
④ 구조대상자를 들것으로 인양할 때에는 들것과 호이스트(Hoist)의 고리를 연결하는 로프의 길이를
  가급적 짧게 하는 것이 좋다. 로프가 너무 길면 호이스트를 모두 감아올려도 들것이 헬기 아래에
  위치하게 되어 헬기 내부로 들것을 옮길 수 없는 경우가 발생한다.
⑤ 한 귀퉁이에 로프를 결착하고 지상대원이 들것이 인양되는 속도에 맞추어 서서히 풀어주어 들것의
  흔들림이나 회전을 방지하도록 한다(유도로프).

194 "고속도로 헬기활용 인명구조 활동 시 주의사항"으로 옳지 않은 것은?

① 현장투입은 응급구조사 등 응급처치 자격을 가진 대원으로 한다.
② 구조대원은 사고 장소에 신속히 강하하여 구조 활동 하는 것을 원칙으로 한다.
③ 항공구조활동을 전개할 때는 반대차선을 포함하여 전체 통행을 금지토록 한다.
④ 운항지휘자는 사고개요 및 고속도로상과 인근도로의 교통상황 정보를 수집하여 현장지
  휘관에게 통보한다.

■ 고속도로 헬기활용 인명구조
① 운항지휘자는 사고개요 및 고속도로상과 인근도로의 교통상황 및 외부진입의 가부에 관한 정보를
  수집하여 현장지휘관에게 통보한다.
② 항공구조활동을 전개할 때에는 현장의 2차 재해를 방지하기 위해 반대차선을 포함하여 전체의 통
  행을 금지토록 한다.
③ 구조대원은 사고장소 부근의 안전한 장소에 강하하여 현장으로 진입하는 것을 원칙으로 한다.
④ 교통사고 시에는 부상자가 다수 발생할 가능성이 높으므로 현장에 투입하는 구조대원은 응급구조사
  등 응급처치 자격을 가진 대원으로 한다.

🔖 정답 193. ③ 194. ②

195 "항공기 이송 시 의료적인 문제"와 특별한 관계가 없는 것은?

① 갈비뼈 골절로 부목을 대고 움직이지 못하는 환자

② 흉부통증과 기흉 환자

③ 순환기 계통에 영향을 주는 환자

④ 당뇨병 등 혈당체크가 필요한 환자

■ **의료적인 문제**★ 16년 소방교

① 헬기는 일반 비행기에 비하여 저공비행하기 때문에 고도와 관계된 의료문제는 그리 심각한 편은 아니다. 일반적으로 1,000ft(300m) 이하 고도에서 환자의 산소공급은 육상에서의 긴급 후송에서와 같이 다룬다.

② 갈비뼈 골절로 부목을 대고 움직이지 못하는 환자는 고도에 따른 기압변화로 부목 강도가 영향을 받기 때문에 세심한 배려가 필요하다. 특히 쇼크방지용 하의(MAST)를 착용한 환자는 고도가 높은 곳에서는 MAST 내의 공기가 팽창하여 필요 이상의 압력을 받게 되므로 수시로 압력계를 확인하고 압력을 적정한 수준으로 조절하여야 한다.

③ 흉부 통증과 기흉(pneumothorax) 환자는 가능한 한 육상으로 이송하도록 한다. 높은 고도에서는 환자에게 육상에서와 같은 충분한 공기를 공급하지 못한다. 고도가 높아져 기압이 낮아짐에 따라 가슴막 내의 공기가 팽창하여 흉곽용량이 감소하기 때문이다.

④ 순환기 계통에 영향을 주는 심한 출혈, 심장병, 빈혈, 기타 질병으로 고통받는 환자들을 비행기로 이송할 때에는 세심하게 관찰해야 한다. 고도가 높아짐에 따라 공기는 적어지고 산소의 양도 희박해진다. 5,000ft(1.5km) 상공에서 허파에는 해수면상의 약 80% 정도의 공기만이 공급될 수 있다. 따라서 육상에서 순환기 질병을 가진 환자들은 고도 증가에 따라 추가적인 질병을 얻게 된다.

⑤ 사상자를 항공편으로 후송해야 하는 경우 조종사들은 가능한 한 지표 가까이 비행하여야 한다. 환자의 고통이 심해지고 호흡곤란, 경련, 의식 저하 등이 나타나면 저공비행을 해야 한다. 산소공급으로 다소 고통을 완화할 수 있다.

196 헬리포트가 없는 장소에서 착륙장을 선정할 경우 고려사항으로 옳지 않은 것은?

① 이착륙 경로 30m 이내에 장애물이 없어야 한다.

② 착륙장소와 장애물과의 경사도가 12°이내로 이착륙이 가능한 곳을 선정한다.

③ 수직 장애물이 없는 평탄한 지역.(지면경사도 8° 이내)

④ 깃발, 연기 등으로 헬기 착륙을 유도해서는 안 된다.

■ **헬리포트가 없는 장소에서 착륙장을 선정하는 경우 고려사항**★ 23 소방장

① 수직 장애물이 없는 평탄한 지역.(지면경사도 8° 이내)

② 고압선, 전화선 등 장애물이 없는 곳

③ 착륙장소와 장애물과의 경사도가 12°이내로 이착륙이 가능한 곳을 선정한다.

④ 이착륙 경로(Flight Path) 30m 이내에 장애물이 없어야 한다.

⑤ 깃발, 연기, 연막탄 등으로 헬기 착륙을 유도한다.

⑥ 헬기의 바람에 날릴 우려가 있는 물체는 고정시키거나 제거하고 가능하면 먼지가 날지 않도록 표면에 물을 뿌려둔다.

⑦ 착륙지점 주변의 출입을 금지하며 경계요원을 배치한다.

※ 헬리패드 : 헬리콥터의 정규 착륙장은 heli-port이고 heli-pad는 고층건물, 산악 등에 설치된 임시 착륙장이다.

정답 | **195.** ④ **196.** ④

197 "헬기착륙 유도 및 조종사 고려사항"에 대한 설명으로 옳지 않은 것은?

① 현장에 자동차가 있는 경우 헤드라이트로 착륙지점을 비추면 좋다.
② 착륙 시 조종사가 제일 먼저 고려해야 할 사항은 바람이 부는 방향이다.
③ 헬기가 바람을 등지고 착륙할 수 있도록 유도한다.
④ 바람의 방향과 가시도는 착륙하려고 할 때에 고려해야 할 요인 중 다른 어떤 것보다도 가장 중요한 요인이다.

■ **헬기유도**★ 22년 소방위
① 헬기의 착륙을 유도하기 위해서는 수신호를 익혀두어야 한다.
② 현장에서 헬기를 유도하는 요원은 헬멧을 착용하고 보호안경을 착용한다.
③ 착륙장소로부터 충분히 떨어져있고 헬기에서 잘 관측할 수 있는 곳을 택한다.
④ 유도 시에는 바람을 등지고 서서 헬기가 정면에서 바람을 맞을 수 있도록 유도한다.
⑤ 야간의 경우 조명은 필수적이다. 조명이 잘 갖추어져 있는 곳은 조종사의 지각을 도와준다.
⑥ 구조대원 개인적 조명등 사용을 조심하고, 특히 강한 불빛을 헬기 진행방향의 왼쪽으로 비추거나 조종사에게 직접적으로 빛을 비추는 것은 금지해야 한다.
⑦ 현장에 자동차가 있는 경우 헤드라이트를 이용하여 착륙지점을 비추면 좋다.

■ **조종사 고려사항**
㉠ 조종사가 제일 먼저 고려해야 할 사항은 바람이 부는 방향이다.
㉡ 바람의 방향과 가시도는 착륙하려고 할 때에 고려해야 할 요인 중 다른 어떤 것보다도 가장 중요한 요인이다.
㉢ 활주로 예정지에 수목이나 전압선, 빌딩이 놓여 있는 것을 매우 싫어한다. 사물에 부딪힐 위험성이 있을 뿐만 아니라 장벽에 착륙할 수밖에 없는 상황이 돌발할 수도 있다.
㉣ 가능하다면, 착륙은 맑은 공기 속에서 맞바람으로 해야 한다.
㉤ 착륙지점 지표면의 상황이다. 수평을 이루고 있는 보도나 딱딱한 지표면이 더 좋다.
㉥ 바람에 날리는 물체들은 회전익에 자극을 주어 엔진에 충격을 주게 된다. 이럴 경우 엔진 손상을 받을 가능성이 높다.
㉦ 바람직하지는 않지만, 헬기는 모래층에는 착륙할 수 있다.
※ 모래가 바람에 날려 조종사의 시계에 장애를 주기도 하고, 엔진의 마모를 가져오기도 한다. 오히려 젖은 땅에 착륙하는 것이 모래밭에 착륙하는 것보다는 문제가 덜 발생한다.

198 헬기의 착륙지점 선택 시 "야간에 고려해야 할 사항"으로 옳지 않은 것은?

① 바람   ② 통신
③ 안전성   ④ 표면의 빛

적합한 착륙지점을 선택하는 데 고려사항은 바람, 가시도, 야간인 경우에는 표면의 빛, 안전성, 그리고 통신 등이다.

199 "헬기탐색과 구조작업"에 관한 설명으로 옳지 않은 것은?

① 바람 조건과 공기 밀도는 구조활동에 영향을 미치지만 전적으로 조종사가 판단할 문제이다.

② 실종자를 찾을 때 항공기로부터의 탐색은 일반적으로 300ft(90m) 이하, 시속 60마일 이하에서 실시된다.

③ 정전기 제거에 효과적인 접지 방법은 금속제 호이스트 케이블 또는 바스켓을 지표면에 살짝 접촉시키는 것이다.

④ 산악지역에는 착륙가능한 지역이 있더라도 착륙구조방법은 위험하므로 지양한다.

■ 탐색절차
㉠ 실종자를 찾을 때 항공기로부터의 탐색은 일반적으로 300ft(90m) 이하, 시속 60마일 이하에서 실시된다.
㉡ 구조대상자가 외투를 벗거나 외형을 바꿀 수 있다는 것을 염두에 두어야 한다.
㉢ 어린이들은 대피해 있거나 불안과 혼돈으로 숨어 있을 수 있다.
㉣ 관찰자는 특별한 사람이나 물체를 수색하는 데에 주의를 집중해야 한다.

■ 사상자 구조
① 헬기는 착륙하거나 기중장치(Hoist)를 통해 구조활동을 수행하지만 산악과 같이 높은 고도에서는 헬기의 부양능력이 저하되기 때문에 <u>착륙가능한 지역이 있으면 착륙하여 구조를 실시한다.</u>
② 상공에서의 대피를 위한 장소를 선택할 때 고려해야 하는 요인은 좁은 지역, 거친 지형 그리고 급경사도 허용된다는 점을 제외하고는 일반적으로 헬기착륙장과 같다.
③ 주 회전익과 미부회전익을 위한 여유 공간이 충분해야 한다는 점이 매우 중요하다. 왜냐하면 조종사는 풍향변화가 있을 때 항공기를 돌려야 하기 때문이다. 바람 조건과 공기 밀도는 구조활동에 영향을 미치지만 <u>전적으로 조종사가 판단할 문제이다.</u>
④ 비행 중인 항공기는 정전기를 띠기 때문에 헬리콥터와 지상에 있는 사람이 접촉하기 전에 정전기를 제거해야 한다. 가장 효과적인 <u>접지 방법은 금속제 호이스트 케이블 또는 바스켓을 지표면에 살짝 접촉시키는 것이다.</u>

200 "헬기를 이용한 산악구조요령"으로 옳지 않은 것은?

① 운항지휘자는 기상상태를 확인하고 장시간 운항에 대비한다.

② 신속한 구조작업을 위해서 관할 구조대와 연계하여 진행한다.

③ 가급적이면 저공비행이 효과적이다.

④ 암반 및 급경사에서 하강하는 경우 호이스트 사용을 원칙으로 한다.

■ 산악구조
① 구조활동은 관할 구조대와 연계하여 실시한다.
② 운항지휘자는 기상상태를 확인하고 장시간 운항에 대비한다.
③ 강하한 구조대원은 항공기 비행시간을 고려하여 신속히 활동한다. 구조대상자의 위치, 상태 및 현장 주변 상황을 신속히 파악하여 항공구조 가부를 신속히 결정한다.
④ 구조대원이 <u>암반 및 급경사에 하강하는 경우 호이스트 사용을 원칙으로 한다.</u>
⑤ <u>회전익의 풍압에 의한 낙석 위험이 있으므로 저공비행은 피한다.</u>
⑥ 구조대상자를 발견하지 못한 경우 상공에서 방송을 실시하여 구조대상자의 반응을 확인하고 심리적 안정을 도모한다.

정답 199. ④ 200. ③

201 "헬기유도 수신호" 중 다음과 관계 깊은 것은?

① 전진   ② 상승

③ 이륙   ④ 엔진시동

하강	우선회	좌선회	전진
손바닥을 아래로 팔을 뻗고 아래로 움직임을 반복한다.	왼팔은 수평으로, 오른팔을 머리까지 위로 움직인다.	오른팔은 수평으로, 왼팔을 머리까지 위로 움직인다.	손바닥은 몸 쪽으로, 팔로 끌어당기는 동작을 반복한다.

202 다음 중 엘리베이터 구조에서 "승강로"에 해당되지 않은 것은?

① 레일   ② 위치표시기

③ 균형추   ④ 이동케이블

■ 승강로* 13년 소방장

레일	카와 균형추의 승강안내를 위한 레일로 각각 승강로 벽에 견고히 부착되어 있다.
로프 (와이어 로프)	카와 균형추를 매달고 있는 메인로프, 조속기와 카를 연결하는 조속기로프 등이 있으며, 각각 로프소켓 등으로 고정되어 있다.
균형추	카와 균형추는 로프에 두레박 식으로 연결되어 있다. 승강행정이 높은 것은 로프의 불균형을 시정하기 위해, 균형로프 또는 균형체인을 설치하는 경우도 있다.
이동케이블	승강로 내의 고정배선과 카의 기기를 전기적으로 연결하는 것으로 "테일코드"라고도 부른다.

※ ②는 승장에 해당됨.

정답 | 201. ①   202. ②

203 엘리베이터 조속기의 "제1동작 정격속도"의 작동 범위는?

① 3배 　　　　　　　　　　　　② 2배

③ 1.3배 　　　　　　　　　　　④ 5배

조속기 (governor) 12년 부산 소방장		엘리베이터의 속도를 항상 감시하고 있다가 속도가 비정상적으로 증가하는 경우, 다음 두 가지 동작으로 속도를 제어한다.
	제1 동작	엘리베이터의 속도가 정격속도의 1.3배(정격속도가 매분 45m/min 이하의 엘리베이터에 있어서는 매분 63m/min)넘지 않는 범위 내에서 과속 스위치를 끊어, 전동기회로를 차단함과 동시에 전자브레이크를 작동시킨다.
	제2 동작	정격속도의 1.4배(정격속도가 매분 45m/min이하의 엘리베이터에 있어서는 매분 68m/min)를 넘지 않는 범위 내에서 비상정지장치를 움직여 확실히 가이드레일을 붙잡아 카의 하강을 제지한다.

204 "엘리베이터 안전장치"에 대한 설명으로 옳지 않은 것은?

① 와이어로프의 강도는 최대하중의 5배 이상의 안전율로 설치한다.

② 로프가 끊어져도 평소 이동속도의 1.4배 이상에서 작동되는 브레이크 장치로 인해 추락하지는 않는다.

③ 밧줄이 끊어져 엘리베이터가 낙하하는 것은 실제 발생할 가능성은 높지 않다.

④ 브레이크도 작동하지 않는 최악의 경우에 대비해 충격을 최소화할 수 있는 충격 완화 장치가 있다.

▣ 엘리베이터의 안전장치** 11년 소방장, 소방교/ 12년 소방장/ 16년 소방교
과속·과주행에 대해서는 이중안전장치가 있다. <u>와이어로프의 강도는 최대하중의 10배 이상의 안전율</u>로 설치하기 때문에 와이어로프 절단사고가 일어날 확률은 희박하며 여타의 <u>기계적 결함으로 로프가 끊어져도 평소 이동 속도의 1.4배 이상에서 작동되는 브레이크 장치로 인해 추락하지는 않는다.</u> 또한 엘리베이터 통로 바닥에는 브레이크도 작동하지 않는 <u>최악의 경우에 대비해 충격을 최소화할 수 있는 충격 완화 장치</u>가 있어 영화에서처럼 밧줄이 끊어져 엘리베이터가 낙하하는 장면이 실제 발생할 가능성은 그리 높지 않다.

205 엘리베이터 정지 시 승객이 직접탈출 가능한 "카와 승장의 문턱과의 거리" 차이는?

① 60cm 이내 　　　　　　　　② 40cm 이내

③ 20cm 이내 　　　　　　　　④ 10cm 이내

승장도어, 카도어가 정위치에서 열리지 않을 경우 카의 문턱과 승장의 문턱과의 거리차를 확인한 후 60cm 이내에서 위 또는 아래에 있을 때에는 승객이 직접탈출 가능하다.

정답 　203. ③ 　204. ① 　205. ①

206 "엘리베이터의 각종 안전장치"에 대한 설명으로 옳은 것은?

① 전자브레이크 : 로프가 절단된 경우라든가, 그 외 예측할 수 없는 원인으로 카의 하강속도가 현저히 증가한 경우에, 그 하강을 멈추기 위해, 가이드레일을 강한 힘으로 붙잡아 엘리베이터 몸체의 강하를 정지시키는 장치로 조속기에 의해 작동된다.

② 리미트 스위치 : 최상층 및 최하층에 근접할 때에, 자동적으로 엘리베이터를 정지시켜 과주행을 방지한다.

③ 완충기 : 어떤 원인으로 카가 중간층을 지나치는 경우, 충격을 완화시키는 것으로 통상 정격속도가 60m/min 이하의 경우는 유압완충기를, 60m/min을 초과하는 것에는 스프링완충기를 사용한다.

④ 비상정지장치 : 엘리베이터의 운전 중에는 브레이크슈를 전자력에 의해 개방시키고 정지시에는 전동기 주회로를 차단시킴과 동시에 스프링 압력에 의해 브레이크슈로 브레이크 휠을 조여서 엘리베이터가 확실히 정지하도록 한다.

■ 엘리베이터 각종 안전장치** 11년 소방교, 소방장/ 13년 소방위/ 20년 소방교/ 22년 소방장

명칭	설명
전자브레이크	엘리베이터의 운전 중에는 브레이크슈를 전자력에 의해 개방시키고 정지시에는 전동기 주회로를 차단시킴과 동시에 스프링 압력에 의해 브레이크슈로 브레이크 휠을 조여서 엘리베이터가 확실히 정지하도록 한다.
조속기	카의 속도를 일정하게 유지한다.
비상정지장치	로프가 절단된 경우라든가, 그 외 예측할 수 없는 원인으로 카의 하강속도가 현저히 증가한 경우에, 그 하강을 멈추기 위해, 가이드레일을 강한 힘으로 붙잡아 엘리베이터 몸체의 강하를 정지시키는 장치로 조속기에 의해 작동된다.
리미트 스위치	최상층 및 최하층에 근접할 때에, 자동적으로 엘리베이터를 정지시켜 과주행을 방지한다.
화이널 리미트 스위치	리미트 스위치가 어떤 원인에 위해서 작동하지 않을 경우, 안전확보를 위해 모든 전기회로를 끊고 엘리베이터를 정지시킨다.
완충기	어떤 원인으로 카가 중간층을 지나치는 경우, 충격을 완화시키는 것으로 통상 정격속도가 60m/min 이하의 경우는 스프링완충기를, 60m/min을 초과하는 것에는 유압완충기를 사용한다.
도어 인터록스위치	모든 승강도어가 닫혀있지 않을 때는 카가 동작할 수 없으며, 카가 그 층에 정지하고 있지 않을 때는 문을 열 수가 없도록 하기 위해 승장도어의 행거케이스내에 스위치와 자물쇠가 설치되어 있다. 엘리베이터의 안전상 비상정지 장치와 더불어 중요한 장치이다. 또한 비상해제장치 부착 인터록스위치는 특별한 키로 해제하여 승장측에서 문을 열 수 있도록 되어 있다. 또 카도어를 손으로 열 때(이 인터록 스위치에 손이 닿을 경우는)손으로 인터록을 벗겨 승장도어를 열 수가 있도록 되어 있다.
통화설비 또는 비상벨	카 내에 빌딩관리실을 연결하는 엘리베이터 전용 통화설비(인터폰) 혹은 비상벨이 설치되어 있다.
정전등	정전 시에는 승객을 불안감을 완화시키기 위하여 곧바로 카내에 설치된 정전등이 점등된다. 바닥 면에 1룩스 이상의 밝기를 유지하도록 되어 있는데 조도 유지시간은 보수회사 및 구조대의 이동시간 등을 고려할 때 1시간 이상이 적당하다.
각층 강제 정지장치	심야 등 한산한 시간에 승객을 대상으로 한 범죄를 예방하기 위한 것으로써 목적층에 도달하기까지 각층에 순차로 정지하면서 운행할 수 있다.

정답 206. ②

207 "엘리베이터 카(Car)에 대한 설명"으로 옳지 않은 것은?

① 강재로 구성된 카의 상부 틀은 로프에 매달리게 되어 있고, 하부 틀은 비상정지 장치가 설치되어 있다.

② 전원을 끊으면 비상시에는 문을 손으로 열 수 없는 구조로 되어있다.

③ 카틀 상하좌우에는 카가 레일에 붙어 움직이기 위한 가이드슈 또는 가이드롤러가 설치되어 있다.

④ 카(Car)실은 대부분 불연재로 만들어져 있고, 밀폐구조는 아니므로 갇혔을 때 질식될 염려는 전혀 없다.

■ **카(car)**

카실은 대부분 불연재로 만들어져 있고, 카 내의 승객이 바깥과 접촉되지 않는 구조 되어 있지만 밀폐구조는 아니므로 갇혔을 때 질식될 염려는 전혀 없다.

카틀 및 카 바닥	강재로 구성된 카의 상부 틀은 로프에 매달리게 되어 있고, 하부 틀은 비상정지 장치가 설치되어 있다(상부 틀에 설치되어 있는 것도 있다) 카틀 상하좌우에는 카가 레일에 붙어 움직이기 위한 가이드슈 또는 가이드롤러가 설치되어 있다.
카실 (실내벽, 천장, 카 도어)	실내벽에는 조작반과 카 내 위치표시기가, 천장에는 조명등, 정전등, 비상구출구 등이 설치되어 있다. 자동개폐식문 끝에는 사람이나 물건에 접촉되면 문을 반전시키는 세이프티 슈(safety shoe)가 설치되어 있어 틈에 끼이는 사고를 방지하고 있다. 문은 수동식도 있으므로 운전 중에 문을 열면 엘리베이터는 급정지하기 때문에 주행 중에는 절대로 문에 몸을 기대거나 접촉해서는 안 된다.
문 개폐장치	문을 자동 개폐시키는 전동장치로, 전원을 끊으면 비상시에는 문을 손으로 여는 것도 가능하다.
카 상부 점검용 스위치	카 상부에는 보수 및 점검 작업의 안전을 위하여 저속운전용 스위치나 작업등용 콘센트가 설치되어 있다.

208 다음 중 "엘리베이터 권양기 수동조작 구출방법"으로 옳지 않은 것은?

① 주전원스위치를 켜놓고 사고 층의 승장도어가 닫혀있는 것을 확인한다.

② 카가 정지된 위치에서 가장 가까운 상·하 층에 구조대원을 대기시키고 기계실에 2명 이상의 구조대원이 진입한다.

③ 터닝핸들을 좌, 또는 우측의 가벼운 방향으로 돌려서 카를 움직인다.

④ 기계실에서 카의 위치를 확인하면서 비상해제장치가 붙어있는 층의 근처까지 카를 움직인다.

주전원스위치를 차단하고 전 층의 승장도어가 닫혀있는 것을 확인한다.

209 엘리베이터가 "정전, 기계적 결함으로 정지한 경우 구조요령"으로 옳지 않은 것은?

① 정전 시에는 곧바로 카 내의 정전 등이 점등된다.

② 정전으로 엘리베이터가 정지한 사례를 보면 80% 이상이 승장과 떨어져 있다.

③ 먼저 엘리베이터 만능열쇠를 사용하여 1차 문을 열고 승객에게 2차 문을 개방토록 한다.

④ 카의 문턱과 승장의 문턱과의 거리차를 확인한 후 60cm 이내에서 위 또는 아래에 있을 때에는 승객이 직접탈출 가능하다.

■ **정전 혹은 기계적 결함으로 인해 정지한 경우**

정전 시에는 곧바로 카 내의 정전등이 점등된다. 정전이 단시간 내 복구 가능할 때는(인터폰으로 또는 직접 승장 측에서) 곧 복구됨을 승객에게 알려 안심시킨다. 전원이 복구되면 어떤 층의 버튼을 누르더라도 엘리베이터는 통상 동작하기 시작한다.

① 지금까지 정전으로 엘리베이터가 정지한 사례를 보면 80% 이상이 승장이 있는 근처인 것으로 밝혀졌다. 이러한 경우 승객이 스스로 카도어를 열게 할 경우 카도어와 연동되어 움직이는 승장도어가 동시에 열리게 되어 쉽게 밖으로 구출할 수 있다.

② 그러나 이 경우에도 탈출 중에 전원이 복구되어 카가 움직일 수 없도록 하기 위해 기계실에서 엘리베이터의 전원을 차단하는 것이 안전상 필요하다.

③ 먼저 엘리베이터 만능열쇠를 사용하여 1차 문을 열고 승객에게 2차 문을 개방토록 한다. 승장도어, 카도어가 정위치에서 열리지 않을 경우 카의 문턱과 승장의 문턱과의 거리차를 확인한 후 60cm 이내에서 위 또는 아래에 있을 때에는 승객이 직접 탈출 가능하다.

210 "빌딩 내에서 화재가 발생한 경우 엘리베이터 안전수칙"으로 옳지 않은 것은?

① 피난에는 엘리베이터를 이용하지 않고 계단을 이용해야 한다.

② 빌딩내의 카는 모두 1층으로 집합, 도어를 닫고 정지시켜 두는 것이 원칙이다.

③ 비상용 엘리베이터는 소화활동으로 사용할 수 있기 때문에 제한을 하지 않도록 한다.

④ 승강로의 구조상 굴뚝과 같은 역할 때문에 열과 연기의 통로가 될 수 있다.

■ **빌딩내에서 화재가 발생한 경우**

① 빌딩 내에서 화재가 발생한 경우, 승강로의 구조상 굴뚝과 같은 역할을 하기 때문에 열과 연기의 통로가 될 수 있다.

② 또한 소화작업에 수반하는 전원차단 등으로 승객이 갇히게 될 우려가 있기 때문에, 피난에는 엘리베이터를 이용하지 않고 계단을 이용해야 한다.

③ 빌딩 내의 카는 모두 피난 층으로 집합시켜, 도어를 닫고 정지시켜 두는 것이 원칙이다.

　　※ 비상용 엘리베이터는 소화활동으로 사용할 수 있기 때문에 제한을 하지 않도록 한다.

④ 화재 시 관제운전 장치가 부착된 엘리베이터는 감시실 등에 설치된 관제스위치를 조작하는 것에 의해 자동적으로 특정 피난층에 되돌려, 일정시간 후에 도어를 닫고 운전을 정지하도록 되어 있다.

⑤ 엘리베이터 기계실에서 화재가 발생해 확대되고 있을 때에는 전기화재에 적응한 소화기 등을 사용해서 소화에 주력함과 더불어 카 내의 승객과 연락을 취하면서 엘리베이터용 주전원스위치를 차단한다. 전원스위치는 기계실의 출입문 근처에 있을지라도 그 스위치에 접근할 수 없다.

⑥ 엘리베이터의 승강로에 화재가 발생한 경우, 승강로에는 가연물은 거의 없기 때문에 카 내에 대량의 가연물을 가지고 있지 않는 한 엘리베이터 자체의 피해는 크지 않을 수 있다.

정답 | **209.** ② **210.** ②

211 승강의 구성요소로서 "인디케이터(indicator)"는?

① 문 개폐장치
② 승장도어
③ 도어틀
④ 위치표시기

 위치표시기는 인디케이터(indicator)라고도 말한다. 램프의 점등 또는 디지털 방식으로 카가 위치한 층을 표시한다.

212 "지진이 발생한 경우 엘리베이터 안전조치"로 옳지 않은 것은?

① 엘리베이터는 지진에 의해 멈추는 수가 있기 때문에 층간에서 갇히게 되는 것을 방지하기 위해 주로 피난용으로 사용하지 않는다.
② 관제운전 장치가 부착된 엘리베이터는 지진감지기가 작동하면 자동적으로 카를 가장 가까운 층에 이동시켜 일정시간 후에 도어를 닫고 운전을 정지하도록 되어 있다.
③ 주행 중인 카는 항상 1층에 정지, 승객이 피난 후 도어를 닫고 전원스위치를 차단한다.
④ 진도 3 정도는 관리기술자, 진도 4 이상은 엘리베이터 전문기술자의 점검이 필요하다.

 ▣ **지진이 발생한 경우**
① 주행 중인 카는 가장 가까운 층에서 정지, 승객이 피난 후 도어를 닫고 전원스위치를 차단한다.
② 엘리베이터는 지진에 의해 멈추는 수가 있기 때문에, 층간에서 갇히게 되는 것을 방지하기 위해 피난용으로 사용하지는 않는다.
③ 또한, 지진 시 관제운전 장치가 부착된 엘리베이터는 지진감지기가 작동하면 자동적으로 카를 가장 가까운 층에 이동시켜 일정시간 후에 도어를 닫고 운전을 정지하도록 되어 있다.
④ 지진 후는 운전재개에 앞서 진도 3정도 상당의 경우는 관리기술자, 진도 4정도 이상의 경우는 엘리베이터 전문기술자의 점검과 이상유무의 확인이 필요하다.
⑤ 승객이 갇히게 된 경우는 앞에 서술한 순서에 따라 구출하지만, 구출 완료 후는 상기의 점검, 확인이 끝날 때까지 운전을 중지해둔다.

213 다음 중 "토사붕괴사고의 주원인"이 아닌 것은?

① 균열의 발생과 균열로 움직이는 수압
② 외력, 지진, 폭발에 의한 진동
③ 함수량의 증가로 흙의 단위용적 중량의 증가
④ 물품의 불안정한 적재, 기계의 진동 등

 ▣ **붕괴사고의 주원인**

사고구분	원 인
토사붕괴	① 함수량의 증가로 흙의 단위용적 중량의 증가 ② 균열의 발생과 균열로 움직이는 수압 ③ 굴착에 따른 흙의 제거로 지하공간의 형성 ④ 외력, 지진, 폭발에 의한 진동

정답 **211.** ④ **212.** ③ **213.** ④

건축물 붕괴	① 해체작업 현장에서의 오 조작, 점검불량
	② 물품의 불안정한 적재, 기계의 진동 등
	③ 자동차 충돌에 의한 가옥, 담의 도괴

214 "토사붕괴, 도괴 등 조치사항"으로 볼 수 없는 것은?

① 비교적 소규모 또는 경량의 도괴물에는 에어백이나 유압장비를 이용한다.

② 구조대상자의 매몰지점을 정확히 모르는 경우에는 삽이나 곡괭이 등을 활용하고 맨손이나 판자 등을 이용해서는 안 된다.

③ 굴착된 토사는 매몰 장소에서 가능한 한 먼 곳으로 운반한다.

④ 현장의 지휘장소는 재 붕괴의 염려가 없는 곳을 선택한다.

■ 붕괴사고 구조의 구출행동* 16년 소방장

토사 붕괴	① 부근의 목재, 판넬 등을 활용하여 재 붕괴를 방지할 수 있는 조치를 취한다.
	② 현장의 지휘장소는 재 붕괴의 염려가 없는 곳을 선택한다.
	③ 굴착된 토사는 매몰 장소에서 가능한 한 먼 곳으로 운반한다.
	④ 추가 붕괴의 위험성이 있는 장소, 구조대상자의 매몰지점을 정확히 모르는 경우에는 삽이나 곡괭이 등을 활용하지 말고 맨손이나 판자 등을 이용하여 신중히 제거한다.
도괴	① 주위에서의 재 붕괴, 미끄러 떨어지는 등 2차 재해발생 방지조치를 취한다.
	② 비교적 소규모 또는 경량의 도괴물에는 에어백이나 유압장비를 이용한다.
	③ 기타 경우에는 도괴개소의 범위를 확인하고 도괴물에 직접 작용하고 있는 물체와 것 상부의 장애물을 제거한다.
	④ 도괴물을 들어올리거나 제거하는 것은 주위의 상황에 주의하면서 천천히 한다.
주의 사항	① 현장부근은 Fire Line을 설치하고 경계구역을 설정하여 관계자 외의 출입을 금지하고 붕괴장소 부근에 무거운 장비를 설치하지 않도록 한다.
	② 침수, 누수, 유독가스 등의 발생에 주의한다.
	③ 사용 가능한 기계, 장비 및 작업원의 보충에 관해서는 현장책임자와 긴밀한 연락을 하여야 한다.
	④ 작업이 장시간 소요되는 경우에는 교대요원을 준비시킨다.
	⑤ 구조대상자의 소재가 불명확한 경우 현장 및 인근지역 주변까지 통제한 후 지중음향탐지기나 영상탐지기 등 인명탐색장비를 활용한다.
	⑥ 장비활용이 불가능한 경우 구조대상자의 이름을 불러보아 대답 또는 토사의 미세한 움직임 등을 살펴보는 방법도 있다. 상황에 따라 구조견을 활용하는 방안도 검토한다.

215 다음 설명에서 ( ) 안에 들어갈 내용은?

> 굴착공사 시 굴착의 길이가 ( )을 넘는 경우에는 토사붕괴 방지조치를 하도록 한다.

① 1.5m

② 2.5m

③ 3.5m

④ 4.5m

굴착공사 시 굴착의 길이가 1.5m를 넘는 경우에는 토사붕괴 방지조치(판자 등으로 지지판을 설치)를 하도록 한다.

🔲 정답 | 214. ② 215. ①

216 "119구조견의 능력"에 관한 내용으로 옳지 않은 것은?

① 냄새를 맡는 능력은 인간의 수천배(3,000~6,000배)에 이른다.

② 조난자의 냄새를 맡는 거리는 500m~1Km에 달한다.

③ 청각은 8만~10만의 진동음도 감청이 가능하다.

④ 음원의 방향정위에 있어서 16방향까지의 구별이 가능하다.

119구조견은 산악구조견, 재해구조견(건물붕괴), 설상구조견, 수중구조견 등으로 구분되며, 인명 구조 활동의 행동 지침서 역할을 하는 UN의 '국제 수색 구조 가이드 라인'에는 인명 구조견이나 핸들러(구조견 운용자)가 인명 구조 활동 중 부상을 당했을 경우 구조를 요하는 사람을 보다 최우선적으로 이들을 먼저 치료, 처치하게 되어 있다. 또한 구조 활동에서 수색 초기에 인명 구조견을 진입시키도록 되어 있다.

■ 구조견의 능력
① 냄새를 맡는 능력은 인간의 수천배(3,000~6,000배)에 이르며, 특히 초산은 4만배 특히 염산은 1백만배로 희석해도 식별할 수 있고, 또한 지방산에 대한 식별력은 보다 뛰어나 인간이 감각하는 1백만분의 1이하의 농도에서도 판별이 가능하다.
② 길에 버려진 성냥개비 한 개의 냄새로 버린 사람을 찾아 낼 수 있다. 부유취 냄새로 바람의 방향을 알고 사람 냄새를 맡아 추적할 때에 조난자의 냄새를 맡는 거리는 500m~1Km에 달한다.
③ 청각도 뛰어나 개의 가청 범위도 인간보다도 훨씬 넓다. 인간은 1초에 2만 5천의 진동음 밖에는 듣지 못하는데 비하여 개의 경우는 8만~10만의 진동음도 감청이 가능하다.
④ 음의 강약에 대해서는 인간의 10배나 뛰어나며 음원의 방향정위에 있어서도 인간의 16방향제에 비해 개의 경우는 그 배인 32방향의 구별이 가능하다. 특히 일정 단계의 훈련을 마친 개는 보다 향상된 기능을 갖게 되어 기계나 인간의 힘으로 처리 할 수 없는 어려운 상황에서도 그 뛰어난 능력을 발휘하며 인간에게 도움을 줄 수 있다.

217 "119구조견 활용 시 고려할 사항 및 활용범위"에 대한 내용으로 옳지 않은 것은?

① 119구조견을 초기 수색에 활용해야 성공률을 높일 수 있다.

② 정확한 제보 없는 실종자를 구조견이 찾을 수는 없다.

③ 반드시 구조대원이 먼저 수색한 후 구조견을 투입한다.

④ 눈 속 매몰자 구조는 눈 아래 약 7m 정도까지 탐색 가능하다.

■ 구조견 활용 시 고려할 사항
① 119구조견을 초기 수색에 활용해야 성공률을 높일 수 있다.
② 신속한 구조출동은 실종자의 생존 가능성이 높아진다.
③ 정확한 제보 없는 실종자를 구조견이 찾을 수는 없다.
※ 현장에서의 先투입 : 구조대원이 수색한 지역을 구조견이 뒤이어 수색하게 되면 구조대원의 냄새가 지면이나 공중에 남아 유혹취로 작용되어 실종자 수색이 불리해진다.

■ 구조견의 활용범위
① 산악지역 조난자의 구조
② 수중 구조 – 물속에서 흘러나오는 특수한 체취 습득
③ 눈 속 매몰자 구조(눈 아래 약 7m 정도까지 탐색 가능)
④ 건물 붕괴 시 냄새 추적으로 사람의 위치 파악
⑤ 산악 지대의 행방불명자, 방향 추적으로 구조

정답 | 216. ④   217. ③

218 가스의 분류에서 연결이 바르게 된 것은?

① 가연성가스 – 질소
② 용해가스 – 아세틸렌
③ 조연성가스 – 프로판
④ 불연성가스 – 수소

■ 가스의 분류* 22년 소방위

구분	분류	성 질	종류
가스 상태에 따른 분류	압축 가스	상온에서 압축하여도 액화하기 어려운 가스로 임계(기체가 액체로 되기 위한 최고온도)가 상온보다 낮아 상온에서 압축시켜도 액화되지 않고 단지 기체 상태로 압축된 가스를 말함	수소, 산소, 질소, 메탄 등
	액화 가스	상온에서 가압 또는 냉각에 의해 비교적 쉽게 액화되는 가스로 임계온도가 상온보다 높아 상온에서 압축시키면 비교적 쉽게 액화되어 액체상태로 용기에 충전하는 가스	액화암모니아, 염소, 프로판, 산화에틸렌 등
	용해 가스	가스의 독특한 특성 때문에 용매를 추진시킨 다공 물질에 용해시켜 사용되는 가스로 아세틸렌가스는 압축하거나 액화시키면 분해 폭발을 일으키므로 용기에 다공 물질과 가스를 잘 녹이는 용제(아세톤, 디메틸포름아미드 등)를 넣어 용해시켜 충전한다.	아세틸렌
연소성에 따른 분류	가연성 가스	산소와 결합하여 빛과 열을 내며 연소하는 가스를 말하며 수소, 메탄, 에탄, 프로판 등 32종과 공기 중에 연소하는 가스로서 폭발 한계 하한이 10% 이하인 것과 폭발 한계의 상/하한의 차가 20% 이상인 것을 대상으로 한다.	메탄, 에탄, 프로판, 부탄, 수소 등
	불연성 가스	스스로 연소하지도 못하고 다른 물질을 연소시키는 성질도 갖지 않는 가스	질소, 아르곤, 이산화탄소 등 불활성가스
	조연성 가스	가연성 가스가 연소되는 데 필요한 가스. 지연성 가스라고도 함	공기, 산소, 염소 등
독성에 따른 분류	독성 가스	공기 중에 일정량 존재하면 인체에 유해한 가스, 허용농도가 200 ppm 이하인 가스	염소, 암모니아 일산화탄소 등 31 종
	비독성 가스	공기 중에 어떤 농도 이상 존재하여도 유해하지 않는 가스	산소, 수소 등

219 "LNG와 LPG의 특성을 비교" 설명한 것으로 옳지 않은 것은?

① LNG 주성분은 메탄이며, 취사용으로 많이 쓰인다.
② 프로판, 부탄은 LPG의 주성분으로서 비중은 프로판이 낮다.
③ LNG는 LPG보다 비중이 낮고 취사용으로 사용된다.
④ LPG의 주성분인 프로판은 취사용으로 사용되며, 액화온도는 −0.5℃이다.

정답 | **218.** ② **219.** ④

■ LNG와 LPG의 특성 비교

구분	주성분	비중	액화온도	열량(m³)	폭발범위	용도
LNG	메 탄	0.6	−162℃	10,500 kcal	5.3~14.0	취사용
LPG	프로판	1.5	−42℃	24,000 kcal	2.2~9.5	취사용
	부 탄	2.0	−0.5℃	30,000 kcal	1.9~8.5	자동차. 공업용

220 가스용기의 도색이 "황색"인 것은?

① 수소

② 아세틸렌

③ 암모니아

④ 액화석유가스

■ 가스용기의 도색 방법 * 16년 소방교

가스종류	도색의 구분		그 밖의 가스
	가연성가스, 독성가스	의료용	
액화석유가스	밝은 회색	–	–
수소	주황색	–	
아세틸렌	황 색	–	–
액화암모니아	백 색	–	–
액화염소	갈 색	–	–
그 밖의 가스	회 색	회 색	회 색
산소	–	백색	녹 색
액화탄산가스	–	회 색	청 색
헬륨	–	갈 색	–
에틸렌	–	자 색	–
질소	–	흑 색	회 색
이산화질소	–	청색	–
싸이크로프로판	–	주황색	–
소방용 용기	–	–	소방법에 따른 도색

221 "LPG와 도시가스 누설 시 공통사항"으로 옳은 것은?

① 부근의 착화원이 될 만한 것은 신속히 치우고, 중간밸브를 잠그고 창문 등을 열어 환기 시켜야 한다.

② 배관에서 누설되면 즉시 용기에서 가까운 밸브를 잠근다.

③ 공기보다 무거워 낮은 곳에 고이게 되므로 주의한다.

④ 용기의 안전밸브에서 가스가 누설될 때에는 용기에 물을 뿌려서 냉각시켜야 한다.

정답 220. ② 221. ①

■ LPG의 누설 시 조치
① LPG는 공기보다 무거워 낮은 곳에 고이게 되므로 특히 주의한다.
② 가스가 누설되었을 때는 부근의 착화원이 될 만한 것은 신속히 치우고, 중간밸브를 잠그고 창문 등을 열어 환기시켜야 한다.
③ 용기의 안전밸브에서 가스가 누설될 때에는 용기에 물을 뿌려서 냉각시켜야 한다.
④ 용기밸브가 진동, 충격에 의하여 누설된 경우에는 부근의 화기를 멀리하고 즉시 밸브를 잠가야 한다.
⑤ 배관에서 누설되면 즉시 용기에서 가까운 밸브를 잠가야 한다.

■ 도시가스 누설
㉠ 가스가 누설되면 즉시 공급자에게 연락하여 후속조치를 받아야 한다.
㉡ 가스가 누설되었을 때는 부근의 착화원이 될 만한 것은 신속히 치우고, 중간밸브를 잠그고 창문 등을 열어 환기시켜야 한다.
㉢ 배관에서 누설되는 경우 누출 부분 상부의 밸브를 잠근다.

222 "LPG 소화요령"을 설명한 것으로 옳지 않은 것은?

① 분출 착화인 경우에는 분말소화기로 분출하고 있는 가스의 근본으로부터 순차적으로 불꽃을 선단을 향하여 소화하는 것이 효과적이다.

② 접근하여 직접 소화해야 하는 경우 분말소화기 및 이산화탄소 소화기, 초 순간진화기도 효과를 발휘한다.

③ 고정되지 않은 가스용기에 봉상으로 대량 방수하면 용기가 쓰러져 더 큰 위험을 불러올 수 있으므로 주의하여야 한다.

④ 이산화탄소 소화기는 가능한 한 근접하여 가스의 강한 방출압력으로서 연소면의 중심부부터 일거에 제어한다.

■ 가스화재의 소화요령★★★
액화가스의 기화는 흡열 반응으로 용기 또는 배관에서 누설, 착화되는 되는 경우에도 용기나 배관은 냉각되어 있는 경우가 많다. 누출, 체류 중인 가스는 작은 불씨에도 폭발할 위험성이 높지만 연소중인 가스는 오히려 폭발 위험이 낮다는 사실을 염두에 두어야 한다. 따라서 밸브가 파손되지 않았거나 파손된 부분을 차단할 수 있는 경우, 엄호방수를 받으면서 가스 차단을 우선 시도하여야 한다.

※ 가스를 차단할 수 없고 주변에 연소될 위험도 없다면 굳이 화재를 소화하기보다는 안전하게 태우는 방안을 강구하는 것이 좋다. 가스 누출을 차단할 수 없는 상황에서 섣불리 불꽃만을 소화한다면 누출된 가스에 의하여 2차 폭발이 발생할 우려가 있기 때문이다.

LPG 소화요령	① 누설을 즉시 멈추게 할 수 없을 경우에는, 폭발이 발생할 위험이 있으므로 연소하고 있는 가스 소화는 신중히 판단한다. ② 접근하여 직접 소화해야 하는 경우에는 분말소화기 및 이산화탄소 소화기를 사용하는 것이 효과적이고 초 순간진화기도 효과를 발휘한다. ③ 분출 착화인 경우에는 분말소화기로 분출하고 있는 가스의 근본으로부터 순차적으로 불꽃을 선단을 향하여 소화하는 것이 효과적이다. ④ 이산화탄소 소화기는 가능한 한 근접하여 가스의 강한 방출압력으로서 연소면의 끝 부분부터 점차 불꽃을 제어한다. ⑤ 고정되지 않은 가스용기에 봉상으로 대량 방수하면 용기가 쓰러져 더 큰 위험을 불러올 수 있으므로 주의하여야 한다.

정답 222. ④

LNG 소화요령	① LNG는 배관망을 통하여 공급된다. 따라서 <u>누설된 LNG가 착화된 경우에는 누설 원을 차단해야 한다.</u> ② 가스 누출 규모에 따라 인근지역을 방화경계구역으로 설정하고 주민을 대피토록 한다. 또한 지하에 매설된 배관에서 누출되는 상황이라면 관계기관에 신속히 연 락을 취하여 조치토록 하여야 한다. ③ 가스가 누설, 확산된 상황에서는 화재를 진압하더라도 누설된 가스가 부근의 공기 중에 확산, 체류하여 재차 발화할 우려가 있으므로 상황에 따라 누설된 가스를 전부 연소시키는 방법이 효과적인 경우도 있다.

223 "산에서 발생하는 안개에 대한 특성"으로 옳지 않은 것은?

① 큰 원을 그리며 움직여 출발지점에 도착하는 경우를 "링반데룽"이라 한다.
② 산에서 안개를 만나면 활동을 중지하고 즉시 하산해야 한다.
③ 산안개는 바람과 해에 의해 쉬 걷힌다.
④ 산에서 만나는 안개는 입자가 더 크고 짙은 것이 특징이다.

안개	① 산에서 만나는 안개는 입자가 더 크고 짙은 것이 특징이다. <u>산에서 안개를 만나면 활동을 중지하고 한 자리에 머물러야 한다. 산안개는 바람과 해에 의해 쉬 걷힌다.</u> ② <u>산악에서 안개가 심하거나 일몰이나 눈이 쌓여 지형을 분간하기 힘든 경우 자신은 어떤 목표물을 향하여 전진하고 있다고 생각하지만 사실은 큰 원을 그리며 움직여 결국 출발 지점에 도착하는 경우가 있다. 이를 "링반데룽(Ringwanderung)" 또는 "환상방황"이라 한다.</u> ③ 이때에는 지체 없이 방향을 재확인하고 휴식을 충분히 취하며 안개나 강설이 걷힐 때까지 기다려야 한다.

224 "산악기상 특성"에 관한 설명으로 옳지 않은 것은?

① 고도가 높을수록 산의 기온은 올라가며 100m 마다 0.6℃가 올라간다.
② 오전 4시에서 6시 사이의 온도가 가장 낮고 오후 2시의 온도가 가장 높다.
③ 같은 온도에서도 추위와 더위를 더 심하게 느끼는 경우가 있다. 이를 체감온도라 한다.
④ -25~-40℃이면, 10~15분 사이 동상에 걸릴 수 있다.

■ **기온의 변화*** 14년 소방장
① 산악에서의 기온은 고도차에 의해 영향을 받는다. <u>고도가 높을 수록 산의 기온은 내려가며 100m마다
0.6℃가 내려간다.</u> 또한 우리나라의 기온은 일교차가 심한 편인데 보통 <u>하루 중 오전 4시에서 6시
사이의 온도가 가장 낮고 오후 2시의 온도가 가장 높다.</u>
② 같은 온도에서도 추위와 더위를 더 심하게 느끼는 경우가 있다. 이를 체감온도라 하는데 같은 기온
이라 할지라도 풍속의 변화에 따라 느끼는 온도가 달라진다.
※ 영하 10℃에서 풍속이 5㎧일 때 체감온도는 영하 13℃이지만 풍속이 시속 30㎧ 되면 체감온도가
영하 20℃까지 떨어져 강한 추위를 느끼게 된다. 체감온도 10℃/~-10℃에는 추위에 따른 불편
함이 늘어나고 긴 옷이나 따뜻한 옷을 착용한다. <u>-10℃~-25℃ 노출된 피부에서 매우 찬 기운이
느껴지고 시간이 경과하면 저체온증에 빠질 위험이 있으며 -25℃~-40℃이면 10~15분 사이에
동상에 걸릴 수도 있다.</u> 기상청에서 사용하고 있는 체감온도 계산식은?

$$체감온도(℃) = 13.12 + 0.6215 × T - 11.37 × V0.16 + 0.3965 × V0.16 × T$$

🔒 정답 | **223.** ② **224.** ①

225 "눈사태"에 대한 설명으로 옳지 않은 것은?

① 눈이 쌓이게 되면 눈은 표면의 바람과 햇볕, 기온에 의해 미세하게 다시 어는 현상이 발생한다. 이를 크러스트(Crust)라 한다.

② 대량의 눈이 쌓인 지역에 기온이 올라가면 눈의 접착력이 약해지면서 눈의 밑바닥에서 슬립이 일어나 눈이 무너져 내리게 되는데 이를 표층 눈사태라 한다.

③ 눈 쌓인 능선에서 주의할 것이 눈처마의 붕괴이다.

④ 통계상으로 눈사태는 경사가 31°~55° 사이에서 제일 많이 발생한다.

■ 눈★ 13년 소방장

① 평지와는 달리 산에서 눈의 위험성은 적설량(積雪量)을 기준(基準)할 수 없다. 산의 눈은 바람으로 인하여 때로는 지형(地形)을 변화시키고 또 온 산의 등산로(登山路)를 모두 덮기 때문에 평상시에 자주 다니던 산길도 길을 찾지 못하고 조난을 당하는 수가 있다.

② 눈사태는 적설량과 눈의 질(質) 그리고 기온과 지형, 지표면(地表面)의 경사각(傾斜角)에 의해서 일어난다. 통계상으로 눈사태는 경사가 31°~55° 사이에서 제일 많이 발생한다. 등산 또는 비박 시에는 이런 경사가 있는 좁은 골짜기는 피하는 것이 좋다.

③ 눈은 가볍고 사람의 몸은 무거워 저절로 가라앉고 움직이는 동안의 눈은 부드럽지만 눈의 흐름이 정지되는 즉시 콘크리트처럼 단단하게 굳어 빠져나올 수 없게 된다. 산행 시 경사가 급한 곳은 언제고 피하는 것이 좋다. 눈이 50Cm 이상 쌓이면 걷기가 어렵고 그 이상이면 스키를 타지 않는 한 목숨이 위태롭다.

표층 눈사태	눈이 내려 쌓이게 되면 눈은 표면의 바람과 햇볕, 기온에 의해 미세하게 다시 어는 현상이 발생한다. 이를 크러스트(Crust)라 하는데 이 위에 폭설이 내려 쌓이면 크러스트된 이전의 눈과 새로운 눈 사이에 미세한 층이 발생하고 눈의 무게를 이기지 못할 정도가 되면 결국 눈이 흘러내리게 된다. 이런 눈사태를 표층 눈사태라고 한다.
전층 눈사태	대량의 눈이 쌓인 지역에 기온이 올라가면 눈의 접착력이 약해지면서 눈의 밑바닥에서 슬립이 일어나 눈이 무너져 내리게 되는데 이를 전층 눈사태라 한다. 기온이 올라가 적설의 밑바닥이나 급한 비탈, 또는 슬랩면에서 눈 녹은 물이 흐르고 있는 상태가 가장 위험하다.
눈처마 붕괴	눈 쌓인 능선에서 주의할 것이 눈처마의 붕괴이다. 눈처마는 바위 등 돌출부분이 발달하여 밑으로 수그러지며 공기층의 공동이 생기게 되므로 눈으로 보고 판단하는 부분보다 훨씬 뒤의 선에서 붕괴된다.

226 안개로 인하여 지형을 분간하지 못하고 "계속 같은 장소를 맴도는 현상"은?

① 링반데룽　　　　　　　② 원형등반
③ 안개혼미　　　　　　　④ 수면방황

① 산에서 만나는 안개는 입자가 크고 짙은 것이 특징이다. 산에서 안개를 만나면 활동을 중지하고 한 자리에 머물러야 한다. 산안개는 바람과 해에 의해 쉬 걷힌다.

② 안개가 심하거나 일몰이나 눈이 쌓여 지형을 분간하기 힘든 경우 자신은 어떤 목표물을 향하여 전진하고 있다고 생각하지만 사실은 큰 원을 그리며 움직여 결국 출발지점에 도착 하는 경우가 있다. 이를 "링반데룽" 또는 "환상방황"이라 한다.

③ 이때에는 지체 없이 방향을 재확인하고 휴식을 충분히 취하며 안개나 강성이 걷힐 때까지 기다려야 한다.

225. ②　　226. ①

227 "번개"에 대한 설명으로 옳지 않은 것은?

① 대피할 때에는 반드시 낮은 곳으로 이동하고 거기서도 벼락이 치는 각도를 생각해야 한다.
② 통계상으로 번개는 바람이 약하고 기온이 낮은 새벽에 많이 발생한다.
③ 양떼구름, 소나기구름 그리고 태풍이 있을 때는 반드시 번개가 있다.
④ 쇠붙이는 몸에서 분리, 절연시키고 쇠붙이가 있는 곳에서 멀리 피하는 것이 안전하다.

 통계상으로 번개는 바람이 약하고 기온이 높은 오후에 많이 발생한다.

번개	번개는 고적운과 적란운 그리고 태풍이 있을 때 일어난다. 통계상으로 번개는 바람이 약하고 기온이 높은 오후에 많이 발생한다.  ∥번개가 칠 때의 대피요령∥ 양떼구름, 소나기구름 그리고 태풍이 있을 때는 반드시 번개가 있다는 것을 알고 쇠붙이는 몸에서 분리(分離), 절연(絶緣)시키고 쇠붙이가 있는 곳에서 멀리 피하는 것이 안전하다. 대피할 때에는 반드시 낮은 곳으로 이동하고 거기서도 벼락이 치는 각도를 생각해야 한다.

발생순위	많이 발생시간	비 교
1	16시~17시	제일 많다
2	15시~16시	다음으로 많다
3	14시~15시	그 다음 많다
4	23시~24시	적다
5	3시~4시	가장 적다

228 "기상변화"에 대한 설명으로 옳은 것은?

① 깊은 계곡에서는 일출 시간은 30분~1시간 정도 빠르고 일몰시간은 30분~1시간 정도 늦다.
② 산에서 행동할 때에는 1~2시간 후에 활동을 종료하는 것이 좋다.
③ 고기압권내에서 날씨가 좋으면 대게 적운(뭉게구름)이 끼고 비 오는 날에는 난층운(비구름)과 적란운(소나기구름)이 낀다.
④ 유속이 빠른 물이 가슴 높이를 넘으면 위험하므로 코스를 바꾸거나 물이 빠질 때까지 기다려야 한다.

기압 변화	지표면의 평균 기압은 1,013hPa이지만 10m를 오를 때마다 대략 1.1hPa이 내려가고 기압 27hPa이 내려갈 때마다 비등점이 1℃씩 낮아진다.
구 름	일반적으로 고기압권내에서 날씨가 좋으면 대게 적운(뭉게구름)이 끼고 비 오는 날에는 난층운(비구름)과 적란운(소나기구름)이 낀다. 서쪽 하늘을 바라볼 때 권운(새털구름)이 나타나고 그 뒤로 고적운(양떼구름)이 뒤따르면서 점차 구름이 많아지면 저기압이 접근하는 징조로서 하산을 서둘러야 한다.
비	산에서는 소나기를 만나는 경우, 계곡으로 빗물이 몰려들기 때문에 물살이 빠르고 유량도 급히 불어난다. 일반적으로 유속이 빠른 물이 무릎 높이를 넘으면 위험하므로 코스를 바꾸거나 물이 빠질 때까지 기다려야 한다.
일출·몰 시간의 변화	산에서의 일출 일몰은 평지와 차이가 있다. 특히 깊은 계곡에서는 일출 시간은 30분~1시간 정도 늦고 일몰시간은 30분~1시간 정도 빠르다. 산에서 행동할 때에는 반드시 일출, 일몰시간을 파악하고 1~2시간 전에 활동을 종료하는 것이 좋다.

정답 | 227. ② 228. ③

229 "저체온증"에 대한 설명으로 옳지 않은 것은?

① 체온이 35℃ 정도로 내려가면, 피로감과 사고력이 저하되고 졸려오는 현상이 나타나며, 보행이 불규칙하고 말의 표현이 부정확하게 된다.

② 체온이 30℃ 내외로 떨어지면 경련이 일어나고 혈색이 창백해지면서 근육이 굳어지고 맥박이 고르지 못하면서 의식이 흐려진다.

③ 특히 면직물 소재의 내의(일반적으로 입는 런닝셔츠, 팬티 등)는 젖으면 잘 마르기 때문에 등산용으로는 적합하다.

④ 저체온증에 걸렸으면 악천후로부터 환자를 대피시키고 따듯한 슬리핑백에 수용하여 더 이상의 열손실을 방지하고 뜨거운 음료를 마시게 한다.

■ **저체온증*** 10년 소방장
① 체온이 35℃ 정도로 내려가면, 피로감과 사고력이 저하되고 졸려오는 현상이 나타나며, 보행이 불규칙하고 말의 표현이 부정확하게 된다.
② 체온이 30℃ 내외로 떨어지면 경련이 일어나고 혈색이 창백해지면서 근육이 굳어지고 맥박이 고르지 못하면서 의식이 흐려진다. 이때는 매우 위험한 상태가 된다.
③ 저체온증(Hypothermia)은 추운 겨울뿐 아니라 여름철에도 일어날 수 있으며 고산지대가 아닌 평지에서도 등산복이 비바람이나 눈에 젖은 것을 계속입고 있을 때 일어날 수도 있다.
④ 젖은 옷은 마른 옷보다 우리 몸의 열을 240배나 빨리 뺏어간다. '체내에서 2g의 수분이 외부로 증발하면 약 1℃의 열이 손실된다.'는 미국 의학계의 보고도 있다.
⑤ 특히 면직물 소재의 내의(일반적으로 입는 런닝셔츠, 팬티 등)는 젖으면 잘 마르지 않기 때문에 등산용으로는 적합하지 않다. 산악구조대원들 사이에서는 면직물로 된 속옷을 "죽음의 의상"이라고 까지 부른다.

■ **저체온증 예방법**
등산 전 충분한 휴식과 영양섭취, 방수 방풍 의류 준비, 비상용 비박 장비의 준비, 폭풍설을 만났을 때의 적절한 비박, 몸의 열 생산을 계속 유지하기 위한 운동 등을 해야 할 것이다.
만일 저체온증에 걸렸으면 악천후로부터 환자를 대피시키고 따듯한 슬리핑백에 수용하여 더 이상의 열손실을 방지하고 뜨거운 음료를 마시게 한다. 현장에 대피할 곳이 없으면 다른 대원들이 환자를 에워싸서 체열의 저하를 방지한다. 일단 이렇게 조치하고 증상이 심하다고 판단되었을 때는 지체 없이 하산토록 하여 병원으로 이송하여 치료를 받게 한다.

230 등반장비의 명칭으로서 "쥬마(jumar)"에 자주 사용되는 명칭은?

① 밧줄, 자일, 꼬드   ② 비나, 스냅링
③ 캠   ④ 등강기, 유마르, 어센더

■ **등반장비의 명칭***

일반적인 명칭	자주 사용되는 명칭	비고
로프 (rope)	밧줄, 자일(seil), 꼬드(corde)	
카라비나 (carabiner)	비나, 스냅링(snapring)	
프랜드 (friends)	캠(camming chock), SLDC	
쥬마 (jumar)	등강기, 유마르(jumar), 어센더(ascender)	

정답   229. ③   230. ④

2025 필드 소방전술 문제집

231 암벽등반에서 확보물은 등반자 추락 시 제동시키는 지지점으로써 유동확보물은?

① 후렌드(friends)　　　　　　　　② 볼트(bolt)

③ 피톤(piton)　　　　　　　　　　④ 하켄

■ **확보물*** 18년 소방교

① 확보물은 등반자가 추락했을 때 제동시키는 일종의 지지점이다.

② 암벽에 망치로 두들겨 박는 볼트(bolt)나 피톤(piton) 등은 고정확보물이며,

③ 바위가 갈라진 틈새(crack)에 설치하는 너트(nuts)나 후렌드(friends)류는 유동확보물 이라고 한다.

| 너트 |　| 후렌드 |　| 피톤(하켄) |

232 "들것을 이용한 구출 요령"으로 다음 내용과 관계 깊은 것은?

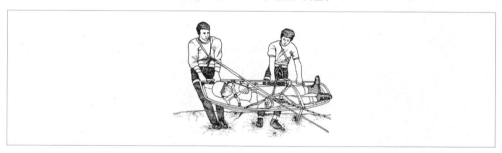

① 3줄 로프 구출　　　　　　　　　② 1줄 로프 구출

③ 1인 구출　　　　　　　　　　　　④ 로프바스켓 구출

3줄 로프 구출	3명의 구조대원이 로프를 설치하고 구조대상자를 들것으로 하강시켜 구출하는 방법으로 직접 구조대상자를 하강시키는 A, B 대원의 체력부담이 크다.
1줄 로프 구출	전반적인 구조기법은 3줄 로프 하강과 비슷하나 <u>로프를 1줄만 설치하고 들것과 구조대원이 같이 하강하는 방법이다.</u> 구조대원과 구조대상자의 하강을 A가 전담하게 되므로 B, C는 구조대상자의 보호에만 전념할 수 있는 반면 A에게 거의 모든 부담이 지워지는 단점이 있다.
1인 구출	1줄 로프 구조기법과 유사하나 들것과 함께 1명의 대원이 하강하는 방법이다.

🔑 정답　231. ①　232. ②

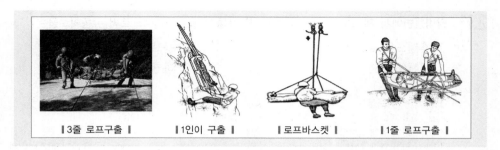

| 3줄 로프구출 | 1인이 구출 | 로프바스켓 | 1줄 로프구출 |

233 "암벽구조기술"에 대한 설명으로 다음 내용과 관계 깊은 것은?

> ⓒ 퀵 드로나 데이지체인, 개인로프 등을 이용하여 구조대상자를 구조대원의 안전벨트에 결착한다.
> ⓓ 안전하게 확보되어 있는지 다시 한 번 확인하고 구조대상자가 매달려 있는 로프를 절단한다. 절단 대상인 로프를 혼동하면 치명적인 사고가 발생하므로 극히 주의를 기울여야 한다.

① 들것으로 하강하기　　　　② 매달아서 내리는 방법
③ 로프에 매달린 사람 구조　　④ 업고하강하는 방법

■ 로프에 매달린 사람의 구조✱✱ 13년 소방위
ⓐ 상부에서 접근할 때에는 구조대상자가 매달린 로프와 별도로 구조용 로프를 설치하고 구조대원이 구조대상자에게 직접 하강하여 접근한다. 아래에서 접근하는 경우에는 암벽등반 기술을 활용한다.
ⓑ 구조대원의 양손을 사용할 수 있도록 하강기를 고정한다.
ⓒ 퀵 드로나 데이지체인, 개인로프 등을 이용하여 구조대상자를 구조대원의 안전벨트에 결착한다.
ⓓ 안전하게 확보되어 있는지 다시 한 번 확인하고 구조대상자가 매달려 있는 로프를 절단한다. 절단 대상인 로프를 혼동하면 치명적인 사고가 발생하므로 극히 주의를 기울여야 한다.
ⓔ 고정시킨 하강기를 풀고 구조대원이 구조대상자와 함께 하강한다.

매달아서 내리기

■ 매달아서 내리는 방법✱ 13년 소방위
구조대원은 상부에서 자신의 몸을 확보하고 구조대상자에게 안전벨트를 착용시켜 로프로 하강시키는 방법이다. 8자하강기나 스톱, 그리그리 등의 장비를 이용해서 속도를 조절하며 하강시킨다. 이러한 장비가 없는 경우에는 카라비너에 절반말뚝매듭(Italian hitch, Half clove)을 활용한다.

■ 업고 하강하는 방법
ⓐ 긴 슬링을 엮어서 구조대상자를 업는다.
ⓑ 구조대원의 신체에 단단히 고정한다. 특히 구조대상자가 의식이 없는 경우 상체가 뒤로 젖혀지지 않도록 한다.
ⓒ 로프 하강기술을 이용하여 천천히 하강한다. 구조대원에게 하강로프를 결착하고 상부에서 제동을 걸어 하강시키는 방법과 구조대상자를 업은 구조대원이 직접 제동을 잡고 하강하는 방법이 있다.

정답　233. ③

234 "암벽등반장비"에 대한 설명으로 옳지 않은 것은?

① 암벽화는 홀드의 돌기가 손끝 정도만 걸리는 각진 것이라면 부드러운 암벽화가 좋으며, 이것도 발에 조금 여유 있는 것을 신어야 한다.

② 상하일체형 안전벨트와 하체형 안전벨트 등이 있으나 구조활동시에는 상하일체형을 사용해야 한다.

③ 등반용으로 가장 많이 사용되는 로프는 직경 10mm~10.5mm, 길이 60m 정도로 충격력이 작은 다이내믹 계열의 로프이다.

④ 구조활동에 많이 사용되는 8자하강기가 기능적인 면에서나 안전성 면에서 효율적이다.

■ 암벽등반 장비* 16년 소방교

암벽화	ⓐ 암벽화는 암벽의 상태에 따라 기능이 서로 다른 암벽화를 몇 켤레 준비하면 그 선택 여하에 따라서 암벽등반을 좀더 용이하게 할 수 있다. ※ 예를 들어 슬랩(Slab) 등반처럼 마찰력이 주된 목적이라면 부드러운 암벽화가 좋다. 암벽화는 맨발이나 혹은 얇은 양말 한 켤레를 신고 발가락이 펴진 상태에서 꼭 맞는 것이 좋다. ⓑ 수직벽이나 약간 오버행(Overhang)의 훼이스(Face)에서는 홀드(Hold)의 모양에 따라 선택한다. ⓒ 홀드의 돌기가 손끝 정도만 걸리는 각진 것이라면 뻣뻣한 암벽화가 좋으며, 이것도 발에 꼭 맞게 신어야 한다. ⓓ 부드러운 암벽화일지라도 발가락이 약간 굽어질 정도로 꼭 맞게 신으면 작은 돌기의 홀드에서 뻣뻣한 것보다 더욱 효과적일 수 있다.
안전벨트	ⓐ 안전벨트는 추락이 항상 예상되는 암벽등반에서 등반자가 추락할 때 가해지는 충격이 몸의 한 곳에 집중되지 않고 분산되게 함으로서 등반자를 안전하게 보호해 주며, 로프와 등반자, 확보물과 등반자를 안전하게 연결해 주는 장비이다. ⓑ 상하일체형 안전벨트와 하체형 안전벨트 등이 있으나 <u>구조활동시에는 상하일체형을 사용해야 한다.</u>
로프	ⓐ 로프는 등반자의 추락을 잡아 주거나, 하강할 때 사용되는 중요한 등반 장비이다. ⓑ <u>등반용으로 가장 많이 사용되는 로프는 직경 10mm~10.5mm, 길이 60m 정도로 충격력이 작은 다이내믹 계열의 로프이다.</u> 11mm 로프 1m는 72g~80g 정도이다.
하강기	ⓐ 구조활동에 많이 사용되는 8자하강기(확보기)가 기능적인 면에서나 안전성 면에서 효율적이다. ⓑ 구조용하강기나 스톱, 그리그리, 랙 등 다양한 장비가 있고 이의 활용도 점점 증가하는 추세이다.
카라비나	카라비나는 등반할 때 없어서는 안 될 중요한 장비 중의 하나이며, 여닫는 곳이 있는 이 쇠고리는 밖에서 안으로는 열리지만, 안에서 밖으로는 열리지 않도록 만들어져 등반자, 확보물, 로프, 장비 등을 안전하고 빠르게 연결할 수 있게 하는 장비이다.

정답 234. ①

235 다음 중 "A급 방호복"에 해당되는 것은?

① 착용자 뿐만 아니라 공기호흡기까지를 차폐할 수 있는 일체형 구조이다.

② 위험물질의 비산에 의하여 손상을 입을 수 있는 액체를 다룰 경우 사용한다.

③ 헬멧과 방호복, 공기호흡기로 구성된다.

④ 소방대원의 경우 헬멧과 방화복, 보안경, 장갑을 착용한 상태가 해당된다.

■ NFPA규정 개인방호복★★ 16년 소방위/ 17년 소방교

A급 방호복	분진이나 증기, 가스 상태의 유독물질을 차단할 수 있는 최고등급의 방호장비이다. <u>착용자 뿐만 아니라 공기호흡기까지를 차폐할 수 있는 일체형 구조</u>이며 내부의 압력을 높여 외부의 공기와 접촉하지 않도록 한다. IDLH 농도의 유독가스 속으로 진입할 때나 피부에 접촉하면 손상을 입을 수 있는 유독성 물질을 직접 상대하며 작업하는 경우에 사용한다. ※ IDLH : 건강이나 생명에 즉각적으로 위험을 미치는 농도
B급 방호복	<u>헬멧과 방호복, 공기호흡기로 구성된다.</u> 위험물질의 비산에 의하여 손상을 입을 수 있는 액체를 다룰 경우 사용한다. 장갑과 장화가 방호복과 일체형인 경우도 있고 분리된 장비도 있다. 분리된 장비를 사용할 때에는 손목과 발목, 목, 허리 등을 밀폐하여 유독물질이 방호복 안으로 들어오지 못하게 해야 한다.
C급 방호복	C급 방호장비는 방독면과 같은 공기정화식 호흡보호장비를 사용한다.
D급 방호복	호흡보호장비가 없이 피부만을 보호하는 수준이다. <u>소방대원의 경우 헬멧과 방화복, 보안경, 장갑을 착용한 상태가 D급에 해당한다.</u> 위험이 없는 Cold zone서 활동하는 대원만 D급 방호복을 착용한다.

236 암벽의 경사가 30°~70° 정도 비탈진 암벽면을 암벽화의 마찰력을 이용, 손보다 발에 의존해서 오르는 방법은?

① 슬랩등반   ② 크랙등반

③ 오버행 등반   ④ 훼이스 등반

■ 용어정리
① 슬랩(Slab) : 30°~70° 정도 비탈진 암벽면
② 오버행(Overhang) : 90°를 넘는 암벽면, '하늘벽'이라고도 한다.
③ 훼이스(Face) : 바위면
④ 홀드(Hold) : 암벽등반시 손으로 잡을 수 있는 바위의 돌출부분

237 국제적으로 통용되는(DOT)의 표지로 옳지 않은 것은?

① 파란색 : 금수성   ② 오렌지 : 폭발성

③ 노란색 : 불연성   ④ 빨간색 : 가연성

 정답   235. ①   236. ①   237. ③

■ 각 placard의 색상이 가지는 의미**** 17년 소방위/ 18년, 19년 소방장/ 22년 소방장
① 빨간색 : 가연성(Flammable)　　　② 오렌지 : 폭발성(Explosive)
③ 노란색 : 산화성(Oxidizer)　　　　④ 녹　색 : 불연성(Non-Flammable)
⑤ 파란색 : 금수성(Not Wet)　　　　⑥ 백　색 : 중독성(Inhalation)
※ 빨가, 오폭, 노산, 녹불, 파금, 백중으로 외우기

238 미국방화협회(NFPA)의 위험물 표시법에서 연결이 옳지 않은 것은?

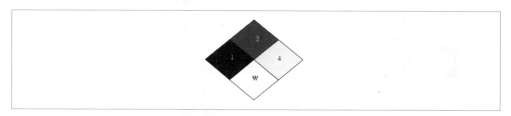

① 왼쪽 - 인체와의 유해성(청색)　　② 위쪽 - 화재와의 위험성(적색)
③ 아래쪽 - 불과의 반응성　　　　　④ 오른쪽 - 반응성(황색)

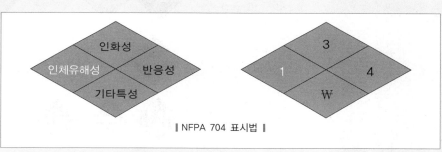

‖ NFPA 704 표시법 ‖

■ 미국 방화협회 표시법** 23년 소방장/ 24년 소방위
① 고정 설치된 위험물(Fixed Storage)에 대한 표시방법이다.
② 마름모 형태의 도표인 위험식별 시스템은 물질의 누출 또는 화재와 같은 비상상태에서 각 화학물질의 고유한 위험과 위험도 순위를 한 눈에 알 수 있게 해 준다.
③ 이 방법은 화학약품의 유해성을 확인하고자 하는 목적이 아니고 소방대의 비상작업에 필요한 전술상의 안전조치 수립에 필요한 지침의 역할과 함께 이 물질에 노출된 사람의 생명보호를 위한 즉각적인정보를 현장에서 제공해 준다.
④ 또한 위험물질에 대한 전문적인 지식이 부족한 사람이라도 그 특성과 취급상의 위험요인을 한 눈에 파악할 수 있도록 해주는 것이다.

도표는 해당 화학물질의 "인체유해성", "화재위험성", "반응성", "기타 중요한 특성"을 나타내고 특별한 위험성이 없는 "0"에서부터 극도의 위험을 나타내는 "4"까지 다섯가지 숫자 등급을 이용하여 각 위험성의 정도를 나타낸다. 마름모형 도표에서 왼쪽은 청색으로 인체유해성을, 위쪽은 적색으로 화재위험성을, 오른쪽은 황색으로 반응성을 나타낸다. 특히 하단부는 주로 물과의 반응을 표시하기 위해 사용되는데 "W"는 물의 사용이 위험하다는 것을 나타내고 산화성 화학물질은 ○ ×로 표시하기도 한다.

정답 | 238. ③

239 미국교통국(DOT placard)에서 다음과 관계있는 것은?

① 가스   ② 폭발성
③ 액체물질   ④ 산화제

■ DOT placard*

Division of Class	Hazard	Placard
1	폭발성 물질 (Explosive)	EXPLOSIVE 1.1A
2	가스 (Gases)	FLAMMABLE GAS / NON-FLAMMABLE GAS / INHALATION HAZARD 2 / OXYGEN 2
3	액체물질 (Liquids)	FLAMMABLE 3
4	고체물질 (Solids)	FLAMMABLE SOLID / DANGEROUS 4 / (black)
5	산화제 (Oxdizer)	OXIDIZER 5.1
6	중독성 물질 (Poisons)	POISON 6
7	방사능 물질 (Radioactive)	RADIOACTIVE 7
8	부식성 물질 (Corrosives)	CORROSIVE 8

정답 239. ④

240 다음 내용과 관계가 있는 것은?

① 위험물질을 운송할 때 부착하는 표지이다.
② 도로, 철도, 해운, 항공 등 수송 수단을 막론하고 위험물질에 이 표지를 붙이도록 하고 있으며 외국 수출·입 물품들도 이 규정을 적용받는다.
③ 마름모꼴 표지에 숫자와 그림, 색상으로 표시하며, 숫자는 물질의 종류를 색상은 특성을 나타낸다.

① GHS   ② DOT
③ IDLH   ④ MSDS

■ 미국 교통국(Department Of Transportation) 수송표지* 16년 소방장
① DOT로 약칭되는 미 교통국에서 위험물질을 운송할 때 부착토록 하는 표지(Placard)이다.
② 도로, 철도, 해운, 항공 등 수송 수단을 막론하고 위험물질에 이 표지를 붙이도록 하고 있으며 외국 수출·입 물품들도 이 규정을 적용받으므로 이에 대한 지식이 필요하다.
③ DOT는 마름모꼴 표지에 숫자와 그림, 색상으로 표시하며 숫자는 물질의 종류(Division of Class)를 색상은 특성을 나타낸다.

241 "산업안전보건법 표시방법"으로써 다음 내용과 관계 깊은 것은?

① 유해성   ② 폭발성
③ 인화성   ④ 산화성

「산업안전보건법」 및 「유해화학물질 관리법」 (EU와 같음)			「선박안전법」		
폭발성	산화성	독성	화약류	인화성	산화성
인화성	부식성	유해성	독물	부식성	고압가스

📖 정답   240. ②   241. ①

242 "위험물질 표시"에서 다음 내용과 관계 깊은 것은?

> 실험동물에 대하여 24시간 내 치사율로 나타낼 수 있는 투여량

① LC   ② IDLH
③ TD   ④ LD

■ **위험물질 표시의 이해*** 13년 소방교
① LC(Lethal Concentration) : 대기 중 유해물질의 치사 농도(ppm)
② TD(Toxin Dose) : 사망 이외의 바람직하지 않은 독성작용을 나타낼 때의 투여량
③ LD(Lethal Dose) : 실험동물에 대하여 24시간 내 치사율로 나타낼 수 있는 투여량(mg/kg)
  ※ '경구투여 시 LD50≤25mg/kg(rat)'이라는 의미는 '쥐를 대상으로 실험했을 때 쥐의 몸무게 1kg당
    25mg에 해당하는 양을 먹었을 경우 실험대상의 50%가 사망했다'는 의미임
④ IDLH(Immediately Dangerous to Life and Health) : 건강, 생명에 즉각적으로 위험이 미치는 농도
⑤ TLV(Threshold Limit Value), TWA(Time Weighted Average)는 작업장에서 허용되는 농도

243 "경계구역 설정"에 대한 설명으로 다음 내용과 관계 깊은 것은?

> 구조대상자를 구조하고 안전조치를 취하는 등 구조활동을 위한 공간이며, 이 지역 안에
> 구조활동에 필요한 각종 장비를 설치하고 필요한 지원을 수행한다.

① Hot Zone   ② Warm Zone
③ Cold Zone   ④ Cool Zone

■ **경계구역 설정*** 17년 소방장/ 19년 소방위/ 20년 소방교
㉠ 경계구역의 범위는 관련 전문기관이나 화학구조대에서 누출된 유해물질의 종류와 양, 지형 및 기상
  상황을 고려하여 결정하지만 현장파악이 곤란하거나 전문 대응요원이 아직 도착하지 않은 경우에
  미국 교통국(DOT)에서는 최소한 330Feet(100m)를 경계구역으로 정하도록 권고하고 있다.
㉡ 이 거리는 현장 상황을 고려하여 유동적으로 결정할 문제이며 도로를 차단할 수 있다면 차단하고
  그것이 여의치 못하면 최소한 100m를 유지하여야 한다.

위험지역 (Hot Zone)	① 사고가 발생한 장소와 그 부근으로서 누출된 물질로 오염된 지역을 말하며 붉은색 으로 표시한다. ② 구조와 오염제거활동에 직접 관계되는 인원 이외에는 출입을 엄격히 금지하고 구조대원들도 위험지역에 머무는 시간을 최소화하여야 한다.
경고지역 (Warm Zone)	① 구조대상자를 구조하고 안전조치를 취하는 등 구조활동을 위한 공간으로 노란색 으로 표시한다. ② 이 지역 안에 구조활동에 필요한 각종 장비를 설치하고 필요한 지원을 수행한다. ③ 경고지역에는 제독·제염소를 설치하고 모든 인원은 이곳을 통하여 출입하도록 해야 한다. ④ 제독제염을 마치기 전에는 어떠한 인원이나 장비도 경고지역을 벗어나서는 안 된다.
안전지역 (Cold Zone)	① 지원인력과 장비가 머무를 수 있는 공간으로 녹색으로 표시한다. ② 이곳에 대기하는 인원들도 오염의 확산에 대비하여 개인보호장구를 소지하고 풍향이나 상황의 변화를 주시하여야 한다.

정답 242. ④   243. ②

244 누출물질의 처리방법 중 "물리적 방법"에 대한 설명으로 옳은 것은?

① 주로 기름이 누출 되었을 경우 사용하며, 특히 원유 등의 대량 누출시에 적용한다.

② 오염물질을 약품이나 흡착제로 흡착, 응고시켜 처리할 수 있다. 오염물질의 종류와 사용된 약품에 따라 효과가 달라진다.

③ 실내의 오염농도를 낮추기 위해 창문을 열고 환기시킨다. 고압송풍기를 이용하면 보다 효과적으로 오염물질을 분산시켜 빠른 시간에 농도를 낮출 수 있다.

④ 누출된 물질을 스펀지나 흙, 신문지, 톱밥 등에 흡수시켜 회수한다.

■ **누출물질의 처리**

① **화학적 방법**★★★ 17년 소방교/ 19년 소방교, 소방장/ 22년 소방교, 소방장/ 23년, 24년 소방장

흡수	주로 액체 물질에 적용하는 방법이다. 누출된 물질을 스펀지나 흙, 신문지, 톱밥 등의 흡수성 물질에 흡수시켜 회수한다. 2 이상의 서로 다른 물질을 동시에 흡수시키고자 하는 경우에는 화학반응에 따르는 위험성이 없는지 확인하여야 한다.
유화처리	유화제를 사용하여 오염물질의 친수성을 높이는 방법으로 처리한다. 주로 기름(Oil)이 누출되었을 경우에 사용하며, 특히 원유 등의 대량 누출시에 적용한다. 환경오염문제로 논란이 될 수 있다.
중화	주로 부식성 물질에 사용하는 방법이다. 중화과정에서 발열이나 유독성 물질생성, 기타 위험성이 발생할 수 있으므로 화학자의 검토가 필요하고 위험을 감소시키기 위해서 오염물질의 양보다 적게 조금씩 투입하여야 한다.
응고	오염물질을 약품이나 흡착제로 흡착, 응고시켜 처리할 수 있다. 오염물질의 종류와 사용된 약품에 따라 효과가 달라진다. 응고된 물질은 밀폐, 격납한다.
소독	주로 장비나 물자, 또는 환경 정화를 위해 표백제나 기타 화학약품을 사용해서 소독한다. 사람의 경우에는 화학약품을 사용하는 것보다 물로 세척하는 것이 더 효과적이다.

② **물리적 방법**★★★ 17년 소방교/ 19년 소방교, 소방장/ 22년 소방교, 소방장/ 23년, 24년 소방장

흡착	활성탄과 모래는 일반적으로 널리 사용되는 흡착제이다. 대부분의 화학물질을 사용하는 장소에는 기본적으로 활성탄이나 모래를 비치하고 있다.
덮기	고체, 특히 분말형태의 물질은 비닐이나 천 등으로 덮어서 확산을 방지한다. 휘발성이 약한 액체에도 적용할 수 있다.
희석	오염물질의 농도를 낮추어 위험성을 줄이는 방법이다. 가스가 누출된 장소에 신선한 공기를 불어넣거나 수용성 물질에 대량의 물을 투입하는 방법을 사용한다.
폐기	장비나 물품에 오염이 심각하여 제독이 곤란하거나 처리비용이 과도하게 소요되는 경우에는 해당 물품을 폐기한다.
밀폐, 격납	오염물질을 드럼통과 같은 밀폐 용기에 넣어 확산을 차단하는 방법이다.
세척, 제거	오염된 물질과 장비를 현장에서 세척, 제거한다. 제거된 물질은 밀폐 용기에 격납한다.
흡입	고형 오염물질은 진공청소기로 흡입, 청소하여 위험성을 줄일 수 있다. 일반 가정용 진공청소기는 미세분말을 통과시키기 때문에 분말 오염물질에는 적용할 수 없다. 정밀 제독을 위해서는 고효율미립자 필터를 사용한 전용 진공청소기를 사용한다.
증기 확산	실내의 오염농도를 낮추기 위해 창문을 열고 환기시킨다. 고압송풍기를 이용하면 보다 효과적으로 오염물질을 분산시켜 빠른 시간에 농도를 낮출 수 있다.

(TIP) 화학적방법과 물리적 방법의 종류들을 비교해 두시기 바랍니다.

정답 **244.** ③

245 "제독"에 대한 설명으로 옳지 않은 것은?

① 오염을 방지하고 정화하는 조치를 제독 또는 제염이라고 하는데 일반적으로 유독물질을 제독, 방사능 물질을 제염이라고 한다.

② 긴급상황에서 사용하는 비상 제독은 소방호스를 이용하여 물 또는 세척제를 뿌려서 오염물질을 제거하는 것이며 대부분의 오염물질은 물로서 60%~90%까지 제독이 가능하다.

③ 제독소는 Worm Zone 내에 위치하며 경계구역 설정과 동시에 설치하여야 한다.

④ Yellow trap 입구에 장비수집소를 설치하고 손에 들고 있는 장비를 이곳에 놓도록 한다. 장비는 모아서 별도로 제독하거나 폐기한다.

■ 제독(Decontamination : Decon)* 19년, 22년 소방장
오염은 직접 오염과 2차오염의 2가지 형태로 확산된다. 오염물질과 직접 접촉한 사람에게 오염이 발생하고 이 사람과 접촉하는 다른 사람에게 2차오염이 발생하는 것이다. 오염을 방지하고 정화하는 조치를 제독 또는 제염이라고 한다.

※ 제독 : 일반적으로 유독물질 / 제염 : 방사능 물질

① 비상 제독
긴급상황에서 사용하는 비상 제독은 소방호스를 이용하여 물 또는 세척제를 뿌려서 오염물질을 제거하는 것이다. 대부분의 오염물질은 물로서 60%~90%까지 제독이 가능하다. 신경계 작용물질의 중독은 오염된 의복을 벗고 신선한 공기에 15분 동안 노출하는 것이다.
유독물질에 의한 테러 등으로 많은 사람을 동시에 제독할 필요성이 있는 경우에는 소방차 사이를 일정 부분을 구획하여 통로를 만들고 이곳을 소방차로 분무 방수하면서 오염된 사람들을 통과하게 하면서 제독한다.

② 제독소* 22년 소방장
사고로 인하여 발생한 오염자 및 제독 작업에 참여한 대원의 제독을 위하여 제독소를 설치한다.
제독소는 Worm Zone 내에 위치하며 경계구역 설정과 동시에 설치하여야 한다.
전용 장비를 이용하여 제독소를 설치할 수 있지만 수손방지막을 활용하여 간이제독소를 설치할 수 있다. 40mm 또는 65mm호스로 땅에 적당한 크기의 구획을 만들고 그 위를 수손방지막으로 덮으면 오염물질이 밖으로 흐르지 않도록 할 수 있다. 제독소 내부는 오염지역에 가까운 구획부터 Red trap, Yellow trap, Green trap의 3단계로 구획하고 Red trap에서부터 제독을 시작한다. 구획의 크기는 제독인원에 비례하여 결정한다.
㉠ Red trap 입구에 장비수집소를 설치하고 손에 들고 있는 장비를 이곳에 놓도록 한다. 장비는 모아서 별도로 제독하거나 폐기한다.
㉡ 방호복을 입은 상태에서 물을 뿌려 1차 제독(Gross Decon)을 한다.
㉢ Yellow trap으로 이동하여 솔과 세제를 사용하여 방호복의 구석구석(발바닥, 사타구니, 겨드랑이 등)을 세심하게 세척한다.
㉣ 습식제독작업이 끝나면 Green trap으로 이동해서 동료의 도움을 받아 보호복을 벗는다.
㉤ 마지막으로 공기호흡기를 벗는다. 보호복의 종류에 따라 공기호흡기를 먼저 벗어야 하는 경우도 있다. 보호복과 장비는 장비수집소에 보관한다.
㉥ 현장 여건에 따라 샤워장으로 이동, 탈의하고 신체 구석구석을 씻도록 한다.
㉦ 휴식을 취하면서 건강상태를 확인한다.

정답 245. ④

246 GHS 국내 표시법에 해당되지 않은 것은?

① 고압가스   ② 산화성

③ 부식성   ④ 유해성

■ 국내 표시법과 GHS 심벌의 비교* 14년 소방교

정답 246. ①

01 안전관리 대책 중 "조직적 대책"에 대한 내용을 모두 고르시오.

> ⓐ 개인장구의 정비
> ⓑ 안전관리 교육
> ⓒ 안전관리 담당부서의 설치
> ⓓ 훈련, 연습실시 및 안전관리에 관한 규칙제정 등

① ⓐ, ⓒ   ② ⓑ, ⓒ
③ ⓒ, ⓓ   ④ ⓐ, ⓓ

조직적 대책* 18년 소방장	① 안전관리 담당 부서의 설치 ② 안전책임자 및 요원의 제도화 ③ 훈련, 연습실시 및 안전관리에 관한 규칙제정 등
장비적 대책	① 개인장구의 정비 : 공기호흡기, 방호복, 안전모, 개인로프, 손전등 등. ② 훈련용 안전기구의 정비 : 안전매트, 안전네트, 로프보호대, 훈련용 인형 등 ③ 소방용 기구의 점검·정비 : 차량, 통신장비, 진압·구조·구급장비 등
교육적 대책	① 안전관리 교육 : 일상교육, 특별교육, 기관교육, ② 소속기관의 안전담당자에 대한 교육 ③ 학교연수에 의한 안전교육 : 기본교육, 전문교육 ④ 자료의 활용 : 동종·유사사고의 방지를 도모하기 위하여 각종 사고사례를 분석하여 소방활동 자료로서 활용하고 위험예지 훈련 등을 통하여 안전수준의 향상을 기하도록 한다.

02 "현장안전관리 10대원칙"에 대한 설명으로 옳지 않은 것은?

① 안전관리는 임무수행을 전제로 하는 적극적 행동대책이다.
② 안전 확보의 기본은 자기방어이므로 자기안전은 자기 스스로 확보하라.
③ 위험에 관한 정보는 지휘관만이 알 수 있도록 철저히 보안을 유지하라.
④ 지휘자의 장악으로부터 벗어난다는 것은 중대한 사고에 연결되는 것이다.

■ **안전관리 10대 원칙*** 20년 소방위
① 안전관리는 임무수행을 전제로 하는 적극적 행동대책이다.
② 화재현장은 항상 위험성이 잠재하고 있으므로 안일한 태도를 버리고 항상 경계심을 게을리 하지 말라.
③ 지휘자의 장악으로부터 벗어난다는 것은 중대한 사고에 연결되는 것이므로 독단적 행동을 삼가고 적극적으로 지휘자의 장악 안에 들어가도록 하라.

🔒 정답 **01.** ③   **02.** ③

④ 위험에 관한 정보는 현장 전원에게 신속하고 철저하게 주지시키도록 하라. 위험을 먼저 안 사람은 즉시 지휘본부에 보고하고 긴급 시는 주위에 전파하여 위험을 사전 방지토록 하라.
⑤ 흥분, 당황한 행동은 사고의 원인이 되므로 어떠한 상황에서도 냉정, 침착성을 잃지 않도록 하라.
⑥ 기계, 장비에 대한 기능, 성능 한계를 명확히 알고 안전조작에 숙달토록 하라.
⑦ 안전 확보의 기본은 자기방어이므로 자기안전은 자기 스스로 확보하라.
⑧ 안전 확보의 첫 걸음은 완벽한 준비에서 시작된다. 완전한 복장과 장비를 갖추고 안정된 마음으로 정확히 행동에 옮겨라.
⑨ 안전 확보의 전제는 강인한 체력, 기력에 있으므로 평소 체력, 기력 연마에 힘쓰라.
⑩ 사고사례는 산 교훈이므로 심층 분석하여 행동지침으로 생활화시키도록 하라.

03 위험요인 분석의 인적요인으로 "할 수 없다"와 관련 내용은?

① 상황파악의 오류
② 조건의 부적합
③ 이해 및 기억의 불충분
④ 고의

 ■ 위험요인 분석
① 인적 요인(불안전한 행위)

구 분	위험요인
모른다.	• 안전행위에 대한 지식부족 　- 교육 불충분, 이해 및 기억 불충분, 망각
할 수 없다.	• 능력부족으로 완전하게 실행할 수 없다. 　- 기능미숙, 작업량과다, 어려움 • 능력은 있지만 완전하게 발휘할 수는 없다. 　- 심신 부조화, 환경의 불량, 조건의 부적합
하지 않는다.	• 안전행위에 대하여 지식은 있지만 실행하지 않는다. 　- 상황파악의 오류, 무의식, 고의 • 규율준수에 잘못이 있다. 　- 무의식(의식저하), 고의, 수줍음

② 물적 요인(불안전한 상태)

구 분	위험요인
장소, 시설 설비, 기자재 장비, 피복	• 상태의 불량 : 강도부족, 강도저하(노화, 부식, 손괴, 소손) • 기능의 불량 : 기능저하, 고장 • 구조의 불비 : 조작, 취급불량 • 흠결 등 : 설계불량, 재질불량

③ 환경적 요인

구 분	위험요인
자연환경 등	• 기후, 기상 등의 불량 : 비, 바람, 서리, 냉해, 연기, 유해가스 등
훈련(작업) 환경	• 정리·정돈의 불량 : 불용품의 방치, 정리·정돈 불량, 흠결 • 형상배치 불량 : 협소, 지형, 요철, 불비, 난잡 • 설비의 불량 : 소음, 조명, 환기, 경보 등

정답 | 03. ②

04 "소방안전관리의 특성" 중 다음 내용과 관계가 깊은 것은?

> 평소의 교육, 훈련이나 기기 점검 등도 안전관리상 중요한 요소이다.

① 일체성, 적극성　　　　　　　　　② 신속성, 위험성
③ 계속성, 반복성　　　　　　　　　④ 특이성, 양면성

■ **소방 안전관리의 특성**★★ 12년 소방위/ 16년 소방교/ 17년 소방장/ 21년 소방장, 소방위

일체성·적극성	화재현장에 있어서 소방활동은 안전관리와 면밀하게 일체되어 있는 경우가 많다. 화재현장에 있어서 화재가 발생한 건물로부터 호스를 분리하여 연장한다고 하는 것은 낙하물이나 화재에 의한 복사열로부터 호스의 손상방지를 도모하기 위한 것이지만 결과적으로 효과적인 소방활동을 전개할 수 있음으로서 대원 자신의 안전을 보호하는 결과이다.
특이성·양면성	① 소방활동은 임무수행과 안전 확보의 양립이 요구되고 있다. ② 위험성을 수반하는 임무수행이 전제된 때에 안전관리 개념이 성립된다. ③ 화재현장의 위험을 확인한 후에 임무수행과 안전 확보를 양립시키는 특이성·양면성이 있다.
계속성·반복성	① 안전관리에는 끝이 없으므로 반복하여 실행하여야 한다. ② 소방활동의 안전관리는 출동에서 귀소까지 한 순간도 끊임없이 계속된다. ③ 평소의 교육, 훈련이나 기기 점검 등도 안전관리상 중요한 요소이다.

05 산소결핍사고에 따른 대응요령으로 옳지 않은 것은?

① 산소가 결핍되어 있는 경우 단 한 번만의 호흡으로도 의식을 잃을 수 있다.
② 산소결핍 상태를 나타난 때는 조기에 안전구역을 설정한다.
③ 산소결핍 여부를 측정할 때는 공기호흡기를 장착하고 맨홀 등의 주변에서 개구부를 향하여 순차적으로 행한다.
④ 산소결핍 여부의 측정과 병행하여 가연성 가스의 유무에 대해서도 확인한다.

■ **산소결핍 사고**★ 21년 소방장
① 산소가 결핍되어 있는 경우 농도에 따라 다르지만 단 한번만의 호흡으로도 의식을 잃을 수 있으므로 내부 진입 시 반드시 공기호흡기를 장착하고 면체 사이에 틈이 발생하지 않도록 세심한 주의를 기울인다.
② 산소결핍 여부를 측정할 때는 반드시 공기호흡기를 장착하고 맨홀 등의 주변에서 개구부를 향하여 순차적으로 행하고 산소결핍 상태를 나타난 때는 조기에 경계구역을 설정한다.
③ 또한 산소결핍 여부의 측정과 병행하여 가연성 가스의 유무에 대해서도 확인하여 폭발위험이 있을 때는 송풍기 등으로 가연성가스를 제거하면서 구조 활동을 개시한다.
④ 진입대원은 맨홀 등의 입구가 좁은 장소에서 구조대상자에게 공기호흡기를 장착시키고 구출하는 경우 보조자와 연계불능 등으로 면체가 이탈하지 않도록 주의한다.
⑤ 좁은 장소에서 여러 개의 로프를 취급하는 경우 로프를 잘못 당기면 진입한 대원이 넘어져 공기호흡기 면체가 벗겨질 우려가 있으므로 구출로프, 확보로프를 목적별로 구분하여 대원별로 지정하는 등 사용로프를 명확히 구별한다.
⑥ 지하수조 내에서는 대원 상호간 또는 장애물 등에 부딪히거나 넘어져 면체가 벗겨져 유독가스를 흡입할 우려가 있으므로 조명기구를 사용하고 대원간 상호 신뢰와 의사전달을 명확히 한다.
⑦ 의식이 혼미한 구조대상자는 진입한 대원에 의지하여 돌발적인 행동을 취할 수도 있으므로 면체가 이탈되지 않도록 주의를 기울인다.

🔲 **정답**　**04.** ③　　**05.** ②

06 **"잠수구조 시 대원의 안전조치"로써 옳지 않은 것은?**

① 선박에 접근하는 경우 승선원과 연락을 취해 스크류가 정지된 상태임을 확인한다.

② 잠수할 때는 수중의 장애물을 제거할 수 있도록 스쿠버나이프를 반드시 휴대한다.

③ 스쿠버장비를 사용하여 잠수 중 긴급 부상할 때는 반드시 호흡을 멈추어야 한다.

④ 스쿠버장비 고장 등 긴급 시에는 호흡기를 사용하여 상호 호흡한다.

■ 잠수구조* 21년 소방장

잠수 활동은 물의 속도, 수온, 수심, 수중시계 저하 및 장애물 등에 의해 육체적인 피로, 정신적, 생리적인 부담이 크고 직접 대원의 생명에 관한 위험이 잠재하고 있으므로 대원 상호간에 연계가 필요하다.

① 잠수활동 중에는 활동구역 주변에 경계선을 배치하여 감시를 강화하고 확성기, 부표, 적색등, 기타 등화 등, 일반 항해선에 잠수활동 중에 있는 것을 주지시키고 활동구역에 부근으로 진입하지 않도록 통제한다.

② 잠수대원은 수시로 압력계를 확인하고 스쿠버장비 고장 등 긴급 시에는 짝에게 알려 상대의 호흡기를 사용하여 상호 호흡하거나, 상대방의 비상용 호흡기를 사용하여 규정의 속도로 부상한다.

③ 잠수 중 어망 등의 장애물에 걸린 경우에는 동료에게 알리고 냉정히 행동한다. 또한 잠수할 때는 수중의 장애물을 제거할 수 있도록 스쿠버나이프를 반드시 휴대한다.

④ 잠수대원은 스쿠버장비를 사용하여 잠수 중 긴급 부상할 때에는 감압증을 방지하기 위하여 반드시 숨을 쉬면서 부상한다.

⑤ 잠수대원이 선박에 접근하는 경우에는 승선원과 연락을 취해 스크류가 정지된 상태임을 확인하여 사고 방지에 유의한다.

⑥ 폐수 등으로 오염된 현장에서 잠수활동을 할 경우는 구조활동 종료 후 맑은 물로 신체를 세척한다.

⑦ 잠수활동 종료 후는 잠수시간, 잠수 심도에 따라 체내가스 감압을 위하여 규정의 휴식시간을 취한다.

⑧ 잠수대원은 다음과 같은 질병 또는 피로 등 신체적 정신적 이상이 있을 때는 잠수하지 않는다.
　　㉠ 중풍, 두통, 소화기계 질환 또는 질환에 의해 몸 조절이 나쁜 자(눈병, 치통 등 국부적인 것도 포함)
　　㉡ 외상, 피부병, 기타 피부에 이상이 있는 자
　　㉢ 피로가 현저한 자
　　㉣ 정신적 부담, 동요 등이 현저한 자

⑨ 잠수대원은 잠수 중 사고방지를 위한 조치를 숙지할 것
　　㉠ 잠수기구 고장에 대응한 조치
　　㉡ 잠수 장애의 배제 또는 사고발생시 조치
　　㉢ 수압 감압에 대응하는 조치 등

07 **"작은 선박에서 구조할 때 구조대원의 안전조치"로 옳지 않은 것은?**

① 배 한척에 구조대상자를 인도할 때는 측면을 피하여 배 후미에 끌어올린다.

② 승선할 때 몸의 균형을 유지하면서 서서히 체중을 이동한다.

③ 직접구조 시 반드시 선수나 선미 측에서 신체를 확보하고 배의 균형 유지에 주의한다.

④ 운항 중에는 횡파를 받아 전복 우려가 있으므로 파도와 직각으로 부딪히도록 한다.

■ **배에 의한 구조*** 21년 소방장
작은 선박은 파도의 영향을 받아 크게 동요되고 대원의 이동, 구조대상자의 수용 등에서 배의 균형이 깨지면서 대원이나 장비가 물속으로 빠질 위험이 있다.
① 승선하는 대원은 구명조끼를 착용하고, 물속에 빠지는 경우에도 쉽게 신발을 벗고 수영할 수 있도록 간편한 복장을 착용하는 등 사전 대비를 취한다.
② 승선할 때 물 속으로 빠지지 않도록 몸의 균형을 유지하면서 서서히 체중을 이동한다.
③ 승선 시 대원이 이동할 때는 자세를 낮추고 지지물을 잡는 등 물 속으로 빠지지 않도록 주의한다.
④ 야간과 짙은 안개 속에서는 항해중인 선박과 충돌할 우려가 있으므로 등화 및 확성기 등으로 항해 중인 선박에 주의를 환기한다.
⑤ 운항 중에는 횡파를 받아 전복할 우려가 있으므로 파도와 직각으로 부딪히지 않도록 항해에 주의한다.
⑥ 작은 선박 위에서 구조대상자를 직접 구조하는 경우에는 선수나 선미측에서 신체를 끌어올리고 배의 균형 유지에 주의한다. 상황에 따라 부환 등을 사용한다.
⑦ 배 한척에 구조대상자를 인도할 때는 불안정한 측면을 피하여 배 후미에 끌어올린다.

08 "항공기 사고 시 대원의 행동요령"으로 옳지 않은 것은?

① 엔진이 가동 중인 기체에 접근할 때는 기체에 횡으로 접근한다.
② 화재발생 위험을 예측하여 풍하, 풍횡 측으로 부서함을 원칙으로 한다.
③ 불티를 발하는 기자재는 원칙으로 사용하지 않는다.
④ 여객기의 경우 엔진꼬리 부분에서 약 50m, 공기 입구에서 약 10m 이상의 안전거리를 확보한다.

■ **항공기 사고**
항공기 사고는 추락이나 활주로에서의 오버런 등에 의해 기체가 파손되어 불안정한 상태가 되어 있는 것이 많고 부주의하게 행동하면 2차 화재가 발생하기 쉽다. 특히 연료 등의 누출이 있는 경우는 화재 발생 위험 제거와 병행하여 구조활동을 실시하여야 한다.
① 소방대가 공항 내에 진입할 때는 반드시 공항 관계자 유도에 따라서 진입하고, 화재발생 위험을 예측하여 풍상, 풍횡 측으로 부서함을 원칙으로 한다.
② 불티를 발하는 기자재는 원칙으로 사용하지 않는다. 부득이 사용할 때에는 소화기를 준비하거나 경계관창을 배치한다.
③ 기내에서 활동하고 있을 때는 별도의 출입구에 연락원을 배치하여 화재 등 긴급사태 발생에 대비한다.
④ 엔진이 가동 중인 기체에 접근할 때는 급배기에 의한 사고를 방지하기 위하여 기체에 횡으로 접근한다. 이 경우 기체의 크기에 따라 다르지만 여객기의 경우 엔진꼬리 부분에서 약 50m, 공기 입구에서 약 10m 이상의 안전거리를 확보한다.
⑤ 프로펠러기와 헬리콥터는 엔진가동 중은 물론이고, 정지 중에도 프로펠러와 회전날개로부터 일정 거리를 유지하여 행동한다.
⑥ 누출되어 있는 연료와 윤활유가 연소할 우려가 있으므로 고무장갑, 방수화 등으로 신체를 보호한다.

정답 | **08.** ②

09 사고현장에서 "구조대원의 행동요령"으로 옳은 것은?

① 위험지역 이동 시 사고예방을 위해서 악수법을 사용한다.

② 의사의 사망자 판정이 있기 전까지는 누구라도 사망으로 단정해서는 안 된다.

③ 사고자의 소지품은 구조차량에 보관토록 한다.

④ 구조대상자가 의식이 있는 경우 묵시적 방법으로 상대의 동의를 구하여야 한다.

■ 안전한 현장활동
① 현행법상 사망에 대한 판정은 의사자격증을 가진 사람이 확인한다.
② 사고현장에서 부정적 용어 사용은 오해소지발생 및 법적인 책임소재의 우려로 사용금지 한다.
③ 현금이나 고가의 물품이 사고 장소에 방치된 경우에는 경찰공무원에게 보존을 요청한다.
④ 구조대상자가 의식이 있는 경우 명시적 방법으로 상대의 동의를 구하여야 한다.
⑤ 사고예방을 위해서 악수법이 아닌 손목 파지법을 사용한다.

┃ 서로 손목을 잡는다 ┃

10 사고현장에서의 "조명기구사용과 출입문 열 때"에 대한 설명으로 옳은 것은?

① 조명은 현장에 진입 후에 켜고 현장을 이탈한 후에 끄는 것을 원칙으로 한다.

② 온도를 측정할 때 손바닥을 이용하여 온도를 측정하지 말고 손등을 접촉시킨다.

③ 사람의 눈은 명순응 즉 밝음에 적응하는 데는 10~20분 정도가 소요된다.

④ 암순응 즉 어둠에 적응하는 데에는 1~3분 정도의 시간이 소요된다.

■ 조명기구 사용
① 사고 현장이 어둡거나 야간인 경우에 내부 조명을 위하여 이동식 조명등을 설치하거나 소형 랜턴, 플래시 등을 사용하게 된다. 이때 미리 조명기구를 켜는 것이 아니라 내부가 어두운 것을 확인하고 나서 조명기구의 스위치를 넣는 경우가 대부분이다.
② 그러나 사람의 눈은 명순응 즉 밝음에 적응하는 데는 1~3분 정도가 소요되지만 암순응 즉 어둠에 적응하는 데에는 10~20분 정도의 시간이 소요되기 때문에 위험요인을 쉽게 발견하지 못하게 된다.
③ 또한 밀폐된 실내에 가스가 체류하고 있으면 이런 조명기구의 스위치 조작 시 발생하는 스파크에도 점화, 폭발사고를 일으킬 우려가 있다.
④ 조명기구의 스위치는 현장에 진입하기 전에 켜고 현장을 이탈한 후에 끄는 것을 원칙으로 한다.

■ 출입문 열 때 자세
① 모든 현장에서 출입문 등을 통과하는 경우에는 사고가 발생한 이유를 정확히 확인된 경우를 제외하고는 평소에 문의 온도를 측정하는 습관을 가져야 한다.
② 확인되지 않는 출입문의 개방 시 급격한 공기유입으로 인한 역화(Back Draft)사고나 기타 탈출로의 차단 등으로 인한 안전사고를 대비하여야 한다.
※ 온도를 측정할 때에도 손바닥을 이용하여 온도를 측정하지 말고 손등을 접촉시키면 불의의 감전사고에도 신체의 반사작용으로 안전하게 보호될 수 있다.

정답 | 09. ② 10. ②

11 "위험요인 회피능력 배양방법"으로 틀린 것은?

① 내적위험요인 통제능력
② 외적위험요인 예지능력
③ 행동으로 실행하는 능력
④ 사고위험 감지능력

 ■ 위험요인 회피능력* 23년 소방위

외적위험요인 (예지능력)	대원 스스로 과거의 경험과 지식에 의해 오감 등 으로 판단하여 주위에 있는 위험요인을 발견해 내는 능력
내적위험요인 (통제능력)	자기 내면에 있는 위험요인 즉, 자기중심적인 사고나 감정을 올바른 방향으로 통제할 수 있는 능력
실행능력	외적·내적 위험요인을 판단하고 이것을 행동으로 실행하는 능력

정답 | 11. ④

CHAPTER 03 119생활안전대 및 위험제거

01 "119생활안전대 업무특성"과 관계없는 것은?

① 긴급성과 잠재적 위험성
② 주민 밀접성
③ 활동영역의 다양성
④ 관련법령의 다양성

■ 「119 생활안전대 업무특성」

활동영역의 다양성	생활안전대 업무는 문 개방, 장신구 제거를 비롯하여 대형고드름 등 낙하우려 위험물제거·안전조치, 벌집제거 등 피해우려 야생동물 포획 및 퇴치와 같은 구조활동 분야와 급·배수지원과 오작동 소방시설 처리와 같은 민생지원 분야 등 활동영역이 다양하고 광범위하다.
비긴급성과 잠재적 위험성	목전의 급박한 위험상황은 아니지만 별도의 조치 없이 방치할 경우 긴급한 위험성으로 발전하거나 현재는 소규모 위험성을 내재하고 있으나 이를 제거하지 않으면 준긴급·긴급으로 확대·발전할 수 있다. 특정의 경우 일반인에게는 위험이 되지 않으나 특정인에게는 위험과 위협이 될 수 있는 관계로 생활안전 민원은 민원인의 입장에서 위험, 위협을 판단하여야 할 필요성이 있다.
주민 밀접성	주민의 생활과 활동과정에서 발생하는 사고가 대부분으로 생활안전 사고는 특정지역과 분야에 해당하는 사안이 아닌 어느 곳에서나 불특정 다수에게 발생할 수 있는 사고가 대부분으로 일상생활과 밀접한 경우가 많다.
관련법령의 다양성	동물의 경우 "동물보호법", "야생생물보호 및 관리에 관한 법률" 및 "총포·도검·화약류 등 단속법" 등과 관련되는 것을 비롯하여 실종의 경우 "유실물법", "개인정보보호법", "위치정보의 보호 및 이용 등에 관한 법률"등 경찰관련 법령 등 생활안전업무의 다양성만큼이나 관련법령이 다양하여 여러 분야와 부서에 걸쳐있는 업무라 할 수 있다.

02 소방기본법에서 근거하는 "소방지원활동"으로 볼 수 있는 것은?

① 산불화재 시 인명구조 활동
② 익수자에 대한 인공호흡 실시
③ 자연재해에 따른 급수·배수 및 제설 등 지원활동
④ 위급한 현장에서의 구조활동

■ 소방기본법 제16조의2(소방지원활동)* 14년 소방장
① 산불에 대한 예방·진압 등 지원활동
② 자연재해에 따른 급수·배수 및 제설 등 지원활동
③ 집회·공연 등 각종 행사 시 사고에 대비한 근접대기 등 지원활동
④ 화재, 재난·재해로 인한 피해복구 지원활동
⑤ 그밖에 행정안전부령으로 정하는 활동

📋 정답 01. ① 02. ③

03 "119생활안전대 대원의 자격기준"으로 옳지 않은 것은?

① 구급대원으로 2년간 활동한 사람
② 소방공무원으로써 응급구조사 자격을 취득한 사람
③ 의무소방원으로서 소방학교에서 119생활안전구조 교육을 이수한 사람
④ 의용소방대원으로서 위험물 자격증을 취득한 사람

■ 대원의 자격기준(119생활안전대 편성운영규정 제5조)
① 「119구조·구급에 관한 법률 시행령」 제6조 제1항에 따른 구조대원
② 소방공무원, 의무소방원 또는 의용소방대원으로서 중앙 또는 지방소방학교에서 개설·운영하는 119
생활안전구조 교육을 이수한 사람
③ 소방공무원, 의무소방원 또는 의용소방대원으로서 생활안전구조와 관련한 자격증(전기, 가스, 소
방시설, 위험물, 응급구조, 인명구조 등)을 취득한 사람
④ 그 밖에 소방본부장 등이 소속 소방공무원 및 의무소방원 또는 의용소방대원으로서 119생활안전구
조업무에 적합하다고 인정하는 사람

04 "이동전화 위치정보 조회"에서 옳지 않은 것은?

① 접수는 112신고를 통해 접수한다.
② 요청권자 확인은 배우자 및 2촌 이내 친족이 될 수 있다.
③ 요청권자 외 3자 신고의 위치조회가 불가피 하다고 판단되는 특별한 상황에는 할 수 있다.
④ 구조수색에 필요한 구조대상자의 인상착의 및 구체적 신상정보 등을 확인한다.

■ 「이동전화 위치정보조회 신고 접수 절차」★★

▌이동전화 위치정보조회 신고접수 절차(요약)▐

접수방법		• 119신고를 통해 접수
접수 절차	요청권자 확인	• 개인정보주체(본인) • 배우자 및 2촌 이내 친족(민법 제767조) • 미성년자의 후견인 ※ 요청권자가 적법하지 않은 경우 적법한 요청권자가 신고하도록 유도 하고, 요청권자의 적법여부 확인이 필요할 때에는 경찰 등 유관기관 을 통하여 확인
접수 절차	위치조회 필요상황	• 소방기관의 구조·구급 등이 필요한 상황 • 조난, 자살기도 등 급박한 위험상황에 노출된 상황 • 위험상황에 처할 가능성이 농후하여 사전대응을 위해 위치조회가 필요한 상황 • 요청권자 외 3자 신고의 위치조회가 불가피 하다고 판단되는 특별한 상황
	고지사항 안내	• 허위신고 시 과태료 부과사항 • 위치조회와 조회결과의 활용 등
	구조대상자 정보파악	• 구조수색에 필요한 구조대상자의 인상착의 및 구체적 신상정보 등
접수거부		• 경찰 등 타기관의 고유사무로 다른 법률이 정하는 바에 따라 위치조회가 가능한 사항 • 긴급구조가 필요한 급박한 위험사항이라고 볼 수 없는 상황 등

정답 03. ① 04. ①

05 "구조활동증명서 발급"은 접수한 날로부터 며칠 이내인가?

① 2일   ② 5일
③ 7일   ④ 즉시

> ■ 구조활동증명서 발급
> ① 법적 근거 : 「119구조구급에 관한 법률 시행규칙」 제19조(구조구급증명서)
> ② 발급기간 : 즉시
> ③ 접수 및 발급기관 : 소방서(민원실), 구조대, 안전센터

06 다음 중 "구조활동증명서 신청대상자"가 아닌 것은?

① 인명구조, 응급처치 등을 받은 사람
② 119 신고자
③ 공공단체 또는 보험회사 등 환자이송과 관련된 기관이나 단체
④ 구조·구급자의 보호자

> ■ 신청대상
> ① 인명구조, 응급처치 등을 받은 사람(이하 "구조·구급자"라 한다)
> ② 구조·구급자의 보호자
> ③ 공공단체 또는 보험회사 등 환자이송과 관련된 기관이나 단체
> ④ 위 사항에 해당하는 자에게 위임 받은 자

07 "이동전화 위치정보 조회" 기록 관리는?

① 시·군 행정관청 3년간 보관   ② 소방관서 3년간 보관
③ 경찰관서 3년간 보관   ④ 소방관서 영구 보관

> 이동전화 위치정보조회 기록관리 : 소방관서 3년간 보관 → 전산입력 자동 보관★★

08 "벌집의 종류와 제거"에 관한 설명으로 잘못된 것은?

① 장비로는 집망, 살충제, 훈연기, 절단기 등 제거장비를 확보한다.
② 말벌집의 형태는 종형태와 구형태가 있다.
③ 쌍살벌에 쏘이면 사람에 따라 쇼크, 호흡곤란 등으로 심각해지는 경우도 있다.
④ 벌집제거 시 소방펌프차를 이용한 방수는 효과적인 방법으로 볼 수 없다.

🖙 **정답**   05. ④   06. ②   07. ②   08. ④

■ 벌집제거활동 안전사항
① 높은 나뭇가지에 지어진 벌집은 소방펌프차를 이용한 제거법도 효과적인 방법으로 볼 수 있다.
② 대원의 안전확보 및 벌떼(집) 제거 장비를 확보한다.
 ⓐ 복장 : 방화복, 기동화, 헬멧, 가죽장갑 착용 후 방충복을 추가로 착용하여 벌떼로부터 완벽하게 차단될 수 있도록 준비한다.
 ⓑ 장비 : 채집망, 살충제, 훈연기, 절단기 등 제거장비를 확보한다.

09 다음 그림과 관계있는 것은?

① 말벌   ② 쌍살벌
③ 땅벌   ④ 바다리

■ 벌(집)의 종류와 특성

말벌	썩은 나무속, 덩굴, 나뭇가지, 땅속, 처마, 차양 밑에 서식하며, 장수말벌, 말벌, 검정말벌은 개체수는 적으나 공격성, 독성이 강하며 벌집의 형태는 종형태(Bell-shaped)를 갖추고 있다. 털보말벌, 황말벌, 꼬마장수말벌은 개체수가 많고 공격성, 독성이 강하며 벌집의 형태는 구형태(Ball-shaped)를 갖추고 있다.	
땅벌	땅속에 여러 층의 집을 짓고 살며, 입구는 작으나 내부 벌집이 큰 경우가 많다. 옷 속으로 파고들며 공격성, 독성이 강하다. 나무의 진이나 썩은 과일의 즙을 빨기도 한다.	
쌍살벌 (바다리)	나무의 줄기, 돌틈, 건물 처마 밑 등에 서식하며, 말벌과 생김새가 비슷하나 말벌보다 몸이 더 가늘고 첫째 배 마디가 자루처럼 되어 있다. 쌍살벌에 쏘이면 사람에 따라 쇼크, 호흡곤란 등으로 심각해지는 경우도 있다. 나무껍질로 만든 섬유질로 만든 집에서 단체생활을 하고, 천적으로는 장수말벌, 사마귀 등이 있다. 비행할 때에는 뒷다리를 길게 늘어뜨리고 날아다니는 것이 특징이다.	

10 다음 내용과 관계 깊은 것은?

① 뛰거나 소리 지르기보다는 침착하게 움직이지 않는 상태에서 눈을 똑바로 쳐다본다.
② 뛰거나 소리치면 오히려 놀라 공격할 수 있다.

① 고라니   ② 너구리
③ 멧돼지   ④ 오소리

정답 09. ② 10. ③

멧돼지를 발견하여 서로 주시하는 경우에는 뛰거나 소리 지르기보다는 침착하게 움직이지 않는 상태에서 멧돼지의 눈을 똑바로 쳐다본다(뛰거나 소리치면 멧돼지가 오히려 놀라 공격할 수 있다.) 멧돼지를 보고 소리를 지르거나 달아나려고 등(뒷면)을 보이는 등 겁먹은 모습을 보이면 야생동물은 직감적으로 겁을 먹은 것으로 알고 공격하는 경우가 있다.

11 구조대상자 이동전화 "신호음 20회 정도 울리다가 전화를 받을 수 없습니다."와 관련된 것은?

① 구조대상자의 휴대폰이 정상적인 상황에서 구조대상자가 휴대폰을 받지 않은 상태
② 구조대상자가 본인의지에 의하여 종료버튼을 눌러서 휴대폰을 꺼놓은 상태
③ 구조대상자가 종료버튼을 누르지 않은 상태로 휴대폰 배터리를 분리해 놓거나 배터리가 방전된 상태
④ 구조대상자가 버튼을 누르지 않은 상태에서 고장상태

 ① "휴대폰이 꺼져 있습니다."라는 멘트가 나오는 경우는,
　－ 구조대상자가 본인의지에 의하여 종료버튼을 눌러서 휴대폰을 꺼놓은 상태이다.
② 신호음이 10회 정도 울리다가 "전화를 받을 수 없습니다"라는 음성메시지로 넘어가는 경우는,
　㉠ 구조대상자가 종료버튼을 누르지 않은 상태로 휴대폰 배터리를 분리해 놓거나 배터리가 방전된 상태이고,
　㉡ 신호음 1회에 약 2초 정도의 시간이 소요되며, 컬러링의 경우 약 20~30초 내외의 시간이 경과한 이후 "전화를 받을 수 없습니다."라는 음성메시지로 넘어간다.
③ 신호음이 20회 정도 울리다가 "전화를 받을 수 없습니다"라는 음성메시지로 넘어가는 경우는,
　㉠ 구조대상자의 휴대폰이 정상적인 상황에서 구조대상자가 휴대폰을 받지 않은 상태이며,
　㉡ 신호음 1회에 약 2초 정도의 시간이 소요되며 컬러링의 경우 약 50~70초 내외의 시간이 경과된 이후 "전화를 받을 수 없습니다."라는 음성메시지로 넘어간다.

12 다음 중 "생태계 교란 야생동물"이 아닌 것은?

① 뉴트리아　　　　　　　　　② 파랑볼우럭
③ 큰입배스　　　　　　　　　④ 빠가사리

 ■ 생태계 교란 야생동물

구 분	종 명
포유류	1. 뉴트리아 Myocastor coypus
양서류·파충류	1. 황소개구리 Rana catesbeiana 2. 붉은귀거북속 전종 Trachemys spp
어 류	1. 파랑볼우럭(블루길) Lepomis macrochirus 2. 큰입배스 Micropterus salmoides

※ "야생생물 보호 및 관리에 관한 법률시행규칙" 제3조 관련 [별표 2]

 정답 　11. ①　　12. ④

CHAPTER 04 재난관리 ※ 소방교 / 장 승진시험 제외

01 "재난"에 대한 설명으로 옳지 않은 것은?

① 재난관리란 재난의 예방·대비·대응 및 복구를 위하여 하는 모든 활동을 말한다.

② 자연재난이란 한파, 대설, 황사, 조수, 우주물체의 추락 등 이에 준하는 자연현상으로 인하여 발생하는 재해를 말한다.

③ 사회재난이란 화재·붕괴·폭발·교통사고, 화생방사고·환경오염사고 등으로 인하여 발생하는 행정안전부령으로 정하는 규모 이상의 피해를 말한다.

④ 국가핵심기반의 마비, 「감염병의 예방 및 관리에 관한 법률」에 따른 감염병 또는 「가축전염병예방법」에 따른 가축전염병의 확산, 「미세먼지 저감 및 관리에 관한 특별법」에 따른 미세먼지 등으로 인한 피해도 사회재난에 포함된다.

자연재난	태풍, 홍수, 호우(豪雨), 강풍, 풍랑, 해일(海溢), 대설, 한파, 낙뢰, 가뭄, 폭염, 지진, 황사(黃砂), 조류(藻類)대발생, 조수(潮水), 화산활동, 소행성·유성체 등 자연 우주물체의 추락·충돌 그 밖에 이에 준하는 자연현상으로 인하여 발생하는 재해
사회재난	화재·붕괴·폭발·교통사고(항공 및 해상사고를 포함한다), 화생방사고·환경오염사고 등으로 인하여 발생하는 대통령령으로 정하는 규모 이상의 피해와 국가핵심기반의 마비, 「감염병의 예방 및 관리에 관한 법률」에 따른 감염병 또는 「가축전염병예방법」에 따른 가축전염병의 확산, 「미세먼지 저감 및 관리에 관한 특별법」에 따른 미세먼지 등으로 인한 피해

02 "중앙안전관리위원회"의 위원장은?

① 행정안전부장관   ② 국무총리

③ 소방청장   ④ 대통령

■ 중앙안전관리위원회의 구성

① 중앙위원회의 위원장 : 국무총리

② 간사 1명 : 행정안전부장관

※ 위원장이 부득이한 사유로 직무를 수행할 수 없을 때에는 행정안전부장관, 대통령령으로 정하는 중앙행정기관의 장 순으로 직무를 대행한다.

- 기획재정부장관, 교육부장관, 과학기술정보통신부장관, 외교부장관, 통일부장관, 법무부장관, 국방부장관, 행정안전부장관, 문화체육관광부장관, 농림축산식품부장관, 산업통상자원부장관, 보건복지부장관, 환경부장관, 고용노동부장관, 여성가족부장관, 국토교통부장관, 해양수산부장관 및 중소벤처기업부장관
- 국가정보원장, 방송통신위원회위원장, 국무조정실장, 식품의약품안전처장, 금융위원회위원장 및 원자력안전위원회위원장
- 소방청장, 경찰청장, 문화재청장, 산림청장 및 기상청장 및 해양경찰청장
- 그밖에 중앙위원회의 위원장이 지정하는 기관 및 단체의 장

□ 정답   **01.** ③   **02.** ②

03 "재난 및 안전관리기본법"에서 말하는 용어의 정의로써 옳지 않은 것은?

① 긴급구조기관이란 행정안전부·소방청·소방본부·소방서 및 해양에서 발생한 경우 해양경찰청·지방해양경찰청·해양경찰서이다.

② 해외재난이란 대한민국의 영역 밖에서 대한민국 국민의 생명·신체 및 재산에 피해를 주거나 줄 수 있는 재난으로서 정부차원에서 대처할 필요가 있는 재난을 말한다.

③ 긴급구조지원기관이란 긴급구조에 필요한 인력·시설 및 장비·운영체계 등 긴급구조능력을 보유한 기관이나 단체로서 군부대, 대한적십자사, 종합병원 등이 있다.

④ 재난관리책임기관이란 중앙행정기관·지방자치단체·지방행정기관·공공기관 등이다.

■ 용어의 정리* 15년, 22년 소방위	
재난	국민의 생명~ 신체 및 재산과 국가에 피해를 주거나 줄 수 있는 것
해외재난	대한민국의 영역 밖에서 대한민국 국민의 생명·신체 및 재산에 피해를 주거나 줄 수 있는 재난으로서 정부차원에서 대처할 필요가 있는 재난을 말한다.
재난관리	재난의 예방·대비·대응 및 복구를 위하여 하는 모든 활동을 말한다.
안전관리	재난이나 그 밖의 각종 사고로부터 사람의 생명·신체 및 재산의 안전을 확보하기 위하여 하는 모든 활동을 말한다.
재난관리 책임기관	① 중앙행정기관 및 지방자치단체 ② 지방행정기관·공공기관·공공단체(공공기관 및 공공단체의 지부 등 지방조직을 포함한다.) 및 재난관리의 대상이 되는 중요시설의 관리기관 등으로서 대통령령으로 정하는 기관
재난관리 주관기관	재난이나 그 밖의 각종 사고에 대하여 그 유형별로 예방·대비·대응 및 복구 등의 업무를 주관하여 수행하도록 대통령령으로 정하는 관계중앙행정기관을 말한다.
긴급구조	재난이 발생할 우려가 현저하거나 재난이 발생하였을 때에 국민의 생명·신체 및 재산을 보호하기 위하여 긴급구조기관과 긴급구조지원기관이 하는 인명구조, 응급처치, 그 밖에 필요한 모든 긴급한 조치를 말한다.
긴급 구조기관	소방청·소방본부·소방서를 말한다. 다만, 해양에서 발생한 재난의 경우 해양경찰청·지방해양경찰청 및 해양경찰서이다.
긴급구조 지원기관	긴급구조에 필요한 인력·시설 및 장비·운영체계 등 긴급구조능력을 보유한 기관이나 단체로서 대통령령으로 정하는 기관과 단체를 말한다. 1. 교육부, 과학기술정보통신부, 국방부, 산업통상자원부, 보건복지부, 환경부, 국토교통부, 해양수산부, 방송통신위원회, 경찰청, 기상청 및 산림청 2. 국방부장관이 법 제57조제3항제2호에 따른 탐색구조부대로 지정하는 군부대와 그 밖에 긴급구조지원을 위하여 국방부장관이 지정하는 군부대 3. 「대한적십자사 조직법」에 따른 대한적십자사 4. 「의료법」 제3조제2항제3호마목에 따른 종합병원 4의2. 「응급의료에 관한 법률」 제2조제5호에 따른 응급의료기관, 같은 법 제27조에 따른 응급의료정보센터 및 같은 법 제44조제1항제1호·제2호에 따른 구급차등의 운용자 5. 「재해구호법」 제29조에 따른 전국재해구호협회 6. 긴급구조기관과 긴급구조활동에 관한 응원협정을 체결한 기관 및 단체 7. 그 밖에 긴급구조에 필요한 인력과 장비를 갖춘 기관 및 단체로서 행정안전부령으로 정하는 기관 및 단체

정답 | 03. ①

국가재난관리기준	모든 유형의 재난에 공통적으로 활용할 수 있도록 재난관리의 전 과정을 통일적으로 단순화·체계화한 것으로서 행정안전부장관이 고시한 것 ※ "안전문화활동"이란 안전교육, 안전훈련, 홍보 등을 통하여 안전에 관한 가치와 인식을 높이고 안전을 생활화하도록 하는 등 재난이나 그 밖의 각종 사고로부터 안전한 사회를 만들어가기 위한 활동을 말한다. ※ "안전취약계층"이란 어린이, 노인, 장애인 등 재난에 취약한 사람을 말한다.
재난관리정보	재난관리를 위하여 필요한 재난상황정보, 동원가능 자원정보, 시설물정보, 지리정보를 말한다.
재난안전통신망	재난관리책임기관·긴급구조기관 및 긴급구조지원기관이 재난관리업무에 이용하거나 재난현장에서의 통합지휘에 활용하기 위하여 구축·운영하는 무선통신망을 말한다.
국가핵심기반	에너지, 정보통신, 교통수송, 보건의료 등 국가경제, 국민의 안전·건강 및 정부의 핵심기능에 중대한 영향을 미칠 수 있는 시설, 정보기술시스템 및 자산 등을 말한다.

04 "재난 및 안전관리기본법"의 제정 목적에 맞지 않은 것은?

① 국토보전
② 국민의 생명·신체 및 재산을 보호
③ 재난 및 안전관리체제 확립
④ 국민의 교통질서 확립

목적 : 각종 재난으로부터 국토를 보존하고 국민의 생명·신체 및 재산을 보호하기 위하여 국가와 지방자치단체의 재난 및 안전관리체제를 확립하고, 재난의 예방·대비·대응·복구와 안전문화활동 그 밖에 재난 및 안전관리에 필요한 사항을 규정함을 목적으로 한다.

05 "가스수급 및 누출사고"에 대한 재난관리주관기관은?

① 산업통상자원부행정안전부
② 행정안전부
③ 환경부
④ 소방청

■ 재난관리 주관기관* 22년, 24년 소방위

재난관리주관기관	재난 및 사고의 유형
교육부	학교 및 학교시설에서 발생한 사고
과학기술정보통신부	1. 우주전파 재난 2. 정보통신 사고 3. 위성항법장치(GPS) 전파혼신 4. 자연우주물체의 추락, 충돌
외교부	해외에서 발생한 재난
법무부	법무시설에서 발생한 사고
국방부	국방시설에서 발생한 사고
행정안전부	1. 정부중요시설 사고 2. 공동구재난(국토교통부가 관장하는 공동구는 제외) 3. 내륙에서 발생한 유도선등의 수난사고 4. 풍수해(조수는 제외), 지진, 화산, 낙뢰, 가뭄, 한파, 폭염으로 인한 사고로서 다른 재난관리주관기관에 속하지 아니하는 재난 및 사고

🎯 정답 **04. ④   05. ①**

문화체육관광부	경기장 및 공연장에서 발생한 사고
농림축산식품부	1. 가축 질병 2. 저수지 사고
산업통상자원부	1. 가스 수급 및 누출 사고 2. 원유수급 사고 3. 원자력안전 사고(파업에 따른 가동중단을 포함한다) 4. 전력 사고 5. 전력생산용 댐의 사고
보건복지부	보건의료 사고
질병관리청	감염병 재난
환경부	1. 수질분야 대규모 환경오염 사고 2. 식용수 사고 3. 유해화학물질 유출 사고 4. 조류(藻類) 대발생(녹조에 한정한다) 5. 황사 6. 환경부가 관장하는 댐의 사고 7. 미세먼지
고용노동부	사업장에서 발생한 대규모 인적 사고* 22년 소방위
국토교통부	1. 국토교통부가 관장하는 공동구 재난 2. 고속철도 사고 3. 도로터널 사고 4. 육상화물운송 사고 5. 도시철도 사고 6. 항공기 사고 7. 항공운송 마비 및 항행안전시설 장애 8. 다중밀집건축물 붕괴 대형사고로서 다른 재난관리주관기관에 속하지 아니하는 재난 및 사고
해양수산부	1. 조류 대발생(적조에 한정한다) 2. 조수(潮水) 3. 해양 분야 환경오염 사고 4. 해양 선박 사고
금융위원회	금융 전산 및 시설 사고
원자력안전위원회	원자력안전 사고(파업에 따른 가동중단은 제외한다.) 인접국가 방사능 누출 사고
소방청	1. 화재, 위험물사고 2. 다중밀집시설대형화재
문화재청	문화재 시설 사고
산림청	1. 산불 2. 산사태
해양경찰청	해양에서 발생한 유도선 등의 수난사고

※ 재난관리주관기관이 지정되지 아니한 재난 및 사고에 대해서는 행정안전부장관이 「정부조직법」에 따른 관장 사무를 기준으로 재난관리주관기관을 정한다.

※ 감염병 재난 발생 시 중앙사고수습본부는 법 제34조의5 제1항 제1호에 따른 위기관리 표준 메뉴얼에 따라 설치·운영한다.

06 "긴급구조기관"이 아닌 것은?

① 소방청   ② 소방서

③ 해양경찰서   ④ 경찰청

긴급구조기관 : 소방청, 소방본부 및 소방서, 해양경찰청, 지방해양경찰청, 해양경찰서

07 다음은 "재난사태선포대상"으로 옳은 것을 모두 고르시오.

① 시·도지사가 중앙대책본부장에게 재난사태의 선포를 건의하는 경우

② 지역주민이 단체로 재난사태선포를 대통령께 요구하는 경우

③ 중앙대책본부장이 재난사태의 선포가 필요하다고 인정하는 재난

④ 국회에서 재난사태선포가 필요하다고 판단하는 경우

■ 재난사태선포대상

① 재난 중 극심한 인명 또는 재산의 피해가 발생하거나 발생할 것으로 예상되어 사도지사가 중앙대책본부장에게 재난사태의 선포를 건의하는 경우

② 중앙대책본부장이 재난사태의 선포가 필요하다고 인정하는 재난(「노동조합 및 노동관계조정법」 제4장에 따른 쟁의행위로 인한 국가기반시설의 일시 정지를 제외한다)

08 "긴급구조지원기관"으로 옳지 않은 것은?

① 대한적십자사   ② 산림청

③ 응급의료정보센터   ④ 소방청

■ 긴급구조지원기관* 22년, 24년 소방위

① 교육부, 과학기술정보통신부, 국방부, 산업통상자원부, 보건복지부, 환경부, 국토교통부, 해양수산부, 방송통신위원회, 경찰청, 기상청 및 산림청

② 국방부장관이 법 제57조제3항제2호에 따른 탐색구조부대로 지정하는 군부대와 그 밖에 긴급구조 지원을 위하여 국방부장관이 지정하는 군부대

③ 「대한적십자사 조직법」에 따른 대한적십자사

④ 「의료법」 제3조제2항제3호마목에 따른 종합병원
4의2. 「응급의료에 관한 법률」 제2조제5호에 따른 응급의료기관, 같은 법 제27조에 따른 응급의료 정보센터 및 같은 법 제44조제1항제1호·제2호에 따른 구급차 등의 운용자

⑤ 「재해구호법」 제29조에 따른 전국재해구호협회

⑥ 긴급구조기관과 긴급구조활동에 관한 응원협정을 체결한 기관 및 단체

⑦ 그 밖에 긴급구조에 필요한 인력과 장비를 갖춘 기관 및 단체로서 행정안전부령으로 정하는 기관 및 단체

정답   **06.** ④   **07.** ①,③   **08.** ④

09 다음 중 "중앙재난안전대책본부장"은?

① 대통령 　　　　　　　　　　　② 행정안전부장관
③ 해양경찰청장 　　　　　　　　　④ 소방청장

■ **중앙재난안전대책본부장의 운영**
① 중앙대책본부에 본부장과 차장을 두며, 본부장은 행정안전부장관이 된다.
② 중앙대책본부장은 중앙대책본부의 업무를 총괄하고 중앙재난안전대책본부회의를 소집할 수 있다.
③ 해외재난 ⇒ 외교부장관, 방사능재난 ⇒ 중앙방사능방재대책본부의 장이 각각 중앙대책본부장의 권한을 행사한다.
④ 중앙대책본부장은 대규모재난이 발생하거나 발생할 우려가 있는 경우에는 대통령령으로 정하는 바에 따라 실무반을 편성하고 중앙재난안전대책본부상황실을 설치하는 등 해당 대규모재난에 대하여 효율적으로 대응하기 위한 체계를 갖추어야 한다. 이 경우 중앙재난안전상황실과 인력, 장비, 시설 등을 통합 운영할 수 있다.

10 "재난사태선포심의"의 주관 부서는?

① 국방부 　　　　　　　　　　　② 중앙안전관리위원회
③ 행정안전부 　　　　　　　　　④ 소방청

■ **중앙안전관리위원회 주요기능**
재난 및 안전관리에 관한 다음 각 호의 사항을 심의하기 위하여 국무총리 소속으로 중앙안전관리위원회를 둔다.
① 재난 및 안전관리에 관한 중요 정책에 관한 사항
② 국가안전관리기본계획에 관한 사항
③ 재난 및 안전관리 사업 관련 중기사업계획서, 투자우선순위 의견 및 예산요구서에 관한사항
④ 중앙행정기관의 장이 수립·시행하는 계획, 점검·검사, 교육·훈련, 평가, 안전기준 등 재난 및 안전관리업무의 조정에 관한 사항
⑤ 안전기준관리에 관한사항
⑥ 재난사태의 선포에 관한사항
⑦ 특별재난 및 재난사태의 선포에 관한 사항
⑧ 재난이나 그 밖의 각종 사고가 발생하거나 발생할 우려가 있는 경우 이를 수습하기 위한 관계 기관 간 협력에 관한 중요 사항
⑨ 재난안전의무보험 관리·운용 등에 관한 사항
⑩ 중앙행정기관의 장이 시행하는 대통령령으로 정하는 재난 및 사고의 예방사업 추진에 관한 사항
⑪ 그 밖에 위원장이 회의에 부치는 사항

11 중앙재난안전대책본부장이 국무총리일 경우 대책회의 구성에서 소방청 추천자는?

① 소방정 　　　　　　　　　　　② 경무관
③ 소방감 　　　　　　　　　　　④ 고위공무원단 소속공무원

📷 **정답**　　09. ②　　10. ②　　11. ③

■ 중앙재난안전대책본부의 구성(국무총리가 본부장일 경우)*

총괄조정관 통제관 담당관	차장이 소속 중앙행정기관 공무원 중에서 지명하는 사람
대 변 인	차장이 소속 중앙행정기관 공무원 중에서 추천하여 국무총리가 지명하는 사람
부대변인	재난관리주관 소속 공무원 중에서 소속 기관의 장이 추천하여 국무총리가 지명하는 사람

※ 기관의 고위공무원단에 속하는 일반직공무원(국방부의 경우에는 이에 상당하는 장성급 장교를, 경찰청 및 해양경찰청의 경우에는 치안감 이상의 경찰공무원을, 소방청의 경우에는 소방감 이상의 소방공무원을 말한다) 중에서 소속기관의 장의 추천에 받아 중앙대책본부장이 임명하는 사람으로 구성

12 "국가안전관리기본계획"은 몇 년마다 수립하는가?

① 2년　　　　　　　　　　　　　② 3년
③ 5년　　　　　　　　　　　　　④ 10년

국가안전관리기본계획은 재난의 예방·대비·대응·복구 등 재난 및 안전관리를 위한 기본방향과 관련부처가 중점적으로 추진할 안전관리기본계획 등을 포함하는 것으로 <u>5년 마다 수립하는 국가재난관리의 장기적인 마스터플랜이다.</u>

13 "재난대비 훈련"에 대한 설명으로 옳지 않은 것은?

① 행정안전부장관은 매년 재난대비훈련 기본계획을 수립하고 재난관리책임기관의 장에게 통보하여야 하며 국회 소관상임위원회에 보고하여야 한다.
② 훈련주관은 행정안전부장관, 시·도지사, 소방청장, 경찰청장, 시장·군수·구청장 이다.
③ 훈련주관기관의 장은 관계 기관과 합동으로 참여하는 재난대비훈련을 각각 소관 분야별로 주관하여 연 1회 이상 실시하여야 한다.
④ 훈련주관기관의 장은 재난대비훈련을 실시하는 경우에는 훈련일 15일 전까지 훈련일시, 훈련장소, 훈련내용, 훈련방법, 훈련참여 인력 및 장비, 그 밖에 훈련에 필요한 사항을 훈련참여기관의 장에게 통보하여야 한다.

■ 재난대비훈련주기 및 통보
훈련주관 : 행정안전부장관, 시·도지사, 시장·군수·구청장 및 긴급구조기관의 장
훈련주관기관의 장은 관계 기관과 합동으로 참여하는 재난대비훈련을 각각 소관 분야별로 주관하여 <u>연 1회 이상 실시하여야 한다.</u>
훈련주관기관의 장은 재난대비훈련을 실시하는 경우에는 훈련일 15일 전까지 훈련일시, 훈련장소, 훈련내용, 훈련방법, 훈련참여 인력 및 장비, 그 밖에 훈련에 필요한 사항을 훈련참여기관의 장에게 통보하여야 한다.

✍ 정답　12. ③　13. ②

14 "재난안전상황실" 설치운영권자가 아닌 것은?

① 중앙119구조본부장   ② 행정안전부장관

③ 경기도지사   ④ 평택시장

■ 재난안전상황실의 운영

행정안전부	중앙재난안전상황실
시·도 및 시·군·구	시·도별 및 시·군·구별 재난안전상황실
중앙행정기관	소관 업무분야의 재난안전상황실 또는 재난상황을 관리할 수 있는 체계
재난관리책임기관	재난안전상황실을 설치·운영 가능
※ 중앙재난안전상황실 및 다른 기관의 재난안전상황실은 유기적인 협조체제 유지	

15 "재난사태 선포 절차"에 대한 설명으로 옳지 않은 것은?

① 행정안전부장관이 직접 선포할 수는 없다.

② 중앙위원회 심의를 거쳐야 한다.

③ 재난이 추가적으로 발생 우려가 없어진 경우 즉시 해제하여야 한다.

④ 재난사태를 선포한 경우 지체 없이 중앙위원회 승인을 받아야 한다.

■ 재난사태 선포 절차** 13년, 21년 소방위

① 일반적인 선포 절차 : 행정안전부장관은 재난이 발생하거나 발생할 우려가 있는 경우 사람의 생명·신체 및 재산에 미치는 중대한 영향이나 피해를 줄이기 위하여 긴급한 조치가 필요하다고 인정하면 중앙안전관리위원회의 심의를 거쳐 재난사태를 선포할 수 있다.

② 예외적 선포 절차 : 재난상황이 긴급하여 중앙위원회의 심의를 거칠 시간적 여유가 없다고 인정하는 경우에는 중앙위원회의 심의를 거치지 아니하고 행정안전부장관이 선포할 수 있다.

③ 재난사태의 해제 : 중앙위원회의 심의를 거치지 아니하고 재난사태를 선포한 경우에는 지체 없이 중앙위원회의 승인을 받아야 하며, 승인을 받지 못하면 행정안전부장관은 선포된 재난사태를 즉시 해제하여야 하며 재난으로 인한 위험이 해소되었다고 인정하는 경우 또는 재난이 추가적으로 발생할 우려가 없어진 경우에는 선포된 재난사태를 즉시 해제하여야 한다.

16 "재난사태 선포 시 조치사항"으로 옳지 않은 것은?

① 해당지역에 대한 이동 금지   ② 휴교처분의 요청

③ 물자의 동원   ④ 대피명령

■ 재난사태 선포 시 조치사항**

① 재난경보의 발령, 인력·장비 및 물자의 동원, 위험구역 설정, 대피명령, 응급지원 등이 법에 따른 응급조치

② 해당 지역에 소재하는 행정기관 소속 공무원의 비상소집

③ 해당 지역에 대한 여행 등 이동 자제 권고

④ 휴업명령 및 휴원·휴교 처분의 요청

⑤ 그 밖에 재난예방에 필요한 조치

🖥 정답   **14.** ①   **15.** ①   **16.** ①

17 중앙긴급구조통제단의 단장이 될 수 있는 자는?

① 행정안전부장관　　　　　　　　② 시도지사

③ 소방청 차장　　　　　　　　　　④ 소방청장

■ **중앙긴급구조통제단**★★ 13년, 16년, 22년 소방위

긴급구조에 관한 사항의 총괄·조정, 긴급구조기관 및 긴급구조지원기관이 하는 긴급구조활동의 역할 분담과 지휘·통제를 위하여 소방청에 중앙긴급구조통제단(중앙통제단)을 둔다.

단 장	소방청장
기 능	① 국가 긴급구조대책의 총괄·조정 ② 긴급구조활동의 지휘·통제 ③ 긴급구조지원기관간의 역할분담 등 긴급구조를 위한 현장활동계획의 수립 ④ 긴급구조대응계획의 집행 ⑤ 그 밖에 중앙통제단장이 필요하다고 인정하는 사항

18 "재난대비훈련 주관기관"이 아닌 것은?

① 행정안전부장관　　　　　　　　② 한국가스공사

③ 구청장　　　　　　　　　　　　④ 소방서장

■ **재난대비훈련 대상기관**★★

주 관	행정안전부장관, 시·도지사, 시장·군수·구청장 및 긴급구조기관의 장
협 조	재난관리책임기관, 긴급구조지원기관 및 군부대 등 관계 기관
방 법	정기 또는 수시로 합동 재난대비훈련 실시

19 "재난상황발생 시 최초보고자"가 아닌 것은?

① 시장　　　　　　　　　　　　　② 소방서장

③ 군수　　　　　　　　　　　　　④ 구청장

■ **재난상황보고**(시장·군수·구청장·해양경찰서장·재난관리책임기관의장·국가핵심기관의 장)
　　★ 15년 소방위

최초보고	인명피해 등 주요 재난발생시 지체 없이 서면(전자문서를 포함한다)·팩스,전화 중 가장 빠른 방법으로 하는 보고
중간보고	전산시스템 등을 활용하여 재난의 수습기간 중에 수시로 하는 보고
최종보고	수습이 종료되거나 소멸된 후 재난상황 보고사항을 종합하여 하는 보고

📖 **정답** | **17.** ④　**18.** ②　**19.** ②

20 "재난상황 시 응급조치내용" 보고 횟수는?

① 1일 3회 이상
② 1일 2회 이상
③ 2일 1회 이상
④ 1일 1회 이상

■ 응급조치내용 보고(시장·군수·구청장·해양경찰서장)
응급조치 내용보고는 응급복구조치상황 및 응급구호조치 상황으로 구분하여 <u>재난기간 중 1일 2회 이상</u> <u>보고</u>하여야 한다.

21 "해외재난상황" 발생우려가 있을 시 보고는?

① 외교부장관
② 국방부장관
③ 행정안전부장관
④ 경찰청장

■ 해외재난상황의 보고
재외공관장은 관할 구역에서 해외재난이 발생하거나 발생할 우려가 있으면 <u>외교부장관에게 보고</u>하여야 한다.

22 중앙긴급구조통제단의 기능 중 옳지 않은 것은?

① 긴급구조지원기관간의 역할분담 등 긴급구조를 위한 현장활동계획의 수립
② 긴급구조대응계획의 집행
③ 국가 안전관리기본계획 및 집행계획의 심의
④ 긴급구조활동의 지휘·통제

③은 중앙위원회의 주요기능임

■ 중앙긴급구조통제단★★ 13년, 16년, 22년 소방위

단 장	소방청장
기 능	① 국가 긴급구조대책의 총괄·조정 ② 긴급구조활동의 지휘·통제 ③ 긴급구조지원기관간의 역할분담 등 긴급구조를 위한 현장활동계획의 수립 ④ 긴급구조대응계획의 집행 ⑤ 그 밖에 중앙통제단장이 필요하다고 인정하는 사항

23 "충남 천안시에 대형 재난이 발생"하였을 때 통제단장이 될 수 있는 자는?

① 천안시장
② 경기도지사
③ 천안경찰서장
④ 천안소방서장

지역별 긴급구조에 관한 사항의 총괄·조정, 해당 지역에 소재하는 긴급구조기관 및 긴급구조지원기관 간의 역할분담과 재난현장에서의 지휘·통제를 위하여 시·도의 소방본부에 시·도 긴급구조통제단을 두고, 시·군·구의 소방서에 시·군·구 긴급구조통제단을 둔다.

🔲 정답 **20.** ② **21.** ① **22.** ③ **23.** ④

24 "긴급구조통제단 운영"에 관한 사항으로 다음 내용과 관계 깊은 것은?

> 2개 이상의 시·도에 걸쳐 재난이 발생한 상황이나 하나의 시·군·구 또는 시·도에서 재난이
> 발생하였으나 시·도통제단이 대응할 수 없는 상황

① 대응 4단계　　　　　　　　　② 대응 3단계
③ 대응 2단계　　　　　　　　　④ 대비 1단계

■ 긴급구조통제단 운영★★★ 16년, 18년 소방위

단 계	발생재난의 규모	통제단 운영
대비단계	재난이 발생하지 아니한 상황	① 각급 긴급구조대응계획의 운용연습 및 재난대비훈련을 실시하는 단계 ② 긴급구조지휘대만 상시 운영
대응 1단계	일상적으로 발생되는 소규모 사고 발생 상황	① 긴급구조지휘대가 현장지휘기능을 수행 ② 시·군·구 긴급구조통제단은 필요에 따라 부분적으로 운영
대응 2단계	2개 이상의 시·군·구에 걸쳐 재난이 발생한 상황이나 하나의 시··군··구에 재난이 발생하였으나 해당 지역의 시·군·구 긴급구조통제단의 대응능력을 초과한 상황	① 해당 시·군·구 긴급구조통제단을 전면적으로 운영 ② 시·도 긴급구조통제단은 필요에 따라 부분 또는 전면적으로 운영
대응 3단계	2개 이상의 시·도에 걸쳐 재난이 발생한 상황이나 하나의 시·군·구 또는 시·도에서 재난이 발생하였으나 시·도통제단이 대응할 수 없는 상황	① 해당 시·도 긴급구조통제단을 전면적으로 운영 ② 중앙통제단은 필요에 따라 부분 또는 전면적으로 운영

25 "중앙긴급구조통제단 구성"에 있어서 관계없는 것은?

① 국방부조정관　　　　　　　　② 자원대기소
③ 자원지원부　　　　　　　　　④ 현장지휘대

「중앙긴급구조통제단의 구성」 ※자원대기소는 지역긴급구조통제단 구성임

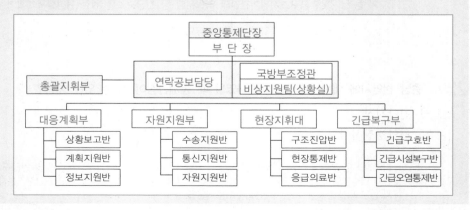

26 현장지휘소 운영에 있어서 "연락관 파견대상"이 아닌 것은?

① 한국전력공사 ② 한국가스공사
③ 경기도 ④ 국립공원관리공단

※ 연락관 파견은 긴급구조지원기관이 해당됨.

■ 긴급구조지원기관
긴급구조에 필요한 인력·시설 및 장비·운영체계 등 긴급구조능력을 보유한 기관이나 단체로서 대통령령으로 정하는 기관과 단체를 말한다.
① 유역환경청, 지방환경청, 지방국도관리청, 지방항공청, 보건소
② 지하철공사, 도시철도공사, 한국가스공사, 한국가스안전공사, 한국전력공사
③ 대한석탄공사, 한국광물자원공사, 한국수자원공사, 한국도로공사
④ 한국공항공사, 항만공사, 한국원자력안전기술원, 한국원자력의학원
⑤ 국립공원관리공단
⑥ 소방청장이 정하여 고시하는 기간통신사업자

27 "현장지휘소 비치물품"으로 옳지 않은 것은?

① 확성기 및 방송장비 ② 조명기구 및 발전 장비
③ 개인용 컴퓨터 ④ 현장순찰차량

■ 통제단장이 현장지휘소에 갖추어야 하는 시설 및 장비** 15년 소방장
① 조명기구 및 발전 장비
② 확성기 및 방송장비*
③ 재난대응구역지도 및 작전상황판
④ 개인용 컴퓨터, 프린터, 복사기, 팩스, 휴대전화, 카메라(스냅 및 동영상 촬영용을 말한다), 녹음기, 간이책상 및 걸상 등
⑤ 지휘용 무전기 및 자원봉사자관리용 무전기
⑥ 종합상황실의 자원관리시스템과 연계되는 무선데이터 통신장비
⑦ 통제단 보고서 양식 및 각종 상황처리대장

28 "기능별 긴급구조대응계획"의 임무수행사항으로 옳지 않은 것은?

① 국가위기관리 ② 피해상황분석
③ 지휘통제 ④ 긴급오염통제

■ 기능별 긴급구조대응계획 임무수행사항
지휘통제, 비상경고, 대중정보, 피해상황분석, 구조진압, 응급의료, 긴급오염통제, 현장통제, 긴급복구, 긴급구호 및 재난통신계획으로 구분하여 작성한다.

정답 26. ③ 27. ④ 28. ①

29 "긴급구조지휘대 구성"에 관계없는 것은?

① 경찰연락관
② 홍보담당
③ 통신지휘요원
④ 응급의료요원

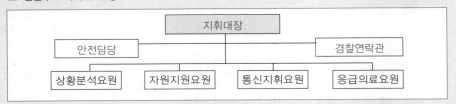

■ 긴급구조지휘대 구성

- 지휘대장
- 안전담당 / 경찰연락관
- 상황분석요원 / 자원지원요원 / 통신지휘요원 / 응급의료요원

■ 통제단이 설치운영되는 경우 다음과 같이 해당부서에 배치
① 상황분석요원 → 대응계획부, 자원지원요원 → 자원지원부
② 통신지휘요원 → 구조진압반, 안전담당요원 → 연락공보담당 또는 안전담당
③ 경찰파견 연락관 → 현장통제반, 응급의료파견 연락관 → 응급의료반

30 특별재난이란 "국고지원대상 피해 기준금액"의 몇 배를 초과해야 하는가?

① 2배
② 2.5배
③ 5배
④ 10배

■ **특별재난의 범위**★★
중앙대책본부장이 대통령에게 특별재난지역의 선포를 건의할 수 있는 재난
① 자연재난으로서 「재난구호 및 재난복구 비용 부담기준 등에 관한 규정」 제5조 제1항에 따른 국고지원 대상 피해 기준금액의 2.5배를 초과하는 피해가 발생한 재난
② 사회재난의 재난 중 재난이 발생한 해당 지방자치단체의 행정능력이나 재정능력으로는 재난의 수습이 곤란하여 국가적 차원의 지원이 필요하다고 인정되는 재난
③ 그 밖에 재난 발생으로 인한 생활기반 상실 등 극심한 피해의 효과적인 수습 및 복구를 위하여 국가적 차원의 특별한 조치가 필요하다고 인정되는 재난

31 특별재난지역(자연재난)에 대한 지원내용으로 옳지 않은 것은?

① 의료·방역·방제(防除) 및 쓰레기 수거 활동 등에 대한 지원
② 지방자치단체가 행하는 행정·재정·금융·의료지원에 소용되는 비용의 전부를 지원할 수 있다.
③ 「재해구호법」에 따른 의연금품의 지원
④ 농어업인의 영농·영어·시설·운전 자금 및 중소기업의 시설·운전 자금의 우선 융자

정답 29. ② 30. ② 31. ②

■ **특별재난지역에 대한 지원**★★
국가나 지방자치단체는 특별재난지역으로 선포된 지역에 대하여는 응급대책 및 재난 구호와 복구에 필요한 행정상·재정상·금융상·의료상의 특별지원을 할 수 있다.
① 재난 및 안전관리기본법시행령 제69조 제1항에 해당하는 재난(자연재난)
　㉠「재난구호 및 재난복구 비용 부담기준 등에 관한 규정」에 의한 국고의 추가지원
　㉡「재난구호 및 재난복구 비용 부담기준 등에 관한 규정」에 따른 지원(산불로 인하여 특별재난
　·지역으로 선포된 지역에 한한다)
　㉢ 의료·방역·방제(防除) 및 쓰레기 수거 활동 등에 대한 지원
　㉣ 의연금품의 지원
　㉤ 농어업인의 영농·영어·시설·운전 자금 및 중소기업의 시설·운전 자금의 우선 융자, 상환 유예, 상환
　　기한 연기 및 그 이자 감면과 중소기업에 대한 특례보증 등의 지원
　㉥ 그 밖에 재난응급대책의 실시와 재난의 구호 및 복구를 위한 지원
② 재난 및 안전관리기본법시행령 제69조 제1항 제2호 및 제3호에 해당하는 재난(사회재난 등)
　해당 재난을 수습하는 지방자치단체의 재정능력과 피해의 규모를 감안하여 지방자치단체가 행하는
　행정·재정·금융·의료지원에 소용되는 비용의 일부를 지원할 수 있다.
③ 국가로부터 비용을 지원받은 지방자치단체가 이를 특별재난으로 인하여 사망자 또는 부상한 자에
　대한 보상금은 다음의 구분에 따라 산정한 금액을 초과할 수 없다.

32 **"특별재난지역 사망자유족 보상금"으로 옳은 것은?**

① 사망 당시 월 최저임금액에 120을 곱한 금액
② 생존 당시 월 평균금액에 120을 곱한 금액
③ 생존 당시 월 평균금액에 240을 곱한 금액
④ 사망 당시 월 최저임금액에 240을 곱한 금액

사망자 유족의 경우	사망 당시의「최저임금법」에 따른 월 최저임금액에 240을 곱한 금액
부상자의 경우	위 산출된 금액의 2분의 1 이하의 범위에서 부상의 정도에 따라 행정안전부령으로 정하는 금액

33 **"특별재난지역 선포"를 대통령에게 건의할 수 있는 사람은?**

① 중앙재난대책본부장　　　　　　② 외교부장관
③ 국무총리　　　　　　　　　　　④ 소방청장

선포건의	중앙대책본부장은 중앙위원회의 심의를 거쳐 재난발생 지역을 특별재난지역으로 선포할 것을 대통령에게 건의할 수 있다.
선포 및 공고	특별재난지역의 선포를 건의 받은 대통령은 해당 지역을 특별재난지역으로 선포할 수 있다. 대통령이 특별재난지역으로 선포할 경우에는 특별재난지역의 범위 등을 명시하여 공고하여야 한다.

정답 | 32. ④　　33. ① |

34 긴급구조현장지휘에 관한 설명으로 옳지 않은 것은?

① 재난현장에서는 시·군·구 긴급구조통제단장이 긴급구조활동을 지휘한다.

② 각급통제단장은 긴급구조 활동을 종료하려는 때에는 행정안전부장관, 지역경찰서장, 재난현장에 참여한 지역사고수습본부장, 재난현장통합지원본부의 장 등과 협의를 거쳐 결정하여야 한다.

③ 재난현장의 구조활동 등 초동 조치상황에 대한 언론 발표 등은 각급통제단장이 지명하는 자가 한다.

④ 통제선을 설치할 수 있는 자는통제단장, 지방경찰청장, 경찰서장이다.

① 통제선을 설치할 수 있는 자 : 통제단장, 지방경찰청장, 경찰서장

제1통제선	통제단장이 구조활동에 직접 참여하는 인력 및 장비만을 출입할 수 있도록 설치
제2통제선	지방경찰청장 또는 경찰서장이 구조·구급차량 등의 출동주행에 지장이 없도록 긴급구조활동에 직접 참여하거나 긴급구조활동을 지원하는 인력 및 장비만을 출입할 수 있도록 설치·운영

② 긴급구조활동의 종료

각급통제단장은 긴급구조 활동을 종료하려는 때에는 재난현장에 참여한 지역사고수습본부장, 재난현장통합지원본부의 장 등과 협의를 거쳐 결정하여야 하며, 긴급구조 활동 종료 사실을 지역대책본부장 및 재난현장에서 긴급구조활동을 하는 긴급구조지원기관의 장에게 통보하여야 한다.

35 "제1통제선"에 출입할 수 없는 사람은?

① 취재인력　　　　　　　　　　② 응급의료요원
③ 보험업무 종사자　　　　　　　④ 구조업무지원자

■ 제1통제선 출입자

제1통제선	통제단장은 다음에 해당하는 자에게 출입증을 부착하도록 하여 제1통제선 안으로 출입하도록 할 수 있다. ① 제1통제선 구역 내 소방대상물 관계자 및 근무자 ② 전기·가스·수도·토목·건축·통신 및 교통분야 등의 구조업무 지원자 ③ 의사·간호사 등 응급의료요원 ④ 취재인력 등 보도업무 종사자 ⑤ 그 밖에 통제단장이 긴급구조활동에 필요하다고 인정하는 자
제2통제선	경찰관서장은 통제단장이 발급한 출입증을 가진 사람에 대하여는 제2통제선 안으로 출입하도록 하여야 하며, 구조활동에 필요하다고 인정하는 사람에 대하여는 제2통제선 안으로 출입하도록 할 수 있다.

정답　**34.** ②　**35.** ③

36 "긴급구조활동 평가단 구성"에 대한 설명으로 옳지 않은 것은?

① 긴급구조지휘대장도 평가단에 참여한다.
② 평가단구성은 재난상황이 종료된 후에 한다.
③ 평가단은 민간 전문가 2인 이상을 포함하여 5인 이상 7인 이하로 구성한다.
④ 평가단장은 현장구조대장으로 한다.

▣ **평가단의 구성**★★
통제단장은 재난상황이 종료된 후 긴급구조활동의 평가를 위하여 긴급구조기관에 긴급구조활동평가단을 구성하여야 한다. <u>평가단의 단장은 통제단장으로 하고</u> 단원은 다음에서 기술하는 자 중 어느 하나에 해당하는 자와 <u>민간 전문가 2인 이상을 포함하여 5인 이상 7인 이하로 구성</u>한다.
① 통제단장
② 통제단의 대응계획부장 또는 소속반장
③ 자원지원부장 또는 소속반장
④ 긴급구조 지휘대장
⑤ 긴급복구부장 또는 소속 반장
⑥ 긴급구조활동에 참가한 기관·단체의 요원 또는 평가에 관한 전문지식과 경험이 풍부한 자 중에서 통제단장이 필요하다고 인정하는 자

37 긴급구조지원기관의 활동에 대한 종합평가사항으로 옳지 않은 것은?

① 긴급구조활동에 참여한 인력 및 장비
② 통합 현장대응을 위한 통신 적절성
③ 구조 활동 중 경비지출에 관한 사항
④ 긴급구조요원의 전문성

▣ **긴급구조지원기관의 활동에 대한 종합평가사항**★★
① 긴급구조활동에 참여한 인력 및 장비
② 긴급구조대응계획서의 이행실태
③ 긴급구조요원의 전문성
④ 통합 현장대응을 위한 통신의 적절성
⑤ 긴급구조교육 수료자 현황
⑥ 긴급구조대응상의 문제점 및 개선을 요하는 사항

38 재난의 예·경보체계 구축에서 명령권자가 통제단장과 관계없는 것은?

① 대피명령   ② 동원명령
③ 위험구역설정   ④ 응급부담

① 재난 예·경보체계 구축 : 동원명령, 대피, 위험구역설정, 강제대피조치, 통행제한, 응원, 응급부담
② 통제단장 명령권자 : 대피명령, 위험구역설정, 강제대피조치, 통행제한, 응급부담

🔍 **정답** | 36. ④   37. ③   38. ②

39 "지역통제단장의 응급조치"가 아닌 것은?

① 현장지휘통신체계 　　　　　　② 긴급수송

③ 구조수단의 확보 　　　　　　　④ 경보의 발령

■ **지역통제단장과 시장·군수·구청장이 실시하는 응급조치★★** 18년 소방위

지역통제단장이 하는 응급조치는 ① 진화에 관한 응급조치 ② 긴급수송 및 구조수단의 확보 ③ 현장지휘통신체계의 확보에 한한다.
　① 경보의 발령 또는 전달이나 피난의 권고 또는 지시
　　※ 안전조치 : 정밀안전진단(시설만 해당한다)
　② 진화·수방·지진방재, 그 밖의 응급조치와 구호
　③ 피해시설의 응급복구 및 방역과 방범, 그 밖의 질서 유지
　④ 긴급수송 및 구조수단의 확보
　⑤ 급수 수단의 확보, 긴급피난처 및 구호품의 확보
　⑥ 현장지휘통신체계의 확보
　⑦ 그 밖에 재난 발생을 예방하거나 줄이기 위하여 필요한 사항

40 다음 중 "재난관리 주관기관의 장과 관계기관의 장"이 작성하는 매뉴얼은?

① 위기대응 실무매뉴얼 　　　　　② 위기관리 표준매뉴얼

③ 재난현장 복구매뉴얼 　　　　　④ 현장조치 행동매뉴얼

■ **재난분야 위기매뉴얼**

위기관리 표준매뉴얼	국가적 차원에서 관리가 필요한 재난에 대하여 재난관리 체계화, 관계 기관의 임무와 역할을 규정한 문서로 위기대응 실무매뉴얼의 작성기준이 되며, 재난관리주관기관의 장이 작성한다. 다만, 다수의 재난관리주관기관이 관련되는 재난에 대해서는 관계 재난관리주관기관의 장과 협의하여 행정안전부장관이 위기관리 표준매뉴얼을 작성할 수 있다.
위기대응 실무매뉴얼	위기관리 표준매뉴얼에서 규정하는 기능과 역할에 따라 실제 재난대응에 필요한 조치사항 및 절차를 규정한 문서로 재난관리 주관기관의 장과 관계기관의장이 작성한다. 재난관리주관기관의 장은 위기대응 실무매뉴얼과 위기관리 표준매뉴얼을 통합하여 작성할 수 있다.
현장조치 행동매뉴얼	재난현장에서 임무를 수행하는 기관의 행동조치 절차를 구체적으로 수록한 문서로 위기대응 실무매뉴얼을 작성한 기관의 장이 작성한다. 다만, 시장·군수·구청장은 재난유형별 현장조치 행동매뉴얼을 통합하여 작성할 수 있다.

41 "재난사태 선포절차"와 관련하여 설명이 잘못된 것은?

① 중앙안전관리위원회의 심의를 거쳐 재난사태를 선포할 수 있다.

② 재난 상황이 긴급한 경우에는 위원회의 심의를 거치지 아니하고 행정안전부장관이 선포할 수 있다.

③ 중앙위원회 승인을 받지 못하면 선포된 재난사태를 즉시 해제하여야 한다.

④ 재난이 추가적으로 발생할 우려가 없어진 경우, 중앙위원회 재심의 요청한다.

🔲 정답　**39.** ④　**40.** ①　**41.** ④

■ 재난사태 선포 절차*

일반적인 선포절차	행정안전부장관은 재난이 발생하거나 발생할 우려가 있는 경우 사람의 생명·신체 및 재산에 미치는 중대한 영향이나 피해를 줄이기기 위하여 긴급한 조치가 필요하다고 인정하면 중앙안전관리위원회의 심의를 거쳐 재난사태를 선포할 수 있다.
예외적 선포절차	재난상황이 긴급하여 중앙위원회의 심의를 거칠 시간적 여유가 없다고 인정하는 경우에는 중앙위원회의 심의를 거치지 아니하고 행정안전부장관이 선포할 수 있다.
재난사태의 해제	중앙위원회의 심의를 거치지 아니하고 재난사태를 선포한 경우에는 지체 없이 중앙위원회의 승인을 받아야 하며, 승인을 받지 못하면 행정안전부장관은 선포된 재난사태를 즉시 해제하여야 하며 재난으로 인한 위험이 해소되었다고 인정하는 경우 또는 재난이 추가적으로 발생할 우려가 없어진 경우에는 선포된 재난사태를 즉시 해제하여야 한다.

42 "지역긴급구조통제단 구성"과 관계없는 것은?

① 국방부조정관
② 자원대기소
③ 총괄지휘부
④ 항공통제반

■ 지역긴급구조통제단 구성* 15년 소방위

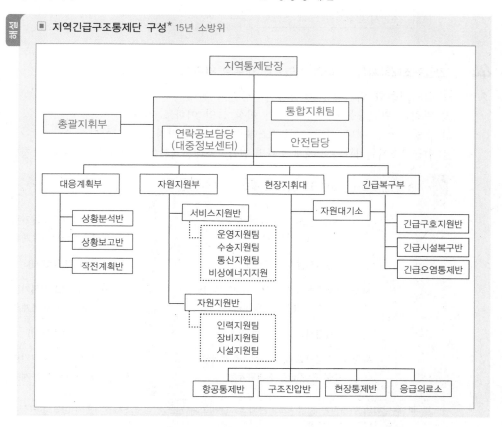

43 다음 중 "방면현장지휘대" 설치기준으로 옳은 것은?

① 소방서 별로 설치
② 1~3개 소방서
③ 1~2개 소방서
④ 2~4개 소방서

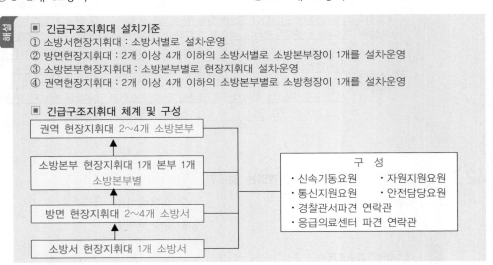

■ 긴급구조지휘대 설치기준
① 소방서현장지휘대 : 소방서별로 설치·운영
② 방면현장지휘대 : 2개 이상 4개 이하의 소방서별로 소방본부장이 1개를 설치·운영
③ 소방본부현장지휘대 : 소방본부별로 현장지휘대 설치·운영
④ 권역현장지휘대 : 2개 이상 4개 이하의 소방본부별로 소방청장이 1개를 설치·운영

■ 긴급구조지휘대 체계 및 구성

| 권역 현장지휘대 2~4개 소방본부 |
| 소방본부 현장지휘대 1개 본부 1개 소방본부별 |
| 방면 현장지휘대 2~4개 소방서 |
| 소방서 현장지휘대 1개 소방서 |

구 성
· 신속기동요원   · 자원지원요원
· 통신지원요원   · 안전담당요원
· 경찰관서파견 연락관
· 응급의료센터 파견 연락관

44 "긴급구조대응계획"에 대한 설명으로 잘못된 것은?

① 심의위원회 위원장은 행정안전부장관이 된다.
② 위원은 위원장을 포함하여 7인 이상 11인 이하로 한다.
③ 소방청장은 매년 시도 긴급구조대응계획 수립지침을 작성한다.
④ 긴급구조지원기관의 장에게 소관별 긴급구조대응계획을 수립하여 제출토록 요청할 수 있다.

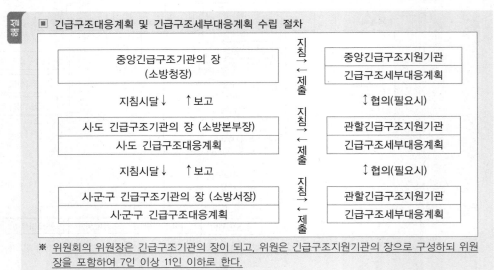

■ 긴급구조대응계획 및 긴급구조세부대응계획 수립 절차

| 중앙긴급구조기관의 장 (소방청장) | 지침→ ←제출 | 중앙긴급구조지원기관 긴급구조세부대응계획 |

지침시달↓   ↑보고   ↕협의(필요시)

| 시·도 긴급구조기관의 장 (소방본부장) 시·도 긴급구조대응계획 | 지침→ ←제출 | 관할긴급구조지원기관 긴급구조세부대응계획 |

지침시달↓   ↑보고   ↕협의(필요시)

| 시·군·구 긴급구조기관의 장 (소방서장) 시·군·구 긴급구조대응계획 | 지침→ ←제출 | 관할긴급구조지원기관 긴급구조세부대응계획 |

※ 위원회의 위원장은 긴급구조기관의 장이 되고, 위원은 긴급구조지원기관의 장으로 구성하되 위원장을 포함하여 7인 이상 11인 이하로 한다.

정답 43. ④   44. ①

45 "특별재난지역으로 선포"할 수 있는 자는?

① 대통령 ② 행정자치부장관
③ 국무총리 ④ 소방청장

■ 특별재난지역 선포건의

선포건의	중앙대책본부장은 중앙위원회의 심의를 거쳐 재난발생 지역을 특별재난지역으로 선포할 것을 대통령에게 건의할 수 있다.
선포 및 공고	특별재난지역의 선포를 건의 받은 대통령은 해당 지역을 특별재난지역으로 선포할 수 있다. 대통령이 특별재난지역으로 선포할 경우에는 특별재난지역의 범위 등을 명시하여 공고하여야 한다.

```
        특별재난지역 선포
          (대 통 령)
              ↑
              ←──── 중앙안전관리위원회 심의
     특별재난지역 선포건의
   (중앙재난안전대책본부장)
        대규모 재난발생
```

46 다음 중 "긴급구조지휘대의 기능"으로 잘못된 것은?

① 소규모 지역에 재난발생 시 전진지휘
② 통제단이 가동되기 전 재난초기 시 현장지휘
③ 화재 등 일상적 사고 발생시 현장지휘
④ 주요 긴급구조지원기관 합동으로 현장지휘 조정·통제

■ 긴급구조지휘대의 기능
① 통제단이 가동되기 전 재난초기 시 현장지휘
② 주요 긴급구조지원기관 합동으로 현장지휘 조정·통제
③ 광범위한 지역에 걸친 재난발생시 전진지휘
④ 화재 등 일상적 사고 발생시 현장지휘

47 다음 중 안전점검의 날은?

① 매월 4일 ② 매년 5월 25일
③ 매년 9월 11일 ④ 매년 4월 16일

🔑 정답   45. ①   46. ①   47. ①

	▣ 국민안전의 날 등	
국민안전의 날	매년 4월 16일을 국민안전의 날로 정하여 필요한 행사 등을 한다.	
안전점검의 날	안전점검의 날은 매월 4일로 하고 재난관리책임기관의 장은 안전점검의 날에 재난취약시설에 대한 일제점검, 안전의식 고취 등 안전관련 행사를 실시한다.	
방재의 날	방재의 날은 매년 5월 25일로 하고 자연재난에 대한 주민의 방재의식을 고취하기 위하여 재난에 대한 교육·홍보 등의 관련 행사를 실시한다.	

48 다음은 벌칙에 대한 사항으로 다음 내용과 관계 깊은 것은?

> 안전조치 명령을 이행하지 아니한 자

① 3천만 이하 벌금　　　　　　　　② 1천만원 이하 벌금
③ 1년 이하 징역　　　　　　　　　④ 500만원 이하 벌금

▣ 벌칙
① 3년 이하 징역 또는 3천만원 이하의 벌금 : 안전조치 명령을 이행하지 아니한 자
② 2년 이하의 징역 또는 2천만원 이하의 벌금 : 재난 대응 이외의 목적으로 정보를 사용하거나 업무가 종료되었음에도 해당 정보를 파기하지 아니한 자
③ 1년 이하 징역 또는 1천만원 이하의 벌금
  • 긴급안전점검을 거부 또는 기피하거나 방해한 자
  • 위험구역에 출입하는 행위나 그 밖의 행위의 금지명령 또는 제한명령을 위반 한 자
  • 정보제공 따른 중앙대책본부장 또는 지역대책본부장의 요청에 따르지 아니한 자
  • 업무상 알게 된 재난안전의무보험 관련 자료 또는 정보를 누설하거나 권한 없이 다른 사람이 이용하도록 제공하는 등 부당한 목적으로 사용한 자
④ 500만원 이하의 벌금
  • 토지·건축물·인공구조물, 그 밖의 소유물의 일시 사용 또는 장애물의 변경이나 제거를 거부 또는 방해한 자
  • 직무상 알게 된 재난관리정보를 누설하거나 권한 없이 다른 사람이 이용하도록 제공하는 등 부당한 목적으로 사용한 자
⑤ 200만원 이하 과태료
  • 위기상황 매뉴얼을 작성·관리하지 아니한 소유자·관리자 또는 점유자
  • 훈련을 실시하지 아니한 소유자·관리자 또는 점유자
  • 개선명령을 이행하지 아니한 소유자·관리자 또는 점유자
  • 대피명령을 위반한 사람
  • 위험구역에서의 퇴거명령 또는 대피명령을 위반한 사람 보험등에 가입하지 않은 자에게는 300만원 이하의 과태료를 부과한다.
  • 보험 또는 공제에 가입하지 않은 자에게는 300만원 이하의 과태료를 부과한다.

🔖 정답　48. ①

PART 03

구급 분야

01 응급의료의 정의에서 ( ) 안에 들어갈 내용으로 옳지 않은 것은?

> 응급환자가 발생한 때부터 생명의 위험에서 회복되거나 심신상의 중대한 위해가 제거
> 되기까지의 과정에서 응급환자를 위하여 하는 ( )·( )·( )·( ) 및 ( ) 등의 조치

① 수술   ② 상담
③ 이송   ④ 구조

응급 의료	응급환자가 발생한 때부터 생명의 위험에서 회복되거나 심신상의 중대한 위해가 제거 되기까지의 과정에서 응급환자를 위하여 하는 <u>상담·구조·이송·응급처치 및 진료</u> 등의 조치	

02 구급업무를 소방의 기본업무로 법제화 한 것은?

① 1982   ② 1983
③ 1987   ④ 1995

> 소방에서는 1982년 일부 소방서에 119구급대를 설치하여 구급업무를 실시하였고, 1983년 12월 31일에
> 소방법을 개정하여 구급업무를 소방의 기본업무로 법제화 하였다.

03 "응급환자 정의"에 관련된 설명으로 옳지 않은 것은?
① 응급환자란 즉시 필요한 응급처치를 받지 아니하면 생명을 보존할 수 없는 자이다.
② 응급환자에게 하는 상담, 구조, 이송, 응급처치 및 진료 등의 조치는 응급의료에 해당한다.
③ 응급의료종사자에는 의사, 한의사, 간호사, 약사, 응급구조사가 포함된다.
④ 응급처치란 생명의 위험이나 증상의 현저한 악화를 방지하기 위하여 긴급히 필요로 하
   는 처치를 말한다.

> ① 응급환자의 정의★ 18년 소방교
> 「응급의료에 관한 법률」에 명시된 응급환자의 정의는 "질병, 분만, 각종 사고 및 재해로 인한 부상
> 이나 기타 위급한 상태로 인하여 <u>즉시 필요한 응급처치를 받지 아니하면 생명을 보존할 수 없거나
> 심신상의 중대한 위해가 초래될 가능성이 있는 환자</u> 또는 이에 준하는 자로서 보건복지부령이 정
> 하는 자"를 말한다.

🔲 **정답**　　**01.** ①　**02.** ②　**03.** ③

② 응급의료 및 응급처치의 정의

응급 의료	응급환자가 발생한 때부터 생명의 위험에서 회복되거나 심신상의 중대한 위해가 제거되기까지의 과정에서 응급환자를 위하여 하는 상담·구조·이송·응급처치 및 진료 등의 조치
응급 처치	응급의료행위의 하나로서 응급환자의 기도를 확보하고 심장박동의 회복, 그 밖에 생명의 위험이나 증상의 현저한 악화를 방지하기 위하여 긴급히 필요로 하는 처치

※ 응급의료종사자 : 의료인(의사, 치과의사, 간호사, 조산사), 응급구조사

04 다음 중 "1급 응급구조사 자격"에 해당되지 않은 것은?

① 4년제 대학에서 응급구조학을 전공하고 졸업한 사람
② 전문대학에서 응급구조학을 전공하고 졸업한 사람
③ 보건복지부장관이 인정하는 외국의 응급구조사 자격을 받은 사람
④ 2급 응급구조사로서 응급구조사의 업무에 2년 이상 종사한 사람

■ **응급구조사 자격**
① 1급 응급구조가 응시자격
　㉠ 대학 또는 전문대학에서 응급구조학을 전공하고 졸업한 사람
　㉡ 보건복지부장관이 인정하는 외국의 응급구조사 자격인정을 받은 사람
　㉢ 2급 응급구조사로서 응급구조사의 업무에 3년 이상 종사한 사람으로서 보건복지부 장관이 실시하는 시험에 합격하고 보건복지부 장관의 자격인정을 받은 사람
② 2급 응급구조사 자격
　㉠ 보건복지부장관이 지정하는 응급구조사 양성기관에서 대통령령으로 정하는 양성과정을 마친 사람
　㉡ 보건복지부장관이 인정하는 외국의 응급구조사 자격인정을 받은 사람

05 "1급 응급구조사 업무"인 것은?

① 수액처치
② 기본심폐소생술
③ 응급환자의 척추나 팔다리 고정
④ 환자이동과 이송 등에 필요한 기본적인 응급처치

■ **응급구조사의 업무**
① 1급 응급구조사의 업무** 14년 소방교
기도삽관, 인공호흡기 사용, 수액처치와 약물투여 등과 같이 응급처치의 의료지도를 받아 할 수 있다.
② 2급 응급구조사의 업무
기본 심폐소생술, 응급환자의 척추나 팔다리의 고정 , 환자이동과 이송 등에 필요한 기본적인 응급처치만을 수행하게 된다.

📖 정답　**04. ④　05. ①**

06 현장응급처치 과정에 있어서 다음 내용과 관계있는 것은?

> 전문 치료팀과 장비가 대기 장소에서 출발하여 환자가 있는 장소까지 도착하는 데 소요된
> 시간
> (신고일시 15:55, 출동시각 15:56, 현장도착 16:12, 환자접촉 16:12, 현장출발 16:20)

① 출동시간   ② 반응시간
③ 현장처치시간   ④ 환자평가시간

> ■ **응급처치의 시간척도** * 20년 소방장/ 24년 소방위
> ① 출동시간 : 응급환자의 발생 신고로부터 전문 치료팀이 출동을 시작할 때까지 소용되는 시간
> ② 반응시간 : 전문 치료팀과 장비가 대기 장소에서 출발하여 환자가 있는 장소까지 도착하는 데 소요
>   된 시간
> ③ 현장처치시간 : 현장에서 환자를 이동시킬 수 있도록 안정시키는데 소요되는 시간

07 "응급구조사 법적책임"에 관한 사항으로 다음 (   ) 안에 들어갈 내용은?

> 응급구조사가 법적으로나 도덕적으로 범하지 말아야 할 가장 중대한 행위로서 환자에게
> 적절한 치료를 계속 제공하지 못한 것을 (   )라고 정의한다.

① 처치   ② 상담
③ 거절   ④ 유기

> 환자에게 적절한 치료를 계속 제공하지 못한 것을 유기라고 정의한다. 유기는 응급구조사가 법적으로나
> 도덕적으로 범하지 말아야 할 가장 중대한 행위이다. * 20년/ 21년 소방교

08 명시적 동의에서 환자에게 "고시되어야 할 중요한 내용" 중 옳지 않은 것은?

① 응급환자가 설명을 요구하는 사항
② 응급의료를 받지 않을 경우의 예상결과 또는 예후
③ 환자에게 발생하거나 발생 가능한 진단명
④ 응급처치 담당 의료진

> ■ **고시되어야 할 중요한 내용으로는** * 15년 소방교 / 18년 소방위
> ① 환자에게 발생하거나 발생 가능한 진단명
> ② 응급검사 및 응급처치의 내용
> ③ 응급의료를 받지 않을 경우의 예상결과 또는 예후
> ④ 기타 응급환자가 설명을 요구하는 사항 등

정답 06. ② 07. ④ 08. ④

09 "묵시적 동의" 내용이 아닌 것은?

① 구급대원이 직면하는 상황의 대부분은 환자에게서 문서화된 동의를 얻어낸다는 것이 현실적으로 어렵기 때문에 구두동의를 얻는 것이다.

② 법률적으로 사망이나 영구적인 불구를 방지하기 위하여 긴급한 응급처치를 필요로 하는 환자는 그에 대한 치료와 이송에 동의해야 한다는 입장이다.

③ 환자가 의식불명 또는 망상에 빠져 있거나, 신체적으로 동의할 수 없는 경우에 적용된다.

④ 무의식환자와 쇼크, 뇌 손상, 알코올이나 약물중독 등의 피해자들이다.

■ **묵시적 동의*** 17년 소방장/ 18년 소방위/ 22년, 23년 소방교
① 즉시 응급처치가 절실하게 필요한 사람으로 그들이 할 수 있다면, 응급처치에 동의했을 것이라고 추정한다.
② 법률적으로 사망이나 영구적인 불구를 방지하기 위하여 긴급한 응급처치를 필요로 하는 환자는 그에 대한 치료와 이송에 동의해야 한다는 입장이다.
③ 이러한 묵시적 동의는 긴급한 상황에만 국한된다. 무의식환자와 쇼크, 뇌 손상, 알코올이나 약물중독 등의 피해자들이 그 실례이다.
④ 일반적으로 묵시적 동의는 환자가 의식불명 또는 망상에 빠져 있거나, 신체적으로 동의할 수 없는 경우에 적용된다.
⑤ 환자의 동의를 구할 수 없으나 책임을 질만한 보호자나 친척이 있는 경우에는 그들에게 허락을 얻어내는 것이 바람직하다. 대부분의 경우, 법률은 배우자나 친척 등에게 동의가 불가능한 환자를 대신하여 동의할 수 있는 권리로 인정하고 있다.

■ **고시된 동의(명시적 동의)*** 15년 소방교/ 18년 소방위/ 22년 소방교
① 구급대원이 제공하는 환자치료에 대해 그 내용을 알고 이해하며, 동의한다는 환자의 표현을 말한다. 즉, 고시된 동의는 그 환자가 합리적인 결정을 하도록 필요한 모든 사실을 설명한 후에 환자로부터 얻는 동의이다.
② 환자가 동의하기 이전에 절차와 범위를 충분히 이해해야 한다. 또한 환자는 그러한 판단을 내릴 만큼 충분한 정신적 혹은 육체적 능력을 갖고 있어야 한다.
③ 구급대원이 직면하는 상황의 대부분은 환자에게서 문서화된 동의를 얻어낸다는 것이 현실적으로 어렵다. 그러나 문서화된 동의 대신에 구두 동의는 얻을 수 있을 것이다. 구두 동의는 증명되기는 어렵지만, 법적으로 유효하며 구속력을 갖는다.

10 "응급구조사의 법적 책임"에 대한 내용으로 옳지 않은 것은?

① 전문적 기준은 응급의료에 관련된 조직과 사회에서 널리 인정된 학술적인 사항에 의한 기준을 말한다.

② 제도화된 기준은 특수한 법률과 응급구조사가 속해 있는 단체에서의 권장사항에 의한 기준을 말한다.

③ 일반적인 관행 외에도 응급의료의 기준은 법규, 법령, 조례 또는 판례에 의하여 정해져 있다.

④ 일반적으로 사회에서 이루어지는 관행은 응급처치의 기준을 결정하는데 중요한 요소가 될 수 없다.

정답　09. ①　10. ④

■ **응급구조사의 법적책임**★ 16년, 17년 소방장
① 사회관행으로 정해진 기준 : 일반적으로 사회에서 이루어지는 관행은 응급처치의 기준을 결정하는 데 중요한 요소가 될 수 있다. 사회의 관행에 의해서 정해진 치료기준이란, 유사한 훈련과 경험을 가진 분별력 있는 사람이 유사한 상황에서 장비를 이용하여 동일한 장소에서 어떻게 행동했을까? 하는 것을 판단하는 기준을 말한다.
② 법률에 의해 정해진 기준 : 일반적인 관행 외에도 응급의료의 기준은 법규, 법령, 조례 또는 판례에 의하여 정해져 있으므로 이러한 기준을 위반하는 것은 사법적으로 추정된 과실을 범하는 것이다. 따라서 응급구조사는 해당 범위 내에서 응급의료행위를 하여야 한다. 응급의료에 관한 법령에서는 1급과 2급 응급구조사의 업무범위를 정해 놓고 있다.
③ 전문적 또는 제도화된 기준
  ㉠ 전문적 기준은 응급의료에 관련된 조직과 사회에서 널리 인정된 학술적인 사항에 의한 기준을 말한다.
  ㉡ 제도화된 기준은 특수한 법률과 응급구조사가 속해 있는 단체에서의 권장 사항에 의한 기준을 말한다. 따라서 전문적 또는 제도화된 기준을 준수하려면
    첫째, 응급구조사는 그들이 속한 조직이 공포한 기준에 익숙해야 한다.
    둘째, 응급구조사가 속해 있는 조직이 합리적이고 현실적인 기준을 제정하도록 노력하여야 하며, 응급구조사에 불합리한 측면을 부과하지 않도록 하여야 한다.

11 "면책의 양식"에 대한 설명으로 옳지 않은 것은?

① 미국의 경우, 1965년 플로리다 주에서 제정한 '선한 사마리아인의 법'이 있다.
② 선한 사마리아인의 법은 근무태만이나 업무상 과실로 인한 환자의 피해에 대해서는 그 책임을 면해주지 않는다.
③ 응급의료에 관한 법률에서도 선의의 응급의료에 대한 면책이 있다.
④ 제공된 응급처치에 대해 무보수가 아니라도 적용된다.

■ **면책의 양식**
① 과실에 대한 법의 입장은 부주의한 행동이나 다른 행위의 결과로 상해를 받은 사람에게 보상하는 책임으로부터 면책을 해주는 제한된 상황이 있다. 면책양식의 대부분은 면책이 적용되는 개인의 특수상황에 근거한다.

> ※ 미국의 경우, 1965년 플로리다 주에서 제정한 '선한 사마리아인의 법'은 현장에서 응급환자를 돕는 사람이 성심껏 응급처치를 하는 과정에서 발생하는 실수나 소홀에 대하여는 법적 책임을 지지 않도록 보장한다.

② 선한 사마리아인의 법은 일상적이고 합리적이며 분별력 있는 사람이 취할 수 있는 행동을 행한 경우에 한하며, 또한 제공된 응급처치에 대해 무보수인 경우에만 적용된다. 선한 사마리아인의 법은 근무태만이나 업무상 과실로 인한 환자의 피해에 대해서는 그 책임을 면해주지 않는다.
③ 우리나라 응급의료에 관한 법률에서도 이와 유사한 면책을 구체적으로 언급하고 있다. 응급의료에 관한 법률 제63조(응급처치 및 의료행위에 대한 형의 감면)에서 '응급의료종사자가 응급환자에게 발생된 생명의 위험, 심신상의 중대한 위해 또는 증상의 현저한 악화를 방지하기 위하여 긴급히 제공되는 응급의료로 인하여 응급환자가 사상에 이른 경우 응급의료행위가 불가피하고 응급의료 행위자에게 중대한 과실이 없는 때에는 그 정상을 참작하여 형법 제268조의 형을 감경하거나 면제할 수 있다'고 기술하고 있다.

> ※ 형법 제268조 : 업무상 과실 또는 중대한 과실로 인하여 사람을 사상에 이르게 한 자는 5년 이하의 금고 또는 2천만원 이하의 벌금에 처한다.
> ※ 응급의료에 관한 법률 제5조의 2항에서는 "선의의 응급의료에 대한 면책"에 관하여 명시하여 응급처치 제공자의 응급의료 행위를 보장함으로써 환자의 생명과 건강을 보호할 수 있도록 하고 있다.

정답 | 11. ④

12 "사망이 명백한 경우"라고 판단할 수 있는 것 중 옳지 않은 것은?

① 신체가 불에 완전히 탄 경우
② 목이 절단된 경우
③ 사후강직이 시작된 경우
④ 신체의 일부가 소실된 광범위한 하체 손상인 경우

◼ 사망한 경우
특별한 경우가 아니면 응급구조사는 사망선고를 임의로 내려서는 안 된다. 생명이 유지되거나 환자가
소생할 수 있는 기회가 있다면 응급구조사는 현장에서 또는 의료기관으로 이송 중에 생명보존을 위한
모든 노력을 다해야만 한다.

◼ 때때로 사망이 명백한 경우
① 사후강직이 시작된 경우
② 목이 절단되어 있는 경우
③ 신체가 불에 완전히 탄 경우
④ 신체의 일부가 소실된 광범위한 머리 손상인 경우
　이 경우 구급대원에게 요구되는 유일한 응급조치는 시체를 보존하고 당시의 상태를 기록하는 것이다.

13 "미성년자, 정신질환자 치료"에 있어서 동의에 관한 내용으로 옳지 않은 것은?

① 법률은 미성년자가 응급처치에 대해서 유효한 동의를 할 만한 판단력을 갖추지 못했다고 인정한다.
② 금치산자로 결정이 내려진 경우에는 친권자나 후견인 같은 사람이 환자를 대신하여 동의권을 갖는 경우가 대부분이다.
③ 긴급한 응급상황이 존재하더라도 미성년자 치료는 명시적 동의가 적용되어야 한다.
④ 미성년자는 개개인의 나이와 성숙도에 따라서 일부는 유효하기도 하다.

◼ 미성년자(19세) 치료에 있어서의 동의★★ 22년 소방교
① 법률은 미성년자가 응급처치에 대해서 유효한 동의를 할 만한 판단력을 갖추지 못했다고 인정한다.
　그 예로 민법은 행위무능력자의 범주에 미성년자를 포함하고 있으며 미성년자에 대한 동의권은
　부모나 후견인에게 주어진다.
② 이러한 규정에도 불구하고 미성년자가 하는 동의는 개개인의 나이와 성숙도에 따라서 일부는 유효
　하기도 하다. 긴급한 응급상황이 존재한다면 미성년자를 치료하는 것에 대한 동의는 묵시적일 수
　있으나, 가능하면 친권자나 후견인의 동의를 구해야 한다.

◼ 정신질환자 동의★ 22년 소방교
① 정신적으로 무능한 사람은 치료를 받는데 있어서, 응급처치의 필요성에 대한 어떠한 정보가 제공
　되었다 하더라도 동의할 수 없다. 그러나 한 개인이 법에 의해서 심신상실로 법원에 의해 금치산자
　로 선고되지 않았다면 그의 능력에는 의문의 여지가 많다.
② 금치산자로 결정이 내려진 경우에는 친권자나 후견인 같은 사람이 환자를 대신하여 동의권을 갖는
　경우가 대부분이다. 많은 상황에서 응급구조사는 착란상태에 빠져 있거나 정신적 결함이 있는 환
　자를 만나게 된다. 이러한 증상은 환자가 실제적으로 동의를 할 수 있는지의 여부를 결정하는데
　반드시 고려되어야 한다. 긴급한 응급상황이라면 묵시적 동의가 적용되어야 한다.

정답 | 12. ④　13. ③

14 기록과 보고와 관련하여 "특별히 보고가 요구되는 사항"으로 잘못된 것은?

① 부인학대
② 교사상
③ 약물손상
④ 성폭행

■ 특별히 보고가 요구되는 사항
① 아동학대
② 중대한 범죄행위에 의한 손상
③ 약물에 관련된 손상
④ 그 외에 보고해야 할 것들(자살기도, 교사상, 전염병, 성폭행 등)

15 "죽음이나 임종을 앞둔 환자"의 일반적인 응급처치로 잘못된 것은?

① 경청과 대화를 통해 공감대를 형성한다.
② 적절한 신체적 접촉이라도 환자에게 충격을 줄 수 있으므로 주의한다.
③ 부드럽고 조용한 목소리로 눈을 맞춘 상태에서 말해야 한다.
④ 환자와 가족의 죽음에 대한 다양한 반응을 미리 예상해야 한다.

■ 죽음이나 임종을 앞둔 일반적인 응급처치
① 환자와 가족의 죽음에 대한 다양한 반응(분노, 절망 등)을 미리 예상해야 한다.
② 경청과 대화를 통해 공감대를 형성한다.
③ 거짓으로 환자를 안심시키면 안 되며 무뚝뚝하거나 냉철함 없이 솔직하게 환자를 대해야 한다.
④ 처치자의 전문적인 지식이나 기술 이상의 의학적인 견해를 말해서는 안 된다.
⑤ 부드럽고 조용한 목소리로 눈을 맞춘 상태에서 말해야 한다.
⑥ 적절한 신체적인 접촉은 환자를 안심시킬 수 있다.

16 위험물질에 대한 처치 단계에서 "최초반응자 처치방법"으로 옳은 것은?

① 위험물질의 위험성을 인지하고 알리며 필요하다면 지원을 요청한다.
② 위험물로부터 사람과 재산을 보호한다.
③ 위험물로부터 안전한 거리에 위치한다.
④ 위험물 유출을 막거나 봉합, 정지시킨다.

■ 위험물질에 대한 처치 단계

단 계	처 치
최초 반응자	위험물질의 위험성을 인지하고 알리며 필요하다면 지원을 요청한다.
최초 대응자	① 위험물로부터 사람과 재산을 보호한다. ② 위험물로부터 안전한 거리에 위치한다. ③ 확대를 저지한다.
전문 처치자	위험물 유출을 막거나 봉합, 정지시킨다. 처치자에 대한 활동을 명령하거나 협조해 준다.

🔑 정답 **14.** ①　**15.** ②　**16.** ①

17 "죽어가고 있는 환자의 첫 번째 정서" 반응은?

> 말이나 행동을 통해 격렬하게 표출 될 수 있다. 소방대원은 이런 감정을 이해해 줄 필요는 있으나 신체적인 폭력에 대해서는 단호하게 대처해야 한다.

① 부정   ② 분노
③ 절망   ④ 수용

■ **죽음에 대한 정서적 반응**★★ 18년 소방교/ 24년 소방장

부정	죽어가고 있는 환자의 첫 번째 정서 반응
분노	초기의 부정반응에 이어지는 것이 분노이다. 이 반응은 말이나 행동을 통해 격렬하게 표출 될 수 있다. 소방대원은 이런 감정을 이해해 줄 필요는 있으나 신체적인 폭력에 대해서는 단호하게 대처해야 한다. 또한 경청과 대화를 통해 공감대를 형성하는 것도 좋은 방법이다.
협상	'그래요. 내가, 하지만...'이란 태도를 나타낸다. 고통스럽고 죽을 수도 있다는 현실은 인정하지만 삶의 연장을 위해 다양한 방법으로 협상하고자 한다.
절망	현실에 대한 가장 명백하고 일반적인 반응이다. 환자는 절망감을 느끼고 우울증에 빠지게 된다.
수용	환자가 나타내는 가장 마지막 반응이다. 환자는 상황을 현실로 받아들이고 그들이 할 수 있는 최선을 다하려고 노력한다. 이 기간동안 가족이나 친구의 적극적이고 많은 도움이 필요하다.

18 "폭력현장"에서의 안전조치 중 잘못된 것은?

① 경찰이 도착하지 않은 상태라면 안전한 거리를 유지하고 기다려야 한다.
② 현장 안전이 확인되면 구급처치를 실시한 뒤 누가 피해자고 가해자인지 판단을 위해 경찰과 협조해야 한다.
③ 항상 연락을 할 수 있게 무전기 및 휴대폰을 휴대하고 있어야 한다.
④ 폭력 위험은 구급차 내에서 발생할 수도 있으므로 필요하다면 경찰을 동승한 상태로 병원으로 이송해야 한다.

■ **폭력**
① 폭력으로 인해 환자가 발생된 현장이라면 주의해야 하며 필요하다면, 경찰에 협조를 요청해야 한다.
② 만약, 경찰이 도착하지 않은 상태라면 안전한 거리를 유지하고 기다려야 한다.
③ 현장 안전이 확인되면 구급처치를 실시하고 누가 피해자고 가해자인지 판단하는 일에 참견하거나 판단해서는 안 된다.
④ 또한, 고함, 깨지거나 부서지는 소리 등 폭력이 다시 발생할 수 있으므로 주의를 기울여야 하며 현장을 떠날 때까지 경찰이 있어줄 것을 요청해야 한다.
⑤ 폭력 위험은 구급차 내에서 발생할 수도 있으므로 필요하다면 경찰을 동승한 상태로 병원으로 이송해야 한다.

정답 17. ②   18. ②

> ▣ 폭력 현장에서 주의사항
> ① 폭력 현장이나 가능성이 있는 현장 진입에 앞서 경찰에 도움을 요청해야 한다.
> ② 현장이 안전하지 않다면 진입해서는 안 된다.
> ③ 항상 연락을 할 수 있게 무전기 및 휴대폰을 휴대하고 있어야 한다.
> ④ 고함, 부딪치거나 깨지는 소리 등 폭력 가능성을 나타내는 소리에 주의를 기울인다.
> ⑤ 만약, 처치 중 현장에 다시 폭력 가능성이 보이면 현장 안전 평가를 다시 실시하고 적절한 행동을 취해야 한다.

19 감염예방을 위한 "손 씻기"에 대한 설명으로 옳지 않은 것은?

① 반드시 흐르는 물을 이용해서 손목 아래까지 씻는다.

② 오염물질은 비누로 손을 씻을 경우 10~15초 사이 피부로부터 떨어져 나간다.

③ 감염예방 및 전파차단에 가장 간단하면서도 중요한 일이다.

④ 가능한 1회용 수건을 이용해 물기를 완전히 제거한다.

> ▣ 손 위생
> 감염예방 및 전파차단에 가장 간단하면서도 중요한 일이·손 씻기로 대부분의 <u>오염물질은 비누로 손을 씻을 경우 10~15초 사이에 피부로부터 떨어져 나간다.</u>
>
> ▣ 감염예방을 위한 손씻기 요령
> ① 장갑 착용여부와 상관없이 환자 처치 후에는 꼭 손을 씻어야 한다.
> ② 장갑을 벗는 즉시 손을 씻는다. 이때, 손의 장신구(반지, 시계, 팔찌 등)가 있다면 빼낸 후 씻어야 한다.
> ③ 거품을 충분히 낸 후 손가락 사이와 접히는 부위를 포함해 세심하게 문지른다.
> ④ 손톱아래는 솔을 이용해 이물질을 제거한다.
> ⑤ <u>반드시 흐르는 물을 이용해서 손목과 팔꿈치 아래까지 씻는다.</u>
> ⑥ 가능한 1회용 수건을 이용해 물기를 완전히 제거한다.
> ⑦ 물과 비누가 없는 경우에는 손 소독제를 이용해 임시 세척을 하고 나중에 꼭 물과 비누를 이용해 손을 씻는다.
> ⑧ 평상시에는 일반 비누를 이용하여 손 씻기를 해도 무관하나 전염병 발생 등 감염관리상의 문제가 발생 시에는 손 소독제를 사용하도록 한다.

20 "처치기구 및 환경관리"에 대한 설명으로 옳지 않은 것은?

① 구급차 내 바닥, 침상, 침상 난간 등 주위 환경을 깨끗이 청소하고 1회/주 이상 정기적으로 소독한다.

② B형 간염(HBV)나 HIV(인체면역결핍바이러스)환자에게 사용한 1회용 기구는 이중 백을 이용해 밀봉 후 폐기해야 한다.

③ 가운, 옷은 체액에 오염되면 비닐 백에 담아 오염되었음을 표시한 후 뜨거운 물에 25분 이상 단독 세탁을 해야 한다.

④ 일반적으로 혈압기의 커프와 청진기 같이 단순 피부접촉기구들은 멸균처리 해야 하며 개방상처나 점막 접촉기구들은 반드시 소독처리 해야 한다.

정답 | **19.** ① **20.** ④

■ 처치기구 및 환경관리

일반적으로 혈압기의 커프와 청진기 같이 단순 피부접촉기구들은 소독을 해야 하며 개방상처나 점막 접촉기구들은 반드시 멸균처리 해야 한다. 가능하다면 1회용 기구를 사용해야 하며 1회용기구는 절대로 재사용해서는 안 된다.

ⓐ 혈액이나 분비물, 체액, 배설물로 오염된 것은 피부나 점막이 오염되지 않도록 적당한 방법으로 씻는다.

ⓑ 재사용 물품은 장갑을 착용 후 피, 점액, 조직물 등 오염물질을 세척하고 소독 및 멸균처리를 해야 한다.

ⓒ 1회용 물품은 감염물 폐기물통에 버려야 한다.

ⓓ B형 간염(HBV)나 HIV(인체면역결핍바이러스)환자에게 사용한 1회용 기구는 이중 백을 이용해 밀봉 후 폐기해야 한다.

ⓔ 시트 – 혈액, 배설물, 분비물, 체액 등으로 오염된 것은 따로 분리하여 피부나 점막이 오염되지 않도록 운반 및 처리한다.

ⓕ 가운, 옷 – 체액에 오염되면 비닐 백에 담아 오염되었음을 표시한 후 뜨거운 물에 25분 이상 단독 세탁을 해야 한다.

ⓖ 구급차 내 바닥, 침상, 침상 난간 등 주위 환경을 깨끗이 청소하고 1회/주 이상 정기적으로 소독한다.

ⓗ 마지막으로 처치자는 위의 모든 행동을 마친 후 뜨거운 물로 샤워를 해야 한다.

21 "감염질환"에 대한 설명으로 옳지 않은 것은?

① B형간염은 몇 년간 몸에 잠복해 있다가 발병되거나 전파되기도 한다.

② 결핵은 몸이 약해지면 재발하는 질병으로 비말 등이 공기로 전파된다.

③ 이하선염은 침 또는 침에 오염된 물질로 전파되며 잠복기는 2~7일이다.

④ AIDS는 감염초기인 급성 감염기에는 특별한 증상이 별로 없다.

■ 감염질환 특징* 16년, 18년, 19년 소방장

질 병	전염 경로	잠복기
AIDS	HIV에 감염된 혈액, 성교, 수혈, 주사바늘, 모태감염	몇 개월 또는 몇 년
수두	공기, 감염부위의 직접 접촉	11~21일
풍진	공기, 모태감염	10~12일
간염	혈액, 대변, 체액, 오염된 물질	유형별로 몇 주~몇 개월
뇌수막염(세균성)	입과 코의 분비물	2~10일
이하선염	침 또는 침에 오염된 물질	14~24일
폐렴(세균성, 바이러스성)	입과 코의 분비물	며칠
포도상구균 피부질환	감염부위와의 직접 접촉 또는 오염된 물질과의 접촉	며칠
결핵(TB)	호흡기계 분비물, 공기 또는 오염된 물질	2~6주
백일해	호흡기계 분비물, 공기	6~20일

ⓐ B형 간염(Hepatitis B)* 18년 소방장/ 소방위

B형 간염(HBV)은 간에 직접적인 영향을 미치는 치명적인 바이러스로 피나 체액에 의해 전파된다. 또한, 몇 년간 몸에 잠복해 있다가 발병되거나 전파되기도 한다.

- 주요 증상 및 징후 : 피로감 - 오심 - 식욕부진 - 복통 - 두통 - 열 - 황달
- 예방책 : 개인 보호 장비 착용, B형 간염 예방접종

정답 21. ③

ⓛ **결핵(Tuberculosis)*** 18년 소방장
약에 대한 내성이 쉽게 생기며 몸이 약해지면 다시 재발하는 질병으로 가래나 기침에 의한 호흡기계 분비물(비말 등)로 공기 전파된다.

- 주요 증상 및 징후 : 열 – 기침 – 도한(Night sweats) – 체중 감소
- 예방책 : 특수 마스크(기침환자 처치 전에는 결핵여부에 상관없이 착용)

22 "감염의 기본적인 예방법"으로 옳지 않은 것은?

① 바늘 끝이 사용자의 몸 쪽으로 향하지 않도록 한다.
② 심폐소생술 시행 시 반드시 양 방향 휴대용 마스크를 이용하며 직접 접촉을 피한다.
③ 사용한 바늘은 다시 뚜껑을 씌우거나, 구부리지 말고 그대로 주사바늘통에 즉시 버린다.
④ 장갑은 한 환자에게 사용하더라도 오염된 신체부위에서 깨끗한 부위로 이동할 경우 교환해야 한다.

■ **감염 기본예방법*** 15년 소방교/ 18년 소방위/ 19년 소방교
① 날카로운 기구를 사용할 경우에는 손상을 당하지 않도록 주의한다.
② 바늘 끝이 사용자의 몸 쪽으로 향하지 않도록 한다.
③ 사용한 바늘은 다시 뚜껑을 씌우거나, 구부리거나, 자르지 말고 그대로 주사바늘통에 즉시 버린다.
④ 부득이 바늘 뚜껑을 씌워야 할 경우는 한 손으로 조작하여 바늘 뚜껑을 주사바늘에 씌운 후 닫도록 한다.
⑤ 주사바늘, 칼날 등 날카로운 기구는 구멍이 뚫리지 않는 통에 모은다.
⑥ 심폐소생술 시행 시 반드시 일 방향 휴대용 마스크를 이용하며 직접 접촉을 피한다.
⑦ 피부염이나 피부에 상처가 있는 처치자는 환자를 직접 만지거나 환자의 검체를 맨손으로 접촉하지 않도록 한다.
⑧ 장갑은 한 환자에게 사용하더라도 오염된 신체부위에서 깨끗한 부위로 이동할 경우 교환해야 한다.

23 "AIDS의 감염경로"로 옳은 것은?

① 피부접촉   ② 기침
③ 재채기   ④ 감염된 주사바늘

■ **AIDS(Acquired Immune Deficiency Syndrome)*** 13년 소방교/ 18년 소방장, 소방위
피부접촉, 기침, 재채기, 식기 도구의 공동사용으로는 감염되지 않으나 감염자의 혈액 또는 체액에 접촉 시 감염될 수 있다.
① 정액을 포함한 성관계, 침, 혈액, 소변 또는 배설물
② 감염된 주사바늘
③ 감염된 혈액이나 혈액제제 특히, 눈·점막·개방성 상처 등을 통해 감염
④ 수직감염, 출산, 모유수유

🔲 **정답** **22.** ② **23.** ④

24 **"구급대원의 개인보호 장비"에 대한 설명으로 옳지 않은 것은?**

① 장갑 : 환자 처치 전 착용해야 하며 절대 재사용해서는 안 된다. 한 명의 환자를 처치하는 중에도 다른 부분을 처치 시에는 새 장갑을 착용해야 한다.

② 보호안경 : 환자의 혈액과 체액이 눈으로 튀는 것으로부터 보호하기 위해 착용해야 한다.

③ 가운 : 가능하면 1회용을 사용해야 하며, 혈액 및 체액이 튀는 것을 방지하기 위해 착용하며 일반적으로 출산이나 외상환자 처치 시에 입는다.

④ 마스크 : 결핵과 같이 공기매개감염증이 있는 환자의 경우도 사용할 수 있는 1회용 수술용 마스크를 착용하는 것이 좋다.

■ 구급대원 개인보호 장비* 15년 소방장

보호안경	환자의 혈액과 체액이 눈으로 튀는 것으로부터 보호하기 위해 착용해야 한다. 단순 보호안경과 마스크와 같이 있는 보호안경 형이 있다.
장갑	환자 처치 전 착용해야 하며 절대 재사용해서는 안 된다. 한 명의 환자를 처치하는 중에도 다른 부분을 처치 시에는 새 장갑을 착용해야 한다. 만약 처치 중 찢어지거나 구멍이 나면 조심스럽게 벗은 후 손을 씻고 새 장갑을 착용해야 한다.
가운	혈액 및 체액이 튀는 것을 방지하기 위해 착용하며 일반적으로 출산이나 외상환자 처치 시에 입는다. 가능하다면 1회용을 사용해야 하며 오염되었을 때에는 버리고 새로운 가운을 입어야 한다.
마스크	1회용 수술용 마스크를 착용해야 하며 결핵과 같이 공기매개감염증이 있는 환자의 경우는 공기매개 전파를 예방할 수 있는 특수 마스크를 사용하도록 한다.

※ 보호 장비는 처치자 뿐만 아니라 옆의 보조역할 수행자 모두 착용해야 한다.

25 **"AIDS의 증상 및 징후"에 대한 설명으로 옳지 않은 것은?**

① 감염 초기인 급성 감염기에는 특별한 증상이 별로 없다.

② 급성 감염기 이후 8~10년 동안은 아무 증상이 없으며 외관상으로 정상인과 같다.

③ 잠복기 이후 AIDS로 이행단계가 되어도 약간의 설사 증상이 지속될 뿐이다.

④ 감염 말기가 되면 각종 바이러스나 진균, 기생충 및 원충 등에 의한 기회감염이 나타난다.

■ AIDS 증상 및 징후* 18년 소방장, 소방위

① 감염 초기인 급성 감염기에는 특별한 증상이 별로 없다. 감염환자의 50~70%는 발열, 인후통, 관절통, 식욕부진, 메스꺼움·설사·복통, 피부질환 같은 증상이 나타날 수 있으나 특별한 치료 없이도 대부분 호전되므로 감기에 걸렸다가 나은 것으로 생각할 수 있다.

② 급성 감염기 이후 8~10년 동안은 일반적으로 아무 증상이 없으며 외관상으로도 정상인과 같다. 이때를 무증상 잠복기라고 하는데, 증상은 없어도 바이러스는 활동하고 있으므로 체내 면역체계가 서서히 파괴되면서 다른 사람에게도 감염 시킬 수 있다.

③ 오랜 잠복기 이후 AIDS로 이행하는 단계가 되면 발열·피로·두통·체중감소·식욕부진·불면증·오한·설사 등의 증상이 지속적으로 나타나고, 이 단계에서 면역력이 더욱 떨어지면 아구창·구강백반·칸디다질염·골반감염·부스럼 등의 다양한 피부질환이 나타난다.

④ AIDS단계인 감염 말기가 되면 정상인에게 잘 나타나지 않는 각종 바이러스나 진균, 기생충 및 원충 등에 의한 기회감염이 나타나며 카포지육종(kaposis sarcoma, 피부에 생기는 악성 종양) 및 악성 임파종과 같은 악성종양이나 치매 등에 걸려 결국 사망하게 된다.

정답 **24.** ④ **25.** ③

26 전파경로에 따른 예방법에 대한 설명으로 옳지 않은 것은?

① 공기에 의한 전파에는 홍역, 수두, 결핵이 있다.

② 비말에 의한 전파에는 중이염, 백일해, 이하선염, 인플루엔자 등이 있다.

③ 비말에 의한 전파를 예방하기 위하여 환자와 2m 이내에서 접촉할 경우는 마스크를 착용한다.

④ 접촉에 의한 전파에는 단순포진 바이러스, 농가진, 농양, 봉소염, 욕창 등이 있다.

■ 전파경로에 따른 예방법* 16년 소방장/ 22년 소방교

전파경로	원 인	관련질환(병명)	예방법
공기에 의한 전파	공기 중의 먼지와 함께 떠다니다 흡입에 의해 감염이 발생한다.	홍역, 수두, 결핵	환자 이동을 최소화하고 이동이 불가피할 경우에는 환자에게 수술용 마스크를 착용하도록 한다.
비말에 의한 전파	기침이나 재채기, 흡입(suction) 시 다른 사람의 코나 점막 또는 결막에 튀어서 단거리(약 1m 이내)에 있는 사람에게 감염을 유발시킨다.	뇌수막염, 폐렴, 패혈증, 부비동염, 중이염, 백일해, 이하선염, 인플루엔자, 인두염, 풍진, 결핵, 코로나19* 11년 소방장	환자와 1m 이내에서 접촉할 경우는 마스크를 착용한다.
접촉에 의한 전파	직접 혹은 간접 접촉에 의해 감염된다.	소화기계, 호흡기계, 피부 또는 창상의 감염이나 다제내성균이 집락된 경우, 오랫동안 환경에서 생존하는 장 감염, 장출혈성 대장균(O157 : H7), 이질, A형 간염, 로타 바이러스, 피부감염 : 단순포진 바이러스, 농가진, 농양, 봉소염, 욕창, 이 기생충, 옴, 대상포진, 바이러스성 출혈성 결막염* 22년 소방교	① 장갑 착용 및 손 위생 ② 처치 후 소독비누로 손을 씻거나 물 없이 사용하는 손 소독제를 사용한다. ③ 가운은 멸균될 필요는 없으며 깨끗하게 세탁된 가운이면 된다. 가운을 입어야 하며 입었던 가운으로 인해 주위 환경이 오염되지 않도록 한다. ④ 환자 이동시 주위 환경을 오염시키지 않도록 주의한다. ⑤ 환자가 사용했던 물건이나 만졌던 것 그리고 재사용 물품은 소독한다.

27 "용어에 대한 정의"로서 옳지 않은 것은?

① 멸균 : 물리적, 화학적 과정을 통하여 모든 미생물을 완전하게 제거하고 파괴시키는 것을 말한다.

② 소독 : 대상물로부터 모든 이물질(토양, 유기물 등)을 제거하는 과정으로 일반적으로 물과 기계적인 마찰, 세제를 사용한다.

③ 화학제 : 진균과 박테리아의 아포를 포함한 모든 형태의 미생물을 파괴하는 것으로 화학 멸균제라고 한다.

④ 살균제 : 미생물 중 병원성 미생물을 사멸시키기 위한 물질을 말하며, 이 중 피부나 조직에 사용하는 것을 피부소독제라 한다.

🔒 정답   **26.** ③   **27.** ②

■ **용어의 정의★★★** 12년 소방장/ 16년 소방교// 19년, 21년 소방장/ 23년 소방교

세 척	대상물로부터 모든 이물질(토양, 유기물 등)을 제거하는 과정으로 소독과 멸균의 가장 기초단계이다. 일반적으로 물과 기계적인 마찰, 세제를 사용한다.
소 독	생물체가 아닌 환경으로부터 세균의 아포를 제외한 미생물을 제거하는 과정이다. 일반적으로 액체 화학제, 습식 저온 살균제의 의해 이루어진다.
멸 균	물리적, 화학적 과정을 통하여 모든 미생물을 완전하게 제거하고 파괴시키는 것을 말하며 고압증기멸균법, 가스멸균법, 건열멸균법, H_2O_2 Plasma 멸균법과 액체 화학제 등을 이용한다. 후두경과 같이 환자의 점막에 접촉한 장비는 세척 이후 10~45분간 화학 멸균제에 노출시켜 멸균하거나 고압증기멸균을 실시한다.
살균제	미생물 중 병원성 미생물을 사멸시키기 위한 물질을 말한다. 이 중 피부나 조직에 사용하는 살균제를 피부소독제(antiseptics)라 한다.
화학제	진균과 박테리아의 아포를 포함한 모든 형태의 미생물을 파괴하는 것으로 화학멸균제(Chemical sterilant)라고도 하며, 단기간 접촉되는 경우 높은 수준의 소독제로 작용할 수 있다.

---

28 **"예방접종"에 대한 설명으로 옳지 않은 것은?**

① 파상풍, B형간염, 독감은 매년 접종해야 한다.

② 몇몇 예방접종은 부분적인 예방역할만 하므로 풍진, 홍역, 볼거리에 대해서는 자체 면역 정도를 검사해야 한다.

③ 결핵피부반응 검사는 1회/년 이상 실시해야 한다.

④ 정기적 신체검진은 매년 2회씩 모든 응급구조사를 대상으로 건강검사를 실시한다.

■ **예방접종**
① 감염 질환에 노출되기 전, 정기적인 신체검진이나 신입직원 채용 검진을 통하여 노출되기 쉬운 감염질환으로부터 감염을 예방하기 위해 예방접종을 실시하는 것이 효율적이다.
　※ 예방접종 종류* 21년 소방장, 소방위
　　• 파상풍(매 10년마다)
　　• B형 간염, 독감(매년)
　　• 소아마비, 풍진, 홍역, 볼거리
② 몇몇 예방접종은 부분적인 예방역할만 하므로 풍진, 홍역, 볼거리에 대해서는 자체 면역 정도를 검사해야 한다.
③ 결핵피부반응 검사는 1회/년 이상 실시해야 한다.
④ 예방접종 후에는 항체가 있다 하더라도 개인안전조치 및 보호 장비를 꼭 착용해야 한다.

■ **건강검진*** 21년 소방장

신규채용 시 건강검진	① 감염성 질환 여부와 감수성 여부를 확인 ② 필요 시 발령 전에 적절한 예방접종을 받을 수 있도록 조치
정기적 신체검진	① 매년 2회씩 모든 응급구조사를 대상으로 건강검사를 실시 ② 감염성 질환이 있는지, 감염성 질병에 대한 감수성 여부를 확인한 후 필요에 따라 예방접종이나 치료

정답 28. ①

29 "감염노출 후 처치자 실시요령"으로 잘못 설명된 것은?

① 기관의 감염노출 관리 과정에 따라 보고하고 적절한 조치를 받도록 한다.

② 점막이나 눈에 환자의 혈액이나 체액이 노출된 경우는 노출 부위를 흐르는 물이나 식염수로 세척 하도록 한다.

③ 필요한 처치 및 검사를 48시간 이내에 받을 수 있도록 한다.

④ 피부에 상처가 난 경우는 즉시 베인 부위의 피를 막고 소독제를 바른다.

> **■ 감염노출 후 처치**
> ① 주사바늘에 찔린 경우
> ② 잠재적인 전염성 물체에 의해 베인 경우
> ③ 혈액 또는 기타 잠재적인 감염성 물체가 눈, 점막 또는 상처에 튄 경우
> ④ 포켓마스크나 one-way valve가 없이 구강 대 구강 인공호흡을 실시한 경우
> ⑤ 처치자가 느끼기에 심각하다고 판단되는 기타 노출 등
>
> **■ 감염노출 후 처치지가 실시해야 하는 사항으로는****** 17년 소방위/ 21년 소방장, 소방위
> ① 피부에 상처가 난 경우는 즉시 찔리거나 베인 부위에서 피를 짜내고 소독제를 바른다.
> ② 점막이나 눈에 환자의 혈액이나 체액이 노출된 경우는 노출부위를 흐르는 물이나 식염수로 세척하도록 한다.
> ③ 기관의 감염노출 관리 과정에 따라 보고하고 적절한 조치를 받도록 한다.
> ④ 필요한 처치 및 검사를 48시간 이내에 받을 수 있도록 한다.

30 "소독 수준"에 대한 설명으로 다음 내용과 관계있는 것은?

> 결핵균, 진균을 불활성화 시키지만, 세균 아포를 죽일 수 있는 능력은 없다.

① 높은 수준의 소독   ② 중간 수준의 소독

③ 낮은 수준의 소독   ④ 가장 낮은 수준의 소독

> **■ 소독**
> ① 소독 수준*
> 물체의 표면에 있는 미생물 및 세균의 아포를 사멸하는데 있어 그 능력별 수준을 다음과 같이 나눌 수 있다.
>
> | 높은 수준의 소독 | 노출시간이 충분하면 세균 아포까지 죽일 수 있고 모든 미생물을 파괴할 수 있는 소독수준이다. |
> |---|---|
> | 중간 수준의 소독 | 결핵균, 진균을 불활성화 시키지만, 세균 아포를 죽일 수 있는 능력은 없다. |
> | 낮은 수준의 소독 | 세균, 바이러스, 일부 진균을 죽이지만, 결핵균이나 세균 아포 등과 같이 내성이 있는 미생물은 죽이지 못한다. |
>
> ② 소독효과의 영향인자들
>   ㉠ 소독제의 농도   ㉡ 미생물 오염의 종류와 농도
>   ㉢ 유기물의 존재   ㉣ 접촉 시간
>   ㉤ 물리적·화학적 요인   ㉥ 생막(biofilm)의 존재

정답 | 29. ④   30. ②

31 "오염지역 현장 활동"에 대한 설명으로 옳지 않은 것은?

① 오염구역에서는 오염된 의복과 악세사리를 현장에서 가위를 이용해 제거 후 사용한 의료 기구 및 의복은 현장에 남겨두고 환자만 이동한다.

② 오염통제구역 내 구급처치는 기본인명소생술로 기도, 호흡, 순환(지혈), 경추 고정, CPR, 전신중독 평가 및 처치가 포함된다.

③ 정맥로 확보 등과 같은 침습성 과정은 가급적 제독 후 오염통제구역에서 실시해야 한다.

④ 만약 현장이 건물내부라면 환기구 주변에서 대기하는 것은 피해야 한다.

■ 오염지역 현장활동 ＊ 18년 소방위/ 22년 소방위, 소방교/ 24년 소방교

위험물질 현장진입 시 고지대에서 바람을 등지고 접근해야 하며 보호복을 착용하지 않은 구급대원의 경우 안전구역에서 대기해야 한다. 만약 현장이 건물내부라면 환기구 주변에서 대기하는 것은 피해야 한다.

오염 구역 (Hot zone)	오염구역에서 개인보호장비를 착용한 상태에서 환자를 평가하고 처치하는 것은 어려우므로 오염구역에서의 환자처치는 다음과 같이 제한될 수밖에 없다. 이때 중요한 사항은 환자이동으로 인한 오염구역 확장을 주의해야 한다. ㉠ 빠른 환자 이동(단, 척추손상 환자 시 빠른 척추고정 적용) ㉡ 오염된 의복과 악세사리를 현장에서 가위를 이용해 제거 후 사용한 의료기구 및 의복은 현장에 남겨두고 환자만 이동한다.(의복 및 의료기구는 오염 되었다는 가정 하에 실시한다.) ㉢ 들것에 시트를 2장 준비 또는 이불을 가져가 옷을 제거한 환자의 신체를 덮어 주어야 한다. ㉣ 환자의 추가 호흡기계 오염을 방지하기 위해서 독립적 호흡장치(SCBA) 사용 ㉤ 양압환기가 필요한 환자의 경우 산소저장낭이 달린 BVM 사용
오염 통제구역 (Warm zone)	㉠ 오염 통제구역은 오염구역과 안전구역 사이에 위치해 있으며 과 같이 제독 텐트 및 필요 시 펌프차량 등이 위치해 오염을 통제하는 구역이다. 이 구역 역시 오염 가능성이 있는 곳으로 적정 장비 및 훈련을 받은 최소인원으로 구성되어 제독활동을 진행해야 한다. ㉡ 오염구역 활동이 끝난 후에는 대원들은 제독활동을 해야 하며 환자들은 오염구역에서 제독텐트에 들어가기 전에 전신의 옷과 악세사리를 벗어 비닐 백에 담아 밀봉 후 다시 드럼통에 담아 이중으로 밀봉해야 한다.(이때, 유성 펜을 이용해 비닐백 위에 이름을 적는다.) ㉢ 제독 텐트는 좌우로 남녀를 구분하여 처치하며 보통 가운데 통로는 대원들이 사용한다. ㉣ 텐트 내부는 호스를 이용해 물이나 공기 또는 약품으로 제독활동을 하며 텐트 출구쪽에는 1회용 옷과 슬리퍼 또는 시트가 준비되어 있다. ㉤ 오염통제구역 내 구급처치는 기본인명소생술로 기도, 호흡, 순환(지혈), 경추 고정, CPR, 전신중독 평가 및 처치가 포함된다. ㉥ 정맥로 확보 등과 같은 침습성 과정은 가급적 제독 후 안전구역에서 실시해야 하며 오염통제구역에서 사용한 구급장비는 안전구역에서 사용해서는 안된다.
안전구역 (Cold zone)	안전구역은 현장지휘소 및 인력·자원 대기소 등 현장활동 지원을 하는 구역으로 구급대원이 활동하는 구역이기도 하다. 대량환자의 경우 중증도 분류를 통해 환자를 분류한 후 우선순위에 따라 병원으로 이송해야 한다.

정답 | 31. ③

32 개인보호장비(PPE)에 대한 설명으로 옳지 않은 것은?

① 보호 수준에 따라 Level A, B, C, D로 구분된다.

② 우리나라 현장에서는 Level D가 가장 많이 사용된다.

③ 고위험 병원체 감염이 의심되는 환자와 접촉할 때 착용한다.

④ hot zone에서 주로 사용된다.

■ **개인보호장비(PPE)**
ⓐ 보호 수준에 따라 Level A, B, C, D로 구분된다.
ⓑ 우리나라 현장에서는 Level D가 가장 많이 사용된다.
ⓒ 피부, 호흡기 보호
ⓓ N95, KF94마스크, 라텍스 장갑, 안면보호구, 또는 안경, 신발 덮게와 함께 사용한다.
ⓔ 고위험 병원체 감염이 의심되는 환자와 접촉할 때 착용한다.(예 : SARS, MERS, COVID-19)
ⓕ 지원구역(cold zone)에서 사용된다.

33 "신경계"에 대한 설명으로 다음 내용과 관계 깊은 것은?

> 쇼크와 같은 스트레스를 받으면 맥박이 빨라지는 것과 같은 인체 반응을 나타낸다.

① 자율신경계   ② 중추신경계
③ 말초신경계   ④ 내분비계

■ **신경계***
자발적·비자발적 모든 행동을 조절하는 기능과 환경이나 감각에 반응하는 역할을 하고 있다. 신경계는 크게 중앙신경계와 말초신경계로 나눌 수 있다.
① 중추신경계

뇌	머리뼈 내에 위치해 있으며 호흡과 같은 기본적인 기능뿐만 아니라 생각과 기억과 같은 고도의 기능을 담당
척수	뇌에서 등으로 내려가며 척주의 척추에 의해 보호되고 있다. 척수는 뇌로부터의 메시지를 인체에 전달하는 역할을 하는데 이러한 메시지는 수의근의 움직임을 관장하는 말초신경계에 지시한다. 반대로 척수는 인체로부터의 메시지를 뇌로 전달하는 역할을 하기도 한다.

② 말초신경계

운동신경	뇌와 척수로부터 몸의 움직임을 지시하는 정보를 전달
감각신경	몸으로부터의 정보를 척수와 뇌로 정보를 전달

③ 자율신경계 : 중추신경계와 말초신경계의 일부분으로 구성되어 있어 쇼크와 같은 스트레스를 받으면 맥박이 빨라지는 것과 같은 인체반응을 나타낸다.

정답 | **32.** ④   **33.** ①

34 혈액은 혈구와 혈장으로 구성되어 있는데 "인체 인체면역체계에서 중요한 역할을 담당"하는 것은?

① 적혈구 　　　　　　　　　　　　 ② 백혈구
③ 혈소판 　　　　　　　　　　　　 ④ 혈장

■ 혈액(혈구와 혈장으로 구성되어 있다.)

적혈구	산소를 운반하는 역할을 한다.
백혈구	인체면역체계에서 중요한 역할을 한다.
혈소판	혈액응고에 필수요소이다.
혈 장	끈적거리는 노란색 액체로 조직과 세포에 필요한 당과 같은 영양성분을 포함하고 있다.

35 "환자 자세 유형"에 있어서 연결이 잘못된 것은?

① 옆누운 자세 : 임부의 경우, 원활한 순환을 위해 이 자세를 취해준다.
② 엎드린 자세 : 의식이 없거나 구토환자의 경우 질식방지에 효과적이다.
③ 앉은 자세 : 흉곽을 넓히고 폐의 울혈완화 및 가스교환이 용이하여 호흡 상태 악화를 방지한다.
④ 트렌델렌버그 자세 : 혈액이 심장으로 돌아오는 정맥 환량을 증가시켜 심박 출력을 강화하는 데 효과가 있기 때문에 쇼크자세로 사용된다.

■ 환자 자세의 종류*** 13년, 14년 소방장/ 16년, 19년 소방교/ 22년, 23년 소방교

구 분	환자자세	기대효과	자세유형
바로누운자세 (앙와위)	등을 바닥면으로 하고 해부학적 자세를 유지한 채 똑바로 누운 자세	신체의 골격과 근육에 무리한 긴장을 주지 않는다.	
옆누운자세 (측와위)	환자가 옆으로 누운 채 양팔을 앞으로 하고 무릎과 엉덩관절을 굽힌 자세	외상환자들은 척추손상을 예방하기 위해서 바로누운자세를 취해주고 임부의 경우, 원활한 순환을 위해 이 자세를 취해준다.	
엎드린자세 (복와위)	엎드린 상태에서 머리를 옆으로 돌린 자세	의식이 없거나 구토환자의 경우 질식방지에 효과적이다.	
트렌델렌버그자세 (하지거상)	등을 바닥에 대고 누워, 침상다리 쪽을 45°높여 머리가 낮고 다리가 높은 자세	쇼크 시에 사용하지만 장시간 사용시 호흡을 힘들게 할 수 있어 이 체위를 사용하지 않도록 권하고 있다.	
변형된 트렌델렌버그자세	머리와 가슴은 수평 되게 유지 하고 다리를 45°로 올려주는 자세	혈액이 심장으로 돌아오는 정맥 환량을 증가시켜 심박 출력을 강화하는 데 효과가 있기 때문에 쇼크자세로 사용 된다.	
앉은 자세 (반좌위)	윗몸을 45~60° 세워서 앉은 자세	흉곽을 넓히고 폐의 울혈완화 및 가스교환이 용이하여 호흡 상태 악화를 방지한다.	

🔒 정답 **34.** ② 　 **35.** ④

36 "관절, 연결조직, 근육"에 대한 설명으로 옳지 않은 것은?

① 관절의 2가지 유형은 엉덩이의 절구관절과 손가락의 타원관절이 있다.

② 내장근육은 동맥과 장벽과 같은 관모양의 구조물을 이루고 뇌의 통제를 받지 않는다.

③ 심장근육은 의식에 의해 통제할 수 없는 불수의근 형태로 신경자극 없이 독자적으로 수축할 수 있는 능력이 있다.

④ 골격근육은 팔다리, 가슴 복벽을 이루며 불수의근이다.

■ 관절, 연결조직 그리고 근육

㉠ 관절은 뼈와 뼈가 연결된 곳으로 인대로 불리는 강력한 연결조직이 지지하고 있다. 관절의 2가지 유형으로는 엉덩이와 같은 절구관절과 손가락 관절과 같은 타원관절이 있다.

㉡ 근육은 힘줄로 뼈에 붙어 있고 관절을 이용해 움직일 수 있다.

㉢ 인체를 움직이는 근육은 뇌의 통제에 따라
　ⓐ 팔다리, 가슴 복벽과 같이 자의적으로 움직일 수 있는 골격근육 또는 수의근이 있고 그렇지 않은 불수의근 또는 내장근육이 있다.
　ⓑ 골격근육은 골격 덩어리를 이루고 팔다리, 가슴 복벽을 이룬다.
　ⓒ 내장근육은 동맥과 장벽과 같은 관모양의 구조물을 이루고 뇌의 통제를 받지 않는다. 그 대신 열, 냉 그리고 긴장과 같은 자극에 반응한다.
　　※ 예를 들면 식도관을 통한 음식물에 자극을 받아 움직인다. 다른 형태의 근육으로는 오직 심장에만 있는 심장근육이 있다.
　ⓓ 심장근육은 의식에 의해 통제할 수 없는 불수의근 형태로 신경자극 없이 독자적으로 수축할 수 있는 능력이 있다.
　　※ 심장근육은 심장마비나 심근경색(저관류로 심장근육괴사)으로 손상 받는다. 심장근육은 짧은 시간 동안의 혈류량 감소만을 견딜 수 있고 수축과 심장을 통해 피를 뿜어내는 기능은 영구적인 장애를 초래할 수 있다.

37 인체 해부학적 기본용어에서 "앞 / 뒤"이란 무엇인가?

① 중앙겨드랑이선으로 인체를 나누어 앞과 뒤를 구분한 것이다.

② 코에서 배꼽까지 수직으로 내린 선으로 인체를 좌우로 나눈다.

③ 중앙선에 가까이 있는지 멀리 있는지를 나타낸다.

④ 몸통에 가까이 있는지 멀리 있는지를 나타낸다.

■ 기본 용어* 13년 소방위, 소방교

해부학적 자세	전면을 향해 서있는 자세로 손바닥은 앞으로 향하고 양팔은 옆으로 내린 상태
중간선	코에서 배꼽까지 수직으로 내린 선으로 인체를 좌우로 나눈다.
앞/뒤	중앙겨드랑이선으로 인체를 나누어 앞과 뒤를 구분한 것이다.
위/아래	위와 아래를 나타낸다.
안쪽/가쪽	중앙선에 가까이 있는지 멀리 있는지를 나타낸다.
양쪽	중앙선의 좌우 모두에 위치해 있을 때를 말한다.(귀, 눈, 팔 등)
몸쪽/먼쪽	몸통에 가까이 있는지 멀리 있는지를 나타낸다.

정답 36. ④　37. ①

38 "호흡기계 해부학"에 대한 설명으로 옳지 않은 것은?

① 공기는 입과 코로 들어오며 기도는 공기 중에 이물질을 걸러주고 가습·가온해 준다.
② 인두 바로 위에는 잎모양의 후두덮개가 있어서 음식물이 인두와 기관으로 넘어오는 것을 막는다.
③ 공기는 후두로부터 기관을 통과해 커다란 두 개의 기관지를 지나 허파로 들어온다.
④ 공기는 더 작게 나뉜 기관지를 지나 포도송이 모양의 허파꽈리에서 가스교환이 이루어진다.

■ **호흡기계 해부학**★★ 17년 소방장/ 19년, 23년 소방교
<u>외부에서 산소를 포함한 공기를 호흡함으로써 허파꽈리에서 혈관으로부터 가스를 교환하는 역할을 한다.</u>
㉠ 호흡경로를 기도라고 하며 기도유지는 환자처치에 있어 기본으로 중요하다.
㉡ 공기는 입과 코로 들어오며 기도는 공기 중에 이물질을 걸러주고 가습·가온해 준다.
㉢ 인두를 거쳐 후두인두, 기관이나 식도로 이동한다.
㉣ 인두 아래에는 잎모양의 후두덮개가 있어서 음식물이 후두와 기관으로 넘어오는 것을 막는다.
㉤ 공기는 후두로부터 기관을 통과해 커다란 두 개의 기관지를 지나 허파로 들어온다.
㉥ 공기는 더 작게 나뉜 기관지를 지나 포도송이 모양의 허파꽈리에서 가스교환이 이루어진다.

39 "소아의 호흡기계"에 대한 내용으로 옳지 않은 것은?

① 상대적으로 혀가 차지하는 공간이 크다.
② 입이 막혔을 때 코로 숨을 쉬는 것을 모른다.
③ 머리가 크기 때문에 쉽게 뒤로 넘어가거나 앞으로 떨어질 수 있다.
④ 가슴벽이 연약해 호흡할 때 가로막에 더욱 의존하는 경향이 있다.

■ **소아의 호흡기계와 성인과 몇 가지 다른 점**★
㉠ 입과 코가 작아 쉽게 폐쇄될 수 있다.
　－ <u>상대적으로 혀가 차지하는 공간이 크다.</u>
㉡ <u>나이가 어린 소아일수록 비강호흡을 한다.</u>
　－ 코가 막혔을 때 입으로 숨을 쉬는 것을 모른다.
㉢ 기관과 반지연골이 연하고 신축성이 있다.
　－ <u>부드럽게 기도를 개방해야 하며 머리를 중립으로 또는 약간 신전해야 한다.</u>
㉣ 머리가 크기 때문에 쉽게 뒤로 넘어가거나 앞으로 떨어질 수 있다.
　－ 계속적인 관찰이 필요하다.
㉤ 기관이 좁아 부종으로 쉽게 폐쇄된다.
㉥ 가슴벽이 연약해 호흡할 때 가로막에 더욱 의존하는 경향이 있다.

정답 **38.** ② **39.** ②

40 "호흡기계 생리학"에 대한 설명으로 옳지 않은 것은?

① 호흡의 주요 근육은 가로막과 갈비사이근육이다.

② 날숨은 수동적인 과정으로 가로막과 늑간근의 이완으로 나타난다.

③ 두 근육이 수축하면 가로막은 위로 올라가고 갈비뼈는 위와 밖으로 팽창한다. 이러한 행동은 더 많은 공기가 들어올 수 있도록 가슴을 팽창시키는 과정이다.

④ 공기는 허파꽈리로 들어오고 허파꽈리와 주위 모세혈관 사이에는 가스교환이 이루어진다.

■ **호흡기계 생리학*** 13년 소방위/ 16년, 21년 소방교
㉠ 호흡의 주요 근육 : 가로막, 갈비사이근육
㉡ 들숨은 능동적 과정으로 가로막과 늑간근의 수축으로 이루어진다.

✪ 두 근육이 수축하면 가로막은 아래로 내려가고 갈비뼈는 위와 밖으로 팽창한다. 이러한 행동은 더 많은 공기가 들어 올 수 있도록 가슴을 팽창시키는 과정이다.

㉢ 날숨은 수동적인 과정으로 가로막과 늑간근의 이완으로 나타난다.

✪ 두 근육이 이완되면 가로막은 올라가고 갈비뼈는 아래로 내려오면서 수축한다. 이러한 행동은 허파에서 공기를 내보내려 가슴을 수축시키는 과정이다.

㉣ 공기는 허파꽈리로 들어오고 허파꽈리와 주위 모세혈관 사이에서는 가스교환이 이루어진다. 비정상적인 호흡은 질병이나 상해로 호흡기계가 충분한 산소를 공급하지 못하거나 효과적으로 이산화탄소를 이동시키지 못할 때 일어난다.

41 다음은 "호흡평가내용"에 대한 설명으로 옳지 않은 것은?

① 분당호흡수는 연령에 따라 다양하며 성인은 분당 12~20회, 소아는 분당 15~30회, 영아는 분당 25~50회 호흡한다.

② 호흡음의 규칙성에 대한 질병양상을 파악한다.

③ 호흡음, 가슴 팽창정도, 호흡양상(어려움), 호흡음이 가슴 좌·우 모두 똑같은지, 가슴이 적절하게 팽창되는지, 호흡하는데 힘들어하지 않는지 살펴본다.

④ 심장에 들어오고 나가는 공기량을 결정하고 기관에서의 충분한 가스교환을 할 수 있는 양이어야 한다.

■ **호흡평가내용**** 21년 소방교/ 22년 소방위

분당 호흡수	연령에 따라 다양하며 성인은 분당 12~20회, 소아는 분당 15~30회, 영아는 분당 25~50회 호흡한다.*
규칙성	호흡음의 규칙성에 대한 질병양상 파악
호흡의 질	호흡음, 가슴 팽창정도, 호흡양상(어려움), 호흡음이 가슴 좌·우 모두 똑같은지, 가슴이 적절하게 팽창되는지, 호흡하는데 힘들어하지 않는지 살펴본다.
호흡 깊이	허파에 들어오고 나가는 공기량을 결정하고 허파꽈리에서의 충분한 가스교환을 할 수 있는 양이어야 한다. 얕은 호흡은 비정상적인 호흡으로 이러한 증상 및 징후를 평가하는 것은 구급대원의 중요한 역할 중 하나이다.

🔲 **정답** | **40.** ③ **41.** ④

42 "소아의 성인과 다른 비정상적인 호흡양상"에 대한 설명으로 옳지 않은 것은?

① 빠른맥

② 비익확장

③ 널뛰기 호흡

④ 피부견인

■ 소아의 성인과 다른 비정상적인 호흡양상

느린맥	허파꽈리에 불충분한 산소가 공급되는 징후로 저산소증을 의미한다.
비익 확장	비정상적인 호흡을 알 수 있는 중요한 징후이다.
널뛰기 호흡	정상적으로는 가슴과 배가 동시에 팽창·수축되어야 하나 반대로 되는 경우를 말한다. 이는 날숨이 빨라질 때 생기는 비효율적인 호흡이다.
피부견인	갈비뼈 사이나 아래, 빗장뼈 위 그리고 복장뼈 아랫부분의 피부나 조직에서 관찰되며 성인보다 소아에게 더 잘 나타난다.

※ 시끄러운 호흡음(고음 또는 그렁거리는 소리)

43 "순환계의 혈관계"에 대한 설명으로 옳지 않은 것은?

① 동맥은 심장으로부터 조직으로 혈액을 이동시키며 오른심실에서 허파로 혈액을 이동시키는 허파정맥을 제외하고는 모든 동맥은 산소가 풍부한 혈액으로 되어 있다.

② 대동맥의 첫 번째 분지는 심장에 혈액을 공급하는 심장동맥이다.

③ 위팔동맥은 어깨와 팔꿈치 사이에 안쪽 중앙선에서 촉지 할 수 있으며 영·유아 CPR에 주로 사용된다. 또한 혈압을 제기 위해 커프를 감는 부위이기도 하다.

④ 정맥은 심장으로 혈액을 다시 이동시키는 역할을 하고 있으며 왼심방으로 혈액을 공급하는 허파정맥을 제외하고는 산소교환이 필요한 혈액을 이동시킨다.

■ **혈관계★★** 19년 소방장/ 22년, 24년 소방교
혈액에 있는 산소와 영양 그리고 세포 생성물을 신체 구석구석 운반하는 역할을 하고 있다.
㉠ 동맥은 심장으로부터 조직으로 혈액을 이동시키며 <u>오른심실에서 허파로 혈액을 이동시키는 허파동맥*을 제외하고는 모든 동맥은 산소가 풍부한 혈액으로 되어 있다.</u> 또한 동맥은 탄력 있는 불수의근으로 두꺼운 벽을 갖고 있다.
㉡ 대동맥은 인체 내에 가장 큰 동맥으로 모든 동맥은 대동맥으로부터 혈액을 공급받는다. 대동맥의 <u>첫 번째 분지는 심장에 혈액을 공급하는 심장동맥이다.</u> 이 혈관이 좁아지거나 막히면 심장마비나 심근경색과 같은 응급상황이 나타난다.
㉢ 대동맥은 등뼈를 지나 배로 내려가 배꼽높이에서 엉덩동맥으로 나뉜다. 기타 체표면에 위치해 있어 환자 사정 및 처치에 사용되는 중요한 동맥으로는 다음과 같다.

목동맥	목에 위치하며 뇌와 머리에 혈액을 공급한다. 목 중앙선에서 옆으로 촉지할 수 있다.
위팔동맥	<u>어깨와 팔꿈치 사이에 안쪽 중앙선에서 촉지 할 수 있으며 영·유아 CPR에 주로 사용된다. 또한 혈압을 제기 위해 커프를 감는 부위이기도 하다.</u>
노동맥	엄지에서 손목으로 올라오는 부위에서 촉지 된다.
넙다리동맥	다리의 주요 동맥으로 엉덩뼈동맥으로부터 분지되어 다리에 혈액을 공급한다. 아랫배와 넙다리 사이 접히는 부분에서 촉지 할 수 있다.
정강동맥과 발등동맥	<u>이 두개의 동맥은 발의 혈액순환을 평가하는데 사용된다.</u> 정강동맥은 발목의 안쪽 복사뼈 뒷부분에서 촉지 할 수 있고 발등동맥은 발등에서 촉지 할 수 있다.

🔲 **정답** | 42. ① 43. ①

> ㉣ 동맥은 점점 가늘어지는데 이를 세동맥이라 하며 더욱 작아진 것을 모세혈관이라 한다.
> ㉤ 모세혈관은 얇은 벽을 가진 혈관으로 세포에서 이산화탄소를 받고 산소와 영양분을 공급해 주는 역할을 하고 있다. 모세혈관은 정맥계와 동맥계로 연결되어 있다.
> ㉥ 정맥은 심장으로 혈액을 다시 이동시키는 역할을 하고 있으며 왼심방으로 혈액을 공급하는 허파정맥*을 제외하고는 산소교환이 필요한 혈액을 이동시킨다. 정맥은 낮은 압력을 받으며 얇은 벽으로 구성되어 있으며 낮은 압력으로 인해 혈액의 역류를 막는 판막을 갖고 있다. 세정맥은 심장으로 혈액을 운반하는 큰정맥으로 흘러간다. 혈액은 오른심방으로 혈액을 운반하는 위·아래 대정맥으로 최종적으로 흘러간다.

44 "순환계 심장"에 대한 설명으로 옳지 않은 것은?

① 가슴 아래 복장뼈 중앙에 위치해 있으며 2개의 심방과 2개의 심실로 구성되어 있다.

② 기능적으로 오른심방과 오른심실은 정맥혈을 받아들여 산소교환을 위해 허파로 혈액을 보내는 기능을 맡고 있다.

③ 심장박동조절부위라는 특수 세포조직은 심박동수를 조절하며 정상 심장은 왼심방에 있는 굴심방결절에 의해 60~100회/분 심박동수를 보인다. 굴심방결절에 의해 생성된 전기자극은 심방과 심실근육을 수축시킨다.

④ 심장은 심전도계의 전기자극에 의해 수축하는 심장근육으로 구성되어 있으며 불수의근으로 주변 심장근육세포의 수축을 야기하는 전기자극을 전달하기도 한다.

> ■ 순환계(심장)
> 순환계는 3가지 주요 요소(심장, 혈관, 혈액)*로 구성되어 있으며 인체의 모든 부분에 혈액을 공급하는 기능을 갖고 있다.
> 혈액은 허파로부터의 산소, 소화기계로부터의 영양 그리고 세포의 생산·노폐물을 이송하는 역할을 하고 있다.
>
> ① 심장
> 순환계의 중심으로 주먹 크기의 근육조직이다.
> ㉠ 가슴 아래 복장뼈 중앙에 위치해 있으며 2개의 심방과 2개의 심실로 구성되어 있다.
> ㉡ 기능적으로 오른심방과 오른심실은 정맥혈을 받아들여 산소교환을 위해 허파로 혈액을 보내는 기능을 맡고 있다.
> ㉢ 왼심방은 허파로부터 혈액을 받아들이고 왼심실은 높은 압력으로 전신에 혈액을 제공한다.
> ㉣ 심방과 심실사이에는 판막이 있어 혈액의 역류를 막아준다.
> ㉤ 심박동은 심장 전도계에 의해 조절되며 전기적 자극에 의해 이뤄진다.
> ㉥ 심장박동조절부위라는 특수 세포조직은 심박동수를 조절하며 정상 심장은 오른심방에 있는 굴심방결절에 의해 60~100회/분 심박동수를 보인다. 굴심방결절에 의해 생성된 전기자극은 심방과 심실근육을 수축시킨다.
> ㉦ 심장은 심전도계의 전기자극에 의해 수축하는 심장근육으로 구성되어 있으며 불수의근으로 주변 심장근육세포의 수축을 야기하는 전기자극을 전달하기도 한다.
> ㉧ 전도계와 심박출기능은 밀접하게 관련되어 있어서 만약 전도계가 제대로 기능을 수행하지 못하면 심박출기능은 떨어지거나 심지어 멈출 수도 있다.
> ㉨ 많은 심장응급환자는 전도계 문제를 호소하며 정상 리듬이 아닌 경우를 부정맥이라 하고 ECG(심전도)를 통해 심장을 관찰한다.

🔖 **정답** | 44. ③

45 인체 해부생리학에 관한 설명으로 옳지 않은 것은?

① 호흡기계 : 외부에서 산소를 포함한 공기를 호흡함으로써 허파꽈리에서 혈관으로부터 가스를 교환하는 역할을 한다.

② 순환계 : 심장, 기관, 허파로 구성되어 있으며 인체의 모든 부분에 혈액을 공급하는 기능을 갖고 있다.

③ 피부 : 외부로부터 신체를 보호하는 역할을 하며 냉각·온각·통각·촉각·압각의 5가지 감각을 갖고 있으며, 진피는 표피 아래층으로 여러 기능을 수행하는 혈관, 신경, 땀샘, 털주머니 그리고 지방분비선을 갖고 있다.

④ 내분비계 : 호르몬이라 불리는 화학물질을 생산해 신체 변화를 야기시키고 내분비계는 뇌의 시상하부, 뇌하수체, 갑상샘, 부갑상샘, 부신 그리고 인슐린을 생산하는 이자로 구성되어 있다.

■ **인체해부생리학**★★ 13년 소방장/ 16년 소방교/ 19년 소방장

① 근골격계 : 3가지 주요 기능은 ㉠ 외형 유지 ㉡ 내부 장기 보호 ㉢ 신체의 움직임을 가능하게 해주는 것이다.

② 호흡기계 : 세포에 꼭 필요한 산소를 공급해 주는 역할을 하고 있다.

③ 순환계 : 3가지 주요 요소(심장, 혈관, 혈액)로 구성되어 있으며 인체의 모든 부분에 혈액을 공급하는 기능을 갖고 있다.

④ 신경계 : 자발적·비자발적 모든 행동을 조절하는 기능과 환경이나 감각에 반응하는 역할을 하고 있다. 신경계는 크게 중앙신경계와 말초신경계로 나눌 수 있다.

⑤ 내분비계 : 호르몬이라 불리는 화학물질을 생산해 신체 변화를 야기시킨다. 내분비계는 뇌의 시상하부, 뇌하수체, 갑상샘, 부갑상샘, 부신 그리고 인슐린을 생산하는 이자로 구성되어 있다. 여성의 난소와 남성 고환의 일부 세포 역시 내분비계 조직으로서 역할을 한다. 인체 내 호르몬의 영향은 성장, 생식, 혈당조절 등 다양하다.

⑥ 위장계 : 음식물을 소화시키는 기관으로 입에서 씹으면서 처음 소화되고 식도를 거쳐 위, 작은창자, 큰창자를 거치게 된다. 음식물이 소화되면 영양분은 위와 장의 주변 혈관에 의해 흡수되고 남은 찌꺼기는 직장을 통해 배설된다. 간, 쓸개, 이자 기관은 소화를 돕는 화학물질을 분비한다.

⑦ 비뇨생식기계 : 생식기관과 소변을 생산·배출하는 기관으로 구성되어 있다. 이 기관들은 배와 골반 내에 위치해 있으며 콩팥은 피를 걸러내고 소변을 생산한다. 소변은 요관을 거쳐 방광에 쌓이고 요도를 거쳐 몸 밖으로 나오게 된다.

⑧ 피부 : 외부로부터 신체를 보호하는 역할을 하며 냉각·온각·통각·촉각·압각의 5가지 감각을 갖고 있다. 외부온도의 변화에 따라 혈관수축·땀 등으로 체온을 유지하기도 한다. 피부는 3개의 기본층으로 구성되어 있다.

표피	가장 바깥에 있는 층으로 피부색을 결정하는 색소를 갖고 있다.
진피	표피 아래층으로 여러 기능을 수행하는 혈관, 신경, 땀샘, 털주머니 그리고 지방분비선을 갖고 있다.
피하조직	진피 아래층으로 충격을 흡수하고 조직을 보호하는 지방조직으로 구성되어 있다.

정답 | 45. ②

46 "맥박과 혈압 및 관류"에 대한 설명으로 옳지 않은 것은?

① 조직으로의 혈액순환을 관류라고 한다. 원활한 혈액순환을 위해서는 심장, 혈관, 혈액의 3가지 요소가 제 기능을 해야 한다.

② 환자평가에서 중요한 활력징후 요소로 맥박은 왼심실의 수축정도를 알 수 있고 주요 맥박점에서 촉지 될 수 있다.

③ 혈압은 동맥벽에 미치는 압력으로 혈압계를 이용한 노동맥측정으로 알 수 있다.

④ 수축기압은 왼심실의 수축으로 생기고 이완기압은 왼심실이 이완되었을 때 측정된다.

■ **맥박과 혈압 및 관류*** 15년, 19년 소방장

(맥박과 혈압)*

ⓐ 환자평가에서 중요한 활력징후 요소로 맥박은 왼심실의 수축정도를 알 수 있고 주요 맥박점에서 촉지 될 수 있다.

ⓑ 맥박을 기록할 때에는 위치와 분당 맥박수 그리고 강도를 적어야 한다.

ⓒ 혈압은 동맥벽에 미치는 압력으로 혈압계를 이용한 위팔동맥측정으로 알 수 있다.

ⓓ 수축기압은 왼심실의 수축으로 생기고 이완기압은 왼심실이 이완되었을 때 측정된다.

(관류)*

ⓐ 조직으로의 혈액순환을 관류라고 한다. 원활한 혈액순환을 위해서는 심장, 혈관, 혈액의 3가지 요소가 제 기능을 해야 한다.

ⓑ 만약 한 부분이 제 기능을 수행하지 못하면 저관류라 하며 조직은 산소공급을 받지 못하고 폐기물도 버리지 못한다. 저관류 상태를 쇼크라 하고 기본 증상과 징후는 다음과 같다.

47 근골계에 대한 설명으로 옳지 않은 것은?

① 척추는 26(소아32~34)개의 척추골로 구성되어 있고 5부분[목뼈(7개), 등뼈(12개), 허리뼈(5개), 꼬리뼈(1개, 소아5개), 엉치뼈(1개, 소아3~5개)로 나눌 수 있다.

② 복장뼈은 복장뼈자루, 복장뼈체, 칼돌기로 구성되어 있다.

③ 팔는 어깨에서 시작하며 어깨는 어깨뼈, 빗장뼈 그리고 견봉으로 구성되어 있다.

④ 골반은 엉덩뼈과 궁둥뼈, 두덩뼈로 이루어져 있고 두덩뼈 전방에 그리고 꼬리뼈 후방에 연결되어 있다.

■ **근골계**** 13년 소방장, 16년 소방교, 19년 소방장

우리 몸은 206개의 뼈로 구성되어 있다.

㉠ 머리뼈는 뇌를 보호하기 위해 몇 개의 뼈들로 구성되어 있다. 얼굴을 구성하는 뼈로는 눈확(orbit)은 눈을 보호하고 아래턱뼈과 위턱뼈는 치아를 지지해 주고, 코뼈는 코를 지지해 주고, 광대뼈는 얼굴형을 나타내 준다.

㉡ 척추는 머리에서 골반까지 연결되어 있으며 척수를 보호하는 역할을 한다. 척추는 26(소아32~34)개의 척추골로 구성되어 있고 5부분[목뼈(7개), 등뼈(12개), 허리뼈(5개), 엉치뼈(1개, 소아5개), 꼬리뼈(1개, 소아3~5개)로 나눌 수 있다.

등뼈는 갈비뼈가 지지해주고 엉치뼈(천추)와 꼬리뼈(미추)는 골반이 지지해 주기 때문에 지지물이 없는 목뼈와 허리뼈보다는 손상이 적다. 1~10번째 갈비뼈는 복장뼈의 전방부에 연결되어 있고 나머지는 복장뼈와 연결되어 있지 않아 뜬갈비뼈라고 부른다.*

🔓 **정답** | **46.** ③ **47.** ①

ⓒ 복장뼈은 복장뼈자루, 복장뼈체, 칼돌기로 구성되어 있다.
ⓔ 골반은 엉덩뼈과 궁둥뼈, 두덩뼈로 이루어져 있고 두덩뼈 전방에 그리고 꼬리뼈 후방에 연결되어 있다. 골반의 엉덩뼈능선은 옆에서 촉지할 수 있으며 궁둥뼈은 밑에서 촉지할 수 있다.
ⓜ 넙다리는 관골구라고 불리는 골반과 넙다리뼈의 연결부위로부터 시작된다.
ⓗ 무릎관절은 넙다리뼈 말단부위와 무릎뼈 그리고 정강뼈 윗부분으로 이루어져 있다.
ⓢ 다리는 정강뼈과 가쪽에 종아리뼈로 이루어져 있다. 종아리뼈의 먼쪽에는 가쪽복사뼈이 있고 정강뼈 먼쪽에는 안쪽복사뼈가 있다. 이 두 가지는 다리와 발목의 연결부위인 발목관절을 나타내기도 한다. 발꿈치뼈는 발 뒷부분에 위치해 있으며 몸쪽의 발목뼈와 발가락뼈와 연결된 발허리뼈는 발 가운데를 형성한다. 발가락은 엄지를 시작으로 첫 번째, 두 번째 발가락 등으로 나뉜다.
ⓞ 팔는 어깨에서 시작하며 어깨는 어깨뼈, 빗장뼈 그리고 견봉으로 구성되어 있다. 위팔뼈머리는 어깨관절 안에 위치해 있으며 위팔뼈은 팔의 몸체를 형성한다.
ⓩ 팔꿈관절은 위팔뼈 먼쪽과 두개의 아래팔인 노뼈(엄지선을 따른 가쪽)과 자뼈(새끼선을 따른 안쪽)로 연결되어 구성된다. 팔꿈관절 뒷부분에 만져지는 것은 자뼈의 팔꿈치머리부분이다.
ⓩ 손목은 노뼈과 자뼈의 먼쪽과 손목뼈의 먼쪽으로 구성되어 있다. 손목뼈는 손바닥뼈를 구성하는 손목뼈와 손허리뼈로 연결되어 있다. 손가락은 엄지손가락부터 첫 번째, 두 번째 손가락 등으로 불린다.

48 "환자와의 의사소통방법"으로 옳지 않은 것은?

① 환자에게 처치자 자신에 대해 소개한다. ② 침착하고 전문가적인 행동을 한다.
③ 눈은 맞추지 말고 몸짓을 이용한다. ④ 가능하다면 환자에게 직접 얘기한다.

■ 의사소통
① 환자에게 처치자 자신에 대해 소개한다. ② 눈을 맞추고 몸짓을 이용한다.
③ 가능하면 환자에게 직접 얘기한다. ④ 말투나 톤에 주의해야 한다.
⑤ 애매한 대답이나 추측성 발언은 피해야 한다. ⑥ 경청해야 한다.
⑦ 침착하고 전문가적인 행동을 한다.

49 장애환자에 대한 "의사소통요령"으로 옳지 않은 것은?

① 소아환자에게 고통을 주는 처치를 하기 전에 '아프지 않다'라는 거짓말을 해서는 안 되며 이해한다는 것을 행동이나 말로 표현해야 한다.
② 시력장애 환자에게 안내견이 있다면 환자와 가능하면 격리하도록 한다.
③ 청력장애 환자가 입술을 읽을 수 있게 반대편에 마주서야 한다.
④ 폭력 환자는 폭력으로 인해 대화가 불가능할 수 있으며 눈을 맞추거나 신체접촉과 같은 행동은 오히려 환자를 흥분시킬 수 있다.

■ 의사소통

폭력 환자 ★★	① 폭력으로 인해 대화가 불가능할 수 있으며 눈을 맞추거나 신체접촉과 같은 행동은 오히려 환자를 흥분시킬 수 있다. ② 처치자 안전을 우선적으로 확보해야 하며 환자에게서 떨어져 있어야 한다. 또한 통로(문)와 가까이 있어야 하고 통로를 환자가 막아서지 않도록 주의한다. ③ 다른 기관에서의 경찰이 오기 전에는 환자를 처치하거나 진입해서는 안 된다.

🔑 정답 48. ③ 49. ②

소아 환자	① 응급 상황에서의 소아는 두려움, 혼란, 고통을 호소하는데 낯선 사람과 기구들은 이를 더욱 가중시킨다. ② 소아의 경우 환자 평가 및 처치 동안 부모가 가급적 곁에 있어야 하며 부모는 소아가 안정감을 갖도록 침착하고 조용한 분위기를 만들어야 한다. ③ 가능하다면 아이를 부모가 직접 안거나 무릎 위에 앉히도록 하고 아이와 대화하기 전에는 항상 자세를 낮추어 눈높이를 맞추어야 한다. ④ 쉽고 간결한 말을 이용하며 처치 전에 처치자 자신이나 기구를 직접 만져 보게 하는 등 충분한 설명을 해야 한다. ⑤ 아동에게 <u>고통을 주는 처치를 하기 전에 '아프지 않다'라는 거짓말을 해서는 안 되며 이해한다는 것을 행동이나 말로 표현해야 한다.</u>
청력 장애	① <u>환자가 입술을 읽을 수 있게 반대편에 마주서야 한다.</u> ② 글을 써서 대화를 나눌 수 있다. ③ 많은 청력 장애 환자들은 수화를 할 수 있기 때문에 가족이나 수화를 할 수 있는 사람을 통해 대화를 나눌 수 있다.
시력 장애	① 시력장애 환자를 평가하고 처치하는 동안에는 모든 행동에 대해 설명해줘야 한다. ② 기억해야 할 사항은 시력 장애 환자는 <u>청력에 문제가 없음으로 목소리를 높여서는 안 된다는 점이다.</u> ③ 시각장애 안내견이 있다면 환자와 가능하면 같이 있도록 도와줘야 하는데 이는 환자에게 안도감과 편안함을 동시에 줄 수 있다.

50 "무선통신의 일반적인 원칙"으로 옳지 않은 것은?

① 말은 천천히, 간결하게 그리고 분명하게 끊어서 말을 해야 한다.

② 송신기 버튼을 누른 후 1초간 기다리고 말을 한다.

③ "환자가 심장마비 증상을 보임"이라고 분명이 전달한다.

④ 무전기는 입에서부터 약 5~7cm 정도 간격을 두고 45° 방향에 위치시킨다.

■ **무선통신 일반원칙** * 19년 소방교

① 무전기가 켜져 있는지 확인하고 소리도 적당하게 조정한다.
② 가능하다면 창문을 닫아 외부 소음을 줄인다.
③ 처음 무전을 시작할 때 잘 들리는지 확인한다.
④ <u>송신기 버튼을 누른 후 약 1초간 기다리고 말을 한다.</u> 이는 첫 내용이 끊기는 것을 예방해 준다.
⑤ <u>무전기는 입에서부터 약 5~7cm 정도 간격을 두고 입에서 45°방향에 위치시킨다.</u>
⑥ 다른 기관이나 사람과의 무전을 원할 때에는 "(다른 기관이나 사람), 여기 (본인이나 소속기관)"라고 시작한다. 예를 들면 "상황실, 여기 구조하나(구조대장)"라고 하면 된다.
⑦ 무전을 받을 때에는 "여기 (본인이나 소속기관)"라고 하면 된다.
⑧ <u>말은 천천히, 간결하게 그리고 분명하게 끊어서 말을 해야 한다.</u>
⑨ 항상 간결하게 말해야 하며 <u>30초 이상 말을 해야 한다면 중간에 잠깐 무전을 끊어 다른 무전기 사용자가 응급 상황을 말할 수 있게 해줘야 한다.</u>
⑩ 서로 약속된 무전약어를 사용해야 한다.
⑪ 불필요한 말은 생략한다.
⑫ 무전내용은 모든 기관원들이 듣는 다는 것을 명심해서 욕설이나 개인에 관련된 내용을 말해서는 안 된다.
⑬ <u>환자에 대해 평가결과를 말해야지 진단을 내려서는 안 된다.</u> 예를 들어 "환자가 가슴통증 호소"라고 해야지 "환자가 심장마비 증상을 보임"이라고 하면 안 된다.

📖 정답 | **50.** ③

51 "기록지"에 대한 설명으로 옳지 않은 것은?

① 기록지 작성은 의무사항으로 ⓐ구급활동일지 ⓑ구급거절·거부 확인서 ⓒ심폐정지환자 응급처치 세부상황표 ⓓ중증외상환자 응급처치 세부상황표 ⓔ심뇌혈관 질환자 응급처치 세부상황표 ⓕ감염성 질병 및 건강검진 기록지 등이 있다.

② 기록의 주 기능은 양질의 응급처치제공을 위함이다. 환자상태를 평가하고 주 호소, 생체징후, 처치내용 등을 기록해야 한다.

③ 환자의 유형별, 지역별 통계로 필요한 인원 및 장비를 재배치 할 수 있다.

④ 구급기록지는 판결에 영향을 미치는 중요한 증거 자료가 될 수 있으므로 정확하고 간결하게 신고를 받은 순간부터 이송을 마칠 때까지 기록해야 한다.

■ **기록지*** 23년 소방장, 소방교

기록지 작성은 의무사항으로 ⓐ구급활동일지 ⓑ구급거절·거부 확인서 ⓒ심폐정지환자 응급처치 세부상황표 ⓓ중증외상환자 응급처치 세부상황표 ⓔ심뇌혈관 질환자 응급처치 세부상황표 ⓕ감염성질병 및 유해물질 등 접촉보고서 등이 있다.

※ 작성해야 하는 이유*
- ㉠ 신고에 따른 진행과정에 대해 법적인 문서가 된다.
- ㉡ 환자 처치 및 이송에 대해 체계적으로 실시되었음을 나타낼 수 있다.
- ㉢ 앞으로의 응급의료체계 발전을 위해 필요하다.
- ㉣ 연구 및 통계에 자료를 제공할 수 있다.

의료 기능	① 기록의 주 기능은 양질의 응급처치제공을 위함이다. 환자상태를 평가하고 주 호소, 생체징후, 처치내용 등을 기록해야 한다. ② 병원에서는 환자의 처음 상태와 이송 중 처치내용 그리고 현 상태 등을 기록지를 통해 알 수 있다.

법적 기능	① 구급기록지가 법적문서로 쓰이는 경우는 다음과 같다.
	  ㉠ 환자가 범죄현장과 관련이 있는 경우
	  ㉡ 법적 소송이 제기 되었을 경우
	② 구급기록지는 판결에 영향을 미치는 중요한 증거 자료가 될 수 있으므로 정확하고 간결하게 신고를 받은 순간부터 이송을 마칠 때까지 기록해야 한다.

행정적 기능	환자의 유형별, 지역별로 통계를 내어 필요한 인원 및 장비를 재배치 할 수 있다. 또한, 환자평가와 처치내용을 재평가해서 추가적인 구급교육을 제공해야 한다.
교육연구 기능	기록지를 분석해서 환자 처치나 의약품이 어떠한 것이 효과적인지 결정해서 구급활동의 질을 향상시킨다.

정답 | 51. ①

52 "구급차 최초 도착 시 배치요령"으로 옳지 않은 것은?

① 구급차량 전면이 주행차량의 전면을 향한 경우에는 경광등과 전조등을 켜고 비상등은 끄도록 한다.

② 차량화재가 있는 경우에는 화재차량으로부터 30m 밖에 위치시킨다.

③ 폭발물이나 유류를 적재한 차량으로부터 600~800m 밖에 위치한다.

④ 전기줄이 지면에 노출된 경우 전봇대와 전봇대를 반경으로 한원의 외곽에 주차시킨다.

■ **최초 도착 시 차량 배치요령**★★ 11년, 20년, 24년 소방교
① 도로 외측에 정차시켜 교통장애를 최소화하도록 하며, 도로에 주차시켜야 할 때에는 차량주위에 안전표지판을 설치하거나 비상등을 작동시킨다.
② 구급차량의 전면이 주행차량의 전면을 향한 경우에는 경광등과 전조등을 끄고 비상등만 작동시킨다.
③ 사고로 전기줄이 지면에 노출된 경우에는 전봇대와 전봇대를 반경으로 한원의 외곽에 주차시킨다.
④ 차량화재가 있는 경우에는 화재차량으로부터 30m 밖에 위치시킨다.
⑤ 폭발물이나 유류를 적재한 차량으로부터는 600~800m 밖에 위치한다.
⑥ 화학물질이나 유류가 누출되는 경우에는 물질이 유출되어 흘러내리는 방향의 반대편에 위치시킨다.
⑦ 유독가스가 누출되는 경우에는 바람을 등진 방향에 위치시킨다.

53 "환자를 운반하는 방법"에 대한 설명으로써 옳지 않은 것은?

① 물체와 38~50cm 이상 떨어져 있으면 안 되며 가급적이면 물체에 가깝게 접근해야 한다.

② 미는 동작보다는 가급적이면 잡아당기는 동작을 사용한다.

③ 머리보다 높은 물체를 밀거나 당기는 것은 피해야 한다.

④ 계단에서 의자형 들것을 이용할때는 3인 이상의 대원이 있다면 이동하는 대원 2명 외에 나머지 대원은 뒷걸음으로 계단을 내려가는 대원의 뒤에서 등을 받치고 계단의 시작과 끝을 알려 주는 역할을 실시해 주어야 한다.

계단에서 운반	• 의자형(계단용) 들것을 이용해야 하며 이동전에 계단에 장애물이 있다면 제거한 후에 이동해야 한다. • 3인 이상의 대원이 있다면 이동하는 대원 2명 외에 나머지 대원은 뒷걸음으로 계단을 내려가는 대원의 뒤에서 등을 받치고 계단의 시작과 끝을 알려 주는 역할을 실시해 주어야 한다.
손을 뻗고 당기는 법	• 허리를 고정시킨다. • 손을 뻗을 때 몸을 뒤트는 행동은 피해야 한다. • 어깨 높이 이상으로 손을 뻗을 때에는 허리를 과신전해서는 안 된다. • 물체와 38~50cm 이상 떨어져 있으면 안 되며 가급적이면 물체에 가깝게 접근해야 한다. • 잡아당기는 것보다 가급적이면 미는 동작을 사용한다. • 밀 때에는 손뿐만 아니라 상체의 무게를 이용해야 한다. • 허리를 고정한 후에 실시해야 한다. • 물체가 낮다면 무릎을 꿇고 실시해야 한다. • 머리보다 높은 물체를 밀거나 당기는 것은 피해야 한다.

🔲 **정답** 52. ① 53. ②

54 다음 중 "응급환자 분류"에서 설명으로 옳지 않은 것은?

① 긴급환자 : 손상이 전신적인 증상이나 효과를 유발하지만, 아직까지 쇼크 또는 저산소증 상태가 아닌 경우

② 응급환자 : 적절한 조치를 행할 경우 즉각적인 위험 없이 45-60분 정도 견딜 수 있는 상태

③ 비 응급환자 : 전신적인 위험 없이 손상이 국한 된 경우로 최소한의 조치로도 수 시간 이상 아무 문제가 없는 상태

④ 지연환자 : 대량 환자 발생 시 생물학적 사망이 명확히 구분되지 않은 상태와 자발 순환 이나 호흡이 없는 모든 무반응의 상태를 죽음으로 생각한다.

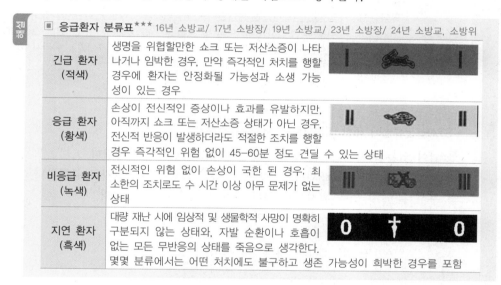

■ 응급환자 분류표*** 16년 소방교/ 17년 소방장/ 19년 소방교/ 23년 소방장/ 24년 소방교, 소방위

긴급 환자 (적색)	생명을 위협할만한 쇼크 또는 저산소증이 나타나거나 임박한 경우, 만약 즉각적인 처치를 행할 경우에 환자는 안정화될 가능성과 소생 가능성이 있는 경우	I 🐇 I
응급 환자 (황색)	손상이 전신적인 증상이나 효과를 유발하지만, 아직까지 쇼크 또는 저산소증 상태가 아닌 경우, 전신적 반응이 발생하더라도 적절한 조치를 행할 경우 즉각적인 위험 없이 45-60분 정도 견딜 수 있는 상태	II 🐢 II
비응급 환자 (녹색)	전신적인 위험 없이 손상이 국한 된 경우; 최소한의 조치로도 수 시간 이상 아무 문제가 없는 상태	III 🚑 III
지연 환자 (흑색)	대량 재난 시에 임상적 및 생물학적 사망이 명확히 구분되지 않는 상태와, 자발 순환이나 호흡이 없는 모든 무반응의 상태를 죽음으로 생각한다. 몇몇 분류에서는 어떤 처치에도 불구하고 생존 가능성이 희박한 경우를 포함	0 ✝ 0

55 START분류법에서 "남아있는 환자의 우선순위 분류방법"으로 옳지 않은 것은?

① 분류하는 도중에는 환자 상태에 따라 기도 개방 및 입인두 기도기 삽관, 직접 압박, 환자 상태에 따른 팔다리 거상 3가지 처치만을 제공하고 다른 환자를 분류해야 한다.

② 호흡이 없는 환자가 기도개방처치로 호흡을 한다면 긴급환자, 그래도 호흡이 없다면 지연 환자로 분류한다.

③ 환자 상태가 무의식, 무호흡, 무맥이라면 지연환자로 분류하고 호흡은 없고 맥박이 있다면 긴급환자로 분류한다.

④ 호흡수가 분당 30회 이상이면 응급환자, 30회 이하라면 긴급환자로 분류한다.

■ 남아 있는 환자 중에서 우선순위를 분류** 15년, 18년 소방교/ 22년 소방장/ 23년 소방위

의식 장애가 있는 환자를 우선으로 START분류법을 이용해 신속하게 분류해야 한다. <u>분류하는 도중에는 환자 상태에 따라 아래의 3가지 처치만을 제공하고 다른 환자를 분류해야 한다.</u>
① 기도 개방 및 입인두 기도기 삽관
② 직접 압박
③ 환자 상태에 따른 팔다리 거상

호흡 확인	호흡이 없는 환자가 기도개방처치로 호흡을 한다면 긴급환자. 그래도 호흡이 없다면 지연환자로 분류한다. 호흡수가 분당 30회 이상이면 긴급환자. 30회 이하라면 응급환자로 분류한다. 23년 소방위
맥박 확인	환자 상태가 무의식, 무호흡, 무맥이라면 지연환자로 분류하고 호흡은 없고 맥박이 있다면 긴급환자로 분류한다. 호흡과 맥박이 모두 있는 환자라면 다음 환자로 넘어가야 한다.
의식수준	<u>의식이 명료하다면 응급환자로 의식장애가 있다면 긴급환자로 분류한다.</u>
지정된 장소에 모인 환자	걸을 수 있다고 해서 모두 비 응급 환자라 분류해서는 안 되며 그 중에서도 의식장애, 출혈, 쇼크 전구증상 있는 환자가 있을 수 있다. 따라서 START분류법에 의해 호흡, 맥박, 의식 수준을 평가해 재분류해야 한다.

56 "START분류법에 대한 설명으로 옳지 않은 것은?

① 남아 있는 환자에 대해 의식, 호흡, 맥박을 확인하여 분류한다.
② 의식 장애, 호흡수 32회/분, 말초맥박 촉진 가능은 응급환자로 분류한다.
③ 우선 걸을 수 있는 환자는 지정된 장소로 이동하라고 말한다.
④ 기도 개방 후에도 무호흡, 무맥이면 지연환자이다.

■ START분류법의 환자평가 항목** 12년, 13년 소방장/ 23년 소방교

신속, 간결 일관성 있는 분류를 위해 환자평가는 RPM을 기본으로 한다.
① Respiration : 호흡
② Pulse : 맥박
③ Mental Status : 의식 수준
　※ 지정된 곳(구급차 또는 근처 건물 등)으로 모인 환자는 의식이 있으며, 지시를 따를 수 있고 걸을 수 있으므로 뇌로의 충분한 관류와 호흡·맥박·신경계가 적절히 작용한다는 것을 알 수 있다. 따라서 비응급 환자로 분류한다.
　※ 지정된 곳으로 가지 못하는 환자는 긴급, 응급, 지연환자로 분류된다.

■ START 분류법** 17년, 20년 소방위/ 21년 소방장, 소방위/ 23년 소방교

신속한 분류 및 처치를 위해 사용
㉠ <u>우선 걸을 수 있는 환자는 지정된 장소로 이동하라고 말한다.</u>
㉡ 남아 있는 환자에 대해 의식, 호흡, 맥박을 확인하여 분류한다.
　ⓐ <u>긴급 환자 - 의식 장애, 호흡수 30회/분 초과, 말초맥박 촉진 불가능</u>
　ⓑ <u>응급 환자 - 의식 명료, 호흡수 30회/분 이하, 말초맥박 촉진 가능</u>
　ⓒ <u>지연 환자 - 기도 개방 후에도 무호흡, 무맥</u>
㉢ 지정된 장소로 온 환자들을 다시 평가하면서 분류한다.

정답 | **56.** ②

57 "환자자세"에 대한 설명으로 옳지 않은 것은?

① 머리나 척추 손상이 없는 무의식환자 : 좌측위나 회복자세를 취해준다.

② 임신기간이 6개월 이상인 임부 : 좌측위로 이송해야 한다.

③ 쇼크환자 : 환자가 편안해 하는 자세로 이송한다.

④ 머리나 척추 손상이 의심되는 환자 : 긴 척추고정판으로 고정시킨 후 이송해야 한다.

■ **환자 자세의 종류와 적용에 관한 기본사항**** 16년 소방장/ 23년 소방교
① 머리나 척추 손상이 없는 무의식환자 → 좌측위나 회복자세를 취해준다. 이 자세들은 환자의 구강 내 이물질이나 분비물을 쉽게 제거할 수 있다. 또한 구급차 내 이송 중 환자와 구급대원이 마주볼 수 있는 자세이기 때문에 환자처치가 용이하다.
② 호흡곤란이나 가슴통증 호소 환자 → 환자가 편안해 하는 자세를 취해주는 것이 좋다. 보통은 좌위나 앉은 자세를 취해준다.
③ 머리나 척추 손상이 의심되는 환자 → 긴 척추고정판으로 고정시킨 후 이송해야 한다. 필요 시 환자의 구강 내 이물질이나 분비물을 제거하기 위해서는 왼쪽으로 보드를 약간 기울일 수 있다.
④ 쇼크환자 → 다리를 20~30cm 올린 후 앙와위로 이송한다. 머리, 목뼈, 척추손상 환자에게 시행해서는 안 된다.
⑤ 임신기간이 6개월 이상인 임부 → 좌측위로 이송해야 한다. 만약 긴 척추고정판(spine board)으로 고정시킨 임부라면 베게나 말은 수건을 벽면과 임부사이에 넣어 좌측위를 취해준다.
⑥ 오심/구토 환자 → 환자가 편안해 하는 자세로 이송한다. 보통은 회복자세를 취해주며 만약, 좌위나 반좌위를 취한 환자라면 기도폐쇄를 주의하고 의식저하 환자는 회복자세로 이송해야 한다.

58 "통나무 굴리기 방법"에 대한 설명으로 옳지 않은 것은?

① 들것으로 환자를 옮길 때 주로 사용되며 척추의 움직임을 최소화하기 위해서 3~4명이 한 팀을 이루어 실시해야 한다.

② 굴리는 방법으로 우선은 손으로 머리를 계속 고정하는 것이다.

③ 환자의 등은 일직선상을 유지하는 것이 좋다.

④ 환자를 굴릴 때 손과 어깨를 사용하고 허리를 지렛대 역할로 사용하는 것이 편하다.

	들것으로 환자를 옮길 때 주로 사용되며 척추의 움직임을 최소화하기 위해서 3~4명이 한 팀을 이루어 실시해야 한다. 통나무 굴리기 방법으로 다음 사항을 유의하여야 한다.
통나무 굴리기 방법	① 등은 일직선상을 유지한다. ② 환자를 굴릴 때 손과 어깨를 사용한다. ③ 허리를 지렛대 역할로 사용하는 것은 피한다. ※ 통나무 굴리기 방법 　① 손으로 머리를 계속 고정 　② 긴 척추고정판 준비 　③ 환자의 어깨, 허리, 엉덩이, 다리부분을 잡고 　　돌릴 준비 　④ 동시에 돌려 일직선유지 　⑤ 다리부분의 보조자가 고정판을 준비 　⑥ 고정판 위에 동시에 내려놓기 　⑦ 머리와 몸 전체를 안전하게 고정 

59 "환자들어올리기와 잡기"에 대한 설명으로 옳지 않은 것은?

① 들어 올릴 때 등을 일직선으로 유지하고 다리, 엉덩이의 근육을 이용한다.
② 다리를 약간 벌리고 발끝을 밖으로 향하게 한다.
③ 들것을 들어 올릴 때 양손의 간격은 20~30cm 떨어져 잡는다.
④ 물체를 가능한 한 몸에서 멀리 떨어지도록 한다.

■ **신체 역학적 들어올리기**★★★ 12년 소방장/ 14년, 19년, 21년 소방교
인체역학이란 신체를 적절히 사용함으로써 부상을 방지하며 들어 올리고 운반하기를 용이하게 하는 것이다.
① 물체의 무게가 얼마나 되는지, 들어 올리는데 도움이 필요한지를 먼저 생각한다.
② 계획을 세우고 나서, 들어 올리고 운반할 계획을 동료와 서로 의논하라. 환자를 편안하게 하기 위해, 그리고 자신들의 안전을 위해 운반 과정동안 계속하여 대화하도록 한다.
③ 물체를 가능한 한 몸 가까이 붙여야 한다. 인체 역학상 이렇게 함으로써 들어 올리는 동안 허리보다는 다리를 사용할 수 있게 된다. 몸에서 멀어질수록 부상의 가능성은 높아진다.
④ 들어 올릴 때 등을 일직선으로 유지하고 다리, 엉덩이의 근육을 이용한다.
⑤ 다리를 약간 벌리고 발끝을 밖으로 향하게 한다.
⑥ 들어 올릴 때 몸을 틀거나 비틀지 말아야 하며 다른 동작을 하게 되면, 부상의 원인이 될 수 있다.
⑦ 갑작스런 움직임은 피해야 한다.
⑧ 한 손으로 들어 올릴 때는 한쪽으로 몸을 굽히는 것을 피해야 한다. 허리를 항상 일직선을 유지하도록 한다.

■ **들어올리기와 잡기**★★ 19년 소방교
① 가능한 들어 올리는 물체에 가깝게 접근해 다리를 약간 벌려 고정시킨 후 앉는다.
② 허리는 고정시키고 손으로 손잡이 부분을 잡고 들어올린다.
③ 양 손은 약 20~30cm 떨어져 손바닥과 손가락으로 손잡이 부분을 충분히 감싼다. 손잡이는 같은 높이여야 하며 손이 미끄럽거나 기구가 젖어 있지 않은지 확인해야 한다.

60 환자 "긴급이동"에 대한 설명으로 옳지 않은 것은?

① 쇼크, 가슴손상으로 인한 호흡곤란 환자에게 사용하는 것이다.
② 척추손상을 초래할 수 있어 위급한 경우에만 사용
③ 이동 방법으로는 1인 환자 끌기, 담요 끌기 등이 있다.
④ 만약 시간이 허용된다면 척추 고정을 실시한 후에 이동

■ **환자 안전** 13년, 19년, 24년 소방교

긴급 이동★	① 환자나 대원에게 즉각적인 피해를 줄 수 있는 위험한 환경일 때
	② 화재, 화재 위험, 위험물질이나 폭발물질, 고속도로, 환자의 자세나 위치가 손상을 증가시킬 때
	③ 다른 위급한 환자에게 접근할 때
	④ 고정 장치를 이용할 시간이 없을 때
	⑤ 척추손상을 초래할 수 있어 위급한 경우에만 사용
	⑥ 만약 시간이 허용된다면 척추 고정을 실시한 후에 이동
	⑦ 이동 방법으로는 1인 환자 끌기, 담요 끌기 등이 있다.

정답 | **59.** ④ **60.** ①

응급 이동	환자의 상태가 즉각적인 이송이나 응급처치를 요하는 경우에 사용하는 것으로 쇼크, 가슴손상으로 인한 호흡곤란 등이 있다. ① 긴급 이동과 차이점은 척추손상에 대한 예방조치를 할 수 있다는 점이다. ② 긴급구출은 차량사고에서 짧은 척추고정판이나 조끼형 구조장비로 고정시킬 충분한 시간이 없을 때 사용된다. ③ 보통 척추손상 의심환자를 차량 밖으로 구조하는데 약 10분 정도 걸리는 것을 1~2분으로 단축시킬 수 있다. (※ 이 방법은 척추 손상 위험이 높다) ④ 긴급구출은 3명 이상의 대원이 한 팀으로 하여야 하고 긴 척추 보호대에 눕혀 차량 밖으로 이동 후 고정한다.
비 응급 이동	충분한 평가와 처치를 실시한 후에 이동하는 것으로 다음과 같은 원칙이 있다. ① 계속적인 처치와 추가적 손상 및 악화를 예방한다. ② 환자 이동에 따른 구급대원 손상가능성을 최소화시킨다. ③ 이동 계획 시간을 갖고 적절한 장비를 선택한 후 실시해야 한다. ④ 만약 이동경로에 장애물이 있다면 이동전에 제거해야 한다. ⑤ 가능하다면 가벼운 장비를 사용해야 한다.

61 "주 들것 사용 시 유의사항"으로 옳지 않은 것은?

① 주 들것이 구급차 내에 고정되었는지 이송 전에 확인해야 한다.

② 주 들것의 바퀴를 이용해 환자를 이동시키고 환자의 다리가 진행방향으로 먼저 와야 한다.

③ 대원이 2명이라면 한명은 머리 쪽, 다른 한명은 다리 쪽에서 이동시켜야 하며 대원은 서로 마주보아야 한다.

④ 바닥이 평평하고 고르다면 항상 4명의 대원이 주 들것의 네 모서리에 위치해 환자를 이동시킨다.

■ **주 들것 사용 시 유의사항*** 20년 소방교

구급차량 내에 비치되어 있는 들것으로 상체를 올릴 수 있다. 주 들것의 높이에 맞게 2인이 들어 올리는 연습이 필요하다. 주 들것을 사용하기 위해서 아래와 같은 사항을 유의해야 한다.

① 환자는 주 들것에 항상 안전하게 고정되어야 한다. 만약, 환자의 손이 고정되어 있지 않다면 주 들것 밖으로 나와 있어 무언가를 잡을 수 있다.

② 가능하다면 주 들것의 바퀴를 이용해 환자를 이동시킨다. 이때, 환자의 다리가 진행방향으로 먼저 와야 하며 대원 모두 진행방향을 향해 위치해야 한다. 바닥이 고르지 못한 지역은 주 들것이 기울 수 있으므로 주의해야 한다.

③ 바닥이 고르지 못하다면 4명의 대원이 주 들것의 네 모서리에 위치해 환자를 이동시킨다.

④ 대원이 2명이라면 한명은 머리 쪽, 다른 한명은 다리 쪽에서 이동시켜야 하며 대원은 서로 마주보아야 한다. 뒤로 걷는 대원은 어색할 수 있으나 환자 안전을 위해서는 실시해야 하며 대원 간의 상호대화가 필요하다. 2명의 대원이 이동 시에는 각별한 주의가 필요하며 이동통로가 협소할 때 주로 사용된다.

⑤ 주 들것이 구급차 내에 고정되었는지 이송 전에 확인해야 한다.

🔲 정답 61. ④

62 "백-밸브마스크 소생기"에 대한 사항으로 옳지 않은 것은?

① 과압방지용 밸브가 있다.
② 산소를 추가 투여하지 않은 상태로 21% 정도의 산소 공급
③ 보유 산소장비 없이는 즉각적인 초기 환기를 제공할 수 없다.
④ 마스크의 첨부가 콧등을 향하게 하여 비강과 구강을 완전히 덮는다.

■ 백-밸브 마스크 소생기(BVM)★★ 13년, 14년/ 19년 소방교

용도	보유 산소장비 없이 즉각적인 초기 환기를 제공할 수 있다.
구성	안면마스크, 인공호흡용 백, 밸브, 산소저장백
사용법	① 마스크와 백밸브를 연결한다. ② 마스크의 첨부가 콧등을 향하게 하여 비강과 구강을 완전히 덮는다. ③ 마스크와 밸브의 연결부에 엄지와 검지로 C자형의 형태로 고정하고 나머지 세손가락으로 E자 형태로 하악을 들어올려 기도유지를 한다. ④ 다른 손으로 백을 잡고 1회에 400㎖~600㎖로 짜서 환기시킨다.
특징	① 산소를 추가 투여하지 않은 상태로 21%정도의 산소 공급 ② 분당 10~15L의 산소를 공급할 경우 산소저장주머니 없이 40~50% 산소 공급 ③ 산소저장주머니 연결 후 분당 10~15L의 산소를 공급할 경우 85~100%의 산소 공급 ④ 영아, 소아, 성인용으로 구분 ⑤ 과압방지용 밸브가 있음

63 "의자형 들것"을 사용할 수 있는 환자는?

① 척추손상 환자　　　　　　　　　② 호흡곤란 환자
③ 하체손상환자　　　　　　　　　④ 기도유지를 못하는 의식장애 환자

■ 의자형(계단용) 들것* 15년 소방교
① 계단용으로 환자를 앉은 자세로 이동시킬 때 사용된다.
② 좁은 복도나 작은 승강기 그리고 좁은 공간에 유용하며 호흡곤란 환자를 이동시키기에 좋다.

※ 척추손상이나 하체손상 환자 그리고 기도유지를 못하는 의식장애 환자에게 사용해서는 안 된다.

③ 계단을 내려올 때에는 환자의 다리가 먼저 진행 방향으로 와야 하며 다리 측을 드는 대원의 가슴과 환자의 다리가 수평을 이루어야 한다.

정답 | 62. ③　 63. ②

64 환자이동에서 "호흡곤란 환자"는 피해야 할 이동 방법은?

① 무릎, 겨드랑이 들기법
② 시트 끌기
③ 바로누운 환자이동
④ 직접 들어올리기

직접 들어올리기	척추 손상이 없는 환자에게만 사용할 수 있다.
무릎-겨드랑이 들기법	두 명의 대원이 척추손상이 없는 환자를 이동할 때 사용하는 방법 ※ 호흡곤란 환자는 피한다.
바로누운 환자이동	침대에 누워있는 환자를 주 들것으로 옮길 때 사용되며 시트를 당기거나 손을 이용할 수 있다.
시트 끌기	침대 높이에서 환자를 이동할 때 주로 사용 ※ 무거운 환자인 경우에는 침대와 주 들것을 고정시킨 후 이동

65 다음 내용과 관계가 깊은 것은?

> 주로 고지대·저지대 구출용과 산악용으로 사용되며 긴 척추고정판으로 환자를 고정한 후에 환자를 결착시킨다.

① 보조들것
② 분리형 들것
③ 바스켓형 들것
④ 척추 고정판 들것

■ **바스켓형 들것** 19년 소방위/ 22년 소방장
① 플라스틱 중합체나 금속테두리에 철망으로 만들어졌다.
② 주로 고지대·저지대 구출용과 산악용으로 사용되며 긴 척추고정판으로 환자를 고정한 후에 바스켓형에 환자를 결착시킨다.
③ 플라스틱 재질은 자외선에 노출되면 변형될 수 있기 때문에 직사광산을 피해 보관해야 한다.

정답 **64.** ① **65.** ③

66 "척추고정판"에 대한 설명으로 옳지 않은 것은?

① 목뼈나 척추손상 의심환자를 고정 및 이송 시 들것 대용으로 많이 활용되는 장비이다.

② 나무, 알루미늄, 플라스틱 중합체로 만들어지며 누워있거나 서 있는 환자에게 사용된다.

③ 목뼈나 척추손상 의심환자를 고정할 때는 등쪽 바닥이 부드럽고 편안하다.

④ 자동차 사고로 환자를 구출할 때 구출고정대 와 함께 많이 사용한다.

 ■ **척추고정판, 구출고정대*** 22년 소방장
① 목뼈나 척추손상 의심환자를 고정 및 이송 시 들것 대용으로 많이 활용되는 장비이다.
② 나무, 알루미늄, 플라스틱 중합체로 만들어지며 누워있거나 서 있는 환자에게 사용된다.
③ 특히 자동차 사고로 차량에서 환자를 구출할 때 구출고정대와 함께 많이 사용하며 목뼈나 척추손상 의심환자를 고정할 때는 딱딱하여 등쪽에 불편감을 초래하므로 몸이 닿는 바닥에는 패드를 대어주는 것이 좋다.

▎긴 척추고정판·구출고정대 ▎

67 다음 장비에 대한 설명 중 내용이 다른 하나는?

① 좁은 곳을 통과할 때 유용하며 천이나 유연물질로 만들어져 있다.

② 손잡이는 세 군데 혹은 네 군데에 있으며 보관할 때 쉽게 접히거나 말린다.

③ 들것을 2부분이나 4부분으로 나누어 앙와위 환자를 움직이지 않고 들것에 고정시켜 이동시킬 수 있다.

④ 척추손상 의심 환자를 1인이 운반할 때에는 적절하지 않다.

 ■ **가변형 들것*** 17년 소방교, 소방장/ 22년 소방교, 소방장
① 좁은 곳을 통과할 때 유용하며 천이나 유연물질로 만들어져 있다.
② 손잡이는 세 군데 혹은 네 군데에 있으며 보관할 때 쉽게 접히거나 말린다.
③ 척추손상 의심 환자를 1인이 운반할 때에는 적절하지 않다.

■ **분리형 들것**
① 현장에서 매우 많이 활용되는 들것으로 알루미늄이나 경량의 철로 만들어 졌으며 다발성 손상환자나 골반 측 손상이 있는 환자에게 매우 유용한 장비이다.
② 들것을 2부분이나 4부분으로 나누어 앙와위 환자를 움직이지 않고 들것에 고정시켜 이동시킬 수 있다.
③ 등 부분을 지지해 주지 못하기 때문에 척추손상환자를 고정하는 데에는 효과가 적다.

🔖 **정답** | **66.** ③ **67.** ③

68 "입인두 기도기"에 대한 설명으로 옳지 않은 것은?

① 기도기 플랜지가 환자의 입술이나 치아에 걸려 있도록 한다.

② 환자의 입을 수지교차법으로 연다.

③ 크기선정은 입 가장자리에서부터 귀볼까지이다.

④ 기도기에 반드시 윤활제를 묻힌다.

① 입인두 기도기★★ 14년 소방장/ 16년 소방교/ 18년 소방교/ 22년 소방교, 소방장/ 23년 소방교

용도	무의식 환자의 기도유지를 위해 사용
크기 선정	㉠ 입 가장자리에서부터 귀볼까지 ㉡ 입 중심에서부터 하악각까지
규격	55, 60, 70, 80, 90, 100, 110, 120mm
재질	PVC
사용법	㉠ 크기 선정법에 따라 크기를 선택한다. ㉡ 환자의 입을 수지교차법으로 연다. ㉢ 기도기 끝이 입천장을 향하도록 하여 구강내로 삽입한다. ㉣ 입천장에 닿으면 180도 회전시켜서 후방으로 밀어 넣는다. ㉤ 입 가장자리에서 입안으로 넣은 후 90° 회전 시키는 방법도 있다. ㉥ 기도기 플랜지가 환자의 입술이나 치아에 걸려 있도록 한다. ㉦ 입 정중앙에 위치하도록 한다.(필요하다면 테이프로 고정)
주의 사항	㉠ 의식이 있고, 반혼수 상태 환자에게는 부적절(구토유발 및 제거행동) ㉡ 크기가 크거나 작으면 후두개 압박이나 성대경련과 같이 오히려 기도유지가 안되거나 기도 폐쇄를 유발할 수 있다. ㉢ 구토 반사가 있으면 제거해야 한다. ㉣ 구토에 의해 위 내용물에 의한 흡인을 방지할 수 없다.

② 코인두 기도기★★ 14년 소방장/ 16년, 18년 소방교/ 22년 소방장, 소방교

용도	의식이 있는 환자에게 일시적으로 기도를 확보해 주기 위한 기구로 입인두 기도기를 사용할 수 없을 때 사용
크기 선정	㉠ 길이 : 코 끝에서 귓불 끝까지의 길이 ㉡ 크기 : 콧구멍보다 약간 작은 것
규격	4, 5, 5.5, 6, 6.5, 7.5mm
재질	PVC
사용법	㉠ 크기 측정을 통한 적정한 기도기를 선택한다. ㉡ 기도기에 반드시 윤활제를 묻힌다.(비출혈 방지) ㉢ 삽입 전에 무엇을 하는지를 환자에게 설명해 준다. ㉣ 기도기 끝의 단면이 비중격으로 가도록 하여 코로 집어넣는다. ㉤ 플랜지가 피부에 오도록 하여 부드럽게 밀어 넣는다. ㉥ 기도기를 집어넣는 동안 막히는 느낌이 들면 반대쪽 비공으로 집어넣는다.

69 "기도확보 유지 장비"에 대한 설명으로 다음 내용과 관계 깊은 것은?

> ㉠ 병원 전 심정지 환자나 외상환자(경추손상 등) 기도확보 시 유용
> ㉡ 일반적인 성문위 기도기보다 삽입방법이 용이
> ㉢ 단점으로는 기도확보 후 고정이 없는 경우 쉽게 빠지는 형태이므로 적용 후 바로 고정이 필요하다.

① 후두튜브(LT) ② 아이-겔(I-Gel)
③ 후두마스크 기도기 ④ 기도 내 삽관(Intubation)

■ 아이 겔** 22년, 24년 소방교

용도*	튜브 형태의 성문위 기도기와 차별적으로 부드러운 젤 형태로 모양이 만들어진 기도기로 기존의 기도기 보다 환자의 적용시간이 짧고 적용이 쉬우나 정확하게 환자에게 맞지 않을 수 있다. ※ 병원 전 단계에서 성공적으로 활용되어지는 장비이다.
특징*	• 병원 전 심정지 환자나 외상환자(경추손상 등) 기도확보 시 유용 • 일반적인 성문위 기도기보다 삽입방법이 용이 • 일회용임
단점	• 기도확보 후 고정이 없는 경우 쉽게 빠지는 형태이므로 적용 후 바로 고정이 필요하다. • 공기를 주입하는 형태가 아닌 고형물로 사이즈 측정이 적당하지 않은 경우 기도의 완벽한 분리가 되지 않아 폐로 위 내용물을 흡인이 발생할 수 있다. • 사이즈가 작거나 큰 경우 밀착이 부정확한 경우 양압환기가 불충분해진다.

70 "포켓마스크"에 대한 설명으로 옳지 않은 것은?

① 사용방법은 우선 포켓마스크에 일방형 밸브를 연결한다.
② 산소튜브가 있어 충분한 산소를 보충하면서 인공호흡을 할 수 있다.
③ 소아에 사용할 때는 마스크를 얼굴에 밀착, 뾰족한 쪽이 코로 가도록 한다.
④ 입대 입 인공호흡 시 포켓마스크를 사용하면 환자와 직접적인 신체접촉을 피할 수 있다.

■ 포켓마스크(Pocket Mask)* 17년 소방장

용도	구강 대 구강 인공호흡 시 환자와 직접적인 신체접촉을 피할 수 있으며, 산소튜브가 있어 충분한 산소를 보충하면서 인공호흡을 할 수 있다. 유아에 사용할 때는 마스크를 거꾸로 하여 기저부가 코위에 놓이도록 사용한다.
사용법	① 포켓마스크에 일방형 밸브를 연결한다. ② 포켓마스크를 환자 얼굴에 밀착시켜 뾰족한 쪽이 코로 가도록 한다. ③ 일방형 밸브를 통해 환기한다. ④ 소아는 포켓마스크를 거꾸로 밀착시켜 뾰족한 끝이 턱으로 가도록 한다.

🔖 정답 | 69. ② 70. ③

71 "후두마스크기도기"에 대한 설명으로 옳지 않은 것은?

① 입·코인두 기도기보다 기도 확보가 효과적이다.

② 기관내 삽관보다 환자에게 비침습적이고 적용이 쉽다.

③ 삽입순서는 비외상환자는 그대로 외상환자는 적정한 기도유지 자세를 취한다.

④ 후두경을 사용하지 않고 기도를 확보 할 수 있다.

	■ 후두마스크 기도기* 13년 소방장/ 16년, 17년, 18년 소방교, 19년 소방장/ 22년 소방교
용도	기본 기도기(입·코인두 기도기)보다 기도 확보가 효과적이며 후두경을 사용하지 않고 기도를 확보할 수 있다. 기관내 삽관보다 환자에게 비침습적이고 적용이 쉬우므로 병원전 처치에 효과적이다.
특징	① 병원 전 심정지 환자나 외상환자(경추손상 등) 기도확보 시 매우 유용 ② 성문 내 삽관(기관삽관)보다 삽입법이 용이 ③ 일회용이 아닌 멸균재사용이 가능(약 40회)
단점	① 기도확보 후 흔들림에 의한 빠지는 사례가 있으므로 고정에 유의해야 한다. ② 성문 내 튜브와 달리 기관과 식도가 완벽하게 분리되지 않아 폐로 위내용물 흡인이 발생할 수 있다. ③ 마스크에서 공기 누출이 큰 경우는 양압환기가 불충분해진다. ④ 높은 압력(20cmH2O이상)으로 양압환기를 하면 위장으로 공기가 들어갈 수 있다.
삽입 순서	① 외상환자는 그대로 비외상환자는 적정한 기도유지 자세를 취한다. ② 튜브에서 공기를 뺀 후 마스크를 입천장에 밀착시킨다. ③ 입천장을 따라 저항이 느껴질 때까지(상부 식도괄약근위) 삽입한다. ④ 후두마스크 커프에 맞는 공기를 주입한다. ⑤ BVM으로 양압환기시킨다. ⑥ 시진 / 청진으로 올바른 환기가 되는지 확인한다. ⑦ 고정기로 고정한다.

72 다음 중 "심한 저산소증 환자에게 고농도의 산소를 제공하기에 적합"한 장비는?

① 백-밸브 마스크 소생기   ② 후두튜브

③ 포켓마스크   ④ 비재호흡마스크

	■ 기도유지 및 호흡보조장비 용도* 14년 경남 소방장, 22년 소방장
입인두 기도기	무의식환자의 기도유지를 위해 사용
코인두 기도기	의식이 있는 환자에게 일시적으로 기도를 확보해주기 위한 기구로 입인두 기도기를 사용할 수 없을 때 사용
포켓마스크	입대 입 인공호흡 시 환자와 직접적인 신체접촉을 피할 수 있으며 산소튜브가 있어 충분한 산소를 보충하면서 인공호흡을 할 수 있다. 유아에 사용할 때는 마스크를 거꾸로 하여 기저부가 코 위에 놓이도록 사용한다.
백-밸브마스크	보유 산소장비 없이 즉각적인 초기 환기를 제공할 수 있다.
비재호흡마스크	심한 저산소증 환자에게 고농도의 산소를 제공하기에 적합
후두튜브	후두마스크와 동일하게 기본 기도기보다 기도 확보가 쉽고 콤비튜브 현태 기도기로 환자에게 적용시간이 짧고 어려운 기도확보 장소에서도 빠르게 적용 가능

정답   **71.** ③   **72.** ④

73 "산소공급용 기구의 용도 및 특징"에 관한 사항으로 옳지 않은 것은?

① 코삽입관 : 낮은 산소를 요구하는 환자에게 사용되며, 환자의 코에 삽입하는 2개의 돌출관을 통해 환자에게 산소를 공급하며 유량을 분당 1~6L로 조절하면 산소농도를 24~44%로 유지할 수 있다.

② 단순얼굴마스크 : 입과 코를 동시에 덮어주는 산소공급기구로 작은 구멍의 배출구와 산소가 유입되는 관 및 얼굴에 고정시키는 끈으로 구성되어 있으며, 단순얼굴마스크는 6~10L의 유량으로 흡입 산소농도를 35~60%까지 증가시킬 수 있다.

③ 비재호흡마스크 : 특수한 용도로 산소를 제공할 경우에 사용되며 표준 얼굴 마스크에 연결 된 공급배관을 통해 특정 산소 농도를 공급해 주는 호흡기구이다.

④ 일정한 산소가 공급될 때 공기의 양도 일정하게 섞여 들어가는 형태이며, COPD환자에게 유용하다.

■ 호흡유지 장비★★★ 17년, 18년 소방교/ 13년, 14년 소방장/ 20년, 22년 소방위/ 24년 소방교

코삽입관*	용도	비강용 산소투여 장치로 환자의 거부감을 최소화 시켰으며 낮은 산소를 요구하는 환자에게 사용된다. 환자의 코에 삽입하는 2개의 돌출관을 통해 환자에게 산소를 공급하며 유량을 분당 1~6L로 조절하면 산소농도를 24~44%로 유지할 수 있다.
	구분	성인용, 소아용
	주의사항	① 유량속도가 많아지면 두통이 야기될 수 있다. ② 장시간 이용 시 코 점막 건조를 예방하기 위해 가습산소를 공급한다. ③ 비강내 손상이 있는 환자에게는 사용을 억제하고 다른 기구를 사용한다.
단순 얼굴 마스크*	용도	입과 코를 동시에 덮어주는 산소공급기구로 작은 구멍의 배출구와 산소가 유입되는 관 및 얼굴에 고정시키는 끈으로 구성되어 있다. 6~10L의 유량으로 흡입 산소농도를 35~60%까지 증가시킬 수 있다.
	특징	① 성인용, 소아용 구분 ② 성인용, 소아용으로 구분 ③ 이산화탄소 배출구멍이 있으나 너무 작아 불편감을 호소하기도 한다. ④ 얼굴에 완전히 밀착되지 않아 충분한 산소가 공급되지 않을 수 있다. ⑤ 이산화탄소 잔류로 인해 산소공급량은 높을수록 효과적이다.
비재 호흡 마스크*	용도	심한 저산소증 환자에게 고농도의 산소를 제공하기에 적합
	특징	① 체크(일방향) 밸브가 달려 있다. ② 산소저장낭이 달려있어 호흡 시 100%에 가까운 산소를 제공할 수 있다. ③ 산소 저장낭을 부풀려 사용하고 최소 분당 10~15L 유량의 산소를 투여하면 85~100%의 산소를 공급할 수 있다. ④ 얼굴밀착의 정도에 따라 산소농도가 달라진다.
벤트리 마스크*	용도	특수한 용도로 산소를 제공할 경우에 사용되며 표준 얼굴 마스크에 연결 된 공급배관을 통해 특정 산소 농도를 공급해 주는 호흡기구
	규격	24%, 28%, 31%, 35%, 40%, 50%(53%)
	특징	① 일정한 산소가 공급될 때 공기의 양도 일정하게 섞여 들어가는 형태 ② 만성폐쇄성폐질환(COPD)환자에게 유용 ③ 분당 산소 유입량은 2~8L

🔲 정답 │ **73.** ③

74 "충전식 흡인기 사용법"에 대한 설명으로 옳지 않은 것은?

① 흡인압력은 300mmHg 이상, 사용압력은 80~200mmHg 이상이다.

② 흡인관을 바르게 펴서 흡인기를 측정한 깊이까지 입안으로 넣는다.

③ 흡인관을 펴서 흡인한다(단, 흡인시간은 15초를 초과하지 않는다).

④ 흡인튜브의 깊이는 환자의 입 가장자리에서 귓불까지의 길이를 측정한다.

■ 흡인기★★ 16년 소방장/ 17년 소방교/ 22년 소방위

충전식 흡인기	① Suction Unit ② 제원 　㉠ 흡인압력 : 300mmHg 이상 　㉡ 사용압력 : 80~200mmHg 이상 　㉢ 구성 : 흡인팁, 흡인튜브, 흡인통, 건전지, 본체 등 ③ 사용법 　㉠ 기계 전원을 켠다. 　㉡ 흡인튜브를 흡인관에 끼운다. 　㉢ 환자의 입 가장자리에서 귓불까지의 길이를 측정하여 흡인튜브의 적절한 깊이를 결정한다. 　㉣ 흡인 전에 환자에게 산소를 공급한다. 　㉤ 수지교차법으로 입을 벌린 후 흡인튜브를 넣는다. 　㉥ 흡인관을 꺾어서 막고 흡인기를 측정한 깊이까지 입안으로 넣는다. 　㉦ 흡인관을 펴서 흡인한다.(단, 흡인시간은 15초를 초과하지 않는다) 　㉧ 흡인 후에는 흡인튜브에 물을 통과시켜 세척하고 산소를 공급한다.
수동형 응급 흡인기	① 용도 : 전지나 전기 연결 없이 한 손으로 간단히 조작할 수 있다. ② Res-Q-Vac Emergency Suction, 고무공 등 ③ 구성 : 본체, 흡인통, 흡인관 ④ 단점 　㉠ 흡인력이 약하고 오물 수집통이 작다. 　㉡ 환자 구강 내에 흡인도관을 삽입하면서 수동 펌프질하는 것이 어렵다.

75 "자동심장충격기 사용방법"에 대한 설명으로 옳지 않은 것은?

① 환자의 무의식, 무호흡 및 무맥박을 확인한다.

② 제세동을 시행하라는 말이 나오면 환자와의 접촉금지를 확인한 후 제세동 버튼을 누른다.

③ 심실세동 및 무맥성 심실빈맥 외에는 제세동하지 않도록 도안된 장비이다.

④ 제세동을 시행하기 전에 2분간 심폐소생술을 시행한다.

■ 자동심장충격기★ 14년 소방장

(용도)

① 119에서 활용하는 심장충격기는 수동 및 자동이 가능하며 자동일 경우에는 심전도를 모르는 현장 응급처치자나 구급대원이 제세동을 시행할 수 있도록 제세동기내에 심전도를 인식하고 제세동을 시행할 것을 지시해줄 수 있는 프로그램이 내장되어 있다.

② 겔로 덮인 큰 접착성 패드를 환자의 가슴에 부착하여 심폐소생술을 멈추는 시간을 최소화하며 연속적으로 제세동할 수 있으며 심실세동 및 무맥성 심실빈맥 외에는 제세동하지 않도록 도안된 장비이다.

🔲 정답 | **74.** ② **75.** ④

(사용법)
① 환자의 무의식, 무호흡 및 무맥박을 확인한다.(도움요청 포함)
② 전원버튼을 눌러 자동 제세동기를 켠다.
③ 자동 제세동기를 켜고 일회용 전극을 환자와 자동 제세동기에 연결한다.
④ 모든 동작을 중단하고 분석단추를 누른다.
⑤ 제세동을 시행하라는 말과 글이 나오면 환자와의 접촉금지를 확인한 후 제세동 버튼을 누른다.
⑥ 제세동을 시행한 후 즉시 2분간 심폐소생술을 시행한다.
⑦ 2분마다 제세동이 재분석한다.

76 다음 이송 장비와 관계 깊은 것은?

> 다발성 외상환자처럼 환자 움직임을 최소화하여 이동 가능하고 들것 중앙이 개방되어 있으며, X-선 투시도 가능하다.

① 주 들것
② 분리형 들것
③ 바구니형 들것
④ 가변형 들것

종류 구분	주 들것	분리형 들것* 16년 소방장/ 22년 소방장, 소방교
용도	구급차에 환자를 옮겨 싣고 내리는 데 필요한 장비	다발성 외상환자처럼 환자 움직임을 최소화하여 이동 가능
특징	① 바퀴가 있어 환자를 쉽게 이동할 수 있다. ② 상체의 높이 조절이 가능하다. ③ 구급차에 환자를 안정적으로 옮기거나 내릴 때 사용된다. ④ 엘리베이터에 탑재가 가능하도록 의자 형태로 변형가능하다. ⑤ 운반자의 체력을 최소화할 수 있다. ⑥ 무게중심이 위에 있어 급회전 시 전복될 수 있다. ⑦ 바퀴가 너무 작아 작은 걸림돌에도 넘어질 수 있다.	① 알루미늄 재질로 된 경우 체온을 급격하게 떨어트릴 수 있다. ② 양쪽으로 분리하여 사용할 수 있어 환자 이송 시 2차 손상을 방지할 수 있다. ③ 들것 중앙이 개방되어 척추고정 능력이 매우 적다(외상환자에게는 이송용 들것으로 부적합). ④ 들것 중앙이 개방되어 있으며, X-선 투시도 가능하다. ⑤ 다발성 외상환자를 긴 척추 고정판에 옮길 때 유용하다.

정답 | 76. ②

77 "부목"에 대한 설명으로 옳지 않은 것은?

① 긴 척추고정판은 들것으로 오인하는 경우가 많지만 척추손상이 의심되는 환자를 고정하는 전신용 부목이다.

② 공기부목은 출혈이 있는 경우 지혈 효과가 있다.

③ 진공부목은 변형된 관절 및 골절에 유용하고 척추고정에도 효과적이다.

④ 개방성 골절이 있는 환자에게 공기부목을 사용해서는 안 된다.

■ 부목의 종류** 13년 소방장/ 18년 소방교

구분 종류	공기부목*	진공부목*	긴 척추고정판*
용도	부목에 공기를 불어넣어 골절부위를 고정하는 장비	공기부목과 반대로 공기를 제거하여 고정하는 장비	들것으로 오인하는 경우가 많지만 척추손상이 의심되는 환자를 고정하는 전신용 부목
특징	① 비닐 재질로 되어 있어 골절부위의 관찰이 가능하다. ② 출혈이 있는 경우 지혈 효과가 있다. ③ 온도와 압력의 변화에 예민하다. ④ 부목 압력을 수시로 확인하여야 한다(목 가장자리를 눌러 양쪽벽이 닿을 정도). ⑤ 개방성 골절이 있는 환자에게 적용해서는 안 된다.	① 공기를 제거하면 특수 소재 알갱이들이 단단해지면서 고정된다. ② 변형된 관절 및 골절에 유용하다. ③ 외형이 찢기거나 뚫리면 부목의 기능을 하지 못하므로 주의해야 한다. ④ 전신진공부목은 척추고정이 안 된다. ⑤ 사용하기 전 알갱이를 고루 펴서 적용한다. ⑥ 진공과정에서 내부피가 감소하므로 "C"나 "U" 모양으로 적용한다. ⑦ 진공으로 인해 부피감소, 느슨해진 고정 끈을 재 결착	① 재질이 미끄러우므로 장축 이동이 가능 ② 가슴, 배, 다리 고정끈 결착 확인 ③ 일반구조현장 및 부력이 있어 수상구조 시 유용 ④ 들것 대용으로도 사용이 가능하여 수직 및 수평구조시 사용 ⑤ 임신 말기 환자의 경우 좌측 위로 고정판이 왼쪽으로 기울어지게 해야 한다. (대정맥 압박 방지)
그림			

78 다음 내용과 관계 깊은 것은?

현장에서 신속하게 고정이 가능하고 사지골절에 사용하기가 적합하며, X-ray촬영이 가능

① 철사부목

② 목뼈보호대

③ 공기부목

④ 패드(성형)부목

구분 \ 종류	철사부목* 18년 소방교	패드(성형) 부목* 18년 소방교
용도	<u>손상 부위에 따라 철사를 구부려 사용할 수 있는 부목으로 긴뼈골절이나 관절부위 손상이 의심되는 부위에 따라 모양 변형이 가능</u>	단순하게 성인 신체의 긴뼈 골절시에 사용하도록 만들어진 부목으로 현장에서 신속하게 고정이 가능
특징	① 신체에 적합하도록 변형이 가능하다. ② 철사 그대로 사용하기보다 착용감을 위해 붕대로 감아주면 더 좋다. ③ 큰 관절이나 근육이 손상된 경우 다른 부목으로 추가 고정해주면 좋다.	① 대, 중, 소로 구분 ② 사지골절에 사용하기가 적합. ③ 결착형태가 벨크로 되어있어 신속결착이 가능하나 관리가 필요 ④ X-ray촬영이 가능

79 "목뼈보호대"에 관한 설명으로 옳지 않은 것은?

① 환자를 구출하거나 이송하기 전에 목 고정 장비이다.

② 일체형, 조립형, 조절형이 있다.

③ 목뼈보호대만으로도 경추의 완전한 고정이 가능하다.

④ 방사선 투과 가능한 특수재질로 되어있다.

■ 목뼈보호대*

척수손상은 여러 신경계통의 기능마비를 유발하거나 영구마비를 일으킬 수 있으므로 외상초기에 척추고정을 시행하여 척수손상이 악화되거나 발생되는 것을 방지하여야 한다. <u>척추고정의 시작은 경추고정으로부터 시작한다.</u>

용도	환자를 구출하거나 이송하기 전에 목 고정 장비
종류	일체형, 조립형, 조절형
특징	방사선 투과 가능한 특수 재질
사용방법	① 경추고정 장비의 형태를 만든다. ② 환자의 크기에 맞는 적절한 고정장비를 선택한다. 　머리를 중립자세로 유지하고 어깨에서 하악까지의 높이를 측정 ③ 머리와 경부를 고정한 채 경추고정장비를 착용시킨다.

머리 고정장비	
용도	목뼈보호대만으로는 경추의 완전한 고정이 불가능하다. 머리고정장비를 긴 척추고정판 등과 함께 사용하여 완벽한 경추고정을 유지하여 이송 시 안전을 확보할 수 있다. 환자가 소리를 들을 수 있도록 구멍을 냈으며 가볍고 보수가 용이하다.

정답　79. ③

80 "환자이송장비"에 관한 설명으로 옳지 않은 것은?

① 바구니형 들것 : 수직구조 및 수평구조용으로 적합하고 눈판 및 얼음구조 시 유용하다.

② 가변형 들것 : 긴척추고정판을 들것 중앙에 삽입하여 수직 및 수평구조를 할 수 있도록 만든 제품도 있다.

③ 접이식 들것 : 주들 것 외에 추가 환자 이송 시 사용되는 장비

④ 계단형 들것 : 의자형태로 만들어 계단을 올라갈 때 사용되는 장비이다.

■ 환자이송 장비* 16년 소방장/ 22년 소방교

구분 \ 종류	바구니형 들것*	가변형 들것**
용도	바구니 모양의 수평 및 수직구조용 환자이송장비	유연성 있는 재질로 만들어져 제한된 공간에서 유용
특징	• 형태 : 바구니 모양 • 종류 : 일체형, 분리형 • 수직구조 및 수평구조용으로 적합 • 수평구조 시 분리형인 경우 연결부위를 반드시 추가 결착 필요 • 눈판 및 얼음구조 시 유용 • 척추손상 환자는 단독사용보다 긴척추고정판에 1차 고정 후 사용	• 유연한 재질의 천, 고무 등으로 제작된다. • 손잡이가 다리를 제외한 2면, 3면에만 있다. • 좁은 계단 및 공간이동시에 유용하다. • 단독으로는 척추고정이 안 된다. • 긴척추고정판을 들것 중앙에 삽입하여 수직 및 수평구조를 할 수 있도록 만든 제품도 있다.
구분 \ 종류	접이식 들것(보조 들것)*	계단형 들것*
용도	주들 것 외에 추가 환자 이송 시 사용되는 장비	의자형태로 만들어 계단 이송 시 효과적
특징	• 다수 환자 발생 시에 간이 침상으로 사용이 가능하다. • 재질에 따라 척추고정이 되는 들것도 있다. • 접어서 보관하므로 휴대가 쉽다.	• 계단을 내려올 때 사용되는 장비이다. • 궤도형으로 수직으로 힘을 주어야 움직인다. • 척추고정이 안 된다. • 들것 자체로 구급차에 옮길 수가 없으므로 가변형 들것을 사용하는 것이 바람직하다. • 엘리베이터가 없는 빌라 및 아파트에 사용이 유용하다. • 바퀴가 있어 앉은 채로 이동이 가능하다.

정답 80. ④

81 다음 내용과 관계 깊은 것은?

> ㉠ 건강한 구급대원이라도 평균 5분 이상 심폐소생술을 시행하기 힘들며, 구급차로 이송
> 중일 때는 거의 시행이 불가능하다.
> ㉡ 주변상황이나 구급대원의 상태에 관계 없이 정확히 심폐소생술을 시행할 수 있다.

① 자동심장충격기
② 자동식산소소생기
③ 수동식 흡인기
④ 기계식가슴압박장치

▣ **기계식 가슴압박장치*** 23년 소방교
① 건강한 구급대원이라도 평균 5분 이상 심폐소생술을 시행하기 힘들다.
② 구급차로 이송중일 때는 거의 시행이 불가능하다.
③ 주변상황이나 구급대원의 상태에 관계없이 정확히 심폐소생술을 시행할 수 있다.
✪ 구급대원이 부족한 우리나라 현실에서는 장비의 설치 및 구급차의 적재공간의 부족 등의 이유들로
　사용이 극히 드물다.

(용도)
압축공기 형태는 주로 병원 내 안정적인 산소 공급이 가능한 곳에서는 장시간의 심폐소생술을 효과적
으로 적용가능하나 구급차 및 헬리콥터 내에서는 산소탱크 용적에 따라 시간제한을 받는다.

(종류)
압축공기(산소)용, 전기충전용

🔖 **정답** | 81. ④

01 현장에 도착 후 환자평가와 정보수집 단계에서 3번째 사항은?

① 세부신체검진   ② 1차(즉각적인) 평가

③ 주요 병력 및 신체 검진   ④ 현장 안전 확인

■ **환자평가단계*** 23년 소방장

현장 안전 확인→1차(즉각적인) 평가→주요 병력 및 신체 검진→세부 신체 검진→재평가(보통 15분마다 평가해야 하며 위급한 환자인 경우는 5분마다 평가해야 한다.)

02 "1차 평가에서 의식장애를 초래할 수 있는 원인"으로 옳은 것은?

① 당과 관련된 문제로 뇌로 가는 당 증가

② 호흡기계 장애로 뇌로 가는 산소 증가

③ 호흡장애로 뇌에 이산화탄소 증가

④ 순환기계 손상으로 뇌로 가는 혈류량 증가

■ **의식 장애를 초래할 수 있는 원인**

① 순환기계 손상으로 뇌로 가는 혈류량 저하   ② 호흡기계 장애로 뇌로 가는 산소 저하

③ 호흡장애로 뇌에 이산화탄소 증가   ④ 당과 관련된 문제로 뇌로 가는 당 저하

03 외상환자에 대한 1차 평가에서 의식, 호흡, 순환장애가 나타나면 빠른 외상평가를 해야 하는데 "중증외상환자에 대한 평가"에서 다음( ) 안에 들어갈 내용은?

> 현장 확인과 1차 평가, 손상기전 확인 → ( ) → 기본소생술 제공 → 이송여부 결정 →
> 의식수준 재평가 → 빠른 외상평가 → 기본 생체징후 평가 → SAMPLE력 → 세부 신체검진

① 주 호소   ② 기도확보

③ 척추고정   ④ 순환확인

• 중증 외상 : 현장 확인과 1차 평가, 손상기전 확인 → 척추 고정 → 기본소생술 제공 → 이송여부 결정 → 의식수준 재평가 → 빠른 외상평가 → 기본 생체징후 평가 → SAMPLE력 → 세부 신체검진

    * 18년 소방위/ 22년 소방위

• 경증 외상 : 현장 확인과 1차 평가, 손상기전 확인 → 주 호소와 손상기전과 관련된 부분 신체검진 → 기본 생체징후 평가 → SAMPLE력 → 세부 신체검진

🔲 **정답**   **01. ③**   **03. ③**   **03. ③**

04 "1차 환자평가" 내용으로 옳지 않은 것은?

① 환자의 전반적인 상태
② 기도유지
③ 출혈에 대한 지혈
④ 혈압측정

■ 1차 평가* 23년 소방장
일차 평가의 주요 목적은 치명적인 상태를 발견하고 현장에서 바로 처치하기 위해서이다.
① 환자의 전반적인 상태
② 환자 평가 : 의식, 기도, 호흡, 순환
③ 치명적인 상태에는 즉각적인 처치를 실시한다.
  – 기도 유지, 산소공급, 인공호흡 제공, 치명적인 출혈에 대한 지혈 등
④ 이송여부 결정
※ 혈압측정은 2차 평가(맥박, 호흡, 혈압, 피부, 동공)

05 2차 평가에서 환자 병력 평가는 환자에게 직접 들을 수 없는 경우 가족, 주변인, 신고자로부터 정보를 수집할 수 있는 "SAMPLE력"에 대한 설명으로 바르게 연결된 것은?

① P – 관련있는 과거력
② M – 증상 및 징후
③ L – 알레르기
④ E – 과거에 대한 회상

■ SAMPLE력* 16년 소방장, 소방교/ 17년, 20년 소방장
※ 2차 평가(증상 및 징후, 알레르기, 약물, 과거병력, 마지막음식) 생체징후(맥박, 호흡, 혈압, 동공, 피부)
  ① S(Signs/Symptoms) – 증상 및 징후
  ② A(Allergies) – 알레르기
  ③ M(Medications) – 복용한 약물
  ④ P(Pertinent past medical history) – 관련 있는 과거력
  ⑤ L(Last oral intake) – 마지막 구강 섭취
  ⑥ E(Events) – 질병이나 손상을 야기한 사건

06 외상환자의 1차 단계적인 평가 순서는?

① 첫인상 – 의식수준 – 기도 – 호흡 – 순환 – 위급정도 판단
② 기도 – 첫인상 – 호흡 – 순환 – 위급정도 판단 – 의식수준
③ 호흡 – 순환 – 첫인상 – 위급정도 판단 – 의식수준 – 기도
④ 순환 – 위급정도 판단 – 의식수준 – 첫인상 – 기도 – 호흡

■ 첫인상 – 의식수준 – 기도 – 호흡 – 순환 – 위급정도 판단(이송여부 판단)
  * 13년 소방장, 소방교/ 22년 소방위

정답 **04.** ④ **05.** ① **06.** ①

07 2차 평가 생체징후에서 "피부"에 대한 설명으로 다음 (   ) 안에 들어가지 않은 것은?

> 피부색의 변화는 순환정도를 나타내며 평가하기 좋은 부분은 (   ), (   ), (   )이다.

① 손톱   ② 입술

③ 아래눈꺼풀   ④ 손바닥

> **■ 피부**
> ㉠ 계속 재평가 되어야 하며 색, 온도, 피부상태를 평가해야 한다.
> ㉡ 피부색의 변화는 순환정도를 나타내며 <u>평가하기 좋은 부분은 손톱, 입술, 아래눈꺼풀이다.</u>
> ㉢ 피부온도와 상태를 평가하기 위해서는 <u>장갑을 끼지 않은 상태에서 손등으로 측정</u>해야 한다. 이때 환자의 혈액이나 체액에 닿지 않도록 조심해야 한다.

08 1차 평가에 있어서 "의식이 있는 환자"의 기도평가에 대한 내용으로 옳지 않은 것은?

① 머리기울임 / 턱 들어올리기법, 턱 밀어올리기법 등을 사용할 수 있다.

② 상기도내 이물질은 흡인을 통해 제거해 주어야 한다.

③ 기도 유지를 위해서는 입·코인두기도기를 삽입할 수 있다.

④ 기도가 완전히 폐쇄된 경우에는 이물질 제거법을 이용해야 한다.

> **■ 기도평가★** 16년 소방교
>
> | | |
> |---|---|
> | **의식이 있는 환자** | 일차평가에서 기도가 개방되고 깨끗한지 확인, 의식이 있는 환자라면 기도 평가는 단순할 수 있다. 환자가 말을 하거나 고함치거나 우는 경우는 기도가 개방된 상태임을 의미한다.
① 머리기울임 / 턱 들어올리기법, 턱 밀어올리기법 등을 사용할 수 있다.
② 상기도내 이물질은 흡인을 통해 제거해 주어야 한다.
③ 기도가 완전히 폐쇄된 경우에는 이물질 제거법을 이용해야 한다. |
> | **무의식 환자** | 기도를 개방해 주어야 한다.
① 비 외상 환자인 경우 머리기울임/턱 들어올리기법을 실시해야 한다.
② 외상환자는 턱 밀어올리기법을 실시해야 한다.
③ 기도개방과 동시에 이물질을 제거해 주어야 한다.
④ 기도 유지를 위해서는 입·코인두기도기를 삽입할 수 있다. |

09 1차평가에서 반응 정도를 알기 위한 "의식수준 4단계" 평가 내용으로 옳지 않은 것은?

① A : 팔을 들어 올리도록 해서 반응을 확인한다.

② V : 질문에 적절한 반응이나 대답은 할 수 없으나 소리나 고함에 소리로 반응하는 상태를 확인한다.

③ P : 언어지시에는 반응하지 않고 자극에는 반응하는 상태이다.

④ U : 어떠한 자극에도 반응하지 않는 상태이다.

정답   07. ④   08. ③   09. ①

■ 의식수준 4단계★★★ 12년 소방위, 소방장
① A (Alert ; 명료) : 질문에 적절한 반응이나 대답을 할 수 있는 상태
② V (Verbal Stimuli ; 언어지시에 반응) : 질문에 적절한 반응이나 대답은 할 수 없으나 소리나 고함에 소리로 반응하는 상태(신음소리도 가능)
③ P (Pain Stimuli ; 자극에 반응) : 언어지시에는 반응하지 않고 자극에는 반응하는 상태
④ U (Unresponse ; 무반응) : 어떠한 자극에도 반응하지 않는 상태

---

10 "SAMPLE"에서 증상(Symptoms) 및 징후(Sign)에 대한 설명으로 옳은 것은?

① 징후는 구급대원이 문진, 시진, 청진, 촉진 등을 이용해서 알아낸 객관적인 사실이다.
② 징후는 환자가 말하는 주관적인 내용으로 가슴이 아프다, 숨이 가쁘다, 토할 거 같다 등이다.
③ 호흡보조근 사용을 보고, 호흡음을 듣고, 피부가 차갑고 축축한 것을 느끼고, 호흡에서 아세톤 냄새가 나는 것 등은 징후이다.
④ 증상을 알기 위해서는 '예, 아니요'라는 단답형 답을 유도하는 질문으로 한다.

■ 증상(Symptoms) 및 징후(Sign)★ 11년, 17년 소방장
① 징후는 구급대원이 문진이 아닌 시진, 청진, 촉진 등을 이용해서 알아낸 객관적인 사실이다. 예를 들면 호흡보조근 사용을 보고, 호흡음을 듣고, 피부가 차갑고 축축한 것을 느끼고, 호흡에서 아세톤 냄새가 나는 것 등은 징후이다.
② 증상은 환자가 말하는 주관적인 내용으로 가슴이 아프다, 숨이 가쁘다, 토할 거 같다 등이다. 증상을 알기 위해서는 '예, 아니요'라는 단답형 답을 유도하는 질문은 피해서 "어디가 불편하시죠?", "무슨 문제가 있나요?"라는 개방형 질문을 해야 한다.

---

11 "차량충돌로 인한 손상기전"으로 다음 내용과 관계있는 것은?

> ㉠ 첫 번째, 사람이 충격에 의해 붕 뜰 경우에는 운전대와 앞 유리창에 부딪치며 대개는 머리, 목, 가슴 그리고 배에 손상을 입는다.
> ㉡ 두 번째, 붕 뜨지 않고 운전대 밑으로 쏠리는 경우가 있는데 이때에는 엉덩이, 무릎, 발에 손상을 입는다.

① 차량전복　　　　　　　　② 측면충돌
③ 후면충돌　　　　　　　　④ 전방충돌

■ 차량충돌
① 전방충돌 : 안전벨트를 미착용 했을 때는 다음과 같이 두 가지 손상기전으로 나눌 수 있다.
㉠ 첫 번째, 사람이 충격에 의해 붕 뜰 경우에는 운전대와 앞 유리창에 부딪치며 대개는 머리, 목, 가슴 그리고 배에 손상을 입는다.
㉡ 두 번째, 붕 뜨지 않고 운전대 밑으로 쏠리는 경우가 있는데 이때에는 엉덩이, 무릎, 발에 손상을 입는다.

정답 **10.** ③　**11.** ④

② 후방충돌 : 목, 머리, 가슴 손상을 유발시킨다. 또한 후방충돌과 동시에 전방충돌도 일어날 수 있다.

③ 측면충돌 : 측면 충돌에는 거의 보호 장치가 없어 위험에 노출될 가능성이 크다. 현장에서 환자가 충돌된 측면에 앉아 있었는지 그렇지 않은지 파악하는 것은 중요하다. 만약 충돌 측면에 있었다면 머리, 목, 가슴, 배 그리고 골반외상이 심각할 수 있다.

④ 차량전복 : 다양한 손상을 나타낼 수 있다. 안전벨트를 착용하지 않았다면 구르는 동안 다양한 충격을 받을 수 있다.

12 외상환자 "손상기전에 대한 설명으로 빠른 외상평가" 실시 대상이 아닌 것은?

① 부상자가 있는 차량 내부 환자 ② 전복된 차량 내부 환자

③ 오토바이 사고 환자 ④ 6m 이상의 낙상 환자

■ **손상기전**

① 현장 확인으로 손상기전을 확인하고 주요 병력 및 신체검진을 실시해야 한다. 손상 기전이 얼마나 심각한지에 따라 주요 병력 및 신체검진 과정을 결정해야 한다. 아래와 같이 심각한 경우에는 빠른 외상평가를 실시해야 한다.

   ㉠ 차량 사고 : 차 밖으로 나온 환자, 사망자가 있는 차량 내부 환자, 전복된 차량 내부 환자, 고속 충돌 환자, 안전벨트 미착용 환자, 운전대가 변형된 차량 내부 환자

   ㉡ 차에 부딪힌 보행자

   ㉢ 오토바이 사고 환자

   ㉣ 6m 이상의 낙상 환자

   ㉤ 폭발사고 환자

   ㉥ 머리, 가슴, 배의 관통상

② 소아 환자는 아래와 같은 경우 심각한 외상을 초래할 수 있다.

   ㉠ 3m 이상의 낙상 환자

   ㉡ 부적절한 안전벨트를 착용한 차량 환자 – 특히, 배에 벨트 자국이 있는 경우

   ㉢ 중속의 차량 충돌

   ㉣ 자전거 – 특히, 배에 자전거 핸들이 부딪힌 경우

③ 1차 평가로 의식장애, 호흡장애, 순환장애가 나타났다면 빠른 외상평가를 실시해야 한다. 만약 경증 손상인 경우는 손상 부분 외상평가와 손상과 관련된 병력만 수집하면 된다.

> ※ 중증 외상 : 현장 확인과 1차 평가, 손상기전 확인 → 척추 고정 → 기본소생술 제공 → 이송여부 결정 → 의식수준 재평가 → 빠른 외상평가 → 기본 생체징후 평가 → SAMPLE력 → 세부 신체검진* 18년 소방위
>
> ※ 경증 외상 : 현장 확인과 1차 평가, 손상기전 확인 → 주 호소와 손상기전과 관련된 부분 신체검진 → 기본 생체징후 평가 → SAMPLE력 → 세부 신체검진

13 손상기전 1차 평가에서 "순환평가항목"에 해당되지 않은 것은?

① 순환평가는 맥박, 외부출혈, 피부에 대한 평가를 실시한다.

② 맥박은 처음에는 노동맥을 평가한다. 만약 없다면 목동맥을 촉진한다.

③ 피부는 부적절한 순환을 나타내는 징후 중 하나로 피부색, 온도 그리고 상태(습도) 등으로 알 수 있으며 소아의 경우 모세혈관 재충혈로 평가할 수 있다

④ 12개월 이하의 영아인 경우는 목동맥으로 촉진한다. 맥박이 없다면 위팔동맥을 실시한다.

정답 12. ① 13. ④

■ 순환평가

맥박	ⓐ 처음에는 노동맥을 평가한다. 만약 없다면 목동맥을 촉진한다. ⓑ 2세 이하 소아인 경우는 위팔동맥으로 촉진한다. 맥박이 없다면 CPR을 실시한다. * 14년 소방장

외부
출혈
	ⓐ 출혈은 적절한 순환을 유지할 수 없게 하므로 1차 평가를 통해 적절한 처치를 제
	  공해 주어야 한다.
	ⓑ 하지만 모든 출혈이 아닌 심한 상태이거나 계속적인 출혈을 나타내는 부위에 한해
	  1차 평가와 더불어 즉각적인 처치를 실시해야 한다.
	ⓒ 평가전 개인 보호장비를 착용하고 머리에서 발끝까지 신체검진을 실시해야 한다.
	ⓓ 피부에 붙은 옷은 제거하고 바닥에 있는 상처를 확인해야 한다.
	ⓔ 통나무 굴리기법을 이용해 환자의 자세를 변경하고 평가하면 된다.

피부	피부는 부적절한 순환을 나타내는 징후 중 하나로, 피부색, 온도 그리고 상태(습도) 등으로 알 수 있다. 소아의 경우 모세혈관 재충혈로 평가할 수 있다.

14 "재평가 시점"에 대한 설명으로 적합하지 않은 것은?

① 재평가는 모든 환자에게 실시해야 하고, 대개는 구급차 내에서 실시하고 이송이 지연되면
  현장에서도 실시해야 한다.

② 치명적인 상태에 대한 처치를 끝내기 전에 실시해야 하고 세부 신체검진 전에 실시한다.

③ 무의식환자, 심한 손상기전, 소생술이 필요한 환자는 매 5분마다 실시한다.

④ 의식이 있는 환자, 정상 생체징후, 경상 환자는 매 15분마다 실시한다.

■ 재평가 시점 * 13년 소방장
재평가는 모든 환자에게 실시해야 한다. 물론 치명적인 상태에 대한 처치를 끝낸 후에 실시해야 하며
세부 신체검진 후에 실시한다. 그렇다면 얼마나 자주 실시해야 하는지는 환자상태에 따라 달라진다.
① 위급한 환자(무의식환자, 심한 손상기전, 소생술이 필요한 환자)는 적어도 매 5분마다 실시한다.
② 의식이 있는 환자, 정상 생체징후, 경상 환자는 매 15분마다 실시한다.
③ 환자의 상태가 갑자기 변한다면 즉각적으로 재평가하고 평가내용은 기록해야 한다.

15 1차 순환평가에서 "피부색"에 대한 설명으로 옳지 않은 것은?

① 피부색은 손톱, 입술 그리고 아래눈꺼풀을 이용해 평가하는 것이 좋다.

② 피부색이 창백한 것은 부적절한 호흡 또는 심장기능 장애로 인한 저산소증 현상이다.

③ 적절한 평가를 위해 대원의 손등을 이용해 평가하면 좋다. 환자 배 등 정상 피부는 따뜻
  하고 건조한 상태이다.

④ 모세혈관 재충혈은 손톱이나 발톱을 몇 초간 누른 후 2초 이내로 정상으로 회복되는지를
  평가하는 것으로 순환상태를 알 수 있다.

✓ 정답 14. ②   15. ②

■ 피부

피부는 부적절한 순환을 나타내는 징후 중 하나로 피부색, 온도, 습도 등으로 알 수 있다. 소아의 경우 모세혈관 재충혈로 평가할 수 있다.

피부색*	인종에 따라 피부색이 다르므로 <u>손톱, 입술 그리고 아래눈꺼풀을 이용해 평가하는</u> 것이 좋다. 비정상적인 양상으로는, ① 창백 : 실혈, 쇼크, 저혈압, 정신적 스트레스로 인한 혈관 수축 ② 청색증 : 부적절한 호흡 또는 심장기능 장애로 인한 저산소증 ③ 붉은색 : 심장질환과 중증 일산화탄소 중독, 열 노출 ④ 노란색 : 간 질환 ⑤ 얼룩덜룩한 색 : 일부 쇼크 환자
피부온도와 상태	적절한 평가를 위해 <u>대원의 손등을 이용해 평가</u>하면 좋다. 환자 배 등 정상 피부는 따뜻하고 건조한 상태로 비정상적인 경우는 다음과 같다. ① 차갑고 축축함 : 관류가 부적절한 경우와 혈액량이 감소된 경우(열손상 환자, 쇼크 환자, 흥분 상태) ② 차가운 피부 : 차가운 환경에 노출된 환자 ③ 뜨겁고 건조함 : 열이 있거나 중증 열손상 환자
모세혈관 재충혈	손톱이나 발톱을 몇 초간 누른 후 2초 이내로 정상으로 회복되는지를 평가하는 것으로 순환상태를 알 수 있다.

16 "맥박"에 대한 설명으로 옳지 않은 것은?

① 왼심실의 수축으로 생기는 압력의 파장으로 생기며 주로 노동맥에서 촉지된다.

② 노동맥은 손목 안쪽 엄지손가락 쪽에서 촉지할 수 있다.

③ 맥박이 촉지 되지 않는다면 위팔동맥을 촉지해야 한다.

④ 맥박수는 분당 맥박이 뛰는 횟수로 보통 30초간 측정하고 2를 곱해 기록한다.

■ 맥박* 12년, 13년 소방장

① 맥박은 뼈 위를 지나가며 피부표면 근처에 위치한 동맥에서 촉지할 수 있다. <u>왼심실의 수축으로 생기는 압력의 파장으로 생기며 주로 노동맥에서 촉지된다.</u>

② <u>노동맥은 손목 안쪽 엄지손가락 쪽에서 촉지할 수 있다.</u>

③ <u>촉지되지 않는다면 목동맥을 촉지해야 한다.</u>

④ <u>영아의 경우 위팔동맥에서 촉지해야 한다.</u>

⑤ 1차 평가에서 맥박유무를 살폈다면 신체검진에서는 맥박수와 양상을 평가해야 한다.

　※ 맥박수는 분당 맥박이 뛰는 횟수로 보통 30초간 측정하고 2를 곱해 기록한다. 맥박수는 환자의 나이, 흥분도, 심장병, 약물복용 등 다양한 요인에 의해 영향을 받는다.

　※ 성인의 경우 100회/분 이상을 빠른맥이라 한다. 원인은 감정에서 심전도계 이상 등 다양하다. 맥박이 느린 경우는 느린맥이라고 하며 심장약 복용 또는 심장질환 등 다양한 원인이 있다.

⑥ 맥박은 심장의 수축으로 생기므로 약한 맥박은 심장 그리고 순환계에 문제가 있음을 의미한다.

⑦ 맥박의 규칙성은 심전도계의 문제점을 나타내므로 중요하다.

⑧ 불규칙한 맥박을 부정맥이라 하며 무의식 환자 또는 의식장애 환자에게선 위급한 상태임을 나타낸다.

　※ 소아는 정상 맥박보다 느린 경우에는 기도와 호흡을 즉각적으로 평가해야 한다. 산소가 결핍될 경우 심장마비 전에 느린맥이 나타나기 때문이다. 기도유지를 위해서는 이물질 제거 및 흡인을 실시하고 호흡을 돕기 위해 포켓마스크나 BVM을 통해 보조 산소기구로 인공호흡을 실시해 줘야 한다. 호흡은 정상이나 느린맥인 경우에는 많은 양의 산소를 공급해 주어야 한다.

정답 | 16. ③

17 1차 "호흡평가"에 대한 설명으로 옳지 않은 것은?

① 소아의 비정상적인 호흡 양상은 목, 어깨, 가슴, 배의 호흡보조근 사용 등이다.

② 무호흡 환자에게는 85% 이상의 고농도산소를 제공해야 한다.

③ 비정상적인 호흡수는 24회/분 이상 또는 10회/분 이하이다.

④ 호흡이 없거나 고통스럽거나 산소 공급으로도 호전되지 않는다면 포켓마스크나 BVM으로 양압환기를 제공해 주어야 한다.

■ 호흡 평가

기도 유지 후에는 호흡을 평가해야 한다. 비정상적인 호흡이라면 산소 공급 또는 포켓마스크나 BVM을 통해 인공호흡을 실시해야 한다. 호흡정지가 일어나면 양압환기를 제공해야 한다.

㉠ 반응이 있는 환자의 호흡평가

ⓐ 비정상적인 호흡수* : 24회/분 이상 또는 10회/분 이하

ⓑ 불규칙한 호흡

ⓒ 비정상적인 양상*

- 비대칭적인 호흡음 또는 호흡 감소 또는 무호흡
- 들숨 시 비대칭적이거나 부적절한 가슴 팽창
- 목, 어깨, 가슴, 배의 호흡보조근 사용 등 힘든 호흡(특히, 소아)
- 얕은 호흡
- 의식 장애
- 창백하거나 청색증
- 피부견인 : 빗장뼈 위, 갈비뼈 사이 그리고 가슴 아래
- 고통스러운 호흡, 헐떡거리거나 불규칙한 호흡은 보통 심정지 전에 나타남

비정상적인 호흡의 징후를 보이는 모든 환자에게는 비재호흡마스크를 통해 고농도의 산소(85% 이상)를 공급해 주어야 한다. 만약, 호흡이 없거나 고통스럽거나 산소 공급으로도 호전되지 않는다면 포켓마스크나 BVM으로 양압환기를 제공해 주어야 한다.

※ 아래와 같은 징후가 한 가지라도 나타나면 고농도산소 제공

① 가슴통증   ② 가쁜 호흡

③ 의식장애   ④ 일산화탄소 중독 가능성 환자

18 2차 생체징후에서 맥박에 관한 설명으로 성인의 경우 분당 100회 이상이면 빠른맥이라고 한다. "빠르고 불규칙 할때"일 때 원인으로 옳은 것은?

① 머리손상   ② 약물중독

③ 심전도계 문제   ④ 쇼크

■ 맥박과 원인* 13년 소방장/ 18년 소방교/ 23년 소방장

맥 박	원 인
빠르고 규칙적이며 강함	운동, 공포, 열, 고혈압, 출혈 초기, 임신
빠르고 규칙적이며 약함	쇼크, 출혈 후기
느림	머리손상, 약물, 중독, 심질환, 소아의 산소결핍
불규칙적	심전도계 문제
무맥	심장마비, 중증 출혈, 중증 저체온증

정답   17. ②   18. ④

19 연령에 따른 맥박수로서 "신생아"의 기준은?

① 120~160

② 80~120

③ 70~110

④ 60~100

구 분	맥박수(회/분)	구 분	맥박수(회/분)
성 인	60~100	유아(2~4)	80~130
청소년기(11~14)	60~105	6~12개월	80~140
학령기(7~11)	70~110	5개월 미만	90~140
미취학기(4~6)	80~120	신생아	120~160

※ 성인의 경우 100회/분 이상을 빠른맥이라 한다. 원인은 감정에서 심전도계 이상 등 다양하다. 맥박이 느린 경우는 느린맥이라고 하며 심장약 복용 또는 심장질환 등 다양한 원인이 있다. * 23년 소방장

20 "혈압"에 대한 설명으로 옳은 것은?

① 순환계는 인체 각 부분에 혈액을 공급해 주는 역할을 하며 심장은 피를 뿜어내는 역할을 한다. 이때 혈관 벽에 전해지는 힘을 혈압이라고 한다.

② 혈압이 높으면 충분한 혈액을 공급받지 못해 조직은 손상을 받는다.

③ 혈압이 낮으면 뇌동맥이 파열되어 뇌졸중을 유발하고 조직은 손상 받는다.

④ 왼심실이 쉬는 동안의 동맥 내 압력을 수축기압이라고 한다.

■ 혈압* 21년 소방장/ 22년 소방교

① 순환계는 인체 각 부분에 혈액을 공급해 주는 역할을 하며 심장은 피를 뿜어내는 역할을 한다. 이때 혈관 벽에 전해지는 힘을 혈압이라고 한다.

　㉠ 혈압이 낮으면 충분한 혈액을 공급받지 못해 조직은 손상을 받는다.

　㉡ 혈압이 높으면 뇌동맥이 파열되어 뇌졸중을 유발하고 조직은 손상 받는다.

② 인체 혈관은 항상 압력을 받는 상태로 왼심실이 피를 뿜어 낼 때 혈압이 올라간다. 이때를 수축기압이라고 하며 왼심실이 쉬는 동안의 동맥 내 압력을 이완기압이라고 한다.

③ 혈압은 수은의 'mm' 단위, 즉 'mmHg'로 측정된다.

　㉠ 성인의 경우 수축기압이 90 미만인 경우 낮다고 하며 140 이상이거나 이완기압이 90 이상일 때를 높다고 한다.

　㉡ 고혈압은 치명적이지 않지만 수축기압이 200 이상, 이완기압이 120 이상인 경우에는 위험하다.

　※ 똑같은 혈압이라도 여자 운동선수의 혈압이 80/60이 나오는 것과 노인이 똑같은 혈압이 나오는 것은 다르며 이 경우 노인은 위험한 상태이다.

④ 혈압을 측정하기 위해서는 보통 혈압계라 불리는 기구를 사용하는데 위팔동맥보다 높게 공기를 주입해 커프를 부풀리고 공기배출기를 열어 혈압을 측정한다.

21 "무반응 환자의 호흡평가"에 대한 설명으로 다음 내용과 관계있는 것은?

> 기도를 유지하고 비재호흡마스크를 통해 15L/분 고농도산소를 제공한다. 만약, 산소공급에도 호전되지 않는다면 포켓마스크나 BVM을 통해 양압환기를 제공해준다.

① 무호흡일 때
② 호흡이 부적정할 때
③ 호흡이 적정할 때
④ 호흡이 불규칙할 때

■ 무반응 환자의 호흡평가

호흡이 적정할 때	기도를 유지하고 비재호흡마스크를 통해 10~15L/분 고농도산소를 제공한다.
호흡이 부적정할 때	기도를 유지하고 비재호흡마스크를 통해 15L/분 고농도산소를 제공한다. 만약, 산소공급에도 호전되지 않는다면 포켓마스크나 BVM을 통해 양압환기를 제공해준다.
무호흡일 때	기도를 유지하고 포켓마스크나 BVM을 이용 양압환기를 실시하며 15L/분의 산소를 제공해준다.

22 2차 평가 "생체징후"에 대한 설명으로 옳지 않은 것은?

① 생체징후는 호흡, 맥박, 혈압을 포함하며 동시에 의식수준(AVPU)도 평가해야 한다.
② 생체징후를 전부 평가하는 범위에 피부와 동공 상태는 포함되지 않는다.
③ 의식수준 평가는 무반응환자 또는 심한 의식변화를 가진 환자에게 중요하다.
④ 생체징후의 변화는 환자상태를 나타내는 척도로 항상 평가한 후에 기록해 두어야 한다.

■ 생체징후*** 16년, 18년 소방교
ⓐ 생체징후는 호흡, 맥박, 혈압을 포함하며 동시에 의식수준(AVPU)도 평가해야 한다.
ⓑ 의식수준 평가는 무반응환자 또는 심한 의식변화를 가진 환자에게 중요하다.
ⓒ 생체징후를 전부 평가하는 범위에는 피부와 동공 상태 평가도 포함된다.
ⓓ 처음 측정한 생체징후를 기본으로 재평가를 통해 계속 비교·평가해야 한다.
ⓔ 생체징후의 변화는 환자상태를 나타내는 척도로 항상 평가한 후에 기록해 두어야 한다.

23 2차 평가에서 "호흡"에 대한 설명 옳지 않은 것은?

① 호흡 평가는 호흡수, 양상 그리고 규칙성을 살펴야 한다.
② 분당 호흡수를 측정하는 방법은 가슴의 오르내림을 확인하거나 가슴에 손을 대고 측정한다.
③ 무의식 환자의 호흡수가 10초간 없다면 즉시 포켓마스크나 BVM으로 인공호흡을 시작하고 입인두 또는 코인두기도기 삽관을 고려해야 한다.
④ 호흡곤란 환자의 증상은 호흡하는 동안 가슴과 배의 오르내림이 미미하며, 아동의 경우 갈비뼈 사이와 빗장뼈가 당겨 올라간다.

📖 정답 | **21.** ② **22.** ② **23.** ④

■ 호흡
① 호흡 평가는 호흡수, 양상 그리고 규칙성을 살펴야 한다.
② 분당 호흡수를 측정하는 방법으로는 가슴의 오르내림을 확인하거나 가슴에 손을 대고 측정한다.
③ 청진기로 듣는 방법 등이 있다.
④ 정상 호흡수는 나이에 따라 달라진다.
　㉠ 무의식 환자의 호흡수가 10초간 없다면 즉시 포켓마스크나 BVM으로 인공호흡을 시작하고 입인두 또는 코인두기도기 삽관을 고려해야 한다.
　㉡ 호흡기계 응급환자의 호흡수는 보통 높으며 정상보다 낮은 호흡수를 보이는 환자는 많은 양의 산소를 공급하고 보조 환기구를 이용해야 한다.

정상호흡	호흡장애가 없으며 호흡보조근 사용이 없거나 부적절한 호흡 징후가 없는 경우
호흡곤란	힘들게 호흡을 하는 경우로 꽁꽁거리거나 천명, 비익확장, 호흡보조근 사용, 뒷당김 등이 나타난다. 특히, 아동의 경우 갈비뼈 사이와 빗장뼈가 당겨 올라간다.
얕은호흡	호흡하는 동안 가슴과 배의 오르내림이 미미할 때
시끄러운 호흡	호흡을 내쉴 때 소리가 나는 경우로 코를 고는 소리, 쌕쌕거림, 꾸르륵거리는 소리, 까마귀소리 등. 이는 기도폐쇄로 인한 것으로 기도를 개방하고 이물질을 제거하거나 흡인해야 한다.

24 다음 중 "호흡수"에 대한 내용으로 옳지 않은 것은?

① 성인 : 12~20((24회/분 이상 또는 10회/분회 미만인 경우 위험)
② 청소년 : 12~15
③ 유아 : 25~40
④ 신생아 : 30~50

■ 호흡수★★ 21년 소방교/ 23년 소방장

구 분	정상 호흡수	구 분	정상 호흡수
성 인	12~20회/분(24회/분 이상 또는 10회/분회 미만인 경우 위험)	유아(2~4)	20~30회/분
청소년기(12~15)	15~30회/분	6~12개월	20~30회/분
학령기(7~11)	15~30회/분	5개월 미만	25~40회/분
미취학기(4~6)	20~30회/분	신생아	30~50회/분

25 "1차 소아평가 내용"으로 옳지 않은 것은?

① 손가락을 튕겨 발바닥을 때린다. 울면 비정상이다.
② 느린맥은 부적절한 기도유지 또는 호흡으로 인한 것이다.
③ 피부를 만졌을 때 흐느적거리거나 늘어졌다면 비정상이다.
④ 모세혈관 재충혈을 확인한다.

📖 정답 | 24. ③　25. ①

■ 소아평가

소아평가에서 평가내용이나 처치원리는 성인과 같다. 그러나 성인과 해부적, 생리적 그리고 발달 단계
별로 다르기 때문에 평가를 실시할 때 주의해야 할 점이 있다.
① 의식수준 평가를 위한 자극으로 손가락을 튕겨 발바닥을 때린다. 울어야지 정상반응이다.
② 기도 개방을 위해 목이 과신전되지 않도록 주의해서 신전해야 한다.
③ 피부를 만졌을 때 흐느적거리거나 늘어졌다면 비정상이다.
④ 연령별 정상 호흡수, 맥박수(위팔동맥 촉진)인지 확인한다.
⑤ 느린맥은 부적절한 기도유지 또는 호흡으로 인한 것이다.
⑥ 모세혈관 재충혈을 확인한다.
⑦ 비정상적인 환자 자세에 대해서 기록한다.

26 "커프를 이용한 혈압측정방법"으로 옳지 않은 것은?

① 커프의 밑단이 팔꿈치에서 2.5cm 위로 올라오게 위팔부위에 커프를 감는다.
② 소아나 비만환자의 경우 커프 폭이 위팔의 2/3 이상을 감쌀 수 있도록 한다.
③ 시끄러운 현장이나 구급차 이동 중에서는 촉진을 이용한 수축기압 측정만이 가능하다.
④ 팔꿈치 안쪽 접히는 부분 위 중간에서 위팔동맥을 촉지하고 공기를 주입해 맥박이 사라
　지는지 확인한다(노동맥에서는 불가능하다).

■ 혈압을 측정하는 방법* 13년, 16년 소방교

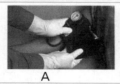  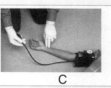

| | A | B | C |

| 촉지 | ① 환자상태에 따라 앉거나 눕게 한다. 앉아있는 환자는 팔을 약간 굽히고 심장 높이가 되도록 올린다.
② 커프의 밑단이 팔꿈치에서 2.5cm 위로 올라오게 위팔부위에 커프를 감는다. 소아나 비만환자의 경우 커프 폭이 위팔의 2/3 이상을 감쌀 수 있는 커프를 선택해서 측정해야 한다. 너무 작은 커프는 혈압이 높게 측정된다.
③ 팔꿈치 안쪽 접히는 부분 위 중간에서 위팔동맥을 촉지하고 공기를 주입해 맥박이 사라지는지 확인한다.(노동맥에서도 가능하다)
④ 공기를 천천히 빼면서 위팔동맥이 느껴질 때까지 계속 계기판을 주시하고 맥박이 돌아올 때의 수치를 기록한다. 이것은 촉지로 측정한 수축기압이다. |
| 청진기 이용 | ① 청진기를 위팔동맥을 촉지한 부위에 놓고 맥박이 사라질 때까지 공기를 주입한다.
② 3~5mmHg/초 이하의 속도로 천천히 공기를 빼야 하며 계기판을 주시하며 동시에 청진기로 들어야 한다. 처음 소리가 들릴 때의 압력을 수축기압이라고 한다.
③ 계속 공기를 빼고 소리가 들리지 않을 때의 압력을 이완기압이라고 한다.
④ 혈압을 기록하고 촉진과 청진으로 잰 혈압이 10~20mmHg 이상 차이가 나는 경우에만 촉진과 청진으로 나누어서 기록한다.
⑤ 시끄러운 현장이나 구급차 이동 중에서는 촉진을 이용한 수축기압 측정만이 가능하다. 만약 촉진으로만 측정한 혈압인 경우에는 "혈압 140/P"(촉지)이라고 기록해야 한다. |

정답 26. ④

27 **"동공 반응평가 방법"**으로 옳지 않은 것은?

① 동공이 불규칙한 모양의 원인은 만성질병, 수술 후 상태 등이다.
② 동공이 수축하는 원인은 마약 남용, 녹내장약, 뇌졸중, 머리손상 등이다.
③ 동공평가에 있어서 양쪽 눈이 모두 빛에 반응하는지, 같은 크기인지, 같은 모양인지 평가해야 한다.
④ 빛을 비추면 동공이 수축되고 빛을 치우면 다시 이완되어야 한다. 비정상적인 경우는 의식장애를 의심해야 하며, 재평가를 위해서는 1, 2초 후에 실시한다.

■ **동공*** 17년 소방장/ 18년 소방교
① 정상동공은 어두운 곳에서는 커지고 밝은 곳에서는 수축하는 것이 정상이며 양쪽이 같은 크기에 같은 반응을 보여야 한다.
② 동공평가에 있어서 양쪽 눈이 모두 빛에 반응하는지, 같은 크기인지, 같은 모양인지 평가해야 한다.
• 빛을 비추기 전 양쪽 눈의 동공크기를 평가한다. 극소수의 사람만이 동공의 크기가 다를 뿐 보통은 같아야 한다. 비정상적인 경우는 의식장애를 의심해야 한다.
• 빛을 비추면 동공이 수축되고 빛을 치우면 다시 이완되어야 한다. 비정상적인 경우는 의식장애를 의심해야 한다. 재평가를 위해선 1, 2초 후에 실시해야 한다.

■ **동공반응**** 14년, 17년 소방장/ 18년 소방교

동공 모양	원 인
수 축	살충제 중독, 마약 남용, 녹내장약, 안과치료제
이 완	공포, 안약, 실혈
비대칭	뇌졸중, 머리손상, 안구손상, 인공눈
무반응	뇌 산소결핍, 안구부분손상, 약물남용
불규칙한 모양	만성질병, 수술 후 상태, 급성 손상

28 **"호흡의 양상"**으로 다음 내용과 관계 깊은 것은?

> 현장처치로 완화되지 않는 내과적 문제 / 신속 이송(까마귀 소리 등)

① 코고는 소리　　　　　　　　② 귀에 거슬리는 소리
③ 쌕쌕거림　　　　　　　　　④ 꾸르륵 소리

■ **호흡의 양상*** 18년 소방교

호흡음	원인 / 처치
코고는 소리	기도 폐쇄 / 기도 개방
쌕쌕거림	천식과 같은 내과적 문제 / 처방약 복용유무 확인 및 신속한 이송
꾸르륵 소리	기도에 액체가 있는 경우 / 기도 흡인과 신속 이송
귀에 거슬리는 소리	현장처치로 완화되지 않는 내과적 문제 / 신속 이송(까마귀 소리 등)

① 규칙성은 뇌졸중과 당뇨응급환자와 같은 호흡조절능력 상실로 불규칙한지를 확인하는 것이다.
② 이 경우에는 주의 깊게 관찰하고 보조 산소 또는 양압호흡을 제공할 준비를 해야 한다.

정답　27. ②　　28. ②

29 중증외상환자의 빠른 외상평가에서 "팔다리 부분"의 평가와 관계없는 것은?

① 맥박 ② 감각
③ JVD ④ 운동

■ 빠른 외상평가

신 체	평 가
머 리	얼굴과 머리뼈 시진, 촉진
목	JVD(목정맥팽대) : 울혈성심부전증이나 위급한 상태
가 슴	① 비정상적인 움직임 : 연가양 가슴 ② 호흡음 – 허파 위와 아래 음을 양쪽 비교하면서 청진
배	팽창, 경직(촉진), 안전벨트 표시(소아인 경우 중상 의심)
골 반	골반을 부드럽게 누를 때와 움직일 때의 통증 유무, 대·소변 실금
팔다리	① 맥박 – 양쪽 발등동맥과 노동맥 비교 ② 감각 – 의식이 있으면 양쪽 비교해서 질문하고 무의식인 경우 통증자극 ③ 운동 – 의식이 있으면 손가락과 발가락 움직임을 지시하고 무의식인 경우 자발적인 움직임 유무를 관찰

30 환자평가에 있어서 비외상환자의 "반응이 있을 때 평가순서"로서 옳은 것은?

① 빠른 외상평가–기본 생체징후측정–환자자세 변경–SAMPLE력–이송 및 세부 신체검진
② 빠른 외상평가–기본 생체징후측정–SAMPLE력–이 송
③ 부분 신체검진–생체징후 측정–SAMPLE력– 이 송
④ 현 병력 및 SAMPLE력–부분 신체검진–생체징후 측정–이송 및 세부 신체검진

■ 환자평가* 18년 소방위, 소방장

주 병력 및 신체검진(외상환자)		주 병력 및 신체검진(비외상환자)	
중 증	경 증	반 응	무 반 응
• 빠른 외상평가 • 기본 생체징후측정 • SAMPLE력 • 이 송	• 부분 신체검진 • 생체징후 측정 • SAMPLE력 • 이 송	• 현 병력 및 SAMPLE력 • 부분 신체검진 • 생체징후 측정 • 이송 및 세부 신체검진	• 빠른 외상평가 • 기본 생체징후측정 • 환자자세 변경 • SAMPLE력 • 이송 및 세부 신체검진

🔑 정답 | 29. ③ 30. ④

31 의식이 있는 환자의 경우 SAMPLE력과 신체검진을 실시하고 OPQRST를 질문하는데, "Severity" 의 질문내용은 무엇인가?

① 증상을 호전시키는 것이 있는지?
② 어느 정도 아픈지?
③ 어떻게 아픈지?
④ 통증이 얼마간 지속되는지?

■ 의식이 있는 환자

① 현 병력-OPQRST 16년 소방장/ 18년 소방교

의식이 있는 경우는 많은 정보를 얻을 수 있다. SAMPLE력과 신체검진을 실시하고 OPQRST를 질 문한다. 이 검진은 특히 호흡이 가쁘거나 가슴통증을 호소할 때 중요하다.

Onset of the event	증상이 나타날 때 무엇을 하고 있었는지? (휴식 중 / 활동 중 / 스트레스), 시작이 갑자기 또는 천천히 시작됐는지? (혹은 만성적인지)
Provocation or Palliation	어떤 움직임이나 압박 또는 외부요인이 증상을 악화 또는 완화시키는지? (쉬면은 진정이 되는지?)
Quality of the pain	어떻게 아픈지 환자가 표현할 수 있게 개방형으로 질문한다. (표현 : 날카롭게 아픈지 / 뻐근한지 / 타짖누르는 아픔인지 / 찢어지게 아픈지 등)(패턴 : 지속되는지 / 간헐적으로 나타나는지 등)
Region and Radiation	어느 부분이 아프지 그리고 아픈 증상이 다른 부위까지 나타나는지? 이것은 종종 턱과 팔에 방사통을 호소하는 심근경색환자 진단에 중요 요소가 될 수 있다.
Severity	어느 정도 아픈지? (0에서 10이라는 수치로 비교 표현/0은 통증이 없는 것을 의미하며 10은 죽을것 같은 통증을 의미한다.)
Time(history)	통증이 얼마간 지속되는지? 통증이 시작된 이후로 변화가 있었는지? (나아졌는지 / 심해졌는지 / 다른 증상이 나타났는지) 이전에도 이런 통증을 경험했는지?

※ 질문은 개방형 질문을 사용해서 단답형의 대답이 나오지 않도록 주의해야 한다.

② 부분 신체검진 : 무의식 환자인 경우 의식장애를 초래한 원인을 알기 위해 빠른 외상평가를 실시한 다면 의식이 있는 환자는 주 호소와 관련된 부분 신체검진을 실시한다. 예를 들면 가슴통증 호소 환자는 JVD(목정맥팽대), 가슴 압통 유무와 시진, 호흡음 청진 등을 실시해야 한다. 만약 전신의 통증을 호소한다면 무의식 환자에서와 같은 빠른 외상평가를 실시해야 한다.

③ 생체징후 : 호흡수, 피부상태, 맥박, 동공, 혈압을 측정하고 동시에 의식수준도 평가한다.

④ 응급처치 제공 : 1차 평가, 주요 병력과 신체검진을 통해 응급처치를 제공해야 한다. 이러한 응급처 치는 산소공급과 이송이 동시에 제공되어야 한다. 즉각적인 이송이 필요한 환자는 가슴통증, 의식 장애, 심한 통증, 호흡곤란 환자이다.

⑤ 세부 신체검진 실시 : 전신이 아닌 주 호소와 환자가 호소하는 증상 및 징후에 관련된 일부만 신체 검진을 실시하면 된다.

32 환자호흡 평가방법으로 "부적절한 호흡의 징후"가 아닌 것은?

① 환자의 자세가 무릎과 가슴이 가깝게 앞으로 숙이고 있는 경우
② 가쁜 호흡으로 말을 못하거나 말을 끊어서 할 때
③ 비익이 좁아진다(특히 소아의 경우)
④ 들숨과 날숨 시 기도 폐쇄가 없는지

정답 31. ② 32. ③

■ 부적절한 호흡의 징후
① 가슴의 움직임이 없거나 미미할 때
② 복식호흡을 하는지(배만 움직일 때)
③ 입과 코에서의 공기흐름이나 가슴에서의 호흡음이 정상 이하로 떨어질 때
④ 호흡 중에 비정상적인 호흡음
⑤ 호흡이 너무 빠르거나 느릴 때
⑥ 호흡의 깊이가 너무 낮거나 깊을 때 그리고 힘들어 할 때
⑦ 피부, 입술, 혀, 귓불, 손톱색이 파랗거나 회색일 때(청색증)
⑧ 들숨와 날숨 시 기도 폐쇄가 없는지
⑨ 가쁜 호흡으로 말을 못하거나 말을 끊어서 할 때
⑩ 비익(콧구멍)이 확장될 때(특히, 소아의 경우)
⑪ 환자의 자세가 무릎과 가슴이 가깝게 앞으로 숙이고 있는 경우(기좌호흡)

33 "의식이 없거나 척추손상이 의심되는 환자"의 기도개방 방법은?

① 턱밀어올리기법
② 머리기울임법
③ 머리기울임법, 턱들어올리기법
④ 상악견인법

① 머리기울임 / 턱들어올리기법은 혀로 인한 기도폐쇄 환자에게 사용법임
② 하악견인법(턱밀어올리기법)은 의식이 없는 환자이거나 척추손상이 의심될 경우 사용하는 방법이다.

34 "보조기구사용 규칙"에 대한 설명으로 옳지 않은 것은?

① 구역반사가 나타나면 즉시, 기도기를 제거하고 흡인할 준비를 해야 한다.
② 삽입할 때 환자의 혀를 안으로 밀어 넣지 않도록 주의한다.
③ 보편적으로 이용되는 기구는 입인두기도기와 코인두기도기가 있다.
④ 구역반사가 없는 무의식 환자인 경우에만 코인두기도기를 사용할 수 있다.

■ 보조기구 사용 규칙** 16년 소방장, 소방교/ 17년 소방위
① 구역반사가 없는 무의식 환자인 경우에만 입인두기도기를 사용할 수 있다. 구역반사는 인두를 자극
하면 구토가 일어나는 반사로 무의식 환자에게는 보통 일어나지 않는다.
② 기도기를 사용하기 전에 손으로 환자의 기도를 개방시켜야 한다.
③ 삽입할 때 환자의 혀를 안으로 밀어 넣지 않도록 주의한다.
④ 만약 환자에게 구역반사가 나타나면 기도기의 삽입을 즉시 중단하고 손으로 계속 기도를 유지하며
기도기를 삽입하여서는 안 된다.
⑤ 기도기를 삽입한 환자인 경우 계속 손으로 기도를 유지하고 관찰해야 하며 필요하다면 흡인할 준
비를 해야 한다.
⑥ 구역반사가 나타나면 즉시, 기도기를 제거하고 흡인할 준비를 해야 한다.

🔲 정답 │ 33. ① 34. ④

35 "코인두기도기"에 대한 설명 중 옳지 않은 것은?

① 코와 귀에서 뇌척수액이 나온 경우는 조심해서 삽관하여야 한다.

② 구강의 상처가 있거나 입을 벌릴 수 없는 경우 그리고 구역반사가 있는 환자 모두에게 사용될 수 있다.

③ 대부분 부드럽고 유연성 있는 라텍스 재질로 연부 조직의 손상이나 출혈 가능성이 적다.

④ 삽입 전에 수용성 윤활제를 기도기에 발라주고 삽입 시 저항이 느껴진다면 다른 비공으로 시도해 본다.

■ **코인두기도기*** 14년, 18년 소방위
① 코인두기도기는 구역반사를 자극하지 않아 사용빈도가 높다.
② 구강의 상처가 있거나 입을 벌릴 수 없는 경우 그리고 구역반사가 있는 환자 모두에게 사용될 수 있다.
③ 대부분 부드럽고 유연성 있는 라텍스 재질로 연부 조직의 손상이나 출혈 가능성이 적다.

■ **코인두기도기 삽입방법**
① 콧구멍보다 약간 작은 코인두기도기를 선택한다.
② 삽입 전에 수용성 윤활제를 기도기에 발라준다.(비수용성 윤활제는 사용해서는 안 된다.)
③ 환자의 머리는 중립자세로 위치시키고 곡선을 따라 삽관한다.
　－ 대부분의 코인두기도기는 오른 콧구멍에 맞게 제작되어 있다. 끝의 사면이 코중간뼈를 향하도록 해야 한다.
④ 끝부분에 가깝게 잡고 플랜지가 콧구멍에 닿을 때까지 부드럽게 넣는다.
　－ 만약, 저항이 느껴진다면 다른 비공으로 시도해 본다.
　※ 주의 : 만약 코와 귀에서 뇌척수액이 나왔다면 코인두기도기를 삽관해서는 안 된다.
　　→ 환자의 머리뼈 골절을 의미하므로 기도기로 인해 뇌손상을 초래할 수 있기 때문임.

36 "입인두기도기"에 대한 설명으로 옳지 않은 것은?

① 입인두기도기는 크기별로 있으며 환자에 따라 적절한 크기를 사용해야 한다.

② 삽입 전에 수용성 윤활제를 기도기에 발라준다.(비수용성 윤활제는 사용해서는 안 된다.)

③ 곡선형 모양에 대개는 플라스틱으로 만들어져 있다.

④ 기도가 개방되면 기도를 유지하기 위해 입인두기도기를 삽관할 수 있다.

■ **입인두기도기(의식이 없는 환자)*** 18년 소방위
① 기도가 개방되면 기도를 유지하기 위해 입인두기도기를 삽관할 수 있다.
② 곡선형 모양에 대개는 플라스틱으로 만들어져 있다.
③ 환자의 입에 위치하는 플랜지가 있고 나머지 부분은 혀가 인후로 넘어가지 않게 유지하는 역할을 한다.
④ 입인두기도기는 크기별로 있으며 환자에 따라 적절한 크기를 사용해야 한다.
⑤ 크기를 선택하기 위해서는 환자의 입 가장자리에서 귓불까지 또는 입 가운데에서(누워있는 상태에서 입의 가장 튀어나온 윗부분) 아래턱각까지의 길이를 재어야 한다.
⑥ 입인두기도기의 적당한 크기를 사용하는 것은 매우 중요하다. 너무 길거나 너무 짧은 기도기의 삽관은 오히려 기도폐쇄를 유발할 수 있다.

정답　35. ①　36. ②

37 다음 설명에서 ( ) 안에 들어갈 내용은? (장착용 흡인기일 경우)

효과적으로 사용하기 위해 흡인기는 흡인관 끝부분에서 ( )의 공기를 흡인해야 하며, 흡인관을 막았을 때 ( ) 이상의 압력이 나와야 효과적인 흡인이 될 수 있다.

① 10~20 L /분, 100mmHg ② 20~30 L /분, 200mmHg
③ 30~40 L /분, 300mmHg ④ 40~50 L /분, 500mmHg

■ **장착용 흡인기구**★ 11년 소방장
① 대부분의 구급차량 내부에 장착되어 있으며 쉽게 사용할 수 있도록 환자 측 벽면에 위치해 있다.
② 엔진이나 전기를 이용해 흡인을 위한 진공을 형성한다.
③ 효과적으로 사용하기 위해 흡인기는 흡인관 끝부분에서 30~40 L /분의 공기를 흡인해야 하며, 흡인관을 막았을 때 300mmHg 이상의 압력이 나와야 효과적인 흡인이 될 수 있다.

38 "흡인 시 유의사항"으로 옳지 않은 것은?

① 성인의 경우 한번에 15초 이상 흡인해서는 안 된다.
② 15초 흡인하면 양압환기를 2분간 실시해야 한다.
③ 척추손상 환자는 긴 척추 고정판에 고정시킨 후 흡인해 주어야 한다.
④ 흡인 전·후 환자를 과환기 시켜서는 안 된다.

■ **흡인하는 방법**★★ 13년, 17년 소방교/ 22년 소방위
① 흡인하는 동안 감염예방에 주의해야 한다.
  - 보안경, 마스크, 장갑, 가운 착용
② 성인의 경우 한번에 15초 이상 흡인해서는 안 된다.
  ㉠ 기도 유지와 흡인이 필요한 환자는 종종 의식이 없거나 호흡 또는 심정지환자이다. 이러한 환자는 호흡공급이 매우 중요한데 흡인하는 동안은 산소를 공급할 수 없으므로 1회 15초 이상 실시하면 안 되며 흡인 후 인공호흡 또는 산소 공급이 제대로 이루어지는지 확인해야 한다. 15초 흡인하면 양압환기를 2분간 실시해야 한다.
  ㉡ 흡인 전후 환자를 과환기 시킬 수 있다. 이는 흡인으로 인한 산소 미공급을 보충하기 위해 흡인 전·후에 빠르게 양압환기를 제공할 때 생긴다.
③ 경성 흡인관을 사용할 때 크기를 잴 필요는 없으나 연성 카테터를 사용할 때는 입인두기도기 크기를 잴 때와 같은 방법으로 실시해야 한다.
④ 흡인기는 조심스럽게 넣어 흡인해야 하며 환자는 대개 측위를 취해 분비물이 입으로 잘 나오도록 해주어야 한다.
⑤ 목 또는 척추손상 환자는 긴 척추 고정판에 고정시킨 후 흡인해 주어야 한다.
⑥ 경성·연성 카테터는 강압적으로 넣어서는 안 되며 경성은 특히, 조직손상과 출혈을 일으킬 수 있다.

🔑 **정답** | **37.** ③ **38.** ④

39 **"추가적인 산소공급이 필요한 증상"에 대한 내용으로 옳지 않은 것은?**

① 심장 발작 또는 뇌졸중   ② 과호흡

③ 가슴통증   ④ 허파질환

■ 산소공급의 중요성(추가적인 산소공급이 필요)

대기 중에는 약 21%의 산소가 있으며 정상인은 대기 중 산소로 충분히 제 기능을 할 수 있다. 하지만 다음과 같은 상태의 환자는 추가적인 산소 공급이 필요하다.

호흡 또는 심정지	고농도의 산소공급은 생존 가능성을 높여 준다.
심장발작 또는 뇌졸증	뇌 또는 심장에 충분한 혈액이 공급되지 않아 발생하는 응급상황으로 산소공급이 중요하다.
가슴통증	심장의 응급상황으로 산소가 필요하다.
가쁜호흡	산소공급이 필요하다.
쇼크 (저관류성)	심혈관계가 각 조직에 충분한 혈액을 공급하지 못해 발생하며 산소공급으로 혈액 중 산소포화도를 높이는 효과가 있다
과다 출혈	내부 또는 외부출혈로 혈액, 적혈구가 감소되어 산소 공급을 못해 준다.
허파질환	허파는 가스교환을 하는 곳으로 기능상실 시 조직 내 산소공급이 필요하다.

40 **"산소치료의 위험성"을 설명한 것으로 옳지 않은 것은?**

① 55℃ 이상의 온도에서 산소통을 저장해서는 안 된다.

② 산소는 연소를 더욱 촉진시키는 역할을 하므로 화재에 주의해야 한다.

③ COPD 환자에게는 고농도산소를 공급하지 않는 것이 덜 해롭다.

④ 신생아에게 하루 이상 산소를 공급하면 눈의 망막이 흉터조직으로 변한다.

■ 산소치료의 위험성

관리적인 측면	① 응급처치용으로 사용되는 산소는 약 13,800~15,180KPa(138~151.9kg/cm²) 압력에 의해 저장되므로 만약 통이나 밸브가 파손되면 터질 수 있다. 이는 콘크리트 벽도 뚫을 수 있으므로 주의해야 한다. ② 55℃ 이상의 온도에서 산소통을 저장해서는 안 된다. ③ 산소는 연소를 더욱 촉진시키는 역할을 하므로 화재에 주의해야 한다. ④ 압력이 있는 상태에서는 산소와 기름은 섞이지 않고 폭발과 같은 반응을 나타내므로 산소공급기구에 기름을 치거나 석유성분이 있는 접착테이프와 접촉하지 않도록 주의해야 한다.
내과적인 측면	① 신생아 안구 손상 : 신생아에게 하루 이상 산소를 공급하면 눈의 망막이 흉터조직으로 변한다. 따라서 부적절한 호흡을 하는 신생아에게는 주의해서 산소를 공급해 주어야 한다. ② 호흡곤란 또는 호흡정지 ㉠ COPD(만성폐쇄성폐질환) 환자의 경우 호흡을 조절하는 혈중 이산화탄소수치가 항상 높기 때문에 호흡조절 기능을 상실할 수 있다. ㉡ 이 경우 혈중 이산화탄소농도가 낮아질 경우에만 호흡하는 'Hypoxic drive'현상이 나타날 수 있다. 하지만 고농도산소를 공급하지 않는 것이 공급하는 것보다 더 해롭기 때문에 공급해 주어야 한다.

정답   **39.** ②   **40.** ③

41 "산소처치기구"에 대한 설명으로 옳지 않은 것은?

① 구리스, 기름, 지방성분 비누 등이 산소통에 닿지 않도록 주의한다.

② 산소통을 열 때는 반드시 끝까지 열어놔야 한다.

③ 5년에 한번 점검하고 마지막 점검 날짜는 통에 표시해야 한다.

④ 산소통을 옮길 때 끌거나 돌리는 등의 행동은 피해야 한다.

■ **산소처치기구*** 11년 소방장
① 대부분의 산소처치기구는 산소통, 압력조절기 그리고 공급기구(마스크 또는 케뉼라)가 있다.
② 통의 크기에 따라 내용적이 2 L~20 L까지 다양하며 약 1,500~2,200psi(105.6~154.9kg/cm²) 압력의 산소로 채워져 공급할 때는 약 50psi (3.52kg/cm²)로 감압하여 제공된다.
③ 구급대원은 산소통의 압력을 항상 점검하고 충압하여 적절한 처치가 이루어질 수 있도록 해야 한다.
④ 사용할 수 있는 시간은 산소통과 제공하는 산소의 양(L/min)에 따라 달라지며 압력게이지가 200psi (14kg/cm²) 이상으로 유지되어야 한다.
⑤ 산소처치기구를 사용할 때 주의해야 할 사항
  ㉠ 떨어뜨리거나 다른 물체와 충돌하지 않도록 주의한다. 환자이동 시 특히, 주의해야 한다.
  ㉡ 사용 중에는 담배 등 화재 위험이 있는 물체는 피해야 한다.
  ㉢ 구리스, 기름, 지방성분 비누 등이 산소통에 닿지 않도록 주의한다. 연결할 때 이러한 성분이 없는 도구를 사용해야 한다.
  ㉣ 산소통 보호 또는 표시를 위해 접착테이프를 사용해서는 안 된다. 산소는 테이프와 반응해서 화재를 유발할 수 있기 때문이다.
  ㉤ 산소통을 옮길 때 끌거나 돌리는 등의 행동은 피해야 한다.
  ㉥ 비철금속 산소용 렌치를 사용해 조절기와 계량기를 교환해야 한다. 다른 기구를 사용하게 되면 불꽃이 일어날 수 있다.
  ㉦ 개스킷(실린더 결합부를 메우는 고무)과 밸브 상태를 항상 확인한다.
  ㉧ 산소통을 열 때는 항상 끝까지 열고 다시 반 정도 잠가 사용한다. 왜냐하면 다른 대원이 산소가 잠겼다고 생각하고 열려고 하기 때문이다.
  ㉨ 저장소는 서늘하고 환기가 잘되며 안전한 장소에 보관해야 한다.
  ㉩ 5년에 한 번 점검하고 마지막 점검 날짜는 통에 표시해야 한다.

42 "비재호흡마스크"에 대한 설명으로 옳은 것은?

① 산소호흡량은 24~44%이다.

② COPD환자에게 적정하다.

③ 적응증은 호흡곤란, 청색증, 차고 축축한 피부, 가쁜 호흡 환자이다.

④ 적절한 산소의 양은 분당 1~6 L이다.

■ **비재호흡마스크와 코삽입관의 비교**** 15년, 18년, 22년 소방위/ 24년 소방장
저산소증의 가능성이 있는 환자에게 공급하는 것으로 일반적으로 비재호흡마스크와 코삽입관를 많이 사용한다.

기 구	유 량	산소(%)	적응증
비재호흡마스크	10~15 L/분	85~100%	호흡곤란, 청색증, 차고 축축한 피부, 가쁜 호흡, 가슴통증, 의식장애, 심각한 손상
코삽입관	1~6 L/분	24~44%	마스크 거부환자, 약간의 호흡곤란을 호소하는 COPD환자

정답 41. ② 42. ③

43 **기도확보에 대한 설명으로 옳지 않은 것은?**

① 기도는 공기가 들어오고 나오는 통로로 코, 입, 인두, 후두, 기관, 기관지, 세기관지, 허파의 경로로 구성되어 있다.

② 기도를 평가, 개방하고 인공호흡을 실시하기 위해서는 환자를 바로누운 자세로 취해줘야 한다.

③ 의식이 있는 환자의 경우 혀의 근육이완으로 기도를 폐쇄시킨다.

④ 어깨 윗부분에 손상이 있는 환자는 척추손상을 의심해야 한다.

 ▣ **기도확보**

① 기도는 공기가 들어오고 나오는 통로로 코, 입, 인두, 후두, 기관, 기관지, 세기관지, 허파의 경로로 구성되어 있다.

② 기도를 평가·개방하고 인공호흡을 실시하기 위해서는 환자를 바로누운 자세로 취해줘야 한다.

③ 척추손상이 의심된다면 주의해야 하는데 아래와 같은 경우 척추손상을 의심해야 한다.
 • 계단이나 사다리 근처 환자, 차량사고, 다이빙, 스포츠사고 환자
 • 어깨 윗부분에 손상이 있는 환자
 • 주위 목격자의 증언 등

④ 고개를 앞으로 숙이면 혀는 기도 안으로 들어가 종종 기도폐쇄를 유발한다.

⑤ 의식이 없는 환자의 경우 혀의 근육이완으로 기도를 폐쇄시킨다.
 ※ 기도개방 방법으로는 머리기울임/턱들어올리기법과 척추손상 의심환자에 사용되는 턱 밀어올리기법이 있다.

44 **기도확보에서 "머리기울임 / 턱들어올리기법"에 대한 설명으로 옳지 않은 것은?**

① 의식이 없거나 외상 환자의 경우 대부분 척추손상을 의심할 수 있어서 사용하는 방법이다.

② 손가락으로 턱을 올려주고 아래턱을 지지해 준다. 단, 기도를 폐쇄시킬 수 있는 아래턱 아래의 연부조직을 눌러서는 안 된다.

③ 환자의 입이 닫혀지지 않도록 한다. 이를 위해서는 엄지손가락으로 턱을 아래쪽으로 밀어 주는데 이때 손가락을 입안으로 넣으면 안 된다.

④ 혀로 인한 기도폐쇄에 가장 좋은 방법이다.

 ▣ **머리기울임/턱 들어올리기 법**

※ 기도를 최대한 개방시키는 방법으로 기도를 유지하고 호흡을 원활하게 하기 위해 사용된다. 혀로 인한 기도폐쇄에 가장 좋은 방법이다.

① 환자를 누운자세로 취해준 다음 한손은 이마에 다른 손의 손가락은 아래턱의 가운데 뼈에 둔다.

② 이마에 있는 손에 힘을 주어 부드럽게 뒤로 젖혀 준다.

③ 손가락으로 턱을 올려주고 아래턱을 지지해 준다. 단, 기도를 폐쇄시킬 수 있는 아래턱 아래의 연부조직을 눌러서는 안 된다.

④ 환자의 입이 닫혀지지 않도록 한다. 이를 위해서는 엄지손가락으로 턱을 아래쪽으로 밀어 주는데 이때 손가락을 입안으로 넣으면 안 된다.

※ 주의사항 : 의식이 없거나 외상 환자의 경우 대부분 척추손상을 의심할 수 있으므로 위의 방법을 사용해서는 안 된다.

📱 **정답** | **43.** ③ **44.** ①

45 기도유지 방법 중 "턱밀어올리기" 요령으로 옳지 않은 것은?

① 환자의 머리 정수리부분에 무릎을 꿇고 앉은 다음 팔꿈치를 땅바닥에 댄다.
② 조심스럽게 환자의 귀 아래 아래턱각 양측에 손을 댄다.
③ 환자의 머리를 고정시킨다.
④ 손가락으로 턱을 올려주고 아래턱을 지지해 준다.

■ 하악견인법(턱밀어올리기)
의식이 없는 환자이거나 척추손상이 의심될 경우 사용하는 방법이다.
① 환자의 머리, 목, 척추가 일직선이 되도록 조심스럽게 환자의 자세를 앙와위로 취해준다.
② 환자의 머리 정수리부분에 무릎을 꿇고 앉은 다음 팔꿈치를 땅바닥에 댄다.
③ 조심스럽게 환자의 귀 아래 아래턱각 양측에 손을 댄다.
④ 환자의 머리를 고정시킨다.
⑤ 검지를 이용해서 아래턱각을 환자 얼굴 전면을 향해 당긴다.
※ 이때, 환자의 머리를 흔들거나 회전시켜서는 안 된다.

46 "환자의 호흡 상태에 따른 적절한 처치방법"으로 옳지 않은 것은?

① 정상호흡일 경우 코 삽입관, 비재호흡마스크를 사용한다.
② 비재호흡마스크는 호흡이 부적절하거나 없는 환자에게 사용하게 되면 충분한 산소를 공급할 수 없다.
③ 무호흡일 경우 포켓마스크, BVM, 산소소생기를 이용해 양압환기를 한다.
④ 호흡이 없는 소아의 경우 산소소생기를 사용하도록 한다.

■ 환자의 호흡 상태에 따른 적절한 처치방법

환자 상태	징 후	처 치
① 정상 호흡 ② 호흡은 정상이나 내외과적 상태로 인해 추가 산소가 필요한 경우	① 호흡수와 깊이 : 정상 ② 비정상적인 호흡음 : 없음 ③ 자연스러운 가슴의 움직임 ④ 정상 피부색	① 코삽입관 : 환자의식이 명료하고 정서적으로 안정되었을 때 사용한다. ② 비재호흡마스크 : 환자가 흥분되었거나 말을 끊어서 할 때 사용한다.
① 비정상 호흡 ② 호흡은 있으나 너무 느리거나 얕은 경우 ③ 짧게 끊어 말하거나 매우 흥분한 상태이며 땀을 흘릴 때 ④ 마치 잠을 자는 듯한 상태	① 호흡은 있으나 충분하지 않음 ② 호흡수 또는 깊이가 비정상 수치 ③ 호흡음 감소 또는 결여 ④ 이상한 호흡음 ⑤ 창백하거나 청색증	① 포켓마스크, BVM, 자동식인공호흡기를 통한 양압환기, 환자의 자발적인 호흡을 도와주는 처치로 빠르거나 느린 호흡에 대해 적정호흡수로 교정하는 역할을 해준다. ② 주의 : 비재호흡마스크는 호흡이 부적절하거나 없는 환자에게 사용하게 되면 충분한 산소를 공급할 수 없다.
① 무호흡	① 가슴상승이 없음 ② 입이나 코에서의 공기 흐름이 없음 ③ 호흡음이 없음	① 포켓마스크, BVM, 산소소생기를 이용해 양압환기 ※ 성인 : 10~12회/분 ※ 소아 : 20회/분 ② 주의 : 소아의 경우 산소소생기를 사용해서는 안 된다.

🔖 정답   **45.** ④   **46.** ④

47 "코 삽입관"에 대한 설명으로 옳은 것은?

① 흘러내리지 않게 귀에 걸어 고정시키며 마스크에 거부감을 느끼는 환자나 약간의 호흡 곤란을 호소하는 COPD 환자에게 주로 사용된다.

② BVM과 자동식 인공호흡기를 제외하고 비재호흡마스크는 고농도의 산소를 제공할 수 있는 방법으로 구급대원에게 많이 사용된다.

③ 적절한 산소량은 보통 10~15 L 로 환자의 날숨은 저장낭으로 다시 들어오지 않는다.

④ 저장낭은 항상 충분한 산소를 갖고 있다가 환자가 깊게 들여 마실 때 1/3 이상 줄어들지 않게 해야 한다.

■ **코 삽입관**★★★ 18년, 20년, 22년 소방위
① 약 24~44%의 산소를 환자의 비공을 통해 제공해준다.
② 흘러내리지 않게 귀에 걸어 고정시키며 마스크에 거부감을 느끼는 환자나 약간의 호흡곤란을 호소하는 COPD(만성폐쇄성폐질환) 환자에게 주로 사용된다.
③ 산소량은 1~6 L/분 이하이어야 하며 그 이상인 경우 끓는 점막이 건조되어 불편감을 느낄 수 있다.

■ **비재호흡마스크**
① BVM과 자동식 인공호흡기를 제외하고 비재호흡마스크는 고농도의 산소를 제공할 수 있는 방법으로 구급대원에게 많이 사용된다.
② 고농도의 산소를 공급하기 위해서는 마스크를 잘 밀착시켜야 하며 크기는 연령별로 성인용, 아동용, 소아용으로 나누어진다.
③ 저장낭은 마스크를 착용하기 전에 부풀려야 하며 저장낭을 부풀리기 위해서는 마스크와 저장낭을 손으로 연결하고 백을 부풀려야 한다.
④ 저장낭은 항상 충분한 산소를 갖고 있다가 환자가 깊게 들여 마실 때 1/3 이상 줄어들지 않게 해야 한다.
⑤ 적절한 산소량은 보통 10~15 L/분으로 환자의 날숨은 저장낭으로 다시 들어오지 않는다.
⑥ 이 마스크는 85~100%의 산소를 제공할 수 있다(85% 이상의 산소를 종종 고농도산소라고 불린다).
⑦ 압력조절기로 최소의 산소량을 보낼 수 있는 량은 8 L/분이고 최고량은 10~15 L/분이다.

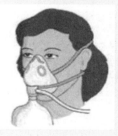 

정답 47. ①

48 "저산소증"에 대한 내용으로 옳지 않은 것은?

① 일반적인 징후로는 청색증과 의식장애, 혼돈, 불안감을 나타낸다.

② 저산소증에 대한 처치로는 산소공급이 있다.

③ 분당 10회 이하로 호흡하는 경우 저산소증을 유발한다.

④ 다양한 원인으로 뇌졸중, 쇼크 등이 있다.

■ 저산소증

① 화재로 인해 갇혀 있는 경우 : 연기, 일산화탄소를 함유한 공기를 호흡할 경우에는 산소량이 줄어들어 저산소증을 유발한다.

② 허파공기증 환자 : 가스교환을 제대로 하지 못해 저산소증을 유발한다.

③ 호흡기계를 통제하는 뇌 기능을 저하시키는 약물 남용 : 분당 5회 이하로 호흡하는 경우 저산소증을 유발한다.

④ 다양한 원인으로 뇌졸중, 쇼크 등이 있다.

※ 중요한 것은 저산소증의 징후를 알고 적절한 처치를 제공하는 것으로 일반적인 징후로는 청색증과 의식장애, 혼돈, 불안감을 나타낸다. 저산소증에 대한 처치로는 산소공급이 있다.

49 "BVM을 통한 호흡보조요령"으로 옳지 않은 것은?

① 1명의 대원인 경우 CPR동안 BVM보다 포켓마스크를 이용하는 것이 좋다.

② 호흡이 얕은 경우에는 가슴이 올라갈 때 충분히 백을 눌러주고 호흡이 너무 느린 경우에는 가슴이 내려가자마자 바로 BVM호흡을 제공해 주어야 한다.

③ BVM은 기도절개관을 삽입한 환자에게는 인공호흡을 위해 사용할 수 없다.

④ BVM은 CPR 동안에도 사용할 수 있다.

■ BVM을 통한 호흡보조

① 부적절한 호흡을 하는 환자에게 단순히 많은 양의 산소를 공급하는 것만으로 생명을 유지하기에는 충분하지 않을 수 있다.

② 환자의 호흡이 너무 느릴 때 추가 호흡을 제공하거나 부적절한 호흡을 하는 환자의 호흡 깊이를 증가시키기 위해 BVM을 통해 호흡을 보조해 주어야 한다.

③ 보조하는 동안 환자의 가슴이 충분히 올라오는지 주의 깊게 관찰해야 하며 호흡이 얕은 경우에는 가슴이 올라갈 때 충분히 백을 눌러주고 호흡이 너무 느린 경우에는 가슴이 내려가자마자 바로 BVM호흡을 제공해 주어야 한다.

④ BVM은 CPR 동안에도 사용할 수 있다. 만약, 1명의 구급대원만이 있는 경우에는 CPR동안 BVM보다 포켓마스크를 이용하는 것이 좋다. 이는 시간적으로나 효과적으로도 효율적이기 때문이다.

※ 구강호흡을 위한 BVM

BVM은 기도절개관을 삽입한 환자에게도 인공호흡을 위해 사용할 수 있다. 관은 호흡을 위해 목에 외과적으로 구멍을 낸 것으로 고무, 플라스틱 등 약간 굽은 형태로 되어 있다. 대부분 분비물이 관을 막아 호흡곤란이나 호흡정지가 나타나므로 흡인과 동시에 BVM 사용이 권장된다.

정답 **48.** ③ **49.** ③

50 "백-밸브 마스크"에 대한 설명으로 옳지 않은 것은?

① 산소는 15 L/분의 산소를 연결, 밸브는 비재호흡 기능을 갖고 있다.

② 산소저장낭은 거의 100%, 저장낭이 없는 BVM는 약 40~60% 공급한다.

③ 만약 백을 짜는 것이 지연된다면 환자의 수동적인 날숨이 나타날 수 있다.

④ 한 손으로 백을 짜고 다른 손으로 마스크를 밀착·유지하는 것이 효과적이다.

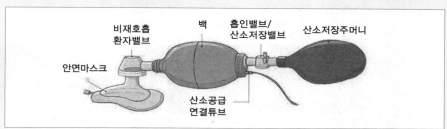

 ■ 백-밸브 마스크(BVM)*** 13년, 14년 소방장/ 19년 소방교
손으로 인공호흡을 시키는 기구로 호흡곤란, 호흡부전, 약물남용 환자에 사용된다. BVM은 감염방지에 유용하며 유아용, 아동용, 성인용 크기가 있다.

① 백은 짜고 나면 다시 부풀어 올라야 하며 세척이 용이하고 멸균상태여야 한다.
② 산소 연결구를 통해 15 L/분의 산소를 연결시키고 밸브는 비재호흡 기능을 갖고 있다.
③ BVM의 원리는 산소연결로 저장낭에 산소가 공급되고 백을 짜면 백의 공기주입구가 닫히고 산소가 환자에게 공급된다.
④ 산소저장낭은 거의 100%산소를 공급하며 저장낭이 없는 BVM이라면 약 40~60%의 산소를 공급한다.
⑤ 만약 백을 짜는 것이 지연된다면 환자의 수동적인 날숨이 나타날 수 있다.
⑥ 환자가 숨을 내쉬는 동안 산소는 다음 공급을 위해 저장낭으로 들어간다.
⑦ 백은 크기에 따라 다르지만 1~1.6 L를 보유할 수 있다.
⑧ 한번 공급하는 량은 적어도 0.5 L가 되어야 한다.
⑨ BVM을 통한 인공호흡시 가장 어려운 점은 마스크가 잘 밀착되어 새지 않도록 하는 것이다.
⑩ 한 손으로 백을 짜고 다른 손으로 마스크를 밀착·유지시키는 것은 어려운 일이다. 따라서 두 명의 구급대원이 필요하며 척추 또는 머리손상 환자에게는 마스크를 유지하는 대원이 동시에 아래턱견인을 실시해야 한다.

51 "구강 대 마스크법"과 관련하여 옳지 않은 것은?

① 무호흡환자에게 사용되며 산소를 연결하여 사용할 수 없다.

② 성인과 소아는 1초간 숨을 불어넣는다.(이때 가슴이 올라오는지 살핀다.)

③ 일방향 밸브 부착으로 환자의 날숨, 구토물로 부터 감염방지의 역할을 한다.

④ 마스크에 달린 끈은 1인 응급처치 시 환자의 머리에 고정시키고 가슴압박을 할 수 있기에 유용하다.

 ■ 구강 대 마스크법* 14년, 17년 소방장
① 포켓마스크는 무호흡 환자에게 사용되는 입대 마스크법의 일종으로, 휴대 및 사용하기에 용이하며 대부분 산소연결구가 부착되어 산소를 연결하여 사용시 50%의 산소 공급율을 보인다.

🔲 정답　**50.** ④　**51.** ①

② 포켓마스크는 대부분 일방향 밸브가 부착되어 환자의 날숨, 구토물 등으로부터의 감염방지의 역할을 하며, 마스크부분이 투명하여 환자의 입과 코에서 나오는 분비물을 볼 수 있다.

③ 마스크 측면에 달린 끈은 1인 응급처치 시 환자의 머리에 고정시키고 가슴압박을 할 수 있기에 유용하다. 하지만 인공호흡 시에는 손으로 포켓마스크를 얼굴에 밀착하여 고정시켜야 한다.

  ㉠ 환자 머리 위에 무릎을 꿇고 기도를 개방시킨다. 입안의 이물질을 제거하고 필요하다면 입인두 기도기로 기도를 유지시킨다.

  ㉡ 산소를 연결시켜 분당 12~15 L로 공급한다.

  ㉢ 삼각형 부분이 코로 오도록 환자의 입에 포켓마스크를 씌운다.

  ㉣ 적절한 하악견인을 유지하면서 마스크를 환자의 얼굴에 완전히 밀착시킨다. 양 엄지와 검지손가락으로 마스크 옆을 잡고 남은 세 손가락으로 귓불 아래 아래턱각을 잡고 앞으로 살짝 들어 올린다.

  ㉤ 숨을 불어 넣는다 : 성인과 소아 1초간(이때 가슴이 올라오는지 살핀다)

  ㉥ 포켓마스크에서 입을 떼어 호흡이 나올 수 있도록 한다.

52 다음 내용과 관계 깊은 것은?

> 순간적으로 호흡이 정지된 환자나 호흡부전 및 호흡곤란 환자에게 자동 및 수동으로 적정량의 산소를 안전하고 효과적으로 공급하는 장비이다.

① BVM　　　　　　　　　　② 자동식인공호흡기
③ 충전식흡인기　　　　　　　④ 입인두기도기

■ 자동식 인공호흡기

순간적으로 호흡이 정지된 환자나 호흡부전 및 호흡곤란 환자에게 자동 및 수동으로 적정량의 산소를 안전하고 효과적으로 공급하는 장비로 사용된다.

① 압축 산소를 동력원으로 작동하는 부피/시간 방식

② 공기가 허파에 차는 것을 최소화하기 위하여 들숨 대 배기 시간이 1 : 2 비율

③ 배팽만을 방지하기 위하여 체중이나 상태에 따라 6단계 산소공급량 조절가능

④ 분당 호흡횟수와 공급 산소량을 조절 할 수 있는 1회 환기량 조절버튼

⑤ 최대 기도압력 60cmH2O 이상 시 경보음과 함께 압력이 외부로 자동배출

⑥ 인공호흡 시 99.9% 이상의 산소 공급

⑦ 구토물에 의한 자동 전환기의 오염 방지를 위해 다이아프램이 설치되어 있고 세척 및 교체 가능

⑧ 산소 공급을 일시적으로 중단시킬 수 있는 차단버튼 설치

⑨ CPR이 끝난 후 수동으로 산소를 공급할 수 있는 수동버튼 장착

⑩ 수동버튼 사용 중 일정 시간(4~10초) 작동시키지 않을 경우 자동전환

정답 | 52. ②

53 "산소포화도 측정 기구"에 대한 설명으로 옳지 않은 것은?

① 정상 산소포화도는 95~100%이며 95% 이하인 경우, 저산소증을 나타낸다.
② 몇몇 건강한 상태에서는 심각한 저산소증임에도 불구하고 높게 나온다.
③ 가슴통증, 쇼크징후 등 환자의 수치가 정상이라면 더 이상 산소공급이 필요하지 않다.
④ 대부분의 측정 기구는 산소포화도를 나타낸 후에 맥박을 표시한다.

■ 맥박 – 산소포화측정기구

외부에서 측정할 수 있는 기구로 맥박과 혈액 내 산소포화도를 측정할 수 있다.
① 정상 산소포화도는 95~100%이며 95% 이하인 경우, 저산소증을 나타낸다.
② 이 경우 고농도 산소를 공급해 주어야 한다. 이 기구로 저산소증을 즉시 알 수 있고 기도유지 및 산소 공급을 실시할 수 있다.
③ 그래도 산소포화도가 떨어지면 BVM을 이용하여 양압환기를 실시한다.

※ 측정기구를 사용할 때 일반적으로 알아야 할 사항
㉠ 맥박
 – 산소포화도 측정기구에 전적으로 의존해서는 안 된다.
 – 측정치가 정상이라고 해서 산소공급이 필요하지 않은 것은 아니다. 가슴통증, 빠른 호흡, 쇼크 징후 등을 보이는 모든 환자에게는 수치에 상관없이 고농도 산소를 공급해주어야 한다.
㉡ 측정기구가 정상으로 작동하는지 확인한다.
 – 대부분의 기구는 산소포화도를 나타낸 후에 맥박을 표시한다. 이 때 구급대원이 측정한 맥박횟수와 다르다면 산소포화도 수치도 정확하지 않다는 것을 의미한다.
 – 쇼크 또는 측정부위가 차가운 경우에는 정확한 수치가 나오기 어렵다. 게다가 매니큐어를 칠한 손톱을 측정하는 경우는 더더욱 부정확하므로 아세톤을 이용해 제거한 후에 측정해야 한다.
㉢ 몇몇 건강상태에서는 정확성이 떨어진다.
 일산화탄소 중독인 경우 심각한 저산소증임에도 산소포화도가 높게 나온다.

54 "호흡기계 손상의 3가지 중요한 요소"가 아닌 것은?

① 과 호흡
② 연기흡입
③ 연소로 인한 독성물질 흡입
④ 화상

■ 호흡기계 손상의 3가지 중요한 요소

연기 흡입	들숨 시 낮은 산소 포화도를 야기한다. 호흡기계 자극, 화상 가능성이 있으며 주위 공기와 타는 물질에 따라 일산화탄소 농도가 달라진다.
연소로 인한 독성물질 흡입	황화수소 또는 시안화칼륨과 같은 물질로 기도 내 화학화상을 유발하고 혈중 독성 물질을 생산하기도 한다. 증상 및 징후가 몇 시간 후에 나타날 수도 있다.
화 상	가열된 공기, 증기 그리고 불꽃이 기도로 들어와 화상을 일으키는 경우로 부종과 기도폐쇄를 유발한다.

정답 53. ③ 54. ①

55 "호흡계 질환"에 따른 증상으로 연결이 잘못된 것은?

① 천식 : 천식은 COPD가 아니다. 알레르기, 운동, 정신적인 스트레스, 세기관지 수축,
점액 분비로 일어난다. 고음의 천명음과 심각한 호흡곤란이 나타난다.

② 만성 기관지염 : 심장으로 인해 야기되나 허파에 영향을 미친다. 심부전은 적정량을 뿜
어내지 못해 허파순환이 저하되어 허파부종을 일으킨다.

③ 허파기종 : COPD는 허파꽈리벽을 파괴하고 탄력성을 떨어뜨린다. 과도한 분비물과 허파
꽈리가 손상 받아 허파에서의 공기이동을 저하시킨다.

④ 만성심부전 : 호흡곤란이 야기되며 시끄러운 호흡음, 빠른맥, 축축한 피부, 창백하거나
청색증, 발목 부종이 나타난다. 심한 경우 핑크색 거품의 가래가 나오기도 한다.

■ 호흡계 질환에 따른 증상 및 징후** 24년 소방장

질 병	설 명
허파기종	COPD는 허파꽈리벽을 파괴하고 탄력성을 떨어뜨린다. 과도한 분비물과 허파꽈리가 손상 받아 허파에서의 공기이동을 저하시킨다.
만성 기관지염	세기관지 염증. 점액의 과도한 분비는 세기관지부터 점액을 제거하려는 섬모운동을 방해한다.
천 식	① 천식은 COPD가 아니다. 알레르기, 운동, 정신적인 스트레스, 세기관지 수축, 점액 분비로 일어난다. 고음의 천명음과 심각한 호흡곤란이 나타난다. ② 천식은 노인이나 소아환자에게 많으며 불규칙한 간격으로 갑자기 일어난다.
만성 심부전	심장으로 인해 야기되나 허파에 영향을 미친다. 심부전은 적정량을 뿜어내지 못해 허파순환이 저하되어 허파부종을 일으킨다. 따라서 호흡곤란이 야기되며 시끄러운 호흡음, 빠른맥, 축축한 피부, 창백하거나 청색증, 발목 부종이 나타난다. 심한 경우 핑크색 거품의 가래가 나오기도 한다.

56 호흡기계 기능에 있어서 신생아와 소아가 성인과 다른 점에 대한 설명으로 옳지 않은 것은?

① 반지연골이 성인보다 딱딱하다.
② 기관이 작고 연해서 부종, 외상, 목의 신전·굴곡에 의해 쉽게 폐쇄된다.
③ 가슴벽이 부드러워 호흡할 때 가로막에 더 의존한다.
④ 혀가 입안 공간을 많이 차지해서 쉽게 기도를 막을 수 있다.

■ 신생아와 소아의 경우 성인과 다른 점* 20년 소방교
① 성인에 비해 기도가 작아 쉽게 폐쇄된다.
② 혀가 성인에 비해 입안 공간을 많이 차지해서 쉽게 기도를 막을 수 있다.
③ 기관이 작고 연해서 부종, 외상, 목의 신전·굴곡에 의해 쉽게 폐쇄된다.
④ 반지연골이 성인보다 딱딱하지 않다.
⑤ 가슴벽이 부드러워 호흡할 때 가로막에 더 의존한다.

정답 **55.** ② **56.** ①

57 다음 내용과 관계 깊은 것은?

> 음식물이 기관으로 들어오는 것을 막기 위해 필요한 것

① 후두 덮개   ② 인두후두부
③ 반지연골   ④ 기관지

■ **후두덮개**
음식물이 기관으로 들어오는 것을 막기 위해 잎모양의 후두덮개에 있어 음식물이 들어오면 기관입구를 덮는다.

58 "호흡기계"에 대한 설명으로 옳지 않은 것은?

① 공기는 입과 코로 들어와서 인두 – 후두덮개 – 기관지 – 허파꽈리로 들어간다.
② 기관 윗부분은 후두라 하며 여기에 성대가 있고 반지연골은 후두 아래 부분에 있다.
③ 식도는 음식물이 위로 들어가고 기관은 공기가 허파로 들어가는 길이다.
④ 들숨은 가로막과 늑간근이 수축할 때 일어난다. 이 때 갈비뼈는 내려가고 가로막은 올라간다.

■ **호흡 시 공기는 다음과 같이 흐른다.**★★ 13년, 14년 소방위
코, 입→코인두, 입인두→인두후두부→후두덮개→후두→반지연골→기관지→세기관지→좌우 허파(폐)→허파꽈리

■ **호흡기계**
① 공기는 입과 코로 들어와서 인두를 지나간다. 코 뒤에 위치한 부분은 코인두, 입 뒤에 위치한 부분은 입인두라고 한다. 인두 아래 부분은 인두후두부이고 그 아래에는 공기와 음식이 따로 들어갈 수 있도록 2부분으로 나누어진다.
② 식도는 음식물이 위로 들어가는 길이고 기관은 공기가 허파로 들어가는 길이다.
③ 음식물이 기관으로 들어오는 것을 막기 위해 잎 모양의 후두 덮개가 있어 음식물이 들어오면 기관 입구를 덮는다.
④ 후두덮개 아래, 기관 윗부분은 후두라고 하며 여기에 성대가 있다. 반지연골은 후두 아래 부분에 있다. 기관은 기관지라 불리는 2개의 관으로 나눠진다. 기관지는 각각 좌우 허파와 연결되어 있고 다시 세기관지로 나누어진다.
⑤ 세기관지는 가스교환이 이루어지는 허파꽈리라 불리는 수 천 개의 작은 공기주머니와 연결되어 있다. 오른쪽 허파는 3개 엽을 갖고 있고 왼쪽 허파는 2개 엽을 갖고 있다. 배와 가슴을 나누는 것은 가로막이다.
⑥ 들숨은 가로막과 늑간근이 수축할 때 일어난다. 이 때 갈비뼈는 올라가고 팽창되며 가로막은 내려간다. 따라서 흉강 크기는 증가하고 허파로의 공기유입을 증가시킨다.
⑦ 날숨은 이러한 근육이 이완될 때 일어나며 흉강 크기는 작아지고 갈비뼈는 아래로 내려가고 수축되며 가로막은 올라간다.

59 "호흡곤란 평가"와 관계되는 설명으로 옳지 않은 것은?

① 호흡곤란 환자는 종종 흥분되며 죽음에 대한 공포를 호소하므로 환자를 평가 및 처치하는 동안 침착한 태도를 유지해야 한다.

② 안절부절 못하거나 초조해 하거나 반응이 없는 경우는 산소부족으로 인한 뇌 반응이므로 주의해야 한다.

③ 대부분 호흡곤란으로 측와위나 복와위 자세를 취한다.

④ 완전한 문장이 아닌 짧은 단어로 이야기하는 것도 산소부족을 의미한다.

■ 호흡곤란 평가
① 호흡곤란은 경증에서 중증까지 다양하다. 한 가지 분명한 것은 호흡곤란 환자는 종종 흥분되며 죽음에 대한 공포를 호소하므로 환자를 평가 및 처치하는 동안 침착한 태도를 유지해야 한다.
② 현장 확인을 통해 호흡곤란을 유발한 요소가 있는지 확인하고 1차 평가를 실시한다.
③ 일반적인 인상에서 환자 자세를 살펴야 하는데 <u>대부분 호흡곤란으로 좌위나 반좌위를 취한다.</u>
④ <u>안절부절 못하거나 초조해 하거나 반응이 없는 경우는 산소부족으로 인한 뇌 반응이므로 주의해야 한다. 또한 완전한 문장이 아닌 짧은 단어로 이야기하는 것도 산소부족을 의미한다.</u>
⑤ ABC를 평가할 때 특히, 기도와 호흡에 주의해야 한다. 호흡에서 이상한 소리가 나는 것은 기도 내 장애물이 있음을 알려주므로 기도 유지를 위해 자세 교정 및 흡인이 필요하다.
⑥ 호흡을 평가할 때에는 적절한 호흡인지를 잘 평가하고 부적절한 호흡양상을 보이면 평가를 중지하고 산소공급 또는 인공호흡 등을 통해 응급처치를 실시해야 한다.
⑦ 호흡이 정상으로 회복되면 다시 평가를 실시한다. 의식이 있는 환자라면 주요 병력 및 신체검진을 실시한다.
⑧ 질병이 있는 환자의 경우에는 병력이 중요하다.

60 "혈중산소농도 조절"에 대한 설명으로 옳지 않은 것은?

① 산소 수치가 내려가면 뇌는 빠르고 깊게 호흡하도록 지시한다.

② 최근에는 모든 COPD환자에게 산소를 주면 안 된다고 되어 있다.

③ 호흡은 뇌가 체내 수용체를 통해 혈중 이산화탄소 수치에 따라 호흡수를 조절한다.

④ 이산화탄소 수치가 증가하면 호흡수도 증가한다.

■ 혈중산소농도조절
① 호흡은 불수의적으로 일어나며 뇌가 체내 수용체를 통해 혈중 이산화탄소 수치에 따라 호흡수를 조절한다.
② 이산화탄소 수치가 증가하면 호흡수도 증가한다. COPD(만성폐쇄성폐질환)환자의 경우 혈중 이산화탄소 수치가 계속 높기 때문에 수용체는 호흡이 더 필요한 상태에서도 필요성을 못 느낄 수 있다.
③ 이 경우 뇌는 혈중 산소포화도를 감지하는 수용체를 통해 인식하고 호흡자극이 일어난다.
④ <u>산소 수치가 내려가면 뇌는 빠르고 깊게 호흡하도록 지시한다. 이를 혈중산소농도 조절이라고 한다.</u>
⑤ 이와 같은 상태의 환자에게 산소가 주어진다면 수용체는 뇌에 산소가 풍부하다는 정보를 주게 되고 뇌는 다시 호흡계에 느리게 심지어 정지하라고 지시한다.
⑥ 다행인 것은 이런 경우는 드물며 일부 COPD환자의 경우에 일어날 수 있다.
⑦ 과거에는 모든 COPD환자에게 산소를 주면 안 된다고 되어 있었으나 최근에는 산소를 공급하지 않는 것이 더 해롭다는 평가가 나와 있다.
⑧ 심한 호흡곤란, 가슴통증, 외상, 기타 응급상황에서 COPD환자에게 고농도 산소를 비재호흡마스크로 공급해 주어야 한다. 단, 세심하게 환자를 관찰해야 하며 만약 환자의 호흡이 느려지거나 멈추면 즉각적으로 인공호흡을 실시할 준비를 해야 한다.

🔎 정답 | **59.** ③ **60.** ②

61 "소아의 호흡곤란일 경우 상기도 폐쇄인지 하기도 질병인지 구분"하는 요령으로 옳지 않은 것은?

① 이물질이 보이지 않고 끄집어 낼 수 없는 위치에 있다면 절대로 제거하려 해서는 안 된다는 것이다.
② 이물질이 분명히 보이지 않는다면 상기도를 검사하는 것이 중요하다.
③ 먹다 남은 음식, 구슬 등이 주변에 보인다면 상기도 폐쇄를 의심할 수 있다.
④ 거칠고 고음의 천명이 들리면 대개 상기도 협착을 의심할 수 있다.

■ 소아의 경우 상기도 폐쇄로 인지, 하기도 질병인지 구분 요령
① 상기도는 입, 코, 인두, 후두덮개로 이루어져 있고 연약하고 좁은 구조로 질병이나 약한 외상에도 쉽게 부어오른다.
② 하기도는 후두아래 구조로 기관, 기관지, 허파 등을 포함한다.
③ 상기도 폐쇄나 하기도 질병은 소아 호흡곤란을 야기시킬 수 있다.
④ 이 모든 경우 산소공급과 편안한 자세를 취해주는 것이 중요하다.
⑤ 상기도 폐쇄는 이물질로 인한 경우와 기도를 막는 후두덮개엽 부종 등의 질병으로 인한 경우가 있다.
⑥ 이물질이 분명히 보이지 않는다면 상기도를 검사하지 않는 것이 중요하다.
⑦ 상기도에 이물질이 있는 소아의 입과 인두를 무리하게 검사하는 것은 외상 또는 인두의 경련수축을 야기해서 기도를 완전히 폐쇄시킬 수 있기 때문이다.
※ 소아의 호흡곤란이 상기도 폐쇄로 인한 것인지 하기도 질병으로 인한 것인지 결정하는 것이 어려움
⑧ 거칠고 고음의 천명이 들리면 대개 상기도 협착을 의심할 수 있다.
⑨ 먹다 남은 음식이나 구슬 등이 주변에 보인다면 상기도 폐쇄를 의심할 수 있다.
※ 이물질이 보이지 않고 끄집어 낼 수 없는 위치에 있다면 절대로 제거하려 해서는 안 된다는 것이다.

62 "심장충격기 실시요령"으로 옳지 않은 것은?

① 제세동 후에는 맥박 확인이나 리듬 분석을 시행하지 않고 곧바로 인공호흡을 실시한다.
② 5주기의 심폐소생술을 시행한 후에 다시 한 번 심전도를 분석하여 적응증이 되면 제세동을 반복한다.
③ 제세동이 필요 없는 심전도 리듬인 경우에는 가슴압박과 인공호흡을 계속한다.
④ 현장에서 자동심장충격기를 사용하는 경우 5~10분 정도의 심폐소생술을 시행한 후 가까운 병원으로 이송하는 것을 권장한다.

■ 심장충격기 실시요령* 15년 소방장
① 심폐소생술 시행 도중 자동 또는 수동 심장충격기를 가진 사람이 도착하면 즉시 심전도 리듬을 분석하여 심실세동이나 맥박이 없는 심실빈맥이면 1회의 제세동을 실시한다.
② 제세동 후에는 맥박 확인이나 리듬 분석을 시행하지 않고 곧바로 가슴압박을 실시하며 5주기의 심폐소생술을 시행한 후에 다시 한 번 심전도를 분석하여 적응증이 되면 제세동을 반복한다.
③ 제세동이 필요 없는 심전도 리듬인 경우에는 가슴압박과 인공호흡을 계속한다. 심장충격기를 사용하는 과정에서도 가능하면 가슴압박의 중단이 최소화 되도록 노력한다.
④ 현장에서 자동심장충격기를 사용하는 경우 5~10분 정도의 심폐소생술을 시행한 후 가까운 병원으로 이송하는 것을 권장하며 이송 중에도 가능하면 계속 심폐소생술을 시행한다.

정답 61. ② 62. ①

63 "성인 심장마비환자(병원 안) 생존사슬"에서 세번째 사항은?

① 신속한 고품질 심폐소생술 실시
② 전문소생술
③ 조기파악 및 예방
④ 심정지 후 통합 치료

■ 성인심장마비
(병원 안)
ⓐ 조기파악 및 예방
ⓑ 응급의료 반응 체계에 신고
ⓒ 신속한 고품질 심폐소생술 실시 - 도착 즉시 30:2의 비율로 가슴압박과 인공호흡을 실시
ⓓ 신속한 제세동 실시 - 심장마비는 심장의 전기 자극이 매우 빠르거나 조화를 이루지 못할 때 일어난다. 적절한 제세동 실시는 많은 경우 정상으로 회복시킬 수 있다.
ⓔ 심정지 후 통합 치료 - 최근에 자발 순환이 회복된 환자에서 통합적인 심정지 후 치료가 강조되고 있다. 심정지 후 치료는 일반적인 중환자 치료와 더불어 저체온 치료, 급성심근경색에 대한 관상동맥중재술, 경련발작의 진단 및 치료 등이 포함된 통합적 치료과정이다.

(병원 밖)
ⓐ 응급의료반응체계에 신고
ⓑ 신속한 고품질 심폐소생술 실시 - 도착 즉시 30:2의 비율로 가슴압박과 인공호흡을 실시
ⓒ 신속한 제세동 실시 - 심장마비는 심장의 전기 자극이 매우 빠르거나 조화를 이루지 못할 때 일어난다. 적절한 제제동 실시는 많은 경우 정상으로 회복시킬 수 있다.
ⓓ 전문소생술
ⓔ 심정지 후 통합 치료 - 최근에 자발 순환이 회복된 환자에서 통합적인 심정지 후 치료가 강조되고 있다. 심정지 후 치료는 일반적인 중환자 치료와 더불어 저체온 치료, 급성심근경색에 대한 관상동맥중재술, 경련발작의 진단 및 치료 등 이 포함된 통합적 치료과정이다.

64 "심실세동"에 대한 설명이 아닌 것은?

① 리듬은 규칙적이나 매우 빠른 경우를 말한다.
② 심장마비 후 8분 안에 심장마비 환자의 약 1/2에서 나타난다.
③ 초기에 제세동을 실시하면 매우 효과적일 수 있다.
④ 심장은 진동할 뿐 효과적으로 피를 뿜어내지 못한다.

■ 제세동* 22년, 24년 소방장
① 심정지의 대부분은 심실세동에 의해 유발되며, 심실세동에서 가장 중요한 처치는 전기적 제세동이다.
② 제세동 처치는 빨리 시행할수록 효과적이므로 현장에서 신속하게 시행되어야 한다.
③ 심실세동에서 제세동이 1분 지연될 때마다 세세동의 성공 가능성은 7~10%씩 감소한다.
④ 자동심장충격기는 의료지식이 충분하지 않은 일반인이나 의료제공자들이 쉽게 사용할 수 있도록 환자의 심전도를 자동으로 분석하여 제세동이 필요한 심정지를 구분해주며, 사용자가 제세동할 수 있도록 유도하는 장비이다.
⑤ 심실세동과 무맥성 심실빈맥은 제세동으로 치료가 될 수 있다.

정답 **63.** ① **64.** ①

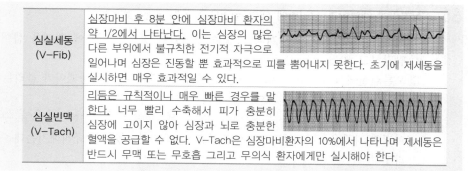

심실세동 (V-Fib)	심장마비 후 8분 안에 심장마비 환자의 약 1/2에서 나타난다. 이는 심장의 많은 다른 부위에서 불규칙한 전기적 자극으로 일어나며 심장은 진동할 뿐 효과적으로 피를 뿜어내지 못한다. 초기에 제세동을 실시하면 매우 효과적일 수 있다.	
심실빈맥 (V-Tach)	리듬은 규칙적이나 매우 빠른 경우를 말한다. 너무 빨리 수축해서 피가 충분히 심장에 고이지 않아 심장과 뇌로 충분한 혈액을 공급할 수 없다. V-Tach은 심장마비환자의 10%에서 나타나며 제세동은 반드시 무맥 또는 무호흡 그리고 무의식 환자에게만 실시해야 한다.	

65 다음 중 "제세동 사용"에 대한 설명으로 옳지 않은 것은?

① 의식, 맥박, 호흡이 있는 환자는 오히려 사망에 이르게 할 수 있다.

② 대부분 심각한 출혈과 생체기관이 한 개 또는 둘 이상 손상이 있더라도 신속히 제세동이 실시되면 성공 가능성은 높다.

③ 심실세동, 무맥성심실빈맥, 불안정한 다형심실빈맥을 보이는 환자는 적응 중이 있다.

④ 시작 전에 환자 머리에서 발끝까지 둘러보면서 "모두 물러나세요."라고 소리치고 눈으로 확인한다.

■ **심장충격기 적응 증**
① 모든심장마비 환자
　※ 1세 미만의 영아에게는 소아 제세동 용량으로 변경시킨 뒤에 심장충격기를 적용하나, 소아용 패드나 에너지 용량 조절장치가 구비되어 있지 않는 경우에는 1세 미만의 영아에게도 성인용 심장충격기를 사용하여 2~4J/kg으로 제세동한다.
② 심실세동, 무맥성심실빈맥, 불안정한 다형심실빈맥을 보이는 환자

■ **제세동 사용불가 환자**
① 의식, 맥박, 호흡이 있는 환자는 오히려 사망에 이르게 할 수 있다.
② 심각한 외상환자의 심정지
　㉠ 대부분 심각한 출혈과 생체기관이 한 개 또는 둘 이상 손상이 되면 환자에게 제세동이 실시된다고 하여도 성공의 가능성은 없다.
　㉡ 또한 이러한 심각한 외상의 경우에는 현장에서 가능하면 최소한의 시간을 사용하여야 하고 환자는 수술이 가능한 병원으로 신속히 이송되어야 한다.

■ **제세동 사용 시 주의 사항*** 13년 소방장
① 비 오는 바깥이나 축축한 장소에서의 사용은 금지한다.
　※ 만약, 물에 빠진 환자라면 젖은 옷을 벗기고 건조한 곳으로 이동 후 사용해야 한다.
② 금속 들것이나 표면에 환자가 있다면 비금속 장소로 이동 후에 실시한다.
③ 시작 전에 환자 머리에서 발끝까지 둘러보면서 "모두 물러나세요."라고 소리치고 눈으로 확인한다.
④ 당뇨 환자 배에 혈당조절기를 위한 바늘이 삽입된 경우에는 제거한 후에 실시한다.
⑤ 끊어진 전선이 주위에 있다면 장소를 옮겨 사용한다.

정답 | 65. ②

66 심혈관계 해부학과 생리학에 대한 설명으로 옳지 않은 것은?

① 심장은 2개의 심방과 2개의 심실로 구성되어 있으며 전신에 혈액을 뿜어내는 역할을 담당하고 있다.

② 오른심실에서 나가는 주요 동맥을 대동맥이라고 하며 심장동맥이라 불리는 작은 동맥은 심장에 혈액을 공급해 준다.

③ 심장근육은 심장 수축을 유도하는 전기 자극에 반응하는 특수한 조직으로 구성되어 있다. 이러한 자극을 전달하는 경로에 손상을 받으면 심박동이 불규칙해지는데 이를 율동장애라고 한다.

④ 모든 근육은 생존을 위해 산소가 필요하며 이러한 산소를 적혈구에 의해 운반된다는 점을 명심해야 한다.

■ **심혈관계 해부학과 생리학**
① 심장은 2개의 심방과 2개의 심실로 구성되어 있으며 전신에 혈액을 뿜어내는 역할을 담당하고 있다. 혈액의 역류를 막기 위해 판막으로 연결되어 있으며 심장의 오른쪽은 허파로 피를 보내고 왼쪽은 온몸으로 피를 보낸다.
② 왼심실에서 나가는 주요 동맥을 대동맥이라고 하며 심장동맥이라 불리는 작은 동맥은 심장에 혈액을 공급해 준다. 심장에 산소를 공급하는 것은 외부에 위치한 심장동맥에 의한 것이지 심장 내부에 흐르는 혈액에 의한 것이 아니다. 심장동맥 혈류량 감소는 심근육의 허혈을 야기시킨다. 예를 들면, 혈전 또는 저혈압 등이 있다.
③ 모든 근육은 생존을 위해 산소가 필요하며 이러한 산소를 적혈구에 의해 운반된다는 점을 명심해야 한다. 허혈이 지속되면 심근경색이 진행되므로 심질환 의심환자에게는 산소를 공급해 주어야 한다. 허혈과 관련된 통증을 협심증이라고 하며 심장동맥이 좁아져 협심증이 진행되면 심근경색 또는 심장마비라고 한다. 따라서 초기 산소공급은 이러한 진행을 예방할 수 있다.

※ 율동장애
심장근육은 심장 수축을 유도하는 전기 자극에 반응하는 특수한 조직으로 구성되어 있다. 이러한 자극을 전달하는 경로에 손상을 받으면 심박동이 불규칙해지는데 이를 율동장애라고 한다. 율동장애는 심장 수축을 멈춰 심장마비를 일으키는데 자동심장충격기 사용으로 이러한 문제를 해결하고 정상으로 회복시킬 수 있다.

67 다음 내용과 관계 깊은 것은?

- 심장의 부적절한 수축으로 몸의 일부기관, 허파에 과도한 체액 축척되는 상태를 말한다.
- 이러한 축척은 부종을 야기하고 심장의 판막질환, 고혈압, 허파기종으로 인해 나타날 수 있다.

① COPD   ② 울혈성 심부전증

③ 만성심부전   ④ 하파기종

■ **울혈성 심부전증**
심장의 부적절한 수축으로 몸의 일부 기관, 허파에 과도한 체액이 축척되는 상태를 말한다. 이러한 축척은 부종을 야기한다. 울혈성 심부전증은 심장의 판막질환, 고혈압, 허파기종으로 나타날 수 있다.

🔲 **정답**   **66.** ②   **67.** ②

68 "심장마비 환자 증상과 평가"에 대한 설명으로 옳지 않은 것은?

① 심장 박동이 멈추거나 다른 종류의 전기적 활동이 대신하는 경우이다.

② 맥박과 호흡이 없는 환자에게는 즉시 CPR을 실시하며, AED가 준비되면 즉시 리듬을 분석하여 필요 시 제세동을 실시한다.

③ 심장마비환자는 맥박 또는 호흡이 없고 무의식상태를 나타낸다.

④ 심박동이 멈추면 10~17분 내에 뇌세포도 죽기 시작한다.

■ **심장마비 환자 증상**
① 심장 박동이 멈추거나 다른 종류의 전기적 활동이 대신하는 경우로 때때로 빠른맥이 나타나거나 심장근육에 세동이 나타날 수 있다.
② 이러한 비정상적인 활동은 전신에 적절한 혈류량을 제공해 주지 못한다.
③ 심장마비환자는 맥박 또는 호흡이 없고 무의식상태를 나타낸다.
④ 심박동이 멈추면 세포는 죽어가기 시작하고 4~6분 내에 뇌세포도 죽기 시작한다. 신속하고 효과적인 처치가 없다면 사망에 이를 수 있다.

■ **심장마비 환자 평가**
① 현장 안전을 확인하고 개인 보호 장비를 착용한 후 현장에 진입해야 한다. 1차 평가를 통해 심장마비가 의심된다면 앞부분에서 언급한 심장질환 환자에 대한 평가와 처치를 실시해야 한다.
② 맥박과 호흡이 없는 환자에게는 즉시 CPR을 실시하며, AED가 준비되면 즉시 리듬을 분석하여 필요 시 제세동을 실시한다.
③ 추가 대원이 있다면 주요 병력 및 신체 검진을 실시하여 언제 시작 했는지 와 그 전에 증상과 징후가 있었다면 무엇인지를 알아봐야 한다.

69 심질환 환자의 "증상과 징후"에 대한 내용으로 옳지 않은 것은?

① 가슴, 아랫배, 목 또는 오른쪽 어깨에 통증

② 압박감, 불편감, 부정맥

③ 갑작스럽게 많은 땀을 흘림

④ 오심/구토, 흥분 또는 불안감

■ **증상과 징후**
• 가슴, 윗배, 목 또는 왼쪽 어깨에 통증, 압박감, 불편감
• 빠른 호흡, 빠른 맥, 갑작스럽게 많은 땀을 흘림
• 오심/구토, 흥분 또는 불안감, 절박감, 부정맥, 비정상적인 혈압

70 다음 내용과 관계 깊은 것은?

> 협심증 환자 가슴통증에 사용되는 약으로 혈관을 이완시키고 심장의 부하량을 줄여준다.

① 이소프로테레놀   ② 니트로글리세린

③ 에피네프린   ④ 포도당

정답   68. ④   69. ①   70. ②

■ 니트로글리세린
① 협심증 환자 가슴통증에 사용되는 약으로 혈관을 이완시키고 심장의 부하량을 줄여준다.
② 적절한 복용을 위해 적응증, 복용법, 금기사항, 효능에 대해 알아야 하고, 유효기간이 지나면 약효가 떨어지므로 유효기간을 확인해야 한다.
③ 만약 유효기간이 넘은 약을 복용했다면 환자에게 두통이나 혀에 이상한 감각이 느껴지는지 물어봐야 한다.

71 "심질환 환자에 대한 응급처치요령"으로 옳지 않은 것은?

① 호흡곤란 또는 울혈성 심부전 환자는 앉아있는 자세가 편안함을 줄 수 있다.

② 니트로글리세린을 처방받은 환자라면 복용하도록 옆에서 도와주어야 한다.

③ 호흡이 불규칙하여 청색증 또는 호흡이 없다면 우선 포켓마스크, BVM 등을 이용하여 산소를 공급한다.

④ 산소포화도를 측정, 90% 미만일 경우 마스크 또는 비재호흡마스크를 통해 높은 농도의 산소를 공급한다.

■ 심질환 환자에 대한 응급처치
① 편안한 자세를 취해준다.
　㉠ 대부분 앉아 있는 자세로 만약 환자가 저혈압이라면 앙와위에 발을 심장보다 높게 해줘야 한다. 이 자세는 보다 많은 혈액이 뇌와 심장으로 가도록 도와준다.
　㉡ 호흡곤란 또는 울혈성 심부전 환자는 앉아 있는 자세가 편안함을 줄 수 있다.
② 산소포화도를 측정하여 90% 미만일 경우 코 삽입관으로 4~6L의 산소를 공급한다. 그 후에도 산소포화도가 90% 이상을 초과하지 못할 경우에는 마스크 또는 비재호흡마스크를 통해 높은 농도의 산소를 공급한다. 호흡이 불규칙하여 청색증 또는 호흡이 없다면 포켓마스크, BVM 등을 이용하여 산소를 공급한다.
③ 계속 ABCs를 관찰해야 한다.
　– 심장마비에 대비해 CPR과 AED를 준비해야 한다.
④ 니트로글리세린을 처방받은 환자라면 복용하도록 옆에서 도와주어야 한다.
⑤ 신속하게 병원으로 이송한다.

72 "심장마비 환자에 대한 AED와 CPR 처치과정"에 대한 설명으로 옳은 것은?

① CPR을 시작-AED안내에 따라 1회 제세동 실시-가슴압박부터 2분간 5주기 CPR을 실시

② 회복상태라면 CPR과 제세동을 반복하여 실시한다.

③ 호흡이 비정상이라면 비재호흡마스크를 이용해서 10~15L/분 산소를 공급하고 이송해야 한다.

④ 호흡이 정상이라면 BVM을 이용한 인공호흡으로 고농도산소를 제공, 이송해야 한다.

🔑 정답 **71.** ④　**72.** ①

■ **심장마비 환자의 AED와 CPR 처치**
① CPR을 시작한다.
　－고농도의 산소를 제공한다.
② 제세동 준비를 한다.
　㉠ 사생활 보호에 유의하며 가슴을 노출시킨다(시간지연 금지).
　㉡ 가슴과 배에 부착된 기구가 있다면 제거하고 너무 많은 가슴 털은 면도를 해준다.
　㉢ 환자가 젖어 있다면 건조한 곳으로 이동시키고 젖은 옷은 벗기고 가슴의 물기를 수건을 이용해 제거해 준다.
③ AED 전원을 켠다.
④ 연결장치(컨넥터)를 기계와 연결한다.
⑤ 기계로부터 "분석중입니다. 물러나세요"라는 음성지시가 나오면 CPR을 중단하고 환자 주위 사람들을 모두 물러나게 한다.
⑥ 기계가 "제세동이 필요합니다."라는 음성지시가 나오면 에너지가 충전될 때까지 가슴압박을 계속한다.
⑦ 충전이 완료되면 "모두 물러나세요"라고 말하여 주변 사람들을 물러서게 한 후 제세동 버튼을 누른다.
⑧ 버튼을 누른 후 즉시 가슴압박을 시작한다.
⑨ 2분간 5주기의 CPR을 실시한 후 리듬을 재분석 한다.
　㉠ 회복상태라면 호흡과 맥박을 확인하고 산소공급과 신속한 이송을 실시한다.
　㉡ 비 회복상태라면 CPR과 제세동을 반복하여 실시한다.
⑩ 분석 버튼을 눌렀을 때 회복상태를 나타내면 호흡과 맥박을 확인한다.
　㉠ 호흡이 비정상이라면 BVM을 이용한 인공호흡으로 고농도산소를 제공, 이송해야 한다.
　㉡ 호흡이 정상이라면 비재호흡마스크를 이용해서 10~15 L/분 산소를 공급하고 이송해야 한다.

73 **"복통통증"에 대한 설명으로 연결이 바르게 된 것은?**

① 내장통증 : 복통으로는 흔하지 않은 유형으로 대동맥을 제외한 대부분의 배내 장기는 이러한 통증을 느끼는 감각을 갖고 있지 않다.

② 벽 쪽 통증 : SAMPLE력을 조사할 때 환자는 이러한 통증을 무릎을 굽힌 자세 또는 움직이지 않으면 나아지고 움직이면 다시 아프다고 표현하기도 한다.

③ 쥐어뜯는 듯한 통증 : 배내 장기는 많은 신경섬유를 갖고 있지 않아 종종 둔하고 아픈 듯 또는 간헐적으로 통증이 나타나 정확한 위치를 알아내기 힘들다.

④ 연관통증 : 배대동맥류의 경우 대동맥 내층이 손상 받아 혈액이 외층으로 유출될 때 등쪽에서 이러한 통증이 나타난다.

■ **통증 종류*** 12년 소방장/ 19년 소방위

내장 통증	① 배내 장기는 많은 신경섬유를 갖고 있지 않아 종종 둔하고 아픈 듯 또는 간헐적으로 통증이 나타나 정확한 위치를 알아내기 힘들다. ② 마치 분만통증과 같은 복통은 흔히 배내 속이 빈 장기로 인해 나타난다. 그리고 둔하고 지속적인 통증은 종종 고형체의 장기로 인해 나타난다.
벽 쪽 통증	① 복강을 따라 벽쪽 복막에서 나타나는 통증이다. 넓게 분포하고 신경섬유로 인해 벽쪽 복막으로부터 유발된 통증은 내장 통증보다 더 쉽게 부위를 알 수 있으며 묘사할 수 있다. ② 벽측 통증은 복막의 부분 자극으로 직접 나타난다. 이러한 통증은 내부출혈로 인한 자극 또는 감염·염증에 의해 나타날 수도 있다. 또한 날카롭거나 지속적이며 국소적인 경향을 나타낸다. ③ SAMPLE력을 조사할 때 환자는 이러한 통증을 무릎을 굽힌 자세 또는 움직이지 않으면 나아지고 움직이면 다시 아프다고 표현하기도 한다.

정답 | 73. ②

쥐어뜯는 듯한 통증	① 복통으로는 흔하지 않은 유형으로 대동맥을 제외한 대부분의 배내 장기는 이러한 통증을 느끼는 감각을 갖고 있지 않다. ② 배대동맥류 (abdominal aortic aneurysm)의 경우 대동맥 내층이 손상 받아 혈액이 외층으로 유출될 때 등쪽에서 이러한 통증이 나타난다. ③ 유출된 혈액이 모여 마치 풍선과 같은 유형을 나타내기도 한다.
연관 통증	① 통증 유발부위가 아닌 다른 부위에서 느끼는 통증으로 예를 들어 방광에 문제가 있을 때 오른 어깨뼈에 통증이 나타나는 것을 말한다. ② 방광으로부터 나온 신경이 어깨부위 통증을 감지하는 신경과 같이 경로를 나눠쓰는 척수로 돌아오기 때문이다.

※ 주의사항
심근경색으로 인한 통증은 배의 불편감(마치 소화가 안 되는 듯한)으로 나타나기도 한다. 이러한 통증은 보통 윗배에 나타나므로 주의해야 한다.

74 "복통환자에 대한 배 신체검진 시 조치사항"으로 옳지 않은 것은?

① 현장에서는 시진, 청진, 과 촉진을 통해 평가해야 한다.

② 배대동맥류인 경우 등 쪽에 찢어지는 통증이 나타날 수 있다.

③ 만약 촉진을 통해 배대동맥류를 느꼈다면 재차 촉진해서는 안 된다.

④ 비만환자인 경우 배대동맥류가 있어도 촉지할 수 없으므로 이런 경우 등쪽의 심한 통증을 통해 의심할 수 있다.

■ 배 신체검진
① 청진을 통해 장음을 듣는 것은 병원 전 단계에서 많은 시간이 소요되므로 현장에서는 시진과 촉진을 통해 평가해야 한다.
② 평가 전에 외상 환자인 경우 어느 부위가 다쳤는지를 우선 질문해 환자가 부위를 가르치도록 해야 한다.

시진	배 팽창, 변색, 비정상적인 돌출 또는 기타 비정상적인 외형을 살피고 배의 모양이 최근 들어 변했는지를 물어야 한다.
촉진	㉠ 몇 개의 손가락 끝을 이용해 부위별로 부드럽게 눌러야 한다. ㉡ 촉진 중에 딱딱한 느낌이 든다면 환자에게 통증을 느끼는지 질문해야 한다. ㉢ 처음에는 부드럽고 얕게 촉진해서 환자가 아무런 불편감을 호소하지 않는다면 다음에는 좀 더 깊게 촉진하도록 한다. ㉣ 만약 첫 촉진에서 통증, 불편감이나 이상을 발견했다면 추가 촉진은 필요하지 않다.

③ 환자가 배를 감싸고 있거나 무릎을 굽힌 자세는 배를 보호하거나 복통을 감소시키려고 취하는 자세이다.
④ 배 대동맥류인 경우 맥박이 뛰는 덩어리를 촉지하거나 등 쪽에 찢어지는 또는 날카로운 통증이 나타날 수 있다.
⑤ 만약 촉진을 통해 배대동맥류를 느꼈다면 재차 촉진해서는 안되며 이송병원에 알려 주어야 한다. 또한, 그 전에 심하지 않거나 수술이 불가능하 여 처치하지 않은 배 대동맥류를 진단 받았는지를 물어야 한다.
⑥ 매우 마른 사람인 경우 심부 촉진을 통해 약하게 배대동맥의 맥박을 촉지할 수도 있다는 점을 주의해야 한다.
⑦ 비만환자인 경우 배대동맥류가 있어도 촉지할 수 없으므로 이런 경우 등 쪽의 심한 통증을 통해 의심할 수 있다.

정답 **74.** ①

75 "복통을 유발하는 질병"에 대한 내용으로 옳지 않은 것은?

① 맹장염 : 처음에는 배꼽부위 통증(처음)을 호소하다 좌하복부(LLQ)부위의 지속적인 통증을 호소한다.

② 담석 : 우상복부(RUQ) 통증을 호소하며, 어깨 또는 등쪽에서도 나타날 수 있다.

③ 신장 / 요로 결석 : 심한 옆구리 통증과 오심/구토 그리고 서혜부 방사통이 나타날 수 있다.

④ 췌장염 : 만성 알콜환자에게 흔히 나타나며, 등/어깨에 통증이 방사될 수 있다. 심한 경우 쇼크 징후가 나타나기도 한다.

■ 복통유발 질병** 19년, 24년 소방장

충수돌기염(맹장염)	수술이 필요하며 증상 및 징후로는 오심/구토가 있으며 처음에는 배꼽부위 통증(처음)을 호소하다 우하복부(RLQ)부위의 지속적인 통증을 호소한다.
담낭염(쓸개염) / 담석	쓸개염은 종종 담석으로 인해 야기되며 심한 통증 및 때때로 갑작스런 윗배 또는 우상복부(RUQ) 통증을 호소한다. 또한 이러한 통증을 어깨 또는 등쪽에서도 나타날 수 있다. 통증은 지방이 많은 음식물을 섭취할 때 더 악화될 수 있다.
췌장염(이자염)	만성 알콜환자에게 흔히 나타나며 윗배 통증을 호소한다. 췌장(이자)이 위 아래, 후복막에 위치해 있어 등/어깨에 통증이 방사될 수 있다. 심한 경우 쇼크 징후가 나타나기도 한다.
신장 / 요로 결석	콩팥에 작은 돌이 요로를 통해 방광으로 내려갈 때 심한 옆구리 통증과 오심/구토 그리고 서혜부 방사통이 나타날 수 있다.
궤양 / 내부 출혈	① 소화경로 내부 출혈(위궤양) 식도에서 항문까지 어느 곳에서도 나타날 수 있으며 혈액은 구토(선홍색 또는 커피색) 또는 대변(선홍색, 적갈색, 검정색)으로 나온다. 이로 인한 통증은 있을 수도 있지만 없을 수도 있다. ② 복강내 출혈(외상으로 인한 지라출혈) 복막을 자극하고 복통/압통과도 관련이 있다.
탈 장	① 복벽 밖으로 내장이 튀어나온 것을 말하며 무거운 물건을 들거나 힘을 주었을 때 나타날 수 있다. ② 보통 무거운 것을 들은 후 갑작스러운 복통을 호소하고 배나 서혜부 촉진을 통해 덩어리가 만져질 수 있다. ③ 매우 심한 통증을 호소하나 장이 꼬이거나 막혔을 때를 제외하고는 치명적이지 않다.
배대동맥류(AAA)	① 배를 지나가는 대동맥벽이 약해지거나 풍선처럼 부풀어 올랐을 때 나타난다. ② 약하다는 것은 혈관의 안층이 찢어져 외층으로 피가 나와 점점 커지거나 심한 경우 터질 수 있다(만약 터진다면 사망가능성이 높아진다). ③ 작은 크기인 경우에는 즉각적인 수술이 필요하지 않다. 병력을 통해 배대동맥류를 진단 받은 적이 있고 현재 복통을 호소한다면 즉각적인 이송을 실시해야 한다. ④ 혈액유출이 서서히 진행된다면 환자는 날카롭거나 찢어질 듯한 복통을 호소하고 등쪽으로 방사통도 호소할 수 있다.

정답 　75. ①

76 "급성 복통환자"에 대한 응급처치 요령으로 옳지 않은 것은?

① 환자가 편하다고 생각하는 자세를 취해준다.

② 복통환자인 경우 구토를 할 수 있으므로 필요 시 흡인해야 한다.

③ 비재호흡마스크를 통해 분당 10~15 L 의 산소를 공급한다.

④ 복통 또는 불편감을 호소하는 환자에게는 따뜻한 물을 마시면 도움이 된다.

■ **복통환자 처치**

① 1차 평가 동안 기도를 유지한다. 의식변화가 있다면 기도를 유지해야 하며 복통환자인 경우 구토를 할 수 있으므로 필요 시 흡인해야 한다.

② 비재호흡마스크를 통해 분당 10~15 L 의 산소를 공급한다.

③ 환자가 편하다고 생각하는 자세를 취해준다. 그러나 쇼크 또는 기도유지에 문제가 있다면 상태에 따른 자세를 취해줘야 한다.

④ <u>복통 또는 불편감을 호소하는 환자에게는 구강으로 아무것도 주어서는 안 된다.</u>

⑤ 환자가 흥분하지 않게 침착한 자세로 안정감을 유지하며 신속하게 이송한다.

77 "복통환자 OPQRST력 정보수집 방법"으로 옳지 않은 것은?

① P : 쉬는 중에 아니면 일하는 중에 시작됐는지?

② O : 언제부터 불편감이 시작됐는지? 또는 통증이 어떻게 시작됐는지?

③ R : 부위를 가리키거나 볼 수 있는지?

④ Q : 통증을 느끼는 그대로 묘사하도록 한다.

■ **복통환자 OPQRST력 정보수집**

Onset	언제부터 통증 또는 불편감이 시작됐는지? 쉬는 중에 아니면 일하는 중에 시작됐는지? 통증이 어떻게 시작됐는지? (지속적으로, 심하게, 점점 심해지는지 등)
Provocation / Palliation	어떻게 하면 완화 또는 악화되는지? 어떠한 자세를 취하면 완화 또는 악화되는지? 움직임이 통증에 영향을 미치는지?
Quality	통증을 느끼는 그대로 묘사하도록 한다.
Region / Radiation	부위를 가르키거나 볼 수 있는지? 기타 연관 통증이 있는지?
Severity	1~10이란 수치를 기준으로 통증의 정도를 묻는다.
Time	지속된 시간과 시간 경과에 따른 변화가 있는지?

78 "복부 내 장기의 기능"에 대한 설명으로 연결이 바르게 된 것은?

① 이자 : 노폐물을 배출하고 여과하고 독소 배출

② 간 : 혈액 내 탄수화물과 다른 물질의 수치 조절하고 해독작용

③ 콩팥 : 음식을 흡수 가능한 분자로 만들어 작은창자로 내보내는 효소를 분비하고 혈당을 조절하는 인슐린 분비

④ 쓸개 : 비정상 혈액세포 제거 및 면역반응과 관련

정답 | 76. ④   77. ①   78. ②

■ 복부 내 장기의 기능

장 기	유 형	기 능
식도	속이 빈 소화기관	음식물을 입과 이두로부터 위까지 이동시킨다.
위	속이 빈 소화기관	가로막 아래 위치한 팽창기관이며 작은창자와 식도를 연결한다.
작은창자	속이 빈 소화기관	샘창자, 공장, 회장으로 구성되었으며 큰창자과 연결되어 있다. 영양소를 흡수한다.
큰창자	속이 빈 소화기관	물을 흡수하고 대변을 만들어 직장과 항문을 통해 배출시킨다.
막창자	속이 빈 림프관	소화기능이 없는 림프조직이 풍부한 장 주머니로 통증과 수술이 필요한 염증반응이 나타날 수 있다.
간	고형체의 소화기관 혈액조절과 해독 기능	① 혈액 내 탄수화물과 다른 물질의 수치 조절 ② 지방 소화를 위한 담즙분비 ③ 해독작용
쓸개	속이 빈 소화기관	작은창자로 분비되기 전 담즙 저장
지라	고형체의 림프조직	비정상 혈액세포 제거 및 면역반응과 관련
이자	고형체의 소화기관	음식을 흡수 가능한 분자로 만들어 작은창자로 내보내는 효소를 분비하고 혈당을 조절하는 인슐린 분비
콩팥	고형체의 비뇨기계	① 노폐물을 배출하고 여과 ② 물, 혈액, 전해질 수치 조절 ③ 독소 배출
방광	속이 빈 비뇨기계	콩팥으로부터 소변 저장

※ 배는 4부분으로 나눌 수 있는데 통증, 압통, 불편감, 손상 또는 기타 비정상 소견 등 정확한 부위를 묘사할 때 사용된다. 배 내 대부분의 장기는 복막으로 둘러싸여 있다. 복막은 두개의 층(장기를 감싸는 내장 쪽 복막과 복벽과 닿는 벽 쪽 복막)으로 구성되어 있다. 두 층 사이는 윤활액으로 채워져 있다. 몇몇 장기는 복막 뒤에 있는데 이러한 장기로는 콩팥, 이자, 큰창자가 있다. 여성의 생식기관은 배와 골반사이에 위치해 있으며 이러한 기관으로는 난소, 나팔관, 자궁이 있고 여성의 복통을 유발하는 원인이 될 수도 있다.

79 "배대동맥류(AAA)"에 대한 설명으로 옳지 않은 것은?

① 작은 크기인 경우라도 즉각적인 수술이 필요하다.

② 등쪽으로 방사통도 호소할 수 있다.

③ 배를 지나가는 대동맥벽이 약해지거나 풍선처럼 부풀어 올랐을 때 나타난다.

④ 혈액유출이 서서히 진행된다면 환자는 찢어질 듯한 복통을 호소한다.

■ 배대동맥류(AAA)
① 배를 지나가는 대동맥벽이 약해지거나 풍선처럼 부풀어 올랐을 때 나타난다.
② 약하다는 것은 혈관의 안층이 찢어져 외층으로 피가 나와 점점 커지거나 심한 경우 터질 수 있다 (만약 터진다면 사망가능성이 높아진다).
③ 작은 크기인 경우에는 즉각적인 수술이 필요하지 않다. 병력을 통해 배대동맥류를 진단 받은 적이 있고 현재 복통을 호소한다면 즉각적인 이송을 실시해야 한다.
④ 혈액유출이 서서히 진행된다면 환자는 날카롭거나 찢어질 듯한 복통을 호소하고 등쪽으로 방사통도 호소할 수 있다.

정답 | 79. ①

80 "순환계의 3가지 주요요소"가 아닌 것은?

① 기도　　　　　　　　　　　　② 혈액

③ 혈관　　　　　　　　　　　　④ 심장

 ■ **순환계*** 19년 소방장/ 22년, 23년 소방교
순환계는 3개의 주요 요소(심장, 혈관, 혈액)로 구성되어 있다. 이 요소들은 인체조직세포로 산소와 영양분을 운반해 주고 폐기물을 받아 운반해 준다. 이런 과정을 관류라고 한다. 순환계의 효과적인 활동을 위해서는 이 3가지 요소가 적절한 기능을 해야 한다.*

81 "혈관의 기능"에 대한 설명으로 옳지 않은 것은?

① 동맥은 왼심실로부터 대동맥 – 세동맥 – 소동맥 – 모세혈관으로 분지된다.

② 정맥은 혈액을 오른심방으로 이동시키는 역할을 한다.

③ 오른심방으로 들어온 피는 오른심실에서 허파로 이동해 산소를 교환하고 왼심방으로 들어와 왼심실에서 전신으로 동맥을 통해 뿜어져 나간다.

④ 모세혈관의 두께는 하나의 세포두께 정도이며 이 얇은 벽을 통해 산소, 영양분, 폐기물이 교환된다.

■ **혈관의 기능*** 22년 소방교
① 동맥
　㉠ 심장으로부터 혈액을 멀리 운반하며 주요 동맥을 대동맥이라고 한다.
　㉡ 혈액은 왼심실로부터 대동맥 – 소동맥 – 세동맥 – 모세혈관으로 분지된다.
　㉢ 동맥은 피를 압력으로 운반하기 때문에 두꺼운 근육벽으로 구성되어 있다.
② 정맥
　㉠ 혈액을 오른심방으로 이동시키는 역할을 한다.
　㉡ 모세혈관 – 소정맥 – 대정맥 – 오른심방으로 유입시킨다.
　㉢ 동맥과 비교할 때 벽이 얇으며 압력이 낮다.
　㉣ 오른심방으로 들어 온 피는 오른심실에서 허파로 이동해 산소를 교환하고 왼심방으로 들어와 왼심실에서 전신으로 동맥을 통해 뿜어져 나간다.
③ 모세혈관 : 모세혈관의 두께는 하나의 세포두께 정도이며 이 얇은 벽을 통해 산소, 영양분, 폐기물이 교환된다.

82 다음 중 "혈소판"에 대한 설명으로 옳은 것은?

① 세포의 특수한 부분으로 지혈작용을 한다.

② 면역체계의 일부분으로 감염을 방지한다.

③ 세포에 산소를 운반하고 이산화탄소를 받으며 혈액의 색을 결정하는 요소이다.

④ 혈액량의 1/2 이상을 차지하며 전신에 혈구와 혈소판을 운반한다.

🔑 **정답**　　**80.** ①　**81.** ①　**82.** ①

	■ 혈액	
	적혈구	세포에 산소를 운반해 주고 이산화탄소를 받으며 혈액의 색을 결정하는 요소이다.
	백혈구	면역체계의 일부분으로 감염을 방지한다.
	혈소판	세포의 특수한 부분으로 지혈작용을 한다.
	혈 장	혈액량의 1/2 이상을 차지하며 전신에 혈구와 혈소판을 운반하는 역할을 하고 있다.

※ 성인의 경우 체중 1kg당 약 70㎖의 혈액량을 갖고 있다.

83 "출혈"에 대한 설명으로써 옳지 않은 것은?

① 정상적인 출혈 반응은 손상 혈관이 수축되고 혈소판과 응고인자는 혈액을 응고시켜 지혈 반응을 나타내는데 심한 출혈에는 이 기능이 정상적으로 작용하지 않을 수 있다.

② 일반적으로 성인은 1L, 소아는 0.5L, 신생아는 0.1L 실혈될 경우 위험하다.

③ 외부출혈이라도 옷, 장식천, 깔개, 땅 등에 흡수된 실혈량은 측정할 수 없으며 내부출혈인 경우 더더욱 알 수 없다는 문제점이 있다.

④ 성인의 경우 갑작스런 500cc출혈은 문제가 되지 않지만 전체 혈액량이 500~800cc인 신생아에게는 심각하다.

■ 출혈★★ 23년 소방위

저관류 또는 쇼크 : 순환계는 꾸준히 조직에 산소를 운반해 주고 이산화탄소와 폐기물을 이동시켜 주는 역할을 한다. 이러한 기능에 문제가 발생하면 관류가 제대로 이루어지지 않아 조직은 충분한 혈액과 영양을 받지 못하고 폐기물은 계속 쌓이게 된다. 결국 인체 세포는 죽게 되는 것을 말한다.

① 성인의 경우 갑작스런 100cc출혈은 문제가 되지 않지만 전체 혈액량이 500~800cc인 신생아에게는 심각하다.

② 일반적으로 성인은 1L, 소아는 0.5L, 신생아는 0.1L 실혈될 경우 위험하다.

③ 외부출혈이라도 옷, 장식천, 깔개, 땅 등에 흡수된 실혈량은 측정할 수 없으며 내부출혈인 경우 더더욱 알 수 없다는 문제점이 있다.

④ 정상적인 출혈 반응은 손상 혈관이 수축되고 혈소판과 응고인자는 혈액을 응고시켜 지혈반응을 나타내는데 심한 출혈에는 이 기능이 정상적으로 작용하지 않을 수 있다.

※ 지혈에 영향을 주는 요소

환자가 복용하는 약물 중 혈액 응고기능을 떨어뜨리는 Coumadin(wafarin)이라는 약물이 있다. 이 약은 인공심장밸브를 갖고 있는 환자나 만성 부정맥을 갖고 있는 노인환자 그리고 투석을 하는 환자에게 보통 처방되며 비정상적인 출혈 반응을 보인다. 이런 약물 복용 환자의 경우 출혈이 계속 진행될 수 있으므로 주의해야 한다.

84 출혈형태에 대한 설명으로써 옳지 않은 것은?

① 동맥출혈 : 산소가 풍부하고 고압 상태이므로 선홍색을 띠며 심박동에 맞춰 뿜어져 나온다.

② 세동맥출혈 : 지혈 되지 않으면 쇼크 증상을 초래하며 열상에서 많이 나타난다.

③ 정맥출혈 : 산소가 풍부하지 않으며 저압 상태이므로 검붉은 색을 띠며 흘러나오는 양상을 나타낸다.

④ 모세혈관 출혈 : 모세혈관은 얇고 출혈도 느리며 스며 나오듯이 나온다. 색은 검붉은 색이며 찰과상에서 흔히 볼 수 있다.

정답 83. ④   84. ②

■ 출혈 형태

동맥 출혈	동맥이나 세동맥 손상으로 일어난다. <u>산소가 풍부하고 고압 상태이므로 선홍색을 띠며 심박동에 맞춰 뿜어져 나온다.</u> 보통 양이 많으며 고압으로 인해 지혈이 어렵다. 지혈되지 않으면 쇼크 증상을 초래하며 열상에서 많이 나타난다.	**동맥**
정맥 출혈	정맥이나 세정맥 손상으로 일어난다. <u>산소가 풍부하지 않으며 저압 상태이므로 검붉은 색을 띠며 흘러나오는 양상을 나타낸다.</u> 열상에서 많이 나타나며 지혈이 쉽다.	**정맥**
모세혈관 출혈	<u>모세혈관은 얇고 출혈도 느리며 스며 나오듯이 나온다.</u> 색은 검붉은 색이며 찰과상에서 흔히 볼 수 있다. 지혈이 쉬우며 실혈량도 적고 자연적으로 지혈되는 형태이다.	**모세혈관**

※ 평가할 때 고려해야 할 요소로는 상처 형태나 부위에 따라 출혈의 정도가 달라진다.

---

85 "지혈방법"에 대한 설명으로 옳은 것은?

① 거상은 근골격계 손상이나 척추손상이 의심되는 환자에게 주로 사용한다.
② 직접압박은 장갑을 낀 손으로 출혈부위를 직접 누르고 압박을 계속 유지하기 위해서는 소독드레싱을 실시한다.
③ 압박점은 환자의 자세에 따라 달리 사용해야 한다.
④ 보통 압박점으로 팔은 노동맥, 다리는 넙다리동맥, 목은 관자동맥을 이용한다.

■ 지혈

직접 압박	장갑 낀 손으로 출혈부위를 직접 누른다. 압박을 계속 유지하기 위해서는 소독 드레싱을 실시한다. 만약 출혈이 계속 된다면 다음 단계를 실시한다.
거상	상처부위를 심장보다 높게 올리는 방법으로 근골격계 손상이나 척추손상이 의심되는 경우에는 거상해서는 안 된다. 예를 들면, 손목 출혈 환자가 위팔뼈골절을 갖고 있다면 거상해서는 안 된다. 만약 출혈이 계속 된다면 다음 단계를 실시한다.
압박점	뼈 위로 지나는 큰 동맥에 위치해 있으며 팔다리상처로 인한 실혈량을 줄일 수 있다. 보통 압박점으로 팔은 윗팔동맥, 다리는 넙다리동맥, 얼굴은 관자동맥을 이용한다. <u>압박점은 환자의 자세에 상관없이 사용할 수 있다는 장점이 있다.</u>

---

86 치명적인 출혈일 경우 기도와 호흡을 제외한 응급처치 중에서 제일 먼저 실시방법이 아닌 것은?

① 지혈대   ② 압박점
③ 거상   ④ 직접압박

① 치명적인 출혈의 경우 가장 먼저 실시방법 : 직접압박, 거상, 압박점
② <u>절단 부위로부터 치명적인 출혈을 보일 때 마지막 수단으로 사용되는 것은 지혈대이다.</u>

 정답   85. ②   86. ①

87 다음 내용에서 공통으로 들어갈 지혈기구는?

> 팔다리손상으로 치명적인 출혈에 대한 빠른 해결책으로 ( )사용을 고려한다. 절단 부위로부터 치명적인 출혈을 보일 때 마지막 수단으로 보통 사용된다. ( ) 사용은 근육, 혈관, 신경에 커다란 손상을 초래할 수 있으며 이는 환자 상태를 악화시키고 접합수술을 불가능하게 만들 수 있다.

① 경성부목   ② 지혈대
③ 공기부목   ④ 진공부목

■ **지혈기구** ** 13년 소방장

경성 부목	경성이나 고정부목은 팔·다리 지혈에 도움을 준다. 팔다리의 움직임을 줄여 실혈량을 줄이는 역할을 한다.
공기를 이용한 부목	공기부목, 진공부목 그리고 항쇼크바지는 큰 상처부위에 압력을 가해 지혈작용을 하며 움직임을 줄여 실혈량을 줄인다. 출혈부위와 부목이 직접 닿지 않도록 거즈를 댄 후에 입으로 공기를 불어 넣거나 진공부목의 경우 펌프를 이용해야 한다.
지혈대	절단 부위로부터 치명적인 출혈을 보일 때 마지막 수단으로 보통 사용된다. 지혈대 사용은 근육, 혈관, 신경에 커다란 손상을 초래할 수 있으며 이는 환자 상태를 악화시키고 접합수술을 불가능하게 만들 수 있다.

88 "지혈대 사용방법"에 대한 설명으로 옳지 않은 것은?

① 한 번 조인 지혈대는 병원에 올 때까지 풀어서는 안 된다.
② 상처 부위로부터 5~8㎝ 떨어진 위쪽에 적용한다.
③ 항상 넓은 지혈대를 사용해야 한다.
④ 혈압기계의 커프는 일반 출혈일 때 지혈대로 사용할 수도 있다.

■ **지혈대 사용 시 유의사항(지혈대 적용시간은 무조건 표기)**
① 항상 넓은 지혈대를 사용해야 한다.
② 철사, 밧줄, 벨트 등은 조직을 손상시키므로 사용해서는 안 된다.
③ 한번 조인 지혈대는 병원에 올 때까지 풀어서는 안 된다.
④ 관절 위에 사용해서는 안 된다.

■ **지혈대 사용방법**
① 상처 부위로부터 5~8㎝ 떨어진 위쪽에 적용한다.
② 10cm 폭에 6~8겹의 붕대를 두 번 감아 묶고 매듭 안으로 지혈대를 넣는다.
③ 출혈이 멈추면 막대가 풀려 느슨해지지 않도록 주의한다.
④ 지혈대를 사용한 시간을 기록지에 적는다.
⑤ 상처부위 감염을 방지하기 위해 소독드레싱을 실시한다.
⑥ 추가 출혈이 있는지 계속 관찰한다.
⑦ 의료기관 외에서 지혈대를 풀어서는 안 된다.
※ 혈압기계의 커프를 지혈대로 사용할 수도 있다. 이는 치명적인 출혈일 때에만 사용해야 하며 지혈대를 사용할 때의 압력과 시간을 기록해야 한다. 커프에 바람이 빠지는지 관찰하고 필요하다면 바람을 불어 넣어주거나 겸자로 줄을 조여도 된다.

 정답 | 87. ②   88. ④

89 "심장"에 대한 설명으로 옳지 않은 것은?

① 혈액을 받아들이는 2개의 심실과 심장 밖으로 혈액을 뿜어내는 2개의 심방로 되어 이루어져 있다.

② 오른심방은 압력이 낮고 주요 정맥으로부터 혈액을 받아들여 산소교환을 위해 허파로 보내는 기능을 맡고 있다.

③ 왼심방은 허파로부터 그 혈액을 받아들이고 왼심실은 고압으로 동맥을 통해 피를 뿜어낸다.

④ 왼심실의 작용으로 생기는 힘은 맥박을 형성하고 이는 손목의 노동맥처럼 뼈 위를 지나가는 동맥에서 촉지할 수 있다.

■ 심장

심장은 순환계의 중심으로 하가슴 내 복장뼈 좌측에 위치한 주먹크기 만한 근육조직이다.

① 혈액을 받아들이는 2개의 심방과 심장 밖으로 혈액을 뿜어내는 2개의 심실로 되어 이루어져 있다.

② 기능적으로는 좌·우로 나뉘는데 오른심방은 압력이 낮고 주요 정맥으로부터 혈액을 받아들여 산소교환을 위해 허파로 보내는 기능을 맡고 있다.

③ 왼심방은 허파로부터 그 혈액을 받아들이고 왼심실은 고압으로 동맥을 통해 피를 뿜어낸다.

④ 왼심실의 작용으로 생기는 힘은 맥박을 형성하고 이는 손목의 노동맥처럼 뼈 위를 지나가는 동맥에서 촉지할 수 있다.

90 "낙상환자의 내부출혈과 관련된 손상기전"으로 옳지 않은 것은?

① 낙상은 5m 이상 높이에서의 낙상이나 환자 키의 3배 이상의 높이에서 떨어진 경우는 특히 위험하다.

② 손상 부위의 찰과상, 타박상, 변형, 충격 흔적, 머리·목·가슴·배·골반 부종이 있다.

③ 부드럽고 딱딱하거나 팽창된 배 증상이 나타난다.

④ 호흡이 높고 빠르며 맥박은 약하고 느려진다.

■ 내부 출혈과 관련된 손상기전

① 낙상은 5m 이상 높이에서의 낙상이나 환자 키의 3배 이상의 높이에서 떨어진 경우는 특히 위험하다.

② 오토바이 운전자는 대부분 오토바이로부터 튕겨져 나간다.

③ 차에 치인 보행자는 3번의 충격(차량 범퍼, 보닛이나 전면유리, 도로나 차량)을 받을 수 있다.

④ 차량 충돌 - 고속 충돌, 전복, 추락 등으로 심각한 내부 손상을 초래할 수 있다.

⑤ 천자상 - 머리, 목, 가슴, 배, 골반, 몸쪽 팔다리 부위 천자상은 심각한 내부 출혈을 일으킬 수 있다.

■ 내부 출혈의 특징적인 증상 및 징후 [*] 13년 소방장

① 빠른 맥

② 손상 부위의 찰과상, 타박상, 변형, 충격 흔적, 머리·목·가슴·배·골반 부종

③ 입, 항문, 질, 기타 구멍으로부터의 출혈

④ 갈색이나 붉은색의 구토물

⑤ 검고 끈적거리거나 붉은 색의 대변

⑥ 부드럽고 딱딱하거나 팽창된 배

※ 내부출혈이 심각한 경우 쇼크의 증상 및 징후가 나타난다.

🔖 정답   89. ①   90. ④

91 "저혈량 쇼크"에 대한 설명으로 옳지 않은 것은?

① 순환계는 인체 조직에 산소를 공급하고 세포로부터 배설물을 제거하는 기능이 제대로 이루어지지 않을 경우 발생하는 것이다.

② 저혈류를 야기하는 3가지 주요 요소는 심장기능 장애, 정상 혈관 수축 기능 저하, 실혈이나 체액 손실이다.

③ 순환계는 실혈에 따른 보상반응으로 맥박이 느려지고 혈관을 이완시켜 조직으로의 관류를 유지하려 한다.

④ 실혈로 인한 쇼크를 저혈량성 쇼크라고 한다.

■ **저혈량 쇼크**[*] 23년 소방위

순환계는 인체 조직에 산소를 공급하고 세포로부터 배설물을 제거하는 기능이 제대로 이루어지지 않을 경우 발생하는 것이다.

(1) 실혈로 인한 쇼크를 저혈량성 쇼크라고한다.

(2) 순환계는 실혈에 따른 보상반응으로 맥박이 빨라지고 혈관을 수축시켜 조직으로의 관류를 유지하려 한다.[*]

(3) 빠른맥은 쇼크의 초기 징후로 나타나며 출혈이 계속되면 저혈로 진행되어 말초 혈류는 급격히 감소된다. 이러한 과정으로 허약감, 약한맥박, 창백하고 끈적한 피부를 나타낸다.

(4) 혈류량 저하는 조직기능 저하로 이어저 다양한 반응이 나타난다.

(저혈류를 야기하는 3가지 주요 요소)

① 심장기능 장애 ② 정상 혈관 수축 기능 저하 ③ 실혈이나 체액 손실

92 쇼크의 증상이 아래와 같을 때 실혈반응의 증상은?

빠른호흡, 빠르고 약한 맥박, 저혈압, 모세혈관 재충혈 시간 지연

① 관류량 저하

② 소화기계 혈류량 감소

③ 염분과 수분 보유 기능 저하

④ 심박동 증가, 혈관수축

■ **실혈에 따른 각 조직의 반응 및 증상 / 징후**[*] 13년 소방장/ 14년 소방위/ 17년 소방장

기 관	실혈 반응	증상 및 징후
뇌	심장과 호흡기능 유지를 위한 뇌 부분의 혈류량 감소	의식 변화 : 혼돈, 안절부절, 흥분
심혈관계	심박동 증가, 혈관수축	빠른호흡, 빠르고 약한 맥박 저혈압, 모세혈관 재충혈 시간 지연
위장관계	소화기계 혈류량 감소	오심 / 구토
콩 팥	염분과 수분 보유 기능 저하	소변생산량 감소, 심한 갈증
피 부	혈관 수축으로 인한 혈류량 감소	차갑고 창백하며 축축한 피부, 청색증
팔·다리	관류량 저하	말초맥박 저하, 혈압 저하

📱 **정답**　 **91.** ③　 **92.** ④

93 외부출혈에 있어서 "특수한 상황"에 대한 처치방법으로 옳지 않은 것은?

> 비 출혈은 코후빔, 심한 건조, 고혈압, 호흡기계 감염, 응고장애 등으로 일어나며 다음과 같은 처치를 실시한다.

① 가능한 환자를 앉은 상태에서 머리를 뒤로 젖히도록 하여 혈액이 허파로 유입되지 않도록 한다.

② 환자의 혈압이 높거나 불안정 하다면 환자를 최대한 안정시킨다.

③ 윗입술과 잇몸 사이에 둥글게 말은 거즈를 위치시키거나 코를 손가락으로 눌러 압박을 한다.

④ 코 위에 얼음물 주머니를 올려놓거나 국소적 냉각 치료는 지혈에 도움이 된다.

■ **특수한 상황**
① 귀, 코, 입에서의 출혈은 다양한 원인으로 일어날 수 있으며 특별한 주의가 요구된다.
  ⓐ 대개는 이 부위의 직접적인 손상으로 출혈이 일어나며 머리뼈 골절에 의해서도 일어날 수 있다.
  ⓑ 외상으로 인한 출혈 외에 호흡기계 감염, 고혈압, 응고장애 등이 원인이 된다.
  ⓒ 일반적인 처치법으로 귀 출혈은 느슨하게 드레싱을 해서 감염을 방지하는 것과 입 출혈은 기도 유지가 필요하다.
② 비 출혈은 코후빔, 심한 건조, 고혈압, 호흡기계 감염, 응고장애 등으로 일어나며 다음과 같은 처치를 실시한다.
  ⓐ 환자의 혈압이 높거나 불안정 하다면 환자를 최대한 안정시킨다.
  ⓑ <u>가능한 환자를 앉은 상태에서 머리를 앞으로 기울이도록 하여 혈액이 허파로 유입되지 않도록 한다.</u>
  ⓒ 윗입술과 잇몸 사이에 둥글게 말은 거즈를 위치시키거나 코를 손가락으로 눌러 압박을 한다.
  ⓓ 코 위에 얼음물 주머니를 올려놓거나 국소적 냉각 치료는 지혈에 도움이 된다.

94 "피부의 기능"에 대한 설명으로 옳지 않은 것은?

① 인체를 보호하고 감염을 방지하는 보호벽 기능

② 인체 내부 수분과 기타 체액을 유지하는 기능

③ 외부 충격으로부터 내부 장기 보호 기능

④ 인체 외부와 내부체온을 차단하는 기능

■ **피부의 기능*** 24년 소방위
① 인체를 보호하고 감염을 방지하는 보호벽 기능
② 인체 내부 수분과 기타 체액을 유지하는 기능
③ 체온조절기능(혈관의 수축과 확장 그리고 땀의 분비로 체온을 조절)
④ 외부 충격으로부터 내부 장기 보호 기능

정답 | 93. ① 94. ④

95 피부의 구성에 있어서 "진피"에 대한 설명으로 옳은 것은?

① 큰 혈관과 신경섬유가 통과하는 곳이다.

② 혈관과 신경세포는 없으며 털과 땀샘이 표피층을 통과한다.

③ 감염에 대한 첫 번째 보호막 역할을 한다.

④ 혈관, 신경섬유, 땀샘, 피지선, 모낭을 포함한 다양한 조직이 있다.

■ 피부의 구성

표 피	피부의 바깥층으로 표피의 바깥부분은 죽은 피부세포로 구성되어 있으며 감염에 대한 첫 번째 보호막 역할을 한다. 혈관과 신경세포는 없으며 털과 땀샘이 표피층을 통과한다.
진 피	표피 아래층으로 혈관, 신경섬유, 땀샘, 피지선, 모낭을 포함한 다양한 조직이 있다. 따라서 진피의 손상은 많은 량의 출혈과 통증을 초래한다.
피하층	진피 아래 피하조직으로 불리는 지방층으로 지방과 연결조직은 외부충격을 완화시키는 역할을 한다. 큰 혈관과 신경섬유가 통과하는 곳이다.

96 "드레싱과 붕대 처치"에 대한 설명으로 옳지 않은 것은?

① 드레싱 크기는 상처의 크기나 출혈상태에 따라 다르게 사용되어야 한다.

② 현장에서 드레싱 재료로 깨끗한 옷, 수건, 시트를 대신할 수 있다.

③ 붕대는 드레싱한 부위가 움직이지 않게 하는 처치로 항상 멸균상태여야 한다.

④ 팔꿈치, 무릎은 손상부위를 '8자' 모양으로 붕대를 감는다.

■ 드레싱과 붕대* 15년, 18년 소방장
① 대부분의 개방성 손상은 드레싱과 붕대를 이용한 처치가 필요하다.
② 드레싱은 지혈과 추가 오염을 예방하기 위해 손상부위에 거즈 등을 붙이는 처치로 항상 멸균상태여야 한다.
③ 붕대는 드레싱 부위가 움직이지 않게 하는 처치로 멸균상태일 필요는 없다.
④ 현장에서 만약 드레싱 재료가 준비되어 있지 않다면 깨끗한 옷, 수건, 시트 등을 사용할 수 있다.
⑤ 드레싱 크기는 상처의 크기나 출혈상태에 따라 다르게 사용되어야 한다.

■ 응급처치
① 이마, 귀 : 손상부위를 드레싱으로 덮은 후 붕대로 고정시킨다.
② 팔꿈치, 무릎 : 손상부위를 '8자' 모양으로 붕대를 감는다.
③ 아래팔, 다리 : 붕대로 손상부위를 먼쪽에서 몸쪽 방향으로 감는다.
④ 손 : 손목까지 붕대로 감아 고정시킨다.
⑤ 어깨 : 액와부에 패드를 댄 후 '8자' 모양으로 붕대를 감는다.
⑥ 골반 : 손상부위를 큰 드레싱으로 덮은 후 우선 삼각건을 접어 허리부분을 고정시킨 후 두 번째 삼각건을 접어 넙다리를 고정시킨다.

정답 **95.** ④   **96.** ③

97 "개방성 연부조직손상"의 형태와 관계없는 것은?

① 결출상   ② 찰과상

③ 혈종   ④ 열상

> ① 폐쇄성 연부조직손상 : 타박상, 혈종, 폐쇄성 압좌상
> ② 개방성 연부조직손상 : 찰과상, 열상, 결출상, 절단, 관통/찔린 상처, 개방성 압좌상

98 다음 중 "타박상"에 대한 설명으로 옳은 것은?

① 신체외부에서 내부까지 손상을 받은 형태로 피부 표면손상 없이도 많은 조직 손상을 초래할 수 있다.

② 피부 표면이 다른 색으로 부어 있거나 뇌, 배와 같은 인체내부에서도 일어날 수 있다.

③ 손상 부위 및 원인 물체의 무게 등에 따라 손상 정도와 실혈량이 달라진다.

④ 손상된 조직에서 진피 내로 출혈이 유발되어 반상출혈(일명 '멍')이 든다.

> ■ **폐쇄성 연부조직손상**★★ 13년, 소방장/ 22년 소방위
> 둔탁한 물체로 인한 손상으로 주먹, 차량사고로 핸들에 가슴을 부딪친 경우 등이 있다. 형태로는 타박상, 혈종, 폐쇄성 좌상이 있다.
>
> | | |
> |---|---|
> | 타박상 | ① 진피는 그대로이나 안에 세포나 혈관은 손상을 받은 형태이다.
② 손상된 조직에서 진피 내로 출혈이 유발되어 반상출혈(일명 '멍')이 든다.
③ 손상부위는 통증과 부종 그리고 압통이 나타난다. |
> | 혈종 | ① 타박상과 비슷하나 진피와 피하지방 조직층에 좀 더 큰 혈관과 조직손상으로 나타난다.
② 피부 표면이 다른 색으로 부어 있거나 뇌, 배와 같은 인체내부에서도 일어날 수 있다.
③ 혈종의 위치와 크기에 따라 쇼크를 유발할 수 있다. |
> | 폐쇄성
압좌상 | ① 신체외부에서 내부까지 손상을 받은 형태로 피부 표면손상 없이도 많은 조직 손상을 초래할 수 있다.
② 망치로 손가락을 친 상태, 산업기계에 팔이 눌린 상태, 건물 붕괴로 묻힌 상태 등이 있다.
③ 손상 부위 및 원인 물체의 무게 등에 따라 손상 정도와 실혈량이 달라진다.
• 통증, 부종, 변형, 골절 등을 함께 동반할 수 있다.
④ 특수한 형태로는 외상형 질식이 있다.
※ 가슴의 갑작스런 압력이 가해졌을 때 심장과 허파에 압력을 전달되고 가슴 내의 피를 밖으로 짜내어 머리와 목 그리고 어깨로 전달되는 현상이다. |

99 "드레싱과 붕대"에 대한 설명에서 다음 내용과 관계있는 것은?

> 공기유입을 막는 형태로 배나 가슴의 개방성 손상 그리고 경정맥 과다출혈에 사용되어야 한다.

① 일반드레싱   ② 삼면드레싱

③ 압박드레싱   ④ 폐쇄드레싱

정답 | 97. ③   98. ④   99. ④

■ **드레싱과 붕대*** 18년 소방장

일반드레싱	크고 두꺼운 드레싱으로 배손상과 같은 넓은 부위를 덮는데 사용된다.
압박드레싱	지혈에 사용되는데 거즈패드를 우선 손상부위에 놓고 두꺼운 드레싱을 놓은 후 붕대로 감는다. 이때, 먼 쪽 맥박을 평가해 붕대를 재조정(조이거나 느슨하게)해야 한다.
폐쇄드레싱	공기유입을 막는 형태로 배나 가슴의 개방성 손상 그리고 경정맥 과다출혈에 사용되어야 한다.

100 "개방성 가슴손상"에 대한 내용으로 옳지 않은 것은?

① 종종 '빨아들이는 소리'나 '상처부위 거품'을 볼 수 있다.

② 상처부위 드레싱은 공기 유입을 막기 위해 상처부위보다 5cm 더 넓게 해야 하며 폐쇄해야 한다.

③ 만약 이송 중 환자가 의식저하, 호흡곤란 악화, 저혈압 징후를 보이면 폐쇄드레싱을 해주어야 한다.

④ 폐쇄드레싱은 흉강내 공기가 빠져나가지 못해 흉강압력이 올라가 긴장성 기흉 상태가 나타날 수 있다.

■ **개방성 가슴손상**** 18년 소방장/ 22년 소방위
가슴벽에 관통, 천공 상처가 있는 것을 말하며 외부공기가 직접 흉강으로 들어온다는 것을 의미한다. 종종 '빨아들이는 소리'나 '상처부위 거품'을 볼 수 있다. 치명적인 손상으로 분류되며 공기는 가슴벽 안과 허파에 쌓이고 호흡곤란과 허파허탈을 초래한다.*

■ **응급처치**
1. 개인 보호 장비를 착용한다.
   공기 축적으로 인한 압력은 호흡 중 개방 상처부위로 피를 뿜어내므로 개인 보호 장비가 필요하다.
2. 고농도산소를 공급한다.
3. 상처 위에 폐쇄드레싱을 해준다.
   공기의 유입을 막기 위한 목적이다. 드레싱은 상처부위보다 5cm 더 넓게 해야 하며 폐쇄해야 한다.
4. 환자가 편안하게 느끼는 자세를 취해주도록 한다.(척추손상 환자 제외)
5. 신속하게 이송한다.
   경우에 따라 폐쇄드레싱은 흉강내 공기가 빠져나가지 못해 흉강압력이 올라가 긴장성 기흉 상태가 나타날 수 있다. 만약 이송 중 환자가 의식저하, 호흡곤란 악화, 저혈압 징후를 보이면 흉강 내 공기가 빠져나오게 폐쇄드레싱을 제거하거나 삼면 드레싱을 해주어야 한다.*

101 연부조직의 "몸통, 복장뼈, 갈비뼈의 타박상"에 대한 징후로서 관계 깊은 것은?

① 가슴손상 가능성

② 구토물에서 커피색 혈액이 나오는지 확인

③ 지라, 간, 콩팥 손상 가능성

④ 입, 코, 귀에서의 혈액 확인이 필요

🖥 정답 | **100.** ③ **101.** ①

■ 연부조직의 타박상(좌상)에 대한 징후

징 후	손상 가능성이 있는 장기 및 처치
직접적인 멍	타박상 아래 장기 : 지라, 간, 콩팥 손상 가능성
부종 또는 변형	골절 가능성
머리 또는 목의 타박상	목뼈 또는 뇌 손상 가능성이 있으므로 입, 코, 귀에서의 혈액 확인이 필요
몸통, 복장뼈, 갈비뼈의 타박상	가슴손상 가능성, 환자가 기침을 할 때 피가 섞인 거품을 보인다면 허파 손상 가능성이 있으므로 호흡곤란이 있는지 확인한다. 또한 청진기를 이용해 양쪽 허파음을 들어 이상한 소리가 있는지 그리고 양쪽이 똑같은지 비교해 본다.
배의 타박상	배내 장기 손상 가능성, 환자가 토하는 경우 특히 배 타박상이 있는지 시진하고 구토물에서 커피색 혈액이 나오는지 확인한다. 또한 배 촉진을 실시한다.

102 "개방성 연부조직 손상"에 대한 설명으로 옳지 않은 것은?

① 절단 : 피부손상 깊이와 넓이가 다양하며 날카로운 물체에 피부가 잘린 상처이다.

② 관통상 : 날카롭고 뾰족하거나 빠른 속도의 물체가 신체를 뚫은 형태로 피부표면의 상처뿐 아니라 내부 조직 손상도 초래한다.

③ 결출상 : 피부나 조직이 찢겨져 너덜거리는 상태로 많은 혈관 손상으로 종종 출혈이 심각하다. 보통 산업현장에서 많이 발생한다.

④ 개방성 압좌상 : 피부가 파열되어 찢겨진 형태로 연부조직, 내부 장기 그리고 뼈까지 광범위하게 손상을 나타낸다.

■ 개방성 연부조직손상* 13년 소방장/ 19년, 22년 소방위

찰과상	표피가 긁히거나 마찰된 상태로 보통은 진피까지 손상을 입는다. 출혈은 적지만 심한 통증을 호소하며 대부분 상처 부위가 넓다. 오토바이 사고 환자에게 많다.
열상	피부손상 깊이와 넓이가 다양하며 날카로운 물체에 피부가 잘린 상처이다. 상처부위는 일직선으로 깨끗하게 또는 불규칙하게 잘릴 수 있으며 출혈은 상처부위 손상 정도에 따라 달라진다. 큰 혈관 손상을 동반한 열상은 치명적이며 얼굴, 머리, 생식기 부위 등 혈액 공급이 풍부한 곳은 출혈량이 많다.
결출상	피부나 조직이 찢겨져 너덜거리는 상태로 많은 혈관 손상으로 종종 출혈이 심각하다. 보통 산업현장에서 많이 발생한다.
절단	신체로부터 떨어져 나간 상태로 완전절단과 부분절단이 있다. 출혈은 적거나 많을 수 있는데 절단 부위가 어디냐에 따라 달라진다.
관통 / 찔린 상처	날카롭고 뾰족하거나 빠른 속도의 물체가 신체를 뚫은 형태로 피부표면의 상처뿐 아니라 내부 조직 손상도 초래한다. 외부출혈은 없어도 내부에서는 출혈이 진행될 수 있으며 머리, 목, 몸통부위 손상이라면 특히 주의해야 한다.
개방성 압좌상	피부가 파열되어 찢겨진 형태로 연부조직, 내부 장기 그리고 뼈까지 광범위하게 손상을 나타낸다. 이 손상 역시 외부출혈 외에도 내부출혈이 있을 수 있으므로 주의해야 한다.

정답   102. ①

103 "특수한 손상에 대한 응급처치"에 대한 설명으로 옳은 것은?

① 개방성 배 손상 : 나온 장기에 닿지 않도록 주의해야 하며 다시 집어넣으려 시도하여야 한다.

② 관통상 : 관통한 물체를 제거하지 않고 상처부위를 고정시키고 관통부위를 직접 압박한다.

③ 절단 : 완전 절단된 경우 생리식염수를 적신 멸균거즈로 감싸고 얼음에 조직이 직접 닿도록 해야 한다.

④ 목 부위 큰 개방성 상처 : 지혈을 위해 상처 위를 장갑 낀 손으로 직접 압박하고 상처 부위에 5cm 이상 덮을 수 있는 두꺼운 거즈로 폐쇄드레싱을 하고 압박붕대로 감는다.

■ **특수한 손상에 대한 응급처치**** 18년, 20년 소방장/ 22년 소방위
① 개방성 배 손상 : 나온 장기에 닿지 않도록 주의하고 다시 집어넣으려 시도하면 안 된다.
② 관통상 : 관통한 물체를 제거하지 않고 상처부위에 고정시키고 관통부위가 아닌 옆 부분을 직접 압박한다.
③ 목 부위 큰 개방성 상처 : 상처 부위에서 5cm 이상 덮을 수 있는 두꺼운 거즈로 폐쇄드레싱을 하고 지혈을 위해 압박붕대로 감는다. 꼭 필요한 경우를 제외하고는 목동맥에 압박을 주는 행위는 피해야 하며 양측 목동맥을 동시에 압박해서는 안 된다.
④ 절단 : 절단된 끝부분에 압박드레싱을 해준다. 지혈대는 최후 수단으로 사용해야 한다. (완전절단이라면 생리식염수를 적신 멸균 거즈로 감싸고 비닐백에 조직을 넣어 밀봉 후 차갑게 유지해야 하는데 얼음에 직접 조직이 닿지 않도록 해야 한다.)
⑤ 결출상 : 생리식염수를 적신 멸균거즈로 감싸고 비닐백에 조직을 넣어 밀봉 후 차갑게 유지해야 하는데 얼음에 직접 조직이 닿지 않도록 해야 한다.

104 "화상으로 인한 지연사망"과 관계 깊은 것은?

① 체액손실로 인한 쇼크와 감염 ② 기도손상

③ 흉부손상 ④ 호흡장애

■ **화상**

현장사망	대부분 기도손상과 호흡장애로 일어나며 현장에서의 응급처치가 중요하다.
지연사망	체액손실로 인한 쇼크와 감염으로 인해 일어난다. 따라서 구급대원의 신속한 평가와 응급처치 그리고 이송이 필요하다.

105 "응급처치 시 붕대의 사용요령"으로 옳지 않은 것은?

① 삼면드레싱 부위는 모두 붕대로 감싸 추가 오염을 방지해야 한다.

② 통증, 피부색 변화, 저린 감각 등은 붕대를 너무 조일 때 나타난다.

③ 너무 느슨한 경우 손상 부위로부터 벗어날 수 있으므로 주의해야 한다.

④ 혈액순환과 신경검사에 필요한 손가락과 발가락은 감싸지 말아야 한다.

정답 103. ④ 104. ① 105. ①

드레싱과 붕대 사용요령* 18년 소방장	
드레싱	① 개인 보호장비를 착용한다. ② 손상부위를 노출시킨다. 전체 손상부위를 볼 수 있도록 옷 등을 제거한다. ③ 멸균거즈를 이용해 손상부위를 덮는다. 이때, 드레싱 끝을 잡아 최대한 오염되지 않도록 주의해야 한다. ④ 단순 출혈의 경우에는 붕대 없이 드레싱과 반창고를 이용해 고정시키고 지혈이 필요한 경우에는 붕대를 이용해 압박 드레싱하여 고정시켜야 한다. ⑤ <u>드레싱한 부분을 현장에서 제거해서는 안 된다.</u> 제거할 경우 재출혈 또는 드레싱에 붙은 조직이 떨어져 나갈 수 있기 때문이다. 드레싱한 부위에 계속 출혈양상이 보인다면 새로운 드레싱을 그 위에 덧대고 붕대로 감아준다. ※ <u>현장에서 드레싱한 부분을 제거해야 하는 경우도 있다. 일반드레싱의 경우 피로 흠뻑 젖은 경우 새 드레싱으로 교체하며 직접압박을 해야 한다.</u>
붕대	① 붕대를 감을 때 너무 조여 동맥의 흐름을 방해해서는 안 된다. ② 너무 느슨한 경우 손상 부위로부터 벗어날 수 있으므로 주의해야 한다. ③ 환자가 움직일 때 매듭이 풀리지 않도록 주의해야 한다. ④ 혈액순환과 신경검사에 필요한 <u>손가락과 발가락은 감싸지 말아야 한다</u>(손가락과 발가락 화상 시에는 제외). 통증, 피부색 변화, 차가움, 저린감각 등은 붕대를 너무 조일 때 나타난다. ⑤ 드레싱 부위는 모두 붕대로 감싸 추가 오염을 방지해야 한다. ※ 단, 삼면드레싱의 경우 제외

※ 팔다리를 붕대로 감싸는 경우 두 가지 문제가 발생
① 작은 부위를 붕대로 감쌀 경우 국소적 압박이 발생할 수 있으므로 넓게 붕대를 감아 지속적이며 일정한 압박을 받을 수 있도록 처치해야 한다. 또한, 먼쪽에서 몸쪽으로 감싸야 한다.
② 관절부위를 붕대로 감쌀 경우 순환장애 및 붕대가 느슨해지는 문제가 발생할 수 있다. 따라서 부목을 이용해 느슨해지는 것을 예방하거나 팔걸이를 이용해 관절부위 순환장애를 예방할 수 있다.

106 "화상범위"에 대한 설명으로 옳지 않은 것은?

① 처치와 이송 전에 화상 범위를 파악해야 한다.
② 9의 법칙'이라 불리는 기준을 이용한다.
③ 범위가 작은 경우에는 환자의 손바닥 크기를 1%라 가정하고 평가하면 된다.
④ 소아의 경우 성인과 달리 몸에 비해 머리가 작으므로 달리 평가해야 한다.

처치와 이송 전에 화상범위를 파악해야 하며 '9법칙'이라 불리는 기준을 이용한다. 9의 법칙은 범위가 큰 경우 사용하며, 범위가 작은 경우에는 환자의 손바닥크기를 1%라 가정하고 평가하면 된다.
• 소아의 경우 성인과 달리 몸에 비해 머리가 크므로 달리 평가해야 한다.

정답 106. ④

107 다음 중 "2도 화상"에 해당되는 것은?

① 내부 조직으로 체액손실과 2차감염과 같은 심각한 합병증을 유발할 수 있다.
② 심한 경우 근육, 뼈, 내부 장기도 포함되는 경우가 있다.
③ 화상부위는 발적, 동통, 압통이 나타난다.
④ 화상부위는 특징적으로 건조하거나 가죽과 같은 형태를 보인다.

■ 화상의 깊이** 16년 소방교/ 20년 소방장

1도 화상	① 경증으로 표피만 손상된 경우이다. ② 햇빛(자외선)으로 인한 경우와 뜨거운 액체나 화학손상에서 많이 볼 수 있다. ③ 화상부위는 발적, 동통, 압통이 나타나며, 범위가 넓은 경우 심한 통증을 호소할 수 있으므로 처치가 필요한 경우가 있다.
2도 화상	① 표피와 진피가 손상된 경우로 열에 의한 손상이 많다. ② 내부 조직으로 체액손실과 2차감염과 같은 심각한 합병증을 유발할 수 있다. ③ 화상부위는 발적, 창백하거나 얼룩진 피부, 수포가 나타난다. ④ 손상부위는 체액이 나와 축축한 형태를 띠며 진피에 많은 신경섬유가 지나가 심한 통증을 호소한다.
3도 화상	① 대부분의 피부조직이 손상된 경우로 심한 경우 근육, 뼈, 내부 장기도 포함되는 경우가 있다. ② 화상부위는 특징적으로 건조하거나 가죽과 같은 형태를 보이며 창백, 갈색 또는 까맣게 탄 피부색이 나타난다. ③ 신경섬유가 파괴되어 통증이 없거나 미약할 수 있으나 보통 3도 화상 주변 부위가 부분화상임으로 심한 통증을 호소한다.

108 다음 중 "중증도 분류"에 필요한 요소가 아닌 것은?

① 원통형 화상
② 기도화상
③ 몸무게
④ 화상부위

■ 중증도 분류에 필요한 요소* 12년 소방장

나이	6세 미만 56세 이상 환자는 화상으로 인한 합병증이 심하며 다른 연령대의 중증도 보다 한 단계 높은 중등도로 보면 된다.
기도화상	입 주변, 코털, 빠른 호흡 등은 호흡기계 화상을 의심할 수 있다. 밀폐된 공간에서의 화상환자에게 많으며 급성 기도폐쇄나 호흡부전을 나타낼 수 있으므로 즉각적인 응급처치가 필요하다.
질병	당뇨, 허파질환, 심장질환 등을 갖고 있는 환자는 더욱 심각한 손상을 받는다.
기타 손상	내부 출혈, 골절이나 탈구 등
화상부위	얼굴, 손, 발, 생식기관 등은 오랫동안 합병증에 시달리거나 특별한 치료가 요구된다.
원통형 화상	(신체나 신체 일부분을 둘러싼 화상) 피부를 수축시키고 팔다리에 손상을 입은 경우 먼쪽 조직으로의 순환을 차단 할 수 있기 때문에 심각해 질 수 있다. 관절이나 가슴, 배에 화상을 입어 둘레를 감싸는 화상흉터로 인해 정상기능의 제한을 주는 경향이 있다.

정답 107. ① 108. ③

109 화재현장에서 "소아(Child)의 양쪽다리 앞부분 전부, 가슴부분" 에 화상을 입었을 경우 9의 법칙에 따른 화상범위로 맞는 것은?

① 27%   ② 55%

③ 36%   ④ 46%

■ **화상범위**★★ 17년 소방위/ 20년 소방장/ 24년 소방위

처치와 이송 전에 화상범위를 파악해야 하며 '9법칙'이라 불리는 기준을 이용한다. 9의 법칙은 범위가 큰 경우 사용하며, 범위가 작은 경우에는 환자의 손바닥크기를 1%라 가정하고 평가하면 된다.

※ 소아의 경우 성인과 달리 몸에 비해 머리가 크므로 달리 평가해야 한다.

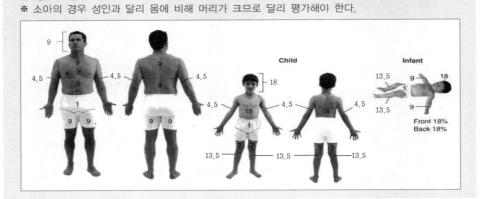

110 화상환자에 대한 성인의 중증도 분류에 있어서 "중등도"에 해당되는 것은?

① 체표면적 2% 미만의 3도 화상인 모든 환자

② 체표면적 20% 이상의 2도 화상인 10세 미만 50세 이후의 환자

③ 체표면적 15% 이상, 25% 미만의 2도 화상인 10세 이상 50세 이하의 환자

④ 영아, 노인, 과거력이 있는 화상환자

	■ 성인의 중증도 분류★★★ 17년 소방장/ 19년 소방위/ 20년 소방장, 소방위/ 21년 소방장
중 증	① 흡인화상이나 골절을 동반한 화상 ② 손, 발, 회음부, 얼굴화상 ③ 체표면적 10% 이상의 3도 화상인 모든 환자 ④ 체표면적 25% 이상의 2도 화상인 10세 이상 50세 이하의 환자 ⑤ 체표면적 20% 이상의 2도 화상인 10세 미만 50세 이후의 환자 ⑥ 영아, 노인, 기왕력이 있는 화상환자 ⑦ 원통형 화상, 전기화상
중등도	① 체표면적 2% 이상~10% 미만의 3도 화상인 모든 화상 ② 체표면적 15% 이상, 25% 미만의 2도 화상인 10세 이상 50세 이하의 환자 ③ 체표면적 10% 이상, 20% 미만의 2도 화상인 10세 미만, 50세 이후의 환자
경 증	① 체표면적 2% 미만의 3도 화상인 모든 환자 ② 체표면적 15% 미만의 2도 화상인 10세 이상 50세 이하의 환자 ③ 체표면적 10% 미만의 2도 화상인 10세 미만, 50세 이후의 환자

🔖 **정답**   **109.** ②   **110.** ③

111 "화상환자에 대한 응급처치 요령"으로 옳지 않은 것은?

① 옷에서 불이나 연기가 난다면 물로 끄고 기름, 왁스, 타르와 같은 반고체 물질은 물로 식혀 줘야 하며 즉시 제거해야 한다.

② 중증화상은 체온유지기능을 저하시키기 때문에 보온을 유지한다.

③ 화상환자의 수액투여는 성인 환자는 2ml/kg/%TBSA, 소아의 경우 3ml/kg/%TBSA이다.

④ 손과 발의 화상은 거즈로 분리시켜 드레싱 해야 하며 수포를 터트리거나 연고, 로션 등을 바르면 안 된다.

■ **화상환자 응급 처치*** 12년, 14년 소방장
① 손상이 진행되는 것을 차단한다.
　옷에서 불이나 연기가 난다면 물로 끄고 기름, 왁스, 타르와 같은 반고체 물질은 <u>물로 식혀 줘야</u>
　<u>하며 제거하려고 시도해서는 안 된다.</u>
② 기도가 개방된 상태인지 계속 주의를 기울여야 한다.
　<u>기도화상, 호흡곤란, 밀폐공간에서의 화상환자는 고농도산소를 주어야 한다.</u>
③ 화상 입은 부위를 완전히 노출하기 위해 감싸고 있는 옷을 제거한다.
　화상 입은 부위의 반지, 목걸이, 귀걸이와 같은 장신구는 제거하고 피부에 직접 녹아 부착된 합성
　물질 등이 있다면 떼어 내려고 시도하지 말아야 한다.
④ 화상 중증도를 분류한다.*
　<u>중증이라면 즉각적으로 이송해야 하며 그렇지 않다면 다음 단계의 처치를 실시하도록 한다.</u>
⑤ 손상부위 오염을 방지하기 위해서 건조하고 멸균된 거즈로 드레싱한다.
　손과 발의 화상은 거즈로 분리시켜 드레싱 해야 하며 <u>수포를 터트리거나 연고, 로션 등을 바르면</u>
　<u>안 된다.</u>
⑥ 중증화상은 체온유지기능을 저하시키기 때문에 <u>보온을 유지한다.</u>
⑦ 화상환자에게 발생된 다른 외상을 처치하고 즉시 화상치료가 가능한 병원으로 이송한다.

※ 화상환자의 수액투여
　– 목표 소변량에 따라 수액투여량을 조절할 수 있다.
　– 성인 환자는 2ml/kg/%TBSA, 소아의 경우 3ml/kg/%TBSA, 전기 화상의 경우 전연령대에서
　4ml/kg/%TBSA를 기준으로 락테이트 링거액을 투여한다.

112 "전기화상"의 특징에 대한 설명으로 옳지 않은 것은?

① 전기화상은 밖으로는 심각하더라도 몸 안에는 작은 흔적만 남을 수 있다.

② 가장 위험한 경우 심전도계 장애로 심장 마비나 부정맥이 나타나기도 한다.

③ 일반적으로 전압과 전류량이 높을수록 더욱 심한 화상을 입는다.

④ 교류는 직류보다 심한 화상을 입힌다.

■ **전기 화상*** 12년 소방위/ 20년 소방장
① 전선이나 낙뢰에 의해 일어나며 일반적으로 전압과 전류량이 높을수록 더욱 심한 화상을 입는다.
② <u>교류(AC, alternating current)는 직류(DC, direct current)보다 심한 화상을 입히며</u> 전기가 들어온
　곳과 나온 곳이 몸에 표시되어 남아 있다.
③ <u>낙뢰에 의한 화상환자는 특징적으로 양치류 잎과 같은 모양의 화상이 나타난다.</u>
④ <u>전기화상은 몸 안에서는 심각하더라도 밖으로는 작은 흔적만 남을 수 있기 때문에 주의한다.</u>
⑤ <u>갑작스러운 근육수축으로 탈골되거나 골절될 수도 있다.</u>
⑥ <u>가장 위험한 경우는 심전도계 장애로 심장 마비나 부정맥이 나타나기도 한다.</u>

정답 | 111. ① 　 112. ①

113 소아화상의 분류상 "중등도"에 해당하는 것은?

① 체표면의 10~20%의 부분층 화상
② 전층 화상과 체표면의 20% 이상의 부분층 화상
③ 체표면의 20% 이상 30% 미만의 부분층 화상
④ 체표면의 10% 미만의 부분층 화상

■ 소아의 중증도 분류표* 14년 소방장

화상처치에 대한 일반적인 원리는 성인과 같으나 몇 가지 주의해야 할 점이 있다. 성인보다 신체 크기에 비해 체표면적이 넓어 체액손실이 많고 그로 인해 저체온이 될 가능성이 높다는 점이다. 또한 해부적·생리적으로 다르기 때문에 성인과 다르게 중증도를 분류한다.

중증도 분류	화상 깊이 및 화상 범위
중 증	전층 화상과 체표면의 20% 이상의 부분층 화상
중등도	체표면의 10~20%의 부분층 화상
경 증	체표면의 10% 미만의 부분층 화상

※ 6세 미만의 유아화상은 성인 분류상 중등도화상 이라면 유아는 한 단계 위인 중증화상으로 분류해야 한다.

114 "파크랜드 수액요법"에 대한 설명으로 옳지 않은 것은?

① 화상 입은 면적이 크면 병원 전 처치에서 적극적인 수액 요법을 시행하라는 의료 지도가 있을 수 있다.
② 중등에서 중증화상 환자는 모두 정맥로를 확보해야 한다.
③ 화상 후 첫 8시간 동안 전체 수액을 준다.
④ 병원으로의 이송은 대개 1시간 이내이기 때문에 초기 주입하는 수액량으로 환자의 몸무게 킬로그램당 0.25ml를 화상 면적과 곱한 양을 주는 것이 합리적이다.

■ 파크랜드 수액요법
ⓐ 화상 입은 면적이 크면 병원 전 처치에서 적극적인 수액 요법을 시행하라는 의료 지도가 있을 수 있다.
ⓑ 중등에서 중증화상 환자는 모두 정맥로를 확보해야 한다.
ⓒ 2개의 굵은 혈관 주사를 확보한 후 각각에 1,000ml의 생리식염수나 링거액을 연결한다.
ⓓ 화상 후 첫 8시간 동안 전체 수액의 반을 준다.
ⓔ 병원으로의 이송은 대개 1시간 이내이기 때문에 초기 주입하는 수액량으로 환자의 몸무게 킬로그램당 0.25ml를 화상 면적과 곱한 양을 주는 것이 합리적이다.
ⓕ 화상 환자에서 수액을 줄 때는 기도 상태와 호흡음을 자주 주의 깊게 감시해야 한다.

115 "경성부목"의 종류가 아닌 것은?

① 알루미늄부목　　　　　　② 철사부목
③ 공기부목　　　　　　　　④ 성형부목

정답　113. ①　114. ③　115. ③

■ **경성부목*** 15년, 18년 소방교

경성부목은 견고한 재료로 만들어지며 손상된 팔다리의 측면과 전면, 후면에 부착할 수 있다.

| 골절부목 | 철사부목 | 성형부목 | 알루미늄부목 |

116 다음 중 "연성부목"에 대한 설명으로 옳지 않은 것은?

① 가장 많이 사용되는 연성부목은 공기부목과 진공부목이다.

② 공기부목은 펌프를 이용해 공기를 빼는 것이고 진공부목은 입으로 공기를 불어넣는 것이다.

③ 진공부목은 내부를 진공상태로 만들면 특수소재가 견고하게 변하여 고정되는 부목으로 심하게 각이 졌거나 구부러진 곳에서 효과적으로 사용된다.

④ 공기부목은 환자에게 편안하며 접촉이 균일하고 지혈도 가능하다.

 ■ **연성 부목**** 14년 소방장/ 18년 소방교

가장 많이 사용되는 연성부목은 공기부목과 진공부목이다.

공기부목	환자에게 편안하며 접촉이 균일하고 외부 출혈이 있는 상처에 압박을 가할 수 있으므로 지혈도 가능하다는 장점이 있으나, 온도 및 공기압력에 의해 변화가 생기는 단점이 있다. ※ 환자상태를 확인하면서 입으로 공기를 불어넣는다.
진공부목	내부를 진공상태로 만들면 특수소재가 견고하게 변하여 고정되는 부목으로, 심하게 각이 졌거나 구부러진 곳에서 효과적으로 사용된다. ※ 펌프를 이용 공기를 빼는 것이 공기부목과 다르다.

┃연성 부목┃

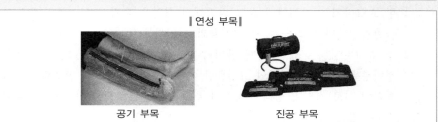

| 공기 부목 | 진공 부목 |

117 "부목의 사용목적"으로 옳지 않은 것은?

① 추가손상방지　　　　　　　② 감염방지
③ 손상부위 안정　　　　　　　④ 통증감소

■ **부목*** 15년 소방장
근골격계 손상을 처치하는 목적은 추가 손상 방지와 통증 감소를 위해 손상부위 안정에 있다. 이를 위해 주로 사용하는 것은 부목이다. 이때, 주의해야 할 것은 치명적인 상황에 대한 처치를 우선적으로 해야 한다는 점이다.

118 "환자에게 부목을 하지 않을 경우 발생하는 현상"으로 옳지 않은 것은?

① 혈관, 신경, 근육 또는 연부조직이 압박
② 뼈의 날카로운 단면 움직임으로 폐쇄형에서 개방형으로 전환
③ 움직임으로 추가적인 연부조직 손상으로 내부 출혈 증가
④ 골절로 생긴 날카로운 뼈의 단면으로 신경, 근육, 혈관의 추가 손상

부목을 하지 않은 경우	① 골절로 생긴 날카로운 뼈의 단면으로 신경, 근육, 혈관의 추가 손상 ② 움직임으로 추가적인 연부조직 손상으로 내부 출혈 증가 ③ 움직임으로 통증 호소 ④ 뼈의 날카로운 단면 움직임으로 폐쇄형에서 개방형으로 전환
부목 사용이 잘못된 경우	① 너무 느슨하게 부목을 고정하면 위와 같은 결과가 나타난다. ② 너무 조이면 혈관, 신경, 근육 또는 연부조직이 압박된다. ③ 만약, 치명적인 상태에서는 부목고정보다 처치나 이송이 우선시되어야 한다. 치명적인 상태를 무시하거나 부적절한 처치를 한 경우에는 사망에 이르기도 한다.

119 각종 부목에 대한 설명으로 옳지 않은 것은?

① 항 쇼크바지는 저체액성 쇼크 환자에서 혈압을 유지시키는 목적으로 사용되는 장비로 골반골절이나 다리골절 시 고정효과가 있다.
② 항 쇼크바지는 구급차 적재 장비기준에서 제외되어 있다.
③ 견인부목은 외적인 지지와 고정뿐만 아니라 넙다리 손상시 발생되는 근육경련으로 인해 뼈끝이 서로 겹쳐 발생되는 통증과 추가적인 연부조직 손상을 줄여, 내부출혈을 감소시킬 수 있는 장비이다.
④ 견인부목은 관절 및 다리 하부의 손상이 동반되지 않은 넙다리 몸통부 손상, 엉덩이나 골반 손상 등에 사용된다.

정답　117. ②　118. ①　119. ④

■ 항 쇼크 바지(PASG 또는 MAST)
저체액성 쇼크 환자에서 혈압을 유지시키는 목적으로 사용되는 장비로 골반골절이나 다리골절 시 고정
효과가 있다.
※ 우리나라의 경우 이송거리 및 이송시간이 짧아 활용도가 거의 없는 관계로 구급차 적재 장비 기준
에서 제외되었음.

■ 견인부목** 20년 소방장
① 관절 및 다리 하부의 손상이 동반되지 않은 넙다리 몸통부 손상시 사용된다.
② 외적인 지지와 고정뿐만 아니라 넙다리 손상시 발생되는 근육경련으로
인해 뼈끝이 서로 겹쳐 발생되는 통증과 추가적인 연부조직 손상을 줄여,
내부출혈을 감소시킬 수 있는 장비이다.
③ 견인부목을 사용해서는 안되는 경우
 – 엉덩이나 골반 손상, 무릎이나 무릎 인접부분 손상, 발목 손상, 종아리
   손상·부분 절상이나 견인기구 적용부위의 결출상

120 다음 중 "일반적인 부목사용 방법"으로 옳지 않은 것은?

① 손과 다리를 포함한 먼 쪽 팔다리 손상에서 부목을 대줄 때는 순환상태를 평가하기 위해
  손끝과 발끝은 보이게 해야 한다.
② 부목 고정 전에 팔·다리 손상 먼 쪽의 맥박, 운동기능 그리고 감각을 평가해야 한다.
  부목 고정 후에도 다시 한 번 평가한다.
③ 뼈가 손상 부위 밖으로 나와 있다면 가급적 원래 위치로 넣으려고 노력한다.
④ 팔꿈치골절에는 위팔과 아래팔을 고정시켜야 한다.

■ 일반적인 부목 사용방법
① 부목 외에 다른 불필요한 것은 제거한다.
② 손상부위에 따라 가장 적합한 부목을 사용해라.
③ 뼈 손상 여부가 의심될 경우에는 손상됐다고 가정하고 부목으로 고정한다.
④ 근골격계 손상환자가 쇼크 징후 등을 보이면 즉각적으로 이송해야 한다. 부목에 앞서 신속한 이송이
  필요한 경우는 긴 척추고정판을 이용해 환자를 고정해야 한다.
⑤ 심각한 손상 환자는 부목으로 고정하기 위해 시간을 지연해서는 안 되며 신속하게 이송해야 한다.
⑥ 부목 고정 전에 한 명의 대원은 손상부위 양 쪽을 각각 잡아 손상부위를 고정시킨다. 이는 부목으로
  완전히 고정될 때까지 잡고 있어야 한다.
⑦ 부목 고정 전에 팔다리 손상 먼 쪽의 맥박, 운동기능 그리고 감각을 평가해야 한다. 부목 고정 후에도
  다시 한 번 평가한다. 항상 부목 고정 전·후에 대해 기록해야 한다.
⑧ 손상부위의 의복은 잘라 내어 개방시킨 후 평가해야 한다.
⑨ 개방 상처는 멸균거즈로 드레싱한 후에 부목으로 고정해야 한다.
⑩ 팔다리의 심각한 변형이나 먼 쪽의 청색증 또는 맥박이 촉지 되지 않는다면 부드럽게 손으로 견인
  하여 정상 해부학적 위치로 맞춘 후 부목으로 고정시킨다.
⑪ 뼈가 손상 부위 밖으로 나와 있다면 다시 원래 위치로 넣으려고 해서는 안 된다.
⑫ 불편감과 압박을 예방하기 위해 패드를 대준다.
⑬ 가능하다면 환자와 부목사이 빈 공간에 패드를 대준다.
⑭ 가능하다면 환자를 움직이기 전에 부목을 대준다. 위급한 상황이나 치명적인 상태인 경우에는 제
  외이다.

정답 120. ③

⑮ 손상부위 위·아래에 있는 관절을 고정시켜야 한다. 예를 들면 아래팔골절에는 팔목과 팔꿈관절을 고정시켜야 한다.

⑯ 관절부위 손상에는 위·아래 뼈를 고정시켜야 한다. 예를 들면 팔꿈치골절에는 위팔과 아래팔을 고정시켜야 한다.

⑰ 손과 다리를 포함한 먼 쪽 팔다리손상에서 부목을 대줄 때는 순환상태를 평가하기 위해 손끝과 발끝은 보이게 해야 한다.

⑱ 팔, 손목, 손, 손가락 부목 전에는 팔찌, 시계, 반지 등을 제거해야 한다. 부종으로 인해 순환에 장애를 줄 수 있기 때문이다.

121 근골격계 연결조직, 관절, 근육에 대한 설명으로 옳지 않은 것은?

① 골격근육은 신체근육의 대부분을 차지하고 있으며 대부분 골격에 직접 붙어있으며, 뇌의 의도에 따라 움직이므로 "수의근"이라 부른다.

② 내장근육은 현미경으로 관찰하면 골격근육에서 발견되는 가로무늬가 관찰되지 않아 '내장근육'이라 하며, 불수의근이라 한다.

③ 심장근육은 특이한 구조와 기능으로 인하여 불수의근이면서 골격근육에 해당한다.

④ 일반적인 두 가지 관절유형으로는 엉덩관절과 같은 타원관절과 손가락관절과 같은 구상관절이 있다.

골격근육 (수의근)	신체근육의 대부분을 차지하고 있으며 대부분 골격에 직접 붙어있다. 뇌의 의도에 따라 움직이므로 "수의근"이라 부른다.
내장근육 (불수의견)	현미경으로 관찰하면 골격근육에서 발견되는 가로무늬가 관찰되지 않아 '내장근육'이라 하며, 의도와 상관없이 자율적으로 시행되는 신체 운동의 대부분을 수행하여 '불수의근'이라고도 한다.
심장근육 (심근)	특이한 구조와 기능으로 인하여 불수의근이면서 골격근육에 해당한다.

① 골격계가 움직일 수 있는 것은 많은 관절이 있기 때문이다.
② 관절은 뼈와 뼈 사이의 연결부위로 인대라 불리는 연결조직으로 이어졌다.
③ 일반적인 두 가지 관절유형으로는 엉덩관절과 같은 구상관절과 손가락관절과 같은 타원관절이 있다.
④ 근육은 힘줄로 뼈에 연결되어 있어 관절을 움직이게 할 수 있다.

122 근골격계 손상형태로서 "염좌"에 대한 설명으로 옳은 것은?

① 연결부분에 위치한 관절의 정상 구조에서 어긋난 경우로 관절부위의 심한 굴곡이나 신전으로 발생한다.

② 뼈가 부러진 경우를 말하며 심각한 출혈과 통증, 장기간 안정이 필요하다.

③ 관절을 지지하거나 둘러싼 인대의 파열이나 비정상적인 잡아당김으로 생긴다.

④ 뼈와 근육을 연결하는 힘줄이 비정상적으로 잡아 당겨져 생긴다.

정답 121. ④   122. ③

■ 근골격계 손상형태 ★★ 21년 소방위

골절	① 뼈가 부러진 경우를 말하며 심각한 출혈과 통증, 장기 간 안정이 필요하다. ② 관절을 형성하는 뼈의 끝부분이나 성장판이라 불리는 아동의 성장부위 골절은 심각한 결과를 초래한다.
탈구	① 연결부분에 위치한 관절의 정상 구조에서 어긋난 경우로 관절부위의 심한 굴곡이나 신전으로 발생한다. ② 손가락 관절과 어깨 그리고 엉덩이에서 종종 발생한다.
염좌	관절을 지지하거나 둘러싼 인대의 파열이나 비정상적인 잡아당김으로 생긴다. 보통 인체에 변형된 충격(뒤틀림 등)으로 인해 발생한다.
좌상	뼈와 근육을 연결하는 힘줄이 비정상적으로 잡아 당겨져 생긴다.

123 뼈, 힘줄, 근육, 인대 손상 시 증상 및 징후로 옳지 않은 것은?

① 관절이 정상적으로 움직일 수 없거나 고정된 상태
② 팔다리의 가까운 쪽은 차갑고 먼 쪽은 창백하거나 맥박이 없으며 동맥손상을 의심
③ 팔다리를 움직일 때 뼈 부딪치는 소리나 감각
④ 뼈가 보이거나 손상 부위가 찢어짐

■ 뼈, 힘줄, 근육, 인대가 손상되었을 때 나타나는 증상 및 징후
① 팔다리의 비정상적인 변형
② 손상부위 통증 및 압통 그리고 부종
③ 손상부위 멍이나 변색
④ 팔다리를 움직일 때 뼈 부딪치는 소리나 감각
⑤ 뼈가 보이거나 손상 부위가 찢어짐
⑥ 관절이 정상적으로 움직일 수 없거나 고정된 상태
⑦ 팔다리의 먼 쪽이 차갑고 창백하거나 맥박이 없음(동맥 손상 의심)
※ 이러한 증상 및 징후에서 대표적인 것으로는 팔다리의 통증, 부종 그리고 변형이다.

124 다음 중 "근육의 3가지 유형"이 아닌 것은?

① 골격   ② 허파
③ 심장   ④ 내장

■ 근육의 3가지 유형 : 골격, 심장, 내장

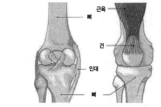

‖ 무릎관절 ‖

‖ 근육의 3가지 유형 ‖

정답 123. ②   124. ②

125 뼈, 힘줄, 근육, 인대손상에 대한 설명으로 다음 ( ) 안에 들어갈 내용 중 옳지 않은 것은?

> 뼈, 힘줄, 근육, 인대가 손상되었을 때의 증상으로 대표적인 것으로는 팔다리의 ( ), ( ) 그리고 ( )이다.

① 통증   ② 부종
③ 동맥손상   ④ 변형

> 대표적인 증상 및 징후로는 팔다리의 통증, 부종 그리고 변형이다.

126 "부위별 처치"에 대한 설명으로 옳지 않은 것은?

① 위팔뼈는 삼각건을 이용하는 것이 좋으나 경성 부목은 걸이와 삼각건을 이용할 수 없다.
② 손의 경우 손가락을 공을 잡듯이 약간 구부린다.
③ 허벅지에 출혈을 줄이고 추가 합병증을 예방하는 데는 견인부목이 좋다.
④ 다리는 경성부목이 좋으며 이를 사용할 때에는 손상된 다리의 무릎과 발목을 고정하기 충분한 길이어야 한다.

■ 부위별 처치* 15년 소방장

팔	① 위팔뼈는 삼각건을 이용하는 것이 좋다. 경성부목도 걸이와 삼각건을 이용해 사용할 수 있다. ② 아래팔뼈는 롤붕대와 골절부목(padded board splint) 또는 공기를 이용한 부목이 좋다. 부목으로 고정한 후에는 걸이로 목에 걸고 삼각건으로 고정시킨다.
손	① 손, 손목, 아래팔을 고정시킬 때에는 기능적 자세로 고정시켜야 한다. ② 손의 경우 손가락을 공을 잡듯이 약간 구부린다. ③ 환자가 붕대를 쥐게 한 후 골절부목으로 아래팔을 고정시켜 손목과 손을 고정시킨다. 아래팔, 손목 그리고 손은 롤 거즈붕대로 감고 걸이로 고정시킨다.
발	① 발은 다리와 90°각도이므로 철사부목이나 다리부목을 이용하는 것이 좋다. ② 높은 곳에서의 낙상은 발꿈치와 척추손상을 유발하므로 발과 다리를 부목으로 고정시키고 긴 척추고정판으로 척추를 고정시켜야 한다.
다리	① 경성부목이 좋으며 이를 사용할 때에는 손상된 다리의 무릎과 발목을 고정하기 충분한 길이어야 한다. ② 부목이 없다면 접거나 말은 이불을 사용할 수도 있다.
허벅지*	① 넙다리뼈 손상은 심각한 출혈을 야기할 수 있는 심각한 손상으로 쇼크가 나타나기도 한다. ② 허벅지의 큰 근육들은 힘이 강해 넙다리가 골절되면 뼈끝을 잡아당긴다. ③ 이때, 날카로운 뼈의 단면은 조직과 큰 동맥에 심각한 손상을 초래할 수 있다. ④ 견인부목은 출혈을 줄이고 추가 합병증을 예방하는데 좋다. ⑤ 우선 손상부위 주변에 2곳의 고정지점–골반과 발목–을 정한다. 장력은 부목의 제동기로 두 점 사이에 형성한다. 장력이 증가하면서 부러진 넙다리뼈 끝이 재정렬되고 조직, 신경, 혈관손상 가능성이 줄어든다.

정답   125. ③   126. ①

127 "긴뼈부목"에 대한 설명으로 옳은 것은?

① 손으로 손상부위 고정해서는 안 된다.

② 부목고정 전에 팔·다리 손상에서 가까운 쪽의 맥박, 운동 및 감각기능을 평가해야 한다.

③ 심각한 변형이나 먼 쪽에 청색증이나 맥박이 촉지 되지 않는다면 손으로 견인하여 원래 위치로 재 정렬해야 한다.

④ 가능하다면 고정한 부위를 아래로 내리고 차가운 팩을 대준다.

■ 긴 뼈 부목* 21년 소방위

긴뼈로는 팔에 위팔뼈, 노뼈, 자뼈, 엉덩뼈, 손가락뼈가 있고 다리에는 넙다리뼈, 정강뼈, 종아리뼈, 발허리뼈, 발가락뼈가 있다. 긴 뼈 손상은 근처 관절손상을 동반할 수 있으므로 주의해야 한다.

① 현장 확인(손상기전 및 현장안전 확인) 및 개인 보호 장비 착용

② 손으로 손상부위 고정

③ 부목 고정 전에 팔·다리 손상 먼 쪽의 맥박, 운동 및 감각기능을 평가해야 한다.

④ 심각한 변형이나 먼 쪽에 청색증이나 맥박이 촉지 되지 않는다면 손으로 견인하여 원래 위치로 재 정렬해야 한다.

－ 두드러진 저항이 느껴지면 시도하지 말고 그대로 부목으로 고정한다.

⑤ 적절한 부목을 선택해서 사용한다.

⑥ 손상부위뿐 아니라 위·아래 관절도 고정시켜야 한다.

⑦ 부목 고정 후에 맥박, 운동기능, 감각을 재평가한다.

⑧ 부목 고정 후 움직임으로부터 보호해야 한다.

⑨ 가능하다면 고정한 부위를 올리고 차가운 팩을 대준다.

128 "손상된 팔다리 정렬 방법"으로 옳지 않은 것은?

① 뼈가 피부 밖으로 나올 염려가 있는 경우에는 실시해서는 안 된다.

② 돌려야 하는 경우에는 부드러운 동작으로 동시에 잡아당기면서 돌려야 한다.

③ 뼈를 부드럽게 위·아래로 잡아당긴다.

④ 통증과 뼈로부터 소리가 나면 중지하여야 한다.

■ 손상된 팔다리 정렬

근골격계 손상으로 팔다리의 먼쪽으로 가는 혈류에 장애가 생긴다면 부목으로 고정 전에 팔다리를 맞춰야만 한다. 이 경우는 팔다리의 먼쪽이 창백하거나 청색증을 나타내며 맥박 촉지가 되지 않는다. 많은 구급대원의 경우 뼈를 맞출 때 환자가 더한 통증을 호소할 것에 망설이는 경우가 많다.

■ 손상된 팔다리 재 정렬 방법

① 손상 부위 위와 아래를 우선 지지한다.

② 뼈를 부드럽게 위·아래로 잡아당긴다.

③ 돌려야 하는 경우에는 부드러운 동작으로 동시에 잡아당기면서 돌려야 한다.

④ 통증과 뼈로부터 나는 소리가 날 수 있으나 이는 팔다리 손상을 예방하기 위함이라는 것을 명심해야 한다.

⑤ 많은 저항이 느껴지거나 뼈가 피부 밖으로 나올 염려가 있는 경우에는 실시해서는 안 된다.

정답 | 127. ③　128. ④

129 "근골격의 3가지 주요 기능"이 아닌 것은?

① 외형 형성
② 장기 보호
③ 체온 조절
④ 움직임 제공

■ 근골격의 3가지 주요 기능
① 인체 외형을 형성하고 ② 내부 장기를 보호하며 ③ 인체 움직임을 제공한다.

130 다음 중 "골반 골절" 시 출혈정도는?

① 500cc
② 1500cc~3000cc
③ 1000cc
④ 300cc

■ 골절부위 출혈* 13년 소방위
① 정강뼈와 종아리뼈의 단순 골절 : 500cc
② 넙다리뼈 골절 : 1000cc
③ 골반 골절 : 1500cc~3000cc

131 "견인부목 착용순서"로서 중 맨 처음 조치해야 할 방법은?

① 다리말초의 맥박, 운동과 감각기능을 평가한다.
② 부목을 착용하고 말초와 맥박, 운동과 감각 기능을 재평가한다.
③ 다리받침 끈을 고정한다.
④ 궁둥뼈 끈을 서혜부와 넙다리에 결착한다.

■ 견인부목 착용순서* 20년 소방장
1. 우선 견인부목을 사용하기 전에 다리말초의 맥박, 운동과 감각기능을 평가한다.
2. 안전하며 조심스럽게 다리를 손으로 견인을 한다.
3. 부목의 알맞은 길이를 조정한다.
4. 궁둥뼈패드 받침대에 엉덩뼈능선부위를 안착시켜 손상된 다리 부위를 부목 위에 위치시킨다.
5. 궁둥뼈 끈을 서혜부와 넙다리에 결착한다.
6. 끈을 확실하고 안전하게, 그러나 넙다리의 순환을 완전히 차단해서는 안 된다.
7. 발목 고리를 확실하게 환자 발과 수직으로 고정한다.
8. 발목고리의 D고리와 S고리를 결착하고 통증과 근육경련이 감소할 때까지 기계적인 견인을 시행한다.
   반응이 없는 환자는 손상되지 않은 다리와 거의 같은 길이가 될 때까지 견인을 조절한다.*
9. 다리받침 끈을 고정한다.
10. 넙다리끈과 발목 끈을 재확인하고 확실히 고정했는지 확인한다.
11. 부목을 착용하고 말초의 맥박, 운동과 감각 기능을 재평가 한다.
12. 환자를 긴척추고정판에 위치시키고 안전하게 고정한다. 다리 사이에 패드를 대어주고 고정 판에
    부목을 확실히 고정한다.

132 "엉덩이와 골반" 손상에 대한 처치방법으로 옳지 않은 것은?

① 엉덩이는 넙다리뼈 몸쪽과 골반의 절구로 이루어진 관절이다.
② 대부분 노인환자의 낙상으로 많이 발생하며 엉덩이 관절에서 넙다리뼈 몸쪽 골절이 많다.
③ 가능하다면 손상부위 뿐만 아니라 위·아래 관절, 엉덩이와 어깨관절까지 고정한다.
④ 긴 척추고정판으로 환자를 고정시켜야 하며 쇼크에 주의하고 PASG를 사용할 수 있다.

해설	
관 절	긴 뼈 손상과 같은 방법으로 처치되며 종종 관절 손상으로 기능을 상실한다. 엉덩이 골절에는 손상 받은 부위의 발이 바깥쪽으로 돌아가고 다리가 짧아진다. ※ 관절 손상 환자에 대한 응급처치 ① 현장 확인 - 손상 기전과 현장 안전 확인 ② 개인 보호 장비 착용 ③ 손으로 손상부위 지지·안정화 ④ 부목 고정 전에 손상 먼쪽의 맥박, 운동기능, 감각 평가 ⑤ 일반적으로 발견되었을 때 자세 그대로 부목 고정 - 먼 쪽 청색증이나 맥박 촉지가 안 될 때에는 부드럽게 손으로 견인하여 관절을 재 정렬한다. 만약, 통증을 심하게 호소하면 멈추고 그대로 부목으로 고정시킨다. ⑥ 가능하다면 손상부위뿐만 아니라 위·아래 관절까지 고정 - 엉덩이와 어깨관절은 대부분 불가능하다. ⑦ 부목으로 고정한 후에 맥박, 운동기능, 감각을 재평가 ⑧ 고정 후 움직임으로 인한 손상을 예방하고 가능하다면 손상 관절부위에 차가운 팩 대기
엉덩이와 골반	① 엉덩이는 넙다리뼈 몸쪽과 골반의 절구로 이루어진 관절이다. ② 대부분 노인환자에서 낙상으로 많이 발생하며 엉덩이 관절에서 넙다리뼈 몸쪽 골절이 많다. ③ 엉덩이 통증과 압통 그리고 다리가 밖으로 돌아가고 짧아진 변형 형태가 나타난다. ④ 엉덩이에는 많은 연부조직이 있어 부종을 감지하기 어렵다. ⑤ 골반골절은 단순 낙상보다 더 강한 힘에 의해 나타나며 차량 간 충돌이나 보행자 사고에서 많이 나타난다. ⑥ 골반 옆부분을 부드럽게 눌러보거나 앞에서 골반을 아래로 눌러 보면 압통을 호소한다. 골반골절은 내부 실혈로 치명적일 수 있다. ⑦ 긴 척추고정판으로 환자를 고정시켜야 하며 쇼크에 주의해야 한다. ⑧ PASG를 사용할 수 있다.
어 깨	① 운동 중에 종종 일어나며 보통 압통, 부종, 변형이 나타난다. ② 환자는 대부분 앉은 상태에서 정상 팔로 앞으로 쳐져 있는 손상된 어깨를 붙잡고 있다. 걸이와 삼각건을 이용하는 것이 좋다.
팔꿈치	① 혈관과 신경이 팔꿈치관절에 매우 가깝게 지나가므로 위험한 부위이다. ② 맥박, 운동기능 감각을 잘 평가해야 한다. ③ 보통 팔걸이와 삼각건을 많이 이용하며 팔꿈치 골절 시에는 긴 패드부목으로 고정시킨다.
발 목	① 계단을 내려오다 발목이 꺾이면서 자주 일어나는 손상으로 가쪽 복사뼈 위로 압통, 부종 그리고 변형이 나타난다. ② 발과 발목은 기능적 자세로 하고 무릎까지 긴 패드부목으로 고정시킨다. ③ 부목이 없다면 접은 이불, 베개를 이용해 고정시키고 끈으로 묶을 수 있다.

정답 132. ③

133 "머리, 척주, 중추신경계"에 대한 설명으로 옳은 것은?

① 척주는 머리를 지지해 주고 뇌의 기저부분에서 골반까지 이어지고 척수를 유지, 보호해준다.

② 두부는 뇌에서부터 신체에 이르기까지 메시지를 전달하는 역할을 하고 말초신경계 지시를 포함한 이러한 메시지는 수의근의 움직임을 야기한다.

③ 머리뼈는 뇌를 보호하는 뇌머리뼈와 얼굴뼈, 모두 22개의 뼈로 구성되어 있다.

④ 중추신경계는 뇌와 척수로 이루어져 있으며 뇌는 머리뼈 내에 위치해 있다.

■ 머리, 척주, 중추신경계 해부* 16년, 19년 소방장

두부	① 머리뼈는 뇌를 보호하는 뇌머리뼈와 얼굴뼈, 모두 22개의 뼈로 구성되어 있다. ② 머리뼈는 성인에 이르기까지 계속 팽창되어 크다가 딱딱하게 굳어진다. ③ 머리뼈 부분명칭은 이마뼈, 뒤통수뼈, 마루뼈, 관자뼈 등이 있다. ④ 얼굴을 이루고 있는 뼈들은 몇 가지 기능이 있는데 모든 얼굴뼈들은 전방에서 오는 충격으로부터 뇌를 보호하는 기능이 있다. ⑤ 눈확(orbit)은 눈을 보호하기 위해 눈을 둘러 싼 몇 개의 뼈로 구성되어 있고 아래 턱과 위턱은 이를 지지하고 있다. ⑥ 코뼈는 코의 후각기능을 지지하고 광대뼈는 뺨을 형성하여 얼굴 형태를 만든다.
척주	① 척주는 머리를 지지해 주고 뇌의 기저 부분에서 골반까지 이어지고 척수를 유지하고 보호해준다. ② 척주는 인체를 지탱하는 중요한 역할을 하고 있으며 33개의 척추뼈로 구성되어 있다. ③ 척주는 5부분인 목뼈 7개, 등뼈 12개, 허리뼈 5개, 골반의 뒷벽을 구성하는 엉치뼈 5개, 꼬리뼈 4개로 나누며 등뼈는 갈비뼈에 의해 지지되고 엉치뼈와 꼬리뼈는 골반에 의해 지지되므로 목뼈와 허리뼈보다 손상을 덜 받는다.
중추 신경계	① 중추신경계는 뇌와 척수로 이루어져 있으며 뇌는 머리뼈 내에 위치해 있다. ② 뇌는 호흡과 같은 기본적인 기능 외에도 생각·기억과 같은 기능을 담당하고 있다. ③ 척수는 뇌저에서 시작해서 척주의 척추뼈에 의해 보호받으면서 등 아래로 내려간다. ④ 척수는 뇌에서부터 신체에 이르기까지 메시지를 전달하는 역할을 한다. ⑤ 말초신경계 지시를 포함한 이러한 메시지는 수의근의 움직임을 야기한다. ⑥ 척수는 또한 신체에서 뇌로 메시지를 다시 전달하는데 말초신경계로부터 인체 기능과 환경에 대한 정보를 포함한다.

134 "척수를 보호하는 척추의 5가지 구성부분" 중 연결이 바르지 못한 것은?

① 목뼈 – 7개　　　　　　　　　② 등뼈 – 12개

③ 엉치뼈 – 4개　　　　　　　　④ 허리뼈 – 5개

 ■ 척주(Vertebral column)* 16년 소방장

① 척주는 머리를 지지해주고 뇌의 기저부분에서 골반까지 이어지고 척수를 유지하고 보호해준다.

② 척주는 인체를 지탱하는 중요한 역할을 하고 있으며 33개의 척추뼈로 구성되어 있다.

③ 척주는 5부분인 목뼈 7개, 등뼈 12개, 허리뼈 5개, 골반의 뒷벽을 구성하는 엉치뼈 5개, 꼬리뼈 4개로 나누며 등뼈는 갈비뼈에 의해 지지되고 엉치뼈와 꼬리뼈는 골반에 의해 지지되므로 목뼈와 허리뼈보다 손상을 덜 받는다.

■ 정답 ┃ 133. ②　　134. ③

135 척추와 척수의 손상에서 "척추가 꼬인 것으로 차량 충돌과 낙상"이 원인인 것은?

① 신전　　　　　　　　　　② 분리
③ 회전　　　　　　　　　　④ 관통

■ 척추와 척수의 손상기전

굴 곡	척추의 앞쪽으로 굽은 것으로 정면충돌과 다이빙에서 보통 일어난다.
신 전	척추의 뒤쪽으로 굽은 것으로 후방충돌에서 보통 일어난다.
측면 굽힘	척추의 측면으로 굽은 것으로 측면충돌에서 종종 일어난다.
회 전	척추가 꼬인 것으로 차량 충돌과 낙상에서 일어난다.
압 박	척추의 아래나 위로부터 직접 힘이 가해진 것으로 차량충돌, 낙상 그리고 다이빙에서 일어난다.
분 리	척수와 척추 뼈가 따로따로 분리되어지는 힘에 의한 손상으로 목매달기와 차량충돌에서 일어난다.
관 통	어떤 물체가 척수나 척주에 들어오는 경우로 총이나 칼에 의한 손상에서 일어난다.

136 "척추손상의 증상 및 징후"로 옳지 않은 것은?

① 엉덩이와 다리에 계속적이거나 간헐적인 통증
② 척주의 움직임에 상관없는 통증
③ 대변실금이나 발기 감퇴증
④ 척추손상이 의심되는 부분 아래로 감각손실이나 마비

■ **척추손상의 증상 및 징후**★★ 18년 소방장
① 손상 부위 척추의 압통
② 척추의 변형
③ 척추손상과 관련된 연부조직 손상
　　㉠ 머리, 목 손상 : 목뼈 손상 가능성
　　㉡ 어깨, 등, 배 손상 : 등뼈, 허리뼈 손상 가능성
　　㉢ 골반, 다리 손상 : 허리뼈, 엉치뼈 손상 가능성
④ 척추손상이 의심되는 부분 아래로 감각손실이나 마비
⑤ 팔과 다리에 허약감이나 저린 증상과 같은 비정상적 감각이나 무감각
⑥ 지속 발기증, 지속적이며 감정적으로 근거 없는 발기증
⑦ 대변실금이나 요실금
⑧ 호흡장애
⑨ 척주의 움직임에 상관없는 통증
⑩ 엉덩이와 다리에 계속적이거나 간헐적인 통증

📖 정답　| 135. ③　136. ③

137 "척추손상환자에 대한 평가방법"으로 옳지 않은 것은?

① 환자를 일직선상으로 눕게 한 후 척추 손상의 증상 및 징후가 있는지 평가해야 한다.

② 현장에서 환자가 서있거나 걷는다고 척추손상이 없다고 판단하면 안 된다.

③ 기도 폐쇄와 호흡장애는 종종 심각한 척추손상을 의미한다.

④ 척추손상 판단을 위해 척추를 자발적으로 움직이게 해본다.

■ **척추손상환자 평가**

① 척추손상이 의심되는 환자를 처치하기 위해서는 현장에서는 상황평가가 중요하다. 어떤 기전으로 척추손상이 발생 되었는지를 알아야 하는데 아래와 같은 기전이 있다.

- 오토바이 / 차량충돌, 보행자와 차량충돌, 낙상, 둔기외상
- 축구, 하키, 자전거, 승마와 같은 운동으로 인한 손상
- 목매달기, 다이빙 사고, 머리 목 관통상

② 만약 현장에서 환자가 서있거나 걷는다고 해서 척추손상이 없다고 판단해서는 안 된다.

– 환자에게 설명하고 환자를 일직선상으로 눕게 한 후 척추 손상의 증상 및 징후가 있는지 평가해야 한다.

③ 기도 폐쇄와 호흡장애는 종종 심각한 척추손상을 의미한다.

– 턱 들어올리기방법으로 기도를 개방하고 필요시 양압환기를 제공할 준비를 해야 한다.

④ 주 병력과 신체 검진 – 외상 평가, 생체징후, SAMPLE –을 실시하고 만약, 환자가 의식이 있다면 팔다리의 감각과 운동신경을 검사하기 위해 신경검사를 실시한다.

㉠ 손가락과 발가락을 움직일 수 있는지 묻는다.

㉡ 양손으로 구급대원의 손가락을 잡고 꽉 쥐어 보도록 시킨다.(힘과 반응이 같은지 양손을 비교한다.)

㉢ 구급대원의 손을 발가락으로 부드럽게 밀어 보도록 시킨다.(힘과 반응이 같은지 양발을 비교한다.)

㉣ 손가락과 발가락을 만졌을 때 감각이 있는지 묻는다.

척추손상이 의심되는 환자 평가 시에는 아래 사항을 유의해야 한다.

㉤ 무의식환자는 척추손상 가능성이 있다고 가정해야 한다.

㉥ 척추부위 압통이 없다고 하는 환자는 척추손상이 있을 수 있음을 유의해야 한다.

㉦ 척추손상 판단을 위해 척추를 움직이게 하는 행동은 절대 금물이다.

138 척추손상환자에 대한 응급처치 방법으로 다음 내용과 관계 깊은 것은?

> 차량 충돌사고로 차에 앉아 있는 환자가 척추손상이 의심될 때 고정을 위해 사용되며 머리, 목, 몸통을 고정시켜 준다.

① 구출고정대(KED)   ② 목보호대

③ 전신 척추 고정 기구   ④ 항쇼크바지

■ **짧은 척추고정기구**

① 짧은 척추고정판과 구출고정대(KED) 장비가 있다. 이 장비들은 차량 충돌사고로 차에 앉아 있는 환자가 척추손상이 의심될 때 고정을 위해 사용되며 머리, 목, 몸통을 고정시켜 준다.

② 환자를 짧은 장비로 고정시킨 후에 긴 척추 고정판에 바로 누운 자세로 눕힌 후 다시 고정시켜야 한다.

📖 **정답** | 137. ④   138. ①

139 "구출고정대(KED)" 착용순서에서 가장 먼저 실시해야 할 것은?

① 손으로 환자의 머리를 고정하고, 환자의 A,B,C 상태를 확인한다.

② 긴 척추고정판에 환자를 고정하고, PMS을 확인한다.

③ 적절한 크기의 목보호대를 선택하여 착용시킨다.

④ 구출고정대의 몸통 고정 끈을 중간, 하단, 상단의 순으로 연결하고 조인다.

■ **구출고정대 착용순서*** 21년 소방위/ 23년 소방장
① 손으로 환자의 머리를 고정하고, 환자의 A,B,C 상태를 확인한다.(이때, 환자의 A,B,C에 심각한 문제가 있는 경우 목보호대 및 긴척추고정판을 이용하여 빠른 환자구출법을 시행한다.)
② 적절한 크기의 목보호대를 선택하여 착용시킨다.
③ 빠른 외상환자 1차 평가를 시행한다.
④ 구출고정대(KED)를 환자의 등 뒤에 조심스럽게 위치시키며 구출고정대(KED)를 몸통의 중앙으로 정렬하고 날개부분을 겨드랑이에 밀착시킨다.
⑤ 구출고정대(KED)의 몸통 고정끈을 중간, 하단, 상단의 순으로 연결하고 조인다.
⑥ 양쪽 넙다리 부분에 패드를 적용하고 다리 고정끈을 연결한다.
⑦ 구출고정대(KED)의 뒤통수에 빈 공간을 채울 정도만 패드를 넣고 고정한다.
⑧ 환자를 90°로 회전시키고 긴 척추고정판에 눕힌 후 긴 척추고정판을 들어 바닥에 내려놓는다.
⑨ 환자가 긴 척추고정판의 중립위치에 있는지 확인하고 다리, 가슴끈을 느슨하게 해준다.
⑩ 긴 척추고정판에 환자를 고정하고, PMS(팔다리의 순환, 운동, 감각 기능)을 확인한다.

140 "목보호대"에 관한 설명으로 옳지 않은 것은?

① 목보호대는 손을 이용한 머리고정과 척추고정판을 함께 사용되어야 한다.

② 부적절한 크기는 목을 과신전 시키거나 움직이게 하고 척추 손상을 악화시키며 기도 폐쇄를 유발시킬 수 있다.

③ 뒤에서 환자 머리를 중립상태로 고정시킨 후 목보호대 크기를 잰다.

④ 목보호대만으로 환자의 적정한 처치를 충분히 제공할 수 있다.

■ **목보호대**
① 목보호대는 손을 이용한 머리고정과 척추고정판을 이용한 고정과 함께 사용되어야 한다.
② 목보호대만으로 환자에게 적정한 처치를 제공할 수 없음을 유의해야 한다.
③ 효과적인 사용을 위해서는 환자에 맞는 크기의 목보호대를 사용해야 한다.
④ 부적절한 크기는 목을 과신전 시키거나 움직이게 하고 척추 손상을 악화시키며 기도 폐쇄를 유발시킬 수 있다.
  ㉠ 뒤에서 환자 머리를 중립상태로 고정시킨 후 목보호대 크기를 잰다.
  ㉡ 목보호대 크기를 조절하고 턱과 보호대가 닿는 부분이 턱을 들어 올리거나 목이 과신전 되지 않게 주의한다.

🖐 **정답**　139. ①　140. ④

141 "소아 척추손상환자"에 대한 설명으로 옳지 않은 것은?

① 25~50%는 x-ray상 척추뼈의 골절이 보이지 않는다고 한다.
② 척추부위 압통이나 통증이 없어도 척추손상이 의심된다면 고정 및 처치해야 한다.
③ 척추손상 판단을 위해 척추를 움직이게 하는 행동은 절대 금물이다.
④ 소아 척추는 성인보다 유연하기 때문에 척주의 손상 없으면 척수가 쉽게 손상 되지 않는다.

■ 소아 척추손상

소아의 척추는 성인보다 유연하기 때문에 척주의 손상 없이도 척수가 쉽게 손상 받을 수 있다. 척수손상을 갖고 있는 소아환자의 25~50%는 x-ray상 척추뼈의 골절이 보이지 않는다고 한다. 이런 이유로 소아환자의 경우 척추부위 압통이나 통증이 없다고 하여도 척추손상이 의심된다면 고정 및 처치해야 한다.

142 "척추손상 의심환자"에 대한 응급처치 방법으로 옳은 것은?

① 환자가 통증을 호소하거나 머리 이동이 쉽지 않은 경우라도 척추를 축으로 머리를 중립 자세로 취해주도록 한다.
② 환기나 산소가 필요한 경우에는 머리기울임 방법을 사용하여 기도를 유지한다.
③ 땅에 누워있는 환자라면 구출고정대를 직접 사용할 수 있다.
④ 주변 환경이 위험한 경우 긴 척추고정판을 이용, 빠른 환자 구출법으로 환자를 이동한다.

■ 척추손상 의심환자 응급처치 방법
① 손상기전을 염두하고 현장을 확인한다.
② 환자평가를 실시하고 손을 이용한 머리고정을 실시한다.
　㉠ 환자가 통증을 호소하거나 머리 이동이 쉽지 않은 경우를 제외하고 척추를 축으로 머리를 중립 자세로 취해준다.
　㉡ 머리가 긴 척추고정판에 완전 고정될 때까지 계속 중립을 유지해 주어야 한다.
③ 1차 평가를 실시한다.
　환기나 산소가 필요한 경우에는 턱 들어올리기법을 사용하여 기도를 유지한다.
④ 팔다리의 맥박, 운동기능 그리고 감각을 평가한다.
⑤ 손상, 변형, 압통과 같은 징후가 목뼈와 목 부위에 있는지 평가한다.
⑥ 목보호대의 크기를 측정하고 고정시킨다.
⑦ 환자의 자세와 상태에 따라 척추 고정 방법과 기구를 선택한다.
　㉠ 만약 땅에 누워있는 환자라면 긴 척추고정판을 직접 사용할 수 있다.
　㉡ 앉아 있고 위급하지 않으며 주변 환경이 위험하지 않다면 짧은 척추고정판을 이용한다.
　㉢ 앉아 있고 위급하거나 주변 환경이 위험한 경우에는 긴 척추고정판을 이용하여 빠른 환자 구출법으로 환자를 이동한다.
⑧ 긴 척추 고정판에 완전히 환자를 고정한 후에는 팔다리의 맥박, 운동기능 그리고 감각을 재평가해야 한다.
⑨ 고농도 산소를 공급하고 필요 시 양압 환기를 제공하며 신속하게 이송한다.

🔓 정답 | 141. ④　142. ④

143 "전신척추 고정기구 사용"에 대한 설명으로 옳지 않은 것은?

① 긴 척추 보호대로도 불리며 이는 머리, 목, 몸통, 골반, 팔다리 모두 고정됨을 의미한다.
② 짧은 척추 고정대와 종종 같이 사용되어진다.
③ 누워있거나 앉아있거나 또는 서있는 환자 모두에게 사용할 수 있다.
④ 환자의 머리를 고정시킨 후 가슴과 골반을 끈으로 고정시킨다.

■ **전신 척추고정기구**

긴 척추 보호대로도 불리 우며 이는 머리, 목, 몸통, 골반, 팔다리 모두 고정됨을 의미한다. 이 기구는 누워
있거나 앉아있거나 또는 서있는 환자 모두에게 사용할 수 있으며 짧은 척추 고정대와 종종 같이 사용되어진다.
① 일반적인 과정으로는
　㉠ 전 과정에 걸쳐 손을 이용한 머리고정을 실시한다.
　㉡ 팔다리의 맥박, 운동기능 그리고 감각을 평가한다.
　㉢ 목뼈 부위를 평가한다.
　㉣ 목보호대 크기를 조절하고 고정시킨다.
　㉤ 환자 옆에 긴 척추 고정판을 놓는다.
　㉥ 환자를 통나무 굴리기법이나 적절한 이동방법으로 긴 척추 고정판 위로 이동시킨다.
② 환자와 판사이 공간은 패드를 이용한다.
　－ 성인의 경우 몸이나 목 아래 공간이 있는지 주의해야 한다. 소아의 경우 어깨 아래에서부터 발뒤
　　꿈치까지 패드가 필요하다.
③ 골반과 윗가슴 위로 끈을 이용해 고정시킨다.
　－ 가능하다면 환자가 편안하게 느껴야 한다.
④ 머리는 지지대와 끈을 이용해 고정시킨다.
⑤ 무릎 위와 아래를 끈을 이용해 다리를 고정시킨다.
⑥ 의식이 있다면 배 위로 손을 교차해서 있도록 유도한다.
　－ 무의식환자라면 붕대나 끈을 이용해 교차시키거나 옆에 고정시킨다.
⑦ 팔다리의 맥박, 운동기능 그리고 감각을 재평가한다.
　※ 주의해야 할 점은 환자의 가슴와 골반을 끈으로 고정시킨 후에 머리를 고정시켜야 한다는 것이다.
　　만약, 머리를 먼저 고정시키면 몸무게로 인해 목뼈가 좌우로 흔들릴 수 있기 때문이다.

144 "척추 손상"에 대한 설명으로 옳지 않은 것은?

① 척추손상에서 가장 위험한 것은 척수의 손상이다. 이는 수의근의 통제력 상실을 의미한다.
② 척주의 척추뼈는 척수를 둘러싸고 지지하며 보호하는 역할을 하고 있다.
③ 첫 번째 또는 두 번째 목뼈가 손상되면 양 팔과 다리를 움직일 수 없다.
④ 척추뼈 손상만으로 마비 또는 척수손상의 증상 및 징후가 나타날 수 있다.

■ **척추손상**

척추손상에서 가장 위험한 것은 척수의 손상이다. 이는 수의근의 통제력 상실을 의미한다. 이러한 통
제력 상실 즉, 마비는 종종 영구적이다.
• 척수손상은 단순 팔다리근육뿐 아니라 호흡근육에도 영향을 미치기 때문에 목뼈손상에서는 특히,
　주의해야 한다.
• 척주의 척추뼈는 척수를 둘러싸고 지지하며 보호하는 역할을 하고 있다.
• 척추뼈 손상만으로 마비 또는 척수손상의 증상 및 징후가 나타나지는 않는다. 그러나 척추뼈손상은
　척수 손상을 야기하거나 마비를 초래할 수 있다.
• 척수 손상 시에는 손상부위 말단 신경계 기능이 일반적으로 상실된다.
※ 첫 번째 또는 두 번째 목뼈가 손상되면 양 팔과 다리를 움직일 수 없다. 게다가 목뼈의 심한 손상은
　호흡정지를 초래할 수 있는 호흡근을 통제하는 신경에 영향을 미친다.

정답 143. ④　144. ④

145 오토바이 교통사고 현장에서 헬멧을 착용한 채 허리부분 통증을 호소하는 환자에 대하여 "헬멧을 제거하지 말아야 하는 경우"로써 옳지 않은 것은?

① 환자가 호흡정지나 심장마비가 있을 때
② 헬멧을 쓴 상태가 긴 척추고정판에 고정시켰을 때 머리의 움직임이 없을 때
③ 헬멧을 착용한 상태가 오히려 적절하게 고정되어질 수 있을 때
④ 현재 기도나 호흡에 문제가 없을 때

■ 헬멧 제거* 23년 소방장/ 24년 소방위

헬멧 제거하지 말아야 함	• 헬멧이 환자를 평가하고 기도나 호흡을 관찰하는데 방해가 되지 않을 때 • 현재 기도나 호흡에 문제가 없을 때 • 헬멧 제거가 환자에게 더한 위험을 초래할 때 • 헬멧을 착용한 상태가 오히려 적절하게 고정되어 질 수 있을 때 • 헬멧을 쓴 상태가 긴 척추고정판에 환자를 고정시켰을 때 머리의 움직임이 없을 때

헬멧 제거	• <u>헬멧이 기도와 호흡을 평가하고 관찰하는데 방해가 될 때</u>
	• 헬멧이 환자의 기도를 유지하고 인공호흡을 방해할 때
	• 헬멧 형태가 척추고정을 방해할 때
	   – 예를 들면, 소방관 헬멧의 경우 넓은 가장자리 때문에 머리와 목을 고정시키
	     기에는 부적절하다.
	• 고정시키기엔 헬멧 안에서의 공간이 넓어 머리가 움직일 때
	• 환자가 호흡정지나 심장마비가 있을 때

146 교통사고현장에서 부상당한 운전자가 앉아있는 채로 발견되어 척추를 고정하려할 때 우선 처치해야 하는 단계는?

① 목보호대 착용　　　　　　　　　② 짧은 고정판 고정
③ 전신 척추고정기구 착용　　　　　④ 손으로 환자머리 중립자세 유지

■ 척추손상 시 손을 이용한 머리 고정*
① <u>척추고정에서 제일 먼저 실시하는 단계로 손으로 환자의 머리를 중립자세로 유지해야 한다.</u>
② 이는 목보호대 착용, 짧은 고정판이나 구출고정대(KED) 장비 그리고 긴 고정판에 고정 전까지 목뼈의 움직임을 예방해 준다. 이는 머리가 완전히 고정될 때까지 계속 유지해야 한다.
　㉠ 만약 환자의 목이 앞으로 구부러졌거나 옆으로 돌아갔다면 몸을 긴축으로 머리와 목을 중립자세로 해주어야 한다.
　㉡ 환자가 땅에 누워있다면 대원은 환자 머리맡에 가서 머리 양쪽에 손을 대고 중립자세가 되도록 취해주어야 한다.
　㉢ 만약 구조나 구출이 늦어진다면 손을 이용한 고정시간이 늘어나 대원의 피로 도는 증가할 것이다.
　㉣ 이때에는 땅에 팔꿈치를 대거나 앉아 있는 환자인 경우 환자의 어깨나 의자 등받이를 이용해야 한다.

정답　　145. ①　　146. ④

147 "뇌손상"에 관한 설명으로 옳지 않은 것은?

① 머리뼈는 딱하고 외부 부종을 허용하지 않기 때문에 이런 혈종은 뇌를 급속도로 압박할 수 있다.

② 뇌 조직이 손상 받으면 부어오르고 머리뼈 내 압력이 증가, 뇌 손상을 야기시킨다.

③ 평가는 의식변화와 양쪽 동공의 일치현상이다.

④ 개방성 연부조직 손상이 머리뼈을 통과해 뇌에까지 이른 경우를 개방성 머리손상이라 하고 심한 경우 뇌 조직이 상처를 통해 보일 수 있다.

■ 머리뼈 손상과 얼굴 손상* 12년, 13년 소방장

뇌손상	① 뇌 외상의 심각성은 다양하다. 때때로 뇌 조직은 열상이나 타박상으로 손상 받거나 혈종이나 뇌와 머리뼈 사이 얇은 조직층 사이에 피가 고이기도 한다. ② 머리뼈은 딱딱하고 외부 부종을 허용하지 않기 때문에 이런 혈종은 뇌를 급속도로 압박할 수 있다. ③ 뇌 조직은 손상 받으면 부어오르고 머리뼈 내 압력을 증가시키며 더 나아가 뇌 손상을 야기시킨다. ④ 개방성 연부조직 손상이 머리뼈을 통과해 뇌에까지 이른 경우를 개방성 머리손상이라고 하고 심한 경우 뇌 조직이 상처를 통해 보일 수 있다. ⑤ 다양한 물체로 인해 발생되며 이러한 물질은 억지로 제거하지 말고 움직이지 않고 고정시켜야 한다. ⑥ 뇌손상의 특징은 의식상태 변화이다. 따라서 의식수준을 평가하고 아래와 같은 내용을 평가해야 한다. • 오심 / 구토 • 불규칙한 호흡 양상 • 정상 신경기능 상실 – 몸 한 쪽만 운동이나 감각 기능이 증가하거나 소실 • 경련 • 의식변화와 양쪽 동공 크기 불일치

148 "머리손상 시 응급처치"에 대한 설명으로 옳지 않은 것은?

① 관통한 물체는 제거시키고 많은 액체가 환자의 귀와 코에서 나오면 즉시 멈추게 해야 한다.

② 목뼈손상이 있다고 가정하고 손을 이용한 머리고정을 실시한다.

③ 기도 개방(턱 들어올리기방법)을 유지한다.

④ 호흡이 정상이라면 비재호흡마스크로 많은 양의 산소를 공급하고 비정상이라면 양압환기를 제공한다.

■ 응급 처치 – 머리손상
① 현장안전을 확인하고 개인 보호 장비를 착용한다.
② 목뼈손상이 있다고 가정하고 손을 이용한 머리고정을 실시한다.
③ 기도 개방(턱 들어올리기방법)을 유지한다.
④ 적절한 산소를 공급한다.
　– 호흡이 정상이라면 비재호흡마스크로 많은 양의 산소를 공급하고 비정상이라면 양압환기를 제공한다.
⑤ 환자의 자세와 우선순위에 의해 척추를 고정시킨다.
　– 필요하다면 긴급 구출법을 사용해야 한다.

[정답] 147. ③　148. ①

⑥ 악화 징후에 따른 기도, 호흡, 맥박, 의식상태를 밀접하게 관찰해야 한다.
　– 피, 분비물, 토물에 대한 흡인준비를 해야 한다.
⑦ 머리손상으로부터의 출혈을 지혈시킨다.
　– 개방성 머리손상이나 머리뼈 함몰부위에 과도한 압력은 피해야 한다. <u>관통한 물체는 고정시키고</u>
　<u>많은 액체가 환자의 귀와 코에서 나오면 멈추게 해서는 안 되며 흡수하기 위해 거즈로 느슨하게</u>
　<u>드레싱 해준다.</u>
⑧ 신속하게 병원으로 이송한다.

149 "머리뼈 및 얼굴손상"에 대한 설명으로 옳지 않은 것은?

① 뇌척수액이 누출되는 부위는 소독하고 소독된 거즈로 압박해주어야 한다.
② 두피에 심각한 타박상, 깊은 열상, 혈종이 나타난다.
③ 머리뼈 표면에 함몰과 같은 변형이 일어나다.
④ 귀 뒤 유양돌기 위에 반상출혈이 있다.

■ **머리뼈 및 얼굴손상**
① 상당한 힘에 의한 손상기전
② 두피에 심각한 타박상, 깊은 열상, 혈종
③ 머리뼈 표면에 함몰과 같은 변형
④ 귀나 코에서 혈액이나 맑은 액체 (뇌척수액)가 흘러나옴
⑤ 눈 주위 반상출혈(일명 '너구리 눈')
⑥ 귀 뒤 유양돌기 위에 반상출혈(일명 'Battle's sign')
※ <u>뇌척수액이 누출되는 부위 : 누출부위를 소독하고 소독된 거즈로 살며시 덮어주어야 한다.(압박해</u>
<u>서는 안됨)</u>

150 "의식장애 환자"에 대한 설명으로 옳지 않은 것은?

① 의식장애를 초래하는 원인으로는 뇌로 가는 당, 산소, 혈액결핍 등이 있으며 영구적으로
　그리고 쉽게 손상 받을 수 있다.
② 의식장애 환자는 현장 응급처치가 가장 중요하다.
③ 구급대원의 업무는 기도, 호흡, 순환 평가 및 처치 그리고 이송이다.
④ 의식장애를 초래하는 원인으로는 머리손상, 감염, 쇼크 등이 있다.

■ **의식장애** * 23년 소방위
① 의식장애를 초래하는 원인으로는 뇌로 가는 당, 산소, 혈액결핍 등이 있으며 영구적으로 그리고
　쉽게 손상받을 수 있다.(의식장애 환자는 신속한 이동이 가장 중요하다.)
② 의식변화를 초래한 원인을 진단하는 것은 의사의 고유 권한으로 구급대원의 업무는 기도, 호흡,
　순환 평가 및 처치 그리고 이송이다. 그러나 환자평가를 통해 원인을 안다면 신속하고 적절한 처치에
　도움을 줄 수 있다.

■ **의식장애를 초래하는 원인**
• 머리손상, 감염, 경련, 경련 후 상태, 쇼크, 중독
• 뇌졸중, 당뇨, 약물이나 알코올 남용, 저산소증 및 ·호흡곤란으로 이산화탄소 축척

📋 **정답** | **149.** ① **150.** ②

151 "저혈당 환자의 증상"으로 옳지 않은 것은?

① 혈당이 뇌에 도달할 수 없어 갑자기 경련이 일어나기 때문이다.
② 인슐린 복용 후 식사를 하지 않은 경우에 나타난다.
③ 차갑고 창백하며 축축한 피부를 나타낸다.
④ 종종 빠르고 깊은 호흡을 나타내고 구갈증, 복통, 구토 증상도 나타난다.

■ 저혈당과 고혈당을 비교했을 때 3가지 전형적인 차이점*** 16년, 17년, 18년 소방장

시작	① 저혈당은 갑자기 나타나는 반면 고혈당은 보통 서서히 진행된다. ② 그 이유는 고혈당인 경우 뇌로 혈당이 전달되는 반면 저혈당은 혈당이 뇌에 도달할 수 없어 갑자기 경련이 일어나기 때문이다.
피부	고혈당환자는 따뜻하고 붉으며 건조한 피부를 갖는 반면 저혈당 환자는 차갑고 창백하며 축축한 피부를 나타낸다.
호흡	① 고혈당 환자의 호흡에서는 아세톤 냄새가 나기도 한다. ② 고혈당 환자는 종종 빠르고 깊은 호흡을 나타내고 구갈증, 복통, 구토 증상도 나타난다. ③ 고혈당과 저혈당을 분명히 구분하기 위해서는 혈당측정기를 이용해 판단해야 한다.

■ 저혈당의 원인* 21년, 23년 소방위
① 인슐린 복용 후 식사를 하지 않은 경우
② 인슐린 복용 후 음식물을 토한 경우
③ 평소보다 힘든 운동이나 작업을 했을 경우

152 "당뇨의 생리학적 반응"으로 옳지 않은 것은?

① 뇌로 가는 혈액차단 및 혈액 내에 산소와 포도당이 저하되면 의식장애를 초래한다.
② 포도당이 뇌와 조직으로 흡수되기 위해 인슐린이 필요하다.
③ 고혈당은 처방약을 과다복용하거나 너무 빨리 혈당이 떨어졌을 때 일어난다.
④ 인슐린은 포도당을 혈액에서 조직으로 이동시키고 포도당은 세포의 활동을 돕는다.

뇌로 가는 혈액차단 및 혈액 내에 산소와 포도당이 저하되면 의식장애를 초래한다. 당뇨환자는 인체의 혈당을 조절하지 못하는 문제점이 있어 의식장애 문제점이 많다.

■ 당뇨의 생리학** 14년, 16년 소방장/ 19년, 21년 소방위
① 당은 음식물 소화로 얻어지고 포도당으로 전환된다.
② 포도당과 영양분은 장에서 혈관으로 흡수되고 포도당이 뇌와 조직으로 흡수되기 위해서는 인슐린이라 불리는 호르몬이 필요하다.
③ 인슐린은 포도당을 혈액에서 조직으로 이동시키고 포도당은 세포가 활동하는 것을 돕는다.
④ 당뇨환자는 혈액내의 포도당을 조직으로 이동시키지 못한다.
⑤ 당뇨환자는 크게 Ⅰ형과 Ⅱ형으로 나눌 수 있다. Ⅰ형은 적정량만큼 인슐린을 생산하지 못하는 경우로 인슐린 투여가 필요한 환자이다.
⑥ 통상 학령기 아동의 2/1000가 Ⅰ형으로 성장과 활동에 따라 인슐린 양이 달라진다.
⑦ 대부분의 환자는 Ⅱ형으로 인체 세포가 인슐린에 적절히 반응하지 못하는 것으로 노인환자가 많다. 이런 환자의 경우는 세포가 혈액으로부터 인슐린을 취하도록 구강용 혈당저하제를 복용해야 한다.
⑧ 위의 Ⅰ,Ⅱ형 모두 혈액내 당수치가 증가되어 있기 때문에 인슐린과 구강용 혈당저하제로 혈액내 당을 조직으로 이동시켜 혈당을 낮추어야 한다. 고혈당으로 인한 의식변화가 저혈당보다 더 일반적이며 저혈당은 처방약을 과다복용하거나 너무 빠르게 혈당이 떨어졌을 때 일어난다.

정답 | 151. ④ 152. ③

153 다음 중 '열사병'에 대한 설명이 아닌 것은?

① 여름철에 어린아이나 노약자에게 많이 일어나며 보통 며칠에 걸쳐 진행된다.

② 소모성 열사병 환자와 같이 체온이 정상이거나 약간 오르지 않고 41~42℃ 이상 오른다.

③ 피부는 뜨겁고 건조하거나 축축하며, 의식은 약간의 혼돈상태에서 무의식상태까지 다양하게 의식변화가 있다.

④ 적절한 휴식 없이 진화하는 소방대원 및 통풍이 안 되는 작업복을 입고 일할 때 많이 발생한다.

열손상의 종류* 18년 소방위/ 22년 소방장	
열경련	① 더운 곳에서 격렬한 활동으로 땀을 많이 흘려 전해질(특히, 나트륨) 부족으로 나타난다. ② 근육경련이 나타나지만 심각하지는 않으며 대부분은 시원한 곳에서 휴식하고 수분을 보충하면 정상으로 회복된다. ③ 회복 후에는 다시 활동을 재기할 수 있어 적절한 처치 없이 방치하면 소모성 열사병으로 진행된다.
일사병*	① 체액소실로 나타나며 보통 땀을 많이 흘리고 충분한 수분을 섭취하지 않아 발생한다. ② 응급처치를 하지 않으면 쇼크를 초래하고 증상 및 징후는 얼마나 체액을 소실했는지에 따라 달라진다. ③ 초기에는 피로, 가벼운 두통, 오심/구토, 두통을 호소하며 피부는 정상이거나 차갑고 창백하며 축축하다. ④ 처치가 이루어지지 않으면 빠른 맥, 빠른 호흡, 저혈압을 포함한 쇼크 징후가 나타난다. ⑤ 적절한 휴식 없이 진화하는 소방대원 및 통풍이 안 되는 작업복을 입고 일할 때 많이 발생한다.
열사병	① 열 손상에서 가장 위험한 단계로 체온조절기능 부전으로 나타난다. ② 여름철에 어린아이나 노약자에게 많이 일어나며 보통 며칠에 걸쳐 진행된다. ③ 소모성열사병 환자와 같이 체온이 정상이거나 약간 오르지 않고 41~42℃ 이상 오른다. ④ 피부는 뜨겁고 건조하거나 축축하다. 의식은 약간의 혼돈상태에서 무의식상태까지 다양하게 의식변화가 있다. ※ 만약, 의식은 명료하나 피부가 뜨겁고 건조하거나 축축한 환자가 있다면 적극적인 체온저하 처치를 실시해야 한다. ⑤ 응급처치 : 일반적인 열손상 환자의 증상 및 징후로는 　㉠ 근육경련, 허약감이나 탈진, 어지러움이나 실신, 빠른맥, 빠르고 얕은 호흡 　㉡ 두통, 경련, 의식장애 ※ 피부는 정상이거나 차갑고 창백하며 축축한 피부 또는 뜨겁고 건조하며 축축한 피부(위급한 상태)

정답 | 153. ④

154 "의식이 있는 뇌졸중 FAST 환자"의 평가 방법이 아닌 것은?

① 입 꼬리가 올라가도록 웃으면서 따라서 웃도록 시킨다.

② 한쪽 다리를 최대한 들어 올려 넘어지지 않도록 한다.

③ 눈을 감고 양 손을 동시에 앞으로 들어 올려 10초간 멈추도록 한다.

④ 시계가 있다면 몇 시인지 물어보고 없다면 낮인지 밤인지 물어본다.

■ 의식이 있는 뇌졸중 환자를 평가하는 방법★★ 15년, 22년 소방장
① F(face) : 입 꼬리가 올라가도록 웃으면서 따라서 웃도록 시킨다. 치아가 보이지 않거나 양쪽이 비대칭인 경우 비정상
② A(arm) : 눈을 감고 양 손을 동시에 앞으로 들어 올려 10초간 멈추도록 한다. 양손의 높이가 다르거나 한 손을 전혀 들어 올리지 못할 경우 비정상
③ S(speech) : 하나의 문장을 얘기하고 따라하도록 시킨다. 말이 느리거나 못한다면 비정상
④ T(time) : 시계가 있다면 몇 시인지 물어보고 없다면 낮인지 밤인지 물어본다.

155 "의식장애가 있는 당뇨환자의 일반적 증상"이 아닌 것은?

① 차고 축축한 피부

② 무반응

③ 폭력적 행동

④ 느린 맥

■ 의식장애가 있는 당뇨환자의 일반 증상 및 징후
① 중독된 모습(마치 술에 취한 듯), 빠르고 분명치 않은 말, 비틀거리는 걸음
② 무반응, 폭력적이고 호전적인 행동, 흥분 상태, 무의미한 행동, 경련
③ 배고픔 호소, 차고 축축한 피부, 빠른 맥

156 "의식이 없는 뇌졸중에 대한 응급처치" 요령으로 옳지 않은 것은?

① 호흡곤란을 호소하면 BVM으로 고농도 산소를 공급한다.

② 산소포화도 94% 미만이거나 산소포화도를 알 수 없을 경우에 비강캐뉼라를 이용하여 산소를 4~6L 공급한다.

③ 이송 중 병원에 연락을 취해 병원도착 예정시간과 증상이 나타난 시간을 알려준다.

④ 마비된 쪽을 위로 한 앙와위 형태로 이송한다.

■ 뇌졸증에 대한 응급처치
① 산소포화도 94% 미만이거나 산소포화도를 알 수 없을 경우에 비강캐뉼라를 이용하여 산소를 4~6L 공급한다.
② 호흡곤란을 호소하면 BVM으로 고농도산소를 공급하고 인공호흡을 준비한다.
③ 의식이 없거나 기도를 유지할 수 없는 의식저하 상태라면 기도를 유지하고 고농도산소를 공급하고 마비된 쪽을 밑으로 한 측와위 형태로 이송한다.
④ 신속하게 병원으로 이송하며, 재평가를 실시한다.
⑤ 이송 중 병원에 연락을 취해 병원도착 예정시간과 증상이 나타난 시간을 알려준다.

🎯 정답 | 154. ② 155. ④ 156. ④

157 "뇌졸중"에 대한 설명으로 옳지 않은 것은?

① 뇌졸중 증상이 시작된 지 20~30분이 지나지 않은 환자는 CT촬영으로 진행정도를 평가하고 혈전용해제로 뇌혈관을 막고 있는 혈전을 녹이는 치료를 받는다.

② 심근경색과 같이 작은 혈전이나 방해물이 뇌의 일부분으로 가는 뇌동맥을 차단하면서 발생한다.

③ 얼굴, 한쪽 팔과 다리의 근력저하나 감각 이상징후가 나타난다.

④ 의식장애 전에 심한 두통 및 목 경직 호소할 수 있다.

■ **뇌졸중**

1. 뇌졸중은 심근경색과 같이 작은 혈전이나 방해물이 뇌의 일부분으로 가는 뇌동맥을 차단하면서 발생한다. 이런 차단 결과는 빠르게 뇌에 영향을 미치고 영향을 받은 부분이 담당하고 있는 기능을 상실한다. 어떤 뇌졸중은 약해진 혈관(동맥류)을 파열시키거나 영구적인 손상 심지어 죽음을 초래하기도 한다.

2. 뇌졸중 증상이 시작된 지 4~5시간이 지나지 않은 환자는 CT촬영으로 진행정도를 평가하고 혈전용해제로 뇌혈관을 막고 있는 혈전을 녹이는 치료를 받는다.

3. 빠른 치료를 위해서는 뇌졸중의 증상을 빨리 파악하여 병원으로 신속히 이송하는 것이 중요하다.

※ 뇌졸중의 일반적인 징후
　① 얼굴, 한쪽 팔과 다리의 근력저하나 감각 이상
　② 갑작스런 언어장애나 생각의 혼란
　③ 한쪽이나 양쪽의 시력손실
　④ 갑작스런 보행장애, 어지러움
　⑤ 평형감각이나 운동조절기능 마비
　⑥ 원인불명의 심한 두통 등

※ 기타 증상 및 징후
　① 어지러움, 혼란에서부터 무반응까지 다양한 의식변화
　② 편마비, 한쪽 감각의 상실
　③ 비대칭 동공
　④ 시력장애나 복시 호소
　⑤ 편마비 된 쪽으로부터 눈이 돌아감
　⑥ 오심 / 구토
　⑦ 의식장애 전에 심한 두통 및 목 경직 호소

158 "알레르기 반응"에 대한 설명으로 다음 내용과 관계 깊은 것은?

> 쇼크의 원인으로는 견과류, 갑각류(개, 새우, 조개), 우유, 달걀, 초콜릿 등 음식 섭취 등이 있다.

① 저혈당 쇼크　　　　　　　② 과민성 쇼크

③ 심장성 쇼크　　　　　　　④ 신경성 쇼크

정답 157. ①　158. ②

■ 알레르기 반응
① 인체면역체계는 감염이나 이물질에 대해 대항하여 감염을 억제하는 기능이 있다. 하지만 과도하게 반응을 하게 되면 치명적인 알레르기반응을 유발하기도 한다.
② 주요 생리적인 변화로는 혈관의 긴장 및 능력을 상실한다. 따라서 조직으로 체액이 흘러 나와 얼굴, 목, 혀, 상부호흡기도와 세기관지 등에 부종을 야기시킨다.
③ 기도폐쇄로 충분한 산소공급이 되지 않으면 쇼크를 일으키는데 이를 과민성 쇼크라고 한다.
④ 쇼크는 혈관의 이완에 의해 더욱 악화된다. 알레르기 반응으로는 눈물, 콧물에서부터 쇼크, 호흡부전에 이르기까지 다양하다.

■ 과민성 쇼크의 일반적인 원인** 14년 소방위
① 독을 갖고 있는 곤충에게 물리거나 쏘일 때(벌, 말벌 등)
② 견과류, 갑각류(게, 새우, 조개), 우유, 달걀, 초콜릿 등 음식 섭취
③ 독성이 있는 담쟁이덩굴, 오크, 두드러기 쑥(일명 돼지풀), 풀 가루 등 식물 접촉
④ 페니실린, 항생제, 아스피린, 경련약, 근이완제 등의 약품
⑤ 기타 먼지, 고무, 접착제, 비누, 화장품 등
　많은 환자들은 과거의 경험에 의해 알레르기 물질을 알고 있는 경우가 많다.

159 경련 시 응급처치방법으로 옳지 않은 것은?

① 사생활 보호를 위해 관계자의 주변 사람들은 격리시킨다.
② 경련 중에 혀를 깨물지 못하도록 억지로 혀에 무언가를 넣어줘야 한다.
③ 환자가 청색증을 보이면 기도개방을 확인하고 인공호흡기로 고농도 산소를 공급한다.
④ 목뼈손상이 의심이 되지 않는다면 환자를 회복자세로 눕힌다.

■ 응급 처치* 19년 소방장/ 20년 소방위
① 주위 위험한 물건은 치운다. 치울 수 없다면 손상 가는 부분에 쿠션 및 이불을 대어 손상을 최소화시킨다. (안경을 쓴 환자라면 제거)
② 사생활 보호를 위해 관계자의 주변 사람들은 격리시킨다. (치마를 입은 환자라면 이불을 이용해 덮어준다.)
③ 경련 중에 혀를 깨물지 못하도록 억지로 혀에 무언가를 넣지 말아야 하며 신체를 구속시켜서는 안 된다. 단, 머리보호를 위해 주위에 위험한 물질은 치운다.
④ 기도를 개방한다. 경련 중에 기도를 개방하기란 어려운 행동이지만 흡인과 더불어 기도를 개방하고 고농도 산소를 공급한다.
⑤ 목뼈손상이 의심이 되지 않는다면 환자를 회복자세로 눕힌다.
⑥ 환자가 청색증을 보이면 기도개방을 확인하고 인공호흡기로 고농도 산소를 공급한다.
⑦ 환자를 병원으로 이송한다. 이송 중 ABC와 생체징후를 관찰한다.

160 "저체온증 환자의 의식이 명료한 상태에서 적극적인 처치법"으로 옳은 것은?

① 추운 곳에서 더운 곳으로 환자 이동
② 팔·다리 마사지를 해준다.
③ 호흡과 맥박이 느려지기 때문에 CPR을 실시하기 전에 적어도 30~45초간 평가해야 한다.
④ 카페인, 알콜 음료 등을 마시도록 한다.

정답　159. ②　160. ③

■ **저체온증 환자의 응급처치** * 13년 소방장

※ **저체온증 환자의 일반적인 응급처치**
  ㉠ 현장을 확인
    • 위험물질 확인, 추가 지원 요청
  ㉡ 개인 보호 장비 착용
  ㉢ <u>추운 곳에서 더운 곳으로 환자 이동</u>
  ㉣ 가능한 환자를 조심스럽게 이동
  ㉤ 추가 열손실 방지
  ㉥ 보온 및 열 공급
  ㉦ 무반응이거나 반응이 적절하지 않다면 다음과 같은 소극적인 처치법을 실시한다.
    ⓐ 차갑거나 젖거나 조이는 옷은 제거한다.
    ⓑ 이불을 덮어준다.
    ⓒ 구급차 내 온도를 올린다.

※ **의식이 명료한 상태에서 적극적인 대처법**
  ㉠ 인체 외부 특히, 주요 동맥이 표면에 흐르는 곳에 따뜻한 것을 대준다.
    (가슴, 목, 겨드랑이, 서혜부)
  ㉡ 기도 개방 유지 – 필요 시 흡인
  ㉢ 호흡과 순환지지
    <u>호흡과 맥박이 느려지기 때문에 CPR을 실시하기 전에 적어도 30~45초간 평가해야 한다.</u>
  ㉣ 많은 량의 산소 공급
    • 가능하다면 가온 가습한 산소
  ㉤ 환자가 힘을 쓰거나 걷지 않게 한다.
  ㉥ 자극제(카페인, 알콜 음료 등)를 먹거나 마시지 않게 한다.
  ㉦ 팔·다리 마사지 금지
  ㉧ 신속한 병원 이송
  ㉨ 재평가 실시

---

161 다음 중 "동상"에 대한 증상으로 옳은 것은?

① 표면 국소 한랭손상은 피부가 하얗게 되거나 창백하게 변색된다.
② 정상체온으로의 회복동안 환자는 종종 저린 증상을 호소한다.
③ 초기에 적절한 처치를 받는다면 조직은 완전히 회복할 수 있다.
④ 촉지하면 피부는 나무와 같이 딱딱하고 부분 부종이 나타나기도 한다.

■ **국소 한냉손상 종류**

동창	① 초기 또는 표면 국소 한랭손상은 피부가 하얗게 되거나 창백하게 변색된다. ② 손상부위를 촉진하면 피부는 계속 창백하게 남아 있고 대부분 모세혈관 재충혈이 되지 않는다. ③ 변색되었어도 만졌을 때 피부가 부드러운 경우에는 감각이상이나 손실을 호소하는 경우가 많다. ④ 초기에 적절한 처치를 받는다면 조직의 영구적인 손상 없이 완전히 회복할 수 있다. ⑤ 정상체온으로의 회복동안 환자는 종종 저린 증상을 호소하는데 이는 손상부위에 정상 혈액 순환이 되어 회복을 나타내는 것이라는 설명을 해주어야 한다.
동상	후기 또는 깊은 국소 한랭손상은 하얀 피부색을 띈다. 촉지하면 피부는 나무와 같이 딱딱하고 물집이나 부분부종이 나타나기도 한다. 대부분 산악인에게 많이 발생하며 근육과 뼈까지 손상되는 경우도 있다. 손상 부위가 녹으면서 자주빛, 파란색 그리고 얼룩덜룩한 피부색을 보인다.

🔲 정답 | **161. ④**

162 열손상 환자의 "뜨겁고 건조하거나 촉촉한 피부인 경우" 응급처치로 옳은 것은?

① 목, 겨드랑이, 서혜부에 차가운 팩을 댄다.

② 부채질 등 증발을 이용해 시원하게 해준다.

③ 다리를 약간 올리고 앙와위를 취해준다.

④ 반응이 있고 구토가 없다면 앉혀서 물이나 이온음료를 마시게 하고 그렇지 않다면 좌측 위로 병원으로 이송한다.

■ 열손상 환자의 응급처치* 23년 소방위

정상이거나 차가우며 창백하고 축축한 피부인 경우	뜨겁고 건조하거나 축축한 피부인 경우
시원하게 옷을 벗기고 느슨하게 한다.	시원하게 옷을 벗기고 느슨하게 한다.
부채질 등 증발을 이용해 시원하게 해준다.	목, 겨드랑이, 서혜부에 차가운 팩을 댄다.
다리를 약간 올리고 앙와위를 취해준다.	차가운 물로 몸을 축축하게 해주고(수건, 스펀지 이용) 부채질(선풍기) 해준다.
반응이 있고 구토가 없다면 앉혀서 물이나 이온음료를 마시게 하고 그렇지 않다면 좌측 위로 병원으로 이송한다.	구강으로 아무것도 주어서는 안 되며 냉방기를 최고로 맞춰 놓고 신속하게 이송한다.
이송 중 계속 환자를 평가 및 처치한다.	이송 중 계속 환자를 평가 및 처치한다.

163 국소 한랭손상에서 "후기 또는 깊은 손상인 경우" 처치방법으로 옳은 것은?

① 소독과 드레싱을 위해 물집을 터트린다.

② 소독 거즈로 드레싱 한다.

③ 손상 부위를 문지르거나 가볍게 마사지하도록 한다.

④ 손상부위에 직접적인 열이나 따뜻하게 회복시키는 처치법을 실시하지 않는다.

국소 한랭 손상에 대한 처치 목적은 추가손상 방지 또는 조직 결빙 예방에 있다. 이런 이유로 조직을 따뜻하게 회복시키는 처치법은 현장이 아닌 병원에서 보통 실시된다. 현장에서는 손상 부위를 녹이고 다시 추위로 인해 손상을 받을 경우에 더욱 악화되기 때문이다.

초기 또는 표면 손상인 경우	① 손상 부위를 부목으로 고정한다. ② 소독 거즈로 드레싱 한다. ③ 손상 부위의 반지나 액세서리를 제거한다. ④ 손상부위를 문지르거나 마사지하지 않는다. ⑤ 다시 추위에 노출되지 않도록 주의한다.
후기 또는 깊은 손상인 경우	① 손상 부위를 부목으로 고정한다. – 특히, 다리부분 손상인 경우에는 걷지 않도록 한다. ② 마른 옷이나 드레싱으로 손상부위를 덮는다. ③ 손상 부위의 반지나 액세서리를 제거한다. ④ 손상부위를 문지르거나 마사지하지 않는다. ⑤ 물집을 터트리지 않는다. ⑥ 손상부위에 직접적인 열이나 따뜻하게 회복시키는 처치법을 실시하지 않는다. ⑦ 다시 추위에 노출되지 않도록 주의한다

정답   162. ①   163. ④

164 "스쿠버 다이빙과 관련된 응급상황"에 대한 설명으로 옳지 않은 것은?

① 상승할 때 혈류에 들어간 공기는 기포나 기포덩어리가 되어 일반 순환과 관류를 방해하는 공기색전증을 유발하기도 한다.

② 감압병은 공기 중에 약 70%를 차지하는 질소가스가 조직과 혈류 내 축적되어 발생한다.

③ 잠수부에게 대부분 치명적인 손상을 주는 경우가 수중으로의 급격한 하강에서 기인한다.

④ 응급처치는 바로누운자세 또는 옆누운자세로 눕히며 기도를 확보한다.

■ 스쿠버 다이빙과 관련된 응급상황

하강과 관련된 압력손상	① 내려가는 동안 물의 무게와 중력으로 잠수부 신체에 압력이 약해질 것이다. ② 내이와 부비동과 같이 공기로 채워진 인체 공간은 압착되고 귀와 얼굴의 통증을 유발한다. ③ 심한 경우에는 고막이 파열되어 출혈이 생길 수도 있다.
상승과 관련된 압력손상	① 잠수부에게 대부분 치명적인 손상을 주는 경우가 수면으로 급격한 상승에서 기인한다. 인체에 있는 가스는 수면으로 올라오면서 팽창하는데 팽창된 가스는 조직을 심한 경우 파열시키기도 한다. 　ⓐ 치아 : 구강 내 공기 주머니 팽창은 심한 통증을 유발시킨다. 　ⓑ 위장 : 복통을 유발하고 트림이나 방귀가 자주 나온다. 　ⓒ 허파 : 허파의 일부분을 파열시키며 피하조직으로 공기가 들어가 피하기종을 유발할 수 있다. ② 혈류에 들어간 공기는 기포나 기포덩어리가 되어 일반 순환과 관류를 방해하는 공기색전증을 유발하기도 한다. ③ 공기색전증으로 심장마비, 경련, 마비 증상이 나타날 수 있다.

※ 감압병(DCS, Decompression sickness) : 공기 중에 약 70%를 차지하는 질소가스가 조직과 혈류내 축적되면서 발생한다. 보통 빠르게 상승할 때 발생하며 증상이 나타나는 시간은 30분 이내에 50%, 1시간 이내에 85%, 3시간 이내에 95%가 나타난다. 증상은 질소방울이 어느 인체부위에 나타나는가에 따라 달라지는데 보통 두통, 현기증, 피로감, 팔다리의 저린 감각, 반신마비 등이 나타나며 드물게는 호흡곤란, 쇼크, 무의식, 사망도 나타난다. 예방법으로는 수심 30m 이상 잠수하지 않으며, 상승 시 1분당 9m의 상승속도를 준수하는 것이다. 감압병이 의심된다면 꼭 진찰을 받아야 하는데 그 이유는 상태가 악화될 수 있기 때문이다.

※ 감압병의 증상 및 징후*
- 의식 변화, 피로감, 근육과 관절의 심부통증
- 피부 가려움증과 얼룩 또는 반점, 저린 감각 또는 마비
- 질식감, 기침, 호흡곤란, 중독된 듯한 모습, 가슴통증

※ 응급처치* 21년 소방교
- 갑압실이 설치되어 있는 병원과 연락한다.
- 바로누운자세 또는 옆누운자세로 눕히며 기도를 확보한다.
- 비재호흡마스크로 100% 산소를 10~15L/분로 공급한다.
- 즉각적인 산소공급은 종종 증상을 감소시키지만 나중에 다시 나타날 수 있다.
- 호흡음을 청진한다.
- 기흉의 경우는 호흡음이 감소하게 되며, 항공후송의 금기가 된다.

정답 | **164.** ③

165 "벌에 쏘였을 때 응급처치 사항"으로 옳지 않은 것은?

① 족집게나 집게로 제거하도록 한다.
② 부종이 시작되기 전에 악세서리 등을 제거한다.
③ 손상부위를 심장보다 낮게 유지한다.
④ 부드럽게 손상부위를 세척한다.

■ **벌에 쏘였을 때 응급처치**
① 현장 안전을 확인한다.
② 침이 있다면 제거해야 한다.
  신용카드의 끝부분으로 문질러 제거한다. 족집게나 집게로 제거해서는 안 된다. 이는 상처부위로 독물을 더욱 짜 넣는 결과를 나타낸다.
③ 부드럽게 손상부위를 세척한다.
④ 부종이 시작되기 전에 악세서리 등을 제거한다.
⑤ 손상부위를 심장보다 낮게 유지한다.
⑥ 전신 알레르기 반응이나 anaphylaxis 징후가 나타나는지 관찰한다.
⑦ 재평가를 실시한다.

166 "뱀에 물렸을 때 응급처치 방법"으로 옳은 것은?

① 항뱀독소는 사망률을 20%에서 1% 이하로 낮추는 역할을 한다.
② 물린 부위 절개 또는 입으로 신속히 독을 빼내도록 한다.
③ 물린 부위를 심장보다 높게 유지한다.
④ 물린 부위에서 지혈대를 이용하여 몸 쪽으로 묶어준다.

■ **벌에 물림*** 20년 소방위
국내 독사는 4과 8속 14종으로 살모사, 불독사, 까치살모사가 있다. 활동 시기는 4월 하순부터 11월 중순으로 독액은 약 0.1~0.2cc 나온다. 증상 및 징후는 뱀의 종류 및 독의 정도에 따라 달라진다.

1. 일반적인 증상 및 징후
  ① 팔다리가 부어오른다. ② 오심 / 구토
  ③ 입안이 저리면서 무감각해진다. ④ 허약감과 어지러움
  ⑤ 호흡과 맥박 증가 ⑥ 쇼크
  ⑦ 비정상적인 출혈

2. 응급처치*
  ① 현장 안전을 확인하고 환자를 눕히거나 편한 자세로 안정을 취해준다.
  ② 부드럽게 물린 부위를 세척한다.
  ③ 붓기 전에 물린 부위를 조일 수 있는 악세사리 등은 제거한다.
  ④ 물린 부위를 심장보다 낮게 유지한다.
  ⑤ 움직이지 않게 한다. – 물린 팔다리를 부목으로 고정한다.
  ⑥ 물린 부위에서 몸쪽으로 묶어준다.(단 지혈대가 아닌 탄력붕대 이용)
  ⑦ 전신 증상이 보이면 비재호흡마스크로 많은 양의 산소를 공급한다.
  ⑧ 신속하게 이송한다.(구토 증상을 보일 경우 회복자세를 취해준다.)
  ⑨ 계속적으로 평가한다.

정답 | 165. ① 166. ①

※ 금기사항*
• 물린부위 절개 또는 입으로 독을 빼내는 행위
• 전기 충격, 민간요법으로 얼음이나 허브를 물린 부위에 대는 행위
• 40분 이상 묶으면 조직 내 허혈증 유발
※ 현장처치로 이송을 지연시키면 안 되므로 항뱀독소가 있는 병원에 연락하고 신속하게 이송해야 한다. 항뱀독소는 사망률을 20%에서 1% 이하로 낮추는 역할을 한다.

167 "임신기간 중 생리적 변화"에 대한 설명으로 옳지 않은 것은?

① 보통여자보다 혈류량과 혈관분포 정도가 감소한다.
② 바로누운자세는 임부의 하대정맥을 눌러 심장으로 가는 혈류량을 감소시켜 저혈압을 유발시킨다.
③ 자궁이 커지면서 소화기계를 압박해 구토할 가능성이 높다.
④ 산모의 저혈압은 좌측으로 눕게 한 다음 오른쪽 엉덩이 아래에 이불 등으로 지지하면 쉽게 호전된다.

■ 임신기간 중 생리적 변화* 14년 소방장

변화	의미	
혈류량과 혈관분포정도가 증가한다.	맥박은 증가하고 혈압은 감소한다.	
자궁이 커지면서 소화기계를 압박한다.	구토할 가능성이 높다.	
자궁이 하대정맥을 눌러 심장으로 가는 혈류량을 감소시킨다.	바로누운자세는 저혈압과 태아절박가사를 초래할 수 있다.	

① 임신부는 보통 여자보다 혈류량과 심박동수가 증가하고 생식기계에 공급되는 혈관의 수와 크기가 증가한다. 이는 혈압을 감소시키고 임신말기 자궁은 소화기계를 압박해 소화를 지연시키거나 토하게 한다.
② 바로누운자세는 임부의 하대정맥을 눌러 심장으로 가는 혈류량을 감소시켜 저혈압을 유발시킨다. 저혈압은 산모에게 위험할 뿐만 아니라 태아절박가사를 초래할 수 있다.
③ 이러한 상태는 산모를 좌측으로 눕게 한 다음 오른쪽 엉덩이 아래에 이불 등으로 지지하면 쉽게 호전된다.

168 "APGAR"에서 고려되지 않은 사항은?

① 출생 5분, 10분에 각각 측정한다.
② 건강한 신생아의 전체 점수의 합은 10점이다.
③ 신생아의 피부색, 맥박, 호흡, 반사흥분도, 근육의 강도 등을 평가한다.
④ 6점 이하이면 신생아의 집중관리가 필요하다.

정답 **167.** ① **168.** ①

■ **평가**★★ 16년 소방장/ 17년 소방위/ 18년, 19년 소방장/ 22년 소방위, 소방장

신생아의 상태는 아프가 점수(APGAR score)를 이용하여 평가할 수 있다. 출생 1분과 5분에 각각 측정하는데, 건강한 신생아의 전체 점수의 합은 10점이다. 대부분의 신생아들은 생후 1분의 점수가 8~10점이다. 6점 이하이면 신생아의 집중관리가 필요하므로 기도확보 및 체온유지를 하면서 신속히 병원으로 이송한다.

169 다음 내용에서 "APGAR 점수"에서 처치방법으로 옳은 것은?

㉠ 피부색 : 손과 발까지 핑크색	㉡ 심장박동수 : 100회 이하
㉢ 반사흥분도 : 재채기 반응	㉣ 근육의 강도 : 제한된 움직임
㉤ 호흡 : 우렁참	

① 호흡을 보조함   ② 부드럽게 자극

③ 입-코 흡인   ④ 기관 내 삽관

 ■ **APGAR 점수**★ 12년 소방위/ 13년, 19년 소방장/ 22년, 24년 소방위

┃APGAR 점수(출생 후 1분, 5분 후 재평가 실시)┃

평가내용	점 수		
	0	1	2
피부색 : 일반적 외형	청색증	몸은 핑크 / 손과 팔다리는 청색	손과 발까지 핑크색
심장 박동수	없음	100회 이하	100회 이상
반사흥분도 : 찡그림	없음	자극 시 최소의 반응 / 얼굴을 찡그림	코 안쪽 자극에 울고 기침 / 재채기 반응
근육의 강도 : 움직임	흐늘거림 / 부진함	팔과 다리에 약간의 굴곡 제한된 움직임	적극적으로 움직임
호흡 : 쉼 쉬는 노력	없음	약하고 / 느림 / 불규칙	우렁참

※ 8~10점 : 정상출산으로 기본적인 신생아 관리
　3~7점 : 경증의 질식 상태, 호흡을 보조함, 부드럽게 자극, 입-코 흡인
　0~2점 : 심한 질식 상태, 기관 내 삽관, 산소공급, CPR

170 "산모의 분만 전 처치과정"에 대한 설명으로 옳지 않은 것은?

① 산모의 엉덩이 아래 공간은 적어도 60cm가 되도록 한다.

② 소독포로 산모의 양쪽 다리를 감싸고 엉덩이와 회음부 아래에도 놓는다.

③ 동료대원이나 산모가 동의한 협조자는 산모의 다리 쪽에 위치한다.

④ 사생활 보호를 위해 꼭 필요한 사람 외에는 밖으로 나가 있게 한다.

정답   **169.** ④   **170.** ③

■ **분만 전 처치**

① 사생활 보호를 위해 꼭 필요한 사람 외에는 나가 있게 한다.

② 분만 중 피와 체액으로부터 보호하기 위해 개인보호 장비를 착용한다.

③ 산모를 침대나 견고한 장소에 눕히고 이불을 이용해 엉덩이를 높여 준다. 산모는 다리를 세워 벌리고 있게 한다.

　　※ 산모의 엉덩이 아래 공간은 적어도 60cm가 되어야 신생아 처치를 즉각적으로 할 수 있다.

④ 질이 열리는 것을 보기 위해 장애(옷 등)가 되는 것을 치운다. 분만세트에서 소독된 장갑과 그렇지 않은 장갑을 꺼낸다.

　– 소독포로 산모의 양쪽 다리를 감싸고 엉덩이와 회음부 아래에도 놓는다.

⑤ 동료대원이나 산모가 동의한 협조자는 산모의 머리맡에 위치한다.

　– 산모가 토할 때나 힘들어 할 때 격려하거나 도와주는 역할을 한다.

⑥ 분만세트는 탁자나 의자에 놓는다.

　– 모든 기구는 쉽게 잡을 수 있는 위치에 놓는다.

171 "신생아 처치요령"에 대한 설명으로 옳지 않은 것은?

① 구형흡입기로 우선 입을 흡인하고 그 다음에 코를 흡인한다.

② 입과 코 주변의 분비물은 소독된 거즈로 닦아낸다.

③ 팔다리에 약간의 청색증이 있다고 해서 등을 문지르거나 발바닥을 자극해서는 안 된다.

④ 기도 내 이물질을 제거한 순간부터 2분 내 호흡을 시작해야 한다.

■ **신생아 소생술 – 신생아에 대한 처치 과정**★★ 18년 소방장/ 21년 소방위

㉠ 보온 유지 및 기도내 이물질 제거

　– 구형흡입기로 우선 입을 흡인하고 그 다음에 코를 흡인한다. 입과 코 주변의 분비물은 소독된 거즈로 닦아낸다.

　　※ 주의 : 코를 먼저 흡인하면 신생아는 헐떡거리거나 호흡을 시작하게 되고 이때, 입에 있는 태변, 혈액, 체액, 점액이 허파에 흡인될 수 있다.

㉡ 신생아를 소아용 침대에 한쪽으로 눕히고 구형흡입기로 다시 입, 코 순으로 흡인한다(준비된 장소가 없다면 품에 안고 실시할 수도 있다).

㉢ 호흡 평가★ 21년 소방위

　ⓐ 기도 내 이물질을 제거한 순간부터 자발적으로 호흡하는 것이 정상이며 30초 내에 호흡을 시작해야 한다.

　ⓑ 만약 그렇지 않다면 호흡을 격려해야 하는데 등을 부드럽게 그리고 활발하게 문지르거나 손가락으로 발바닥을 자극하는 방법이 있다.

　ⓒ 발바닥을 치켜들고 손바닥으로 쳐서는 안 되며 호흡이 있으나 팔다리에 약간의 청색증이 있다고 해서 등을 문지르거나 발바닥을 자극해서는 안 된다.

　ⓓ 태어나서 수분동안은 이런 팔다리의 청색증이 정상이다. 만약 호흡이 얕고 느리며 없다면 40~60회 / 분 인공호흡을 실시해야 한다.

　　※ 주의 : 구강대 마스크를 이용한다면 신생아용 소형 퍼프를 사용해야 하며 유아용 백–밸브마스크를 사용할 때에는 백을 조금만 짜야한다. 30초 후에 호흡을 재평가해서 호전되지 않는다면 계속 실시해야 한다.

🔖 정답 | 171. ④

172 "제대 결찰"에 대한 설명으로 옳은 것은?

① 태지는 보호막임으로 따뜻한 물로 즉시 닦아내도록 한다.

② 첫 번째 제대감자의 결찰높이는 신생아로부터 약 5cm, 두 번째 결찰은 10cm 정도 떨어져 결찰한다.

③ 신생아가 호흡하지 않는다면 제대를 결찰해서는 안 된다.

④ 제대에서 맥박이 뛰는 것이 확인되면 결찰 하도록 한다.

■ **제대 결찰*** 18년 소방장/ 23년 소방위

정상적으로는 제대를 결찰하거나 잘라내기 전에 스스로 신생아가 호흡을 시작하며, 제대를 결찰하거나 잘라내기 전에 손가락으로 맥박이 뛰지 않는 것을 확인해야 한다.

① 신생아 보온을 유지한다.

　제대 결찰 전에 수분을 없애고 신생아 포로 전신을 감싸야 한다. 태지는 보호막임으로 물로 닦아서는 안 된다.

② 첫 번째 제대감자의 결찰높이는 신생아로부터 약 10cm 정도 떨어져 결찰한다.

③ 두 번째 제대감자의 결찰높이는 첫 번째 제대에서 신생아 쪽으로 5cm 정도 떨어져 결찰한다.

④ 소독된 가위로 제대감자 사이를 자른다.

　– 자른 후에는 결찰을 풀거나 다시 하려고 시도해서는 안 된다. 태반측 제대는 피, 체액, 배설물에 닿지 않게 놓고 신생아편 제대 끝에서는 출혈되지 않는지 확인해야 한다. 출혈이 있다면 가능하다면 현 제대감자에 가깝게 다른 제대감자로 결찰한다.

⑤ 신생아를 옮길 때 제대에 충격이 가지 않도록 주의한다.

　– 제대에서 약간의 실혈로도 치명적일 수 있다.

　※ 신생아가 호흡하지 않는다면 제대를 결찰해서는 안 된다.(제외사항 – 제대가 신생아의 목을 조이는 상황과 CPR을 실시해야 하는 상황) 제대에서 맥박이 뛴다면 결찰해서는 안 된다.

173 "분만 중 처치"에 대한 설명으로 다음 (　) 안에 들어갈 내용으로 옳은 것은?

태아의 머리가 완전히 나왔다면 한손으로 계속 지지해 주고 다른 손은 소독된 거즈로 닦고 구형흡입기로 입, 코 순으로 흡인한다. 구형흡입기를 누른 다음 입에 약 (　)cm 넣고 흡인하고 뺀 후에는 수건에 흡인물을 버리도록 한다. 이 과정을 두세번 반복하고 코는 1~2번 반복한다. 코에는 (　)cm 이하로 넣어야 한다.

① 1.5~2.5, 0.5 　　　　② 2.5~3.5, 1.2

③ 3.5~4.5, 1.5 　　　　④ 5.0~6.5, 2.5

■ **태아의 기도를 확보한다.**** 23년 소방위

대부분의 태아는 머리를 아래로 하고 질 밖으로 나와서 왼쪽이나 오른쪽으로 머리를 돌린다. 따라서 태아의 머리가 산모의 항문 쪽에 닿지 않도록 지지해 주어야 한다. 태아의 머리가 완전히 나왔다면 한손으로 계속 지지해 주고 다른 손은 소독된 거즈로 닦고 구형흡입기로 입, 코 순으로 흡인한다. 구형흡입기를 누른 다음 입에 약 2.5~3.5cm 넣고 흡인하고 뺀 후에는 수건에 흡인물을 버리도록 한다. 이 과정을 두세번 반복하고 코는 1~2번 반복한다. 코에는 1.2cm 이하로 넣어야 한다.

정답 　172. ③ 　173. ②

174 다음 중 "임신 중 응급상황" 내용으로 옳지 않은 것은?

① 임신초기 질 출혈은 임부와 태아 모두에게 위험하며, 임신 후기 질 출혈은 자연유산의 징후로 볼 수 있다.

② 임신 중 경련의 원인은 경련 병력이 있거나 임신으로 인한 임신중독증이나 자간증으로 인해 일어난다.

③ 자간증 환자는 임신후기에 보통 경련증상이 나타나며, 증상 및 징후로는 두통, 고혈압, 부종이 있다.

④ 임신 기간이 20주 내에 유산된 경우를 말하며 태아와 자궁조직이 경부를 통해 질 밖으로 나온다.

자연 유산	임신 기간이 20주 내에 유산된 경우를 말하며 태아와 자궁조직이 경부를 통해 질 밖으로 나온다. 배의 경련이나 통증을 동반한 질 출혈을 호소하며 정서적인 스트레스를 받는다.
임신 중 경련	경련 중에는 호흡이 원활하게 이루어지지 않아 태아에게 영향을 미치기 때문에 임신 중의 경련은 특히 위험하다. 원인으로는 경련 병력이 있거나 임신으로 인한 임신중독증이나 자간증으로 인해 일어난다. ① 자간증 환자는 임신후기에 보통 경련증상이 나타난다. ② 자간증의 증상 및 징후로는 두통, 고혈압, 부종이 있다. 환자를 평가할 때에는 개인보호 장비를 착용하고 환자의 의식상태, 기도와 호흡평가, 병력사정, 신체검진, 복용하는 약물, 부종 등을 평가해야 한다.
임신 중 질출혈	임신초기 질 출혈은 자연유산의 징후로 볼 수 있으며 임신후기 질 출혈 특히, 마지막 석달은 임부와 태아 모두에게 위험하다. 그 이유는 종종 태반으로 인한 출혈(태반박리, 전치태반 등) 때문이다. 임신후기의 질 출혈은 복통을 동반하지 않을 수도 있다.
임신 중 외상	임부의 상태는 태아에게 직접적으로 영향을 미친다. 임부의 외상처치는 일반외상처치와 같으나 태아에 대한 걱정으로 심한 스트레스를 받는다는 점과 태아에게 영향을 미친다는 점이 틀리다.

175 다음 내용과 관계 깊은 것은?

> 회음부위가 불룩 튀어나와 있거나 태아의 일부분이 보이는 상태

① 배림
② 이슬 맺힘
③ 태반
④ 분만 통

회음부위가 불룩 튀어나와 있거나 태아의 일부분이 보이는지 평가한다. 배림현상이 보이면 분만준비를 바로 해야 한다. 질 부위를 노출하게 되면 산모는 대부분 당황하게 되는데 항상 사전에 왜 실시해야 하는지 설명해야 한다. 분만준비로는 시트로 양 다리를 감싸고 엉덩이와 회음부 아래 놓는다.
* 19년 소방위

정답 | **174.** ① **175.** ①

176 임신 해부학과 생리학에 대한 설명으로 옳지 않은 것은?

① 정상 임신기간은 수정에서 분만까지 약 6달이며 초기, 중기, 말기로 나뉜다.

② 중기에는 태아가 빠르게 성장하며 5개월에는 자궁이 배꼽선에서 만져진다. 말기에는 자궁이 윗배에서 만져진다.

③ 태반은 제대를 통해 모체와 태아사이 풍부한 혈액과 영양, 산소를 공급해 주고 배설물을 제거시켜 주기도 한다.

④ 정상 임신과정은 한 개의 난소에서 난자를 생성하고 난자는 나팔관을 지나 정자와 수정된다.

▣ 임신 해부학과 생리학★

1. 여성의 생식기계는 아랫배에 있는 골반 내에 위치해 있다. 주요 구조로는 2개의 난소와 2개의 나팔관 그리고 이와 연결된 자궁과 질, 경부로 구성되어 있다.
2. 출산경로는 이 중에 자궁 아랫부분과 자궁목, 질로 구성되어 있다. 외부 질 입구와 항문사이는 회음부라고 불리며 이 모든 부분은 풍부한 혈액이 공급되는 부위로 출혈 시에는 응급상황이 발생한다.
3. 정상 임신과정은 한 개의 난소에서 난자를 생성하고 난자는 나팔관을 지나 정자와 수정된다.
4. 수정된 난자는 자궁벽에 착상하고 성장을 통해 배아가 된다. 양막은 양수로 채워져 태아를 보호하고 분만을 원활하게 진행시키는 역할을 한다.
5. 태반은 제대를 통해 모체와 태아사이 풍부한 혈액과 영양, 산소를 공급해 주고 배설물을 제거시켜 주기도 한다.
6. 정상 임신기간은 수정에서 분만까지 약 9달이며 초기, 중기, 말기로 나뉜다.
7. 임신 초기에는 두개의 세포에서 두드러진 성장이 나타난다.
8. 중기에는 태아가 빠르게 성장하며 5개월에는 자궁이 배꼽선에서 만져진다. 말기에는 자궁이 윗배에서 만져진다.

177 "미숙아에 대한 응급처치 요령"으로 옳지 않은 것은?

① 유아용 모자는 머리에서의 열 손실을 막아준다.

② 직접적인 공급은 피하며 코 주변에서 산소를 공급한다.

③ 여름인 경우는 냉각기를 사용하고 바깥공기가 직접 닿지 않도록 해야 한다.

④ 미숙아의 얼굴에 구급대원의 호흡이 직접적으로 닿지 않도록 한다.

▣ 미숙아 응급처치★ 18년 소방장

① 보온을 유지한다.
  • 보온을 위한 지방축적이 충분하지 않기 때문에 저체온증의 위험성이 높다. 따라서 물기를 닦아내고 따뜻한 이불로 포근하게 감싸줘야 한다. 또한 유아용 모자는 머리에서의 열손실을 막아준다.
② 기도 내 이물질을 제거한다.
  • 입과 코로부터의 이물질을 흡인한다.
③ 상태에 따른 소생술을 실시한다.
  • 특히, 임신방수가 적은 경우 소생술을 준비한다.
④ 산소를 공급한다.
  • 직접적인 공급은 피하며 코 주변에서 산소를 공급한다.

▣ 정답 | 176. ① 177. ③

⑤ 오염되지 않도록 한다.
- 미숙아는 감염되기 쉬우므로 만약 산모가 분만 중에 대변을 보았다면 닿지 않도록 주의한다. 미숙아의 얼굴에 구급대원의 호흡이 직접적으로 닿지 않도록 한다.
⑥ 구급차 내 온도를 올린 후 이송한다.
- 적절한 온도범위는 32~38℃이며 이송 전에 온도를 맞춰 놓는다. 여름인 경우는 냉각기를 사용해서는 안 되며 창문을 이용해 온도를 조절하며 바깥공기가 직접 닿지 않도록 해야 한다. 가급적이면 닫은 상태로 이송한다.

178 "분만통"에 대한 설명으로 옳지 않은 것은?

① 임신말기 태아는 회전해서 머리가 보통 위를 향하고 회전하면 둔위가 된다.
② 본격적인 진통이 시작되면 태아의 머리는 아래로 내려오고 자궁벽은 붉게 충혈, 경부는 짧고 얇아진다.
③ 분만이 다가오면 수축시간이 짧아지고 수축 빈도는 30분에서 3분으로 줄어든다.
④ 분만 1기에 자궁 경부가 확장되면서 피가 섞인 점액질 덩어리가 나오는데 이를 '이슬'이라고 한다. 분만에 걸리는 시간은 4-6시간으로 다양하다.

■ 분만통의 징후
① 임신 말기에 태아는 회전해서 머리가 보통 아래로 향하게 되는데 회전하지 않으면 둔위가 된다. 자궁목은 분만 1기에 확장하기 위해 부드러워지며 진통 전에 가진통이 나타날 수 있다.
② 본격적인 진진통이 시작되면 태아의 머리는 아래로 내려오고 자궁벽은 붉게 충혈되고 경부는 짧고 얇아진다.
③ 분만이 다가오면 수축시간이 짧아지고 수축 빈도는 30분에서 3분으로 줄어든다.
④ 수축하는 동안 배를 촉지하면 딱딱함을 알 수 있다. 태아가 내려오고 경부가 이완되면 양막은 보통 파열된다.
⑤ 정상적으로는 깨끗해야 하며 녹색이나 노란색을 띄는 갈색인 경우는 태아 스트레스로 인해 태변으로 오염되었음을 짐작할 수 있다.
⑥ 분만 1기에 자궁 경부가 확장되면서 피가 섞인 점액질 덩어리가 나오는데 이를 '이슬'이라고 한다. 분만에 걸리는 시간은 4-6시간으로 다양하다.
⑦ 분만 2기는 자궁수축 빈도가 증가하고 통증이 심해진다. 새로운 호소로는 "대변을 보고 싶다."고 하는데 이는 태아가 내려오면서 직장을 누르기 때문이다.
⑧ 2기가 시작되면서 분만은 빠르게 진행된다. 따라서 산모평가를 통해 현장에서 분만할 것인지 이송할 것인지를 결정해야 한다.

179 "둔위분만의 경우 응급처치 요령"으로 옳지 않은 것은?

① 머리가 아닌 팔다리가 먼저 나오는 형태로 발이 먼저 나오는 것이다.
② 엉덩이가 먼저 나온다면 손으로 지지해준다.
③ 골반이 올라오도록 머리를 낮추고 정서적 지지를 제공한다.
④ 다리를 잡아당기는 등의 분만을 시도해서는 안 된다.

정답 178. ① 179. ①

■ **둔위분만**
둔위분만이란 엉덩이나 양 다리가 먼저 나오는 분만형태로 신생아에게 외상 및 제대 탈출 위험이 높다. 자발적으로 분만할 수도 있지만 합병증 비율이 높다.

(응급처치)* 20년 소방위
① 즉각적으로 이송한다.
② 다리를 잡아당기는 등의 분만을 시도해서는 안 된다.
③ 고농도산소를 공급한다.
④ 골반이 올라오도록 머리를 낮추고 정서적 지지를 제공한다.
⑤ 만약 엉덩이가 나온다면 손으로 지지해준다.

■ **불완전 둔위분만**
머리가 아닌 팔다리가 먼저 나오는 형태로 둔위분만의 경우 발이 먼저 나온다. 이 경우 병원으로 빨리 이송해야 한다. 배림(crowning)때 머리가 아니 손, 다리, 어깨 등이 나오며 제대가 나올 수도 있다.

(응급처치)
① 제대가 나와 있다면 앞서 언급한 제대탈출에 따른 처치를 실시한다.
② 골반이 올라오도록 머리를 낮춘다.
③ 비재호흡마스크로 고농도산소를 공급한다.
④ 신속하게 병원으로 이송한다.

180 "제대 탈출 요령"으로 옳지 않은 것은?

① 둔부를 올리고 산소를 공급하며 보온을 유지한다.
② 손가락을 넣어 아기 머리를 제대로부터 멀어지게 한다.
③ 제대를 안으로 밀어 넣도록 한다.
④ 제대를 소독된 젖은 거즈로 감싼다.

태아보다 제대가 먼저 나오는 경우로 태아와 분만경로 사이에 눌리게 된다. 이는 태아로 가는 산소공급을 차단하기 때문에 위급한 상태로 둔위분만이나 불완전 둔위분만의 경우에 종종 나타난다. 응급처치 목적은 병원 이송 전까지 태아에게 산소를 최대한 공급하는 것이다.

■ **제대탈출 요령**
① 둔부를 올리고 산소를 공급하며 보온을 유지한다.
② 손가락을 넣어 아기 머리를 제대로부터 멀어지게 한다.
③ 제대를 안으로 밀어 넣지 않도록 한다.
④ 제대를 소독된 젖은 거즈로 감싼다.

181 "성인과 비교하여 소아기도 처치에 대한 고려사항"으로 옳지 않은 것은?

① 상대적으로 혀가 차지하는 공간이 크다.
② 흡인 시 인두의 자극으로 심박동이 갑자기 떨어질 수 있다.
③ 만약 입이 막히면 코로 숨을 쉬는 법을 모른다.
④ 기도유지를 위해 목과 머리를 과신전하면 기도가 폐쇄될 수 있다. 또한 머리를 앞으로 굽혀도 기도가 폐쇄된다.

정답   180. ③   181. ③

■ 성인과 비교하여 소아기도 처치에 필요한 해부적, 생리적 고려사항* 17년 소방장
- 얼굴, 코 그리고 입이 작다.
  - 입과 코의 직경이 작아 쉽게 분비물에 의해 폐쇄될 수 있다.
- 상대적으로 혀가 차지하는 공간이 크다.
  - 무의식 상태에서 쉽게 기도를 폐쇄시킬 수 있다.
- 기관이 부드럽고 유연하다.
  - 기도유지를 위해 목과 머리를 과신전하면 기도가 폐쇄될 수 있다. 또한 머리를 앞으로 굽혀도 기도가 폐쇄된다.
- 흡인 시 인두의 자극으로 심박동이 갑자기 떨어질 수 있다.
  - 저산소증으로 느린맥이 나타날 수 있다.
- 유아는 입보다 코를 통해 숨을 쉰다.
  - 만약 코가 막히면 입으로 숨을 쉬는 법을 모른다.
- 가슴벽은 부드럽고 호흡할 때 호흡보조근 보다 가로막에 더 의존한다.
- 소아는 호흡기계 문제 시 단기간에 호흡수를 늘려 보상작용을 할 수 있다. 보상작용은 복근을 포함해 호흡보조근을 사용하며 호흡곤란으로 빠르게 심정지가 일어나기도 한다.
- 저산소증은 급속한 심정지를 일으키는 느린맥을 초래할 수 있다.

182 "소아기도 특징"으로 옳지 않은 것은?

① 혀로 인한 기도폐쇄 가능성으로 구급대원은 계속 기도 개방을 유지해야 한다.
② 성인보다 기도직경이 작아 이물질 흡입 시 완전폐쇄가 될 가능성이 높다.
③ 영, 유아들은 비강 호흡로 확보에 중점을 두어야 한다.
④ 상기도 폐쇄에서 보이는 이물질을 손가락으로 제거하는 것은 옳지 않다.

상기도 폐쇄에 대해 보이는 이물질을 손가락으로 제거하는 것은 올바른 처치법이나 하기도 질환에서 손가락을 입에 넣는 것은 기도폐쇄를 유발할 수 있는 경련이 나타날 수 있기 때문에 주의를 기울여야 한다.

183 "소아의 질병"에 관하여 설명한 것으로 옳지 않은 것은?

① 소아는 성인에 비해 질병에 걸리는 비율이 높다.
② 협심증과 심근경색 그리고 급성 심정지와 같은 심장동맥질환이 드물다.
③ 감염과 천식과 같은 호흡기계 문제는 성인에 비해 만성화되거나 허파공기증 등을 일으킬 수 있다.
④ 질병이나 손상에 대한 회복력이 빠른 반면에 반응도 빨라 호흡곤란이 나타나면 맥박이 떨어지고 심정지가 빠르게 진행된다.

■ 소아는 성인에 비해 질병에 걸리는 비율이 낮다.
① 협심증과 심근경색 그리고 급성 심정지와 같은 심장동맥질환이 드물다.
② 감염과 천식과 같은 호흡기계 문제는 성인에 비해 만성화되거나 허파공기증 등을 일으킬 수 있다.
③ 소아의 건강한 기관은 성인에 비해 질병 특히, 호흡기계와 심혈관계와 관련한 질병에 대한 저항력이 높다.
④ 질병이나 손상에 대한 회복력이 빠른 반면에 반응도 빨라 호흡곤란이 나타나면 맥박이 떨어지고 심정지가 빠르게 진행된다.

정답 **182.** ④ **183.** ①

184 "소아와 성인과의 차이점"을 설명한 것으로 옳지 않은 것은?

① 상대적으로 혀가 크고 기도가 좁아 기도 폐쇄 가능성이 높다.
② 코와 얼굴이 평평하여 마스크 밀착 시 어려움이 있다.
③ 신체에 비례해 좁은 체표면적으로 낮은 저체온 가능성이 있다.
④ 호흡근이 쉽게 피로해져 호흡곤란을 야기함

■ 성인과 소아의 차이점

차이점	평가와 처치에 영향
• 상대적으로 큰 혀, 좁은 기도, 많은 분비물, 젖니(탈락성)	• 기도 폐쇄 가능성 증가
• 평평한 코와 얼굴	• 얼굴 마스크 밀착 시 어려움
• 몸에 비례해서 큰 머리, 발달이 덜 된 목과 근육	• 외상에 있어 쉽게 머리손상 증가
• 완전히 결합되지 않은 머리뼈	• 숨구멍(대천문, 소천문)이 올라가면 두개 내 압력을 의미, 내려가면 탈수를 의미 (울 때 올라가는 것은 정상)
• 얇고 부드러운 뇌조직	• 심각한 뇌손상 가능성
• 짧고 좁으며 유연한 기관	• 과신전 시 기관 폐쇄
• 짧은 목	• 고정 및 안정시키기 어려움
• 배 호흡	• 호흡 측정 어려움
• 빠른 호흡	• 호흡근이 쉽게 피로해져 호흡곤란을 야기함
• 신생아는 처음에 비강호흡을 함	• 코가 막혀 있다면 구강호흡을 자동으로 할 수 없는 경우가 있어 쉽게 기도가 폐쇄됨
• 신체에 비례해 넓은 체표면적	• 높은 저체온 가능성
• 약한 골격계	• 골절은 적고 휘어질 가능성이 높음. 따라서 외부 압력은 갈비뼈 골절 없이 내부로 전달되어 장기를 손상시킬 수 있다(특히, 허파손상).
• 이자과 간 노출 증가	• 배에 외부 압력으로 쉽게 손상된다.

185 "소아의 인공호흡"에 관한 설명으로 옳지 않은 것은?

① 소아의 인공호흡 비율은 분당 12회~20회로 실시한다.
② 각 호흡은 1초간 하고 가슴이 부풀어 오를 정도의 일회 호흡량을 유지한다.
③ 호흡동안 소아의 가슴이 오르는 것을 주의 깊게 관찰하고 날숨과 동시에 인공호흡을 실시해 주어야 한다.
④ 인공호흡 기구로는 포켓마스크와 BVM이 있다.

■ **소아의 인공호흡**★ 17년, 18년 소방장/ 21년 소방장
호흡정지 또는 호흡부전에는 즉각적으로 고농도의 인공호흡을 실시해 주어야 한다. 소아의 인공호흡 비율은 분당 12회~20회(3초~5초마다 1번 호흡)로 실시한다. 각 호흡은 1초간 하고 가슴이 부풀어 오를 정도의 일회 호흡량을 유지한다.

 정답   184. ③   185. ③

① 느린맥(60회 이하)과 부적절한 호흡이 같이 나타난 경우에는 인공호흡을 실시해야 한다. 이는 저산
소증으로 인한 심장마비 위험이 있기 때문이다.
② 만약 환자의 호흡이 너무 느리다면 자발적 호흡 사이에 추가적인 환기를 제공해 주어야 한다.
③ 호흡동안 소아의 가슴이 오르는 것을 주의 깊게 관찰하고 들숨과 동시에 인공호흡을 실시해 주어야
한다.
④ 인공호흡 기구로는 포켓마스크와 BVM이 있다. 마스크 크기는 입과 코를 충분히 덮을 수 있어야
하며 산소가 새지 않게 한 손 또는 두 손으로 잘 밀착시켜야 한다.

186 **"소아의 경미한 기도폐쇄 증상 및 응급처치 사항"이 아닌 것은?**

① 들숨 시 천명음과 움추린 자세이다.

② 산소 공급마스크에 거부감을 느끼면 코 근처에서 공급한다.

③ 2세 미만은 등두드리기와 가슴밀어내기, 2세 이상은 배밀어내기 실시한다.

④ 시끄러운 호흡음, 심한기침증상이 나타난다.

■ 소아의 기도폐쇄 및 처치

구 분	증 상	응급처치
경미한 폐쇄	• 들숨 시 천명음과 움추린 자세 • 시끄러운 호흡음 • 심한 기침 • 명료한 의식 수준 • 정상적인 모세혈관 재충혈 • 정상 피부색	• 환자가 편안하게 느끼는 자세를 취해준다. – 소아의 경우 부모가 팔로 지지한 상태로 앉아 있는 자세(강압적으로 눕히면 폐쇄를 악화시킬 수 있다.) • 정서적 안정을 위해 흥분한 태도를 보이면 안 된다. • 꼭 필요한 검사만 실시한다(혈압측정 안함). • 가능한 신속한 병원이송 실시 • 산소 공급마스크에 거부감을 느끼면 코 근처에서 공급한다. • 주의 깊게 환자를 관찰한다.
심각한 폐쇄 또는 청색증이나 의식변화가 있는 경미한 폐쇄	• 청색증 • 말을 못하거나 울지 못함 • 미미한 기침 • 의식 장애 • 천명음과 동시에 호흡곤란 증가	• 기도 내 이물질 제거 – 2세 미만 소아의 경우 등 두드리기와 가슴 밀어내기를 실시하고 입안의 이물질을 확인·제거한다. 2세 이상의 소아는 배 밀어내기를 실시하고 입안의 이물질을 확인·제거한다. • BVM을 이용한 인공호흡을 실시한다. • 신속하게 이송한다.

187 **"소아의 인공호흡 시 주의사항"으로 옳지 않은 것은?**

① 자동식 산소소생기를 사용하는 것이 효과적이다.

② 턱 들어올리기법은 머리, 척추손상 환자를 인공호흡 시킬 때 사용해야 한다.

③ BVM에 부착된 저장낭을 사용해 100% 산소를 공급해 준다.

④ 산소 연결된 포켓마스크를 사용한다면 고농도 산소를 연결시켜 줘야 한다.

정답 **186.** ③ **187.** ①

■ **소아의 인공호흡 시 주의사항**
① 과도한 압력이나 산소량은 피해야 한다.
   – 백은 천천히 지속적으로 눌러야 하며 가슴이 충분히 올라갈 정도면 된다.
② 적정한 크기의 마스크를 사용해야 한다.
③ 자동식 산소소생기는 소아에게 사용해서는 안 된다.
④ 인공호흡 도중에 종종 위 팽창이 나타난다. 위 팽창은 가로막을 밀어 올리고 허파의 팽창을 제한해 효과를 떨어뜨린다. 이 경우 비위관을 삽입할 필요가 있다.
⑤ 압코인두기도기는 다른 방법으로 기도를 유지할 수 없고 인공호흡을 지속시켜야 할 때 사용되어야 한다.
⑥ 인공호흡 동안 흡인을 할 경우에는 경성 흡인관을 사용해 기도 뒤를 자극하지 않도록 주의해서 사용해야 한다.
⑦ 인공호흡 동안 목이 과신전 되지 않도록 주의해야 한다.
⑧ 턱 밀어올리기법은 머리 또는 척추손상 환자를 인공호흡 시킬 때 사용해야 한다.
⑨ BVM에 부착된 저장낭을 사용해 100% 산소를 공급해 준다.
⑩ 산소 주입구가 달린 포켓마스크를 사용한다면 고농도 산소를 연결시켜 줘야 한다.

188 "신생아의 심박동 평가"에 대한 설명으로 옳지 않은 것은?

① 심박동 소리는 오른쪽 유두 아랫부분에서 제일 잘 들린다.
② 가슴압박 횟수는 120회/분이며 양엄지 손가락은 복장뼈 중앙에 나머지 손가락은 등을 지지하고 압박해야 한다.
③ 압박깊이는 가슴의 1/3 정도이고 호흡과 가슴압박의 비율은 1 : 3이 되어야 한다.
④ 1분에 90회의 가슴 압박과 30회의 호흡으로 실시해야 하며, 산소공급은 얼굴 가까이 산소튜브를 놓고 공급해야 한다.

■ **심박동 평가**[*] 17년 소방위
ⓐ 왼쪽 유두 윗부분에서 제일 잘 들리며 100회/분 이하이면 40~60회/분 인공호흡을 실시해야 한다.
ⓑ 30초 후에 재평가해서 60~80회/분이고 심박동수가 올라갔다면 계속 인공호흡을 실시하고 30초 후에 재평가를 해야 한다.
ⓒ 만약 60회/분 이하이며 올라가지 않았다면 인공호흡과 더불어 가슴압박을 실시해야 한다.
ⓓ 가슴압박 횟수는 120회/분이며 양엄지 손가락은 복장뼈 중앙에 나머지 손가락은 등을 지지하고 압박해야 한다.
ⓔ 압박깊이는 가슴의 1/3 정도이고 호흡과 가슴압박의 비율은 1 : 3이 되어야 하며 1분에 90회의 가슴 압박과 30회의 호흡으로 실시해야 한다.
※ 호흡과 맥박은 정상이나 몸통에 청색증을 계속보이면 산소를 공급한다. 산소는 10~15L/분으로 공급하며 직접주는 것이 아니라 얼굴 가까이 산소튜브를 놓고 공급해야 한다.

189 "소아의 호흡유지"에 관한 내용으로 옳지 않은 것은?

① 기도개방을 위한 처치를 할 때는 제일 먼저 기구를 삽입해야 한다.
② 느린맥이 나타나면 저산소증이라고 가정하고 즉시 15 L/분 산소를 제공한다.
③ 포켓 마스크는 적당한 크기가 없는 경우 마스크를 거꾸로 사용하기도 한다.
④ 흡인 시 경성 흡인관을 사용해야 한다.

🔲 **정답** 188. ①　　189. ①

■ **소아기도 처치 시 다음과 같이 성인과의 다른 점에 유의해야 한다.**
① 포켓 마스크나 BVM 이용 시 잘 밀착시키기 위해 적당한 크기를 사용해야 하며 적당한 크기가 없는 경우 마스크를 거꾸로 사용하기도 한다.
② 산소 공급 시 소아용 비재호흡마스크와 코삽입관를 사용해야 한다.
③ 부드럽게 기도를 개방해야 한다.
   – 접은 수건을 어깨 아래 넣어 목을 약간 뒤로 젖힌다.
④ 혀로 인한 기도폐쇄 가능성으로 구급대원은 계속 기도 개방을 유지해야 한다.
⑤ 기도의 직경이 작아 기도 내에 기구를 삽입하는 것은 부종을 쉽게 유발시킬 수 있다. 따라서 다른 기도개방을 위한 처치가 안 되는 경우 최후의 수단으로 기구를 삽입해야 한다.
⑥ 흡인 시 경성 흡인관을 사용해야 한다. 그러나 기도와 입의 표면에 외상이 생기지 않도록 주의해야 한다. 자극은 부종을 일으켜 폐쇄를 일으키기 때문이다. 또한 인후 뒷부분을 계속 자극하는 것은 갑작스런 느린맥을 유발할 수 있다.
⑦ 코와 코인두 내 분비물을 흡인하는 것은 두드러지게 호흡을 향상시킬 수 있다.

> ※ 호흡곤란 증상 즉, 비익확장, 호흡보조근 사용 등 빠른호흡을 나타내면 고농도 산소를 공급하고 재평가를 실시해야 하고 느린맥이 나타나면 저산소증이라고 가정하고 즉시 15 L /분 산소를 제공하고 필요하다면 BVM이나 포켓마스크로 인공호흡을 제공해야 한다.

190 **"소아의 저혈량 쇼크"에 따른 기관반응으로 옳은 것은? (실혈량 45% 이상)**

① 차갑고 얼룩진 색　　　　　　　② 흥분, 혼돈, 울음
③ 소변량 아주 조금　　　　　　　④ 혼수상태

■ 소아 저혈량 쇼크에 따른 기관 반응

기 관	경증 (실혈량 30% 이하)	중등도 (실혈량 30~45%)	중증 (실혈량 45% 이상)
심혈관계	약하고 빠른 맥박 정상 수축기압 (80~90＋2×나이)	약하고 빠른 맥박 말초맥박 촉지 못함 낮은 수축기압 (70~80＋2×나이)	서맥후 빈맥 저혈압 (〈70＋2×나이) 이완기압 촉지 못함
중추신경계	흥분, 혼돈, 울음	기면상태 통증에 둔한 반응	혼수상태
피부	차갑고 얼룩진 색, 모세혈관재충혈 지연	청색증 모세혈관재충혈 지연	창백, 차가운 피부
소변량	점점 줄어듦	아주 조금	없음

191 **"소아의 기도유지기" 사용에 대한 설명으로 옳지 않은 것은?**

① 크기는 입 가장자리와 귓불 사이 길이로 한다.
② 기도유지기 합병증으로는 연부조직 손상으로 출혈이나 부종, 구토 등이 있다.
③ 입·코인두기도기는 인공호흡을 오래 필요로 하는 소아와 영아에게 사용된다.
④ 인공호흡이 시작되자마자 기도유지기를 위치시키고 초기 인공호흡을 위해서 반드시 사용되어야 한다.

🔽 **정답**　190. ④　191. ④

■ **기도유지기 사용**
① 입·코인두기도기는 인공호흡을 오래 필요로 하는 소아와 영아에게 사용된다.
② 성인과 달리 인공호흡이 시작되자마자 기도유지기를 위치시켜야 하지만 초기 인공호흡을 위해서 사용되어서는 안 된다.
   ※ 왜냐하면 소아나 영아의 호흡노력과 산소화는 100% 인공호흡의 결과로 종종 빠르게 나아지므로 가끔은 기도유지기가 필요하지 않는다.
③ 기구사용은 오히려 상태를 악화시킬 수 있으며 빠른 호흡 향상이 나타날 수 있으므로 가급적이면 기도유지기 사용을 피해야 한다.
④ 기도유지기 합병증으로는 연부조직 손상으로 출혈이나 부종, 구토 그리고 느린맥이나 심장마비를 유발할 수 있는 미주신경 자극이 있다.
⑤ 입인두기도기의 사용상 주의사항
   ㉠ 연령별로 다양한 크기가 있으므로 적절한 크기를 사용해야 한다.
   ㉡ 너무 작은 경우는 입안으로 들어가 기도를 폐쇄할 수 있으며 큰 경우는 기도폐쇄, 외상이 나타날 수 있다.
   ㉢ 크기는 입 가장자리와 귓볼 사이 길이를 재어 결정하면 된다.
   ㉣ 구역반사가 있는 경우는 구토반사를 자극해 구토를 유발하고 심박동을 증가시키기 때문이다.

192 "소아의 입인두기도기 처치법"에 대한 설명으로 옳지 않은 것은?

① 크기는 입 가장자리와 귓볼 사이 길이를 재어 결정하면 된다.
② 기도기 플랜지가 입천장에 닿을 때까지 회전하여 삽입한다.
③ 구역반사가 없다면 설압자로 넣고 머리 쪽으로 약간 벌리면서 혀를 누른다.
④ 삽관 후 기침, 구역반사가 나타나면 기도기를 제거하고 필요하면 흡인해준다.

■ **입인두기도기 처치법*** 08년 소방위
① 설압자를 입에 넣어 본다.
   – 만약, 기침, 구역반사가 있다면 기도기 삽입은 중지해야 한다. 대신에 머리위치를 변경해 기도를 개방시키고 비강기도기 사용을 고려해야 한다.
② 구역반사가 없다면 설압자로 넣고 머리 쪽으로 약간 벌리면서 혀를 누른다.
   – 공간을 벌려 기도기를 넣기 편하게 하기 위해서이다.
③ 기도기 플랜지(입구)가 입술에 닿을 때까지 바로 기도기를 삽입한다.
   – 회전 없이 바로 넣는다.
④ 삽관 후 기침 또는 구역반사가 나타나면 기도기를 제거하고 필요하다면 흡인해 준다.

▮ 기도기 삽입법 ▮

193 "소아의 산소공급"으로 옳지 않은 것은?

① 계속 거부감을 나타내면 기구를 코에서 10㎝ 정도에서 공급해주어야 한다.
② 호흡장애, 쇼크 증상 및 징후가 있는 경우 고농도산소를 공급해주어야 한다.
③ 고농도산소공급에 사용되는 기구에는 소아용 비재호흡마스크가 있다.
④ 낯선 것에 대한 두려움이 있는 경우 마스크를 구급대원이나 보호자에게 우선 착용시킨다.

정답 | 192. ② 193. ①

■ 소아 산소공급
호흡장애나 쇼크 증상 및 징후가 있는 경우에는 고농도산소를 공급해주어야 한다. 고농도산소공급에 사용되는 기구에는 소아용 비재호흡마스크가 있다. 낯선 것에 대한 두려움이 있는 소아인 경우 마스크를 구급대원이나 보호자에게 우선 착용시키고 설명과 함께 정서적 지지를 한 후 마스크를 착용시켜야 한다.

※ 계속 거부감을 나타내면 기구를 코 근처에 가까이 해서 공급해주어야 한다.
※ 아이의 얼굴로부터 약 5cm 높이에서 산소공급관을 이용한 산소공급

194 "소아의 호흡기계 응급상황" 시 심한 호흡곤란증상으로 옳은 것은?

① 호흡수가 10회/분 미만 또는 60회/분 이상
② 느린맥 또는 무맥
③ 날숨 시 그렁거림
④ 비익 확장

 ■ 호흡기계 응급상황 구별

초기 호흡곤란	증 상	응급처치
초기 호흡곤란	① 비익 확장 ② 호흡보조근 사용 ③ 협착음 ④ 날숨 시 그렁거림 ⑤ 헐떡거림 ⑥ 호흡 시 배와 목 근육 사용	① 응급처치로는 가능하다면 고농도산소를 공급해 주어야 한다. ② 비재호흡마스크가 가장 좋으며 거부감을 호소하는 소아인 경우 코 근처에서 공급해 주어도 좋다. ③ 호흡부전이나 정지에 대한 세심한 관찰을 해야 하며 만약 천식이 있고 자가 흡입제가 있다면 흡입할 수 있도록 도와야 한다.
심한 호흡곤란 / 호흡부전	① 호흡수가 10회/분 미만 또는 60회/분 이상 ② 청색증 ③ 심한 호흡보조근 사용 ④ 말초 순환 저하 ⑤ 의식 장애 ⑥ 심하고 지속적인 그렁거림	응급처치로는 BVM을 통해 100% 산소를 인공호흡을 통해 주어야 한다.
호흡 정지	① 호흡 저하 ② 무반응 ③ 느린맥 ④ 느린맥 또는 무맥	① BVM을 통해 인공호흡을 실시해야 한다. ② 만약 계속 인공호흡을 해야 하는 상황이라면 입인두기도기를 삽관하고 제공해야 한다.

195 "소아의 기도에 대한 처치" 시 제일 마지막 조치사항은?

① 기도 내 이물질 제거 ② 흡인
③ 기도유지기 사용 ④ 기도개방

 기도개방 - 흡인 – 기도 내 이물질 제거 – 기도유지기 사용

정답 194. ① 195. ③

196 "소아의 기도에 대한 처치 시 흡인"에 대한 설명으로 옳지 않은 것은?

① 흡인 전에 100% 산소를 공급하거나 15 L/분 산소를 공급해 저산소증을 예방해야 하고 15초 이상 흡인해서는 안 된다.
② 눈으로 보이지 않는 깊이까지 흡인해야 한다.
③ 흡인시간이 한번에 15초를 넘지 않도록 주의해야 한다.
④ 유아의 경우 비강호흡을 하므로 코가 막히지 않도록 해야 한다.

▣ 소아의 흡인
① 분비물 또는 입과 코의 기타 액체 성분을 흡인해야 하며 특히, 의식장애가 있는 경우 중요하다.
  ※ 왜냐하면 기도를 보호하는 능력이 없거나 감소하기 때문이다. 구형흡입기, 연성흡입관 또는 경성흡입관이 사용될 수 있으며 환자의 나이와 상황에 따라 달라진다.
② 흡인은 잠재적인 위험성을 갖고 있는데 특히, 저산소증을 주의해야 한다.
  ※ 흡인 전에 100% 산소를 공급하거나 15 L/분 산소를 공급해 저산소증을 예방해야 하고 15초 이상 흡인해서는 안 된다.
③ 인두 깊숙이 흡인하는 것 역시 미주신경을 자극해 느린맥이나 심정지를 유발할 수 있다.
  ※ 눈으로 보이지 않는 깊이까지 흡인해서는 안 되며, 흡인시간이 한번에 15초를 넘지 않도록 주의해야 한다.
④ 유아의 경우 비강호흡을 하므로 코가 막히지 않도록 해야 하며 너무 깊게 흡입관이 들어가지 않도록 주의해야 한다.

197 "소아 환자 코인두기도 사용"에 대한 설명으로 옳지 않은 것은?

① 1년 이하의 신생아에게는 일반적으로 사용되지 않는다.
② 콧구멍 크기에 맞는 기도기를 선택, 보통은 환자의 새끼손가락 크기와 비슷하다.
③ 삽입도중 기침이나 구역반사가 나타날 수 있으나 머리위치를 변경해 삽입하도록 한다.
④ 코, 얼굴, 머리 외상이 있는 경우에는 코인두기도기를 사용해서는 안 된다.

▣ 소아 코인두기도
소아환자에서 대개는 사용하지 않으나 구역반사가 있는 소아환자에게 인공호흡을 유지할 필요가 있는 경우에 효과적이다. 코인두기도기는 연령별로 크기가 다양하지만 1년 이하의 신생아에게는 일반적으로 사용되지 않는다. 콧구멍 크기에 맞는 기도기를 선택해야 하며 보통은 환자의 새끼손가락 크기와 비슷하다.

※ 코인두기도기 처치법
  ① 적당한 크기의 기도기를 선택한다.
  ② 기도기 몸체와 끝에 수용성 윤활제를 바른다.
  ③ 비중격을 향해 사선으로 기도기를 넣는다.
    만약, 저항이 느껴지면 다른 콧구멍으로 시도해 본다.
  ④ 천천히 코인두 내로 넣는다.
    삽입 도중 기침이나 구역반사가 나타나면 즉시 제거하고 머리 위치를 변경해 기도를 개방유지시킨다.
  ※ 합병증으로 비출혈이 종종 나타나며 비익부분을 눌러 지혈처치를 실시해야 한다. 필요하다면 흡인해 주어야 한다. 다른 합병증으로는 머리뼈 골절로 부적절하게 삽관되어 코 또는 두개 내 손상을 유발할 수 있다.
  ※ 코, 얼굴 또는 머리 외상이 있는 경우에는 코인두기도기를 사용해서는 안 된다.

정답 196. ② 197. ③

198 노인 환자들에 있어 "낙상"에 대한 내용으로 옳지 않은 것은?

① 가장 흔한 낙상과 관련된 골절 부위는 무릎 또는 엉덩이골절이다.

② 노인 환자들의 약 10%에서 심각한 뇌 또는 배손상을 초래하기도 한다.

③ 낙상은 노인 환자들에 있어 가장 흔한 유형의 외상이다.

④ 골절 부위는 골반 → 전완 먼쪽 → 위팔 몸쪽 → 갈비뼈 → 목뼈 등이 있다.

■ **낙상**

① 낙상은 노인 환자들에 있어 가장 흔한 유형의 외상이다. 대체로 노인환자들 중 낙상을 하면 세 번에 한 번꼴로 골절을 입는다. 노인에게 가장 흔한 낙상과 관련된 골절 부위는 몸쪽 넙다리 골절 또는 엉덩이골절이다. 그 외에 낙상과 관련된 노인 환자들의 골절 부위는 골반 → 전완 먼쪽 → 위팔 몸쪽 → 갈비뼈 → 목뼈 등이 있다.

② 낙상된 노인 환자들을 평가 시 손상에 대한 둔부, 골반, 가슴, 아랫팔, 위팔 등을 촉진 및 검진하는 것이 중요하다. 골절과 더불어 낙상은 노인 환자들의 약 10%에서 심각한 뇌 또는 배손상을 초래하기도 한다. 몇몇 노인 환자들은 간단한 실족 및 낙상일지라도 다른 의학적 상황과 함께 낙상이 원인이 된 한 부분으로 변질되기 쉽다.

※ 예를 들어 불규칙한 심장리듬은 환자 의식소실의 원인이 되기도 하며 그 직후 낙상하여 스스로에게 손상을 준다. 낙상된 노인환자를 평가하는 동안 환자가 낙상 또는 의식소실에 대해 기억하는지 질문해야 한다. 또한 다른 의학적 응급상황이나 심장의 이상 징후에 대해서도 평가해야 한다.

③ 처음 생체징후를 측정할 때에는 혈압 및 맥박을 주의 깊게 평가하고 특히 심부정맥을 암시하는 불규칙한 맥박에 주의해야 한다.

④ 낙상된 노인 환자들의 평가 시에는 낙상의 원인 및 낙상 전의 사건에 대한 동기도 주의 깊게 평가해야 한다.

199 행동응급의 "생리적 원인"에 대한 응급행동으로 옳지 않은 것은?

① 환자의 호흡에서 이상한 냄새가 난다.

② 환시보다 환청 호소

③ 일반적으로 증상의 시작이 빠르게 나타난다.

④ 동공변화 – 산동, 축동, 비대칭 크기

■ **생리적 원인에 의한 응급행동**

① 환자의 호흡에서 이상한 냄새가 난다.

② 동공변화 – 산동, 축동, 비대칭 크기

③ 일반적으로 증상의 시작이 빠르게 나타난다.

④ 과도한 침 분비

⑤ 대소변 조절능력 상실

⑥ 환청보다 환시 호소

정답 | 198. ①　199. ②

200 "비정상적인 환자에 대한 행동변화 요인"을 설명한 것이다. 관계 깊은 것은?

> 엉뚱하거나 적개적인 행동(마치 술을 마신 듯한 행동), 어지러움, 두통, 실신, 경련, 혼수, 빠른 호흡, 허기, 침이나 코를 흘리고 빠른 맥 증상이 빠르게 나타난다.

① 뇌졸중   ② 머리외상
③ 약물중독   ④ 저체온증

■ 행동변화 요인

저혈당	엉뚱하거나 적개적인 행동(마치 술을 마신 듯한 행동), 어지러움, 두통, 실신, 경련, 혼수, 빠른 호흡, 허기, 침이나 코를 흘리고 빠른 맥 증상이 빠르게 나타난다.
산소결핍	안절부절, 혼돈, 청색증, 의식장애
뇌졸중	혼돈, 어지러움, 언어장애, 두통, 기능상실이나 반신마비, 오심 / 구토, 산동
머리외상	흥분에서부터 폭력까지 다양한 의식변화, 분별없는 행동, 의식장애, 기억상실, 혼돈, 불규칙한 호흡, 혈압상승, 빠른 맥
약물 중독	약물에 따른 다양한 증상 및 징후
저체온증	몸의 떨림, 무감각, 의식장애, 기면, 비틀걸음, 느린 호흡, 느린 맥
고체온증	의식장애

201 "환자의 자살위험 정도를 평가"하는데 고려사항으로 옳지 않은 것은?

① 자살 징후 : 주변 사람에게 자살을 절대 말하지 않는다.
② 나이 : 15~25세, 40세 이상에서 높은 자살비율이 나타난다.
③ 최근의 스트레스 정도 : 현재에도 있는지 알아본다.
④ 우울증 : 절망이나 자살에 대한 환자의 느낌이나 표현을 심각하게 받아들여라.

■ 자살

※ 환자의 자살위험 정도를 평가하는 데 고려해야 할 사항
  ① 우울증 : 절망이나 자살에 대한 환자의 느낌이나 표현을 심각하게 받아들여라.
  ② 최근의 스트레스 정도 : 현재에도 있는지 알아본다.
  ③ 최근 마음의 상처 : 해고, 인간관계 상실, 질병, 구속, 투옥 등
  ④ 나이 : 15~25세, 40세 이상에서 높은 자살비율이 나타난다.
  ⑤ 술 및 약물남용
  ⑥ 자살 징후 : 주변 사람에게 자살을 미리 말한다.
  ⑦ 자살 계획 : 자살에 대한 기록 및 자살방법을 계획한다.
  ⑧ 자살시도 과거력 : 자살을 시도한 과거력이 있는 환자는 그렇지 않은 환자보다 자살을 더 많이 시도한다.
  ⑨ 우울증에서 갑작스러운 기분 호전 : 자살을 결정한 환자의 경우 우울하다가 갑자기 쾌활한 성격이 나타날 수 있다.

🔎 정답   200. ①   201. ①

202 "흥분, 공포, 우울증 등 비정상적이고 이상한 행동"을 하는 환자에 대한 구급대원의 현장기본처치 요령 중 옳지 않은 것은?

① 환자의 감정변화에 주의해야 하며 본인의 안전을 우선적으로 생각해야 한다.

② 판단적인 말을 해서는 안 되며 동정이 아닌 공감을 표현한다.

③ 환자에게 가까이 붙어서 친근감을 표시해야 한다.

④ 환자의 말에 경청하고 필요하다면 환자의 말을 반복한다.

■ 정신적인 응급상황

흥분, 공포, 우울증, 양극성 장애, 편집증, 정신분열증 등 이상한 행동에 따른 현장에서의 기본적인 처치는 다음과 같다.

① 대원의 신분 및 역할을 설명한다.

② 천천히 분명하게 말한다.

③ 환자의 말에 경청하고 필요하다면 환자의 말을 반복한다.

④ 판단적인 말을 해서는 안 되며 동정이 아닌 공감을 표현한다.

⑤ 긍정적인 몸짓을 사용해야 하며 팔짱을 끼는 등의 행동은 안 된다.

⑥ 환자로부터 적어도 1m 이상 떨어져 있어야 하며 환자에게 무리하게 다가가 환자의 감정을 폭발시 키지 않도록 한다.

⑦ 환자의 감정변화에 주의해야 하며 본인의 안전을 우선적으로 생각해야 한다.

203 "특수한 상황에서의 환자를 구속할 때" 알아두어야 할 사항으로 옳지 않은 것은?

① 적어도 4명의 대원이 동시에 빠른 행동으로 팔 다리에 접근해 억제한다.

② 구속도구를 절대 사용해서는 안 된다.

③ 호흡장애를 미리 예방하기 위해 환자가 고개를 들거나 내리게 한다.

④ 환자의 팔·다리 행동반경을 미리 예측하고 그 밖에 위치해 있어야 한다.

■ 환자의 구속할 때 알아두어야 할 사항

① 협력자를 다시 한 번 확인한다.

② 행동을 미리 계획한다.

③ 환자의 팔·다리 행동반경을 미리 예측하고 그 밖에 위치해 있어야 한다.

④ 구속과정을 협력자들과 상의한다.

⑤ 적어도 4명의 대원이 동시에 빠른 행동으로 팔다리에 접근해 행동한다.

⑥ 팔·다리를 억제한다.

⑦ 환자가 고개를 들거나 내리게 한다. 이 자세는 환자가 순순히 구속을 받는다는 의미와 호흡장애를 미리 예방할 수 있다.

⑧ 환자에 맞게 적절한 구속도구를 사용한다.

⑨ 환자가 대원에게 침을 뱉는다면 오심/구토, 호흡장애가 없는 환자에게는 마스크를 씌운다.

⑩ 억제시킨 부분의 순환상태를 계속 평가하고 억제한 이유와 방법 등을 기록한다.

정답 | **202.** ③   **203.** ②

204 "환자 평가"에 대한 설명으로 옳지 않은 것은?

① 의료제공자의 경우 호흡확인과 동시에 목동맥에서 맥박 확인을 5~10초 이내에 한다.

② 임무를 교대할 때에는 가능하면 가슴압박이 5초 이상 중단되지 않도록 한다.

③ 기관내삽관 등 전문기도가 유지되고 있는 경우에는 더 이상 30:2의 비율을 지키지 않고 한 명의 구조자는 분당 100회 이상 120회 미만의 속도로 가슴압박을 계속하고 다른 구조자는 백-밸브 마스크로 6초에 한번씩(분당 10회) 호흡을 보조한다.

④ 심폐소생술의 일관적인 질 유지와 구조자의 피로도를 고려하여 5분마다 가슴압박과 인공호흡을 교대할 것을 권장한다.

> 심폐소생술의 일관적인 질 유지와 구조자의 피로도를 고려하여 <u>2분마다 가슴압박과 인공호흡을 교대할 것을 권장한다.</u>

205 "호흡곤란 증상"으로 볼 수 있는 것은?

① 소아는 빠른맥   ② 성인은 느린맥
③ 조용한 호흡음   ④ 통모양의 가슴

> ■ **호흡곤란의 증상 및 징후*** 13년 소방장
> ① 비정상적인 호흡수
> ② 불규칙한 호흡양상
> ③ 얕은 호흡·시끄러운 호흡음
> ④ 불안정, 흥분, 의식장애
> ⑤ 성인은 빠른맥, 소아는 느린맥
> ⑥ 대화 장애(완전한 문장 표현 어려움)
> ⑦ 창백, 청색증, 홍조
> ⑧ 통모양의 가슴(보통 허파기종 환자)
> ⑨ 목, 가슴 위쪽에 있는 호흡보조근 사용 및 늑간 견축
> ⑩ 삼각자세 또는 앉아서 앞으로 숙인 자세

206 "신생아와 소아의 호흡곤란 증세"에 대한 설명으로 옳지 않은 것은?

① 소아는 저산소증에 성인보다 빨리 청색증이 나타나며, 성인과 달리 심한 저산소증에서 맥박이 빨라진다.

② 상기도는 입, 코, 인두, 후두덮개로 이루어져 있고 연약하고 좁은 구조로 질병이나 약한 외상에도 쉽게 부어오른다.

③ 소아의 기도에 이물질이 보이지 않고 끄집어 낼 수 없는 위치에 있다면 절대로 제거하려 해서는 안 된다는 것이다.

④ 만약 처치결과로 성인의 맥박이 느려지면 호전을 나타내지만 소아의 경우는 심정지를 의미할 수 있다.

🔲 **정답** | 204. ④   205. ④   206. ①

■ 신생아와 소아 호흡곤란* 14년 소방장

① 성인과 다른 호흡곤란 징후가 나타나는데 예를 들면, 목, 가슴, 갈비뼈 사이 견인이 심하게 나타난다.

② 날숨 시 비익이 확장되고 들숨 시 비익이 축소되며 호흡하는 동안 배와 가슴이 각기 다른 방향으로 움직이는 것을 볼 수 있다.

③ <u>소아는 저산소증에 성인보다 늦게 청색증이 나타나며 또한 성인과 달리 심한 저산소증에서 맥박이 느려진다.</u>

④ 만약 처치결과로 성인의 맥박이 느려지면 호전을 나타내지만 소아의 경우는 심정지를 의미할 수 있다. 비정상적인 호흡과 맥박저하를 보이면 즉시 많은 량의 산소를 공급해 주어야 한다.

⑤ 인공호흡을 실시하고 맥박이 정상 이하일 때에는 처치에 대한 재평가를 실시해야 한다.

⑥ 기도가 개방된 상태인지, 이물질은 없는지, 산소는 충분한지, 튜브는 꼬이거나 눌리지 않았는지 확인하고 필요하다면 흡인하고 코·입인두유지기를 사용한다.

⑦ 소아의 경우 가능하다면 상기도폐쇄로 인한 것인지 하기도 질병으로 인한 것인지 구분하는 것이 중요하다.
　㉠ 상기도는 입, 코, 인두, 후두덮개로 이루어져 있고 연약하고 좁은 구조로 질병이나 약한 외상에도 쉽게 부어오른다.
　㉡ 하기도는 후두아래 구조로 기관, 기관지, 허파 등을 포함한다.
　㉢ 상기도 폐쇄나 하기도 질병은 소아 호흡곤란을 야기시킬 수 있다.
　㉣ 이 모든 경우 산소공급과 편안한 자세를 취해주는 것이 중요하다.
　㉤ 상기도 폐쇄는 이물질로 인한 경우와 기도를 막는 후두덮개업 부종 등의 질병으로 인한 경우가 있다.
　㉥ 이물질이 분명히 보이지 않는다면 상기도를 검사하지 않는 것이 중요하다.
　㉦ 상기도에 이물질이 있는 소아의 입과 인두를 무리하게 검사하는 것은 외상 또는 인두의 경련수축을 야기해서 기도를 완전히 폐쇄시킬 수 있기 때문이다.

⑧ 소아의 호흡곤란이 상기도폐쇄로 인한 것인지 하기도 질병으로 인한 것인지 결정하는 것은 매우 어려울 수 있다.
　㉠ 거칠고 고음의 천명이 들리면 대개 상기도 협착을 의심할 수 있다.
　㉡ 먹다 남은 음식이나 구슬 등이 주변에 보인다면 상기도 폐쇄를 의심할 수 있다.
　　※ 이물질이 보이지 않고 끄집어 낼 수 없는 위치에 있다면 절대로 제거하려 해서는 안 된다는 것이다.

⑨ 소아는 낯선 사람에게는 불안감을 느끼므로 침착하게 현재 호흡곤란을 도와주기 위해 어떠한 행동을 한다는 것을 설명해 주어야 한다. 아동이 대부분 편안하게 생각하는 자세는 부모가 안고 앉아 있는 자세이다.

---

207 **"인공호흡의 1회 호흡량 및 인공호흡 방법의 권장사항"에 대한 설명으로 옳지 않은 것은?**

① 2인 구조자 상황에서 인공기도가 삽관된 경우에는 1회 호흡을 6초마다 시행한다.

② 가슴상승이 눈으로 확인될 정도의 일회 호흡량으로 호흡한다.

③ 가슴압박 동안에 인공호흡이 동시에 이루어지도록 한다.

④ 인공호흡을 과도하게 하여 과환기를 유발하지 않는다.

■ 인공호흡의 일회 호흡량 및 인공호흡 방법의 권장사항

① 1회에 걸쳐 인공호흡을 한다.

② 가슴상승이 눈으로 확인될 정도의 일회 호흡량으로 호흡한다.

③ 2인 구조자 상황에서 인공기도(기관 튜브, 후두마스크 기도기 등)가 삽관된 경우에는 1회 호흡을 6초(10회/분)마다 시행한다.

④ 가슴압박 동안에 인공호흡이 동시에 이루어지지 않도록 주의한다.

⑤ <u>인공호흡을 과도하게 하여 과환기를 유발하지 않는다.</u>

정답 | **207.** ③

208 다음 중 "심폐소생술의 정의와 역할"에 대한 설명으로 옳지 않은 것은?

① 심폐의 정지 또는 부전에 따른 비가역적 뇌의 무산소증을 방지함에 있다.

② 심정지가 의심되는 환자에서 인공으로 혈액순환과 호흡을 유지함에 있다.

③ 기본소생술만으로 심폐정지 환자를 소생시킬 수 있는 경우가 대부분이다.

④ 뇌의 무산소증은 심폐정지 후 4분 내지 6분 이상을 방치하면 발생하므로 이 시간 이내에 소생술이 시작되어야 한다는 것을 의미한다.

■ **심폐소생술의 정의*** 13년 소방장

심폐소생술은 심정지가 의심되는 환자에서 인공으로 혈액순환과 호흡을 유지함으로써 조직으로의 산소공급을 유지시켜서 생물학적 사망으로의 전환을 지연시키고자 하는 노력이다.

① 심폐소생술의 목적은 심폐의 정지 또는 부전에 따른 비가역적 뇌의 무산소증을 방지함에 있다.

② 뇌의 무산소증은 심폐정지 후 4분 내지 6분 이상을 방치하면 발생하므로 이 시간 이내에 소생술이 시작되어야 한다는 것을 의미한다.

■ **심폐소생술의 역할**

① 심정지가 발생하였을 때 환자의 소생에 가장 중요한 것은 빠른 시간 내에 심폐소생술로서 순환 및 호흡을 유지시켜 조직 내에 산소를 공급하는 것이다.

② 전문소생술이 가능할 때까지 혈액 내로의 산소 공급과 신체 조직으로의 혈류를 유지함으로써 중요한 장기(뇌, 심장)의 허혈성 손상을 최소화하여 시간을 벌어준다.

③ 기본소생술만으로 심폐정지 환자를 소생시킬 수 있는 경우는 아주 드물며, 자발순환과 자발호흡을 되살리기 위해서는 심실제세동을 포함한 전문소생술을 신속하게 뒤따라서 시행되어야 한다.

209 심폐소생술 "성인가슴압박요령"으로 옳은 것은?

① 가슴압박 중단이 불가피할 경우 10초 이상 가슴 압박을 중단해서는 안 된다.

② 성인은 처치자 수와 관계없이 가슴압박 : 인공호흡의 비율을 50 : 2로 한다.

③ 압박깊이는 보통 성인에서는 가슴 전후직경의 1/3 정도가 압박되도록 압박한다.

④ 가슴압박의 속도는 최소 분당 120~150회는 넘지 않도록 해야 한다.

■ **가슴압박요령*** 11년 소방교/ 23년 소방장

딱딱한 바닥에 환자를 바로누운자세로 눕히고 처치자의 손으로 가슴을 누르는 처치로 가슴 내에 압력을 증가시켜 혈액을 짜내고 받아들이는 역할을 한다.

① 환자의 가슴 중앙(복장뼈 아래쪽1/2)에 손꿈치를 올려놓고 팔꿈관절이 굽혀지지 않도록 하여 일직선을 유지한다. 가슴압박 중에는 처치자의 손가락이 환자의 가슴에 가능한 닿지 않도록 하여야 가슴압박에 의한 합병증을 줄일 수 있다.

② 처치자의 손과 어깨는 일직선을 유지하고 환자의 가슴과는 직각을 유지한다.

 ※ 바닥에 무릎을 꿇은 자세를 취해줘야 한다.

③ 압박깊이는 보통 체격의 성인에서는 가슴압박 깊이는 최소 5cm가 되어야 하며 6cm를 넘지 않아야 한다.

 ※ 소아와 영아에서는 가슴 전후직경의 1/3정도가 압박되도록 압박한다.

④ 가슴을 압박한 후, 가슴 벽이 정상 위치로 완전히 올라오도록 해야 한다.

 ※ 이완과 압박의 비율은 50 : 50이 되어야 한다.

정답 | 208. ③ 209. ①

⑤ 가슴압박의 속도는 최소 분당 100~120회는 넘지 않도록 해야 하며 가슴압박 대 인공호흡의 비율은 심장동맥 관류압에 중요한 영향을 주는 것으로 알려져 있다.
   ㉠ 가슴압박이 진행될수록 심장동맥 관류압은 점차 상승하는 것으로 알려져 있다.
   ㉡ 성인인 경우 처치자의 수와 관계없이 가슴압박 : 인공호흡의 비율을 30 : 2로 한다.
⑥ 가슴 압박의 중단을 최소화하려고 노력해야 하며 맥박확인, 심전도 확인, 제세동 등 필수적인 치료를 위하여 <u>가슴압박의 중단이 불가피한 경우에도 10초 이상 가슴 압박을 중단해서는 안 된다.</u>

210 "성인심폐소생술"에 대한 설명으로 옳지 않은 것은?

① 심폐소생술 순서는 가슴압박 – 기도유지 – 인공호흡이다.
② 가슴압박의 중단은 최소화하고 불가피한 중단 시는 10초 이내로 한다.
③ 가슴압박 속도는 분당 100회~120회이다.
④ 1회 인공호흡을 1초에 걸쳐 실시하며 가슴압박과 동시에 환기되도록 주의한다.

■ 심폐소생술 지침의 연령에 따른 요약** 20년 소방장

심폐소생술 수기	성 인	소 아	영 아
심정지의 확인	무반응, 무호흡 혹은 심정지 호흡 5초 이상 10초 이내 확인된 무맥박(의료인만 해당)		
심폐소생술의 순서	가슴압박 – 기도유지 – 인공호흡		
가슴압박 속도	분당 100회~120회		
가슴압박 깊이	가슴뼈의 아래쪽 1/2(5cm)	가슴 깊이의 1/3(4~5cm)	가슴 깊이의 1/3(4cm)
가슴 이완	가슴압박 사이에는 완전한 가슴 이완		
가슴압박 중단	가슴압박의 중단은 최소화(10초 이내)		
기도유지	머리기울임-턱들어올리기(외상환자 의심 시 턱 밀어올리기)		
가슴압박 : 인공호흡			
전문기도 확보 이전	30 : 2 (1인·2인 구조자)	30 : 2 (1인 구조자) 15 : 2 (2인 구조자)	
전문기도 확보 이후	6초 마다 인공호흡(분당 10회) ※ 단, 1회 인공호흡을 1초에 걸쳐 실시하며 가슴압박과 동시에 환기되지 않도록 주의한다.		

211 "심폐소생술 효과를 확인"하는 방법이 아닌 것은?

① 동공 이완
② 목동맥 촉진
③ 삼키는 행위
④ 피부색 회복

■ 심폐소생술 효과 확인
CPR이 효과적으로 실시되는지 확인하기 위해서는 가슴압박은 목동맥 촉진, 인공호흡은 가슴이 충분히 올라오는 지로 알 수 있다. 또한 아래의 징후들을 통해 알 수 있다.
① 동공 수축
② 피부색 회복
③ 자발적인 심박동과 호흡
④ 팔다리의 움직임
⑤ 삼키는 행위
⑥ 의식 회복

 정답 | 210. ④   211. ①

212 "CPR 시작 및 중단"에 대한 설명으로 옳지 않은 것은?

① 환자가 무의식이며 호흡이 없다 해도 맥박이 있다면 CPR을 실시해서는 안 된다.

② 시반현상은 중력에 의해 혈액이 낮은 곳으로 몰려들어 피부색이 빨간색 또는 자주색을 띄는 것을 말하며, 사망한지 5분 이상 경과되었음을 나타낸다.

③ 심폐소생술을 장시간 계속하여 처치자가 지쳐서 더 이상 심폐소생술을 계속할 수 없는 경우에는 중단할 수 있다.

④ 사후 강직은 사망 후 4~10시간 이후에 나타난다.

■ CPR 시작 및 중단

① 심정지가 발생한 환자를 목격하거나 발견하였을 경우에는 특별한 이유가 없는 한 CPR이 시행되어야 한다.

② 환자가 무의식이며 호흡이 없다 해도 맥박이 있다면 CPR을 실시해서는 안 된다.

③ 환자의 사망이 명백하거나 처치자가 위험에 처한 경우, 심폐소생술에 의한 소생가능성이 명백히 없는 경우에는 CPR을 시작하지 않을 수 있다.

   – 환자발생장소에 구조자의 신변에 위험요소가 있는 경우

   – 환자의 사망이 명백한 경우 : 시반의 발생, 외상에 의한 뇌 또는 체간의 분쇄손상, 신체일부의 부패, 허파 또는 심장의 노출, 몸이 분리된 경우

   ※ 시반현상 : 중력에 의해 혈액이 낮은 곳으로 몰려들어 피부색이 빨간색 또는 자주색을 띄는 것을 말한다. 이는 추운 환경에 노출된 경우를 제외하고 사망한지 15분 이상 경과 되었음을 나타낸다.

   – 사후 강직 상태 : 사후 강직은 사망 후 4~10시간 이후에 나타난다.

   ※ CPR을 중단할 수 있는 경우

     ① 환자의 맥박과 호흡이 회복된 경우

     ② 의사 또는 다른 처치자와 교대할 경우

     ③ 심폐소생술을 장시간 계속하여 처치자가 지쳐서 더 이상 심폐소생술을 계속할 수 없는 경우

     ④ 사망으로 판단할 수 있는 명백한 증거가 있는 경우

     ⑤ 의사가 사망을 선고한 경우

213 "기도 내 이물질 제거 요령"으로 대상이 영아인 경우가 아닌 것은?

① 손 뒤꿈치로 영아의 양 어깨뼈 사이를 이물질이 나오게 강하게 5번 두드린다.

② 영아는 간이 상대적으로 크기 때문에 배 밀어내기를 실시하도록 한다.

③ CPR 압박부위를 초당 1회의 속도로 5회 압박한다.

④ 이물질이 눈으로 보이는 경우에만 손가락으로 제거한다.

■ 기도내 이물질 제거(영아인 경우)★★

소아의 경우는 성인과 이물질 제거과정이 비슷하나 영아(만 1세 이하)인 경우 5회 등 두드리기와 5회 가슴 밀어내기를 실시해야 한다. 의식이 소실되면 흉부압박부터 시작하여 CPR을 실시한다.

① 처치자의 무릎위에 영아를 놓고 의자에 않거나 무릎을 꿇고 앉는다.

② 가능하다면 영아의 상의를 벗긴다.

③ 처치자의 아래팔에 영아 몸통을 놓고 머리가 가슴보다 약간 낮게 위치시킨다. 이때, 손으로 영아의 턱과 머리를 지지하고 기도를 누르지 않게 유의하며 아래팔은 다시 허벅지에 위에 놓는다.

④ 손 뒤꿈치로 영아의 양 어깨뼈 사이를 이물질이 나오게 강하게 5번 두드린다.

⑤ 두드린 손을 영아 등에 놓고 손바닥은 머리를 지지(뒤통수)하고 다른 손은 얼굴과 턱을 지지하며 영아를 뒤집어 머리가 몸통보다 낮게 위치시킨다.

정답 | 212. ② | 213. ② |

⑥ CPR 압박부위를 초당 1회의 속도로 5회 압박한다.
　　※ 성인과 다른 점은 다음과 같다.
　　　　㉠ 영아는 간이 상대적으로 크기 때문에 배 밀어내기를 실시하지 않는다.
　　　　㉡ 이물질이 눈으로 보이는 경우에만 손가락으로 제거한다.

┃영아의 기도폐쇄 처치 ┃

| 1단계 등 두드리기 5회 | 2단계 가슴압박 5회 | 3단계 의식소실시 CPR |

214 "심폐소생술 합병증"에 대한 설명으로 옳지 않은 것은?

① 가슴압박이 적절하여도 허파좌상과 기흉은 발생한다.
② 심폐소생술이 시행된 환자의 약 25%에서는 심각한 합병증이 발생하며, 약 3%에서는 치명적인 손상이 발생한다.
③ 가장 흔히 발생하는 합병증은 갈비뼈골절로써 약 40%에서 발생된다.
④ 부적절한 가슴압박으로 발생하는 합병증은 대동맥 손상, 심장파열 등이 있다.

■ **심폐소생술의 합병증*** 13년 소방위, 소방장/ 14년 소방교/ 19년 소방위

가슴압박이 적절하여도 발생하는 합병증	① 갈비뼈골절 ② 복장뼈골절 ③ 심장좌상 ④ 허파좌상
부적절한 가슴압박으로 발생하는 합병증	① 상부 갈비뼈 또는 하부갈비뼈의 골절 ② 기흉 ③ 간 또는 지라의 손상 ④ 심장파열 ⑤ 심장눌림증 ⑥ 대동맥손상 ⑦ 식도 또는 위점막의 파열
인공호흡에 의하여 발생하는 합병증	① 위 내용물의 역류 ② 구토 ③ 허파흡인

심폐소생술이 시행된 환자의 약 25%에서는 심각한 합병증이 발생하며, 약 3%에서는 치명적인 손상이 발생한다. 심폐소생술 중 발생하는 합병증은 주로 가슴압박에 의하여 유발된다. 가장 흔히 발생하는 합병증은 갈비뼈골절로써 약 40%에서 발생된다.

🔲 정답 | 214. ①

215 기도 내 이물질 제거과정에서 "하임리히법"에 대한 설명으로 옳은 것은?

① 주먹을 감싸 쥐고 강하고 빠른 동작으로 후상방향으로 배 밀어내기를 실시한다. 단 1세 이하 영아는 복부밀어내기를 하지 않는다.

② 환자가 서 있는 경우 등 뒤로 가서 겨드랑이 밑으로 손을 넣어 환자 가슴 앞에서 양손을 잡는다.

③ 임신, 비만 등으로 인해 배를 감싸 안을 수 없는 경우에 적당하다.

④ 주먹을 쥐고 배 가운데에 놓는다. 이때, 복장뼈 바로 아래에 위치하도록 한다.

> **■ 이물질 제거 과정*** 20년 소방장
> ① 기도를 개방한다.
> • 머리젖히고−턱들기방법, 턱 들어올리기 방법
> ② 무의식, 무맥 상태라면 인공호흡을 시작하고 호흡이 제대로 들어가지 않는다면 환자의 기도를 재개방하고 재실시한다.
> ※ 재 실시에도 호흡이 불어 넣어지지 않는다면 기도 폐쇄를 의심할 수 있다.
> ③ 이물질을 제거한다.
> • 배·가슴 밀어내기, 손가락을 이용한 제거법(단, 이물질이 육안으로 확실히 보이는 경우에만 사용)
>
> **■ 배 밀어내기(하임리히법)**
> 의식이 있고 서 있거나 앉아 있는 환자에게는 배 밀어내기를 사용할 수 있다.
> ① 환자 뒤에 서거나 환자가 아동인 경우 무릎을 꿇은 자세로 환자 허리를 양팔로 감싼다.
> ② 주먹을 쥐고 배 가운데에 놓는다. 이때, 복장뼈 바로 아래에 위치하지 않도록 주의해야 한다.
> ③ 다른 손으로 주먹을 감싸 쥐고 강하고 빠른 동작으로 후상방향으로 배 밀어내기를 실시한다. 단 1세 이하 영아는 복부밀어내기를 하지 않는다.
> ④ 이물질이 나오거나 환자가 의식을 잃을 때까지 계속 실시한다.
> ※ 의식이 있으나 환자의 키가 너무 커서 처치자의 처치가 효과적이지 않거나 노약자의 경우 서있기 힘들어 할 경우에는 환자를 앉힌 상태에서 배 밀어내기를 실시한다.
>
> **■ 가슴밀어내기*** 17년 소방위
> 배 밀어내기가 효과적이지 않거나 임신, 비만 등으로 인해 배를 감싸 안을 수 없는 경우에는 가슴밀어내기를 사용할 수 있다. 방법은 다음과 같이 처치한다.
> ① 환자가 서 있는 경우 등 뒤로 가서 겨드랑이 밑으로 손을 넣어 환자 가슴 앞에서 양손을 잡는다.
> ② 오른손을 주먹 쥐고 칼돌기 위 2~3손가락 넓이의 복장뼈 중앙에 엄지손가락 측이 위로 가도록 놓는다.
> ③ 다른 손으로는 주먹 쥔 손을 감싸고 등 쪽을 향해 5회 가슴 밀어내기를 실시한다.

216 다음 중 "CAB's 단계별 처치내용"으로 옳지 않은 것은?

① 의식확인−맥박확인−가슴압박−기도개방−인공호흡 순이다.

② 인공호흡하기 전 기도개방 실시한다.

③ 일반인은 인공호흡 없이 가슴압박만 계속하고, 인공호흡을 할 수 있는 사람은 가슴압박과 인공호흡을 같이 시행한다.

④ 의료제공자의 경우 호흡확인과 동시 목동맥에서 맥박을 확인한다.(30초 이내)

정답 215. ① 216. ④

■ CAB's 단계별 내용* 13년 소방위

구 분	평 가	내 용	주의사항
반응 확인	의식 확인	어깨를 두드리면서 "괜찮으세요?"라고 소리쳐서 반응을 확인	응급의료체계 신고(119) – 반응이 없으면 즉시 119신고 및 제세동기 요청
호흡, 맥박	호흡 관찰 (맥박확인)	호흡의 유무 및 비정상 여부 판별(일반인), 호흡 및 맥박 동시 확인(의료제공자)	무호흡, 비정상 호흡(심정지) 판단 의료제공자의 경우 호흡확인과 동시에 목동맥에서 맥박확인(5~10초 이내)
C (순환)	가슴압박	일반인 – 인공호흡 없이 가슴압박만 계속하는 심폐소생술 또는 인공호흡을 할 수 있는 사람은 가슴압박과 인공 호흡을 같이 시행 의료제공자 – 심폐소생술 실시 가슴압박 : 인공호흡 비율을 30 : 2	압박위치 : 가슴뼈의 아래쪽 1/2 압박깊이 : 성인 약5cm, 소아4~5cm, 영아 4cm 압박속도 : 분당 100~120회
A (기도)	기도개방	인공호흡하기 전 기도개방 실시	비외상 – 머리기울임 – 턱들어올리기 외 상 – 턱 들어올리기법
B (호흡)	인공호흡	기도개방 후 인공호흡 실시 – 1회에 1초간 총 2회	가슴 상승이 눈으로 확인될 정도로 2번 인공호흡실시. 인공호흡을 과도하게 하여 과환기를 유발하지 말 것

217 다음 중 "심각한 기도폐쇄 징후"로 볼 수 없는 것은?

① 목을 'V'자로 잡는다.　　　　　② 청색증
③ 공기교환 불량　　　　　　　　④ 호흡능력 상실

기도폐쇄는 혀로 인한 것 외에 이물질-음식, 얼음, 장난감, 토물 등에 의해서도 일어날 수 있다. 주로 소아와 알코올·약물 중독환자에게서 볼 수 있으며 손상 환자의 경우 혈액, 부러진 치아나 의치에 의해 폐쇄된다.

경미한 기도 폐쇄	양호한 환기, 자발적이며 힘 있는 기침, 그리고 기침사이 천명음이 들릴 수 있다. 환자는 의식이 있는 경우 목을 'V'자로 잡거나 입을 가리킨다. 환자에게 "목에 뭐가 걸렸나요?"라고 질문하고 이에 긍정하면 먼저 스스로 기침할 것을 유도한다.
심각한 기도 폐쇄	심각한 기도폐쇄의 징후로는 공기 교환 불량, 호흡곤란 증가, 소리가 나지 않는 기침, 청색증, 말하기나 호흡능력 상실 등이 있다. 처치자가 "목에 뭐가 걸렸나요?"라는 질문을 하고 환자가 고개를 끄덕인다면 도움이 필요한 상황이다. 만약, 무반응 상태라면 CPR을 실시하고 인공호흡을 하기 위해 머리젖히고–턱들기법으로 기도를 열 때마다 입 안을 조사하여 이물질을 확인하고 보이면 제거해야 한다.

🔲 정답 | **217. ①**

218 "2인 심폐소생술 요령"에 대한 설명으로 옳지 않은 것은?

① 임무를 교대할 때는 가능하면 가슴압박이 15초 이상 중단되지 않도록 한다.

② 처치자가 2인 이상일 때에는 5주기의 가슴압박(약 2분)마다 교대하여 가슴압박의 효율이 감소하지 않도록 해야 한다.

③ 위치를 바꾸고자 할 때는 인공호흡을 담당하고 있던 처치자가 인공호흡을 한 후, 가슴압박을 시작할 수 있는 자세로 옮긴다.

④ 가슴압박을 하고 있던 처치자는 30회의 압박을 한 후 환자의 머리 쪽으로 자신의 위치를 옮겨서 맥박 확인을 하고 맥박이 없다면 인공호흡을 하고 있던 처치자가 가슴압박을 할 수 있도록 한다.

■ 2인 심폐소생술 요령

① 보통 가슴압박을 2분 이상하면 자신도 모르는 사이에 가슴압박의 효율이 감소하는 것으로 알려져 있어 처치자가 2인 이상일 때에는 5주기의 가슴압박(약 2분)마다 교대하여 가슴압박의 효율이 감소하지 않도록 해야 한다.

② 위치를 바꾸고자 할 때는 인공호흡을 담당하고 있던 처치자가 인공호흡을 한 후, 가슴압박을 시작할 수 있는 자세로 옮기고 가슴압박을 하고 있던 처치자는 30회의 압박을 한 후 환자의 머리 쪽으로 자신의 위치를 옮겨서 맥박 확인을 하고 맥박이 없다면 인공호흡을 하고 있던 처치자가 가슴압박을 할 수 있도록 한다.

※ 임무를 교대할 때는 가능하면 가슴압박이 5초 이상 중단되지 않도록 한다.

219 다음 중 기본소생술 순서에 대한 설명으로 마지막 단계에 해당하는 것은?

㉠ 반응이 없는 환자 발견	㉡ 2분간 심폐소생술
㉢ 119신고 및 제세동기 준비	㉣ 심폐소생술 시작(5주기 2분)
㉤ 제세동기 사용	㉥ 심장리듬 분석
㉦ 맥박과 호흡 또는 비정상 호흡을 동시에 확인(10초 이내)	

① ㉡ ② ㉣

③ ㉥ ④ ㉦

■ 기본소생술 흐름도

① 반응이 없는 환자 발견

② 119신고 및 자동제세동기 준비

③ 맥박과 무호흡 또는 비정상 호흡을 동시에 확인(10초 이내)

④ 심폐소생술 시작(5주기 2분)

⑤ 자동제세동기 사용

⑥ 심장리듬 분석

⑦ 2분간 심폐소생술

 정답 | 218. ① 219. ①

2025 필드 소방전술 (문 제 집)

PART 04

소방 차량

CHAPTER 1 소방자동차 구조 및 원리

CHAPTER 01 소방자동차 구조 및 원리

01 소방자동차 구분에서 "소방펌프"에 해당하는 것은?

① 동력전달장치
② 엔진
③ 조향장치
④ 동력인출장치(PTO)

차체(Body)	자동차의 외관에 해당하며 용도에 따라 펌프차, 물탱크차, 굴절사다리차, 고가사다리차, 구조공작차 등으로 구분
섀시(Chassis)	엔진, 동력전달장치, 조향장치, 현가장치, 제동장치, 타이어와 바퀴, 보조장치
소방펌프	동력인출장치(power take off), 주펌프, 진공펌프, 기타 소화장치로 구분

02 다음 중 "동력전달장치 순서"에서 가장 우선인 것은?

추진축, 차축, 변속기, 크러치, 차동기어, 구동바퀴, 엔진

① 엔진
② 클러치
③ 변속기
④ 차동기어장치

동력전달장치 : 엔진에서 발생한 동력을 구동바퀴까지 전달하는 일련의 장치를 말한다.
엔진-클러치-변속기-추진축-차동기어-차축-구동바퀴 등으로 구성되어 있다.

03 펌프의 종류 중 "소방용도로 사용되는 펌프"는?

① 사류펌프
② 원심펌프
③ 회전펌프
④ 왕복펌프

■ 펌프의 종류
① 왕복펌프(피스톤 플런저 펌프, 다이어후렘 펌프 등)
② 원심펌프(볼류우트펌프, 터어빈펌프 등)
③ 사류펌프
④ 축류펌프(프로펠러펌프)
⑤ 회전펌프
⑥ 특수펌프(마찰펌프, 기포펌프, 제트 펌프 등)

🎯 **정답** **01.** ④ **02.** ① **03.** ②

04 소방펌프조작 시 이상 현상으로 "소방펌프 조작판의 연성계와 압력계의 바늘이 흔들리고 동시에 방수량이 변화하는 현상"과 관계 깊은 것은?

① 수격현상
② 캐비테이션
③ 서징현상
④ 매커니컬씰

■ **소방펌프 조작 시 일어날 수 있는 현상***** 16년, 17년, 19년 소방위/ 21년, 22년 소방교

캐비테이션 (Cavitation, 공동현상)	소방펌프 내부에서 흡입양정이 높거나, 유속의 급변 또는 와류의 발생, 유로에서의 장애 등에 의해 압력이 국부적으로 포화 증기압 이하로 내려가 기포가 발생되는 현상이 일어날 수 있는데, 이 현상을 캐비테이션(공동현상)이라 한다. ※ 캐비테이션 발생 시 조치사항* ① 흡수관측의 손실을 가능한 작게 한다. ② 소방펌프 흡수량을 높이고, 소방펌프의 회전수를 낮춘다. ③ 동일한 회전수와 방수량에서는 방수밸브를 조절한다. ④ 흡수관의 스트레이너 등에 이물질이 있는 경우 이를 제거한다.
수격 (Water hammer) 현상	관내에 물이 가득 차서 흐르는 경우 그 관로의 끝에 있는 밸브를 갑자기 닫을 경우 물이 갖고 있는 운동에너지는 압력에너지로 변하고 큰 압력 상승이 일어나서 관을 넓히려고 한다. 이 압력상승은 압력파가 되어 관내를 왕복한다. 이런 현상을 수격작용이라고 한다. 압력파가 클 경우에 가장 약한 부분이 파손될 수 있어 원심펌프에서는 임펠러 파손을 막기 위해 역류방지밸브(논리턴밸브)를 설치하고 있다.
맥동현상 (Surging)	소방펌프 사용 중에 한 숨을 쉬는 것과 같은 상태가 되어, 소방펌프 조작판의 연성계와 압력계의 바늘이 흔들리고 동시에 방수량이 변화하는 현상이다. 마치 스프링에 충격을 가했을 때 발생하는 진동 즉 서어징(Surging)과 같다 하여 붙여진 이름이다. ※ 맥동현상은 주로 수원이 부족할 때 흡수하여 방수하거나 중계 송수할 때 연성계의 수치를 확인하여 연성계 이상 압력으로 방수하지 않도록 주의해야 한다.

05 "수동 P.T.O"에 대한 설명으로 틀린 것은?

① P.T.O는 클러치와 변속기 중간에 취부되어 있다.
② 엔진의 동력을 P.T.O 내부의 3개 기어의 물림에 의해서 얻어진 동력을 주 펌프에 전달된다.
③ 펌프를 구동시킬 때는 주차브레이크를 당기고 변속레버를 필히 "중립"에 놓아야 한다.
④ P.T.O의 조작은 "클러치"를 충분히 밟은 즉시 동작시켜야 한다.

■ **동력인출장치(P.T.O)**
① P.T.O는 클러치와 변속기 중간에 취부 되어 엔진의 동력을 P.T.O 내부의 3개 기어의 물림에 의해서 얻어진 동력을 주 펌프에 전달된다. 이 동력의 절환은 중간 기어를 전, 후 방향으로 이동시켜 행하여지며 펌프를 구동시킬 때는 주차브레이크를 당기고 변속레버를 필히 "중립"에 놓아야 한다.
※ P.T.O의 조작은 "클러치"를 충분히 밟고 2초 이상 경과 후 동작시킨다.
② P.T.O 연결 방법은 수동 케이블방식, 반자동 에어실린더식과 요즘 차량에 대부분 적용되고 있는 솔레노이드 방식(전기, 전자식)이 있다.
※ 동력인출장치(PTO) 작동방식
PTO에 동력을 전달하는 방식에는 수동 케이블식 방식, 에어 실린더 방식(반자동), 자동(전기+Air) 방식이 있으며 제작사별 부착 위치는 다르지만 작동방식은 동일한 형태를 띠고 있다.

정답 **04.** ③ **05.** ④

06 소방펌프장치 주요 구성품이 아닌 것은?

① 오일펌프

② 진공펌프 동력전달장치

③ 주 펌프

④ 지수밸브

① 주 펌프
② 진공펌프 동력전달장치 및 전자클러치
③ 진공펌프
④ 지수밸브
⑤ 역류방지밸브

07 "소방차량 주요구성품"에 대한 설명으로 옳지 않은 것은?

① 주 펌프 : 임펠러, 가이드베인, 케이스 등으로 되어 있고 임펠러의 회전에 의하여 유체에 압력을 가해 방출한다.

② 진공펌프 : 전기적 신호를 받아 자기장을 형성하여 클러치가 밀착되어 진공펌프 기어를 구동시킨다.

③ 지수밸브 : 진공펌프의 진공이 완료되면 양수된 물의 압력으로 진공펌프로 물이 들어가는 것을 막아준다.

④ 역류방지밸브 : 주 펌프 상부에 위치해 있으며 진공펌프 작동 중에는 주 펌프 내에 공기가 들어가지 않도록 폐쇄되는 구조이다.

주 펌프	주 펌프는 임펠러, 가이드베인, 케이스 등으로 되어 있고 임펠러의 회전에 의하여 유체에 압력을 가해 방출한다.
전자클러치	전기적 신호를 받아 자기장을 형성하여 클러치가 밀착되어 진공펌프 기어를 구동시킨다.
진공펌프	흡수관 내 공기를 빨아들여 진공상태로 소방자동차에서 흡수를 원활하게 해주는 역할을 하며 일반적으로 로터리 베인펌프를 가장 많이 사용하고 있다.
지수밸브★★ 18년 소방교	㉠ 지수밸브는 주 펌프의 상부에 설치되어 있다. 진공펌프가 작동되면 지수밸브 내부는 진공상태가 되어 다이아프램이 아래쪽으로 내려가서 진공펌프와 주 펌프실이 연결된 작은 통로가 열린다. ㉡ 이때 열린 통로로 주 펌프실 내부 공기가 진공펌프로 빨려나가면서 주펌프 내부의 진공상태가 가속화 되면서 흡수관을 통한 외부의 물이 주 펌프내부로 빨려 올라와 임패러 날개를 통해 방수라인으로 방출되게 된다. ㉢ 흡수가 완료되면 양수된 주 펌프실은 압력이 발생하고 이 압력으로 지수밸브의 다이어프램이 밀려 올려지면서 진공펌프로 통하는 통로가 막히고 주펌프 물이 진공펌프로 들어가게 되는 것을 막아준다.
역류방지 밸브	㉠ 주 펌프 상부에 위치해 있으며 펌프에서 토출된 물이 다시 펌프로 유입되지 않도록 체크밸브 역할과 펌프의 효율을 높이고 방수라인에서 발생할 수 있는 수격작용으로부터 펌프를 보호하는 역할을 한다. ㉡ 펌프 진공 시 토출 측 배관라인의 기밀을 유지하여, 펌프보다 아래에 있는 물을 펌프에 채우는 진공장치 보조기능도 하고 있다.

정답 **06.** ① **07.** ②

08 다음은 소방차량의 "안전수칙"에 대한 내용으로 옳지 않은 것은?

① 고가차 장비 설치 시 전, 후, 좌, 우 최대 5도 이상 기울이지 않는다.

② 굴절붐 장비 설치 시 전, 후, 좌, 우 최대 5도 이상 기울이지 않는다.

③ 주차 시에는 주차 브레이크를 체결하고 고임목으로 차량을 고정시킨다.

④ 고가 및 굴절 사다리차는 일반적으로 무게중심이 위쪽에 있다.

 굴절붐 장비 설치 시 전, 후, 좌, 우, 최대 3도 이상 기울이지 않는다.★★ 20년 소방교 / 21년 소방위

09 "캐비테이션 발생 시 조치사항"으로 옳지 않은 것은?

① 흡수관측의 손실을 가능한 작게 한다.

② 소방펌프 흡수량과 회전수를 낮춘다.

③ 동일한 회전수와 방수량에서는 방수밸브를 조절한다.

④ 흡수관의 스트레이너 등에 이물질이 있는 경우 이를 제거한다.

 ■ **캐비테이션 발생 시 조치사항**★ 16년 소방장/ 21년 소방교
① 흡수관측의 손실을 가능한 작게 한다.
② 소방펌프 흡수량을 높이고, 소방펌프의 회전수를 낮춘다.
③ 동일한 회전수와 방수량에서는 방수밸브를 조절한다.
④ 흡수관의 스트레이너 등에 이물질이 있는 경우 이를 제거한다.

10 다음 중 "메커니컬씰"에 대한 설명으로 옳은 것은?

① 펌프 주축이 외부로 노출되는 부분의 누수방지를 목적으로 그리스를 머금은 패킹을 말한다.

② 펌프가 5kg/㎠ 압력으로 동작 중일 때 그랜드패킹에서 펌프 내부의 물이 1초에 한 두 방울씩 뚝뚝 떨어지는 것이 정상이다.

③ 너트를 지나치게 조이면 과열되어 펌프 축 손상의 원인이 되며, 헐거우면 물이 많이 누수되고 진공 시 형성되지 않게 됨으로 수시로 확인이 필요하다.

④ 펌프와 메카니컬씰이 모두 정상일 때는 펌프축에서 물이 누수되지 않는다.

 ■ **메커니컬씰**
펌프와 메카니컬씰이 모두 정상일 때는 펌프축에서 물이 누수되지 않는다. 물탱크 메인밸브를 개방했을 때 또는 방수가 진행될 때 위 그림과 같이 펌프 하단부에서 물이 누수될 때는 가장 먼저 메커니컬씰 손상을 의심해야 한다.
메커니컬씰은 충격과 열에 취약함으로 펌프 동작 시 물 없이 작동되는 사례가 없도록 해야 한다. 메커니컬씰 채택 소방펌프 동작 순서는 먼저 물탱크 메인밸브 개방 ➡ PTO연결 순으로 방수를 진행해야 한다.

정답 **08.** ② **09.** ② **10.** ④

■ 그랜드패킹(Gland packing) 및 너트(Nut)

그랜드패킹은 펌프 주축이 외부로 노출되는 부분의 누수방지를 목적으로 그리이스를 머금은 패킹을 말한다. 이 패킹을 외부에서 압착 펌프 내부의 물이 밖으로 누출되지 않도록 조여주는 부분이 너트이다. 앞서 말한 주축의 윤활장치가 이곳의 주유를 한다.

ⓐ 펌프가 5kg/㎠ 압력으로 동작 중일 때 그랜드패킹에서 펌프 내부의 물이 1초에 한 두 방울씩 뚝뚝 떨어지는 것이 정상이며, 너트를 지나치게 조이면 과열되어 펌프 축 손상의 원인이 되며, 헐거우면 물이 많이 누수 되고 진공 시 형성되지 않게 됨으로 수시로 확인이 필요하다.

ⓑ 그랜드패킹에 그리스를 주입하여 밀봉, 윤활, 냉각작용을 할 수 있도록 한다

최근 소방자동차는 그리스주입으로 소방용수가 오염을 방지하고 소방펌프의 효율을 증대시키기 위하여 그랜드너트방식을 메카니컬씰(mechanical seal)방식으로 변화시켰다.

※ 메카니컬씰의 장점 : 구조상 그리스 주입을 하지 않고 완벽에 가깝게 기밀을 유지할 수 있는 장점이 있으나 구조가 복잡하고 가격이 비싸며 고장 시 비용과 시간이 많이 드는 단점도 있다.

11 "물탱크 물 보수방법"에 대한 설명으로 옳지 않은 것은?

① 보수구를 통해 소화전 또는 소방자동차로부터 들어오는 물을 물탱크로 보수할 경우, 물탱크를 개방하여 직접 받는다.

② 급수탑을 이용하여 물을 받을 때는 물탱크 상부 뚜껑 개방 후 직접 받는다.

③ 중계구를 통해 소화전 또는 소방자동차로부터 나오는 물을 물탱크로 보수할 경우, 자체급수밸브를 개방하여 직접 받는다.

④ 흡수구를 통해 소화전 또는 소방자동차로부터 나오는 물을 물탱크로 보수할 경우, 자체급수밸브를 개방하여 직접 받는다.

■ 물탱크 물 보수 방법★★

㉠ 급수탑을 이용하여 물을 받을 때 → 물탱크 상부 뚜껑 개방 후 직접 받는다.

㉡ 흡수구, 중계구를 통해 소화전 또는 소방자동차로부터 나오는 물을 물탱크로 보수할 경우 → 자체급수밸브를 개방하여 직접 받는다.

㉢ 보수구를 통해 소화전 또는 소방자동차로부터 나오는 물을 물탱크로 보수할 경우 → 보수구밸브를 개방하여 직접 받는다.

12 다음은 소화전을 이용한 급수방법으로써 순서가 바르게 된 것은?

㉠ 자체급수밸브 개방	㉡ 중계구 직결관을 이용하여 소화전 연결
㉢ 중계구 개방	㉣ 물탱크 급수
㉤ 소방펌프 구동	

① ㉢ – ㉤ – ㉡ – ㉠ – ㉣
② ㉡ – ㉤ – ㉢ – ㉠ – ㉣
③ ㉤ – ㉡ – ㉢ – ㉠ – ㉣
④ ㉣ – ㉤ – ㉡ – ㉢ – ㉠

■ 소화전을 이용한 급수방법

㉠ 소방펌프 구동 → ㉡ 중계구 직결관을 이용하여 소화전 연결 → ㉢ 중계구 개방(메인밸브는 잠금상태) → ㉣ 자체급수밸브 개방 → ㉤ 물탱크 급수 또는 소화전을 물탱크 보수에 직접 연결하여 물탱크 급수

🔑 정답 | **11.** ① **12.** ③

13 "소방자동차의 폼 혼합방식"으로 다음 내용과 관계 없는 것은?

① 물과 폼 원액을 가압된 공기 또는 질소와 조합하여 기존의 폼과는 완전히 다른 형태의 부착성이 매우 뛰어난 균일한 형태의 포를 형성하는 시스템
② 송수량에 따라 컨트롤유닛에 세팅해 둔 농도조절 값에 따라 약제 압입용 펌프가 폼 원액을 방수측 라인에 압입하여 주입되는 구조로 되어 있다.
③ 방수측과 흡수측 사이의 바이패스 회로상에는 폼 이젝트 본체와 농도 조정밸브가 설치되어 있다.

① 라인프로포셔너
② 프레저사이드프로포셔너
③ 펌프프로포셔너
④ 압축공기포

■ **라인프로포셔너**
라인프로포셔너 방식은 일반 방수라인 끝을 제거한 후 벤츄리관이 설치된 전용 관창을 포 소화약제 통에 직접 넣어 포 소화약제를 흡입, 혼합하는 방식으로 거의 사용하지 않고 있다.

■ **펌프프로포셔너** * 22년 소방교
㉠ 방수측과 흡수측 사이의 바이패스 회로상에 폼 이젝트 본체와 농도 조정밸브가 설치되어 있다.
㉡ 펌프의 방수측 배관에 연결된 폼 송수밸브의 개방으로 방사되는 물은 송수라인을 통해 폼 이젝트 본체에서 분출되고 이때, 농도 조정밸브를 통과한 약액이 흡입되어 물과 혼합되어 포수용액이 된다. 현재 소방펌프자동차 거의 대부분이 적용되고 있는 방식이다.

■ **프레저사이드프로포셔너** ** 15년, 16년, 22년 소방교
① 펌프 토출관에 압입기를 설치하여 플로우미터에서 배관내 유속을 감지하여 송수량을 측정한다.
② 송수량에 따라 컨트롤유닛에 세팅해 둔 농도조절 값에 따라 약제 압입용 펌프가 폼 원액을 방수측 라인에 압입하여 주입되는 구조로 되어 있다.
③ 펌프프로포셔너 방식에 비해 폼 혼합량이 균일하다는 장점은 있으나, 압입용 펌프를 별도로 설치 하여야 하는 등 설치비용은 증가하는 단점이 있으며 적용방식은 전기식 또는 기계식으로 폼원액 1%~6%까지 적용한다.

■ **압축공기포 방식**
㉠ 물과 폼 원액을 가압된 공기 또는 질소와 조합하여 기존의 폼과는 완전히 다른 형태의 부착성이 매우 뛰어난 균일한 형태의 포를 형성하는 시스템
㉡ 압축공기포는 소화 효과가 매우 뛰어나고 부착성 우수할 뿐 만 아니라 높은 분사 속도로 원거리 방수가 가능하며 또한 물 사용량을 1/7 이상으로 줄여 수손 피해를 최소화 할 수 있다.

14 고가사다리차는 "고압전선"으로부터 최소 몇 미터 이상 거리를 유지하여야 하는가?

㉠ 고가사다리차는 고압전선으로부터 (　)미터 이상 거리를 유지하여야 한다.
㉡ 사다리 작업 시 풍속이 (　)m/s 이상 되면 사다리가 더 이상 움직이지 않게 시스템이 작동되어 있다. 그러나 시스템을 무시하고 작업을 하였을 경우 큰 위험이 따른다.
㉢ 고가차 아웃트리거 지표 경사면이 (　)도 초과 시 아웃트리거 및 차량을 보호하기 위해 오토 레벨링 동작이 제한된다.

① 5, 8, 5
② 8, 5, 3
③ 5, 10, 5
④ 8, 10, 7

정답 | 13. ① | 14. ①

① 고가사다리차는 고압전선으로부터 5미터 이상 거리를 유지하여야 한다.
② 사다리 작업 시 풍속이 8m/s 이상 되면 사다리가 더 이상 움직이지 않게 시스템이 작동되어 있다.
그러나 시스템을 무시하고 작업을 하였을 경우 큰 위험이 따른다.
③ 지표 경사면이 5도 초과 시 아웃트리거 및 차량을 보호하기 위해 오토 레벨링 동작이 제한된다.

15 "고가사다리차 아웃트리거"에 대한 설명으로 옳지 않은 것은?

① 아웃트리거의 확장 다리는 사각으로 제작되며 아웃트리거 하우징은 서브 프레임과 별개의 구조물로 제작되었다.

② 아웃트리거 슈가 불규칙한 지면에 안착 되었을 때 지면에 안정적인 면 접촉이 이루어질 수 있도록 원형 아웃트리거는 볼 링크 방식의 슈가 장착되어 있다.

③ 아웃트리거에 작용하는 수직하중 용량은 각 20 ton씩 4개로 80 ton이다.

④ 실린더는 아웃트리거 시스템에는 각각 확장 실린더 1개와 잭 실린더 1개씩 설치되며 총 8개의 실린더로 구성되어 있다.

■ **아웃트리거*** 14년 소방장

아웃트리거 시스템	내부홀딩 밸브와 복동식 유압실린더에 의해 작동되는 붐 및 잭으로 되어있고 수동 또는 자동 확장 수축하며 서브프레임 뒤쪽 중앙부에서 자동 및 수동 확장을 선택할 수 있고 좌우 패널박스에서 원터치로 확장 및 수축을 조절할 수 있다.
일반구조	㉠ 아웃트리 실린더는 사각 또는 원형으로 제작되며 하우징은 서브 프레임 구조물로 제작되었다. ㉡ 아웃트리거 불규칙한 지면에 안착될 때 지면에 안정적인 면 접촉이 이루어질 수 있도록 볼 링크 방식의 슈가 장착되어 있다. ㉢ 아웃트리거는 확장 실린더 1개와 잭 실린더 1개씩 총 8개 실린더로 구성되어 있다.
아웃트리거 성능	① 아웃트리거에 작용하는 수직하중 용량 : 각 20 ton × 4개＝80ton ② 아웃트리거 타입 : H 타입, X타입 ③ 최대 폭 : 5.2m 이내 ④ 작업 유효 각도 : 최대 5° ⑤ 아웃트리거 동작 속도 : 30초 이내(펼침 기준-시작부터 자동 수평 완료시까지)

16 "중계 송수를 이용한 방수 및 소화전을 이용한 급수" 요령으로 옳지 않은 것은?

① 후발 소방자동차의 방수구와 물 없는 소방차의 중계구를 연결하여 물을 공급받아 방수한다.

② 소화전에 직결관을 연결하거나, 소방자동차의 중계구에 접속시키고 소방펌프를 작동하여 중계 송수할 수 있으며, 진공펌프의 작동이 필요하다.

③ 송수압력을 확인하고 송수압력보다 낮게 소방펌프압력을 유지하고 송수 소방차량보다 방수압력이 높은 경우 수원부족으로 서어징 현상이 발생할 수 있다.

④ 메인밸브를 잠그고 자체급수밸브를 개방하여 물탱크로 보수한다.

🖺 정답 | **15.** ① **16.** ②

■ 중계 송수를 이용한 방수 및 소화전을 이용한 급수

소화전에 직결관을 연결하거나, 소방자동차의 중계구에 접속시키고 소방펌프를 작동하여 중계 송수할 수 있다. 진공이 필요하지 않기 때문에 진공펌프의 작동이 필요 없다.

① 중계 송수를 이용한 방수방법

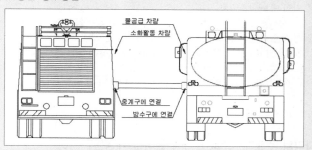

ⓐ 물탱크의 물이 없을 경우 타 소방자동차로부터 물을 공급받아 방수하는 방법이다.
ⓑ 후발 소방자동차의 방수구와 물 없는 소방자동차의 중계구를 연결하여 물을 공급받아 방수한다. <u>메인밸브를 잠그고 자체급수밸브를 개방하여 물탱크로 보수한다.</u>
ⓒ <u>송수압력을 확인하고 송수압력보다 낮게 소방펌프압력을 유지한다.</u>
ⓓ 송수 소방차량보다 방수압력이 높은 경우 수원부족으로 서어징 현상이 발생할 수 있다.

---

17 "엔진의 동력을 자동차 주행과는 관계없이 다른 용도"에 이용하기 위해서 설치한 장치는?

① 동력인출장치(power take off)　　　② 조향장치
③ 현가장치　　　④ 동력전달장치

 ① 동력전달장치 : 엔진에서 발생한 동력을 구동바퀴까지 전달하는 일련의 장치를 말하며 엔진 – 클러치 – 변속기 – 추진축 – 종감속 기어 – 차동장치 – 차축 – 구동바퀴 등으로 구성되어 있다.
② 조향장치 : 자동차의 진행방향을 임의로 바꾸기 위한 장치이며 보통 조향핸들을 돌려서 앞바퀴로 조향한다.
③ 현가장치 : 자동차가 주행할 때 노면에서 받는 진동이나 충격을 흡수하기 위해 프레임과 차축사이에 완충장치를 설치하여 승차감을 좋게 하고, 또 자동차의 각 부분의 손상을 방지한다.
④ 동력인출장치 : <u>동력 인출 장치는 엔진의 동력을 자동차 주행과는 관계없이 다른 용도에 이용하기 위해서 설치한 장치로서</u> 변속기의 부축 기어에 공전기어를 섭동시켜 동력을 인출한다. 동력 인출의 단속은 공전 기어를 결합 및 분리시켜야 하며, 덤프 트럭의 유압펌프구동 및 소방자동차의 물 펌프 구동 등에 이용한다.

---

18 다음 중 "음압식 배연소방차"에 대한 설명으로 옳은 것은?

① 오염물들이 배풍기를 통하여 유입되어 추가적인 장비청소와 정비 요함
② 대원들이 배풍기 사용 시 유해 내부 오염물에 노출되지 않는다.
③ 배풍기의 위치상 배풍기 사용 후 청소 및 정비 최소화 시켜준다.
④ 양압식보다 효율면에서 약 2배의 효과가 있다.

정답　　17. ①　　18. ①

■ 배연소방차
① 음압식 배연소방차
  ㉠ 화재현장의 짙은 연기를 차량의 배연기로 흡입하여 배기구로 배출하는 구조
  ㉡ 오염물들이 배풍기를 통하여 유입되어 추가적인 장비청소와 정비 요함
② 양압식 배연소방차
  ㉠ 화재현장 개구부 입구에서 건물 안쪽으로 바람을 불어 양압을 형성하여 배기구로 짙은 연기를 배출하는 구조
  ㉡ 대원들이 배풍기 사용 시 유해내부 오염물에 노출되지 않는다.
  ㉢ 배풍기의 위치상 배풍기 사용 후 청소 및 정비 최소화 시켜준다.
  ㉣ 양압식은 음압식보다 효율면에서 약 2배의 효과가 있다.

19 소방사다리차 주요제원으로 ( )에 들어갈 내용은?

> 소방사다리차는 길이(전장)는 (m), 너비(전폭)은 (m), 높이(전고)는 (m)을 초과할 수 없다.

① 13, 2.5, 4　　　　　　　　　　② 12, 3, 4.5
③ 15, 2.5, 3　　　　　　　　　　④ 13, 2.0, 5

■ 소방사다리차 주요제원
① 길이(전장) : 장비의 주행방향 길이를 의미하며 국내 법규상 최대 13미터를 초과할 수 없다.
② 너비(전폭) : 장비의 좌측에서 우측까지 거리를 의미하며 후사경을 제외한 상태에서 측정된 최 외곽 거리이고, 국내 법규상 2.5미터를 초과할 수 없다.
③ 높이(전고) : 주행상태 기준 지면에서 장비의 제일 높은 곳까지 거리이며 국내 법규상 4미터를 초과할 수 없다.

20 "동절기 조치사항"으로써 ( ) 안에 들어갈 내용과 관계없는 것은?

> 1. 동절기 방수 후에는 ( ) 이용 소방펌프에 부동액을 채워 동파방지 한다.
> 2. 동절기 방수 후 귀소 시에는 ( ) 히팅 장치 이용 배관 동파방지 한다.
> 3. 차고 격납 후에는 ( ) 외부 커넥터 이용 배터리 충전 및 배관 히팅장치 작동한다.

① 지수밸브　　　　　　　　　　② 24V
③ 220V　　　　　　　　　　　　④ 역류방지밸브

■ 동절기 조치사항★★ 21년 소방교, 소방장
1. 동절기 방수 후에는 지수밸브 이용 소방펌프에 부동액을 채워 동파방지 한다.
2. 동절기 방수 후 귀소 시에는 24V 히팅 장치 이용 배관 동파방지 한다.
3. 차고 격납 후에는 220V 외부 커넥터 이용 배터리 충전 및 배관 히팅장치 작동한다.

🔲 정답　19. ①　　20. ④

21 "배연소방차와 조연소방차"에 공통으로 필요한 것은?

① 소방펌프   ② 물탱크
③ 고정형 전선릴   ④ 폼탱크

■ 배연소방차와 조연소방차의 차이점

구 분	배연소방차	조연소방차
소방펌프	○	×
물탱크	○	×
폼탱크	○	○
AC발전기 출력	15kw 이상	20kw 이상
고정형 전선릴	×	○
조명탑	Dual-Tilt방식 2m 이상 LED출력광도 14,000루멘 이상 × 4구	1단, 2단 붐 형태 9.6m 이상 제논라이트 AC 220V/300W × 8구
송풍장치 (회전속도)	최저풍량 200m³/min 최고풍량 3,333m³/min 이상	최저풍량 200m³/min 최고풍량 1,000m³/min 이상 (고발포용 송풍장치)

22 부동액 주입방법으로서 "진공펌프를 이용하는 방법"이 아닌 것은?

① 차량이 안정화되고 펌프 및 배관의 배수가 완료된 상태에서 PTO 연결
② 지수밸브 스핀들을 손으로 눌러 부동액을 펌프내부로 흐르게 한다.
③ 진공이 형성되면 진공펌프를 정지시킨다.
④ 부동액 주입밸브를 2~3초간 열었다가 다시 닫는다.

■ **부동액 주입방법**★★ 19년 소방교, 소방장/ 23년 소방교
1. 진공펌프를 이용하는 방법(방수구는 직접적 관련은 없지만 모든 밸브는 닫혀 있다)
  ① 차량이 안정화되고 펌프 및 배관의 배수가 완료된 상태에서 PTO 연결
  ② 진공펌프를 작동시킨다(비상스위치 사용권장) 이때 연성계 바늘은 진공측으로 지수밸브 스핀들은 아래로 내려간다.
  ③ 진공이 형성되면 진공펌프를 정지시킨다.
  ④ 부동액 주입밸브를 2~3초간 열었다가 다시 닫는다.
    ※ 부동액 주입은 펌프내부에 물 없이 PTO를 작동시키는 것이므로 짧은 시간 내에 부동액주입 작업을 마쳐야 하며, 만일 부동액 주입밸브를 먼저열고 진공펌프를 작동시키면 부동액이 진공펌프로 흡입되어 외부로 배출된다.
2. 진공펌프를 이용하지 않는 방법
  ① 차량이 안정화되고 펌프 및 배관의 배수가 완료된 상태에서 → 부동액 밸브를 열어 일정량을 흐르게 한 후 닫는다.
  ② 지수밸브 스핀들을 손으로 눌러 부동액을 펌프내부로 흐르게 한다(지수밸브가 펌프상부에 설치되어 있을 경우)
  ③ PTO를 약 5초 정도 작동시킨 후 해제한다(소방펌프를 작동시켜 부동액이 잘 도포 되도록 함)

정답   21. ④   22. ②

23 "소방차 주요기능"에 대한 설명으로 옳지 않은 것은?

① 자위분무밸브는 펌프실 하부에 설치되어 있으며 펌프에서 토출된 가압수를 자위분무 노즐로 살수하는 구조로 되어 있다.

② 압력계는 펌프의 방수압력을 나타내는 것으로 압력계는 방수배관에 연결되어진다.

③ 연성계는 소방펌프 흡입부나 흡수배관에서 동관으로 연결하여 펌프실 양측 조작반에 취부 되어 있다.

④ 연성계의 진공도가 급격히 상승하는 것은 스트레이너 등이 오물이나 찌꺼기 등으로 막혀있음을 나타내므로 즉시 점검한다.

> **재제공**
>
> **■ 자위분무밸브**
> 화재현장 열기로부터 차체를 보호하기 위하여 펌프실 측면에 자위분무밸브가 설치되어 있으며, 자위분무밸브에 연결된 배관은 펌프 방수측 배관에서 인출되어 펌프에서 토출된 가압수를 자위분무 노즐로 살수하는 구조로 되어 있다.
> ※ 자위분무밸브가 후면이 아닌 양측면에 각각 설치된 차량은 밸브 조작 시 반대측 방향 살수헤드에서 물이 살수된다.
>
> **■ 압력계와 연성계**
>
> | | |
> |---|---|
> | 압력계 | 역류방지밸브나 방수배관에 동관으로 연결하여 펌프실 양측 조작반에 취부 되어 있으며 눈금이 kg/㎠로 표시되며 펌프의 방수압력을 나타낸다. 압력계는 방수배관에 연결되어진다. |
> | 연성계 | 대기압 이상의 압력과 이하의 압력(진공압력)을 계측하는 양쪽의 계측장치를 장착한 압력계를 연성계라고 한다.
연성계는 소방펌프 흡입부나 흡수배관에서 동관으로 연결하여 펌프실 양측 조작반에 취부 되어 있다. 물을 흡수할 경우 연성계의 바늘은 발간색(진공측)을 가리키며, 소화전 또는 다른 소방자동차로부터 중계 송수를 받는 경우 압력이 있는 물을 급수시킬 때 연성계는 흰 지시부분(압력측)을 가리킨다.
※ 진공도가 급격히 상승하는 것은 스트레이너 등이 오물이나 찌꺼기 등으로 막혀있음을 나타내므로 즉시 점검한다. |

24 다음 중 "역류방지밸브"에 대한 설명으로 옳은 것은?

① 펌프의 효율을 높이고 방수측에서 발생할 수 있는 수격작용으로부터 펌프를 보호하는 역할을 한다.

② 주 펌프 하부에 위치해 있으며 펌프에서 토출된 물이 다시 펌프로 유입되지 않도록 체크밸브 역할을 한다.

③ 펌프 진공 시 토출 측 배관라인의 기밀을 유지하여, 펌프보다 위에 있는 물을 펌프에 채울 수 있도록 진공장치 보조기능도 하고 있다.

④ 역류방지밸브 측에 이물질이 끼지 않도록 유지하며 테스트는 진공을 걸어 놓고, 방수밸브에 손으로 막아 손이 빨려 들어가는 느낌이 난다면 역류방지밸브가 정상이다.

정답 **23.** ①   **24.** ①

■ **역류방지밸브**★ 18년 소방교, 23년 소방장

㉠ 주 펌프 상부에 위치해 있으며 펌프에서 토출된 물이 다시 펌프로 유입되지 않도록 체크밸브 역할을 하여 펌프의 효율을 높이고 방수측에서 발생할 수 있는 수격작용으로부터 펌프를 보호하는 역할을 한다.

㉡ 펌프 진공 시 토출 측 배관라인의 기밀을 유지하여, 펌프보다 아래에 있는 물을 펌프에 채울 수 있도록 진공장치 보조기능도 하고 있다.

㉢ 역류방지밸브 측에 이물질이 끼지 않도록 유지하며 테스트는 진공을 걸어 놓고, 방수밸브에 손으로 막아 손이 빨려 들어가는 느낌이 난다면 역류방지밸브가 불량이다.

㉣ 역류방지밸브가 필요한 이유 중 또 하나가 양수(진공해서 물을 끌어올림)해서 펌프 속에 물이 있는 상태로 방수를 하지 않을 때 물이 다시 빠지지 않도록 유지해 연속적인 방수가 가능하도록 한다.

25 "진공펌프"에 대한 설명으로 옳지 않은 것은?

① 진공펌프의 회전속도는 1,000~1,200rpm이 적정하며 그 이상의 회전은 펌프의 마모를 촉진 시킬 뿐 성능을 향상시키지 못하므로 회전속도에 유의하여 적정 rpm을 준수할 수 있도록 한다.

② 흡수관 내 공기를 빨아들여 진공상태로 소방자동차에서 흡수를 원활하게 해주는 역할을 하며 일반적으로 로터리 베인펌프를 가장 많이 사용하고 있다.

③ 진공펌프의 성능은 10초 이내에 절대진공의 86%인 660㎜Hg 도달하여야 하고 진공의 누기는 10초에 10㎜Hg 이하이어야 한다.

④ 진공펌프 동력전달장치에는 롤러클러치, 벨트방식을 사용하는 기계식과 전자클러치를 사용하는 전기식이 있다.

■ **진공펌프 작동 및 기능**★ 23년 소방교

① 진공펌프 : 소방펌프자동차 물탱크에 적재된 물은 펌프보다 높은 위치에 있으므로 대기압에 의해 펌프에 유입되지만, 지하 저수조나 하천 등의 수원은 펌프보다 아래에 있기 때문에 펌프에 물을 채워주기 위해서는 진공장치가 필요하다.

② 진공펌프 원리 : 흡수관 내 공기를 빨아들여 진공상태로 소방자동차에서 흡수를 원활하게 해주는 역할을 하며 일반적으로 로터리 베인펌프를 가장 많이 사용하고 있다.

※ 로터리 베인펌프의 내부 구조를 살펴보면 로우터, 베인날개, 베인펌프 본체로 구성되어 있는데, 로우터의 중심과 베인펌프 본체의 중심은 편심되어 있다.

③ 진공펌프 작동원리

베인날개가 원심력에 의해서 베인펌프 본체 내면에 밀착된 상태로 돌아가면서 공간이 생기게 되고, 용적이 달라진다. 한쪽 베인날개가 흡기부를 지나면서 공간용적은 점차 커지게 되고 베인 흡기부 끝단을 통과할 때 공간용적은 최대가 된다. 이렇게 하여 흡기부로부터 빨아들인 공기는 다음 단계에서 압축이 되고 이것이 배기부를 지나면서 배출이 되는 것이다.

④ 진공펌프 동력전달장치

진공펌프 동력전달장치에는 롤러클러치, 벨트방식을 사용하는 기계식과 전자클러치를 사용하는 전기식이 있다.

진공펌프의 회전속도는 1,000~1,200rpm이 적정하며 그 이상의 회전은 펌프의 마모를 촉진 시킬 뿐 성능을 향상시키지 못하므로 회전속도에 유의하여 적정 rpm을 준수할 수 있도록 한다. 진공펌프의 성능은 30초 이내에 절대진공의 86%인 660㎜Hg 도달하여야 하고 진공의 누기는 10초에 10㎜Hg 이하이어야 한다.

정답 25. ③

26 "소방자동차의 주요장치"에 대한 설명으로 옳지 않은 것은?

① 펌프의 진동을 흡수 흡수하여 배관을 보호하는 역할로 홈죠인트, 플렉시블이 있다.

② 방수 완료 후에 펌프 및 배관내에 잔류 물을 완전히 배출하기 위하여 배수밸브가 설치되어 있으며, 펌프 운전 중에는 필히 닫혀 있어야 하며 사용하지 않을 때는 열어 놓아 동절기 펌프 및 배관의 동파방지를 하여야 한다.

③ 물탱크는 부식방지를 위하여 스테인레스 재질의 철판을 사용하여 제작되며, 상부에는 원활하게 물을 흡수하기 위한 셕션피트가 설치되어 있고, 하부맨홀에는 자체급수구배관, 오브플로우배관, 보수구배관이 집결되어 있다.

④ 냉각수밸브는 장시간 소방펌프를 작동하면 PTO와 엔진에 많은 열이 발생하는데 이를 주펌프 방수측에서 공급되는 물을 냉각수 라인으로 공급하여 냉각을 한다.

■ **소방자동차 주요장치*** 19년 소방교
① 배관신축이음 : 펌프의 진동으로 배관 및 연결부의 파손이 우려되는 부위에 설치하여 진동을 흡수하여 배관을 보호하는 역할로 홈죠인트, 플렉시블이 있다.
② 배수밸브 : 방수 완료 후에 펌프 및 배관내에 잔류 물을 완전히 배출하기 위하여 배수밸브가 설치되어 있다. 펌프 운전 중에는 필히 닫혀 있어야 하며 사용하지 않을 때는 열어 놓아 동절기 펌프 및 배관의 동파방지를 하여야 한다. 자동방식은 PTO 동작시 연동되어 배수밸브가 작동되는 구조로 되어 있다.
③ 냉각수 밸브 : 펌프실 측면에 냉각수 밸브와 스트레이너가 설치되어 있다. 장시간 소방펌프를 작동하면 PTO와 엔진에 많은 열이 발생하는데 이를 주펌프 방수측에서 공급되는 물을 냉각수 라인으로 공급하여 냉각을 한다. 이 냉각수 라인은 스트레이너를 통하여 PTO를 거쳐 엔진 라지에이터 배관(옵션)을 냉각 시킨 후 외부로 방출하도록 설치되어 있다. 스트레이너 청소는 캡을 캡렌치를 이용하여 탈착한 후 세척한다.
④ 물탱크 : 물탱크는 부식방지를 위하여 스테인레스 재질의 철판을 사용하여 제작되며, 하부에는 원활하게 물을 흡수하기 위한 셕션피트가 설치되어 있고, 상부 맨홀에는 자체급수구배관, 오브플로우배관, 보수구배관이 집결되어 있다. 물탱크 내부는 차량 주행시 원심력에 의한 차량전복을 방지하기 위하여 방파판이 설치되어 있으며, 하부에는 펌프배관에서 독립된 배수배관이 설치되어 있다.

27 "소방자동차 홈 발생장치"에 대한 설명으로 다음 ( ) 안에 들어갈 내용은?

소방자동차에 적용되는 포 혼합방식은 주로 ( ) 방식이 적용된다. ( ) 방식은 설치가 간단하고 비용이 저렴하다는 장점이 있지만 포 원액과 물이 흡합된 포수용액이 펌프흡입측으로 주입되므로 포수용액 일부가 물탱크로 유입될 수 있다.

① 프레셔 사이드 프로포셔닝방식　　② 프레져 프로포셔너방식
③ 혼합폼 방식　　④ 펌프 프로포셔너 방식

■ **소방자동차 홈 발생장치*** 22년 소방교
소방자동차에 적용되는 포 혼합방식은 주로 펌프프로포셔너 방식이 적용된다. 펌프프로포셔너 방식은 설치가 간단하고 비용이 저렴하다는 장점이 있지만 포 원액과 물이 흡합된 포수용액이 펌프흡입측으로 주입되므로 포수용액 일부가 물탱크로 유입될 수 있다. 최근에는 포 원액을 펌프 방수측 배관에 압입할 수 있는 별도펌프를 장착하는 프레저사이드 프로포셔너 방식과, 콤프레서를 이용하여 에어를 토출측 배관에 주입하여 폼을 형성하는 CAFS시스템을 적용하기도 한다.

정답 26. ③　27. ④

28 "저수조 흡수 시 펌프조작"에 대한 설명으로 옳지 않은 것은?

① 흡수관이 연결된 흡수구 밸브를 제외한 모든 밸브를 닫는다.

② 엔진 회전수 1,000rpm~1,200rpm까지 증가시키기 위해 엔진회전 조절기를 조절한다.

③ 물이 펌프 안으로 들어오고 물의 압력이 3kg/cm² 이내에서 진공펌프 클러치가 자동적으로 분리된다.

④ 10초 이상 진공펌프 클러치가 자동적으로 분리되지 않으면 진공펌프를 정지시키기 위하여 수동으로 정지버튼을 눌러야 한다.

■ **흡수**★★
① 진공펌프의 윤활을 위하여 진공 오일 탱크의 오일의 양을 확인한다.
② 흡수관이 연결된 흡수구 밸브를 제외한 모든 밸브를 닫는다.(방수배관에 연결된 밸브는 무관하다.)
③ 진공펌프 조작반의 "작동" 버튼을 조작, 진공이 되는지 연성계를 확인한다.
④ 엔진 회전수 1,000rpm~1,200rpm까지 증가시키기 위해 엔진회전 조절기를 조절한다.
⑤ 물이 펌프 안으로 들어오고 압력이 3kg/cm² 이내에서 진공펌프 클러치가 자동적으로 분리된다.(완료 램프 점등확인)

※ 주의
진공펌프 클러치가 자동적으로 분리되지 않으면 (약 30초 이상) 진공펌프를 정지시키기 위하여 수동으로 정지버튼을 눌러야 한다. 그리고 그 원인을 점검하고 다시 작동시켜야 한다. 진공 펌프는 장시간 가동시키지 말아야 한다.

29 다음은 "소방자동차 방수순서"이다. 첫번째 행동요령은?

① 물탱크 메인밸브 개방 및 동력인출장치(P.T.O)를 작동시킨다.

② 하차 후 방수밸브를 서서히 개방하여 소방호스를 통해 관창수에게 송수한다.

③ 방수가 시작되면 압력계를 보면서 엔진 회전(RPM)조절기를 적정 수준으로 조절한다.

④ 수동변속기의 경우 클러치 페달을 밟고 동력 인출을 먼저 한다.

■ **방수순서**★★ 21년 소방교, 소방장
㉠ 현장지휘관의 통제를 받아 위치하며, 화염에서 안전한 곳에 차량을 부서한다.
㉡ 주차 브레이크를 체결, 고임목을 타이어 앞, 뒤로 고정한다.(선탑자)
㉢ 변속기 레버(버튼)가 중립(N) 위치에 있는지 확인한다.
㉣ 물탱크 메인밸브 개방 및 동력인출장치(P.T.O)를 작동시킨다.
㉤ 수동변속기의 경우 클러치 페달을 밟고 동력 인출을 먼저 한다.
㉥ 엔진 소리가 바뀌는지 확인하고 펌프가 회전하는 소리를 듣는다.
㉦ 하차 후 방수밸브를 서서히 개방하여 소방호스를 통해 관창수에게 송수한다.
㉧ 방수가 시작되면 압력계를 보면서 엔진 회전(RPM)조절기를 적정 수준으로 조절한다.
㉨ 엔진 온도와 P.T.O 온도를 90℃ 이하로 유지하기 위하여 냉각수 밸브를 개방, 열을 식혀준다.
㉩ 야간 조작 시에는 조작반 주위의 조명을 밝힌다.

정답 | 28. ④ 29. ①

30 다음 중 "원심펌프의 장점"이 아닌 것은?

① 자흡을 할 수 있어 마중물장치를 설치할 필요가 없다.
② 구조가 간단하다.
③ 배출량의 대소, 양정의 대소 등에 관계없이 광범위하게 이용할 수 있다.
④ 고장 및 마모가 적고 성능과 효율도 좋아 많이 사용되고 있다.

■ 소방용도로 사용되는 펌프
① 많은 유량을 필요로 하며 먼 곳까지 방사할 수 있는 압력의 성능을 가져야 된다. 그래서 대부분 원심(Centrifugal)펌프를 사용하고 있다.
② 원심펌프는 임펠러의 원심 작용에 의해 액체에 에너지를 부여하여 높은 곳에 양수하거나 먼 곳에 압송하는 펌프이다.

원심펌프의 장점	배출량의 대소, 양정의 대소 등에 관계없이 광범위하게 이용할 수 있고 구조가 간단하며, 고장 및 마모가 적고 성능과 효율도 좋아 많이 사용되고 있다.
원심펌프의 단점	자흡을 할 수 없어 마중물장치(진공펌프)를 설치해야 하며 회전수 변화가 배출량의 변화에 미치는 영향이 다른 종류의 펌프보다 크고 값이 비싸다.

※ 규격방수성능에서 6시간 동안 계속 방수한 후 고압방수성능에서 2시간 동안 계속 방수를 하는 경우 기능에 이상이 생기지 아니하여야 한다.

31 "진공펌프 오일"에 대한 설명으로 옳지 않은 것은?

① 진공오일의 작용은 윤활, 냉각, 밀봉작용이다.
② 진공오일 용량은 4.0리터 이상이다.
③ 진공오일 탱크의 용량은 3m인 흡수관 1개로 3회 이상 진공할 수 있는 용량을 저장할 수 있는 용량이어야 한다.
④ 1회 진공 시 소모되는 진공오일의 양은 0.5리터 이하이어야 한다.

■ 진공오일★★ 18년 소방교, 22년 소방장
진공 펌프가 작동되면 펌프의 윤활유 흡입구를 통해 오일이 자동적으로 흡입 되어져서 진공 펌프 내의 냉각과 윤활 기능을 수행하게 된다. 진공오일 탱크의 용량은 3m인 흡수관 1개로 3회 이상 진공할 수 있는 용량을 저장할 수 있는 용량이어야 하며, 1회 진공 시 소모되는 진공오일의 양은 0.5리터 이하이어야 한다.

오일규격	API CD급 이상. SAE 15W/40	4계절용
탱크용량	보통 4.0 L 탱크 설치	엔진오일 또는 유압작동유

① 진공오일의 작용은 윤활, 냉각, 밀봉작용이다.
② 진공오일 용량은 1.5리터 이상이다.
③ 주입된 오일이 사용 후 회수되지 못하거나 무방비 상태로 외부로 누출되어 토양오염은 물론, 하천으로 유입된 경우 생태계를 오염시키는 폐단이 발생할 수 있다. 따라서 계량된 진공펌프는 외부에서 윤활, 냉각을 위한 별도의 오일 공급없이 내부에 주입된 오일만으로 진공효과를 나타내는 진공펌프를 개발 사용하게 되었다.

정답 **30.** ① **31.** ②

32 "소방차 방수정지의 진행순서" 중 가장 먼저 조치해야 할 것은?

① 배수밸브를 개방하고 배관 내 물이 배수되는지 확인한다.

② 엔진 회전(RPM) 조절기를 조작하여 소방펌프 회전속도를 낮춘다.

③ 동력인출장치(P.T.O) 작동을 중지시킨다.

④ 방수밸브를 서서히 잠근 후 흡수구 밸브도 닫힘 위치로 조작한다.

■ **방수 정지순서** ** 18년 소방위

① 엔진 회전(RPM) 조절기를 조작하여 소방펌프 회전속도를 낮춘다.
② 방수밸브를 서서히 잠근 후 흡수구 밸브도 닫힘 위치로 조작한다.
③ 동력인출장치(P.T.O) 작동을 중지시킨다.
④ 엔진소리가 바뀌는가 확인하고 펌프 회전이 정지되었는가 확인한다.
⑤ 하차하여 배수밸브가 개방되었고 배관 내 물이 배수되는지 확인한다.
⑥ 배수밸브를 개방하고 배관 내 물이 배수되는지 확인한다.

33 "고가차 직진식사다리"의 최대 기립 각도와 하향각도는 얼마인가?

① 55도, -3도　　　　　　　　　② 65도, -5도

③ 80도, -7도　　　　　　　　　④ 87도, -10도

■ **직진식 사다리**

① 사다리 시스템은 직진 6단으로 구성되어 있다.
② 6단 사다리 끝단에는 보조스텝이 설치되어 건축물 접안 시 건물과 사다리 간 틈새가 없도록 보조해준다.(선택 출고)
③ 사다리 시스템의 최대 기립각도는 80도이며 최대 하향각도는 -7도이다.
④ 사다리의 상승, 하강, 펼침, 수축은 유압 실린더에 의해 작동된다.
⑤ 사다리 제작에 사용되는 재질은 ASTM500 이상의 재질이 사용된다.

34 "고가사다리차 턴테이블의 일반구조 및 선회장치"로써 (　) 안에 들어갈 알맞은 말은?

> 사다리에 적용되는 모든 하중의 (　)% 이상의 하중에 견딜 수 있어야 하고, 선회장치는 스위블 조인트를 이용하여 (　)도 무한회전이 가능한 구조로 되어 있다.

① 150, 360　　　　　　　　　② 120, 180

③ 150, 180　　　　　　　　　④ 120, 360

■ **턴테이블**

① 일반구조 : 사다리에 적용되는 모든 하중의 150% 이상의 하중에 견딜 수 있도록 설계 제작되었다.
② 선회장치 : 스위블 조인트를 이용하여 360도 무한회전이 가능한 구조로 되어 있다.

🔑 **정답**　**32.** ②　**33.** ③　**34.** ①

35 소방자동차 주행안전수칙에 대한 설명으로 옳지 않은 것은?

① 고가 및 굴절 사다리차는 일반적으로 무게중심이 아래에 있다.

② 급커브 주행 시 전복되지 않도록 커브 전에서 미리 감속해야 한다.

③ 주차 시에는 주차 브레이크를 체결하고 고임목으로 차량을 고정시킨다.

④ 예비 소방호스나 호스등 기타 부품들을 적재하고 주행 시 제원표에 명시된 축 하중이나 전고, 전폭등이 제원표 상의 수치들을 초과할 수 없다.

■ **주행안전수칙**★★★ 20년 소방교 / 21년 소방위
㉠ 고가 및 굴절 사다리차는 일반적으로 무게중심이 위쪽에 있다.
㉡ 급커브 주행 시 전복되지 않도록 커브 전에서 미리 감속해야 한다.
㉢ 예비 소방호스나 호스등 기타 부품들을 적재하고 주행 시 제원표에 명시된 축 하중이나 전고, 전폭 등이 제원표 상의 수치들을 초과할 수 없다.
㉣ 주차 시에는 주차 브레이크를 체결하고 고임목으로 차량을 고정시킨다.
㉤ 인명구조 및 화재진압등 기타 작업을 종료 후 이동 할 때에는 사다리를 제 위치에 안전하게 안착시키고 아웃트리거를 완전히 접은 후 주행 중 펼쳐지는 것을 방지하기 위한 조치를 한 후 주행한다.

36 "조연소방차 사용범위"에 대한 설명으로 옳지 않은 것은?

① 화재현장의 배연작업

② 야간 화재현장 이동식 조명탑 역할

③ 소방용수 공급

④ 지하 및 유류화재에서 고발포 형성

■ **조연소방차 사용범위**
㉠ 화재현장의 배연작업
㉡ 야간 화재현장 이동식 조명탑 역할
㉢ 지하 및 유류화재에서 고발포 형성
㉣ 대용량의 전기가 필요한 곳에 전기 공급

정답 | **35.** ① **36.** ③

PART 05

재난현장 표준작전절차 (SOP)

CHAPTER 1 화재 · 구조 · 구급 단계별 표준작전절차
(※ 소방교/장 승진시험 제외)

01 "현장지휘소 위치선정"에서 다음 내용과 관계 깊은 것은?

> 직접적인 위협은 없으나 잠재적인 위협이 존재하는 지역이나 위치

① Warm Zone ② Green Zone

③ Cold Zone ④ Hot Zone

■ 현장지휘소 위치선정
1. Hot Zone
   직접적이고 즉각적인 위험하다고 간주되는 지역이나 위치로 방출된 위험물의 구역 외부인원에 대한 악영향을 방지하기 위하기에 충분히 멀리 확장되는 위험물사고를 즉각적으로 둘러싼 영역
2. Warm Zone
   직접적인 위험은 없으나 잠재적인 위협이 존재하는 지역이나 위치
3. Cold Zone(대피지역)
   의료, 운송자원 등이 준비되는 화재, 붕괴 등으로부터 직, 간접적으로 노출되지 않은 지역이나 위치로
   → 위험 지역(핫 & 웜존) : 위험 지역이라 함은 위험한 상태로부터 사람들에게 즉시 위험의 가능성이 있는 지역이다. 이 지역은 현장 지휘관에 의해 설치되고 소방대에 의해 통제 된다. 이 지역의 접근은 엄격히 통제되며 임무가 부여되고 개인 보호복을 착용하고 교육을 받은 자에 한하여 들어갈 수 있다.

02 "현장지휘소 설치 위치"로써 옳지 않은 것은?

① 재난 대상물은 물론 그 주변까지도 조망할 수 있는 곳
② 차폐성(구경꾼 등 여러 요소로부터의 차폐)이 좋을 것
③ 현장지휘체계를 확장 가능한 곳
④ 현장과 외부로의 출입이 통제된 곳

■ 현장지휘소 설치 위치
1. 재난 대상물은 물론 그 주변까지도 조망할 수 있는 곳(가시성)
2. 붕괴·낙하물·폭발력·열복사소음·연기 등의 영향이 적은 곳
3. 통신과 전력공급에 지장이 없는 곳
4. 오염되지 않고 지반이 약하지 않은 곳
5. 차량·장비·인원의 활동을 방해하지 않는 곳
6. 현장과 외부로의 출입이 용이한 곳
7. 차폐성(구경꾼 등 여러 요소로부터의 차폐)이 좋을 것
8. 임무단위별로 적절한 작업공간이 확보될 것
9. 현장지휘체계를 확장 가능한 곳(확장성)

📖 정답 | **01.** ① **02.** ④ |

03 "지휘형태 선택 기준"으로 다음 내용과 관계 깊은 것은?

> 배연, 검색구조, 내부관리 등과 같은 실제임무를 이행하는 단위지휘관이 사용 가능

① 이동지휘　　　　　　　　　　　② 방면지휘
③ 고정지휘　　　　　　　　　　　④ 전진지휘

■ 지휘형태 선택기준	
전진 지휘	• 재난현장이 광범위하거나 특별하고 집중적인 소방활동에 필요한 경우 지휘관이 대원들을 최일선에서 직접 인솔하는 형태 • 배연, 검색구조, 내부관리 등과 같은 실제임무를 이행하는 단위지휘관이 사용 가능
이동 지휘	• 지휘관이 재난현장주위를 돌아다니며 지휘
고정 지휘	• 공식화된 지휘위치에서 단위지휘관을 총괄지휘, 다수의 단위대를 총괄조정 할 경우 고정지휘 원칙 • 고정지휘소는 지휘차 또는 현장지휘소

04 "대원긴급탈출절차"에 대한 설명으로 옳지 않은 것은?

① 현장지휘관, 안전담당, 단위부대지휘관은 긴박한 위험이 감지되는 즉시 긴급탈출 지시
② 무전기, 방송장비, 소방차의 싸이렌을 사용하여 긴급탈출 지시를 전파
③ 1차 전파 이후 5분 이내 2차로 전파, 2차 전파 이후 10분 이내 인원점검 실시
④ 미확인 대원이 있는 경우 3차 전파와 동시에 추가적인 위험요소를 확인한 후 신속동료구조팀투입

■ 대원긴급탈출절차
① 현장지휘관, (현장)안전담당, 단위부대지휘관, 현장대원 등 누구라도 잠재적 위험이 감지되는 즉시 긴급탈출 지시 ② 무전기, 방송장비, 소방차의 싸이렌을 사용하여 긴급탈출 지시를 전파 　• 무전기, 방송장비 : 음성으로 『긴급탈출』 5회 반복 　• 싸이렌 : 『[5초 취명] – 3초 간격 – [5초 취명] – 3초 간격 – [5초 취명] – 3초 간격 – [5초 취명] – 3초 간격 – [5초 취명]』을 지속 반복 ③ 1차 전파 이후 2분 이내 2차로 전파, 2차 전파 이후 5분 이내 인원점검 실시 ④ 미확인 대원이 있는 경우 3차 전파와 동시에 추가적인 위험요소를 확인한 후 신속동료구조팀(RIT) 투입

05 "건물내부 인명탐색 중점범위"에서 다음 내용과 관계 깊은 것은?

> 출입구 → 바닥 → 벽 → 책상 등 집기류 → 장롱 위, 내부 → 천장 내·외부 등

① 발화지점의 거실 내부　　　　　② 거실 인명탐색
③ 발화층　　　　　　　　　　　　④ 직상층

정답　03. ④　　04. ③　　05. ②

■ 건물내부 인명탐색 중점범위
가. 발화지점의 거실 내부 : 화염발생 반대 지점의 장롱, 이불, 막힌 통로, 창가, 급기구 등
나. 발화층 : 발화지점과 별도로 구획된 거실 중 화장실, 베란다, 엘리베이터실, 기계실 등
다. 직상층 : 짙은연기의 이동경로 상의 출입구 계단, 막힌 복도, 옥상 출입문, 창가 등
라. 여관, 고시원 등 미로형태의 객실이 많은 숙박 및 다중이용시설의 경우 : 발화층의 직하층 내부구조를 사전 숙지 후 탐색활동
마. 거실 인명탐색 : 출입구 → 바닥 → 벽 → 책상 등 집기류 → 장롱 위, 내부 → 천장 내·외부 등
바. 기타 옷더미, 화재 잔해물, 건물잔해, 흙더미 등

06 인명탐색 방법으로 "인접건물 등 관계지역"에 대한 탐색 방법은?

① 정밀탐색
② 후방탐색
③ 교차탐색
④ 우선탐색

 ■ 인명탐색 방법
가. 우선탐색 : 선착대가 발화점 또는 직상층 등 위험지역 우선탐색
나. 교차탐색 : 발화층 또는 직상층 등 위험지역에 대한 선착대와 후착대 간의 교차탐색
다. 정밀탐색 : 인접건물 등 관계지역에 대한 정밀 인명구조 탐색

07 "잔화정리절차"에 대한 설명으로서 가장 우선되는 것은?

ⓐ 무작위 다량방수를 지양하고 불씨에 정확히 방수
ⓑ 붕괴·낙하물·유해가스 등 위험에 유의
ⓒ 연소구역 내에서 벽체, 닥트, 적재 가연물 등 불씨 잠복지점 확인
ⓓ 화장실, 발코니, 도괴물 아래 등 사망자 검색을 병행

① ⓒ
② ⓓ
③ ⓐ
④ ⓒ

 ■ 잔화정리 절차
가. 연소구역 내에서 벽체, 닥트, 적재 가연물 등 불씨 잠복지점 확인
나. 무작위 다량방수를 지양하고 불씨에 정확히 방수
다. 화장실, 발코니, 도괴물 아래 등 사망자 검색을 병행
라. 붕괴·낙하물·유해가스 등 위험에 유의
마. 재 발화에 대비하여 소방력 대기 또는 관계자에게 감시 당부
※ 화재현장 보호 필요시 경계요원 및 경계관창을 배치

🔑 정답 │ **06.** ① **07.** ④

08 친환경차량, "전기자동차 사고대응 단계"로 3단계에 대한 설명으로 옳은 것은?

> ㉠ 차량측면, 후면 엠블럼 확인　　　㉡ 키 스위치 눌러 전원 off
> ㉢ 차량 전면 라지에이터 그릴 확인　　㉣ 차량 계기판 확인(전원 유무)

① ㉠　　　　　　　　　　② ㉡
③ ㉢　　　　　　　　　　④ ㉣

■ 전기자동차 사고대응 절차 : 식별-고정-불능-구조

단계	대응절차	착안사항
사고인지	신고접수(119)	상황실(차종 및 형장정보파악, 출동대 전파
식별	차량표시확인	· 차량측면, 후면 엠블럼 확인 · 차량 전면 라지에이터 그릴 확인 · 번호판(전기자동차)확인 · 수소전지자동차는 가스누출 여부 확인
고정	차량접근(45도 방향 측면)	항상 갑자기 움직일 수 있는 위험성을 가지고 있기 때문에 구조대원 차량의 전후 면에 접근하지 않아야 한다.
고정	고임목을 이용하여 차량의 바퀴가 움직이지 않도록 고정	고임목 고정 시 바퀴 앞뒤 전부 고정
고정	주차브레이크 체결 후 기어를 "P"로 이동	
고정	시트 및 스티어링 휠 조정 후 전원차단 전 실시	· 차량 계기판 확인(전원 유무) · 사고 상황을 판단하여 보조전원 차단 전에 구조대상자 구조공간 확보 후 전원 차단
불능	키 스위치 눌러 전원 off	차량 key는 차종에 따라 차량으로부터 2~5m 안전거리 밖으로 이격 보관
불능	12v 보조배터리의 (-)단자분리 또는 절단	(−)단지 절단 시 약 10㎝간격으로 두 번 절단
불능	고 전원 차단케이블 절단	· 차단케이블 약3㎝ 간격으로 두 번 절단 · 차단라벨이 있는 경우 라벨을 제거한다는 생각으로 양쪽을 각각 절단 · 차종에 따라 위치가 다르고 없는 경우도 ㅇ있음
불능	필요시 고전압배터리 차단(안전플러그 제거)	안전플러그 제거가 어려울 시 보조수단으로 IGCT 릴레이 탈거 또는 확인 불가 시 전체 퓨즈 및 릴레이 제거
구조	구조작업 실시	

09 "특수현상 징후"로써 다음 내용과 관계 깊은 것은?

> 누출된 인화성액체가 고여 있는 곳이나 위험물 탱크에서 화재가 발생한 상황

① 풀 파이어(Pool fire)　　　　② 플래임오버(Flameover)
③ 롤오버(Rollover)　　　　　　④ 보일오버(boil over)

정답　08. ④　09. ①

■ 풀 파이어(Pool fire)* 21년 소방위
- 누출된 인화성액체가 고여 있는 곳이나 위험물 탱크에서 화재가 발생한 상황
- 위험물 탱크에서 발화, 복사열로 인한 화상 우려
  ※ 복사열 위험반경 : 수포발생=3.5×탱크지름(m), 통증발생=6.5×탱크지름(m)
    * 거리 = 화염중심 ↔ 대원
- 위험반경 내 방열복 착용, 내폭화학차를 활용하여 포(泡-foam) 살포, 복사열 차단 및 냉각 방수 시 보일오버 또는 슬롭오버 발생에 유의, 위험반경 내 대원들은 사전 대피방안을 준비
- 흡착포, 유처리제 등으로 누출 위험물에 대한 긴급방제 실시

10 "감염성 질병 및 유해물질 등 접촉보고서 작성" 대상으로 옳지 않은 것은?

① 구급대원이 느끼기에 심각하다고 판단되는 기타 노출
② 포켓마스크·one-way valve 대 입 인공호흡 실시한 경우
③ 혈액 또는 기타 잠재적으로 감염성 물체가 눈·점막·상처에 튄 경우
④ 주사바늘에 찔린 경우, 잠재적으로 전염성 물체에 의하여 베인 경우

■ 감염성 물질에 노출된 경우(구조·구급대원)
- 주사침 노출의 경우, 노출된 부위를 흐르는 물에 비누 또는 적절한 소독제(70%알코올)를 사용하여 깨끗하게 세척
- 환자에게 감염병 관련 유병 유무 등 질문을 하여 추가 정보 파악
- 노출되었거나 감염병 확진자와 접촉한 경우 감염성 질병 및 유해물질 등 접촉보고서 작성, 구조·구급대장(안전센터장), 구조·구급팀장 에게 보고
  - 주사바늘에 찔린 경우, 잠재적으로 전염성 물체에 의하여 베인 경우
  - 혈액 또는 기타 잠재적으로 감염성 물체가 눈·점막·상처에 튄 경우
  - 포켓마스크·one-way valve 없이 입 대 입 인공호흡 실시한 경우
  - 구급대원이 느끼기에 심각하다고 판단되는 기타 노출
  - 자료첨부(활동 세부내용·감염경로·사용한 개인보호장비에 관한 사항)

11 "생활안전 민원 전화 처리기준"에서 다음 내용과 관계 깊은 것은?

> 즉시 조치하지 않으면 인명피해 등이 발생할 수 있는 경우

① 응급 ② 긴급
③ 비 긴급 ④ 잠재 긴급

■ 상황별 출동기준 : 긴급, 잠재긴급, 비긴급 3단계로 구분
- (긴급) 즉시 조치하지 않으면 인명피해 등이 발생할 수 있는 경우 : 소방대, 유관기관 즉시 출동
- (잠재긴급) 긴급한 상황은 아니나 방치할 경우 2차 사고가 발생할 수 있는 경우 : 소방대, 유관기관 등 출동
- (비긴급) 긴급하지 않으며 인명 및 재산피해 발생 우려가 적은 경우 : 유관기관, 민간 등에 통보

🔖 정답 **10. ② 11. ②**

12 "지휘권 이양절차"에 대한 설명으로 옳지 않은 것은?

① 지휘권을 인계한 지휘관은 인수한 지휘관의 직근에서 또는 무선통신을 통해 참모역할 수행 혹은 단위지휘관 역할 수행

② 현장도착 간부 등은 임무지정을 받을 때까지는 현장 지휘소에 대기

③ 지휘권을 선언하지 않은 지휘관은 현장대응자들에게 지시, 명령금지

④ 인수인계 지휘관이 서로 무선을 원칙

■ 지휘권 선언 및 인수인계 절차
가. 지휘권은 공식적인 절차를 통해서 인수인계 후 공개선언(단, 상황이 급박할 경우, 인수인계 절차 생략 가능)
    – 인수인계 지휘관이 서로 대면을 원칙
    – 지휘권을 인계하는 지휘관은 재난상황·대응활동상황·동원자원현황 등을 브리핑
    – 지휘권을 인수받은 지휘관은 지휘권을 선언(무선통신 등을 통해 전파)
나. 지휘선언 지휘관이 재난현장을 떠나야 하거나 직접적인 지휘임무를 수행하기 곤란할 경우, 다른 적정지휘관이 지휘 선언 후 현장지휘
다. 지휘권을 선언하지 않은 지휘관은 현장대응자들에게 지시, 명령금지(지휘선언지휘관을 통해서 지시, 명령)
라. 지휘권을 인계한 지휘관은 인수한 지휘관의 직근에서 또는 무선통신을 통해 참모역할 수행 혹은 단위지휘관 역할 수행
마. 재난의 규모·복잡성 등을 고려하여 지휘권 분할·위임 가능
    – 분할·위임된 지휘권은 단일한 계통으로 행사
    – 지휘권을 분할·위임받은 지휘관은 소관사항에 대해서만 지휘
    – 다른 지휘관의 소관사항에서 오류 발견 시 상위지휘관 또는 해당분야 지휘관을 통해서 시정조치
바. 각급 지휘관 중 직접 현장지휘를 할 필요가 있는 지휘관은 "지휘선언 후" 대응자들에게 지시, 명령할 수 있다.
사. 현장도착 간부 등은 임무지정을 받을 때까지는 현장 지휘소에 대기

13 상황판단회의 운영절차에서 "정식 또는 약식 전술검토회의 개최요건"에 대한 사항으로 옳지 않은 것은?

① 다수 출동대의 출동으로 인한 전반적 자원통제가 필요한 사고

② 시민 5명 이상(단순연기 흡입 등은 제외) 부상 또는 사망한 사고

③ 작전상 안전관리의 필요성이 심각하게 고려되었던 위험한 사고

④ 유관기관단체의 지원이 필요한 사고

■ 정식 또는 약식 전술검토회의 개최요건
① 유관기관단체의 지원이 필요한 사고
② 다수 출동대의 출동으로 인한 전반적 자원통제가 필요한 사고
③ 분석을 통한 교훈적 가치가 있는 사건 등 비 일상적 사건
④ 시민 2명 이상(단순연기 흡입 등은 제외) 부상 또는 사망한 사고
⑤ 활동대원이 심각하게 부상을 입거나 순직한 사고
⑥ 작전상 안전관리의 필요성이 심각하게 고려되었던 위험한 사고

정답 | 12. ④   13. ②

14 "상황관리 공통 표준절차"에서 신고접수 우선순위 중 1순위에 해당되는 것은?

① 화재, 구조, 구급 등 출동차량에 대한 상황관리

② 화재, 구조, 구급 등 긴급한 신고전화

③ 화재, 구조, 구급 등 긴급 상황과 관련이 없는 상황관리

④ 긴급신고번호에 대한 3자 통화, 전화연결, 사후이첩 등 상황관리

■ 상황실 신고접수 우선순위
① (1순위) 화재, 구조, 구급 등 긴급한 재난 및 유관기관 공동대응(이관, 이첩) 신고전화
② (2순위) 화재, 구조, 구급 등 긴급한 재난 및 유관기관 공동대응(이관, 이첩) 출동차량 상황관리
③ (3순위) 화재, 구조, 구급 등 긴급한 재난 및 공동대응과 관련 없는 상황관리(110민원안내, 사후이첩 등)

15 "인명구조 작전절차"에서 다수 구조대상자 우선순위로 옳지 않은 것은?

① 중상자, 노인, 아이 등 위험도가 높은 사람을 우선

② 큰소리로 다급하게 구조요청하는 사람을 우선 구조

③ 자력 피난 불능자를 우선으로 구조

④ 인명위험이 절박한 부분 또는 층을 우선구조

(인명구조 작전절차)* 16년 소방위

■ 구조의 기본
① 구조대상자를 발견한 경우 지휘자에게 보고 후 즉시 구조활동에 임한다.
② 구출방법 등은 지휘자의 명령에 근거한 방법으로 한다.(명령을 받을 겨를이 없는 경우 신속하고 안전하게 구출할 수 있는 방법으로 한다.)
③ 구출 장소는 피난장소(지상)에 구출하는 것을 원칙으로 한다. 다만 구명이 긴급한 때는 일시적으로 응급처치를 취할 장소로 우선 이동한다.
④ 구조대상자가 다수 있는 경우는 다음에 의한다.
　㉠ 인명위험이 절박한 부분 또는 층을 우선으로 구조한다.
　㉡ 중상자, 노인, 아이 등 위험도가 높은 사람을 우선으로 구조한다.
　㉢ 자력 피난 불능자를 우선으로 구조한다.

16 "소방호스연장지침"에 대한 설명으로 옳지 않은 것은?

① 소방호스 전개의 우선순위 결정은 "RECEO"원칙을 기준으로 판단

② 소방차량·방수위치·모퉁이에는 여유 호스 확보

③ 높은 곳의 한 지점에서 다른 지점으로 소방호스가 건너갈 때에는 사다리·파이프 등으로 받침

④ 옥내 계단으로 연장이 어려울 경우 건물 개구부에서 로프를 내려 "감아매기"로 묶어서 소방호스를 끌어 올림

정답　14. ②　15. ②　16. ④

■ 소방호스연장지침

※ 소방호스 전개의 우선순위 결정은 기본적으로 "RECEO"원칙을 기준으로 판단

✪ RECEO원칙 : 자원배치의 우선순위 결정기준으로 활용되는 것으로 (1) 생명보호(Rescue), (2) 외부
확대 방지(Exposure), (3) 내부확대 방지(Confine), (4) 화재진압(Extinguish), (5) 재발방지를 위한
점검·조사(Overhaul) 5가지를 말한다.

① 전개방향은 「소방차량 → 방수위치」 또는 「위쪽 → 아래쪽」
② 소방차량·방수위차·모퉁이에는 여유 호스 확보
③ 옥내 계단으로 연장이 어려울 경우 건물 개구부에서 로프를 내려 「말뚝매기 및 옭매듭」으로 묶어서
소방호스를 끌어 올림
④ 높은 곳의 한 지점에서 다른 지점으로 소방호스가 건너갈 때에는 사다리·파이프 등으로 받침
⑤ 방수위치가 높은 곳일 경우, 중간 또는 방수위치 부근에서 소방호스를 지지물에 감거나 결착
⑥ 도로 통과, 외력, 날카로운 물건, 화염 등을 감안, 안전 조치

17 "각종 파괴활동 구조 요령"에서 다음 내용과 관계 깊은 것은?

> 해머로 유리를 잘게 파괴한 후 깨진 금에 칼 등을 넣어서 플라스틱 막을 절단 또는 가스
> 절단기, 산소용접기 등으로 가열해서 절단

① 맞춤유리(합성유리) ② 안전유리
③ 두꺼운 판유리(6mm 이상) ④ 보통 얇은 판유리(두께 5mm 이하)

■ 각종 파괴활동 구조

유형	표준지침
파괴 시	① 고층 파괴 시 낙하물 위험요인 제거를 위해 지상과 긴밀한 연락 유지 및 경계구역 설치 ② 사다리 위에서 파괴 시 파괴부분이 안면보다 아랫부분 파괴 ③ 방진안경, 헬멧후드를 활용하고 파편비산에 의한 부상 방지 ④ 창유리 파괴 시에 신체를 창 측면에 위치
문잠금 해체 시	① 문 개방 시는 문의 측면에 위치해 내부 상황을 확인하고 개방 ② 가열된 철제문은 방수에 의한 증기발생에 주의 헬멧후드 착용
유리파괴	[보통 얇은 판유리(두께 5mm 이하)] ① 유리의 상부에서 조금씩 파괴(파편 및 비상이 적음) ② 유리에 접착테이프, 모포 등을 붙여서 외부로의 비산을 방지 ③ 진입로가 되는 창은 창틀에 잔존하는 유리파편을 완전히 제거 [두꺼운 판유리(6mm 이상)] ① 두께가 불명확한 경우 1차로 가볍게 치고 유리에서 받은 반동력으로부터 파괴에 필요한 충격력의 배분 고려 ② 12mm 이상의 두꺼운 판유리는 가스절단기 또는 용접기로 급속 가열한 직후에 방수냉각을 실시해 열 파열이 생기게 해서 파괴 [맞춤유리(합성유리)] ① 해머로 유리를 잘게 파괴한 후 깨진 금에 칼 등을 넣어서 플라스틱 막을 절단 또는 가스절단기, 산소용접기 등으로 가열해서 절단 ② 강화유리는 내충격력이 강하므로 예리한 도끼 등으로 파괴
천장 파괴	① 긴급파괴 시 이외는 전기배선의 스위치를 확인하고 실시 ② 회반죽(모르타르) 도장 천장은 낙하에 주의하고 방진안경을 착용 ③ 천장파괴는 원칙적으로 방의 구석에서 실시하는 것을 원칙

정답 17. ①

18 "금속화재 대응절차"에 대한 설명으로 옳지 않은 것은?

① 마그네슘 고형물질은 타기 전 용융하며 물이 녹은 금속과 접촉할 때 발생할 수 있는 증기 폭발을 억제함

② 알루미늄분은 팽창질석, 팽창진주암, 건조사, 소금, 활석, 특수 합성물 등 천천히 불을 질식시키는 건조 비활성 재료 사용

③ 금속나트륨, 금속칼륨, 카바이트 등 금수성 물질은 방수로 인한 가연성 가스 폭발이나 폭발적 연소위험이 있으므로 절대 방수금지

④ 물, 폼, 소다-산, 이산화탄소, 사염화탄소 종류는 알카리 금속 화재 시에 사용

> **핵심**
>
> (금속화재 대응절차)
>
> ▣ **사고특성 및 위험요인**
> - 가연성금속은 연소물을 재가 덮을 때까지 백색섬광 발생
> - 금속분말이 공기 중에 부유하면 분진폭발 가능성 상존
> - 진압된 것처럼 보이더라도 1,083℃ 이상 고온이므로 주의
> - 나트륨은 물과 반응 격렬한 폭발 발생하므로 주의
> - 금속화재는 물, 폼, 할로겐약제, 이산화탄소 소화기로는 소화할 수 없음
> - 진압 후 장기간 고온 발화된 상태 유지됨으로 수분접촉 등을 통한 재 발화 주의
>
> ▣ **현장대응절차**
> - 알루미늄분은 팽창질석, 팽창진주암, 건조사, 소금, 활석, 특수 합성물 등 천천히 불을 질식시키는 건조 비활성 재료 사용
>   - 물 사용 시 위험반응 발생 할 수 있으며 폼, 할로겐약제, 건조화합물(카보네이트), 이산화탄소 소화기로는 소화할 수 없음
> - 마그네슘 고형물질은 타기 전 용융하며 물이 녹은 금속과 접촉할 때 격렬하게 반응함
>   - 소형화재시 흑연, 소금 등을 사용 진화하며 연소물을 삽으로 퍼서 노출, 마그네슘 화재 시 건조화합물 사용, 물이나 이산화탄소 사용 절대 금지
>   - 마그네슘은 연소 시 자외선 백색섬광 발생, 망막손상을 가져옴
> - 알카리금속 → 저온발화 / 나트륨, 포테슘, 루비듐 → 습한 환경 점화, 부식성 증기 발생, 피부접촉 시 화상(중화제 아세트산, 물)
>   - 나트륨 화재 시 유용한 진화 수단 : 잘 건조된 나트륨 염화물(소금), 흑연, 건조 수산화나트륨 재, 특수 합성물, 건조사
>   - 물, 폼, 소다-산, 이산화탄소, 사염화탄소 종류는 격렬한 반응을 유발하는 알카리 금속 화재 시에 절대 사용금지
>   - 불타고 있는 나트륨을 등유에 가라앉히면 소화되며 가연성 액체 화재시는 CO_2로 진화
> - 금속나트륨, 금속칼륨, 카바이트 등 금수성 물질은 방수로 인한 가연성 가스 폭발이나 폭발적 연소 위험이 있으므로 절대 방수금지

19 "고층건물 화재 대응절차"에 대한 설명으로 옳은 것은?

① 화점층 및 화점상층 인명구조 및 피난유도 최우선

② 화재가 발생한 아래 지역(외부)은 유리파편이 떨어지는 가능성고려 반경 20m 이내 접근 금지

③ 현장지휘소는 화재 건물로부터 최소 20m 이상 떨어진 곳에 위치

④ 엘리베이터 사용이 안전하다고 판명되는 경우 화재지역 5층 이하부터 엘리베이터를 이용

정답 | **18.** ④ **19.** ①

■ **고층건물화재 대응절차*** 17년 소방장
① 초기 화재 시 엘리베이터, 시설물 및 건물 출입 인원 통제를 위한 로비통제 실시
② 건물 내 모든 인원 대피보다 화재발생지역 위 아래로 2에서 3층 정도 떨어진 지역으로 거주인원 이동
③ 화재가 발생한 아래 지역(외부)은 유리파편이 떨어지는 가능성고려 반경 50m 이내 접근 금지하며, 고층건축물의 층수, 높이 및 상황을 감안하여 충분한 안전거리 확보
④ 현장지휘소는 화재 건물로부터 최소 50m 이상 떨어진 곳에 위치
⑤ <u>엘리베이터 사용이 안전하다고 판명되는 경우 화재지역 2층 이하부터 엘리베이터를 이용, 기타 지역은 계단 이용</u>
⑥ 초기 화재 진압요원들은 화재상황에 맞춰 최대한 신속하게 지원
⑦ 화점층 및 화점상층 인명구조 및 피난유도 최우선
⑧ 화재초기 층수 상관없이 화점층 진입 일거에 소화, 화재중기이후 화재층 상층과 인접구획 연소확대 방지 우선
⑨ 화재층 이동시 화재진압장비 팩(연결송수관 설비에 연결할 예비호스, 관창 묶음)을 미리 준비하고 계단실이나 직접 조작하는 비상용엘리베이터를 이용하여 운반
⑩ 화재 시 비상용승강기를 화재모드로 전환하여 피난층에 위치시켜두며 "소방운전전용 키"등을 인계 받아 소방전용으로 활용

20 "지하철 화재 대응절차"로 설명으로 옳지 않은 것은?

① 화점(전동차, 역, 터널 내 등) 확인 후 대응방법 결정
② 소방력이 우세할 경우, 지상과 가까운 곳 또는 발화지점과 먼 곳에 고립된 구조대상자 구조에 주력
③ 강력한 열기와 짙은 연기로 인해 역의 출구(계단)로 진입하기 곤란할 경우, 통풍구를 이용하여 진입 또는 인접역을 통해 진입
④ 내부진입은 급기, 배기 확인 후 급기측 진입 원칙

■ **지하철 화재 대응 절차**
① 화점(전동차, 역, 터널 내 등) 확인 후 대응방법 결정
② 강력한 열기와 짙은 연기로 인해 역의 출구(계단)로 진입하기 곤란할 경우, <u>통풍구를 이용하여 진입 또는 인접역을 통해 진입</u>
  – 진입경로는 연기유동 및 기류(급기, 배기)를 참고하여 결정
③ 무선통신 유지
  – 지하공간에서는 무선통신보조설비를 이용하여 통신
  – 필요시 현장과 지휘소간 연락관을 배치
④ 자연스럽게 형성된 기류를 가능한 유지하면서 배연차 또는 송·배풍기를 배치하여 급·배기
⑤ 소방력이 부족한 경우, 지상과 가까운 곳 또는 발화지점과 먼 곳에 고립된 구조대상자 구조에 주력
⑥ 진입경로에는 로프나 라이트라인(Light line)을 설치
⑦ 내부진입은 급기, 배기 확인 후 급기측 진입 원칙

🔲 **정답** | 20. ②

21 "지휘권 이양 목적과 시기"에 대한 내용으로 옳지 않은 것은?

① 선착지휘관과 후착지휘관 또는 상급지휘관과 하급지휘관간에 대응자들에게 직접지시, 명령할 지휘관을 정하는 절차
② 상위의 지휘관이 현장에 도착할 경우
③ 현장지휘관의 개인적 용무발생 시
④ 재난대응기간이 장기화 되어 현장지휘관의 휴식이 필요한 경우

■ 지휘권 선언 및 인수인계* 13년 소방장, 소방교
【지휘권 이양】
① 현장활동 : 선착지휘관과 후착지휘관 또는 상급지휘관과 하급지휘관간에 대응자들에게 지접지시, 명령할 지휘관을 정하는 절차
② 종료단계 : 긴급구조활동이 끝나거나 지역대책본부장이 필요하다고 판단하는 경우 통제단장과 지역대책본부장이 협의하여 지휘권을 지역대책본부장에게 이양하는 행위

【지휘권 변화 필요시기】
① 효율적 재난대응을 위하여 지휘권의 변화가 필요한 경우
② 사고의 복잡성이 변화할 경우
③ 재난대응기간이 장기화 되어 현장지휘관의 휴식이 필요한 경우
④ 현장지휘관의 개인적인 긴급사태 발생 시
⑤ 상위의 지휘관이 현장에 도착할 경우 등

22 "공중지휘기" 지정 우선순위 및 임무 인계·인수에 대한 설명으로 옳지 않은 것은?

① 현장지휘관은 다수의 헬기(2대 이상)가 출동, 사고현장 상공에서 동시 활동 시 공중지휘기(공중지휘통제관)를 지정
② 최초 현장도착 헬기는 공중지휘기 임무를 수행하고, 우선순위가 앞선 헬기가 도착 시 공중지휘기 임무를 인계
③ 필요시 현장지휘관 또는 현장지휘관이 지정한 자가 탑승하여 직접 지휘통제 가능
④ 공중지휘기 우선순위는 ⓐ 관할지역 주관기관* 헬기 ⓑ 지원기관 헬기 ⓒ 관할지역 외 주관기관 헬기

■ 공중지휘기 지정 우선순위 및 임무 인계·인수
• 현장지휘관은 다수의 헬기(2대 이상)가 출동, 사고현장 상공에서 동시 활동 시 공중지휘기(공중지휘통제관)를 지정
• 공중지휘기 우선순위 : ① 관할지역 주관기관* 헬기, ② 관할지역 외 주관기관 헬기, ③ 지원기관 헬기 순
  ※ 육상재난(소방), 해상재난(해경), 산불(산림청), 일반테러(경찰)
• 최초 현장도착 헬기는 공중지휘기 임무를 수행하고, 우선순위가 앞선 헬기가 도착 시 공중지휘기 임무를 인계
• 연료보급, 환자이송 등으로 공중지휘기가 현장을 벗어날 경우 공중지휘기 우선순위에 의해 공중지휘기 임무 인계
• 공중지휘기(공중지휘통제관) 임무 인계 사실은 무전을 통해 현장지휘관, 전체 헬기, 지상통제관 및 119종합상황실 등에 전파
• 필요시 현장지휘관 또는 현장지휘관이 지정한 자가 탑승하여 직접 지휘통제 가능

정답 21. ③   22. ④

23 "재난현장 브리핑 절차"에 대한 사항으로 옳지 않은 것은?

① 화재폭발, 대형재난 발생 시 사고현장 1시간 이내 언론브리핑 실시
② 재난현장브리핑은 통제단장이 최우선 실시
③ 환자분류, 이송 등 응급환자 관련 사항은 응급의료소장이 진행
④ 브리핑은 정기적으로 실시하고 차후 브리핑 시간 사전 예고

■ 재난현장 브리핑 절차 **
① 현장 상황 등에 대한 최신 정보를 파악 및 숙지
② 최신정보를 기초로 브리핑 자료를 간략하고 쉽게 작성
③ 예상 질의에 대한 답변 준비 및 사전 리허설 실시
④ 브리핑 시 유의사항
  ⓐ 불확실한 정보 및 추측성 내용은 발표 금지
  ⓑ 인적피해에 대해 신중한 용어 사용 및 진솔한 애도와 위로 표명
  ⓒ 인명관련 집계는 확인된 현재시간 현황만 언급, 변동가능성 표명
⑤ 브리핑 방법
  ⓐ 브리핑 시점은 가급적 상황 발생 후 2시간 이내 실시(단, 화재폭발・대형재난 발생 시 사고현장 1시간 이내 언론브리핑 실시)
  ⓑ 발표 주체 결정(대변인, 연락공보담당, 소방서장, 본부장 등)
    – 사회적 이목, 언론 관심 등 중요 재난은 직상급 기관 실시 원칙
    – 통제단장은 현장지휘를 최우선으로 하고, 상황이 종료되거나 재난규모 및 중요성 등을 고려하여 직접 브리핑 할 필요가 있다고 판단되는 경우 직접발표
  ⓒ 재난상황에 대한 보도자료를 작성하고 브리핑 시 언론매체에 배포
  ⓓ 환자분류, 이송 등 응급환자 관련 사항은 응급의료소장이 진행
  ⓔ 브리핑 종료 후 반드시 질의답변 시간을 가짐
⑥ 브리핑은 정기적으로 실시하고 차후 브리핑 시간 사전 예고
⑦ 현장 상황변화에 따라 필요시 특별 브리핑 실시
⑧ 언론의 요구사항을 파악하고 적극적으로 새로운 정보 제공

24 "현장지휘절차(화재대응우선순위 결정, 전략선택)"에서 최우선 내용은?

① 화점 진압이 가능한가?
② 정밀검색 및 잔화정리가 필요한가?
③ 구조대상자가 있는가?
④ 대원들의 안전 위협요소는 있는가?

■ 대응활동계획 수립, 시행(화재대응우선순위 결정, 전략선택)
① 구조대상자가 있는가?
② 대원들의 안전 위협요소는 있는가?
③ 외부 확대위험이 있는가?
④ 내부 확대위험이 있는가?
⑤ 화점 진압이 가능한가?
⑥ 정밀검색 및 잔화정리가 필요한가?

정답 | **23.** ②　**24.** ③

25 "현장지휘관"의 역할이 아닌 것은?

① 현장소방활동 안전관리에 관한 교육, 훈련에 관한 조언, 지도
② 현장도착 시 건축물 붕괴 및 낙하물 등 위험성 현장안전평가 후 대응방법 결정
③ 경계구역 및 안전거리 설정(Fire-Line 등 통제선 설치), 재난현장 출입통제
④ 방사능사고나 유해화학물질사고, 기타 특이사고 발생 시, 관계자 및 관련전문가, 관계기관의 정보를 확보하여 활동하고 특수구조대 및 관계기관 대응부서 자원 활용

■ **임무별 안전관리 표준지침 "현장지휘관의 역할"**
① (현장안전평가) 현장도착 시 건축물 붕괴 및 낙하물 등 위험성 현장안전평가 후 대응방법 결정
② (상황판단) 재난현장의 종합적 정보를 취득하고 대원과 구조대상자 안전을 고려하여 대응방법 결정
  - 현장활동대원과 현장안전점검관으로 구분하여 임무부여
  - 개인안전장비 착용상태 대원 상호간 교차점검, 현장안전점검관 확인점검
③ 경계구역 및 안전거리 설정(Fire-Line 등 통제선 설치), 재난현장 출입통제
  - 안전거리 : 유해화학물질(ERG북 활용), 건물붕괴(건물높이 이상) 등 안전조치
  - 경찰 등 유관기관과 협조 경계요원 배치 주변 교통통제 및 통행 차단, 인근 주민대피
④ 방사능사고나 유해화학물질사고, 기타 특이사고 발생 시, 관계자 및 관련전문가, 관계기관의 정보를 확보하여 활동하고 특수구조대 및 관계기관 대응부서 자원 활용
  - 방사능사고 : U-rest(권역별 방사선 사고지원단)
  - 유해화학물질사고 : 환경부 화학물질안전원
  - 폭발물 사고 : 경찰청 또는 군부대

■ **현장안전점검관(현장안전 담당)*** 20년 소방위
(현장안전점검관) 현장소방활동 중 현장안전관리에 대하여 현장보건안전관리책임자 보좌 및 현장안전 임무 외 겸임 금지
  - 현장보건안전관리칙임자의 현장 안전관리에 관한 지시사항 이행
  - 현장소방활동 안전관리에 관한 교육, 훈련에 관한 조언, 지도
  - 현장 투입대원의 장비 착용 및 신체, 정신 건강상태의 확인
  - 현장소방활동의 위험요인 관측, 보고 및 전파
  - 현장대원사고 등의 조사보고서 작성
  - 안전사고 발생의 원인 조사, 분석과 재발방지를 위한 조언, 지도
  - 현장 소방활동 대원들의 개인보호장비의 점검 관리와 지도
  - 그 밖에 현장 소방활동 안전관리 업무에 관한 사항

26 "헬기 이착륙 통제 및 비상헬기장 관리"에 대한 설명으로 옳지 않은 것은?

① 비상헬기장은 헬기 한 대당 최소한 30m×30m 이상의 공간 확보
② 장애물 없는 평탄한 지역(지면경사도 5° 이내, 반경 30m 이상)
③ 헬기 착륙지점으로부터 30m 이내는 군중이 위치하지 않도록 조치하고, 응급의료진은 60m 외곽에 위치
④ 헬기탑승 시 조종사 또는 정비사의 신호를 확인 후 헬기전방 45도 방향으로 탑승

🔲 정답　25. ①　26. ③

■ **헬기 이착륙 통제 및 비상헬기장 관리**
- 임무지역 헬기 이착륙 통제 및 운용현황 유지
- 임무지역 현지기상(시정, 운고, 풍속, 돌풍) 및 비행장애물 정보 제공
  ※ 비행 제한 기상기준 : 시정 3,200m(야간 4,800m) 이하 운고 300m(야간 600m) 이하, 풍속은 기종별 교범 적용
- 119종합상황실로부터 지정된 비상헬기장이 헬기 형태별(대·중·소형) 이착륙장으로 적합한지 확인
- 비상헬기장은 헬기 한 대당 최소한 30m×30m 이상의 공간 확보
- 비상헬기장 주위 4방위의 비행 장애물(전신주, 고압선, 표지판, 통신탑 등) 및 풍향풍속 확인, 조종 사에게 통보
- 헬기 착륙지점으로부터 60m 이내는 군중이 위치하지 않도록 조치하고, 응급의료진은 30m 외곽에 위치
- 도로가 착륙지점이 되는 경우 양방향 통행을 통제하고(경찰 등 유관기관 협조), 착륙지점 50m 이내에 차량이 없도록 조치
- 유조차는 항공기로부터 6미터 이상 거리유지, 고임목 고정, 유조차 및 항공기로부터 지상에 접지 선을 설치(3선 접지)하고, 소화기 배치 및 인근 화기통제
- 장애물 없는 평탄한 지역(지면경사도 5° 이내, 반경 30m 이상)
- 헬기 탑승 시 조종사 또는 정비사의 신호를 확인 후 헬기전방 45도 방향으로 탑승

27 "현장안전점검관의 역할"로써 옳지 않은 것은?

① 현장활동 중 교통사고 등 잠재된 2차 재해요인 파악
② 현장에 복합적인 위험요인이 혼재하는 경우 위험이 작은 장애물부터 순차적 제거
③ 위험요소 인지 시 지휘관·대원에게 전파 및 안전조치
④ 감전, 유독가스, 낙하물, 붕괴, 전락 등 위험요소에 대한 안전평가 실시

■ **현장안전점검관(현장안전 담당)*** 20년 소방위
① (현장지휘관 보좌) 현장 소방활동 중 보건안전관리 업무이행
  – 현장안전을 유지하고, 위험요소 인지 시 지휘관·대원에게 전파 및 안전조치
  – 활동에 방해되거나 현장대원에 위험요소가 되는 장애물 확인 및 제거(복합적인 위험요인이 혼재 하는 경우 위험이 큰 장애물부터 순차적 제거)
  – 감전, 유독가스, 낙하물, 붕괴, 전락 등 위험요소에 대한 안전평가 실시
  – 현장활동 중 교통사고 등 잠재된 2차 재해요인 파악
② 현장투입 대원의 개인안전장비 착용사항 점검 후 안전조치

28 "구조현장대응 안전대책의 우선순위"가 바른 것은?

① 대원안전 – 인명안전 – 사고의 안정화
② 사고의 안정화 – 인명안전 – 대원안전
③ 대원안전 – 사고의 안정화 – 인명안전
④ 인명안전 – 대원안전 – 사고의 안정화

■ **구조안전관리 표준작전절차**
구조현장대응 안전대책의 우선 순위
※ 대원안전 → 인명안전 → 사고의 안정화(작업시 안전사고 방지)

🔑 **정답** 27. ②   28. ①

2025 필드 소방전술 (문 제 집)

PART 06

소방관련 법률

01 "119구조대의 편성과 운영"에서 설명으로 옳지 않은 것은?

① 119구조대 편성과 운영은 대통령령으로 정한다.

② 구조대 출동구역은 행정안전부령으로 정한다.

③ 특수구조대는 소방대상물, 지역특성, 재난발생 유형 등을 고려하여 시·도 조례로 정한다.

④ 소방서장은 여름철 물놀이 장소에서의 안전을 확보하기 위하여 필요한 경우 민간자원봉사자로 구성된 구조대를 지원할 수 있다.

■ **119구조대의 편성과 운영 *** 19년 소방교/ 22년 소방위

1. 일반구조대 : 시·도의 규칙으로 정하는 바에 따라 소방서마다 1개 대(隊) 이상 설치하되, 소방서가 없는 시·군·구(자치구를 말한다. 이하 같다)의 경우에는 해당 시·군·구 지역의 중심지에 있는 119안전 센터에 설치할 수 있다.
2. 특수구조대 : <u>소방대상물, 지역 특성, 재난 발생 유형 및 빈도 등을 고려하여 시·도의 규칙으로 정하는 바에 따라 다음 각 목의 구분에 따른 지역을 관할하는 소방서에 다음 각 목의 구분에 따라 설치한다.</u> 다만, '라' 목에 따른 고속국도구조대는 제3호에 따라 설치되는 직할구조대에 설치할 수 있다.
3. 직할구조대 : 대형·특수 재난사고의 구조, 현장 지휘 및 지원 등을 위하여 소방청장 또는 소방본부에 설치하되, 소방본부에 설치하는 경우에는 시·도의 규칙으로 정하는 바에 따른다.
4. 테러대응구조대 : 테러 및 특수재난에 전문적으로 대응하기 위하여 소방청 또는 시·도 소방본부에 설치하는 것을 원칙으로 하되, 시·도 소방본부에 설치하는 경우에는 시·도의 규칙으로 정하는 바에 따른다.
   ① 구조대의 출동구역은 행정안전부령으로 정한다.
   ② <u>소방청장·소방본부장 또는 소방서장(이하 "소방청장 등"이라 한다)은 여름철 물놀이 장소에서의 안전을 확보하기 위하여 필요한 경우 민간 자원봉사자로 구성된 구조대(이하 "119시민수상구조대"라 한다)를 지원할 수 있다.</u> *****
   ③ 119시민수상구조대의 운영, 그 밖에 필요한 사항은 시·도의 조례로 정한다.

02 다음 중 "항공구조구급대의 업무수행"으로 옳지 않은 것은?

① 시도지사 업무수행   ② 방역활동업무 지원

③ 장기이식환자 이송   ④ 의사가 동승한 응급환자의 병원 간 이송

■ **항공구조구급대의 업무수행**
① 인명구조 및 응급환자의 이송(의사가 동승한 응급환자의 병원 간 이송을 포함한다)
② 화재 진압
③ 장기이식환자 및 장기의 이송
④ 항공 수색 및 구조 활동
⑤ 공중 소방 지휘통제 및 소방에 필요한 인력·장비 등의 운반
⑥ 방역 또는 방재 업무의 지원
⑦ 그 밖에 재난관리를 위하여 필요한 업무

🔖 **정답**   **01.** ③   **02.** ①

03 "구조·구급기본계획"은 중앙구조구급정책협의회의 협의를 거쳐 몇 년마다 수립하는가?

① 매년　　　　　　　　　　　　　② 3년
③ 2년　　　　　　　　　　　　　④ 5년

■ **구조·구급 기본계획수립시행*** 18년 소방교
① 「119구조·구급에 관한 법률」(이하 "법"이라 한다) 제6조 제1항에 따른 구조·구급 기본계획(이하 "기본계획"이라 한다)은 법 제27조 제1항에 따른 중앙 구조·구급정책협의회(이하 "중앙 정책협의회"라 한다)의 협의를 거쳐 5년마다 수립하여야 한다.
② 기본계획은 계획시행 전년도 8월 31일까지 수립하여야 한다.
③ 소방청장은 구조·구급 시책상 필요한 경우 중앙 정책협의회의 협의를 거쳐 기본계획을 변경할 수 있다.
④ 소방청장은 제3항에 따라 변경된 기본계획을 지체 없이 관계 중앙행정기관의 장, 특별시장·광역시장·특별자치시장·도지사·특별자치도지사(이하 "시·도지사"라 한다)에게 통보하고 국회 소관 상임위원회에 제출하여야 한다.

04 "위급상황을 소방기관 또는 관계 행정기관에 거짓으로 알린 자"에 대한 벌칙은?

① 200만원 과태료　　　　　　　　② 300만원 벌금
③ 300만원 과태료　　　　　　　　④ 500만원 과태료

■ **벌칙*** 19년 소방위/ 22년 소방교
① 정당한 사유 없이 구조·구급활동을 방해한 자는 5년 이하의 징역 또는 5천만원 이하의 벌금에 처한다.
② 토지·물건 등의 일시사용, 사용의 제한, 처분 또는 토지·건물에 출입을 거부 또는 방해한 자는 300만원 이하의 벌금에 처한다.
③ 위급상황을 소방기관 또는 관계 행정기관에 거짓으로 알린 자에게는 500만원 이하의 과태료를 부과한다.
④ 과태료는 소방청장 등 또는 관계 행정기관의 장이 부과·징수한다.

05 "감염관리대책"에 대한 설명으로 다음 (　) 안에 들어갈 내용은?

① 소방청장 등은 구조·구급대원의 감염 방지를 위하여 구조·구급대원이 소독을 할 수 있도록 감염관리실을 (　) 이상 설치하여야 한다.
② 구조·구급대원은 근무 중 위험물·유독물 및 방사성물질(이하 "유해물질등"이라 한다)에 노출되거나 감염성 질병에 걸린 구조대상자 또는 응급환자와 접촉한 경우에는 그 사실을 안 때부터 (　) 이내에 소방청장에게 보고하여야 한다.

① 소방서별 1개소 이상, 48시간　　② 119안전센터별 1개소 이상, 24시간
③ 소방서별 2개소 이상, 48시간　　④ 119안전센터별 2개소 이상, 24시간

■ **감염관리대책*** 16년 소방교/ 24년 소방위
① 소방청장 등은 구조·구급대원의 감염 방지를 위하여 구조·구급대원이 소독을 할 수 있도록 소방서별로 119감염관리실을 1개소 이상 설치하여야 한다.

정답　03. ④　04. ④　05. ①

② 구조·구급대원은 근무 중 위험물·유독물 및 방사성물질(이하 "유해물질등"이라 한다)에 노출되거나 감염성 질병에 걸린 구조대상자 또는 응급환자와 접촉한 경우에는 <u>그 사실을 안 때부터 48시간 이내에 소방청장에게 보고하여야 한다.</u>
③ 제2항에 따른 보고를 받은 소방청장 등은 유해물질 등에 노출되거나 감염성 질병에 걸린 구조대상자 또는 응급환자와 접촉한 구조·구급대원이 적절한 진료를 받을 수 있도록 조치하고, 접촉일부터 15일 동안 구조·구급대원의 감염성 질병 발병 여부를 추적·관리하여야 한다. 이 경우 잠복기가 긴 질환에 대해서는 잠복기를 고려하여 추적관리 기간을 연장할 수 있다.
④ 제1항에 따른 119감염관리실의 규격·성능 및 119감염관리실에 설치하여야 하는 장비 등 세부 기준은 소방청장이 정한다.

06 구급대가 "출동구역" 밖으로 출동할 수 없는 것은?

① 지리적·지형적 여건상 신속한 출동이 가능한 경우
② 소방청장이나 소방본부장이 필요하다고 인정하는 경우
③ 대형재난이 발생한 경우
④ 보호자가 필요하다고 인정하는 경우

■ **구급대출동구역**
① 영 제10조 제2항에 따른 구급대의 출동구역은 다음 각 호와 같다.
   1. 일반구급대 및 소방서에 설치하는 고속국도구급대 : 구급대가 설치되어 있는 지역 관할 사·도
   2. 소방청장 또는 사·도 소방본부에 설치하는 고속국도구급대 : 고속국도로 진입하는 도로 및 인근 구급대의 배치 상황 등을 고려하여 소방청장 또는 소방본부장이 관련 사·도의 소방본부장 및 한국도로공사와 협의하여 정한 구역
② 구급대는 제1항에도 불구하고 다음 각 호의 어느 하나에 해당하는 경우에는 소방청장의 요청이나 지시에 따라 출동구역 밖으로 출동할 수 있다.
   1. 지리적·지형적 여건상 신속한 출동이 가능한 경우
   2. 대형재난이 발생한 경우
   3. 그 밖에 소방청장이나 소방본부장이 필요하다고 인정하는 경우

07 "구급대원의 자격기준"으로 옳지 않은 것은?

① 의사
② 간호사
③ 소방청장이 실시하는 구급업무에 관한 교육을 받은 사람은 2급 응급구조사 역할만 할 수 있다.
④ 1, 2급 응급구조사

■ **구급대원의 자격기준**
구급대원은 소방공무원으로서 다음 각 호의 어느 하나에 해당하는 자격을 갖추어야 한다. 다만, 제4호에 해당하는 구급대원은 구급차 운전과 구급에 관한 보조업무만 할 수 있다.
1. 「의료법」 제2조제1항에 따른 의료인
2. 「응급의료에 관한 법률」 제36조제2항에 따라 1급 응급구조사자 격을 취득한 사람
3. 「응급의료에 관한 법률」 제36조제3항에 따라 2급 응급구조사 자격을 취득한 사람
4. 소방청장이 실시하는 구급업무에 관한 교육을 받은 사람

🖥 **정답** **06.** ④   **07.** ③

08 "구조구급기본계획"에 포함되어야 할 사항이 아닌 것은?

① 전문인력 양성에 관한 사항

② 서비스의 질 향상을 위한 정책의 기본방향에 관한 사항

③ 기술의 연구개발 및 보급에 관한 사항

④ 필요한 장비 질 개선에 관한 사항

■ **기본계획에 포함되어야 할 사항**
① 구조·구급서비스의 질 향상을 위한 정책의 기본방향에 관한 사항
② 구조·구급에 필요한 체계의 구축, 기술의 연구개발 및 보급에 관한 사항
③ 구조·구급에 필요한 장비의 구비에 관한 사항
④ 구조·구급 전문인력 양성에 관한 사항
⑤ 구조·구급활동에 필요한 기반조성에 관한 사항
⑥ 구조·구급의 교육과 홍보에 관한 사항
⑦ 그 밖에 구조·구급업무의 효율적 수행을 위하여 필요한 사항

09 "국제구조대 편성운영"에 관한 사항으로 옳지 않은 것은?

① 국제구조대의 편성, 파견, 교육 훈련 및 국제구조대원의 귀국 후 건강관리와 그 밖에 필요한 사항은 대통령령으로 정한다.

② 소방청장은 국제구조대를 국외에 파견할 것에 대비하여 구조대원에 대한 교육훈련 등을 실시할 수 있다.

③ 대통령령으로 정하는 장비를 구비하여야 한다.

④ 외교부장관과 협의를 거쳐 국제구조대를 재난발생국에 파견할 수 있다.

■ **국제구조대 편성과 운영*** 23년 소방위
① 소방청장은 국외에서 대형재난 등이 발생한 경우 재외국민의 보호 또는 재난발생국의 국민에 대한 인도주의적 구조 활동을 위하여 국제구조대를 편성하여 운영할 수 있다.
② 소방청장은 외교부장관과 협의를 거쳐 제1항에 따른 국제구조대를 재난발생국에 파견할 수 있다.
③ 소방청장은 제1항에 따른 국제구조대를 국외에 파견할 것에 대비하여 구조대원에 대한 교육훈련 등을 실시할 수 있다.
④ 소방청장은 제1항에 따른 국제구조대의 국외재난대응능력을 향상시키기 위하여 국제연합 등 관련 국제기구와의 협력체계 구축, 해외재난정보의 수집 및 기술연구 등을 위한 시책을 추진할 수 있다.
⑤ 소방청장은 제2항에 따라 국제구조대를 재난발생국에 파견하기 위하여 필요한 경우 관계 중앙행정기관의 장 또는 시·도지사에게 직원의 파견 및 장비의 지원을 요청할 수 있다. 이 경우 관계 중앙행정기관의 장 또는 시·도지사는 특별한 사유가 없으면 요청에 따라야 한다.
⑥ 제1항부터 제5항까지의 규정에 따른 국제구조대의 편성, 파견, 교육 훈련 및 국제구조대원의 귀국 후 건강관리와 그 밖에 필요한 사항은 대통령령으로 정한다.
⑦ 제1항에 따른 국제구조대는 행정안전부령으로 정하는 장비를 구비하여야 한다.

정답 **08.** ④ **09.** ③

10 "구급요청 거절사유"에 해당되는 것은?

① 만성질환자로서 검진 또는 입원 목적의 이송 요청자

② 섭씨 38도 이상의 고열 또는 호흡곤란이 있는 경우

③ 단순 열상 또는 찰과상으로 지속적인 출혈이 있는 외상환자

④ 의사가 동승한 응급환자의 병원 간 이송

■ 구급요청 거절사유

1. 단순 치통환자
2. 단순 감기환자. 다만, 섭씨 38도 이상의 고열 또는 호흡곤란이 있는 경우는 제외한다.
3. 혈압 등 생체징후가 안정된 타박상 환자
4. 술에 취한 사람. 다만, 강한 자극에도 의식이 회복되지 아니하거나 외상이 있는 경우는 제외한다.
5. 만성질환자로서 검진 또는 입원 목적의 이송 요청자
6. 단순 열상(裂傷) 또는 찰과상(擦過傷)으로 지속적인 출혈이 없는 외상환자
7. 병원 간 이송 또는 자택으로의 이송 요청자. 다만, 의사가 동승한 응급환자의 병원 간 이송은 제외한다.

11 "119구급상황관리센터에 배치" 할 수 있는 자가 아닌 것은?

① 의사

② 응급구조사

③ 소방공무원 5년 이상 근무자

④ 응급의료정보센터에서 2년 이상 응급의료상담 경력자

※ 구급상황관리센터근무자 : 의료인, 응급구조사, 2년 이상 응급의료상담 경력자

12 "구급지도의사"의 업무로 옳지 않은 것은?

① 구급대원 교육·훈련

② 임기는 2년

③ 재난 등으로 인한 현장출동 시 현장지휘

④ 응급처치 방법·절차의 개발

■ 구급지도의사의 선임(임기는 2년)
소방청장 등은 각 기관별로 1명 이상의 지도의사를 선임하거나 위촉해야 한다. 이 경우 의사로 구성된 의료 전문단체 추천을 받아 소방청 또는 소방본부 단위로 각 기관별 구급지도의사를 선임하거나 위촉할 수 있다.
① 구급대원 교육·훈련
② 접수된 구급신고에 대한 응급의료 상담

정답   **10.** ①   **11.** ③   **12.** ③

③ 응급환자 발생 현장에서의 구급대원에 대한 응급의료 지도
④ 구급대원의 구급활동 등에 대한 평가
⑤ 응급처치 방법·절차의 개발
⑥ 재난 등으로 인한 현장출동 요청 시 현장 지원
⑦ 그밖에 구급대원에 대한 교육훈련 및 구급활동에 대한 지도·평가와 관련하여 소방청장이 정한다.
  ㉠ 위촉된 구급지도의사에게 예산의 범위에서 수당을 지급할 수 있다.
  ㉡ 구급지도의사의 의료지도 실적을 관리하여야 한다.

13 "응급환자가 정신질환을 앓고 있을 경우 협조"를 구해야 할 관계 기관은?

① 경찰서 　　　　　　　　　　② 보건소
③ 구청 　　　　　　　　　　　④ 종합병원

 구급대원은 이송하려는 응급환자가 감염병 및 정신질환을 앓고 있다고 판단되는 경우에는 시·군·구 보건소의 관계 공무원 등에게 필요한 협조를 요청할 수 있다.

14 "항공기운항과 관련된 설명"으로 옳은 것은?

① 항공구조구급대의 항공기는 조종사 1명이 탑승하되, 해상비행·계기비행(計器飛行)및 긴급 구조·구급 활동을 위하여 필요한 경우에는 정비사 1명을 추가로 탑승시킬 수 있다.

② 조종사의 비행시간은 1일 8시간을 초과할 수 없다. 다만, 구조·구급 및 화재 진압 등을 위하여 필요한 경우로서 소방청장 또는 소방본부장이 비행시간의 연장을 승인한 경우에는 그러하지 아니하다.

③ 조종사는 항공기의 안전을 확보하기 위하여 탑승자의 위험물 소지 여부를 점검하여야 하며, 탑승자는 조종사의 지시에 따라야 한다.

④ 소방청장 및 소방본부장은 항공기의 안전운항을 위하여 안전점검관을 둔다.

 ■ 항공기의 운항 등
① 항공구조구급대의 항공기(이하 "항공기"라 한다)는 <u>조종사 2명이 탑승하되, 해상비행·계기비행(計器飛行) 및 긴급 구조·구급 활동을 위하여 필요한 경우에는 정비사 1명을 추가로 탑승시킬 수 있다.</u>
② <u>조종사의 비행시간은 1일 8시간을 초과할 수 없다. 다만, 구조·구급 및 화재 진압 등을 위하여 필요한 경우로서 소방청장 또는 소방본부장이 비행시간의 연장을 승인한 경우에는 그러하지 아니하다.</u>
③ 조종사는 항공기의 안전을 확보하기 위하여 탑승자의 위험물 소지 여부를 점검하여야 하며, 탑승자는 항공구조구급대원의 지시에 따라야 한다.
④ 항공기의 검사 등 유지·관리에 필요한 사항은 소방청장이 정한다.
⑤ 소방청장 및 소방본부장은 항공기의 안전운항을 위하여 운항통제관을 둔다.

15 "응급환자 이송거부"에 대한 설명으로 옳지 않은 것은?

① 구급대원은 응급환자를 이송하지 아니하는 경우 구급 거절·거부 확인서를 작성하여 이송을 거부한 응급환자 또는 그 보호자에게 서명을 받아야 한다.

② 이송거부자가 3회에 걸쳐 서명을 거부한 경우에는 구급 거절·거부 확인서에 그 사실을 표시하여야 한다.

③ 구급대원은 이송거부자가 서명을 거부한 경우에는 이를 목격한 사람에게 관련 내용을 알리고 구급 거절·거부 확인서에 목격자의 성명과 연락처를 기재한 후 목격자에게 서명을 받아야 한다.

④ 규정에 따라 구급 거절·거부 확인서를 작성한 구급대원은 소속 소방관서장에게 보고하고, 구급 거절·거부 확인서를 소속 소방관서에 3년간 보관하여야 한다.

■ **응급환자 등의 이송 거부**

① 구급대원은 영 제21조제1항에 따라 응급환자를 이송하지 아니하는 경우 구급 거절·거부 확인서를 작성하여 이송을 거부한 응급환자 또는 그 보호자(이하 "이송거부자"라 한다)에게 서명을 받아야 한다. 다만, 이송거부자가 2회에 걸쳐 서명을 거부한 경우에는 구급 거절·거부 확인서에 그 사실을 표시하여야 한다.

② 구급대원은 이송거부자가 제1항 단서에 따라 서명을 거부한 경우에는 이를 목격한 사람에게 관련 내용을 알리고 구급 거절·거부 확인서에 목격자의 성명과 연락처를 기재한 후 목격자에게 서명을 받아야 한다.

③ 제1항 및 제2항의 규정에 따라 구급 거절·거부 확인서를 작성한 구급대원은 소속 소방관서장에게 보고하고, 구급 거절·거부 확인서를 소속 소방관서에 3년간 보관하여야 한다.

16 "구급활동상황 기록관리"에 대한 내용으로 옳지 않은 것은?

① 소방본부장은 구조활동 상황을 연 2회 소방청장에게 보고하여야 한다.

② 소속 소방관서에 3년간 보관하여야 한다.

③ 환자를 인계받은 의사의 서명을 받고, 구급활동일지 1부를 그 의사에게 제출하여야 한다.

④ 구조차에 이동단말기로 구조활동일지를 작성해서는 안 된다.

■ **구급활동상황의 기록관리**

① 구급대원은 법 제22조에 따라 별지 제5호서식의 구급활동일지(이하 "구급활동일지"라 한다)에 구급활동상황을 상세히 기록하고, <u>소속 소방관서에 3년간 보관</u>하여야 한다.

② 구급대원이 응급환자를 의사에게 인계하는 경우에는 구급활동일지(이동단말기로 작성하는 경우에는 전자적 파일이나 인쇄물을 말한다)에 <u>환자를 인계받은 의사의 서명을 받고, 구급활동일지(이동단말기에 작성한 경우에는 전자 파일이나 인쇄물을 말한다) 1부를 그 의사에게 제출하여야 한다.</u>

③ 구급대원은 구급출동하여 심폐정지환자를 발견한 경우 또는 중증외상환자, 심혈관질환자 및 뇌혈관질환자를 의료기관으로 이송한 경우에는 소방청장이 정하는 바에 따라 구급활동에 관한 세부상황표를 작성하고 소속 소방관서에 3년간 보관한다.

④ 소방본부장은 구급활동상황을 종합하여 <u>연 2회 소방청장에게 보고</u>하여야 한다.

🔖 **정답** | **15.** ② **16.** ④

17 "구조구급증명서 신청대상"이 아닌 것은?

① 인명구조를 받은 사람   ② 최초신고자

③ 보험회사   ④ 환자이송관련 기관

>
>
> ■ **구조구급증명서 발급대상**
> ① 인명구조, 응급처치 등을 받은 사람
> ② 구조·구급자의 보호자
> ③ 공공단체 또는 보험회사 등 환자이송과 관련된 기관이나 단체
> ④ 제1호부터 제3호까지에 해당하는 자의 위임을 받은 자

18 구조현장에서 "회수된 물건"을 자치단체장은 며칠간 홈페이지에 공고하여야 하는가?

① 7일   ② 14일

③ 30일   ④ 60일

>
>
> 구조·구급과 관련하여 회수된 물건을 인계받은 경우 인계받은 날부터 14일 동안 해당 지방자치단체의 게시판 및 인터넷 홈페이지에 공고하여야 한다.

19 구조구급대원 "건강검진기록"의 보관기간은?

① 3년   ② 퇴직 시까지

③ 5년   ④ 10년

>
>
> ■ **구조구급대원 검진기록의 보관*** 14년 소방장
> 소방청장 등은 다음 각 호의 자료를 <u>구조·구급대원이 퇴직할 때까지</u> 소방공무원인사기록철에 함께 보관하여야 한다.
> ① 감염성 질병·유해물질 등 접촉 보고서 및 진료 기록부
> ② 정기건강검진 결과서 및 진료 기록부
> ③ 그 밖에 구조·구급대원의 병력을 추정할 수 있는 자료

20 구급차 및 "응급처치기구는 몇 회 이상 소독"하여야 하는가?

① 매일   ② 주 1회

③ 주 2회   ④ 월 1회

>
>
> 소방청장은 주 1회 이상 구급차 및 응급처치기구 등을 소독하여야 한다.

정답   17. ②   18. ②   19. ②   20. ②

21 "감염관리대책"에 대한 설명으로 옳은 것은?

① 소방서별로 119감염관리실을 1개소 이상 설치하여야 한다.

② 감염성 질병에 걸린 구조대상자 또는 응급환자와 접촉한 경우에는 그 사실을 안 때부터 12시간 이내에 소방청장 등에게 보고하여야 한다.

③ 감염 접촉일로부터 30일 동안 구조·구급대원의 감염성 질병 발병 여부를 추적·관리하여야 한다.

④ 119감염관리실의 규격·성능 및 119감염관리실에 설치하여야 하는 장비 등 세부 기준은 보건복지부장관이 정한다.

■ **감염관리대책*** 16년 소방교

① 소방청장 등은 구조·구급대원의 감염 방지를 위하여 구조·구급대원이 소독을 할 수 있도록 <u>소방서별로 119감염관리실을 1개소 이상 설치하여야 한다.</u>

② 구조·구급대원은 근무 중 위험물·유독물 및 방사성물질(이하 "유해물질 등"이라 한다)에 노출되거나 감염성 질병에 걸린 구조대상자 또는 응급환자와 접촉한 경우에는 <u>그 사실을 안 때부터 48시간 이내에 소방청장 등에게 보고하여야 한다.</u>

③ 보고를 받은 소방청장 등은 유해물질 등에 노출되거나 감염성 질병에 걸린 구조대상자 또는 응급환자와 접촉한 구조·구급대원이 적절한 진료를 받을 수 있도록 조치하고, <u>접촉일부터 15일 동안 구조·구급대원의 감염성 질병 발병 여부를 추적·관리하여야 한다.</u> 이 경우 잠복기가 긴 질환에 대해서는 잠복기를 고려하여 추적관리 기간을 연장할 수 있다.

④ 119감염관리실의 규격·성능 및 119감염관리실에 설치하여야 하는 장비 등 세부 기준은 소방청장이 정한다.

22 구조대원은 "특별구조훈련, 항공구조훈련"을 연 몇 시간 이상 받아야 하는가?

① 10시간   ② 20시간
③ 30시간   ④ 40시간

■ **특별구조훈련(연 40시간 이상)**

① 방사능 누출, 생화학테러 등 유해화학물질 사고에 대비한 화학구조훈련
② 하천, 해상에서의 익수·조난·실종 등에 대비한 수난구조훈련
③ 산악·암벽 등에서의 조난·실종·추락 등에 대비한 산악구조훈련
④ 그 밖의 재난에 대비한 특별한 교육훈련

■ **항공구조훈련(연 40시간 이상)*** 17년 소방위

① 구조·구난(구난)과 관련된 기초학문 및 이론
② 항공구조기법 및 항공구조장비와 관련된 이론 및 실기
③ 항공구조활동 시 응급처치와 관련된 이론 및 실기
④ 항공구조활동과 관련된 안전교육

🎫 정답 **21.** ① **22.** ④

23 "중앙정책협의회의 구성"에 대한 설명으로 옳지 않은 것은?

① 위원장 및 부위원장 각 1명을 포함한 20명 이내의 위원으로 구성한다.

② 간사 1명을 두며, 간사는 소방청의 구조·구급업무를 담당하는 소방공무원 중에서 소방청
장이 지명한다.

③ 위촉위원의 임기는 2년으로 한다.

④ 위원장은 행정안전부 제2차관이 된다.

▣ 중앙정책협의회의 구성 및 기능

① 중앙정책협의회는 위원장 및 부위원장 각 1명을 포함한 20명 이내의 위원으로 구성한다.

② 중앙정책협의회 <u>위원장은 소방청장이 되고</u>, 부위원장은 민간위원 중에서 호선(互選)한다.

③ 위원은 다음 각 호의 사람 중에서 소방청장이 임명하거나 위촉한다.

  ㉠ 관계 중앙행정기관 소속 고위공무원단에 속하는 일반직공무원(이에 상당하는 특정직·별정직 공
무원을 포함한다) 중에서 소속 기관의 장이 추천하는 사람

  ㉡ 긴급구조, 응급의료, 재난관리, 그 밖에 구조·구급업무에 관한 학식과 경험이 풍부한 사람

④ <u>위촉위원의 임기는 2년으로 한다.</u>

⑤ 중앙정책협의회의 효율적인 운영을 위하여 중앙 정책협의회에 간사 1명을 두며, 간사는 소방청의
구조·구급업무를 담당하는 소방공무원 중에서 소방청장이 지명한다.

⑥ 중앙정책협의회는 다음 각 호의 사항을 협의·조정한다.

  ㉠ 기본계획 및 집행계획의 수립·시행에 관한 사항

  ㉡ 기본계획 변경에 관한 사항

  ㉢ 종합평가와 그 결과 활용에 관한 사항

  ㉣ 구조·구급과 관련된 새로운 기술의 연구·개발에 관한 사항

정답   23. ④

연습장